DICTIONNAIRE GÉNÉRAL

DES DROITS

D'ENREGISTREMENT,

TIMBRE ET GREFFE,

DES HYPOTHÈQUES, DOMAINES,

ET DE MANUTENTION.

IMPRIMERIE DE Mme Ve HUET-PERDOUX, A ORLÉANS.

Nota. *Chaque exemplaire sera signé par les Rédacteurs, ou l'un d'eux.*

DICTIONNAIRE GÉNÉRAL
DES DROITS
D'ENREGISTREMENT,
TIMBRE ET GREFFE,
DES HYPOTHÈQUES, DOMAINES,
ET DE MANUTENTION,

CONTENANT plus de 10,000 Articles, tous appuyés de l'autorité de la Loi, des Ordonnances du Roi, Décrets, Arrêts des Hautes-Cours, Avis du Conseil d'État, Décisions ministérielles, Solutions de l'Administration, Ordres généraux de Régie, Instructions générales et Circulaires;

PRÉCÉDÉ *du Texte des Lois, Ordonnances et Décrets concernant la Perception de tous les droits et salaires, l'Organisation du Notariat et les Ventes mobilières*;

PAR L. ROLAND, INSPECTEUR-CONTRÔLEUR DES RECETTES, et E. TROUILLET, RECEVEUR, ancien élève de l'Ecole Polytechnique.

» L'administration des domaines, de l'enregistrement et du timbre, est, après la contribution foncière, la branche de revenu la plus certaine.

» Cette administration, reste perfectionné des régies antérieures à la révolution, suit des règles traditionnelles qui rendent sa marche sûre et uniforme. La surveillance y est graduée de manière à la faire pénétrer dans les gestions de tous les degrés. Il n'y a rien à refaire à ses méthodes ».

(*Discours de S. Exc. le Ministre des Finances. — Budget de l'année* 1819).

SE TROUVE

A ORLÉANS, *chez* M.me V.e HUET-PERDOUX, Libraire, Imprimeur de la Préfecture du Loiret,

A PARIS, *aux Librairies de* MM. { MONGIE, boulevard Poissonnière, NÈVE, au Palais de Justice.

1821.

AVERTISSEMENT.

LA méthode de perception du droit de contrôle ou d'enregistrement des actes, est devenue, par son perfectionnement successif, une science positive, qui exige, comme toutes les autres, une étude longue et suivie. Il est incontestable qu'il ne faut être ni étranger à celle du droit public, du notariat, des institutions financières, ni dépourvu d'ordre dans les idées et de rectitude d'esprit pour faire une juste application des lois dont l'exécution est confiée à l'Administration de l'enregistrement et des domaines. Ces lois dont se compose le corps de doctrine de cette vaste et importante administration, souvent renouvelées, toujours améliorées, n'ont pu, malgré la multiplicité de leurs dispositions, ou par cette raison, peut-être, prévoir toutes les difficultés. Les relations continues, et l'action réciproque des hommes et des familles dans l'état de société, feront toujours naître, de la diversité des intérêts, de nouvelles variations dans les stipulations du contrat.

Des incertitudes, non moins nuisibles aux intérêts des parties qu'au trésor royal, se feraient souvent sentir si le domaniste, appelé à résoudre une question neuve, par analogie avec des précédens, était privé du recueil des nombreuses décisions auxquelles les cas non prévus ont déjà donné lieu.

C'est pour obvier à ce grave inconvénient que plusieurs Dictionnaires, et notamment celui de 1810, ont paru; mais pour les personnes qui n'ont pas cru devoir s'imposer une dépense annuelle de 18 fr. pour annoter ce Dictionnaire des décisions rendues depuis cette dernière époque, et pour celles qui n'ont eu à s'occuper des droits d'enregistrement que pendant les dix ans qui viennent de s'écouler, il a semblé utile de rédiger un nouveau Dictionnaire alphabétique, dont l'ensemble beaucoup plus étendu et qui comprend toutes les attributions de l'administration, sans en excepter aucune, devient, en 1821, d'une nécessité indispensable.

La manière nouvelle dont cet ouvrage est traité, se trouve indiquée dans les chapitres suivans :

1.° PERCEPTION. Bien qu'on se soit attaché à éviter dans l'analyse tout ce qui est superflu, les principes qui préparent et autorisent la perception, sont développés d'une manière suffisante. On a jugé convenable de diviser les mots et les lettres le plus possible pour épargner l'embarras à la recherche; le mot *jugement* est détaché du mot *actes judiciaires*; il en est de même pour tous les actes qui ont des titres et des définitions distincts : chaque titre d'acte ou d'objet de manutention est divisé en autant d'articles numérotés qu'il existe de mentions différentes de la loi, des arrêts, décisions, ordres de régie, etc.; toutes les fois qu'on a pu le faire, on a encore adopté la forme alphabétique pour la sous-division de chaque article : des renvois au numéro de l'article placé sous une autre lettre et qui peut avoir des rapports avec celui-ci, ne laisseront échapper aucune recherche.

2.° HYPOTHÈQUES. Cette matière, d'une très-haute importance, qui touche de si près au crédit et à la fortune publics, ne doit être ignorée de personne; pour l'intérêt de tous les citoyens, cet article, qui contient au moins la dixième partie du Dictionnaire, ne traite pas seulement du droit de finance, du salaire et de la manutention du Conservateur, il présente le répertoire le plus complet de toutes les questions hypothécaires résolues jusqu'à présent par l'autorité judiciaire et administrative. Chacun y trouvera les principes de la conservation de ses droits.

3.° DOMAINES. Ce chapitre, fort étendu, donne à l'employé la facilité de remplir soigneusement toutes ses obligations; il présente l'indication des rentes féodales ou non inféodées, et de celles qui autorisent, à défaut de paiement des arrérages, l'exigibilité du remboursement, etc. Le contentieux domanial est aussi traité avec une attention particulière.

4.° MANUTENTION. La manutention, quoique complément nécessaire des autres chapitres, ne fut presque jamais indiquée dans les Dictionnaires de l'enregistrement; pour se livrer à la moindre opération, il fallait, ou compulser plus de 3,000 instructions générales et circulaires, ou chercher long-tems dans un ouvrage *ad hoc* du prix de *trente francs*, et où se trouvent mêlés d'excellens articles avec beaucoup d'autres abrogés, répétés, ou qui ne résultent que d'une opinion personnelle. Dans ce Dictionnaire, au contraire, tout est restreint aux articles restés en vigueur, tout émane des lois, décisions et instructions.

A chaque article de manutention de quelque étendue, on a suivi, pour la *sous-division* comme pour les articles des autres chapitres dont ils sont souvent la conséquence, l'ordre alphabétique, lorsqu'il ne s'opposait point à la liaison des idées ou du travail; ainsi, par exemple, on a préféré pour le mot *expertise*, la marche qui se présente naturellement, d'indiquer successivement toutes les formalités à observer pour établir les cas où elle doit être requise, les pièces à fournir pour la provoquer, et la forme de cette procédure, jusqu'à la transaction ou l'exécution du jugement définitif.

Au mot *exploits*, après avoir traité la matière de perception dans tous ses détails, un chapitre contenant la citation de 40 arrêts, est consacré à faire distinguer les exploits valides, de ceux qui sont frappés de nullité.

Un article très-détaillé à la lettre *A*, est réservé au cas où les divers fonctionnaires peuvent ou non agir en vertu d'actes non enregistrés. Le mot *timbre* renferme aussi un article spécial analogue à celui-ci.

Sans s'assujétir à une recherche pénible, l'employé qui trouvera au titre de son grade ou à l'article de l'opération à faire tous les devoirs qui lui sont prescrits, sera à portée de les remplir avec ordre, méthode et précaution; sa comptabilité, sa régie ne laisseront après lui aucune inquiétude; il pourra diriger les poursuites et conduire une instance compliquée sans craindre les suites de la responsabilité des frais que la négligence d'une seule formalité peut occasionner.

MM. les notaires, secrétaires des administrations, greffiers, avoués, commissaires-priseurs, huissiers, etc., pourront même, en consultant ce Dictionnaire, se mettre à l'abri des contraventions et éviter les amendes qu'ils sont exposés à encourir dans l'exercice de leurs fonctions.

5.° OBSERVATIONS GÉNÉRALES. Le *calendrier* en usage au tems antérieur à l'année 1806, a été conservé pour indiquer les dates de cette époque; mais à la fin du Dictionnaire de l'enregistrement, on trouvera un tableau de concordance propre à leur substituer celles du calendrier grégorien; ce tableau est le complément des mots *calendrier* et *mesures*.

Des *tableaux synoptiques* de progression des droits sont annexés aux mots *bail* et *timbre*.

Pour ne pas gêner la recherche plus fréquente des articles qui ne sont ordinairement que dans les attributions du bureau de l'enregistrement, et de ceux de la manutention y relative, les deux chapitres *hypothèques* et *domaines*, *divisés séparément par lettres alphabétiques*, sont placés à la fin du volume; chacun de ces articles, ainsi rédigé, pourrait aisément faire un ouvrage à part; il a semblé très-essentiel de réunir dans le même cadre toutes les attributions de l'administration.

Si on avait voulu grossir ce Dictionnaire des opinions particulières et de tous les considérans qui précèdent les décisions, il aurait pu former quatre volumes in-4.°; mais le sommaire précis et clair de toutes les questions résolues depuis 22 ans par des autorités irrécusables, dont le très-grand nombre fixe autant que possible la jurisprudence actuelle, a paru suffisant à l'instruction des personnes appelées par leurs fonctions à en faire usage.

Les ouvrages qui ont été analysés, sont généralement indiqués à la fin de chaque article, pour faciliter les recherches dans le cas où une discussion exigerait la connaissance des motifs plus étendus de l'arrêt ou de la décision.

La note des abréviations des mots *arrêts*, *décisions* et *autres*, dont on s'est servi, est indiquée à la page 8.

Les décisions rendues pendant la typographie, ont profité à l'ouvrage, mais seulement pour les articles qui n'étaient pas encore sous presse. Pour fixer maintenant l'époque où le Dictionnaire s'est définitivement arrêté, les autres décisions publiées pendant l'impression jusqu'au 25 juin, sont rapportées dans le complément ci-joint, qui sert en même tems de prospectus au recueil des lois, arrêts, décisions, etc., concernant l'Administration de l'enregistrement et des domaines. Ce Recueil sera livré tous les mois, *par la poste*, pour faire suite au Dictionnaire, que MM. les abonnés pourront annoter, soit en marge, soit sur le papier blanc qui y serait intercalé.

On ose espérer que le faible prix du Dictionnaire général et du projet de Recueil, justifiera que les rédacteurs ne veulent point faire de leur travail un objet de spéculation, et qu'ils ne désirent pour récompense de leurs soins, que la satisfaction d'être utiles principalement à leurs collègues, et de mériter l'estime de leurs supérieurs.

NOTE DES ABRÉVIATIONS.

Loi du 13 brumaire an 7.	*Loi de brum.* 7.
Loi du 22 frimaire an 7.	*Loi de frim.* 7.
Loi du 28 avril 1816.	*Loi de* 1816.
Code civil.	*C. C.*
Code de procédure civile.	*C. de P. C.*
Code de commerce.	*C. de C.*
Ordonnance.	*Ordonn.*
Décret.	*Décr.*
Arrêt de la Cour de cassation.	*Arr. de cass.*
Arrêt de la Cour royale de Paris.	*Cour de Paris.*
Décision de Son Excellence le Ministre des finances.	*Déc. min. fin.*
Décision de S. Exc. le Ministre de la justice et Garde des sceaux.	*Déc. min. just.*
Délibération du Conseil, *ou* Solution de l'Administration.	*Sol.*
Instruction générale n.° 969.	*Instr.* 969.
Circulaire n.° 2051.	*Circ.* 2051.
Circulaire sans n.° du 29 janvier 1821.	*Circ. du 29 janv.* 1821.
Ordres généraux de régie.	*Ordr. gén.*
Recueil général des lois et des arrêts, etc., par M. Sirey, an 1821.	(*Sirey*, 1821.)
Journal du Palais, année 1813.	(*J. du P.* 1813.)
Journal de l'enregistrem.t, article 6964.	(*Art.* 6965, *j.*)
Contrôleur de l'Enregistrement, article 184.	(*Art.* 184 ... *trôleu*
Questions sur les priviléges et hypothèques, par M. Persil, édition de 1820.	(*Quest.*
Traité des priviléges et hypothèques, par M. Battur, édition de 1818.	(*Traité*
Janvier.	*Janv.*
Février.	*Fév.*
Septembre.	*Sept.*
Octobre.	*Oct.*
Novembre.	*Nov.*
Décembre.	*Déc.*
Vendémiaire an 14.	*Vend.*
Brumaire.	*Brum.*
Frimaire.	*Frim.*
Nivôse.	*Niv.*
Pluviôse.	*Pluv.*
Ventôse.	*Vent.*
Germinal.	*Germ.*
Floréal.	*Flor.*
Prairial.	*Prair.*
Messidor.	*Mess.*
Thermidor.	*Therm*
Fructidor.	*Fruct.*

DICTIONNAIRE GÉNÉRAL

DES DROITS D'ENREGISTREMENT, TIMBRE ET GREFFE, DES HYPOTHÈQUES, DOMAINES, ET DE MANUTENTION.

TEXTE des Lois dont l'exécution ou la surveillance est confiée à l'Administration de l'Enregistrement et des Domaines.

ENREGISTREMENT.

LOI du 22 Frimaire an 7.

TITRE I.er *De l'Enregistrement, des Droits et de leur application.*

ART. 1.er Les droits d'enregistrement seront perçus d'après les bases et suivant les règles déterminées par la présente.

2. Les droits d'enregistrement sont *fixes* ou *proportionnels* suivant la nature des actes et mutations qui y sont assujétis.

3. Le droit *fixe* s'applique aux actes soit civils, soit judiciaires ou extrajudiciaires, qui ne contiennent ni obligation, ni libération, ni condamnation, collocation ou liquidation de sommes et valeurs, ni transmission de propriété, d'usufruit ou de jouissance de biens meubles ou immeubles. — Il est perçu aux taux réglés par l'article 68 de la présente.

4. Le droit *proportionnel* est établi pour les obligations, libérations, condamnations, collocations ou liquidations de sommes et valeurs, et pour toute transmission de propriété, d'usufruit ou de jouissance de biens meubles et immeubles, soit entre-vifs, soit par décès. — Ses quotités sont fixées par l'article 69 ci-après. — Il est assis sur les valeurs.

5. Il n'y a point de fraction de centime dans la liquidation du droit proportionnel. Lorsqu'une fraction de somme ne produit pas un centime de droit, le centime est perçu au profit de l'État.

6. Cependant le moindre droit à percevoir sur un acte donnant lieu au droit proportionnel, et sur une mutation de biens par décès, sera du montant de la quotité sous laquelle chaque acte ou mutation se trouve classé dans les articles 68 et 69, sauf les exceptions y mentionnées.

7. Les actes civils et extrajudiciaires sont enregistrés sur les minutes, brevets ou originaux. — Les actes judiciaires reçoivent cette formalité, soit sur les minutes, soit sur les expéditions, suivant les distinctions ci-après. — Ceux qui doivent être enregistrés *sur les minutes*, sont les procès-verbaux d'apposition, de reconnaissance et de levée de scellés, et ceux de nomination de tuteurs et curateurs, les avis de parens, les émancipations, les actes de notoriété, les déclarations en matière civile, les adoptions, tous actes contenant autorisation, acceptation, abstention, renonciation ou répudiation; les nominations d'experts et arbitres, les oppositions à levée de scellés par comparution personnelle, les cautionnemens de personnes à représenter à justice, ceux de sommes déterminées ou non déterminées, les ordonnances et mandemens d'assigner les opposans à scellés, tous procès-verbaux généralement quelconques des bureaux de paix, portant conciliation ou non-conciliation, défaut ou congé, remise ou ajournement; tous actes d'acquiescement, de dépôt et consignation, d'exclusion de tribunaux, d'affirmation de voyage, d'enchères et surenchères, de reprise d'instance, de communication de pièces avec ou sans déplacement, d'affirmation ou vérification de créances, d'opposition à délivrance de titres ou jugemens, de procès-verbaux et rapports, de dépôt de bilan, et de décharges; les certificats de toute nature et ordonnances sur requête; les jugemens portant transmission d'immeubles, et ceux par lesquels il est prononcé des condamnations sur des conventions sujètes à l'enregistrement, sans énonciation de titres enregistrés. — Tous autres actes et jugemens, soit préparatoires ou d'instruction, soit définitifs, ne sont soumis à l'enregistrement que sur les expéditions. — Ceux des actes de l'état civil qui sont assujétis à l'enregistrement par la présente, ne seront également enregistrés que sur les expéditions. — Les jugemens de la police ordinaire, des tribunaux de police correctionnelle et des tribunaux

criminels, ne sont de même soumis à l'enregistrement que sur les expéditions, *lorsqu'il y a partie civile*; et seulement pour les expéditions requises par elle ou autres intéressés.

8. Il n'est dû aucun droit d'enregistrement pour les extraits, copies ou expéditions des actes qui doivent être enregistrés sur les minutes ou originaux. — Quant à ceux des actes judiciaires qui ne sont assujétis à l'enregistrement que sur les expéditions, chaque expédition doit être enregistrée; savoir, la première, pour le droit proportionnel, s'il y a lieu, ou pour le droit *fixe*, si le jugement n'est pas passible du droit proportionnel; et chacune des autres pour le droit *fixe*.

9. Lorsqu'un acte translatif de propriété ou d'usufruit comprend des meubles et immeubles, le droit d'enregistrement est perçu sur la totalité du prix, au taux réglé pour les immeubles, à moins qu'il ne soit stipulé un prix particulier pour les objets mobiliers, et qu'ils ne soient désignés et estimés, article par article, dans le contrat.

10. Dans le cas de transmission de biens, la quittance donnée ou l'obligation consentie par le même acte, pour tout ou partie du prix entre les contractans, ne peut être sujète à un droit particulier d'enregistrement.

11. Mais lorsque dans un acte quelconque, soit civil, soit judiciare ou extrajudiciaire, il y a plusieurs dispositions indépendantes ou ne dérivant pas nécessairement les unes des autres, il est dû pour chacune d'elles, et selon son espèce, un droit particulier. La quotité en est déterminée par l'article de la présente dans lequel la disposition se trouve classée, ou auquel elle se rapporte.

12. La mutation d'un immeuble en propriété ou usufruit, sera suffisamment établie pour la demande du droit d'enregistrement et la poursuite du paiement contre le nouveau possesseur, soit par l'inscription de son nom au rôle de la contribution foncière, et des paiemens par lui faits d'après ce rôle, soit par des baux par lui passés, ou enfin par des transactions ou autres actes constatant sa propriété ou son usufruit.

13. La jouissance à titre de ferme, ou de location, ou d'engagement d'un immeuble, sera aussi suffisamment établie pour la demande et la poursuite du paiement des droits des baux ou engagemens non enregistrés, par les actes qui la feront connaître, ou par des paiemens de contributions imposées aux fermiers, locataires et détenteurs temporaires.

TITRE II. *Des valeurs sur lesquelles le droit proportionnel est assis, et de l'expertise.*

14. La valeur de la propriété, de l'usufruit et de la jouissance des *biens-meubles*, est déterminée pour la liquidation et le paiement du droit proportionnel, ainsi qu'il suit; savoir :

1.° Pour les baux et locations, *par le prix annuel exprimé, en y ajoutant les charges imposées au preneur.*

2.° Pour les créances à terme, leurs cessions et transports, et autres actes obligatoires, *par le capital exprimé dans l'acte, et qui en fait l'objet.*

3.° Pour les quittances et tous autres actes de libération, *par le total des sommes ou capitaux dont le débiteur se trouve libéré.*

4.° Pour les marchés et traités, *par le prix exprimé ou l'évaluation qui sera faite des objets qui en seront susceptibles.*

5.° Pour les ventes et autres transmissions à titre onéreux, *par le prix exprimé et le capital des charges qui peuvent ajouter au prix.*

6.° Pour les créations de rentes soit perpétuelles, soit viagères, ou de pensions, aussi à titre onéreux, *par le capital constitué et aliéné.*

7.° Pour les cessions ou transports desdites rentes ou pensions, et pour leur amortissement ou rachat, *par le capital constitué, quelque soit le prix stipulé pour le transport ou l'amortissement.*

8.° Pour les transmissions entre-vifs, à titre gratuit, et celles qui s'opèrent par décès, *par la déclaration estimative des parties, sans distraction des charges ;*

9.° Pour les rentes et pensions créées sans expression de capital, leurs transports et amortissement, *à raison d'un capital formé de vingt fois la rente perpétuelle, et de dix fois la rente viagère ou la pension, et quelque soit le prix stipulé pour le transport ou l'amortissement.* — Il ne sera fait aucune distinction entre les rentes viagères et pensions créées sur une tête, et celles créées sur plusieurs têtes, quant à l'évaluation. — Les rentes et pensions stipulées payables en nature, seront évaluées aux mêmes capitaux, estimation préalablement faite des objets, d'après les dernières mercuriales du canton de la situation des biens, à la date de l'acte, s'il s'agit d'une rente créée pour aliénation d'immeubles, ou, dans tout autre cas, d'après les dernières mercuriales du canton où l'acte aura été passé. — Il sera rapporté à l'appui de l'acte, un extrait certifié des mercuriales. — S'il est question d'objets dont les prix ne puissent être réglés par les mercuriales, les parties en feront une déclaration estimative.

10.° Pour les actes et jugemens portant condamnation, collocation, liquidation ou transmission, *par le capital des sommes, et les intérêts et dépens liquidés ;*

11.° L'usufruit transmis à titre gratuit, s'évalue à la moitié de la valeur entière de l'objet.

15. La valeur de la propriété, de l'usufruit et de la jouissance *des immeubles* est déterminée pour la liquidation et le paiement du droit proportionnel, ainsi qu'il suit; savoir :

1.° Pour les baux à ferme ou à loyer, les sous-baux, cessions et subrogations de baux, *par le prix annuel exprimé, en y ajoutant les charges imposées au preneur.* — Si le bail est stipulé payable en nature, il en sera fait une évaluation d'après les dernières mercuriales du canton de la situation des biens, à la date de l'acte, à l'appui duquel il sera rapporté un extrait certifié des mercuriales. — Il en sera de même des baux à portion de fruits, pour la part revenant au bailleur, dont la quotité sera préalablement déclarée, et sur la valeur de laquelle le droit d'enregistrement sera perçu. — S'il s'agit d'objets dont la valeur ne puisse être constatée par les mercuriales, les parties en feront une déclaration estimative.

2.° Pour les baux à rentes perpétuelles et ceux dont la durée est illimitée, *par un capital formé de vingt fois la rente ou le prix annuel, et les charges aussi annuelles, en y ajoutant également les autres charges en capital et les deniers d'entrée, s'il en est stipulé. — Les objets en nature s'évaluent comme ci-dessus.*

3.° Pour les baux à vie, sans distinction de ceux faits sur une ou sur plusieurs têtes, *par un capital formé de dix fois le prix et les charges annuels, en ajoutant de même le montant des deniers d'entrée, et des autres charges s'il s'en trouve d'exprimées. Les objets en nature s'évaluent pareillement, comme il est prescrit ci-dessus.*

4.° Pour les échanges, *par une évaluation qui doit être faite en capital, d'après le revenu annuel multiplié par vingt, sans distraction des charges.*

5.° Pour les engagemens, *par les prix et sommes pour lesquels ils sont faits.*

6.° Pour les ventes, adjudications, cessions, rétrocessions, licitations, et tous autres actes civils ou judiciaires, portant translation de propriété ou d'usufruit à titre onéreux, *par le prix exprimé, en y ajoutant toutes les charges en capital, ou par une estimation d'experts, dans les cas autorisés par la présente.* — Si l'usufruit est réservé par le vendeur, il sera évalué à la moitié de tout ce qui forme le prix du contrat, et le droit sera perçu sur le total : mais il ne sera dû aucun autre droit pour la réunion de l'usufruit à la propriété : cependant si elle s'opère par un acte de cession, et que le prix soit supérieur à l'évaluation qui en aura été faite pour régler le droit de la translation de propriété, il est dû un droit, par supplément, sur ce qui se trouve excéder cette évaluation. Dans le cas contraire, l'acte de cession est enregistré pour le droit *fixe.*

7.° Pour les transmissions de propriété entre-vifs, à titre gratuit, et celles qui s'effectuent par décès, *par l'évaluation qui sera faite et portée à vingt fois le produit des biens, ou le prix des baux courans, sans distraction des charges.* — Il ne sera rien dû pour la réunion de l'usufruit à la propriété, lorsque le droit d'enregistrement aura été été acquitté sur la valeur entière de la propriété.

8.° Pour les transmissions d'usufruit seulement soit entre-vifs, à titre gratuit, soit par décès, *par l'évaluation qui en sera portée à dix fois le produit des biens, ou le prix des baux courans, aussi sans distraction des charges.* — Lorsque l'usufruitier qui aura acquitté le droit d'enregistrement pour son usufruit, acquerra la nue propriété, il paiera le droit d'enregistrement sur sa valeur, sans qu'il y ait lieu d'y joindre celle de l'usufruit.

16. Si les sommes et valeurs ne sont pas déterminées dans un acte ou un jugement donnant lieu au droit proportionnel, les parties seront tenues d'y suppléer, avant l'enregistrement, par une déclaration estimative, certifiée et signée au pied de l'acte.

17. Si le prix énoncé dans un acte translatif de propriété ou d'usufruit *de biens-immeubles*, à titre onéreux, paraît inférieur à leur valeur vénale, à l'époque de l'aliénation, par comparaison avec les fonds voisins de même nature, la régie pourra requérir une expertise, pourvu qu'elle en fasse la demande dans l'année, à compter du jour de l'enregistrement du contrat.

18. La demande en expertise sera faite au tribunal civil du département dans l'étendue duquel les biens sont situés, par une pétition portant nomination de l'expert de la nation. — L'expertise sera ordonnée dans la décade de la demande. — En cas de refus par la partie de nommer son expert sur la sommation qui lui aura été faite d'y satisfaire dans les trois jours, il lui en sera nommé un d'office par le tribunal. — Les experts, en cas de partage, appelleront un tiers-expert. S'ils ne peuvent en convenir, le Juge de paix du canton de la situation des biens y pourvoira. — Le procès-verbal d'expertise sera rapporté au plus tard dans le mois qui suivra la remise qui aura été faite aux experts, de l'ordonnance du tribunal, ou dans le mois après l'appel d'un tiers-expert. — Les frais de l'expertise seront à la charge de l'acquéreur, mais seulement lorsque l'estimation excédera d'un huitième au moins le prix énoncé au contrat. — L'acquéreur sera tenu, dans tous les cas, d'acquitter le droit sur le supplément d'estimation, s'il y a une plus-value constatée par le rapport des experts.

19. Il y aura également lieu à requérir l'expertise *des revenus des immeubles* transmis en propriété ou usufruit à tout autre titre qu'à titre onéreux, lorsque l'insuffisance dans l'évaluation ne pourra être établie par actes qui puissent faire connaître le véritable revenu des biens.

TITRE III. *Des délais pour l'enregistrement des actes et des déclarations.*

20. Les délais pour faire enregistrer les actes publics, sont, savoir, *De quatre jours*, pour ceux des huissiers et autres ayant pouvoir de faire des exploits et procès-verbaux; — *De dix jours*, pour les actes des notaires qui résident dans la commune où le bureau d'enregistrement est établi; — *De quinze jours*, pour

ceux des notaires qui n'y résident pas; — *De vingt jours*, pour les actes judiciaires soumis à l'enregistrement sur les minutes, et pour ceux dont il ne reste pas de minutes au greffe, ou qui se délivrent en brevet; *De vingt jours aussi*, pour les actes des administrations centrales et municipales assujétis à la formalité de l'enregistrement.

21. Les testamens déposés chez les notaires, ou par eux reçus, seront enregistrés *dans les trois mois* du décès des testateurs, à la diligence des héritiers, donataires, légataires, ou exécuteurs testamentaires.

22. Les actes qui, à l'avenir, seront faits sous signature privée, et qui porteront transmission de propriété ou d'usufruit *de biens immeubles;* et les baux à ferme ou à loyer, sous-baux, cessions et subrogations de baux, et les engagemens, aussi sous signature privée, *de biens de même nature,* seront enregistrés *dans les trois mois de leur date.* — Pour ceux des actes de ces espèces qui seront passés en pays étranger, ou dans les îles ou colonies françaises où l'enregistrement n'aurait pas encore été établi, le délai sera de *six mois*, s'ils sont faits en Europe; *d'une année,* si c'est en Amérique; et *de deux années,* si c'est en Asie ou en Afrique.

23. Il n'y a point de délai de rigueur pour l'enregistrement de tous autres actes que ceux mentionnés dans l'article précédent, qui seront faits sous signature privée, ou passés en pays étrangers, et dans les îles et colonies françaises où l'enregistrement n'aurait pas encore été établi; mais il ne pourra en être fait aucun usage, soit par acte public, soit en justice ou devant toute autre autorité constituée, qu'ils n'aient été préalablement enregistrés.

24. Les délais pour l'enregistrement des déclarations que les héritiers, donataires ou légataires, auront à passer des biens à eux échus ou transmis par déces, sont; savoir :

De six mois, à compter du jour du décès, lorsque celui dont on recueille la succession est décédé en France; — *De huit mois*, s'il est décédé dans toute autre partie de l'Europe; — *D'une année,* s'il est mort en Amérique; — Et *de deux années,* si c'est en Afrique ou en Asie. — Le délai de six mois ne courra que du jour de la mise en possession, pour la succession d'un absent, celle d'un condamné si ses biens sont séquestrés, celle qui aurait été séquestrée pour toute autre cause, celle d'un défenseur de la patrie, s'il est mort en activité de service, hors de son département; ou enfin celle qui serait recueillie par indivis avec la nation. — Si, avant les derniers six mois des délais fixés pour les déclarations des successions de personnes décédées hors de France, les héritiers prennent possession des biens, il ne restera d'autre délai à courir, pour passer déclaration, que celui de six mois, à compter du jour de la prise de possession.

25. Dans les délais fixés par les articles précédens pour l'enregistrement des actes et des déclarations, le jour de la date de l'acte, ou celui de l'ouverture de la succession, ne sera point compté. — Si le dernier jour du délai se trouve être un décadi ou un jour de fête nationale, ou s'il tombe dans les jours complémentaires, ces jours-là ne seront point comptés non plus.

TITRE IV. *Des bureaux où les actes et mutations doivent être enregistrés.*

26. Les notaires ne pourront faire enregistrer leurs actes qu'aux bureaux dans l'arrondissement desquels ils résident. — Les huissiers et tous autres ayant pouvoir de faire des exploits, procès-verbaux ou rapports, feront enregistrer leurs actes, soit au bureau de leur résidence, soit au bureau du lieu où ils les auront faits. — Les greffiers et les secrétaires des administrations centrales et municipales feront enregistrer les actes qu'ils sont tenus de soumettre à cette formalité, aux bureaux dans l'arrondissement desquels ils exercent leurs fonctions. — Les actes sous signature privée, et ceux passés en pays étrangers, pourront être enregistrés dans tous les bureaux indistinctement.

27. Les mutations de propriétés ou d'usufruit par décès, seront enregistrés au bureau de la situation des biens. — Les héritiers, donataires ou légataires, leurs tuteurs ou curateurs, seront tenus d'en passer déclaration détaillée et de la signer sur le registre. — S'il s'agit d'une mutation, au même titre, de biens-meubles, la déclaration en sera faite au bureau dans l'arrondissement duquel ils se seront trouvés au décès de l'auteur de la succession. — Les rentes et les autres biens-meubles, sans assiette déterminée lors du décès, seront déclarés au bureau du domicile du décédé. — Les héritiers, légataires ou donataires rapporteront, à l'appui de leurs déclarations *de biens-meubles,* un inventaire ou état estimatif, article par article, par eux certifié, s'il n'a pas été fait par un officier public; cet inventaire sera déposé et annexé à la déclaration, qui sera reçue et signée sur le registre du receveur de l'enregistrement.

TITRE V. *Du paiement des droits, et de ceux qui doivent les acquitter.*

28. Les droits des actes et ceux des mutations par décès, seront payés avant l'enregistrement, aux taux et quotités réglés par la présente. — Nul ne pourra en atténuer ni différer le paiement sous le prétexte de contestation sur la quotité, ni pour quelque autre motif que ce soit, sauf à se pourvoir en restitution, s'il y a lieu.

29. Les droits des actes à enregistrer seront acquittés, savoir :

Par les Notaires, *pour les actes passés devant eux.* — Par les Huissiers et autres ayant pouvoir de faire des exploits et procès-verbaux, *pour ceux de leur ministère.* — Par les Greffiers, pour *les actes et jugemens* (*sauf le cas prévu par l'art.* 37 *ci-après) qui doivent être enregistrés sur les minutes, aux termes de l'art.* 7 *de la présente, et ceux passés et reçus aux greffes, et pour les extraits, copies et expéditions qu'ils délivrent des jugemens qui ne sont pas soumis à l'Enregistrement sur les minutes.* — Par les Secrétaires des Administrations centrales et municipales, *pour les actes de ces Administrations qui sont soumis à la formalité de l'Enregistrement, sauf aussi le cas prévu par l'art.* 37. — Par les parties, *pour les actes sous signature privée, et ceux passés en pays étrangers, qu'elles auront à faire enregistrer; pour les ordonnances sur requêtes ou mémoires, et les certificats qui leur sont immédiatement délivrés par les juges; et pour les actes et décisions qu'elles obtiennent des arbitres, si ceux-ci ne les ont pas fait enregistrer.* — Et par les héritiers, légataires et donataires, leurs tuteurs et curateurs, et les exécuteurs testamentaires, *pour les testamens et autres actes de libéralité à cause de mort.*

30. Les officiers publics qui, aux termes des dispositions précédentes, auraient fait, pour les parties, l'avance des droits d'enregistrement, pourront prendre exécutoire du juge de paix de leur canton, pour leur remboursement. — L'opposition qui serait formée contre cet exécutoire, ainsi que toutes les contestations qui s'élèveraient à cet égard, seront jugées conformément aux dispositions portées par l'art. 65 de la présente, relatif aux instances poursuivies au nom de la nation.

31. Les droits des actes civils et judiciaires emportant obligation, libération, ou translation de propriété ou d'usufruit de meubles ou immeubles, seront supportés par les débiteurs et nouveaux possesseurs; et ceux de tous les autres actes le seront par les parties auxquelles les actes profiteront, lorsque, dans ces divers cas, il n'aura pas été stipulé de dispositions contraires dans les actes.

32. Les droits des déclarations des mutations par décès seront payés par les héritiers, donataires ou légataires. — Les cohéritiers seront solidaires. — La nation aura action sur les revenus des biens à déclarer, en quelques mains qu'ils se trouvent, pour le paiement des droits dont il faudrait poursuivre le recouvrement.

TITRE VI. *Des peines pour défaut d'enregistrement des actes et déclarations dans les délais, et de celles portées relativement aux omissions, aux fausses estimations et aux contre-lettres.*

33. Les Notaires qui n'auront pas fait enregistrer leurs actes dans les délais prescrits, paieront personnellement, à titre d'amende et pour chaque contravention, une somme de cinquante francs, s'il s'agit d'un acte sujet au droit fixe, ou une somme égale au montant du droit, s'il s'agit d'un acte sujet au droit proportionnel, sans que, dans ce dernier cas, la peine puisse être au-dessous de cinquante francs. — Ils seront tenus en outre du paiement des droits, sauf leur recours contre les parties pour ces droits seulement.

34. La peine contre un Huissier ou autre ayant pouvoir de faire des exploits ou procès-verbaux, est, pour un exploit ou procès-verbal non présenté à l'Enregistrement dans le délai, d'une somme de *vingt-cinq francs*, et de plus une somme équivalente au montant du droit de l'acte non enregistré. L'exploit ou procès-verbal non enregistré dans le délai, est déclaré nul, et le contrevenant responsable de cette nullité envers la partie. — Ces dispositions, relativement aux exploits et procès-verbaux ne s'étendent pas aux procès-verbaux de vente de meubles et autres objets mobiliers, ni à tout autre acte du ministère des Huissiers, sujet au droit proportionnel. La peine pour ceux-ci sera d'une somme égale au montant du droit, sans qu'elle puisse être au-dessous de *cinquante francs*. Le contrevenant paiera en outre le droit dû pour l'acte, sauf son recours contre la partie, pour ce droit seulement.

35. Les Greffiers qui auront négligé de soumettre à l'Enregistrement, dans le délai fixé, les actes qu'ils sont tenus de présenter à cette formalité, paieront personnellement, à titre d'amende, et pour chaque contravention, une somme égale au montant du droit. — Ils acquitteront en même-tems le droit, sauf leur recours, pour ce droit seulement, contre la partie.

36. Les dispositions de l'article précédent s'appliquent également aux Secrétaires des Administrations centrales et municipales, pour chacun des actes qu'il leur est prescrit de faire enregistrer, s'ils ne les ont pas soumis à l'Enregistrement dans le délai.

37. Il est néanmoins fait exception aux dispositions des deux articles précédens, quant aux jugemens rendus à *l'audience*, qui doivent être enregistrés sur les minutes, et aux actes d'adjudications passés en séance *publique* des Administrations, lorsque les parties n'auront pas consigné aux mains des Greffiers et des Secrétaires, dans le délai prescrit pour l'Enregistrement, le montant des droits fixés par la loi. Dans ce cas, le recouvrement en sera poursuivi contre les parties par les Receveurs: elles supporteront en outre la peine du droit en sus. — Pour cet effet, les Greffiers et les Secrétaires fourniront aux Receveurs de l'Enregistrement, dans la décade qui suivra l'expiration du délai, des extraits par eux certifiés des actes et jugemens dont les droits ne leur auront pas été remis par les parties, à peine d'une amende de *dix francs* pour chaque décade de retard, et pour chaque acte et jugement, et d'être en outre personnellement contraints au paiement des doubles droits.

38. Les actes sous signature privée, et ceux passés en pays étrangers, dénommés dans l'article 22, qui n'auront pas été enregistrés dans les délais déterminés, seront soumis au double droit d'enregistrement. — Il en sera de même pour les testamens non enregistrés dans le délai.

39. Les héritiers, donataires ou légataires qui n'auront pas fait, dans les délais prescrits, les déclarations des biens à eux transmis par décès, paieront, à titre d'amende, un demi-droit en sus du droit qui sera dû pour la mutation. — La peine pour les omissions qui seront reconnues avoir été faites dans les déclarations,

sera d'un droit en sus de celui qui se trouvera dû pour les objets omis : il en sera de même pour les insuffisances constatées dans les estimations des biens déclarés. — Si l'insuffisance est établie par un rapport d'experts, les contrevenans paieront en outre les frais de l'expertise. — Les tuteurs et curateurs supporteront personnellement les peines ci-dessus, lorsqu'ils auront négligé de passer les déclarations dans les délais, ou qu'ils auront fait des omissions ou des estimations insuffisantes.

40. Toute contre-lettre faite sous signature privée, qui aurait pour objet une augmentation du prix stipulé dans un acte public, ou dans un acte sous signature privée précédemment enregistré, est déclarée nulle et de nul effet. — Néanmoins, lorsque l'existence en sera constatée, il y aura lieu d'exiger, à titre d'amende, une somme triple du droit qui aurait eu lieu sur les sommes et valeurs ainsi stipulées.

TITRE VII. *Des obligations des Notaires, Huissiers, Greffiers, Secrétaires, Juges, Arbitres, Administrateurs et autres Officiers ou Fonctionnaires publics, des Parties et des Receveurs, indépendamment de celles imposées sous les titres précédens.*

41. Les Notaires, Huissiers, Greffiers, et les Secrétaires des Administrations centrales et municipales, ne pourront délivrer en brevet, copie ou expédition, aucun acte soumis à l'enregistrement sur la minute ou l'original, ni faire aucun autre acte en conséquence, avant qu'il ait été enregistré, quand même le délai pour l'enregistrement ne serait pas encore expiré, à peine de *cinquante francs* d'amende, outre le paiement du droit. — Sont exceptés les exploits et autres actes de cette nature qui se signifient à partie, ou par affiches et proclamations, et les effets négociables compris sous l'article 69, §. II, nombre 6 de la présente. — A l'égard des jugemens qui ne sont assujétis à l'enregistrement que sur les expéditions, il est défendu aux Greffiers, sous les mêmes peines, d'en délivrer aucune, même par simple note ou extrait, aux parties ou autres intéressés, sans l'avoir fait enregistrer.

42. Aucun Notaire, Huissier, Greffier, Secrétaire ou autre Officier public, ne pourra faire ou rédiger un acte en vertu d'un acte sous signature privée, ou passé en pays étranger, l'annexer à ses minutes, ni le recevoir en dépôt, ni en délivrer extrait, copie ou expédition, s'il n'a été préalablement enregistré, à peine de *cinquante francs* d'amende, et de répondre personnellement du droit, sauf l'exception mentionnée dans l'article précédent.

43. Il est également défendu, sous la même peine de *cinquante francs* d'amende, à tout Notaire ou Greffier, de recevoir aucun acte en dépôt, sans dresser acte du dépôt. — Sont exceptés les testamens déposés chez les Notaires par les testateurs.

44. Il sera fait mention dans toutes les expéditions des actes publics civils ou judiciaires qui doivent être enregistrés sur les minutes, de la quittance des droits, par une transcription littérale et entière de cette quittance. — Pareille mention sera faite dans les minutes des actes publics, civils, judiciaires ou extrajudiciaires, qui se feront en vertu d'actes sous signature privée ou passés en pays étranger, et qui sont soumis à l'enregistrement par la présente. — Chaque contravention sera punie par une amende de *dix francs*.

45. Les Greffiers qui délivreront des secondes et subséquentes expéditions des actes et jugemens assujétis au droit proportionnel, mais qui ne sont pas dans le cas d'être enregistrés sur les minutes, seront tenus de faire mention, dans chacune de ces expéditions, de la quittance du droit payé pour la première expédition, par une transcription littérale de cette quittance. — Ils feront également mention, sur la minute, de chaque expédition délivrée, de la date de l'enregistrement et du droit payé. — Toute contravention à ces dispositions sera punie par une amende de *dix francs*.

46. Dans le cas de fausse mention d'enregistrement, soit dans une minute, soit dans une expédition, le délinquant sera poursuivi par la partie publique, sur la dénonciation du Préposé de la Régie, et condamné aux peines prononcées pour le faux.

47. Il est defendu aux juges et arbitres de rendre aucun jugement, et aux administrations centrales et municipales de prendre aucun arrêté en faveur de particuliers, sur des actes non enregistrés, à peine d'être personnellement responsables des droits.

48. Toutes les fois qu'une condamnation sera rendue, ou qu'un arrêté sera pris sur un acte enregistré, le jugement, la sentence arbitrale ou l'arrêté en fera mention, et énoncera le montant du droit payé, la date du paiement et le nom du bureau où il aura été acquitté; en cas d'omission, le Receveur exigera le droit, si l'acte n'a pas été enregistré dans son bureau, sauf restitution dans le délai prescrit, s'il est ensuite justifié de l'enregistrement de l'acte sur lequel le jugement aura été prononcé ou l'arrêté pris.

49. Les Notaires, Huissiers, Greffiers, et les Secrétaires des administrations centrales et municipales, tiendront des répertoires à colonnes, sur lesquels ils inscriront, jour par jour, sans blanc ni interligne et par ordre de numéros; savoir :

1.° *Les Notaires*, tous les actes et contrats qu'ils recevront, même ceux qui seront passés en brevet, à peine de *dix francs* d'amende pour chaque omission.

2.° *Les Huissiers*, tous les actes et exploits de leur ministère, sous peine d'une amende de *cinq francs* pour chaque omission.

3°. *Les Greffiers*, tous les actes et jugemens qui, aux termes de la présente, doivent être enregistrés sur les minutes, à peine d'une amende de *dix francs* pour chaque omission.

4°. Et *les Secrétaires*, tous les actes des Administrations, qui doivent aussi être enregistrés sur les minutes, à peine d'une amende de *dix francs* pour chaque omission.

50. Chaque article du répertoire contiendra, 1.° son numéro; 2.° la date de l'acte; 3.° sa nature; 4.° les noms et prénoms des parties et leurs domiciles; 5.° l'indication des biens, leur situation et le prix, lorsqu'il s'agira d'actes qui auront pour objet la propriété, l'usufruit ou la jouissance de biens-fonds; 6.° la relation de l'enregistrement.

51. Les Notaires, Huissiers, Greffiers, et les Secrétaires des administrations centrales et municipales, présenteront, tous les trois mois, leurs répertoires aux Receveurs de l'enregistrement de leur résidence, qui les viseront et qui énonceront dans leur *visa* le nombre des actes inscrits. Cette présentation aura lieu, chaque année, dans la première décade de chacun des mois de Nivôse, Germinal, Messidor et Vendémiaire, à peine d'une amende de *dix francs* pour chaque décade de retard.

52. Indépendamment de la représentation ordonnée par l'article précédent, les Notaires, Huissiers, Greffiers et Secrétaires, seront tenus de communiquer leurs répertoires, à toute réquisition, aux Préposés de l'enregistrement qui se présenteront chez eux pour les vérifier, à peine d'une amende de cinquante francs en cas de refus. — Le Préposé, dans ce cas, requerra l'assistance d'un officier municipal, ou de l'agent, ou de l'adjoint de la commune du lieu, pour dresser, en sa présence, procès-verbal du refus qui lui aura été fait.

53. Les répertoires seront cotés et paraphés; savoir, ceux des Notaires, Huissiers et Greffiers de la justice de paix, par le Juge de paix de leur domicile; ceux des Greffiers des tribunaux, par le président; et ceux des Secrétaires des Administrations, par le Président de l'Administration.

54. Les dépositaires des registres de l'état civil, ceux des rôles des contributions, et tous autres chargés des archives et dépôts de titres publics, seront tenus de les communiquer, sans déplacer, aux Préposés de l'enregistrement, à toute réquisition, et de leur laisser prendre, sans frais, les renseignemens, extraits et copies qui leur seront nécessaires pour les intérêts de l'État, à peine de *cinquante francs d'amende* pour refus constaté par procès-verbal du Préposé, qui se fera accompagner, ainsi qu'il est prescrit par l'article 52 ci-dessus, chez les détenteurs et dépositaires qui auront fait refus. — Ces dispositions s'appliquent aussi aux Notaires, Huissiers, Greffiers et Secrétaires des Administrations centrales et municipales, pour les actes dont ils sont dépositaires. — Sont exceptés les testamens et autres actes de libéralité à cause de mort, du vivant des testateurs. — Les communications ci-dessus ne pourront être exigées les jours de repos, et les séances dans chaque autre jour, ne pourront durer plus de quatre heures de la part des Préposés, dans les dépôts où ils feront leurs recherches.

55. Les notices des actes de décès, qui, aux termes de l'article 5 de la loi du 13 fructidor an 6, relative à la célébration des décadis, doivent être remises, pour chaque décade, au chef-lieu du canton, par les officiers publics ou les agens de communes faisant fonctions d'officiers publics, seront transcrites sur un registre particulier tenu par les Secrétaires des administrations municipales. — Les Secrétaires fourniront, par quartier, aux Receveurs de l'enregistrement de l'arrondissement, les relevés, par eux certifiés, desdits actes de décès. Ils seront délivrés sur papier non-timbré, et remis dans les mois de Nivôse, Germinal, Messidor et Vendémiaire, à peine d'une amende de *trente francs* pour chaque mois de retard. Ils en retireront *récépissé* aussi sur papier non-timbré.

56. Les Receveurs de l'enregistrement ne pourront, sous aucun prétexte, lors même qu'il y aurait lieu à l'expertise, différer l'enregistrement des actes et mutations dont les droits auront été payés aux taux réglés par la présente. — Ils ne pourront non plus suspendre ou arrêter le cours des procédures en retenant des actes ou exploits: cependant, si un acte dont il n'y a pas de minute, ou un exploit, contient des renseignemens dont la trace puisse être utile pour la découverte des droits dus, le Receveur aura la faculté d'en tirer copie, et de la faire certifier conforme à l'original par l'officier qui l'aura présenté. En cas de refus, il pourra réserver l'acte pendant vingt-quatre heures seulement, pour s'en procurer une collation en forme, à ses frais, sauf répétition s'il y a lieu. — Cette disposition est applicable aux actes sous signature privée qui seront présentés à l'enregistrement.

57. La quittance de l'enregistrement sera mise sur l'acte enregistré ou sur l'extrait de la déclaration du nouveau possesseur. — Le Receveur y exprimera en toutes lettres la date de l'enregistrement, le folio du registre, le numéro et la somme des droits perçus. — Lorsque l'acte renfermera plusieurs dispositions opérant chacune un droit particulier, le Receveur les indiquera sommairement dans sa quittance, et y énoncera distinctement la quotité de chaque droit perçu, à peine d'une amende de *dix francs* pour chaque omission.

58. Les Receveurs de l'enregistrement ne pourront délivrer d'extraits de leurs registres que sur ordonnance du Juge de paix, lorsque ces extraits ne seront pas demandés par quelqu'une des parties contractantes, ou leurs ayans-cause. — Il leur sera payé *un franc* pour recherche de chaque année indiquée, et 50 *centimes* par chaque extrait, outre le papier timbré; ils ne pourront rien exiger au-delà.

59. Aucune Autorité publique, ni la Régie, ni ses Préposés, ne peuvent accorder de remise ou modé-

ration des droits établis par la présente et des peines encourues, ni en suspendre ou faire suspendre le recouvrement, sans en devenir personnellement responsables.

TITRE VIII. *Des droits acquis, et des prescriptions.*

60. Tout droit d'enregistrement perçu régulièrement en conformité de la présente, ne pourra être restitué, quels que soient les événemens ultérieurs, sauf les cas prévus par la présente.

61. Il y a prescription pour la demande des droits; savoir :

1.° Après deux années, à compter du jour de l'enregistrement, s'il s'agit d'un droit non perçu sur une disposition particulière dans un acte, ou d'un supplément de perception insuffisamment faite, ou d'une fausse évaluation dans une déclaration, et pour la constater par voie d'expertise. — Les parties seront également non recevables, après le même délai, pour toute demande en restitution de droits perçus.

2.° Après trois années, aussi à compter du jour de l'enregistrement, s'il s'agit d'une omission de biens dans une déclaration faite après décès;

3.° Après cinq années, à compter du jour du décès, pour les successions non déclarées. — Les prescriptions ci-dessus seront suspendues par des demandes signifiées et enregistrées avant l'expiration des délais; mais elles seront acquises irrévocablement, si les poursuites commencées sont interrompues pendant une année sans qu'il y ait d'instance devant les juges compétens, quand même le premier délai pour la prescription ne serait pas expiré.

62. La date des actes sous signature privée ne pourra cependant être opposée à l'État pour prescription des droits et peines encourues, à moins que ces actes n'aient acquis une date certaine par le décès de l'une des parties, ou autrement.

TITRE IX. *Des poursuites et instances.*

63. La solution des difficultés qui pourront s'élever relativement à la perception des droits d'enregistrement avant l'introduction des instances, appartient à la Régie.

64. Le premier acte de poursuite pour le recouvrement des droits d'enregistrement et le paiement des peines et amendes prononcées par la présente, sera une contrainte. Elle sera décernée par le Receveur ou Préposé de la Régie; elle sera visée et déclarée exécutoire par le Juge de paix du canton où le bureau est établi, et elle sera signifiée. — L'exécution de la contrainte ne pourra être interrompue que par une opposition formée par le redevable et motivée, avec assignation à jour fixe devant le Tribunal civil du Département. Dans ce cas, l'opposant sera tenu d'élire domicile dans la commune où siège le Tribunal.

65. L'introduction et l'instruction des instances auront lieu devant les Tribunaux civils de Département. La connaissance et la décision en sont interdites à toutes autres Autorités constituées ou administratives. — L'instruction se fera par simples mémoires respectivement signifiés. — Il n'y aura d'autres frais à supporter pour la partie qui succombera, que ceux du papier timbré, des significations, et du droit d'enregistrement des jugemens. — Les Tribunaux accorderont, soit aux parties, soit aux Préposés de la Régie qui suivront les instances, le délai qu'ils leur demanderont pour produire leurs défenses. Il ne pourra néanmoins être de plus de trois décades. — Les jugemens seront rendus dans les trois mois au plus tard, à compter de l'introduction des instances, sur le rapport d'un juge, fait en audience publique, et sur les conclusions du Commissaire du Directoire exécutif : ils seront sans appel, et ne pourront être attaqués que par voie de cassation.

66. Les frais de poursuite payés par les Préposés de l'enregistrement pour des articles tombés en non-valeur pour cause d'insolvabilité reconnue des parties condamnées, leur seront remboursés sur l'état qu'ils en rapporteront à l'appui de leurs comptes. L'état sera taxé sans frais par le Tribunal civil du Département, et appuyé des pièces justificatives.

TITRE X. *De la fixation des droits.*

67. Les droits à percevoir pour l'enregistrement des actes et mutations, sont et demeurent fixés aux taux et quotités tarifés par les articles 68 et 69 suivans.

Droits fixes.

68. Les actes compris sous cet article seront enregistrés et les droits payés ainsi qu'il suit; savoir :

§. I.er *Actes sujets à un droit fixe d'un franc.*

1.° Les abstentions, répudiations et renonciations à successions, legs ou communautés, lorsqu'elles sont pures et simples, et si elles ne sont pas faites en justice. — *Il est dû un droit par chaque renonçant et pour chaque succession à laquelle on renonce.*

2.° Les acceptations de successions, legs ou communautés, aussi lorsqu'elles sont pures et simples. *Il est dû un droit par chaque acceptant et pour chaque succession.*

3.° Les acceptations de transports ou délégations de créances à termes, faites par actes séparés, lorsque le droit proportionnel a été acquitté pour le transport ou la délégation; et celles qui se font dans les actes mêmes de délégation de créances aussi à terme.

4.° Les acquiescemens purs et simples, quand ils ne sont point faits en justice.

5.° Les actes de notoriété.

6.° Les actes qui ne contiennent que l'exécution, le complément et la consommation d'actes antérieurs enregistrés.

7.° Les actes refaits pour cause de nullité ou autre motif, sans aucun changement qui ajoute aux objets des conventions ou à leur valeur.

8°. Les adjudications à la folle enchère, lorsque le prix n'est pas supérieur à celui de la précédente adjudication, si elle a été enregistrée.

9.° Les adoptions.

10.° Les attestations pures et simples.

11.° Les avis de parens, autres que ceux contenant nomination de tuteurs et curateurs.

12.° Les autorisations pures et simples.

13.° Les bilans.

14.° Les brevets d'apprentissage qui ne contiennent ni obligation de sommes et valeurs mobilières, ni quittance.

15.° Les cautionnemens de personnes à représenter à justice.

16.° Les certifications de cautions et de cautionnemens.

17.° Les certificats purs et simples; ceux de vie par chaque individu, et ceux de résidence.

18.° Les collations d'actes et pièces ou des extraits d'iceux, par quelque officier public qu'elles soient faites. — *Le droit sera payé par chaque acte, pièce ou extrait collationné.*

19.° Les compromis qui ne contiennent aucune obligation de sommes et valeurs donnant lieu au droit proportionnel.

20.° Les connaissemens ou reconnaissances de chargemens par mer, et les lettres de voiture. — *Il est dû un droit par chaque personne à qui les envois sont faits.*

21.° Les consentemens purs et simples.

22.° Les décharges également pures et simples, et les récépissés de pièces.

23.° Les déclarations aussi pures et simples, en matière civile.

24.° Les déclarations ou élections de command ou d'ami, lorsque la faculté d'élire un command a été réservée dans l'acte d'adjudication ou le contrat de vente, et que la déclaration est faite par acte public et notifiée dans les vingt-quatre heures de l'adjudication ou du contrat.

25.° Les délivrances de legs pures et simples.

26.° Les dépôts d'actes et pièces chez des officiers publics.

27.° Les dépôts et consignations de sommes et effets mobiliers chez des officiers publics, lorsqu'ils n'opèrent pas la libération des déposans; et les décharges qu'en donnent les déposans ou leurs héritiers, lorsque la remise des objets déposés leur est faite.

28.° Les désistemens purs et simples.

29.° Les devis d'ouvrages et entreprises qui ne contiennent aucune obligation de somme et valeur, ni quittance.

30.° Les exploits, les significations, celles des cédules des juges de paix, les commandemens, demandes, notifications, citations, offres ne faisant pas titre au créancier et non acceptées, oppositions, sommations, procès-verbaux, assignations, protêts, interventions à protêt, protestations, publications et affiches, saisies, saisies-arrêts, séquestres, mains-levées, et généralement tous actes extrajudiciaires des Huissiers ou de leur ministère, qui ne peuvent donner lieu au droit proportionnel, sauf les exceptions mentionnées dans la présente; — Et aussi les exploits, significations et tous autres actes extrajudiciaires faits pour le recouvrement des contributions directes et indirectes, et de toutes autres sommes dues à la nation, même des contributions locales, mais seulement lorsque la somme principale excède 25 francs. — *Il sera dû un droit pour chaque demandeur ou défendeur, en quelque nombre qu'ils soient, dans le même acte, excepté les copropriétaires et cohéritiers, les parens réunis, les co-intéressés, les débiteurs ou créanciers associés ou solidaires, les séquestres, les experts et les témoins, qui ne seront comptés que pour une seule et même personne, soit en demandant, soit en défendant, dans le même original d'acte, lorsque leurs qualités y seront exprimées.*

31.° Les lettres missives qui ne contiennent ni obligation, ni quittance, ni aucune autre convention donnant lieu au droit proportionnel.

32.° Les nominations d'experts ou arbitres.

33.° Les prises de possession en vertu d'actes enregistrés.

34.° Les prisées de meubles.

35.° Les procès-verbaux et rapports d'employés, gardes, commissaires, séquestres, experts, arpenteurs et agens forestiers ou ruraux.

36.° Les procurations et pouvoirs pour agir ne contenant aucune disposition ni clause donnant lieu au droit proportionnel.

37.° Les promesses d'indemnités indéterminées et non susceptibles d'estimation.

38.° Les ratifications pures et simples d'actes en forme.

39.° Les reconnaissances aussi pures et simples ne contenant aucune obligation ni quittance.

40.° Les résiliemens purs et simples, faits par actes authentiques dans les vingt-quatre heures des actes résiliés.

41.° Les rétractations et révocations.

42.° Les réunions de l'usufruit à la propriété, lorsque la réunion s'opère par acte de cession, et quelle n'est pas faite pour un prix supérieur à celui sur lequel le droit a été perçu lors de l'aliénation de la propriété.

43.° Les soumissions et enchères, hors celles faites en justice, sur des objets mis ou à mettre en adjudication ou en vente, ou sur des marchés à passer, lorsqu'elles seront faites par actes séparés de l'adjudication.

44.° Les titres nouvels ou reconnaissances de rentes dont les contrats sont justifiés en forme.

45.° Les transactions, en quelque matière que ce soit, qui ne contiennent aucune stipulation de somme et valeur, ni dispositions soumises par la présente à un plus fort droit d'enregistrement.

46.° Les actes (les cédules exceptées) et jugemens préparatoires, interlocutoires ou d'instruction des juges de paix; certificats d'individualité, procès-verbaux d'avis de parens; *visa* de pièces et poursuites préalables à l'exercice de la contrainte par corps; les oppositions à levée de scellés par comparence personnelle dans le procès-verbal; les ordonnances et mandemens d'assigner les opposans à scellés; tous autres actes des juges de paix non classés dans les paragraphes et articles suivans, et leurs jugemens définitifs portant condamnation de sommes dont le droit proportionnel ne s'éleverait pas à *un franc*.

47.° Tous les procès-verbaux des bureaux de paix desquels il ne résulte aucune disposition donnant lieu au droit proportionnel, ou dont le droit proportionnel ne s'éleverait pas à *un franc*.

48.° Les actes et jugemens de la police ordinaire et des tribunaux de police correctionnelle et criminels, soit entre parties, soit sur la poursuite du ministère public, avec partie civile, lorsqu'il n'y a pas condamnation de sommes et valeurs, ou dont le droit proportionnel ne s'éleverait pas à *un franc*; et les dépôts et décharges aux greffes desdits tribunaux, dans les mêmes cas où il y a partie civile.

49.° Les jugemens qui seront rendus en matière de contributions, soit directes ou indirectes, ou pour autres sommes dues à la nation, ou pour contributions locales, quelque soit le montant des condamnations, et de quelque autorité ou tribunal qu'émanent les jugemens.

50.° Les procès-verbaux de délits et contraventions aux réglemens généraux de police ou d'impositions.

51.° Et généralement tous actes civils, judiciaires ou extrajudiciaires, qui ne se trouvent dénommés dans aucun des paragraphes suivans, ni dans aucun autre article de la présente, et qui ne peuvent donner lieu au droit proportionnel.

§. II. *Actes sujets à un droit fixe de 2 francs.*

1.° Les inventaires de meubles, objets mobiliers, titres et papiers. — *Il est dû un droit pour chaque vacation.*

2.° Les clôtures d'inventaires.

3.° Les procès-verbaux d'apposition, de reconnaissance et de levée de scellés. — *Il est dû un droit pour chaque vacation.*

4.° Les procès-verbaux de nomination de tuteurs et curateurs.

5.° Les jugemens des *Juges de paix* portant renvoi ou décharge de demande, débouté d'opposition, validité de congé, expulsion, condamnation à réparation d'injures personnelles, et généralement tous ceux qui, contenant des dispositions définitives, ne donnent pas ouverture au droit proportionnel.

6.° Les ordonnances des Juges *des tribunaux civils*, rendues sur requêtes ou mémoires, celles de référé, de compulsoire et d'injonction, celles portant permission de saisir-gager, revendiquer ou vendre; et celles des commissaires du Directoire exécutif, dans les cas où la loi les autorise à en rendre. — Les actes et jugemens préparatoires ou d'instruction de ces tribunaux et des arbitres; — Et les actes faits ou passés aux greffes des mêmes tribunaux, portant acquiescement, dépôt, décharge, désaveu, exclusion de tribunaux; affirmation de voyage, opposition à remise de pièces, enchères, surenchères, renonciation à communauté, succession ou legs (*il est dû un droit par chaque renonçant*), reprise d'instance, communication de pièces sans déplacement, affirmation et vérification de créance, opposition à délivrance de jugement.

7.° Les ordonnances sur requêtes ou mémoires, celle de réassigné, et tous actes et jugemens préparatoires ou d'instruction *des tribunaux de commerce*; — Et les actes passés aux greffes des mêmes tribunaux, portant dépôt de bilan et registres, opposition à publication de séparation, dépôt de sommes et pièces, et tous autres actes conservatoires ou de formalité.

8.° Les expéditions des ordonnances et procès-verbaux des officiers publics de l'état civil, contenant indication du jour ou prorogation de délai pour la tenue des assemblées préliminaires au mariage ou à divorce.

§. III. *Actes sujets à un droit fixe de 3 francs.*

1.° Les contrats de mariage qui ne contiennent d'autres dispositions que des déclarations, de la part des futurs, de ce qu'ils apportent eux-mêmes en mariage et se constituent, sans aucune stipulation avantageuse entre eux. — La reconnaissance y énoncée de la part du futur d'avoir reçu la dot apportée par la future, ne donne pas lieu à un droit particulier. — Si les futurs sont dotés par leurs ascendans, ou s'il leur est fait des donations par des collatéraux ou autres personnes non parentes, par leur contrat de mariage, les droits, dans ces cas, sont perçus suivant la nature des biens, ainsi qu'ils sont réglés dans les paragraphes 4, 6 et 7 de l'article suivant.

2.° Les partages de biens-meubles et immeubles entre copropriétaires, à quelque titre que ce soit, pourvu qu'il en soit justifié. — *S'il y a retour, le droit sur ce qui en fera l'objet sera perçu aux taux réglés pour les ventes.*

3.° Les prestations de serment des Greffiers et Huissiers, des Juges de paix, des Gardes des douanes, Gardes forestiers et Gardes champêtres, pour entrer en fonctions.

4.° Les actes de société qui ne portent ni obligation, ni libération, ni transmission de biens-meubles ou immeubles entre les associés ou autres personnes; — Et les actes de dissolution de société, qui sont dans le même cas.

5.° Les testamens et tous autres actes de libéralité qui ne contiennent que des dispositions soumises à l'événement du décès, et les dispositions de même nature qui sont faites par contrat de mariage entre les futurs ou par d'autres personnes. — *Le droit pour ces dispositions par acte de mariage, sera perçu indépendamment de celui du contrat.*

6.° Les unions et directions de créanciers. — *Si elles portent obligation de sommes déterminées par les cointéressés envers un ou plusieurs d'entre eux, ou autres personnes chargées d'agir pour l'union, il sera perçu un droit particulier, comme pour obligation.*

7.° Les expéditions des jugemens *des tribunaux civils*, rendus en première instance ou sur appel, portant acquiescement, acte d'affirmation, d'appel, de conversion d'opposition en saisie, débouté d'opposition; décharge et renvoi de demande; déchéance d'appel; péremption d'instance; déclinatoire; entérinement de procès-verbaux et rapports; homologation d'actes d'union et atermoiemens; injonction de procéder à inventaire, licitation, partage ou vente; main-levée d'opposition ou de saisie; nullité de procédure; maintenue en possession; résolution de contrat ou de clause de contrat pour cause de nullité radicale; reconnaissance d'écriture; nomination de commissaires, directeurs et séquestres; publication judiciaire de donation; bénéfice d'inventaire, rescision, soumission et exécution de jugement; — Et généralement tous jugemens de ces tribunaux, et de ceux *de commerce et d'arbitrage*, contenant des dispositions définitives qui ne peuvent donner lieu au droit proportionnel, ou dont le droit proportionnel ne s'éleverait pas à 3 francs, et qui ne sont pas classés dans les autres paragraphes du présent article.

§. IV. *Actes sujets à un droit fixe de cinq francs.*

1.° Les abandonnemens de biens, soit volontaires, soit forcés, pour être vendus en direction;
2.° Les actes d'émancipation : *le droit est dû par chaque émancipé;*
3.° Les déclarations et significations d'appel des jugemens de juges de paix aux tribunaux civils.

§. V. *Actes sujets à un droit fixe de dix francs.*

Les déclarations et significations d'appel des jugemens des Tribunaux civils, de commerce et d'arbitrage.

§. VI. *Actes sujets à un droit fixe de quinze francs.*

1.° Les actes de divorce;

2.° Les jugemens des Tribunaux civils, portant interdiction, et ceux de séparation de biens entre mari et femme, lorsqu'ils ne portent point condamnation de sommes et valeurs, ou lorsque le droit proportionnel ne s'éleverait pas à *quinze francs;*

3.° Le premier acte de recours au Tribunal de cassation, soit par requête, mémoire ou déclaration, en matière civile, de police ou correctionnelle;

4.° Les prestations de serment des Notaires, des Greffiers et Huissiers des Tribunaux civils, criminels, correctionnels et de commerce, et de tous Employés salariés par l'État, *autres que ceux compris sous le §. III ci-dessus, nombre* 3, pour entrer en fonctions.

§. VII. *Actes sujets à un droit fixe de vingt-cinq francs.*

Chaque expédition de jugement du Tribunal de cassation, délivrée à partie.

Droits proportionnels.

69. Les actes et mutations compris sous cet article, seront enregistrés et les droits payés suivant les quotités ci-après; savoir :

§. I.er *Vingt-cinq centimes par cent francs.*

1.° Les baux de pâturages et nourriture d'animaux. — *Le droit sera perçu sur le prix cumulé des années du bail; savoir: à raison de vingt-cinq centimes par cent francs, sur les deux premières années, et du demi-droit sur les années suivantes.*

2.° Les baux à cheptel et reconnaissances de bestiaux. — *Le droit sera perçu sur le prix exprimé dans l'acte, ou, à défaut, d'après l'évaluation qui sera faite du bétail.*

3.° Les mutations qui s'effectueront par décès en propriété ou usufruit de *biens-meubles*, en ligne directe.

§ II. *Cinquante centimes par cent francs.*

1.° Les abonnemens pour fait d'assurance ou grosse aventure. — *Le droit est perçu sur la valeur des objets abandonnés. — En tems de guerre, il n'est dû qu'un demi-droit.*

2.° Les actes et contrats d'assurance. — *Le droit est dû sur la valeur de la prime. — En tems de guerre, il n'y a lieu qu'au demi-droit.*

3.° Les adjudications au rabais et marchés pour constructions, réparations, entretien, approvisionnemens et fournitures dont le prix doit être payé par le trésor national, ou par les administrations centrales et municipales, ou par des établissemens publics. — *Le droit est dû sur la totalité du prix.* — Et celles au rabais de la levée des contributions directes. — *Le droit est assis sur la somme à laquelle s'élève la remise du Percepteur, d'après le montant du rôle.*

4.° Les atermoiemens entre débiteurs et créanciers. — *Le droit est perçu sur les sommes que le débiteur s'oblige de payer.*

5.° Les baux ou conventions pour nourriture de personnes, lorsque les années sont limitées. — *Le droit est dû sur le prix cumulé des années du bail ou de la convention; mais si la durée est illimitée, l'acte sera assujéti au droit réglé par le paragraphe V, nombre 2 ci-après. — S'il s'agit de baux de nourriture de mineurs, il ne sera perçu qu'un demi-droit, ou vingt-cinq centimes par cent francs sur le montant des années réunies.*

6.° Les billets à ordre, les cessions d'actions et coupons d'actions mobilières des compagnies et sociétés d'actionnaires, et tous autres effets négociables, de particuliers ou de compagnies, à l'exception des lettres-de-change tirées de place en place. — *Les effets négociables de cette nature pourront n'être présentés à l'Enregistrement qu'avec les protêts qui en auront été faits.*

7.° Les brevets d'apprentissage, lorqu'ils contiendront stipulation de sommes ou valeurs mobilières, payées ou non.

8.° Les cautionnemens de sommes et objets mobiliers, les garanties mobilières et les indemnités de même nature. — *Le droit sera perçu indépendamment de celui de la disposition que le cautionnement, la garantie ou l'indemnité aura pour objet, mais sans pouvoir l'excéder. — Il ne sera perçu qu'un demi-droit pour les cautionnemens des comptables envers l'État.*

9.° Les expéditions des jugemens contradictoires ou par défaut des juges de paix, des Tribunaux civils, de commerce et d'arbitrage, de la police ordinaire, de la police correctionnelle et des Tribunaux criminels, portant condamnation, collocation ou liquidation de sommes et valeurs mobilières, intérêts et dépens, entre particuliers, excepté les dommages-intérêts, dont le droit proportionnel est fixé à deux pour cent, sous le paragraphe V, nombre 8 ci-après. — *Dans aucun cas et pour aucun de ces jugemens, le droit proportionnel ne pourra être au-dessous du droit* FIXE, *tel qu'il est réglé dans l'article précédent pour les jugemens des divers tribunaux.* — Lorsque le droit proportionnel aura été acquitté sur un jugement rendu par défaut, la perception sur le jugement contradictoire qui pourra intervenir, n'aura lieu que sur le supplément des condamnations : il en sera de même des jugemens rendus sur appel et des exécutoires. — S'il n'y a pas de supplément de condamnation, l'expédition sera enregistrée pour le droit *fixe*, qui sera toujours le moindre droit à percevoir. — Lorsqu'une condamnation sera rendue sur une demande non établie par un titre enregistré et susceptible de l'être, le droit auquel l'objet de la demande aurait donné lieu s'il avait été convenu par acte public, sera perçu indépendamment du droit dû pour l'acte ou le jugement qui aura prononcé la condamnation.

10.° Les obligations à la grosse aventure, ou pour retour de voyage.

11°. Les quittances, remboursemens ou rachats de rentes et redevances de toute nature; les retraits exercés en vertu de *réméré*, par actes publics, dans les délais stipulés, ou faits sous signature privée, et présentés à l'enregistrement avant l'expiration de ces délais, et tous autres actes et écrits portant libération de sommes et valeurs mobilières.

§ III. *Un franc par cent francs.*

1.° Les adjudications au rabais et marchés, autres que ceux compris dans le paragraphe précédent, pour constructions, réparations et entretien, et tous autres objets mobiliers susceptibles d'estimation, faits entre particuliers, qui ne contiendront ni vente ni promesse de livrer des marchandises, denrées ou autres objets mobiliers.

2.° Les baux à ferme ou à loyer, d'une seule année. — Ceux faits pour deux années.

Le droit sera perçu sur le prix cumulé des deux années.

Ceux d'un plus long tems, pourvu que leur durée soit limitée.

Le droit sera également perçu sur le prix cumulé; savoir: pour les deux premières années, à raison d'un franc par cent francs; et pour les autres années, sur le pied de vingt-cinq centimes par cent francs.

Et les sous-baux, subrogations, cessions et rétrocessions de baux.

Le droit sera liquidé et perçu sur les années à courir, comme il est établi pour les baux; savoir: à raison d'un pour cent sur les deux premières années restant à courir, et de vingt-cinq centimes par cent francs pour les autres années.

Seront considérés, pour la liquidation et le paiement du droit, comme baux de neuf années, ceux faits pour trois, six ou neuf ans. — Les baux de biens nationaux sont assujétis aux mêmes droits.

3.° Les contrats, transactions, promesses de payer, arrêtés de comptes, billets, mandats; les transports, cessions et délégations de créances à terme; les délégations de prix stipulées dans un contrat, pour acquitter des créances à terme envers un tiers, sans énonciation de titre enregistré, sauf, pour ce cas, la restitution dans le délai prescrit, s'il est justifié d'un titre précédemment enregistré; les reconnaissances, celles de dépôt de sommes chez des particuliers, et tous autres actes ou écrits qui contiendront obligation de sommes, sans libéralité et sans que l'obligation soit le prix d'une transmission de meubles ou immeubles non enregistrée.

4.° Les mutations *de biens-immeubles*, en propriété ou usufruit, qui auront lieu par décès en ligne directe.

§. IV. *Un franc vingt-cinq centimes par cent francs.*

1.° Les donations entre-vifs en propriété ou usufruit *de biens-meubles*, en ligne directe.

Il ne sera perçu que moitié droit, si elles sont faites par contrat de mariage aux futurs.

2.° Les mutations en propriété ou usufruit *de biens-meubles*, qui s'effectuent par décès, entre collatéraux et autres personnes non parentes, soit par succession, soit par testament ou autre acte de libéralité à cause de mort.

Il ne sera dû que moitié droit pour celles qui auront lieu entre époux.

§. V. *Deux francs par cent francs.*

1.° Les adjudications, ventes, reventes, cessions, rétrocessions, marchés, traités, et tous autres actes, soit civils, soit judiciaires, translatifs de propriété, à titre onéreux, de meubles, récoltes de l'année, sur pied, coupes de bois taillis et de haute futaie, et autres objets mobiliers généralement quelconques, même les ventes de biens de cette nature faites par la nation. — Les adjudications à folle enchère de biens-meubles sont assujéties au même droit, mais seulement sur ce qui excède le prix de la précédente adjudication, si le droit en a été acquitté

2.° Les constitutions de rentes, soit perpétuelles, soit viagères, et de pensions, à titre onéreux; les cessions, transports et délégations qui en sont faites au même titre, et les baux de biens-meubles faits pour un tems illimité.

3.° Les échanges de biens-immeubles. — *Le droit sera perçu sur la valeur d'une des parts, lorsqu'il n'y aura aucun retour. S'il y a retour, le droit sera payé à raison de deux francs par cent francs, sur la moindre portion, et comme pour vente sur le retour ou la plus-value.*

4.° Les élections ou déclarations de command ou d'ami, sur adjudication ou contrat de vente de biens-meubles, lorsque l'élection est faite après les vingt-quatre heures, ou sans que la faculté d'élire un command ait été réservée dans l'acte d'adjudication ou le contrat de vente.

5.° Les engagemens des biens-immeubles.

6.° Les parts et portions acquises par licitation de biens-meubles indivis.

7.° Les retours de partages de biens-meubles.

8.° Les dommages-intérêts prononcés par les tribunaux criminels, correctionnels et de police.

§. VI. *Deux francs cinquante centimes par cent francs.*

1.° Les donations entre-vifs en propriété ou usufruit *de biens-meubles*, par des collatéraux et autres personnes non parentes. — *Il ne sera perçu que moitié droit, si elles sont faites par contrat de mariage aux futurs.*

2.° Les donations entre-vifs en propriété ou usufruit *de biens-immeubles*, en ligne directe. — *Il ne sera perçu que moitié droit, si elles sont faites par contrat de mariage aux futurs.*

3.° Les transmissions de propriété ou d'usufruit *de biens-immeubles*, qui s'effectuent par décès, entre époux.

§. VII. *Quatre francs par cent francs.*

1.° Les adjudications, ventes, reventes, cessions, rétrocessions et tous autres actes civils ou judiciaires translatifs de propriété ou d'usufruit *de biens-immeubles*, à titre onéreux. — Les adjudications à la folle enchère de biens de même nature, sont assujéties au même droit, mais seulement sur ce qui excède le prix de la précédente adjudication, si le droit en a été acquitté. — La quotité du droit d'enregistrement des adjudications de domaines nationaux sera réglée par des lois particulières.

2.° Les baux à rentes perpétuelles *de biens-immeubles*, ceux à vie et ceux dont la durée est illimitée.

3.° Les déclarations ou élections de command ou d'ami, par suite d'adjudication ou contrats de vente *de biens-immeubles*, autres que celles de domaines nationaux, si la déclaration est faite après les vingt-quatre heures de l'adjudication ou du contrat, ou lorsque la faculté d'élire un command n'y a pas été réservée.

4°. Les parts et portions indivises *de biens-immeubles* acquises par licitation.

5.° Les retours d'échanges et de partages de biens-immeubles.

6.° Les retraits exercés après l'expiration des délais convenus par les contrats de vente sous faculté de *réméré*.

§. VIII. *Cinq francs par cent francs.*

1.° Les donations entre-vifs *de biens-immeubles*, en propriété ou usufruit, par des collatéraux et autres personnes non parentes.

Il ne sera perçu que moitié droit, si elles sont faites par contrat de mariage aux futurs.

2.° Les mutations *de biens-immeubles* en propriété ou usufruit, qui s'effectuent par décès, entre collatéraux et personnes non parentes, soit par successions, soit par testament ou autre acte de libéralité à cause de mort.

TITRE XI. *Des actes qui doivent être enregistrés en débet ou gratis, et de ceux qui sont exempts de cette formalité.*

70. Seront soumis à la formalité de l'enregistrement, et enregistrés en *débet* ou *gratis*, ou exempts de cette formalité, les actes ci-après; savoir :

§. I.er *A enregistrer en débet.*

1.° Les actes et procès-verbaux des Juges de paix pour faits de police.

2.° Ceux faits à la requête des Commissaires du Directoire exécutif près les Tribunaux.

3.° Ceux des Commissaires de police.

4°. Ceux des Gardes établis par l'Autorité publique pour délits ruraux et forestiers.

5.° Les actes et jugemens qui interviennent sur ces actes et procès-verbaux.

Il y aura lieu de suivre la rentrée des droits d'enregistrement de ces actes, procès-verbaux et jugemens, contre les parties condamnées, d'après les extraits des jugemens qui seront fournis aux Préposés de la Régie par les Greffiers.

§. II. *A enregistrer gratis.*

1.° Les acquisitions et échanges faits par l'État; les partages de biens entre lui et des particuliers, et tous autres actes faits à ce sujet.

2.° Les exploits, commandemens, significations, sommations, établissemens de garnison, saisies-arrêts, et autres actes, tant en action qu'en défense, ayant pour objet le recouvrement des contributions directes et indirectes, et de toutes autres sommes dues à l'État, à quelque titre et pour quelque objet que ce soit, même des contributions locales, lorsqu'il s'agira des cotes de 25 francs et au-dessous, ou de droits et créances non excédant en total la somme de 25 francs.

3.° Les actes des Huissiers et Gendarmes, dans les cas spécifiés par le paragraphe suivant, nombre 9.

§. III. *Exempts de la formalité de l'enregistrement.*

1.° Les actes du Corps législatif et ceux du Directoire exécutif.

2.° Les actes d'Administration publique non compris dans les articles précédens.

3.° Les inscriptions sur le grand livre de la dette publique, leurs transferts et mutations, les quittances des intérêts qui en sont payés, et tous effets de la dette publique inscrits ou à inscrire définitivement.

4.° Les rescriptions, mandats et ordonnances de paiement sur les caisses nationales, leurs endossemens et acquits.

5.° Les quittances de contributions, droits, créances et revenus payés à la nation; celles pour charges locales, et celles des fonctionnaires et Employés salariés par l'État, pour leurs traitemens et émolumens.

6.° Les ordonnances de décharge ou de réduction, remises ou modération d'imposition, les quittances y relatives, les rôles et extraits d'iceux.

7.° Les récépissés délivrés aux collecteurs, aux Receveurs de deniers publics et de contributions locales, et les comptes de recettes ou gestions publiques.

8.° Les actes de naissances, sépultures et mariages, reçus par les Officiers de l'état civil, et les extraits qui en sont délivrés.

9.° Tous les actes et procès-verbaux, excepté ceux des Huissiers et Gendarmes, qui doivent être enregistrés, ainsi qu'il est dit au paragraphe précédent, nombre 4, et jugemens concernant la police générale et de sûreté, et la vindicte publique.

10.° Les cédules pour appeler au bureau de conciliation, sauf le droit de la signification.

11.° Les légalisations de signatures d'Officiers publics.

12.° Les affirmations de procès-verbaux des Employés, Gardes et Agens salariés par l'État, faits dans l'exercice de leurs fonctions.

13.° Les engagemens, enrôlemens, congés, certificats, cartouches, passe-ports, quittances pour prêt et fourniture, billets d'étape, de subsistance et de logement, tant pour le service de terre que pour le service de mer, et tous autres actes de l'une et l'autre administration, non compris dans les articles précédens. — Sont aussi exceptés de la formalité de l'Enregistrement, les rôles d'équipages et les engagemens de matelots et gens de mer de la marine marchande et des armemens en course.

14.° Les passe-ports délivrés par l'Administration publique.

15.° Les lettres-de-change tirées de place en place, celle venant de l'étranger ou des colonies françaises, les endossemens et acquits de cet effet, et les endossemens et acquits des billets à ordre et autres effets négociables.

16.° Les actes passés en forme authentique avant l'établissement de l'Enregistrement, dans l'ancien territoire de France, et ceux passés également en forme authentique, ou sous signature privée, dans les pays réunis, et qui y ont acquis une date certaine suivant les lois de ces pays, ainsi que les mutations qui se sont opérées par décès avant la réunion desdits pays.

TITRE XII. *Des Lois précédentes sur l'Enregistrement, et de l'exécution de la présente.*

71. Il sera établi de nouvelles bases pour l'Administration de l'enregistrement, par une loi particulière. — En attendant, les lois qui existent sur son organisation, sa manutention et ses frais de Régie, continueront d'être exécutées.

72. La formalité de l'insinuation des donations entre-vifs continuera d'être donnée dans les bureaux de recette de l'enregistrement, dans les formes et sous les peines portées par les lois subsistantes, jusqu'à ce qu'il en ait été autrement ordonné.

73. Toutes les lois rendues sur les droits d'enregistrement, et toutes dispositions d'autres lois y relatives, sont et demeurent abrogées pour l'avenir. — Elles continueront d'être exécutées à l'égard des actes faits et des mutations par décès effectuées avant la publication de la présente. — Les affaires actuellement en instance seront suivies d'après les lois en vertu desquelles elles ont été intentées. — La présente sera exécutée à compter du jour de sa publication.

LOI *additionnelle sur l'Enregistrement, du 27 ventôse an 9.*

ART. 1.er A compter du jour de la publication de la présente, les droits d'enregistrement seront liquidés et perçus suivant les fixations établies par la loi du 22 frimaire an 7, et celles postérieures, quelle que soit la date, ou l'époque des actes et mutations à enregistrer, sauf les modifications et changemens ci-après :

2. La perception du droit proportionnel suivra les sommes et valeurs de *vingt francs* en *vingt francs* inclusivement et sans fraction.

3. Il ne pourra être perçu moins de *vingt-cinq centimes* pour l'enregistrement des actes et mutations, dont les sommes et valeurs ne produiraient pas *vingt-cinq centimes* de droit proportionnel.

4. Sont soumises aux dispositions des articles 22 et 38 de la loi du 22 frimaire, les mutations entre-vifs de propriété ou d'usufruit de biens-immeubles, lors-même que les nouveaux possesseurs prétendraient qu'il n'existe pas de conventions écrites entre eux et les précédens propriétaires ou usufruitiers. A défaut d'actes, il sera suppléé par des déclarations détaillées et estimatives, dans les trois mois de l'entrée en possession, à peine d'un droit en sus.

5. Dans tous les cas où les frais de l'expertise autorisée par les articles 17 et 19 de la loi du 22 frimaire, tomberont à la charge du redevable, il y aura lieu au double droit d'enregistrement sur le supplément de l'estimation.

6. Les dispositions de la loi du 22 frimaire, relatives aux administrations civiles et aux tribunaux alors existans, sont applicables aux fonctionnaires civils et aux tribunaux qui les remplacent.

7. Les actes et procès-verbaux de ventes, de prises et de navires ou bris de navires, faits par les officiers de l'administration de la marine, seront soumis à l'enregistrement dans les vingt jours de leur date, sous la peine portée aux articles 35 et 36 de ladite loi du 22 frimaire. L'article 37 leur est applicable pour le cas qui y est prévu.

8. Le droit d'enregistrement des baux à ferme ou à loyer, et des sous-baux, subrogations, cession et retrocession de baux, réglé par l'article 69 de la loi du 22 frimaire, §. 3, n.° 2, à *un franc* par *cent francs* sur le montant des deux premières années, et à *vingt-cinq centimes* par *cent francs* sur celui des autres années, est réduit à *soixante-quinze centimes* par *cent francs* sur les deux premières années, et à *vingt-cinq centimes* par *cent francs* sur le montant des années suivantes. — S'il est stipulé pour une ou plusieurs années, un prix différent de celui des autres années du bail ou de la location, il sera formé un total du prix de toutes les années, et il sera divisé également, suivant leur nombre, pour la liquidation du droit.

9. Le droit d'enregistrement des cautionnemens, de baux à ferme ou à loyer, sera de moitié de celui fixé par l'article précédent.

10. L'article 69 de la loi du 22 frimaire, §. 4, n.° 1, et §. 6, n.° 2, est applicable aux démissions de biens en ligne directe.

11. Le droit proportionnel est porté à deux pour cent sur le montant des dommages-intérêts en matière civile, ainsi qu'il est réglé par l'article 69 de ladite loi, §. 5, n.° 8, pour les dommages-intérêts en matière criminelle, correctionnelle et de police.

12. Les jugemens portant résolution de contrat de vente pour défaut de paiement quelconque sur le prix de l'acquisition, lorsque l'acquéreur ne sera point entré en jouissance, ne seront assujétis qu'au droit *fixe* d'enregistrement, tel qu'il est réglé par l'article 68 de la loi du 22 frimaire, §. 3, n.° 7, pour les jugemens portant résolution de contrats pour cause de nullité radicale.

13. La dernière disposition du n.° 30 du §. premier de l'article 68 de loi du 22 frimaire, est applicable aux actes d'appel compris sous les §. §. 4 et 5 du même article.

14. Les actes de prestation de serment sont soumis à l'enregistrement sur les minutes dans les vingt jours de leur date, sous les obligations et primes portées aux articles 35 et 37 de ladite loi du 22 frimaire. Ceux des Avoués sont classés parmi les actes de cette nature, compris sous le n.° 4 du 6.° §. de l'article 68. Ceux des Gardes des barrières le sont sous le n.° 3 du 3.° §. du même article.

15. Le droit d'enregistrement des significations d'Avoué à Avoué dans le cours des instructions des procédures devant les tribunaux, est fixé à *vingt centimes*. Ces actes seront enregistrés dans les quatre jours de leur date, à peine de *cinq francs d'amende* pour chaque contravention, outre le paiement du droit.

16. Les présentations et les défauts et congés faute de comparoir, défendre ou conclure, qui doivent se prendre au greffe, sont soumis à un droit *fixe d'un franc*. Ils s'enregistrent sur les minutes ou originaux. Le délai pour l'enregistrement est le même que celui fixé par l'article 20 de la loi du 22 frimaire pour les actes judiciaires, et les articles 35 et 37 de ladite loi leur sont applicables.

17. L'instruction des instances que la régie aura à suivre pour toutes les perceptions qui lui sont confiées, se fera par simples mémoires respectivement signifiés sans plaidoirie; les parties ne seront point obligées d'employer le ministère des Avoués.

18. Toutes dispositions contraires à la présente sont abrogées. (*Circulaire n.° 1992*).

EXTRAIT de la loi du 28 *avril* 1816, *pour ce qui concerne les droits d'Enregistrement.*

Art. 37. A compter de la promulgation de la présente loi, et jusqu'à ce que l'acquittement des charges extraordinaires soit terminé, les droits d'enregistrement, timbre et hypothèques seront perçus avec les augmentations énoncées aux articles suivans.

38. Tous actes judiciaires en matière civile, tous jugemens en matière criminelle, correctionnelle ou de police, seront, sans exception, soumis à l'enregistrement sur les minutes ou originaux. — Les Greffiers ne seront personnellement tenus de l'acquittement des droits que dans les cas prévus par les articles 7 et 35 de la loi du 22 Frimaire an 7. Ils continueront de jouir de la faculté accordée par l'article 37, pour les jugemens et actes y énoncés. — Il sera délivré aux Greffiers, par le Receveur de l'enregistrement, des récépissés sur papier non timbré, des extraits de jugemens qu'ils doivent fournir en exécution dudit article 37. Ces récépissés seront inscrits sur leurs répertoires.

39. Les jugemens des Tribunaux en matière de contributions publiques ou locales et autres sommes dues à l'État et aux établissemens locaux, seront assujétis aux mêmes droits d'enregistrement que ceux rendus entre particuliers.

40. Les héritiers, légataires et tous autres, appelés à exercer des droits subordonnés au décès d'un individu dont l'absence est déclarée, sont tenus de faire, dans les six mois du jour de l'envoi en possession provisoire, la déclaration à laquelle ils seraient tenus s'ils étaient appelés par effet de la mort, et d'acquitter les

droits sur la valeur entière des biens ou droits qu'ils recueillent. — En cas de retour de l'absent, les droits payés seront restitués sous la seule déduction de celui auquel aura donné lieu la jouissance des héritiers. — Ceux qui ont obtenu cet envoi jusqu'à ce jour, sans avoir acquitté les droits de succession, jouiront d'un délai de six mois, à compter de la publication de la présente, pour faire leur déclaration et payer les droits sans être assujétis à l'amende.

41. Seront assujétis au droit fixe de *cinquante centimes*. — 1.° Les significations d'avoué à avoué pour l'instruction des procédures devant les Tribunaux de première instance. — 2.° Les assignations et tous autres exploits devant les prud'hommes.

42. Seront sujètes au droit fixe *d'un franc* les significations d'avoué à avoué devant les Cours royales.

43. Seront sujets au droit fixe de *deux francs* : — 1.° Les acquiescemens purs et simples. — 2.° Les actes de notoriété. — 3.° Les actes refaits pour nullité ou autre motif, sans aucun changement qui ajoute aux objets des conventions ou à leur valeur. — 4°. Les avis de parens. — 5.° Les autorisations pures. — 6°. Les certificats de cautions et de cautionnemens. — 7.° Les consentemens purs et simples. — 8.° Les décharges également pures et simples, et les récépissés de pièces. — 9.° Les déclarations aussi pures et simples, en matière civile et de commerce. — 10.° Les dépôts d'actes et pièces chez des Officiers publics. — 11.° Les dépôts et consignations de sommes et effets mobiliers chez les Officiers publics, lorsqu'ils n'opèrent pas la libération des déposans ; et les décharges qu'en donnent les déposans ou leurs héritiers, lorsque la remise des objets déposés leur est faite. — 12.° Les désistemens purs et simples. — 13.° Les exploits et autres actes du ministère des Huissiers, qui ne peuvent donner lieu au droit proportionnel. — Sont exceptés les exploits relatifs aux procédures devant les Juges de paix, les Prud'hommes, les Cours royales, la Cour de Cassation, et les Conseils de Sa Majesté, jusques et compris les significations des jugemens et arrêts définitifs ; les déclarations d'appels ou de recours en cassation ; les significations d'avoué à avoué, et les exploits ayant pour objet le recouvrement des contributions directes et indirectes, publiques ou locales. — 14.° Les lettres missives qui ne contiennent ni obligation ni quittance, ni aucune autre convention donnant lieu au droit proportionnel. — 15.° Les nominations d'experts hors jugement. — 16.° Les procès-verbaux et rapports d'employés, gardes, commissaires, séquestres, experts et arpenteurs. — 17.° Les procurations et pouvoirs pour agir, ne contenant aucune stipulation ni clause donnant lieu au droit proportionnel. — 18°. Les promesses d'indemnités indéterminées et non susceptibles d'estimation. — 19.° Les reconnaissances pures et simples ne contenant aucune obligation ni quittance. — 20.° Les résiliemens purs et simples, faits par acte authentique dans les vingt-quatre heures des actes résiliés. — 21.° Les rétractations et révocations. — 22.° Les reconnaissances d'enfans naturels par acte de célébration de mariage.

44. Seront sujets à droit fixe *de trois francs* : — 1.° Les adjudications à la folle enchère, lorsque le prix n'est pas supérieur à celui de la précédente adjudication. — 2.° Les compromis ou nominations d'arbitres, qui ne contiennent aucune obligation de sommes et valeurs donnant lieu au droit proportionnel. — 3.° Les déclarations ou élections de command et d'ami, lorsque la faculté d'élire un command a été réservée dans l'acte d'adjudication ou le contrat de vente, et que la déclaration est faite par acte public, et notifiée dans les vingt-quatre heures de l'adjudication ou du contrat. — 4.° Les réunions de l'usufruit à la propriété, lorsque la réunion s'opère par acte de cession, et qu'elle n'est pas faite pour un prix supérieur à celui sur lequel le droit a été perçu lors de l'aliénation de la propriété. — 5.° Les titres nouvels et reconnaissances de rentes, dont les contrats sont justifiés en forme. — 6.° Les connaissemens ou reconnaissances de chargemens par mer. — 7.° Les exploits et autres actes du ministère des Huissiers, relatifs aux procédures devant les Cours royales, jusques et compris la signification des arrêts définitifs. — Sont exceptées les déclarations d'appel et les significations d'avoué à avoué. — 8°. Les transactions en quelque matière que ce soit, qui ne contiennent aucune stipulation de sommes et valeurs, ni dispositions soumises à un plus fort droit d'enregistrement — 9.° Les jugemens définitifs des Juges de paix rendus en dernier ressort, d'après la volonté expresse des parties, au-delà des limites de la compétence ordinaire, lorsqu'ils ne contiennent pas des dispositions donnant ouverture à un droit proportionnel supérieur. — 10.° Les jugemens nerlocutoires ou préparatoires, ordonnances et autres actes énoncés dans les n.os 6 et 7 du deuxième paragraphe de l'article 68 de la loi du 22 frimaire an 7, lorsqu'ils auront lieu dans les Tribunaux de première instance, de commerce ou d'arbitrage, et ne seront pas de l'espèce de ceux dont il sera parlé dans l'article suivant. — 11°. Les significations d'avocat à avocat dans les instances à la Cour de cassation et aux Conseils de Sa Majesté.

45. Seront sujets au droit fixe de *cinq francs*, 1.° Les exploits et autres actes du ministère des Huissiers, relatifs aux procédures devant la Cour de cassation et les Conseils de Sa Majesté, jusques et compris les significations des arrêts définitifs. — Le premier acte de recours est excepté. — 2.° les contrats de mariage et actes de formation ou de dissolution de société, actuellement soumis au droit fixe de *trois francs*. — 3.° Les partages de biens-meubles et immeubles, entre copropriétaires, à quelque titre que ce soit, pourvu qu'il en soit justifié. — 4.° Les testamens et tous autres actes de libéralité qui ne contiennent que des dispositions soumises à l'événement du décès, et les dispositions de même nature qui sont faites par contrat de mariage entre les futurs ou par d'autres personnes. — 5.° Les jugemens des tribunaux civils prononçant sur l'appel des juges de paix ; ceux desdits tribunaux et des tribunaux de commerce ou d'arbitres rendus en premier ressort,

contenant des dispositions définitives qui ne donneraient pas lieu à un droit plus élevé. — 6.° Les arrêts interlocutoires ou préparatoires rendus par les Cours royales, lorsqu'ils ne seront pas susceptibles d'un droit plus élevé, et les ordonnances et actes désignés dans les n.os 6 et 7, deuxième §. de l'article 68 de la loi du 22 frimaire an 7, devant les mêmes cours. — 7.° Les reconnaissances d'enfans naturels autrement que par acte de mariage. — 8.° Les actes et jugemens interlocutoires ou préparatoires des divorces.

46. Seront assujétis au droit fixe de *dix francs*, 1.° Les jugemens rendus en dernier ressort par les tribunaux de première instance ou les arbitres, d'après le consentement des parties, lorsque la matière ne comportait pas ce dernier ressort, sauf la perception du droit proportionnel, s'il s'élève au-delà de *dix francs*. — 2°. Les arrêts définitifs des Cours royales, dont le droit proportionnel ne s'éleverait pas à *dix francs*. — 3.° Les arrêts interlocutoires ou préparatoires de la Cour de cassation et des Conseils de Sa Majesté.

47. Seront sujets au droit fixe de *vingt-cinq francs*, 1.° Le premier acte de recours en cassation ou devant les Conseils de Sa Majesté, soit par requête, mémoire ou déclaration, en matière civile, de police simple ou de police correctionnelle. — 2.° Les arrêts des Cours royales portant interdiction ou prononçant séparation de corps entre mari et femme. — 3.° Les arrêts définitifs de la Cour de cassation et des Conseils de Sa Majesté.

48. Seront sujets au droit fixe de *cinquante francs*, 1.° Les actes de tutelle officieuse. — 2.° Les jugemens de première instance admettant une adoption, ou prononçant un divorce.

49. Seront sujets au droit fixe de *cent francs*, 1.° Les arrêts de Cour d'appel confirmant une adoption. — 2.° Ceux qui prononceront définitivement sur une demande en divorce. S'il n'y a pas d'appel, ce droit sera perçu sur l'acte de l'Officier de l'état civil.

50. Seront soumises au droit de *vingt-cinq centimes par cent francs*, les lettres de change tirées de place en place, et celles venant de l'étranger ou des colonies françaises, lorsqu'elles sont protestées faute de paiement. — Elles pourront n'être présentées à l'enregistrement qu'avec l'assignation. — Dans le cas de protêt faute d'*acceptation*, les lettres de change devront être enregistrées seulement avant que la demande en remboursement ou en cautionnement puisse être formée contre les endosseurs ou le tireur. — Seront sujets au droit de *cinquante centimes par cent francs*, — Les cautionnemens de se représenter ou de représenter un tiers, en cas de mise en liberté provisoire, soit en vertu d'un sauf-conduit dans les cas prévus par le Code de procédure et par le Code de commerce, soit en matière civile, soit en matière correctionnelle ou criminelle.

51. Seront sujets au droit d'*un franc par cent francs*, 1.° Les abandonnemens pour fait d'assurance ou grosse aventure. — Le droit sera perçu sur la valeur des objets abandonnés. — En tems de guerre, il ne sera dû qu'un demi-droit. — 2.° Les actes et contrats d'assurance. — Le droit sera perçu sur la valeur de la prime. — En tems de guerre, il n'y aura lieu qu'au demi-droit. — 3.° Les adjudications au rabais, et marchés pour constructions, réparations, entretien, approvisionnemens et fournitures dont le prix doit être payé par le trésor royal, ou par les administrations locales, ou par des établissemens publics.

52. Le droit d'enregistrement des ventes d'immeubles est fixé à 5 et demi pour cent; mais la formalité de la transcription au bureau de la conservation des hypothèques ne donnera plus lieu à aucun droit proportionnel.

53. Les droits des donations entre-vifs et des mutations qui s'effectuent par décès, soit par succession, soit par testament ou autres actes de libéralité à cause de mort, de propriété ou d'usufruit de biens-meubles et immeubles entre époux, en ligne collatérale et entre personnes non parentes, seront perçus selon les quotités ci-après. — Pour les biens *immeubles*, — D'un époux à un autre époux, par donation ou testament : *trois francs par cent francs*. — Des frères et sœurs à des frères et sœurs et descendans d'iceux, successions de neveux et nièces, petits-neveux et petites-nièces, dévolues à des oncles et tantes, grands-oncles et grand'-tantes, et autres parens au degré successible : *cinq francs par cent francs*. — Entre toutes autres personnes : *sept francs par cent francs*. — Pour les *biens-meubles*, — Entre époux : *un et demi pour cent*; entre frères, sœurs, oncles, tantes, neveux et nièces, et autres parens au degré successible : *deux et demi pour cent*. — Entre toutes autres personnes : *trois et demi pour cent*. — Lorsque l'époux survivant ou les enfans naturels sont appelés à la succession, à défaut de parens au degré successible, ils seront considérés, quant à la quotité des droits, comme personnes non parentes. — Lorsque les donations entre-vifs auront été faites par contrat de mariage aux futurs, il ne sera perçu que moitié droit.

54. Dans tous les cas où les actes seront de nature à être transcrits au bureau des hypothèques, le droit sera augmenté d'*un et demi pour cent*, et la transcription ne donnera plus lieu à aucun droit proportionnel.

55. Il sera perçu au profit du Trésor royal, un droit d'enregistrement suivant le tableau ci-après. — Aucune expédition desdites lettres patentes ne pourra être délivrée par le Conseil du sceau des titres, que le droit d'enregistrement n'ait préalablement été payé.

ÉTAT des droits de Sceau perçus par le Conseil du Sceau des titres, et du droit d'enregistrement pour le compte du Trésor royal.

DATE des Ordonnances.	NATURE DES LETTRES PATENTES SCELLÉES.		MONTANT du droit du sceau.	MONTANT du droit d'enregistrement à 20 p. 100.
Ordonnance du 5 octobre 1814.	Renouvellement de lettres patentes portant confirmation du même titre, et changement d'armoiries.	de Comte.	100 f.	20 f.
		de Baron.	50.	10.
		de Chevalier. . . .	15.	3.
	Collation du titre de Duc.		»	3,000.
	Collation du titre héréditaire de Marquis, Comte, Vicomte et Baron, lettres patentes de Chevalier, et lettres de noblesse.	de Marquis et Comte	6,000.	1,200.
		de Vicomte.	4,000.	800.
		de Baron.	3,000.	600.
		de Chevalier. . . .	60.	12.
		lettres de noblesse.	600.	120.
	Grandes lettres de naturalisation.		*gratis.*	»
	Lettres de déclaration de naturalité.		100.	20.
	Lettres portant autorisation de se faire naturaliser ou de servir à l'étranger		500.	100.
	Dispenses d'âge pour mariage.		100.	20.
	Dispenses de parenté pour le mariage		200.	40.
Ordonnance du 25 décembre 1814.	Lettres portant renouvellement d'anciennes armoiries.	pour les villes de 1.re classe.. . .	150.	30.
		pour les villes de 2.e classe. . . .	100.	20.
		villes et communes de 3.e classe. .	50.	10.
	Lettres accordant des armoiries aux villes qui n'en ont pas encore.	les villes de 1.re cl.	600.	120.
		celles de 2.e classe.	400.	80.
		celles de 3.e classe.	200.	40.

56. L'article 24 de la loi du 22 frimaire an 7 continuera d'être exécuté; néanmoins, à l'égard des actes que le même Officier aurait reçus, et dont le délai d'enregistrement ne serait pas encore expiré, il pourra en énoncer la date avec la mention que ledit acte sera présenté à l'enregistrement en même tems que celui qui contient ladite mention; mais, dans aucun cas, l'enregistrement du second acte ne pourra être requis avant celui du premier, sous les peines de droit.

57. Lorsqu'après une sommation extrajudiciaire ou une demande tendant à obtenir un paiement, une livraison ou l'exécution de toute autre convention, dont le titre n'aurait point été indiqué dans lesdits exploits, ou qu'on aura simplement énoncé comme verbal, on produira au cours d'instance, des écrits, billets, marchés, factures acceptées, lettres ou tout autre titre émané du défendeur, qui n'auraient pas été enregistrés avant ladite demande ou sommation, le double droit sera dû, et pourra être exigé ou perçu lors de l'enregistrement du jugement intervenu.

58. Il ne pourra être fait usage, en justice, d'aucun acte passé en pays étranger ou dans les colonies, qu'il n'ait acquitté les mêmes droits que s'il avait été souscrit en France et pour des biens situés dans le royaume; il en sera de même pour les mentions desdits actes dans des actes publics.

59. Les droits de mutation établis par la présente loi ne seront perçus que sur les mutations qui surviendront après sa publication; les lois antérieures s'appliqueront aux mutations effectuées jusqu'à ladite publication. — Quant aux actes, l'article 1.er de la loi du 27 ventôse an 9 continuera d'être exécuté. *Instr. génér.* n.° 714.

ORDONNANCE du Roi du 22 mai 1816, sur le Timbre et l'Enregistrement des Actes en matière criminelle, correctionnelle ou de police.

ART. 1.er Les procès-verbaux, actes et jugemens en matière criminelle, lorsqu'il n'y a pas de partie civile, continueront à être exempts de la formalité de l'enregistrement, ou à être enregistrés *gratis*, conformément aux dispositions de l'article 70, §. 2, n.° 3, et §. 3, n.° 9, de la loi du 22 frimaire an 7. — Tous autres actes et jugemens en matière criminelle, correctionnelle et de police, qui étaient précédemment soumis à l'enregistrement sur les expéditions, seront conformément à l'article 38 de la loi du 28 avril dernier, enregistrés sur les minutes ou originaux, dans les vingt jours de leur date.

2. Lorsqu'il y aura une partie civile, les droits seront acquittés par elle. A cet effet, le Greffier pourra exiger d'avance la consignation entre ses mains du montant des droits. A défaut de cette consignation et de l'accomplissement de la formalité dans le délai prescrit, le recouvrement du droit ordinaire et du droit en sus sera poursuivi contre la partie civile, par le Receveur de l'enregistrement, sur l'extrait du jugement que le Greffier sera tenu de lui délivrer dans les dix jours qui suivront l'expiration du délai fixé pour l'enregistrement, le tout conformément à l'article 37 de la loi du 22 frimaire an 7.

3. Tout Greffier qui aura négligé de faire enregistrer, dans le délai fixé, les jugemens pour l'enregistrement desquels le montant des droits lui aura été consigné, ou qui, dans les dix jours qui suivront l'expiration de ce délai, n'aura pas remis au Receveur de l'enregistrement l'extrait des jugemens non enregistrés faute de consignation des droits par la partie civile, sera personnellement tenu au paiement des droits et de l'amende pour chaque contravention, conformément aux articles 35 et 37 de la même loi.

4. Dans les affaires de police correctionnelle ou de simple police, qui sont poursuivies à la seule requête du Ministère public, sans partie civile, ou même à la requête d'une administration publique agissant dans l'intérêt de l'État, d'une commune ou d'un établissement public, la partie poursuivante ne sera pas tenue de consigner d'avance le montant des frais de poursuite ni des droits d'enregistrement auxquels peuvent donner lieu les jugemens : mais les minutes de ces jugemens devront être enregistrées en débet, conformément au §. 1.er de l'article 70 de la loi du 22 frimaire an 7; et il y aura lieu de suivre la rentrée des droits contre les parties condamnées, en même-tems et de la même manière que celle des frais de justice. — Les dispositions du présent article ne sont pas applicables à la Régie des contributions indirectes, laquelle continuera à faire l'avance des frais de poursuite et des droits de timbre et d'enregistrement, dans toutes les affaires poursuivies à sa requête et dans son intérêt ou celui de ses agens.

5. Les actes et procès-verbaux des Huissiers, Gendarmes, Préposés, Gardes champêtres ou forestiers (autres que ceux des particuliers), et généralement tous actes et procès-verbaux concernant la police ordinaire, et qui ont pour objet la poursuite et la répression des délits et contraventions aux réglemens généraux de police ou d'impositions, continueront à être visés pour timbre et enregistrés en débet, lorsqu'il n'y aura pas de partie civile poursuivante, ou qu'elle aura négligé ou refusé de consigner les frais de poursuite, sauf à poursuivre le recouvrement des droits contre qui il appartiendra. — Le *visa* du Receveur de l'enregistrement devra toujours faire mention du montant des droits en suspens, pour en faciliter l'emploi et le recouvrement dans la taxe des frais. *Instr. génér.*, n.° 726.

EXTRAIT de la loi du 25 mars 1817. — Droits d'Enregistrement et de Timbre.

Art. 74. Les actes et procès-verbaux des Huissiers, Gendarmes, Préposés, Gardes-champêtres ou forestiers (autres que ceux des particuliers), et généralement tous actes et procès-verbaux concernant la police ordinaire, et qui ont pour objet la poursuite et la répression des délits et contraventions aux réglemens généraux de police et d'impositions, seront visés pour timbre et enregistrés en débet, lorsqu'il n'y aura pas de partie civile poursuivante, sauf à suivre le recouvrement des droits contre les condamnés. — Seront également visées pour timbre et enregistrées en débet, les déclarations d'appel de tous jugemens rendus en matière de police correctionnelle, lorsque l'appelant sera emprisonné.

75. Seront visés pour timbre et enregistrés *gratis*, les actes de procédure et les jugemens à la requête du ministère public, ayant pour objet, 1.° de réparer les omissions et faire les rectifications sur les registres de l'état civil, d'actes qui intéressent les individus notoirement indigens; 2.° de remplacer les registres de l'état civil perdus ou incendiés par les événemens de la guerre, et de suppléer aux registres qui n'auraient pas été tenus.

78. Remise est faite aux héritiers et représentans des propriétaires émigrés dont les biens ont été confisqués, des droits de mutation par décès dus à raison des biens appartenant à leur auteur, et dans la propriété desquels lesdits héritiers et représentans ont été réintégrés en vertu des lois du 5 décembre 1814 et du 28 avril 1816. — L'effet de cette remise est exclusivement limité aux droits résultant de cette entrée en possession; toute autre mutation postérieure des mêmes biens, et à quelque titre que ce soit, est et demeure pas-

sible des droits d'enregistrement établis par les lois sur chaque nature de mutation. — Quant aux biens qui n'auraient été que séquestrés, la compensation des droits de mutation n'aura lieu que jusqu'à concurrence du montant net des sommes perçues par l'État provenant desdits biens. *Instr.* 768.

EXTRAIT de la loi du 21 *avril* 1818. — *Actes des Douanes.*

Art. 41. La marque de fabrique prescrite par l'article 59 de la loi du 28 avril 1816, sera suppléée, à l'égard des tissus fabriqués en France antérieurement à ladite loi, et qui n'ont pas la marque voulue, de la manière suivante :

Tout fabricant, marchand ou détenteur de tissus français dépourvu de marque de fabrique, devra, dans les trois mois qui suivront la promulgation de la présente, 1.° apposer sur l'extrémité de chaque pièce ou coupon de tissus, un numéro d'ordre suivi, et la marque distinctive qu'il aura adoptée pour indiquer l'origine française; 2°. reprendre et décrire sur son registre-journal toutes les pièces ou coupons, ainsi marquées par lui à l'extraordinaire, faisant mention exacte de la marque et des numéros d'ordre sur ledit registre, qui sera par lui arrêté à la fin de l'inventaire, daté et signé. — Pour ceux qui n'ont point de registre-journal, il y sera suppléé par un inventaire sur feuilles volantes, rédigé dans la même forme que ci-dessus, et contenant les mêmes indications; lequel inventaire, également arrêté, daté et signé par le détenteur des tissus, sera par lui présenté dans les quinze jours de sa date, à l'enregistrement, et conservé pour être produit au besoin. Ledit enregistrement aura lieu sans frais.

46. Les dispositions des articles composant le présent titre, sont communes aux cotons filés.

56. Les procès-verbaux de vente et de destruction, dressés en vertu de la présente, ne seront assujétis qu'au droit fixe *d'un franc* pour leur enregistrement.

64. Les actes ou procès-verbaux constatant les ventes de navires, soit totales ou partielles, ne seront passibles à l'enregistrement que du droit fixe *d'un franc.*

65. Les Agens des douanes, de tout grade, prêteront le serment voulu par l'article 12 du titre 13 de la loi du 22 août 1791, devant le Tribunal de première instance de l'arrondissement dans lequel se trouve le chef-lieu de la Direction où ils entrent. — L'acte de serment sera enregistré dans les cinq jours. Il sera valable pour tout le tems où l'Employé restera en exercice. — Lorsque l'Employé passera dans une autre Direction des douanes, il fera transcrire et viser ledit acte au Greffe du Tribunal de première instance, auquel assortit le chef-lieu de sa nouvelle Direction. *Instr.* 830.

EXTRAIT de la loi du 15 *mai* 1818. — *Droits d'enregistrement et de Timbre.*

Art. 73. Ne seront sujets qu'au droit fixe *d'un franc* d'enregistrement, 1.° les adjudications au rabais et marchés pour construction, réparations, entretien, approvisionnemens et fournitures dont le prix doit être payé directement ou indirectement par le trésor royal. — 2.° Les cautionnemens relatifs à ces adjudications et marchés.

74. Le droit d'enregistrement des ventes d'objets mobiliers, fixé à *deux pour cent* par l'article 69 de la loi du 22 Frimaire an 7, est réduit à *cinquante centimes* par cent francs pour les ventes publiques de marchandises qui, conformément au décret du 17 avril 1812, seront faites à la bourse et aux enchères, par le ministère des Courtiers de commerce, d'après l'autorisation du Tribunal de commerce.

75. Pour les rentes et les baux stipulés payables en quantité fixe de grains et denrées dont la valeur est déterminée par des mercuriales, et pour les donations entre-vifs et les transmissions par décès de biens dont les baux sont également stipulés payables en quantité fixe de grains et denrées dont la valeur est également déterminée par des mercuriales, la liquidation du droit proportionnel d'enregistrement sera faite d'après l'évaluation du montant des rentes ou du prix des baux résultant d'une année commune de la valeur des grains ou autres denrées, selon les mercuriales du marché le plus voisin. — On formera l'année commune d'après les quatorze dernières années antérieures à celle de l'ouverture du droit: on retranchera les deux plus fortes, et les deux plus faibles, l'année commune sera établie sur les dix années restantes.

77. Seront exemptes du droit proportionnel établi par l'article 35 de la loi du 28 avril 1816, les lettres patentes de dispense d'âge pour mariage, délivrées aux personnes reconnues indigentes. Dans ce cas, la formalité de l'enregistrement sera donnée *gratis.* — Seront également enregistrés *gratis* les actes de reconnaissance d'enfans naturels appartenant à des individus notoirement indigens.

78. Demeurent assujétis au timbre et à l'enregistrement sur la minute, dans le délai de vingt jours, conformément aux lois existantes, — 1.° Les actes des autorités administratives et des établissemens publics portant transmission de propriété, d'usufruit et de jouissance; les adjudications ou marchés de toute nature, aux enchères, au rabais ou sur soumissions; — 2.° les cautionnemens relatifs à ces actes.

79. La disposition de l'article 37 de la loi du 12 décembre 1798 (22 frimaire an 7) qui autorise, pour les adjudications en séance publique seulement, la remise d'un extrait au Receveur de l'enregistrement pour la

décharge du Secrétaire, lorsque les parties n'ont pas consigné les droits en ses mains, est étendue aux autres actes ci-dessus énoncés.

80. Tous les actes, arrêtés et décisions des autorités administratives, non dénommés dans l'article 78, sont exempts du timbre sur la minute, et de l'enregistrement, tant sur la minute que sur l'expédition. Toutefois, aucune expédition ne pourra être délivrée aux parties que sur papier timbré, si ce n'est à des individus indigens, et à la charge d'en faire mention dans l'expédition.

81. L'exemption prononcée par l'article précédent est applicable aux actes des autorités administratives antérieurs à la publication de la présente. — Il est fait remise des doubles droits et amendes encourus pour contraventions aux lois du timbre et de l'enregistrement, à raison d'actes dénommés dans ledit article et antérieurs à ladite publication. *Instr. gén., n.° 834.*

TIMBRE.

EXTRAIT de la loi du 9 vendémiaire an VI. — Timbre. Titre 3.

Art. 54. A compter du jour de la promulgation de la loi, la formalité du timbre fixe ou de dimension, établie par la loi du 5 floréal dernier, est étendue aux pétitions et mémoires présentés soit aux Ministres, soit aux Administrations de département et Municipalités, ainsi qu'à la Trésorerie et à la Comptabilité nationales et aux Directeurs de la Liquidation.

55. Sont exceptés de la formalité du timbre, les pétitions et mémoires qui auront pour objet les demandes en avancement, congés absolus ou limités, pensions de retraite, paiement des arrérages de rentes et pensions, secours et encouragemens, et première demande en réparation de torts occasionnés par une autorité constituée ou un fonctionnaire public.

56. Les lettres de voiture, les connaissemens, chartes-parties et polices d'assurance, les cartes à jouer, les journaux, gazettes, feuilles périodiques ou papiers-nouvelles, les feuilles de papier-musique, toutes les affiches autres que celles d'actes émanés d'autorité publique, quelle que soit leur nature ou leur objet, seront assujétis au timbre fixe ou de dimension.

57. Sont exceptés les ouvrages périodiques relatifs aux sciences et aux arts, ne paraissant qu'une fois par mois, et contenant au moins deux feuilles d'impression.

58. Le droit de timbre fixe ou de dimension pour les journaux et affiches sera de *cinq centimes* (ou un sou) pour chaque feuille de 25 centimètres sur 38, feuille ouverte, ou environ. — Et pour chaque demi-feuille de cette dimension, *trois centimes* (ou 7 deniers un cinquième). — Ceux qui voudront user, pour lesdites impressions, de papiers dont la dimension serait supérieure à 25 centimètres pour la feuille, et à 12 centimètres et demi pour la demi-feuille, les feront timbrer extraordinairement, en payant *un centime* pour 5 décimètres d'excédant. — Le papier sera fourni, dans tous les cas, par les citoyens auxquels il sera nécessaire.

59. La Régie fera graver deux timbres pour lesdits journaux et affiches. — Chaque timbre portera distinctement son prix ; ils auront pour légende : RÉPUBLIQUE FRANÇAISE. Elle se servira provisoirement des timbres actuels appliqués en rouge, à la charge de ne percevoir que les droits réglés par la présente.

60. Ceux qui auront répandu des journaux ou papiers-nouvelles, et autres objets compris dans l'article 56 ci-dessus, et apposé ou fait apposer des affiches sans avoir fait timbrer leur papier, seront condamnés à une amende de *cent livres* pour chaque contravention ; les objets soustraits aux droits seront lacérés.

61. Les auteurs, afficheurs, distributeurs et imprimeurs desdits journaux et affiches, seront solidairement tenus de l'amende, sauf leur recours les uns contre les autres. *Circ. n.° 1105.*

LOI *du 2 floréal an VI, interprétative de celle qui précède.*

ART. 1.er L'article 56 de la loi du 9 vendémiaire an 6, concernant le droit de timbre, n'est applicable qu'aux feuilles périodiques de musique, quelle que soit leur étendue, et à toute œuvre de musique qui n'excédera pas deux feuilles d'impression.

2. Toutes poursuites et saisies qui pourraient avoir été faites par une fausse interprétation de l'article 57 de la loi précitée, cesseront et n'auront aucun effet. 196.e *Bulletin des lois, n.°* 1804.

LOI, *sur le Timbre, du 13 brumaire an VII.*

TITRE I.er *De l'établissement et de la fixation des droits.*

ART. 1.er La contribution du timbre est établie sur tous les papiers destinés aux actes civils et judiciaires, et aux écritures qui peuvent être produites en justice et y faire foi. — Il n'y a d'autres exceptions que celles *nommément* exprimées dans la présente.

2. Cette contribution est de deux sortes : — La première est le droit de timbre imposé et tarifé en raison de la dimension du papier dont il est fait usage. — La seconde est le droit de timbre créé pour les effets négociables ou de commerce, et gradué en raison des sommes à y exprimer, sans égard à la dimension du papier.

3. Les papiers destinés au timbre qui seront débités par la Régie, seront fabriqués dans les dimensions déterminées suivant le tableau ci-après :

DÉNOMINATIONS.	DIMENSIONS (en parties du mètre) de la feuille déployée (supposée rognée).		
	HAUTEUR.	LARGEUR.	SUPERFICIE.
Grand registre	0.4204.	0.5946.	0.2500.
Grand papier.	0.3536.	0.5000.	0.1768.
Moyen papier (moitié du grand registre).	0.2973.	0.4204.	0.1250.
Petit papier (moitié du grand papier).	0.2500.	0.3536.	0.0884.
Demi-feuille (moitié du petit papier).	0.2500.	0.1768.	0.0442.
Effets de commerce (moitié de la demi-feuille du petit papier, coupée en long).	0.0884.	0.2500.	0.0221.

Ils porteront un filigrane particulier, imprimé dans la pâte même à la fabrication.

4. Il y aura des timbres particuliers pour les différentes sortes de papiers. — Les timbres pour le droit établi sur la dimension, seront gravés pour être appliqués *en noir*. — Ceux pour le droit gradué en raison des sommes, seront gravés pour être frappés *à sec*. — Chaque timbre portera distinctement son prix, et aura pour légende les mots RÉPUBLIQUE FRANÇAISE.

5. Les timbres pour le droit établi sur la dimension, porteront, en outre, le nom du département où ils seront employés. — Cette distinction particulière n'aura pas lieu pour les timbres relatifs aux effets de commerce.

6. L'empreinte à apposer sur les papiers que fournira la régie, sera appliquée au haut de la partie gauche de la feuille (non déployée), de la demi-feuille, et du papier pour effets de commerce.

7. Les citoyens qui voudront se servir de papiers autres que ceux de la régie, ou de parchemin, seront admis à les faire timbrer avant que d'en faire usage. — On emploiera pour ce service les timbres relatifs; mais l'empreinte sera appliquée au haut du côté droit de la feuille. — Si les papiers ou le parchemin se trouvent être de dimensions différentes de celles des papiers de la régie, le timbre, quant au droit établi en raison de la dimension, sera payé au prix du format supérieur.

8. Le prix des papiers timbrés fournis par la régie, et les droits de timbre des papiers que les citoyens feront timbrer, sont fixés ainsi qu'il suit; SAVOIR :

1.° *Droit de timbre en raison de la dimension du papier, la feuille de grand registre*, un franc cinquante centimes; *celle du grand papier*, un franc; *moyen papier*, soixante-quinze centimes; *petit papier*, cinquante centimes, *et la demi-feuille de ce petit papier*, vingt-cinq centimes.

Il n'y aura point de droit de timbre supérieur à *un franc cinquante centimes*, ni inférieur à *vingt-cinq centimes*, quelle que soit la dimension du papier, soit au-dessus de *grand registre*, soit au-dessous de la demi-feuille de *petit papier*.

2.° *Droit de timbre gradué en raison des sommes.*

Ce droit est de *cinquante centimes* par *mille francs* inclusivement et sans fraction, à quelques sommes que puissent monter les effets.

9.° Il y aura cinq timbres pour le droit établi en raison de la dimension du papier. — Le nombre des timbres pour les effets de commerce et autres compris dans l'article 14 ci-après, sera de onze; savoir, le premier, de *cinquante centimes*; le deuxième, d'*un franc*; le troisième, de *deux francs*; le quatrième, de *trois francs;* le cinquième, de *quatre francs;* le sixième, de *cinq francs;* le septième, de *six francs;* le huitième, de *sept francs;* le neuvième, de *huit francs;* le dixième, de *neuf francs;* et le onzième, de *dix francs.*

10. Les papiers pour effets de *mille francs* et au-dessous, seront timbrés avec l'empreinte de *cinquante centimes.* — Ceux pour effets de 1 à 2000 francs, de 3 à 4000, de 5 à 6000, de 7 à 8000, de 9 à 10,000, de 11 à 12,000, de 13 à 14,000, de 15 à 16,000, de 17 à 18,000, et de 19 à 20,000 francs inclusivement, seront frappés des timbres correspondans 1, 2, 3, 4, 5, 6, 7, 8, 9, et 10 francs; — Et ceux pour effets, de 2 à 3000 francs, de 4 à 5000, de 6 à 7000, de 8 à 9000, de 10 à 11,000, de 12 à 13,000, de 14 à 15,000, de 16 à 17,000, et de 18 à 19,000 francs inclusivement, seront frappés de deux empreintes, savoir, ceux pour effets de 2 à 3000 francs, avec l'empreinte de *un franc* et celle de *cinquante centimes;* — Ceux pour effets de 4 à 5000 francs avec l'empreinte de *deux francs* et celle de *cinquante centimes;* — Et ainsi de suite de 1000 en 1000, jusques et compris les papiers pour effets de 18 à 19,000 francs, qui seront timbrés avec l'empreinte de *neuf francs* et celle de *cinquante centimes.* — Lorsqu'il s'agira d'employer pour second timbre celui de *cinquante centimes,* il sera appliqué du même côté que le timbre supérieur, et immédiatement au-dessous de celui-ci. — Indépendamment des timbres, il sera apposé à l'extrémité de la partie du papier opposée aux timbres, une empreinte *en noir,* qui indiquera la somme pour laquelle l'effet peut être tiré.

11. Les citoyens qui voudront faire des effets au-dessus de 20,000 francs, seront tenus de présenter les papiers qu'ils y destineront, au Receveur de l'enregistrement, et de les faire *viser pour timbre,* en payant le droit en raison de *cinquante centimes* par *mille francs,* sans fraction, ainsi qu'il est réglé par l'article 8 de la présente.

TITRE II. *De l'application des droits.*

12. Sont assujétis au droit du timbre établi en raison de la dimension, tous les papiers à employer pour les actes et écritures, soit publics, soit privés; savoir :

1.° Les actes des Notaires, et les extraits, copies et expéditions qui en sont délivrés; ceux des Huissiers, et les copies et expéditions qu'ils en délivrent; les actes et les procès-verbaux des Gardes et de tous autres Employés ou Agens ayant droit de verbaliser, et les copies qui en sont délivrées; les actes et jugemens de la justice de paix, des bureaux de paix et de conciliation, de la police ordinaire, des tribunaux et des arbitres, et les extraits, copies et expéditions qui en sont délivrés; les actes particuliers des Juges de paix et de leurs Greffiers, ceux des autres Juges et des Commissaires du Directoire exécutif, et ceux reçus aux greffes ou par les Greffiers, ainsi que les extraits, copies et expéditions qui s'en délivrent; les actes des Avoués ou Défenseurs officieux près les tribunaux, et les copies ou expéditions qui en sont faites ou signifiées; les consultations, mémoires, observations et précis signés des hommes de loi et défenseurs officieux, les actes des autorités constituées administratives, qui sont assujétis à l'enregistrement, ou qui se délivrent aux citoyens, et toutes les expéditions et extraits des actes, arrêtés et délibérations desdites autorités, qui sont délivrés aux citoyens; les pétitions et mémoires, même en forme de lettres, présentés au Directoire exécutif, aux ministres, à toutes autorités constituées, aux Commissaires de la Trésorerie nationale, à ceux de la comptabilité nationale, aux Directeurs de la liquidation générale, et aux administrations ou établissemens publics; les actes entre particuliers sous signature privée, et le double des comptes de recette ou gestion particulière; et généralement tous actes et écritures, extraits, copies et expéditions, soit publics, soit privés, devant ou pouvant faire titre, ou être produits pour obligation, décharge, justification, demande ou défense; — 2.° Les registres de l'autorité judiciaire où s'écrivent des actes sujets à l'enregistrement sur les minutes, et les répertoires des Greffiers; ceux des administrations centrales et municipales, tenus pour objets qui leur sont particuliers, et n'ayant point de rapport à l'administration générale, et les répertoires de leurs Secrétaires; ceux des Notaires, Huissiers et autres officiers publics et ministériels, et leurs répertoires; ceux des receveurs des droits et des revenus des communes et des établissemens publics; ceux des fermiers des postes et messageries; ceux des compagnies et sociétés d'actionnaires; ceux des établissemens particuliers et des maisons particulières d'éducation; ceux des agens d'affaires, directeurs, régisseurs, syndics de créanciers et entrepreneurs de travaux et fournitures; ceux des banquiers, négocians, armateurs, marchands, fabricans, commissionnaires, agens-de-change, courtiers, ouvriers et artisans; ceux des aubergistes, maîtres d'hôtels garnis et logeurs, sur lesquels ils doivent inscrire les noms des personnes qu'ils logent; et généralement tous livres, registres et minutes de lettres qui sont de nature à être produits en justice et dans le cas d'y faire foi, ainsi que les extraits, copies et expéditions qui sont délivrés desdits livres et registres.

13. Tout acte fait ou passé en pays étranger, ou dans les îles et colonies françaises où le timbre n'aurait pas encore été établi, sera soumis au timbre avant qu'il puisse en être fait aucun usage en France, soit dans un acte public, soit dans une déclaration quelconque, soit devant une autorité judiciaire ou administrative.

14. Sont assujétis au droit de timbre en raison des sommes et valeurs, les billets à ordre ou au porteur,

les rescriptions, mandats, mandemens, ordonnances, et tous autres effets négociables ou de commerce, même les lettres-de-change tirées par seconde, troisième et *duplicata*, et ceux faits en France et payables chez l'étranger.

15. Les effets négociables venant de l'étranger, ou des îles et colonies françaises où le timbre n'aurait pas encore été établi, seront, avant qu'ils puissent être négociés, acceptés ou acquittés en France, soumis au timbre ou au *visa pour timbre*, et le droit sera payé d'après la quotité fixée par l'article 8 de la présente.

TITRE III. *Des actes et registres non soumis à la formalité du timbre.*

16. Sont exceptés du droit et de la formalité du timbre, savoir :

1.° Les actes du Corps législatif et ceux du Directoire exécutif; les minutes de tous les actes, arrêtés, décisions et délibérations de l'administration publique en général, et de tous établissemens publics, dans tous les cas où aucun de ces actes n'est sujet à l'enregistrement sur la minute, et les extraits, copies et expéditions qui s'expédient ou se délivrent par une administration ou un fonctionnaire public à une autre administration publique ou à un fonctionnaire public, lorsqu'il y est fait mention de cette destination; les inscriptions sur le grand-livre de la dette nationale et les effets publics; tous les comptes rendus par des comptables publics; les doubles, autres que celui du comptable, de chaque compte de recette ou gestion particulière et privée; les quittances de traitemens et émolumens des fonctionnaires et employés salariés par l'État; les quittances ou récépissés délivrés aux collecteurs et receveurs de deniers publics, celles que les collecteurs de contributions directes peuvent délivrer aux contribuables, celles des contributions indirectes qui s'expédient sur les actes, et celles de toutes autres contributions qui se délivrent sur feuilles particulières, et qui n'excèdent pas *dix francs;* les quittances des secours payés aux indigens, et des indemnités pour incendies, inondations, épizooties et autres cas fortuits; toutes autres quittances, même celles entre particuliers, pour créances en sommes non excédant *dix francs,* quand il ne s'agit pas d'un à-compte ou d'une quittance finale sur une plus forte somme; les engagemens, enrôlemens, congés, certificats, cartouches, passe-ports, quittances pour prêt et fournitures, billets d'étape, de subsistance et de logement, et autres pièces ou écritures concernant les gens de guerre, tant pour le service de terre que pour le service de mer; les pétitions présentées au Corps législatif; celles qui ont pour objet des demandes de congés absolus et limités, et de secours, et les pétitions des déportés et réfugiés des colonies, tendant à obtenir des certificats de résidence, passe-ports et passages pour retourner dans leur pays; les certificats d'indigence; les rôles qui sont fournis pour l'appel des causes; les actes de police générale et de vindicte publique, et ceux des Commissaires du Directoire exécutif non soumis à la formalité de l'enregistrement, et les copies des pièces de procédure criminelle qui doivent être délivrées sans frais; — 2.° les registres de toutes les administrations publiques et des établissemens publics pour ordre et administration générale; ceux des Tribunaux, des Accusateurs publics, et des Commissaires du Directoire exécutif, où il ne se transcrit aucune minute d'actes soumis à la formalité de l'enregistrement; ceux des Receveurs des contributions publiques, et autres préposés publics.

TITRE IV. *Des obligations respectives des Notaires, Huissiers, Greffiers, Secrétaires des administrations, arbitres et experts, des diverses autorités publiques, des Préposés de la régie et des citoyens; et peines prononcées contre les contrevenans.*

17. Les Notaires, Huissiers, Secrétaires des administrations centrales et municipales, et autres Officiers et fonctionnaires publics, les Arbitres et les Avoués ou Défenseurs officieux près des tribunaux, ne pourront employer, pour les actes qu'ils rédigeront, et leurs copies et expéditions, d'autre papier que celui timbré du département où ils exercent leurs fonctions.

18. La faculté accordée par l'article 7 de la présente aux citoyens qui voudront employer d'autre papier que celui fourni par la régie, en le faisant timbrer avant d'en faire usage, est interdite aux Notaires, Huissiers, Greffiers, Arbitres, Avoués ou Défenseurs officieux, et à tous autres Officiers ou Fonctionnaires publics : ils seront tenus de se servir du papier timbré débité par la régie. — Les administrations publiques seulement conserveront cette faculté. — Les Notaires et autres Officiers publics pourront néanmoins faire timbrer, à l'extraordinaire, du parchemin, lorsqu'ils seront dans le cas d'en employer.

19. Les Notaires, Greffiers, Arbitres et Secrétaires des administrations, ne pourront employer, pour les expéditions qu'ils délivreront des actes retenus en minute, et de ceux déposés ou annexés, de papier timbré d'un format inférieur à celui appelé *moyen papier*, et dont le prix est fixé à *soixante-quinze centimes* la feuille par l'article 8 de la présente. Ce prix sera aussi celui du timbre du parchemin que l'on voudra employer pour expédition, sans égard à la dimension, si toutefois elle est au-dessous de celle de ce papier. Les Huissiers, et autres Officiers publics ou ministériels, ne pourront non plus employer de papier timbré d'une dimension inférieure à celle du moyen papier, pour les expéditions des procès-verbaux de ventes de mobilier.

20. Les papiers employés à des expéditions ne pourront contenir, compensation faite d'une feuille à l'autre, savoir :

Plus de vingt-cinq lignes par page de moyen papier. — Plus de trente lignes par page de grand papier; — Et plus de trente-cinq lignes par page de grand registre.

21. L'empreinte du timbre ne pourra être couverte d'écriture, ni altérée.

22. Le papier timbré qui aura été employé à un acte quelconque, ne pourra plus servir pour un autre acte, quand même le premier n'aurait pas été achevé.

23. Il ne pourra être fait ni expédié deux actes à la suite l'un de l'autre sur la même feuille de papier timbré, nonobstant tout usage ou réglement contraire. — Sont exceptés les ratifications des actes passés en l'absence des parties, les quittances de prix de ventes, et celles de remboursement de contrats de constitution ou obligation, les inventaires, procès-verbaux et autres actes qui ne peuvent être consommés dans un même jour et dans la même vacation, les procès-verbaux de reconnaissance et levée de scellés qu'on pourra faire à la suite du procès-verbal d'apposition, et les significations des Huissiers, qui peuvent également être écrites à la suite des jugemens et autres pièces dont il est délivré copie. — Il pourra aussi être donné plusieurs quittances sur une même feuille de papier timbré, pour à-compte d'une seule et même créance, ou d'un seul terme de fermage ou loyer. — Toutes autres quittances qui seront données sur une même feuille de papier timbré, n'auront pas plus d'effet que si elles étaient sur papier non timbré.

24. Il est fait défenses aux Notaires, Huissiers, Greffiers, Arbitres et Experts, d'agir, aux Juges, de prononcer aucun jugement, et aux Administrations publiques, de rendre aucun arrêté, sur un acte, registre ou effet de commerce non écrit sur papier timbré du timbre prescrit, ou non visé pour timbre. — Aucun Juge ou Officier public ne pourra non plus coter et parapher un registre assujéti au timbre, si les feuilles n'en sont timbrées.

25. Il est également fait défenses à tous Receveurs de l'enregistrement, 1.° d'enregistrer aucun acte qui ne serait pas sur papier timbré du timbre prescrit, ou qui n'aurait pas été visé pour timbre; 2.° d'admettre à la formalité de l'enregistrement, des protêts d'effets négociables, sans se faire représenter ces effets en bonne forme; 3.° de délivrer de patente aux citoyens dont les registres doivent être tenus en papier timbré, si ces registres ne leur sont préalablement représentés aussi en bonne forme. Les citoyens seront, en conséquence, tenus d'en justifier.

26. Il est prononcé, par la présente, une amende, savoir :
1.° De *quinze francs*, pour contravention, par les particuliers, aux dispositions de l'article 21 ci-dessus; 2.° de *vingt-cinq francs*, pour contravention aux articles 20 et 21, par les officiers et fonctionnaires publics; 3.° de *trente francs*, pour chaque acte ou écrit sous signature privée, fait sur papier non timbré, ou en contravention aux articles 22 et 23; 4.° de *cinquante francs*, pour contravention à l'article 19, de la part des officiers et fonctionnaires publics y dénommés; et à l'article 25, de la part des préposés de l'enregistrement; 5.° de *cent francs*, pour chaque acte public ou expédition, écrit sur papier non timbré, et pour contravention aux articles 17, 18, 22, 23 et 24, par les officiers et fonctionnaires publics; 6.° et du vingtième de la somme exprimée dans un effet négociable, s'il est écrit sur un papier non timbré, ou sur un papier timbré d'un timbre inférieur à celui qui aurait dû être employé aux termes de la présente, et pour contravention aux articles 22 et 23. L'amende sera de *trente francs*, dans les mêmes cas, pour les effets au-dessous de *six cents francs*. Les contrevenans, dans tous les cas ci-dessus, paieront en outre les droits de timbre.

27. Aucune personne ne pourra vendre ou distribuer du papier timbré, qu'en vertu d'une commission de la Régie, à peine d'une amende de *cent francs* pour la première fois, et de *trois cents francs* en cas de récidive. Le papier qui sera saisi chez ceux qui s'en permettront ainsi le commerce, sera confisqué au profit de l'État.

28. La peine contre ceux qui abuseraient des timbres pour timbrer et vendre frauduleusement du papier timbré, sera la même que celle qui est prononcée par le Code pénal contre les contrefacteurs des timbres.

29. Le timbre des quittances fournies à l'État ou délivrées en son nom, est à la charge des particuliers qui les donnent ou les reçoivent : il en est de même pour autres actes entre l'État et les citoyens.

30. Les écritures privées qui auraient été faites sur papier non timbré, sans contravention aux lois du timbre, quoique non comprises nommément dans les exceptions, ne pourront être produites en justice sans avoir été soumises au timbre extraordinaire ou au *visa pour timbre*, à peine d'une amende de *trente francs*, outre le droit de timbre.

31. Les préposés de la régie sont autorisés à retenir les actes, registres ou effets en contravention à la loi du timbre, qui leur seront présentés, pour les joindre aux procès-verbaux qu'ils en rapporteront, à moins que les contrevenans ne consentent à signer lesdits procès-verbaux, ou à acquitter sur-le-champ l'amende encourue et le droit de timbre.

32. En cas de refus, de la part des contrevenans, de satisfaire aux dispositions de l'article précédent, les préposés de la régie leur feront signifier, dans les trois jours, les procès-verbaux qu'ils auront rapportés, avec assignation devant le tribunal civil du département. L'instruction se fera ensuite sur simples mémoires respectivement signifiés. Les jugemens définitifs qui interviendront, seront sans appel.

TITRE V. *Des dispositions particulières.*

33. Les papiers timbrés existans dans les bureaux de distribution de la Régie, autres que celui de *quinze centimes*, et celui de *vingt-cinq centimes*, qui était destiné aux effets de commerce, continueront d'être débités jusqu'au moment où ces bureaux seront approvisionnés de papiers marqués des nouveaux timbres. Le papier *grand-registre* sera payé au prix fixé par l'article 8 de la présente, quoique l'empreinte actuelle ne porte ce prix qu'à *un franc vingt-cinq centimes*. Aussitôt qu'il aura été envoyé des papiers du nouveau timbre à un bureau de distribution, le Distributeur fera le renvoi, au magasin général, de ceux qui lui resteront en nature, pour être frappés des nouvelles empreintes.

34. La Régie continuera aussi de faire timbrer et débiter, jusqu'à l'épuisement total de ses magasins, les papiers des dimensions actuelles, en y faisant appliquer les timbres prescrits par la présente.

35. Les Officiers et Fonctionnaires publics, à qui il est enjoint par l'article 17 ci-dessus, de se servir du papier marqué des timbres de leur département, ne pourront en employer d'autres, trois mois après la publication de la présente, sous les peines portées par l'article 26, numéro 6. Ceux à qui il restera, à cette époque, des papiers timbrés, sont autorisés à les rapporter au bureau de distribution dans l'arrondissement duquel ils font leur résidence, pour être échangés, ou pour s'en faire remettre le prix. Ils n'y seront admis que pendant le mois qui suivra le délai ci-dessus. Tous les citoyens auront la même faculté, et pendant le même délai, pour les papiers timbrés des timbres actuels, desquels il ne pourra plus être fait usage trois mois après la publication de la présente.

36. Tous ceux qui auront des quarts de feuille du petit papier du timbre de *quinze centimes* et du papier timbré du timbre de *vingt-cinq centimes* pour effets de commerce, dont l'usage est aboli par la présente, pourront également les rapporter aux bureaux de la Régie, et s'en faire rembourser le prix. Cette faculté ne leur est accordée que pour un mois, à compter de la publication de la présente.

37. Les registres timbrés des timbres actuels ne seront pas soumis aux nouveaux timbres, pour les feuilles non encore écrites. Ceux qui se trouvent assujétis au timbre par la présente, et qui n'avaient pas été soumis à cette formalité par les lois précédentes, seront timbrés seulement pour les feuilles restant en blanc.

38. La Régie fera déposer aux Greffes des Tribunaux civils et de commerce, et à ceux des Tribunaux de police correctionnelle, des empreintes des nouveaux timbres qu'elle aura fait graver : ces empreintes seront apposées sur papier à son filigrane.

39. Toutes lois et dispositions d'autres lois sur le timbre des actes civils et judiciaires et des registres, sont et demeurent abrogées pour l'avenir, et à compter de la publication de la présente. Les dispositions de la loi du 9 vendémiaire an VI, relatives au timbre des journaux, gazettes, feuilles périodiques ou papiers-nouvelles, feuilles de papier-musique, affiches et cartes à jouer sont maintenues. *Circ.* 1419.

LOI *additionnelle, sur le timbre des avis imprimés, du 6 prairial an 7,*

ART. 1.er Les avis imprimés, quelqu'en soit l'objet, qui se crient et se distribuent dans les rues et lieux publics, ou que l'on fait circuler de toute autre manière, seront assujétis au droit de timbre, à l'exception des adresses contenant la simple indication de domicile ou le simple avis de changement.

2. Le droit établi par l'article précédent, sera de *cinq centimes* pour la feuille d'impression ordinaire au-dessous de trente décimètres carrés; de *trois centimes*, pour la demi-feuille et au-dessous; de *huit centimes*, pour la feuille de trente décimètres carrés et au-dessus, et de *quatre centimes* pour la demi-feuille, sans qu'en aucun cas, le droit puisse être moindre de *trois centimes* pour chaque annonce ou avis.

3. Les feuilles de supplément jointes aux journaux et papiers-nouvelles, paieront le droit de timbre comme les journaux mêmes, et selon le tarif porté en la loi du 9 vendémiaire an 6.

4. Les contraventions aux dispositions de la présente, seront punies, indépendamment de la restitution des droits fraudés, d'une amende de *vingt-cinq francs* pour la première fois, de *cinquante francs* pour la seconde, et de *cent francs* pour chacune des autres récidives.

5. Les lettres de voiture, connaissemens, chartes-parties et police d'assurances, seront inscrits à l'avenir sur du papier du timbre d'*un franc*.

6. A compter de la publication de la présente, les billets et obligations non négociables et les mandats à terme ou de place en place, ne pourront être faits que sur papier du timbre proportionnel, comme il en est usé pour les billets à ordre, lettres de change et autres effets négociables, et sous la même peine.

7. La loi du 9 vendémiaire an 6, continuera d'être exécutée selon sa forme et teneur, dans toutes les dispositions auxquelles il n'est expressément dérogé par la présente.

EXTRAIT de la loi de Finance du 28 avril 1816, pour ce qui concerne les droits de Timbre.

ARTICLE 62. A compter de la présente promulgation de la loi, le droit de Timbre ordinaire et extraordinaire pour les actes, sera fixé ainsi qu'il suit : Demi-feuille de petit papier, *trente-cinq centimes.* — Feuille *idem, soixante-dix centimes.* — Feuille de moyen papier, *un franc vingt-cinq centimes.* — Feuille de grand-papier, *un franc cinquante centimes.* — Feuille de dimension supérieure, *deux francs.*

63. Aucune expédition, copie ou extraits d'Actes reçus par des Notaires, Greffiers ou autres dépositaires publics ne pourra être délivrée que sur papier d'*un franc vingt-cinq centimes.* — Il n'est point dérogé à ce qui a lieu pour les certificats de vie des Rentiers et des Pensionnaires de l'Etat, ou des Administrations et établissemens publics.

64. Les droits de Timbre proportionnel sur les effets de commerce, seront augmentés des deux cinquièmes du montant fixé par l'article 16 de la loi du 13 brumaire an 7.

65. Toutes les affiches, quelqu'en soit l'objet, seront sur papier timbré, qui sera fourni par la Régie, et dont le débit sera soumis aux mêmes règles que celui du papier timbré destiné aux actes. — Conformément à la loi du 28 juillet 1791, ce papier ne pourra être de couleur blanche; il portera le même filigrane que les autres papiers timbrés. — Le prix de la feuille portant vingt-cinq décimètres carrés de superficie, sera de *dix centimes;* celui de la demi-feuille, de *cinq centimes.*

66. Les avis et autres annonces, de quelque nature et espèce qu'ils soient, assujétis au timbre par la loi du 6 prairial an 7, qui ne sont pas destinés à être affichés, pourront être imprimés sur papier blanc. — Le prix de la feuille sera de *dix centimes;* celui de la demi-feuille, de *cinq centimes;* celui du quart de feuille, de *deux centimes et demi;* celui du demi-quart, cartes, et autres de plus petite dimension, sera d'*un centime.* Le papier sera fourni par la Régie; les cartes seront fournies par les particuliers, mais timbrées avant tout emploi.

67. La subvention du dixième ne sera point ajoutée aux droits de Timbre énoncés aux cinq articles précédens.

68. Il est défendu aux imprimeurs de tirer aucun exemplaire desdites annonces, affiches ou avis, sur papier non timbré, sous prétexte de les faire frapper d'un timbre extraordinaire. Une ordonnance déterminera l'époque à laquelle l'approvisionnement de la Régie permettra de faire exécuter le présent article.

69. La contravention d'un imprimeur à ces dispositions sera punie d'une amende de cinq cents francs, sans préjudice du droit de Sa Majesté de lui retirer sa commission. Ceux qui seront convaincus d'avoir ainsi fait afficher et distribuer des imprimés non timbrés, seront condamnés à une amende de cent francs. — Les afficheurs et distributeurs seront, en outre, condamnés aux peines de simple police déterminées par l'article 474 du Code pénal. L'amende sera solidaire, et emportera contrainte par corps.

70. Les autres dispositions des lois du timbre, relatives aux prospectus, catalogues de livres, tableaux et objets de science, et journaux, continueront d'être exécutées. Celles qui concernent le timbre des journaux, s'appliqueront à tous ouvrages, de quelque étendue qu'ils soient, qui paraîtront, soit régulièrement, soit irrégulièrement, par mois, par semaine, soit par numéros, quand même le service n'en serait pas régulier.

71. Il ne pourra, sous quelque prétexte que ce soit, être admis aucune espèce de papier au timbre en débet, et les Receveurs seront poursuivis en recette de tous les droits résultant du timbre des feuilles qui auront été frappées, sans qu'aucune dispense ou crédit puisse être invoqué par eux.

72. Les livres de commerce qui, aux termes du Code de commerce, doivent être paraphés, seront timbrés, à tous les feuillets, d'un timbre spécial, et dont le prix sera, indépendamment du papier que les parties fourniront : — pour les registres de papier petit ou moyen, par chaque feuillet recto et verso, *vingt centimes;* — pour les registres de grand papier, *trente centimes;* — pour les registres de toutes autres dimensions supérieures, *cinquante centimes.* Tous individus assujétis à tenir des livres, par les lois et réglemens, seront tenus de les faire timbrer, sous peine d'une amende de *cinq cents francs* pour chaque contravention. Ils seront néanmoins admis à présenter au visa pour timbre leurs livres actuels, dans les trois mois de la promulgation de la présente loi, sans qu'il puisse être exigé d'amende pour contravention aux lois antérieures. Ils ne seront tenus que de faire timbrer la partie de leurs dits livres ou registres qui se trouvera alors en blanc.

73. Le paraphe qui doit précéder l'usage d'un registre, sera enregistré, moyennant un simple droit *d'un franc.*

74. Aucun livre assujéti au timbre par les lois, ne pourra être produit en justice ou devant des arbitres, déposé à un Greffe en cas de faillite, ni énoncé dans aucun acte, s'il n'est timbré, ou si l'amende n'a été acquittée. — Aucun concordat ne pourra être rédigé, sans énoncer si les livres du failli sont revêtus des formalités ci-dessus, ni recevoir d'exécution avant que les amendes aient été payées.

75. Seront *solidaires*, pour le paiement des droits de timbre et des amendes, — tous les signataires pour les actes synallagmatiques; — les prêteurs et les emprunteurs pour les obligations; — les créanciers et les

débiteurs pour les quittances ; — les Officiers ministériels qui auront reçu ou rédigé des actes énonçant des livres non timbrés.

76. Le recouvrement des droits de timbre et des amendes de contravention y relatives, sera poursuivi par voie de contrainte ; et, en cas d'opposition, les instances seront instruites et jugées selon les formes prescrites par les lois des 22 Frimaire an VII et 27 Ventôse an IX, sur l'enregistrement. — En cas de décès des contrevenans, lesdits droits et amendes seront dus par leurs successeurs, et jouiront, soit dans les successions, soit dans les faillites ou tous autres cas, du privilége des contributions directes.

77. Les autres dispositions des lois, décrets et ordonnances, auxquelles il n'est pas dérogé par la présente loi, et qui dirigent actuellement la perception des droits d'enregistrement, hypothèques, timbre, greffe, passeports, port-d'armes et décimes pour francs sur ceux de ces droits qui n'en sont pas affranchis, sont et demeurent maintenues. Néanmoins le droit sur les permis de port-d'armes, est réduit à *quinze francs* *Inst.* 715.

ORDONNANCE du Roi du 1.er mai 1816, pour l'exécution de la loi du 28 avril 1816, en ce qui concerne le Timbre.

Art. 1.er L'Administration de l'enregistrement et des domaines continuera à faire débiter les papiers frappés des timbres actuellement en usage, après y avoir fait apposer un contre-timbre qui indiquera l'augmentation des droits. — Pour les effets de commerce et pour les feuilles et demi-feuilles de petit papier de dimension, dont le prix est augmenté de deux cinquièmes, le contre-timbre portera en légende : *Deux cinquièmes en sus. Loi de* 1816. — Pour les feuilles de moyen papier et de grand papier, et celles de dimensions supérieures, dont l'augmentation est portée à *cinquante centimes*, la légende sera : *Cinquante centimes en sus. Loi de* 1816. — Ces contre-timbres seront également apposés, outre les timbres actuellement en usage, sur les papiers qu'on présentera au timbre extraordinaire.

2. Pour les affiches, un timbre destiné aux feuilles de 25 décimètres carrés, portera le prix de *dix centimes*. Le timbre actuel de *cinq centimes* servira pour les demi-feuilles.

3. Pour les avis et annonces, les feuilles de 25 décimètres carrés et les demi-feuilles recevront l'empreinte des timbres de *dix centimes* et de *cinq centimes* indiqués à l'article précédent. — Deux autres timbres, portant les prix de *deux centimes et demi* et d'*un centime*, serviront pour les quarts de feuilles et les dimensions inférieures.

4. Pour les livres de commerce, deux nouveaux timbres seront mis en activité, avec l'indication des droits de *vingt centimes* et de *trente centimes* fixés pour chaque feuillet de papier petit ou moyen et de grand papier. — Le timbre actuel de *cinquante centimes* sera appliqué sur chaque feuillet des registres de dimensions supérieures.

5. Dans les trois mois qui suivront la publication de la loi, les Officiers publics et les particuliers seront admis à échanger, au bureau de distribution de leur domicile, les papiers de la débite ordinaire qui resteront sans emploi entre leurs mains, contre des papiers frappés des contre-timbres établis par la présente, en acquittant les supplémens de droits. — Ils pourront, dans le même délai, présenter à la formalité du contre-timbre, en acquittant les supplémens de droits, les papiers précédemment soumis au timbre extraordinaire et non employés.

6. Dans le même délai de trois mois, le papier pour les affiches, avis et annonces, sera fourni par la Régie. Jusqu'à l'expiration de ce délai, les imprimeurs et les particuliers présenteront le papier au timbre, ainsi qu'il a été d'usage jusqu'à présent, et acquitteront les droits suivant les nouvelles quotités.

7. L'Administration de l'enregistrement fera déposer aux greffes des Cours et Tribunaux, les empreintes et contre-timbres établis par la présente.

8. Dans le cas où les timbres et contre-timbres ne pourraient être mis en activité au moment de la publication de la loi, dans quelques départemens du royaume, il y sera suppléé par un *visa*, daté et signé du Receveur de l'Administration, énonçant la quotité du droit ou supplément de droit, conformément aux articles 1.er, 2, 3, et 4 de la présente. *Instr.* 716.

EXTRAIT de la loi du 25 mars 1817.

Art. 76. Les ouvrages périodiques, relatifs aux sciences et aux arts, ne paraissant qu'une fois par mois ou à des intervalles plus éloignés, et contenant au moins *deux feuilles* d'impression, seront exempts du timbre. — Seront également exempts les annonces, prospectus et catalogues de librairie.

77. La contravention à la disposition de l'art. 65 de la loi du 28 avril 1816, qui défend de se servir, pour les affiches, de papier de couleur blanche, sera punie d'une amende de *cent francs*, à la charge de l'imprimeur, qui sera toujours tenu d'indiquer son nom et sa demeure au bas de l'affiche. (*Instr. génér.* n.° 768.) — Pour d'autres dispositions, *V.* le texte des articles 74 et 75 de cette loi, à l'enregistrement.

EXTRAIT de la loi du 15 *mai* 1818.

Art. 76. A compter du 1.er juillet prochain, le papier pour affiches, avis ou annonces, ne sera plus fourni par la Régie de l'enregistrement. — Conformément à l'art. 58 de la loi du 30 septembre 1797 (9 vendémiaire an 6), les particuliers feront timbrer le papier dont ils voudront faire usage. Ils acquitteront le droit réglé par les articles 65, 66 et 67 de la loi du 28 avril 1816. — Le papier sera présenté au timbre avant l'impression, sous les peines portées par l'art. 69 de cette dernière loi. — Néanmoins, la disposition de l'art. 77 de la loi du 25 mars 1817, est et demeure maintenue.

82. Les seuls actes dont il devra être tenu répertoire sur papier timbré dans les préfectures, sous-préfectures et mairies, et dont les préposés pourront demander communication, sont ceux dénommés dans l'art. 78 de la présente loi.

83. L'exemption du timbre, porté en l'art. 76 de la loi du 25 mars 1817, en faveur des annonces, prospectus et catalogues de librairie, est étendue aux annonces, prospectus et catalogues d'objets relatifs aux sciences et arts.

89. Indépendamment du droit du timbre auquel les journaux sont assujétis par la loi du 28 avril 1816, il continuera d'être perçu *un centime et demi* par feuille sur ceux imprimés à Paris, et *un demi-centime* sur ceux imprimés dans les départemens. — Le produit de ce droit fera partie des recettes générales de l'État. — Les journaux ne seront assujétis à aucune autre taxe ou rétribution, sous quelque dénomination que ce puisse être. *Instr.* 834. — Pour quelques autres dispositions, *V. le texte des articles* 78, 80 *et* 81 *de cette loi, à l'enregistrement.*

Nota. Les dispositions de l'art. 70 de la loi du 28 avril 1816 et de l'art. 89 de celle du 15 mai 1818, ont été maintenues par les lois de finance des mois de juillet 1819 et 1820. *Instr.* 899 et 944.

GREFFE.

LOI *du* 21 *ventôse an* 7.

Art. 1.er Il est établi des droits de Greffe au profit de l'État, dans tous les tribunaux civils et de commerce. Ils seront perçus, à compter du jour de la publication de la présente, pour le compte du Trésor public, par les Receveurs de la Régie de l'enregistrement, de la manière ci-après déterminée.

2. Ces droits consistent :

1.° Dans celui qui sera perçu lors de la mise au rôle de chaque cause, ainsi qu'il est établi par l'art. 3 ci-après ; — 2.° Dans celui établi pour la rédaction et transcription des actes énoncés en l'article 5 ; — 3.° dans le droit d'expédition des jugemens et actes énoncés dans les articles 7, 8 et 9.

3. Le droit perçu lors de la mise au rôle, est la rétribution due pour la formation et tenue des rôles, et l'inscription de chaque cause sur le rôle auquel elle appartient. — Ce droit sera, dans les Tribunaux civils, de *cinq francs*, sur appel des Tribunaux civils et de commerce ; — de *trois francs*, pour les causes de première instance, ou sur appel des juges de paix ; — et d'*un franc cinquante centimes*, pour les causes sommaires et provisoires. — Dans les Tribunaux de commerce, il sera pareillement d'*un franc cinquante centimes*. — Le tout sans préjudice du droit de *vingt-cinq centimes* qui est accordé aux Huissiers-audienciers pour chaque placement de cause. — Le droit de mise au rôle ne pourra être exigé qu'une seule fois ; en cas de radiation, elle sera replacée gratuitement à la fin du rôle, et il y sera fait mention du premier placement. — L'usage des placets pour appeler les causes, est interdit ; elles ne pourront l'être que sur les rôles et dans l'ordre du placement.

4. Le droit de mise au rôle sera perçu par le Greffier en y inscrivant la cause ; et le premier de chaque mois, il en versera le montant à la caisse du Receveur de l'enregistrement, sur la représentation des rôles, cotés et paraphés par le Président, sur lesquels les causes seront appelées, à compter du jour de la publication de la présente.

5. Les actes assujétis, sur la minute, au droit de rédaction et transcription, sont les actes — de voyage ; d'exclusion ou option de Tribunaux d'appel, — de renonciation à une communauté de biens ou à succession, — d'acceptation de succession sous bénéfice d'inventaire, — de réception et soumission de caution, — de reprise d'instance, — de déclaration affirmative, — de dépôt de bilan et pièces, — d'enregistrement de société, — les interrogatoires sur faits et articles, — et les enquêtes. — Il sera payé, pour chacun de ces actes, *un franc vingt-cinq centimes*. — Les enquêtes seront en outre assujéties à un droit de *cinquante centimes* par chaque déposition de témoins.

6. Les expéditions contiendront vingt lignes à la page, et huit à dix syllabes à la ligne, compensation faite des unes avec les autres.

7. Les expéditions des jugemens définitifs sur appel des Tribunaux civils et de commerce, soit contradictoires, soit par défaut, seront payées *deux francs* le rôle.

8. Les expéditions des jugemens définitifs rendus par les Tribunaux civils, soit par défaut, soit contradictoires, en dernier ressort ou sujets à l'appel, celles des décisions arbitrales, celles des jugemens rendus sur appel des Juges de paix, celles des ventes et baux judiciaires, seront payées *un franc vingt-cinq centimes* le rôle.

9. Les expéditions des jugemens interlocutoires, préparatoires et d'instruction, des enquêtes, interrogatoires, rapports d'experts, délibérations, avis de parens, dépôt de bilan, pièces et registres, des actes d'exclusion ou option des Tribunaux d'appel, déclaration affirmative, renonciation à communauté ou à succession, et généralement de tous actes faits ou déposés au Greffe, non spécifiés aux articles 7 et 8, ensemble de tous les jugemens des Tribunaux de commerce, seront payés *un franc* le rôle.

10. La perception de ce droit sera faite par le Receveur de l'enregistrement, sur les minutes des actes assujétis au droit de rédaction et transcription, sur les expéditions et sur les rôles de placement de causes qui lui seront présentés par le Greffier; il y mettra son reçu, et il tiendra de cette recette un registre particulier.

11. Le Greffier ne pourra délivrer aucune expédition que les droits n'aient été acquittés, sous peine de restitution du droit et de *cent francs* d'amende; sauf, en cas de fraude et de malversation évidente, à être poursuivi devant les Tribunaux, conformément aux lois.

12. Ne sont pas compris dans les droits ci-dessus fixés, le papier timbré et l'enregistrement, qui continueront d'être perçus conformément aux lois existantes.

13. Les Greffiers des Tribunaux civils et de commerce tiendront un registre coté et paraphé par le Président, sur lequel ils inscriront, jour par jour, les actes sujets au droit de Greffe, les expéditions qu'ils délivreront, la nature de chaque expédition, le nombre des rôles, le nom des parties, avec mention de celle à laquelle l'expédition sera délivrée. Ils seront tenus de communiquer ce registre aux Préposés de l'enregistrement, toutes les fois qu'ils en seront requis.

14. Les Greffiers ne pourront exiger aucun droit de recherche des actes et jugemens faits ou rendus dans l'année, ni de ceux dont ils feront les expéditions; mais lorsqu'il n'y aura pas d'expédition, il leur est attribué un droit de recherche, qui demeure fixé à *cinquante centimes* pour l'année qui leur sera indiquée; et dans le cas où il leur serait indiqué plusieurs années, et qu'ils seraient obligés d'en faire la recherche, ils ne percevront que *cinquante centimes* pour la première et *vingt-cinq centimes* pour chacune des autres. — Il leur est en outre attribué *vingt-cinq centimes* pour chaque légalisation d'acte des Officiers publics.

15. Les Greffiers présenteront et feront recevoir, conformément aux lois existantes, un Commis-greffier assermenté par chaque section.

16. Au moyen du traitement et de la remise ci-après accordés aux Greffiers, ils demeureront chargés du traitement des Commis assermentés, Commis expéditionnaires, et de tous Employés du Greffe, quelles que soient leurs fonctions, ainsi que des frais de bureau, papier libre, rôles, registres, encre, plumes, lumières, chauffage des Commis, et généralement de toutes les dépenses du Greffe.

17. Le traitement des Greffiers des Tribunaux civils est égal à celui des Juges auprès desquels ils sont établis.

18. Celui des Greffiers des Tribunaux de commerce sera de la moitié de celui du Greffier d'un Tribunal civil, s'il avait été établi dans la commune où siége le Tribunal de commerce. — Et néanmoins le traitement de ceux des tribunaux de commerce établis dans des communes de six mille habitans et au-dessous, demeure fixé à *huit cents francs*.

19. Il est accordé aux Greffiers une remise de *trente centimes* par chaque rôle d'expédition. — Et d'*un décime par franc* sur le produit du droit de mise au rôle, et de celui établi pour la rédaction et transcription des actes énoncés en l'article 5.

20. La remise de *trente centimes*, accordée par l'article précédent, ne sera que de *deux décimes* sur toutes les expéditions que les Agens de l'État demanderaient en son nom et pour soutenir ses droits : ils ne seront tenus, à cet égard, à aucune avance; en conséquence, ces expéditions seront portées pour mémoire sur le registre du Receveur de l'enregistrement, et il en sera fait un compte particulier.

21. Le premier de chaque mois, le Receveur de l'enregistrement comptera, avec le Greffier, du produit des remises à lui accordées par l'article 19, et il lui en paiera le montant sur le mandat qui sera délivré au bas du compte par le Président du Tribunal.

22. Le traitement fixe du Greffier sera également payé mois par mois, par le Receveur de l'enregistrement, sur le produit du droit de Greffe, d'après les mandats aussi délivrés, mois par mois, par le Président du Tribunal.

23. Il est défendu aux Greffiers et à leurs Commis, d'exiger ni recevoir d'autres droits de Greffe, ni aucun droit de prompte expédition, à peine de *cent francs* d'amende et de destitution.

24. Les droits établis par la présente seront alloués aux parties dans la taxe des dépens, sur les quittances des Receveurs de l'enregistrement mises au bas des expéditions, et sur celles données par les Greffiers, de l'acquit du droit de mise au rôle et de rédaction, lesquelles ne seront assujéties à d'autres droits qu'à ceux du timbre.

25. Le Directoire exécutif fera connaître au Corps législatif, dans le courant de Thermidor prochain, par des états distincts et séparés, le produit de la perception des droits de Greffe dans chaque Tribunal.

26. La présente résolution demeurera affichée dans tous les Greffes des Tribunaux civils et de commerce.

27. Il sera statué, par une résolution particulière, sur les Greffes des Tribunaux criminels et correctionnels.

28. Toutes dispositions de lois contraires à la présente sont abrogées. *Circ.* 1537.

LOI *additionnelle du 22 prairial an 7, sur les droits de Greffe.*

Art. 1.er Sont assujétis, sur la minute au droit de rédaction et transcription établi par l'art. 2 de la loi du 21 Ventôse dernier, et ainsi qu'il est ci-après déterminé, — 1.° L'acte de dépôt de l'exemplaire d'affiche, en exécution de l'art. 5 de la loi du 11 Brumaire ; — 2.° Les adjudications, soit volontaires, soit sur licitation, soit sur expropriation forcée ; — 3.° L'acte de dépôt de l'état, certifié par le Conservateur des hypothèques, de toutes les inscriptions existantes ; ledit acte contenant réquisition d'ouvrir le procès-verbal d'ordre, en exécution de l'article 31 de la loi du 11 Brumaire ; — 4.° Les actes de dépôt de titres de créance, faits en exécution de l'art. 32 ; — 5.° Les procès-verbaux d'ordre de la délivrance de chaque bordereau de collocation, conformément à l'article 35 de la même loi.

2. Il sera payé *trois francs* pour le dépôt de l'exemplaire d'apposition d'affiches, et pour celui de l'état des inscriptions existantes ; — *un franc cinquante centimes* pour celui de titre de créance ; — Pour la rédaction des adjudications, *un et demi pour* °/₀ sur les cinq premiers mille, — et *vingt-cinq centimes* par *cent francs* pour ce qui excédera *cinq mille francs ;* — Pour celle du procès-verbal d'ordre, sur chaque bordereau délivré, *vingt-cinq centimes* par *cent francs* du montant de la créance colloquée.

3. La perception de ces droits sera faite par le Receveur de l'enregistrement, de la manière et dans la forme prescrite par la loi du 21 Ventôse ; la remise des Greffiers sur le produit de ces droits sera de *un décime par franc*, telle qu'elle est fixée par l'article 19 de ladite loi, et ils en seront payés de la manière prescrite par l'article 21.

4. Il est attribué aux Greffiers, pour la communication à chaque créancier du procès-verbal d'ouverture d'ordre, de l'extrait des inscriptions et des titres et pièces qui auront été produits, un droit fixe de *soixante-quinze centimes.*

5. Il est défendu aux Greffiers, sous les peines portées par la loi du 21 Ventôse, d'exiger ni recevoir d'autres et plus forts droits que ceux établis par la présente, et ils se conformeront aux dispositions prescrites par l'article 13, pour assurer la perception des droits ci-dessus établis.

6. Toutes dispositions de la loi contraire à la présente sont abrogées.

Le décret du 12 juillet 1808, inséré au 197.e Bulletin des lois, sous le n.° 3523, contient les dispositions suivantes :

Art. 1er. Les actes qui seront assujétis sur la minute aux droits de Greffe, de rédaction et de transcription, sont ceux ci-après désignés :

1.° Acceptation de succession sous bénéfice d'inventaire. — Actes de voyage. — Consignation de sommes au greffe dans les cas prévus par l'article 301 du Code de procédure civile, et autres déterminés par les lois. — Déclarations affirmatives et autres faites au greffe, à l'exception de celles à la requête du ministère public. — Dépôt de registres, répertoires et autres titres ou pièces, fait au greffe, de quelque nature et pour quelque cause que ce soit ; dépôt de signature et paraphe des Notaires, conformément à l'article 49 de la loi du 25 ventôse an 11. — Enquêtes. — Interrogatoires sur faits et articles. — Procès-verbaux, actes et rapports faits ou rédigés par le Greffier. Publication de contrats de mariage, divorces, jugemens de séparation, actes et dissolution de société, et de tous autres actes, prescrite par les Codes : il ne sera perçu aucun droit de dépôt pour la *remise* au greffe desdits actes. — Récusation de Juges. — Renonciation à une communauté de biens ou à une succession. — Soumissions de caution. — Transcription et enregistrement sur les registres du greffe, d'oppositions et autres actes désignés par les Codes (à l'exception de la transcription de saisie immobilière, dont il sera parlé ci-après) : *le droit ne sera dû qu'autant qu'il sera délivré expédition de la transcription.* — Il sera payé pour chacun des actes ci-dessus *un franc vingt-cinq centimes.* — Les enquêtes seront, en outre, assujéties à un droit de *cinquante centimes* pour chaque déposition de témoins, ainsi qu'il est réglé par l'article 5 de la loi du 21 ventôse an 7.

2.° Adjudications faites en justice. — Dépôt de l'état certifié par le Conservateur des hypothèques, de toutes les inscriptions existantes, et qui, aux termes de l'article 752 du Code de procédure civile, doit être annexé au procès-verbal. — Dépôt de titres de créance pour la distribution de deniers par contribution ou par ordre. — Mandemens sur contribution, ou bordereaux de collocation. — Radiation de saisie immobilière. — Surenchère faite au greffe. — Transcription au greffe de la saisie immobilière. — Il sera payé pour chacun de ces actes ; savoir :

Trois francs pour la transcription de la saisie. — Même droit pour le dépôt de l'état des inscriptions existantes. — *Un franc cinquante centimes* pour dépôt de titres de créance, et ce, pour chaque production.

— Même droit pour chaque acte de surenchère et de radiation de saisie. — Pour la rédaction des adjudications, *un demi pour cent* sur les *cinq premiers mille*, et *vingt-cinq centimes* par *cent francs* sur ce qui excédera *cinq mille francs*. — Sur chaque mandement ou bordereau de collocation délivré, *vingt-cinq centimes par cent francs* du montant de la créance colloquée.

2. Les actes de dépôt seront transcrits à la suite les uns des autres, sur un registre en papier timbré, côté et paraphé par le Président du tribunal. — Les actes de décharge de ces mêmes dépôts, seront portés sur le registre, en marge de l'acte de dépôt, et soumis au droit de rédaction et transcription.

3. Le droit de rédaction, en cas de revente à folle enchère, n'est dû que sur ce qui excède la première adjudication. — Il n'est exigible, pour les licitations, que sur la valeur de la part acquise par le colicitant, s'il reste adjudicataire. — Dans aucun cas la perception ne pourra être au-dessous du droit fixe d'*un franc vingt-cinq centimes*, déterminé pour les moindres actes, par l'article 5 de la loi du 21 ventôse an 7.

4. Lorsque, par suite d'appel, une adjudication sera annulée, il y aura lieu de *restituer le droit proportionnel* de rédaction. — Le *droit fixe* de *rédaction* et de *transcription*, et *celui d'expédition* étant le salaire de la formalité, ne seront, *dans aucun cas*, restituables.

5. Le droit de mise au rôle et celui d'expédition continueront d'être perçus comme le prescrit la loi du 21 ventôse an 7. — Les référés qui sont l'objet du titre XVI du livre V du Code de procédure civile, ne sont pas assujétis au droit de mise au rôle.

Les prescriptions établies par l'article 61 de la loi du 22 frimaire an 7, sont applicables aux droits de greffe comme à ceux d'enregistrement. *Instr.* 398.

EXTRAIT de la loi de Finance du mois de juillet 1820.

Art. 2. Les droits et remises attribués aux Greffiers des Tribunaux civils et de commerce, par la loi du 21 Ventôse an 7, seront perçus par eux directement des parties qui en sont tenues; mais les Receveurs de l'enregistrement mentionneront désormais en toutes lettres, dans la relation au pied de chaque acte, 1.° le montant des droits de Greffe appartenant au trésor; 2.° le montant de la remise qui revient au Greffier, pour l'indemnité qui lui est allouée par la loi. *Inst.* 944.

ORGANISATION DU NOTARIAT.

LOI *du* 25 *ventôse an* 11.

TITRE I.er Des Notaires et des Actes notariés.

Section I.re *Des fonctions, ressorts et devoirs des Notaires.*

Art. 1.er Les Notaires sont les fonctionnaires publics établis pour recevoir tous les actes et contrats auxquels les parties doivent ou veulent faire donner le caractère d'authenticité attaché aux actes de l'autorité publique, et pour en assurer la date, en conserver le dépôt, en délivrer des grosses et expéditions.

2. Ils sont institués à vie.

3. Ils sont tenus de prêter leur ministère lorsqu'ils en sont requis.

4. Chaque Notaire devra résider dans le lieu qui lui sera fixé par le Gouvernement. En cas de contravention, le Notaire sera considéré comme démissionnaire; en conséquence, le Grand-Juge Ministre de la Justice, après avoir pris l'avis du tribunal, pourra proposer au Gouvernement le remplacement.

5. Les Notaires exercent leurs fonctions; savoir:

Ceux des villes où est établi un Tribunal d'appel, dans l'étendue du ressort de ce tribunal. — Ceux des villes où il n'y a qu'un Tribunal de première instance, dans l'étendue du ressort de ce tribunal. — Ceux des autres communes, dans l'étendue du ressort du Tribunal de paix.

6. Il est défendu à tout Notaire d'instrumenter hors de son ressort, à peine d'être suspendu de ses fonctions pendant trois mois, d'être destitué en cas de récidive, et de tous dommages-intérêts.

7. Les fonctions de Notaires sont incompatibles avec celles des Juges, Commissaires du Gouvernement près les Tribunaux, leurs Substituts, Greffiers, Avoués, Huissiers, Préposés à la recette des contributions directes ou indirectes, Juges, Greffiers et Huissiers des Justices de paix, Commissaires de police et Commissaires aux ventes.

Section II. *Des Actes, de leur forme, des Minutes, Greffes, Expéditions et Répertoire.*

8. Les Notaires ne pourront recevoir des actes dans lesquels leurs parens ou alliés, en ligne directe, à tous les degrés, et, en collatérale, jusqu'au degré d'oncle ou de neveu inclusivement, seraient parties, ou qui contiendraient quelques dispositions en leur faveur.

9. Les actes seront reçus par deux Notaires, ou par un Notaire assisté de deux témoins, citoyens français, sachant signer, et domiciliés dans l'arrondissement communal où l'acte sera passé.

10. Deux Notaires, parens ou alliés au degré prohibé par l'article 8, ne pourront concourir au même acte. — Les parens, alliés, soit du notaire, soit des parties contractantes, au degré prohibé par l'article 8, leurs clercs et leurs serviteurs, ne pourront être témoins.

11. Le nom, l'état et la demeure des parties devront être connus des Notaires, ou leur être attestés dans l'acte par deux citoyens connus d'eux, ayant les mêmes qualités que celles requises pour être témoins instrumentaires.

12. Tous les actes doivent énoncer les noms et lieux de résidence du Notaire qui les reçoit, à peine de *cent francs* d'amende contre le Notaire contrevenant. — Ils doivent également énoncer les noms des témoins instrumentaires, leur demeure, le lieu, l'année et le jour où les actes sont passés, sous les peines prononcées par l'article ci-après, et même de faux, si le cas y écheoit.

13. Les actes de Notaires seront écrits en un seul et même contexte, lisiblement, sans abréviation, blanc, lacune, ni intervalle; ils contiendront les noms, prénoms, qualités et demeures des parties, ainsi que des témoins qui seraient appelés dans le cas de l'article 11. Ils énonceront en toutes lettres les sommes et les dates; les procurations des contractans seront annexées à la minute, qui fera mention que lecture de l'acte a été faite aux parties; le tout à peine de *cent francs* d'amende contre le Notaire contrevenant.

14. Les actes seront signés par les parties, les témoins et les Notaires qui doivent faire mention, à la fin de l'acte, de leurs déclarations à cet égard.

15. Les renvois et apostilles ne pourront, sauf l'exception ci-après, être écrits qu'en marge; ils seront signés ou paraphés tant par les Notaires que par les autres signataires, à peine de nullité des renvois et apostilles. Si la longueur du renvoi exige qu'il soit transporté à la fin de l'acte, il devra être non-seulement signé ou paraphé comme les renvois écrits en marge, mais encore expressément approuvé par les parties, à peine de nullité du renvoi.

16. Il n'y aura ni surcharge, ni interligne, ni addition dans le corps de l'acte; et les mots surchargés, interlignés ou ajoutés, seront nuls. Les mots qui devront être rayés, le seront de manière que le nombre puisse en être constaté à la marge de leur page correspondante, ou à la fin de l'acte, et approuvés de la même manière que les renvois écrits en marge; le tout à peine d'une amende de *cinquante francs* contre le Notaire, ainsi que de tous dommages-intérêts, même de destitution en cas de fraude.

17. Le Notaire qui contreviendra aux lois et aux arrêtés du Gouvernement, concernant les noms et qualifications supprimés, les clauses et expressions féodales, les mesures et l'annuaire de la république, ainsi que la numération décimale, sera condamné à une amende de *cent francs*, qui sera double en cas de récidive.

18. Le Notaire tiendra exposé dans son étude un tableau sur lequel il inscrira les noms, prénoms, qualités et demeures des personnes qui, dans l'étendue du ressort où il peut exercer, sont interdites ou assistées d'un conseil judiciaire, ainsi que la mention des jugemens relatifs; le tout immédiatement après la notification qui en aura été faite, et à peine des dommages-intérêts des parties.

19. Tous actes notariés feront foi en justice, et seront exécutoires dans toute l'étendue de la France. Néanmoins, en cas de plainte en faux principal, l'exécution de l'acte argué de faux sera suspendue par la déclaration du jury d'accusation, prononçant *qu'il y a lieu à accusation*. En cas d'inscription de faux faite incidemment, les tribunaux pourront, suivant la gravité des circonstances, suspendre provisoirement l'exécution de l'acte.

20. Les Notaires seront tenus de garder minute de tous les actes qu'ils recevront. — Ne sont néanmoins compris dans la présente disposition, les certificats de vie, procurations, actes de notoriété, quittances de fermages, de loyers, de salaires, arrérages de pensions et rentes, et autres actes simples, qui, d'après les lois, peuvent être délivrés en brevet.

21. Le droit de délivrer des grosses et des expéditions n'appartiendra qu'au Notaire possesseur de la minute; et néanmoins tout Notaire pourra délivrer copie d'un acte qui lui aura été déposé pour minute.

22. Les Notaires ne pourront se dessaisir d'aucune minute, si ce n'est dans les cas prévus par la loi, et en vertu d'un jugement. — Avant de s'en dessaisir, ils en dresseront et signeront une copie signée, qui, après avoir été certifiée par le Président et le Commissaire du Tribunal civil de leur résidence, sera substituée à la minute, dont elle tiendra lieu jusqu'à sa réintégration.

23. Les Notaires ne pourront également, sans l'ordonnance du Président du Tribunal de première instance, délivrer expédition, ni donner connaissance des actes à d'autres qu'aux personnes intéressées en nom direct, héritiers ou ayans-droit, à peine des dommages-intérêts, d'une amende de *cent francs*, et d'être, en cas de récidive, suspendus de leurs fonctions pendant trois mois, sauf néanmoins l'exécution des lois et réglemens sur le droit d'enregistrement, et de celles relatives aux actes qui doivent être publiés dans les tribunaux.

24. En cas de compulsoire, le procès-verbal sera dressé par le Notaire dépositaire de l'acte, à moins que le Tribunal qui l'ordonne, ne commette un de ses membres, ou tout autre Juge, ou un autre Notaire.

25. Les grosses seules seront délivrées en forme exécutoire; elles seront intitulées et terminées dans les mêmes termes que les jugemens des Tribunaux.

26. Il doit être fait mention, sur la minute, de la délivrance d'une première grosse faite à chacune des parties intéressées; il ne peut lui en être délivré d'autre, à peine de destitution, sans une ordonnance du Président du Tribunal de première instance, laquelle demeurera jointe à la minute.

27. Chaque Notaire sera tenu d'avoir un cachet ou sceau particulier, portant ses noms, qualités et résidence, et, d'après un modèle uniforme, le type de l'État. — Les grosses et expéditions des actes porteront l'empreinte de ce cachet.

28. Les actes notariés seront légalisés, savoir : ceux des Notaires à la résidence des Tribunaux d'appel, lorsqu'on s'en servira hors de leur ressort; et ceux des autres Notaires, lorsqu'on s'en servira hors de leur département. — La légalisation sera faite par le Président du Tribunal de première instance de la résidence du Notaire, ou du lieu où sera délivré l'acte ou expédition.

29. Les Notaires tiendront répertoire de tous les actes qu'ils recevront.

30. Les répertoires seront visés, cotés et paraphés par le Président, ou, à son défaut, par un autre Juge du Tribunal civil de la résidence; ils contiendront la date, la nature et l'espèce de l'acte, les noms des parties et la relation de l'enregistrement.

TITRE II. *Régime du Notariat.*

SECTION Iere *Nombre, placement et cautionnement des Notaires.*

31. Le nombre des Notaires pour chaque département, leur placement et résidence, seront déterminés par le Gouvernement, de manière 1.° que dans les villes de cent mille habitans et au-dessus, il y ait un Notaire au plus par six mille habitans; 2.° que dans les autres villes, bourgs ou villages, il y ait trois Notaires au moins, ou cinq au plus, par chaque arrondissement de Justice de paix.

32. Les suppressions ou réductions des places ne seront effectuées que par mort, démission ou destitution.

33. Les Notaires exercent sans patente; mais ils sont assujétis à un cautionnement fixé par le Gouvernement d'après les bases ci-après, et qui sera spécialement affecté à la garantie des condamnations prononcées contre eux par suite de l'exercice de leurs fonctions. — Lorsque, pour l'effet de cette garantie, le montant du cautionnement aura été employé en tout ou en partie, le Notaire sera suspendu de ses fonctions jusqu'à ce que le cautionnement ait été entièrement rétabli; et, faute par lui de rétablir, dans les six mois, l'intégralité du cautionnement, il sera considéré comme démissionnaire, et remplacé.

34. Le cautionnement sera fixé par le Gouvernement, en raison combinée des ressorts et résidence de chaque Notaire, d'après un *minimum* et un *maximum*. — Ces cautionnemens seront versés, remboursés, et les intérêts payés, conformément aux lois sur les cautionnemens, sous la déduction de tous versemens antérieurs.

SECTION II. *Conditions pour être admis, et mode de nomination au Notariat.*

35. Pour être admis aux fonctions de Notaire, il faudra : 1.° Jouir de l'exercice des droits de citoyen; — 2.° Avoir satisfait aux lois sur le recrutement militaire; — 3.° Etre âgé de vingt-cinq ans accomplis; — 4.° Justifier du tems de travail prescrit par les articles suivans.

36. Le tems du travail ou stage sera, sauf les exceptions ci-après, de six années entières et non interrompues, dont une des deux dernières au moins, en qualité de premier clerc, chez un Notaire d'une classe égale à celle où se trouvera la place à remplir.

37. Le tems de travail pourra n'être que de quatre années, lorsqu'il en aura été employé trois dans l'étude d'un Notaire d'une classe supérieure à la place qui devra être remplie; et lorsque, pendant la quatrième, l'Aspirant aura travaillé en qualité de premier clerc chez un Notaire d'une classe supérieure ou égale à celle où se trouvera la place pour laquelle il se présentera.

38. Le Notaire déjà reçu, et exerçant depuis un an dans une classe inférieure, sera dispensé de toute justification de stage, pour être admis à une place de Notaire vacante dans une place immédiatement supérieure.

39. L'Aspirant qui aura travaillé pendant quatre ans sans interruption chez un Notaire de première ou de seconde classe, et qui aura été, pendant deux ans au moins, Défenseur ou Avoué près un Tribunal civil, pourra être admis dans une des classes où il aura fait son stage, pourvu que, pendant l'une des deux dernières années de son stage, il ait travaillé, en qualité de premier clerc chez un Notaire d'une classe égale à celle où se trouvera la place à remplir.

40. Le tems de travail exigé par les articles précédens devra être d'un tiers en sus, toutes les fois que l'Aspirant, ayant travaillé chez un Notaire d'une classe inférieure, se présentera pour remplir une place d'une classe immédiatement supérieure.

41. Pour être admis à exercer dans la troisième classe de Notaires, il suffira que l'Aspirant ait travaillé pendant trois années chez un Notaire de première ou de seconde classe, ou qu'il ait exercé comme Défenseur ou Avoué, pendant l'espace de deux années, auprès du Tribunal d'appel ou de première instance, et qu'en outre il ait travaillé pendant un an chez un Notaire.

42. Le Gouvernement pourra dispenser de la justification du tems d'étude les individus qui auront exercé des fonctions administratives ou judiciaires.

43. L'Aspirant demandera à la Chambre de discipline du ressort dans lequel il devra exercer, un certificat de moralité et de capacité. Le certificat ne pourra être délivré qu'après que la chambre aura fait parvenir au Commissaire du Gouvernement du Tribunal de première instance l'expédition de la délibération qui l'aura accordé.

44. En cas de refus, la Chambre donnera un avis motivé, et le communiquera au Commissaire du Gouvernement, qui l'adressera au Grand-Juge avec ses observations.

45. Les Notaires seront nommés par le Roi, et obtiendront de S. M. une commission qui énoncera le lieu fixe de la résidence.

46. Les commissions de Notaires seront, dans leur intitulé, adressées au Tribunal de première instance dans le ressort duquel le pourvu aura sa résidence.

47. Dans les deux mois de sa nomination, et à peine de déchéance, le pourvu sera tenu de prêter, à l'audience du Tribunal auquel la commission aura été adressée, le serment que la loi exige de tout Fonctionnaire public, ainsi que celui de remplir ses fonctions avec exactitude et probité. — Il ne sera admis à prêter serment, qu'en représentant l'original de sa commission, et la quittance du versement de son cautionnement. — Il sera tenu de faire enregistrer le procès-verbal de prestation de serment au secrétariat de la Municipalité du lieu où il devra résider, et au Greffe de tous les Tribunaux dans le ressort desquels il doit exercer.

48. Il n'aura le droit d'exercer qu'à compter du jour où il aura prêté serment.

49. Avant d'entrer en fonctions, les Notaires devront déposer au Greffe de chaque Tribunal de première instance de leur département, et au Greffe de la Municipalité de leur résidence, leur signature et paraphe. — Les Notaires, à la résidence des Tribunaux d'appel, feront en outre ce dépôt aux greffes des autres Tribunaux de première instance de leur ressort.

SECTION III. *Chambres de Discipline.*

50. Les Chambres qui seront établies pour la discipline intérieure des Notaires seront organisées par des réglemens.

51. Les honoraires et vacations des Notaires seront réglés à l'amiable entre eux et les parties, sinon par le Tribunal civil de la résidence du Notaire, sur l'avis de la Chambre, et sur simples mémoires sans frais.

52. Tout Notaire suspendu, destitué ou remplacé, devra, aussitôt après la notification qui lui aura été faite de sa suspension, de sa destitution ou de son remplacement, cesser l'exercice de son état, à peine de tous dommages et intérêts, et des autres condamnations prononcées par les lois contre tout Fonctionnaire suspendu ou destitué, qui continue l'exercice de ses fonctions. — Le Notaire suspendu ne pourra les reprendre, sous les mêmes peines, qu'après la cessation du tems de la suspension.

53. Toutes suspensions, destitutions, condamnations d'amende et dommages-intérêts, seront prononcées contre les Notaires, par le Tribunal civil de leur résidence, à la poursuite des parties intéressées ou d'office, à la poursuite et diligence des Commissaires du Gouvernement. — Ces jugemens seront sujets à l'appel, et exécutoires par provision, excepté quant aux condamnations pécuniaires.

SECTION IV. *Garde, transmission, table des minutes et recouvremens.*

54. Les minutes et répertoires d'un Notaire remplacé, ou dont la place aura été supprimée, pourront être remis, par lui ou par ses héritiers, à l'un des Notaires résidant dans la même commune, ou à l'un des Notaires résidant dans le même canton, si le remplacé était le seul Notaire établi dans la commune.

55. Si la remise des minutes et répertoires du Notaire remplacé n'a pas été effectuée, conformément à l'article précédent, dans le mois, à compter du jour de la prestation de serment du successeur, la remise en sera faite à celui-ci.

56. Lorsque la place de Notaire sera supprimée, le Titulaire ou ses héritiers seront tenus de remettre les minutes et répertoires, dans le délai de deux mois, du jour de la suppression, à l'un des Notaires de la commune, ou à l'un des Notaires du canton, conformément à l'article 54.

57. Le Commissaire du Gouvernement près le Tribunal de première instance, est chargé de veiller à ce que les remises ordonnées par les articles précédens soient effectuées, et, dans le cas de suppression de la place, si le Titulaire ou ses héritiers n'ont pas fait choix, dans les délais prescrits, du Notaire à qui les minutes et répertoires devront être remis, le Commissaire indiquera celui qui en demeurera dépositaire. — Le Titulaire ou ses héritiers, en retard de satisfaire aux dispositions des articles 55 et 56, seront condamnés à *cent francs* d'amende par chaque mois de retard, à compter du jour de la sommation qui leur aura été faite d'effectuer la remise.

58. Dans tous les cas, il sera dressé un état sommaire des minutes remises, et le Notaire qui les recevra, s'en chargera au pied de cet état, dont un double sera remis à la chambre de discipline.

59. Le titulaire ou ses héritiers, et le Notaire qui recevra les minutes aux termes des articles 54, 55 et 56, traiteront de gré à gré des recouvremens à raison des actes dont les honoraires sont encore dus et du

bénéfice des expéditions. — S'ils ne peuvent s'accorder, l'appréciation en sera faite par deux Notaires dont les parties conviendront ou qui seront nommés d'office parmi les Notaires de la même résidence, ou, à défaut, parmi ceux de la résidence la plus voisine.

60. Tous dépôts de minutes, sous la dénomination de *Chambre de contrats*, *Bureaux de tabellionnage* et *autres*, sont maintenus à la garde de leurs possesseurs actuels; les grosses et expéditions ne pourront en être délivrées que par un Notaire de la résidence des dépôts, ou, à défaut, par un Notaire de la résidence la plus voisine. — Néanmoins, si lesdits dépôts de minutes ont été remis au greffe d'un tribunal, les grosses et expéditions pourront, dans ce cas seulement, être délivrées par le Greffier.

61. Immédiatement après le décès du Notaire ou autres possesseurs de minutes, les minutes et répertoires seront mis sous les scellés par le Juge de paix de la résidence, jusqu'à ce qu'un autre Notaire en ait été provisoirement chargé par ordonnance du Président du tribunal de la résidence.

TITRE III. *Des Notaires actuels.*

62. Sont maintenus définitivement tous les Notaires qui, au jour de la promulgation de la présente loi seront en exercice.

63. Sont également maintenus définitivement les Notaires qui, au jour de la promulgation de la présente loi, n'ayant point été remplacés n'auraient interrompu l'exercice de leurs fonctions ou n'auraient été empêchés d'y entrer que pour cause soit d'incompatibilité, soit de service militaire.

64. Tous lesdits Notaires exerceront ou continueront d'exercer leurs fonctions et conserveront rang entre eux suivant la date de leurs réceptions respectives. Mais ils seront tenus dans les trois mois du jour de la publication de la présente loi :

1.° De remettre au greffe du tribunal de première instance de leur résidence, et sur un récépissé du greffier, tous les titres et pièces concernant leurs précédentes nomination et réception. — 2.° De se pourvoir avec ce récépissé, auprès du gouvernement, à l'effet d'obtenir du gouvernement une commission confirmative et réception primitive, ainsi que le lieu fixe de leur résidence.

65. Dans les deux mois qui suivront la délivrance de cette commission, chacun desdits Notaires sera tenu de prêter le serment prescrit par l'article 47 et de se conformer aux dispositions de l'art 49 pour le dépôt des signatures et paraphes. — Le présent article et le précédent seront exécutés à peine de déchéance.

66. Les Notaires qui réunissent des fonctions incompatibles seront tenus, dans les trois mois du jour de la publication de la présente loi, de faire leur option et d'en déposer l'acte au greffe du tribunal de première instance de leur résidence, sinon ils seront considérés comme ayant donné leur démission de l'état de Notaire et remplacés; et dans le cas où ils continueraient à l'exercer, ils encourront les peines prononcées par l'article 52.

67. A compter du jour de leur option, ils auront un délai de trois mois pour obtenir la commission du gouvernement et pour remplir les formalités prescrites aux articles 47 et 49, le tout sous les mêmes peines.

Dispositions générales.

68. Tout acte fait en contravention aux dispositions contenues aux articles 6, 8, 9, 10, 14, 20, 52, 64, 65, 66 et 67, est nul, s'il n'est pas revêtu de la signature de toutes les parties; et lorsque l'acte sera revêtu de la signature de toutes les parties contractantes, il ne vaudra que comme écrit sous signature privée, sauf, dans les deux cas, s'il y a lieu, les dommages-intérêts contre le Notaire contrevenant.

69. La loi du 6 octobre 1791 et toutes autres sont abrogées en ce qu'elles ont de contraire à la présente. *Inst.* 263.

VENTES A L'ENCHÈRE D'OBJETS MOBILIERS.

LOI *du* 22 *pluviôse an* 7.

ART. 1.er A compter du jour de la publication de la présente, les meubles, effets, marchandises, bois, fruits, récoltes, et tous autres objets mobiliers, ne pourront être vendus publiquement et par enchères, qu'en présence et par le ministère d'Officiers publics ayant qualité pour y procéder.

2. Aucun Officier public ne pourra procéder à une vente publique et par enchères, d'objets mobiliers, qu'il n'en ait préalablement fait la déclaration au bureau de l'enregistrement dans l'arrondissement duquel la vente aura lieu.

3. La déclaration sera inscrite sur un registre qui sera tenu à cet effet, et elle sera datée. Elle contiendra les noms, qualité et domicile de l'Officier, ceux du requérant, ceux de la personne dont le mobilier sera mis en vente, et l'indication de l'endroit où se fera la vente, et du jour de son ouverture. Elle sera signée par l'officier public; et il en sera fourni une copie, sans autres frais que le prix du papier timbré sur lequel cette copie sera délivrée. — Elle ne pourra servir que pour le mobilier de celui qui y sera dénommé.

4. Le registre sera en papier non timbré ; il sera coté et paraphé sans frais par le Juge de paix dans l'arrondissement duquel sera le bureau d'enregistrement.

5. Les Officiers publics transcriront, en tête de leurs procès-verbaux de vente, les copies de leurs déclarations. — Chaque objet adjugé sera porté de suite au procès-verbal ; le prix y sera écrit en toutes lettres, et tiré hors ligne en chiffres. — Chaque séance sera close et signée par l'Officier public et deux témoins domiciliés. — Lorsqu'une vente aura lieu par suite d'inventaire, il en sera fait mention au procès-verbal, avec indication de la date de l'inventaire, du nom du Notaire qui y aura procédé, et de la quittance de l'enregistrement.

6. Les procès-verbaux de vente ne pourront être enregistrés qu'aux bureaux où les déclarations auront été faites. — Le droit d'enregistrement sera perçu sur le montant des sommes que contiendra cumulativement le procès-verbal des séances à enregistrer dans le délai prescrit par la loi sur l'enregistrement.

7. Les contraventions aux dispositions ci-dessus seront punis par les amendes ci-après ; savoir : — De *cent francs* contre tout Officier public qui aurait procédé à une vente sans en avoir fait la déclaration ; — De *vingt-cinq francs* pour défaut de transcription en tête du procès-verbal, de la déclaration faite au bureau d'enregistrement ; — De *cent francs* pour chaque article adjugé et non porté au procès-verbal de vente, outre la restitution du droit ; — De *cent francs* aussi pour chaque altération de prix des articles adjugés, faite dans le procès-verbal, indépendamment de la restitution du droit et des peines de faux ; — Et de *quinze francs* pour chaque article dont le prix ne serait pas écrit en toutes lettres au procès-verbal. — Les autres contraventions que pourraient commettre les Officiers publics contre les dispositions de la loi sur l'enregistrement, seront punies par les amendes et restitutions qu'elle prononce. — L'amende qu'aura encourue tout citoyen par contravention à l'article 1.er de la présente, en vendant ou faisant vendre publiquement et par enchères, sans le ministère d'un Officier public, sera déterminée en raison de l'importance de la contravention ; elle ne pourra cependant être au-dessous de *cinquante francs* ni excéder *mille francs* pour chaque vente, outre la restitution des droits qui se trouveront dus.

8. Les Préposés de la Régie de l'enregistrement sont autorisés à se transporter dans tous les lieux où se feront des ventes publiques et par enchères, et à s'y faire représenter les procès-verbaux de vente et les copies des déclarations préalables. — Ils dresseront des procès-verbaux des contraventions qu'ils auront reconnues et constatées ; ils pourront même requérir l'assistance d'un Officier municipal, ou de l'Agent ou de l'Adjoint de la commune ou de la municipalité où se fera la vente. — Les poursuites et instances auront lieu ainsi et de la manière prescrite par la loi du 22 frimaire dernier sur l'enregistrement. — La preuve testimoniale pourra être admise sur les ventes faites en contravention à la présente.

9. Sont dispensés de la déclaration ordonnée par l'article 2, les Officiers publics qui auront à procéder aux ventes du mobilier national, et à celles des effets des Monts-de-Piété.

10. Toutes dispositions de lois contraires à la présente sont abrogées. *Circ. n.*° 1498.

ORDONNANCE du Roi du 1.er *mai* 1816, *relative au même objet.*

LOUIS, par la grâce de Dieu, Roi de France et de Navarre ;

Vu le mémoire de la chambre des Commissaires-priseurs du département de la Seine, tendant à ce qu'il soit statué sur la question de savoir si, lorsqu'un objet quelconque a été exposé en vente publique, et qu'il a reçu une ou plusieurs enchères sur sa première mise à prix, il doit, dans ce cas, être adjugé, et le prix porté sur le procès-verbal que dresse le Commissaire-priseur, quand bien même cet objet serait adjugé au propriétaire comme dernier enchérisseur ; — Vu la loi du 22 pluviôse an 7, qui détermine les obligations imposées aux Officiers publics ayant droit de procéder aux ventes mobilières ; — Vu les rapports de l'Administration de l'enregistrement et des domaines, et les observations y relatives de notre Garde-des-sceaux ;

Considérant que la remise en vigueur des dispositions de l'arrêt rendu le 13 novembre 1778, par le Roi notre auguste frère, ne peut qu'assurer l'exécution plus complète de la loi susdite du 22 pluviôse an 7, et prévenir toute omission frauduleuse au préjudice, soit des parties, soit de notre trésor, dans les procès-verbaux des ventes mobilières ;

Sur le rapport de notre Ministre Secrétaire d'État des finances, nous avons ordonné et ordonnons ce qui suit :

La disposition de l'arrêt du conseil d'État du 13 novembre 1778, qui oblige les Notaires, Greffiers, Huissiers, et tous autres Officiers publics ayant droit de procéder aux ventes mobilières, de comprendre dans leurs procès-verbaux tous les articles exposés en vente, tant ceux par eux adjugés, soit en totalité ou sur simple échantillon, que ceux *retirés* ou *livrés* par les propriétaires ou les héritiers pour le prix de l'enchère et de la prisée, sous peine de *cent francs* d'amende, est remise en vigueur, et sortira sa pleine et entière exécution. *Instr.* 725. — V. *Instr. génér.* 882 et 904.

DICTIONNAIRE

Des Droits d'Enregistrement, Timbre, Greffe, et de Manutention.

ABANDON *de biens en général.*

Celui qui contient un principe de libéralité, quoique fait à certaines charges et conditions, n'est pas une acquisition à titre onéreux, mais une donation, *arr. de cass. du 4 mai* 1819.

1. *L'abandon fait aux hospices,* à la charge de nourrir le Donataire, est passible du droit proportionnel sur l'usufruit ou la proprieté des biens, *instr.* 366. V. *donation* et *dation en paiement.*

2. *Celui fait aux enfans,* par les père et mère, à la charge de les nourrir ou de leur payer pension, doit, sur l'évaluation du mobilier ou le capital au denier vingt du produit brut de l'immeuble, les droits de 1 fr. 25 c. ou 4 fr. pour cent, suivant la nature des biens abandonnés, ou la moitié de ces droits, si l'abandon se fait par contrat de mariage, *instr.* 476, *art.* 53 *et* 54 *de la loi du* 28 *avril* 1816.

ABANDON *par l'Etat.*

1. *L'abandon*, par les Préfets *aux communes*, de halles faisant partie du domaine public, est passible du droit de 2 pour cent, *instr.* 308.

2. *Celui de portions d'usufruit ou de propriétés indivises avec l'Etat,* fait à ceux auxquels elles appartiennent, en vertu de titres authentiques, ne donne point lieu au droit proportionnel; s'il est fait en forme de partage, il est enregistrable *gratis. — Déc. min. fin.* 26 *frim.* 14.

3. *Celui fait à des particuliers,* d'un terrain faisant partie du domaine public, provenant d'alignement de rues, routes, etc., est soumis au droit de 2 pour cent, *déc. min. fin. du* 23 *oct.* 1810. (*Art.* 4010 *j.*)

4. Ce droit est exigible, lorsque l'abandon est consenti pour les remplir de créances sur l'Etat, lors même que le Cessionnaire ne retirerait pas l'équivalent de sa créance. *Arr. cass. du* 13 *mai* 1817.

5. *L'abandon aux femmes d'émigrés,* des biens de leurs maris, pour les remplir de leurs droits résultant de leur contrat de mariage est soumis aux droits proportionnels de vente, pour la valeur des immeubles abandonnés en toute propriété, quand l'abandon frappe sur des biens auxquels elles n'avaient aucun droit. *Circ. du* 21 *pluv.* 12.

6. Ce principe s'applique, dans le même cas, aux abandons faits aux enfans et femmes d'individus dont les biens ont été confisqués. Le droit de 2 pour cent serait dû, s'il était abandonné des rentes ou des meubles, et celui de 1 pour cent, si l'abandon consistait en simples créances. *Déc. min. fin. du* 26 *frim.* 14. *Sol. du* 14 *mai* 1812. (*Art.* 4225 *j.*)

7. *Celui fait aux émigrés* de leurs biens non vendus, est exempt du timbre et de l'enregistrement. *Sol. du* 9 *août* 1816. (*Art.* 5500, *j.*) V. *actes administratifs.*

ABANDON *de conquets de communauté.* Cet abandon fait à une femme, à titre de reprises de sa dot, doit 1 fr. fixe; si elle reçoit des biens au-delà du montant de ses reprises, l'excédant est passible du droit proportionnel, comme soulte de partage. *Sol. du* 24 *vent.* 11.

L'abandon fait à une veuve des *propres* de son mari pour ses remplois, est passible du droit ordinaire de vente immobilière. *Instr.* 392.

ABANDON *de biens,* au donataire, pour *exécution de donation stipulée, payable en argent ou en immeubles, au choix du donateur,* est passible du droit réglé pour les donations d'immeubles, en imputant sur ce droit celui qui a déjà été perçu sur l'acte primitif; et la modération de droits dont jouissent les donations par contrat de mariage, s'applique à l'acte de délivrance des immeubles, toutes les fois que cette délivrance a eu lieu en vertu d'une donation alternative consentie par contrat de mariage en faveur des futurs. *Instr.* 766.

ABANDON *de biens, par un débiteur à ses créanciers,* soit volontaire, soit forcé, pour être vendus en direction, droit fixe de 5 fr. (*art.* 68 *de la loi de frim. an* 7).

1. Si, d'après les termes du contrat, les créanciers peuvent conserver les biens ou en disposer à leur gré, le droit proportionnel est dû comme vente. *Arr. cass. du* 27 *juin* 1809. V. SUCCESSION (*biens abandonnés aux créanciers*).

2. Les pièces déposées au Greffe, en vertu de l'art. 898 du C. de P. C., sont exemptes de timbre et d'enregistrement; l'inventaire qui les accompagne est le seul acte passible de ces deux formalités; il y aurait lieu néanmoins à poursuivre le recouvrement des droits d'enregistrement des titres de mutation de propriété ou de jouissance non enregistrés dans les trois mois. *Instr.* 386.

3. L'homologation, contre tous les créanciers, de l'abandon fait par le débiteur, lève les oppositions partielles faites par quelques-uns aux mains des débiteurs du failli. *Cour de Paris, du* 24 *fév.* 1809. V. *Attermoiement, concordat, livre, registre et union.*

ABANDON, par un *détenteur,* pour être déchargé d'une rente. V. *délaissement.*

ABANDON *en avancement d'hoirie et de droits successifs.* V. *donation.*

ABANDON *de biens, créances,* etc. V. *dation en paiement.*

ABANDON *par un héritier.*

1. L'acte par lequel un fils consent que le créancier de son père s'empare d'un immeuble de sa succession, en paiement de la créance, est réputé *vente* et *addition d'hérédité*, quoique déjà il y ait eu répudiation expresse, et que, dans l'acte d'abandon, il soit dit que cet acte est fait pour exprimer plus positivement la répudiation déjà faite. *Arr. de cass. du* 13 *avril* 1815 (*Art.* 5241, *j.*)

2. L'abandon que l'héritier bénéficiaire est autorisé, par l'art. 803 du C. C., à faire aux créanciers de la succession, n'est en réalité qu'une renonciation : ainsi

cet héritier peut renoncer, et cette renonciation ne comporte point de droit proportionnel. *Arr. de cass. du* 6 *juin* 1815.

ABANDON *maritime.* L'abandon pour *assurance* ou *grosse aventure*, est un contrat par lequel l'assuré dénonce la perte à l'assureur, et lui abandonne les objets assurés.

Le droit dû pour cet acte est de 1 pour cent en temps de paix, et de 50 c. pour cent en tems de guerre. Il se perçoit en raison de la valeur des objets abandonnés, *art.* 61 *de la loi de* 1816, et se liquide d'après la valeur des objets assurés : il n'est exigible que sur l'acte d'acceptation, ou sur le jugement qui déclare l'abandonnement valable, *Instr.* 876.

ABDICATION. Voyez *démission, donation et renonciation.*

ABOLITION. V. *aubaine* et *étrangers.*

ABONNEMENT, convention qui fixe des droits incertains à une somme déterminée. V. *port de lettres.*

1. Ceux de la régie des contributions indirectes avec ses débitans, doivent être rédigés sur papier du timbre de cette régie. *Inst.* 327,

2. Ceux à l'effet de fixer ou augmenter le traitement des ecclésiastiques doivent acquitter le droit de 50 p. %, pourvu qu'il ne s'agisse pas d'une fondation ou donation par un acte particulier. — La perception doit porter sur la totalité des sommes à payer, si la redevance ne doit pas durer plus de neuf ans; au-delà de ce terme et pour un tems illimité, ils doivent le droit sur le capital au denier *dix*, ou au denier *vingt* si l'acte porte expressément que le paiement annuel est à perpétuité. *Inst.* 290, *déc. min. fin.* 3 *fév.* 1807.

ABROGATION *des lois*, est un acte émané du pouvoir souverain, par lequel une loi, un usage sont annulés ou anéantis.

1. Les coutumes relatives à la procédure civile sont abrogées par l'art. 1041 du *code de P. C.*

2. Les lois non abrogées doivent être provisoirement exécutées. *Décr. du* 21 *sept.* 1792.

3. On doit regarder comme éteinte toute action contre les Notaires relativement aux amendes, résultant de contraventions, autres que celles concernant le contrôle et l'enregistrement, antérieures à la loi du 25 *vent.* 11, et ne les poursuivre que pour les contraventions postérieures à cet époque. *Instr.* 384. V. *effet rétroactif, loi* et *Notaire.*

ABSENCE. Lorsqu'une personne a cessé de paraître au lieu de son domicile ou de sa résidence, et que depuis quatre ans on n'en a point eu de nouvelles, elle est réputée *absente.*

1. Les formes à suivre pour faire déclarer l'absence sont tracées dans les articles 112, 115 et 116 du *C. C.* et 859 du *C. de P. C.* — V. *absent.*

2. Le jugement qui ordonne l'enquête pour constater l'absence, et l'enquête elle-même, sont assujétis au droit fixe de *trois francs*; *art.* 44 *de la loi de* 1816.

3. Le jugement définitif qui déclare l'absence, doit le droit fixe de *cinq francs*; *art* 45 *de la même loi.*

Pour l'ordonnance qui commet un juge, V. *ordonnance.*

ABSENCE *des employés*; elle ne peut avoir lieu sans congé. *Circ.* 301, *Instr.* 170 *et* 963.

L'Employé à poste fixe qui le quitte avant d'être remplacé est considéré comme absent sans congé. *Instr.* 170. V. *congé, maladie, traitement, remises et vacance.*

ABSENT.

1. Les héritiers d'un individu dont l'absence est déclarée, sont tenus de faire, dans les *six mois* du jour de l'envoi en possession provisoire, la déclaration à laquelle ils seraient tenus s'ils étaient appelés par l'effet de la mort, et d'acquitter les droits sur la valeur entière des biens qu'ils recueillent. *Art* 40 *de la loi de* 1816.

Si l'absent reparaît. — V. *restitution.*

2. Ce délai de *six mois* se compte à partir de l'envoi en possession, et non du jour où l'on fournit la caution exigée par l'art. 120 du C. C. *Sol. du* 20 *mai* 1818; *arr. de cass. du* 9 *nov.* 1819. (*Art.* 6094 *et* 6580, *j.*)

3. Il est indifférent, pour l'exigibilité du droit de mutation par décès, que l'héritier de l'absent soit envoyé purement et simplement en possession des biens de celui-ci, ou que ce ne soit que provisoirement; il en est de même lorsque le Tribunal, au lieu de déclarer l'absence de la personne qui n'a pas donné de ses nouvelles depuis 4 ans, se borne à nommer des Administrateurs provisoires de ses biens. *Déc. min. fin.* 26 *sept.* 1817, (*art.* 5884, *j.*)

4. Se mettre en possession du bien d'un absent, sans obtenir de la justice l'envoi en possession provisoire de ses biens, c'est autoriser la demande du droit de mutation, quoique l'acte qui le constate contienne l'obligation de rendre à l'absent s'il reparaît. *Arr. de cass.* 26 *juillet* 1814. (*Art.* 4899, *j.*)

5. L'aliénation des biens d'un absent par ses héritiers, autorise la demande du droit de mutation, quoiqu'ils n'aient pas été envoyés judiciairement en possession, *arr. de cass. du* 2 *nov.* 1813 (*art.* 5301, *j.*); il en est aussi de même du partage, de la vente, ou du bail de ses biens par ses héritiers, *instr.* 290 *et* 386, *arr. de cass. des* 27 *avril* 1807, 22 *nov.* 1816, *déc. min. fin.* 27 *déc.* 1816 *et* 14 *août* 1818 (*art.* 5621 *et* 6145, *j.*)

6. On ne doit pas considérer comme ouverte la succession d'un militaire, lorsque le ministre de la guerre constate que dans telle ou telle campagne, il est resté en arrière de son corps, et a été rayé des contrôles du régiment auquel il appartenait. Les héritiers ne sont pas fondés alors à demander l'envoi en possession de ses biens : celui-ci est toujours réputé vivant, *arr. de cass. du* 9 *mars* 1819.

7. Lorsqu'un enfant absent est compris au nombre des héritiers de sa mère, par la déclaration fournie à raison de la succession de celle-ci, et qu'au décès du père, arrivé postérieurement, il ne figure point dans la nouvelle déclaration faite par les héritiers, qui, depuis ont partagé les biens des deux hérédités, on ne peut prétendre pour cela que l'absent ait survécu à la défunte; ce serait à

l'Administration à le prouver. *Déc. min. fin. du* 18 *juin* 1819, *sol. du* 21 *juillet suiv.*

8. Celui qui succède à défaut de l'absent dont on n'a pas de nouvelles, ne doit que le droit de la mutation qui s'est opérée en sa faveur, sauf réserve des droits de la mutation intermédiaire, s'il était prouvé que l'absent existait au moment de l'ouverture de la succession. *Arr. de cass. du* 18 *avril* 1809, *sol. du* 29 *juin suivant.*

9. A compter du 1.er avril 1815, les droits successifs échus à un militaire absent dont l'existence n'est pas justifiée, doivent être attribués à ceux qui les auraient recueillis à son défaut, conformément à l'art. 136 du C. C.; il n'y a pas lieu d'appliquer la loi du 11 vent. 2, qui réputait les militaires vivans, à l'effet de recueillir les successions à eux échues, parce que cette présomption a dû cesser après la guerre. *Arr. de cass. du* 24 *janv.* 1820.

10. La nomination d'experts, pour procéder au partage des biens d'un absent, n'autorise pas à réclamer le droit de mutation, *jugement du trib. de Florac, du* 19 *mars* 1817 (*art.* 5946, *j.*), auquel a acquiescé l'Administration le 24 sept. 1817, en ajoutant que le droit serait exigible si le partage avait eu lieu, bien que les héritiers déclarassent faire raison à l'absent de sa portion en cas qu'il reparût, dernière circonstance conforme à *l'arr. de cass. du* 26 *juillet* 1814.

11. Lorsque des particuliers, se disant enfans légitimes d'un absent, se présentent pour réclamer sa succession sur des envoyés en possession, ils doivent produire copie littérale et entière de leur acte de naissance, de celui du mariage des père et mère, de l'acte de décès de l'absent consigné sur le registre public, et non pas seulement une attestation de l'Officier de l'état civil. *Cour de Colmar, du* 20 *avril* 1814. — Quant à la prescription de ces droits, V. *prescription.*

12. *Effets de l'absence.* S'il s'ouvre une succession à laquelle soit appelé un individu dont l'existence n'est pas reconnue, elle sera dévolue exclusivement à ceux avec lesquels il aurait eu le droit de concourir, ou à ceux qui l'auraient recueillie à son défaut. — Quiconque réclamera un droit échu à un individu dont l'existence ne sera pas reconnue, devra prouver que ledit individu existait quand le droit a été ouvert, et jusqu'à cette preuve, il sera déclaré non recevable dans sa demande. Tant que l'absent ne se présentera pas, ou que les actions ne seront point exercées de son chef, ceux qui auront recueilli la succession, gagneront les fruits par eux reçus de bonne foi. *Art.* 135, 136 et 138 *du C. C.* — V. *l'Art.* 7 *ci-dessus.*

13. L'absent, dont l'existence n'est pas prouvée, ne peut, quoique son absence n'ait pas été déclarée par jugement, être représenté pour recueillir une succession à laquelle il aurait eu droit. *Cour de Paris du* 27 *mai* 1808. (*Art.* 2983, *j.*)

14. Une succession ouverte avant le C. C., à laquelle était appelé un individu, dont l'existence, ni le décès n'étaient pas prouvés, est dévolue exclusivement à ceux avec lesquels cet individu aurait eu le droit de concourir, ou à ceux qui l'auraient recueillie à son défaut. *Arr. de cass. du* 16 *déc.* 1807. (*Art.* 2875, *j.*)

15. Les frères et sœurs d'un individu absent depuis 1791, sans qu'il eût donné de ses nouvelles depuis long-tems, ont été autorisés par l'art. 136 du C. C. à partager entre eux les biens des successions des père et mère communs, décédés en l'an 11, attendu que l'existence de cet individu n'était pas reconnue, et que l'on ne peut induire des mesures de précaution prises dans ce partage, pour la conservation des droits de l'absent, que les copartageans aient recueilli directement de lui la portion dans les successions communes. *Arr. de cass. du* 18 *avril* 1809. (*Art.* 3301, *j.*)

16. Quand l'héritier présomptif d'un absent vient à décéder, ayant la possession provisoire de ses biens, ils doivent passer aux héritiers de celui qui avait obtenu l'envoi en possession, parce que cette possession est un droit réel. *Cour de Turin du* 5 *mai* 1810. (*Art.* 3788, *j.*)

17. Le droit de se faire envoyer en possession provisoire des biens d'un absent, n'appartient qu'à celui qui est héritier présomptif de l'absent au jour de son départ ou de ses dernières nouvelles : ce droit acquis à l'héritier présomptif de l'absent se transmet par succession aux héritiers dudit héritier présomptif, lorsque ce dernier n'y a pas expressément renoncé. *Cour de Paris du* 11 *fév.* 1813. (*Art.* 4513, *j.*)

ABSTENTION, c'est la renonciation tacite d'un héritier à une succession. — Les abstentions à successions, legs ou communautés, lorsqu'elles sont pures et simples, et faites par acte notarié, opèrent le droit de 1 fr. — Il est dû un droit par chaque renonçant et par chaque succession à laquelle on renonce. *Art.* 68 *de la loi de frim.* 7. — Si l'abstention n'est pas pure et simple, V. *abandon* (*par un héritier*) et *renonciation* n.os 4, 5, 6, et 7. — Lorsque plusieurs personnes sont décédées en même tems, V. *succession*, n.° 5.

ACCEPTATION, est le consentement de celui qui agrée.

1. ACCEPTATION *de succession, legs ou communauté*, lorsqu'elle est pure et simple, 1 fr. fixe. — Il est dû un droit par chaque acceptation et pour chaque succession. *Art.* 68 *de la loi de frim.* 7.

2. Cet acte, fait au greffe du tribunal de 1re instance, rentre dans la classe de ceux assujétis au droit de 3 fr. par l'art. 44 de la loi de 1816. V. *actes judiciaires.*

3. La déclaration d'un héritier, qu'il entend ne prendre cette qualité que sous bénéfice d'inventaire, doit être faite au greffe du tribunal de 1re instance, dans l'arrondissement duquel la succession s'est ouverte : elle doit être inscrite sur le registre destiné à recevoir les actes de renonciation. *Art.* 793 *du C. C.* — L'acceptation peut être expresse ou tacite; V. *les art.* 778 *et suiv. du même code.*

4. Le successible, qui est en même tems légataire du défunt, ne peut cumuler la qualité d'héritier et celle de légataire; il a le choix ou d'accepter la succession en renonçant à son legs, ou de réclamer le legs en renonçant à la succession. *Art.* 778, 783 et 843 du C. C. — Mais une fois qu'il a fait par lui-même ou par son fondé de pouvoirs des actes emportant addition d'hérédité,

il est devenu irrévocablement héritier, à moins qu'il n'ait pas eu la capacité d'accepter, ou que son acceptation ait été la suite du dol ou de la violence. *Arr. de cass. du 22 janv.* 1817. V. *abandon* (*par un héritier.*)

5. Le successible qui ne fait point inventaire dans les trois mois fixés par la loi, n'est pas pour cela réputé acceptant, il est toujours recevable à remplir cette formalité tant qu'il n'a pas fait acte d'héritier pur et simple. *Cour de Paris du* 28 *août* 1815.

6. ACCEPTATION *de donation*; celle consentie, par acte postérieur, de donation passée en l'absence du donataire, est soumise au droit proportionnel, qu'on ne pouvait percevoir sur la donation non acceptée. *Sol. du* 8 *therm.* 12. *Instr* 290, *numb.* 29.

7. Même règle pour l'acceptation de donations faites aux séminaires diocésains. *Instr.* 290, n.° 2.

8. Mais il n'est dû que 1 fr. fixe pour celle de donations, entre vifs et testamentaires, faites aux pauvres et aux hôpitaux. *Instr.* 185 et 209, — ou aux congrégations hospitalières. *Instr.* 432. — V. *donation*, *n.°* 19.

9. ACCEPTATION de *transport* ou de *délégation de créances à terme* faite par acte séparé; elle est passible du droit de 1 fr., lorsque le droit proportionnel a été acquitté pour le transport ou la délégation. Il doit en être ainsi de celle qui se fait dans les actes mêmes de délégation de créances aussi à terme. *Art.* 68 *de la loi de frim.* 7.

10. ACCEPTATION de *caution*, par déclaration faite au Greffe, 3 fr. fixe. *Art.* 44 *de la loi de* 1816.

11. ACCEPTATION *d'effets négociables*; elle est exempte de l'enregistrement suivant l'art. 70 de la loi de frim. 7. V. *effets de commerce.*

12. ACCEPTATION *d'offres*. V. *offres*. — *De remploi.* V. *remploi.*

ACCEPTILATION. Cet acte, par lequel un créancier décharge un débiteur, quoiqu'il n'en ait reçu aucun paiement, est considéré par le C. C. (*art.* 1282 *et suivans*), comme acte de simple libération, et doit être soumis au droit de 50 centimes p. 100, fixé par l'art. 69 de la loi de frim. 7.

ACCESSOIRE. V. *décime.*

ACCOMMODEMENT. V. *expertise*, n.° 44, et *soumission.*

ACCORD. V. *transaction.*

ACCROISSEMENT. Droit des cohéritiers ou colégataires de recueillir la portion de ceux qui n'ont pu en jouir ou qui y ont renoncé.

1. Dans une succession légitime, la part de celui qui renonce accroît aux autres cohéritiers, *art.* 786 *et* 787 du C. C. Mais la part de celui qui manque appartient à ses héritiers personnels par représentation, *art.* 739 *et suivans.* — Dans une succession testamentaire, au contraire, lorsque deux héritiers ou légataires ont été institués pour une même chose, pourvu que l'institution ou le legs soit fait conjointement et sans division de parts, ou même qu'il soit fait séparément lorque la chose est non susceptible d'être divisée sans détérioration, la part de celui qui renonce ou qui manque, accroît à l'autre, au préjudice de la représentation. *Art.* 1044 *et* 1045 *du C. C.*

2. Lorsqu'un père fait par testament, un legs hors part, en faveur de deux de ses enfans, conjointement, sans assigner la part de chacun d'eux dans les objets légués, la portion du prédécédé accroît au survivant colégataire. *Cour d'Orléans*, *du* 3 *mars* 1815.

3. Lorsqu'un legs est fait conjointement à plusieurs légataires, et que l'un d'eux n'a pas survécu au testateur, le legs tourne par accroissement au profit de ceux qui sont colégataires. *Cour de Colmar, du* 31 *juillet* 1818.

4. L'accroissement a lieu entre les héritiers testamentaires institués conjointement, quoique le donateur ait déclaré qu'ils recueilleraient son hérédité par portions égales. *Arr. de cass.*, *du* 19 *oct.* 1808 (*Art.* 5339, *j.*)

5. Il a également lieu au profit de l'héritier légitime, quand le legs dont il est grevé devient caduc. *Arr. de cass.*, *du* 20 *juillet* 1809. V. *succession*, n°. 121.

ACCUSÉ *de réception*. Les Directeurs sont dispensés d'accuser réception des instructions, mais non des circulaires. *Circ. du* 21 *déc.* 1810.

ACQUÉREUR. V. *mutation*, *vente*, *échange*, *etc.*

ACQUET. Biens fonds acquis par l'un des conjoints avant la communauté entre époux.

ACQUIESCEMENT. Consentement, adhésion.

1. L'acquiescement pur et simple, quand il n'est pas fait en justice, est soumis au droit fixe de 2 fr. *Art.* 68 *de la loi de frim.* 7, *et* 43 *de celle de* 1816. — Si l'acte est passé aux greffes des Tribunaux, il est dû 3 fr. *Art.* 44 *de la loi de* 1816.

2. Les jugemens des Tribunaux civils ou de commerce portant acquiescement, sont tarifiés à 3 fr.; s'ils sont rendus sur appel des Juges de paix, ce droit est de 5 fr. *Art.* 44 et 45 *de la même loi.*

3. Si la demande qui donne lieu à l'acquiescement n'est pas fondée sur un titre enregistré et susceptible de l'être, le droit auquel l'objet de cette demande se trouverait soumis par le tarif, s'il eût été convenu par acte public, doit être perçu indépendamment du droit dû pour le jugement. *Art.* 69, §. 2, n.° 9 *de la loi de frim.* 7

4. IL EXISTE ACQUIESCEMENT, 1.° lorsqu'on signifie un jugement à sa partie adverse, sans aucune réserve. *Arr. de cass.*, *du* 22 *vend.* 12. — 2.° Lorsqu'une promesse d'exécution a été faite par écrit, qu'une obligation souscrite par le fermier a été remise au propriétaire, et que celui-ci a donné main-levée de l'inscription. *Décr. du* 20 *janv.* 1811. — 3.° Lorsque le débiteur a payé volontairement une partie des sommes auxquelles il avait été condamné, et qu'il a demandé un délai pour acquitter le surplus, sans protestation ni réserve. *Décr. du* 11 *nov.* 1813, *et Ordonn. du* 25 *fév.* 1815. — 4.° Lorsqu'on a promis par une déclaration souscrite, de se conformer à un jugement, avec dispense de signification. *Arr. de cass.*, *du* 26 *fév.* 1816. — 5.° Lorsqu'une demande de sursis à l'exécution d'un jugement a été faite sans donner de motifs et sans faire aucune réserve ni protestation. *Arr. de cass.*, *du* 16 *nov.* 1818. — 6.° Lorsque la partie condamnée par un jugement en dernier ressort, paie comme contrainte, pour éviter l'exécution, se réservant tous ses droits contre le jugement, même le pourvoi en cassation, et que

néanmoins le créancier lui remet toutes les pièces et qu'elle les accepte. *Cour de Riom, du* 10 *juin* 1817. — 7.° En faisant signifier sans réserve un arrêt interlocutoire. *Arr. de cass., du* 6 *juillet* 1819.

5. L'exécution des arrêts et jugemens en dernier ressort ne peut faire déclarer non-recevable le pourvoi en cassation. *Arr. de cass., du* 19 *déc.* 1809. (*Art.* 3523 ; *j.*)

6. L'Administration est censée avoir acquiescé à un jugement qui contient plusieurs dispositions, les unes à son profit, les autres contre elle, par la signification qui a été faite de ce jugement avec commandement de l'exécuter, quoiqu'il fut dit dans l'exploit : *il est fait pour la requérante* (l'Administration), *toutes réserves utiles et nécessaires. Arr. de cass., des* 23 *déc.* 1806 *et* 25 *déc.* 1807, *Instr.* 389.

7. MAIS IL N'Y A POINT ACQUIESCEMENT, 1°. lorsqu'on poursuit l'effet d'un jugement interlocutoire, sous *réserve de ses droits. Arr. de cass., du* 21 *janv* 1812. — 2.° Quand on exécute volontairement un jugement qui n'est pas exécutoire par provision, en insérant dans cet acte d'exécution, réserve expresse d'interjeter appel. *Arr. de cass., du* 7 *janv.* 1816. — 3.° Lorsque la partie condamnée aux dépens avec distraction au profit de l'Avoué de la partie adverse, les a payés d'après une contrainte sur saisie immobilière exercée par l'Avoué ; mais en déclarant qu'elle ne faisait ce paiement que sous la réserve de se pourvoir contre la taxe de ces dépens et sans néanmoins parler du jugement. *Arr. de cass., du* 15 *juillet* 1818. — 4.° Lorsqu'après significa- d'un jugement, faite par une partie, sans réserves ni protestations, la partie adverse se rend appelante ; alors celui qui fait signifier le jugement, peut appeler incidemment. *Art.* 443 *du C. de proc. C., Arr. de cass., du* 12 *juin* 1817. — 5.° Lorsque le Receveur acquitte le montant de la condamnation, et se fait remettre toutes les pièces. *Arr. de cass., du* 21 *mars* 1819. — 6.° Quand on signifie un jugement d'Avoué à Avoué, sans protestations ni réserves. *Cour de Limoges, du* 23 *juin* 1819. — 7.° Lorsque l'exécution du jugement est forcée. *Arr. de cass., du* 4 *mars* 1807. — Tel est le paiement fait, en vertu de sommation de payer dans les 24 heures, *sous réserve de ses droits. Arrêt de cass., du* 20 *oct.* 1811. — 8°. Lorsque l'Administration, en provoquant l'exécution d'un jugement qui ordonne la preuve par témoins, qu'un bail enregistré n'a pas été exécuté, s'est réservée la faculté de l'attaquer. *Arr. de cass., du* 21 *janv.* 1812. (*Art.* 4130, *j.*)

7. La remise des pièces en payant le montant des condamnations, ne prive pas de la faculté de se pourvoir en cassation *Arr. de cass. du* 31 *mars* 1819.

8. S'il existe plusieurs chefs de demande indépendans les uns des autres, l'acquiescement à l'un de ces chefs, avec réserve de se pourvoir contre les autres ne peut être une fin de non-recevoir contre l'appel sur ceux-ci. *Arr. de cass. des* 26 *prair.* 11 *et* 3 *juin* 1818.

9. Dans le cas où un jugement prononce sur deux instances distinctes et qu'une partie a poursuivi sans réserve l'effet d'une disposition qui lui profite, elle n'a pas mis obstacle au pourvoi sur l'autre disposition. *Arr. de cass. du* 30 *décembre* 1818.

10. Lorsque, dans le réglement d'un compte rendu en justice, on consent à l'allocation, sous réserve de se pourvoir contre deux articles, il ne peut y avoir acquiescement, quant à ces derniers objets. *Arr. de cass. du* 2 *juillet* 1817.

11. L'acquiescement à jugement préparatoire n'empêche pas de se pourvoir contre celui définitif. *Arr. de cass. du* 2 *brum.* 12.

12. L'acquiescement que le condamné a donné à un jugement par acte sous seing-privé, sans date certaine faute d'enregistrement ni autrement, ne peut être opposé à des tiers. *Arr. de cass. du* 22 *juin* 1818.

13. L'administration n'est pas censée avoir acquiescé à un jugement par la restitution que le Receveur a effectuée, d'après la signification du jugement avec sommation d'y satisfaire. *Arr. de cass. du* 21 *germin.* 12. *Ins.* 389.

14. L'accession aux prétentions d'un débiteur, fournie par le directeur, antérieurement à la signification de son mémoire rectificatif de l'erreur, doit être regardée comme non avenue. *Arr. de cass. du* 21 *avril* 1806. V. *instances, n.os* 86 *et* 87.

ACQUISITION est une chose qui est transmise par vente.

1. Les acquisitions sujètes au droit fixe d'*un* fr. sont celles faites au profit 1.° des pauvres et hospices. *Instr.* 185 *et* 209. — 2°. Des congrégations hospitalières, *Instr.* 432 — 3° De la congrégation des Filles de la Providence. *Déc. min. fin. du* 8 *octobre* 1819. — 4°. D'un département, pour y établir un dépôt de mendicité. *Sol. du* 24 *avril* 1819. (*Art.* 6541 *j.*). — 5°. Des communes, par suite de travaux de navigation, de dessèchement de marais, etc., et après le délaissement fait par ces propriétaires, en vertu de la loi du 16 sept. 1807. *Instr.* 386 *et* 464.

2. Les acquisitions faites ou à faire par le Domaine extraordinaire de S. M., de biens situés dans l'intérieur du royaume, doivent 3 fr. fixe pour l'enregistrement, et pareil droit pour tenir lieu du droit proportionnel de transcription. *Instr.* 580. *V.* aux hypoth. *droit de transcription.*

3. L'acquisition faite par un bureau de bienfaisance est passible du droit proportionnel. *Sol.* 24 *juin* 1817, *et Déc. min. fin. du* 23 *janv.* 1818. (*Art.* 5810 *et* 6025 ; *j.*)

4. *Celles enregistrables gratis* sont : les acquisitions et échanges entre l'Etat et les particuliers, et autres actes qui y auraient rapport, et *dont les droits d'enregistrement tomberaient à la charge du Trésor public. Art.* 7 *de la loi* 24 *juillet* 1793. Il n'est pas dû de droit d'enregistrement sur les soultes payées au Trésor. *Sol. du* 22 *therm.* 10. Même règle pour les actes de l'espèce au profit du Roi et ses ayans-cause, c'est-à-dire, ses successeurs à la couronne. *Instr.* 366 *et* 598. — Quant aux abandons de portion de biens de l'Etat. V. *abandon par l'Etat.*

5. Les acquisitions et échanges de domaines faisant partie des grands corps de l'Etat, jouissent de l'exemption accordée pour les biens de l'Etat. *Circ. des* 1.er *avril* 1806 *et* 11 *sept.* 1807.

6. Même règle pour les acquisitions faites par le Roi, lorsque l'acte ne fait pas connaître à quel titre Sa Ma-

jesté acquiert; l'acquisition, dans ce cas, étant considérée comme faite pour le domaine de la couronne. *Déc. min. fin., du ....* (*Art.* 4215, *j.*)

7. On doit également enregistrer gratis les acquisitions faites par l'administration des douanes, pour l'établissement de bureaux pour le compte de l'État. *Déc. min. fin., des* 13 *janv.* 1807 *et* 10 *janv.* 1809. — Celles faites par l'Administration des domaines, lorsque, sur une expropriation forcée suivie à sa requête, l'adjudication demeure définitivement à l'Etat; il n'est dû aucun droit d'enregistrement, de greffe, d'hypothèque, ni salaire du Conservateur. Les feuilles sont visées gratis, et la feuille du registre où se fait la transcription est distraite de la charge du Conservateur. *Instr.* 202. — Celles, par les communes, d'églises nécessaires pour l'exercice des différens cultes. *Sol. du ....* (*Art.* 4291, *j.*).

8. Les acquisitions faites par la ville de Lyon, de terrains de la place de Bellecour, et les reventes immédiates, reçoivent la formalité gratis. *Loi du* 9 *mai* 1806. Mais les ventes subséquentes par les cessionnaires, ne sont pas affranchies du droit proportionnel. *Arr. de cass. des* 10 *oct.* 1814, 27 *août et* 29 *juin* 1816. (*Art.* 4993, 5639 *et* 6127, *j.*)

9. Les acquisitions administratives de terrain appartenant à des particuliers, pour servir à la construction d'une route d'arrondissement communal, seront enregistrées gratis. *Sol. du* 16 *juillet* 1812. (*Art.* 4258, *j.*)

10. Il en est de même de celles faites par l'École Polytechnique, parce que n'ayant lieu qu'en vertu d'une ordonnance du Roi, et sur l'autorisation du Ministre de l'intérieur, elles deviennent propriétés de l'État. (*Art.* 6567, *j.*)

11. Les acquisitions des départemens, arrondissemens et communes, sont enregistrables gratis, lorsqu'il s'agit d'un immeuble à employer à un objet d'utilité publique. *Déc. min. fin. du* 3 *pluv.* 12; telles que celles qui résultent des arrêtés d'alignement. *Instr.* 860. — Toutes autres acquisitions qui forment, pour les départemens, les arrondissemens ou les communes, une propriété privée, sont sujètes au droit proportionnel, soit que le prix doive être payé avec les centimes additionnels et facultatifs, ou acquitté avec des fonds généraux. *Instr.* 512 *et* 933. *Déc. min. fin. du* 4 *août* 182.. (*Art.* 6816, *j.*), qui confirme ce principe relativement aux acquisitions faites par les départemens.

ACQUIT, CONGÉS *et* PASSAVANS. Ils sont délivrés par les Préposés des Douanes, ou par ceux de l'Administration des Contributions indirectes : ils sont tous exempts de l'enregistr. *Art.* 70 *de la loi de frim.* 7.

1. Les passavans délivrés dans les bureaux des douanes, pour le transport et la circulation des denrées et marchandises dans les deux myriamètres des frontières, les acquits à caution délivrés pour la circulation des grains, et les certificats des Maires et Adjoints, relatifs au transport de ces grains, sont exempts du timbre. *Instr.* 193.

2. Cette disposition est applicable aux passavans délivrés aux voituriers, en conformité du décret du 23 juin 1806, sur la police du roulage. *Instr.* 345.

3. Tous autres acquits délivrés par les Préposés des Douanes, sont sujets au timbre comme certificats, quoique les sommes n'excèdent pas dix francs, et qu'ils ne soient pas produits en justice. *Circ.* 2042.

4. Les acquits à caution délivrés aux voituriers qui conduisent des subsistances à une armée, doivent être sur papier timbré. *Circ.* 1705.

5. Les passe-debout ou transits sur consignation des droits, sur cautionnement d'un tiers, ou sur escorte des Préposés de l'octroi, doivent être sur papier timbré. *Lettre du Min. des fin. au Directeur général des Droits-Réunis, du* 1.er *mai* 1810.

Les congés et passavans ne sont passibles que du droit de 5 centimes, perçu par l'administration des Droits-réunis. *Art.* 29 *de la loi du* 24 *avril* 1806.

ACQUIT *ou décharge.* Celui mis au bas d'un effet négociable ou ordonnance de paiement sur les caisses publiques, est exempt de l'enregistrement. *Art.* 70 *de la loi de frim.* 7. — Mais les effets négociables venant de l'étranger, doivent être soumis au timbre, ou au visa pour timbre, avant d'être *négociés* ou *acquittés* en France. *Art.* 15 *de la loi du* 13 *brum.* 7.

ACQUIT (*livres d'*). V. *Bureau des Prud'hommes.*

ACTE. Terme générique de toutes les conventions qui se rédigent par écrit.

1. *Nature des actes.* Les actes se divisent en *actes authentiques* ou *publics*, et en *actes privés.*

2. Les premiers sont ceux qui portent avec eux les caractères de l'autorité, et qui ont été rédigés par le ministère d'officiers publics, ou qui émanent des administrations publiques ou des Tribunaux; ils se divisent ainsi qu'il suit : 1.° *Actes judiciaires*, tels sont ceux de juridiction contentieuse; — 2.° *Actes des Notaires*; ce sont ceux reçus par ces fonctionnaires. — 3.° *Actes administratifs*, ainsi dénommés parce qu'ils émanent d'une administration publique revêtue de quelqu'autorité d'après la loi; — 4.° *Actes de l'état civil*, ceux reçus par l'Officier de l'état civil, pour constater les naissances, mariages, etc.

3. On appelle *actes privés* ceux qui ne sont signés que des parties.

4. On ne peut déroger par des conventions particulières aux lois qui intéressent l'ordre public et les bonnes mœurs. *Art.* 6. *du C. C.*

5. La mort civile n'interdit pas les droits de la nature et des gens, tels qu'acquisitions, obligations. *Arr. de cass. du* 28 *juin* 1808.

6. *Caractère des actes.* Il est déterminé par les clauses qu'ils renferment, et non par la qualification que les parties donnent à leurs conventions. *Arr. de Cass. du* 26 *avril* 1810.

7. L'acte recognitif ne change pas la nature du titre primordial, parce qu'il lui donne de fausses qualifications. *Arr. de Cass. du* 12 *janv.* 1814. (*Art.* 4982, *j.*) V. aux Domaines, *rentes féodales* et *inféodées.*

8. *Foi est due aux actes.* La preuve testimoniale ne peut être reçue contre le contenu en un acte. *Arr. de cass. des* 13 *vend.* 14, 29 *oct.* 1810 *et* 8 *janv.* 1817. — Ainsi, lorsqu'un acte annonce la présence de témoins instrumentaires, et a été signé par eux, on n'est pas

admissible à l'attaquer de faux, sous prétexte que ces témoins déposent qu'ils n'ont point assisté à la rédaction, et ne l'ont signé qu'après coup. *Arr. de cass. du* 17 *déc.* 1818. V. *notaire*, *n.*° 28.

9. *Faux*. Pour les cas où il existe dans un ac e, V. *Faux*.

10. *Exécution des actes*. L'exécution pro isoire est due au titre, nonobstant l'inscription de faux. *Arr. de cass. du* 23 *brum.* 13. Mais il convient d'établir une distinction : un acte authentique, qui est en même-tems exécutoire, peut être exécuté *de plano* sans l'autorité du juge, tandis que l'acte seulement authentique ne peut être exécuté qu'en vertu d'un jugement qui en ordonne l'exécution, mais qui, dans tous les cas, est exécutoire lui-même par provision. *Cour de Nismes*, *du* 25 *mars* 1819.

11. *Divers cas où les actes sont nuls ou valides*. Les actes soupçonnés d'une fraude évidente sont nuls. *Arr. de cass. du* 20 *févr.* 1811. — Il en est de même de tout acte consenti par l'individu en démence. *Arr. de cass. du* 2 *janv.* 1809.

12. L'acte passé entre deux incapables est nul : celui passé par un incapable ne l'est pas, s'il n'en demande point l'annulation. *Arr. de cass. du* 1.er *mai* 1811.

13. Les actes passés de bonne foi entre un mandataire et des tiers depuis la faillite du mandant, et dans l'ignorance de cette faillite, sont valables. *Arr. de cass. du* 15 *fév.* 1808.

14. L'acte consenti par la femme sous puissance de mari, sans autorisation à cet effet, est nul ; mais si le mari a consenti qu'elle ne passât point en public pour son épouse, il est valable. *Arr. de cass. du* 30 *août* 1808.

15. La donation déguisée sous le nom de vente n'est que réductible à la portion disponible, lorsque les parties n'ont pas d'incapacité de contracter de l'une ou l'autre manière. *Arr. de cass. du* 31 *juillet* 1816.

16. *Titres et qualifications dans les actes*. Il est défendu aux Officiers de l'état civil, Notaires et autres, de donner aux parties des titres qui ne leur auraient pas été conférés par le Souverain. *Décr. du* 1.er *mars* 1806, *inst.* 415.

17. Les Receveurs de l'enregistrement doivent, sous peine de destitution, arrêter les actes qui seraient contraires à ces dispositions, et les remettre au Procureur du Roi. *Circ.* 180.

18. *Numération décimale*. A partir du 1.er vend. 8, toutes transactions ou actes entre particuliers exprimeront les sommes en francs, décimes et centimes, ou les sommes seront censées évaluées de cette manière, quand même elles seraient évaluées en livres, etc. *Loi du* 17 *flor.* 7. — Pour connaître l'amende en cas de contravention à cet article, V. *Notaire*, *n.*° 27. Ainsi le droit d'enreg. des actes datés du 1.er vend. 8, ou d'une date postérieure, doit être liquidé sur les valeurs y exprimées, sans aucune réduction, quand même les sommes seraient stipulées en livres tournois ; les droits fixes des actes d'une date antérieure sont exigibles en francs, sans réduction ; mais les droits proportionnels doivent être liquidés en livres tournois, et ensuite réduits en valeur de francs, et tirés hors de ligne sur ce pied. *Circ.* 1654.

19. Pour réduire les livres en francs, il faut retrancher la 81e. partie ; et pour convertir les francs en livres, il faut ajouter un 80.e *Circ.* 1693.

20. *Mesures à exprimer dans les actes*. Tous les actes reçus par les Officiers publics doivent exprimer, en mesures métriques, toutes les quantités de mesures qui seront à énoncer, sous peine de 50 fr. d'amende, à la charge du fonctionnaire et payable lors de la formalité de l'enregistrement. *Loi du* 1.er *vendém.* 4. *Circ.* 838. — A l'égard des Notaires, l'amende est de 100 fr., et n'est exigible que sur un jugement. V. *Notaire*, n.° 27.

21. Les Préposés, en faisant exécuter cette loi, doivent s'y conformer dans toutes leurs écritures. *Instr.* 27, *Circ. du* 13 *vent.* 13.

22. *Annuaire ou calendrier*. A partir du 11 niv. 14 (1.er janv. 1806), le calendrier grégorien a été remis en usage dans le Royaume. *Instr.* 294. V. *Calendrier*.

23. *Division des actes* On a traité des différens actes dans l'ordre suivant :

Quant aux autres espèces d'actes, on renvoie aux articles de ce Dictionnaire qui les concernent spécialement ; ainsi : pour les

24. ACTES *administratifs*, sont ceux qui émanent des diverses Administrations publiques. V. *Arrêtés*.

25. Les adjudications au rabais et marchés pour constructions, entretien, approvisionnemens et fournitures dont le prix doit être payé directement ou indirectement par le trésor royal, et les cautionnemens relatifs à ces actes sont sujets au droit fixe de 1 fr., art. 73 de la loi du 15 mai 1818. V. *cautionnement*, n.° 13.

26. Ainsi les adjudications ou marchés dont les Administrations locales doivent acquitter le montant, restent sujets au droit proportionnel d'un pour 100. *Instr.* 824. V. *adjudication au rabais*.

27. On ne doit entendre par *Administrations locales*, que celles des *communes*, proprement dites, et non celles des départemens dont toutes les dépenses sont à la charge directe ou indirecte de l'Etat, puisqu'elles sont acquittées au moyen des centimes additionnels ou facultatifs, qui tous sont versés dans la caisse du trésor, et ne peuvent être employés qu'en vertu d'ordonnances ministérielles ou de mandats des Préfets. Il ne sera donc perçu que 1 fr. fixe pour l'enregistrement des adjudications ou marchés, et des cautionnemens y relatifs, lorsque la dépense sera imputable, soit sur les fonds généraux du trésor, ordonnancés d'après les crédits des Ministres, soit sur les *centimes additionnels des départemens*, ce qui comprend les allocations des budgets des dépenses fixes ou communes, et des dépenses variables, ordinaires ou facultatives. *Instr.* 844.

28. Demeurent assujétis au timbre et à l'enregistrement sur la minute, dans les 20 jours, conformément aux lois existantes, 1.° les actes des autorités administratives, et ceux des établissemens publics, portant transmission de propriété, d'usufruit ou de jouissance, les adjudications ou marchés de toute nature aux enchères au rabais ou sur soumissions; 2.° les cautionnemens relatifs à ces actes. *Art.* 78 *de la loi du* 15 *mai* 1818. — Tous les autres actes, arrêtés et décisions des Autorités administratives, même ceux antérieurs à la publication de la loi de 1818, sont exempts du timbre et de l'enregistrement, tant sur la minute que sur l'expédition. Toutefois, aucune expédition ne pourra être délivrée aux parties que sur papier timbré, si ce n'est à des individus indigens, et à la charge d'en faire mention dans l'expédition. *Art.* 80.

29. Les copies, extraits ou expéditions délivrés aux Autorités supérieures, sont exempts du timbre, lorsqu'il y est fait mention de cette destination. *Instr.* 293.

30. Remise est faite des doubles droits et amendes pour contravention au timbre et à l'enregistrement, à raison d'actes dénommés ci-dessus, et antérieurs à ladite publication. *Art.* 81 *de la loi susnommée*.

31. Le secrétaire, auquel les parties n'ont pas déposé les fonds nécessaires à l'enregistrement, obtient sa décharge en remettant extrait au Receveur de l'enregistrement, conformément à la loi du 22 frim. 7. *Art.* 79. *Instr.* 834. V. *adjudication*, n.° 18; *brevet*, n.° 5; *arrêtés*; *bail*, n.° 23 *et suivans*; *bureau*, n.° 24; *communication*, n.° 8; *délai*, n.° 10 *et suiv.*; *expropriation*, *main-levée*, *manifeste*, *marché*, n.° 2 *et suiv.*; *répertoires*, n.os 1, 3, 4, 5, 13, 15, 47 *et suiv.*; *restitution*, n.os 48, 49 *et* 50; *visa*, n.° 14 *et suiv.*

32. Quant aux actes enregistrés en exécution de la loi de 1816, et dont les droits resteraient à recouvrer, V. *Instr.* 786, 872 *et* 890.

33. TIMBRE DE CES ACTES. Le timbre continue d'être applicable depuis la loi du 13 brum. 7, sur les quittances de 10 fr. et au-dessus, délivrées aux Recev. des communes et des établissemens publics, par les parties intéressées; sur celles de traitement des gardes-champêtres et des Employés des communes et des établissemens publics, lorsque ce traitement excède 300 fr., et sur le double du compte des recettes des mêmes établissemens, remis au Receveur pour opérer sa décharge. *Déc. min. fin., du* 14 *oct.* 1818. (*Art.* 6195, *j.*) V. *quitt.*, n.os 27, 36, 39 et 41.

34. Les travaux des Directions des digues ne sont publics que lorsqu'ils ont été ordonnés par l'Administr. des ponts et chaussées, et payables sur les fonds du Gouvernement. — Les rôles d'impositions pour les frais et travaux des digues, sont exempts du timbre. — Des deux registres des délibérations prises dans la matière, l'un est sujet au timbre; l'autre, de police intérieure, en est exempt. — Les mandats des Préfets, les certificats des négocians, et les expéditions des arrêtés, annexés au registre des délibérations, sont sujets au timbre, ainsi que les comptes que rendent ces Directions. — Les plans et devis des Ingénieurs sont exempts du timbre; rédigés par d'autres, ils y sont sujets. Le cahier de charges est sans exception passible de cette formalité. *Déc. min. fin., du* 19 *oct.* 1813. (*Art.* 3869, *j.*) V. *procès-verbal*, n.os 5, 14, *etc.*, *et registre*, n.° 17 *et suiv.*

35. ARRÊTÉS ADMINISTR. Celui qui concède gratuitement des biens à des habitans, pour l'utilité du département, doit être sur timbre et enregistré au droit d'un franc. *Déc. min. fin., du* 21 *nov.* 1809. — *Pour celui qui confirme dans le droit de pacage*, V. *arrêté*.

36. Celui qui maintient en possession provisoire les détenteurs des biens communaux, doit être enregistré comme vente, sauf restitution. *Déc. min. fin., du* 27 *juin* 1809. V. *quittance*, n.° 18.

37. Les arrêtés d'alignement ne sont pas assujétis au timbre et à l'enregistrement sur minute, lorsque les constructions auxquelles ils se rapportent sont faites sur les mêmes fondations; mais quand le propriétaire acquiert une portion de terrain, ces arrêtés doivent 2 p. 100, ou 5 1/2 p. 100, selon que la concession concerne un terrain national ou une propriété communale. *Instr.* 860, V. *Abandon*.

38. Les actes passés ou signés par les Secrétaires des Maires, n'ont aucun caractère d'authenticité. *Avis du Conseil d'état, approuvé le* 8 *juillet* 1807. Les arrêtés des Préfets, quant à la forme, doivent être attaqués devant le Ministre des finances, et, contre les arrêtés du Conseil de Préfecture, il faut se pourvoir au Conseil d'Etat. — Ceux des Conseils de Préfecture doivent être motivés, comme il est prescrit pour les jugemens, dont ils ont le caractère et les effets. *Ordonn. du Roi, du* 12 *déc.* 1818.

39. Les actes administratifs faits dans le cas et pour les matières de leur compétence, produisent hypothèque

de la même manière et aux mêmes conditions que les condamnations émanées de l'Autorité judiciaire. *Instr.* 576.

40. ACTES *des établissemens publics.* Ce sont ceux qui concernent particulièrement les communes, fabriques et hospices. Pour le timbre de ces actes, et pour la quotité des droits d'enregistrement. V. *le mot précédent et les renvois qu'il indique,* et en outre *abonnement, n.° 2; acquisition, insertion, nomination, n.°* 14.

41. Les communes et établissemens publics ne peuvent faire un usage public d'actes non timbrés ni enregistrés, sans leur faire donner préalablement ces formalités. *Instr.* 395.

42. ACTES *judiciaires*, tous ceux en matière civile, tous jugemens en matière criminelle, correctionnelle ou de police, sont, sans exception, sujets à l'enregistrement sur les minutes ou originaux dans les vingt jours de leur date. *Art.* 20 *de la loi de frim.* 7 *et* 38 *de celle de* 1816. Pour les exceptions, V. *ordre, déclaration de grossesse* et le *n.°* 58 ci-après.

43. Sont soumis au droit fixe de *trois francs*, 1.° les actes faits ou passés aux greffes des *Tribunaux de* 1.re *instance*, portant acquiescement, dépôt, décharge, désaveu, exclusion de Tribunaux, affirmation de voyage, opposition à remise de pièces, enchères, surenchères, renonciation à communauté, succession ou legs (il est dû un droit par chaque renonçant), reprises d'instance, communication de pièces sans déplacement, affirmation et vérification de créance, opposition à délivrance de jugement. — 2.° Ceux passés aux greffes des Tribunaux de commerce, portant dépôt de bilan et registres, opposition à publication de séparation, dépôt de sommes et de pièces, et tous autres actes conservatoires ou de formalité : s'ils étaient passés aux greffes des Cours royales, le droit serait de *cinq francs. Art.* 44 et 45 *de la loi de* 1816. *Inst.* 714. Ces actes sont, en outre, assujétis à un droit particulier de greffe. V. *greffe (droits de).*

44. Les actes judiciaires d'une date antérieure à la promulgation de la loi de 1816, qui n'étaient pas susceptibles d'être enregistrés sur la minute, continueront à recevoir la formalité sur les *expéditions*, dans le cas où elles seraient requises par les parties. *Instr.* 758.

45. Lorsque tous les droits fixés ont été acquittés sur une première expédition d'un acte judiciaire, la seconde et les subséquentes ne donnent lieu qu'à la perception d'un seul droit fixe, à raison de la formalité. *Inst.* 548.

46. Les notes sommaires tenues à l'audience de police par le greffier, ne sont enregistrables que sur expédition, si la partie civile la requiert. *Déc. min. de la justice du* 6 *nov.* 1819. (*Art.* 6551, *j.*) V. *notes.*

47. Les Greffiers du Juge de paix étaient tenus, sous l'empire de la loi du 5 flor. 5, de rédiger sur papier *timbré* les actes assujétis à l'enregistrement sur la minute. *Arr. de cass. du* 19 *sept.* 1809. (*Art.* 3555, *j.*) V. *adjudication; affirmation, n.os* 2 et 5; *bureau, n.os* 1, 2 et 28; *débiteur, n.os* 1, 3, 15 *et suivans; Greffier; jugement; prescription, n.°* 20 *et suivans; rapport; scellés; tutelle, etc.*

48. ACTES JUDICIAIRES A ENREGISTRER EN DÉBET. Ce sont les actes et procès-verbaux des Juges de paix pour faits de police, ceux faits à la requête du ministère public sans partie civile ou même à la requête d'une administration publique, agissant dans l'intérêt de l'Etat, d'une commune ou d'un établissement public, (la régie des contributions indirectes exceptée), ceux des Commissaires de police, ceux des gardes établis par l'autorité pour délits ruraux et forestiers, et les actes et jugemens qui interviennent sur ces actes et procès-verbaux, en fait de police simple ou correctionnelle. *Art.* 70 *de la loi de frim.* 7 *et ordonn. du* 22 *mai* 1816. V. *le texte des lois, page* 28.

49. Les communes sont considérées comme partie civile dans les affaires où elles agissent seules ou d'office, dans leur intérêt particulier. (*Instr.* 400.)

50. On peut viser pour timbre et enregistrer en débet les actes et jugemens faits d'office à la requête du ministère public, en matière civile, sauf à comprendre ces droits dans les autres frais, et à répéter le tout contre les condamnés. *Déc. min. fin. du* 22 *oct.* 1817. (*Art.* 6028, *j.*)

51. Les actes en matière de successions vacantes, faits à la requête des Procureurs du Roi ou des curateurs nommés d'*office*, doivent être visés pour timbre ou enregistrés en *débet*, sauf aux Préposés, si le produit de la succession est suffisant, à réclamer, sur ce produit, le paiement des droits des actes dont il s'agit. *Déc. min. fin. du* 15 *déc.* 1820. (*Art.* 6862., *j.*)

52. La formalité de l'enregistrement en débet, est aussi accordée aux appositions et levées de scellés, aux actes de tutelle, aux nominations de subrogé-tuteur et aux jugemens d'ouverture de faillite, lorsque ces actes sont faits d'office. *Inst.* 290. *nomb.* 3. V. *faillite.*

53. Il en est de même des procès-verbaux des Maires et Adjoints, des Ingénieurs des ponts et chaussées, des Agens de la navigation, des Commissaires de police et des Gendarmes pour contravention en matière de grande voirie. *Déc. min. fin. des* 11 *frim. et* 4 *germ.* 11. V. *colonies, procès-verbal et rapport.*

54. Il y aura lieu de suivre la rentrée des droits d'enregistrement de ces actes, procès-verbaux et jugemens, contre les parties condamnées, d'après les extraits des jugemens qui seront fournis aux Préposés de l'Administration par les Greffiers. *Art.* 70 *de la loi de frim.* 7, *et Instr.* 726.

55. ACTES JUDICIAIRES A ENREGISTRER GRATIS. Ce sont les actes de procédure et les jugemens à la requête du ministère public, qui ont pour objet, 1.° de réparer les omissions faites sur les registres de l'Etat civil, d'actes qui intéressent les indigens; 2.° de remplacer les registres de l'Etat civil perdus ou incendiés par les événemens de la guerre, et de suppléer aux registres qui n'auraient pas été tenus. *Loi du* 25 *mars* 1817. *Inst.* 768.

56. Il en est de même des actes et jugemens en matière criminelle, lorsqu'il n'y a pas de partie civile dans les cas spécifiés par l'art. 70 de la loi de frim. 7. *Ordonn. du* 22 mai 1816.

57. ACTES JUDICIAIRES EXEMPTS DE L'ENREGIST.nt. Tous les actes et procès-verbaux (excepté ceux des

Huissiers et Gendarmes, qui doivent être enregistrés gratis), et les jugemens concernant la police générale et de sûreté, et la vindicte publique en matière criminelle, lorsqu'il n'y a pas de partie civile, sont exempts de l'enregistrement. *Art. 70 de la loi de frim. 7. Ordonn. du 22 mai 1816.* V. *Procès-verbal, n.° 17 et suivans.*

58. Les arrêts ou jugemens de remise de cause ou de plaidoirie, qui interviennent *avant que les qualités aient été posées*, sont exempts de l'enregistrement, comme n'étant qu'un simple acte de police intérieure; mais il y a lieu à la formalité sur la minute, lorsque la remise est prononcée *après que les qualités ont été posées*. Toutefois, cette obligation ne doit pas atteindre les jugemens et arrêts de remise qui ne sont rendus que par l'effet de circonstances indépendantes de la volonté ou de l'intérêt des parties, telles que l'empêchement d'un Juge, dont la présence serait nécessaire, d'un rapporteur, du ministère public, ou bien la fin de l'audience. Enfin il y a lieu à l'exemption de l'enregistrement dans tous les cas où les motifs des jugemens ou arrêts, *énoncés sur la feuille d'audience*, constatent que la remise de la cause n'est le fait ni des parties ni des Avoués. A défaut d'énonciation de ces motifs, les jugemens ou arrêts seraient censés avoir été rendus par le fait et du consentement des Avoués ou des parties. *Inst.* 758.

59. Ce principe est applicable aux jugemens des Tribunaux de commerce. Celui, par exemple, qui renvoie à huitaine, afin que le défendeur justifie de sa patente, est un jugement d'ordre, exempt de l'enregistrement. *Déc. min. fin. du 24 avril* 1819 (*Art.* 6379, *j.*)

60. Les renvois de cause purs et simples, prononcés à l'audience sur la demande des parties ou des Avoués, après que les qualités ont été posées, sont des jugemens préparatoires sujets à l'enregistrement dans les 20 jours. Il y aurait exemption de cette formalité si le jugement constatait que la remise de la cause n'est le fait ni des parties ni des Avoués. *Déc. min. fin.* 5 *mars* 1819. (*Art.* 6336, *j.*)

61. ACTES *sous seing-privé*. Ce sont ceux faits et signés par les parties sans le concours d'officiers publics.

Ils peuvent néanmoins être écrits par ces derniers. *Instr.* 386, *nomb.* 4.

62. Les rapports que font des particuliers nommés pour experts sont réputés des actes privés. *Instr.* 406.

63. *Ces actes doivent être enregistrés avant qu'il en soit fait usage*, soit par acte public, soit en justice, ou devant les Autorités constituées. *Art.* 23 *de la loi de frim.* 7. — Quand même ils auraient acquis une date certaine, soit par le décès des contractans ou autrement. *Déc. min. fin. du* 14 *vent.* 11 : pour les exceptions, V. le n.° 148 ci-après :

64. L'on ne peut même pas demander la nullité de ces actes avant qu'ils aient été enregistrés. *Arr. de cass. du* 19 *germ.* 6.

65. Les actes S. S. P. *déposés sous enveloppe cachetée*, autres que les testamens, doivent être préalablement enregistrés. *Déc. min. fin. du* 25 *niv.* 13.

66. Il y a pourtant *exception* en faveur : 1.° des actes de poursuites à faire par les préposés pour recouvrer les droits d'enregistrement des actes non enregistrés dans les délais. *Instr.* 290. — 2.° Des actes sous seing-privé tendant uniquement à la liquidation de la dette publique, qui sont dispensés du timbre et de l'enregistrement, lorsqu'on ne veut s'en servir que pour les opérations de cette liquidation. *Art.* 1.er *de la loi du* 26 *frim.* 8.

67. Les actes des administrations et commissaires liquidateurs, relatifs auxdites liquidations, sont dispensés des mêmes formalités. *Circ.* 1734. *Inst.* 765.

68. Cette exception s'applique, non seulement aux actes s. s. p. constitutifs de créances à liquider, mais encore aux actes de cession de ces créances qui établissent la propriété de ceux qui les présentent; ces derniers actes de cession sont néanmoins sujets au timbre lorsqu'ils sont passés postérieurement à la loi du 11 février 1791, relative au timbre. *Instr.* 290, *nomb.* 6.

69. Elle s'applique aussi, 1.° aux pièces à produire devant le Conseil d'Etat, quoique non enregistrées, à l'exception des exploits des Huissiers et des pièces qui, par leur nature, sont soumises à la formalité dans un délai de rigueur. *Instr.* 66. V. *Conseil d'Etat.* — 2.° Des pièces à produire à l'appui de la requête des Avocats devant le Conseil du sceau des titres, quand, par leur nature, elles ne sont pas sujètes à l'enregistrement dans un délai de rigueur. *Instr.* 413. — 3.° Aux actes désignés dans l'art. 537 *du C. de P. C.*

70. *On ne peut passer d'actes en vertu d'actes* s. s. p. *non enregistrés*. V. *ci-après, n.°* 133; *et donation, n.°* 27.

71. *Bureaux* dans lesquels les actes sous seing-privé doivent être enregistrés. V. *bureau, n.°* 22.

72. *Actes sous signature privée, antérieurs aux lois de frim.* 7 *et d'avril* 1816. V. *ci-après, n.°* 104.

73. *Pour connaître par qui les droits doivent être acquittés*, V. débiteur, n.os 1 et 6.

74. *Prescription des droits de ces actes*. V. *prescription, n.°* 67.

75. *Dates de ces actes*. La date d'un acte sous seing-privé n'est pas certaine par elle-même. *Arr. de cass. du* 6 *frim.* 12. (*Art.* 4087 *j*,) — Elle l'est à l'égard des parties contractantes, mais non à l'égard des tiers : si ce n'est, ou lorsqu'il est enregistré, ou par le décès de la partie ou de l'une des parties qui l'ont signé; ou lorsqu'il se trouve énoncé dans des actes authentiques, tels que procès-verbaux de scellé ou d'inventaire. *Art.* 1328 *du C. C.*

76. *Délai* dans lequel certains actes sous seing-privé doivent être enregistrés. V. *délai, n.°* 22 et suivant.

77. La vente S. S. P. d'un immeuble, portant transmission actuelle, prix, quittance, faite double, approuvée et signée des contractans, avec clause qu'il en sera passé acte notarié, n'est pas un simple projet, mais présente tous les caractères d'un acte absolu et définitif, enregistrable dans les trois mois de sa date, sous peine du double droit. *Arr. de cass. du* 12 *therm.* 13.

78. L'acte sous seing-privé contenant vente d'immeubles établit suffisamment la mutation lorsque l'acquéreur ne désavoue pas la signature qu'il y a mise : toute autre preuve est superflue. *Arr. de cass. du* 20 *déc.* 1814.

79. On peut donc, en matière d'enregistrement,

prononcer des condamnations, d'après un acte sous seing-privé non reconnu, ni désavoué par celui auquel on l'oppose. *Arr. de cass. du* 28*mars* 1810. (*Art.* 3639, *j.*).

80. L'Administration n'est pas tenue de représenter un acte de mutation, lorsque l'existence et la date de cet acte ont été avouées et reconnues par la partie. *Arr. de cass. du* 18 *déc.* 1811. (*Art.* 4260, *j.*).

81. Il suffit que les actes translatifs de propriété soient relatés dans des pièces authentiques, pour qu'ils soient passibles du double droit, s'ils n'ont pas été enregistrés dans les 3 mois de leur date. *Arr. de cass. du* 31 *août* 1808. (*Art.* 3669, *j.*).

82. Ainsi le droit d'une mutation par acte sous seing-privé énoncé dans un inventaire doit être réclamé. *Arr. de cass. du* 23 *mai* 1815 (*Art.* 5310, *j.*).

83. On ne peut alléguer, pour se dispenser du paiement de ces droits, que les biens vendus appartenaient à des mineurs, et que les formalités prescrites pour la validité de la vente, n'ont pas été remplies. *Arr. de cass. du* 21 *août* 1811. (*Art.* 3987, *j.*).

84. Le droit de tout acte assujéti à la formalité de l'enregistrement dans un délai, peut-être, lors même que l'acte ne subsisterait plus, ou qu'on dirait qu'il est demeuré sans effet, parce qu'il suffit qu'un acte ait pris naissance pour que le droit en soit acquis sans retour. *Arr. de cass. du* 12 *déc.* 1811.

85. La preuve de l'existence d'une démission de biens est suffisamment établie, pour la perception du droit, contre celui qui soutient n'avoir eu aucune part à cette démission, dès-lors qu'elle est relatée dans un inventaire, et que les autres copartageans déclarent qu'elle a eu son exécution. *Arr. de cass. du* 28 *août* 1816. (*Art.* 5568, *j.*) V. *mutation.*

86. La remise du double droit, accordée par les ordonnances des 18 nov. 1814 et 8 nov. 1815, doit être étendue aux cas où les droits simples ont été payés antérieurement à l'existence de ces ordonnances. *Arr. de cass. du* 5 *fév.* 1817. *Déc. min. fin.* 3 *janv.* 1817.

87. Le double droit dû, en exécution de l'art 38 de la loi de frim. 7, peut être exigé à l'enregistrement des actes qui n'ont pas été soumis à cette formalité dans les délais prescrits, lorsque ces actes sont présentés par les héritiers ou représentans de celui qui a contracté, ou par tout autre. *Instr.* 470. *Avis du Cons. d'Etat du* 3 *fév.* 1810.

88. *Perception.* Le droit résultant de ces actes doit être perçu sur la somme y exprimée, sans avoir égard aux à-comptes payés; de sorte que sur une vente faite moyennant 800 fr., dont il reste seulement 400 fr. à payer, le droit proportionnel doit être perçu sur 800 fr. *Arr. de cass.*, *du* 6 *frim.* 12. (*Art.* 4087, *j.*)

89. *Timbre.* Les actes sous seing-privé doivent être écrits sur papier timbré, à peine de 30 fr. d'amende. *Art.* 26 *de la loi du* 13 *brum.* 7. — V. ci-après, n.° 98. — Pour les exceptions, V. les qualifications des différens actes.

90. Pour faire payer l'amende, il suffit que les contraventions aient été découvertes et légalement constatées; il n'est pas nécessaire que les actes aient été produits en justice ou présentés à l'enregistrement. *Arr. de cass.*, *du* 16 *mai* 1815.

91. *Actes sous seing-privé contenant des dispositions sujètes et non soumises au délai.* Ils ne donnent pas lieu, lorsqu'ils ne reçoivent la formalité qu'après l'échéance du terme légal, à la perception du double droit pour les dispositions qui, par elles-mêmes, ne sont pas sujètes à l'enregistrement dans un délai de rigueur. *Instr.* 290, n.° 1.er

92. *Actes sous seing-privé produits en justice ou relatés dans d'autres.* Les écritures privées faites sur papier non timbré, sans contravention aux lois du timbre, quoique non comprises nommément dans les exceptions, ne pourront être produites en justice sans avoir été soumises au timbre extraordinaire, ou au visa pour timbre, à peine de 30 fr. d'amende, outre les droits de timbre. *Art.* 30 *de la loi du* 13 *brum.* 7. — Cette disposition comprend même les actes sous seing-privé d'une date antérieure au 1.er avril 1791. *Circ.* 1419.

93. Les conventions verbales ou par acte sous seing-privé, qui, de leur nature, ne seraient pas sujètes à l'enregistrement dans un délai fixé, sont passibles des droits, du moment qu'elles ont été constatées par un acte public, formant titre à cet égard entre les parties, ainsi le droit perçu dans un acte de liquidation et partage sur une constitution de dot faite hors contrat de mariage, et sur une vente mobilière, sur la somme restant due, a été maintenue. *Déc. min. fin. du* 24 *déc.* 1819. (*Art.* 6615, *j.*)

94. *Actes S. S. P. présentés à l'enregistrement dans le cours d'une instance.* V. *jugement.* Lorsqu'après une sommation ou demande tendant à obtenir l'exécution d'une condition dont le titre n'aurait point été indiqué dans l'exploit, ou aurait simplement été énoncé comme verbal, on produira dans le cours de l'instance un titre émané du défendeur qui n'aurait pas été enregistré avant la demande ou la sommation, le double droit sera dû, et pourra être exigé ou perçu lors de l'enregistrement du jugement intervenu. *Art.* 57 *de la loi de* 1816. V. le texte, pag. 27.

95. *Actes S. S. P. à faire en double, triple minute*, etc. L'acte qui contient des obligations synallagmatiques n'est valable qu'autant qu'il a été fait en autant d'originaux qu'il y a de parties ayant le même intérêt. Chaque original doit contenir la mention du nombre d'originaux qui ont été faits, à peine de nullité. — Néanmoins le défaut de mention que les originaux ont été faits doubles, triples, etc., ne peut être opposé par celui qui a exécuté de sa part la convention portée en l'acte. *Art.* 1325 *du C. C.*

96. La cession par une mère à ses enfans de ses droits et biens, moyennant une rente, est valable, quoique non faite en autant d'originaux qu'il se trouve de parties. *Arr. de cass.*, *du* 2 *mars* 1808. V. *double écrit.*

97. Si les signataires d'un acte de partage *sous seing-privé* se refusent à l'exécution, et que cet acte ne soit pas signé de tous les héritiers y dénommés, ce n'est qu'un projet. *Cour de Bruxelles*, *du* 20 *mai* 1807.

98. Il n'est dû qu'une amende de 30 fr. pour dé-

faut de timbre d'un acte sous seing-privé, en quelque nombre que soient les doubles écrits sur papier libre, puisqu'il ne s'agit que d'un seul acte. *Déc. min. fin. du* 11 *août* 1812. (*Art.* 4254 *et* 4386, *j.*)

99. *Actes nuls.* Un acte nul de plein droit n'opère pas de mutation, n'engendre point de droit : ainsi un acte de vente sous seing-privé passé dans la Lorraine, sous l'empire des anciennes lois qui voulaient qu'ils fussent suivis d'un acte authentique dans les quinze jours, sous peine d'une forte amende (mais non du droit), pour être translatifs de propriété d'immeubles, est dispensé du droit d'enregistrement, quand cette formalité n'a pas été remplie. *Arr. de cass., du* 27 *nov.* 1815.

100. *Actes sous seing-privé trouvés dans les dépôts publics.* L'acte sous seing-privé qui se trouve dans une étude ou dans un greffe, parmi les minutes, y a nécessairement été déposé. L'Officier public qui n'en a pas dressé acte de dépôt, est en contravention à la loi de frim. 7. *Déc. min. fin. du* 18 *avril* 1817.

101. Dans ce cas, il n'y a lieu qu'à l'amende et non à la restitution des droits de timbre et d'enregistrement que cet acte eût produits, s'il eût été fait. *Sol. du* 26 *août* 1818. (*Art.* 6186, *j.*) V. *dépôt.*

102. Il n'est point dû de droit de mutation pour un acte sous seing-privé trouvé dans l'étude d'un Notaire après son décès, dont la date n'est pas remplie, et qui n'indique pas d'une manière précise les biens qu'il concerne, à raison de son imperfection, et de ce qu'il n'était plus au pouvoir d'aucune des parties. *Arr. de cass., du* 13 *nov.* 1815. *Déc. min. fin. du* 23 *janv.* 1818.

103. On ne peut réclamer les droits de timbre ni l'amende, pour une reconnaisssance sous seing-privé écrite sur papier libre, et trouvée dans l'étude d'un Notaire décédé, par un Vérificateur présent à l'inventaire, cette découverte n'étant point dans les attributions de cet Employé. *Déc. min. fin. du* 12 *janv.* 1818.

104. ACTES *antérieurs aux lois de frim.* 7 *et d'av.* 1816. Les droits des actes, de quelque date qu'ils soient doivent être liquidés et perçus conformément aux dispositions de la loi du 22 frim. 7. *Art.* 1er. *de la loi du* 27 *vent.* 9. V. *délai, n.*^os^ 22 *et suiv.*

Pour les actes notariés non enregistrés, V. *notaires, n°.* 48.

105. Une vente sous seing-privé écrite avant la loi du 19 déc. 1790, présentée à l'Enregistrement en 1808, est passible des droits fixés par la loi de frim. 7. *Arr. de cass. du* 13 *déc.* 1809. (*Art.* 3494, *j.*)

106. Avant cette loi, les mutations d'immeubles, quoique faites par actes sous seing-privé, ou par des conventions verbales, étaient soumises, comme les mutations opérées par actes authentiques, aux droits de mutation dans un délai de rigueur ; ainsi l'administration peut réclamer les droits et doubles droits de mutations, d'après des présomptions légales. *Déc. min. fin. des* 6 *et* 8 *juillet* 1807 ; *arr. de cass. des* 24 *flor.*, 13 et 9 *oct.* 1811. (*Art.* 4073, *j.*) — Le taux du droit est celui fixé par la loi de frim. 7. *Arr. de cass. du* 19 *juin* 1809.

107. Les parties ne peuvent arguer de nullité de l'acte qui constate la mutation, faute d'être signé par tous les contractans, lorsque la preuve légale de cette mutation existe. *Arr. de cass. du* 8 *juillet* 1814. (*Art.* 4893, *j.*) V. *actes, n.*° 81 *et suiv.*

108. L'acte sous seing-privé translatif de propriété ou d'usufruit d'immeubles n'est pas sujet au double droit, lorsqu'il est reconnu d'une date antérieure au 9 vend. 6, et postérieure au 19 décembre 1790. *Arr. de cass.*, 29 *avril* 1807.

109. Il n'y a pas lieu de demander les droits d'une mutation d'immeubles opérée dans l'intervalle de la loi du 19 décembre 1790 à celle du 9 vendémiaire 6, qui n'a été ni produite en justice, ni énoncée dans un acte public, sauf répétition, si ces deux derniers cas arrivaient. *Arrêts de cass. des* 11 avril, 29 *août*, 9 *oct.* 1811, *et* 27 *janv.* 1812. *Sol. du* 30 *sept.* 1814. (*Art.* 4927, *j.*)

110. Mais si l'acte sous seing-privé qui constate que cette mutation a eu lieu dans l'intervalle de ces deux lois, n'a pas acquis une date certaine avant cette dernière loi, les droits et doubles droits peuvent être réclamés, encore que ledit acte n'ait pas été produit en justice ni dans un acte authentique. *Arr. de cass. du* 17 *janvier* 1816. (*Arr.* 5441, *j.*)

111. Les actes de transmission de biens passés sous seing-privé avant la publication de la loi de 1816, ne doivent être soumis qu'aux droits fixés par les lois antérieures. *Inst.* 845.

112. Le jugement passé en force de chose jugée, avant la loi de 1816, et portant condamnation au paiement des droits et doubles-droits d'une mutation sous seing-privé, doit être exécuté sur le taux de 4 p. 100 sur ces deux droits et doubles droits. *Déc. min. fin. du* 18 *mars* 1817. *Arr. de cass. du* 6 *juillet* 1818. *Art.* 5702 *et* 6135, *j.*)

113. Les baux d'une date antérieure à la publication de la loi de frim. 7 ne sont soumis à l'enregistrement qu'avant qu'il en soit fait usage. *Circ.* 1663. Pour les actes judiciaires antérieurs à 1816, V. *actes judiciaires, n.*° 2, *et bureau de paix.* Quant à ceux passés dans l'étranger, V. ci-après, n.° 124.

114. ACTES *passés dans l'étranger ou les colonies, et dans l'ancien territoire.* Il ne peut être fait usage, en justice, d'aucun acte passé en pays étranger ou dans les colonies, qu'il n'ait acquitté les *mêmes droits* que s'il avait été souscrit en France et pour des biens situés dans le royaume. Il en est de même pour les mentions desdits actes dans des actes publics. *Art.* 58 *de la loi de* 1816. — Il n'y a point de modification de droits pour ces actes. *Déc. min. fin. du* 9 *juillet* 1816.

115. Les actes passés en forme authentique avant l'établissement de l'Enregistrement, dans l'ancien territoire de France, et ceux passés en forme authentique ou sous seing-privé, dans les pays réunis, et qui ont acquis une date certaine, suivant les lois de ce pays, ainsi que les mutations qui se sont opérées par décès avant la réunion desdits pays, sont exempts de la formalité. *Art.* 70 *de la loi de frim.* 7.

116. Les actes passés dans les Pays-Bas, où le timbre et l'enregistrement ont été conservés, ne peuvent pas servir en France sans y avoir reçu cette double formalité. *Sol. du* 10 *oct.* 1818 (*Art.* 6368, *j.*).

117. L'avis du Conseil-d'État du 15 novembre 1806,

qui étend l'exemption du droit proportionnel aux actes passés en forme authentique seulement, dans les pays étrangers et dans les colonies, contenant obligation ou mutation d'objets mobiliers, lorsque les prêts et paiemens auront été faits, et les livraisons promises ou effectuées en objets de ces pays, et stipulées payables dans les mêmes pays et dans les monnaies qui y ont cours, n'est pas applicable à un acte d'affrétement passé à New-Yorck, le 29 mai 1807, entre deux Négocians de cette ville, dont l'objet était un transport de marchandises de New-Yorck à l'île de la Guadeloupe, et le retour de cette colonie aux Etats-Unis d'Amérique, cet avis du Conseil-d'Etat n'étant *exclusivement relatif qu'aux actes passés en forme authentique*. *Déc. min. fin. du* 26 *février* 1811. *Art.* 4136, *j.*)

118. Un acte passé devant Notaire dans une colonie, avant l'établissement de l'Enregistrement, n'est pas sujet au droit proportionnel, si on en fait usage en France. *Arr. de cass. du* 29 *juin* 1810. (*Art.* 3751, *j.*)

119. Les actes sous seing-privé passés dans les pays réunis à la France, antérieurement à la réunion, ne sont dispensés de l'enregistrement que lorsqu'ils ont acquis une date certaine à l'époque de la réunion. *Arr. de cass. du* 12 *janvier* 1814. (*Art.* 5010 *j.*)

120. Il ne peut être fait usage des actes passés depuis la séparation de Gênes, qu'après les avoir soumis à la formalité. — Ceux passés pendant le tems de sa réunion à la France, et qui font mention de l'acquit des droits, ne sont plus sujets à la formalité. — Quant à ceux antérieurs au 1.er vend. an 14 (époque de l'établissement de l'Enregistrement à Gênes), s'ils sont passés devant Notaire, et qu'ils aient acquitté les droits, postérieurement au 1.er vendém., sur le pied fixé par les lois françaises, ils sont exempts de toute formalité; mais les actes sous seing-privé non enregistrés et ceux authentiques, antérieurs au 1.er vend. 14, n'ayant pas acquitté les droits du tarif français, doivent être enregistrés avant qu'il puisse en être fait usage. *Déc. min. fin. du* 6 *juin* 1817. (*Art.* 5915, *j.*)

121. Les actes passés aux colonies, en forme authentique ou sous seing-privé, qui contiennent des stipulations relatives à des biens mobiliers ou immobiliers situés à Saint-Domingue, ne sont passibles que du droit fixe d'enregistrement d'un franc. *Ordonn. du* 8 *janvier* 1817, *instr.* 762.

122. Tout acte fait et passé en pays étranger ou dans les îles et colonies françaises où le timbre n'aurait pas encore été établi, est soumis au timbre avant qu'il puisse en être fait aucun usage en France, soit dans un acte public, soit dans une déclaration quelconque, soit devant une autorité judiciaire ou administrative. *Art.* 13 *de la loi du* 13 *brum.* 7.

123. Il doit en être usé, à cet égard, comme pour les effets de commerce venant de l'étranger, c'est-à-dire, que ceux de ces actes dont il sera fait usage hors du chef-lieu du département, pourront être visés pour timbre par le Receveur de l'Enregistrement. *Circ.* 1419.

124. Les actes passés en pays étranger ou dans les colonies, lorsqu'ils sont *antérieurs* à la publication de la loi de 1816, ne doivent acquitter, lors de l'enregistrement, savoir, les actes de *mutation*, que les droits proportionnels établis par la loi du 22 frim. 7, et les *autres actes*, qu'un simple droit fixe : tous les actes de l'espèce passés *postérieurement* à la publication de la loi de 1816, doivent, lorsque la formalité est requise, être soumis aux mêmes droits que ceux établis par cette loi, pour les actes de même nature passés en France. *Sol. du* 23 *déc.* 1820.

125. Un acte de vente passé en pays étranger, enregistré moyennant le droit fixe, avant la loi de 1816, ne donne pas lieu au droit proportionnel, lorsqu'il a été relaté dans un jugement depuis la promulgation de cette loi, qui n'a pas d'effet rétroactif. *Sol. du* 16 *juin* 1819.

126. Tout officier public qui agit d'une manière quelconque en vertu d'actes non timbrés, ni enregistrés en France, de quelques formalités qu'ils aient été revêtus à l'étranger, contrevient aux lois du timbre et de l'enregistrement. *Sol. du* 10 *oct.* 1818. (*Art.* 6368, *j.*)

127. Un notaire encourt l'amende de 50 francs, lorsqu'il fait mention d'un acte passé en pays étranger, et qui n'est pas enregistré. *Sol. du* 30 *juin* 1819. (*Art.* 6436, *j.*)

128. Un acte public, translatif de propriété, passé en 1768 à la Martinique, et relatif à des biens situés en France, doit être soumis à l'enregistrement : la prescription ne commence à courir contre les droits de l'Administration, que du moment où l'acte a été connu en France, *Arr. de cass. des* 17 *mai* 1809 *et* 14 *août* 1813. (*Art.* 4690, *j.*) V. *colonies*, *et délai*, n.° 23 *et suiv.*; *lettre missive*, *prescription*, n.° 68.

129. ACTES *passés en France pour des biens situés dans les colonies ou en pays étranger*. L'art. 58, loi du 28 avril 1816, leur est applicable; ils sont enregistrables au droit proportionnel, lorsqu'ils sont dans le cas d'être produits en justice, et néanmoins les actes de l'espèce enregistrés au droit fixe, conserveront le bénéfice de cette réduction. *Instr.* 859.

130. Cependant un jugement du Tribunal de la Seine du 21 juillet 1820, a établi qu'un acte passé en France, contenant transmission d'immeubles situés en pays étranger ou dans les colonies, n'était passible que du droit fixe. La Cour de cassation a consacré le même principe le 12 déc. 1820. (*Art.* 159 *du Contrôleur de l'enregistrement.*)

131. L'acte passé en France depuis la loi de 1816 qui comprend des biens situés en pays étrangers, ne doit pas, en sus du droit ordinaire, acquitter le droit de *un et demi* pour 100, sur la valeur de ces biens. *Sol. du* 7 *nov.* 1818.

132. ACTES *contenant plusieurs dispositions*. Lorsque dans un acte il y a plusieurs dispositions indépendantes ou ne dérivant pas nécessairement les unes des autres, il est dû pour chacune d'elles et selon son espèce, un droit particulier. *Art.* 11 *de la loi de frim.* 7. V. *bail*, *jugement*, *vente*, *etc.* Quant à la forme de la mention à mettre par le Receveur sur l'acte, V. *relation*, *n.°* 1.er.

133. ACTES *passés en conséquence d'un autre*. Les Notaires, Huissiers, Greffiers et les Secrétaires des autorités constituées ne peuvent délivrer en brevet, copies ou expéditions, aucun acte soumis à l'enregistrement

sur la minute ou l'original, ni faire aucun *acte en conséquence*, avant qu'il ait été enregistré, quand même le délai pour l'enregistrement ne serait pas encore expiré, à peine de *cinquante francs d'amende*, outre le paiement des droits. *Art.* 41, *loi frim.* 7. V. *Notaire, n.°* 43.

134. Il est défendu aux Juges et arbitres de rendre aucun jugement, et aux autorités administratives de prendre aucun arrêté en faveur des particuliers sur des actes non enregistrés, à peine d'être personnellement responsables des droits. *Art.* 47.

135. Néanmoins à l'égard des actes que le même Officier aurait reçus, et dont le délai de l'enregistrement ne serait pas encore expiré, il pourra en énoncer la date, avec la mention que ledit acte sera présenté à l'enregistrement en même-temps que celui qui contient ladite mention; mais dans aucun cas, l'enregistrement du second acte ne pourra être requis avant celui du premier. *Art.* 56 *de la loi de* 1816.

136. Le défaut de cette mention n'emporte pas l'amende, lorsque les deux actes faits en conséquence l'un de l'autre ont été enregistrés en même tems. Mais si le second acte était soumis à la formalité avant le premier, l'amende serait encourue. *Déc. min. fin., du* 17 *févr.* 1819. (*Art.* 6351, *j.*) V. *Notaire, n.°* 43.

137. Si l'on relatait dans un acte un autre acte passé en pays étranger, non enregistré, V. *actes, n.°* 126.

138. D'après l'instr. 290, nomb. 2, les contraventions aux art. 41 et 47 de la loi de frimaire, doivent être constatées par procès-verbal. V. *les articles suivans.*

139. *Notaire.* Il est passible d'amende, 1.° lorsqu'après la mort du testateur, il rédige un acte par lequel il donne aux héritiers connaissance du testament non enregistré. *Déc. min. fin. du* 9 *mai* 1815. (*Art.* 5287, *j.*) 2.° Lorsqu'il rédige un acte d'adjudication préparatoire en vertu des affiches qui ont annoncé la vente, sans que ces affiches aient été préalablement enregistrées. *Arr. de cass.,* 15 *févr.* 1814. (*Art.* 4942, *j.*) 3.° Quand il passe la quittance d'un legs fait par un testament non enregistré, qui a été rédigé par un autre Notaire, même lorsque les parties lui ont déclaré que le testament a été enregistré. *Déc. min fin. du* 10 *mars* 1819. (*Art.* 6536, *j.*) 4.° Lorsqu'il relate dans une quittance définitive d'une somme quelconque, une autre quittance d'à-compte sur cette même somme, passée devant un autre Notaire et non enregistrée. *Arr. de cass. du* 22 *oct.* 1811. (*Art.* 4123, *j.*) 5.° Quand il reçoit le résiliement d'un bail non enregistré, quoique le délai pour l'enregistrement ne soit pas expiré. *Arr. de cass.* 11 *nov.* 1812. (*Art.* 4364, *j.*) 6.° Lorsqu'il reçoit en dépôt un acte de naissance, écrit en langue étrangère et traduit par un interprète juré, avant d'avoir préalablement fait enregistrer la traduction de cet interprète. *Sol. du* 18 *avril* 1818. (*Art.* 6056, *j.*) 7.° En relatant dans une minute un acte passé en pays étranger qui n'est pas enregistré. *Déc. min. fin. du* 22 *vent.* 12, *et Sol. du* 30 *juin* 1819. 8.° Lorsqu'il reçoit un compte courant et en banque sans que les quittances produites aient été préalablement enregistrées. *Déc. min. fin. du* 28 *prair.* 8. 9.° Lorsqu'il reçoit la ratific. d'un acte non enregistré, *Arr. de cass.,* 12 *déc.* 1808. V. *dépôt, n.°* 8.

140. *Greffier.* Il encourt la même peine, 1.° lorsqu'il délivre expédition d'un procès-verbal d'apposition de scellés, avant que celui de levée soit enregistré. *Arr. de cassation du* 3 *juillet* 1811. — 2.° Lorsqu'il rédige un acte de tutelle en vertu d'un certificat non enregistré, par lequel le Maire atteste l'absence d'un individu de sa commune. *Arr. de cass. du* 20 *oct.* 1813 (*Art.* 4709, *j.*) — 3.° Lorsqu'il procède à la levée de scellés à la requête d'un tuteur, avant que l'acte de nomination de ce dernier ait été enregistré; (si cet acte est d'un autre greffier) il encourt personnellement l'amende. *Arr. de cass., du* 11 *nov.* 1811. (*Art.* 4075, *j.*) V. *dépôt*, n.° 8.

141. *Huissier.* Il est aussi en contravention, 1.° lorsqu'il fait une citation en vertu d'un procès-verbal rédigé par le Ministère public, en répression de délits, si ce procès-verbal n'est préalablement enregistré. *Arr. de cass., du* 2 *mars* 1815. (*Arr.* 5222, *j.*) — 2.° Lorsqu'il signifie un exécutoire de dépens non enregistré. *Arr. de cass. du* 1.er *mess.* 12.

142. Il ne se garantit point de l'amende pour avoir agi en vertu d'un acte sous seing-privé non enregistré, de ce que, faisant sommation de payer une somme, il dit, *ainsi que l'actionné s'y est obligé le.....;* expressions qui ne peuvent se rapporter qu'à un acte écrit. *Arr. de cass. du* 19 *mars* 1812. (*Art.* 4400, *j.*) — L'amende est encourue, bien que l'acte non enregistré relaté dans un exploit, n'était pas nécessaire à rappeler pour la validité de cet acte. *Arr. de cass. du* 31 *janv.* 1814 (*Art.* 4790, *j.*)

143. L'huissier ne peut, sans contravention, signifier les procès-verbaux des préposés des contributions indirectes qui n'auraient pas reçus préalablement la formalité de l'enregistrement. *Instr.* 400, *nomb.* 9.

144. Un *arbitre* qui rédige lui-même la sentence arbitrale, à la suite de l'acte de sa nomination, sans que cet acte ait été préalablement enregistré, encourt l'amende de 50 fr. *Déc. min. fin. du* 2 *mars* 1816 (*Art.* 5370, *j.*)

145. *Juges.* Ils ne peuvent sous la même peine, 1.° statuer sur l'opposition formée aux jugemens par défaut, avant qu'ils n'aient été enregistrés. *Instr.* 290, *nomb.* — 2.° Apposer l'ordonnance d'*exequatur* sur un jugement arbitral avant que celui-ci n'ait été enregistré. *Instr.* 436. *Arr. de cass. du* 3 *août* 1813.

146. Les comptes judiciaires ne peuvent être présentés au Juge, ni être affirmés par lui, s'ils n'ont été enregistrés. *Instr.* 436, *nomb.* 41.

147. Il ne peut relater, dans un procès-verbal de non conciliation, des actes sous seing-privé non enregistrés. *Arr. de cass. du* 3 *vent.* 8. *Instr.* 290, n.° 2; ni homologuer un concordat non enregistré. *Déc. min. fin. du* 11 *avril* 1815 (*Art.* 5111, *j.*)

148. EXCEPTIONS. Le *Notaire* peut, sans contravention, relater des actes non enregistrés, 1.° dans un inventaire ou déclaration de succession. *Sol. du* 24 *pluv.* 12. *Circ.* 1554. — S'ils sont susceptibles d'être enregistrés dans un délai, on doit en poursuivre les droits contre les parties qui ont contracté. *Arrêt de cassation des* 31 *août* 1808 *et* 21 *août* 1811. — 2.° Dans un testa-

ment, sauf perception dans le cas où il serait fait un acte en conséquence, ou si, lors de la publication du testament, il était constaté que ces actes doivent être enregistrés dans un délai. *Instr.* 390, *nomb.* 16.

149. Il peut mentionner, dans un partage ou une liquidation, les titres de créance non enregistrés, par le motif que le partage n'est pas un titre constitutif, mais seulement énonciatif de créances. *Arr. de cass. du* 24 *août* 1818. *Sol. du* 15 *oct. suiv.* (*Art.* 6167, *j.*) Cet arrêt est applicable au compte de tutelle. *Sol. du* 30 *janv.* 1819. *Dictionnaire de manutention*, *p.* 12.

150. Il peut également 1.° relater dans l'acte d'atermoiement volontaire, les titres de créances chirographaires, sans faire mention de l'enregistrement de ces titres. *Sol. du* 28 *janv.* 1813. — 2.° Rédiger une obligation résultant des frais non taxés, sans que les états et mémoires de frais soient enregistrés. *Déc. min. fin. du* 11 *juin* 1818. — 3.° Recevoir l'acte d'endossement d'une lettre-de-change non enregistrée, et même l'acte de prorogation, mais dans le cas où il n'y aurait pas eu de protêt. *Sol. du* 8 *avril* 1817. (*Art.* 5720, *j.*) — 4.° Procéder à la seconde vacation d'une vente qui exige plusieurs séances, avant que la première ait été enregistrée, si cette première est encore dans le délai de l'enregistrement. *Arr. de cass. du* 11 *sept.* 1811. — 5.° Reprendre une vente de meubles suspendue en vertu d'une opposition, avant que l'ordonnance sur référé qui en ordonne la continuation ait été soumise à la formalité de l'enregistrement. *Déc. min. fin. du* 26 *déc.* 1818. — 6.° Recevoir une déclaration de command, avant l'enregistrement du contrat de vente. *Arr. de cass.* 23 *janv.* 1809. *Déc. min. Inst. du* 31 *déc.* 1808, *et fin. du* 10 *janv.* 1809. — 7.° Ne faire enregistrer l'ordonnance apposée à la suite d'inventaire interrompu par un référé, qu'avec la continuation de cet inventaire. *Déc. min. fin. du* 30 *déc.* 1807. — 8.° Ne présenter à l'enregistrement les états estimatifs de mobiliers, et ceux de dettes et charges à annexer aux actes de donation, qu'avec la donation à laquelle ils se rapportent. *Déc. min. fin. du* 24 *avril* 1810, (*Art.* 3798, *j.*) — 9.° Il peut ne point exprimer, dans les transactions par suite de jugemens, que les droits de greffe ont été perçus. *Déc. min. fin. du* 5 *nov.* 1819. (*Art.* 6561, *j.*)

151. Le Notaire n'est pas en contravention lorsqu'il exprime, dans une adjudication, que les biens appartiennent au vendeur par diverses acquisitions, sans mention de leur enregistrement. *Sol. du* 15 *oct.* 1807.

152. Enfin, on rappellera une solution de l'Administration du 19 août 1806, qui porte : que les seuls actes qu'un Notaire puisse, sans contravention, relater dans ses minutes avant leur enregistrement, sont ceux ayant pour objet des créances à terme déléguées par un vendeur envers un tiers, parce que la partie ne peut représenter au Notaire ces actes en la possession du créancier absent ; mais que toutes les fois qu'il a sous les yeux les actes sous seing-privés, en conséquence desquels il établit un compte, il ne peut se dispenser de les soumettre à l'enregistrement.

153. L'Huissier peut, 1.° signifier un acte de déclaration d'appel, et de signification, avant que le jugement ait été enregistré. *Déc. min. fin.* 27 *fév.* 1815. (*Art.* 5048 *et* 5104, *j.*) — 2.° Signifier le dimanche une ordonnance du Président, conformément à l'art. 63 du C. de P. C., sans que cette ordonnance ait été préalablement enregistrée. *Déc. min. fin. du* 1.er *juin* 1813. (*Art.* 4700, *j.*) *Instr.* 436. — 3.° Dresser le procès-verbal d'enlèvement et transport de meubles pour être vendus sur une place publique, avant d'avoir fait enregistrer le procès-verbal de récolement fait la veille. *Déc. min. fin.* 3 *mars* 1812. (*Art.* 4302, *j.*) — 4.° Mettre à exécution l'ordonnance du Président dans les cas prévus par les art. 786 et 787 du C. de P. C., en la faisant enregistrer avec l'acte d'emprisonnement. *Déc. min. fin. du* 23 *oct.* 1810. — 5.° Ne faire enregistrer qu'après la poursuite, la procuration qui lui est donnée à l'effet de procéder à un emprisonnement ou à une saisie réelle. *Arr. de cass. des* 24 *janv. et* 10 *août* 1814. — 6.° Présenter en même-tems à l'enregistrement une vente mobilière et l'ordonnance du juge qui a prescrit de la faire ou de la continuer. *Sol. du* 24 *oct.* 1818. *Déc. min. fin. du* 26 *déc.* 1818. (*Art.* 6210 *et* 6399, *j.*) V. *ci-devant*, *n.°* 150.

154. Les Huissiers et Gardes du commerce qui procèdent à des arrestations, ou dressent des procès-verbaux de perquisition, en vertu d'ordonnance du juge, ou qui ont consigné dans leur procès-verbal et mis à exécution une ordonnance sur référé du Président du Tribunal, ne sont passibles d'aucune amende, quoique cette ordonnance n'ait pas été enregistrée ; il suffit de présenter l'ordonnance avec l'acte, soit d'arrestation soit de perquisition. *Instr.* 497.

155. Dans le cas de deux déclarations de surenchère faites l'une par un Notaire, l'autre par un Huissier, l'Huissier peut rédiger sa notification sans être tenu de faire enregistrer préalablement celle notariée. *Sol. du* 30 *mai* 1818. (*Art.* 6143, *j.*)

156. Les billets à ordre peuvent n'être présentés à l'enregistrement qu'avec les protêts qui en doivent être faits. *Art.* 69 *de la loi de frim.* 7.

157. Les lettres de change tirées de place en place, et celles venant de l'étranger ou des colonies françaises, sont sujètes, à l'enregistrement dans le cas de protêt faute de paiement, et peuvent n'être présentées à la formalité qu'avec l'assignation. Si le protêt est fait faute d'acceptation, elles doivent être enregistrées seulement avant que la demande en remboursement ou en cautionnement puisse être formée contre les endosseurs ou le tireur. *Art.* 50 *de la loi de* 1816. V. *billet à ordre*.

158. L'ordonnance et le procès-verbal de scellés peuvent être présentés simultanément à la formalité et être faits sur la même feuille de papier timbré ; mais le procès-verbal d'apposition doit être enregistré avant celui de levée des scellés. *Arr. de cass. du* 3 *juillet* 1811. *Instr.* 634. V. *Greffier*.

159. Les Juges-Commissaires peuvent recevoir les affirmations et faire les vérifications de créances sur un failli, sans que les titres aient été préalablement enregistrés, sauf la perception ultérieure du droit exigible pour le concordat ou celui de l'obligation préexistante, si, à

défaut de traité, il est rendu un jugement de condamnation. *Instr.* 390, *nomb.* 17.

160. Dans les cas prévus par les art. 28 et 29 du C. de P. C., la cédule peut, sans contravention, être donnée par le jugement et notifiée par l'Huissier; le procès-verbal d'expertise peut également être dressé, et le jugement définitif être rendu, sans que le *jugement préparatoire* soit préalablement enregistré. *Instr.* 436.

161. Des experts peuvent, sans contravention, faire leur rapport sur la situation des registres et billets de commerce d'un commerçant, sans avoir fait timbrer les registres et enregistrer les billets. *Sol. du 2 déc.* 1818. (*Art.* 6260, *j.*) — Et ce rapport peut n'être enregistré qu'avec le procès-verbal du Juge-Commissaire. *Instr.* 436.

162. Le tiers saisi à la faculté de présenter ou énoncer à l'appui de sa déclaration, des conventions, sans qu'elles soient préalablement enregistrées. *Instr.* 436.

163. Les Juges peuvent prononcer leur jugement avant l'enregistrement de la citation, à bref délai, faite en vertu d'une cédule, dans les cas prévus par l'art. 6 du C. de P. C. *Instr.* 436. — Quant aux actes que le Greffier peut ou ne doit pas recevoir sans enregistrement préalable des pièces déposées, V. *dépôt*, *n.°* 8 *et suivant.*

164. La déclaration des parties, qui, aux termes de l'art. 7 du C. de P. C., demandent jugement, peut n'être enregistrée qu'avec le jugement qui en est la suite. *Instr.* 436, *nomb.* 3.

165. On peut, dans les cas urgens, poursuivre l'instruction avant que les jugemens préparatoires aient reçu la formalité, pourvu qu'ils soient enregistrés avant le jugement définitif, et toutefois dans les 20 jours de leur date. Lorsqu'un jugement de Juge de paix a ordonné une *visite* des lieux ou une *enquête*, la cédule peut, sans qu'il y ait contravention, être donnée par le Juge et notifiée par l'Huissier; le procès-verbal d'expertise peut également être dressé et le jugement définitif rendu, sans que le jugement préparatoire et le procès-verbal d'enquête ou de visite de lieux, soient préalablement enregistrés. *Idem. nomb.* 5 *et* 7.

166. Pour les actes concernant les poursuites de l'Administration, V. *ci-devant*, *n.°* 66.

167. ACTES *de l'Etat civil.* Ce sont ceux de naissance, adoption, mariage et décès.

168. Pour le timbre des registres sur lesquels ces actes sont inscrits en conformité de l'art. 40 du C. C. et leurs tables annuelles et décennales, V. *registre*, *n.°* 13 *et tables.*

169. Ces actes de naissance, mariage et adoption, et les extraits qui en sont délivrés, sont exempts de l'enregistrement. *Art.* 70, §. 3 *de la loi de frim.* 7. — Il en est de même de l'acte de publication de mariage et de l'extrait qui en est affiché. *Circ.* 1692. Quant à la reconnaissance d'enfant naturel, V. *reconnaissance*, *n.°* 13.

170. Les affiches de publication de promesse de mariage doivent être sur timbre, comme n'intéressant que des individus. *Circ.* 1566. *Instr.* 72.

171. Les certificats délivrés aux parties qui se marient dans une autre commune que celle où les affiches ont été apposées, peuvent être écrits sur papier à 35 centimes. *Instr.* 371.

172. Ceux ayant pour objet de justifier, aux ministres des cultes, la célébration des mariages devant l'Officier de l'Etat civil, sont également sujets au timbre. *Sol. du* 4 *févr.* 1808. (*Art.* 2817, *j.*)

173. Les extraits et copies des actes de naissances, mariages et décès doivent etre délivrés sur papier frappé du timbre de 1 fr. 25 centimes. *Art.* 19, *loi brum.* 7. *Circ.* 1496. Même dans le cas d'indigence de la partie qui requiert ces extraits. *Circ.* 1566. *Instr.* 715.

174. Cependant les extraits de naissance et de mariage et les certificats de non divorce que doivent produire les veuves et les enfans de militaires, pour obtenir des pensions ou des secours de l'Etat, sont exempts du timbre, pourvu qu'ils énoncent la *mention* de cette destination. *Déc. min. fin. du* 27 *oct.* 1807. V. *pension.*

175. L'autorisation pour inhumer, donnée par l'Officier de l'Etat civil, est délivrée sur papier libre. *Art.* 77. *du C. C.*

176. Quant aux actes de procédure relatifs à la rectification des actes de l'Etat civil, V. *actes judiciaires*, *n.°* 55. Au surplus, V. *adoption*, *divorce*, *notice de décès*, *et quittance n.°* 34.

177. ACTES *respectueux.* Ce sont ceux par lesquels un enfant de famille, ayant atteint sa majorité, demande avant de contracter mariage, le conseil de ses père et mère ou autres ascendans. *Art.* 1514 *du C. C.* Il est soumis au droit fixe d'*un franc.* *Art.* 68, §. 1.er, *n.°* 61 *de la loi de frim.* 7. V. ci-après, n.° 182.

178. ACTES *nuls et refaits pour nullité* ou autres motifs, sans aucun changement qui ajoute aux objets des conventions ou à leur valeur, 2 fr. *Art.* 43 *de la loi de* 1816.

179. Lorsque le droit proportionnel a été perçu sur un cautionnement fourni pour un emploi, et que ce cautionnement n'a pas été admis, on ne peut exiger le droit proportionnel sur le second acte de cautionnement donné en remplacement du 1.er. *Déc. min. fin. du* 30 *août* 1817. (*Art.* 5896, *j.*)

180. ACTES *de complément.* Les actes qui ne contiennent que l'exécution, le complément et la consommation d'actes antérieurement enregistrés, sont assujétis au droit fixe de 1 fr. *Art.* 68 *de la loi de frim.* 7.

181. Lorsque deux individus qui ont acquis une maison par acte notarié, pour en jouir en commun leur vie durant, conviennent ensuite, par un acte sous seing privé, que l'un d'eux aura la jouissance de la totalité de la maison, en payant à l'autre 100 fr. de rente; ce deuxième acte n'est pas le complément du 1.er, il opère le droit proportionnel de vente. *Arr. de cass. du* 18 *juillet* 1815. (*Art.* 5324, *j.*)

182. ACTES *innommés.* Tous actes civils, judiciaires ou extrajudiciaires qui ne se trouvent pas dénommés dans la loi de frim. 7, et qui ne peuvent donner lieu au droit proportionnel, sont passibles du droit de 1 fr. *Art.* 68 *de cette loi*, *n.°* 51.

183. ACTES *en brevet*; ce sont des actes passés devant Notaire, dont il ne reste pas de minute. Ils peuvent être écrits sur papier à 35 c. *Circ.* 1566.

184. ACTES *d'héritier*. Agir dans l'intention de succéder au défunt, c'est faire un acte d'héritier.

185. On est héritier du moment qu'on a fait acte d'héritier, ou qu'on a contre soi un jugement passé en force de chose jugée, qui condamne en qualité d'héritier pur et simple. *Art.* 174 *du C. de P. C.* — V. *art.* 800 *et suiv. du C. C.*

186. L'héritier légataire qui ne demande pas la délivrance du legs et fait acte d'héritier, perd son droit au legs, dont le rapport se fait alors à la succession. *Cour de Colmar, du* 31 *juillet* 1818.

187. Lorsque le créancier d'une succession attaque en paiement le successible, et que celui-ci soutient qu'il ne s'est point immiscé dans la succession, il doit prouver l'existence de l'acte d'héritier par lui allégué. *Cours de Liége et de Paris, des* 4 *mai* 1813 *et* 16 *juillet* 1814.

188. L'héritier appelé par la loi, qui fait acte d'héritier, ne peut renoncer à cette qualité, quand même il y joindrait des protestations ou réserves contraires au fait : l'un des actes qui entraîne le plus sûrement la qualité d'héritier dans celui qui le fait, est la vente d'un des héritages de la succession. *Arr. de cass. du* 13 *avril* 1815.

189. La veuve, en disposant de marchandises de la communauté, n'a fait qu'un acte de bonne et sage administration. En qualité de commune, elle est tenue des dettes, mais seulement jusqu'à concurrence de son émolument à fixer par bon et fidèle inventaire, auquel elle doit faire procéder. *Arr. de cass. du* 18 *juin* 1817.

190. La déclaration faite au Greffe que l'on se porte héritier, autant que cette qualité ne pourra préjudicier à celle que l'on a de donataire, est un acte d'héritier pur et simple, attendu que cette déclaration ne peut être divisée. *Arr. de cass. du* 14 *juin* 1813.

191. L'abandon par des héritiers bénéficiaires, et en cette qualité, à leur mère, des meubles et immeubles de la succession à valoir sur ses reprises, n'est pas un acte d'héritier. *Cour d'Amiens, du* 25 *févr.* 1809. — Non plus que la demande d'amnistie du défunt. *Arr. de cass. du* 8 *févr.* 1810. V. *abandon* (*par un héritier*); *absent*, et *acceptation*, n.os 4 et 5.

ACTION. Les droits et actions sont meubles ou immeubles, suivant la qualité de leur objet et la nature de la fin où ils tendent.

1. Ainsi les actions qui tendent à revendiquer un immeuble, sont immeubles. *Art.* 526 *du C. C.*; et sont meubles par la détermination de la loi, les obligations et actions qui ont pour objet des sommes exigibles ou des effets mobiliers. *Art.* 529 ~~*du*~~ *C. C.*

2. Les actions ou *intérêts* dans les compagnies de finance, de commerce ou d'industrie, lors même que des immeubles dépendans de ces entreprises appartiennent aux compagnies, sont réputées meubles à l'égard de chaque associé, seulement tant que dure la société. *Art.* 529 *du C. C.*

3. En cas de dissolution d'une société de finance, de commerce ou d'industrie, par le décès d'un de ses membres, l'héritier de l'associé décédé doit, avant l'expiration des six mois, *effectuer le partage*, afin de pouvoir déclarer, en tems utile, les droits appartenant à l'associé décédé, les meubles et immeubles dépendans de la succession par suite du partage, et acquitter le droit proportionnel, suivant la nature des biens, sur tout ce qui compose l'hérédité. *Instr.* 360.

4. En cas de continuation de société, on ne doit percevoir que le droit proportionnel déterminé pour les objets mobiliers. *Instr.* 360. — Si les intérêts de l'association ne sont pas représentés par des actions circulant dans le commerce, l'héritier de l'associé décédé doit passer une déclaration détaillée des biens de diverses natures appartenant à la société, sauf, lors même que des immeubles dépendraient de l'entreprise, à ne payer sur la portion dont la propriété lui est échue, que les droits réglés pour les effets mobiliers. *Instr.* 520. V. *certificat*, n.° 7 ; *cession*, n.° 1.er; *jugemens* (*droits proportionnels*), *et transfert*.

5. *Les actions des tontines d'épargnes, et des employés et artisans*, ainsi que leurs cessions, sont exemptes de la formalité et du droit d'enregistrement, attendu que ces actions reposent sur des inscriptions au grand-livre de la dette publique. *Déc. Min. fin., du* 27 *pluv.* 10.

6. *Les actions de la caisse de surveillance et d'accroissement*, distribuées *aux indigens*, doivent jouir de l'exemption du timbre, s'il est fait mention, dans le corps de ces actions, de cette destination et de leur délivrance gratuite. *Déc. min. fin., du* 9 *juin* 1820. (*Art.* 6767, *j.*)

7. *Les actions des salines de l'Est* doivent être comprises, par les héritiers ou légataires, comme valeur mobilière active dans les déclarations de mutation par décès. *Déc. min. fin.*, *du* 8 *juin* 1813. (*Art.* 4531, *j.*) Elles sont de 5,000 fr., plus du dixième des bénéfices mis en réserve, en accroissement de chaque action; du 1.er janv. 1813 au 1.er janv. 1814, la valeur des actions est fixée à 5,403 fr. 35 cent., en principal et accroissement à cette somme ; il convient d'ajouter 5 p. cent pour intérêt, et 4 p. cent pour dividende présumé, en tout 9 p. cent, à raison du prorata échu lors de l'ouverture de la succession. *Déc. min. fin. du* 6 *juillet* 1813.

8. *Les actions de la Caisse d'épargne* ou *de Lafarge*, leurs cessions et mutations, sont exemptes de l'enregistrement. *Instr.* 604. V. *certificat*, n.° 29.

9. *Les actions de la Tontine perpétuelle d'amortissement*, chargée, par l'ordonnance du 10 mars 1819, d'employer en achats de rentes sur l'Etat le produit des mises des actionnaires, doivent être timbrées. *Sol. du* 31 *juillet* 1819. *Déc. Min. fin. du* 31 *juillet* 1820. (*Art.* 6473 *et* 6610, *j.*)

10. ACTIONS *de la Banque de France*; leur valeur, en cas de transmission par décès, donation ou toute autre donation qui nécessite une déclaration, doit se déterminer d'après le cours moyen de la bourse de Paris, au jour de l'ouverture du droit; s'il n'y a point de bourse au jour du décès ou de la date de l'acte, le cours de la veille servira de règle pour taxer la valeur sujète aux droits. *Instr.* 747.

ADDITION *dans les actes*. Les additions sont prohibées dans le corps des actes notariés, sous peine de 50 fr. d'amende. *Art.* 16 *de la loi du* 25 *vent.* 11. V. *Notaire*, n.° 16.

ADDITIONS. *Calcul.* Les Employés doivent vérifier, dans les dépôts publics, celles des procès-verbaux de vente de meubles. *Circ.* 1498, *Instr.* 526.

ADHÉSION des créanciers des faillis au concordat et aux actes postérieurs, 2 fr. *Art.* 43 *de la loi de* 1816.

ADJOINT. V. *Maire.*

ADJUDICATION. Acte par lequel on concède une chose à la chaleur des enchères.

1. ADJUDICATION *de meubles et autres objets mobiliers*, 2 p. 100. V. *vente de meubles.*

2. ADJUDICATION *de location de chaises et de places aux Eglises.* V. *bail*, n.° 30.

3. ADJUDICATION *de rente.* Lorsqu'il y a vente forcée en justice d'une rente saisie sur la tête d'un curateur à une succession vacante, le droit proportionnel se détermine *par le prix exprimé*, et non sur le capital de la rente. *Arr. de cass. du* 1.er *avril* 1816.

4. Chaque procès-verbal d'adjudication ou de rachat des rentes appartenant à la caisse d'amortissement, n'est passible que du droit fixe de 1 fr.; l'adjudication de plusieurs rentes au même adjudicataire, peut être portée dans le même procès-verbal. Les formes pour les aliénations sont les mêmes que pour celles d'immeubles; les procès-verbaux ne sont remis aux adjudicataires qu'après le paiement: il leur est délivré, par le Directeur, un certificat sur papier timbré, lequel doit être enregistré *gratis*. *Circ. du* 11 *janv.* 1810.

5. ADJUDICATION pour les fournitures et entretien de *haras*, 1 fr. fixe. *Déc. du min. fin.*, *du* 6 *fév.* 1810. (*Art.* 3499, *j.*).

6. ADJUDICATION *de coupes de bois appartenant à l'Etat*, 2 p. 100. *Art.* 69 *de la loi de frim.* 7. — Le droit doit être perçu distinctement sur chaque raticle signé de l'adjudicataire non solidaire. Il en est de même pour les cautionnemens fournis. *Cir.* 1981. — Pour les coupes de l'ordinaire 1820, chaque adjudicataire a dû payer comptant au Receveur des domaines, un décime pour franc du prix principal; les droits de timbre et d'enregistrement, tant des procès-verbaux d'arpentage, balivage et martelage, que de tous autres actes, et les frais relatifs aux ventes. Plus, au marc le franc de l'adjudication, le mesurage des coupes dudit exercice, sur le pied de 2 fr. par hectare, et le réarpentage des coupes du précédent exercice, à raison de 1 fr. 50 cent. aussi par hectare, et ce, d'après l'état général remis sur le bureau, arrêté par le Préfet et le Conservateur. — Le Receveur a été tenu de donner quittance détaillée de tous ces frais, autres que les droits de timbre et d'enregistrement. Le montant de ces droits devait être versé immédiatement après les adjudications, dans la caisse du Receveur de l'enregistrement, et porté en recette. Au moment où les actes ont été soumis à la formalité, on devait faire mention, au pied de chacun, de la date du paiement de ces droits. — Lorsque la faculté d'élire un command est réservée par l'acte d'adjudication, et que la déclaration de command aura été faite par *acte public*, et notifiée dans les 24 heures de l'adjudication, tant au Receveur général, ou à son délégué, qu'au Receveur des domaines, il n'est dû pour l'enregistrement de cette déclaration que le droit fixe de 3 fr.; mais si l'une de ces conditions n'est pas observée, le droit proportionnel de 2 p. 100 est exigible. *Instr.* 897.

7. Le droit doit être provisoirement établi sur les quantités de bois qui sont comprises dans l'adjudication; il est définitivement réglé d'après les procès-verbaux de récolement: le droit, en cas de surmesure, est dû sur le prix de l'excédent, et il y a lieu de restituer, dans la même proportion, s'il constate des manques de mesures. *Sol. du* 27 *fruct.* 10.

8. Ce droit est dû, 1.° pour les procès-verbaux de délivrances de chablis faites aux adjudicataires de scieries nationales, à moins qu'il n'ait été perçu sur l'acte d'adjudication des scieries, cas où il ne serait dû que 2 fr. *Lettre du Directeur général des forêts, du* 20 *nov.* 1806; 2°. sur les procès-verbaux de délivrance extraordinaire de bois dans les forêts de l'Etat, en vertu d'arrêtés du Gouvernement. *Déc. min. fin.*, *du* 4 *therm.* 13; 3°. sur les délivrances de bois dans les forêts de l'Etat, faite à un entrepreneur de la marine. *Arr. de cass.*, *du* 2 *nov.* 1807. — Pour savoir où ces actes s'enregistrent. V. *Bureau*, n.° 22.

9. L'acquéreur d'un bois, en vertu de la loi du 25 mars 1817, qui s'est rendu adjudicataire d'une coupe à faire dans le même bois, vendue conformément à l'art. 29 du cahier des charges, ne doit pas, sur cette adjudication, de droit proportionnel. *Déc. min. fin.*, *du* 11 *juin* 1819.

10. S'il y a successivement plusieurs renonciations, chaque adjudicataire renonçant, doit payer les droits sur le montant de sa folle enchère, tant en principal qu'accessoires; et lorsque, sur une adjudication, il y aura tiercement et doublement, le droit d'enregistrement doit être perçu, tant sur le montant de l'adjudication que sur l'augmentation de prix en principal et décime par franc. *Circ.* 1723, *Instr.* 290, *et* 291.

11. *Charges.* La loi voulant que, pour la perception, on ajoute les charges au prix exprimé, il s'en suit que l'on doit joindre au prix principal et au décime revenant au trésor public, le montant des frais d'impression, de publication, bougies et criées, que les adjudicataires doivent payer sur le réglement qui en est fait par le fonctionnaire qui préside aux adjudications. *Inst.* 253, *Circ. du* 12 *sept.* 1808.

12. *Décime pour franc*, *etc.* Les Receveurs doivent faire payer comptant le 10.e par franc, les droits de timbre et d'enregistrement, tant des procès-verbaux d'arpentage, balivage et martelage, que des procès-verbaux d'adjudication et de tous autres actes relatifs aux ventes; ils en donnent quittance détaillée. *Instr.* 291, *et* 897.

13. *Timbre.* L'exemplaire complet du cahier de charges et l'extrait de l'adjudication et cautionnement à délivrer à l'adjudicataire, sont passibles du droit de timbre-expédition, ainsi que les six expéditions *entières*, rédigées à la suite d'un exemplaire complet du cahier de charges, à l'exception de celle à remettre au Préfet et à l'Administration forestière, pourvu qu'on y fasse mention de

cette destination. *Instr.* 291, *Circ. du* 13 *brum.* 11, *et* 11 *août* 1807. V. *traites.*

14. ADJUDICATION *des bois des communes et établissemens publics.* Même règle que ci-dessus, excepté que les expéditions délivrées aux Maires et aux Administrateurs des établissemens, sont sujètes au timbre. *Circ. du* 2 *vent.* 12.

15. ADJUDICATION *des coupes de bois des particuliers.* V. *vente de meubles.*

16. ADJUDICATION *au rabais*, est celle qui a lieu pour une entreprise quelconque en faveur de celui des concurrens qui offre de s'en charger au plus bas prix.

17. Les adjudications au rabais et marchés, pour constructions, réparations et entretien, et tous autres objets mobiliers susceptibles d'estimation, faits *entre particuliers*, qui ne contiendront ni vente ni promesse de livrer des marchandises, denrées ou autres objets mobiliers, doivent 1 p. 100 *Art.* 69 *de la loi de frim.* 7. Si le prix devait être payé par le trésor, V. *actes*, n.° 25.

18. Les adjudications au rabais pour le nettoiement et l'arrosement des villes, pour un nombre d'années déterminé et moyennant une somme annuelle à payer à l'adjudicataire, sont passibles du droit proportionnel, comme marchés ou traités et non comme baux d'industrie. *Arr. de cass. du* 8 *fév.* 1820. (*Art.* 6642, *j*).

19. Celles de travaux aux digues de mer, faites par les propriétaires des polders et des waltéringhes, ne doivent que 1 fr. fixe. *Sol. du* 3 *niv.* 11.

20. Celles des travaux sur les routes de 3.° classe ne doivent que 1 fr. fixe, parce que le paiement de ces travaux est un sacrifice fait par les citoyens au Trésor public. *Déc. min. fin. du* 23 *août* 1808.

21. Les sous-traités, cessions, subrogations, faits par les adjudicataires, sont passibles du droit proportionnel. *Instr.* 286. — Quand même ces cessions ou subrogations devraient, sous peine de nullité, être autorisées par un arrêté du Ministre ou du Préfet. *Instr.* 366.

22. Les adjudications au rabais, faites devant le Préfet, des réparations à faire aux bâtimens d'un palais de justice, sont sujètes à l'enregistrement. *Déc. min fin....* (*Art.* 4465., *j.*). — Quant à celles relatives aux réparations des bâtimens militaires, V. *minute*, *n.°* 5.

23. Il en est de même des marchés entre les tribunaux et les imprimeurs. *Déc. min. fin. du* 7 *juillet* 1812. (*Art.* 4393, *j.*).

24. Mais ceux pour abattage, façonnage et transport d'arbres, concernant la délivrance faite au département de la guerre, pour palissade et liteaux, sont exempts du timbre et de l'enregistrement; le mandat de paiement est seulement assujéti au timbre extraordinaire ou au visa pour timbre, aux frais de la partie prenante. *Déc. min. fin. du* 11 *juin* 1812. (*Art.* 4251, *j.*).

25. ADJUDICATION *de bois, sol et superficie, de la Caisse d'amortissement.* Les droits d'enregistrement et de timbre des adjudications, cautionnemens et des déclarations de command, doivent être acquittés dans les 20 jours de l'adjudication, à peine du double droit; celui du cautionnement en immeubles est dû, sans difficulté, à raison de 50 cent. p. 100. *Instr.* 924.

26. Il y a lieu d'ajouter au prix de cette vente, 1 et demi p. 100 de ce prix, que les acquéreurs paien en sus, pour liquider le droit d'enregistrement sur la totalité; parce que cette charge représente les frais d'impression, de publication, etc. *Sol du* 1er *déc.* 1819. (*Art.* 6607, *j*). — Pour le modèle des affiches et procès-verbaux d'adjudications relatives aux ventes en exécution de la loi *du* 25 *mars* 1817, V. l'*Instr.* 828; et aux DOMAINES, *caisse d'amortissement et adjudication.*

27. ADJUDICATION *des domaines nationaux.* V. *vente*, n.° 91.

28. ADJUDICATION *d'immeubles.* Elle est préparatoire ou définitive :

29. *Préparatoire*, elle n'est soumise qu'au droit fixe de 1 fr., si elle n'est pas faite devant les tribunaux. *Art.* 68 *de la loi de frim.* 7. Elle est assujétie au droit fixe de 3 fr., si elle a lieu devant le Tribunal de première instance. *Art.* 44 *de la loi de* 1816.

30 *Définitive*, est sujète au droit de 5 fr. 50 cent. p. 100. *Art.* 52 *de la loi de* 1816; à l'exception de celles de domaines de l'Etat, dont le droit est réduit à 2 p. 100. *Lois des* 26 *vend.* 7. *Art.* 14; *frim.* 7. *Art.* 69; 16 *flor.* 10 *et* 5 *flor.* 12. V. aussi *licitation.* — Sur les adjudications en justice, il est perçu un droit proportionnel de rédaction. V. *greffe* n.° 21.

31. La perception du droit ne peut être différée sous prétexte qu'il y a appel du jugement; seulement il y a lieu à la restitution du droit de 5 fr. 50 cent. p. 100, lorsque l'adjudication est annulée. *Instr.* 429. V. *restitution n.°*, 22.

32. *Charges* : Le droit est liquidé sur le prix exprimé en y ajoutant toutes les charges. *Art.* 14 *de la loi de frim.* 7.

33. Lorsque dans une adjudication, par-devant Notaire, le cahier des charges porte que les adjudicataires paieront au Notaire des centimes pour frais et honoraires en sus du prix principal, et que le montant de ces centimes excède ce qui est dû au Notaire pour les honoraires relatifs à la vente, la Régie a le droit de demander que la somme soit réduite et que le surplus qui est accordé au Notaire pour frais et honoraires alloués pour d'autres opérations, soit considéré comme faisant partie du prix principal, et en conséquence assujéti au droit d'enregistr. *Arr. de cass. du* 10 *déc.* 1816, qui confirme un jug. de Clermont-Oise. (*Art.* 5,668, *j.*)

34. Lorsqu'une adjudication est faite à la charge de payer, outre le prix, 5 pour 100 à l'Avoué, et des frais adjugés et taxés à d'autres Avoués, le droit doit porter sur le tout, comme faisant partie du prix. *Arr. de cass. du* 15 *mai* 1811.

35. *Cas particuliers.* L'adjudication contenant la clause qu'il en sera passé acte de vente séparé, ne peut, par cela seul, être considérée comme préparatoire; alors l'adjudication est définitive. *Sol. du* 1er *pluv.* 11.

36. Celle portant réserve, par le vendeur, de la ratifier dans un délai déterminé, n'est pas moins passible du droit proportionnel. *Sol. du* 22 *juillet* 1813. (*Art.* 4578, *j.*).

37. L'adjudication des biens d'une succession au profit d'un héritier bénéficiaire n'opère pas mutation. *Sol. du* 28 *fév.* 1817.

38. Celui qui a acquis un bien dont il a payé le prix,

et qui s'en rend de nouveau adjudicataire sur l'expropriation poursuivie par les créanciers hypothécaires de son vendeur, n'est pas tenu de payer un second droit proportionnel de mutation. *Sol. du* 19 *août* 1818, *approuvé par le min. le* 17 *nov. suiv.* (*art.* 90 *du contrôl. de l'enregist.*)

39. Si le vendeur est déclaré command. V. *command.* n.° 11.

40. ADJUDICATION *par licitation.* V. *licitation.*

41. ADJUDICATION *de biens en direction* V. *abandon.*

42. ADJUDICATION *de biens provenant de succession en déshérence.* Elle est passible des mêmes droits que celles de bien ordinaires. *Déc. min. fin. du* 11. *août* 1818.

43. ADJUDICATION *à folle enchère.* C'est la revente sur un premier acquéreur, à défaut de paiement aux échéances ou d'exécution des conditions qui lui étaient imposées par son contrat.

44. Lorsque le prix n'est pas supérieur à celui de la précédente adjudication, et lorsque cette dernière a été enregistrée, elle opère le droit fixe de 3 francs. *Art.* 44 *de la loi de* 1816. — Si le prix est supérieur, il doit être perçu, sur cet excédent, le droit de 2 fr. ou de 5 fr. 50 cent. p. 100, suivant qu'il s'agit de meubles ou d'immeubles. *Art.* 69 *de la loi de frim.* 7 *et* 52 *de celle de* 1816. — Dans ce cas, on ne doit pas ajouter au prix les droits d'enregistrement acquittés par le premier adjudicataire. *Sol. du* 10 *vend.* 13.

45. L'adjudicataire, fol enchérisseur d'un immeuble, qui n'a pas fait enregistrer son adjudication dans les 20 jours, doit le droit en sus sur le prix de son acquisition, quoiqu'il ait été procédé à une nouvelle adjudication sur sa folle enchère; il doit en outre le droit ordinaire sur la différence entre le prix de la première adjudication et celui de la seconde, lorsque celle-ci est faite à un prix inférieur. *Instr.* 463. *Jugement du Tribunal de la Seine du* 3 *avril* 1812. (*Art.* 4292, *j.*)

46. Les reventes de domaines nationaux, par suite de déchéance, ne sont pas des adjudications sur folle enchère, mais des ventes pures et simples, passibles d'un nouveau droit proportionnel sur l'intégralité du prix. *Arr. de cass. du* 28 *vendém.* 12. V. *ci-devant, n.°* 10.

47. Lorsque, par le cahier de charges d'une vente sur folle enchère, l'adjudicataire est chargé de payer le droit d'enregistrement dû par le fol enchérisseur, cet adjudicataire ne peut se dispenser de cette obligation, lors même que son adjudication serait faite pour un prix inférieur à la première. *Cour de Paris du* 25 *juin* 1813.

48. Quand la folle enchère présente un excédent sur le prix de la première adjudication, le fol enchérisseur doit être remboursé des frais payés pour celui-ci, à la décharge des créanciers de la partie saisie ou de l'adjudicataire définitif: il supporte les droits de mutation, de greffe et de transcription, qui ne peuvent être imputés sur le prix des ventes. *Cour de Paris du* 1.er *mai* 1810.

49. ADJUDICATION *sur surenchère.* Dans le cas de revente sur surenchère, l'acquéreur ou le donataire qui conserve l'immeuble mis aux enchères, en se rendant dernier enchérisseur, doit acquitter le supplément des droits d'enregistrement sur l'excédent du prix porté dans le premier contrat. *Instr.* 233.

50. L'adjudication sur saisie immobilière, qui n'a pas été enregistrée dans le délai de 20 jours, parce que dans l'intervalle il est survenu une surenchère, ne doit que le droit fixe de 5 fr., et le double de ce droit; attendu que l'adjudicataire déchu n'a pas, comme le fol enchérisseur, à se reprocher de n'avoir pas rempli ses engagemens; que la surenchère n'est, à proprement parler, qu'une continuation des enchères, et qu'il n'y a d'adjudication définitive qu'après le concours ordonné par l'art. 712 du C. de P. C. *Sol. du* 24 *juillet* 1819. *Arr. de cass. du* 23 *fév.* 1820. (*Art.* 6454 *et* 6649, *j.*)

ADMINISTRATEURS *de l'enregistrement et des domaines.* V. *administration.* On doit fournir à MM. les administrateurs tous les états et renseignemens qu'ils demandent; la correspondance doit être signée par l'Administrateur de la division, et contresignée par le chef de cette même division. *Circ.* 2052.

MM. les Administrateurs doivent fournir un cautionnement en numéraire. *Circ.* 1786.

ADMINISTRATION *de l'enregistrement et des domaines de l'Etat*, composée d'un Directeur général, de six Administrateurs, d'un Secrétaire général; (*Ordon. du* 3 *janvier* 1821) de chefs de division; chefs de correspondance; sous-chefs adjoints de division, et de deux inspecteurs généraux. Et dans chaque département: d'un directeur; d'inspecteurs-contrôleurs des recettes; vérificateurs; receveurs; d'un garde-magasin du timbre, selon l'importance de la direction; d'un receveur du timbre extraordinaire; d'un timbreur et d'un tourne-feuille.

1. L'Administration ordonne les forcemens et restitutions dans les cas problématiques. *Art.* 149 *et* 190 *des ordr. gén. de Régie.*

2. Cette administration est chargée de la régie et de la perception des droits de l'enregistrement des actes, de timbre, greffes, et d'hypothèques; de la recette des amendes de contraventions, et de condamnations non attribuées, ou attribuées aux communes, hospices, etc.; des frais de justice, passe-ports, permis de port-d'armes de chasse, décime du prix de coupes de bois de l'Etat, surmesure, reliquat de décompte, vacations des arpenteurs forestiers, attributions sur les bois des communes, hospices et établissemens publics; prix de baux et de licences pour la pêche; revenus de domaines de l'Etat, arrérages et transferts de rentes; créances, prix de vente de mobilier; épaves, déshérences; biens vacans; domaines engagés ou échangés; prix de ventes d'immeubles faites par l'Etat; prix de ventes faites de biens des communes, en exécution de la loi du 20 mars 1813; prix des aliénations de bois, sol et superficie, pour le compte de la caisse d'amortissement; remise extraordinaire de 2 p. 100 sur ce dernier objet; intérêts de ces prix; amendes de déchéance d'acquéreurs; frais de poursuite et d'instance recouvrés, faits tant par elle que par l'administration des forêts; moitié des salaires sur la transcription hypothécaire d'actes de mutation; retenues au profit du Trésor et de la caisse des pensions de retraite sur les traitemens et remises; intérêts des débets; droit spécial sur les journaux; re-

cettes accidentelles pour l'hôtel des Invalides, la Légion-d'honneur, etc.

L'ordonnance du Roi du 3 janv. 1821, *Instr.* 970, porte : « *Art.* 3. Le Ministre des finances fera la division du travail entre les Administrateurs ; chacun sera chargé de suivre les parties de service qui lui seront spécialement attribuées ; il correspondra avec les Directeurs, sur les objets qui seront placés sous sa surveillance : il travaillera particulièrement avec le Directeur général, et prendra ses décisions sur tous les points qui seront dans ses attributions directes, lorsqu'il y aura lieu à discussion ou à décision nouvelle. — *Art.* 4. Le Directeur général et les Administrateurs se formeront en conseil d'administration. Le Directeur général en aura la présidence. En cas d'empêchement, il la déléguera à l'un des Administrateurs. Le Ministre des finances appellera près de lui, dans les occasions où il le trouvera convenable, le Conseil d'administration. En cas d'absence du Directeur général, le Ministre des finances désignera celui des Administrateurs qui en remplira les fonctions. — *Art.* 5. Le Conseil d'Administration délibérera sur le rapport qui lui sera fait par l'un des Administrateurs : 1.° sur le budget général des dépenses de l'Administration, sur lequel il donnera son avis motivé ; — 2.° sur le contentieux administratif et judiciaire ; — 3.° sur le contentieux de la comptabilité, débets des comptables, contraintes à exercer contre les redevables ; — 4.° sur les demandes en remboursement, remise ou modération de doubles droits et amendes de contravention ; — 5.° sur la liquidation des pensions de retraite de tout grade ; — 5.° sur les suppressions, divisions et créations d'emplois ; — 7.° sur les projets, devis, marchés et adjudications à passer pour le service de la régie ; — 8.° sur les révocations, destitutions et mises à la retraite des Employés ; — 9.° Sur les questions douteuses, dans tous les cas d'application des lois, ordonn. et réglem., dans tous ceux qui ne sont pas prévus, ou qui ne sont pas suffisamment définis par lesdites lois, ordonn. et réglem., et sur les instructions générales relatives à leur exécution ; — 10.° sur les autres affaires, sur lesquelles le Ministre des finances jugera convenable d'avoir son avis, et sur celles qui lui seront aussi, à cet effet, renvoyées par le Directeur général. — *Art.* 6. Les délibérations du Conseil d'administration seront prises à la majorité des voix : en cas de partage d'opinions, la voix du Directeur général sera prépondérante ; il pourra, lorsqu'il le jugera nécessaire, suspendre l'effet d'une délibération, pour en référer au Ministre des finances, qui statuera ; mais, dans ce cas, il fera préalablement part de ses motifs au Conseil, pour le mettre à même de modifier sa délibération, s'il y a lieu, ou de l'appuyer de nouvelles observations, qui seront jointes par le Directeur général à son rapport au Ministre. — *Art.* 8. Les Administrateurs et le Secrétaire général seront nommés par le Roi, sur le rapport du Ministre des finances. — *Art.* 10. Le Conseil d'administration arrête, sur le rapport de l'Administrateur chargé de la comptabilité, les comptes annuels de l'Administration. » V. *directeur général.*

Par ordonnance du 23 janv. 1821, ont été nommés Administrateurs de l'enregistrement, MM. Jacquinot, Lhoyer et Piet ; et par déc. du Min. des fin. du 8 fév. suiv., la division du travail a été répartie ainsi qu'il suit : M. *Bochet*, est chargé de la 1.re division et de la surveillance de l'atelier du timbre et des impressions ; M. *Calmon*, de la 2.e division et de la comptabilité ; M. *Bordes*, de la 3.e ; M. *Jacquinot*, de la 4.e ; M. *Piet*, de la 5.e ; M. *Lhoyer*, de la 6.e.

La correspondance particulière, et la suite du travail des Préposés de tous grades dans les directions de département, sont réparties entre cinq Administrateurs, selon les divisions indiquées par le tableau annexé à *l'instr. gén.* n.° 970.

M. l'Admin. de la 6.e div. est chargé des parties de service ci-après désignées : les domaines engagés, le domaine extraordinaire, la vente du résidu des domaines nationaux, les décomptes et liquidations, la vente des bois en fonds et superficie au profit de la Caisse d'amortissement, la suite d'exécution des lois des 20 mars 1813 et 28 avril 1816, en ce qui concerne la vente des biens des communes ; l'exécution de la loi du 5 déc. 1814, relative aux biens des émigrés, et les transferts de rentes. *Instr.* 970.

L'Admin. tient registre de ses délibér.s, qui sont signées des membres présens. — Elle doit timbrer ses lettres et paquets d'un timbre particulier. *Loi du* 27 *mai* 1791, *art.* 2 *et* 59. — La solution des difficultés qui s'élèvent sur la perception des droits d'enregistrement, avant l'introduction des instances, appartient à l'Administration. *Art.* 63 *de la loi de frim.* 7. V. *Direction générale.*

ADMISSION, V. *jugement, n.os* 74 *et* 77, *et surnuméraires.*

ADOPTION, action par laquelle on choisit quelqu'un d'une famille étrangère pour en faire son propre enfant. Cet acte opère 50 fr. ou 100 f. selon le cas. V. *jugem. n.os* 74 *et* 77. Pour la déclaration de succession à passer par l'enfant adoptif, V. *succession*, *n.°* 160.

ADRESSE. Pour les lettres et paquets envoyés à la Direction générale, on écrira au haut de toutes les adresses : *Administration de l'Enregistrement et des Domaines ;* au-dessous : *division*, ou *du personnel, des instructions, du contentieux, des états et dépenses*, ou *de la correspondance générale*, ou *cabinet du Directeur général*, suivant qu'il conviendra à l'objet des dépêches ; ou 1.re *Division*, 2.e, 3.e, *etc.*, lorsque les envois concerneront les Divisions dont sont chargés MM. les Administrateurs. — Après les indications, chaque adresse sera celle-ci, sans nulle exception : à Monsieur Monsieur............Conseiller d'Etat, Directeur général de l'Administration de l'Enregistrement et des domaines, à Paris. *Circ. du* 12 *oct.* 1812. — V. *affiches, n.°* 5.

AFFECTATION *d'hypothèques*. V. *novation, reconnaissance et vente d'immeubles, n.os* 69 *et* 74.

AFFICHES, AVIS, ANNONCES.

1. Toutes les affiches, autres que celles émanées d'autorité publique, quelle que soit leur nature et leur objet, doivent être sur papier timbré. *Art.* 56 *de la loi du* 9 *vend.* 6, *Circ.* 1105.

2. Les affiches, avis et annonces imprimés par le procédé lithographique sont sujets au timbre : les amendes prononcées par les art. 68 et 69 de la loi de 1816, sont applicables aux imprimeurs lithographes. *Instr.* 827.

3. Les affiches pour adjudication des biens des hopitaux et maisons de charité, celles pour la location des biens de la Légion d'honneur, doivent aussi être timbrées. *Instr.* 326.

4. Les avis imprimés, quelqu'en soit l'objet, qui se crient ou se distribuent dans les rues et lieux publics, ou que l'on fait circuler de toute autre manière, sont assujétis au droit de timbre, à l'exception des adresses contenant la simple indication de domicile ou le simple avis de changement. *Art.* 1.er *de la loi du* 6 *prair.* 7.

5. Toute adresse qui contient d'autres indications que le nom, la qualité et la demeure ancienne et nouvelle de l'individu, est une annonce, un avis sujet au timbre. *Déc. min. fin. du* 8 *germ.* 8.

6. Il y a lieu de rapporter procès-verbal contre un libraire pour défaut de timbre et l'envoi par la poste d'un imprimé intitulé : *Librairie et fabrique de registres perfectionnés, à prix fixe. Sol. du* 3 *juin* 1817. (*Art.* 5772, *j.*)

7. La couverture d'un journal qui portait l'annonce de différens ouvrages de jurisprudence, et de leur prix, l'indication de ces ouvrages et du lieu où ils se vendaient, rendait la feuille qui la contenait sujète à la formalité du timbre, suivant la *déc. du min. des fin. du* 7 *oct.* 1814. (*Art.* 5033, *j.*) Mais les annonces, prospectus et catalogues de librairie, sont maintenant exempts du timbre. *Loi du* 25 *mars* 1817, *Art.* 76.

8. Les avis imprimés, circulant sous la forme de lettres missives, même cachetées, sont soumis au timbre. *Arr. de cass. du* 12 *sept.* 1809. (*Art.* 3,419 *j.*)

9. Il en est de même des feuilles imprimées qui circulent dans les villes maritimes et de commerce, pour annoncer le prix courant des marchandises et l'arrivée des bâtimens dans la rade. *Déc. min. fin. des* 25 *flor.* 12 *et* 9 *févr.* 1808. (*Art.* 2813, *j.*)

10. Depuis le 1.er juillet 1818, le papier pour affiches, avis ou annonces, n'est plus fourni par la Régie de l'enregistrement; les particuliers feront timbrer le papier dont ils voudront faire usage. Le papier sera présenté au timbre avant l'impression, sous les peines portées par les art. 65, 66 et 67 de la loi de 1816. *Art.* 76 de la loi du 15 mai 1818.

11. Les avis, etc., destinés à être affichés, ne pourront pas être sur papier de couleur blanche. *Art.* 65 de la loi 1816, et 77 de celle du 25 mars 1817.

12. Le prix de la feuille portant 25 décimètres carrés de superficie, est de 10 centimes; celui de la demi-feuille, est de 5 centimes. *Art.* 65 *de la loi de* 1816.

13. L'augmentation du droit de timbre pour les affiches et les journaux, est de 1 centime pour chaque 5 décimètres carrés qui excèdent les dimensions fixées par la loi du 28 avril 1816; et si l'excédant est inférieur à 5 décimètres carrés, le supplément est de 1 centime. *Déc. min. fin. du* 11 *août* 1818. (*Art.* 6154, *j.*)

14. Les avis et autres annonces, de quelque nature qu'ils soient, assujétis au timbre par la loi du 6 prair 7, qui ne sont pas destinés à être affichés, pourront être imprimés sur papier blanc; le prix de la feuille est de 10 centimes, celui de la demi-feuille de 5 centimes, celui d'un-quart de feuille de 2 centimes et demi, celui du demi-quart, cartes et autres de plus petite dimension, sera d'un centime. *Art.* 66 de la loi de 1816.

15. La subvention du décime ne sera point ajoutée à ces droits. *Art.* 67.

16. Amendes. L'imprimeur sera puni d'une amende de *cinq cents francs*, s'il a tiré des exemplaires d'affiches, annonces ou avis sur papier non timbré, sans préjudice du droit de S. M. de lui retirer sa commission. *Art.* 68 *et* 69 *de la loi de* 1816. De *cent francs* si le papier est de couleur blanche. *Art.* 77 *de la loi du* 25 *mars* 1817.

17. Ceux qui seront convaincus d'avoir fait afficher ou distribuer ces imprimés non timbrés, seront condamnés en une amende de *cent francs*. Les afficheurs et distributeurs seront, en outre, condamnés aux peines de simple police déterminés par l'art. 474 du C. pénal; l'amende est solidaire et entraîne la contrainte par corps. L'imprimeur est tenu d'indiquer son nom et sa demeure au bas de l'affiche. *Art.* 68 *et* 69 *de la loi de* 1816.

18. L'amende de *cent francs* est solidaire avec les auteurs, afficheurs et distributeurs. L'imprimeur est seul passible de celle de *cinq cents francs*; il n'est dû qu'une amende, quoique les feuilles d'une même affiche ou d'un même avis aient été distribuées ou affichées en plusieurs lieux ou plusieurs jours, parce que ce n'est pas là une récidive. *Déc. min. fin. du* 15 *janv.* 1818. (*Art.* 6252, *j.*)

19. Exception. Sont exemptes de timbre: 1.° les affiches émanées de l'autorité publique. *Art.* 56 *de la loi du* 9 *vend.* 6. — 2.° Celles de l'autorité administrative, annonçant des ventes, baux et adjudications au nom de l'État. *Circ.* 1133. *Déc. min. fin. du* 17 *nov.* 1817. (*Art.* 5940, *j.*) — 3.° Celles relatives à l'Administration des Postes et messageries. *Circ.* 1161. — 4.° Celles manuscrites, sur papier ou sur bois, que les particuliers appliquent *sur leurs demeures*, pour annoncer une location, un genre de commerce ou d'industrie. *Circ.* 1124. *Déc. min. fin. des* 7 *brum.*, 6 *et* 7 *déc.* 1813. (*Art.* 4788, *j.* Celui qui les placarde ou distribue n'encourt aucune peine. *Déc. min. fin.*, *du* 24 *sept.* 1819. (*Art.* 6638, *j.*) — 5.° Celles manuscrites et celles dites à la brosse. *Déc min. fin.*, *du* 18 *juillet* 1820. (*Art.* 6747, *j.*)

20. Les avis qui sont exempts du timbre sont : 1.° Les bulletins du cours des changes et du prix des marchandises qui circulent de la main à la main, ou par lettres cachetées. *Inst.* 326. *Déc. min. fin. des* 23 *sept.* 1816 *et* 31 *janvier* 1817. (*Art.* 5660, *j.*) — 2.° Les ordonnances de police qui se crient et se distribuent dans les rues et lieux publics de la ville de Paris et la banlieue. *Inst.* 326. — 3.° Les nouvelles intéressantes extraites du *Moniteur*, qui se crient et distribuent de la même manière. *Idem.* — 4.° Les billets de naissance, de mariage et d'enterrement, comme n'étant que des billets d'invitation à des parens et amis. *Sol. du* 25 *flor.* 8. (*Art.* 468 *j.*)

21. Les arrêts et actes de la Cour criminelle peuvent s'imprimer et se distribuer sur papier libre, lors-

qu'il est constant que cette impression et distribution ont lieu sous la surveillance de M. le Procureur général. *Déc. du min. fin. du 27 mars* 1810. (*Art.* 3790, *j.*) — *Pour les contraventions à constater*, V. ci-apr., n.° 33.

22. AFFICHES *judiciaires*. Les affiches n'ont le caractère d'actes, qu'autant que leur apposition a été constatée dans la forme prescrite. Le procès-verbal de l'Huissier est le seul désigné comme sujet à l'enregistrement; de sorte que les affiches signées par un Notaire, un Huissier, un Commissaire-priseur ou un particulier, ne sont pas sujètes à l'enregistrement. *Instr.* 326. *Déc. min. fin. et just. des* 5 *et* 15 *déc.* 1818. (*Art.* 6483, *j.*).

23. Mais dans le cas d'adjudications de biens de mineurs, l'art. 961 du C. de P. C. n'exige que le certificat des Maires, en sorte qu'aucun acte d'Officiers ministériels n'est nécessaire. *Déc. min. fin. du* 27 *nov.* 1818. (*Art.* 6259, j.)

24. Les affiches ou placards qui s'apposent par ordre de justice, tels que ceux qui ont lieu en saisies immobilières, baux judiciaires, etc., sont passibles du timbre de dimension, l'art. 58 de la loi du 9 vend. 6, ne pouvant se rapporter qu'aux affiches volontaires. *Circ.* 1908. *Instr.* 137.

25. Suivant l'art. 685 du C. de P. C., concernant les saisies immobilières, il doit être rédigé un procès-verbal d'apposition des affiches, sur du papier du timbre de dimension, *séparé* de l'exemplaire du placard, qui y demeure annexé. *Instr.* 468.

26. Les trois placards ordonnés par les art. 960 et 961 du C. de P. C., ainsi que le procès-verbal de l'apposition de ces placards ou affiches, et l'exemplaire à joindre au dossier, relativement aux ventes de biens de mineurs, doivent être écrits sur du papier au timbre de dimension; et non pas au timbre à affiches ordinaires, à peine de deux amendes de 100 fr. chacune contre l'Huissier, outre la restitution des droits de timbre non acquittés. *Arr. de cass. du* 2 *avril* 1818. (*Art.* 6095, *j.*)

27. La procédure ne peut être annulée en fait de saisie immobilière, sur ce que les affiches ont été timbrées à l'extraordinaire. *Arr. de cass. du* 8 *mai* 1811.

28. Les affiches relatives à la vente de biens des mineurs, à faire devant *un Notaire délégué par le Tribunal*, sont sujètes au timbre de dimension, comme étant ordonnées par les lois. Mais les exemplaires d'affiches, visés et certifiés par les Maires, sont dispensés de l'enregistrement. *Instr.* 436. *Déc. min. fin. du* 16 *févr.* 1818. (*Art.* 6008, *j.*)

29. Il n'y a que les affiches apposées aux lieux indiqués par la loi et par ordre de justice, qui sont sujètes au timbre de dimension : celles que l'on destine à donner plus de publicité à une vente, non certifiées par un Officier public, et qui relatent seulement le nom de l'Officier, ne comportent que le timbre à affiches. *Lettre de l'Administration du* 4 *mars* 1813.

30. Celles dont l'impression est ordonnée par un Tribunal de police, par suite de réparations civiles, ne sont pas passibles du timbre de dimension. *Sol. du* 22 *nov.* 1816.

31. Celles contenant l'extrait d'un jugement relatif à l'ouverture d'une faillite, ne sont pas sujètes au timbre, comme ayant pour objet une mesure d'ordre public. *Déc. min. fin. du* 15 *mars* 1814. (*Art.* 4759 *et* 4852, *j.*)

32. Les affiches d'un jugement par lequel un particulier se trouve condamné à une réparation envers un autre, sont sujètes au timbre : il n'y a que celles faites dans l'intérêt public, et à la poursuite d'un fonctionnaire ayant quelque exercice d'autorité publique, qui en soient exemptes. *Arr. de cass. du* 16 *juillet* 1811. (*Art.* 3982, *j.*)

33. CONTRAVENTIONS *à constater*. Dans le cas de contravention, il ne faut jamais enlever l'affiche; on affirme le procès-verbal. *Lettre de l'Administration, du* 4 *mars* 1813.

34. On ne peut faire prononcer l'amende des affiches non timbrées, annonçant une vente, qu'en fournissant la preuve que ces affiches ont été apposées à la requête de la personne contre laquelle on agit. *Arr. de cass. du* 28 *mai* 1816.

AFFIRMATION. Assurance que l'on donne par serment de la vérité d'un fait. — Lorsqu'un jugement porte acte d'affirmation, il opère les droits de 2 fr., de 3 fr. ou de 5 fr. — V. *jugement*, n.° 60 et suiv.

2. AFFIRMATION *de voyage*. Acte judiciaire par lequel une partie affirme s'être transportée ou avoir séjourné dans un lieu, pour la suite d'une affaire.

3. Cet acte, fait au greffe du Juge de paix, opère le droit fixe d'un franc, *art.* 68 *de la loi de frim.* 7; mais si l'acte est passé au greffe du Tribunal civil, le droit est de 3 fr.; et il est de 5 fr., passé aux greffes des Cours d'appel, *art.* 44 *et* 45 *de la loi de* 1816. — Il est dû autant de droits qu'il y a de parties affirmantes, quoique compliquées solidairement dans un procès. *Circ.* 1771.

4. Les affirmations faites aux greffes sont assujéties au droit de rédaction. V. *greffe* (*droit de*), n.° 21.

5. AFFIRMATION *de créances*. Déclaration avec serment que l'on est créancier légitime. — Elle est sujète aux mêmes droits indiqués à l'art. ci-devant.

6. Les procès-verbaux d'affirmation de créances sont soumis à autant de droits d'enregistrement qu'ils renferment de déclarations. *Sol. du* 15 *mai* 1819. (*Art.* 6408, *j.*) — Le juge peut recevoir les affirmations de créances sur un failli avant l'enregistrement préalable des titres. V. *actes*, n.° 59.

7. Le dépôt des titres au greffe pour, parvenir à ces vérifications et affirmations, ne doit pas être constaté par un acte sujet au droit d'enregistrement; la loi n'exige qu'un simple récépissé du greffier. *Instr.* 420.

8. AFFIRMATION *de procès-verbaux*. Reconnaissance par serment, de la vérité d'un fait.

9. L'affirmation des procès-verbaux des Employés, Gardes et Agens salariés *ou non* par l'Etat, faits dans l'exercice de leurs fonctions, est exempte de l'enregistrement. *Art.* 70 *de la loi de frim.* 7, *et Instr.* 432.

10. L'enregistrement inscrit au bas de l'affirmation qui est la suite du procès-verbal, se rapporte nécessairement à ce dernier acte, seul passible de la formalité. *Arr. de cass. du* 28 *avril* 1809.

11. Les procès-verbaux des Préposés de l'Administration doivent être affirmés devant le Juge de paix dans

les 24 heures, s'il n'y a pas de pièces à l'appui qui constatent la contravention. *Circ.* 1490. V. l'*art.* 13 *suiv.*

12. Si la contravention résulte de pièces qui soient dans la main des Préposés, l'affirmation n'est pas nécessaire. *Arr. de cass. des* 2 *et* 9 *brum.*, *et* 21 *germ.* 10, *Cir.* 1498, *idem.*

13. Un arrêt de Cassation du 26 juin 1820, a établi qu'un procès-verbal rédigé par un Inspecteur de l'enregistrement contre un Huissier qui avait contrevenu aux art. 49, 52 et 54 de la loi de frim. 7, relatifs à la tenue et à la communication à donner du répertoire, était dispensé de l'affirmation. (*Art.* 9771, *j.*)

14. L'affirmation pour un procès-verbal, qui doit recevoir cette formalité dans les 24 heures, doit avoir lieu dans les 24 heures de la date *de hora ad horam*, et non dans l'espace d'un jour, à peine de nullité. *Arr. de cass. du* 5 *janv.* 1809. *Aart.* 3209, *j.*)

15. C'est de la clôture du procès-verbal que les 24 heures pour l'affirmation commencent à courir. *Arr. de cass. des* 8 *janv.* 1807 *et* 19 *janv.* 1810.

16. L'affirmation faite devant un fonctionnaire qui n'a pas qualité de la recevoir, est nulle, et par suite le procès-verbal. *Arr. de cass. des* 5 *brum.* 12 *et* 18 *nov.* 1808.

17. Elle doit être admise aussitôt que l'Employé se présente pour la faire : si elle était refusée, il constaterait le refus par un procès-verbal pour faire condamner le juge au préjudice qui pourrait en résulter. *Loi du* 22 *août* 1791, *sur les douanes.*

18. Elle porte essentiellement sur la vérité du contenu aux actes placés sur la même feuille; la loi n'exige point qu'on y rappèle en détail les faits établis au procès-verbal. *Arr. de cass. du* 9 *fév.* 1808. (*Art.* 5578, *j.*)

19. Le défaut d'affirmation ne pallierait point le faux que le procès-verbal pourrait renfermer. L'omission d'une formalité accessoire ne tenant point à la substance de l'acte. *Arr. de cass. du* 20 *nov.* 1807.

20. La foi accordée par les lois aux procès-verbaux, leur est due relativement aux aveux des délinquans. Ils doivent être crus jusqu'à inscription de faux. *Arr. de cass. du* 25 *oct.* 1811. V. *procès-verbal.*

AFFRANCHISSEMENT *de rentes et pensions.* Le droit est dû, comme pour les quittances, à raison de 50 cent. p. 100. *Art.* 69 *de la loi de frim.* 7.

AFFRÈTEMENT, *Charte-partie*, *naulis.* Louage du tout ou partie d'un navire sur mer.

Le droit en est le même que celui du bail à loyer. V. *bail.* — Les chartes-parties peuvent être écrites sur papier de toute espèce de dimension. *Instr.* 419.

AGE, V. *Receveur et Surnuméraire.*

AGENS *forestiers.* V. *affirmation*, *procès-verbal*, et *serment.*

AJOURNEMENT. Remise d'une affaire à un autre jour d'audience.

Les jugemens qui portent ajournement, sont considérés comme préparatoires. — Pour la quotité du droit, V. *jugement*, n.° 50 *et suiv.* — Pour l'exploit d'ajournement, V. *exploit.*

ALÉATOIRE. Un contrat aléatoire est une convention réciproque, dont les effets, quant aux avantages et aux pertes, dépendent d'un événement incertain. V. *vente d'immeubles*, n.° 8 *et suiv.*

ALIÉNATION. V. *bail*, n.° 48, *donation*, *échange*, *vente*, *etc.*; et, aux domaines, *page* 2.

ALLIÉ *joint par affinité.* L'époux survivant reste l'allié des parens de l'époux prédécédé. *Arr. de cass. du* 18 *juillet* 1810. V. *donation*, n.° 9.

AMENDES *en général.* Peines pécuniaires que la loi prononce pour infraction à ce qu'elle prescrit.

1. Toute amende au profit de justice ne peut être prononcée qu'envers l'Etat, la destination qui lui est donnée n'en change pas la nature. *Arr. de cassation du* 3 *juillet* 1818.

2. Les amendes ne peuvent être modérées par aucune autorité publique. *Art.* 59 *de la loi de frim.* 7. *Arr. de cass. des* 2 *niv.* 7, 13 *brum.* 11; 7 *fév.* 1806 *et* 18 *mai* 1807; *avis du Conseil d'Etat*, *approuvé le* 18 *septembre* 1807.

3. Le droit de faire des réglemens en matière de police appartient aux Maires, sous l'approbation des Préfets. Ce sont les Juges de paix qui prononcent au Tribunal sur les contraventions commises à cet égard. Leurs jugemens ne sont sujets à l'appel suivant l'art. 172 du C. d'instr. crim. que dans le cas où ils condamnent à l'emprisonnement ou que la condamnation, en amende, restitution et autres réparations civiles, excède 5 fr. outre les dépens. *Arr. de cass. du* 11 *juin* 1818.

4. Il n'appartient point aux Tribunaux de juger si des réglemens de police doivent continuer d'être exécutés, ou s'ils exigent des changemens ou des modifications; leur devoir est de prononcer les amendes auxquelles les contraventions donnent lieu. *Arr. de cass. du* 28 *août* 1818.

5. La Cour de cassation a seule le droit de décharger d'une amende prononcée par le Tribunal de police. *Arr. de cass. du* 18 *therm.* 12.

6. Lorsque la loi actuelle prononce une amende plus forte dans le cas de récidive d'un délit, quand même le délit eût été commis sous l'empire d'une loi précédente qui ne prévoyait pas le cas de la récidive, cette plus forte peine ne devrait pas moins être infligée, tant que la disposition de la loi à ce sujet est générale et absolue. *Arr. de cass. du* 16 *nov.* 1815.

7. A l'exception des amendes à la police des routes, on ne peut recevoir d'amende qu'autant qu'elle a été prononcée par jugement. *Déc. min. fin. du* 22 *flor.* 7.

8. Si des particuliers qui ont commis *isolément* des contraventions de même nature ne sont condamnés qu'à une amende, et solidairement, le jugement a violé la loi. *Arr. de cass. du* 22 *avril* 1813. — *M. Sirey*, ann. 1813.

9. Quand une loi prononce amende, et, selon les circonstances, emprisonnement, cette dernière peine ne peut être prononcée seule. *Arr. de cass. du* 29 *déc.* 1815. (*Art.* 5575, *j.*).

10. L'employé doit dénoncer au Procureur du Roi les jugemens qui ne prononcent pas condamnation à amende, dans le cas où elle est ordonnée, ou qui la portent au-dessous du taux fixé par la loi. *Instr.* 408.

11. L'ordonnance du Roi du 8 nov. 1815 porte « l'exé-

cution de notre ordonnance du 18 nov. 1814., qui prononce la remise des amendes et droits en sus, en matière de timbre et d'enregistrement est prorogée jusqu'au 31 déc. prochain, à la charge de payer, d'ici à cette époque, les droits simples et ordinaires résultant des formalités qu'on a négligé de remplir ». *Instr.* 700.

12. Amnistie. Les amendes payées antérieurement à la promulgation de la remise qui est faite par ordonnance du Roi restent acquises à l'Etat. *Déc. min. de la just. et des fin. des* 26 *fév. et* 27 *juin* 1817. V. *amnistie.*

13. Bureau *où les amendes doivent être payées.* V. *bureaux*, n.° 37.

14. Décime *par franc en sus des amendes.* V. *décime.*

15. Extraits. Par les instructions 408, 518, 531 et 551 il a été recommandé aux Procureurs du Roi, de remettre aux préposés, les expéditions des jugemens de condamnation à amende ou confiscation, dans le cas où il les aurait levées; alors le Greffier n'a pas d'extrait à fournir; les frais en sont à la charge de l'Etat. *Instr.* 637. — Les mêmes instructions chargent le Greffier de remettre au Receveur l'extrait des jugemens, arrêts, etc. qui liquident les frais, et ce dans les quatre jours. *Instr.* 641. — Elles indiquent la marche à suivre pour obtenir le paiement, les renvois à faire, en certains cas, et la mention à mettre sur l'état tenu, en conformité de *l'Instr.* 518.

16. Les Employés doivent relever dans les greffes les extraits de ce genre. Circ. 1836; s'assurer si les Greffiers commettent des négligences ou omissions. Instr. 408; et vérifier l'exactitude de ceux fournis lorsqu'elle est douteuse. *Circ.* 1041 *et* 1949.

17. Les Tribunaux doivent veiller aux abus qui pourraient se commettre dans la délivrance des extraits et expéditions dans les cas où cette surveillance est nécessaire. *Instr.* 301. V. *extrait n.°* 13 *et suiv.*

18. Prescription *des amendes.* V. *prescription* n.° 16.

19. Privilége *du trésor.* Il n'y a pas de privilége pour les amendes de condamnation en matière criminelle et correctionnelle; mais le privilège de l'indemnité ne peut primer celui du trésor pour les frais de justice. *Instr.* 375.

20. Lorsque dans le cas de condamnation à amende pour restitution de dépôt, attribué 1/2 à l'Etat et 1/2 au déposant, le condamné fait faillite, la Régie entre en contribution avec les créanciers pour le paiement de sa portion de l'amende et du décime. *Cour de Riom du* 13. *oct.* 1806.

21. Poursuites et Recouvrem.t Les circ. sous les n.os 247, 355, 431 *bis*, 682, 996, 1041, 1280, 1557, 1864, 1993; celle du 10 oct. 1807, et les instr. 180 et 506 recommandent de suivre les recouvremens avec activité, et chargent les employés supérieurs de rendre, à l'Administration, compte de leurs soins à cet égard.

22. Le recouvrement et la recette des amendes de toute nature et des frais de justice, doivent être faits par les Receveurs du domicile des condamnés. *Instr.* 518.

23. L'amende attribuée en partie, doit également être recouvrée par les Receveurs de l'enregistr. *Circ.* 1237.

24. On ne doit exercer de poursuites que contre des condamnés solvables. *Instr.* 381 *et* 506.

25. Le recouvrement des amendes et des frais de justice, dont la condamnation a été prononcée en matière de police correctionnelle ou criminelle, doit être suivi par toutes les voies de droit contre les individus qui sont *solvables*, même par recommandation ou emprisonnement d'un mois : il convient, dans ce cas, d'en informer le Directeur. — Quant aux condamnés *insolvables*, les articles qui les concernent seront rayés sur les sommiers au vu des certificats d'insolvabilité, qui resteront aux mains des Receveurs. *Instr.* 600. V. *contrainte par corps.*

26. Les restitutions, indemnités et frais, entraînent la contrainte par corps. Si les condamnations sont prononcées au profit de l'Etat, le condamné peut jouir de la faculté accordée par l'art. 467, dans les cas d'insolvabilité. *Art.* 469 *du C. pénal.*

27. Après l'expiration de la peine afflictive ou infamante, le condamné peut être élargi sur la preuve de son insolvabilité, sauf à reprendre la contrainte par corps s'il éprouve une amélioration de fortune. *Art.* 53, *C. Pén.*

28. Toute contrainte décernée pour le recouvrement d'amendes et frais prononcés par jugement de *simple police*, devra constater que le jugement a été préalablement signifié au redevable. *Déc. min. fin. du* 20 *juin* 1820.

29. Les Préposés devront, avant qu'il soit fait aucun acte de poursuite, faire signifier les jugemens de *simple police* aux parties qui ne se seront pas libérées du montant des condamnations sur l'avertissement préalable qui leur en aura été donné. — A l'égard du jugement en matière de *police correctionnelle*, on continuera à suivre la marche indiquée par la Circ. 1864. S'il est contradictoire, il ne sera pas signifié. *Inst.* 943. — Au surplus, les significations qui auront lieu, seront faites au *nom du Procureur du Roi*, conformément à l'art. 197 du C. d'instr. criminelle, d'après lequel les poursuites pour le recouvrement des amendes doivent être faites au nom du Ministère public, par les Préposés de l'enregistrement et des domaines. *Instr.* 943.

30. Quand le jugement est par défaut, on doit surseoir aux poursuites jusqu'au jugement définitif, s'il a été formé opposition. *Circ.* 1627.

31. On ne doit point exercer de poursuites pour le recouvrement des amendes de police correctionnelle, avant qu'il ait été prononcé sur l'appel des redevables; les poursuites pour faire prononcer sur cet appel, ne se prescrivent que par trois ans. *Déc. des min. de la justice et des fin. du* 18 *mai* 1813. (*Art.* 4731, *j.*)

32. L'administration de l'Enregistrement peut poursuivre le recouvrement des amendes prononcées par des tribunaux français, contre des étrangers, dont le pays est réuni à la France. *Circ. du* 24 *sept.* 1806, *Avis du Conseil d'Etat, approuvé le* 4 *juin* 1806.

33. Une amende prononcée contre Charles *Beulton*, ne doit pas être réclamée à Charles *Breton*, quoiqu'il paraisse qu'il n'y a eu erreur que pour le nom. *Sol. du* 27 *janv.* 1820.

34. Le recouvrement des amendes prononcées par le C. de P. C. doit être exercé par voie de contrainte ordinaire et même de contrainte par corps. *Instr.* 408.

35. La contrainte décernée contre le non comparant au bureau de paix, est valable, bien qu'il provoque ensuite la nullité de la citation de la partie requérante. *Arr. de cass. du* 20 *juin* 1810.

36. Les amendes de police simple ou correctionnelle, prononcées contre le mari, peuvent se poursuivre sur les biens de la communauté. Si c'est contre la femme, sur la propriété de ses biens personnels, tant que dure la communauté. *Arr. de cass. du* 27 *sept.* 1806, *à rapprocher de l'art.* 1424 *du C. C.* (*Art.* 4445, *j.*)

37. La signification de l'extrait d'arrêt de cassation qui condamne à l'amende, pour débouté en prise à partie, est suffisante ; il n'est pas nécessaire de signifier l'arrêt. *Sol. du* 25 *janv.* 1817. (*Art.* 5670, *j.*)

38. Lorsqu'une instance s'élève sur une réclamation d'amende prononcée par jugement, passé en force de chose jugée, le tribunal ne peut refuser la condamnation sous prétexte que le prononcé du jugement ne lui paraît pas fondé. *Arr. de cass. du* 25 *mai* 1813. (*Art.* 4575, *j.*)

39. Le Conseil de Préfecture ne peut accorder sursis aux recouvremens d'amende. *Déc. min. fin. du* 18 *niv.* 9.

40. RECETTE *des amendes*. Celle des amendes de contravention figure à la marge gauche du registre auquel elles se rapportent. *Circ.* 1719. — Et celles attribuées en tout ou en partie, dans la 2.e colonne du registre ; il faut indiquer, dans l'enregistrement, la nature de l'amende. *Circ.* 1949. V. *le n.° 7 ci-devant.*

RESTITUTION *des amendes*. V. *restitution*, *n.°* 4.

41. RESPONSABILITÉ *et* SOLIDARITÉ : elle a lieu contre des individus condamnés pour un même crime ou un même délit. *Art* 54 *du C. pénal.*

42. Les maîtres ou commettans sont responsables des dommages causés par leurs domestiques ou préposés dans les fonctions auxquelles ils les ont employés. *Art.* 1384 *du C. C.*

43. Si le fait qui a déterminé la condamnation n'a pas été commis dans l'exercice de ces fonctions, le mari n'est pas responsable pour sa femme et le maître pour son domestique. *Arr. de cass. du* 9 *juillet* 1807.

44. La responsabilité civile dans les affaires criminelles, correctionnelles et de police, ne peut, à moins d'une disposition expresse et spéciale de la loi, être étendue aux peines ou amendes que la loi prononce contre les auteurs et complices. *Arr. de cass. du* 19 *mars* 1818.

45. La poursuite contre les père et mère du mineur condamné à l'amende et au remboursement des frais de justice, ne peut avoir lieu qu'autant qu'ils sont déclarés responsables par le jugement. *Déc. du min. de la justice du* 21 *avril* 1813. (*Art.* 4665, *j.*)

46. Les personnes civilement responsables, ne peuvent être contraintes au paiement des amendes pour délits ruraux prononcés contre celles qui s'en sont personnellement rendues coupables. *Arr. de cass. du* 11 *sept.* 1818. (*Art.* 6501, *j.*)

47. Ainsi la personne civilement responsable d'un délit ou d'une contravention ne peut être condamnée à l'amende encourue par le délinquant, à moins d'une disposition spéciale de la loi. En conséquence, la responsabilité civile, à raison d'un délit de pâturage dans un bois communal, ne s'étend point à l'amende. *Arr. de cass. du* 25 *fév.* 1820. — L'arrêt semble faire penser qu'il en serait autrement si le délinquant était un subordonné. Au surplus, il n'en est pas de même pour les délits commis dans les bois de l'État. *Arr. de cass. du* 6 *avril* 1820. (*Art.* 6719, *j.*)

47. *Bis.* Les amendes prononcées en police correctionnelle sont solidaires, quand même chacun des délinquans serait condamné au *maximum* de l'amende. *Arr. de cass. du* 11 *sept.* 1807.

48. SUITE A DONNER AUX PROC.-VERBAUX Les Recev. doivent se concerter avec les Procureurs du Roi, pour comparer l'état des enregistremens en débet des procès-verbaux des Gardes-champêtres et forestiers, avec la note des jugemens rendus sur cette partie, pour empêcher les transactions. *Déc. du min. de la justice du* 15 *déc.* 1806. V. *l'Instr.* 661.

49. AMENDES *de condamnation*. Aucune de celles prononcées par le C. de P. C. n'est comminatoire, *art.* 1029 *du C. de P. C.* Consulter l'instr. 408, qui contient l'énumération de ces amendes ; on en a extrait ce qui suit :

50. NON COMPARUTION *au Bureau de paix*. L'amende est de 10 fr. ; les Juges doivent y condamner la partie ; et jusqu'à ce qu'elle ait payé, lui refuser toute audience. *Art.* 56 *du C. de P. C.*

51. Quand la demande n'est pas portée au Tribunal, l'amende ne peut être exigée ; dans le cas contraire, le jugement, même par défaut, doit y condamner le défaillant : elle doit être prononcée pour devenir exigible. *Instr.* 408.

52. L'opposition à ce jugement ne peut être reçue avant justification du paiement de l'amende. *Cour de Paris du* 10 *août* 1809.

53. L'art. 53 du C. de P. C. exige que dans l'exploit il soit donné copie du procès-verbal ou de la mention de non comparution. — Cette amende n'est pas attribuée. *Circ.* 1466.

54. Si le comparant prouve l'impossibilité où il était de comparaître, l'amende n'est pas exigible. *Déc. min. just.*, 15 *nov.* 1808.

55. Mais elle est due, quoique le comparant allègue qu'il s'est fait représenter, lorsque le mandataire n'étai point porteur d'une procuration. *Arr. de cass. du* 10 *août* 1813. (*Art.* 4779, *j.*)

56. Le jugement portant condamnation à une amende de non comparution au Bureau de conciliation, ne peut être annulé sur l'opposition aux poursuites pour le recouvrement, sans que la partie civile ait été mise en cause. *Arr. de cass. du* 20 *juin* 1810. (*Art.* 3693, *j.*)

57. Celle prononcée pour défaut de comparution à un conseil de famille, n'est pas exigible, lorsqu'un jugement du Tribunal de 1.re instance annule le procès-verbal de la convocation de ce conseil. *Déc. min. fin.*, 30 *nov.* 1819. (*Art.* 6618, *j.*)

58. POUR IRRÉVÉRENCE *à l'audience du Juge de paix*, l'amende est de 10 fr. Le jugement est exécutoire par provision. *Art.* 10 *du C. de P. C.* — L'amende est recouvrable nonobstant appel ou opposition ; il en est de même de celle prononcée au conseil des Prud'hommes. *Décret du* 11 *juin* 1809.

59. *Outrage* ou *menace* envers les Juges ou Officiers de justice dans leurs fonctions, 25 fr. au moins, et 300 fr. au plus. *Art.* 91 *du C. de P. C.*

60. *Coût de l'exploit.* V. *huissier.*

61. *Déni d'une pièce.* Il entraîne condamnation par corps en une amende de 150 fr. envers le Domaine, lorsqu'il est prouvé que la pièce a été écrite et signée par l'actionné. *Art.* 213 *du même Code.*

61. *Faux incident civil.* Le Greffier qui n'observe pas les formalités qu'il doit remplir à cet égard est passible de l'amende de 100 fr. au moins. *Art.* 244. — Le demandeur en faux qui succombera, sera condamné à une amende qui ne pourra être moindre de 300 fr. *Art.* 246 *du C. de P. C.* — L'amende sera encourue toutes les fois que l'inscription en faux, ayant été faite au greffe, et la demande afin de s'inscrire admise, le demandeur s'en sera désisté volontairement ou aura succombé, ou que les parties auront été mises hors de procès, soit par le défaut de moyens ou de preuves suffisantes, soit faute d'avoir satisfait, de la part du demandeur, aux diligences et formalités ci-dessus prescrites; ce qui aura lieu, en quelques termes que la prononciation soit conçue, et encore que le jugement *ne portât point condamnation d'amende*; le tout, quand même le demandeur offrirait de poursuivre le faux par la voie de l'extraordinaire. *Art.* 247, *du même Code.*

62. *Trouble à la liberté aux enchères*, par voies de fait, violences, menaces, dons ou promesses, soit avant, soit après, l'amende est de 100 fr. à 5000 fr. *Art.* 412 *du C. Pénal.*

63. *Témoins défaillans.* Le Juge-commissaire doit les condamner en une amende qui ne peut excéder 100 fr. Le jugement est exécutoire par provision. *Art.* 263 *du C. de P. C.* — Le témoin réassigné et encore défaillant doit être condamné par corps en l'amende de 100 fr. *Art.* 264. — Celui qui *interrompt* le témoin, doit être condamné en 10 fr. et plus. *Art.* 276.

64. *Demande en renvoi.* Celui qui succombe dans sa demande en renvoi à un autre tribunal, sera condamné en une amende qui ne pourra être moindre de 50 fr. *Art.* 374.

65. *Récusation.* Celui dont la récusation a été déclarée non *admissible* ou non *recevable*, sera condamné en une amende de 100 fr. au moins : elle n'est exigible que lorsqu'elle est prononcée, et n'est pas attribuable. *Circ.* 252 *et* 1625.

66. *Appel.* V. ci-après, le n.° 70 *et suiv.*

67. *Tierce opposition.* La partie dont la tierce opposition sera rejetée, sera condamnée à une amende, qui ne pourra être moindre de 50 fr. *Art.* 479 *du C. de P. C.* — Cette amende n'est pas attribuée. *Instr.* 408. — Si la Cour se déclare incompétente, l'amende n'est pas encourue. *Cour de Bruxelles du* 9 *avril* 1808. — Cette disposition n'est pas applicable à la tierce opposition exercée contre le jugement rendu en police. *Arr. de cass. du* 25 *avril* 1808.

68. Le tiers opposant qui succombe dans son pourvoi d'un acte administratif, doit une amende de 150 fr. *Ordonn. du* 17 *juin* 1818.

69. *Prise à partie.* Si le demandeur est débouté, ou si sa requête est rejetée, il sera condamné à une amende de 300 fr. au moins. *Art.* 513 *et* 516 *du C. de P. C.*

70. AMENDES *de consignation.* Ce sont celles qu'on doit acquitter avant de pouvoir appeler d'un jugement, se pourvoir en Cassation, ou s'inscrire en faux.

71. Tout appelant d'un jugement, même par défaut, rendu par le Juge de paix, par un Tribunal de première instance ou de commerce, et, à son défaut, l'intimé doit consigner l'*amende* d'avance, en faisant enregistrer son acte d'appel, sauf au Tribunal à ordonner la restitution, si l'appel est jugé bien fondé. *Arrêtés du Gouvernement des* 27 *niv.* 10 *et* 10 *flor.* 11, *instr.* 136. V. *restitution*, n.° 4 *et suiv.*

72. On ne peut se dispenser de cette obligation, sur ce que l'art. 471 du C. de P. C. ne l'exige pas. *Inst.* 408.

73. Le Tribunal condamnera l'appelant, par le jugement qu'il confirmera, au paiement du surplus de l'amende. *Art.* 6 *de l'arrêté du* 10 *flor.* 11.

74. La consignation est faite (au bureau des actes judiciaires, établi près le *Tribunal* saisi de l'appel), avant le jugement, même par défaut, qui interviendrait sur l'appel; et les Greffiers ne pourront délivrer d'expéditions ou extraits de ces jugemens avant qu'il leur ait été justifié de cette consignation. *Instr.* 136. V. *le numéro* 98 *ci-après.*

75. Toute contravention aux dispositions contenues dans les art. 71 et 74 ci-dessus, donnera lieu à l'amende de 500 fr. *Arrêté du* 10 *flor.* 11 — V. l'Instr. 136, qui recommande aux Employés de tous grades de s'assurer de l'accomplissement de cette formalité.

76. *Dispense de consignation.* Il y a dispense de consignation, 1.° pour les Agens de l'État, dans les affaires qui le concernent. *Circ.* 1683; 2.° pour les appels de jugemens en matière correctionnelle portés devant les Cours d'assises. *Instr.* 257; 3.° pour les indigens qui joignent à leur demande en cassation les preuves voulues par l'art. 423 du C. d'instr. criminelle.

77. De ce qu'ils paieraient 6 ou 12 fr. de contributions, ce ne serait pas un motif de leur refuser le certificat d'indigence, si elle était reconnue véritable. *Déc. min. fin. du* 9 *nov.* 1815. D'ailleurs, ceux qui ne paient que 20 fr. de contribution foncière, sont dispensés de la consignation. *Déc. min. fin. du* 9 *nov.* 1813. (*Art.* 4811, *j.*) Il n'en est pas de même pour le pourvoi *en requête civile.* V. ci après, n.° 89.

78. Un individu qui s'est pourvu en cassation, en vertu d'un certificat d'indigence, n'est pas pour cela dispensé de payer l'amende, si son pourvoi vient à être rejeté. *Arr. de cass. du* 8 *déc.* 1812. (*Art.* 4413, *j.*)

79. *Quotité de l'amende de fol appel.* L'appelant qui succombe doit être condamné à une amende de 5 fr. pour un jugement de Juge de paix; elle n'est définitivement acquise au trésor que lorsqu'il existe une condamnation; de 10 fr. sur l'appel de ceux de première instance ou de commerce. *Art.* 471 *du C. de P. C.*, *Instr.* 408.

80. Si l'appel d'un jugement arbitral est rejeté, le Tribunal doit condamner à l'amende d'appel qui a dû être consignée. *Déc. min. just. du* 31 *juillet* 1808.

81. L'amende de fol appel n'est ordonnée par la loi qu'en matière civile et devant les Tribunaux civils; elle

n'a pas lieu en matière de police simple. *Arr. de cass. du* 9 *juin* 1817. (*Art.* 5979, *j.*)

82. *Pluralité des amendes.* Deux parties appelantes d'un même jugement doivent l'une et l'autre consigner une amende, mais si l'une est en retard, l'autre doit consigner, tant pour elle que pour son adversaire. — Plusieurs personnes agissant en nom collectif et pour un intérêt commun, ne doivent consigner qu'une amende; il y a lieu à autant de consignations qu'il y a d'intérêts distincts ou opposés. — Une seule consignation suffit pour l'appel de trois jugemens, lorsqu'il peut être statué sur ces trois appels par un seul jugement. *Instr.* 231.

83. Des particuliers qui ont acquis séparément des lots d'une adjudication n'ont qu'une amende à consigner pour se pourvoir collectivement contre l'arrêt de condamnation. *Arr. de cass. du* 20 *nov.* 1816.

84. Lorsque deux créanciers ont vainement contesté une collocation qui leur préjudicie, et qu'ils se sont pourvus en cassation de l'arrêt qui rejète leurs prétentions, la consignation d'une seule amende suffit pour tous les deux. *Arr. de cass. des* 27 *fév.* 1815 *et* 3 *fév.* 1819. (*Art.* 5263 *et* 6375, *j.*)

85. Les Administrateurs des hospices, qui se pourvoient contre un même jugement qui a réuni diverses instances entre eux et les détenteurs de leurs rentes, n'ont qu'une amende à consigner. *Arr. de cass. du* 10 *fév.* 1813.

86. *Pourvoi en cassation.* La requête civile d'aucune partie, autre que celles qui stipulent les intérêts de l'Etat, ne sera reçue, si, avant que cette requête ait été présentée, il n'a pas été consigné une somme de 300 fr. pour amende, et 150 fr. pour les dommages et intérêts de la partie. La consignation sera de moitié, si le jugement est par défaut ou par forclusion, et du 1/4, s'il s'agit d'un jugement du Tribunal de première instance. (*Art.* 494 *du C. de P. C.*

87. Le jugement qui le rejète doit condamner à l'amende. *Art.* 500. — Si cette requête civile est admise, l'amende sera rendue. *Art.* 501.

88. L'amende de consignation est du quart de 450 fr., fixés par l'art. 494 du C. de P. C., pour une requête civile dirigée contre un jugement de première instance, contradictoirement rendu sur l'appel d'un jugement de justice de paix. *Arr. de cass. du* 17 *nov.* 1817. (*Art.* 6073, *j.*)

89. La loi du 1.er therm. 6, qui dispensait les indigens de consigner l'amende pour se pourvoir en requête civile, est abrogée par le Code de P. C. *Avis du Conseil d'Etat, du* 20 *mars* 1810. *Instr.* 472.

90. La requête civile en cassation n'est admissible qu'autant que l'amende est consignée et qu'on en justifie par la quittance, et, à son défaut, par un certificat d'indigence. *Lois du* 2 *brum.* 4 *et* 14 *brum.* 5. *Arr. de cass. du* 20 *août* 1818.

91. L'amende prononcée par la section criminelle de la Cour de cassation, ne peut être que de 150 fr. Celle de 300 fr. n'est dans le vœu de la loi, que lorsqu'il y a eu pourvoi admis par la section des requêtes. *Arr. de cass. du* 21 *janv.* 1812. (*Art.* 4143, *j.*)

92. En matière civile, correctionnelle et de simple police, la partie qui succombe dans son recours en cassation, est condamnée en une amende de 150 fr., lorsqu'il s'agit d'un arrêt ou jugement contradictoire; de moitié, s'il est par défaut ou par contumace. *Art.* 419 *du C. d'instr. crim.*

93. La consignation de l'amende de 150 fr. contre un jugement rendu en matière correctionnelle ou de simple police, doit avoir lieu, à moins que l'on ne justifie de son insolvabilité. *Arr. de cass. du* 2 *nov.* 1815. (*Art.* 5563, *j.*)

94. Lorsque la personne acquittée par la Cour d'assises se pourvoit contre l'arrêt, parce qu'elle est condamnée en des dommages-intérêts envers la partie civile, elle doit consigner l'amende, à moins qu'elle ne justifie des preuves d'indigence indiquées ci-dessus. *Arr. de cass. du* 12 *oct.* 1815. (*Art.* 5563, *j.*)

95. Si l'arrêt d'appel infirme contradictoirement quelques-uns des chefs du jugement par défaut, sans dispenser de l'amende prononcée par ce dernier jugement, celle-ci ne peut être exigée, *sol. du* 4 *août* 1808. Il n'en serait pas de même si la condamnation avait eu lieu en première instance, parce qu'il n'y a qu'un jugement qui puisse ordonner décharge d'amende prononcée par un jugement précédent. *Sol. du* 15 *janv.* 1808.

96. *Administrations.* Les administrations publiques, quoique dispensées de la consignation, doivent payer 150 fr. à la partie, quand elles sont déboutées de leur demande par la section civile. *Déc. min. just. du* 15 *avril* 1806.

97. Le paiement de cette amende est effectué à Paris, par le Receveur de l'enregistrement près la Cour de cassation. *Circ. des* 26 *nov.* 1807 *et* 6 *juillet* 1808.

98. *Avoué et Greffier.* L'amende de 500 fr. est encourue par l'Avoué qui a poursuivi et même obtenu un jugement sur appel de ceux de Juge de paix, sans avoir consigné l'amende de fol appel, et par le Greffier qui expédie ces jugemens, sans qu'il lui soit justifié de cette consignation. Les Tribunaux ne peuvent faire remise de cette amende. *Déclaration du Roi du* 21 *mars* 1671. *Arrêté du Gouv. du* 10 *flor.* 11. *Arr. de cass. du* 8 *mai* 1809. *Instr.* 408. (*Art.* 3542, *j.*)

99. AMENDES *attribuées.* Ce sont celles qui reçoivent une destination spéciale autre que pour le Trésor.

100. *Police simple, municipale ou correctionnelle.* Les amendes de ce genre sont attribuées, savoir : 2/3 à la commune dans le produit net; un tiers aux hospices du chef-lieu de département, *instr.* 444.

101. Il n'y a point d'attribution sur le décime par franc. *Instr.* 121.

102. Les amendes attribuées ne doivent être payées qu'à la déduction des frais de poursuites relatives aux articles tombés en non-valeur par l'insolvabilité des condamnés. *Instr.* 241. — La retenue de 5 p. 100, au profit de l'Etat, doit être exercée sur toute recette ayant une destination spéciale. *Circ. du* 15 *avril* 1812.

103. Les Receveurs versent ces amendes cumulativement avec leurs autres recettes, et acquittent, à l'exclusion des Receveurs généraux, les mandats des

Préfets, délivrés d'après l'état général du Directeur, selon le besoin des mairies. *Instr.* 815.

104. Le produit net des amendes attribuées aux hospices, doit continuer de leur être payé sur les mandats des Préfets, d'après l'instr. 815. *Déc. min. fin. du* 20 *juin* 1820. (*Art.* 6750, *j.*)

L'amende au profit des pauvres doit être recouvrée par l'Administration de l'Enregistrement. *Déc. min. fin. du* 10 *avril* 1817.

105. *Police du roulage.* Ces amendes sont prononcées sans frais par les Maires, dont les décisions sont exécutoires provisoirement, sauf le recours au Conseil de Préfecture. — Elles sont passibles du décime; le Receveur de la commune reçoit les consignations volontaires d'amendes et dommages, les verse tous les trois mois au Receveur de l'Enregistrement, sous la déduction de sa remise, qui est moitié de celle allouée aux Percepteurs de contribution foncière, et sur état arrêté par le Maire; jusqu'aux poursuites, qui doivent être faites par le Receveur de l'Enregistrement, au moyen de porteurs de contraintes, les procès-verbaux et décisions des Maires et Conseils de Préfecture sont exempts du timbre et de l'enregistrement; le saisissant touche un quart des amendes et moitié des dommages sur le restant net, après déduction de 5 p. 100, en vertu d'un mandat du Préfet, formé par le Receveur de l'Enregistrement, et visé par le Directeur. — La quittance donnée aux contrevenans doit être timbrée. — Les Préposés aux ponts à bascule, les Maires et les Receveurs municipaux doivent remettre tous les trois mois au Receveur de l'Enregistrement, extrait de leur registre particulier à ces sortes d'amendes, et celui-ci se faire rendre les comptes nécessaires. — Les recettes et dépenses figurent aux états de mois sous une indication particulière. *Instr.* 345.

106. Pour assurer le paiement de l'amende ainsi que des dommages-intérêts, on doit tenir en fourrière les chevaux, à moins que le contrevenant ne fournisse caution; celui qui a saisi la voiture en contravention peut recevoir la consignation de l'amende *dans les lieux isolés*, sauf à en faire le versement dans les trois jours, au Receveur de la commune, pour en être ensuite compté au Receveur de l'enregistrement, chaque trimestre. *Déc. min. fin. du* 20 *déc.* 1819. (*Art* 6604, *j.*).

107. Sur l'Etat à fournir en double expédition, en vertu de l'instr. 345., il faut ajouter une colonne destinée à la mention de la retenue de 5 p. cent sur la portion attribuée aux Préposés des ponts à bascule: cette retenue ne doit pas figurer dans les comptes de l'Administration. Lettre de M. le Préfet du Loiret du 11 juillet 1812.

108. Les frais de bris de roues à jantes étroites, doivent être prélevés sur les 50 fr. de dommages auxquels les contrevenans sont condamnés, et payés ainsi qu'il suit: le Sous-Préfet qui doit ordonner le bris des roues délivrera un mandat sur le Receveur de la commune, à l'individu qui aura brisé les roues, et ce mandat acquitté sera passé en compte à ce Receveur par celui de l'enregistrement. *Instr.* 569.

109. L'amende pour insulte envers les Préposés aux ponts à bascule n'est point attribuée à ces Préposés. *Instr.* 345.

110. *Grande voirie.* Les amendes de l'espèce sont prononcées par l'autorité administrative pour toute espèce de détérioration sur les grandes routes, canaux, rivières navigables, etc. — Les contraventions sont constatées par voie administrative, concurremment par les Maires, Gendarmes, Commissaires de Police, Agens des ponts et chaussées, etc. Les procès-verbaux, qui reçoivent les formalités en débet, sont adressés aux Sous-Préfets; il est statué définitivement en Conseil de Préfecture dont les arrêtés sont exécutoires, sauf le recours au Préfet, par voie de garnisaires et saisie, et enregistrables en débet. — Le pourvoi au Conseil d'Etat n'arrête pas les poursuites. — La recette des amendes et frais appartient au Receveur du domicile du condamné; les frais de poursuite sont payables par les Receveurs en vertu de mandats visés par le Directeur; les arrêtés des Conseils de Préfecture pour les chemins vicinaux sont exécutoires par voie de garnisaires. *Loi du* 29 *flor.* 10. *Instr.* 415 *et* 652.

111. La répression des délits en matière de grande voirie n'appartient à l'autorité administrative, qu'en ce qui concerne l'application de la peine pécuniaire; quant aux peines corporelles, c'est aux Tribunaux seuls à les prononcer. Si le même délit emporte des peines des deux espèces, il doit y avoir deux décisions distinctes. *Décr. du* 2 *fév.* 1808.

112. Le tiers de ces amendes appartient à l'Agent qui a constaté le délit, un tiers à la commune du lieu et un tiers à l'Administration des ponts et chaussées. *Décr. du* 16 *déc.* 1811. *Instr.* 652.

113. Tous les 3 mois le Receveur rédige l'état de ces amendes recouvrées pendant le trimestre précédent, le remet à l'Inspecteur qui le vise et le joint aux autres pièces de la comptabilité. Le Directeur forme un état général, d'après lequel le Préfet fait payer sur ces mandats les attributions aux communes et aux Agens. *Instr.* 801, qui trace le modèle de l'Etat.

114. Pour mettre l'Agent, qui a constaté le délit, à portée de recevoir au bureau de son domicile le tiers qui lui revient, les Receveurs, en rédigeant l'état des recouvremens opérés, ajouteront, au nom de cet Agent, l'indication de son domicile. *Instr.* 936.

115. Les hospices n'ont droit à aucune portion de ces amendes. *Circ. du Min. de l'intérieur, du* 31 *déc.* 1808.

116. Les délits, dans les marais mis en desséchement, sont poursuivis par les voies ordinaires: les réparations et dommages se poursuivent seuls par voie administrative. *Loi du* 16 *sept.* 1807. — pour les amendes de la petite voirie, V. *ci-après*, *n.os* 133 *et* 140.

117. *Agens de change.* Les amendes contre ceux qui exercent ces fonctions sans qualité, sont attribuées aux enfans abandonnés. *Loi du* 28 *vent.* 9.

118. L'amende contre l'Agent de change qui contrevient aux obligations que la loi lui impose, en cette qualité, est attribuée pour un tiers à l'hospice, le surplus doit entrer dans la caisse du trésor. *Déc. min. fin. du* 24 *fév.* 1807.

119. *Capitaines de navires.* Celles prononcées contre

eux, pour avoir jeté leur lest à la mer, ne sont pas attribuées. *Déc. min. marine, du* 17 *juin* 1806.

120. *Course.* Celles de contravention au réglement qui la concerne, appartiennent à la caisse des invalides. *Arrêté du Gouvernement, du* 2 *prair.* 11.

121. *Coutellerie et quincaillerie.* Les amendes contre les contrefacteurs de marques de ces fabriques, appartiennent aux hospices de la commune. *Décret du* 5 *septembre* 1810.

122. *Détenteurs.* Celles contre les détenteurs de capitaux, appartenant au commerce anglais, ne sont passibles ni du décime ni de l'attribution aux communes et hospices. *Déc. min. fin. du* 1.er *fév.* 1812. (*Art.* 4485, *j.*)

123. *Ecoles.* Les amendes contre les personnes qui tiennent, publiquement et sans autorisation, des écoles, sont appliquées, 1/2 à l'Administration de l'enseignement, et l'autre moitié aux enfans trouvés. *Décr. du* 15 *nov.* 1811.

124. *Glanage.* Les amendes sur le glanage sont attribuées aux communes et hospices. *Déc. min. fin. du* 5 *nov.* 1811. (*Art.* 4104, *j.*)

125. *Grains transportés par mer.* La confiscation ordonnée par la loi pour les contraventions à ces réglemens, appartient 2/3 au saisissant et dénonciateur, et 1/3 aux hospices et pauvres du lieu. *Loi du* 27 *nov.* 1789.

126. *Librairie et imprimerie.* Ces amendes sont appliquées aux dépenses de cette direction; on les verse sous déduction des remises et dépenses imputables sur cette recette, pour la caisse d'amortissement. *Instr.* 515.

127. *Marnières, plâtrières*, etc. Les amendes de contravention au réglement général qui les concerne, approuvé par décret du 22 mars 1813, sont versées par l'Administration des domaines dans la caisse du Receveur général du département, pour servir aux travaux extraordinaires que nécessitent ces exploitations. *Art.* 32 *dudit décret.* (*Art.* 4494, *j.*)

128. *Médecine*, etc. Les hospices ont la totalité de celles prononcées contre ceux qui exercent sans qualité la médecine, la chirurgie, et l'art des accouchemens. *Loi du* 19 *vent.* 11. — L'amende pour contravention à la médecine peut s'élever jusqu'à 1000 fr., pour la première fois, et *doit être* de 2000 fr., en cas de récidive. *Arr. de cass. du* 30 *déc.* 1813.

129. *Mines.* Les amendes y relatives rentrent dans la classe des amendes de police, pour l'attribution. *Déc. min. fin. du* 21 *avril* 1812. (*Art.* 4334, *j.*)

130. *Pesage, jaugeage* et *mesurage publics.* Les amendes de contravention aux lois et réglemens qui les concernent, sont attribuées aux communes et hospices; la marche à suivre est celle tracée par l'instr. 444 et la circ. du 31 mars 1812. *Déc. min. just. et fin. des* 24 *et* 31 *août* 1813. (*Art.* 4610, *j.*)

131. *Pilotage.* Celles prononcées contre les pilotes, par quelque tribunal que ce soit, sont versées dans la caisse des invalides de la marine du port où les délits et contraventions ont eu lieu. *Décr. du* 12 *déc.* 1806.

132. *Poids et mesures.* Les amendes y relatives sont attribuées pour 1/3 aux pauvres, dès que le jugement est rendu en police correctionnelle. *Déc. min. fin.* 8 *vend.* 9.

133. *Police des routes.* Les amendes prononcées en exécution de la loi du 28 germ. 6, ne sont pas attribuées et doivent être recouvrées par les Receveurs de l'enregistrem. *Inst.* 345. *Déc. min. fin. du* 4 *mars* 1806.

134. Les Maires peuvent condamner jusqu'à 10 fr. les voituriers contrevenans à cette loi; ils ne peuvent se dispenser de donner suite aux procès-verbaux qui constatent ces contravent. *Déc. min. fin.* 21 *oct.* 1806.

135. Le Gendarme doit donner connaissance de ses procès-verbaux au Receveur de l'Enregistrement, chargé d'en faire compter au dépositaire. *Instr.* 148.

136. *Postes.* Celles prononcées en police correctionnelle contre les entrepreneurs de voitures publiques qui frustrent des droits de poste, sont attribuées 1/2 au profit des maîtres de poste intéressés et 1/2 à l'Admin. des relais. *Loi du* 15 *vent.* 13.

137. *Poudres et salpêtres;* les amendes de contravention y relatives sont attribuées 1/2 à celui qui fait connaître le délit, 1/4 à la commune du lieu du délit, 1/6 aux hospices du chef-lieu et 1/12 au trésor. *Déc. min. fin du* 21 *août* 1810. (*Art.* 4004, *j.*) — Les Préposés de l'Administration ne sont plus chargés de la recette des amendes et confiscations résultant des contraventions aux lois sur les poudres et salpêtres. *Instr.* 610.

138. *Poudre végétative.* Lorsqu'un particulier est condamné à une amende pour avoir, sans preuve suffisante, accusé un autre particulier de contrefaire ses procédés dans la fabrication d'une poudre végétative et que l'accusé est mort après la condamnation, l'amende ne peut plus être poursuivie, et dans tous les cas le recouvrement ne doit pas en être fait par l'Admin. *Déc. min. de la justice du* 10 *avril* 1817. (*Art.* 5752, *j.*)

139. *Université.* A compter du trimestre d'oct. 1819, le produit des amendes pour contravention aux réglemens de l'Université, déduction du décime par franc, des frais de Régie et de ceux de poursuites tombés en non-valeurs, sera partagé, 1/2 entre l'Université et l'établissement du chef-lieu du département chargé des enfans trouvés, et figurera dans les comptes sous le titre, *amendes de condamnation autres que celles attribuées aux communes. Instr.* 906.

140. *Voirie.* Les amendes pour contravention aux alignemens doivent être prononcées par les Trib. et non par l'autorité administrative. *Ordonn. du* 30 juillet 1817.

141. *Voitures publiques*, V. ci-dessus, n.° 136.

AMENDES *de pêche.* V. AUX DOMAINES, l'article *pêche*, page 43.

142. AMENDES *de chasse*, ce sont celles de contravention aux réglemens sur la chasse.

143. Quiconque est trouvé chassant, et ne justifiant point d'un permis de port d'armes de chasse, est dans le cas d'être condamné par le Tribunal de police correctionnelle, à une amende qui, pour la première fois, ne peut être moindre de 30 fr. ni excéder 60 fr. En cas de récidive, l'amende est de 61 fr., au moins et de 200 fr. au plus; dans tous les cas, il y a lieu à la confiscation des armes. *Décr. du* 4 *mai* 1812.

144. Si la contravention est constatée par des Agens forestiers, l'amende rentre dans la classe de celles forestières. *Instr.* 557.

145. Les amendes pour délits dans les bois communaux, constatés par ces gardes, sont étrangères aux

Agens forestiers. *Loi du* 19 *déc.* 1790. *Arrêté du* 4 *brum.* 4.

146. Celles pour contravention à la chasse sur les propriétés des particuliers, appartiennent à la commune du lieu, et l'indemnité au propriétaire des fruits. *Loi du* 30 *avril* 1790. — Si le délinquant a été pris sur son propre terrain, il n'y a lieu, bien entendu, à aucune indemnité. *Circ.* 252.

147. Les amendes pour délits de port d'armes et de chasse commis dans les bois de l'Etat, des communes et des établissemens publics, sont des amendes forestières; — et pour les mêmes délits sur des propriétés particulières, elles doivent être considérées comme amendes de police rurale. *Sol. du* 19 *août* 1818. (*Art.* 6411, *j.*) — Elles ne sont attribuées pour deux tiers aux communes et un tiers aux hospices, que dans ce dernier cas. *Déc. min. fin. du* 13 *sept.* 1820. (*Art.* 6788, *j.*)

148. Dès que l'on chasse sur le terrain d'autrui, même aux oiseaux, il y a délit de chasse. *Arr. de cass. du* 13 *nov.* 1818.

149. Pour être dispensé de l'amende et de la confiscation du fusil, il ne suffit pas de justifier qu'on a acquitté le droit de permis de port d'armes de chasse et qu'on l'ait obtenu après le procès-verbal qui a été rédigé, il faut être porteur d'une permission en forme. *Décr. des* 11 *juillet* 1810 *et* 4 *mai* 1812. *Arr. de cass. des* 24 *et* 31 *déc.* 1819. (*Art.* 6612 *et* 6619, *j.*)

150. On n'a qu'un mois pour actionner en délit de chasse. *Arr. de cass. du* 28 *août* 1818. On en a trois pour assigner et obtenir condamnation, lorsque ce délit a été constaté dans une forêt royale. *Arr. de cass. du* 27 *juin* 1817.

151. Le procès-verbal dressé par un seul garde, fait foi dans tous les cas où l'indemnité et l'amende n'excèdent pas 100 fr., s'il n'y a pas inscription de faux, ou s'il n'est pas proposé de cause valable de récusation. *Loi du* 29 *sept.* 1791.

152. La valeur des armes confisquées n'entre point dans la composition de cette somme. Quand l'irrégularité de ce procès-verbal met les choses dans le même état que s'il n'y avait pas de procès-verbal, on peut admettre la preuve par témoins des faits non valablement établis, lorsqu'elle est offerte. *Arr. de cass. du* 26 *janv.* 1816.

153. *Gratifications.* Les délits de chasse peuvent être constatés par les gendarmes, les gardes champêtres et les gardes forestiers; et, pour chaque condamnation prononcée contre les délinquans, il est dû à l'agent qui a rapporté le procès-verbal une gratification de 5 fr. *Ordonn. du* 17 *juillet* 1816.

154. Ainsi, lorsque plusieurs individus, repris par un seul procès-verbal, ont été condamnés collectivement pour délits de chasse et de port d'armes, il revient à l'Agent rédacteur du procès-verbal autant de gratifications de 5 fr. qu'il y a de condamnés, soit qu'il ait été prononcé une amende contre chacun d'eux, soit qu'à raison des circonstances atténuantes, le Tribunal ait cru devoir se borner à ordonner la confiscation des armes saisies, et le remboursement des frais de la procédure, sans porter de condamnation à amende. — Il n'est dû qu'une gratification, dans le cas où le jugement est rendu sur un procès-verbal rapporté par plusieurs agens contre un seul individu et pour un seul délit, puisqu'il n'y a qu'une condamnation. — Lorsque plusieurs individus sont condamnés en vertu d'un procès-verbal rapporté par plusieurs agens, ces agens n'ont pas droit chacun à autant de gratifications de 5 francs qu'il y a de condamnés; il y a lieu seulement de leur accorder, en commun, un nombre de gratifications égal à celui des des condamnations — Les gratifications sont payées par les Receveurs des Domaines, en vertu d'un mandat du Préfet, contenant la date du jugement et la désignation du Tribunal qui l'a rendu. Il doit être joint au mandat un certificat sur papier non timbré, délivré par le Procureur du Roi, ou par le Greffier, pour attester la *condamnation* des délinquans. Le mandat, comme pièce de comptabilité, est sujet au *visa* du Directeur des Domaines du département. — Au surplus, il convient d'observer que la gratification de 5 fr. accordée par l'ordonnance du Roi du 17 juillet 1816, n'est due qu'aux agens spécialement dénommés dans cette ordonnance, c'est-à-dire, aux *Gendarmes*, aux *Gardes-champêtres*, et aux *Gardes-forestiers*. — Ainsi un maire ou son adjoint, ou tout autre préposé à la police publique, qui aurait rapporté un procès-verbal de délit de chasse et de port d'armes, ne pourra prétendre à la gratification. *Instr.* 957.

155. Quant aux gratifications antérieures au 1er. janvier 1816, V. *l'instr.* 975.

156. AMENDES *de conscription*, remises par ordon. de S. A. R. MONSIEUR, du 23 avril 1814.

157. Les biens dont les parens de conscrits ont été expropriés, et qui n'ont pas été aliénés à des tiers, doivent être rendus, sauf le paiement des droits auxquels ces sortes de rétrocessions doivent donner ouverture. *Déc. min. fin. du* 12 *sept.* 1814. (*Art.* 5037, *j.*)

158. AMENDES *forestières*. Ce sont celles prononcées pour délits dans les forêts.

159. Les Juges doivent prononcer ces amendes au taux de l'ordonnance de 1669, pour les délits commis dans les forêts de l'Etat. *Circ.* 1860. *Arr. de cass. du* 11 *juillet* 1817. — S'ils en agissaient autrement, on en informerait le procureur du Roi. *Circ.* 940. *Lettre du Min. des fin. du* 11 *prair.* 8.

160. Les tribunaux ne peuvent se dispenser de prononcer les amendes établies par les lois et ordonnances pour les délits de pâturage dans les bois communaux, sous prétexte que le Maire de la Commune a certifié que le lieu où s'est commis le délit n'a point été mis en réserve, et et qu'il est destiné pour le pâturage des bestiaux de la commune. *Arr. de cass. du* 7 *janv.* 1820. (*Art.* 6648, *j.*)

161. *Indemnité.* Tout délit forestier emporte amende et restitution égale au moins à celle-ci, même relativement à des baliveaux coupés en délit, et pacage de vaches, dans une forêt domaniale. *Arr. de cass. des* 22 *therm.* 12, 13 *nov.* 1812, *et* 23 *oct.* 1817.

162. L'indemnité ne produit pas de décime, non plus que les dommages-intérêts. *Circ.* 1643 *et* 1719.

163. Celle pour fait de chasse appartient au proprié-

taire du fonds ; elle doit être payée par préférence à l'amende, et solidairement par les condamnés. *Loi du 6 oct.* 1791.

164. L'indemnité en sus des amendes forestières est perçue par le Receveur des Domaines. *Circ.* 1719 ; celle prononcée pour délits dans les bois des communes, par les Receveurs des deniers communaux. *Circ. du* 17 *sept.* 1807.

165. *Recouvrement.* — Le Receveur des Domaines de canton est chargé de faire le recouvrement des amendes et autres condamnations prononcées pour délits forestiers. Celui qui est établi près le tribunal de première instance, se fait remettre par le Greffier les extraits de ces condamnations, consigne de suite sur son sommier les extraits concernant les redevables de l'arrondissement de son bureau, et renvoie les autres aux Receveurs du domicile des condamnés. (V. ci-devant, n.° 15.) Aussitôt après la consignation, il doit faire remettre par un Garde, ou par toute autre voie sûre, l'invitation au condamné de payer dans la huitaine ; à l'expiration de ce délai, il fera procéder par un Huissier aux poursuites, qu'on ne doit suspendre que d'après un certificat d'indigence délivré par le Garde-général, vérifié par le Maire, au vu du rôle des contributions, et visé par l'Inspecteur ou le sous-Inspecteur des forêts. Tous les trois mois le Receveur remet l'état des condamnations prononcées et des recouvremens opérés, à son Inspecteur, qui en fait le dépôt au Directeur chargé de faire un état sommaire par bureau. *Inst.* 813.

166. Les Receveurs de l'enregistrement et des domaines ont seuls qualité de recouvrer les amendes prononcées au profit de l'État ; celles pour délits commis dans les bois de la couronne appartenant au trésor public, ne peuvent être abandonnées aux Agens forestiers de la liste civile. *Déc. min. fin. du* 1.er *mars* 1820 (*Art.* 6709, *j.*) *Lettre de M. le Directeur général, des* 18 *juillet* 1818 *et* 13 *mars* 1820.

167. Le recouvrement des amendes et des dommages-intérêts qui résultent de jugemens, peut être fait et déterminé par de simples contraintes décernées par le Receveur. *Arr. de cass. du* 6 *juin* 1809. (*Art.* 3557, *j.*)

168. Les frais appartenant aux Greffiers pour extraits et expéditions remis aux Agens des forêts, etc., sont payés comme ceux à la charge de l'Administration des forêts ; ils sont portés en dépense sous la dénomination *de frais de poursuites et d'instances relatifs aux forêts. Instr.* 557.

169. Les frais faits, soit pour l'obtention des jugemens de condamnation en matière de délits forestiers, soit pour en assurer l'exécution, et qui sont tombés en non-valeurs, doivent être prélevés sur le produit des amendes mis à la disposition de l'Administration forestière. *Instr.* 473.

170. L'Administration se rembourse de ses avances sur les sommes recouvrées. *Circ. du* 11 *août* 1812.

171. *Bois de l'apanage.* Le recouvrement des amendes et autres condamnations pécuniaires, résultant de délits commis dans ces bois, doit être fait comme s'il s'agissait d'amende pour délits commis dans les bois de la couronne, excepté qu'il faut substituer dans la mention des recettes et dépenses, les mots *bois d'apanage* à ceux *bois de la couronne* : il faut faire article séparé de ces sortes d'amendes, et ne point confondre le produit des amendes avec celui des restitutions. *Lettre de M. le Directeur général, du* 5 *oct.* 1812. (*Dict. de manutention*, *pag.* 97.)

172. AMENDES *de contravention* aux lois sur l'enregistrement, le timbre, les ventes mobilières et le notariat. V. *annexe, notaire, timbre, vente de meubles, etc.*

173. AMENDES *étrangères à l'Administration de l'enregistrement.* Celles de contravention aux lois et réglemens qui régissent une Administration de finances, sont reçues par les Préposés de l'Administration même qui a souffert un préjudice de la contravention. *Lettre du min. des fin.*, du premier jour complémentaire 12.

174. Les Préposés des domaines doivent s'abstenir de toute démarche et de toute recette relatives aux amendes concernant 1.° les lettres et paquets. *Déc. min. fin. des* 15 *déc.* 1817 *et* 15 *janv.* 1818. (*Art.* 5995, *j.*) — 2.° Les douanes et les poudres et salpêtres. *Circ.* 1040, *Instr.* 610. — 3.° Les octrois. *Inst.* 256.

175. Ils sont également étrangers aux amendes qui sont prononcées contre ceux qui ont tenu des loteries non autorisées. *Décr. du* 25 *sept.* 1813 ; et à celles pour insultes aux Employés des contributions indirectes. *Instr.* 434.

AMEUBLISSEMENT est une fiction employée dans les contrats de mariage, par laquelle un *immeuble* acquiert une nature mobilière, relativement à la communauté. — Lorsque les immeubles de la femme sont ameublis en totalité, le mari peut en disposer comme des autres effets de la communauté, et les aliéner en totalité. *Art.* 1505 *et suiv. du C. C.* — V. *mariage*, n.° 11, *et succession*, n.os 96 *et* 97.

AMNISTIE. Grâce accordée par le Souverain.

1. L'amnistie n'exempte du remboursement des frais de justice, qu'autant qu'elle l'énonce formellement. *Déc. des min. de la just. et des fin.*, *du* 12 *déc.* 1817. Elle s'étend aux frais de justice, lorsque l'ordonnance fait remise des amendes et condamnations pécuniaires. *Inst.* 804.

2. Le décret du 13 prair. 12 ne profite qu'aux individus qui étaient en état de détention lors de sa publication. La transaction qui aurait été faite entre le condamné et le domaine pour le paiement des frais et amende, ne peut préjudicier au condamné, si elle a été passée avant la publication du décret. *Arr. de cass. du* 22 *juin* 1815. (*Art.* 3229, *j.*)

3. L'ordonnance d'amnistie, du 3 août 1817, n'est pas applicable aux délits ou contraventions de simple police, consistant en vols de légumes et de comestibles ; les délits de pâturage ne peuvent être attribués à la rareté des subsistances. *Déc. min. fin. du* 15 *fév.* 1819 ; et l'amnistie du 11 juillet 1814 n'est pas applicable non plus aux délits de chasse. *Sol. du* 30 *oct.* 1816.

4. Par l'ordonnance du 20 octobre 1820, il a été accordé amnistie pour les délits forestiers commis antérieurement au 29 sept. 1820. V., pour les exceptions, *l'Instr.* 956.

AMORTISSEMENT. V. *remboursement.*

ANNEXE. C'est la jonction d'une pièce à un acte public. V. *dépôt.*

1. L'annexe ne donne lieu à aucun droit. *Sol. du* 14 *niv.* 13. — Les procurations des contractans seront annexées à la minute des actes notariés, à peine de 100 fr. d'amende. *Art.* 13 *de la loi du* 25 *vent.* 11.

2. En quelque nombre que soient les procurations non annexées à un même acte, il n'y a lieu qu'à une amende. *Sol. du* 17 *févr.* 1818 (*Art.* 5991, *j.*). — V. *notaire*, n.° 22.

3. Le Notaire doit, sous peine d'encourir l'amende de 100 fr., exiger la représentation des procurations en vertu desquelles quelques parties disent agir, et annexer sur-le-champ ces procurations à sa minute, surtout lorsqu'il n'est pas dit dans le contrat de vente que la procuration reçue par le même Notaire, soit annexée à la minute d'un autre acte qu'on doit désigner, et qu'il est dit seulement qu'elle est déposée en l'étude de ce Notaire. *Cour de Metz, du* 10 *déc.* 1817. (*Art.* 6301, *j.*)

4. Lorsqu'un Notaire ou un Greffier, rédigeant un acte en conséquence d'un autre, a joint ce dernier acte à la minute, sans faire mention de l'annexe, ou sans qu'il ait été dressé acte de dépôt, il y a contravention à l'art. 43 de la loi de frim. 7. *Déc. des min. de la just. et des fin., du* 18 *avril* 1817. (*Art.* 5738, *j.*)

5. Le Notaire n'est pas en contravention, pour se contenter d'énoncer, dans un acte par lui reçu, que la procuration qui a servi de base à cet acte, est jointe à une de ses minutes; mais à l'expédition qu'il délivre il est obligé de joindre celle de la procuration. *Déc. min. just*..... (*Art.* 6827, *j.*)

6. Le Notaire n'a pas encouru l'amende, pour avoir omis d'énoncer, dans une obligation, que la procuration qui y a donné lieu, était annexée à cet acte, dès que l'annexe existe réellement. *Déc. min. fin. du* 11 *avril* 1815. (*Art.* 5093, *j.*)

7. Toutes les fois qu'un Notaire ou Greffier rédige un acte en conséquence d'un autre, et qu'il le joint à sa minute sans faire mention de l'annexe, ni dresser acte du dépôt, il convient de constater la contravention présumée, sauf au fonctionnaire à faire valoir les motifs qui paraissent à ses yeux le dispenser de cette obligation. *Déc. min. just*........ (*Mémoire d'ordre de la Direction d'Orléans, année* 1820.)

ANNONCE. V. *affiches*, *avis*, *prospectus*.

ANNUAIRE. V. *actes*, n.° 22, et *calendrier*.

ANNULATION *de vente*. V. *résolution*, *rétrocession*. — *De quittance*. L'acte qui annule une quittance pour partie de prix de vente, doit 1 p. 100, parce que la convention rétablit et fait revivre la créance. *Arr. de cass. du* 22 *févr.* 1811. (*Art.* 4217, *j.*)

ANTICHRÈSE est la remise que le débiteur fait par écrit à son créancier, d'une chose immobilière, pour assurer le paiement de la dette. Le créancier n'acquiert, par ce contrat, que la faculté de percevoir les fruits de l'immeuble, à la charge de les imputer annuellement sur les intérêts, s'il lui en est dû, et ensuite sur le capital de la créance. *Art.* 2085 *du C. C.*

1. Le droit d'enregistrement est de 2 p. cent, et se liquide sur le montant de la créance, qui forme le prix de l'engagement. *Art.* 15 *et* 69 *de la loi de frim.* 7.

2. L'antichrèse est caractérisée lorsqu'un débiteur se reconnaît, par acte notarié, débiteur d'une somme, et cède à son créancier la jouissance actuelle de certains immeubles, pour le remplir des intérêts, et lui en abandonne la propriété à titre de vente, dans le cas où il ne lui aurait point remboursé le prêt dans douze ans à partir de l'acte. La mutation pendant ce laps de tems n'est qu'éventuelle, et ce n'est qu'à l'expiration des douze ans, que le droit de 5 et demi p. 100 doit être exigé. *Arr. de cass. du* 17 *janv.* 1816. (*Art.* 5453, *j.*)

3. La cession faite par un débiteur à son créancier de la jouissance d'un immeuble jusqu'au remboursement de la créance, est une antichrèse passible du droit de 2 p. cent, quoiqu'il ne soit point dit dans l'acte que les fruits du domaine cédé seraient imputables sur les intérêts ni sur le capital de la créance. *Sol. du* 20 *juin* 1817. (*Art.* 5819, *j.*)

4. Lorsqu'un jugement, en condamnant un père à rembourser à sa fille une somme de 6,000 fr., autorise celle-ci à se mettre en possession des biens de son père, pour en jouir jusqu'au remboursement de ladite somme, et que les biens du débiteur ne valent que 2000 fr., le droit de 2 p. 100 fixé pour les antichrèses, ne doit être perçu que sur cette dernière somme, et celui de 1 p. 100 sur les 4,000 fr. *Déc. min. fin. du* 3 *nov.* 1820. (*Art.* 6826, *j.*)

ANTIDATE. V. *faux*, n.° 4, *et Notaire*, n.° 19.

APOSTILLE *dans les actes*. C'est une annotation faite en marge. V. *Notaire*, n.° 15.

APPEL est une plainte faite au juge supérieur de l'injustice du jugement rendu par un juge inférieur. — Il n'a pas besoin, pour être valable, de contenir l'exposé sommaire des moyens. *Arr. de cass., du* 4 *déc.* 1809.

1. Les déclarations et significations d'appel des jugemens des Juges de paix, aux Tribunaux civils, doivent le droit fixe de 5 fr. *Art.* 68 *de la loi de frim.* 7. Il est indifférent pour la perception du droit, que le jugement dont est appel soit interlocutoire ou définitif. *Instr.* 436, *nomb.* 6.

2. Les déclarations d'appel des jugemens des Tribunaux civils, de commerce et d'arbitrage, sont passibles du droit fixe de 10 fr. *Art.* 68 *de la loi de frim.* 7. — Cette dernière disposition est générale et comprend les appels de jugemens rendus sur délibérations du conseil de famille. *Instr.* 336, *nomb.* 70.

3. La déclaration d'appel de tous jugemens rendus en police correctionnelle, opère 1 fr. fixe. *Sol. du* 22 *nov.* 1817. — Faite par le ministère public, elle est enregistrable en débet, sauf le recouvrement du droit, s'il y a lieu, contre la partie condamnée. *Circ.* 1704. — Lorsque l'appelant sera emprisonné, elle sera visée pour timbre et enregistrée en débet. *Art.* 74 *de la loi du* 25 *mars* 1817. — Les Greffiers des Cours royales ne sont donc tenus qu'à faire enregistrer en débet, dans les 20 jours de leurs dates, les déclarations de recours en cassation, en matière correctionnelle, lorsque les condamnés sont emprisonnés. *Sol. du* 4 *juillet* 1820. (*Art.* 6217, *j.*)

4. Le premier acte de recours en cassation ou devant les Conseils du Roi, soit par requête, mémoire ou déclaration, en matière civile, de police simple ou correc-

tionnelle, est assujéti au droit fixe de 25 fr. *Art.* 47 *de la loi de* 1816.

5. Toutpremier acte de recours, quelqu'en soit l'objet, excepté en matière criminelle, est passible de ce droit. *Instr.* 124. — La perception est faite par le Receveur établi près la Cour de cassation, excepté pour les déclarations en matière de police simple ou correctionnelle, et en matière de prises maritimes. Le droit, dans ce cas, doit être perçu par le Receveur près ces Tribunaux. *Circ.* 1704.

6. La déclaration de recours en cassation, en matière correctionnelle, est enregistrable en débet, dans les 20 jours de sa date, lorsque les condamnés sont emprisonnés. *Sol. du* 4 *juillet* 1818. (*Art.* 6217, *j.*) — L'acte de pourvoi en matière criminelle est exempt de l'enregistrement. *Instr.* 124.

7. PLURALITÉ *des droits*. La déclaration et signification d'appel par un seul et même exploit, est passible d'autant de droits fixes de 1 fr., de 5 fr., ou de 10 fr., suivant le degré de juridiction, qu'il y a d'appelans ou d'intimés, en quelque nombre qu'ils soient dans le même acte, excepté les copropriétaires et cohéritiers, les parens réunis, les cointéressés, les débiteurs ou créanciers, associés ou solidaires, et les séquestres qui ne sont comptés que pour une seule et même personne, soit en demandant, soit en défendant, dans le même original d'acte, lorsque leurs qualités y sont exprimées. *Circ.* 1704 *et* 1992.

8. Si la déclaration d'appel est faite au Greffe, ou par un acte séparé de l'exploit, indépendamment du droit qui se perçoit comme ci-dessus, à raison du nombre des appelans et intimés, il est dû pour l'exploit de signification un droit particulier de 2 fr. fixe pour chaque appelant et intimé, d'après la distinction admise par le nombre 30, §. 1.er de l'art. 63 de la loi de frim. 7. *Circ.* 1704.

9. La déclaration d'appel de plusieurs jugemens notifiés à la même personne, n'opère qu'un seul droit. *Sol. du* 13 *déc.* 1792. — Cette décision présente de l'analogie avec l'opinion de MM. les rédacteurs du journal de l'enreg., émise dans l'art. 1686 du journal, relativement à la déclaration d'appel d'un jugement préparatoire et de celui définitif, faite simultanément et sur laquelle il ne serait dû qu'un seul droit.

10. L'art. 443 du C. de P. C. autorise l'appel incident en tout état de cause; mais s'il n'est pas réservé dans les actes de procédure, il n'est plus recevable; il en résulte que cette réserve, insérée dans les significations d'Avoués à Avoués, dans le cours de la procédure, ne peut être soumise qu'au droit de 2 fr. et non de 10 fr., car cette disposition n'est que purement éventuelle. *Arr. de cass. du* 23 *janv.* 1810.

11. L'acte de greffe contenant appel en matière de récusation et dépôt de pièces au soutien, formalité prescrite par l'art. 392 du C. de P. C., n'opère pas pour le dépôt un droit particulier qui ne serait dû que dans le cas où il serait rédigé par acte séparé. *Instr.* 436, *nomb.* 33.

12. CONTENTIEUX. Tout jugement qui préjuge le fond et contient une disposition de laquelle résulte un grief irréparable en première instance, est susceptible d'être attaqué sur-le-champ par voie d'appel. *Instr.* 606.

13. L'acte d'appel contiendra assignation dans les délais de la loi, et sera signifié à personne ou à domicile, à peine de nullité. *Art.* 456 *du C. de P. C., Arr. de cass. du* 5 *avril* 1813.

14. L'acte d'appel est nul s'il n'indique point le domicile de la partie requérante. *Cour de Limoges, du* 1.er *déc.* 1819.

15. La déclaration d'appel qui ne contient pas constitution d'Avoué, est nulle. Il n'en est pas de même lorsqu'au lieu d'un Avoué on constitue un Avocat. *Arr. de cass., des* 4 *sept.* 1809 *et* 5 *janv.* 1815.

16. L'acte d'appel signifié au domicile élu par l'exploit de saisie-arrêt, est nul, faute de l'avoir été à personne ou à domicile. *Cour de Bruxelles, du* 9 *avril* 1812.

17. Lorsqu'on a pris et déposé les qualités et conclusions pour faire confirmer le jugement, on n'est plus recevable à proposer la nullité de l'acte d'appel. *Arr. de cass. du* 10 *janv.* 1810.

18. Le vice de forme que renferme l'acte d'appel est couvert par la signification d'un autre acte plus régulier, faite dans les trois mois de la signification du jugement attaqué. *Cour de Pau, du* 22 *juillet* 1809.

19. Il ne sera formé, en cause d'appel, aucune nouvelle demande, à moins qu'il ne s'agisse de compensation, ou que la demande nouvelle ne soit la défense à l'action principale, *Art.* 464 *du C. de P. C.* — De ce que, d'après cet article, on ne peut admettre en appel des moyens qu'on n'aurait pas fait valoir devant les premiers juges, il n'en est pas de même des moyens à l'appui de la demande principale, parce qu'ils ne constituent pas une demande nouvelle. *Arr. de cass. du* 25 *juin* 1817.

20. Si la nullité d'un acte d'appel est couverte par l'écrit qui peut être qualifié de défense, il n'en est pas de même lorsqu'il s'agit de simples actes d'instruction nécessaires pour régulariser la procédure. *Arrêt de cassation du* 26 *juillet* 1808.

21. Lorsqu'il est interjeté appel, pour incompétence des premiers Juges, et que devant ceux-ci, la cause a reçu toute l'instruction dont elle était susceptible, la Cour peut statuer elle-même, les deux degrés de juridiction se trouvant épuisés. *Arr. de cass. du* 24 *août* 1819.

22. Lorsque le Tribunal s'est déclaré incompétent, la Cour d'Appel peut juger sur le fond, lors même qu'elle n'a pas reçu la décision des premiers Juges. *Arr. de cass. du* 11 *janvier* 1809.

23. Lorsqu'il est interjeté appel du jugement qui fait distraction de dépens au profit d'un Avoué, le droit de l'Avoué est suspendu durant l'appel. *Cour de Bourges du* 20 *avril* 1818.

24. Il ne peut être reçu d'appel des jugemens qui seraient rendus dans les affaires réelles dont l'objet principal est de 50 fr. de revenu déterminé, ou n'excède pas une valeur en capital de 1000 fr., lors même qu'on aurait omis de les qualifier en dernier ressort. *Art.* 453 *du C. de P. C. Arr. de cass. du* 23 *juin* 1817.

25. Les intérêts et dépens d'un jugement passé en force

de chose jugée, répétés avec le capital, ne sont plus de de simples accessoires. *Arr. de cass. du* 18 *nov.* 1807.

26. C'est en appel que doit se pourvoir l'administration contre un jugement au sujet d'une rente en grains, qui, d'après les mercuriales excède 1000 fr. *Arr. de cassat. du* 10 *juillet* 1816.

27. On peut, avant le jugement définitif, interjeter appel d'un jugement interlocutoire rendu en premier et dernier ressort. *Art.* 451 *du C. de P. C.*; *et Arr. de cassat. du* 21 *mars* 1809.

28. Quoiqu'un jugem.t ne condamnât qu'aux dépens, on a le droit d'en interjeter appel. *Arr. de cass. du* 8 *août* 1808.

29. Les appels des jugemens rendus sur matières dont la connaissance en dernier ressort appartient aux premiers juges, sont non recevables, quoique ces juges aient oublié de qualifier leur jugement en dernier ressort. *Art.* 453 *du C. de P. C.*; *et Cour de Paris du* 20 *janv.* 1810.

30. Lorsqu'en matière de recouvrement de revenus de dom., il a été formé une demande au-dessous de 1000 fr., et que le défendeur a demandé incidemment une somme de 1200 fr. à titre de dommages-intérêts, l'appel est recevable. *Arr. de cass.* 31 *mars* 1812. (*Art.* 4188 *j.*)

31. Le jugement qui prononce sur une demande en préférence et subrogation de poursuites dirigées par l'Administration contre un Propriétaire saisissant sur son Fermier, est sujète à l'appel, attendu que la valeur est indéterminée. *Arr. de cass. du* 25 *janv.* 1815.

32. Lorsque le montant de la demande susceptible d'appel est modifié dans le cours des débats, de manière à ne pas excéder le taux du premier ressort, la cause doit être jugée en dernier ressort. *Arr. de cassation. du* 12 *nov.* 1813. — On ne peut attaquer que par voie d'appel le jugement qui déclare la déchéance acquise contre un Adjudicataire qui s'est rendu Acquéreur d'une coupe de bois, pour une somme au-dessous de 1000 fr., *Arr. de cass. du* 16 *avril* 1818. Au surplus, V. *compétence.*

33. Un jugement qualifié en dernier ressort dans une matière où les juges ne peuvent statuer qu'en premier ressort (il s'agissait d'une coupe de bois excédant 1000 f.), ne doit être attaqué que par la voie d'appel, la cassation ne pouvant être invoquée que pour les contributions indirectes. *Arr. de cass. des* 9 *juillet* 1812, *et* 16 *avril* 1818.

34. L'appel interjeté par un Héritier, tant pour lui que pour les Cohéritiers dont il n'est pas désavoué, profite à tous. *Cour d'Angers du* 22 *mai* 1817.

35. Lorsque le jugement a été signifié à la requête de la partie qui en interjète ensuite appel, cette partie est toujours dans les délais pour employer ce moyen, même après les trois mois à partir de la signification. *Cour de Paris, du* 18 *fév.* 1811.

36. Si l'adverse partie vient à mourir après que le jugement qui fait grief a été rendu, l'appel doit être signifié aux héritiers collectivement et sans désignation de nom et de qualité, au domicile du défunt. *Cour de Bruxelles du* 30 *août* 1810. — V. *l'art.* 447 *du C. de P. C.*

37. Dans aucun cas, l'appel du jugement par défaut n'est recevable pendant la durée de l'opposition. *Arr. de cass. du* 17 *juin* 1817. — V. *l'art.* 551 *du C. de P. C.*

38. La Cour d'appel qui annule un jugement de première instance pour vice de forme, doit en mêmetems statuer sur le fond, parce qu'il ne peut jamais y avoir que deux degrés de juridiction. *Loi du* 1.er *mai* 1790. *Arr. de cass. des* 14 *mess.* 13, 20 *brum.* 14 *et* 20 *janv.* 1818.

39. La Cour d'appel ne peut prononcer sur les demandes et questions qui n'ont point été traitées en première instance. *Arr. de cass. du* 6 *janv.* 1806.

40. Quand on a plaidé au fond sur un jugement qui rejète un déclinatoire, on s'interdit la faculté d'en appeler. *Cour de Paris, du* 10 *mai* 1809.

41. **Délai** *pour interjeter appel.* C'est la loi subsistante au moment de la prononciation d'un jugement qu'il faut consulter pour juger à partir de quelle époque a commencé à courir le délai de l'appel. *Arr. de cass. du* 4 *mars* 1812.

42. Le délai est de trois mois, et court pour les jugemens contradictoires du jour de la signification à personne ou à domicile; et pour les jugemens par défaut, du jour où l'opposition ne sera plus recevable. *Art.* 443 *du C. de P. C.*

43. On n'a que trois mois, à compter de la signification, pour appeler du jugement qui porte qu'une créance est réductible, parce qu'il est interlocutoire. *Arr de cass. du* 25 *novembre* 1817.

44. L'appel des arrêtés de préfecture, n'est recevable que pendant les trois mois qui suivent la signification qui en a été faite par huissier à la partie condamnée. *Décret du* 7 *avril* 1813. (*Art.* 4647, *j.*)

45. Dans le délai fixé pour l'appel, il ne faut compter ni le jour de la signification du jugement, ni celui de l'échéance de ce délai. *Instr.* 606. *Arr. de cassat. du* 20 *nov.* 1816. — De sorte que l'appel interjeté le 23 août, d'un jugement signifié le 22 mai précédent, est recevable. *Arr. de cass. du* 9 *juillet* 1817.

46. Le délai est de trois mois, même pour le jugement qui condamnerait à une somme, en affirmant par le Créancier qu'elle lui est due. *Cour de Bruxelles du* 8 *juillet* 1808.

47. Le délai ne court, à l'égard d'une partie, que par la signification qui lui est faite à elle-même : celle qu'elle a fait faire ne lui interdit pas la faculté d'appeler dans le délai de trois mois de la signification par la partie adverse. *Cour de Paris du* 18 *fév.* 1811.

48. Lorsque l'appel d'un jugement n'est pas recevable, sur ce qu'il y aurait plus de trois mois que le jugement aurait été signifié, la cour royale ne peut s'occuper du fond de l'affaire, pour en induire que l'appel est recevable. *Arr. de cass. du* 13 *janv.* 1817.

49. La signification d'un jugement ne fait courir le délai de l'appel qu'autant qu'elle a lieu à la personne et au domicile de l'intimé; celle qui serait faite au Mandataire de celui-ci ne produirait pas cet effet. *Cour de Colmar du* 24 *juillet* 1817.

50. La signification d'un jugement ou d'un acte d'admission en cassation, faite à un domicile élu par les actes de l'instance, ne fait pas courir le délai de trois mois accordé pour se pourvoir en cassation; il faut qu'elle soit faite à personne ou à domicile. *Arr. de cass. des* 3 *févr.* 1817, *et* 3 *août* 1818. (*Art.* 5780 *et* 6363, *j.*)

51. *Pour les appels en cassation.* V. *cassation.*

52. Appels valables. La déclaration faite devant un Notaire, qu'on entend appeler d'un jugement, et signifiée ensuite par un Huissier, pour comparaître dans le délai de la loi, vaut comme acte d'appel. *Arr. de cass. du* 16 *août* 1809. (*Art.* 3543, *j.*)

53. La signification d'acte d'appel d'un jugement rendu en faveur d'une personne décédée, peut être faite à l'un des héritiers en la maison mortuaire. *Cour de Bruxelles, du* 30 *août* 1810.

54. Dans une déclaration d'appel, on peut aussi bien dire demeurant en tel lieu, que domicilié en tel lieu. *Arr. de cass. du* 28 *juillet* 1818.

55. L'appel d'un jugement où la femme a figuré comme autorisée de son mari, est valablement signifié au domicile du mari. *Arr. de cass. du* 23 *déc.* 1819.

56. L'acte d'appel est valable, quoique signifié avec assignation dans le délai de la loi, au lieu d'exprimer le délai de l'ajournement. *Arr. de cass. du* 21 *nov.* 1810. (*Art.* 3834, *j.*)

57. La signification à l'Avoué d'un jugement rendu dans une affaire où il y a avoué, n'est pas de rigueur, si cette signification a pour objet d'appeler du jugement. *Cour de Liége, du* 22 *déc.* 1808.

58. Les parties appelantes par un même exploit, qui font élection d'un seul domicile, et qui ont un intérêt commun dans l'affaire, peuvent être actionnées à ce domicile, quoiqu'il ne soit pas le leur, et par un même exploit. *Cour de Paris, du* 12 *avril* 1806.

59. Un acte d'appel n'est point nul, quoiqu'il ne contienne pas l'exposé sommaire des griefs. *Arr. de cass. du* 4 *déc.* 1809. (*Art.* 3481, *j.*)

APPOINT. Ce qui complète le montant d'un paiement. Tout débiteur doit faire son appoint sans pouvoir obliger qu'on lui rende. *Art.* 7 *de la loi du* 22 *avril* 1791. — Le billon ne peut être employé que comme appoint de 5 fr. *Décr. du* 18 *août* 1810.

APPOINTEMENT. V. *traitement.*

APPORT. V. *mariage*, n.° 2.

APPOSITION *de scellés.* V. *scellés.*

APPRÉCIATION. V. *estimation* et *mercuriales.*

APPRENTISSAGE. V. *brevet d'apprentissage.*

ARBITRAGE, ou jugement rendu par les arbitres.

1. En général, les ordonnances, actes et jugemens des arbitres sont soumis aux mêmes droits que ceux des Tribunaux de première instance et de commerce. *Art.* 44 et 45 *de la loi d'avr.* 1816. V. *jugem.* n.os 55 et 67.

2. Il y a lieu d'exiger le droit de 50 c. p. 100 sur un rapport d'experts-arbitres, nommés par un compromis dans lequel les parties ont déclaré s'en rapporter entièrement à la décision des arbitres sur le réglement des jouissances que l'une d'elles sera reconnue devoir aux autres. Ce rapport doit être considéré sinon comme une condamnation proprement dite, au moins comme une véritable liquidation. *Arr. de cass. du* 10 *mai* 1819. (*Art.* 6431, *j.*)

3. Le droit d'enregistrement est dû sur un jugement arbitral, en vertu d'un compromis qu'on prétend non signé; lorsque la partie poursuivie n'a pas demandé la nullité de la sentence et qu'on a conservé la faculté d'en exiger l'exécution. *Arr. de cass. du* 16 *fév.* 1814.

4. La sentence arbitrale est valable, quoiqu'il n'en ait point été donné lecture aux parties. Une fois que les arbitres ont prononcé, on ne peut plus les révoquer, quand même leur décision ne serait ni enregistrée, ni revêtue de l'ordonnance d'*exequatur*. *Cour de Paris, du* 12 *juin* 1806.

5. Une affaire mise en arbitrage d'après le consentement des parties, pour être jugée en premier et dernier ressort, n'est pas susceptible d'appel, même lorsque les arbitres sont nommés d'office; quand surtout le consentement n'est pas limité au cas où les arbitres seraient nommés par les parties. *Arr. de cass. du* 21 *juillet* 1818.

ARBITRE. Personne que choisissent des particuliers pour juger leurs différens.

1. Les nominations d'arbitres, qui ne contiennent aucune disposition donnant lieu au droit proportionnel, sont sujètes au droit fixe de 3 fr. *Art.* 44 *de la loi d'avril* 1816.

2. Les arbitres ne peuvent rendre aucun jugement sur des actes non enregistrés, à peine d'être personnellement responsables des droits d'enregistrement, *art.* 47 *de loi de frim.* 7; ni sur des actes, pièces ou registres non écrits sur papier du timbre prescrit, à peine de 100 fr. d'amende. *Art.* 24 *de la loi de brumaire* 7, *et art.* 74 *de celle du* 28 *avril* 1816. V. *actes*, n.° 144; *atermoiement*; *livres et registres de commerce.*

3. La sentence, dans le cas d'enregistrement des actes qu'elle relate, doit énoncer le montant du droit payé, la date du paiement et le nom du bureau où il a été acquitté; en cas d'omission, le Receveur est autorisé à exiger le droit si l'acte n'a pas été enregistré dans son bureau, sauf restitution dans le délai prescrit, si l'on justifie de l'enregistrement de cet acte. *Art.* 48 *de la loi de frim.* 7.

4. Les sentences arbitrales reçoivent la formalité sur le registre des actes judic. *Instr.* 436, *nomb.* 77. — Pour le dépôt, V. *dépôt aux greffes.*

5. Le rapport des arbitres est enregistrable quand on veut en faire usage en justice; leur avis verbal à l'audience, énoncé au jugement, n'opère point de droit particulier. *Instruction* 436, *nomb.* 37. — V. *arbitrage et jugement.*

ARCHIVES. Lieux où sont déposés les anciens et nouveaux titres publics. — Les règles qui concernent ces dépôts sont établis par la loi du 12 sept. 1790. V. aux domaines, *archives*, page 4.

ARMATEUR. V. *rôles d'équipage.*

ARPENTEUR est celui qui fait le mesurage des terres. — Les proces-verbaux d'arpentage sont sujets au droit fixe de 2 fr. *Art.* 43 *de la loi d'avril* 1816. V. *serment*, *procès-verbal*, et aux domaines, *page* 4.

ARRENTEMENT. V. *bail à rente*, n.° 50.

ARRÉRAGES. V. *quittance*, n.° 10, *et succession*, n.° 159.

ARRESTATION. V. *actes*, n.° 154.

ARRÊT *de deniers.* V. *instances*, n.° 104; *saisie-arrêt et visa*, n.° 13.

ARRÊT *des Cours.* Pour les droits, V. *jugement.*

1. Les arrêts et actes de la Cour d'assises peuvent,

dans certains cas, s'imprimer et se distribuer sur papier libre. V. *affiches*, n.° 21.

2. L'arrêt qui ne contient pas de motifs sera déclaré nul. *Loi du* 20 *avril* 1810, *Arr. de cass. des* 4 *déc.* 1816, 23 *nov.* 1818 *et* 12 *juillet* 1819. — C'est le pourvoi en cassation et non la requête civile qu'il faut employer pour raison de cette nullité. *Arr. de cass. du* 23 *nov.* 1818.

3. Larrêt de la Cour royale dont le motif est déduit, mais insuffisamment, n'est pas nul, et non susceptible, sur ce chef, du recours en cassation. *Arr. de cass. du* 8 *déc.* 1819.

4. L'arrêt qui porte que le précédent arrêt par lequel on a condamné en tous dépens, ne peut s'entendre de tous les dépens de l'instance, ne viole point en cela l'autorité de la chose jugée. *Arr. de cass. du* 3 *juillet* 1817.

ARRÊTÉS *de compte*. V. *compte*.

ARRÊTÉS *des Préfets*. V. *actes administratifs*, *main-levée*, et, AUX DOMAINES, *page* 4.

1. Ceux qui confirment les communes dans la jouissance des droits de pâturage et autres usages dans les forêts de l'Etat, sont soumis au droit fixe de 1 fr., dans les 20 jours de l'approbation du Ministre. *Instr.* 336.

2. Les arrêtés qui ont pour objet de confirmer ou rectifier, sur la demande des parties intéressées, les opérations des commissaires chargés de faire la recherche des biens communaux usurpés, sont sujets au timbre, et à l'enregistrement, au droit de 1 fr. fixe, s'ils ne contiennent qu'une rectification ou une confirmation pure et simple, sans stipulation de somme; ou de 5 1/2 p. 100 sur le capital au denier 20 de la redevance que le détenteur maintenu est taxé de payer à la commune pour la valeur des biens qu'il conserve. *Déc. min. fin. du* 21 *août* 1810. (*Art.* 3953, *j.*)

3. L'arrêté d'un Préfet qui autorise un hospice ou autre établissement public à recevoir le remboursement d'une rente et à placer le même capital entre les mains d'un autre particulier, est exempt du timbre et de l'enregistrement. *Instr.* 605. V. *main-levée*.

4. Celui qui réintègre les anciens propriétaires dans les biens non vendus, en vertu de la loi du 5 déc. 1814, est enregistrable gratis. *Déc. min. fin.* 10, *déc.* 1816.

5. Le droit d'enregistrement à percevoir sur des arrêtés de subrogation en faveur d'un acquéreur au lieu et place d'un coacquéreur, en retard de payer les termes échus du prix de l'adjudication d'un domaine de l'Etat, pris par les Préfets, dans le cas prévu par le décr. du 3 juillet 1791, est celui de 2 p. 100. Ces arrêtés sont sujets à la formalité dans les 20 jours de leur date, et sur la minute. Ceux antérieurs au 2 juillet 1811, seront admis au paiement du droit simple, et ce droit sera recouvré directement sur les parties. *Instr.* 532.

6. Pour la signification des arrêtés administratifs. V. *Huissier*.

7. Quant aux arrêtés mis sur des pétitions. V. *pétition*.

ARRÊTÉS *des produits*. L'Inspecteur-Contrôleur des recettes, après avoir vérifié les perceptions, le droit tiré, hors ligne, les additions de chaque page, les reports d'une page à l'autre, etc., *forme l'arrêté des produits*, dont il dresse procès-verbal. V. *comptabilité*, §. 2.

ARRÊTÉS *des registres*. Les registres de la formalité de l'enregistr.[1] à donner dans un délai déterminé, sous des peines prononcées par la loi, et les registres de recettes sur le produit desquelles il est dû des intérêts, ou accordé des primes à celui qui anticipe ses paiemens, doivent être arrêtés, jour par jour. Ces arrêtés sont mis à l'instant où le bureau se ferme, dans la case ou dans l'espace qui suit immédiatement le dernier enregistrement; il est énoncé en ces termes : *arrêté le* . . . . . et signé. *Art.* 61 *des ordres généraux. Circ.* 670, 683 *et instr.* 353.

Les arrêtés doivent être apposés les dimanches et fêtes; ceux-ci doivent indiquer, indépendamment de la date, la désignation du jour. *Instr.* 499, *et circ. du* 10 *décembre* 1810.

Le Receveur qui n'arrêterait pas tous les soirs les registres qui sont susceptibles de ce soin essentiel, qui mettrait plus d'un arrêté dans une case, qui intercallerait les arrêtés ou qui n'écrirait pas en toutes lettres et de sa main la date, et qui ne signerait pas ses arrêtés, serait gravement compromis. *Instr.* 443.

ARRHES. C'est ce qu'on donne pour assurer l'exécution d'un marché ou promesse de vente. — La promesse de vente faite avec des arrhes, ne produit pas l'effet d'une vente parfaite, chacun est maître de s'en départir. Celui qui les a données, en les perdant, et celui qui les a reçues, en restituant le double. *Art.* 1590 *du C. C.* — V. *bureaux de paix*, page 94, *n.°* 3.

ARRONDISSEMENT. V. *acquisition*, *page* 52, *n.°* 11.

ASCENDANS. Parens dont on descend en ligne directe. Le père, la mère, l'aïeul, le bisaïeul, etc., d'une personne, en sont les ascendans.

1. Les ascendans succèdent, à l'exclusion de tous autres, *aux choses par eux données* à leurs enfans descendans décédés sans postérités. V. *retour* (*droit de*)

2. Les enfans doivent des alimens à leurs père et mère, et autre ascendans qui sont dans le besoin. *Art.* 205 du C. C.

3. Les jugemens qui accordent des secours aux ascendans, doivent 50 cent. p. 100 sur le capital au denier 10, de la pension qu'ils adjugent. *Instr.* 390, *nombre* 7.

4. Les actes volontaires par lesquels les enfans déclarent qu'ils se soumettent aux obligations que leur impose le Code, en fournissant des alimens à leurs ascendans sans détermination de sommes, ne sont passibles que du droit fixe de 1 fr.; s'ils s'engagent à leur payer annuellement une somme convenue pour en tenir lieu, on doit percevoir 25 cent. p. 100 sur le capital au denier 10 de la pension stipulée. *Instr.* 450.

5. Les ascendans ne doivent aucun droit de mutation par décès pour la jouissance ou l'usufruit que l'art. 384 du C. C. leur accorde, des biens de leurs enfans, jusqu'à l'âge de 18 ans accomplis, ou jusqu'à leur émancipation. *Loi du* 9 *oct.* 1791.

ASSEMBLÉE *de parens*. V. *avis de parens*.

ASSIGNATION. Citation a comparaître devant un Tribunal. V. *exploit*.

1. Lorsqu'on assigne au délai de la loi, au lieu de fixer le terme, l'esprit de la loi est rempli. *Arr. de cass. des* 8 *janv. et* 18 *mars* 1811.

2. Il en est de même de l'assignation à *comparaître au* 8.°

jour, après la date de l'exploit, augmenté *d'un jour* par trois myriamètres de distance. *Arr. de cass. du 7 janv.* 1812.

3. Le mineur émancipé ne peut assigner qu'avec son curateur, sous peine de nullité. *Arr. de cass. du 26 juin* 1809.

ASSURANCE (*acte ou contrat d'*). C'est une convention entre un particulier et une compagnie, par laquelle cette dernière prend sur elle les risques que peut éprouver la chose assurée, moyennant une somme appelée *prime*.

1. Les polices d'assurance sont assujéties au timbre de toute espèce de dimension, sans que les parties soient tenues de se servir exclusivement du papier frappé du timbre de 1 fr. 50 cent., comme le prescrivait la loi du 6 prair. 7. *Instr.* 419.

2. ASSURANCE *relative au recrutement*. Il n'est dû qu'un fr. fixe sur l'acte notarié par lequel on déclare prendre intérêt dans l'institution dotale et de secours mutuel de recrutement, au moyen du versement de la somme convenue, et dont se reconnaît chargée, par le même acte, l'Administr. de cet établissement, conform.[t] à ses statuts. *Déc. min. fin. du* 3 *sept.* 1819. (*Art.* 6533, *j.*)

3. ASSURANCE *contre la grêle* V. *billet*, *n.°* 11.

ASSURANCE *contre l'incendie*. Une décision du Min. des fin. du 19 janv. 1813, a établi que les sociétés d'assurance contre les incendies, existant dans les départemens Anséatiques, étaient rentrées, depuis la réunion de ces pays à la France, dans la classe des sociétés particulières qui ne sont pas admises à jouir des exemptions accordées aux seuls établissemens publics. (*Art.* 4546, *j.*) V. *communication*, n.° 21.

4. ASSURANCE. (Délaissement pour fait d') V. *abandon*, *page* 48.

ATERMOIEMENT. Acte par lequel un débiteur obtient de ses créanciers un délai pour se libérer, et quelquefois la remise absolue d'une partie des sommes qu'il leur doit.

1. Le droit d'enregistrement des actes d'atermoiement est de 50 c. p. 100 sur le montant des sommes que le débiteur s'oblige de payer. *Art.* 69 *de la loi de frim.* 7.

2. Le concordat fait en justice doit être enregistré dans les vingt jours de sa date, et avant d'être homologué. *Déc. min. fin. du* 11 *avril* 1815 (*Art.* 5111, *j.*)

3. Pour connaître la manière dont s'établit le traité d'atermoiement, V. les art. 519, 520, 523 et 524 du C. de Commerce.

4. L'acte portant reconnaissance par un commerçant au profit de ses divers créanciers, des sommes dont il leur est redevable, et consentement à ce que le montant des dettes soit hypothéqué sur ses meubles, est passible du droit de 1 p. 100, comme obligation, et non de celui de 50 c, attendu que cet acte n'ayant pas été précédé des formalités prescrites par l'art. 519 du C. de Com., ne peut être considéré comme un atermoiement. *Déc. min. fin. du* 10 *déc.* 1811. (*Art.* 4671, *j.*)

5. Il est dû 2 fr. p. 100 sur l'acte par lequel un débiteur, pour se libérer, abandonne des meubles à ses créanciers, *arr. de cass. du* 30 *janv.* 1809, et 1 fr. p. 100 sur celui par lequel ces derniers, après avoir fait union, accordent la libération de leur débiteur, moyennant l'abandon qu'il leur fait de l'actif de la faillite. Cet acte est un traité à forfait, un véritable concordat, et non un simple contrat d'union. *Arr. de cass. du* 3 *janv.* 1820. (*Art.* 6634, *j.*)

6. L'acte par lequel il est accordé terme à un débiteur par un seul créancier, ne donne ouverture qu'au droit fixe de 1 fr., si la créance est établie par un titre enregistré. *Déc. min. fin. du* 22 *mai* 1810.

7. Aucun concordat ne peut être rédigé sans énoncer si les livres du failli sont en papier timbré, ni recevoir d'exécution, avant que les amendes aient été payées. *Art.* 74 *de la loi d'avril* 1816. V. *livres et registres de commerce*.

8. L'amende est encourue solidairement contre les rédacteurs et signataires des concordats sur faillite, par le défaut d'énonciation que les registres du failli sont timbrés, ou que l'amende a été payée; et il y a lieu en outre à la restitution du droit de timbre, quoique le failli ne tînt ses écritures que sur feuilles volantes, par le secours d'une main étrangère. *Dict. de Manutention*, *t.* 5. *Déc. min. fin. du* 27 *sept.* 1819. Au surplus, V. *abandon*.

ATTESTATION. C'est un acte par lequel on rend témoignage d'un fait. — Cet acte n'est assujéti qu'au droit fixe de 1 fr., suivant l'art. 68 de la loi de frimaire 7. V. *certificat*.

ATTRIBUTION. V. *amendes attribuées*, n.° 99, et *compétence*.

AUBAINE. V. *succession*, n.° 208, et AUX DOM.[s], page 5.

AUDIENCE. V. *feuille d'audience*.

AUDITEUR *au conseil d'Etat*. V. *constitution*, n.° 8

AUTORISATION *pure et simple*. Cet acte est assujéti au droit fixe de 2 fr. *Art.* 43 *de la loi d'avril* 1816.

1. L'autorisation donnée par le mari à sa femme *pour ester en justice*, n'est pas passible du droit, si elle est contenue dans l'acte auquel elle se rapporte. *Sol. de l'Adm. du* .... *Manuel de l'enregistrement*, page 86.

2. L'autorisation qu'on était obligé d'obtenir du *conseil d'Etat*, pour traduire un Employé devant les Tribunaux, n'établissait pas un privilège en faveur des agens des administrations, mais une garantie d'ordre public, pour que l'action du Gouvernement, ne puisse pas être arrêtée ou suspendue. *Arr. de cass. du* 24 *juin* 1819.

AUTORITÉS. V. *Actes administratifs* et *compétence*.

AVAL. Souscription mise au bas d'un effet de commerce, ou fournie par acte séparé pour en garantir le paiement.

L'aval mis sur la lettre-de-change s'identifie avec elle, et comme tel, n'est soumis à aucun droit; fait *par acte séparé*, et sur un autre papier que la lettre-de-change, c'est un cautionnement soumis au droit de 50 c. p. 100. *Instr.* 488.

AVANCES *des droits d'enregistrement*. V. *débiteur* et *paiement*.

AVANCEMENT *d'hoirie*. V. *donation*.

AVANCEMENT *des Employés*. On perd son avancement en ne se conformant pas aux ordres généraux et particuliers, et en refusant celui auquel on a aspiré. *Circ.* 1091 *et* 1836. V. *arrêté des registres*, *employé* et *receveur*.

L'Inspecteur doit indiquer l'espèce d'avancement que l'Employé désire. *Circ.* 1665.

AVANTAGES *entre époux*. V. *mariage* et *succession*, n.° 171 et suiv.

AVENIR. Acte contenant sommation à l'Avoué de la partie adverse de se trouver à l'audience pour y plaider. — Le Code de P. C. désigne ces actes sous la dénomination d'actes d'Avoué à Avoué, par l'*Art.* 79.

Les aveuirs sont des actes de forme nécessaires qui doivent être signifiés. *Déc. min. fin. des* 4 *juin et* 27 *nov.* 1791.

L'exploit de signification opère le droit de 50 c. ou de 1 fr., selon le parquet auquel l'Avoué est attaché. V. *expl.*

AVERTISSEMENT, demande en forme d'avis d'un droit ou créance. Les art. 91 et 114 des ordres généraux de Régie prescrivent aux Receveurs de les faire précéder aux poursuites, même pour les articles consignés par les Vérificateurs.

On doit adresser des avertissemens aux débiteurs d'amendes et frais de justice au reçu de l'extrait du jugement. *Instr.* 518.

AVEU *judiciaire*, déclaration faite en justice par la partie ou son fondé de pouvoirs.

AVIS *du Conseil d'État approuvé par S. M.*. Le Conseil d'État développe le sens des lois sur le renvoi qui lui est fait par le Roi, relativement à des questions et réclam.ˢ présentées à S. M. *Art.* 15 *du règlem. du* 5 *niv.* 8.

L'effet de ces avis remonte à la date de la publication de la loi qu'ils interprètent. *Déc. min. fin. du* 19 *oct.* 1808. *Inst.* 407.

AVIS *des avocats*, V. *consultation*.

AVIS *imprimés*. Le papier destiné aux avis doit, comme celui des journaux, être timbré avant l'impression. *Instr.* 326. V. *affiches*.

AVIS *de parens*, délibération de famille sur le parti à prendre relativement à la personne et aux intérêts d'un mineur ou d'un interdit.

1. Cet acte est assujéti au droit fixe de 2 fr. *Art.* 43 *de la loi de* 1816, V. *émancipation et tutelle*. Pour les baux à nourriture des mineurs, V. *bail n.°* 60.

2. On ne peut considérer comme *bail* passible du droit de 25 cent. p. 100, les délibérations de famille qui, d'après l'art. 454 du C. C., se bornent à autoriser le tuteur à dépenser annuellement la somme nécessaire pour la nourriture et l'entretien du pupille. Ce réglement pouvant être arrêté contre l'avis et même en l'absence du tuteur, celui-ci ne peut pas être réputé preneur à bail; les délibérations de l'espèce ne donnent ouverture qu'au droit fixe de 2 fr. comme simple autorisation. *Déc. min. fin. du* 19 *niv.* 13. *Instr.* 290, *nomb.* 23.

3. La délibération d'assemblée de famille qui autorise le tuteur à employer la totalité des revenus des biens de son pupille aux dépenses qu'exige la tutelle, *sans être obligé de rendre aucun compte*, est une cession d'usufruit passible de 5 fr. 50 cent. p. 100. *Déc. min. fin. du* 9 *mars* 1813. (*Art.* 4579, *j.*)

4. Le droit proportionnel de 1 p. 100 est dû sur les délibérations de conseil de famille, qui autorisent le tuteur acceptant, à conserver entre ses mains une somme déterminée appartenant au mineur, pendant un nombre d'années convenu, à la charge d'en payer l'intérêt; mais il n'est rien dû sur l'autorisation à cette cause, parce qu'elle est indispensable pour qu'il y ait obligation. *Instr.* 449, *nomb.* 1.

5. La même perception doit avoir lieu, comme obligation, sur la délibération d'un conseil de famille, qui, sur le compte rendu par le tuteur, l'autorise à garder les fonds de son pupille avec affectation d'hypothèques sur ses biens. *Arr. de cass. du* 13 *nov.* 1820. (*Art.* 6896, *j.*)

6. Les déclarations de dettes passives, contenues dans les délibérations des conseils de famille, ne sont pas passibles du droit d'obligation. *Sol. du* 20 *mars* 1820. (*Art.* 6683, *j.*) Il en est de même pour les inventaires. *Inst.* 290, *nomb.* 18.

AVOCAT celui qui a fait son droit, et en a les lettres de licence. V. *consultation*, *serment et le mot suivant*.

AVOUÉ officier ministériel qui défend devant un tribunal pour un particulier.

1. Lorsqu'il se permet d'abréger des copies de pièces, de recevoir des significations d'avoué à avoué sur papier libre, ou de souffrir qu'il ne soit pas délivré à ses collègues le nombre de copies, pour diminuer le coût du timbre dont il se fait tenir compte des parties, comme si les pièces eussent été entières ou signifiées sur papier timbré, il faut dénoncer la concussion au Procureur du Roi et constater la contravention par procès-verbal. *Inst.* 597.

2. Les actes des Avoués ou défenseurs officieux près les tribunaux et les copies ou expéditions qui en sont faites et signifiées, les consultations, mémoires, observations et précis par eux signés, doivent être sur papier frappé du timbre de dimension. *Art.* 12 *de la loi de brum.* 7.

3. On peut admettre les avoués, à faire timbrer à l'extraordinaire, les significations imprimées des jugemens définitifs. *Sol. du* 29 *sept.* 1819. (*Art.* 6,527, *j.*)

4. Cette faveur est aussi accordée pour les mémoires imprimés, distribués par les avoués et les parties, ainsi que pour les affiches judiciaires imprimées. *Inst.* 157,

5. L'Avoué ne peut être entendu dans les instances relatives à l'enregistrement, au timbre et revenus domaniaux. *Arr. de cass. du* 26 *fév.* 1816. V. *instances*.

6. Pour la quotité des droits d'enregistrement des actes qu'il rédige ou signe, V. *ordonnance*, *ordre*, *exploit* et *command*.

7. L'Avoué ne peut poursuivre ni obtenir de jugement avant d'avoir consigné l'amende de fol-appel, sous peine de 500 fr. d'amende. V. *amende*, *n.°* 98.

8. Lorsqu'on occupe un Avoué dans un procès et à des opérations particulières, il lui est dû une indemnité à ce dernier égard. *Arr. de cass. des* 16 *déc.* 1818 *et* 13 *janv.* 1819.

9. En saisie immobilière, l'Avoué du créancier poursuivant, n'est pas le mandataire du propriétaire saisi;

en sorte que la prohibition d'acquérir, contre un mandataire, à l'égard des biens qu'il est chargé de vendre, ne peut s'appliquer aux Avoués des créanciers poursuivant une expropriation forcée. *Arr. de cass. du 26 mars 1817.*

9. Les offres, aveux et consentemens faits par l'Avoué sans *pouvoir spécial*, ne lient point la partie. *Art. 352 du C. de P. C.* Mais le désistement d'un chef de conclusion à l'audience où la partie se trouve, ne peut être désavoué. *Cour de Bruxelles du 29 juin 1808.*

10. Le registre de l'Avoué ne fait pas foi contre ses cliens; ainsi l'indication sur ce registre que les frais lui ont été payés, n'empêche pas le désaveu. *Cour de Paris du 22 juillet 1815.*

11. Lorsque ces procédures sont annulées. V. *nullité.*

BAC. Espèce de grand bateau plat servant à passer d'un bord de la rivière à l'autre bord. Suivant l'art. 531 du C. de C. les bacs sont meubles. V. *biens*, *p.* 90, n.° 6.

BAIL *à ferme ou à loyer* est un contrat par lequel une des parties s'oblige de faire jouir l'autre, d'une chose pendant un tems et moyennant un prix, et quelquefois des charges que celui-ci s'engage à lui payer.

1. Les droits d'enregistrement des baux à ferme ou à loyer et des sous-baux, subrogation, cession et rétrocession de baux de biens meubles ou immeubles, sont fixés à 75 cent. p. 100 sur les deux premières années, et à 20 cent. p. 100 sur le montant des années suivantes. S'il est stipulé pour une ou plusieurs années un prix différent de celui des autres années du bail ou de la location, il doit être formé un total du prix de toutes les années, lequel sera divisé également, suivant leur nombre, pour la liquidation du droit. *Art. 8 de la loi du 27 vent. 9.* — Pour les rétrocessions de baux, V. *rétrocession.*

TABLEAU synoptique de progression des droits d'enregistrement à percevoir sur les Baux à loyer.

PRIX DES BAUX d'un an.	Droits. f.	c.
jusqu'à 20 f. » c.	»	25
20 f. 01 c. à 40 »	»	30
40 01 à 60 »	»	45
60 01 à 80 »	»	60
80 01 à 100 »	»	75
100 01 à 120 »	»	90

BAUX DE 3 ANS.	Droits. f.	c.
jusqu'à 10 f. » c.	»	25
10 f. 01 c. à 20 »	»	34
20 01 à 30 »	»	53
30 01 à 40 »	»	68
40 01 à 50 »	»	87
50 01 à 60 »	1	02
60 01 à 70 »	1	21
70 01 à 80 »	1	36
80 01 à 90 »	1	55
90 01 à 100 »	1	70
100 01 à 110 »	1	89
110 01 à 120 »	2	04
120 01 à 130 »	2	23
130 01 à 140 »	2	38
140 01 à 150 »	2	57

BAUX DE SIX ANS.	Droits. f.	c.
jusqu'à 10 f. » c.	»	25
10 f. 01 c. à 15 »	»	42
15 01 à 20 »	»	46
20 01 à 25 »	»	65
25 01 à 30 »	»	69
30 01 à 35 »	»	88
35 01 à 40 »	»	92
40 01 à 45 »	1	11
45 01 à 50 »	1	15
50 01 à 55 »	1	34
55 01 à 60 »	1	38
60 01 à 65 »	1	57
65 01 à 70 »	1	61
70 01 à 75 »	1	80
75 01 à 80 »	1	84
80 01 à 85 »	2	03
85 01 à 90 »	2	07
90 01 à 95 »	2	26
95 01 à 100 »	2	30
100 01 à 105 »	2	49
105 01 à 110 »	2	53
110 01 à 115 »	2	72

BAUX DE NEUF ANS.	Droits. f.	c.	SUITE DES BAUX de neuf ans.	Droits. f.	c.
jusqu'à 5 f. 71 c.	»	25	57 f. 15 c. à 60 f. » c.	1	74
5 f. 72 c. à 8 57	»	27	60 01 à 62 85	1	93
8 58 à 10 »	»	31	62 86 à 65 71	1	97
10 01 à 11 42	»	46	65 72 à 68 57	2	01
11 43 à 14 28	»	50	68 58 à 70 »	2	05
14 29 à 17 14	»	54	70 01 à 71 42	2	20
17 50 à 20 »	»	58	71 43 à 74 28	2	24
20 01 à 22 85	»	77	74 29 à 77 14	2	28
22 86 à 25 71	»	81	77 15 à 80 »	2	32
25 72 à 28 57	»	85	80 10 à 82 85	2	51
28 58 à 30 »	»	89	82 86 à 85 71	2	55
30 01 à 31 42	1	04	85 72 à 88 57	2	59
31 43 à 34 28	1	08	88 58 à 90 »	2	63
34 29 à 37 14	1	12	90 01 à 91 42	2	78
37 15 à 40 »	1	16	91 43 à 94 28	2	82
40 01 à 42 85	1	35	94 29 à 97 14	2	86
42 86 à 45 71	1	39	97 15 à 100 »	2	90
45 72 à 48 57	1	43	100 01 à 102 85	3	09
48 58 à 50 »	1	47	102 86 à 105 71	3	15
50 01 à 51 42	1	62	105 72 à 108 57	3	17
51 43 à 54 28	1	66	108 58 à 110 »	3	21
54 29 à 57 14	1	70	110 01 à 111 42	3	36

PRIX DES BAUX de	MONTANT DES DROITS DES BAUX DE 1 an.		2 ans.		3 ans.		4 ans.		5 ans.		6 ans.		7 ans.		8 ans.		9 ans.	
f.	f.	c.	f.	c.	f.	c.	f.	c.	f.	c.	f.	c.	f.	c.	f.	c.	f.	c.
100	»	75	1	50	1	70	1	90	2	10	2	30	2	50	2	70	2	90
200	1	50	3	»	3	40	3	80	4	20	4	60	5	»	5	40	5	80
300	2	25	4	50	5	10	5	70	6	30	6	90	7	50	8	10	8	70
400	3	»	6	»	6	80	7	60	8	40	9	20	10	»	10	80	11	60
500	3	75	7	50	8	50	9	50	10	50	11	50	12	50	13	50	14	50
600	4	50	9	»	10	20	11	40	12	60	13	80	15	»	16	20	17	40
700	5	25	10	50	11	90	13	30	14	70	16	10	17	50	18	90	20	30
800	6	»	12	»	13	60	15	20	16	80	18	40	20	»	21	60	23	20
900	6	75	13	50	15	30	17	10	18	90	20	70	22	50	24	30	26	10
1000	7	50	15	»	17	»	19	»	21	»	23	»	25	»	27	»	29	»

2. Le bail qui comprend des rentes ne donne ouverture qu'au droit ordinaire réglé pour les baux, sur tous les objets affermés. *Sol. du 22 juillet 1814. (Art. 4908, j.)*

3. CHARGES. Il faut ajouter au prix du bail, pour la perception du droit, les charges imposées au preneur : si par exemple le preneur est chargé de payer la contribution foncière, sans déduction sur le prix de son bail, il doit être ajouté au prix, un quart pour le montant de la contribution s'il n'est pas désigné dans l'acte ou si l'on n'en a pas justifié par le rapport du rôle. *Sol. du* 9 *brum.* 7. (*Art.* 1 *et* 2, *j.*)

4. BAIL *pour* 3, 6, *ou* 9 *ans*. Il est considéré pour la liquidation et le paiement du droit, comme bail de neuf ans. *Art.* 69 *de la loi de frim.* 7

5. A REDEVANCE DE GRAINS. V. *mercuriale*. — S'il s'agit d'objets dont la valeur ne puisse être constatée par les mercuriales, les parties doivent en faire une déclaration estimative. *Art.* 15 *de la loi de frim.* 7. — L'expertise n'est pas permise pour constater la fraude de cette estimation. *Sol. du* 20 *oct.* 1806. (*Art.* 2479, *j.*)

6. CLAUSES PARTICULIÈRES DANS LES BAUX. *Cautionnement*. Le droit sur cette disposition est de moitié de celui dû sur le bail, avec cette différence cependant que s'ils étaient passés postérieurement, le droit ne serait liquidé qu'en raison des années qui resteraient à courir. *Art.* 9 *de la loi du* 27 *vent.* 9, *et art.* 1911 *j.*

7. On doit pour la perception du droit de cautionnement, comme pour celle du droit de bail, cumuler le prix de toutes les années. *Sol. du* 19 *prair.* 7.

8. L'engagement contracté par le père solidairement avec son fils, à l'exécution et au paiement du prix d'un bail, n'est pas un cautionnement. *Sol. du* 5 *sep.* 1814.

9. *Quittance*. Tout ce qu'on paie par le bail qui est passé, soit pour pot de vin ou deniers d'entrée, ou pour toute autre partie des fermages, n'opère pas de droit de quittance ; c'est une condition sans laquelle le bail n'aurait pas eu lieu. *Déc. min. fin. du* 10 *août* 1815. (*Art.* 5230 *et* 5557, *j.*)

10. *Indemnité*. S'il est stipulé une indemnité au profit des locataires pour le cas d'éviction, il n'est pas dû un droit particulier. *Sol. du* 2 *germ.* 10. (*Art.* 1115, *j.*) — Il n'est pas dû de droit particulier pour la stipulation d'indemnité faite entre les contractans, dans un acte de société ou de bail, en cas de l'inexécution des clauses, et sur-tout lorsqu'il ne s'agit pas de l'intervention d'un tiers. *Instr.* 548, *nomb.* 6.

11. *Cheptel*. Pour les baux d'immeubles par lesquels le propriétaire donne à cheptel de fer les bestiaux affectés à l'exploitation de son fonds, le droit est exigible comme bail d'immeuble sur la totalité du prix convenu. — Cette disposition n'est pas applicable au bail à cheptel, consenti par un propriétaire à d'autres qu'à son fermier. *Instr.* 290, *nomb.* 26.

12. *Autres clauses*. Quoiqu'il soit stipulé qu'en cas d'émission, par la suite d'un papier-monnaie qui tiendrait lieu de numéraire, le fermage sera converti en telle quantité de grains, le droit ne peut se percevoir que sur le prix stipulé en l'acte. *Sol. du* 2 *sept.* 1813.

13. La clause par laquelle le bailleur impose au preneur l'obligation de lui livrer annuellement une certaine quantité de denrées qu'il s'oblige à lui payer au prix courant, fait partie intégrante du bail, elle n'est qu'un mode de paiement et n'opère aucun droit particulier. *Déc. min. fin. du* 27 *nov.* 1810. (*Art.* 4061, *j.*)

14. Le bail fait par les militaires, pour tout le tems de leur service dans les armées de S. M., doit être considéré comme fait pour les 5 ans fixés par la loi du 10 mars 1818 sur le recrutement, d'après la *décis. du min. fin. du* 28 *avril* 1806. (*Art.* 2283, *j.*)

15. ACTES PASSIBLES OU NON DES DROITS DE BAUX. L'acte qui transmet à un individu, moyennant un prix déterminé, la faculté d'extraire de la tourbe pendant un tems limité, est passible du droit fixé pour les baux ordinaires, lorsque cet acte présente d'ailleurs les caractères du contrat de louage. *Déc. min. fin. du* 8 *févr.* 1814. (*Art.* 4742, *j.*)

16. Celui par lequel on cède pour douze ans, moyennant une somme une fois payée, l'écorce des arbres-liège qui existent sur un domaine, constitue un bail. *Arr. de cass. du* 7 *déc.* 1819. (*Art.* 6698, *j.*)

17. Quant au bail pour le nétoiement et l'arrosement des villes, V. *adjudication*, n.° 18. Pour la promesse de passer bail, V. *promesse*.

18. Le bail de bois en coupe réglée ne donne ouverture qu'aux droits fixés pour les baux ordinaires. *Déc. min. fin. et just. des* 6 *juillet* 1806, *et* 16 *août* 1808.

19. Il n'en serait pas de même, et le droit de 2 p. 100 serait exigible, si ces actes avaient pour objet la vente d'une coupe prête à être abattue, ou des arbres épars, ou des bois non en coupe réglée, vendus à la charge de les couper en plusieurs années, moyennant un prix pour chaque année. *Instr.* 400. V. *bail de meubles*, n.° 37.

20. Même perception de 2 p. 100, sur le bail par adjudication de plusieurs pièces de terre ensemencées en trèfle, pour commencer le 15 juin et finir le 1.er nov. de la même année. *Déc. min. just. du* 17 *juillet* 1813. (*Art.* 4716, *j.*) — Quant à la déclaration préalable à faire dans ce cas, V. *vente de meubles*.

21. BAIL *par adjudication*. Si l'un des copropriétaires se rend adjudicataire, le droit ne doit être perçu que sur la portion du prix revenant aux autres. (*Art.* 1433, *j.*)

22. BAIL *de biens nationaux*, assujétis aux droits des baux ordinaires. *Art.* 69 *de la loi de frim.* 7. V. AUX DOMAINES, *bail*, page 5.

23. BAIL *pour la gendarmerie*. Ce bail de biens appartenans à des particuliers, doit être considéré comme bail ordinaire. *Circ. du* 9 *sept.* 1807. — Même pour celui passé au Secrétariat d'une Préfecture. *Déc. min. fin. du* 12 *mars* 1811. (*Art.* 4133, *j.*) — Il est enregistrable dans les vingt jours de la dernière réception de l'approbation du Ministre de la guerre et de l'intérieur. *Instr.* 832. — Pour fixer la date de cette réception, le Secrétaire général de la Préfecture constatera l'arrivée sur son répertoire, comme il se pratique pour les actes passés devant les Maires, et soumis à l'approb. du Minist. *Déc. min. fin. du*..... (*Art.* 6152, *j.*)

24. Ceux passés antérieurement au 1.er vend. an 14, sont enregistrables gratis, *Instr.* 405.

Quant aux soumissions fournies par des particuliers, V. *soumission*.

25. BAIL *de biens des hospices et autres établissemens publics*. Il doit être fait devant un Notaire désigné par le Préfet, et figurer sur le répertoire le jour de sa rédaction, avec cette mention : soumis à l'approbation du Préfet. — Les Receveurs mentionneront la réserve suspensive de leur exécution et le jour où le Notaire l'aura reçue. *Instr.* 386.

26. Ce bail doit être enregistré dans les 15 jours de son retour à la Mairie, qui sera constaté par le Maire. Cette attestation sera aussi mentionnée au répertoire du Notaire. *Instr.* 561. — Aucune de ces dispositions n'a été changée par l'art. 78 de la loi du 15 mai 1818. *Déc. min. fin. du* 22 *sept.* 1820. (*Art.* 6821, *j.*)

27. Il doit être procédé par le Maire, à l'adjudication des baux de bois communaux ; l'acte doit en être passé devant le Maire ; l'adjudication n'est définitive qu'après l'approbation du Préfet ; et le délai pour l'enregistrement est de 20 jours après celui où cette approbation aura été donnée. *Loi du* 15 *mai* 1818, *et ordon. roy. du* 7 *oct. suiv.*

28. BAIL *des biens de la Légion d'honneur*. Il est passible des mêmes droits que celui entre particuliers. *Circ. des* 12 *mars et avril* 1806.

29. BAIL *des octrois*. Les adjudications à titre de régie intéressée des droits d'octroi, sont assujéties à raison du prix stipulé, aux droits réglés pour les baux. *Déc. min. fin. du* 5 *niv.* 12. (*Art.* 1642, *j.*). — V, *cession de bail*, n.os 6 et 7.

30. BAIL *de places aux églises* pour un tems limité. Il rentre dans la classe des baux ordinaires, et est soumis aux mêmes droits. *Déc. min. fin. du* 29 *vent.* 12. (*Art.* 1582 *et* 1730, *j.*) — Fait par adjudication, il doit être enregistré dans les vingt jours. S'il ne s'agissait que de conventions avec des particuliers, sans adjudication aux enchères, l'enregistrement ne serait nécessaire que dans le cas où l'on voudrait faire usage public des actes. *Instr.* 454, *nomb.* 17 et 18.

31. BAIL *de passage*. Il n'y a lieu qu'au droit fixe de 1 fr. pour les baux des droits de passage aux *écluses* et *ponts mobiles*. *Circ. du* 30 *therm.* 10.

32. Les baux de *bacs* et *passages* de rivières, régis par l'Administration des contributions indirectes, sont sujets, ainsi que les cautionnemens qui en résultent, aux droits ordinaires. *Instr.* 386 *et* 405.

33. BAIL *de terrains incultes* défrichés et mis en valeur. Ce bail est considéré comme les baux de toute autre espèce de propriété. *Arr. de cass. du* 2 *avril* 1806.

34. BAIL *de chantiers* pour placer les matériaux nécessaires aux constructions d'édifices publics, dont l'Etat paie les frais, est enregistrable gratis. *Déc. min. fin. du* .... *juin* 1814. (*Art.* 4863, *j.*)

35. BAIL *de chasse passé devant les Maires*. Il rentre dans la classe des actes translatifs de jouissance d'immeubles : par adjudication, il doit être enregistré dans les vingt jours, et sans concurrence d'enchérisseur dans les trois mois. *Instr.* 454.

36. BAIL *de pêche* dans les fleuves et rivières navigables, passible des droits fixés pour les baux à ferme. *Instr.* 246.

37. BAIL *de meubles*, soumis aux mêmes règles que les baux ordinaires. Le droit se liquide sur le prix annuel exprimé, en ajoutant les charges imposées au preneur. *Art.* 14 *de la loi de frim.* 7. — S'il était question de meubles qui se consomment par l'usage, ce serait une vente passible du droit de 2 p. 100 (*Art.* 3304, *j.*)

38. BAIL *à domaine congéable*. — V. *domaine congéable*.

39. BAIL de meubles *à durée illimitée*, 2 p.r 100. *Art.* 69 *de la loi de frim.* 7.

40. BAIL *emphytéotique* est celui qui est fait pour un temps au-dessus de neuf ans et au-dessous de cent ans, moyennant une prestation ou redevance annuelle. Le droit est le même que pour les autres baux. *Circulaire* 1609.

41. Le bail d'une durée de quatre-vingt-dix-neuf ans, commencé en 1815, n'emporte pas mutation, et par conséquent n'est point sujet au droit de transcription. *Sol. du* 20 *sept.* 1816. — Il en serait autrement si ce bail était d'une date antérieure à la publication du C. C. (*Art.* 5658, *j.*)

42. Un bail de 29 ans, passé en 1771, ne doit pas être considéré comme emportant aliénation de la propriété ; cet acte n'est qu'une cession de jouissance. *Arr. de cass. du* 23 *niv.* 7. (*Art.* 6706, *j.*)

43. BAIL *à vie*. Cession de la jouissance d'un immeuble, moyennant un prix annuel, payable pendant la vie du preneur. Le droit de 4 p. 100 auquel il est sujet, se règle, sans distinction de ceux faits, sur une ou plusieurs têtes, par un capital formé de dix fois le prix et les charges annuelles, en y ajoutant de même le montant des deniers d'entrée, et des autres charges, s'il s'en trouve d'exprimées. Les objets en nature s'évaluent pareillement, comme il est dit au mot *mercuriale*. *Art.* 15 *et* 69 *de la loi de frim.* 7.

44. Cet acte n'emporte pas mutation d'usufruit, et par conséquent n'est pas passible du droit de transcription. *Tribunal d'Orléans, du* 9 *mars* 1818. — MM. les rédacteurs du Journal de l'enregistrement sont d'un avis contraire. (*Art.* 6015 *et* 6358, *j.*)

45. La charge de la contribution foncière imposée au preneur, ne doit pas être ajoutée au prix, comme étant une charge naturelle à cette espèce d'acte. *Sol. du* 15 *mars* 1814.

46. Le bail stipulé pour un nombre d'années déterminé, et consenti pour autant d'années qu'il plaira aux parties, suivant les conditions exprimées dans l'acte, étant censé avoir pour terme de leur durée le décès seul de l'une des parties, doit être considéré comme s'il eût été fait à vie. *Sol. du* 22 *pluv.* 8. (*Art.* 381, *j.*) V. l'art. suiv.

47. BAIL *d'immeubles dont la durée est illimitée*. Celui qui est consenti pour cinq ans, avec pouvoir au preneur de le continuer, à l'expiration, pour le même prix, est un bail illimité qui doit être considéré pour la perception comme bail à vie. *Arr. de cass. du* 7 *déc.* 1813. (*Art.* 4755, *j.*)

48. Le bail fait pour trois ans, avec la clause qu'il sera prorogé jusqu'à ce que l'un des contractans fasse renonciation, s'il n'est fait désistement par avertisse-

ment, six mois avant l'expiration des trois premières années, est d'une durée indéterminée. *Arr. de cass. du 7 germ.* 12. (*Art.* 1408 *et* 1723, *j.*)

49. BAIL *à locaterie perpétuelle.* V. AUX DOMAINES, page 5, n.° 11.

50. BAIL *à rente perpétuelle.* Le droit est réglé sur le pied de 5 fr. 50 c. p. 100. *Art.* 52 *et* 54 *de la loi de* 1816. — Il se liquide sur un capital formé de vingt fois la rente ou le prix annuel, en y ajoutant toutes les charges tant annuelles qu'en capital. Cependant l'évaluation au denier 20 n'a lieu que dans le cas où le bail à rente est fait sans expression de capital; car s'il est fixé, comme le preneur ne serait tenu que de rembourser ce capital, il forme réellement le prix de l'aliénation. *Sol. du* 22 *mess.* 8. — La condition, dans un bail à rente, de rentrer dans le bien à défaut de paiement, est purement comminatoire, parce que cet acte n'est pas une vente. *Arr. de cass. du* 19 *mai* 1819.

51. BAIL *sous seing-privé.* Les droits en doivent être acquittés par les preneurs. *Sol. du* 21 *janv.* 1806. (*Art.* 2361, *j.*) V. *débiteurs*, n.° 6.

52. Il doit être enregistré dans les trois mois de sa date, à peine du double droit. *Art.* 24 *et* 38 *de la loi de frim.* 7. Le bail antérieur à cette loi, n'est soumis qu'au simple droit, même dans le cas où on voudrait en faire usage. *Circ.* 1663.

53. Ce bail doit être sur papier timbré, à peine de 30 fr. d'amende. *Art.* 12 *et* 26 *de la loi du* 13 *brum.* 7.

54. S'il est relaté dans un compte de fermages sous seing-privé, cette mention ne suffit pas pour la condamnation au droit de bail, lorsque le fermier conteste sa signature mise sur le compte, et que l'Administration n'insiste point sur une vérification d'écriture. *Arr. de cass. du* 20 *janv.* 1814.

55. BAIL *relaté dans les actes.* Lorsque la convention en vertu de laquelle il est formé demande des termes d'un bail, n'est pas désignée par l'exploit qui tend à la faire exécuter, il convient de faire expliquer les parties. *Sol du* 14 *juillet* 1808.

56. Un bail sous seing-privé dont l'existence est prouvée par un inventaire qui le relate, est passible du droit et double droit, quoique le fermier n'ait pas été présent à cet inventaire : un jugement du Tribunal d'Autun, du 27 févr. 1811, avait rejeté la demande formée de ces droits; mais sur le pourvoi en cassation pour violation des art. 13, 22 et 29 de la loi de frim. 7, les parties, pour éviter les suites de cette affaire ont payé les droits et doubles droits. (*Art.* 4743, *j.*)

57. BAIL *verbal*, il n'est assujéti à aucun droit. *Arr. de cass. du* 24 *juin* 1812. (*Art.* 4272, *j.*) Les droits reçus n'ont du être restitués que d'après une décision du ministre. *Inst.* 577. — Pour que le droit de bail puisse être perçu, il faut que le titre existe, et que d'autres actes le fassent connaître; l'acte par lequel on reconnaît avoir reçu le prix d'une location verbale, n'opère que le droit de quittance. *Arr. de cass. des* 12 *et* 17 *juin* 1811. *Lettre de M. le Directeur général du* 10 *août* 1811.

58. Les Préposés de l'enregistrement ne doivent faire la demande du droit de bail ou de location, que dans le cas où il serait prouvé, comme le veut l'art. 13 de la loi de frim. 7, que la jouissance a pour fondement un bail rédigé par écrit. *Instr.* 550, V. *jugement n.°* 97.

59. BAIL *à nourriture*, convention par laquelle on s'oblige d'alimenter un particulier pendant un tems déterminé ou illimité, moyennant une rétribution annuelle, une somme fixe, l'abandon de la propriété ou de la jouissance de meubles ou d'immeubles ou enfin gratuitement.

60. *De personnes autres que des mineurs.* Cet acte opère 50 c. p. 100, sur le prix cumulé des années de la convention, lorsqu'elles sont déterminées, si la rétribution est annuelle, ou sur la somme fixe dans le cas contraire. *Art.* 69 *de la loi de frim.* 7. Si la durée est illimitée, le droit est de 2 p. 100 sur le capital au denier dix de la rétribution annuelle, ou sur la somme fixe, *idem.*

61. *De mineurs*; 25 centimes p. 100 sur le montant des années réunies de la pension ou sur la somme déterminée. *Art.* 69 *de la loi de frim.* 7.

62. Celui qui contient cession de mobilier ou transmission pour un tems, d'immeubles, à la charge de nourrir les mineurs, est soumis au droit de vente pour le 1.er cas, ou des baux ordinaires pour le 2.eme. *Sol. du* 8 *fruct.* 8 (*Art.* 570, *j.*) V. *avis de parens n.°* 2.

63. *Des ascendans*, 25 centimes p. 100 sur le capital au denier 10. V. *ascendans*, page 83, n.° 4.

64. BAIL *de louage*; celui des gens de travail qui s'engagent au service de quelqu'un, est passible des droits fixés pour les baux ordinaires. *Art.* 69 *de la loi de frim.* 7.

65. Le bail des voituriers, tant par terre que par eau, qui se chargent du transport des personnes ou des marchandises, et celui des entrepreneurs d'ouvrages par suite de devis ou marché, sont sujets au droit de 1 p. 100, *suivant le* n.° 1, §. 3 *de l'Art.* 69 *de la loi de frim.* 7. (*Art.* 802 *et* 1600, *j.*)

66. BAIL *de pâturage et de nourriture d'animaux*; c'est la concession de l'usage accordé, pour un certain tems, d'un simple pâturage, ou la permission de faire paître des bestiaux sur la propriété du bailleur. C'est aussi la convention par laquelle on s'oblige de nourrir les bestiaux d'un autre. — Le droit est fixé à 25 cent. p. 100 sur le prix cumulé des deux premières années, et à 12 c. 1/2 p.r 100 sur les années suivantes. *Art.* 69, §. 1 *de la loi de frim.* 7.

67. Ce droit ne concerne que les baux par lesquels un cultivateur s'oblige pour une somme convenue, de fournir le pâturage et la nourriture à des animaux qui lui sont confiés, et non aux baux des terres que les fermiers peuvent employer aux pâturages et à la nourriture des animaux; ces derniers baux sont sujets à la même perception que les baux ordinaires, quelque soit l'usage que les fermiers fassent de ces terres. *Instr.* 586.

68. BAIL *à cheptel et reconnaissance de bestiaux*, contrat par lequel l'une des parties donne à l'autre un fonds de bétail pour le garder, le nourrir et le soigner, sous les conditions convenues entre elles. — On en distingue de trois espèces ; le cheptel simple, le cheptel à moitié et le cheptel de fer. — Par le premier, un particulier donne à l'autre un fonds de bé-

tail pour le soigner et le gouverner pendant un certain tems, à la charge d'en partager par moitié les laines, ainsi que les croits et les décroits, et en convenant en général, que les laitages, fumiers et labeurs appartiendront au preneur. Ce contrat est assujéti au droit de 25 cent. p. 100 sur le prix exprimé dans l'acte, ou, à défaut, d'après l'évaluation qui sera faite du bétail. *Art.* 69 *de la loi de frim.* 7. — Dans le second, chacune des parties contractantes fournit la moitié des bestiaux pour en retirer en commun le profit. C'est un acte de société, et la perception est réglée sur ce pied, si l'acte n'a ni la forme, ni les effets d'un bail. — Le troisième a lieu lorsqu'un particulier donne à ferme sa métairie avec les bestiaux dont elle est garnie, et qu'à l'expiration, le fermier est obligé de laisser une quantité de bestiaux d'une valeur égale à la somme à laquelle ont été évalués, par le bail, ceux laissés à cheptel.

69. Le cheptel, dans la dernière espèce, n'autorise pas la perception d'un droit particulier, si les bestiaux font partie des objets affermés, parce que l'obligation que contracte le fermier de rendre le bétail en valeur égale, est une disposition intégrante du bail : dans cette hypothèse, il n'est dû que le droit ordinaire de bail d'immeubles sur la totalité du prix stipulé. *Inst.* 2, *n.°* 290, *nomb.* 26.

BALLOT. Dans la cas d'altération des cachets, enveloppes et d'avaries, ou de différence entre les quantités reçues des papiers timbrés, registres et impressions, et celles spécifiées dans l'état de consistance qui accompagne l'envoi, il est essentiel de rapporter procès-verbal en triple expédition, signé par le Directeur, le Garde-Magasin et le porteur de la lettre de voiture; l'une est aux entrepreneurs, l'autre à l'Administrateur du timbre, la troisième reste à la Direction. *Instr.* 188.

BANQUEROUTE. V. *faillite.*

BATIMENS *appartenant à l'acquéreur du terrain.* V. *vente d'immeubles*, n.° 14.

BÉNÉFICE *d'âge.* V. *émancipation.*

BÉNÉFICE *de cession.* V. *abandon par un héritier.*

BÉNÉFICE *d'inventaire.* C'est un privilége qui empêche la confusion des droits actifs et passifs d'une succession, avec les droits particuliers de l'héritier. V. *acceptation*, page 49; *et succession*, n.° 241.

BIENFAISANCE. (*établissement de*) V. *acquisition*, page 51; et *donation*, n.° 53 *et suiv.*

BIENS *de la caisse d'amortissement.* Les recettes à cet egard font partie des produits ordinaires. *Instr.* 670. 671 et 690. V. AUX DOMAINES, *caissse d'amortissement.*

BIENS *communaux.* Les déclarations faites devant les Sous-Préfets par les individus qui jouissent sans titres des biens communaux, doivent être sur timbre de dimension de 35 cent. au moins, et enregistrées pour 1 fr. fixe. *Instr.* 328. — La décision des Préfets qui les maintient en possession provisoire, est sujète au droit de 5 1/2 p. 100. *Déc. min. fin. du* 27 *juin* 1809. (*Art.* 3288, *j.*) V. AUX DOMAINES, *biens des communes.*

BIENS *de l'État.* V. AUX DOMAINES, page 24.

BIENS *vacans.* V. AUX DOMAINES, *biens vac.*, p. 8.

1. BIENS *en général.* Possession en argent, en effets, en terre, etc. Tous les biens sont meubles ou immeubles. *Art.* 516 *du C. C.*

BIENS *meubles.* Les biens sont meubles par leur nature, ou par la détermination de la loi. *Art.* 527 *du C. C.* — Ils se composent de choses variables, fugitives, qui n'ont pas d'assiette fixe, et par conséquent ne sont point, par leur nature, susceptibles d'hypothèques. *Cour de Rennes, du* 8 *août* 1806.

2. *Sont meubles, par leur nature*, les corps qui peuvent se transporter d'un lieu à un autre, soit qu'ils se meuvent par eux-mêmes, comme les animaux, soit qu'ils ne puissent changer de place que par l'effet d'une force étrangère, comme les choses inanimées. *Art.* 528 du C. C.

3. *Par la détermination de la loi*, les obligations et actions qui ont pour objet des choses exigibles ou des effets mobiliers; les actions ou intérêts dans les compagnies de finances, de commerce ou d'industrie, encore que des immeubles dépendant de ces entreprises appartiennent aux compagnies; ces actions ou intérêts sont réputés meubles à l'égard de chaque associé, seulement tant que dure la société. — Sont aussi meubles, par la destination de la loi, les rentes perpétuelles ou viagères, soit sur l'Etat, soit sur des particuliers. *Art.* 529.

4. Les cessions d'actions ou intérêts dans une entreprise pour l'exploitation des mines, sont meubles. *Loi du* 21 *avril* 1810. (*Art.* 3888, *j.*) V. *cession.*

5. Toute rente établie à perpétuité, pour le prix de la vente d'un immeuble, ou comme condition de la cession à titre onéreux ou gratuit d'un fonds immobilier, est essentiellement rachetable. — Il est néanmoins permis au créancier de régler les clauses et conditions du rachat; il lui est aussi permis de stipuler que la rente ne pourra lui être remboursée qu'après un certain terme, lequel ne peut jamais excéder 30 ans : toute stipulation contraire est nulle. *Art.* 530 du C. C.

6. Les bateaux, bacs, navires, moulins et bains sur bateaux, et généralement toutes usines non fixées par des piliers, et ne faisant point partie de la maison, sont meubles. La saisie de quelques-uns de ces objets, peut cependant, à cause de leur importance, être soumise à des formes particulières, ainsi qu'il est expliqué dans le C. de P. C. *Art.* 531.

7. Les matériaux provenant de la démolition d'un édifice, ceux assemblés pour en construire un nouveau, sont meubles jusqu'à ce qu'ils soient employés par l'ouvrier dans une construction. *Art.* 532.

8. Une maison dont la démolition a été ordonnée par un décret avant le décès du propriétaire, doit être considérée, pour le droit de mutation, comme chose mobilière. *Sol. du* 23 *nov.* 1809.

9. Le mot meuble employé seul dans les dispositions de la loi ou de l'homme, sans autre addition ni désignation, ne comprend pas l'argent comptant, les pierreries, les dettes actives, les livres, les médailles, les instrumens de science, des arts et métiers, le linge de corps, les chevaux, équipages, armes, grains, vins, foins et autres denrées; il ne comprend pas aussi ce qui fait l'objet d'un commerce. *Art.* 533 du C. C.

10. Les animaux que le propriétaire du fonds donne

à cheptel à d'autres qu'au fermier, sont meubles. *Instr.* 290. *Art.* 522 *du C. C.*

11. Les chevaux qu'a laissés sur sa terre le propriétaire qui l'a affermée par un bail, qui ne fait pas mention d'eux, ne sont point immobilisés dès que rien ne constate qu'ils ont été placés pour le service ou pour l'exploitation du fonds. *Cour de Bruxelles, du* 8 *août* 1811.

12. Les mots *meubles meublans* ne comprennent que les meubles destinés à l'usage et à l'ornement des appartemens, comme tapisseries, lits, siéges, glaces, pendules, tables, porcelaines et autres objets de cette nature. *Art.* 534.

13. Les tableaux et les statues qui font partie des meubles d'un appartement, y sont aussi compris, mais non les collections de tableaux qui peuvent être dans les galeries ou pièces particulières. Il en est de même des porcelaines; celles seulement qui font partie de la décoration d'un appartement, sont comprises sous la dénomination de *meubles meublans*. *Art.* 534.

14. L'expression *biens meubles*, celle de *mobilier* ou *d'effets mobiliers*, comprennent généralement tout ce qui est censé meuble, d'après les règles ci-dessus établies. — La vente ou le don d'une maison meublée ne comprend que les *meubles meublans*. *Art.* 535.

15. La vente ou le don d'une maison, avec tout ce qui s'y trouve, ne comprend pas l'argent comptant ni les dettes actives et autres droits, dont les titres peuvent être déposés dans la maison; tous les autres effets mobiliers y sont compris. *Art.* 536.

16. Les machines, décorations et partitions de musique d'un théâtre, sont des objets *mobiliers* et non immeubles par destination. *Déc. min. fin. du* 4 *mars* 1806. *Instr.* 366.

17. Les fruits pendans par racine peuvent être saisis ou vendus comme mobiliers, dans un tems voisin de la récolte. *Instr.* 288. — La vente de cette récolte est mobilière. *Arr. de cass., des* 9 *vend.* 14, *et* 8 *mars* 1820. (*Art.* 6668, *j.*)

18. Les bois vendus à la charge d'être coupés, et les pierres déjà extraites d'une carrière, ou vendues à la charge d'en être extraites, sont meubles. *Arr. de cass. des* 24 *mai* 1815 *et* 29 *mars* 1816.

19. Les métiers à filer et ustensiles relatifs à une filature de coton, sont meubles, quoique les objets soient vendus par le même acte que la maison dans laquelle la filature est établie, mais pour un prix distinct et avec estimation, article par article. *Sol. du* 15 *juin* 1812. (*Art.* 5521, *j.*)

20. Les charbons de terre et minerais compris dans la vente d'une forge, sont considérés comme mobiliers, s'ils sont estimés par charges de charbon et bannes de minerai. *Déc. min. fin. du* 8 *mai* 1818. (*Arr.* 6019 *et* 6112, *j.*)

21. La jouissance illimitée des eaux d'une pompe à feu, *mais avec faculté de révocation*, n'en est qu'une mobilière. *Arr. de cass. du* 18 *déc.* 1811. (*Art.* 4141, *j.*)

22. BIENS *immeubles*. Les biens sont immeubles ou par leur nature, ou par leur destination, ou par l'objet auquel ils s'appliquent. *Art.* 517 *du C. C.* — Les fonds de terre et les bâtimens sont immeubles par leur nature. *Art.* 518. — Les moulins à vent ou à eau, fixés sur piliers et faisant partie du bâtiment, sont aussi immeubles par leur nature. *Art.* 519.

23. Les récoltes pendantes par les racines, et les fruits des arbres non encore recueillis sont pareillement immeubles. — Dès que les grains sont coupés, et les fruits détachés, quoique non enlevés, ils sont meubles. — Si une partie seulement de la récolte est coupée, cette partie seule est meuble. *Art.* 520.

24. Les coupes ordinaires de bois, taillis ou de futaies, mises en coupes réglées, ne deviennent meubles qu'au fur et à mesure que les arbres sont abattus. *Art.* 521.

25. Les animaux que le propriétaire du fonds livre au fermier ou au métayer pour la culture, estimés ou non, sont censés immeubles, tant qu'ils demeurent attachés au fonds par l'effet de la convention. *Art.* 522. V. *biens meubles*, n.° 10.

26. Les tuyaux servant à la conduite des eaux dans une maison ou autre héritage, sont immeubles, et font partie du fonds auquel ils sont attachés. *Art.* 523.

27. Les objets que le propriétaire d'un fonds y a placés pour le service de l'exploitation de ce fonds, sont immeubles par destination. — *Ainsi sont immeubles par destination*, quand ils ont été placés par le propriétaire pour le service et l'exploitation du fonds, les animaux attachés à la culture; les ustensiles aratoires; les semences données aux fermiers, ou colons partiaires; les pigeons des colombiers; les lapins de garennes; les ruches à miel; les poissons des étangs; les pressoirs, chaudières, alambics, cuves et tonnes; les ustensiles nécessaires à l'exploitation des forges, papeteries et autres usines; les pailles et engrais. — *Sont aussi immeubles par destination*, tous les effets mobiliers que le propriétaire a attachés au fonds à perpétuelle demeure. *Art.* 524.

28. Le propriétaire est censé avoir attaché à son fonds des effets mobiliers à perpétuelle demeure, quand ils sont scellés à plâtre, ou à chaux, ou à ciment, ou lorsqu'ils ne peuvent être détachés sans être fracturés ou détériorés, ou sans briser ou détériorer la partie du fonds à laquelle ils sont attachés. — Les glaces d'un appartement sont censées mises à perpétuelle demeure, lorsque le parquet sur lequel elles sont attachées, fait corps avec la boiserie. — Il en est de même des tableaux et autres ornemens; quant aux statues, elles sont immeubles, lorsqu'elles sont placées dans une niche pratiquée exprès pour les recevoir, encore qu'elles puissent être enlevées sans fracture ni détérioration. *Art.* 525.

29. *Sont immeubles par l'objet auquel ils s'appliquent*: L'usufruit des choses immobilières; les servitudes foncières; les actions qui tendent à revendiquer un immeuble. *Art.* 526.

30. Si les fruits naturels et industriels sont vendus avec le fonds, ils sont considérés comme immeubles. *Arr. de cass. du* 19 *vend.* 11.

31. On doit regarder comme immeubles par destination les bestiaux qu'a sur sa terre le propriétaire des biens qu'il exploite. *Déc. min. fin. du* 4 *mai* 1813. (*Art.* 4691.) et ceux qu'il y a placés pour le service de l'exploitation de ce fonds. *Arr. de cass. du* 20 *juillet* 1812.

32. Ainsi que les mines, bâtimens, machines, puits, galeries, et autres travaux établis à demeure. Les agrès,

outils, ustensiles servant à l'exploitation, et les chevaux attachés au service intérieur des mines. *Loi du* 21 *avril* 1810. (*Art.* 3888 *j.*)

33. Il en est de même des pépinières adhérentes au sol du propriétaire. *Déc. min. fin. du* 19 *juin* 1810. (*Art.* 3881.)

34. Les immeubles par destination sont considérés, pour les droits de mutation, comme immeubles. *Ins.* 290. — Dès que le droit, dans une déclaration de succession, est perçu sur la valeur locative de la ferme, il n'y a pas lieu de percevoir un autre droit comme mobilier, parce que les bestiaux sont inventoriés. *Sol. du* 22 *mai* 1818.

35. Les tonnaux dépendant d'une brasserie sont immeubles par destination, et n'en doivent pas moins être compris dans la valeur de l'immeuble déclaré, quoique postérieurement au décès ils aient été vendus séparément. *Arr. de cass. du* 4 *fév.* 1817.

36. BIENS *saisis réellement.* V. AUX DOMAINES, *saisie réelle.* Dans le cas où les restitutions de revenus, perçus antérieurement à l'ordonnance du 3 juillet 1816 (*inst.* 736), seraient prescrites par l'autorité, il faudrait les effectuer comme celles relatives aux Domaines régis par l'Administration, sur des ordonnances du Ministre des finances. *Déc. min. fin. du* 4 *fév.* 1814. (*Art.* 4999, *j.*)

BILAN. Etat de l'actif et du passif d'un débiteur en faillite : il est sujet au droit fixe d'un fr. *Art.* 68 *de la loi de frim.* Le dépôt qui en est fait aux greffes des Trib. de 1.re instance ou de commerce, est sujet au droit de 3 fr. *Art.* 44 *de la loi de* 1816.

Il n'est pas nécessaire de remettre au Juge-Commissaire de la faillite, une expédition authentique du bilan déposé au Greffe, pour procéder à la vérification des créances, parce que le bilan n'est pas un titre dont le dépôt au Greffe soit prescrit par la loi et dont il y ait lieu de délivrer une expédition authentique. *Déc. des min. de la just. et des fin. des* 17 *et* 30 *mars* 1813. (*Art.* 4618, *j.*)

BILLET. Reconnaissance d'une dette, avec promesse de la payer.

1. Le billet souscrit pour valeur de marchandises désignées, doit le droit de 2 fr. pour cent comme vente de mobilier. Celui causé pour libéralité, engendre le droit fixé pour les donations. *Art.* 69 *de la loi de frim.* 7.

2. Celui souscrit pour prêt en espèces, doit le droit de 1 pour 100. *Art.* 69. Le droit d'enregistrement des billets ou promesses de payer se liquide sur la somme exprimée dans l'acte, sans avoir égard aux quittances d'à-comptes. *Art.* 14 *et* 69 *de la loi de frim.* 7.

3. Il n'est rien dû pour la quittance des à-comptes, si les parties n'en requièrent pas l'enregistrement. *Sol. du* 29 *prair.* 7. (*Art.* 172 *et* 2304, *j.*).

4. Ils doivent être écrits sur timbre proportionnel, sous peine de 30 fr. d'amende. *Circ.* 1580. *Art.* 6 *de la loi du* 6 *prairial* 7.

5. Cette disposition s'applique aux simples billets et promesses de payer, et non aux marchés, transmission, vente, cession, et autres actes synallagmatiques sujets au timbre de dimension, quoique ces actes contiennent des obligations ou promesses de payer. *Sol. du* 29 *mess.* 7.

6. Elle s'applique encore à une obligation ou promesse de payer sous seing-privé, contenant consentement à hypothèque et pouvoir de déposer cette obligation en l'étude d'un notaire, parce que la créance est l'objet principal de l'acte. *Sol. du* 2 *pluv.* 13. *Art.* 1930, *j.*)

7. L'on ne peut écrire deux billets ou promesses de payer à la suite l'un de l'autre, sur la même feuille, sans encourir l'amende. *Jugement du Tribunal de Chartres du* 28 *vent.* 8.

8. L'acte par lequel un individu prête une somme avec intérêt et clause, que le prêteur pourra redemander la somme prêtée en avertissant un mois à l'avance, doit être sur timbre proportionnel. *Arr. de cass. du* 1.er *mai* 1809 *et autre arr. d'admission d'un pourvoi dans le même sens du* 31 *août* 1813. (*Art.* 5045, *j.*)

9. Des reçus ou récépissés de sommes ou créances avec cette clause : *dont nous lui tenons compte*, ou *valeur de telle date*, doivent être écrits sur du papier au timbre proportionnel. *Arr. de cass. du* 24 *mars* 1813. (*Art.* 4581, *j.*).

10. Les transports, cessions ou endossemens peuvent, sans contravention aux lois du timbre, être écrits sur de simples billets ou promesses de payer, faits sur du papier au timbre proportionnel de la quotité prescrite. — Ces billets et chaque transport, cession ou endossement, quelle qu'en soit la somme, sont sujets au droit de 1 p. 100. — Lorsqu'au lieu de l'assignation, le recouvrement se poursuit par la voie du protêt, la formalité peut être donnée simultanément à ces actes et protêt sans amende. *Instr.* 648.

11. Les billets faits sur papier libre, avant la loi du 1.er avril 1791, ne sont soumis qu'au timbre de dimension, avant de pouvoir être produits en justice. La loi de prairial 7 n'a disposé que pour l'avenir. *Sol. du* 5 *niv.* 8. (*Art.* 331, *j.*)

12. Les billets déposés par les actionnaires de la société d'assurance contre la grêle dans le département des Landes, entre les mains du Directeur, sont, à défaut de paiement, soumis au timbre de 35 centimes et à l'enregistrement. *Décr. du* 12 *juillet* 1808.

13. BILLET *adiré.* La sommation de payer un effet adiré doit, 1.° le droit fixe de sommation; 2.° le droit proportionnel sur l'effet, sauf restitution, s'il est justifié qu'il a été enregistré. *Circ.* 548.

14. BILLET *à ordre.* Les billets à ordre et autres effets négociables de particuliers ou de compagnies, à l'exception des lettres de change tirées de place en place, doivent 50 c. p. 100, art. 69 de la loi de frim. 7. Ils sont soumis au timbre proportionnel. V. *effets et protêt.*

15. Sur un billet à ordre de 2000 francs écrit sur papier à 1 fr. 40 centimes, et dans le contenu duquel les signataires ont renoncé à la prescription relativement à neuf autres billets montant à 6000 fr., il est dû seulement 10 fr. sur 2,000 fr. et 1 fr. comme renonciation. *Sol. du* 5 *juin* 1816. (*Art.* 5451, *j.*)

16. Le billet à ordre causé *valeur en quittance du prix de vente d'immeubles* est soumis au droit de 50 c. p. 100; il est négociable et susceptible de transmission par la voie d'endossement, qui doit jouir de l'exemption du droit prononcé par l'art. 70 de la loi de frim. 7. *Arr. de cass. du* 1.er *avril* 1811. (*Art.* 4065 *et* 5855, *j.*) V. *endossement.*

17. *Enregistrement.* Les effets négociables pourront n'être présentés à l'enregistrement qu'avec les protêts qui en auront été faits. *Art.* 69 *de la loi de frim.* 7. Cette formalité doit être donnée, ainsi que pour les lettres de change et autres effets négociables, au bureau des actes des huissiers. *Inst.* 739.

Les billets à ordre, dont le paiement se poursuit par voie d'assignation et sans que le protêt en ait été fait, doivent être préalablement enregistrés; ainsi il y a violation de l'article 41 de la loi, s'ils sont présentés à la formalité en même tems que l'exploit d'assignation. *Instr.* 548.

18. Par le même acte on ne peut pas, sous peine d'amende, faire le protêt d'un billet à ordre, et donner assignation au débiteur, sans que le billet ait été préalablement enregistré. *Sol. du* 28 *avril* 1819.

19. Lorsqu'un billet à ordre n'a pas été enregistré avant ou avec le protêt, l'amende prononcée par l'art. 42 de la loi de frim. se trouve encourue. *Déc. min. fin., du* 6 *août* 1819. (*Art.* 6517, *j.*)

20. *Pour marchandises.* Quoique le billet à ordre soit causé pour valeur en marchandises, il doit participer à la faveur accordée au commerce, et il ne doit que le droit de 50 cent. p. 100. *Arr. de cass., du* 13 *vent.* 13.

21. *Pour bons offices.* Le billet à ordre causé pour valeur en bons offices, ne doit pas être envisagé comme donation rémunératoire; le droit de 50 c. p. 100 est seul exigible. *Arr. de cass. du* 13 *vent.* 12.

22. *Passé dev. Notaire.* Le billet à ordre quoique passé devant Notaire, n'est passible que du droit de 1/2 p. 100, pourvu qu'il ne contienne ni déclaration d'hypothèque ni aucune condition autre que celles qui sont de l'essence des effets de commerce. *Déc. min. fin. du* 6 *pluv.* 11. S'il en était autrement, il serait dû le droit de 1 p. 100. *Circ.* 1580; et l'endossement de cette obligation serait assujéti au même droit. *Arr. de cass. du* 5 *pluv.* 11.

23. La reconnaissance devant Notaire de créances résultant de billets à ordre, et contenant déclaration d'hypothèques pour sûretés de ces créances, doit 1 p. 100. *Instr.* 290, *nomb.* 11, V. *obligation.*

24. *Droits réunis.* Le billet à ordre, souscrit au profit d'un Recev. des contributions indirectes, pour acquit de l'impôt du sel, n'est soumis qu'au droit fixe d'un franc; cette obligation est assimilée aux traites fournies par les adjudicataires de bois appartenant à l'Etat. *Déc. min. fin. du* 17 *déc.* 1814. (*Art.* 5068, *j.*)

25. *Sans ordre.* Le billet doit être à ordre pour jouir de la faveur du droit de 50^c cent. p. 100. Mais s'il est *sans ordre*, c'est-à-dire, simple promesse de payer, il doit être soumis au droit d'un fr. p. 100. *Instr.* 648.

26. *Billet au porteur.* La simple remise à un tiers d'un billet au porteur *en opérant le transport sans aucune écriture*, on ne peut disconvenir que cet effet ne soit essentiellement *négociable* : il s'en suit nécessairement qu'il n'est passible que du droit proportionnel de 50 c. p. 100, établi sur des effets de cette espèce. *Instr.* 386.

27. Pour d'autres dispositions qui ont rappport aux billets à ordre, V. *obligation* et *novation.*

28. BILLET *de loterie particulière*, assujéti au timbre *Arr. de cass. du* 30 *novembre* 1807. (*Art.* 2957, *j.*)

29. BILLET *d'étape, de subsistance et de logement*; exempt du timbre. *Art.* 16 *de la loi de brum.* 7, et de l'Enregisteement, *art.* 70 *de la loi de frim.* 7.

30. BILLET *de faire part* des naissances, mariages et enterremens; exempt du timbre. V. *affiches*, n.° 20, nombre 4.

BILLON. V. *monnaie.*

BOIS. V. *adjudication de bois* et *adjudication de coupes de bois.*

BONS. *Ceux de fournitures militaires* sont sujets au timbre; ceux des réquisitions de chevaux, grains et autres denrées, en sont exempts. *Circ.* 2042.

Pour offrir aux propr.^s de rentes sur les livres auxiliaires du Grand-Livre de la dette publique, la faculté de recevoir les arrérages sans déplacement, les Receveurs généraux sont autorisés à délivrer des *bons* sur les Préposés des administrations financières, qui les acquitteront à présentation, et jusqu'à concurrence du montant des sommes en caisse; ces bons seront admis pour comptant dans le versement le plus prochain à la caisse du Receveur général ou particulier. *Instr.* 893.

BONS *émis par la Caisse d'amortissement.* Ceux admissibles en paiement des biens des communes, ne sont assujétis ni au timbre, ni à l'enregistrement. *Déc. min. fin., du* ..... (*Art.* 5111, *j.*)

BORDEREAU *d'hypothèques.* V. ce mot AUX HYPOTH.^s

BORDEREAU *d'ordre ou de collocation* est l'extrait du procès-verbal d'ordre délivré par le Greffier à chaque créancier, utilement colloqué sur le prix d'une vente immobilière. Il est exempt du droit d'enregistrement. *Instr.* 436. Mais il doit être délivré sur papier d'expédition. *Sol. du* 17 *janv.* 1809. Il est assujéti au droit de greffe. *Art.* 8 *de la loi du* 13 *brum.* 7, *et art.* 7 *de la loi du* 21 *vent.* 7.

Chaque bordereau ne doit pas comprendre la totalité du procès-verbal d'ordre, et ce procès-verbal n'est pas sujet à délivrance; le bordereau et l'ordonnance de main-levée des inscriptions écartées de la collocation, sont deux actes distincts qui doivent être délivrés séparément aux personnes qui y ont intérêt. *Déc. min. just. du* 27 *janv.* 1808. V. *greffe* (*droits de*).

Lorsqu'on présente à l'enregistrement un bordereau de collocation pour partie d'une somme distribuée par procès-verbal antérieur à la loi de 1816, il y a lieu de percevoir le droit de 50 c. p. 100 sur le total de la somme distribuée en masse, et non sur celle portée au bordereau, parce que le procès-verbal devant être enregistré avant la délivrance des bordereaux, cet enregistrement ne peut avoir lieu partiellement. *Sol. du* 20 *nov.* 1816. (*Art.* 5610, *j.*) V. *ordre.*

BORDEREAU *de compte.* V, *compte.*

BORDEREAU *des valeurs de la caisse.* Il doit être formé et signé avant de calculer les recettes. *Sol. du* 28 *juin* 1808.

BORDEREAU *de versement.* Il doit contenir indistinctement toutes les recettes dont la perception est confiée à l'Administration. *Circ. du* 21 *mars* 1808. — Le versement doit être faite sous la seule imputation de produits de l'Enregistrement et des Domaines, mais avec la désignation de l'exercice auquel il se rapporte.

BREVET. Acte dont le Notaire ne garde pas minute.

1. Il est enregistrable dans un délai avant d'être remis à la partie. *Art.* 7 *et* 41 *de la loi de frim.* 7.

2. Les brevets doivent être portés au répertoire à peine de 10 fr. d'amende. V. *répertoire.* — Il n'est pas nécessaire qu'ils soient sur timbre-expédition. *Circ.* 1566.

3. Les brevets produits pour obtenir l'acte de notoriété qui constate l'identité des titulaires de la Légion-d'honneur, ne sont sujets ni au timbre ni à l'enregistrement. *Déc. min. fin. et just. du* 16 *oct.* 1816.

4. BREVET *d'apprentissage.* Celui qui ne contient ni obligation ni quittance, est assujéti au droit fixe de 1 fr. *Art.* 68 *de la loi de frim.* 7. — S'il contenait stipulation de sommes ou valeurs mobilières, payées ou non, il serait dû 50 c. p. 100. *Art.* 69.

5. BREVET *d'invention.* Les dépôts de demandes de brevets d'invention, assujétis au droit fixe de 1 fr. par l'instr. 765, sont exempts de l'enregistrement, suivant l'instr. 834.

BUDGET. Etat des recettes et dépenses du royaume pour chaque année. V. *instr.*

BULLETIN *des lois.* V. *publication.*

— *Des cours des changes,* etc. V. *affiches,* p. 68, n.° 20.

— *Du timbre.* Le Receveur, après avoir liquidé le droit de timbre d'une pièce à timbrer à l'extraordinaire, expédie un permis de timbrer faisant mention du droit payé, etc. *Loi du* 27 *mai* 1791.

BUREAUX *de bienfaisance.* V. *acquisition* et *donation.*

BUREAUX *de paix.* C'est une sorte de magistrature créée par la loi du 24 août 1790, devant laquelle les affaires litigieuses doivent d'abord être portées, à l'effet de prévenir les procès. — Tous les procès-verbaux des bureaux de paix, tels que ceux de conciliation et de non-conciliation, desquels il ne résulte aucune disposition donnant lieu au droit proportionnel, ou dont le droit proportionnel ne s'élèverait pas à 1 fr., sont sujets au droit fixe d'un franc. *Art.* 68 *de la loi de frim.* 7. — Ces procès-verbaux doivent être rédigés sur des feuilles particulières, et non sur la feuille d'audience, d'après l'art. 18 du C. de P. C., *Déc. min. fin. du* 14 *flor.* 10. (*Art.* 1261 *et* 5592, *j.*)

1. Les cédules pour appeler en conciliation sont exemptes de l'enregistrement, *art.* 70 *de la loi de frim.*; mais leurs significations y sont sujètes au droit de 1 fr. *Article* 68. *Circ.* 1639. V. *exploit.*

2. La reconnaissance par un fermier qu'il est débiteur d'une somme pour fermages arriérés, en vertu d'un bail enregistré, est assujétie au droit de 1 p. 100. Elle est considérée comme arrêté de compte. V. *compte.*

3. Le procès-verbal de conciliation qui a résilié une vente verbale faite moyennant un prix déterminé, mais avec stipulation d'arrhes, doit un franc fixe, d'après l'art. 1590 du C. C. *Sol. du* 27 *juillet* 1814. (*Art.* 5094, *j.*)

4. Le droit sur les procès-verbaux de non conciliation antérieurs à la loi du 22 frim. 7, ne doit être exigé que sur les expéditions qui peuvent en être requises, *Sol. du* 21 *nov.* 1818 (*Art.* 6229, *j.*)

5. BUREAUX *des prud'hommes.* La compétence du bureau particulier des prud'hommes est illimitée quant aux sommes, comme l'est celle du bureau de conciliation de la justice de paix; la juridiction du bureau général du conseil des prud'hommes, place ceux-ci, à l'égard du Tribunal de commerce, dans la position où se trouve la justice de paix relativement au Tribunal de première instance. *Art.* 8 *de la loi du* 18 *mars* 1806. V. *prud'homme* et *procès-verbaux.*

6. Les jugemens des prud'hommes sont assimilés à ceux des justices de paix. *Instr.* 436.

7. Tous leurs actes et procès-verbaux suivent la même règle que ceux qui leur correspondent aux justices de paix, pour la feuille d'audience, le répertoire, etc.; mais l'enregistrement de tous ces actes aura lieu *gratis*, toutes les fois que les actes constateront que l'objet de la contestation est au-dessous de 25 fr. — La formalité est de rigueur, quelque modique que soit la somme. — Les procès-verbaux qui constatent 1.° des contraventions aux lois et réglemens; 2.° des soustractions de matières premières par les ouvriers au préjudice des fabricans, et des infidélités par les teinturiers, doivent être enregistrés *gratis* dans les vingt jours de leur date. Les certificats de dépôt de dessins délivrés aux fabricans qui l'ont effectué, recevront la formalité *gratis.* — Les doubles livres d'acquit seront timbrés, mais les trois registres tenus par le Conseil, pour y inscrire le dépôt des dessins, les livres d'acquit et le nombre d'ouvriers sont exempts du timbre. *Instr.* 437.

8. BUREAUX *de l'enregistrement.* Lieux destinés à la recette des droits et revenus, et à l'acquit des dépenses dont l'administration est chargée. Ils ont été établis en vertu de la loi du 19 déc. 1790, en remplacement de ceux du contrôle des actes, etc.

9. Les bureaux doivent être ouverts au public tous les jours, pendant 8 heures, *loi du* 27 *mai* 1791; excepté les dimanches et fêtes reconnues par le Gouvernement. *Instr.* 730. Les Receveurs doivent afficher la tenue des séances à la porte du bureau. *Art.* 14 *des ordr. gén.*

10. Les Officiers publics doivent y apporter leurs actes, et les parties y passer leurs déclarations de mutations par décès, à l'effet d'acquitter les droits qui en résultent, dans les délais et sous les peines portées par la loi. *Art.* 26 *et* 27 *de la loi de frim.* 7.

11. Il est défendu aux Receveurs d'enregistrer des actes qui ne doivent point l'être à leur bureau. *Art.* 21 *des ordres généraux de régie.*

12. Aucun Préposé démissionnaire ne peut quitter le bureau avant l'installation de son successeur, à peine de répondre des dommages-intérêts auxquels la vacance momentanée du bureau pourrait donner lieu. *Circ.* 1559.

13. Lorsqu'on distrait des communes d'un bureau pour les réunir à un autre, il doit être fait dans le premier de ces bureaux, par le Receveur qui profite de la recette, tant sur les sommiers que sur les tables alphabétiques, pour les cinq dernières années au moins, un relevé de tous les articles concernant les communes qui en ont été distraites pour être réunies au Receveur auquel elles ont été réunies. *Circ.* 543.

14. Si d'un bureau on en fait deux, le Receveur qui

éprouve le démembrement peut opter pour une des deux places. *Circ.* 641 *bis.*

15. A chaque changement de receveur, il faut faire inventaire des objets qui composent le bureau. V. *inventaires.*

16. Les bureaux de chaque division doivent être successivement vérifiés. *Lettre de M. le Directeur-général du* 19 *mars* 1806.

17. BUREAUX *des domaines.* On ne laisse subsister aucun bureau particulier pour les domaines et bois, lorsque la recette est au-dessous de 30,000 fr.; même ceux dont les recettes sont supérieures, si par des combinaisons d'un intérêt personnel, relativement aux dernières quotités de remises, les recouvremens étaient suspendus pour le passage d'une année à l'autre. *Instr.* 479 *et* 780.

18. BUREAUX *de timbre extraordinaire*, réorganisés par l'instruction 73. — V. *Directeur, Garde-magasin, Receveur, Timbreur, timbre et Tourne-feuille.*

19. La recette du timbre extraordinaire n'est faite qu'au chef-lieu de chaque département. *Circulaire du* 31 *mai* 1791.

20. BUREAUX *de l'Administration centrale.* V. *administration, et direction générale.*

21. BUREAUX *où les actes doivent être enregistrés.*

22. *Actes S. S. P.* ou *passés en pays étrangers.* Ils peuvent être enregistrés dans tous les bureaux indistinctement. *Art.* 26 *de la loi de frim.* 7. *Circ.* 1450.

23. *Actes à double minute.* Ils seront enregistrés, tant sur la première que sur la deuxième minute, au bureau de la résidence de chacun des Notaires qui les recevront. *Inst.* 400. V. *Notaire*, n.° 32.

24. *Adjudication de coupes de bois.* Elle s'enregistre au bureau dans l'arrondissement duquel est établi le siège de l'Administration, quand même on y aurait procédé dans l'arrondissement d'un autre bureau. *Instr.* 366.

25. *Billets à ordre, et lettres-de-change.* Ils doivent être enregistrés au bureaux d'enregistrement des actes d'Huissiers, où il sera tenu un registre particulier. *Instr.* 739

26. *Commissaires du Gouvernement.* Leurs actes pour faits de police judiciaire ou administrative, s'enregistrent soit au bureau de leur résidence, soit à celui où ils font ces actes. *Circ.* de 1807.

27. *Gardes du commerce.* Leurs actes doivent recevoir la formalité de l'enregistrem. au bureau de leur domicile légal, soit à celui du domic. des personnes auxquelles les actes sont signifiés. *Déc. min. fin. du* 17 *janv.* 1809.

28. *Greffiers.* Ils feront enregistrer leurs actes aux bureaux dans l'arrondissement desquels ils exercent leurs fonctions. *Art.* 26 *de la loi de frimaire* 7. *Circ.* 1807.

29. *Huissiers*, et tous autres ayant pouvoir de faire des exploits, procès-verb., ou rapports : ils feront enregistrer leurs actes, soit au bureau de leur résidence, soit au bureau du lieu où ils les auront faits. *Idem.*

30. *Inventaires.* Les seuls notaires près les Cours royales, et pour les inventaires seulement, peuvent faire enregistrer ces actes dans les bureaux où ils instrumenteront, si ce n'est la dernière séance, qui doit toujours recevoir la formalité au bureau de leur résidence. *Instr.* 290.

31. *Notaires.* Ils ne peuvent faire enregistrer leurs actes qu'aux bureaux dans l'arrondissement desquels ils résident. *Art.* 26 *de la loi de frim.* 7. — Si le domicile et la résidence du Notaire dépendent de deux arrondissemens différens, ses actes doivent être enregistrés au bureau de sa résidence. *Sol. du* 23 *frim.* 11. Néanmoins, V. *le* n°. 30 *ci-devant*, *et les* n.°s 34 *et* 35 *ci-après.*

32. *Procès-verbaux.* Les employés de l'administration des forêts, peuvent faire enregistrer les actes de leur ministère, au bureau le plus voisin de leur résidence, lors même que ce bureau ne serait pas celui de leur arrondissement. Cette disposition s'applique aussi au bureau le plus voisin de celui dont le Receveur serait absent *Instr.* 458. *Lettre de l'Admin. du* 22 *oct.* 1810.

33. *Secrétaires.* Leurs actes s'enregistrent au bureau de l'arrondissement dans lequel ils exercent. *Art.* 26 *de la loi de frim.* — Quoique les actes des préfectures et sous-préfectures soient passés dans un autre endroit que le chef-lieu, c'est toujours au bureau du chef-lieu de leur Administration qu'ils doivent être enregistrés. *Instr.* 366.

34. *Vente de meubles aux enchères.* Elle ne peut être enregistrée qu'au bureau où la déclaration a été faite. *Art.* 6 *de la loi du* 22 *pluv.* 7. *Instr.* 526. V. *Vente de meubles.*

35. La vente de marchandises et achalandage de commerce, faite concurremment par un Notaire, pour ce dernier objet, et par un Commissaire-priseur, doit être enregistrée au bureau des actes civils, où doit se faire la déclaration préalable; le Notaire sera tenu d'acquitter les droits sur la totalité. *Sol. du* 16 *nov.* 1815. (*Art.* 5376, *j.*)

36. C'est au bureau des actes d'Huissiers que s'enregistre la vente de mobilier national par les Préposés du Domaine. *Sol.* 14 *janv.* 1812. (*Art.* 4282, *j.*)

37. BUREAUX *où les amendes doivent être payées.* On doit faire payer au domicile du condamné les amendes, 1.° *de cassation.* L'Administration transmet ces extraits au Directeur, celui-ci à l'Inspecteur, etc. *Circ.* 1041, 1057 *et* 1820. — Le Receveur peut faire acquitter, en même-tems que celle due à l'État, l'amende au profit de la partie adverse. *Déc. min. fin. du* 7 *vent* 7. 2.° Celle de *grande voirie. Instr.* 415 *et* 652. 3.° Celle de *police simple* ou *correctionn. Instr.* 518. — 3°. Celles *forestières. Instr.* 813.

38. Les amendes de *consignation* se paient au bureau établi près le Tribunal saisi de l'appel. *Circ.* 1820 *et Instr.* 136. — On peut néanmoins charger des poursuites le Receveur du domicile du condamné, qui fera passer le montant du recouvrement à celui auquel il appartient. *Sol. du* 12 *pluv.* 10. *Circ.* 1057. — L'amende prononcée en appel sur un jugement qui avait omis la condamnation, est payable au bureau établi près le Tribunal d'appel. *Déc. min. fin. du* 22 *pluv.* 7.

39. Celle pour défaut de *dépôt de contrats de mariage des commerçans*, est payable au bureau où le procès-verbal a été rapporté. *Instr.* 607. *Sol. du* 17 *mars* 1815.

40. L'amende pour *délit dans les bois de la couronne*, est exigible au bureau qui a prononcé la condamnation. *Circ. du* 11 *août* 1812.

41. *Frais.* Si le jugement prononce condamnation à amende et frais, ces deux condamnations sont acquittables au même bureau. *Sol. du* 26 *fruct.* 12.

42. BUREAUX *dans lesquels les déclarations de succes-*

sions doivent être passées : Pour les immeubles, au bureau de leur arrondissement; et pour les meubles et rentes qui n'ont pas d'assiette déterminée, au bureau du décès. *Circ.* 1450. — Il en est de même des rentes foncières et constituées. *Sol. des* 5 *janv.* 1809 *et* 12 *fruct.* 10.

43. L'intérêt dans une coupe de bois doit se déclarer au bureau dans le ressort duquel les bois sont situés. *Sol. du* 6 *sept.* 1810. — Un coupon d'intérêt dans une entreprise, trouvé dans les papiers du défunt, se déclare au bureau du domicile du décédé. *Sol. du* 5 *mars* 1811.

44. Les droits de mutation par décès sont dus et doivent être acquittés au bureau du domicile du donateur, sur une somme d'argent léguée en France, quoiqu'affectée et hypothéquée sur des biens situés hors du territoire français, ou le légataire est né. *Arr. de Cass. du* 21 *déc.* 1813. (*Art.* 4749, *j.*)

45. Les rentes et créances dépendant de la succession d'un mineur, doivent être déclarées au domicile du curateur. *Déc. min. fin. du* 4 *sept.* 1810. (*Art.* 3978, *j.*)

46. Les arrérages de rentes foncières sont déclarés au bureau de la situation des biens servant d'hypothèques à la rente, à moins que le titre ne désignât un autre bien, cas où le paiement serait fait au bureau de l'arrondissement de ce lieu. *Sol. du* 14 *nov.* 1814.

47. Lorsque l'auteur d'une succession était étranger, et est mort dans l'étranger, laissant des rentes en France, le droit doit être payé au bureau de l'arrondiss.t où les rentes sont dues. *Inst.* 290. *Arr. de cass. du* 27 *juill.* 1819.

48. Les créances dues en France à des étrangers, doivent être déclarées, après leur décès, au bureau du domicile du débiteur. *Arr. de cass.*, *du* 26 *juin* 1818.

CADASTRE. Registre dans lequel sont marqués en détail la quantité et la valeur des biens-fonds pour servir de base à la répartition de la contribution foncière.

Les traités faits pour la confection du cadastre, entre les géomètres en chef et leurs collaborateurs, ainsi que les arrêtés rendus pour l'exécution de ces arrêtés, sont passibles du timbre et de l'enregistrement, au droit de 1 p. 100. *Déc. min. fin. du* 10 *sept.* 1817. (*Art.* 5847, *j.*) V. *communication*, n.° 17; *pétition*; et, AUX DOMAINES, *biens vacans*.

CAHIER *des charges*. C'est le détail des conditions préliminaires et mise à prix d'un bien à vendre ou à affermer, ou d'autres objets d'entreprise quelconque.

1. Si cet acte est rédigé et signé séparément du contrat, il opère le droit d'enregistrement d'un franc fixe. *Art.* 68 *de la loi de frim.* 7.

2. Le cahier des charges pour ventes de biens immeubles, déposé au greffe ou chez les Notaires commis à cet effet, doit être enregistré avant le dépôt. Cet acte et le dépôt sont distincts et sont soumis chacun à un droit particulier, l'un de 1 fr. pour le cahier des charges, et l'autre de 2 fr., ou de 3 fr. pour le dépôt, suivant qu'il a lieu en l'étude d'un Notaire ou au greffe du Tribunal de première instance. *Instr.* 400, *nomb.* 4.

4. Le projet d'un cahier des charges d'une adjudication, soumis au visa de l'Autorité supérieure par les Administrations municipales et les établissemens publics, est exempt du timbre et de l'enregistrement; mais lorsqu'on adjuge avec obligation de se conformer aux charges mentionnées dans le cahier au pied duquel l'adjudicataire fait sa soumission, ce cahier doit être timbré à l'extraordinaire, ou visé pour timbre et enregistré en même tems que l'adjudication. *Instr.* 454.

5. Le cahier des charges des adjudications générales à faire dans les ports, pour le service de la marine, peut être visé pour timbre dans les villes où il ne peut être revêtu du timbre extraordinaire. *Instr.* 798.

CAISSE est le lieu où les Receveurs des deniers publics tiennent les fonds de leurs recettes.

1. Le Receveur ne doit faire aucune avance des fonds de ses recettes à qui que ce soit, sans l'autorisation du Directeur général, sous peine de rejet. *Instr.* 515.

2. Toute disposition et emploi de deniers publics contraires aux règles de la comptabilité, restent à la charge de ceux qui les ont provoqués et des comptables qui y ont concouru, jusqu'à ce que le Ministre qui devait ordonner ces dépenses les ait régularisées par des ordonnances. Tout prélevement de ces fonds, à quelque titre qu'il ait eu lieu, lorsqu'il n'est pas autorisé par les Ministres compétens, est réputé violation de caisse. Ceux qui y prennent part en sont responsables et demeurent passibles des poursuites propres à l'emploi irrégulier et le détournement de deniers de l'Etat. *Inst.* 681.

3. Voyez les arrêtés des 30 niv. 4, 4 pluv. 5, 15 niv. et 8 fruct. 8, 22 niv. 11, celui du 10 avril 1813; les Lettres du Ministre des Finances, des 7 nov. 1791, 14 mess. et 12 vend. 6; la Circ. n.° 1317, et celle du 24 mess. 4, qui défendent aux Autorités de disposer d'aucune somme sur les caisses publiques, sans autorisation des Ministres, et établissent la responsabilité des employés à cet égard. On ne doit faire de paiement que sur pièces de dépense en bonne forme. *Art.* 76 *des ordres généraux*.

4. Le Receveur, dans le cas où une Autorité veut sans droit puiser dans sa caisse, doit en informer le Directeur. *Circ.* 1746. V. *crédit*, *débet*, *Directeur*, *escorte et vol*.

5. Pour la vérification de la caisse. V. *comptabilité*.

6. Quant à la communication à donner aux Inspecteurs des finances, V. *communication*, n.os 4 et 5.

CAISSE *d'amortissement*. V. *adjudication*, n.os 6 *et* 25.

CAISSE *d'épargnes*, *etc.* V. *actions*, n.os 5 *et* 8.

CAISSE *des pensions*. V. *Pensions de retraite* (*fonds affectés aux*)

CAISSE des dépôts et consignations. V. *consignation et délai*, n.° 31.

CALCUL *décimal*, manière de compter par francs, décimes et centimes. Les comptes des revenus publics doivent être rendus d'après ce mode. *Loi du* 7 *frim.* 2. Le calcul décimal est le seul qu'il faille observer dans la comptabilité. *Circ.* 701.

CALCUL des sommes portées aux registres et dans les actes.

1. Il est prescrit aux Vérificateurs de repasser les calculs portés sur les registres de recette. *Circ.* 1836, *art.* 135 *des ordres généraux*. C'est aussi ce que doit faire l'Inspecteur. V. *comptabilité*.

2. Les Receveurs, en enregistrant des ventes de meubles, et les Employés supérieurs, en vérifiant les études

et greffes, doivent repasser les calculs. *Circ.* 1498. *Instr.* 326.

3. Ils doivent aussi, le dernier jour de chaque mois, terminer sur leurs divers registres de perception et sur le journal de dépense, l'addition des sommes enregistrées. *Instr.* 971.

CALENDRIER, Table de l'ordre et de la suite de l'année. Le décret du 5 octobre 1793, établissait que la première année de la République avait commencé le 22 septembre 1792, jour où le soleil est arrivé à l'équinoxe vrai d'automne, en entrant dans le signe de la balance à 9 heures 18 minutes 30 secondes du matin, pour l'Observatoire de Paris, et finirait à minuit séparant le 21 du 22 septembre 1793. Dès-lors l'ère vulgaire fut abolie pour les usages civils, et de nouvelles combinaisons furent adoptées pour diviser l'année en douze mois égaux, de trente jours chacun, après lesquels suivaient 5 ou 6 *jours complémentaires*. Ce nouveau calendrier fut supprimé par le Senatus-consulte du 22 fruct. 13, portant : « A compter du 11 nivôse prochain (1.er janvier 1806) le calendrier Grégorien sera mis en usage dans tout l'empire français ». *Instr.* 29. Cette mesure était commandée par de grandes vues politiques développées par les orateurs du Gouvernement. A cette occasion, M. Regnaud de Saint-Jean-d'Angely disait, entre autres choses : « Parmi les établissemens dont l'utilité a été niée, dont la perfection a été contestée, dont les avantages sont demeurés douteux, il n'en est point qui ait éprouvé de contradiction plus forte, de résistance plus opiniâtre que le calendrier décrété le 5 octobre 1793 et régularisé par la loi du 4 frim. an 2 ». — La concordance des deux calendriers pour le tems qui s'est écoulé du 22 sept. 1793 au 1.er janvier 1806, que l'on donne à la fin du Dictionnaire de l'Enregistrement, est d'un usage aussi facile que commode; il a semblé inutile de répéter 12 fois par année les 30 jours des mois de vendemiaire, brumaire, etc., dès que les dates de la 1.re colonne qui indiquent ces 30 jours et les jours complémentaires, correspondent exactement avec chaque ligne des 12 autres colonnes de l'année mise en concordance.

CAPTURE (*droit de*). Le décret du 7 avril 1813 (*Instr.* 639) alloue, 1°. pour capture, en exécution d'un jugement de simple police, à Paris, 5 fr.; dans les villes de 40,000 ames et au-dessus, 4 fr.; dans les autres villes et communes, 3 fr.; 2.° pour capture en exécution d'un mandat d'arrêt ou d'un jugement ou arrêt en matière correctionnelle, à Paris, 18 fr.; dans les villes de 40,000 ames et au-dessus, 15 fr.; dans les autres villes et communes, 12 fr. — Si le jugement de condamnation a déclaré que le fait n'était qu'une simple contravention, et s'il n'a, en conséquence, puni l'auteur que d'une peine de simple police, le droit de capture doit être réglé comme pour l'exécution d'un jugement de simple police, quoique la capture ait été faite en vertu d'un jugement correctionnel. *Déc. min. just. du 2 oct.* 1818. (*Art.* 6340, *j.*)

CARENCE, V. *certificat*, p. 105, n.° 37 *et amendes*, *n.os* 25 et 26.

CARTES *de sûreté*. Ce sont des actes de police générale, dispensés de la formalité du timbre. *Circ.* 1566.

Les cartes distribuées en public, qui contiennent quelqu'avis ou annonces, sont sujètes au timbre. *Inst.* 715. V. *affiches*, page 68, n.° 4 *et suiv.*

CARTON. Pour le nombre de cartons à tenir dans une direction, la nature des pièces qu'ils doivent contenir, V. *art.* 293 *des Ordres génér. de régie.*

CARTOUCHES délivrées aux militaires et marins par l'une et l'autre administration du service de terre ou de mer, sont exemptes de l'enregistrement. *Art.* 70 *de la loi de frim.* 7.

CASERNES. V. *acquisition, page* 52, n.° 11; *bail*, n.° 23, *et concession.*

CASSATION (*premier acte de recours en*) V. *appel* n.° 4; — pour connaître les obligations des Greffiers relativement aux déclarations de pourvoi en cassation, lorsque les condamnés sont emprisonnés, V. *appel, n.°* 3.

1. CASSATION. La Cour de cassation, vers laquelle on se pourvoit contre les jugemens ou arrêts rendus en dernier ressort, qui violent la disposition des lois et des contrats, ne connaît jamais du fond des affaires; elle casse les jugemens ou arrêts et renvoie le fond du procès au tribunal qu'elle désigne. *Loi du 27 nov.* 1790, *art.* 3.

2. La cassation est la seule voie ouverte contre les jugemens rendus en matière de droits d'enregistrement, timbre, greffes et hypothèques. *Art.* 65 *de la loi de frim.* 7; *art.* 7 *de celle du 27 vent.* 9.

3. Il faut exiger une caution pour les paiemens à faire en vertu de jugemens attaqués par la voie de cassation. *Loi du 16 juillet* 1798. *Circ.* 406 *et* 441. V. *instance.*

4. Bien que le pourvoi ne puisse plus être exercé après le délai, sur un jugement contraire aux principes qui régissent les matières domaniales et d'enregistrement, etc., le Procureur général a toujours la faculté d'en requérir la nullité dans l'intérêt de la loi. *Loi du 27 vent.* 8, *art.* 88.

5. Le droit de faire réformer, dans le seul intérêt de la loi, les arrêts et jugemens en dernier ressort, n'appartient qu'au ministère public près la Cour de cassation et non au Procureur du Roi. *Arr. de cass. du 27 mars* 1817.

6. On ne peut pas faire valoir en cassation des exceptions non proposées en première instance, ni un moyen résultant d'une pièce dont on n'a pas fait usage devant les premiers Juges; par exemple, d'un inventaire faisant mention d'un décès, pour user de la prescription. *Arr. de cass. des 21 avril* 1806, 31 *déc.* 1816, 11 *fév.* 1818 *et 29 avril* 1818, (*Art.* 5808, *j. M. Sirey, année* 1818.)

7. De même, lorsqu'une clause d'un acte a été l'objet d'une discussion en première instance, pour savoir si elle contenait deux transmissions sujètes l'une et l'autre à un droit particulier, l'Administration, tout en reconnaissant qu'il n'y a qu'une mutation, ne peut opposer en cassation que le droit de cette mutation est plus considérable que les deux qui avaient été perçus, si elle n'a pas fait connaître cette insuffisance en première instance. *Arr. de cass. du 6 janv.* 1813. (*Art.* 4532, *j.*)

8. La partie qui s'est pourvue en cassation dans le

délai, peut, même après ce délai, ajouter de nouveaux moyens à ceux employés dans son premier mémoire. *Arr. de cass. du* 4 *août* 1818. (*M. Sirey, ann.* 1819.)

9. Tous moyens peuvent être employés à l'appui du pourvoi, même ceux rejetés en première instance. *Arr. de cass. du* 16 *juillet* 1816.

10. Dans le pourvoi en cassation sur les mêmes moyens que ceux employés en appel, on doit les déduire par le mémoire, et non pas suppléer à leur énonciation en produisant les pièces signifiées en appel, où ils se trouvent, autrement la Cour ne statuerait point. *Arr. de cass. du* 15 *déc.* 1818.

11. Aucune requête ne peut être admise, si elle ne contient pas les moyens de cassation contre le jugement attaqué. *Arr. de cass., du* 6 *oct.* 1812.

12. Si le jugement contre lequel on se pourvoit contient des dispositions préparatoires, et des dispositions définitives, sans que le pourvoi soit limité à ces dernières, le rejet frappe sur tout ce que le jugement a prononcé. *Arr. de cass. du* 19 *juin* 1815.

13. La cassation prononcée indéfiniment, d'un arrêt d'appel, dans une disposition dont la Cour suprême peut seulement s'occuper, n'empêche point les parties de suivre sur les autres dispositions en la Cour où l'affaire a été renvoyée. *Arr. de cass. du* 23 *juin* 1816.

14. Le Tribunal ou la Cour de renvoi peut juger de nouveau; mais la condamnation aux dépens prononcée par la Cour suprême, doit rester intacte; il y a chose souverainement jugée. *Arr. de cass. du* 4 *août* 1818. (*M. Sirey, année* 1819.)

15. Un associé peut, en son nom seul, se pourvoir en cassation pour l'intérêt de sa société. *Arr. de cass. du* 30 *vent.* 11.

16. Lorsque dans la requête en pourvoi contre un jugement, on donne une date erronée à ce jugement, la demande n'en est nullement viciée. *Arr. de cass. du* 19 *mai* 1813.

17. *Cas où le recours en cassation est ouvert ou ne peut avoir lieu :* — Soit qu'un jugement soit qualifié en premier ou dernier ressort, soit qu'il n'ait pas été qualifié, la voie de cassation est toujours ouverte. *Arr. de cass. des* 13 *vent.* 10 *et* 1.er *prair.* 12. *Art.* 453 *du C. de P. C. Instr.* 606.

18. Lorsqu'un jugement a erré dans l'interprétation d'un acte, l'erreur ne donne point matière à cassation; s'il s'agit, au contraire, d'une question de droit, comme de savoir si une formalité prescrite par la loi a été remplie ou non, la décision à cet égard tombe dans le domaine de la cassation. *Arr. de cass. du* 15 *déc.* 1819.

19. Les considérans d'un arrêt, quoique contraires à la loi, ne donnent pas ouverture à cassation, quand, par le dispositif, la loi n'est pas violée. *Arr. de cass. du* 15 *mai* 1816.

20. De ce qu'un jugement ne ferait pas mention que les qualités ont été signifiées, il ne donnerait pas pour cela lieu au pourvoi en cassation. *Arr. de cass. du* 12 *février* 1817.

21. Le jugement qui accorde *ultra petita*, n'est qu'un moyen de requête civile et non de cassation. *Tribun. de Vendôme, du* 26 *févr.* 1819. *Déc. min. fin. du* 24 *sept. suivant.*

22. Lorsque, par un deuxieme arrêt, une Cour interprète la disposition du précédent, conçue en des termes qui pouvaient justement donner lieu à des doutes, il n'y a point de violation de la chose jugée. *Arr. de cass. du* 10 *juillet* 1817.

23. On ne peut pas se pourvoir une seconde fois contre un jugement sur lequel un premier pourvoi a été rejeté. *Arr. de cass. du* 2 *mai* 1815.

24. La disposition d'un arrêt, uniquement fondée sur l'interprétation d'un acte, est à l'abri de la cassation. *Arr. de cass. du* 17 *août* 1813. — Cependant l'erreur des juges sur le caractère d'une clause d'acte réputée condition suspensive, quand elle était condition résolutoire, est un moyen de cassation. *Arr. de cass. du* 28 *août* 1815. V. *l'art.* 1183 *du C. C.*

25. Un moyen de cassation n'est admissible qu'autant qu'il présente *une contravention claire et précise* à la loi; mais les erreurs que commettent les juges dans l'appréciation des faits, n'est qu'un mal jugé qui ne peut donner lieu à la cassation, interdite également lorsque le jugement est attaquable par opposition, appel ou requête civile. *Instr.* 606. (*Art.* 4419, *j.*)

26. Le recours en cassation contre les jugemens préparatoires et d'instruction, n'est ouvert qu'après le jugement définitif; mais l'exécution, même volontaire, de tels jugemens ne peut, en aucun cas, être opposée comme fin de non-recevoir. Les jugemens par défaut rendus en matière civile, ne peuvent être attaqués par la voie du recours en cassation, qu'après l'expiration du délai de l'opposition. *Arr. de cass. du* 20 *niv.* 8. *Avis du Conseil d'Etat du* 18 *févr.* 1806. *Décr. du* 17 *déc.* 1811.

27. Les Tribunaux ne peuvent, sans violation de la loi, donner aux actes des qualifications étrangères à leur nature, pour leur faire produire un moindre droit d'enregistrement. *Arr. de cass. du* 18 *vend.* 7.

28. Le jugement en dernier ressort qui, en rejetant la fin de non-recevoir, opposée contre la demande d'une preuve, autorise cette preuve, est susceptible du recours en cassation, quand bien même cette preuve n'eût été ordonnée que sous la réserve des droits des parties, par ce qu'il est définitif sur ce chef. *Arr. de cass. du* 8 *janv.* 1817. (*Art.* 5747, *j.*)

29. Lorsque les premiers Juges prononcent un jugement *interlocutoire* qui préjuge le fonds, la partie qui se croit lésée ne doit point attendre pour appeler le jugement définitif. *Arr. de cass. du* 29 *janv.* 1812.

30. La violation des formes de procédure et la contravention expresse à une loi, donnent ouverture à la cassation. *Instr.* 606. — L'erreur que commet un Tribunal dans l'application des faits, n'est pas un moyen de cassation. *Arrêt de cass., du* 31 *mars* 1812.

31. Le recours en cassation n'est admis que contre les jugemens définitifs, et non contre ceux préparatoires, lors même qu'ils ordonneraient une justification qu'on n'était pas tenu de faire. Art. 451 du C. de P. C. *Arr. de cass. du* 13 *janv.* 1818. (*M. Sirey, année* 1818.)

32. Néanmoins, on peut attaquer en cassation un jugement préparatoire, lorsque ce jugement contient une disposition définitive. *Arr. de cass. du* 2 *oct.* 1810. (*Art.* 3747, *j.*)

33. Le jugement interlocutoire qui préjuge le fonds, comme dans le cas où l'on admet à prouver un paiement de droits, qui ne doit jamais être justifié que par quittance ou par les registres de formalité, est susceptible du pourvoi en cassation. *Arr. de cass. du* 29 *janv.* 1812. (*Art.* 4144 *j.*)

34. *Délai pour se pourvoir.* Il est de trois mois. *Lois des* 27 *nov.* 1790, *et* 1.er *frim.* 2; et de six mois pour les jugemens rendus en Corse. *Loi des* 11 *et* 13 *fév.* 1793. — Quant aux absens pour cause d'utilité publique, et aux domiciliés dans les colonies ou en pays étrangers, il faut recourir au réglement du Conseil de 1738, qui continue d'être exécuté en tous les points non décidés par la législation nouvelle, conformément à *l'art.* 28 *de la loi du* 27 *nov.* 1790, *et à l'art.* 90 *de la loi du* 27 *vent.* 8. — Les gens de mer absents du territoire français, en Europe, pour cause de navigation, sans avoir acquis ou fixé leur domicile, soit dans les colonies françaises, soit en pays étrangers, ont trois mois, à à compter de leur retour en France, pour se pourvoir en cassation des jugemens rendus contre eux en leur absence. *Loi du* 2 *sept.* 1793.

35. Le pourvoi fait après les trois mois de la signification du jugement, n'est plus recevable. *Arr. de cass. du* 31 *janv.* 1816.

36. Ce délai ne court, à l'égard de toutes affaires indistinctement, que de la signification du jugement ou de l'arrêt dénoncé, sans qu'on puisse lui appliquer la péremption d'instance d'une année. *Arr. de cass. du* 31 *janv.* 1816. (*Art.* 5534, *j.*)

37. Les Directeurs doivent faire passer à l'Administration, dans un bref délai, les dossiers des affaires sur lesquelles il y a lieu de se pourvoir en cassation, et veiller à ce que toutes les pièces de procédures soient timbrées, et les expéditions des arrêts obtenus par l'Administration à la Cour de cassation, signifiées aux parties, au plus tard dans les trois mois de leur date. *Circ.* 398, 406, 1117 *et* 1820.

38. *Signification des arrêts.* Les Huissiers de la Cour de cassation sont les seuls qui aient caractère pour instrumenter à Paris, dans les affaires de sa compétence. *Arr. de cass. du* 1.er *févr.* 1808.

39. D'après les dispositions de l'art. 30 du réglement du 28 juin 1738, le demandeur en cassation qui obtient un arrêt d'admission portant que la requête sera communiquée à partie, est tenu de faire signifier cet arrêt dans les trois mois, à personne ou à domicile, pour ne pas être déchu de sa demande. *Arr. de cass. du* 16 *juillet* 1811. *Instr.* 606. (*Art.* 4024, *j.*)

40. Dans le cas ou l'arrêt d'admission concerne une affaire entamée contre une fille, qui depuis s'est mariée, il doit être signifié tant à la femme qu'au mari. *Arr. de cass. du* 7 *oct* 1811.

41. Il faut laisser au défendeur en cassation, autant de copies de l'arrêt d'admission qu'il a pris de qualités dans le jugement attaqué; la nullité qui résulte du défaut de cette remise se couvre si elle n'est pas proposée *in limine litis. Arr. de cass. du* 21 *juin* 1815. (*Art.* 5388*j.*)

42. Lorqu'on obtient un arrêt d'admission contre un particulier qui décède avant qu'on le lui signifie, on peut en faire valablement la signification à ses héritiers, même à un seul. *Arr. de cass. du* 12 *therm.* 12.

43. L'arrêt d'admission peut n'être signifié qu'au seul héritier qui a comparu; l'irrégularité de l'exploit donné à un second héritier, ne fait pas crouler la procédure; la solidarité couvre au contraire la nullité à l'égard de celui qui a été mal assigné. *Arr. de cass. du* 9 *oct.* 1811. (*Art.* 4073, *j.*)

44. L'arrêt d'admission d'un pourvoi en cassation, ne peut être signifié au domicile élu chez un Avoué chargé de l'instruction devant les premiers Juges; il doit l'être à personne ou domicile. *Arr. de cass. du* 22 *oct.* 1811. (*Art.* 4820, *j*).

45. La signature de l'Avocat du demandeur, apposée au bas de la requête en cassation, signifiée avec un arrêt d'admission, équivaut à une constitution, et remplit le vœu de l'art. 61 du C. C. *Arr. de cass. du* 16 *mai* 1815. (*M. Sirey, année* 1815.)

46. L'arrêt d'admission signifié à la veuve, pour elle et ses cohéritiers, au lieu où s'est ouverte la succession, est légalement signifié, lorsque la succession n'est point encore partagée. *Arr. de cass. du* 6 *sept.* 1813. (*Art.* 4698 *et* 5113, *j.*)

47. Lorsque la signification ne peut être faite dans les 3 mois pour cause de force majeure, il faut regarder comme nul le tems écoulé pendant la durée de l'empêchement. *Arr. de cass. du* 28 *août* 1815. (*Art.* 5306, *j.*)

48. Lorsque la signification de l'arrêt d'admission est nulle, on est déchu du pourvoi, si dans les trois mois de cet arrêt une autre signification régulière n'a pas été faite. *Arr. de cass. des* 28 *oct. et* 4 *nov.* 1811. Au surplus, V. *appel*, n.° 50; *instance et exploit*.

CATALOGUE. V. *prospectus*.

CAUTION est celui qui garantit l'engagement pris par un autre.

1. Celui qui se rend caution d'une obligation, se soumet envers le créancier à satisfaire à cette obligation, si le débiteur n'y satisfait pas lui-même. *Art.* 2011 *du C. C.*

2. Il n'y a que les personnes capables de s'engager pour elles-mêmes qui peuvent s'engager pour autrui. *Art.* 1124 *du C. C.* V. *art.* 2013, 2014, 2016, 2017, 2020 *et suiv.*, *et ceux* 518 *à* 522 *du C. C.*, pour les diverses dispositions relatives à cette matière et à la discussion de la caution.

3. Il ne doit pas être ordonné de prestation de caution pour l'exécution provisoire des jugemens rendus au profit de l'Etat. *Déc. min. just. du* 8 *prair.* 6. — Si le jugement est rendu contre l'Etat, V. *cassation*, p. 97, n.° 3.

4. On peut se rendre caution non-seulement d'une obligation contractée, mais encore d'une obligation à contracter. *Cour de Paris, du* 13 *mars* 1816.

5. Quoique le débiteur, qui a une *caution solidaire*, ait laissé périr ou diminuer les garanties qu'il présentait à celle-ci, cette caution ne peut pas échapper au paiement, puisqu'elle est réellement codébitrice, et que dans cet

état, le créancier peut aussi bien s'adresser à elle pour le paiement de la dette, qu'au débiteur principal. *Cours de Rennes et de Rouen, des* 19 *mars* 1811 *et* 7 *mars* 1818.

6. Les poursuites en recours contre la caution non solidaire, sans avoir préalablement discuté le débiteur principal, sont nulles. *Arr. de cass. du* 12 *janv.* 1808.

7. La caution ne répond point des intérêts encourus par le principal débiteur, par son retard dans les paiemens, quand elle ne s'y est pas obligée, et que le retard ne vient pas de sa faute. *Cour de Turin du* 19 *mars* 1808.

8. La caution d'un adjudicataire ne répond point des droits résultant de l'adjudication, tant qu'elle n'y est pas soumise par l'acte. *Arr. de cass. du* 6 *oct.* 1806.

9. On ne peut poursuivre contre celui qui s'est porté caution du prix d'une adjudication, les droits et doubles droits d'enregistrement de cette adjudication non présentée à la formalité dans le délai. *Sol. du* 15 *déc.* 1818. (*Art.* 6288, *j.*)

10. L'Administration n'est pas fondée à poursuivre contre la caution le paiement des droits du bail d'un domaine de l'Etat, lorsqu'elle n'a pas fait insérer dans le cahier des charges une stipulation expresse à cet égard. *Arr. de cass. du* 6 *oct.* 1806.

11. L'exception de discussion doit être proposée par la caution dès l'entrée de la cause; une prolongation de délai accordée par le créancier ne décharge pas la caution, surtout si elle a été sollicitée par la caution elle-même. *Cour de Paris du* 21 *avril* 1806.

12. Pour les causes intentées par un *étranger*, V. les *art.* 166 *et* 167 *du C. de P. C.*

CAUTIONNEMENS (*Administration des*). Cette Administration, attribuée à l'ancienne caisse d'amortissement, a été transférée au Trésor, par ordonnance du 8 mai 1816. (*Art.* 5460, *j.*)

CAUTIONNEMENT. Acte par lequel un particulier s'oblige envers un autre, et répond en son nom, de la sûreté d'un engagement contracté par un tiers, qui demeure néanmoins obligé principal. Il peut avoir également pour objet la gestion d'un individu ou la représentation d'un accusé, enfin l'exécution d'une convention quelconque. V. *caution*, et *certificat de caution.*

1. Les cautionnemens de sommes et objets mobiliers, les garanties mobilières et les indemnités de même nature, sont soumis au droit d'enregistrement de 50 cent. par 100 fr.—Ce droit doit être perçu indépendamment de celui de la disposition que le cautionnement, la garantie ou l'indemnité a pour objet, mais sans pouvoir l'excéder. *Art.* 69 *de la loi de frim.* 7.

2. Les cautionnemens de se représenter en justice ou de représenter un tiers, en cas de mise en liberté provisoire, soit en vertu du sauf-conduit, dans les cas prévus par le Code de comm. ou de P. C., soit en matière civile, correctionnelle ou criminelle, sont soumis au droit de 50 cent. par 100 fr. *Art.* 50 *de la loi de* 1816. V. *adjudication*, n.° 6, et *déclaration*, n.° 8.

3. Lorsque la caution affecte des immeubles pour sûreté de ses engagemens, il n'est pas dû de droit particulier sur cette disposition, qui dérive nécessairement de la convention principale. *Déc. min. fin. du* 16 *juin* 1807.

4. Lorsque, dans un concordat entre un débiteur et ses créanciers, un tiers s'est engagé à payer à ces derniers 25 pour 100 de leurs créances, ce cautionnement ne peut s'entendre que des créances vérifiées, et non du montant des dettes portées au bilan du failli. *Cour de Rouen du* 2 *juin* 1815. (*Art.* 5419, *j.*)

5. Sur l'acte par lequel deux particuliers, conjointement avec leurs épouses, cautionnent un tiers sur leurs biens propres, pour sûreté de 30,000 fr. formant le capital *déterminé* d'une rente viagère de 1500 francs, on doit percevoir 50 cent. pour 100 sur 30,000 fr., capital exprimé, et non sur 15000 fr., capital ordinaire de la rente. *Sol. du* 13 *août* 1817. (*Art.* 5887, *j.*)

6. Les cautionnemens fournis pour *garantir* la *nationalité* des *navires*, sont sujets au timbre; passés devant Notaire, ils doivent être soumis à l'enregistrement; mais, s'ils sont rédigés sous signature-privée, ils ne sont sujets à cette formalité, qu'avant d'en faire usage; et, dans ce cas, s'ils se trouvent entre les mains des agens de la marine, cette formalité doit être donnée en débet, et le droit recouvré conformément à l'art. 70, §. 1.er de la *loi de frim.* 7. *Déc. min. du* 22 *prair.* 7.

7. Les cautionnemens consentis en faveur des adjudicataires de domaines nationaux, et ceux fournis par les Receveurs des communes sont passibles du droit de 50 c. par 100 fr. *Instr.* 290, *nomb.* 13 *et* 14.

8. Ceux fournis par des commands d'acquéreurs de domaines nationaux, lorsqu'ils sont acceptés par le Préfet, rentrent dans la classe des cautionnemens ordinaires, et donnent ouverture au droit proportionnel de 50 cent. par 100; si le cautionnement est rejeté, il n'est dû que le droit fixe de 2 fr. sur la déclaration de command. *Inst.* 390, *nombre* 4.

9. *Cautionnemens sujets au droit de* 25 *p.* 100 *fr.* Ce sont ceux des comptables envers l'Etat. *Art.* 69 *de la loi de frim.* 7; cette perception doit être faite sur l'acte par lequel un comptable affecte à la garantie de sa gestion les immeubles qu'il possède. *Arr. de cass. du* 14 *frim.* 12; Sur celui par lequel un particulier se rend garant d'un cautionnement fourni pour un comptable. *Solut. du* 30 *juillet* 1812. (*Art.* 4261, *j.*) Et sur l'acte par lequel deux particuliers se sont constitués solidairement caution, et se sont obligés, sous une condition suspensive, à verser au Trésor les sommes nécessaires pour solder le débet d'un comptable. *Déc. min. fin. du* 9 *août* 1814. (*Art.* 5001, *j.*) V. *le* n°. 27 *ci-après.*

10. Le cautionnement *en immeubles*, fourni par les Receveurs et Employés des octrois municipaux, est également assujéti au droit de 25 c. p. 100 fr. *Déc. min. fin. du* 20 *juillet* 1813. *Art.* 4621, *j.*) — Celui fourni en immeubles par un très-petit nombre de Receveurs municipaux, pour complément de celui qu'ils sont tenus de fournir en numéraire, doit être exempt de tout droit, sauf que l'acte de cautionnement immobilier reçu par un Notaire, est enregistré au droit fixe de 1 fr., comme salaire de la formalité. *Instr.* 618. — Il en est de même des cautionnemens fournis par les propriétaires et éditeurs de journaux, conformément à la loi du 9 juin 1819; ils ne sont sujets à l'enregistrement, que lorsqu'on les

soumet volontairement à la formalité, cas où il n'est dû que 1 fr. fixe, comme actes innommés. *Déc. min. fin. du 31 oct.* 1820. (*Art.* 6832, *j.*)

11. Celui des Payeurs de la guerre est soumis à la même quotité de droits. *Déc. min. fin. des* 31 *octob.* 1809 *et* 10 *avril* 1810 (*Art.* 3796, *j.*)

12. *Cautionnemens sujets au droit fixe d'un franc.* Tels sont les cautionnemens fournis pour les adjudications dont le prix est à la charge de l'Etat. V. *actes*, n.os 25 *et* 28.

13. Les cautionnemens des marchés faits avec le Gouvernement avant et depuis la loi du 15 mai 1818, et dont le prix est acquitté avec les fonds du Trésor, mais qui profitent encore à des tiers, en garantissant subsidiairement les créances des sous-fournisseurs, sont aussi assujétis au droit fixe de 1 fr. *Déc. min. fin. du* 15 *juillet* 1818. (*Art.* 6101, *j.*)

14. On doit accorder la même faveur du droit fixe de 1 fr. à ceux fournis : 1.° Par les armateurs de *bâtimens armés* en course. *Instr.* 172. — 2.° Par les Conservateurs des hypothèques. *Art.* 5 *de la loi du* 21 *vent.* 7. — 3.° Par les Receveurs particuliers de la navigation intérieure. *Art.* 11 *de l'arrêté du Gouvernement du* 8 *prair.* 11. — 4.° Par les contrevenans ou autres, qui, dans les procès-verbaux de saisie des Préposés des contributions indirectes, contractent l'obligation de représenter les objets saisis, ou d'en payer la valeur. *Instr.* 323. — 5.° Par les adjudicataires du service des ponts et chaussées, de la navigation, et des ports maritimes et de commerce. *Décr. du* 25 *germin.* 13. *Instr.* 286.

15. Le renfort de cautionnement, dans une adjudication de coupe de bois, ne doit que le droit fixe. *Sol. du* 21 *juillet* 1807.

16. *Dispositions qui sont ou ne doivent pas être considérées comme cautionnement.* — D'après les articles 2011 et 2015 du C. C., le cautionnement est un acte par lequel un tiers s'oblige de payer une dette, en cas que le débiteur ne l'acquitte pas lui-même ; il est de l'essence d'un engagement de ce genre, que celui qui le contracte s'oblige personnellement envers le créancier ; ainsi, lorsqu'au lieu de s'obliger personnellement, on ne fait que promettre de livrer ou engager à titre de garantie des propriétés mobilières ou immobilières, il peut résulter de ces stipulations un acte de nantissement, une antichrèse, une affectation d'hypothèque, mais non un cautionnement tel que le définit le C. C. *Arr. de cass. du* 25 *nov.* 1812. (*M. Sirey, année* 1813.)

17. On ne doit pas voir de cautionnement dans la disposition d'un acte par lequel deux frères ayant affecté, au paiement d'une rente, des biens communs entre eux, le créancier de la rente consent que l'hypothèque soit transférée sur l'immeuble de l'un des obligés, et que le bien indivis en soit dégagé, sans néanmoins préjudicier à la solidarité des débiteurs. *Déc. du min. des fin. du....* 1812.

18. Lorsqu'un père a fait à son fils, par son contrat de mariage, donation de ses biens présens et à venir, mais sans stipulation de transmission actuelle, et qu'ils vendent ensuite conjointement une portion de ces biens, moyennant une certaine somme payée en billets souscrits à l'ordre du fils, il y a lieu de percevoir le droit de cautionnement sur ce dernier acte, à cause du concours du donataire. *Déc. min. fin. du* 10 *octob.* 1817. (*Art.* 5904, *j.*)

19. L'art. 1431 du C. C., qui répute simple cautionnement à l'égard du mari, l'obligation solidaire par la femme *commune en biens*, n'a pas d'effet en matière fiscale ; et ne donne pas lieu à la perception d'un droit particulier d'enregistrement. *Déc. min. fin. du* 19 *avril* 1814.

20. Le consentement par des copropriétaires à ce que le bien indivis soit hypothéqué pour raison de l'obligation contractée par l'un d'eux et pour son intérêt personnel, est un cautionnement. *Sol. du* 18 *vent.* 10.

21. Pour éviter que *Pierre* soit poursuivi pour le préjudice causé à *Jean*, *Paul* fournit à celui-ci une obligation de le garantir du préjudice ; à cet effet, le cautionné remet, *par acte notarié*, à la caution, un billet à ordre (enregistré), sur *Jean*, d'une somme supérieure au montant de l'obligation, et ainsi ce billet est confié comme dépôt et garantie. Il a été reconnu que sur un tel acte il était dû le droit de nantissement de 50 c. p. 100. *Sol. et déc. min. fin. des* 18 *mars et* 22 *mai* 1818. V. *nantissement* et le n.° 9 ci-dessus.

22. Lorsque les fournisseurs du Gouvernement donnent à leurs cautions des garanties en les nantissant, l'acte opère le droit proportionnel de 50 cent. p. 100. *Déc. min. fin. du* 23 *mars* 1818.

23. Le même droit est exigible sur une soumission de caution faite au Greffe, pour l'exécution d'un jugement de condamnation mobilière. *Arr. de cass. du* 3 *prair.* 12.

24. Si l'affaire pour laquelle la dette a été contractée solidairement, ne concernait que l'un des co-obligés solidaires, celui-ci serait tenu de toute la dette vis-à-vis des autres co-débiteurs, qui ne seraient considérés, par rapport à lui, que comme ses cautions. *Art.* 1216 *du C. C.*

25. La garantie stipulée dans l'acte de la vente ou de la quittance de la part du vendeur envers l'acquéreur, n'opère aucun droit particulier ; l'hypothèque spéciale, consentie par le vendeur, dans un acte particulier, n'ajoutant rien au droit légal de l'acquéreur, et n'étant que le complément de l'acte de vente, n'est passible que du droit fixe de 1 fr. *Sol. du* 16 *nov.* 1815. (*Art.* 5283, *j.*) V. *vente*, n.° 60 *et suiv.*

26. Lorsqu'un débiteur, qui a souscrit une obligation avec affectation d'hypothèque, accorde, par un second acte, de nouvelles sûretés à son créancier, en lui cédant à titre de nantissement, des objets mobiliers, il est dû pour cette garantie, non promise par l'obligation, le droit proportionnel de 50 c. pour 100 fr. *Déc. min. fin. du* 26 *sept.* 1817. (*Art.* 5925, *j.*)

27. *Second cautionnement.* Celui fourni en remplacement d'un cautionnement antérieur annulé volontairement par les parties, est soumis au droit proportionnel, et celui perçu sur le premier cautionnement, n'est pas restituable. *Instr.* 290, *nomb.* 12. — Mais celui donné en remplacement d'un premier cautionnement fourni pour un emploi qui n'a pas été admis, ne doit point de nouveau droit

proportionnel, dès que le second acte n'est, sous tous les rapports, que le remplacement du premier. *Déc. min. fin. du* 30 *août* 1817. (5896, *j.*)

28. *Cautionnement dans les baux.* V. *bail*, n°. 6; — *dans les déclarations de command*, V. *command*, — *dans les exploits.* V. *exploits.*

Quant aux certificats de cautionnement, V. *certificat*, page 103.

29. CAUTIONNEMENT *des employés.* Les cautionnemens en numéraire ont été créés par la loi du 7 ventôse 8; ils doivent être fournis pour création ou mutation de places, et être versés en numéraire au Trésor, avant l'installation des fonctionnaires. — Il faut justifier de la quittance du cautionnement, pour être admis à prêter serment. — Il est pourvu au remplacement de ceux qui ne fournissent pas, dans le délai fixé, les cautionnemens et supplémens de cautionnemens. — Lorsqu'on est appelé à une autre place, on n'est pas tenu de fournir un nouveau cautionnement, le premier sert pour le nouvel emploi; et s'il excédait, le surplus pourrait être retiré. — L'intérêt des cautionnemens est payé aux époques accoutumées, à raison de 4 p. 100, sans retenue. *Ordonn. des* 29 *juillet* 1814, *et* 14 *fév.* 1816. *Loi du* 28 *avril* 1816, *ordres généraux de régie*, *art.* 13, 99, 170, 275, *Circ.* 1786, *et du* 10 *mai* 1806. *Instr.* 307.

30. Le cautionnement doit être de la valeur du double du montant des remises (année moyenne de trois). On paye le cautionnement au Recev.r gén.l ou particulier, qui remet un récépissé que le Directeur adresse à l'Administrateur des cautionnemens. Le mandat délivré sur la caisse de service par le Receveur général, libère le consignataire. *Circ. du* 10 *mars* 1807. *Instr.* 307 *et* 430.

31. Toutes les fois que la composition d'un bureau n'est plus la même pour les produits, le montant du cautionnement doit être changé. Il en est de même dans le cas de réunion de deux bureaux. Le cautionnement doit être réglé sans fractions inférieures à 100 fr. *Instr.* 312,

32. Les cautionnemens fournis par les Préposés des Administrations, les Notaires, Greffiers, Avoués, Huissiers et autres fonctionnaires publics, sont affectés par premier privilége à la garantie des condamnations qui pourraient être prononcées contre eux, par suite de l'exercice de leurs fonctions; par second privilége, au paiement des sommes prêtées pour ces cautionnemens. Les Directeurs doivent faire des oppositions motivées à la caisse du trésor ou au greffe du Tribunal de 1.re instance, jusqu'à concurrence du débet du Receveur, et pour les autres fonctionnaires, à raison du montant des condamnations prononcées contre eux relativement aux droits et amendes qui reviennent à l'Administration. Il faut dénoncer cette mesure au Procureur du Roi, afin que les fonctionnaires soient suspendus, etc. *Instr.* 153, 277 et 313. *Circ. du* 11 *déc.* 1806.

33. L'Administration a privilége sur le cautionnement d'un Agent de change, à raison de prévarications dans ses fonctions. *Arr. de cass. du* 7 *mai* 1816. Cela résulte également de la loi du 6 vent. 6, rappelée dans l'*instr.* 277.

34. Le cautionnement des Notaires et autres officiers publics, est susceptible de saisie-arrêt pour le paiement des amendes qu'ils ont encourues. Il n'est pas nécessaire de procéder par voie de saisie-exécution. *Arr. de cass. du* 11 *juin* 1811. (*M. Sirey, année* 1817.)

35. Ce n'est pas seulement l'intérêt, mais bien le capital du cautionnement qui est affecté au paiement des amendes encourues par les Officiers ministériels, ainsi que des frais. *Loi du* 25 *niv.* 13. *Arr. de cass. du* 1.er *juin* 1814. (*M. Sirey, année* 1815.)

36. Avant d'envoyer à l'Administration des cautionnemens les pièces qui doivent déterminer le dessaisissement d'un cautionnement, il faut faire taxer les frais par le Président du Tribunal. *Lettre de M. le Directeur général du* 21 *août* 1818. L'état de ces frais doit être sur papier timbré. *Lettre de M. l'Administrateur des cautionnemens du* 28 *mai* 1819.

37. Le cautionnement, dans le cas de débet du comptable, sert à remplir de la dette à compter de la date du dessaisissement ordonné au profit du trésor; quoiqu'il y eût à en compenser les intérêts avec ceux du débet, ils ne pouvaient pas être calculés au-dessus de 4 p. 100. *Déc. min. fin. du* 8 août 1818.

38. Si sur un cautionnement, la direction générale a formé opposition, le Préposé qui a obtenu en suite un quitus, peut se faire rembourser, sans qu'il soit besoin pour cela d'une main-levée. *Déc. Min. fin. du* 27 *nov.* 1818.

39. La remise des Receveurs généraux, sur les sommes qu'ils payent à l'Administration provenant de cautionnemens en numéraire, est à la charge des redevables. *Déc. min. fin., du* 30 *sept.* 1809.

40. La Caisse des cautionnemens doit rejeter toutes demandes d'intérêts qui remonteraient au-delà de cinq ans, si la prescription n'a pas été interrompue. *Avis du Conseil d'Etat, approuvé le* 24 *mars* 1809.

41. Un ancien Préposé, dont les régies ne sont pas vérifiées, peut toucher les intérêts de son cautionnement, s'il a rendu et soldé ses comptes, en produisant à cet effet un certificat. *Déc. min. fin., du* 20 *avril* 1819.

42. L'ex-Employé ne peut être remboursé de son cautionnement qu'après avoir justifié de l'apurement de ses comptes; le titulaire d'un emploi supprimé reçoit le remboursement de son cautionnement, sur l'ordonnance du Ministre des finances. *Circ.* 1859.

43. L'héritier du Comptable doit justifier de la propriété du cautionnement, par un certificat conforme au modèle annexé au décret du 18 sept. 1806, et d'un certificat de non opposition délivré, sur une demi-feuille de papier timbré, par le Greffier du Tribunal de première instance de l'arrondissement dans lequel le Comptable exerçait. *Loi du* 6 *vent.* 13. *Déc. min. fin. du* 21 *oct.* 1806.

44. Pous les cautionnemens des Employés revenus des pays détachés de la France, V. l'*instr.* 698.

45. C'est le Gouvernement de la France qui remboursera le montant des cautionnemens versés par les Français dans les trésors des pays détachés de la France,

Conventions arrêtées entre l'Autriche, la Grande-Bretagne, la Prusse et la Russie, le 15 *juin* 1818.

46. Il faut faire une déclaration en faveur du bailleur de fonds des cautionnemens, pour qu'il acquière le privilége de second ordre. — Modèle de cette déclaration, *Instr.* 657.

47. En cas de mutation d'emploi, pour faire appliquer jusqu'à concurrence, au cautionnement à fournir pour la nouvelle fonction, le montant du cautionnement dont il est titulaire, le Préposé remet au Directeur le récépissé de l'ancien cautionnement, et un certificat de non opposition délivré par le Greffier du Tribunal. *Instr.* 875.

48. Pour ne pas ajourner l'installation des Préposés, et afin de prévenir toute difficulté, les Directeurs ne délivreront désormais de *certificat de solde de compte*, qu'autant que le Préposé leur aura fourni sa déclaration qu'il est propriétaire des fonds de son cautionnement, ou un acte authentique constatant que tout propriétaire desdits fonds consent à ce que le cautionnement demeure affecté à la garantie, tant des régies précédentes, que de celle du nouvel emploi. *Instr.* 937. — V. *Instr.* 875, pour la forme de cette déclaration.

49. Le certificat de quitus délivré par le Directeur au Receveur, pour être remboursé, ou pour que l'on opère la mutation de son cautionnement, doit être sur papier timbré. *Déc. min. fin. du* 16 *mars* 1815.

50. CAUTIONNEMENT *des Conservateurs*. V. ce mot, aux *Hypothèques*.

51. CAUTIONNEMENT *des prévenus*. Le montant des cautionnemens fournis pour obtenir la liberté provisoire des prévenus de délits de police correctionnelle, doit être versé, comme toutes les autres consignations judiciaires, à la Caisse des dépôts et consignations, dont les attributions sont fixées par la loi du 28 avril et l'ordonnance du Roi du 9 juillet 1816. *Instr.* 736 *et* 795. V. le n.° 2 ci-dessus.

52. CAUTIONNEMENS *des éditeurs de journaux*. Le Directeur de l'enregistrement est chargé de rédiger l'acte du cautionnement fourni, en exécution de la loi du 9 juin 1819, par les propriétaires ou éditeurs de tout journal ou écrit périodique, consacré en tout ou en partie aux nouvelles ou matières politiques. *Instr. gén.* n.° 892. — Les actes de cautionnement souscrits par les éditeurs et propriétaires de journaux, en vertu de la loi et de l'ordonnance du 9 juin 1819, ne sont point assujétis à l'enregistrement, ceux qui y seraient présentés volontairement, ne sont passibles que du droit fixe d'un franc. *Déc. du min. fin. du* 31 *oct.* 1820. (*Art.* 6832, *j.*)

CEDULE. Acte que délivre le Juge de paix pour faire comparaître les parties devant lui. La cédule contient l'énonciation sommaire de l'objet de la demande et l'indication des jour et heure de la comparution; elle est passible du timbre, *art.* 12 *de la loi de brum.* 7; et exempte de l'enregistrement. V. *bureau de paix*.

CENTIME. Il n'y a point de fraction de centime dans la liquidation du droit proportionnel. Lorsqu'une fraction de somme ne produit pas un centime de droit, le centime est perçu au profit du trésor. *Art.* 5 *de la loi de frim.* 7.

CERTIFICAT *de caution et de cautionnement*, est un acte par lequel on répond de la caution à l'égard d'un créancier qui ne la trouve pas suffisamment solvable. Cet acte est assujéti au droit fixe de 2 fr. par l'art. 43 de la loi de 1816.

1. CERTIFICAT *pur et simple*, est un acte par lequel on rend témoignage d'un fait qui n'intéresse pas personnellement celui qui certifie; car, s'il est intéressé dans le fait, c'est une déclaration et non un certificat qu'il donne. — Cet acte est assujéti à l'enregistrement, au droit fixe de 1 fr. *Art.* 68 *de la loi d'avril* 1816, et généralement au timbre de dimension. *Art.* 12 *de la loi du* 13 *brum.* 7.

2. Le certificat de l'*imprimeur*, qui constate l'insertion aux journaux de l'extrait relatif à la saisie immobilière, doit être enregistré avant que sa signature ne soit légalisée par le Maire. *Instr.* 436, *nomb.* 51. *Déc. min. fin.*, *du* 5 *nov.* 1811. (*Art.* 4159, *j.*) Il suffit que la feuille du journal qui le contient soit frappée du timbre des journaux. *Déc. min. fin. du* 3 *déc.* 1811. (*Art.* 4229, *j.*) V. ci-après les n.os. 35, et 36.

3. Sont passibles de la double formalité du timbre et de l'enregistrement, les certificats des Greffiers, portant : 1.° que l'adjudicataire sur saisie immobilière n'a point justifié de l'exécution des conditions de l'enchère; 2.° qu'un Avoué n'a point rétabli les productions par lui prises en communication. *Instr.* 436, *nomb.* 15; 3.° qu'il n'existe point d'opposition ou d'appel à un jugement qui prononce une main-levée, une radiation ou un paiement quelconque. *Nomb.* 44 *de la même instr.* Tous ces certificats doivent être enregistrés dans les 20 jours de leur date; mais lorsque quelques-uns sont délivrés par les Avoués, ils ne sont assujétis à cette formalité que lorsqu'on veut en faire usage. *Instr.* 436, *nomb.* 17, 44 *et* 55.

4. Les certificats produits pour le remboursement des cautionnemens en numéraire, sont assujétis au droit fixe d'enregistrement de 1 fr. *Art.* 2 *du décret du* 18 *sept.* 1806.

5. Sont également assujétis au timbre de 35 cent., les certificats de non inscription aux hypothèques. *Instr.* 433, *nomb.* 5.

6. Ceux de l'Ingénieur en chef et les mandats du Préfet en faveur des Entrepreneurs des ponts et chaussées. *Déc. min. fin. du* 25 *sept.* 1810. (*Art.* 4000, *j.*)

7. Ceux de propriété de la banque de France. *Déc. min. fin. du* 7 *oct.* 1814. (*Art.* 5032, *j.*).

8. Les certificats délivrés par une chambre d'Huissiers à un individu étranger à ce corps. *Arr. de cass. du* 17 *juillet* 1815. (*Art.* 5203, *j.*)

9. Ceux délivrés aux contribuables compris dans l'emprunt de *cent millions*, du dépôt de la quittance finale aux préfectures et sous-préfectures. *Déc. min fin. du* 4 *oct.* 1816. (*Art.* 5574, *j.*)

10. Ceux de quitus et de service délivrés aux Préposés de l'Administration pour obtenir le rembourse-

ment de leur cautionnement ou pour être admis à la pension. *Déc. min. fin. du* 16 *mars* 1815. (*Art.* 5072, *j.*)

11. Ceux qui constatent l'inscription au tableau, des jugemens d'interdictions, et qui doivent être affichés dans la salle des audiences et dans les études des notaires; ils peuvent être écrits sur l'expédition du jugement d'interdiction. *Déc. min. fin. du* 23 *juin* 1807. (*Art.* 2585 *et* 2602, *j.*)

12. Les Certificats et autres actes relatifs à la naissance des membres de la Légion d'honneur. *Déc. min. fin. et just. du* 16 *octob.* 1816. (*Art.* 5753, *j.*)

13. Ceux de visite de bois délivrés aux propriétaires de futaies par les Agens forestiers de la marine. *Instr.* 377, *nomb.* 3. — Quant aux certificats pour les primes d'encouragement, V. *primes.*

14. Ceux qui ont pour but de justifier aux Ministres des cultes de la célébration du mariage devant l'Officier de l'Etat civil. *Instr.* 501. — V. *ci-après*, n.° 36.

15. Ceux constatant la publication de promesse de mariage que l'on délivre aux parties qui se marient dans une autre commune que celle où les affiches ont été apposées. *Instr.* 371.

16. Ceux d'individualité et de résidence. *Art.* 68 *de la loi de frim.* 7. Lorsqu'il en est tenu minute, ils ne peuvent être expédiés que sur timbre de 1 fr. 25 cent. *Circ.* 1496.

17. Ceux relatifs aux cautionnemens des comptables publics, délivrés par M. l'Administrateur du trésor. *Déc. min. fin. du* 24 *nov.* 1820. (*Art.* 6843, *j.*) Quant à ceux de paiement délivrés aux adjudicataires de rentes appartenant à la caisse d'amortissement, V. *adjudication*, page 64, n.° 3.

18. *Les certificats exempts des deux formalités* sont ceux qui ont pour objet le service militaire. V. *engagement.*

19. Les certificats d'aptitude destinés aux élèves des colléges; les expéditions qui en sont délivrées aux parties, sont sujètes au timbre de 1 fr. 25 centimes. *Instr.* 953.

20. Les certificats de service produits par les membres de la Légion d'honneur sont dispensés du timbre et de l'enregistrement, lorsqu'ils concernent des militaires; mais ils sont sujets à ces formalités, quand ils sont délivrés à toutes autres personnes. *Déc. min. fin. du* 16 *oct.* 1816. (*Art.* 5735, *j.*)

21. Ceux délivrés aux créanciers de l'Etat pour obtenir leur inscription provisoire et des bons de remboursemens. *Déc. min. fin. des* 18 *germ. et* 18 *flor.* 9. (*Art.* 783 *et* 980, *j.*)

22. Ceux d'indigence sont dispensés du timbre par *l'art.* 6 *de la loi du* 13 *brum.* 7.

23. Il en est de même de ceux de non divorce, produits par les veuves des militaires, pour obtenir des pensions ou des secours du Gouvernement, pourvu que leur destination soit mentionnée en termes exprès dans l'acte. *Déc. min. fin. du* 27 *oct.* 1807. (*Art.* 2737, *j.*)

24. Pareille exemption est accordée aux certificats délivrés par l'administration forestière à ses employés pour toucher leurs traitemens. *Circ.* 2033.

25. Les certificats des Maires constatant l'absence des registres de l'Etat civil, étant des actes de l'autorité administrative, non dénommés dans l'art. 78 de la loi du 15 mai 1818, se trouvent dispensés de l'enregistrement par l'art. 80 de cette loi, même lorsqu'ils sont produits en justice. *Déc. min. fin. du* 4 *juillet* 1820. (*Art.* 6714, *j.*)

26. Les Maires peuvent délivrer, sur papier libre, les certificats attestant les noms, prénoms, date et lieu de naissance des militaire qui en ont besoin pour le service des registres matricules de leur corps; en faisant mention dans ces actes de leur destination. *Déc. min. fin. du* 17 *déc.* 1819 (*Art.* 6600, *j.*)

27. CERTIFICAT *de solde de compte.* V. *cautionnement*, page 103, n°s 48 et 49.

28. CERTIFICAT *de vie.* Droit fixe de 1 fr. par chaque individu. *Art.* 68 *de la loi de frim.* 7. — Lorsque ces certificats sont délivrés en brevet par un Notaire, ils peuvent être sur papier timbré de toute espèce; mais quand ils le sont par un Maire, ils sont soumis au timbre-expédition. *Circ.* 1496.

29. Ceux pour recevoir des rentes ou pensions sur l'Etat doivent être reçus exclusivement par les Notaires-Certificateurs. Ils sont exempts de l'enregistrement et expédiés sur petit papier de dimension. Ceux des actionnaires de la Tontine, connue sous le nom de *Caisse d'épargne* ou *de Lafarge*, sont exempts de l'enregistrement mais passibles du timbre de 35 cent.; ils peuvent être délivrés par d'autres que par les Notaires-Certificateurs. *Instr.* 604.

30. Il en est de même des pensionnaires de la liste civile. *Déc. min. fin. du* 17 *fév.* 1817. *Instr.* 769.

31. Les certificats de vie, délivrés par les Notaires-Certificateurs, aux titulaires de pensions militaires définitives, connues sous la dénomination de soldes de retraites, sont exempts du timbre. *Ordonn. du* 20 *juin* 1817. *Instr.* 787.

32. Les certificats de vie que doivent produire les Employés en non activité, pour parvenir à être payés de l'indemnité qu'on leur accorde jusqu'à leur remplacement, sont seulement sujets au timbre de 35 cent. *Déc. min. fin. du* 31 *oct.* 1817. (*Art.* 5909, *j.*)

33. Ceux délivrés aux membres de la Légion d'honneur, et leurs procurations mises à la suite, pour toucher les traitemens et gratifications, peuvent être écrits sur papier timbré; ils sont exempts de l'enregistrement. *Déc. min. fin. du* 11 *août* 1817. (*Art.* 5918, *j.*) — Si on en faisait un usage autre que celui de leur destination, ils ne jouiraient plus de cette faveur. *Circ.* 1604.

34. Les formules *timbrées* pour les certificats de vie des rentiers et pensionnaires de l'Etat, sont délivrées aux Notaires-Certificateurs par les Receveurs de l'enregistrement, qui les comprennent dans leur comptabilité en nature et en espèce, avec le timbre ordinaire. *Inst.* 857.

35. CERTIFICAT *de décès.* Les certificats de décès, délivrés dans les bureaux du Ministère de la guerre, ne sont pas sujets au timbre. *Déc. min. fin. du* 9 *juillet* 1819. Ainsi que ceux délivrés par les Maires pour constater la non existence des actes de naissance sur les registres de l'état civil, à l'effet de parvenir au mariage. *Sol. du* 30 *sept.* 1815. (*Art.* 5232, *j.*)

36. Les certificats constatant l'absence du père, délivrés au fils qui veut se marier, sont soumis au droit fixe, comme tous autres certificats. On ne peut les assimiler à un acte de décès du père, encore qu'ils en tiennent lieu, et les comprendre dans l'exception de la loi de frim., art. 70. *Arr. de cass. du* 20 *oct.* 1813. (*Art.* 4709, *j.*) V. *ci-devant*, n.° 25.

37. CERTIFICAT *d'indigence.* C'est l'acte délivré par le Maire de la résidence du redevable, et visé par le Sous-Préfet, qui atteste l'insolvabilité dans la personne qui s'y trouve désignée. Il a besoin de cette dernière formalité pour être valable. *Circ.* 1704 *et Instr.* 238.

38. Ce certificat produit la suspension des poursuites, mais non pas la décharge de la dette. On doit, avant de le demander au Maire, ou d'en faire usage, se procurer des renseignemens sur la solvabilité des débiteurs, et s'ils sont en état de payer, les poursuivre, nonobstant le certificat dont la délivrance compromet, dans ce cas, la responsabilité des Maires et Sous-Préfets. *Circ.* 1770, *Instr.* 750.

39. Si le débiteur qui n'a point de meubles ou n'en a que d'insaisissables, possède des biens-fonds, il ne peut être réputé insolvable. *Déc. min. fin. du* 8 *pluv.* 8.

40. Néanmoins lorque le certificat du Maire, visé par le Sous-Préfet, atteste que le redevable ne possède pas d'immeubles de valeur suffisante pour payer les frais de poursuites, en indiquant le montant des contributions de ce débiteur, il y a lieu de porter l'article aux surséances indéfinies. *Instr.* 381.

41. L'insolvabilité du débiteur doit être constatée, non par procès-verbaux de carence, mais par certificats d'indigence. *Inst.* 248 *et* 506. V. *amendes*, n.os 26, 76 *et* 165, et *contrainte par corps.*

42. On doit conserver ces certificats afin de pouvoir les représenter à toute réquisition. *Instr.* 600.

CESSION *en général*, est un transport à titre onéreux d'un droit, ou d'un objet mobilier ou immobilier.

1. CESSION *d'actions.* Les cessions d'actions et coupons d'actions mobilières des compagnies et sociétés d'actionnaires, et de tous autres effets négociables de particuliers ou de compagnies, à l'exception des lettres-de-change tirées de place en place, doivent 50 c. p. 100 fr. *Art.* 69, §. 2 *de la loi de frim.* 7.

2. Les actions dont la cession n'est soumise qu'au droit de 50 c. p. 100, sont celles émises par des compagnies de finances, de commerce ou d'industrie, portant un intérêt fixe ou éventuel, eu égard aux bénéfices qu'elles pourront faire, mais sans aucune propriété dans l'entreprise. — Le même droit serait dû, si le cédant, en abandonnant son intérêt pécuniaire en tout ou en partie, se réservait le droit d'être toujours sociétaire, pourvu cependant que cet intérêt ne consistât que dans le produit annuel des actions que chaque associé aurait eues pour régler sa portion dans l'entreprise, demeurent soumises au droit de 2 fr. p. 100, les cessions d'actions donnant un droit de propriété dans l'entreprise à laquelle le cédant devient étranger. *Instr.* 290, *nomb.* 15. V. *action*, n.os 5 *et* 8, *et transfert.*

3. Les actions créées sur des navires armés en course, n'assurant que la rentrée d'un capital, ou un droit à la propriété de partie de navire, qui est meuble, elles sont purement mobilières, et les cessions qui en sont faites ne donnent ouverture qu'au droit de 50 c. p. 100 f. *Cir.* 1678.

4. Ces mêmes actions ne sont pas sujètes au timbre proportionnel. *Circ. du* 10 *therm.* 11.

5. CESSION *de baux.* Le droit est de 75 c. p. 100, sur les deux premières années, et de 20 c. p. 100, sur le montant des années suivantes. *Art.* 8 *de la loi du* 27 *vent.* 9, V. *bail.*

6. On ne peut considérer que comme cession de bail, l'acte par lequel le fermier d'un octroi cède à un autre l'exécution de son bail, en se chargeant d'en remplir toutes les conditions, et en laissant à ses risques les événemens des bénéfices ou des pertes. *Arr. de cassat. du* 27 *juillet* 1810. (*Art.* 3710, *j.*)

7. Quoique la cession du bail d'un octroi ait été faite avant l'approbation du bail par l'autorité, le même droit proportionnel est dû sur chacun de ces actes, lorsqu'ils ont été approuvés par le Ministre des finances. *Sol. du* 21 *avril* 1819. (*Art.* 6380, *j.*).

8. Lorsque le preneur dont le bail a cours, cède la jouissance à un tiers en présence du propriétaire qui en accepte le transfert, et, en réduisant le prix du bail, décharge le cédant pour les années restant à courir, il est dû le droit de rétrocession de bail. *Sol. du* 20 *janv.* 1813. V. *rétrocession*, *n.°* 6.

9. CESSION *de créances à terme*, est passible du droit de 1 fr. p. 100 sur le capital exprimé dans l'acte, et qui en fait l'objet. *Art.* 14 *de la loi de frim.* 7. — Ces expressions, *par le capital exprimé dans l'acte, et qui en fait l'objet*, ne doivent pas s'entendre du prix stipulé pour la cession, mais du capital de la créance; la loi a voulu, par cette disposition, prévenir le cas où le transport de la créance se ferait à un prix inférieur au capital. *Déc. min. fin. du* 8 *germ.* 8. (*Art.* 431, *j.*).

10. La cession que l'on fait d'une créance, moyennant une rente, équivaut à constitution. *Sol. du* 29 *flor.* 6.

11. La cession de créance ou de rente faite au trésor public, par les parens d'un comptable en débet, pour le libérer jusqu'à due concurrence, est enregistrable gratis. *Instr.* 390, *nomb.* 3. *Déc. min. fin. du* 17 *mai* 1819.

12. CESSION *de créances sur l'Etat*, payables seulement en inscriptions, est exempte du droit proportionnel; mais ce droit est dû lorsque ces créances peuvent être payées, soit en inscriptions, soit en reconnaissance de liquidations. *Déc. min. fin. du* 14 *août* 1817. (*Art.* 5871 *j.*). V. *action*, page 65.

13. Le droit proportionnel est dû, 1.° sur tous les actes de transports, de créances liquidées en vertu de la loi du 25 septembre 1814 et autres antérieures, à l'exception de ceux de ces actes qui comprennent des créances définitivement inscrites au moment du transport. *Déc. min. fin. du* 7 *mars* 1817. (*Art.* 5781, *j.*). — 2.° Sur ceux de créances arriérées sur l'État, liquidées conformément à l'art. 13 de la loi d'avril 1816. *Déc. min.*

fin. du 3 *oct.* 1816. (*Art.* 5659, *j.*). 3.° Sur celles des effets publics étrangers. *Sol. du* 3 *juin* 1817.

14. Les créances espagnoles comme toutes les autres créances étrangères, ont dû être liquidées et payées en inscriptions de rentes : ainsi il y a lieu d'appliquer à ces cessions, la décision du Ministre des finances du 26 décembre 1818 portant que, lorsqu'un acte contient, sans désignation, cession de tout ou partie d'une inscription que le cédant a droit d'obtenir, et lorsqu'il résulte des termes et des effets de l'acte, que le cessionnaire ne peut prétendre qu'à une inscription sur le Grand-Livre, et *non à d'autres valeurs*, le droit proportionnel ne doit pas être exigé. *Déc. min. fin. du* 29 *janv.* 1819. (*Art.* 6266, *j.*).

15. CESSION *de droits successifs*. Toute cession, à titre onéreux, de droits successifs, donne ouverture au droit proportionnel de vente, attendu qu'elle opère la transmission d'une part héréditaire dans les meubles et immeubles de la succession. *Arr. de cass. des* 19 *brum.* 14 *et* 22 *fév.* 1808.

16. L'acte par lequel un cohéritier se connaît rempli de son lot, moyennant une certaine somme, ne doit pas être considéré comme un partage, quand il n'a pas été précédé des formes constitutives prescrites par les art. 819 et suivans du C. C. Cet acte est une cession de droits successifs, passible du droit proportionnel de vente. *Arr. de cass. du* 31 *mars* 1817. (*M. Sirey*, *année* 1817.) V. *vente d'immeubles*, *n.°* 25 *et suiv.*

17. CESSION *du droit d'exploiter une mine*. Toute cession du droit d'exploiter une mine ou carrière, moyennant un prix déterminé ou une portion du produit net, est assujétie aux droits d'enregistrement fixés pour les baux d'immeubles; mais le droit de 4 p. 100 est exigible, lorsque la faculté d'exploiter a lieu jusqu'à l'épuisement de la mine, ou que la durée de la jouissance n'est pas limitée, et cette perception doit porter sur la somme stipulée pour le fonds, comme sur celle convenue pour les ustensiles servant à l'exploitation. *Déc. min. fin. du* 1.er *mai* 1810. (*Art.* 3800, *j.*)

18. CESSION *du droit de retraire un immeuble*. V. *retrait*.

19. CESSION *de droits immobiliers*. V. *vente*, n.° 10.

20. CESSION *d'étude d'avoué*. Les actes de cession d'étude et clientelle des avoués, ne peuvent être considérés comme vente d'objets mobiliers; ils font partie de ceux contenant obligations de sommes, et le droit de 1 fr. p. 100 est le seul exigible. *Instr.* 386, *nomb.* 10.

21. CESSION *d'immeubles pour remploi*. La cession faite par un mari à sa femme pour lui tenir lieu de *remploi*, en vertu de l'art. 1595 du C. C., est sujète au droit proportionnel de vente. *Instr.* 392. V. *remploi*.

22. CESSION *de marchés* dont le prix doit être payé par le Trésor royal, et les *subrogations*, sont passibles du droit proportionnel. *Instr.* 366, *nomb.* 7.

23. CESSION *de priorité d'hypothèques*. Quand elle est consentie *sans bourse délier* par un créancier à un créancier moins ancien, pourvu que les deux créances soient utilement colloquées, l'acte ne peut donner lieu qu'au droit fixe de 1 fr. Mais si, par l'effet de l'ordre arrêté entre les créanciers, il arrivait que le cédant ne fût pas colloqué utilement, et que le cessionnaire fût payé, il y aurait une transmission réelle de droits mobiliers à enregistrer au droit proportionnel de 1 p. 100. Il faut également considérer comme transport effectif de créances, l'acte par lequel le créancier hypothécaire consent à laisser à d'autres créanciers la priorité sur les sommes devant provenir de sa créance personnelle. *Instr.* 386, *nomb.* 11.

24. CESSION *judiciaire*. V. *abandon de biens*.

25. CESSION *d'objets mobiliers*. V. *vente de meubles*.

26. CESSION *de rentes*, soit perpétuelles, soit viagères; droit de 2 fr. p. 100. *Art.* 69 *de la loi de frim.* 7. Pour les exceptions, V. *rentes*.

27. Le droit se liquide sur le capital constitué, quel que soit le prix stipulé pour le transport. *Art.* 14 *de la même loi.* — Néanmoins le droit de 2 p. 100 à percevoir sur les transports de rentes dues à l'Etat, faits en exécution de la loi du 21 niv. 8, doit être liquidé à raison de quinze fois la rente, sauf à appliquer la règle ordinaire aux cessions ultérieures qui seraient faites par les acquéreurs de ces rentes à d'autres particuliers. *Circ.* 1849.

28. Le droit de cession de la nue propriété d'une rente au principal de 37,000 fr., est dû sur cette somme. *Arr. de cass. du* 1.er *sept.* 1806.

29. Pour une cession de rente faite en justice, V. *adjudication*, n.° 3.

30. Si une cession de plusieurs rentes en renferme une causée pour acquittement de *droits seigneuriaux*, le droit ne peut être perçu sur cette dernière rente supprimée comme féodale; mais aux termes des lois des 16 oct. 1791 et 6 juillet 1792, qui proscrivent les titres et qualifications féodaux, et défendent de les faire revivre dans les actes, le Receveur doit constater par procès-verbal la contravention commise par le Notaire, et l'adresser, avec une copie certifiée de l'acte, au Procureur du Roi. *Sol. du* 31 *mars* 1820.

31. Le transport de rentes dues par des particuliers non solidaires, qui comparaissent à l'acte pour accepter le nouveau créancier, et s'obliger à lui payer les rentes, opère autant de droits de titre nouvel de 3 fr. qu'il y a de débiteurs. *Sol. du* 27 *nov.* 1818.

32. La cession, faite par un particulier à un autre d'une rente due par un tiers, pour demeurer quitte d'une rente de pareille somme, n'est pas un échange, puisqu'il faudrait, dans ce dernier cas, que les rentes fussent dues aux contractans par des tiers. *Sol. du* 13 *janv.* 1819.

33. Les rentes foncières, les prestations réelles déclarées rachetables, ainsi que les rentes constituées, créées antérieurement à la loi du 11 brum. 7, sont susceptibles d'être frappées d'hypothèque, et le droit de 1 fr. 50 c. p. 100, outre celui d'enregistrement de 2 p. 100, est dû sur la cession de ces rentes. *Instr. génér.*, n.° 832.

34. L'augmentation du droit de 1 1/2 p. 100, ordonnée par l'art. 54 de la loi du 28 avril 1816, ne serait pas exigible, si par suite d'une cession antérieure de la même rente, il existait déjà une *transcription* qui

aurait arrêté le cours des inscriptions pour des hypothèques créées sur cette rente avant la loi de brum., et si on rapportait la preuve qu'il n'a pas été pris d'inscription, ou que celles qui auraient été requises sont comme non avenues, soit par la radiation, soit par le non renouvellement. *Déc. min. fin. des* 26 *oct.* 1818, *et* 9 *juin* 1820. (*Art.* 6801, *j.*)

35. Ce droit d'un et demi p. 100 n'est pas dû sur la cession d'une rente constituée dans l'ancien ressort du *Parlement de Toulouse*, parce que les rentes créées dans ce pays n'étaient pas soumises au régime hypothécaire. *Autre déc. du* 8 *fév.* 1819. (*Art.* 6469, *j.*) Au surplus, V. *rentes.*

CHAMBRES *législatives*. Leurs actes sont exempts du timbre et de l'enregistrement. *Art.* 16 *de la loi du* 13 *brum.* 7, *et* 70 *de celle de frim.* 7.

CHAMBRES *de discipline*. Pour connaître les attributions de celles des Notaires, V. *le texte*, *page* 44.

La Chambre de discipline des Notaires ne peut connaître de l'action et des poursuites du ministère public contre le Notaire prévaricateur. *Arr. de cass. du* 13 *mai* 1807.

Les registres de police intérieure, et sans aucun rapport avec des personnes étrangères, ne sont pas sujets au timbre. Il en est de même des délibérations prises, après avoir entendu des tierces parties, pourvu qu'elles ne soient que simples actes d'administration d'ordre ou de discipline intérieure, ou de simples avis. — Les actes tendant à établir des conventions quelconques entre la Chambre des Notaires ou des particuliers, doivent être rédigés en papier timbré, et enregistrés dans les 20 jours de leur date. — Les registres de recette du trésorier de la Chambre, doivent être en papier timbré; ceux qui avaient été fournis en papier libre ont dû être timbrés à l'extraordinaire ou visés pour valoir timbre, sans amende. — Les seules expéditions des délibérations exemptes du timbre, sont celles délivrées au Procureur du Roi dans l'intérêt de l'Administration. Celles des délibérations prises dans l'intérêt des candidats, quoique remises à ce magistrat pour être envoyées au Grand-Juge, sont sujètes au timbre. *Instr.* 608. V. *insertion.*

CHANCELLERIE *de France*. C'est la grande Chancellerie où s'expédient les lettres émanées de S. M. et scellées du grand sceau. V. *majorat.*

CHANGEMENT *de résidence des Employés*. Les Préposés de tout grade sont tenus de se rendre au lieu de la destination qui leur est indiquée, dans le délai fixé par la lettre d'avis de leur nomination. — Dans le cas de simple changement de résidence, sans avancement, les Préposés à traitement fixe ne supportent aucune interruption d'appointemens. Ils sont payés dans leur résidence ancienne, jusqu'au jour de la cessation de leurs fonctions, qu'ils font constater par un certificat du Directeur; et pour le tems subséquent, dans le département de leur nouvelle destination. *Instr.* 812.

CHANGEMENT *d'emploi*. Lorsqu'un Préposé passe à un emploi supérieur à celui dont il était pourvu, il éprouve une interruption de traitement à compter du jour où ils a cessé ses anciennes fonctions, jusqu'à la date de l'acte de sa prestation de serment en sa nouvelle qualité. — Le produit du traitement pendant cette interruption, est affecté à la caisse des pensions de retraites, comme celui de tous les emplois vacans par mort, démission ou autrement. *Instr.* 812. V. *vacance.*

CHARGEMENT *par mer* (*reconnaissances de*). Elles sont passibles du droit fixe de 3 fr. pour chaque personne à qui les envois sont faits. *Art.* 44 *de la loi de* 1816.

CHARGES. V. *adjudication*, n.ºs 11 et 32; *bail*, n°. 3; *donation*, n.° 11; *succession*, n.° 73 *et suiv.*; *vente d'immeubles*, n.° 8.

CHARTE-PARTIE. V. *affrétement*, *page* 70.

CHASSE, V. *amendes*, n.° 142.

CHEPTEL, V. *bail*, n.ºs 11 *et* 68.

CHOSE *jugée*, est celle qui a été décidée par des jugemens rendus en dernier ressort, ou par ceux dont il n'y a point eu d'appel, ou dont l'appel n'est point recevable, soit que les parties y aient formellement acquiescé, ou qu'elles n'en aient pas interjeté appel dans le tems prescrit, ou que l'appel ait été déclaré périmé.

1. La force de la chose jugée ne peut atteindre le jugement provisoire, mais seulement le jugement définitif. *Arr. de cass. du* 26 *juin* 1816. (*M. Sirey*, *année* 1816.)

2. En fait de droits de mutation par décès, on ne peut exciper un jugement ayant l'autorité de la chose jugée rendu pour un bureau contre la demande des droits, pour raison de biens dépendans de la même succession, situés dans un autre bureau. *Arr. de cass. du* 7 *avril* 1807.

3. L'autorité de la chose jugée prive de la faculté de soumettre à une nouvelle discussion les titres qui ont servi de base au jugement. *Arr. de cass. du* 21 *avril* 1819.

4. Le jugement qui porte sur des chefs distincts et indépendans, et qui n'est attaqué qu'à l'égard de certains chefs, doit passer en force de chose jugée pour les chefs qui n'ont point été attaqués par la voie d'appel. *Arr. de cass. du* 19 *sept.* 1807, V. *cassation*, *n.°.* 14; *et instance*, *n.°* 89.

CIRCULAIRES, exemplaires de lettres.

1. Les Directeurs doivent prendre des mesures pour qu'il y ait célérité dans la transmission des circulaires de M. le Directeur général aux employés de leur direction. *Instr. n.°* 30, V. *accusé de réception*, *page* 50.

2. Pour l'envoi, les circulaires doivent être mises sous bandes croisées; le port en est porté sur l'état des ports de lettres. *Circ.* 1755.

3. Lorsqu'une circulaire manque, il faut la réclamer aussitôt qu'on s'en aperçoit, pour ne pas se rendre responsable de l'inexécution des ordres qu'elle contient. *Circ.* 1596.

4. Chaque ordre de tournée doit être terminé par une table chronologique des circulaires du trimestre expiré, afin que tout Employé puisse s'assurer s'il les a toutes reçues, et en servir la table du bureau. — Les Employés superieurs doivent s'expliquer sur la tenue de cette table dans les journaux de travail. *Circ.* n.ºs 1250 *et* 1596.

CITATION, exploit d'assignation devant la justice de paix ou devant le bureau de conciliation.

Les citations sont sujètes au droit fixe de 1 fr. *Art.* 68 *de la loi de frim.* 7. V. *actes*, n.os 141, 160 *et* 163, et *exploit.*

CLAUSES. Il est dû un droit d'enregistrement pour toutes les clauses d'un acte, indépendantes ou ne dérivant pas nécessairement les unes des autres. V. *actes*, n.° 132.

CLOCHES. V. AUX DOMAINES, p. 55.

CLOTURE *d'inventaire*. Elle n'opère aucun droit particulier d'enregistrement, d'après l'art. 1456 du C. C., en ce que la clôture est une partie intégrante de l'inventaire, comme étant ordonnée par la loi. (*Art.* 2379, *j.*) V. *inventaire.*

CODICILE. Acte postérieur à un testament qui en change ou en modifie les articles.

S'il contient libéralité, il opère le droit fixe de 5 fr.; et s'il contient seulement confirmation ou réduction de legs, ou déclaration de mourir *ab intestat*, il ne donne lieu qu'au droit fixe d'un franc. *Art.* 45 *de la loi d'avril* 1816, *et* 68 *de celle de frim.* 7.

COHÉRITIERS, sont plusieurs héritiers d'une même personne, qui recueillent conjointement sa succession. Ils sont solidaires pour le paiement du droit de mutation par décès, de la totalité des biens qui leur sont échus en commun. V. *accroissement; débiteur*, n.° 1, et *succession*, n.° 224 et suiv.

COLÉGATAIRES, sont ceux à qui une même chose a été léguée conjointement. V. *accroissement*; et *succession*, n.° 225.

COLLATERAUX. Ce sont ceux qui forment la ligne collatérale : les frères, les sœurs, les oncles, les tantes, les cousins, sont des collatéraux. V. *représentation*; et *succession*, n.° 26.

COLLATION. Compar.n d'une pièce avec son original.

1. La collation d'actes et pièces, ou des extraits d'iceux, par quelque officier public qu'elle soit faite, est sujète au droit fixe d'un franc. — Il est dû un droit pour chaque acte, pièce ou extrait collationné. *Art.* 68 *de la loi de frim.* 7.

2. Les collations des extraits faits par un Notaire, sur les actes qu'il a reçus ou qui lui ont été déposés, ne sont pas sujètes à l'enregistrement, parce qu'elles ne sont que des expéditions de ces actes; ces extraits sont seulement sujets au timbre d'expédition. *Sol. des* 25 *nov.* 1806 *et* 30 *déc.* 1813. — Mais l'expédition d'un acte reçu par un notaire décédé, et délivrée par un autre Notaire avec cette mention : *Expédié sur la minute représentée et ensuite retirée par la veuve dudit Notaire*, est une collation sujète au droit. *Sol. du* 7 *flor.* 10. (*Art.* 1275, j.)

3. Le Notaire à qui un Tribunal a confié les minutes d'un Notaire décédé, et qu'il a autorisé à en délivrer des expéditions, n'est pas tenu de les faire enregistrer comme des copies collationnées. *Déc. min. fin. du* 22 *juin* 1813. (*Art.* 4536, *j.*)

4. Aucun Notaire, Greffier, Secrétaire ou Huissier, ne peut délivrer extrait, copie ou expédition d'un acte sous seing-privé, ou passé en pays étranger, s'il n'a été préalablement enregistré, à peine de 50 fr. d'amende, et de répondre personnellement du droit. *Art.* 42 *de la loi de frim.* 7. V. *copie.*

COLLÉGES *royaux*; ils ne jouissent pas de la faveur de faire timbrer leurs actes en débet. *Déc. min. fin. du* 31 *août* 1813.

Leurs registres sont exempts du timbre. Les baux, marchés, ventes et quittances données à des personnes étrangères à l'université, y sont soumis. *Instr.* 621. V. *certificat*, n.° 19; *prospectus*, *et université.*

COLLOCATION. V. *ordre.*

COLONIES; COLONS. Les titres de créances sur les colons de Saint-Domingue, doivent continuer d'être enregistrés en débet, à la charge par ceux qui requièrent l'enregistrement, de souscrire l'obligation de payer les droits, aussitôt que la loi du 15 avril 1818 aura été rapportée. *Déc. min. fin. du* 31 *mai* 1820. (*Art.* 6772, *j.*)

Cette soumission doit être écrite sur papier timbré, et l'article consigné au sommier des débets. *Circul. du* 7 *août* 1811. V. *actes*, n.° 114 *et suiv.*

COMMAND. On nomme ainsi celui au profit de qui on a acheté, en se bornant à dire dans le contrat qu'on acquiert pour soi ou son command.

1. COMMAND (*déclarat.* ou *élections de*). Elles sont assujéties au droit fixe de 3 fr. Lorsque la faculté d'élire un command a été réservée dans l'acte d'adjudication ou le contrat de vente, et que la déclaration est faite *par acte public*, et *notifié* dans les 24 heures de l'adjudication ou du contrat. *Art.* 68 *de la loi de frim.* 7, *et* 44 *de celle de* 1816. V. *adjudication*, n.° 6.

2. Les déclarations, par suite d'adjudication, ou contrats de vente de biens immeubles, autres que celles de domaine nationaux, sont assujéties au droit proportionnel de revente, si la déclaration est faite après les vingt-quatre heures de l'adjudication ou du contrat, ou lorsque la faculté d'élire un command n'y a pas été réservée. *Art.* 69 *de la loi de frim.* 7. — Pour les modifications, V. les n.os 18, 20 et 42 ci-après.

3. *Délai pour l'enregistrement de la vente.* Quand la réserve d'élire un command a été faite dans un acte de vente, et que la déclaration de command a été passée dans le délai de la loi, ces deux actes peuvent être présentés simultanément à la formalité de l'enregistrement. *Inst.* 357. *Arr. de cass. des* 26 *messidor* 13 *et* 13 *brumaire* 14. (*Art.* 2170, *j.*)

4. *Responsabilité du déclarant.* Si le command élu par l'Avoué accepte la déclaration, il doit acquitter le droit du jugement d'adjudication; dans le cas contraire, l'Avoué qui satisfait à la loi, n'est pas tenu d'avancer le droit, et le Greffier ne peut refuser de recevoir sa déclaration, sauf aux Receveurs à poursuivre contre les commands, à l'expiration des vingt jours, les droits et doubles droits, tant de l'adjudication que de la déclaration de command. *Instr.* 357.

5. En général, celui qui passe déclaration de command, après avoir rempli les formalités prescrites, n'est pas responsable des droits d'enregistrement de l'adjudication, lorsque le command déclaré se trouve insolvable. *Instr.* 290, *nomb.* 17.

6. De plus, la Cour de Paris a décidé, le 18 mai 1807, que le mandataire est déchargé, par sa déclaration, de toute obligation envers le vendeur, et que le command seul est tenu d'exécuter la vente. (*Art.* 2726, *j.*)

7. *Déclaration contenant quittance.* La quittance du prix de la vente, insérée dans cet acte, n'opère pas de droit, dès que la déclaration ne forme qu'un avec l'acte d'aliénation. *Instr.* 386, *nombre* 15.

8. *Dispositions à considérer ou non comme cautionnement.* Celle par laquelle l'adjudicataire se porte garant du command est passible du droit de 50 cent. p. 100, outre celui de 3 fr., bien qu'une clause de l'adjudication, *faite devant Notaire*, portât que l'adjudicataire pourrait nommer command, mais qu'il demeurerait garant solidaire, parce qu'on ne peut assimiler une vente volontaire à celle qui est faite en justice. *Sol. du* 31 *janv.* 1817. (*Art.* 5666 *et* 5792, *j.*)

9. L'administration a également autorisé la perception d'un droit particulier de cautionnement, sur une déclaration d'élection d'ami faite par le command nommé par l'avoué, à l'occasion d'une adjudication judiciaire dans laquelle il était stipulé que dans le cas de déclaration de command par tout autre que par l'Avoué, le déclarant et le déclarataire seraient tenus solidairement du prix et des charges de l'adjudicat.ⁿ (*Art.* 6906, *j.*) — Ce principe paraît en contradiction avec ceux consacrés par les deux décisions suivantes.

10. Lorsque le cahier de charges porte qu'en cas de déclaration de command, l'adjudicataire demeurera solidairement obligé, avec les commands, à l'exécution des conditions de l'adjudication, on ne peut voir, dans la déclaration faite par l'adjudicataire de tous les lots au profit d'un autre, de quelques-uns de ces lots, un motif de percevoir le droit de cautionnement, parce que le déclarant n'a fait que partager entre le command et lui la charge d'exécuter les conditions de l'adjudication, sans apporter aucun changement à ses obligations personnelles envers le vendeur. *Déc. min. fin. du* 11 *sept.* 1818. (*Art.* 6240, *j.*) — Ainsi, l'Administration a ordonné, le 15 mai 1820, la restitution du droit de cautionnement, perçu sur la déclaration passée en faveur des sieurs D. et B. par le sieur H., qui s'était rendu adjudicataire, sous réserve d'élection d'ami, d'un immeuble mis aux enchères avec la condition que, nonobstant sa déclaration, l'acquéreur demeurerait garant de la solvabilité de son command. (*Art.* 6687, *j.*) V. *ci-après*, *n.°* 17.

11. *Déclaration en faveur d'un colicitant ou d'un vendeur.* Le droit, dans le premier cas, n'est exigible que sur la portion acquise. *Déc. min. fin. du* 18 *brum.*

12. La déclaration, dans le dernier cas, anéantit la mutation. Il n'est dû qu'un droit fixe de 2 fr., si elle est faite dans l'acte de vente, et de 3 fr. par acte particulier. *Sol. du* 13 *vent.* 6.

12. Ainsi, lorsqu'un acte porte adjudication à l'un des vendeurs, propriétaire pour moitié du bien vendu, et que pour l'autre moitié il passe, dans le délai, une déclaration de command au profit de son vendeur propriétaire de cette autre moitié, en vertu de la faculté qu'il s'est réservée, il n'est dû que deux droits fixes, l'un sur l'adjudication, l'autre sur la déclaration de command. *Sol. du* 12 *sept.* 1818. (*Art.* 6191, *j.*)

13. *Déclarations pour rentes ou obligations.* On doit considérer comme simple déclaration de command l'acte par lequel un particulier déclare que la constitution de rente passée en son nom, ou l'obligation consentie à son profit, n'est pas pour son propre compte, mais pour celui de la personne dont il n'est que le mandataire. Le droit proportionnel serait exigible si la déclaration n'était pas, en vertu d'une réserve antérieure, faite et notifiée dans le délai de la loi, ou si elle présentait novation de clauses, de condition ou de prix. *Instr.* 432, *nomb.* 2.

14. *Modification au premier acte.* Toute déclaration de command pour être dispensée du droit proportionnel, ne doit contenir que la remise pure et simple au command de droits acquis pour son compte, sans novation de clauses de conditions ou du prix. *Instr.* 290, *nomb.* 14.

15. Ainsi, quand le command garantit les objets vendus, change le mode de paiement ou apporte toute autre modification aux conditions du premier acte, le droit proportionnel est dû. *Arr. de cass. du* 31 *janv.* 1814. (*Art.* 4784, *j.*)

16. On doit aussi considérer comme rétrocession passible du droit de revente, la déclaration faite dans un contrat de vente au profit de plusieurs, lorsque l'acquéreur a payé comptant le prix de son acquisition, et qu'il accorde aux déclarataires des termes pour la portion déclarée. *Sol. du* 17 *mars* 1821. (*Art.* 6924, *j.*)

17. Lorsque l'acquéreur d'un bien que son débiteur lui vend pour se libérer envers lui, nomme, en vertu d'une réserve expresse dans l'acte d'acquisition, un command qui lui rembourse le montant de sa créance, et qu'un tiers se porte caution pour la validité du paiement, outre le droit de cautionnement, il est dû celui de revente. *Sol. du* 26 *mai* 1819. (*Art.* 6542, *j.*)

18. *Déclarations par les Avoués.* Il n'y a lieu de ne percevoir que le droit fixe de 3 fr. sur les déclarations de command faites par les Avoués, en exécution de l'art. 709 du C. de P. C., et notifiées dans les trois jours de l'adjudication. *Instr.* 357.

19. Ce délai de trois jours est restreint aux déclarations sur ventes judiciaires; le cas d'exception n'existe pas pour les ventes passées devant Notaire. *Instr.* 386, *nomb.* 17.

20. *Réserve d'élire et acte d'élection.* L'Avoué dernier enchérisseur n'est réputé que simple mandataire des cliens, si toute fois il se met en règle, sans qu'il soit besoin de faire mention, dans l'adjudic.ⁿ, de ce mandat ni de réserve d'élire command. S'il fait dans les trois jours la déclaration du mandant, il n'est pas dû de droit proportionnel de mutation. *Instr.* 290. *Arr. de cass. du* 23 *avril* 1816; V. *ci-après*, n.° 33.

21. Mais cette réserve est indispensable dans tout autre cas pour éviter le droit proportionnel. *Art.* 69 *de la loi de frim.* 7.

22. Ainsi, quoique la déclaration ait été faite dans les 24 heures, elle est passible du droit de revente, lorsque l'adjudicataire qui l'a faite ne s'en est pas réservé lui-même le droit avant de signer le procès-verbal d'adjudication, bien que, par une clause de l'acte, le vendeur eût réservé cette faculté aux adjudicataires. *Déc. min. fin. du* 11 *janv.* 1814. (*Art.* 4805, *j.*)

23. Cependant la faculté d'élire un command, stipulée au cahier des charges qui a précédé l'adjudication même, suffit pour qu'il ne puisse être exigé qu'un droit fixe, si cette faculté a été exercée en tems utile. *Déc. min. fin. du* 25 *juin* 1819. (*Art.* 6504, *j.*).

24. La déclaration de command faite dans le contrat même d'adjudication, mais qui n'a pas été précédée de la réserve, n'opère que le droit fixe de 3 fr. *Sol. du* 26 *juin* 1816. (*Art.* 5475, *j.*).

25. *Déclaration sous seing-privé.* Elle est passible du droit proportionnel quoique faite dans les 24 heures; il faut nécessairement qu'elle soit faite par *acte public*, pour être enregistrée au droit fixe. *Instr.* 386, *nomb.* 13.

26. *Déclaration après délai.* Toute déclaration faite et notifiée après les délais est assujétie au droit de vente d'immeubles. *Instr.* 386. V. *rétrocession*, *n.°* 8.

27. *Nouveau command.* Lorsqu'après une déclaration non acceptée, l'Avoué adjudicataire déclare qu'il est redevenu adjudicataire en son nom et nomme pour command un particulier qui a accepté, cette 2.e déclaration est passible des droits proportionnels. *Sol. du* 2 *déc.* 1814. (*Art.* 4975, *j.*).

28. *Déclar.^n^ du command au profit d'un tiers.* Lorsque le command passe une déclaration au profit d'un autre, on est autorisé à percevoir le droit de revente. *Instr.* 390. *Arr. de cass. du* 22 *août* 1809. *Sol. du* 8 *déc. suiv.* (*Art.* 3444 *et* 3622, *j.*).

29. Cependant lorsque l'adjudicataire, élu par l'Avoué enchérisseur, déclare qu'il accepte (tant pour lui que pour d'autres individus qu'il nomme) la déclaration de command faite à son profit, il n'est point dû de droit proportionnel, parce que le command est censé avoir acquis directement. *Instr.* 539. *Arr. de cass. du* 23 *avril* 1816. (*Art.* 5483, *j.*).

30. Ainsi, lorsqu'un Avoué qui s'est rendu adjudicataire, avec réserve expresse de command pour sa partie, déclare ce command dans les trois jours, et toujours *sous la réserve de command*, le nouvel adjudicataire peut faire sa déclaration d'élection d'ami au profit d'un autre sans que l'on soit autorisé à percevoir un droit proportionnel de revente, pourvu qu'elle soit notifiée dans les 24 heures. *Sol. du* . . . (*Art.* 6906, *j.*).

31. La déclaration d'élection d'ami faite par le command élu qui s'était réservé cette faculté au profit d'un tiers, doit être notifiée ou enregistrée dans les 24 heures pour être dispensée du droit proportionnel, parce que, relativement au déclarant et au command élu, cette adjudication ne diffère point d'une acquisition par contrat. *Sol. du* 5 *juillet* 1820. (*Art.* 6775, *j.*).

32. La déclaration de command faite par l'adjudicataire déclaré par l'Avoué, ne doit profiter de l'exception que lorsque la réserve en a été faite par l'Avoué *dans l'adjudication*, et le droit proportionnel de l'enregistrement est exigible, si la réserve a été faite seulement par l'adjudicataire, dans l'acceptation de la déclaration de l'Avoué. *Instr.* 644.

33. *Déclaration au profit de plusieurs.* Il avait été décidé, le 6 mai 1813, que le droit proportionnel de revente était dû lorsque, par suite d'expropriation, deux objets étaient vendus en un seul lot et pour un seul prix, et que l'Avoué, dernier enchérisseur, en passant déclaration au profit de deux personnes, assignait le prix que chacun des deux commands aurait à payer dans le prix total de l'adjudication, eu égard à la valeur des deux lots, formés d'une manière inégale. (*Art.* 4504, *j.*) Depuis, il a été établi en principe que la déclaration de command faite dans le délai de la loi, en vertu de la réserve d'élire un ou plusieurs amis, au profit de deux individus auxquels l'adjudicataire assigne à son gré les biens que chacun doit posséder, et le prix qu'il doit payer n'est point une revente. *Arr. de cass. des* 30 *avril* 1814 *et* 8 *nov.* 1815. (*Art.* 5112 *et* 5302, *j.*)

34. *Notification.* C'est au Receveur et non au command qu'elle doit être faite. *Arr. de cass. du* 4 *therm.* 9.

35. Le délai de 24 heures court de la date du contrat, et non de celle de la déclaration. *Arr. de cass. du* 19 *germ.* 12.

36. La déclaration faite dans les 24 heures, par suite d'une réserve, doit être notifiée dans ce même délai de 24 heures, sous peine du droit de revente. *Arr. de cass. du* 3 *vent.* 11. V. *ci-dessus*, n°. 31.

37. Il n'est pas nécessaire que la déclaration faite par l'Avoué, en matière d'adjudication judiciaire, soit notifiée aux Receveurs de l'enregistrement. *Arr. de cass. des* 3 *sept.* 1810, 9 *avril et* 14 *août* 1811. *Instr.* 539. (*Art.* 3730, 3880 *et* 4056, *j.*)

38. D'après les arrêts de la Cour suprême des 24 avril 1811 et 23 avril 1816, les Avoués peuvent, aux adjudications devant le Tribunal, nommer des commands, sans être tenus de faire enregistrer les actes dans un autre délai que celui de vingt jours. Mais si l'un des commands s'est réservé le droit d'en nommer un autre, et qu'il use de cette faculté, l'acte de cette seconde nomination donne ouverture au droit proportionnel, s'il n'a pas été enregistré ou notifié au Receveur dans les vingt-quatre heures de sa date. *Sol. du* 5 *juillet* 1820. (*Art.* 6774, *j.*)

39. Lorsqu'une déclaration est faite en tems utile, mais non notifiée dans les vingt-quatre heures, il n'existe toujours qu'une mutation par rapport aux créanciers, et il n'est dû qu'un seul droit proportionnel pour *la transcription* tant du contrat de vente que de la déclaration. *Instr.* 316. — Le Conseil d'administration a appliqué le même principe à une déclaration de command sur vente volontaire, faite dans les six mois de la vente (délai légal), et présentée à l'enregistrement en même-tems que le contrat de vente. *Sol. du* 20 *mai* 1806. (*Art.* 5652, *j.*)

40. La notification de la déclaration de command au Receveur de l'enregistrement, en fait de vente de domaines nationaux, doit être faite, dans les délais fixés, au Receveur de l'enregistrement; la circonstance que la déclaration a été faite au Secrétariat de la Préfecture où était et stipulait en effet l'homme du Gouvernement, mais non pas l'Agent du fisc, ne dispense pas de payer un nouveau droit. *Arr. de cass. du* 25 *nov.* 1811. (*Art.* 4236, *j.*)

41. Lorsqu'une déclaration de command est inscrite sur le répertoire, et que ce répertoire est présenté, dans les vingt-quatre heures de cette déclaration, au visa du Receveur, cette présentation doit être consi-

dérée comme une notification suffisante. *Déc. min. fin. du* 17 *févr.* 1807. (*Art.* 2500 , *j.*)

42. *Déclaration relative à une adjudication de biens domaniaux.* Elle doit avoir lieu au Secrétariat de la Préfecture où l'adjudication a eu lieu. *Loi du* 13 *therm.* 4. *Déc. min. fin. des* 7 *prair.*, 6 *et* 22 *pluv.* 7. — Dans le délai de trois jours. *Loi du* 26 *vend.* 7.

43. Une telle déclaration n'est exceptée du droit proportionnel d'enregistrement, qu'autant qu'elle a été notifiée dans le délai de trois jours après l'adjudication ; le dépôt de la déclaration fait par le Secrétaire de la Préfecture, dans le bureau du Receveur, dans les trois jours, ne peut remplacer la notification prescrite, s'il a négligé de remettre en même-tems le droit d'enregistrement. *Arr. de cass. du* 15 *nov.* 1813. (*Art.* 4721, *j.*) V. ci-dessus, n.° 40.

44. Dans le cas où la déclaration est considérée comme revente, le droit est celui dû pour les ventes ordinaires et non celui de 2 p. 100. *Instr.* 386.

45. En fait d'acquisition de biens de l'Etat, la déclaration ne peut être qu'au profit d'un seul individu. *Instr.* 422. — On considère comme un seul individu le mari et la femme vivant en communauté, ou une maison de commerce formée par acte de société. *Déc. min. fin. du* 12 *mai* 1809.

46. *Déclaration par les entrepreneurs des ponts et chaussées.* Elle est passible du droit proportionnel, quand la réserve n'en a pas été faite dans l'adjudication, ou lorsque la déclaration n'a pas été faite dans les 24 heures; attendu que la prétendue déclaration de command n'est qu'une cession qui ne peut aucunement jouir de la faveur accordée à l'acte primitif du fait du Gouvernement. *Déc. min. fin. du* 15 *mai* 1810. (*Art.* 3972 , *j.*)

COMMANDEMENT. Exploit fait par un Huissier en vertu d'un titre quelconque, avec sommation de satisfaire aux condamnations ou engagemens énoncés dans ce titre. Cet acte est passible du droit fixé pour les exploits. V. *exploit* ; il peut interrompre la prescription. V. *prescription.*

COMMERÇANS.

1. Sont commerçans ceux qui exercent des actes de commerce, et en font leur profession habituelle. *Art.* 1.er *du C. de Commerce.*

2. Un aubergiste n'est pas commerçant proprement dit. *Arr. de cass. du* 6 *déc.* 1815.

3. Les négocians, banquiers, fabricans et marchands sont des commerçans, et non les ouvriers et artisans, à moins qu'ils ne joignent à cette qualité celle de fabricans et marchands. *Déc. min. just. du* 5 *mai* 1812. (*Art.* 4243 , *j.*)

4. Le meûnier qui est en même tems marchand de grains ou de farine, est commerçant. *Arr. de cass. du* 26 *janv.* 1818.

5. Le serrurier qui achète le fer et le vend après l'avoir travaillé en objets, est commerçant. *Déc. min. fin. du* 19 *oct.* 1813.

6. L'Agent d'affaires est reputé commerçant. *Arr. de cass. du* 18 *nov.* 1813. (*Art.* 5484 , *j.*)

COMMIS-GREFFIERS. V. *serment.*

COMMISSAIRES *de Police.* V. *serment.*

COMMISSAIRES-*Priseurs.* Ceux qui ont le droit de faire des ventes de meubles aux enchères. Ils ont été créés par la loi du 28 avril 1816.

Cette place est compatible avec celle de Notaire, Greffier de justice de paix ou de Tribunal de police, et d'Huissier. *Ordonn. du* 26 juin 1816.

On doit s'assurer chez ces Fonctionnaires s'ils rédigent en forme authentique et font enregistrer dans le délai les quittances et décharges du prix des ventes mobilières faites aux enchères. *Instr.* 460.

Pour connaître leurs obligations, V. *communication*, *répertoires et ventes de meubles.*

COMMISSION. Pouvoir donné à quelqu'un de remplir une certaine fonction.

1. Les commissions délivrées pour les fonctions publiques sont exemptes de l'enregistrement. *Art.* 70 *de la loi de frim.* 7

2. Cette exception s'applique à celles délivrées, 1°. aux Employés de l'Enregistrement, des douanes, des droits réunis et aux Agens forestiers. *Sol. du* 1.er *vent.* 7 ; 2.° aux Gardes-Champêtres. *Circ.* 1707. (V. *nomination*, n.° 14.)

3. Les commissions délivrées à tous Employés, sont sujètes au timbre. *Circ.* 2033. — Celles des Greffiers de police près des Maires, en sont affranchies. *Instr.* 537. ; ainsi que celles délivrées aux Gardes-Champêtres. *Sol. du* 15 *pluv.* 9. (*Art.* 766, *j.*)

4. La commission donnée par le Juge de paix à l'Huissier qui supplée celui ordinaire, n'est pas sujète à l'enregistrement, non plus que la mention qui en est faite dans la notification de la cédule. *Instr.* 436, *nomb.* 1er. V. *ordonnance.*

5. COMMISSIONS *délivrées aux Employés.* V. *cautionnement des Employés*, *nomination*, *serment* et *surnuméraire.*

Quant à celles à l'effet de débiter du papier, V. *timbre.*

COMMISSIONS *délivrées aux Notaires*, V. *nomination*, n.° 17.

COMMUNAUTÉ. Société établie par les contrats de mariage ou ceux de société. V. *dissolution*, *mariage et société.*

1. S'il existe renonciation à communauté, V. *accroissement.*

2. La communauté s'établit aussi à défaut de contrat. *Art.* 1400 *du C. C.* — Elle se compose activement, 1.° de tout le mobilier que les époux possédaient au jour de la célébration du mariage, ensemble de tout le mobilier qui leur échoit pendant le mariage à titre de succession ou même de donation, si le donateur n'a exprimé le contraire ; — 2.° de tous les fruits, revenus, intérêts et arrérages, de quelque nature qu'ils soient, échus ou perçus pendant le mariage, et provenant des biens appartenant aux époux lors de la célébration, ou de ceux qui leur sont échus pendant le mariage, à quelque titre que ce soit ; — 3.° de tous les immeubles qui sont acquis pendant le mariage. *Art.* 1401.

3. Mais les immeubles que les époux possédaient au jour de la célébration du mariage, ou qui leur sont échus pendant son cours, à titre de succession, ou qui leur ont été donnés pendant le mariage, ne tombent point

en communauté. Celui des époux à qui ils appartiennent, a droit de les reprendre en nature, ou la valeur, sur les biens de la communauté, s'ils ont été aliénés, et que l'emploi n'en ait pas été fait. *Art.* 1404, 1405 et 1433 *du C. C.*

4. Pour l'application de ces principes à la liquidation des droits de succession, V. *succession.*

COMMUNES. Lorsqu'il est dû par les communes des sommes pour frais de poursuites ou pour tout autre cause, les Directeurs doivent les faire comprendre, par M. le Préfet, au budget de la commune débitrice. *Instr.* 642.

Quant aux dettes des communes qui ont été acquittées par le trésor, V. *l'Instr.* 647.

Une commune ne peut arguer du défaut d'autorisation, afin d'éviter le paiement des droits de mutation d'une acquisition de bois faite à son profit par différens habitans munis de pouvoir à l'effet d'acheter, sur-tout lorsque son nom se trouve inscrit au rôle de la contribution, et qu'elle ne disconvient pas du paiement des impositions qu'on lui impute. *Arr. de cass. du* 27 *déc.* 1809. (*Art.* 3496, *j.*)

Au surplus, V. *acquisition*, page 51, n.ºs 1 et 11; *actes*, page 54, n.ºs 27 et 29; *adjudication*, page 65, n.° 14; *amendes*, page 74, n°. 99 et suiv.; *bail*, page 88, n.° 25; *comptes*; *registre*, n.° 21 et suiv.; et, aux DOMAINES, *communes*, page 10.

COMMUNICATION. C'est l'action de communiquer ou l'effet de cette action.

1. *Aux greffes*, les actes de communication de pièces, avec ou sans déplacement, passés aux greffes des Tribunaux civils, sont sujets au droit fixe de 3 fr. *Art.* 44 *de la loi de* 1816, *et de celle de frim.* 7.

2. *Entre Avoués.* La communication de pièces entre Avoués se fait ou par récépissés sujets à l'enregistrement quand on veut en faire usage, ou par dépôt dont le Greffier doit rédiger un acte enregistrable dans le délai de 20 jours. *Instr.* 436, *nombre* 18.

3. *Au ministère public.* (L'ordonnance de soit communiqué) est exempte de l'enregistrement comme n'étant que de forme. *Instr.* 436, *nombre* 66.

4. COMMUNICATION *par les Préposés.* Les bureaux des Receveurs de l'enregistrement et des domaines doivent être ouverts aux Inspecteurs et Sous-Inspecteurs de finances. Il faut leur représenter les fonds en caisse et leur procurer les facilités nécessaires pour remplir la mission qui leur est confiée. *Instr.* 704.

5. La surveillance de ces Agens, en ce qui concerne les Préposés de l'enregistrement, est essentiellement passive; ils n'ont point d'instruction à leur donner, leur mission se borne à observer et à rendre compte: on doit leur fournir tous les renseignemens qu'ils pourraient demander sur la situation des diverses parties du service. *Instr.* 930.

6. Les Receveurs de l'enregistrement doivent communiquer, sans déplacer, aux Contrôleurs des contributions directes, les actes concernant les domaines de l'Etat, ainsi que les tables alphabétiques et même les registres, pour y recueillir les renseignemens qui leur sont nécessaires. *Circ.* 2021, *autre du* 22 *fév.* 1806, *et Instr.* 125.

Quant à la communication à donner aux particuliers, V. *extrait.*

7. COMMUNICATION *aux Préposés.* Les Notaires, Huissiers, Greffiers, Secrétaires des Préfectures et Mairies, sont tenus de donner communication aux Préposés de l'administration, des actes dont ils sont dépositaires, à l'exception des testamens et autres actes à cause de mort dont il ne doit être donné communication qu'après le décès des testateurs. *Art.* 54 *de la loi de frim.* 7.

8. Les seuls actes administratifs, dont les Préposés peuvent demander communication, sont ceux translatifs de propriété, d'usufruit et de jouissance, les adjudications ou marchés de toute nature, aux enchères, au rabais ou sur soumissions, et les cautionnemens y relatifs. *Loi du* 15 *mai* 1818. *Instr.* 834.

9. Un acte sous enveloppe et sous cachet, portant pour suscription qu'il ne doit voir le jour qu'au gré d'un ami de confiance ou en présence de parties intéressées, n'a pas une existence parfaite et ne peut avoir d'effet. C'est un dépôt de chose ignorée aux yeux de la loi et des Magistrats; ce n'est pas là un dépôt d'acte dont la communication puisse être exigée par la Direction de l'enregistrem.[t], sous prétexte de défaut d'enregistrement. *Arr. de cass. des* 4 *août* 1811 *et* 3 *août* 1813.

10. Les Préposés n'ont pas le droit de vérifier les papiers d'une faillite sujets au timbre, qu'un Huissier aurait en dépot comme agent de cette faillite. *Déc. min. fin. du* 11 *août* 1820. ((*Art.* 6807, *j.*)

11. Quant au registre sur lequel le Greffier inscrit les actes de greffe, V. *Greffe* (*droits de*)

12. Le Notaire ne peut refuser de laisser prendre à un employé de l'Administration l'extrait d'un acte qui lui a été confié, sous le prétexte que cet acte n'a pas été remis en ses mains, en sa qualité de Notaire, mais en celle d'homme de confiance. *Arr. de cass. du* 13 *déc.* 1809. (*Art.* 3488, *j.*)

13. L'officier ou le dépositaire de titres publics doit communiquer généralement tous les actes et registres dont il a la garde en vertu de ses fonctions, sans qu'il puisse assigner de bornes à l'examen, sous prétexte que, par la date de certains actes, toute recherche contre lui serait atteinte de prescription ou autrement, attendu que la loi n'et point restrictive pour l'époque. *Déc. min. fin.* 16 *mai* 1819.

14. Les Receveurs des droits et revenus de communes, hospices, et de tous autres établissemens publics, les dépositaires des registres et minutes d'actes concernant l'Administration des biens des hospices, fabriques des églises, chapitres, et de tous autres établissemens publics, sont tenus de communiquer, sans déplacer, à toute réquisition, aux Préposés de l'enregistrement, leurs registres et minutes d'actes, à l'effet, par les Préposés, de s'assurer de l'exécution des lois sur le timbre et l'enregistrement. *Décr. du* 16 *mess.* 13. *Instr.* 293 *et* 395.

15. Cette disposition s'applique aux administrations chargées du soin de veiller à l'entretien des digues, des polders ou alluvions des terrains. *Déc. min. fin. du* 18

fév. 1806, — et non aux secrétariats des évêchés et séminaires. *Déc. min. fin. du* 22 *avril* 1806.

16. Les Agens des contributions directes sont tenus de communiquer aux Préposés de l'enregistrement les états de mutations. — Le Directeur de l'enregistrement invite celui des contributions à lui remettre ces états aussitôt qu'il en aura été fait usage pour les rôles, et les adresse au Receveur de la situation des biens qui les compare avec ses tables, et y relève toutes les mutations dont il ne trouve point la trace dans son bureau. *Instruction* 934.

17. Les employés peuvent prendre communication, sans déplacement, des matrices cadastrales, dans les mairies où elles se trouvent déposées, lorsqu'elles sont définitivement approuvées. *Déc. min. fin. du* 30 *nov.* 1813. (*Art.* 5091, *j.*)

18. Les dépositaires des registres de l'état civil, ceux des rôles des contributions, et tous autres chargés des archives et dépôts des titres publics, sont tenus de les communiquer, sans déplacer, aux Préposés de l'administration de l'enregistrement, à toute réquisition, et de leur laisser prendre, sans frais, les renseignemens, extraits et copies qui leur sont nécessaires pour les intérêts de l'Etat, à peine de 50 fr. d'amende pour chaque refus constaté par procès-verbal du Préposé, qui dans ce cas doit se faire accompagner par le Maire ou l'Adjoint de la commune du lieu, et dresser procès-verbal du refus en sa présence. *Art.* 54 *de la loi de frim.* 7.

19. Quant aux actes sous seing-privés trouvés dans les dépôts publics, V. *actes S. S. P.*, *pag.* 58, *n.°* 103.

20. Les Préposés du domaine peuvent se faire représenter les registres des messageries, pour s'assurer si les objets non réclamés, dans les six mois, ont été vendus après ce délai, à la requête du domaine. *Déc. min. fin. du* 13 *août* 1810. — En cas de refus, le procès-verbal qui le constate est remis au Procureur du Roi par l'intermédiaire du Directeur. *Déc. min. fin. du* 30 *janv.* 1815. (*Art.* 5099, *j.*)

21. Mais il ne peuvent exiger la communication des registres, tenus par les compagnies d'assurance, pour vérifier s'ils sont timbrés, ces sociétés de commerce n'étant point des établissemens publics. *Sol. du* 16 *nov.* 1819. (*Art.* 6547 *et* 6652, *j.*)

22. Le Percepteur des revenus particuliers des communes n'est pas du nombre de ceux tenus de communiquer leurs registres aux Préposés de l'enregistrement. *Sol. du* 3 *fév.* 1819. (*Art.* 6295 *j.*)

23. Les communications ne peuvent être exigées les jours de repos, et les séances dans chaque autre jour, ne peuvent durer plus de quatre heures de la part des Préposés, dans les dépôts où ils font leurs recherches. *Art.* 54 *de la loi de frim.* 7.

COMPAGNIES *d'assurance*. V. *assurance*, *page* 84; *billet*, *page* 92, *n.°* 12; *et communication*, *n.°* 21.

COMPARUTION *volontaire*. V. *compromis*.

COMPTABILITÉ. V. *Commissaire-Priseur*, *page* 111, *et incompatibilité*.

COMPENSATION, libération réciproque entre deux personnes qui se trouvent créancières et débitrices l'une de l'autre.

1. Lorsque deux personnes se trouvent débitrices l'une envers l'autre, il s'opère entre elles une compensation qui éteint les deux dettes. La compensation s'opère de plein droit par la seule force de la loi même, à l'insu des débiteurs. Elle n'a lieu qu'entre deux dettes qui ont également pour objet une somme d'argent ou une certaine quantité de choses fongibles de la même espèce et qui sont également liquides et exigibles. *Art.* 1289 *et suiv. du C. C.*

2. La compensation ne peut s'opérer qu'entre des sommes également liquides, et lorsque la même personne réunit à la fois la double qualité de créancière et de débitrice. *Décr. du* 4 *août* 1813. V. AUX DOMAINES, *page* 11.

3. Les droits d'enregistrement dus pour une succession, ne peuvent être compensés avec les revenus à restituer par l'Etat aux héritiers du débiteur de ce droit, ou avec le prix que le Gouvernement a reçu d'une vente qu'il avait faite pendant le séquestre des biens qui dépendaient de cette succession. *Déc. min. fin. du* 18 *germ.* 8. *Arr. de cass. des* 22 *vend.* 9 *et* 28 *vend.* 14. V. *Comptables*, *Notaire*; *et aux* DOMAINES, *compensation*, *page* 11.

COMPÉTENCE, pouvoir de connaître d'une affaire.

1. Il est défendu à tous fonctionnaires publics et à tout Agent employé au service de l'Etat, de faire aucun acte qui ne serait pas de leur compétence, d'empiéter sur d'autres autorités, et d'outre-passer les fonctions qui leur sont déléguées, ou de s'arroger celles qui ne leur sont pas confiées. *Décr. du* 14 *frim.* 2.

2. La connaissance et la décision des instances relatives à la perception et au timbre, sont confiées aux Tribunaux de première instance. *Art.* 2, *loi du* 11 *sept.* 1790, *art.* 32 *de celle du* 13 *brum.* 7, *art.* 65 *de celle de frim.* 7.

3. Les Agens d'une Administration sont à la seule disposition des Agens supérieurs de la même Administration. *Loi du* 16 *août* 1790. *Arr. de cass. des* 16 *fruct.*, 3 *et* 4 *brum.* 4. V. *autorisation*, *page* 84.

4. Il n'appartient pas aux Tribunaux de connaître de l'exécution des actes de l'Administration de l'enregistrement relatifs au placement de ses Employés. *Arr. de cass. du* 1.er *niv.* 6. (*Art.* 130, *j.*)

5. Lorsque des maisons de commerce sont en procès devant un Tribunal de commerce, au sujet de recouvremens commerciaux, et que l'Agent du trésor procède par saisie-arrêt contre celle qui était débitrice de l'autre et qui lui devait, on ne peut proposer le renvoi que devant le Tribunal civil. *Arr. de cass. du* 12 *oct.* 1814.

6. C'est au Tribunal civil et non à celui de commerce à connaître de la contrainte décernée contre le comptable reliquataire qui est négociant et en faillite. *Arr. de cass. du* 9 *mars* 1808.

7. Une Cour royale peut admettre l'appel d'un jugement de première instance qui prononce la compensation des fermages au-dessous de 1000 fr. avec une créance équivalente. *Arr. de cass. du* 25 *fév.* 1818. (*Art.* 6065, *j.*) V. *appel*, *page* 80.

8. Lorsque des remises ont été allouées par le Ministre sur les recettes de matières d'or et d'argent, versées aux hôtels des monnaies, la Cour des comptes ne peut les rejeter. *Avis du Conseil d'Etat du* 19 *déc.* 1814, *appr. le* 3 *janv.* 1815. (*Art.* 5038, *j.*)

9. Les contestations entre l'Administration et les Préposés, relativement à leur comptabilité, doivent être décidées par le Ministre des finances, sauf recours au Conseil d'Etat. *Décr. du* 20 *juillet* 1808. *Instr.* 407.

10. Si, à raison d'une perception notoirement insuffisante, le Receveur était rendu responsable, la contestation qu'il élèverait ne pourrait être portée que devant le Ministre des finances, sauf ensuite à se pourvoir au Conseil d'Etat. *Ordonn. du* 31 *janv.* 1817.

11. C'est à l'autorité administrative à réformer des taxes abusives en matière criminelle. *Décr. du* 26 *nov.* 1808. V. AUX DOMAINES, *compétence, et conflit page* 15.

12. En matière de recouvrement des revenus des domaines nationaux, le Juge de l'arrondissement du Bureau chargé par la loi de viser les contraintes, est seul compétent pour connaître des nullités desdites contraintes et de leurs suites. *Cour de Paris du* 21 *juillet* 1810. (*Art.* 3755, *j.*).

COMPROMIS ou nomination d'arbitres. — Ceux qui ne contiennent aucune obligation de sommes et valeurs donnant lieu au droit proportionnel, sont soumis au droit fixe de 3 fr. *Art.* 44 *de la loi d'avril* 1816.

L'acte qui constate la comparution volontaire des parties qui se présentent devant le Juge de paix pour demander jugement aux termes de l'art. 7 du C. de P. C. et signé par elles, est un véritable compromis sujet à l'enregistrement, et peut n'être enregistré qu'avec le jugement rendu en conséquence ; la perception du droit fixe de 3 fr. doit avoir lieu indépendamment de celui dû pour le jugement, soit que la déclaration soit mise en tête du jugement ou qu'elle soit donnée par acte séparé. *Instr.* 436 *nomb.* 3.

COMPTABILITÉ, ce qui a rapport aux recettes et dépenses du comptable. — S'il s'élève des contestations y relatives. V. *compétence, n.os* 8, 9 *et* 10.

1. Le nouveau mode de comptabilité prescrit par l'ordonn. du 8 nov. 1819 a fait l'objet de l'instruction générale, n.° 971, ci-après transcrite ; — pour les autres opérations qui n'ont reçu aucune modification, par cette ordonnance, on renvoie aux articles de ce Dictionnaire qui les concerne particulièrement.

2. A partir du 1.er janv. 1821, la comptabilité des Régies et Administrations qui ressortissent au ministère des finances, et le mode d'après lequel elles rendront compte de leurs opérations à notre Cour des comptes, seront réglés d'après les bases qui suivent. Art. 1.er de l'ordonn. du 8. nov. 1819.

3. Les comptables principaux des Régies et Administrations seront directement justiciables de notre Cour des comptes, et ils présenteront le compte de leur gestion en leur nom et sous leur responsabilité personnelle. *Art.* 2.

4. Les comptes seront rendus par année pour la recette et la dépense, en y conservant toutefois la distinction des exercices auxquels les opérations pourront se rattacher. — Ils comprendront toutes les recettes et les dépenses effectuées par les Préposés pendant la période annuelle, quelle que soit leur nature, et à quelque service public ou particulier qu'elles se rapportent. — Chacun de ces comptes devra présenter, 1.° le tableau des valeurs existant en caisse et en porte-feuille, et des créances à recouvrer par le comptable au commencement de la gestion annuelle, ou l'avance dans laquelle le Préposé se serait constitué à la même époque ; 2.° les recettes et les dépenses de toute nature faites pendant le cours de cette gestion ; 3.° enfin, le montant des valeurs qui se trouveront dans la caisse et le porte-feuille du comptable, et des créances restant à recouvrer par lui à la fin de la gestion annuelle, ou la somme dont le Préposé demeurerait en avance à la même époque. *Art.* 3.

5. Les Préposés devenus justiciables directs de notre Cour des comptes, ne seront comptables envers elle que des actes de leur gestion personnelle. En cas de mutation des Préposés, le compte de l'année sera divisé suivant la durée de la gestion des différens titulaires, et chacun d'eux rendra compte des opérations qui les concerneront. *Art.* 4.

6. Pour les Administr.s où il n'y a pas de comptable principal par département, les opérations annoncées dans les *comptes individuels* rendus par les Préposés d'un même département, en exécution des articles ci-dessus, seront résumés dans un *bordereau récapitulatif*. Les Administrations centrales établiront d'office ces *bordereaux récapitulatifs*, par département, et les adresseront à notre Cour des comptes avec les *comptes individuels*, dont ils présenteront seulement la récapitulation par comptable et par article de recette et dépense. *Art.* 5.

7. Les comptables des régies adresseront leurs comptes à l'Administration centrale dont ils relèvent, dans les *trois mois* qui suivront l'expiration de l'année ; l'Administration les transmettra successivement à notre Cour des comptes dans les *trois mois* suivans, en sorte que la Cour les ait toujours reçus *six mois* après le terme de la gestion annuelle. *Art.* 6.

8. Aussitôt après avoir transmis à notre Cour des comptes les *comptes individuels* mentionnés ci-dessus, et dans le délai de *deux mois*, chaque Administration établira le *résumé général* des opérations de ses Préposés pendant l'année écoulée. — Ce *résumé général*, établi sur les *comptes individuels* et présenté par le Conseil d'administration, fera connaître l'ensemble des recettes et des dépenses effectuées par les comptables de la régie pendant la période annuelle sur les différens services et exercices. — Il sera remis en double expédition à notre Ministre Secrétaire d'état des finances, qui arrêtera et signera l'une d'elles pour être transmise à notre Cour des comptes : l'autre expédition sera conservée comme pièce justificative à l'appui du compte général des finances publié pour la même année. *Art.* 7.

9. Notre Ministre Secrétaire d'état des finances arrêtera le modèle des *comptes individuels* et des *résumés généraux*, déterminera les nouvelles justifications qui devront être produites à l'appui. *Art.* 8.

10. Les comptes des exercices antérieurs à l'année 1821

continueront à être rendus suivant le mode qui est actuellement suivi, en n'y comprenant toutefois que les recettes et les dépenses faites jusqu'au 31 décembre 1820. *Art.* 9.

11. Les comptes devront tous être parvenus à la Cour des comptes avant le 1.er janvier 1822. *Art.* 10.

12. Les dispositions du décret du 17 mai 1819 et toutes autres qui seraient contraires à la présente ordonnance, sont et demeurent rapportées. *Art.* 11.

13. Pour asssurer l'exécution de cette ordonnance, Son Excellence le Ministre des finances a pris, le 9 novembre 1820, un arrêté dont les dispositions sont ci-après transcrites :

14. « Les *comptes individuels* des Préposés devenus justiciables directs de la Cour des comptes, les *bordereaux récapitulatifs* par département, et le *résumé général* de chaque Administration, dont l'établissement est prescrit par l'ordonnance du Roi, en date du 8 présent mois, seront tous rédigés uniformément pour les diverses régies, quant aux divisions principales des opérations et aux formules et arrêtés, en se conformant aux modèles ci-annexés et à la *note explicative* qui les accompagne. *Art.* 1.er *de la décision.*

15. « L'existence des valeurs en caisse et en porte-feuille dont les Préposés se trouveront dépositaires à la fin de la gestion annuelle, sera contatée par un procès-verbal dressé, soit par les Agens administratifs qui surveillent la gestion des comptables dans les départemens, soit par les Autorités locales, suivant l'organisation particulière de chaque régie. — Les Administrations auront à nous faire connaître immédiatement les dispositions qu'elles auront réglées à ce sujet, afin que nous puissions assurer l'exécution de celles qui exigeraient notre intervention. *Art.* 2. V. *l'Instruction générale*, n.° 962.

16. « Les Administrations dresseront, dès ce moment, et nous remettront, pour être approuvé par nous, le *tableau des justifications* qu'elles ont l'intention de produire au soutien de chacun des articles de la recette et de la dépense des comptes d'année. Ces justifications devront être uniformes, dans les diverses régies, pour les articles de même nature ou qui seraient analogues, *Art.* 3.

17. « Indépendamment des *registres de perceptions, de détail et d'ordre*, qu'ils ont actuellement pour inscrire les opérations au fur et à mesure qu'elles sont faites, et avec les développemens nécessaires d'origine et d'imputation, tous les Préposés indistinctement tiendront, 1.° Un *livre-journal de caisse et de porte-feuille*, sur lequel les recettes et les dépenses seront additionées à la fin de chaque journée, et qui fera connaître les valeurs restées chaque jour en caisse et en porte feuille, entre les mains des Préposés; 2.° un *sommier* ou *livre de dépouillement*, qui classera, suivant les divisions adoptées pour les comptes annuels, les recettes et les dépenses successivement inscrites au *livre-journal de caisse et de porte-feuille*, et qui présentera, constamment à jour, la situation complète du Préposé sur les différentes parties de son service. Ces deux livres seront les élémens des comptes à former à l'expiration de l'année, pour être soumis au jugement de la Cour, et il devra exister entre les uns et les autres une entière conformité de résultats. — La comptabilité des Préposés sera réglée seulement par mois et par année. *Art.* 4.

18. « Les Préposés continueront d'envoyer chaque mois, à leur Administration, un *bordereau* des recettes et des dépenses effectuées par eux pendant le mois ; mais ils joindront à ce bordereau les pièces justificatives de leurs opérations du mois, notamment celles qui se rapportent aux dépenses. — Ces bordereaux seront les premiers élémens de la *comptabilité courante* de l'Administration. — Celle-ci procédera de suite à la vérification des pièces justificatives, et opérera immédiatement les modifications qu'il serait reconnu nécessaire d'apporter aux écritures passées d'après les bordeaux ; de telle sorte que, dans le courant de l'année, l'exactitude de chaque, soit, le plus prochainement possible, garantie par l'examen des pièces matérielles de justification. *Art.* 5.

19. « Au fur et à mesure de l'arrivée des pièces justificatives, l'Administration en accusera provisoirement la réception aux Préposés : lorsqu'après avoir été vérifiées, elles auront été reconnues régulières, l'Administration adressera aux Préposés un *accusé de crédit*, qui les détaillera par nature, pour leur servir à-la-fois de décharge provisoire et d'élémens pour leur compte de fin d'année. *Art.* 6. »

20. Aux termes de l'art. 4 de l'ordonn. du Roi, les Receveurs, dans le cas de mutation d'emploi, devaient rendre, chacun pour sa gestion personnelle, un compte particulier à la Cour des comptes. Son Exc. le Ministre des finances, pour prévenir les difficultés auxquelles ce mode pourrait avoir lieu en ce qui concerne les Préposés de l'enregistrement et des domaines, a décidé que les Receveurs continueront, comme par le passé, de rendre un compte de clerc à maître à leur successeur, qui formera, en son propre nom, le compte de l'année entière. *Instr.* 971.

21. Selon l'art. 4 de l'arrêté du Ministre des finances, les Receveurs auraient eu à tenir *jour par jour*, 1.° un *livre-journal de caisse et de porte-feuille*; 2.° un *sommier* ou *livre de dépouillement.* Le livre de caisse ayant paru à Son excellence utilement suppléé par les divers registres de perception, il n'en sera pas établi dans les bureaux de l'enregistrement et des domaines. A l'égard du sommier de dépouillement, il sera tenu *par mois* seulement, d'après l'autorisation que le Ministre en a donnée. *Idem.*

22. Les paragraphes suivans font connaître les obligations que les divers Préposés ont successivement à remplir.

§. I.er — OPÉRATIONS PAR MOIS.

23. Receveurs. Le dernier jour de chaque mois, les Receveurs termineront, sur les divers registres de perception et sur le journal de dépense, l'addition des sommes enregistrées. Ils feront avec soin le compte de la débite des papiers timbrés et des passe-ports, et inscriront immédiatement le montant, par nature, de leurs recettes et de leurs dépenses sur le *sommier de dépouillement*, qui devra présenter la situation complète du comptable sur les différentes parties.

24. Conformément à l'article 5 de l'arrêté du Ministre, les Receveurs continueront de fournir, tous les mois, un *bordereau* de leurs recettes et de leurs dépenses. Ils enverront ce *bordereau* au Directeur, *le 2 de chaque mois au plus tard*, et y joindront, en exécution du même article, les pièces justificatives de leurs dépenses, soit pour le *service du trésor*, soit pour les *services particuliers*. Ils comprendront dans ces pièces les récépissés de versement, la quittance des 15 p. 100 affectés au fonds de retraites, ainsi que la quittance de leur remise, qui doit être liquidée provisoirement tous les mois, et figurer en dépense sur le *bordereau*, à raison, pour chaque mois écoulé, d'un douzième de la remise présumée de l'année entière.

25. Les pièces justificatives seront accompagnées d'inventaires qui en indiqueront le nombre et le montant. Un inventaire énoncera les pièces pour dépenses relatives à l'exercice courant, et un autre sera dressé pour les dépenses applicables à l'exercice précédent. On portera sur un inventaire particulier les pièces constatant les *avances* faites *pour le ministère de la justice*, et sur un autre celles *pour l'Administration des forêts*.

26. Directeurs. Immédiatement après que les pièces de dépenses leur seront parvenues, les Directeurs en accuseront provisoirement la réception aux Receveurs, par une lettre qui en énoncera le nombre et le montant; ils en feront ensuite la vérification ainsi que des bordereaux, opéreront les rectifications nécessaires, et formeront un bordereau général des recettes et des dépenses effectuées dans les différens bureaux. Ils feront l'envoi de ce bordereau à l'Administration, *le 10 du mois* pour tout délai, et y joindront les pièces de dépenses, avec un tableau qui en présentera le montant par nature, pour chacun des deux exercices ouverts. Toutefois, les pièces de dépenses concernant *l'Hôtel royal des Invalides*, *la Légion d'honneur et les anciennes Sénatoreries*, devront, quoique comprises dans ce tableau, rester entre les mains des Directeurs, pour en justifier à ces établissemens. Il a été adressé aux Directeurs des imprimés pour le tableaudont il s'agit.

27. Dès que les Directeurs auront reçu de l'Administration, en exécution de l'article 6 de l'arrêté du Ministre, l'*accusé de crédit* des dépenses, ils enverront à chaque Receveur, pour ce qui le concerne, un *accusé de crédit* dressé dans la même forme. Cette pièce remplacera dans les mains des Receveurs celles dont ils se seront dessaisis, et leur servira de *décharge provisoire*.

28. Au vu de l'*accusé de crédit* délivré par l'Administration, les Directeurs rectifieront sur leur bordereau mensuel les erreurs que l'Administration aura reconnues, soit dans le classement des dépenses, soit dans leur application aux exercices qu'elles concernent, et réduiront le total des dépenses à raison du montant des pièces rejetées, de manière que la colonne destinée aux *mois antérieurs* présente avec exactitude les dépenses telles qu'elles sont portées sur les *accusés de crédit*.

---

§. II. — OPÉRATIONS PAR TRIMESTRE.

29. Inspecteurs-Contrôleurs *des recettes*. La comptabilité des Recev. devant, aux termes de l'art. 5 de l'ordonnance du Roi, être désormais réglée *par année*, les Inspecteurs n'auront plus de compte *par trimestre* à faire rendre par ces Préposés. D'un autre côté, le montant des fonds existant en caisse dans le dernier jour de l'année, ainsi que l'instruction du 16 déc. dernier, n.° 962, l'a fait connaître, devant former le premier article de recette du compte de l'année suivante, ils n'auront à se faire remettre par les Receveurs aucune somme pour solde du compte. Les Inspecteurs, cessant dès-lors de remplir les fonctions de *Receveurs principaux*, Son Excellence le Ministre des finances a décidé que, comme agens de surveillance, ils auront le titre d'*Inspecteurs-contrôleurs des recettes*.

30. Les Inspecteurs feront, chaque année, dans les bureaux de leur division, quatre tournées *de contrôle*, aux époques qui étaient fixées pour les tournées de *recouvrement*.

31. Lors de chaque tournée, après avoir vérifié les diverses perceptions et relevé celles qui leur auront paru vicieuses, et après s'être assurés de l'exactitude des calculs sur les différens registres et avoir rectifié les erreurs qu'ils auront reconnues, les Inspecteurs constateront, par un procès-verbal consigné sur chacun des registres de recette, en marge du dernier enregistrement de chaque mois, le montant des produits de ce mois. Ce procès-verbal, signé par l'Inspecteur et par le Receveur, sera conçu en ces termes : « *Nous, Inspecteur-contrôleur des recettes et Receveur soussignés, avons, après vérification, arrêté les produits du mois de..... à la somme de.....* (en toutes lettres) *A..... le.....*

32. Les Inspecteurs se feront ensuite représenter les papiers timbrés et les passe-ports restant en nature dans chaque bureau, et dresseront un compte particulier du produit des quantités débitées. Ce compte sera certifié par l'Inspecteur, qui demeurera personnellement responsable de tout déficit de caisse qui pourrait résulter du défaut d'exactitude dans la vérification des papiers existans. L'Inspecteur comparera le compte dont il s'agit avec ceux que le Receveur aura formés à la fin de chaque mois, afin de s'assurer si le montant de la débite a été exactement porté en recette. Dans le cas où les quantités débitées depuis le premier jour du mois de la tournée jusqu'au passage de l'Inspecteur, se trouveraient dans une proportion au-dessus de la débite ordinaire, il rendrait compte au Directeur et à l'Administration des causes de cet excédant.

33. Toutes les recettes étant ainsi reconnues, l'Inspecteur vérifiera le *sommier de dépouillement* et y fera les rectifications nécessaires pour le mettre en concordance tant avec les registres de perception qu'avec les comptes de la débite du timbre et des passe-ports. Il fera aussi la vérification du *sommier de dépouillement*, quant aux dépenses, au vu tant des *lettres d'annonce de réception des pièces* que des *accusés de crédit* en-

voyés par le Directeur, et après s'être assuré de l'exactitude de la liquidation de remises faite chaque mois par le Receveur.

34. Les Inspecteurs formeront ensuite, sur un imprimé qui leur sera remis par le Directeur, un *relevé des procès-verbaux* ou arrêtés dressés pour chaque mois sur les registres de perception. Ce *relevé* est destiné à servir de contrôle pour la justification des recettes devant la Cour des comptes.

35. Les Inspecteurs, cessant d'être comptables, n'auront plus à tenir le journal de recette et de dépense qu'ils rédigeaient précédemment en leur qualité de *Receveurs principaux.*

36. Ils remettront au Directeur, au plus tard le 5 du mois qui suivra celui de la tournée, 1.° le compte particulier de la débite des papiers timbrés et des passe-ports; 2.° *le relevé des procès-verbaux dressés sur les registres de perception.* Ils fourniront à la même époque, tant au Directeur qu'à l'Administration, les mêmes expéditions que par le passé.

37. Directeurs. Les Directeurs ayant reçu des Inspecteurs le 5 du mois, après la tournée, le relevé des procès-verbaux dressés sur les registres de perception, auront soin, avant de former le bordereau général des recettes et dépenses du mois précédent, de comparer ce relevé avec les recettes annoncées par les bordereaux des Receveurs dans la colonne ayant pour titre, *Mois antérieurs*, et rectifieront les erreurs que cette vérification pourrait faire reconnaître.

§. III. — *OPÉRATIONS PAR ANNÉE.*

38. Receveurs. Dans le courant du mois de janvier de chaque année, les Receveurs rédigeront, *en présence de l'Inspecteur,* leur compte de l'année précédente : ce compte ne sera formé qu'après que l'Inspecteur aura terminé, pour le trimestre d'octobre, les diverses opérations de contrôle qui sont ci-dessus prescrites. Le compte dont il s'agit sera dressé en triple expédition : l'une sera remise à l'Inspecteur, l'autre restera au Receveur, et la troisième demeurera déposée au bureau.

L'expédition remise à l'Inspecteur sera accompagnée, 1.° du compte en nature des papiers timbrés, appuyé d'un état, certifié par le Maire, des quantités existant le 31 décembre; 2.° du compte en nature des passe-ports, appuyé d'un semblable état; 3.° d'un inventaire détaillé des pièces de dépenses par nature et par exercice, selon l'ordre dans lequel elles se trouveront employées dans le compte (le Receveur étant dessaisi des pièces, cet inventaire sera dressé au vu du journal de dépense); 4.° des *lettres d'annonce de réception* ou des *accusés de crédit* que le Directeur aura successivement transmis au Receveur.

39. Inspect.r-Contrôleurs *des recettes.* Les Inspecteurs, après avoir, dans leur tournée de janvier, fait l'examen des perceptions, constaté par des procès-verbaux, sur les registres de recette, le montant des produits de chacun des mois du trimestre d'octobre, et vérifié le compte en nature tant du timbre que des passe-ports, compléteront leur *relevé des procès-verbaux*, et le compareront avec le *sommier de dépouillement* tenu par le Receveur, pour y rectifier les erreurs qui auraient été commises.

40. Lorsque ce sommier aura été reconnu d'accord, pour les recettes, avec le *relevé des procès-verbaux*, et, pour les dépenses, avec les *lettres d'annonce de réception de pièces*, ou les *accusés de crédit* délivrés par le Directeur, l'Inspecteur fera rédiger sous ses yeux, par le Receveur, le compte de l'année précédente, le vérifiera, et en attestera l'exactitude par un certificat apposé sur ce compte.

41. Le 5 février au plus tard, les Inspecteurs remettront au Directeur le compte annuel de chacun des Receveurs de leur division, accompagné des comptes en nature du timbre et des passe-ports, du *relevé des procès-verbaux* dressé pour chaque mois sur les registres de perception, et d'un inventaire des pièces de dépenses.

42. Directeurs. Aussitôt après la remise qui leur aura été faite par les Inspecteurs, des comptes des Receveurs et des pièces à l'appui, les Directeurs procéderont à la vérification de ces comptes, et rectifieront les erreurs qu'ils auront relevées.

43. Les Directeurs, en exécution de l'article 5 de l'arrêté du Ministre des finances, formeront, au vu des comptes ainsi rectifiés, et d'après le modèle qui leur sera envoyé, le *bordereau récapitulatif* des recettes et des dépenses faites dans tous les bureaux de leur direction. Ce bordereau sera fait en triple expédition, dont une restera à la direction, et les deux autres seront transmises à l'Administration.

44. Ils rédigeront aussi, sans aucun retard, d'après le *bordereau récapitulatif*, le bordereau complémentaire des recettes et des dépenses de l'année, qu'ils fournissent, conformément à l'instruction n.° 814, pour régulariser les écritures de la *comptabilité courante et journalière.*

45. L'envoi à l'Administration de ces bordereaux et états sera fait le 15 *mars* de chaque année, au plus tard. — A cet envoi seront joints, 1.° les comptes annuels des Receveurs; 2.° les comptes en nature des papiers timbrés et des passe-ports, par bureau; 3.° les inventaires des pièces de dépense, aussi par bureau; 4.° les accusés de crédit délivrés par le Directeur aux Receveurs, également par bureau; 5.° le compte du Garde-magasin du timbre, tant pour les papiers timbrés que pour les passe-ports; 6.° les accusés de crédit collectifs, délivrés par l'Administration au Directeur, pour chacun des mois de l'année.

§. IV. — DISPOSITIONS GÉNÉRALES.

46. La comptabilité étant désormais établie par *mois* et par *année*, les traitemens fixes des Préposés, les remises des Receveurs et les frais de bureau des Directeurs, qui n'étaient précédemment payés que par trimestre, devront être acquittés chaque mois, et portés en dépense dans le bordereau du même mois.

47. Il en sera de même du prélèvement de 15 p. 100

au profit du fonds de retraites, sur les droits en sus et amendes, pour lequel il sera fourni par mois une quittance conforme au modèle annexé à l'instruction 856.

48. Quant aux frais des ports de lettres et paquets, ceux de transport de registres ou papiers timbrés, les frais de tournées des Inspecteurs généraux et toutes autres dépenses au profit des Préposés, il devra toujours en être fait emploi dans le compte de l'année que ces dépenses concernent.

49. Les nouveaux modèles des bordereaux de recettes et dépenses par mois, et du compte annuel, ne prévoient, pour les dépenses, que deux exercices, attendu qu'aux termes des décisions du Ministre des finances, dont il a été donné connaissance aux Préposés par les instructions 919 et 947, toutes les dépenses d'un exercice doivent être liquidées et soldées au plus tard *le 1.er juillet* de l'année suivante.

50. Ainsi les dépenses imputables sur l'exercice de 1820 devront être entièrement payées *le 1.er juillet* 1821; et celles de l'exercice de 1821, *le 1.er juillet* 1822. Toutefois, ces dispositions, seulement applicables aux *dépenses imputables sur les crédits des budgets*, ne concernent pas celles qui se prélèvent sur les *recettes brutes*, telles que les *restitutions*, *remboursemens*, etc., ni celles faites pour des *services particuliers*.

51. D'après le nouveau mode de comptabilité, les *avances*, pour frais de justice criminelle, faites pour le compte du Ministère de la justice, ne doivent plus être portées en dépense *effective*; elles figureront dans les bordereaux mensuels, au tableau ayant pour titre: *Mouvement des créances à recouvrer.* Lorsque ces avances auront été remboursées à l'Administration par le Trésor, il sera envoyé à chaque Directeur un extrait, en ce qui concerne son département, du récépissé que le Trésor aura délivré, pour être employé en dépense à l'article destiné aux *versemens*.

52. La même marche sera suivie à l'égard des *avances* faites pour le compte de l'Administration des forêts, à partir du 1.er janvier 1821, tant sur l'exercice courant que sur les exercices antérieurs. Ces *avances* comprennent les diverses dépenses concernant les forêts, à l'exception des remboursemens pour moins de mesure et autres restitutions relatives aux bois, qui figureront parmi les *dépenses imputables sur les recettes brutes*.

53. Selon les règles de la nouvelle comptabilité, tous versemens effectués depuis le 1.er janvier jusqu'au 31 décembre de la même année devront, sans exception, entrer dans le compte du Receveur pour ladite année, quelque soit l'exercice que les versemens concernent.

54. En conséquence, le montant, soit des pièces que la Cour des comptes aura rejetées, soit des erreurs qu'elle aura reconnues, *au préjudice du trésor*, sur les comptes des années précédentes, sera immédiatement porté en recette par un enregistrement motivé sur l'un des registres de perception, et il en sera compté comme des autres recettes. Mais, pour justifier à la Cour du remplacement du montant de ces pièces ou erreurs, il sera fourni un extrait du registre constatant l'enregistrement de cette recette: cet extrait sera certifié tant par le Receveur que par l'Inspecteur.

55. Lorsque les erreurs relevées par la Cour seront *au préjudice du comptable*, il en sera fait dépense effective, et il sera produit, pour être également remis à la Cour, un *duplicata* de la quittance de remboursement.

56. Il importe de remarquer que ce mode ne sera suivi qu'à l'égard des redressemens prescrits par des arrêts de la Cour des comptes.

57. Mais, en ce qui concerne les erreurs relevées ou les pièces rejetées, soit par les Directeurs, soit par l'Administration, les comptes devront être immédiatement rectifiés, de manière qu'ils soient adressés à la Cour dans l'état de régularité où ils doivent être. Ainsi, on portera en *débet*, dans les comptes, le montant des erreurs au préjudice du trésor et des pièces rejetées, et en *avance* le montant des erreurs au préjudice des Receveurs.

58. D'après les instructions de Son Exc. le Ministre des finances, les modèles de bordereaux de mois et du compte annuel présentent, sous l'indication de *Fonds de subvention*, de nouveaux articles de recette et dépense.

59. Lorsqu'un Receveur n'aura pas les fonds suffisans pour acquitter une dépense assignée sur sa caisse, il pourra se faire remettre par un autre Receveur la somme nécessaire pour compléter le paiement. Dans ce cas, le Receveur qui fournira les fonds, en retirera une quittance du Receveur qui les aura reçus, et fera dépense du montant de cette quittance, sous le titre de *Fonds de subvention remis aux caisses de l'Administration.* De son côté, le Receveur à qui les fonds auront été fournis, en fera recette, tant sur l'un de ses registres que sur ses bordereaux de mois et son compte d'année, à l'article des *Fonds de subvention reçus des caisses de l'Administration.* Au surplus, ces opérations ne pourront avoir lieu qu'avec l'autorisation du Directeur, et dans les cas indispensables.

60. Lorsque, à raison de circonstances extraordinaires et d'après l'autorisation du Ministre, les *Fonds de subvention* seront fournis par le Receveur général ou par les Receveurs particuliers des finances, il en sera fait recette à un article distinct établi à cet effet sur les bordereaux.

61. Les Directeurs formaient, chaque trimestre, un état des récépissés à talon délivrés aux différens Préposés, et remettaient cet état, avec les récépissés, au Receveur général, qui leur donnait en échange un récépissé collectif d'une valeur égale au montant total des récépissés primitifs. Son Exc. le Ministre des finances a décidé, le 26 janvier 1821, que les récépissés à talon délivrés à partir du 1.er du même mois seront produits à la Cour des comptes, et conséquemment ne seront pas échangés contre des récépissés collectifs. *Instr.* 971. V. *Administr.*"

COMPTABLES. Ce sont ceux chargés d'une comptabilité.

Les comptables principaux de deniers publics sont directement justiciables de la Cour des comptes. V. *comptabilité*, n.° 3.

La Cour des comptes est investie d'un pouvoir discrétionnaire, par le décret du 12 juin 1809, pour prononcer par voie d'arbitrages sur les débets des Receveurs, en compensant ses avances, son débet et son cautionnement. *Ordonnance du* 4 *août* 1819. V. *cautionnement, comptes, débet, employé, etc.*

COMPTE, état détaillé de la recette et de la dépense que l'on a faites pour autrui. — Celui qui rend le compte est nommé *comptable*, et celui auquel le compte est rendu, oyant.

1. Les arrêtés de comptes, portant obligation de sommes et valeurs, doivent un p. 100. *Art.* 69 *de la loi de frim.* 7. — Pour que le droit proportionnel ne soit pas exigible, il faut que la dépense balance parfaitement la recette, et que cette dépense se compose de paiemens non passibles du droit de quittance, ou de quittances enregistrées; dans cette hypothèse, le seul droit à percevoir est de 2 fr., comme décharge. *Circ.* 1954. *Sol. du* 29 *sept.* 1808. (*Art.* 3082, *j.*) V. *liquidation.*

3. Sont dispensées de l'enregistrement, les quittances des fournisseurs, ouvriers, maîtres de pension, et autres de même nature. *Art.* 537 *du C. de P. C.* — V. *quittance.* — Cette exception s'applique aux comptes rendus à l'amiable, ou devant Notaire, comme aux comptes judiciaires. *Instr.* 246, *nomb.* 42.

4. L'exemption de la formalité est de droit étroit, et il y a lieu de percevoir 50 c. p. 100 sur toutes les autres, même sur les paiemens faits à l'oyant, ou pour lui, et dont l'oyant décharge le comptable, au moyen de ce qu'il paie une somme fixe pour le reliquat. *Circul.* 1954. *Instr.* 436, *nomb.* 42.

5. Le compte où, après avoir établi celui des arrérages d'une rente, on reconnaît que sur le reliquat, telle somme a été payée, est passible du droit de quittance sur cette dernière somme, et de celui de 1 fr. p. 100 sur le reliquat, quoique l'obligation de le payer ne fût pas formellement prise. *Sol. du* 20 *août* 1811.

6. Dans un compte de tutelle, le coût de l'acte, les frais d'entretien du mineur, pendant la durée du bail fait pour sa pension, et ceux payés à l'arpenteur, ne doivent point de droit de quittance. *Sol du* 29 *août* 1814.

7. Il n'est dû que 1 fr. sur un compte ni débattu, ni arrêté, qui n'est qu'un projet; le droit de quittance ou d'obligation sur le reliquat, n'est dû que sur l'acte qui le ratifie. *Sol du* 16 *nov.* 1813.

8. Le compte rendu par le père à ses enfans, résultant de sommes ayant plusieurs origines, comme reprises en vertu de contrat de mariage, contenant reliquat, est le complément des premiers actes, et ne doit engendrer que le droit de quittance sur les sommes payées sans titres enregistrés; le droit d'obligation sur le reliquat ne doit pas être perçu. *Arr. de cass. du* 13 *oct* 1813. V. *obligation.*

9. L'acte qui reconnaît le paiement par un fondé de pouvoir du capital et des intérêts qu'il était chargé de toucher, n'est qu'une simple décharge; mais, si le mandataire comptait en outre des intérêts qu'il aurait personnellement à débourser pour retard dans la mise des fonds, il constituerait une quittance. *Sol. du* 18 *nov.* 1818.

10. Lorsque le mandat est donné avec pouvoir de gérer, disposer, on doit considérer le mandataire comme tenu de rendre rendre compte, et la décharge qui lui est donnée, comme une libération passible du droit de 50 c. p. 100, et le résultat du compte dû par le mandataire, et non acquitté, comme une obligation passible du droit proportionnel de 1 p. 100. *Sol. du* 10 *juin* 1813. (*Art.* 4653, *j.*) V. *décharge.*

11. *Timbre.* Les arrêtés de compte pour recettes et dépenses portant obligation de somme, peuvent être mis sur papier de dimension. *Instr.* 371, *nomb.* 1.

12. Le compte rédigé en papier libre, trouvé dans les papiers d'un failli, déposé au bureau du receveur ou dont on aurait eu, autrement, légalement connaissance, est passible du timbre, et de l'amende, quoiqu'il n'en soit pas fait usage devant les Tribunaux ou les autorités administratives. *Arr de cass. du* 16 *mai* 1815. (*Art.* 5171 *et* 5217, *j.*)

13. COMPTES *d'armement*, V. *dépôt.*

14. COMPTES *de recettes ou gestions publiques.* Ils sont exempts des deux formalités. *Art.* 16 *de la loi du* 13 *brum.* 7, *et* 70 *de celle de frim. même année.*

15. Les doubles, autres que celui du comptable, de chaque compte de recette ou gestion particulière, sont exempts du timbre. *Art.* 16 *de la loi de brum.* 7.

16. Le double du compte des recettes des communes et autres établissemens publics, qui est destiné au Receveur, est seul assujéti au timbre. *Instr.* 454. — Ceux particuliers des Receveurs des hospices sont sujets au timbre. *Déc. min. fin. du* 29 *avril* 1806. V. *registres.*

17. Les comptes que rendent les comités de bienfaisance, de l'emploi des fonds affectés aux secours extraordinaires, par le décret du 24 mars 1812, et les pièces à l'appui, sont exempts du timbre. *Déc. min. fin. du* 9 *juin* 1812. (*Art.* 4238, *j.*)

18. COMPTES *d'ordre.* Résumés des comptes partiels d'une année. — Ces comptes, qui exigent beaucoup de soin, sont rédigés en triple expédition par le Directeur, l'une pour l'Administration, l'autre pour la Cour des comptes; la troisième est renvoyée au Directeur, pour sa décharge. *Inst.* 529 *et* 971. V. *comptabilité*, n.° 42 *et suiv.*

19. Les dernières instructions qui ont rapport à la formation et à l'envoi du compte d'ordre, pour chaque année, sont celles sous les n.os 503, 529, 564, 622, 692, 758, 797, 814, 891, 929 et 967, et les circulaires de M. l'Administrateur de la comptabilité des 15 avril et 10 oct. 1812, et celle de l'Administr.n du 14 mars 1814.

COMPTES *des Employés.* Ils se rendent par année. *Instr.* 971. V. *comptabilité.* — Quant à la manière de rédiger les bordereaux de mois, V. *état de mois.*

COMPULSOIRE. Ordonnance d'un Juge pour autoriser quelqu'un à se faire délivrer copie ou extrait d'un acte ou d'un registre. V. *extrait et ordonnance.*

CONCESSION *de bancs* ou *chaises dans les Eglises.* V. *bail*, page 88, n.° 30. — *De portion d'eau de pompe à feu.* V. *biens*, page 91, n.° 21.

1. CONCESSION *de terrain pour sépultures dans les cimetières.* Elle est soumise au droit de 5 1/2 p. 100 sur le capital de la fondation ou de la donation en faveur des pauvres et hopitaux, réuni à la somme payée à la commune, qui forment ensemble le prix de la concession; mais la perception ne doit être faite que dans les 20 jours de l'approbation de l'Autorité. *Instr.* 459.

2. CONCESSION *de terrain dans les forêts*, faite pour un tems déterminé par l'Administration forestière,

à la charge de repeupler le terrain, est exempte de l'enregistrement. *Déc. min. fin. du* 26 *therm.* 12.

3. Les concessions définitives autorisées par une ordon. du 20 sept. 1817, passées par les communes au profit des détenteurs de marais communaux, sont passibles du droit proportionnel, fixé pour les mutations d'immeubles. *Déc. min. fin. du* 31 *janv.* 1810. (*Art.* 6624, *j.*)

4. Celles gratuites de bâtimens nationaux, pour les casernement de la Gendarmerie, maisons d'arrêts et de justice, faites par le Préfet en vertu d'ordonn. de S. M., au profit d'un département, sont soumises au timbre de dimension et au droit fixe de 1 fr. *Déc. min. fin. du* 21 *nov.* 1809. V. *acquisition*, page 51.

CONCILIATION. V. *bureaux de paix*, page 94.

CONCLUSIONS. Celles remises par les Avoués aux Huissiers pour en faire lecture à l'audience, sont assujéties au timbre. *Instr.* 72.

CONCORDANCE *des calendriers*. V. *calendrier* et le tableau qui termine le Dictionnaire de L'ENREGISTREMENT.

CONCORDAT. V. *atermoiement*, page 84, et *union*.

CONCUSSION. Les Commis ou Préposés qui se rendent coupables du crime de concussion, en exigeant ou recevant ce qu'ils savent n'être pas dû, ou en excédant dans leurs perceptions ce qui est dû, sont condamnables à l'emprisonnement, et de plus à une amende dont le maximum est du quart des restitutions et des dommages-intérêts, et le minimum du douzième. *Art.* 174 *du C. pénal.* V. *contribution*, *et expédition*.

CONDAMNATION. V. *jugement*.

CONDAMNÉ *à des peines emportant privation des droits civils*. V. *frais de justice*.

CONDITION. *résolutoire ou suspensive*. V. *vente d'immeubles*, n.° 58.

CONFISCATION *pour délits de chasse*. V. *amendes*, n.° 143 *et suiv.*

— Pour débite de timbre en contravention, V. *timb.*

— Pour crime envers l'Etat. V. AUX DOMAINES, page 15.

CONFLIT. V. *ce mot* AUX DOMAINES, page 15.

CONGÉ *militaire*. Les congés délivrés tant pour le service de terre que pour le service de mer, sont dispensés du timbre et de l'enregistrement. *Art.* 16 *de la loi du* 13 *brum.* 7, *et* 70 *de celle de frimaire*.

1. CONGÉ *maritime*. Même règle que ci-dessus.

2. CONGÉ *en matière de louage*. Il est assujéti au droit fixe de 1 fr. s'il est fait par acte de notaire. *Art.* 68 *de la loi de frim.* 7; et s'il est fait par Huissier, il doit 2 fr. *Art.* 43 *de la loi d'avril* 1816.

CONGÉ *de Cour* est une déclaration donnée par le Conservateur des forêts, portant que l'adjudicataire est déchargé de toute recherche, à raison de l'exploitation; il est sujet au timbre, suiv. l'art. 12 de la loi de brum. 7.

4. CONGÉ *en fait de procédure*. V. *jugement*.

CONGÉS *et passavans*. V. *acquit*, page 52.

5. CONGÉS, permissions de s'absenter.

1 Aucun Préposé ne peut s'absenter et quitter ses fonctions qu'en vertu d'un congé accordé par le Directeur général. — Ceux à qui il est accordé des congés sont privés de leur traitement pendant la durée des congés. — Est réputé absent sans autorisation, celui qui n'est pas de retour à son poste avant l'expiration de son congé, ou qui l'aurait quitté avant d'être remplacé dans ses fonctions par celui qui en est chargé. — Le montant du traitement pendant la durée des congés est versé à la caisse des pensions de retraite, pour en accroître les ressources. — Le Préposé qui a indispensablement besoin d'un congé en adresse au Directeur de son département la demande motivée, et désigne le lieu où il a besoin de se rendre. Tout employé qui vient à Paris, si son congé ne l'y autorise nommément, est considéré comme absent sans congé. — Le Directeur transmet la demande au Directeur général, avec des observations, et fait connaître par qui le Préposé peut être remplacé pendant son absence. Le Directeur général fait passer au Directeur local l'expédition du congé, pour la faire parvenir au Préposé qu'elle concerne. — Un Directeur qui a besoin d'un congé pour lui-même, motive sa demande comme les autres Préposés. — Les congés commencent à courir du jour de l'interruption de leurs fonctions. — Les congés sont renvoyés au Directeur général par les Directeurs, après leur expiration : les Directeurs renvoient également ceux qui les concernent, avec indication du jour de leur remplacement et celui de la reprise de leurs fonctions. Instr. 812. V. *vacance*.

2. L'instr. 963 a renouvelé la défense de s'absenter sans congé.

3. Les Surnuméraires ne peuvent s'absenter qu'en vertu d'un congé délivré par M. le Directeur général. *Instr.* 752.

CONGÉMENT. V. *domaine congéable*.

CONGRÉGATIONS *hospitalières*. Les actes de donation, legs, ou acquisitions légalement faits en leur faveur doivent 1 fr. fixe. *Instr.* 435. V. *acquisition*, *p.* 51 et *donation*.

CONNAISSEMENT ou *reconnaissance de déchargement par mer*. Espèce de lettre de voiture pour les voyages de longs cours.

Le droit fixe de 3 fr. à percevoir sur cet acte en vertu de l'art. 44 de la loi du 28 avril 1816. est dû, par chaque personne, à qui les envois sont faits. *Art.* 68 *de la loi de frim.* 7.

Ces actes peuvent être écrits sur du papier de telle dimension que les parties le jugent convenable. *Instr.* 419.

CONQUETS, biens fonds acquis par le mari ou la femme séparément ou conjointement, durant la communauté. Le bien fonds acquis pendant une première communauté, et dont le prix en tout ou en partie, a été payé des deniers d'une seconde communauté, demeure conquet de la première, sauf récompense pour le prix seulement, au profit de la seconde, et cela quoique par le contrat de mariage relatif à celle-ci, il fût stipulé le contraire; les conventions qui résistent à la loi ne peuvent jamais recevoir d'effet. *Cour de Metz du* 28 *nov.* 1817. V. *communauté*, *propres et remploi*.

CONSCRITS. V. *engagement et marché*.

CONSEIL. Assemblée de personnes qui donnent des opinions dans une affaire.

1. CONSEIL *d'Administration*. V. *Administration page* 67.

2. CONSEIL *d'Etat*. Le premier acte de recours à ce conseil opère le droit de 25 fr. V. *appel*, *page* 79, n.ºs 4 *et* 5.

Les écritures des parties, signées par les Avocats au conseil, sont passibles du timbre; les pièces par elles produites sont, à l'exception des exploits d'Huissier, exemptes de l'enregistrement, quand par leur nature elles ne sont pas sujètes à l'enregistrement dans un délai fixe : si on en fait usage ailleurs, elles ne jouissent plus de cette faveur. *Décr. du* 22 *juillet* 1806. *Instr.* 366. V. *actes*, *n.*° 69.

3. Les jugemens et arrêts ne peuvent être attaqués au Conseil d'Etat que lorsqu'il y a conflit. *Décret du* 7 *oct.* 1812. (*Art.* 4423, *j.*) V. AUX DOMAINES, page 15, *compétence* et *conflit*.

4. CONSEIL *de famille*. V. *avis de parens*, pag. 85, *émancipation* et *tutelle*.

5. CONSEIL *de préfecture*. Il ne peut prendre aucune délibération qu'il ne soit composé de trois membres. Le Préfet, lorsqu'il assiste à la séance, compte pour compléter les membres délibérans. *Arrêt du Gouvernement du* 19 *fruct.* 9.

6. Tout le contentieux sur le domaine de l'Etat, le recouvrement de tout ou partie du prix d'aliénation de biens domaniaux, est de son ressort. *Loi du* 28 *pluv.* 8. *Déc. min. just. du* 21 *flor.* 8. *Arrêté du Gouvernement du* 27 *brum.* 10.

7. Il ne peut revenir sur les arrêtés qu'il a pris dans une contestation contradictoire. *Décret du* 23 *nov.* 1813. (*Art.* 4781, *j.*).) — V. AUX DOMAINES, *arrêté*, p. 4, *compétence*, page 13, n.ºs 25 et suiv.; et *instances*, page 38, n.ºs 23 et suiv.

8. CONSEIL *des prises*. Supprimé par ordonnance du 9 janv. 1815. Les dépositaires des archives son chargés de délivrer des expéditions de ces actes. — Les jugemens et décisions préparatoires ou d'instruction émanées de l'ancien Conseil des prises doivent être enregistrés suivant les bases établies par la loi du 28 avril 1816, moyennant le droit fixe de 3 fr.; les jugemens et décisions qui valident purement et simplement des saisies par les Préposés des Douanes ou autres, de marchandises dont la confiscation était ordonnancée au profit de l'Etat, sont passibles du droit fixe de 5 fr. — Les jugemens et décisions, qui, indépendamment des confiscations, prononcent des amendes, ne doivent que le droit fixe, quel que soit le montant des amendes, ainsi que ceux qui valident les prises faites par les corsaires français de navires ennemis. — Il n'est dû sur les jugemens et décisions qui déclarent les prises nulles, que le droit fixe de 5 fr. Quant à ceux rendus en matière de transaction sous seing-privé entre les corsaires et les propriétaires des navires capturés, il est dû, si la transaction est homologuée, 5 fr. pour homologation, et 1 p. 100 sur le montant des transactions, et dans le cas où elle ne l'est pas, et qu'il intervient par suite une condamnation pécuniaire, 1 p. 100 sur le montant des transactions, et 50 c. p. 100 sur la condamnation. — Les règles de perception indiquées pour les jugemens sur transactions, sont applicables aux décisions et jugemens ayant pour objet des traités de rançon en mer. *Déc. min. fin. du* 23 *avril* 1819. (*Art.* 6559, *j.*)

9. CONSEIL *des Prud'hommes*. Il se compose de ceux qui, dans une assemblée générale de marchands, fabricans, ou ouvriers patentés ont été élus parmi eux pour le former, à l'effet de terminer comme conciliateurs, ou pour juger comme Magistrats, les différens entre les fabricans, ouvriers, etc. Une loi du 18 mars 1806, et les décrets des 18 juin 1809 et 3 août 1810, portent établissement des Conseils de Prud'hommes et contiennent le réglement de leur composition et de leur juridiction. *Inst.* 437. V. *bureaux des Prud'hommes*, *page* 94, n.° 5.

10. CONSEIL *du sceau des titres*. Les pièces à l'appui de la requête des avocats devant le Conseil du sceau des titres, ne sont pas susceptibles de l'enregistrement, quand, par leur nature, elles n'y sont pas soumises dans un délai fixé. *Instr.* 413.

CONSENTEMENT *pur et simple*. Droit fixe de 2 fr. *Art.* 43 *de la loi du* 28 *avril* 1816. V. *acquiescement*, page 50, et *main-levée*.

1. On ne doit voir qu'un simple consentement dans l'acte par lequel des enfans renoncent à la faculté de s'opposer à l'exécution du testament de leur père; mais si le consentement avait lieu moyennant une somme, il y aurait cession de droits successifs, et le droit proportionnel serait exigible. *Sol. du* 24 *flor.* 13. (*Art.* 2011, *j.*)

2. Le consentement par des héritiers agissant en commun dans la même succession, à l'exécution d'un testament, et à la délivrance des legs y portés, doit, en quelque nombre que soient les héritiers, ne donner lieu qu'à un seul droit fixe de 2 fr. *Sol. de l'adm. du* ..... (*Page* 88 *du Manuel de l'enregistrement*, *publié en* 1817).

3. Les consentemens donnés par les bailleurs de fonds des cautionnemens des Préposés de l'Administration des contributions indirectes, à l'effet d'affecter ces cautionnemens à la garantie de la gestion des titulaires, lorsqu'ils sont nommés à de nouveaux emplois, ne sont passibles que du droit fixe de 2 fr. *Ordonn. du* 25 *sept.* 1816. (*Art.* 5567, *j.*)

CONSERVATEUR. V. ce mot aux HYPOTHÈQUES.

CONSIGNATIONS (*Caisse des dépôts et*).

1. L'Administration était chargée de percevoir, pour le compte de l'ancienne Caisse d'amortissement, considérée alors comme caisse de dépôts, 1.° les cautionnemens de personnes à représenter à justice; 2.^{d} les recettes sur les biens saisis réellement; 3.° le prix principal des coupes extraordinaires des bois des communes, hospices et autres établissemens publics. La Caisse des dépôts et consignations, établie par la loi du 28 avril 1816 et l'ordonnance du 3 juillet suivant, a maintenant pour préposés, dans les départemens, les Receveurs généraux ou particuliers des finances, entre les mains desquels seront versées les sommes dont la Caisse doit être dépositaire. — Les attributions de cette Caisse sont indiquées dans la loi et l'ordonnance précitées. *Instr.* 736.

2. L'instruction 795 contient les dispositions sui-

vantes : En donnant la formalité aux actes et jugemens, les Receveurs sont assurés de l'existence des clauses qui tendent ou obligent à la consignation ; ils émargeront chaque enregistrement de ce genre, des mots, *caisse de consignation*, afin d'en former ensuite le dépouillement. — Ils remarqueront que, d'après les dispositions du n.° 1.er de l'art. 2 de l'ordonnance du 3 juillet 1816, et celle que renferme l'art. 5 de la même ordonnance, tout Officier ministériel qui aura fait des offres réelles, sera tenu, si elles ne sont pas acceptées, d'en effectuer la consignation dans les vingt-quatre heures, *à moins qu'il n'en ait été dispensé par ordre écrit de celui qui l'a chargé de faire les offres.* Les Receveurs constateront l'existence de cet ordre par une mention en marge de leurs registres. — Conformément au n.° 3 de l'art. 2, les sommes remises à un débiteur, à un garde du commerce ou à un huissier exerçant la contrainte par corps, doivent être consignées, lorsque le créancier n'a pas voulu les recevoir dans les vingt-quatre heures. Aux termes de l'article 6, les Officiers ministériels sont tenus d'énoncer, sur leurs répertoires et au pied de leurs exploits, *avant de les présenter à l'enregistrement*, s'ils ont remis aux créanciers les sommes qu'ils ont touchées. Les Receveurs veilleront à ce que cette double énonciation ait lieu dans le cas prévu : ils tiendront note aussi en marge du registre, soit des omissions faites par le garde du commerce ou par l'huissier, omissions qui feraient présumer le refus du créancier, soit de l'indication donnée par l'Officier ministériel de ce refus, qui rend la consignation indispensable. — D'après le n.° 4 de l'art. 2, la consignation doit également être affectée, à défaut par le créancier d'accepter, dans les vingt-quatre heures, les sommes déposés entre les mains du geolier par un débiteur incarcéré ; et l'article 6 rappelle les obligations du geolier pour l'énonciation sur son registre d'écrou et pour la consignation. — Le n.° 5 de l'art. 2 concerne les sommes dont les Cours et Tribunaux, ou les autorités administratives, auraient ordonné la consignation ou le séquestre, faute par les ayans-droit de les recevoir, ou en cas de prétentions opposées. Lors de la formalité, les Receveurs émargeront, ainsi qu'il est prescrit, l'enregistrement des arrêts, jugemens et actes administratifs qui donneront lieu d'appliquer cette disposition. — Il résulte du n.° 6 que la consignation à la caisse des dépôts doit être faite, pour le prix des bâtimens de mer vendus par autorité de justice, lorsque les adjudicataires n'ont pas effectué le paiement dans les vingt-quatre heures. L'enregistrement rappellera le paiement qui serait énoncé dans l'acte : à défaut, l'émargement aura lieu. — Si, lors d'une saisie-exécution, l'huissier trouve des deniers comptans, le n.° 7 l'oblige à les consigner, à moins que le saisissant, la partie saisie et les opposans ne conviennent, dans les trois jours, d'un séquestre volontaire. Comme il est possible que cette convention n'existe pas, les Receveurs doivent émarger l'enregistrement de toute saisie-exécution qui comprendra des deniers comptans. Il en est de même quant aux sommes énoncées dans les oppositions de scellés ou les inventaires, et dont le Tribunal peut ordonner la consignation sur référé, d'après une autre disposition du n.° 7. Ce sera aux Préposés de la Caisse à s'assurer de ce qui aura été décidé sur la destination des deniers. — En cas d'oppositions existantes sur les sommes saisies et arrêtées entre les mains de dépositaires ou débiteurs, et sur celles qui proviendraient de ventes de *biens-meubles* de toute espèce, par suite de toutes sortes de saisies ou même de ventes volontaires, le versement à la Caisse des consignations doit être effectué dans la huitaine à compter de l'expiration du mois accordé aux créanciers, si, dans cet intervalle, ils ne sont pas convenus à l'amiable d'une distribution par contribution. C'est ce qui résulte du n.° 8 de l'art. 2, et de la fixation des délais par l'art. 8 de l'ordonnance. L'art. 7 ajoute que tout Notaire, Greffier, Huissier, Commissaire-priseur, Courtier, etc., qui aura procédé à une vente, sera tenu de déclarer et de certifier, par sa signature, au pied de la minute du procès-verbal, *en le présentant à l'enregistrement*, qu'il a ou qu'il n'a pas d'oppositions faites entre ses mains, et qu'il a ou n'a pas connaissance d'oppositions aux scellés ou autres opérations qui ont précédé la vente. Les Receveurs mentionneront, dans leurs émargemens, tant les oppositions énoncées dans les déclarations, ou celles qui pourraient être d'ailleurs à leur connaissance, que les refus qui auraient été faits par des Officiers publics de signer ces déclarations dans le cas prévu. — En exécution du n.° 9 de l'art. 2, la Caisse est chargée de percevoir le produit des coupes et des ventes de fruits pendans par les racines sur des immeubles saisis ; celui des loyers ou fermages de biens non affermés lors de la saisie, qui seraient perçus au profit des créanciers ; et tous les loyers, fermages ou autres prestations, échus depuis la dénonciation au saisi. Pour faire connaître à la Caisse les cas où cette disposition devient applicable, les Receveurs feront la note requise, en marge de l'enregistrement des procès-verbaux de saisie-immobilière, de ceux de dénonciation au saisi, des ventes de fruits, et des actes ou énonciations desquels il résultera que les biens saisis ne sont point affermés. — Ils feront également mention, en marge de leurs enregistremens, des jugemens et ordonnances qui prescriront, dans les circonstances prévues par les n.os 10, 11 et 12, la consignation du prix ou de portion du prix des adjudications d'immeubles sur saisie-immobilière, bénéfice d'inventaire, cession de biens et faillite ; des deniers provenant des ventes de meubles et marchandises des faillis et de leurs dettes actives ; ainsi que les sommes d'argent trouvées, ou ayant pour origine des ventes et recouvremens dans les successions bénéficiaires. — Tous les deniers existant dans une succession *vacante*, ou provenant du prix des biens qui en dépendent, doivent être consignés, aux termes du n.° 13. Ainsi, pour mettre la Caisse à portée d'exercer son action, il y aura lieu pareillement d'émarger les enregistremens des jugemens et ordonnances judiciaires portant nomination de curateurs aux successions vacantes, et des actes qui énonceraient des sommes provenant de ces successions.

Si, contre le vœu du n.° 14 de l'art. 2, et des dispositions de l'art. 3 de l'ordonnance, des arrêts, jugemens ou actes administratifs, autorisaient des dépôts de sommes en d'autres mains que dans celles des Préposés de la Caisse, les Receveurs en prendraient note lors de l'enregistrement. — L'art. 4 de l'ordonnance du Roi défend aussi de procéder à aucun procès-verbal d'ordre ou de distribution de deniers, lorsque la consignation a dû avoir lieu, sans que la date et le numéro de la consignation soient énoncés. Les notes marginales rappelleront si cet article a reçu son exécution. *Instr.* 795.

3. D'après l'ordonnance du 2 juillet 1817, les Receveurs exigeront que les déclarations prescrites par les art. 5, 6 et 7 de l'ordonnance du 3 juillet 1816, soient faites au pied des actes présentés à la formalité par les fonctionnaires auxquels l'obligation en est imposée. En cas de refus ou d'inexactitude, les Receveurs en feront mention en marge de l'enregistrement, et dresseront des procès-verbaux qu'ils remettront à M. le Procureur du Roi, qui exercera, s'il y a lieu, à l'égard des fonctionnaires dont il s'agit, les voies de répression autorisées par l'art. 10 de la même ordonnance. Ces irrégularités seront en outre énoncées, avec la date de l'envoi fait à ce Magistrat, sur le relevé que les Receveurs adresseront directement, à la fin de chaque mois, à M. le Directeur général de la Caisse des dépôts et consignations, rue de l'Oratoire, à Paris, du dépouillement des enregistremens qu'ils auront émargés à cet effet, dans le cours du même mois, ou un certificat négatif. — Les Inspecteurs et Vérificateurs doivent concourir à l'exécution des deux ordon. précitées. *Idem.* Pour les attributions de la caisse de dépôt, V. *l'Instr.* 736.

4. Quant aux consignations à faire par suite des oppositions ou saisies-arrêts faites entre les mains des Directeurs. V. *saisie-arrêt.*

CONSTITUTION *d'avoué.* V. *exploit et instance.*

CONSTITUTION *de dot.* V. *mariage.*

CONSTITUTION *de majorats.* V. *majorats.*

CONSTITUTION *de pension.* L'obligation par des père et mère, dans le cas où leur fils sera admis comme élève à l'Ecole spéciale militaire, de payer la pension annuelle résultant de cette admission, engendre le droit de 1 p. 100, sur la somme totale des années de pension cumulées, y compris la valeur du trousseau. *Sol. du* 19 *sept.* 1818. (*Art.* 6257, *j.*) V. l'art. suiv.

2. CONSTITUTION *de rentes*, soit perpétuelles, soit viagères, et de pension à titre onéreux, sur une ou plusieurs têtes, droit de 2 p. 100 sur le capital constitué et aliéné. *Art.* 14 *et* 69 *de la loi de frim.* 7.

3. Si la constitution est faite à titre gratuit, le droit se liquide sur un capital au denier 20 de la rente perpétuelle, et au denier 10 de la rente viagère, à raison, savoir : — 1.° En ligne directe, par acte entre-vifs, 1 fr. 25 cent. p. 100, et par acte à cause de mort, 25 cent. p. 100, lors du décès. *Art.* 69 *de la loi de frim.* 7. — 2.° Entre époux, 1 fr. 50 cent. p. 100. — 3.° Entre frères, sœurs, oncles, tantes, neveux et nièces, et autres personnes au degrés successible, 2 fr. 50 cent. p. 100. — 4.° Entre tout autre personnes, 3 fr. 50 cent. p. 100.

4. Lorsque la donation entre-vifs est faite par un contrat de mariage, il n'est dû que moitié droit. *Art.* 53 *de la loi d'avril* 1816.

5. L'acte sous seing-privé, par lequel un père a constitué, gratuitement, au profit de sa fille, non acceptant, une pension alimentaire de 1200 fr., payable à terme, et une autre de 600 fr., exigible seulement après son décès, n'est passible que du seul droit fixe de 5 fr., comme donation éventuelle, dès que la constitution n'est pas acceptée. *Déc. min. fin. du* 12 *octobre* 1818. (*Art.* 6250, *j.*) — Pour les constitutions faites par des enfans, au profit de leurs ascendans. V. *ascendans*, n.° 4, *pag.* 83.

6. La constitution consentie pour *services rendus*, n'est point une véritable donation. *Cour de Paris du* 12 *nov.* 1810. (*Art.* 4078, *j.*)

7. Bien que les transferts sur le grand livre soient exempts du droit d'enregistrement, l'acte de transport d'une rente perpétuelle sur le grand-livre, moyennant une rente viagère, est passible du droit de 2 p. 100 fr. sur le capital au denier 10 de la rente viagère, puisque l'objet de l'acte est la création d'une rente viagère. *Déc. min. fin. du* 2 *juillet* 1819. (*Art.* 6472, *j.*)

8. La constitution de pension en faveur des Auditeurs près les Cours d'appel est passible du droit proportionnel. *Déc. min. fin. du* 8 *nov.* 1808. (*Art.* 3563, *j.*)

9. Au surplus, V. *conversion* et *novation.*

CONSULTATION, avis par écrit que les jurisconsultes donnent sur l'affaire pour laquelle ils sont consultés.

1. Les consultations, mémoires, observations et pièces signés des hommes de loi et défenseurs officieux, sont assujétis au timbre sous peine de 100 fr. d'amende. *Art.* 12 *et* 26 *de la loi du* 13 *brum.* 7.

2. Cette obligation comprend les consultations produites en justice ou signifiées, et celles confidentielles et non produites. *Instr.* 417.

3. Aussi un arrêt de la Cour suprême du 6 fév. 1815 a-t-il jugé passible de l'amende de 100 fr. une consultation d'avocat, écrite sur deux feuilles de papier non timbré, et déposée au Greffe avec les pièces d'une demande tendante à être admis à une distribution de deniers. (*Art.* 5100, *j.*)

4. Lorsqu'un Avoué produit devant un Tribunal un écrit sur papier libre qui sert d'observations sur les conclusions du ministère public, le Procureur du Roi ne peut requérir la condamnation à amende que d'après un procès-verbal de l'employé, rédigé sur l'extrait du jugement. *Avis de M. Merlin, le Procureur général de la Cour de cass. du mois d'août* 1806.

CONTENTIEUX. V. *compétence, instance et université.*

CONTESTATIONS. Nul ne peut atténuer ni différer le paiement des droits d'enregistrement, sous prétexte de contestation sur la quotité, ni pour quelqu'autre motif que ce soit, sauf à se pourvoir en restitution, s'il y a lieu. *Art.* 28 *de la loi de frim.* 7.

Les contestations sur la perception et les recouvremens, ne peuvent être portés que devant les Tribunaux de première instance. V. *instance* et *l'instr.* 407.

CONTRADICTOIRE. Un jugement est contradictoire lorsqu'il est rendu sur les défenses respectives des parties. V. *Appel, cassation, instance et jugement.*

CONTRAINTE ou commandement de payer.

1. Le premier acte de poursuite pour le recouvrement des droits d'enregistrement, timbre et le paiement des peines et amendes prononcées par la loi de frim., est une contrainte. Elle doit être décernée par le Receveur ou préposé de la régie, visée et déclarée exécutoire par le Juge de paix du canton où le bureau est établi, et être signifiée. L'exécution ne peut en être interrompue que par une opposition motivée, avec assignation devant le tribunal. *Loi du* 22 *frim.* 7. *Art.* 64. V. *instance.*

2. Les contraintes pour droits et revenus domaniaux, doivent être décernées par le Directeur et visées et déclarées exécutoires par le Président du Tribunal de première instance de la situation des biens. *Ord. génér. de régie*, *art.* 89. *Circ.* 157, 1820 *et* 1872.

3. Dans le cas d'empêchement d'un Juge de paix et de ses suppléans, les contraintes doivent être visées et rendues exécutoires par le Juge de paix du canton le plus voisin, que le Tribunal de première instance aura désigné. *Déc. min. just. du...* (*Art.* 3662, *j.*)

4. La contrainte doit être bien libellée; elle est précédée d'un avertissement, excepté le cas de contravention. *Art.* 91 *des ord. génér.*

5. La contrainte devenue exécutoire par le visa, doit être suivie comme s'il y avait jugement; c'est par cette voie qu'il faut suivre l'effet des procès-verbaux de contravention rapportés par les Préposés de l'Administration en matière d'enregistrement, de greffe et d'hypothèques. *Instr.* n.° 12. Quant aux contraintes en recouvrement d'amendes et de droits de succession, V. page 71; et *succession*, n.° 195, 226 *et suiv.*

6. Les contraintes, saisies et tous autres actes de poursuite et de procédure, doivent être faits et signifiés à la requête de M. le Conseiller d'Etat, Directeur de l'enregistrement et des domaines, hôtel de la direction générale, rue de Choiseul, à Paris, poursuite et diligence de M..... Directeur, demeurant à.... sauf à y ajouter, selon le cas, l'élection de domicile, etc. *Instr.* 807 *et circulaire de M. le Directeur général du* 29 *janv.* 1821.

7. Les contraintes visées pour exécution, emportent hypothèque. V. *inscription aux* HYPOTHÈQUES. Consulter les *instr. génér.* n.ºs 495, 573 et 576.

8. Les contraintes, significations et autres actes de poursuites, ayant pour objet le recouvrement des perceptions confiées à l'Administration, sont enregistrables en débet. *Instr.* 115.

9. Lorsqu'une contrainte est décernée, sauf à augmenter ou diminuer d'après déclaration à passer, on n'est point fondé à refuser les offres réelles que la partie ferait du montant de la somme y portée, sauf à décerner une nouvelle contrainte à défaut de déclaration. *Arr. de cass. du* 2 *déc.* 1806.

10. *Nullité et validité.* La contrainte est nulle si elle n'est signifiée à un domicile ni légal ni prouvé. *Arr. de cass. du* 9 *fructidor* 12.

11. Les contraintes décernées pour le recouvrement des amendes de condamnation sont, à peine de nullité, soumises au visa du Juge de paix, avant d'être mises à exécution. *Arr. de cass. du* 8 *mai* 1809. (*Art.* 3967, *j.*).

12. La contrainte pour être valable peut ne pas énoncer l'acte sur lequel elle est fondée, ni donner la désignation complète des biens pour droits de mutation, lorsque d'ailleurs dans le cours de l'instance, l'Administration a rectifié ces fausses énonciations. *Arr. de cass. des* 30 *déc.* 1811 *et* 25 *juillet* 1814. (*Art.* 4894, *j.*).

13. La contrainte décernée pour les droits et doubles droits ne peut être nulle pour le tout; la remise du double droit n'empêcherait pas de la maintenir pour le simple droit. *Arr. de cass. du* 28 *fév.* 1813. (*Art.* 5431, *j.*).

14. La contrainte décernée par la Régie, qui n'a été ni visée, ni rendue exécutoire par le Juge de paix, n'est point frappée d'une nullité substantielle, opposable en tout état de cause; cette nullité peut être couverte par le silence des parties; donc si on n'a pas fait mention de ce moyen devant les premiers Juges, il ne peut pas être admis devant la Cour de cassation. *Arr. de cass. du* 14 *nov.* 1815. (*M. Sirey, année* 1818). V. *amendes.*

15. Mais la nullité de celle décernée contre une veuve personnellement, lorsqu'elle ne doit qu'en qualité de tutrice, peut être opposée en tout état de cause. *Arr. de cass. du* 19 *juillet* 1815. (*Art.* 5219, *j.*).

16. Le procès-verbal qui précède une contrainte est surabondant. La régularité de la contrainte garantit seule la validité des poursuites. *Arr. de cass. du* 9 *juin* 1816.

17. On peut décerner contrainte sans autorisation préalable, contre les communes débitrices de droits et créances. *Déc. min. just. du* 30 *frim.* 12.

18. Les héritiers étant solidaires pour le droit de succession, la contrainte peut être signifiée à un seul pour le tout. *Arr. de cass. du* 20 *germ.* 11.

19. La contrainte décernée pour obtenir le recouvrement d'un droit de jugement après les délais, doit faire mention que l'extrait a été remis par le Greffier dans le délai fixé par l'art. 37 de la loi de frim. 7, et l'art. 38 de celle d'avril 1816, pour prévenir tout incident que le redevable voudrait élever sur la remise de l'extrait. (*Art.* 6105, *j.*)

20. Celle décernée contre un comptable en débet, ne peut être annulée par un Tribunal de première instance, sous prétexte que le débet a pour objet un vol constaté. *Arr. d'appel du* 14 *fruct.* 9. (*Art.* 961, *j.*).

21. Les contraintes visées par le Juge de paix doivent être signifiées par les Huissiers de la justice de paix, et celles en matière de domaine et bois qui sont visées par les Présidens des Tribunaux civils doivent être signifiées par les Huissiers de ces Tribunaux. *Instr.* 129 *et* 659.

22. *Timbre.* Les contraintes pour recouvrement des contributions directes doivent être sur papier timbré. *Déc. min. fin. du* 26 *fruct.* 7. — Cependant elles peuvent être mises à la suite d'un procès-verbal timbré à l'extraord.^{re} *Arr. de cass. du* 15 *juillet* 1806. (*Art.* 2503 *j.*)

23. Les contraintes décernées par les Préposés des contributions indirectes doivent être sur papier timbré,

elles ne peuvent pas être timbrées à l'extraordinaire. *Déc. min. fin. du.* 1er *mars* 1820.(*Art.* 6651 , *j.*)

24. Celles *collectives* décernées par ces mêmes Préposés contre les redevables d'un même arrondissement doivent être rédigées sur pap. de 35 c., sans qu'on puisse exiger autant de droits de timbre qu'il y a d'articles du rôle ou de la contrainte collective. *Déc. min fin. du* 20 *déc.* 1808. (*Art.* 3097 , *j.*).

25. CONTRAINTE *par corps.* On y a recours pour faire emprisonner un débiteur.

26. Elle ne doit être exercée que dans les cas où elle est permise, contre un débiteur d'amendes, ou de frais de justice, etc., et toutes les fois que l'intérêt du Trésor l'exige. *Circ.* 1980 , *Instr. n.°* 600. V. *amende , page* 91 , *n.°* 25 *et suiv.*

27. Il y a lieu à contrainte par corps pour le recouvrement, 1.°, des frais de justice criminelle et correctionnelle. *Décr. du* 20 *sept.* 1809. (*Art.* 3449 , *j.*) On n'est pas tenu d'avoir recours à aucune des formalités prescrites par les deux codes. *Déc. min fin. du* 12 *sept.* 1817. 2.° De l'amende pour contravention au timbre des affiches, annonces et avis. V. *affiches , page* 68 , *n.°* 17.

28. De ce qu'une amende a une destination spéciale et est applicable, par exemple aux hôpitaux, notamment dans le cas où elle est prononcée contre l'individu qui a tenu des loteries non autorisées, il ne s'en suit point que l'amende ne soit pas prononcée au profit de l'État : dans ce cas, la contrainte par corps peut être exercée, et le condamné insolvable peut réclamer son élargissement six mois après l'expiration de sa peine. *Arr. de cass. du* 7 *juillet* 1818. (*M. Sirey, année* 1819.)

29. La condamnation aux frais, vis-à-vis du fisc, en matière de police, entraîne la contrainte par corps, quand même elle ne serait pas prononcée par le jugement. *Arr. de cass. du* 2 *janv.* 1807.—Mode d'exécution, *instr.* 531.

30. La contrainte par corps ne peut pas être exercée contre un comptable de deniers publics, à raison de billets par lui souscrits, si ces billets énoncent une cause étrangère à sa comptabilité et à toute opération commerciale. *Arr. de cass. du* 15 *juillet* 1817. (*Art.* 6271 , *j.*)

31. Lorsqu'un débiteur de frais de justice a les moyens de payer ou de faire cesser son emprisonnement, on doit en prévenir le Directeur pour qu'il autorise la contrainte par corps. *Instr.* 750.

32. Si pendant l'emprisonnement il survient au Débiteur une maladie grave, on peut lui permettre de se retirer dans une autre maison pour se faire soigner, mais en fournissant caution jusqu'à concurrence des dus. *Cour de Paris du* 4 *mai* 1812.

33. L'emprisonnement des redevables d'amendes ou de frais de justice, doit être exécuté par le ministère des gendarmes, comme étant beaucoup moins dispendieux, que lorsqu'il est effectué par le ministère des Huissiers. *Déc. min. just. du* 13 *sept.* 1820.) *Art.* 6798 *j.*)

34. L'Administration ne s'oppose pas à ce que cette disposition a de contraire à l'instr. 600, qu'il faut consulter, lorsqu'il s'agit d'exercer la contrainte par corps. *Sol. du* 7 *mars* 1820.

35. La disposition de la loi du 15 germ. 6, qui autorise l'incarcéré pour dettes à demander son élargissement, après 5 ans d'emprisonnement, n'est pas applicable aux dettes non commerciales contractées sous l'empire du C. de P. C. ; le débiteur incarcéré pour dette civile, ou divertissement de deniers publics, ne peut invoquer d'autres causes d'élargissement que celles déterminées par l'art. 800 de ce même Code. *Cour de Paris du* 26 *mai* 1815. *Art.* 5561 , *j.*)

36. La contrainte par corps exercée contre un débiteur d'amende pour défaut de paiement, ne le dispense pas d'être poursuivi pour les frais de justice, lorsqu'il devient solvable. *Arr. de cass. du* 11 *mars* 1812.

CONTRAT. C'est une convention par laquelle une ou plusieurs personnes s'obligent, envers une ou plusieurs autres, à donner, à faire ou à ne pas faire quelque chose. *Art.* 1101 *du C. C.*

1. Le contrat est *synallagmatique* ou *bilatéral*, lorsque les contractans s'obligent réciproquement les uns envers les autres. *Art.* 1102.

2. Il est *unilatéral*, lorsqu'une ou plusieurs personnes sont obligées envers une ou plusieurs autres, sans que, de la part de ces dernières, il y ait d'engagement. *Art.* 1103.

3. Il est *commutatif*, lorsque chacune des parties s'engage à donner ou à faire une chose qui est regardée comme l'équivalent de ce qu'on lui donne, et de ce que l'on fait pour elle. — Lorsque l'équivalent consiste dans la chance de gain ou de perte pour chacune des parties, d'après un événement incertain, le contrat est *aléatoire*. *Art.* 1104.

4. Le contrat de *bienfaisance* est celui dans lequel l'une des parties procure à l'autre un avantage purement gratuit. *Art.* 1105.

5 Le contrat *à titre onéreux* est celui qui assujétit chacune des parties à donner ou à faire quelque chose, *Art.* 1106. V. *l'art.* 1107 *et le chap.* 2 *suiv. du C. C.*

Voyez aussi les différentes dénominations des contrats.

CONTRAVENTION, infraction aux lois sur la perception des contributions indirectes.

1. Les Tribunaux ne doivent pas excuser sur l'intention les contraventions à une loi fiscale. *Arr. de cass. des* 13 *fév.* 1807, 3 *sept.* 1810 *et* 11 *nov.* 1812.

2. Il n'appartient pas au Juge d'apprécier les circonstances qui rendraient plus ou moins excusable une contravention reconnue et déclarée constante ; simples applicateurs de la loi, les Juges sont tenus de se conformer rigoureusement à sa disposition ; en matière d'impôts, l'existence du fait matériel de la contravention suffit pour que les Juges ne puissent se dispenser d'y appliquer la peine déterminée par la loi ; ce n'est qu'à l'Administration qu'appartient le droit d'apprécier les circonstances du fait et sa moralité, et d'accorder ou de refuser, d'après cet examen, la remise ou la modération des amendes encourues. *Arr. de cass. des* 11 *juin*, 7 *août et* 11 *sept.* 1818.

3. La preuve d'une contravention peut être faite par tous les moyens indiqués par la loi ; on ne peut la refuser, quand surtout celle qu'on offre est littérale. *Arr. de Cass. du* 20 *août* 1818.

4. Rien n'empêche de constater une contravention pourvu que les moyens qu'on aurait employés pour la découvrir ne soient pas illicites. *Arr. de cass. des 1.er juillet* 1811 *et* 16 *mai* 1815.

5. La contravention n'existe point pour l'acte ou pour l'omission qui subsiste avant que la loi pénale ait été rendue et promulguée. *Loi du* 5 *brum.* 4.

6. Pour les contraventions commises par les Préposés des contributions indirectes, il faut toujours en référer au Directeur et ne point les porter devant les Tribunaux. *Instr.* 327.

7. Lorsqu'on a constaté dans une forme vicieuse une contravention, et qu'on se désiste de la poursuite, on a faculté de donner, de nouveau, cours à l'affaire. *Arr. de cass. du* 8 *mars* 1808.

8. La décision des Tribunaux ne peut être assise que sur les faits de fraude ou de contravention légalement constatés et sur les lois applicables à ces faits; ils ne doivent prendre en considération, ni la présomption de bonne foi des prévenus, ni des pièces illégales. *Arr. de Cass. du* 18 *juin* 1819. V. *procès-verbaux de contravention.*

CONTRE-LETTRE, est un détour concerté entre les parties pour retenir d'une main ce qu'on abandonne de l'autre, ou pour mettre à couvert ce qu'on appréhende de faire connaître au public. C'est une précaution qui peut quelquefois rendre suspecte la foi de ceux qui en usent. (*Ferrières, Dict. de droit.*)

1. Toute contre-lettre faite sous *signature privée*, qui a pour objet une *augmentation du prix* stipulé dans un acte public ou dans un acte sous seing-privé précédemment enregistré, est déclarée nulle et de nul effet. Néanmoins, lorsque l'existence en est constatée, il y a lieu d'exiger à titre d'amende, une somme triple du droit qui aurait été perçu sur les sommes et valeurs ainsi stipulées. *Art.* 40 *de la loi de frim.* 7.

2. La contre-lettre sous seing-privé, dont l'objet est d'augmenter le prix exprimé dans une vente, donne ouverture au triple droit, quoiqu'elle ait été annulée par jugement. Son existence reconnue et sa production en justice, suffisent pour légitimer la demande de ce droit. *Arr. de cass. du* 13 *nov.* 1811. (*Art.* 4116, *j.*)

3. Lorsque son existence est constatée par une transaction devant Notaire, qui cite des billets à ordre souscrits pour le complément du prix de la vente, il y a lieu d'exiger le triple droit de la contre-lettre. *Sol. du* 13 *févr.* 1812. (*Art.* 4139, *j.*)

4. La contre-lettre sous seing-privé, souscrite en 1784, qui a pour but d'élever la soulte d'un échange, donne lieu au droit et à l'amende, sans qu'on puisse exciper de la prescription. *Arr. de cass. du* 16 *nov.* 1813. (*Art.* 4773, *j.*)

5. Celle écrite sous seing-privé, non signée de l'une des parties, mais certifiée à la place par deux témoins, ne donne pas lieu à poursuivre le droit d'enregistrement. L'acte séparé par lequel on renonce à une créance en faveur d'un marché qu'on vient de faire n'est pas une contre-lettre dans le sens de l'art. 40 de la loi de frim. 7. *Arr. de cass. du* 30 *oct.* 1809. (*M. Sirey, année* 1810).

6. L'acte sous seing-privé tenu secret, contenant vente moyennant 10,000 fr., et qu'on fait enregistrer après l'acte notarié qui a réalisé la vente au prix simulé de 6,000 fr., n'est pas une contre-lettre. On doit liquider le droit et le double droit sur les 10,000 fr., et tenir compte du droit perçu sur l'acte notarié, moins le droit fixe à retenir pour le salaire de la formalité. *Déc. min. fin. du* 25 *mai* 1819.

7. Quand même un vendeur se ferait réintégrer par défaut de paiement et à la faveur d'une contre-lettre, cette réintégration n'en serait pas moins une rétrocession quant aux droits d'enregistrement. *Arr. de cass. du* 11 *juillet* 1814. — Une déclaration sous seing-privé par laquelle un acquéreur fait connaître que son acquisition n'était pas sérieuse, doit être considérée comme une rétrocession sujète au droit de 5 fr. 50 c. p. 100, plus le double droit s'il est encouru. *Sol. du* 11 *brum.* 11. V. *rétrocession.*

8. Des arrêts de cassation des 13 fruct. 11 et 10 janv. 1809, ont décidé que l'art. 40 de la loi de frim. 7, qui prononce la nullité des contre-letres sous seing-privé, contenant augmentation du prix de ventes d'immeubles, n'a pas été abrogée par l'art. 1321 du C. C. Ce principe a été confirmé par arrêt de la Cour de Metz, du 17 févr. 1819. (*M. Sirey, année* 1819).

9. Pour connaître à qui l'on doit réclamer les droits d'enregistrement d'une contre-lettre, V. *débiteur*, n.° 9.

CONTRE-TOURNÉES. Opérations auxquelles se livre l'Inspecteur, comme le ferait un Vérificateur, pendant le mois et demi qui précède chaque tournée de contrôle. *Art.* 217 *et* 222 *des ord. gén. de régie.*

Les Inspecteurs quitteront le chef-lieu du département le 15 du mois qui suivra la tournée, pour se rendre de suite au bureau qui leur sera indiqué par le Directeur. *Art.* 214. — Pour le vu, les opérations prescrites, la lettre de contre-tournée à adresser aux Receveurs, la surveillance à exercer, les instances, le journal de travail, etc. V. *les ordres gén.*, *art.* 214 *à* 226, *et Employés supérieurs, Inspecteur, Vérificateur, vérification et tournée.*

Pour les mémoires d'ordre que le Directeur est tenu de rédiger et d'adresser aux Employés avant l'époque de la tournée et de la contre-tournée, et l'usage qu'on doit en faire. V. *l'art.* 252 *des ordres, et les Circul.* 127 *bis*, 1250 *et* 1736.

Une ampliation des mémoires d'ordres de tournée et de contre-tournée, doit être envoyée exactement à l'Administration, pour servir à diriger les réponses aux lettres de tournée et aux journaux de travail. On signale dans ces mémoires les vices de perception et les irrégularités; on y rappelle les instructions dont l'exécution est négligée. *Circ. de M. l'Adm. de la* 5.e *division, du* 1.er *févr.* 1817.

Les Directeurs tiendront la main à ce que les Inspecteurs partent pour la contre-tournée le 15 du second mois de chaque trimestre. *Art.* 289 *des ordres généraux.*

CONTRIBUTIONS. Toutes contributions directes et indirectes, autres que celles autorisées, sont interdites, à peine contre l'autorité qui l'ordonnerait, et l'employé qui en ferait le recouvrement, d'être poursuivis comme concussionnaires, sans préjudice de l'action pendant trois ans, et sans que, pour exercer cette action, il soit besoin d'une autorisation préalable. *Loi du* 14 *juillet* 1819. *Instr.* 899.

Tout dépositaire et débiteur de deniers appartenant aux redevables de contributions directes, doit, en vertu du privilége qu'a sur cet objet le Trésor de l'Etat, en verser le montant aux mains des Percepteurs, sur la demande qui leur en est faite par ceux-ci, nonobstant les saisies-arrêts formées entre leurs mains par de tiers créanciers, et sans attendre qu'il ait été statué par voie judiciaire sur ces oppositions. *Arr. de cassat. du* 21 *avril* 1819.

CONTROLE. V. *comptabilité*.

CONTUMAX. V. *frais de justice*, et aux DOMAINES, *contumax*, *page*. 17.

CONVENANT. Bail d'une espèce particulière, en usage dans les départemens des Côtes-du-Nord, du Finistère et du Morbihan. V. *domaine congéable*.

CONVENTIONS *verbales*. V. *bail*, *page* 89, n.° 57; *jugement* et *mutation*.

CONVERSION d'une rente viagère en rente perpétuelle et réciproquement, n'est qu'une modification des conditions précédentes, qui ont déjà acquitté le droit proportionnel : elle ne peut dès-lors en opérer un second. Il n'y a donc lieu qu'au droit fixe de 1 fr. *Sol. de l'admin.* V. *novation*.

COPIE, double d'un écrit.

1. Toutes copies d'actes, écritures ou jugemens doivent être timbrées. *Loi du* 15 *brum.* 7. *Art.* 12.

2. Lorsque l'Avoué fait des copies tronquées, et l'Huissier des significations sur papier libre, V. *avoué*, *pag.* 85.

3. La copie de pièces de procédures criminelles, délivrée à l'accusé sur sa réquisition, doit être sur papier libre. *Ordonn. des* 8 *et* 9 *oct.* 1789.

4. Les copies collationnées que les engagistes de domaines nationaux sont tenus de remettre, de leurs titres, aux secrétariats des préfectures, sont dispensées du timbre et de l'enregistrement, pourvu qu'il soit fait mention expresse de leur destination pour les bureaux de la préfecture. *Déc. min. fin du* 5 *sept.* 1809. (*Art.* 3338, *j.*)

5. Les copies d'actes, lorsque le titre original subsiste, ne font foi que de ce qui est contenu au titre, dont la représentation peut toujours être exigée, et si les copies tirées sur la minute d'un acte dont l'original n'existe plus, n'ont pas été faites par un officier public, qui en cette qualité, soit dépositaire des minutes, elles ne peuvent servir que de commencement de preuves par écrit. *Art.* 1334 *et* 1335 *du C. C. Arr. de cass. du* 3 *juin* 1812.

6. La copie de la citation faite à l'adjudicataire de coupes de bois, de se trouver au recollement, et que l'Arpenteur joint à son procès-verbal, doit être sur papier timbré. *Instr.* 897. V. *collation et traduction*.

CO-PROPRIÉTAIRE. Celui qui possède, avec un autre, la propriété d'un immeuble. V. *licitation*, *partage*.

CORRESPONDANCE, communication établie par lettre.

1. La tenue du registre de correspondance est prescrite par l'instr. 171.

2. Les lettres doivent toujours porter la date de leur départ. *Circ. du* 17 *vent.* 12.

3. Le Receveur, le Vérificateur et l'Inspecteur ne doivent entretenir de correspondance directe avec l'Administration, que dans les cas prévus par les ordres de régie, ou qui requerraient une grande célérité. *Circ.* 1802. *Art.* 94, 113 *et* 126 *des ordres généraux*.

4. Le Receveur ne peut tarder plus de dix jours à envoyer une réponse. *Circ.* 1001.

5. On n'a que quinze jours pour fournir les éclaircissemens qui seraient demandés, et qui exigent un concours de recherches difficiles. *Art.* 260 *des ordr. génér.* V. *envoi*.

6. L'Inspecteur doit vérifier la correspondance. *Ordr. génér.*, *art.* 210.

7. Pour la correspondance du Directeur avec le Directeur général et les Administrateurs, V. *directeur*; et les *ordres généraux de régie*.

8. Il est ordonné aux fonctionnaires qui recevront en franchise, sous leur couvert, des lettres étrangères au service, de les envoyer directement au Directeur-général des Postes, en lui faisant connaître les lieux d'où elles auront été expédiées; ces lettres seront soumises à la double taxe, et si elles sont refusée par les destinataires, elles seront renvoyées au fonctionnaire qui aura donné son contre-seing, et qui sera tenu d'en acquitter le double port. *Ordonn. du* 16 *août* 1817. (*Art.* 5966, *j.*)

9. L'envoi des expéditions doit être fait aux époques fixées par les instructions. Il faut réunir dans un même paquet toutes celles qui doivent être fournies à la même époque, et y joindre une seule lettre d'avis. *Circ. de M. l'Administrateur de la* 5.e *division du* 1.er *fév.* 1817. V. *adresse*, *page* 67.

10. On ne doit faire usage dans la correspondance que des dénominations consacrées par le nouveau système métrique. *Circ.* 701, 814 *et* 1354.

11. Les Employés de tout grade ne doivent écrire au Directeur général sur aucun objet sans qu'il l'ait demandé. Leur correspondance doit être suivie avec la plus grande exactitude, sous peine de perdre la confiance de l'Administration. *Instr.* 30. *Pour l'affranchissement des lettres*. V. *port de lettres*.

CORRUPTION. Le Fonctionnaire public de l'ordre administratif ou judiciaire, l'Agent ou Préposé d'une Administration publique qui aura agréé des offres ou promesses ou reçu des dons ou présens pour faire un acte de sa fonction ou de son emploi même juste, mais non sujet à salaire en courrera la peine du carcan et l'amende du double de la valeur des promesses agréées ou choses reçues sans que l'amende puisse être inférieure à 200 fr. Ces dispositions sont applicables à l'Agent ou Fonctionnaire, qui, par offres ou promesses agréées, dons ou présens reçus se sera abstenu de faire un acte qui entrait dans l'ordre de ses devoirs. *Art.* 177. *du C. P.*

COTE et PARAPHE *des registres*. Opération qui tient à numéroter et parapher chaque rôle d'un registre et à dresser sur le premier un procès-verbal qui constate le nombre des feuillets du registre, sa destination et le nom de la personne qui doit s'en servir.

1. Le paraphe qui doit précéder l'usage d'un registre sera enregistré, moyennant un simple droit d'un fr. *Art.* 72 *de la loi du* 28 *avril* 1816.

2. Cette formalité n'est ordonnée que pour les livres et registres de commerce susceptibles d'être paraphés suivant le vœu du Code de commerce. (*le Livre-journal et le livre des inventaires. Art.* 10 *du C. de commerce*). Ainsi les procès-verbaux de ce genre mis en tête des registres de l'Etat civil et de ceux des Conservateurs des hypothèques, et les répertoires des Fonctionnaires publics en sont exempts. *Déc. min. fin. du* 3 *sept.* 1817. *Instr.* 758.

3. Le procès-verbal de cote et paraphe, mis en tête des registres de l'Etat civil, doit être sur papier timbré de la même dimension que celui du registre. *Déc. min. fin.* . . . (*Art.* 3929, *j.*).

4. Les registres des recettes des bureaux de l'Enregistrement et des domaines doivent être cotés et paraphés par le Directeur. *Ordres génér. art.* 65. Et ceux des versemens et dépenses et des déclarations préalables aux ventes de meubles par le Juge de paix du canton du bureau. *Circ.* 1418.

5. On doit veiller à ce qu'aucun Juge ni Officier public ne cote et paraphe aucun registre assujéti au timbre et qui serait sur papier libre. *Circ.* 1419.

COUPES *de bois.* Dans les procès-verbaux de vente de coupes de bois et autres objets mobiliers, faits dans l'intérêt de l'Etat, des communes ou établissemens publics, doivent être compris tous les articles exposés en vente, tant ceux adjugés que ceux retirés par les Propriétaires ou en leur nom. *Instr.* 882. V. *adjudication*, page 64; *et* AUX DOMAINES, page 1.re.

COUPONS *d'actions.* V. *action*, page 63.

COUR *de cassation.* V. *cassation*, page 97.

COUR *des comptes.* V. *compétence*, *comptabilité et comptables.*

COUR *d'appel.* V. *appel*, page 79; *instance*, *jugement.*

COURTIERS entremetteurs, en matière de commerce, pour faciliter la vente des marchandises.

Les courtiers de commerce sont soumis aux règles de la loi du 22 pluv. 7. sur les ventes mobilières. *Instr.* 602. V. *débiteur*; *délai*, *n.°* 35; *et répertoire et ventes de meubles.*

CRÉANCES. V. *affirmation*, page 89, *n.°* 5; *cession* page 105; *colonies*, page 108; *délégation* et *liquidation.*

CRÉDIT. Les droits des actes et ceux des mutations par décès doivent être payés avant l'enregistrement au taux de la loi. *Art.* 28 *de la loi de frim.* 7.

Il est défendu de faire crédit pour les droits d'enregistrement. *Lettre de M. le Directeur général aux Administrateurs, du* 19 *août* 1819. — Ainsi que pour le timbre destiné à la confection de la table décennale de l'état civil. *Instr.* 770.

Quant aux lettres de crédit, V. *lettre de crédit.*

CURATEUR. Celui qui est chargé de prendre les intérêts d'une personne qui n'a pas la libre disposition de ses biens.

Lorsqu'on ne peut découvrir les parens, les amis ni les voisins d'un individu condamné à une peine afflictive, le Procureur du Roi peut lui faire nommer un curateur dans la forme qui a lieu pour les successions vacantes. *Déc. min. just. du* 4 *mai* 1815. V. *frais de justice*, *succession* et *tuteur.*

DATE. Celle d'un acte notarié compte du jour où il a été reçu et non pas de la date de son enregistrement. *Arr. de cass. du* 1.er *brum.* 13. V. *faux.* — Quant aux actes S. S. P., voyez *actes*, page 56, n.° 75.

1. Si la date est surchargée, V. *Notaire*, n.° 16 *et suivans.*

2. Le défaut de date dans l'acte qui opère la mutation n'est pas un obstacle à la demande des droits d'enregistrement, lorsqu'il résulte d'ailleurs, des circonstances, que les parties n'étaient plus dans le délai utile pour faire enregistrer l'acte. *Arr. de cass. du* 9 *fév.* 1814. (*Art.* 4928, *j.*)

3. Lorsqu'un acte a plusieurs dates, V. *délai et vacation.*

4. Pour la fausse énonciation de date du décès dans les déclarations de mutation, V. *succession*, n.° 231.

5. Au surplus, V. *actes*, n.os 44, 63, 80, 102, etc; *délai*, *effet rétroactif* et *prescription.*

DATION *en paiement.* Abandon d'un objet mobilier, ou d'un immeuble en paiement d'une dette.

1. Cet acte est une véritable cession ou vente qui soumet l'acquéreur au droit proportionnel, alors même que c'est le Gouvernement qui, au lieu d'argent, donne des immeubles pour se libérer de gré à gré. *Arr. de cass. du* 13 *mai* 1817. (*M. Sirey, année* 1817.)

2. L'acte par lequel on remplace par des immeubles le capital d'une rente constituée au profit d'un hospice, n'est qu'un mode de libération passible du droit de 5 1/2 p. 100. *Déc. min. fin. du* 10 *mars* 1807. V. *abandon*, page 47; *délivrance de legs*, *donation* et *promesse de vendre.*

DÉBET *des Employés.* Déficit qui se trouve dans la caisse du comptable.

1. Il n'appartient pas à l'Autorité judiciaire de connaître des débets des comptables de deniers publics; c'est une matière purement administrative. *Arr. de cass. du* 21 *avril* 1819.

2. La remise des intérêts des débets ne peut être accordée, quelle qu'en soit la modicité. *Déc. min. fin. du* 5 *juin* 1811. (*Art.* 4212, *j.*)

3. Les contestations relatives aux débets sont de la compétence du Ministre des finances, sauf recours au Conseil d'état. *Instr.* 407. *Déc. min. fin.*, *du* 6 *juin* 1809. (*Art.* 5194, *j.*)

4. Le Vérificateur ou l'Inspecteur qui reconnaît un débet, décerne une contrainte et peut même fermer provisoirement les mains au Receveur, si l'intérêt du trésor l'exige. *Art.* 108 *des Ordres génér. Circ.* 1806 *et* 2014. — Les mêmes règles existaient de la part du Directeur à l'égard de l'Inspecteur. *Art.* 290 et 295, *des ordres gén.*

5. Le Directeur doit informer l'Administration du commencement et des suites des débets. *Circ.* 630 *et* 1806.

6. Lorsque le comptable envers l'Etat est en retard de présenter ses comptes ou de solder un débet constaté, la première mesure que prend l'Agent du trésor est de faire apposer le séquestre sur ses biens. C'est à l'Agent du trésor et non à l'Administration à suivre toutes les opérations relatives à ce séquestre. *Instr.* 356.

7. Lorsque, pour sûreté des deniers de la caisse d'un Receveur, on fait apposer les scellés sur les meubles, les frais d'apposition peuvent être payés au greffier d'après un exécutoire qui ordonnerait que l'administration en ferait l'avance, sauf son recours. *Sol. du 3, therm.* 5.

8. Lorsque les arrêtés ont été signifiés, on peut saisir immobilièrement le comptable en débet. *Déc. min. just. et fin. des* 21 *janv. et* 2 *fév.* 1813.

9. La contrainte par corps peut être exercée contre les Préposés comptables en débet, sans jugement ni arrêté préalable; l'Administration peut la faire décerner sans qu'il soit nécessaire de remplir aucune des formalités ordinaires sur cet objet *Déc. min. fin. du* 28 *brum.* 7.

10. Les contestations qui s'élèvent par suite des contraintes décernées, sont de la compétence des Tribunaux. *Déc. min. just. du* 22 *avril* 1806.

11. En cas d'aliénation par tout comptable, de biens affectés aux droits du trésor royal, par préférence ou privilége, ou par hypothèque, on doit suivre le recouvrement des sommes dont il serait constitué redevable. *Instr.* 350.

12. Les débets antérieurs à la loi du 17 flor. 7, seront payés en livres tournois. *Circ.* 1693. Ceux contractés pendant l'usage du papier monnaie, doivent être réduits en numéraire, au jour où la soustration a lieu, d'après le cours de la Trésorerie, annexé à la Circulaire n.° 1054, pour les *débets* antérieurs au 1.er fructidor 4, et pour ceux postérieurs à cette époque, d'après le cours proclamé tous les cinq jours par le Gouvernement. *Instr.* 485.

13. Le montant des remises allouées lors de la recette, aux Receveurs constitués en déficit et reconnus insolvables, sur les sommes dont leur débet se compose, doit être ajouté à ce débet pour en poursuivre le recouvrement contre eux, comme relativement aux sommes qu'ils ont soustraites au trésor. *Déc. min. fin. du* 28 *janv.* 1816.

14. *Recette.* Le montant d'omissions de recette constatées par procès-verbal, ne doit être reçu qu'avec les intérêts exigibles à compter du jour où les sommes auraient dû être versées, d'après l'instr. 407. *Lettre de M. l'Administrateur de la comptabilité, du* 29 *avril* 1819.

15. Lors du paiement de tout ou de partie d'un débet, le Receveur en exercice se charge en recette, au registre des actes publics, de la somme qui lui est comptée et dont il tire le montant à la marge gauche, et il en délivre une quittance sur papier timbré. Ce produit n'est pas ajouté aux recettes du mois, puisqu'il en a déjà été fait compte précédemment; il est versé, et on en obtient un récépissé particulier qui fait partie de la dépense, dès qu'elle ne se trouve comprise dans celle d'aucun trimestre antérieur. — Si le débet est payé en totalité, la dépense du mois balance le total, tant du même mois que du débet, qui disparait entièrement par cette opération; si, au contraire, on n'a reçu qu'un à-compte, le débet se trouve proportionnellement réduit. *Circ.* 1806.

16. Le Ministre des finances a autorisé le remboursement, aux mains du fondé de pouvoir de l'Administration, des cautionnemens des employés en débet ou reliquataires. Le mandataire reçoit de la caisse du trésor le montant de ces cautionnemens, en principal et intérêts; il prend en son nom, une rescription de pareille somme sur le Receveur général du département où l'employé reliquataire exerçait ses fonctions; elle est passée à l'ordre du Directeur du même département, et lui est adressée pour être échangée contre le récépissé du Receveur général, que l'on joint au soutien du compte dans lequel il a été fait reprise du débet. S'il s'agit de soustraction de recette ou omission d'enregistrement, le montant du récépissé est porté en recette. Dans l'un ou l'autre cas, on doit faire les mentions nécessaires sur les registres, sommiers et bordereaux de compte. *Lettre de l'Administration du* 17 *messidor* 10.

17. Si l'ex-Receveur était en débet dans plusieurs bureaux, le Directeur doit conserver le certificat de crédit, et fournir à chaque Receveur un bon motivé de la somme dont il aura fait recette et dépense; le montant lui en sera alloué dans ses comptes; les bons rétablis entre les mains du Directeur seront par lui annulés et remplacés dans son compte par le certificat de crédit. *Lettre de M. le Directeur général du* 3 *déc.* 1817.

18. En certains cas, cette recette n'est point passible de remise. V. *remises*.

19. Pour l'hypothèse où les intérêts sont exigibles, V. *intérêt*. — Et quant à la manière de constater le débet, V. *procès-verbal de vérification de Régie*.

DÉBITEUR. Celui qui doit, ou peut être contraint de payer.

1. Les droits des actes à enregistrer doivent être acquittés, savoir, 1.° par les *Notaires*, pour les actes passés devant eux, *art.* 29 *de la loi de frim.* 7; — 2.° par les *Courtiers*, pour les droits résultans de leurs actes de vente de marchandise et de navire, parce qu'ils remplissent les devoirs des Notaires, *Instr.* 173; — 3.° par les *Huissiers* et autres ayant pouvoir de faire des exploits et procès-verbaux, pour ceux de leur ministère; — 4.° par les *Greffiers*, pour les actes et jugemens (excepté dans le cas indiqué au mot *Greffier*); — 5.° par les *Maires* et *Secrétaires* généraux de préfecture, pour les actes de leur administration qui sont assujétis à l'enregistrement (sauf l'exception dont il est parlé au n.° 31 de la page 54); — 6.° par les *parties*, pour les actes sous signature privée), et ceux passés en pays étrangers qu'elles auront à faire enregistrer (V. ci-après n.os 6 et 7), pour les ordonnances sur requêtes et mémoires, et les certificats qui leur sont immédiatement délivrés par les Juges, ainsi que pour les actes et décisions qu'elles obtiennent des arbitres, si ceux-ci ne les ont pas fait enregistrer; 7.° et par les *héritiers*, légataires et donataires, leurs tuteurs et curateurs, et les exécuteurs testamentaires, pour les testamens et autres actes de libéralité à cause de mort. *Art.* 29 *de la loi du* 22 *frim.* 7. V. *succession*, n. 224 et suiv. — Les droits d'enregistrement des legs particuliers seront dûs par le légataire, s'il n'en a été autrement ordonné par le testament. *Art.* 1016 *du C. C.*

2. Les Officiers publics qui auraient fait pour les parties l'avance des droits, pourront prendre un exécutoire du Juge de paix de leur canton, pour leur remboursement. L'opposition qui serait formée contre cette exécution, ainsi que toutes les contestations qui s'élè-

veraient à cet égard, seront jugées conformément aux règles suivies pour les instances poursuivies au nom de l'Etat. *Art.* 30 *de la loi du* 22 *frim.* 7. V. *notaire.*

3. Les droits des actes civils et judiciaires contenant obligation, libération ou transmission de propriété ou d'usufruit de meubles ou immeubles, sont *supportés* par les débiteurs et nouveaux possesseurs ; ceux de tous les autres actes, par les parties *auxquelles les actes profitent*, lorsque, dans ces divers cas, le contraire n'a pas été convenu par les actes. *Art.* 31 *de la loi du* 22 *frim.* 7. *Art.* 1593 *du C. C.* — *Arr. de cass. du* 26 *oct.* 1813.

4. Tous les signataires pour les actes synallagmatiques, les prêteurs et emprunteurs pour les obligations, les créanciers et les débiteurs pour les quittances, et les Officiers ministériels qui ont reçu ou rédigé des actes énonçant des titres non timbrés, sont solidaires pour le paiement des droits de timbre et des amendes. *Art.* 75 *de la loi d'avril* 1816. V. *affiches*, p. 67, n.° 1 et suiv., *effets négociables*, etc.

5. Le créancier qui est obligé de requérir l'enregistrement et le timbre de son titre, avant de pouvoir poursuivre le paiement de sa créance, doit avancer les droits, sauf son remboursement. *Déc. min. fin. du* 13 *frim.* 7. — Toutes les fois que, par une adjudication ou autre acte, les frais sont mis à la charge de l'adjudicataire ou de l'un des contractans, on ne peut pas voir d'autre débiteur. *Décr. du* 16 *janv.* 1808.

6. *Actes déposés au bureau.* On peut poursuivre, contre le preneur, les droits d'un bail sous seing-privé, déposé au bureau par le bailleur qui se refuse au paiement. *Arr. de cass. du* 6 *avril* 1815. (*Art.* 5198, *j.*)

7. Lorsqu'une vente sous seing-privé est déposée au bureau par le vendeur, on peut poursuivre contre l'acquéreur la rentrée des droits de mutation, comme le plus sûr moyen de hâter le recouvrement, quoique celui-ci désavoue cet acte, sauf au Tribunal à ordonner la vérification de l'acte désavoué. *Arr. de cass. du* 30 *juin* 1806, 26 *oct.* 1813, 7 *févr.*, 10 *avril* 1816 *et* 12 *mars* 1817. (*Art.* 4711, 5463 *et* 5727, *j.*)

8. Les frais de cette vérification sont à la charge de celui qui dénie sa signature. *Art.* 193 *du C. de Procédure civile.*

9. Quoique ce soit le vendeur qui présente une contre-lettre au bureau, le paiement du triple droit n'est pas moins à la charge de l'acquéreur, qui seul peut être actionné pour ce droit. *Arr. d'admission en la cour de cass. du* 7 *févr.* 1816. (*Art.* 5675, *j.*)

10. *Actes en double minute.* V. *Notaire*, n.° 32.

11. *Adjudication.* Le droit d'enregistrement d'un acte d'adjudication ne doit pas être exigé de la caution du prix de l'adjudication ; la demande n'est fondée que contre l'acquéreur. *Déc. min. fin. du* 15 *déc.* 1818.

12. *Command* (déclaration de), V. ce mot page 108, n.° 4.

13. *Dation en paiement.* Les droits proportionnels de mutation perçus sur la cession d'une propriété immobilière faite par l'Etat à une veuve pour la remplir de sa dot et de ses reprises patrimoniales sur les biens de son mari, acquis au domaine par l'effet de la confiscation prononcée contre lui, sont dus par la cessionnaire, quoique les immeubles cédés soient bien inférieurs au montant de la créance. *Arr. de cass. du* 13 *mai* 1817. (*Art.* 5848, *j.*)

14. *Echanges.* Le droit d'enregistrement d'un échange peut être demandé à l'un des échangistes, sauf son recours pour la portion qui est due par l'autre. *Déc. min. fin. du* 8 *fruct.* 8.

15. *Jugemens.* C'est à la partie qui a obtenu un jugement favorable, à avancer les droits d'enregistrement de ce même jugement et non à la partie condamnée. *Arr. de cass. du* 10 *mars* 1812. (*Art.* 4253, *j.*)

16. En général, dès qu'un jugement est sujet à l'enregistrem.[1], c'est à celui qui est intéressé à le faire revêtir de la formalité à en acquitter les droits, et même la peine du double droit lui est personnelle ; c'est contre cette partie qu'il convient de décerner contrainte. *Arr. de cass. du* 24 *août* 1808. *Instr.* 386, *nomb.* 2.

17. On doit en agir de la même manière pour un jugement, même par défaut, rendu sur des demandes non établies par titres enregistrés et susceptibles de l'être. *Trib. de Paris*, 30 *août* 1806. *Même instr.*

18. Lorsqu'un jugement condamne à payer une obligation dite pour prêt, dans les poursuites préalables, et qu'ensuite il est reconnu que cette obligation est causée pour prix d'une vente d'immeubles sous seing privé, les droits et doubles droits de ces actes ne peuvent être répétés que contre l'acquéreur. *Sol. du* 27 *févr.* 1812. (*Art.* 5843 *j.*)

19. Le droit de la vente verbale d'immeubles, reconnue par le jugement, doit être exigé des parties qui ont obtenu ce jugement, sauf leur recours contre l'acquéreur. *Arr. de cass. du* 6 *sept.* 1813.

20. Lorsqu'après la dissolution d'une société commerciale, un des membres en ayant été nommé le liquidateur, a fait fixer par des arbitres, nommés en vertu d'un compromis, à 27,000 fr. la somme revenant à la société, les droits d'enregistrement dus sur cette somme sont exigibles contre un membre de l'ancienne société, bien qu'il n'ait pas signé le compromis, si d'ailleurs il n'a pas contesté la sentence arbitrale. *Arr. de cass. du* 16 *févr.* 1814. (*Art.* 4783, *j.*)

21. Le jugement arbitral, dans le cas de l'art. 1020 du C. de P. C., sera rendu exécutoire par une ordonnance du Président du Tribunal de première instance dans le ressort duquel il a été rendu : à cet effet, la minute du jugement sera déposée, dans les trois jours, par l'un des arbitres, au greffe du Tribunal ; s'il avait été compromis sur l'appel d'un jugement, la décision arbitrale sera déposée au greffe de la Cour d'appel, et l'ordonnance rendue par le Président. *Les poursuites pour frais du dépôt et les droits d'enregistrement, ne pourront être faites que contre les parties.*

22. *Majorat.* Les frais de publication et d'enregistrement des lettres patentes, qui confèrent un majorat, sont à la charge de l'impétrant. *Décret du* 1.er *mars* 1808. *Art.* 24.

23. *Partage.* Les copartageans sont solidaires pour le paiement des droits d'enregistrement de l'acte qui règle leurs droits. *Arr. de cass. du* 9 *fruct.* 12.

24. *Vente réalisée devant Notaire.* Lorsqu'on sait qu'une vente d'immeubles réalisée devant un Notaire qui l'a présentée dans le délai à l'enregistrement, s'est opérée plus de trois mois avant la date de l'acte, c'est de l'acquéreur et non du Notaire qu'il faut exiger le double droit. *Sol. du* 6 *oct.* 1815. (*Art.* 5252, *j.*) *Au surplus* V. *caution*, page 99.

DÉBOUTÉ *d'opposition*. V. *jugement*.

DÉCÈS. Pour la tenue des registres de décès. V. *les art.* 34 *et suiv.*, *et* 79 *du C. C.*

Pour la communication à faire de ces registres, V. *communication*.

A l'égard du timbre de ces actes, V. *actes de l'état civil*.

Quant aux notices à fournir par les Maires, V. *notices de décès*.

Lorsqu'au décès d'un Receveur, les scellés apposés à la requête des Employés, profitent en même-tems à la veuve, c'est à elle à en acquitter les droits. *Sol. du* 26 *mai* 1807.

DÉCHARGE, reconnaissance de remise de pièces ou de sommes déposées.

1. Celle pure et simple, et les récépissés de pièces, même les décharges de dépôts et consignations de sommes et effets mobiliers, données aux Officiers publics par les déposans ou leurs héritiers, lorsque la remise des effets déposés leur est faite, doivent le droit fixe de 2 fr. *Art.* 43 *de la loi du* 28 *avril* 1816.

2. Si cet acte a lieu au greffe du Tribunal civil, il doit être perçu 3 fr., *art.* 44; et s'il est fait aux greffes des Tribunaux criminels ou correctionnels, il n'est dû que 1 fr. *Art.* 68 *de la loi de frim.* 7.

3. La décharge donnée par d'autres que le déposant ou ses héritiers, est soumise au droit de 1 p. 100, si elle opère obligation de la part de celui qui retire, ou de 50 c. p. 100, s'il en résulte la libération de celui qui a fait le dépôt, excepté le cas où le dépôt aurait opéré la libération du déposant, et acquitté le droit proportionnel. *Art.* 69 *de la loi de frim.* 7. V. ci-après, n.° 16.

4. Lorsque, par suite d'un testament contenant institution fiduciaire, la remise de la succession est faite à l'héritier élu par l'institué, conformément au vœu du testateur, à la charge pour lui de désintéresser ces co-successeurs de la manière également voulue par le testament, l'acte qui réalise ces dispositions n'est passible que du droit de décharge. *Déc. min. just. du* 19 *avril* 1819, *art.* 6591.

5. La décharge donnée par un porteur de lettres de change à l'endosseur, de la garantie de son cautionnement, opère seulement le droit fixe de 2 fr. *Sol. du* 23 *mai* 1818. (*Art.* 6085, *j.*)

6. L'acte notarié qui constate la remise de la grosse de l'obligation faite volontairement par le créancier à son débiteur, est passible de 50 cent. p. 100, comme quittance. *Déc. min. fin. du* 1.er *janv.* 1811.

7. Les quittances ou décharges de prix des ventes mobilières faites par les Notaires, Greffiers, Commissaires-Priseurs et Huissiers, peuvent être mises à la suite ou en marge des procès-verbaux de ventes. Dans ce cas, les quittances et décharges doivent être rédigées en forme authentique, sans qu'on puisse cependant faire aucune recherche pour les quittances et décharges sous seing-privé données antérieurement au 21 octobre 1809. Les quittances ou décharges de l'espèce doivent être enregistrées dans les délais fixés par l'art. 20 de la loi de frim. 7, au droit fixe de 2 f. *Art.* 3 *de la loi d'avril* 1816. *Instr.* 460.

8. La décharge ou quittance donnée personnellement à un Notaire, à la suite d'un acte par lui reçu, doit rester en la garde du Notaire dont elle opère la libération, quoique signée par un autre Notaire; elle sera enregistrée au bureau du Notaire qui l'aura reçue et portée sur son répertoire, avec mention de la garde par l'autre Notaire, dispensé de l'inscrire sur le sien. *Instr.* 909.

9. Quand on trouve, dans une étude, des décharges données sur des feuilles particulières et non timbrées, il convient de répéter les amendes contre l'officier public, sauf à lui à réclamer auprès du Ministre des finances la remise ou modération, s'il s'y croit fondé. Les Employés supérieurs doivent s'occuper de constater ces omissions. *Sol. du* 2 *janv.* 1818.

10. DÉCHARGE *au survivant.* Le survivant qui, profitant de la faculté donnée par l'art. 453 du C. C., remet à ses enfans le montant du mobilier de la succession, est réputé leur payer le prix de la vente qu'il en a faite ou pu faire; d'où il suit qu'il n'est dû pour ce paiement que le droit de libération. *Instr.* 548.

11. DÉCHARGE *à un Procureur fondé.* Il ne doit être perçu que le droit simple de décharge pour la quittance donnée par un commettant à son Procureur fondé, de sommes que celui-ci a payées à des tiers par actes enregistrés. *Sol. du* 29 *sept.* 1808 *et* 18 *nov.* 1818. (*Art.* 6241, *j.*) — S'il comptait des intérêts pour retard de paiement, V. *compte*, page 119, n.° 10.

12. DÉCHARGE *aux Greffiers.* Celles de pièces que les Avoués donnent aux termes de l'art. 115 du C. de P. C., par un émargement sur le registre des productions faites en conformité de l'art. 108, ne sont passibles d'aucun droit d'enregistrement. *Instr.* 436.

13. Les décharges de registres de faillis données aux Greffiers, sont assujéties au droit de 3 fr. et enregistrables dans les 20 jours. *Déc. min. fin. du* 21 *frim.* 12. (*Art.* 1631, *j.*)

14. Il en est de même de celles de pièces remises au greffe, en cas de vérification d'écritures; le droit de 3 fr. est dû indépendamment de celui de procès-verbal. *Instr.* 436, *nomb.* 20.

15. Les décharges de pièces de conviction données par les particuliers en matière criminelle, ne sont sujètes au timbre et à l'enregistrement, que lorsqu'il y a eu *partie civile en cause. Instr.* 952.

16. DÉCHARGE *par un tiers.* Lorsqu'une somme déposée chez un Officier public est retirée par d'autres que par le déposant ou ses héritiers, il est dû le droit fixe de 2 fr., outre celui de 1 p. 100 ou de 50 cent. p. 100, selon que cette décharge peut opérer une obligation de la part de celui à qui le dépôt est remis en faveur de celui à qui il appartient, ou la libération de celui qui a fait ce dépôt, excepté le cas où le dépôt aurait lui-même opéré la libération du déposant, et

aurait été soumis au droit proportionnel. *Déc. min. fin. du 28 avril* 1812. (*Art.* 4305, *j.*)

DÉCHÉANCE. Perte d'un droit acquis. V. *appel*, *délai*, *jugement* et *prescription*.

La déchéance des acquéreurs de domaines nationaux ne les dispense pas de payer le droit d'enregistrement dû pour leur adjudication. *Arr. de cass. du* 4 *vent.* 11. V. AUX DOMAINES, *page* 19.

DÉCIMAL (*calcul*). V. *actes*, page 53, n.° 18; *calcul*, page 96; et *correspondance*, p. 127, n.° 10.

DÉCIME *par franc*. Contribution extraordinaire établie par la loi du 6 prair. 7, et maintenue par le budget de chaque année, sur les amendes, les droits d'enregistrement, de greffes, d'hypothèque et de timbre des journaux, papier musique, catalogues, prospectus et livres de commerce.

1. Il est perçu en même-tems que le principal, et par les Préposés, sans donner lieu à aucune remise pour ceux-ci. *Art.* 2 *de la loi du* 6 *prair.* 7. Il entre tout entier dans les caisses du trésor. *Instr.* 121.

2. Il est dû, même pour les actes d'une date antérieure à cette loi. *Déc. min. fin. du* 6 *mess.* 7.

3. Le décime pour les adjudicat.[s] de domaines nationaux, est passible du droit de 2 p. 100. *Instr.* 61 *et* 157.

4. Il s'étend sur la totalité de l'amende encourue, attribuée en tout ou partie. *Arr. de cass. du* 19 *mars* 1806. *Déc. min. fin. des* 16 *fruct.* 7 *et* 16 *vend* 8.

5. Les confiscations et dommages-intérêts ne sont pas sujets au décime. *Circ.* 1719 *et* 1643.

6. Les forcemens et erreurs de calcul relatifs à des perceptions antérieures à son établissement, ne le comportent pas. *Circ.* 1591. V. *erreur de calcul*.

7. Le décime, qui est un accessoire du droit, participe au même privilége que le principal et se poursuit par les mêmes voies. *Instr.* 31.

8. C'est non l'époque de l'ouverture du droit, mais la date du paiement de ce droit qui détermine l'acquit de cet accessoire. *Circ.* 1591 *et Déc. min. fin. du* 6 *mess.* 7. (*Art.* 224, *j.*)

9. Les Recev. comptent de cet accessoire comme des autres produits. *Circ. du* 9 *fév.* 1807. Mais ils n'ont aucune remise sur cette espèce de recette. *Circ.* 1574.

10. Les amendes prononcées contre les détenteurs de capitaux appartenant au commerce anglais, ne sont pas passibles du décime et de l'attribution aux communes et aux hospices. *Déc. min. fin. du* 1.er *fév.* 1812. (*Art.* 4285, *j.*)

DÉCISION des *arbitres*. V. *arbitrage*, *arbitre et jugement*.

DÉCISION du *conseil des prises*. V. *conseil*.

— DES CONSEILS DE PRUD'HOMMES. V. *bureau des Prud'hommes*.

— DES CONSEILS DE PRÉFECTURES. V. *actes administratifs et arrêtés*.

DÉCISION *du ministre des finances*. S. Exc. en accordant une solution ou décision dans une affaire d'enregistrement, ne fait que donner un avis comme conseil suprême du domaine; cet avis n'est obligatoire que pour l'Administration. Ce n'est pas là une véritable décision administrative. Les parties que ces décisions contrarient, ne doivent pas les déférer au Conseil d'Etat; elles n'ont à se pourvoir que devant les Tribunaux par la voie d'opposition aux contraintes. *Décr. des* 7 *et* 29 *mai* 1808, 17 *janv.* 1814. *Ordonn. du Roi, des* 17 *juillet et* 21 *août* 1816. (*Art.* 4738, *j.*)

Le Ministre des finances ne connaît que des contestations relatives à l'exécution de l'avis du Conseil d'Etat, ou à l'application des lois et règles de la comptabilité; ainsi les discussions qui pourraient s'élever sur la validité des actes de poursuites ou sur d'autres objets de procédure, restent dans les attributions des Tribunaux. *Instr.* 407.

Les décisions ministérielles ne sont pas obligatoires pour les Tribunaux. *Arr. de cass. du* 11 *janv.* 1816.

DÉCISION *du Préfet de police à Paris* ou *des Commissaires généraux de police* et *des Maires*, dans les affaires de police entre les ouvriers et fabricans. V. *jugement*, n.° 54.

DÉCLARATION *pure et simple*. C'est, en matière civile et de commerce, l'énonciation d'un fait dont il ne résulte ni libération ni obligation, ni transmission. Droit fixe de 2 fr. *Art.* 43 *de la loi du* 28 *avril* 1816.

1. La déclaration par laquelle une personne qui tient un hôtel garni, en vertu d'une patente, reconnaît que l'établissement et la totalité des meubles qui y sont placés, appartiennent au propriétaire de la maison, donne ouverture au droit proportionnel, comme cession ou vente. *Déc. min. fin. du* 30 *mai* 1820.

2. Si dans un contrat de vente consenti par un mari et une femme, d'un bien appartenant à celle-ci, moyennant un prix payé comptant, avec promesse de faire jouir solidairement, etc. il a été consenti hypothèque des biens meubles et immeubles présens et à venir; et que par acte postérieur, la femme devenue veuve déclare consentir que l'acquéreur prenne hypothèque sur deux pièces de terre, provenant de ses propres, pour garantie supplémentaire de la vente, il est dû sur ce dernier acte de complément 1 fr., comme moindre salaire, pour les actes qui ne donnent pas ouverture au droit proportionnel. *Sol. du* 16 *nov.* 1815. (*Art.* 5282, *j.*)

3. La déclaration de rétablissement de communauté, dissoute par la séparation, opère le droit fixe de 2 fr. *Sol. du* 22 *pluv.* 11.

4. Les déclarations des propriétaires qui, pour ne pas payer de contributions, renoncent à leurs propriétés, sont sujètes à l'enregistrement dans les 20 jours, moyennant 1 fr. fixe, à la charge de la commune. *Déc. min. fin. du* 18 *août* 1812. (*Art.* 4425, *j.*) V. le n.° 19.

5. Quant à la déclaration de consentement à ce que le Juge de paix prononce au delà de sa compétence. V. *compromis* et *jugement*.

6. Pour celle de nomination d'experts, V. *jugement* et *tutelle*.

7. La déclaration donnée par le Juge en matière de récusation dans les cas prévus par les art. 46 et 385 du C. de P. C., est exempte d'enregistrement. *Instr.* 436.

8. La déclaration des titulaires de cautionnement en faveur de leurs bailleurs de fonds, pour faire obtenir à ceux-ci le privilége du second ordre, doit le droit fixe de 1 fr. Si ces déclarations peuvent être considérées comme complément d'un acte d'emprunt déjà enregistré au droit pro-

portionnel ; si le paiement de ce droit n'en est pas justifié, il doit être acquitté sur la déclaration même. *Instr.* 743. *Tribunal de Paris, du 12 mai* 1820. (*Art.* 6222, *j.*)

9. La déclaration par les pères de famille, pour l'admission de leurs enfans aux collèges, en exécution de la loi du 29 vent. 13, opère le droit de 2 fr. fixe. *Instr.* 328.

10. Il en est de même de celle par laquelle on affirme n'avoir point reçu une somme promise par contrat de mariage, avec stipulation qu'elle serait payée la veille du mariage, dont la célébration vaudra quittance. *Sol. de l'administration, du......*

DÉCLARATION *d'absence.* V. *absence.*

— D'ACCEPTATION *de succession.* V. *acceptation.*

— D'APPEL ou *de recours en cassation.* V. *appel.*

— DE COMMAND, V. *command* et *procuration.*

— ESTIMATIVE *par les parties.* V. *estimation.*

— D'INSCRIPTION DE FAUX. V. *inscription de faux.*

17. DÉCLARATION *d'établissement* ou *de changement de domicile* passible du timbre et exempt de l'enregistrement. *Instr.* 579.

18. Les Maires ne sont pas tenus de tenir registre *ad hoc* de ces déclarations, et s'ils le faisaient, ce registre ne serait pas sujet au timbre. *Déc. min. de la just. et des fin. des* 14 *et* 24 *juin* 1815. (*Art.* 5211, *j.*)

19. DÉCLARATIONS *par les détenteurs de biens communaux.* Celles faites par les détenteurs sans titres, conformément à l'article 3 de la loi du 9 vent. 12, sont pures et simples, et sont sujètes au timbre et à l'enregistrement, dans les vingt jours, moyennant 2 fr. fixes. Le droit est à la charge des déclarans, qui sont dans le cas de la maintenue provisoire ; à l'égard des déclarations d'après lesquelles les détenteurs devraient être dépossédés, il est juste que le droit soit supporté par la commune, qui seule doit en profiter. *Instr.* 328. V. *biens communaux, page* 90.

20. DÉCLARATIONS *de dettes dans les inventaires ou donations.* Elles ne sont pas soumises au droit proportionnel ; mais il est applicable comme obligation, quand les héritiers se déclarent débiteurs envers la succession, ou envers un ou plusieurs des cohéritiers. *Inst.* 290, *nomb.* 18.

21. Les reconnaissances ou déclarations de dettes contenues dans les partages, sont sujètes au droit proportionnel de 1 p. 100, comme faisant titre aux créanciers, sauf la restitution, dans le cas où l'on justifierait d'un titre enregistré. *Instr.* 548. — Le contraire paraît avoir été adopté depuis. V. *liquidation.*

22. DÉCLARATIONS *d'imprimeurs* (*les*), ainsi que les récépissés qui leur sont délivrés, en exécution des art. 11 et 12 du décret du 5 fév. 1810, sur l'imprimerie et la librairie, sont exemptés du timbre. *Instr.* 559.

23. DÉCLARATION *de grossesse.* Celle faite aux greffes de la justice de paix, ou devant Notaires, n'est enregistrable que sur l'expédition qui en serait délivrée. *Instr.* 390. *Déc. min. fin. du* 20 *fév.* 1818. (*Art.* 5981, *j.*)

24. DÉCLARATION *pour liquider les droits de certains actes.* V. *estimation.*

25. DÉCLARATION *de naufrage.* Elle se fait par les Capitaines de navires, devant les Commissaires de la marine, qui dressent des inventaires et recolemens d'inventaires des cargaisons naufragées. — Ces actes doivent être rédigés sur pap. timbré. *Déc. min. fin. du* 2 *prair.* 7. *Arrêté du gouvern. du* 17 *flor.* 9. V. *rapport.*

26. DÉCLARATIONS *préalables aux ventes de meubles.* V. *ventes mobilières.*

27. DÉCLARATIONS (les) *par les propriétaires d'arbres futaies épars*, ou en plein bois, qu'ils sont dans l'intention de les abattre, seront faites en double expédition, sur papier timbré. *Décret du* 15 *avril* 1811. (*Art.* 4102, *j.*)

28. DÉCLARATION *de remploi.* Le remploi, dans le cas prévu par l'art. 1434 du C. C. étant consommé en faveur du mari, par le seul fait de sa déclaration que l'immeuble qu'il acquiert lui en tiendra lieu, il sera perçu sur cette clause *particulière*, comme étant indépendante de la mutation, le droit fixe de 2 fr. *Instr.* 392.

29. Aux termes de l'art. 1435, la simple déclaration du mari, *non acceptée* par la femme, n'opérant pas le remploi, elle ne donne ouverture à aucun droit ; mais elle produirait celui de 2 fr. fixe, si elle était acceptée, cette dernière disposition devant être considérée comme consentement ou décharge de remploi. *Instr.* idem.

30. Il n'est dû aucun droit pour l'affectation d'un immeuble par le mari, à l'effet de garantir le remploi qui appartient à sa femme, parce que cette clause n'ajoute rien aux avantages qui lui sont assurés par l'article 1436 du Code ; elle n'a d'autre effet que de restreindre l'hypothèque légale. *Instr.* id. V. *remploi* et *cess.*, n.° 21.

31. DÉCLARATION (la) *par les rentiers de l'État*, faite devant le Maire de leur commune, pour obtenir un nouvel extrait d'inscription au Grand-Livre de la dette publique, n'est soumise qu'au droit de 1 fr., en vertu du décret du 3 mess. 12. *Instr.* 327.

32. DÉCLARATION *de succession.* V. *succession.*

33. DÉCLARATION *pour suppléer à des actes de mutation.* A défaut d'actes qui constatent la mutation, il doit y être suppléé par une déclaration détaillée et estimative, dans les trois mois de l'entrée en possession, à peine du double droit. *Loi du* 27 *vent.* 9. — Cette déclaration doit indiquer la date de la convention, les biens, le prix de la vente, et les noms des précédens possesseurs. *Circ.* 1992. V. *mutation.*

34. DÉCLARATIONS *par le tiers saisi.* Les déclarations faites au Greffe des Tribunaux civils par le tiers saisi, sont considérées comme déclarations pures et simples en matière civile, et comme telles, passibles du droit fixe de 2 fr. *Déc. min. fin. du* 3 *sept.* 1819.

35. Il n'y a pas lieu d'exiger que les quittances et autres titres mentionnés dans les *déclarations des tiers saisis*, soient préalablement enregistrés, ni de percevoir des droits proportionnels à raison des actes que ces déclarations peuvent indiquer, sans préjudice de ceux qui pourraient résulter de la condamnation ; mais si des actes translatifs de propriété ou de jouissance, n'avaient pas été soumis à la formalité dans les délais, la demande des droits devrait être formée contre les parties. — Les quittances ou autres pièces produites seraient susceptibles d'être enregistrées, si, en cas de contestation sur l'objet, la date ou le montant des

phiemens, le tiers saisi était tenu de les opposer en justice aux prétentions du saisi. *Instr.* 436, *nomb.* 45.

36. D'après l'art. 578 du C. de P. C., si la saisie-arrêt ou opposition est formée sur effets mobiliers, le tiers saisi sera tenu de joindre à sa déclaration un état détaillé desdits effets. La décision du Ministre des fin., rappelée dans l'instr. 351, relative aux états estimatifs de mobilier à joindre aux donations, et qui ne sont soumis qu'au droit fixe de 1 fr., est applicable à l'état qui doit accompagner la déclaration du tiers saisi. *Instr.* 436. *nomb.* 46.

37. DÉCLARATION *de vente simulée*, V. *rétrocession.*

DÉCLINATOIRE. Demande en renvoi d'une cause d'un Tribunal dans un autre, pour incompétence. Les jugemens qui admettent ou rejètent le déclinatoire, sont définitifs : le droit est de 5 fr. fixe pour ceux rendus au tribunal civil. *Art.* 45 *de la loi d'avril* 1816; et de 1 fr. pour ceux des tribunaux de paix, et de police entre les parties. *Art.* 46 *de la loi de frim.* 7.

Lorsque, assigné devant un Tribunal incompétent, on propose le déclinatoire, et que le Tribunal, rejetant cette exception, prononce sur le fonds, on peut se pourvoir en réglement de juges, mais pourvu qu'on n'ait pas défendu au fonds. *Arr. de cass. du* 20 *juillet* 1815.

Celui qui est condamné après avoir plaidé au fonds en proposant le déclinatoire, n'est plus admis à se pourvoir en réglement de juges. *Arr. de cass. du* 17 *mars* 1812.

Quand la partie attaquée par la Régie, se pourvoit devant le Tribunal de son domicile, autre que celui du ressort du bureau d'où est partie la demande, on doit requérir le déclinatoire. *Arr. de cass. des* 30 *mess.* 10 *et* 14 *niv.* 11.

Même règle à suivre, 1.° quand le Tribunal renvoie la partie devant les juges de son domicile. *Arr. de cass. du* 30 *juin* 1806; 2.° et lorsqu'un Tribunal retient une cause relative à la demande d'un droit dû par décès, faite à un bureau qui n'est point de son ressort. *Arr. de cass. du* 5 *mai* 1806. V. encore les *art.* 168 *et suiv. du C. de P. C.*

DÉCOMPTE. V. AUX DOMAINES, page 20.

DÉCOUVERTES. La lecture soignée des actes détermine les découvertes, dont on fait article sur le sommier *ad hoc. Art.* 17 *des ordr. gén. de Régie. Circ.* n.° 45.

Il faut rendre compte, par les précis d'opérations, les journaux de travail et les lettres de tournée, des soins qu'on a donnés à cette partie importante. *Circ.* 1663.

On doit rechercher les domaines de l'État usurpés et les rentes et créances domaniales recélées. *Instr.* 355. V. *communication*, page 113, n.° 16; *mutation*, *succession*; *les ordres généraux*, *etc.*; *et l'Instr.* 398.

DECRET. V. *loi et ordonnance.*

DÉDIT. Indemnité *éventuelle*, qui n'est payée que lorsqu'on manque à un engagement. Si le dédit est stipulé dans un acte séparé de la convention primitive, il est dû pour promesse d'indemniser, un droit de 50 c. p. 100. *Art.* 68 *de la loi de frim.* 7.

DÉFAUT. V. *instance et jugement.*

DÉFENSES. Tous actes produits pour défense sont soumis à l'enregistrement et au timbre, suivant les lois des 13 brum. et 22 frim. 7. V. *actes.*

DÉFENSEUR *officieux*. Celui qui est chargé de défendre pour autrui.

Pour le timbre de ses actes, V. *consultation.*

Quant à la constitution d'un défenseur dans un exploit, V. *exploit.*

DÉFRICHEMENT. Les actes et mutations concernant les terrains défrichés, ne jouissent pas de l'exemption des droits. *Arr. de cass. du* 2 *avril* 1806.

DÉGRÈVEMENT *de contributions*. V. *remises* et *dégrèvement*, AUX DOMAINES.

DÉGUERPISSEMENT. Abandon volontaire ou forcé d'un héritage grévé de rente foncière, par le débiteur ou créancier de cette rente pour en être affranchi.

Le déguerpissement diffère du délaissement par hypothèque, en ce que l'un se fait pour être déchargé de la rente foncière envers le propriétaire ou celui qui est à ses droits, et l'autre pour éviter les poursuites des créanciers hypothécaires du vendeur. Le déguerpissement, lorsqu'il est accepté, est assimilé à la *rétrocession*. V. ce mot, et *résolution.*

DÉLAI *en général*. Terme accordé par la loi pour faire une chose.

1. Dans les délais ci-après fixés pour l'enregistrement des actes, le jour de la date de l'acte n'est point compté, si le dernier jour du délai se trouve être un dimanche, ou un jour de fête légale, ces jours-là ne seront pas comptés non plus. *Art.* 25 *de la loi de frim.* 7. *Instr.* 290, *nomb.* 19.

2. Les fêtes désignées par le Gouvernement comme jours de repos, sont Noël, l'Ascension, l'Assomption, la Toussaint. *Sol. du* 26 *prair.* 10; le 1.er janv., *Instr.* 499; le 21 janv., *loi du* 19 *janv.* 1816; et le 25 août, *déc. min. fin. du* 28 *oct.* 1817. (*Art.* 5916, *j.*)

3. Les délais par heures se comptent *de momento ad momentum*. *Arr. de cass. des* 8 *janv.* 1807 *et* 19 *janv.* 1810. — Ceux par mois, de *quantième en quantième*, quand la loi n'en dispose pas autrement, et non par le nombre de 30 jours. *Arr. de cass. des* 27 *décemb.* 1811 *et* 12 *mars* 1816. (*Art.* 5614, *j.*)

4. Les jours de fête légale sont compris dans le délai de huitaine, pour former opposition aux jugemens par défaut. *Arr. de cass. du* 16 *juillet* 1812.

5. Le délai n'est interrompu que par l'événement d'une force majeure, dont on doit justifier. *Arr. de cass. du* 23 *janv.* 1816. — Mais la déchéance est encourue si on ne s'est pas exécuté dans le délai de la loi, que l'on compose du tems écoulé jusqu'à l'interruption de celui qui est resté, pour compléter depuis la cessation de l'empêchement. *Arr. de cass. du* 14 *fév.* 1815.

6. Quand la loi prononce une peine pour défaut d'enregistrement dans le délai, les juges ne peuvent dispenser du double droit sous prétexte de bonne foi. *Arr. de cass. du* 11 *nov.* 1812.

7. L'imputation à un tiers, du retard apporté dans la présentation d'un acte à l'enregistr.t, ne peut dispenser du

paiement des doubles droits et amendes prononcées par la loi. *Arr. de cass. du* 28 *mai* 1808.

8. Un Notaire qui a laissé écouler le délai prescrit, sans faire enregistrer un acte par lui reçu, ne peut, après l'expiration de ce délai, alléguer qu'il a été empêché de remplir cette formalité, soit par le refus du Receveur, ou par un autre obstacle. *Arr. de cass. du* 3 *oct.* 1810. (*Art.* 3736, *j.*)

9. L'amende est encourue par l'Officier public qui n'a pas soumis à la formalité, dans le délai fixé par la loi, des actes susceptibles d'être enregistrés en débet et même gratis. *Déc. min. fin. des* 25 *therm.* 13, 2 *déc.* 1806, *et* 17 *janv.* 1817.

10. DÉLAI *pour les actes administratifs ou des établissemens publics*. Ceux translatifs de propriété ou jouissance, les adjudications, cautionnemens, etc., sont enregistrables dans les 20 jours, sous peine du double droit. V. *actes*, n.° 28 *et* 31. — Ce délai ne commence à courir que du jour où l'approbation du Préfet sera parvenue à la Mairie. Mention expresse doit être faite que l'exécution sera suspendue jusqu'à l'approbation. *Instr.* 290, *nomb.* 5. V. les n.os 30 et 49 ci-après.

11. Ce délai, de 20 jours pour les procès-verbaux d'adjudication de coupes de bois royaux, court à compter du jour du renvoi, lorsque l'enchérisseur auquel ce renvoi est fait n'y a pas renoncé dans les 24 heures. *Instr.* 290, *nomb.* 20.

12. Les procès-verbaux d'arpentage, balivage et martelage, doivent être enregistrés avec le procès-verbal d'adjudication auquel ils se rapportent, dans les 20 jours de la date de la vente. Il en est de même pour ceux de réarpentage et récolement, en comptant les 20 jours à partir de celui où il a été donné connaissance aux adjudicataires de la décharge d'exploitation, ou de l'acte qui constate qu'ils ne sont pas dans le cas de l'obtenir. *Instr.* 281. V. *adjudication*, n.° 25.

13. Quant au délai fixé pour les déclarations de command sur adjudication de domaines de l'Etat, V. *command*, page 111, n.° 42.

14. Lorque les parties n'ont pas remis les fonds nécessaires à la formalité, V. *secrétaire*.

15. Les actes administratifs sujets à l'enregistrement, passés avant la loi du 9 vend. 6 et non enregistrés, ne sont point passibles du double droit. *Déc. min. fin. du* 18 *brum.* 11.

16. Sont enregistrables dans les 20 jours de l'approbation des Ministres : 1.° les baux de la légion d'honneur. *Circ. du* 12 *mars* 1806. Le délai ne court que du jour de la notification de la ratification qui en est consentie par le Chancelier. *Déc. min. fin. du* 14 *janv.* 1816. — 2.° Les marchés pour fournitures, passés par les Agens du Gouvernement, qui doivent être ratifiés par le Directeur de l'Administration de la guerre. *Déc. min. fin. du* 7 *niv.* 11. — 3.° Les procès-verbaux de vente de prises et de navires, ou bris de navires par les Officiers de la marine. *Art.* 7 *de la loi du* 27 *vent.* 9.

17. Le délai de 20 jours pour l'enregistrement des *baux pour le casernement de la gendarmerie*, ne court que du jour de la réception de celle des deux approbations des Ministres de l'intérieur et de la guerre, qui parviendra la dernière à la Préfecture. *Instr.* 832. V. *bail* n.° 23.

18. Le délai pour l'enregistrement des baux des biens communaux qui ne sont pas nécessaires à la dépaissance des troupeaux, est de 20 jours après l'approbation du Préfet. *Ordonn. du* 7 *oct.* 1818. (*Art.* 6265, *j.*)

19. DÉLAI *pour les actes judiciaires*. Tous actes judiciaires en matière civile, tous jugemens en matière criminelle, correctionnelle ou de police, sont conformément à l'art. 38 de la loi du 28 avril 1816, enregistrables sur les minutes ou originaux dans les 20 jours de leur date, sous peine du double droit. *Instr.* 726. V. *Greffier*. — Si ces actes étaient antérieurs à la promulgation de la loi du 28 avril 1816, V. *actes*, n.° 44.

20. *Adjudications en appel*. Les adjudications faites en justice sont enregistrables dans les 20 jours de leur date, soit qu'on ait ou non interjeté appel, le droit perçu est restituable lorsque l'adjudication est annulée par les voies légales. *Sol. du* 22 *sept.* 1808. *Avis du Conseil d'Etat, approuvé le* 22 *oct.* 1808. *Arr. de cass. du* 20 *déc.* suivant.

21. Au surplus V. *adjudication*, *page* 66, n.os 45 *et* 50; *compromis*, *page* 14; *ordonnance et ordre*.

22. DÉLAI *pour les actes S. S. P.* Ceux de ces actes qui portent transmission de propriété ou d'usufruit de biens immeubles, et les baux à ferme ou à loyer, sous-baux, cessions et subrogations de baux, et les engagemens sous signature-privée, de biens de même nature, doivent être enregistrés dans les trois mois de leur date. *Art.* 22 *de la loi de frim.* 7.

23. Pour ceux des actes ayant le même objet, passés en pays étrangers, ou dans les îles et colonies françaises où l'enregistrement n'a pas encore été établi, le délai est de six mois s'ils sont faits en Europe, d'une année si c'est en Amérique, et de deux années si c'est en Asie ou en Afrique. *Idem.*

24. Les actes sous signature-privée et ceux passés en pays étranger, dénommés dans l'art. 22 de cette loi, qui n'auront pas été enregistrés dans les délais déterminés, seront soumis au double droit d'enregistrement. *Art.* 38 *de la même loi.*

25. Lorsque ces actes sont antérieurs aux lois du 22 frim. 7 et du 28 avril 1816, V. *actes*, *page* 58, *n.°* 104 *et suivans.*

26. Pour tous actes sous signature-privée, autres que ceux mentionnés ci-dessus, il n'y a point de délai de rigueur pour l'enregistrement. *Art.* 23 *de la loi de frim.* 7. Cependant la formalité n'est pas absolument facultative. V. *actes*, n.os 63, 76 *et suiv.*

27. Il ne suffit pas de déposer un acte au bureau dans les trois mois de sa date pour être dispensé de payer le double droit; à défaut d'enregistrement dans le délai, il faut encore que les droits en soient payés au Receveur. *Arr. de cass. du* 21 *flor.* 8.

28. Pour les actes *S. S. P.* présentés à l'enregistrement dans le cours d'une instance, V *page* 57, n°. 94.

29. Il n'y a de délai de rigueur que pour les transmissions d'immeubles situés en France. V. *actes*, n.° 129.

30. Les actes d'administration temporelle et extérieure des établissemens publics, reçus par un Secré-

taire ou autre Officier de l'établissement, et qui constate qu'on s'est présenté devant lui pour rédiger les conditions y portées; sont assujétis à la formalité dans les vingt jours; tous les autres actes dressés en forme de délibérations de l'établissement, même avec le concours des particuliers, ne sont considérés que comme actes sous-seing-privé, qu'il suffit de faire enregistrer dans les délais déterminés par la loi. *Instr.* 293.

31. Les récépissés de dépôts délivrés par les Préposés de la caisse d'amortissement ne sont assujétis à la formalité, dans les cinq jours, par la loi du 29 niv. 13, que pour assurer le recours contre cette caisse: on peut ne les faire enregistrer que quand on veut en faire usage. *Instr.* 272.

32. Le délai pour l'enregistrement des actes d'Avoués n'est pas déterminé: les cas sont prévus par les art. 106 et 189 du C. de P. C., *Instr.* 436. V. *communication*, *page* 112, n.° 2; *production*, *etc.*

33. Les actes d'expertise dressés par des particuliers commis en justice, ou choisis à *l'amiable*, sont des actes privés non soumis à l'enregistrement, dans un délai déterminé. *Instr.* 406. — Pour d'autres actes, V. *billet*, *page* 92; *effets de commerce* et *lettres de change.*

DÉLAI pour les actes qui s'enregistrent par vacation. V. *vacation.*

DÉLAI pour interjeter appel ou se pourvoir en cassation. V. *appel*, *page* 81, n.° 41 *et suiv.*; et *cassation*, *page* 99, n.° 34.

DÉLAI pour passer les déclarations des mutations verbales d'immeubles. V. *mutation.*

35. DÉLAI *pour les actes des courtiers.* Les traités de ventes de marchandises et navires que les agens sont autorisés à consommer, sont enregistrables dans les dix jours de leur date. *Instr.* 173. — Cependant, pour l'utilité du commerce, l'enregistrement des contrats d'assurance et d'affrètement des navires, peut, *par tolérance*, n'avoir lieu qu'autant qu'il en serait fait usage en justice. *Déc. min. fin. du* 27 *sept.* 1816. (*Art.* 6674, *j.*)

36. DÉLAI *pour les Huissiers et autres.* Il est de quatre jours pour les actes des Huissiers et autres ayant pouvoir de faire des exploits et procès-verbaux. *Art.* 20 *de la loi de frim.* — Cette disposition s'applique aux actes *extrajudiciaires*, que les Employés de la Régie des *droits réunis* sont autorisés à faire en vertu de l'art. 28 du décret du 1.er germ. 13. — Il en est de même à l'égard des Employés des *douanes. Instr.* 366.

37. Tous les Préposés, lorsqu'ils remplissent le ministère d'Huissiers, doivent satisfaire aux obligations imposées aux Huissiers, et soumettre leurs actes à la formalité de l'enregistrement dans les délais prescrits pour ces Officiers. *Déc. min. fin. du* 22 *août* 1806. *Instr.* 366. — L'enregistrement du procès-verbal *avant* la délivrance de la copie n'est pas nécessaire. *Instr.* 390, *nomb.* 10.

38. Le même principe est applicable: 1°. Aux significations faites par les Secrétaires des mairies, d'arrêtés ou autres actes qui intéressent les communes. *Instr.* 290, *nomb.* 68. — 2.° Aux *citations*, pour appeler devant les Prud'hommes celle des parties qui n'a pas comparu, ainsi que toutes significations des actes et jugemens de ces Magistrats, quelque soit l'officier qui ait instrumenté. *Instr.* 437. — 3.° Aux procès-verbaux rapportés par les Maires et Adjoints, les Agens des ponts et chaussées, ceux de la navigation, les gendarmes et autres, pour constater les délits en matière de grande voirie. *Instr.* 290, *nomb.* 6. V. *procès-verbaux.* — 4.° Aux procès-verbaux rédigés par les Préposés des diverses administrations et autres agens publics qui, par la nature de leurs fonctions habituelles, sont dans le cas de rapporter des procès-verbaux. *Instr.* 406. — 5.° Aux *significations* d'Avoué à Avoué, dans le cours des instances et des procédures devant les Tribunaux. *Art.* 15 *de la loi du* 27 *vent.* 9.

39. Les procès-verbaux des Commissaires de police doivent être soumis à la formalité dans le délai de 4 jours, sous peine d'amende et de nullité. *Arr. de cass. du* 22 *juillet* 1813. (*Art.* 4615, *j.*) V. *ci-après*, n.° 42.

40. Cependant un arrêt de cass. du 1.er sept. 1809 établit que la *nullité* ne se prononce pas contre les procès-verbaux relatifs à un fait de police, et à un délit rural ou forestier, non enregistrés dans les 4 jours de leur date. Ce principe a été consacré de nouveau par *Arr. de cass. du* 5 *mars* 1819. (*M. Sirey*, *ann.* 1819.)

41. Quant aux procès-verbaux de ventes de meubles, V. *ventes de meubles.*

42. *La peine* contre un huissier ou autre ayant pouvoir de faire des exploits ou procès-verbaux, est, pour un exploit ou procès-verbal non présenté à l'enregistrement dans le délai, d'une somme de 25 fr., et de plus une somme équivalente au montant du droit de l'acte non enregistré. L'exploit ou procès-verbal non enregistré dans ce délai, est déclaré nul, et le contrevenant est responsable de cette nullité envers la partie. *Art.* 34 *de la loi de frim.* 7.

L'amende pour défaut d'enregistrement dans le délai de 4 jours, des significations d'Avoué à Avoué, est de 5 fr. *Art.* 15, *de la loi du* 27 *vent.* 9.

43. Ces dispositions, relativement aux exploits et procès-verbaux, ne s'étendent pas aux procès-verbaux de vente de meubles et autres objets mobiliers, ni à tout autre acte du ministère des Huissiers, sujet au droit proportionnel. La peine pour ceux-ci sera d'une somme égale au montant du droit, sans qu'elle puisse être au-dessous de 50 fr. Le contrevenant doit payer en outre le droit dû pour l'acte, sauf le recours contre la partie pour ce droit seulement. *Article* 34 *de la loi de frim.* 7.

44. DÉLAI *pour les actes des Notaires.* Le délai est de 10 jours pour les actes des Notaires qui résident dans la commune où le bureau d'enregistrement est établi, et de 15 jours pour ceux des Notaires qui n'y résident pas. *Art.* 20 *de la loi de frim.* 7.

45. Quand les Notaires procèdent sur l'invitation des parties, ou d'après une commission du Tribunal, à la vente de biens de mineurs, ils observent, pour l'enregistrement, les délais qui concernent les Notaires, et non ceux relatifs aux Greffiers. *Instr.* 366, *nomb.* 11.

46. *Actes non signés en même-tems.* Lorsque le ven-

deur, l'acquéreur et le Notaire ont signé un acte chacun à une date différente, le délai pour l'enregistrement ne court que du jour de la date de la signature de l'acquéreur. *Sol. du 7 pluv. 7.* Mais cette marche est tout-à-fait irrégulière. *Instr.* 432. *Déc. min. fin. du* 27 *oct.* 1812.

47. *Actes nuls.* Les actes déclarés nuls par la loi du 25 vent. 11 n'en sont pas moins sujets à l'enregistrement dans les délais déterminés. (*Instr.* 263). — Quant aux actes imparfaits. V. *Notaire.*

48. *Adjudication de coupes de bois de la couronne.* — Le Notaire qui aura rédigé et signé seul, comme Officier public, le proc.-verb. de cette adjud.^{on}, doit le faire enregistrer dans le délai fixé pour les autres actes; et si les parties ne lui remettent pas les fonds dans les 24 h., chacune en ce qui la concerne, il doit, sous peine de responsabilité du droit, délivrer extrait au Receveur chargé de poursuivre les acquéreurs. — Si ces actes étaient signés en même-tems par un membre de l'Autorité administrative, ils ne seraient enregistrables que dans les 20 jours accordés au Notaire pour délivrer l'extrait en cas de non paiement des droits. *Déc. min. fin. du* 14 *fév.* 1809. (*Art.* 5623, *j.*).

49. Les *baux* des hospices et autres établissemens publics de bienfaisance ou d'instruction publique, s'enregistrent dans les délais de 15 jours après celui de l'approbation du Préfet; mais cependant l'acte n'en doit pas moins être porté sur le répertoire immédiatement après la rédaction. — L'époque précise de la réception doit être constatée par une attestation du Maire en marge de l'acte. *Instr.* 260, 386 *et* 561.

50. *Cautionnement.* Le délai pour le cautionnement passé devant notaires pour sûreté de paiement du prix d'une vente administrative, court de la date de ce cautionnement, consenti par un acte particulier, et non de celle de l'approbation de la vente. *Sol. du* 14 *mars* 1815. (*Art.* 5059, *j.*)

51. Pour les *décharges*, *déclarations de command*, et les *dépôts*, V. ces différens mots.

52. *Dispositions éventuelles.* Les dispositions éventuelles faites entre époux, par actes qualifiés de donations entre-vifs, doivent être enregistrés dans les dix ou quinze jours de leur date. *Instr.* 432. V. *donation.*

53. Les testamens déposés chez les Notaires, ou par eux reçus, sont enregistrables dans les trois mois du décès des testateurs, à la diligence des héritiers donataires, légataires, ou exécuteurs testamentaires. *Art.* 21 *de la loi de frim.* 7. — A peine du double droit. *Art.* 38. V. *testam.*

54. Ceux déposés par les héritiers ou autres parties intéressées, doivent préalablement être revêtus de la formalité de l'enregistrement. *Instr.* 359.

55. L'acte de dépôt est enregistrable dans les dix ou quinze jours de sa date. *Déc. fin. min. du* 8 *mars* 1814. (*Art.* 4850, *j.*)

56. Les actes de suscription de *testamens mystiques* peuvent être enregistrés à la même époque que les testamens. *Instr.* 290, *nomb.* 73.

57. On ne peut enregistrer un testament fait par une personne encore vivante, qu'autant qu'elle requiert expressément, et par écrit, cette formalité. *Instr.* 432.

58. Le receveur ne peut exiger la représentation de l'extrait mortuaire, il doit constater la fraude, s'il y a lieu. *Déc. min. fin. du* 16 *nov.* 1812.

59. Le délai pour l'enregistrement des testamens des militaires décédés en activité de service hors du territoire français, ne court que du jour où l'acte de décès a été inscrit sur les registres de l'état civil de leur dernier domicile en France. *Déc. min. fin. du* 29 *janv.* 1811. (*Art.* 4119, *j.*)

60. *Quittance.* Le Notaire doit faire enregistrer, dans les 10 jours de sa date, la quittance sous seing-privé apposée au bas de la minute d'une obligation passée devant lui, sous la peine peine portée par l'art. 20 de loi de frim. 7. *Sol. du* 20 *fév.* 1819. (*Art.* 6549, *j.*) — Quant à la quittance du quart de la valeur des domaines engagés, V. *quittance.*

61. *Amende.* Les Notaires qui n'auront pas fait enregistrer leurs actes dans les délais prescrits, paieront personnellement, à titre d'amende, et pour chaque contrav.^{on}, une somme de 50 fr. s'il s'agit d'un acte sujet au droit fixe; ou une somme égale au montant du droit, s'il s'agit d'un acte sujet au droit proportionnel, sans que, dans ce dernier cas, la peine puisse être au-dessous de 50 fr.; ils seront tenus en outre du paiement des droits, sauf leurs recours contre les parties pour ces droits seulement. *Art.* 33 *de la loi de frim.* 7.

62. DÉLAI *pour les mutations par décès.* Les délais pour l'enregistrement des déclarations que les héritiers, donataires ou légataires, auront à passer des biens à eux échus ou transmis par décès, sont, savoir: *de six mois*, à compter du jour du décès, lorsque celui dont on recueille la succession est décédé en France; *de huit mois*, s'il est décédé dans toute autre partie de l'Europe; d'une année, s'il est mort en Amérique; et *de deux années*, si c'est en Afrique ou en Asie. *Art.* 24 *de la loi du* 22 *frim.* 7.

63. Le délai de six mois ne courra que du jour de la mise en possession, pour la succession d'un absent; celle d'un condamné, si ses biens sont séquestrés; celle qui aurait été séquestrée pour toute autre cause; celle d'un défenseur de la patrie, s'il est mort en activité de service hors de son département; ou enfin, celle qui serait recueillie par indivis avec la nation. *Idem.*

64. Si, avant les derniers six mois des délais fixés pour les déclarations des successions de personnes décédées hors de France, les héritiers prennent possession des biens, il ne restera d'autre délai à courir, pour passer déclaration, que celui de six mois, à compter du jour de la prise de possession. *Idem.*

65. Dans les délais ci-dessus, le jour de l'ouverture de la succession ne sera point compté. *Art.* 25. — Ainsi, pour une succession ouverte le 15 janvier, on n'a que jusqu'au 15 juillet suivant. *Déc. min. fin. du* 9 *déc.* 1816. (*Art.* 5766, *j.*)

66. C'est du moment de la saisine de droit, sans aucun égard à l'appréhension de fait, que les droits sont dus à l'Etat. *Arr. de cass. du* 11 *févr.* 1807.

67. Les délais doivent être observés, soit que ceux qui sont habiles à succéder n'aient pas encore pris de qualités, ou que la succession ne soit acceptée que

sous bénéfice d'inventaire ; soit qu'elle soit répudiée et restée vacante, ou qu'elle soit administrée par un curateur. *Instr.* 290, *nomb.* 70.

On va présenter les développemens que ces dispositions ont nécessités.

68. *Biens acquis en justice.* Ils doivent être déclarés dans les délais, malgré qu'il y ait eu appel de jugement, sauf restitution du droit dans les deux ans de l'arrêt qui annulerait l'adjudication. *Instruct.* 436, *nomb.* 57.

69. *Biens assignés par un partage provisoire.* On ne peut accorder de prorogation de délai, sous prétexte que les biens du défunt lui ont été assignés par un partage provisoire, et qu'il faut attendre le partage définitif. Il n'est pas non plus nécessaire de faire signifier une contrainte pour mettre les héritiers en demeure. *Arr. de cass. du 7 niv.* 6.

70. *Biens incertains.* Lorsqu'il dépend d'une succession des objets incertains, les héritiers doivent être admis à se soumettre d'en faire la déclaration, dans les six mois de l'acte ou du jugement par lequel leurs droits sur ces objets auront été reconnus. *Déc. min. fin. du du 26 avril* 1806. (*Art.* 2296, *j.*)

71. *Biens rentrés dans l'hérédité.* Lorsque des héritiers parviennent à des biens, au moyen de la renonciation faite par la veuve plus de six mois après le décès, ils ont six mois à compter du jour de la renonciation, pour passer déclaration de ces biens. *Sol. du 21 oct.* 1814. (*Art.* 4958, *j.*)

72. Les héritiers qui viennent à la propriété de biens, au moyen de l'annulation d'une vente consentie par le défunt, doivent passer déclaration de cet objet, dans les six mois de leur envoi en possession par le jugement, ou par l'arrêt confirmatif, s'il est interjeté appel, sans avoir égard à la prescription qui pourrait être encourue. *Arr. de cass. des 30 mars* 1813, 15 *mars* 1814, 20 *août* 1816, 10 *févr.* 1817. (*Art.* 4540, 5158 et 5602, *j.*)

73. *Biens vendus et acquis à réméré.* Les biens vendus à pacte de réméré par le décédé, ne doivent pas être déclarés, à moins que le retrait s'opérant, les biens ne rentrent dans la succession. Le droit sera dû, sous déduction de celui qui aurait été payé sur la somme remboursée. La déclaration de l'immeuble sera faite dans les six mois du jour de l'exercice du retrait. *Instr.* 245. *Sol. de l'adm. du 6 vent.* 11.

74. Les héritiers qui ont trouvé dans une succession une faculté de réméré réservée dans une vente d'immeubles, et qu'ils ont déjà cédée à un tiers ; doivent déclarer comme immobilier le prix qu'ils ont reçu de cette faculté, dans les six mois de la cession. *Déc. min. fin. du 2 juin* 1812. (*Art.* 4312, *j.*)

75. *Changement du degré de parenté.* Lorsque les biens déclarés en ligne directe passent, par l'événement d'un procès, à des tiers collatéraux, le délai, pour la déclaration, court du jour du jugement, sauf la restitution du droit payé. *Arr. de cass. du 11 février* 1807. (*Art.* 2810, *j.*)

76. *Contumax.* Ce n'est qu'après les cinq ans qui suivent la date de l'exécution du jugement par effigie contre un contumax, que court le délai pour la déclaration de la succession. Ceci résulte de l'arrêt de la Cour de Paris, du 10 mai 1815. (*Art.* 5382, *j.*).

77. *Déshérence.* Pour les successions dont l'Etat a joui en déshérence, le délai se compte du jour où les héritiers qui se font connaître, sont envoyés en possession. *Déc. min. fin. du 8 frim.* 9.

78. *Divorce.* Les enfans saisis par la loi de la moitié des biens de leurs père et mère divorcés par consentement mutuel, doivent en faire la déclaration et en payer les droits d'enregistrement, dans les six mois, à compter du jour de la prononciation du divorce par l'Officier civil, en exécution de l'art. 294 du C. C. *Instr.* 660.

79. *Donations éventuelles.* Celles faites par contrat de mariage ou autrement, sont soumises à déclaration dans les six mois du décès des instituans. *Arr. de cass. du 19 pluv.* 9.

80. *Emigré.* Le délai pour faire la déclaration des biens restitués aux émigrés comme héritiers, ne se compte que du moment où le nouveau séquestre a été levé. *Déc. min. fin. du 4 janv.* 1816. (*Art.* 5303, *j.*)

81. *Enfant à naître.* Le délai de six mois pour passer déclaration d'une succession à laquelle est appelé un enfant à naître, court du jour de l'ouverture de la succession, et non de la naissance de l'enfant, sauf à restituer, si l'enfant ne naît pas viable. *Déc. min. fin. et just. du 9 oct.* 1810. (*Art.* 3797 *et* 4005, *j.*)

82. *Décès dans l'étranger.* C'est à compter de la date de la procuration donnée pour recueillir une succession ouverte hors de France, que court le délai pour passer la déclaration ; dans ce cas, la date de l'envoi en possession ne doit pas servir de règle. *Déc. min. fin. du 18 août* 1814. (*Art.* 5028, *j.*).

83. En tems de paix, le troisième alinéa de l'art. 24 de la loi de frim., sur les délais, doit recevoir son entière exécution. *Déc. min. fin. du 10 mars* 1820. (*Art.* 6673, *j.*)

84. *Successions ouvertes en Amérique.* Lorsqu'il dépend de ces successions des biens situés en France, le délai commence du jour que les successifs se sont mis en possession. *Déc. min. just. et fin. des 24 et 30 mai* 1809. (*Art.* 4487, *j.*)

85. *Héritier bénéficiaire.* V. *héritier.*

86. *Indignité.* Le crime qui, aux termes de l'art. 727 du C. C., emporte exclusion en cas d'indignité des héritiers présomptifs, n'étant légalement constaté contre le prévenu que par un jugement définitif, ce n'est qu'alors que les héritiers légitimes sont désignés, et c'est seulement de cette époque que court le délai pour la déclaration. — S'il y a pourvoi en cassation, ceux qui héritent par l'effet de l'exclusion, ont six mois, à compter de l'arrêt qui confirme la condamnation, pour acquitter les droits d'enregistrement. *Inst.* 386, *nomb.* 57.

87. *Institution contractuelle.* Elle ne trausmet, à l'époque du mariage, aucune propriété à l'institué ; ainsi, il doit passer déclaration dans les six mois du décès des instituans. *Arr. de cass. du 19 pluv.* 11. (*Art.* 1513, *j.*)

88. *Légataire.* Le légataire n'a que six mois pour passer la déclaration de ce qui lui est échu, soit qu'il ait ou

non accepté le legs et obtenu la délivrance, plus tard il encourt le 1/2 droit en sus. *Arr. de cass. du* 16 *janv.* 1811 et 4 *fév.* 1812.

89. *Majorat.* Le droit de mutation par décès des biens affectés à un majorat, doit être payé par l'appelé, dans le même délai que la loi fixe relativement aux héritages de toute autre nature. *Déc. min. fin. du* 26 *janv.* 1818. (*Art.* 5990, *j.*) V. *aussi les instr.* 413 et 427.

90. *Militaire.* La loi n'exige pas le concours de l'inscription du décès d'un militaire, au registre de l'état civil de la commune de son domicile et la mise en possession de ses biens par les héritiers; elle ne parle de cette dernière circonstance que comme devant suppléer à la première qui le plus souvent a lieu postérieurement; il suffit dès-lors que le décès d'un militaire mort en activité de service hors de son département ait été connu légalement, pour faire courir le délai de six mois, et avec d'autant plus de raison que celui de 5 ans courrait depuis la même époque; faute de déclaration dans les six mois, soit de l'inscription au registre de l'état civil, ou à défaut de la prise de possession de fait, il y a lieu d'exiger la peine du 1/2 droit en sus. *Sol. du* 5 *sept.* 1817. *Arr. de cass. du* 29 *avril* 1818.

91. *Séquestre.* Les héritiers d'un séquestré ont six mois à compter de l'envoi en possession définitive pour passer déclaration des biens de la succession. *Arr. de cass. du* 23 *brum.* 13, 14 *août* 1811, et 9 *nov.* 1813. (*Art.* 4098 *et* 4713, *j.*)

92. Le délai de six mois pour fournir déclaration, dans le cas de séquestre conventionnel des biens d'une succession, doit être compté du décès, et non pas à partir de la levée de ce séquestre. *Arr. de cass. du* 6 *août* 1810. (*Art.* 3698, *j.*)

93. *Somme inconnue aux héritiers.* Lorsque les héritiers passent après les six mois du décès, déclaration d'une somme dépendant de la succession, découverte dans un endroit secret pratiqué dans la maison du défunt, il n'y a pas lieu à un 1/2 droit en sus. *Sol. du* 1.er *juillet* 1813. (*Art.* 4553, *j.*)

94. *Succession d'absent.* V. *absent.*

95. *Successions vacantes.* Les curateurs à ces successions doivent passer déclaration comme les autres. *Arr. de cass. du* 18 *niv.* 12.

96. Si la nomination de curateur n'a lieu qu'après l'expiration des délais, et si le curateur fournit la déclaration dans les six mois de sa nomination, le 1/2 droit en sus n'est pas exigible contre lui. *Instr.* 290 et 386. — Le Ministre des finances est dans l'intention d'accorder la remise du 1/2 droit en sus aux curateurs aux successions vacantes, lorsque les circonstances dont il lui sera rendu compte paraîtront l'exiger. *Instr.* 386, *nomb.* 34.

97. Lorsqu'après la mort d'un failli, les syndics de la faillite ont fait en tems utile la déclaration de ses biens, en se réservant la faculté de faire une déclaration supplémentaire après la levée des scellés, le curateur nommé à cette succession n'encourt point la peine du 1/2 droit en sus, pour n'avoir pas fait cette déclaration supplémentaire dans les six mois de la levée des scellés. Il n'est dû que le supplément de droit sans amende. *Arr. de cass. du* 26 *nov.* 1810.

98. *Succession en déshérence.* V. *succession*, n.° 223.

99. *Rectification des déclarations.* On n'a que six mois, à compter du jour du décès, pour rectifier sa déclaration; après l'expiration de ce délai, le droit en sus est encouru, même quand cette rectification serait faite volontairement. *Inst.* 338. Cependant, V. ci-dessus, n.° 93.

DÉLAISSEMENT *par hypothèque.* Abandon par un tiers acquéreur poursuivi par les créanciers de son vendeur, d'un héritage grévé de créances hypothécaires, pour en être déchargé. V. *les art.* 2172 et *suiv. du C. C.*

Cet acte n'est pas nominativement tarifé par la loi; son effet étant le même que celui opéré par l'abandonnement de biens pour être vendus en direction, il y a lieu de lui appliquer les dispositions du n.° 1.er de l'art. 8 de la loi de frim. 7.

DÉLÉGATION. Acte par lequel un débiteur donne à son créancier un autre débiteur qui se charge de payer la dette.

1. Sont soumises au droit de 1 p. 100 les délégations qui s'opèrent par le concours de trois personnes, 1.° de l'ancien débiteur qui donne à son créancier un autre débiteur à sa place, et qui lui cède la créance qu'il a sur ce dernier; 2.° du débiteur délégué qui s'oblige envers le créancier délégataire à la place de l'ancien débiteur; 3.° et du créancier délégataire qui, en conséquence de la cession qui lui est faite par son ancien débiteur, et de l'obligation que contracte envers lui le nouveau débiteur délégué, décharge ce déléguant. — Ces délégations opèrent un transport de créances accepté par le cessionnaire. *Instr.* 290, *nomb.* 21.

2. Dans un contrat de vente, le vendeur stipule que portion du prix sera payé en son acquit au créancier non présent qu'il indique. Si le titre de la créance a été enregistré, il n'est point dû de droit proportionnel. Mais ce droit devient exigible sur l'acceptation qui aurait lieu ultérieurement. *Instr.* 290, *nomb.* 21.

3. S'il n'est pas énoncé que le titre du créancier délégataire soit enregistré, le droit proportionnel est dû, non pour la délégation, mais pour le premier titre qui en résulte; ce droit est restituable, s'il est justifié d'un titre enregistré. *Idem.*

4. Il n'est pas nécessaire que l'acceptation du délégué soit formelle dans l'acte de vente, il suffit que l'acte qui la contient soit signé par le délégataire ou son procureur fondé, ou quelqu'un se disant agir pour lui. *Idem.*

5. La délégation acceptée ou non, est passible du droit de 1 fr. p. 100, lorsqu'à défaut de titre enregistré, elle peut servir de titre au créancier; mais si elle est faite en l'absence de celui dont le titre est enregistré, ce n'est qu'une simple indication de paiement non passible du droit proportionnel. *Déc. min. fin. du* 15 *mars* 1814. (*Art.* 4855, *j.*)

6. Par son contrat de mariage, la future se constitue en dot une somme de 30,000 fr. Par un acte de vente dans lequel elle n'a pas comparu, son père a chargé l'acquéreur de lui payer cette somme, pour la remplir de ce qui lui revenait dans la succession de sa mère. Cette disposition équivaut à une acceptation de transport et donne lieu au droit proportionnel d'un p. 100. *Sol. du* 2 juillet 1817. (*Art.* 5834 *j.*)

7. La charge imposée à l'acquéreur de payer une somme en déduction du prix, au vendeur ou aux créanciers hypothécaires que celui-ci *indiquera*, est une délégation conditionnelle; mais si, hors la présence du vendeur, l'acquéreur paye l'un de ses créanciers, il n'est dû que le droit de quittance, dès que les créanciers ne sont pas désignés dans l'acte de vente et que celui qui reçoit est fondé en titre. *Sol. du* 11 *avril* 1818. (*Art.* 6035, *j.*)

8. La délégation, *improprement dite*, par laquelle un débiteur cède à son créancier sans l'intervention d'un tiers débiteur délégué, les fermages de sa terre, opère le droit d'un fr. p. 100, quand même le titre de cette créance serait enregistré. *Idem. Instr.* 290, *nomb.* 21.

9. Les délégations et transports du prix de vente par actes séparés, quoique non acceptés, doivent le droit proportionnel de 1 p. 100. *Sol. du* 2 *oct.* 1806. *Déc. min. just. du* 3 *mai* 1820. (*Art.* 6736, *j.*) V. *quittance.*

10. Pour l'acceptation de délégation. V. *acceptation.*

DÉLÉGATION de *rentes*. Droit de 2 fr. p. 100. *Art.* 69 *de la loi de frim.* 7, V. *cession*, *page* 106, n.° 26.

DÉLIBÉRATION *des conseils des communes*, pour fixer ou augmenter le traitement de MM. les ecclésiastiques. V. *abonnement*, n.° 2. Pour nommer les gardes champêtres, V. *nomination.*

DÉLIBÉRATION *des conseils de famille*, V. *avis de parens*, page 85.

— *Des conseils de Préfecture.* V. *actes administratifs*, *page* 54; *arrêtés*, *page* 83, *et conseil.*

DÉLIBÉRATION *des chambres de discipline.* V. *chambres de discipline*, page 107.

DÉLIBÉRÉ. V. *actes judiciaires*, *page* 56, n.° 58.

DÉLITS. On ne peut introduire dans les forêts de l'Etat ou dans les bois des particuliers, des bestiaux pour y paître, en eût-on la permission du propriétaire. *Arr. de cass. du* 5 *nov.* 1807. V. aux DOMAINES, *procès-verbaux.*

DÉLIVRANCE *de bois* provenant des forêts de l'Etat. V. *adjudication*, page 64, n.° 8.

DÉLIVRANCE *de legs*. Consentement par l'héritier légitime à ce que l'objet légué soit remis au légataire ou qu'il en soit mis en possession. La délivrance pure et simple n'est soumise qu'au droit fixe de 1 franc. *Art.* 68 *de la loi de frim.* 7.

S'il s'agit d'une somme léguée qui ne provient pas de la succession, le droit de quittance est exigible, à moins que cette somme délivrée ne se trouve dans un sac cacheté, alors il ne serait dû qu'un fr. *Art.* 69 *de la loi de frim.* 7.

L'acte par lequel un héritier paye en rentes un legs que le testateur à déclaré payable en argent, *capitaux* ou *immeubles*, n'est assujéti qu'au droit fixe. *Sol. du* 7 *juin* 1816. (*Art.* 5443, *j.*).

DEMANDE. V. *expertise*, *exploit*, *jugement et ordonnance.*

DEMI-DROIT. V. *succession*, n.° 228; *et délai.*

DÉMISSION *de biens*. Abandon par des pères et mères à leurs enfans, à titre gratuit ou à titre onéreux. V. *Donation entre-vifs*, n.° 6.

1. Les actes par lesquels des père et mère abandonnent leurs biens à leurs enfans, à la charge par ceux-ci de les nourrir, ou de leur payer une rente viagère, ou sous d'autres conditions imposées aux démissionnaires, rentrent dans la classe des donations en ligne directe; la perception du droit doit porter, non sur le capital de la rente ou des stipulations onéreuses qui grèvent les donataires, mais sur la valeur des biens résultant soit de l'évaluation des biens qui sera faite et portée à vingt fois le produit des immeubles ou le prix des baux courans, sans distraction des charges, soit de la déclaration des parties, s'il s'agit d'effets mobiliers; enfin la quotité des droits à percevoir doit être réglée à raison de 2 et 1/2 ou de 1 et 1/4 p. 100, suivant la nature des biens, et sauf la réduction du droit à moitié si l'abandon des ascendans se fait par contrat de mariage. *Instr.* 476. — Il est dû en outre le droit de transcriptions d'un 1/2 p. 100. *Instr.* 832.

2. Tout ce que les père et mère donnent à leurs enfans, à titre de dot ou de donation, n'est qu'une pure libéralité de leur part. Les objets du don doivent être fictivement rapportés aux successions des père et mère, pour en composer les légitimes. *Arr. de cass. du* 19 *mai* 1819. — Pour les démissions verbales, V. *mutation.*

3. DÉMISSION *d'emploi.* Action de remettre l'emploi dont on est pourvu.

Nul Préposé démissionnaire ne peut quitter ses fonctions avant l'installation de son successeur, à peine de répondre de tous dommages et intérêts auxquels la vacance momentanée de la place pourrait donner lieu. *Art.* 2 *de la loi du* 21 *vent.* 7. V. *l'art.* 126 *du C. Pénal.*

DENIERS *d'entrée*. Somme donnée ou promise pour l'exécution d'un marché. V. *bail*, page 87, n.° 9, et arrhes, page 83.

DÉNONCIATION *de protêt.* V. *exploit.*

DENRÉES. V. *estimation et mercuriales.*

DÉPARTEMENS. (*acquisitions faites par les*). V. *acquisition*, page 52, n.° 11.

DÉPENS. Frais avancés de part et d'autre pour l'instruction d'un procès.

1. En matière sommaire, le jugement doit contenir la liquidation des dépens qu'il adjuge. *Art.* 543 *du C. de P. C.*

2. Les dépens prononcés contre l'Administration, par des arrêts de la Cour de cassation, ne peuvent être acquittés que par les receveurs établis près cette Cour, dans la forme prescrite par la circul. du 26 nov. 1817. *Circ. du* 6 *juillet* 1808.

3. Lorsque, sur une demande excessive de l'Administration, à raison d'omission dans une déclaration de succession, on en consent la réduction lors de l'instance, et que le Tribunal, en condamnant au supplément compense les dépens en totalité, au lieu de les compenser en partie, le jugement ne donne point ouverture à cassation. *Arr. de cass. du* 18 *mai* 1808.

4. Les états de dépens dressés par les Avoués, formant, soit comme actes judiciaires, soit comme actes du greffe, partie intégrante de la procédure, doivent être rédigés sur papier timbré; mais les états fournis dans les *matières*

sommaires, étant considérés comme de simples notes, peuvent être rédigés sur papier libre. *Déc. min. fin. du* 13 *avril* 1820. (*Art.* 108. *du contrôl. de l'enregistrem.*)

DÉPENSES. On ne peut se dessaisir des fonds des recettes, que pour les dépenses autorisées et affectées sur la caisse où on les présente pour être acquittées; les employés seraient responsables des paiemens qu'ils auraient faits irrégulièrement. *Circ.* 23, 1317 et 1746. *Ord. génér.*, *art.* 76 *et* 77. *Instr. du* 28 *mai* 1806. — En général, on ne doit acquitter que les dépenses détaillées dans la partie intitulé *dépense* dans le bordereau de chaque mois, prescrit par l'instr. n.° 971. Il n'y a exception que pour les dépenses accidentelles non prévues, mais elles sont ordinairement ordonnancées par M. le Directeur général. *Instr.* 315. — Il faut payer les mandats tirés par les Receveurs généraux et particuliers, pour les arrérages de rentes sur l'Etat. *Instr.* 893. V. *frais*.

1. Les frais d'entretien de domaine de l'Etat sont acquittés sur mandat du Préfet. *Instr.* 315.

2. Excepté les remises allouées à l'expiration de chaque mois, les frais de justice qui sont payés par urgence, et les restitutions de droit sur erreurs matérielles, il ne doit être acquitté aucune dépense, sans autorisation préalable. *Lettre de M. le Directeur général du* 14 *juin* 1814.

3. Toutes celles qui doivent être ordonnancées par une autorité quelconque, ne peuvent être acquittées qu'après que l'ordonnance ou le mandat a été visé par le Directeur. *Instr.* 339. V. *frais de justice* et *visa*.

4. L'instr. 283 indique les précautions à prendre pour n'avoir que des pièces de dépenses régulières, la qualité requise pour toucher, etc. *Idem.*

5. Lorsqu'il revient périodiquement à un particulier, des fonds sur la Caisse des Domaines, et qu'il charge quelqu'un de les recevoir pour lui, le fondé de pouvoir peut ne pas joindre à chacune de ses quittances, une expédition de sa procuration. *Sol. du* 13 *prair.* 7.

6. Les rescriptions données en paiement de transferts de rente, ne se versent point; le Receveur les joint à l'appui de son bordereau de compte. Lorsqu'elles ont pour objet des rentes transférées dans plusieurs bureaux, le Directeur les garde pour être jointes à son compte, et en fournit au Receveur un bon motivé. *Instr.* 213 *et* 243.

7. Il faut réunir les pièces de dépense d'une même nature, et en présenter le total particulier dans les comptes, après avoir mis sur chacune d'elles le numéro indiqué par l'inventaire. *Circ.* 1806.

8. Lorsqu'il y a des dépenses qu'on ne peut classer dans le compte, il faut en faire un article particulier, en énonçant leur nature et leur objet. *Circ.* 235 *et* 1806.

9. Le Directeur vérifie avec attention toutes les pièces de dépense. *Circ.* 957. V. *frais de justice* et *visa*.

10. Celles qui appartiennent à un trimestre commencé ne doivent pas servir à solder le trimestre échu. *Circ.* 1806.

11. Lorsque le bureau dans lequel la dépense a lieu ordinairement, manque de fonds, le Directeur peut faire payer dans celui de la même ville où il y a des fonds. *Circ.* 1930.

12. On chargeait l'Inspecteur de faire l'opération, en puisant dans les bureaux à proximité de celui où la dépense devait avoir lieu. *Circ.* 915. *Lettre de M. le Directeur général du* 22 *pluv.* 8. Au surplus, V. *comptabilité*.

13. DÉPENSES *à payer aux Employés des Administrations des domaines et des forêts.* Les ports de lettres et paquets relatifs à l'Administration, sont remboursés au Receveur sur l'état qu'il en présente, et que l'Inspecteur était tenu de certifier avant l'instruction générale 971. *Ordr. gén. art.* 70. V. *comptabilité* et *frais de régie*.

14. Les gardes-forestiers (et les gardes-pêche, *Instr.* 63), doivent être payés individuellement de leurs gages, à l'expiration de chaque trimestre, par les Receveurs des domaines, sur états de service certifiés par l'Inspecteur, ordonnancés par le Conservateur, visés par le Directeur, (sans approbation du Ministre) et revêtus de leur acquit. Ils doivent être émargés assez à tems pour pouvoir être compris dans la dépense du mois dans lequel le paiement a été fait. *Circ. des* 29 *frim.* 12, 21 *flor.* 13 *et* 14 *nov.* 1814.

15. On rembourse aux Agens forestiers, à la fin de chaque trimestre, leurs frais de ports de lettres et paquets, sur les états arrêtés par l'Administration pour les Conservateurs, et par ceux-ci pour les Agens subalternes. *Sol. du* 8 *vent.* 10.

16. Pour les frais de bris de roues à jantes étroites, V. *amendes*, page 75, n.° 108.

17. Les Receveurs de chef-lieu paient sur quittances visées par le Directeur, les appointemens et ports de lettres des Employés supérieurs et Préposés du timbre, et les ordres de dépense expédiés par l'Adm.^{on}, dont la quittance, pour les particuliers, doit être timbrée, si elle excède 10 fr. *Ord. gén.*, *art.* 73, *circ. du* 26 *sept.* 1808.

18. Les art. 73 et 75 des ordres généraux sont relatifs aux dépenses domaniales, et aux restitutions à faire de droits indûment perçus. On déduit sur le montant de la restitution la remise qui a été allouée au Receveur. *Circ.* 114.

19. Les attributions d'un architecte pour opération dans une propriété domaniale, dont partie sert à un établissement public, doivent être payées, sur mandat du Préfet, dans la proportion de l'intérêt que l'administration a dans ce travail. *Déc. min. fin. du* 1.er *flor.* 8.

20. C'est à l'Administration des domaines à payer les frais liquidés d'un jugement qui déboute le Procureur du Roi de la revendication faite d'une propriété de l'Etat. *Idem.*

21. Le Receveur des prix de vente de biens de l'Etat, acquitte sur mandat du Préfet, les frais préalables à ces ventes, et qui sont relatifs aux estimations, papier, timbre, impressions, port et appositions d'affiches, criées et bougies. *Instr.* 61.

22. Les mandats des Préfets, pour salaire des gardiens et les frais d'inventaire et vente de mobilier domanial, doivent être acquittés par les Receveurs des domaines. *Circ.* 1220.

23. Les frais du curement, de l'entretien et de la réparation des fossés qui ne sont point mis à la charge des

fermiers doivent être acquittés par l'administration pour les biens de l'Etat. *Instr.* 614. — Pour connaître les autres dépenses, V. *les bordereaux de recette et dépense imprimés, fournis chaque mois. Instr.* 971.

24. DÉPENSES *concernant les frais de justice.* V. *frais de justice.*

25. FORMALITÉS *dont doivent être revêtues les pièces de dépense.* Il appartient de les ordonnancer 1.° à M. le Directeur général, pour les traitemens fixes. — 2.° A l'administration, pour toutes les dépenses qui la concernent, les restitutions de droits mal perçus, les réparations des bâtimens de l'Etat, qui n'excèdent pas 300 fr. — 3.° Aux Directeurs et Inspecteurs, pour les restitutions de droits, lorsque les perceptions présentent des erreurs matérielles. — 4.° Au Ministre des finances, pour les réparations qui excèdent 300 fr., pour les restitutions de fruits et revenus séquestrés, de trop payé en écus, et de moins de mesure, pour tirer des rescriptions sur les Receveurs des domaines, du montant des sommes que ceux-ci ont droit de recevoir. — 5.° Aux Tribunaux et Cours, pour les restitutions de droits mal perçus, lorsqu'il y a eu instance, pour les remboursemens d'amendes consignées, pour les frais de poursuites tombés en non-valeur, pour les frais de justice urgens, et pour les dépenses relatives aux successions en déshérence, lorsque l'Etat n'a pas été envoyé en possession. — 6.° Aux Présidens et Capitaines-rapporteurs des Conseils de guerre, pour les frais de justice militaire urgens, et aux Intendans militaires, pour ordonnancer l'état de ces frais. — 7.° Et aux Préfets, pour ordonnancer définitivement les frais de justice urgens, et ceux qui ne le sont pas, pour le paiement des annuités attribuées, pour le traitement des Gardes de bois des établissemens publics, pour celui de l'exécuteur des hautes-œuvres, et pour tout ce qui est relatif aux biens en déshérence (lorsque l'Etat a été mis en possession), et à des contumax, ainsi que pour les frais préalables aux ventes des domaines. *Dictionnaire de la comptabilité, par M. Teliot-Desmartinais, Inspecteur des Domaines.*

26. RÉGULARITÉ et ALLOCATION *des pièces de dépenses.* Elles doivent être classées par nature dans des chemises particulières, indiquant le nom du bureau, le mois et l'année, la nature de la dépense, le numéro de l'inventaire, et le montant en chiffres de chaque pièce. — Elles sont portées par ordre de numéros sur un inventaire formé par bureau. — Celles de même nature sont placées à la suite l'une de l'autre, dans l'ordre établi par le compte, et les sommes sont tirées hors ligne. Les numéros de l'inventaire et du journal de dépense doivent être reportés sur chaque pièce. *Circ.* 600 *et* 1806. — Les récépissés pour versemens doivent être visés par les Préfets ou Sous-Préfets dans les vingt-quatre heures de leur date, *circ.* 1890 *et* 2003; pour la forme des récépissés, V. l'*instr.* 954. — Les pièces admises en paiement de droits et revenus, telles que les quittances de contributions et réparations, doivent être revêtues de la reconnaissance du redevable, portant que le Receveur lui en a tenu compte; ce dernier doit certifier qu'il s'en est chargé en recette, en indiquant le registre et la date, ou qu'il en a fait mention sur les sommiers de comptes ouverts. *Circ.* 1875. — Avant l'établissement de la nouvelle comptabilité, l'Inspecteur certifiait, dans le visa prescrit par la circ. 600, avoir vu les mentions dont il s'agit. *Idem.* — Les états de frais de justice urgens, ordonnancés au profit des Receveurs, doivent être souscrits de leur acquit. *Instr.* 283. — Pour les pièces de dépense qui doivent être visées par le Directeur avant leur acquittement, V. *visa de pièces.*

27. EPOQUES *du paiement des pièces de dépense.* Toutes dépenses doivent être acquittées avant l'expiration des six mois qui suivront l'exercice auquel elles appartiennent. *Instr.* 971. V. aussi l'*instr.* 919.

28. DÉPENSES *étrangères à l'Administration.* Elles se composent, 1.° des dépenses judiciaires. Arrêté du Gouvernement du 27 floréal 8. — 2.° de celles administratives de Préfecture et Sous-préfecture. *Arrêté du Gouvernement, du 6 vent.* 8. — 3.° des primes accordées pour la destruction des loups. *Circul.* 1897. — 4.° Des dépenses des bureaux établis près les Préfets pour les domaines de l'Etat, de l'administration générale des contributions directes et de la chambre des Pairs. Elles sont acquittées directement par le Trésor sur les ordonnances du Ministre des finances. *Instr.* 8. 5.° De celles concernant les églises et presbytères. *Circ. du* 15 *vent.* 13. — 6.° Des dépenses relatives aux ports de lettres et paquets adressés aux Préfets et aux Sous-préfets, et aux Tribunaux civils et de commerce. *Circ.* 1221. — 7.° De la rétribution des arpenteurs pour leurs opérations dans les bois communaux. *Instr.* 175. — 8.° Des gages des garde-pêches établis par les porteurs de licences et fermiers de cantonnement. *Instr.* 246. — 9.° Des dépenses d'établissement des Tribunaux militaires, et du traitement des membres de ces Tribunaux. *Circ.* 1758. — 10.° De celles des maisons centrales de détention, de la maison de déportation, et de la maison de bannissement, ainsi que de celles de l'entretien des prisonniers. *Ordonn. du* 2 *avril* 1817. — 11.° De la dépense des dépôts de mendicité. *Décr. du* 26 *janv.* 1809. — 12.° Des traitemens et pensions des gendarmes. *Instr. du* 28 *mai* 1806. V. *frais de justice.*

29. DÉPENSES *à la charge des Employés.* Il ne peut être passé aux Receveurs aucune somme pour loyer de maisons, bureaux, magasins, traitemens de commis, frais de papier, lumière et autres dépenses. *Circ.* 825, *art.* 72 *des ordres de régie.*

30. Les frais de la façon des ballots et du transport aux messageries des registres envoyés des directions pour les bureaux, sont à la charge des Directeurs, au moyen des cinq centimes qui leur sont alloués par rame de papier timbré, pour l'emballage et l'envoi du timbre. *Circ.* 1835. V. *Directeur.*

DÉPOSITAIRE. V. *communication.*

DÉPOT. Remise de pièces ou de sommes pour les représenter.

1. Les dépôts et consignations de sommes et effets mobiliers chez les Officiers publics, lorsqu'ils n'opèrent

pas la libération des déposans, doivent le droit fixe de 2 fr. *Art.* 43 *de la loi d'avril* 1816. V. *décharge.*

2. L'acte qui constate que le capitaine d'un bâtiment de commerce a reçu, de la compagnie qui a équipé ce bâtiment, une somme d'argent destinée à diverses opérations commerciales pendant la course, n'est sujet qu'au droit fixe de 2 fr., comme sur un mandat pour agir. *Sol. du* 3 *mars* 1819.

3. Les reconnaissances de dépôts de sommes chez des particuliers, opèrent le droit fixe de 1 p. 100. *Art.* 69 *de la loi de frim.* 7. — Lorsqu'elles présentent les caractères d'une obligation déguisée, elles sont sujètes au droit de timbre proportionnel. *Instr.* 577.

4. Le dépôt du prix d'une rente effectuée par l'acte d'acquisition même, entre les mains du Notaire rédacteur, opère le droit fixe de 2 fr., pour le dépôt. *Art.* 43 *de la loi d'avril* 1816. V. *vente d'immeubles*, *n.°* 71. — Si le dépôt est fait par acte postérieur, il opère le droit de 50 c. p. 100 pour la libération qu'il opère, et il ne pourra être exigé que deux francs pour la décharge qui sera ensuite donnée par le vendeur. *Art.* 68 *de la loi de frim.* 7, *et* 43 *de la loi d'avril* 1816.

5. Les reconnaissances des dépôts à la Caisse des consignations, délivrées par les Préposés de cette Caisse, sont passibles du droit fixe de 1 fr. *Instr.* 272. V. *délai*, *n.°* 31.

6. Les dépôts d'actes et pièces chez des Officiers publics, opèrent le droit fixe de 2 fr. *Loi de* 1816. *Art.* 43.

7. L'acte de dépôt de plusieurs procurations données par des personnes qui ont des intérêts distincts, opère autant de droits qu'il y a de procurations, bien qu'il ne s'agisse que d'un seul acte de dépôt. *Déc. min. fin. du* 3 *oct.* 1817. (*Art.* 5919, *j.*)

8. Dépôt *de pièces*. Aucun Officier public ne peut recevoir le dépôt d'un acte sous seing-privé, ou passé en pays étranger, s'il n'a été préalablement enregistré, à peine de 50 fr. d'amende pour chaque contravention, et de répondre personnellement du droit. *Art.* 42 *de la loi du* 22 *frim.* 7. — V. *actes*, *n.°* 100.

9. En cas de contravention à cet article, il ne doit que l'amende et non les droits d'enregistrement et de timbre de l'acte qu'il n'a pas rédigé. *Sol. du* 26 *août* 1818. (*Art.* 6186, *j.*)

10. Le Notaire qui a remis, sous l'empire de la loi du 19 déc. 1790, le dépôt d'un acte sous seing-privé non enregistré, est assujéti à payer deux fois le montant des droits. *Déc. min. fin. du* 13 *janv.* 1807.

11. Lorsque cet officier est commis par un Tribunal pour procéder à la vente de biens de mineurs, il doit tenir en dépôt la minute de l'acte. *Circ. du* 8 *prair.* 12.

12. Le dépôt d'un acte sous seing-privé chez un Notaire, contenant mutation d'immeubles avant l'expiration des délais pour l'enregistrement n'est pas suffisant pour faire éviter la peine du double droit, lorsqu'il est présenté à la formalité après ce délai. *Arr. de cass. des* 21 *flor.* 8 *et* 4 *germ.* 9.

13. Si le Notaire qui a reçu le dépôt d'un acte sous seing-privé, refuse de le représenter, il y a lieu de rédiger procès-verbal du refus. *Déc. min. fin. du* 13 *janv.* 1807.

14. S'il s'agit de pièces sous enveloppe, autres que testamens, le Notaire doit se faire justifier de l'enregistrement ou exiger qu'elles soient enregistrées avant le dépôt; faute de cette précaution, il encourt l'amende de 50 fr. *Déc. min. fin. du* 16 *pluv.* 13.

15. Il peut néanmoins recevoir un acte en dépôt, comme personne privée, sans que l'Administration ait droit de faire ouvrir le paquet. *Arr. de cass. des* 14 *août* 1811 *et* 15 *avril* 1813.

16. Le Notaire doit rédiger acte de dépôt de la remise qui lui est faite d'un de ses actes passé en brevet, pour pouvoir en delivrer expédition. *Sol. du* 6 *août* 1819.

17. L'annexe d'une procuration authentique ou d'un acte de l'État civil devient partie intégrante d'un acte, et n'est sujet à aucun droit particulier. *Sol. de l'Administration du* 14 *niv.* 13, V. *annexe*. Mais il y a contravention, quand le Notaire n'a pas rédigé d'acte de dépôt à raison de l'acte annexé à une de ses minutes. *Déc. min. just. du* 18 *avril* 1817. (*Art.* 5738, *j.*)

18. On doit rédiger acte de dépôt de contrats de mariages qui sont remis, en exécution des art. 67 et 68 du C. de Com., par les Notaires, aux greffes et chambres désignés dans l'art. 872 du C. de P. C. Les Notaires doivent faire l'avance des frais sauf leur recours contre les parties. *Déc. min. fin. du* 27 *juin* 1807, V. *notaires.*

19. Il en est de même de l'insertion au tableau dans l'auditoire du Tribunal de commerce ou du Tribunal de première instance qui en fait les fonctions, et dans le lieu des séances de la maison commune, prescrite par les art. 903 du C. de P. C. et 573 du C. de Com. *Instr.* 637. (*Art.* 5002, *j.*)

20. Lorsqu'un Notaire dépose à la fois plusieurs extraits de contrats de mariage de commerçans, il est dû autant de droits d'enregistrement et de greffe qu'il y a de contrats. *Déc. min. fin. et just. des...* (*Art.* 5003, *j.*)

21. Le Notaire peut recevoir en dépôt les testamens qui lui sont confiés par les testateurs sans dresser acte du dépôt. *Loi de frim.* 7, *art.* 43. Mais le dépôt *volontaire*, effectué après le décès par les parties intéressées, doit être constaté par un acte. *Instr.* 359, V. *délai*, page 137, n.° 53.

22. Les Notaires peuvent recevoir en dépôt, sans enregistrement préalable, les testamens et pièces qui s'y trouvent renfermées, quand la remise leur en est faite en vertu de l'*ordonnance* du Juge aux termes de l'art. 1007 du C. C. Mais ils doivent fournir aux Recev.^s de l'enregistrement l'extrait de ces testamens, quand les droits n'auront pas été préalablement acquittés; et ce, dans les dix jours qui suivront l'expiration du délai de 3 mois. *Instr.* 359.

23. Dans ce cas il n'y a pas lieu de dresser un acte notarié du dépôt, parce que ce dépôt est établi par un procès-verbal dont la minute reste au greffe du Tribunal et dont l'expédition est remise au Notaire avec le testament déposé. Mais ces actes doivent être portés sur le répertoire. *Déc. min. just. du* 9 *sept.* 1812. (*Art.* 4441, *j.*)

24. L'acte constatant la remise de l'extrait et l'insertion au tableau, dans les chambres des Notaires, des contrats de mariage et jugemens de séparation de biens,

sera rédigé sommairement sur le registre de la chambre, et enregistré dans les 20 jours au droit fixe de 1 fr.; l'expédition qui en doit être délivrée sur papier de 1 fr. 25 cent., n'est sujète à aucun droit d'enregistrement. Le dépôt au greffe est passible du droit fixe de 3 fr. outre le droit de greffe de rédaction, de 1 fr. 25 cent. *Instr.* 637.

25. Dépots *aux greffes*. Les actes de dépôts faits aux greffes des Tribunaux de paix, des Tribunaux de police simple ou correctionnelle et des Cours criminelles, lorsqu'il y a partie civile, doivent le droit fixe de 1 fr. *Loi de frim.* 7, *art* 68. Le droit de 3 fr. est exigible sur ceux faits aux greffes des Tribunaux civils et de commerce. *Loi d'avril* 1816, *art.* 44.

26. Le greffier doit rédiger acte de dépôts de toutes les pièces déposées dans son greffe, sur un registre dont la tenue est prescrite par le décret du 12 juillet 1808. *Instr.* 398.

27. *Cahier de charges*. V. *cahier, page* 96, n.° 2.

28. *Compte d'armement*. Les pièces déposées aux greffes des Tribunaux de commerce avec le compte d'armement de corsaire, pour constater au besoin la situation des armateurs et des actionnaires, peuvent ne pas être enregistrées : mais la formalité serait indispensable si elles devaient être produites. *Déc. min. fin. du...(Art.* 1590, *j.*)

29. Les pièces justificatives des comptes de construction de bâtimens armés en course, déposées aux greffes des Tribunaux de commerce, doivent être préalablement enregistrées. *Sol. du* 23 *mess.* 13. (*Art.* 2065, *j.*).

30. *conclusions des parties*. V. *conclusion*, page 120.

31. *Contrat de mariage*. V. *le n.°* 24, *ci-dessus*.

32. *Contrats de vente*. Les actes de dépôts au greffe de la copie collationnée d'un contrat transmissible de propriété, en exécution de l'art. 2194 du C. C. relatif au mode de purger les hypothèques, sont sujets au droit fixe de 3 fr. *Instr.* 266.

33. *Jugemens arbitraux*. Les Greffiers peuvent recevoir en dépôt, sans enregistrement préalable, les *jugemens des arbitres* : les jugemens et les dépôts sont soumis au droit en même-tems, si les parties n'ont point remis au Greffier les fonds nécessaires. — Les extraits exigés par l'art. 37 de la loi de frim. 7 seront fournis comme pour les autres jugemens, ainsi que ceux des dépôts. *Instr.* 436, *nomb.* 77.

34. *Nomination des Huissiers*. La remise faite au greffe du Tribunal de première instance de leur résidence, des nominations et réceptions, n'est sujète à aucun droit. *Instr.* 659.

35. *Objets saisis* en contravention à la loi du 19 brum. 6, sur le droit de garantie des matières d'or et d'argent : le dépôt est exempt de l'enregistr. *Inst.* 516.

36. *Pièces pour en donner communication*. V. *communication*, *page* 112, n.° 2.

37. *Pièces déposées*. Celles remises conformément à l'art. 898 du C. de P. C., par *un débiteur malheureux* et de bonne foi, et qui profite du bénéfice de l'art. 1268 du Code civil, pour obtenir sa liberté et la faculté de faire en justice l'abandon de ses biens à ses créanciers, peuvent être admises en dépôt par le Greffier, quoiqu'elles ne soient pas timbrées ni enregistrées, pourvu que l'inventaire de ces titres soit sur timbre et revêtu de l'enregistrement, sauf aux Préposés à former contre les parties la demande des droits relatifs aux actes de mutation qui ne seraient pas enregistrés, ainsi que des droits et amendes, quant au défaut de timbre. *Instr.* 386.

38. *Pièces en fait de vérification d'écritures*. S'il s'agit d'une pièce sous seing-privé non exempte de l'enregistrement, elle doit être enregistrée avant d'être produite et par conséquent avant d'être déposée. *Instr.* 436, *nomb.* 19.

39. *Procès-verbal de dires*. En fait de licitation et partage, le dépôt est soumis à l'enregistrement et le procès-verbal doit être préalablement enregistré. *Instr.* 436, *nomb.* 75 et 76.

40. *Rapports d'experts*. Le Greffier peut se dispenser de rédiger acte de dépôt de ce rapport. *Instr.* 436, *nomb.* 28.

41. *Registres de l'Etat civil*. Ce dépôt n'est passible d'aucun droit, comme étant une simple mesure d'ordre public. *Instr.* 405, *nomb.* 5.

42. *Registres d'un bureau nécessaires à l'instr. d'un procès criminel*. Les registres ne peuvent jamais être déplacés sans compromettre la responsabilité du Receveur et les intérêts du public : mais si le Tribunal juge ce déplacement nécessaire, il doit l'ordonner préalablement. *Déc. min. just. du* 24 *prair.* 10.

43. *Répertoires*. Les Greffiers doivent rédiger acte du dépôt du double des répertoires des Notaires et tenir registre particulier de ces actes. *Instr.* 390, *nomb.* 12.

44. Ce dépôt doit être constaté par autant d'actes distincts qu'il y a de Notaires déposans; mais le Greffier ne peut les astreindre à lever l'expédition de ces actes. *Déc. min. fin. du* 20 *mars* 1810. (*Art.* 3777, *j.*)

45. Les dépôts des répertoires des Notaires ne sont point sujets à l'enregistrement. *Instr.* 590. *Déc. min. du* 16 *avril* 1819.

46. Cette exemption est aussi accordée aux actes de dépôts du double des répertoires des Commissaires-Priseurs. *Sol. au* 15 *avril* 1817. (*Art.* 5739, *j.*)

47. *Signature et paraphe des Notaires*. La feuille qui contient cette signature et le paraphe doit être sur papier timbré, et n'est pas sujète à l'enregistrement. *Instr.* 290, *nombre* 24. *Sol. du* 28 *oct.* 1813.

48. *Titres de faillite*. Un simple récépissé devant, aux termes de l'art. 502 du C. de Com., suffire aux syndics de la faillite, pour justifier de la remise ou dépôt aux greffes de leurs titres de créances, l'on ne peut, dans ce cas, assujétir le Greffier à rédiger un acte du dépôt, dont il a été dans l'intention de la loi d'éviter les frais aux parties. *Instr.* 420, *nomb.* 2.

DERNIER RESSORT. V. *jugement*.

DESAVEU. Acte pour lequel une partie désavoue ce qu'un Avoué a fait en son nom. — Il est passible du droit fixe de 3 f., lorsqu'il est fait aux Greffes des Tribunaux de première instance, de commerce et d'arbitrage. *Art.* 44 *de la loi d'avril* 1816; et de celui de 5 fr., lorsqu'il est fait aux Greffes des Cours royales. *Art.* 45.

La constitution d'Avoué contenue dans l'acte du désaveu ne donne pas lieu à un droit particulier. *Inst.* 436, *nomb.* 30.

Lorsqu'une partie désavoue l'acte translatif de propriété S. S. P. le Tribunal doit ordonner la vérification. *Arr. de cass. du* 30 *juin* 1806.

C'est la partie qui a dénié l'acte qui doit en requérir la vérification. *Arr. de cass. du* 28 *mars* 1810.

DESCENTE *de lieux.* Les jugemens qui l'ordonnent sont considérés comme préparatoires. V. *jugement.*

DESCENDANS. Sont ceux qui forment la ligne directe descendantes. V. *ligne.*

DESCRIPTION. V. *scellés.*

DÉSERTION. Il n'y a plus d'amendes de désertion. *Instr.* 712.

DESHÉRENCE. V. ce mot AUX DOMAINES, p. 21.

DESIGNATION. V. *estimation, succession et vente.*

DÉSISTEMENT *pur et simple.* Abandon gratuit d'une demande, d'un appel ou d'une prétention litigieuse quelconque. Il opère le droit fixe de 2 fr. *Loi d'avril* 1816, *art.* 43.

DESSÉCHEMENT *de marais.* Les pièces à produire par les entrepreneurs, conformément à la loi du 16 sept. 1807 sont assujétis au timbre sauf à donner la formalité en débet. Quand ces mesures sont prises par les Agens de l'Etat, et qu'il n'a pas été mis de fonds à leur disposition à ce sujet, les actes et décisions des commissions spéciales dont cette loi prescrit l'établissement sont soumis au timbre et à l'enregistrement. *Instr.* 464.

DESTINATION. (*immeubles par*) V. *biens*, page 91.

DESTITUTION. L'employé contre lequel il existe des preuves de malversation ou d'incapacité doit être destitué. *Loi du* 27 *niv.* 5. V. *Directeur.* — Il en est de même lorsqu'il admet au timbre des journaux, des affiches ou papiers-musique imprimés. *Circ.* 1124.

DÉSUÉTUDE. Anéantissement par le non usage.

Pour qu'une loi puisse être envisagée comme étant tombée en désuétude, il faut avoir la preuve de son non usage dans la généralité de l'état pour lequel elle a été faite. *Arr. de cass. du* 25 *brum.* 11.

DÉTENTEUR. Le tiers détenteur ne peut être contraint au paiement de droits de mutation par décès, ni des droits en sus. V. *privilége*; et *succession*, n.° 287.

DÉTRACTION. V. *aubaine.*

DETTE. Les dettes actives de quelqu'un sont les sommes qui lui sont dues, et celles passives s'entendent de ce qu'il doit.

1. La vente de *droits successifs* comprend nécessairement la charge des dettes de la succession. V. *vente*, *n.°* 25 *et suiv.*

2. Les droits de succession se liquident sans distraction des dettes. V. *succession*, *n.°* 75 *et suiv.*

3. Quant aux déclarations de dettes contenues dans certains actes. V. *déclarat.*, *n.°* 20; *donation, inventaire, liquidation et partage.*

4. DETTE *publique.* V. *inscription* et *liquidation.*

DEVIS. Etat détaillé et estimatif des ouvrages à faire dans une entreprise quelconque.

1. Ceux qui ne contiennent ni obligation de sommes et valeurs, ni quittances, sont passibles du droit fixe de 1 fr. *Loi de frim.* 7 *art.* 68.

2. Il en est de même de ceux pour parvenir aux adjudications des travaux des routes, lorsqu'ils sont signés par des entrepreneurs commis par les ingénieurs des ponts et chaussées. — Mais lorsqu'ils sont rédigés par les ingénieurs eux-mêmes, ils sont exempts du timbre et de l'enregistrement, seulement les expéditions qui en seraient délivrées à des particuliers devraient être sur papier timbré. *Instr.* 290 *nomb.* 25, V. *actes*, *n.°* 34.

DIMENSION *des papiers timbrés.* V. *timbre.*

DIMINUTION *d'espèces.* Lorsqu'elle est ordonnée par une loi, il convient de faire constater par procès-verbal du Juge de paix ou du Maire, le nombre et la nature de pièces existant en caisse. *Circ. des* 4 *et* 19 *sept. et des* 4 *et* 12 *oct.* 1810.

DIPLOME. Titre d'agrégation dans une société. Ceux donnés par le Grand-Maître aux gradués sont exempts du timbre. *Décr. du* 4 *juin* 1809 *art.* 26.

L'enregistrement au greffe, comme une simple mention d'ordre des diplômes de sages-femmes, ne donne lieu à aucun droit. *Min. fin. du* 11 *mai* 1819. — Mais s'il est rédigé un acte de la présentation du diplôme au Tribunal de première instance, les droits d'enregistrement du greffe en sont dus; il suffit que le diplôme fasse mention de l'enregistrement au greffe, sans que la partie soit tenue de lever l'expédition de l'acte qui constate la formalité. L'enregistrement du diplôme à la Sous-Préfecture ne donne lieu à aucun droit. *Instr.* 558.

DIRECTE (*ligne*). V. *ligne.*

DIRECTEUR. Premier grade de l'Administration dans un département.

Les fonctions des Directeurs ont pour objet le maintien des règles de l'Administration et des principes de la perception, la correspondance, le contentieux, la comptabilité, l'envoi périodique des expéditions et la surveillance générale. *Art.* 248, *des ordres généraux de régie.* Le Directeur est nommé par le Roi sur la proposition du Ministre des finances. *Ordonn. du* 3 *janv.* 1821.

Le Directeur correspond *directement* avec M. le Directeur général, pour tout ce qui est relatif au personnel. *Instr. gén.*, n.° 752.

Il doit être ponctuel à faire passer à la Direction générale les états de la situation des sommiers des bureaux et les pièces des opérations des Receveurs. *Circ. de l'Administrateur de la* 1.re *division*, *du* 24 *juin* 1816.

Il doit rendre compte à M. le Directeur général, par une lettre spéciale, division du personnel, du décès des légionnaires préposés ou pensionnaires de l'Administration, aussitôt qu'il en a connaissance. *Instr.* 820 et 946.

Il informe l'Administration du décès ou changement de résidence des pensionnaires de la direction générale: il charge, à cet effet, l'Inspecteur de prendre à chaque tournée dans les bureaux, des renseignemens à cet égard. *Lettre de M. l'Administrateur de la comptabilité, du* 19 *avril* 1817.

Il doit adresser directement à M. le Direct.r général, les avis des vacances d'emplois qui auront lieu dans l'étendue de sa direction, ceux d'exécution des recouvremens prescrits, et tous renseignemens ayant rapport aux emplois et employés, ensemble toutes propositions relatives. Cette correspondance ne doit rien changer à celle usitée avec M. l'Administrateur divisionnaire. *Circ. du 12 déc.* 1815.

Le Directeur doit veiller à ce que tous les Employés utilisent avec soin leur tems et leurs moyens à la répression des contraventions et des abus, et pour le succès des produits. *Circ.* 1575.

Il doit apporter beaucoup d'exactitude dans sa correspondance, dans l'envoi des expéditions, dans l'instruction des affaires et dans la surveillance des recouvremens. Le plus sûr stimulant qu'il puisse donner aux employés est l'exemple d'une stricte ponctualité à remplir les obligation de sa place. *Circ. du 26 nov.* 1811.

Il ne doit pas compte à ses subordonnés des ordres qu'il leur donne ou qu'il leur transmet. *Lettre de l'Administration du 1.er prair.* 10.

Il lui est attribué une somme pour frais de bureaux; si elle était insuffisante, on y pourvoirait. *Circ.* 1280. *Instr. générale*, n.° 30.

Le Directeur, avant d'entrer en fonctions, doit se présenter au Préfet, pour lui donner connaissance de ses pouvoirs. *Ordre généraux*, *art.* 251.

Son logement doit être bien placé et distribué de manière à pouvoir y établir les bureaux du garde-magasin et du Receveur du timbre extraordinaire, le magasin des papiers, registres et impressions nécessaires; celui des papiers timbrés; et un atelier pour le timbreur et le tourne-feuille.

Il est nécessaire que les pièces destinées à la manutention du timbre se trouvent près les unes des autres, et que le Directeur puisse facilement surveiller tous les employés. Les magasins doivent être fermés par deux serrures différentes, dont la clef de la première demeure au Directeur, et celle de la seconde au garde-magasin. Les timbres sont déposés dans un coffre ou armoire, également fermé par deux serrures: le Directeur aussi conserve la clef de la première, et le garde-magasin est dépositaire de l'autre clef; ce coffre est divisé en compartimens, pour y placer, séparément, chaque timbre avec une étiquette. — Les frais de loyer de ces divers emplacemens sont à la charge du Directeur. — Le feu, la lumière et toutes les autres dépenses et fournitures du bureau de timbre, excepté les menues dépenses de manutention, sont supportées par les employés du timbre. *Ordre généraux*, *art.* 232, 233, 234, 235, 236, 237 et 238.

Le Directeur ayant une des clefs du magasin et du coffre qui renferme le timbre, ne peut se dispenser de s'y rendre en même-tems que le Garde-magasin et le Receveur du timbre extraordinaire. *Instr. du* 31 *mai* 1791.

L'entrepôt du timbre dans chaque direction, destiné à l'approvisionnement des bureaux de distribution, est entretenu par l'atelier général établi à Paris; il doit être mis et tenu dans un local qui soit à l'abri de l'humidité et de tous accidens. *Circ. du* 19 *fruct.* 10 *et instr.* n.° 73.

Le Directeur doit juger lui-même des besoins du magasin du timbre et former les demandes en avril et septembre pour un approvisionnement de six mois au moins. *Circ. de M. l'Administrateur chargé de la surveillance du timbre et des impressions*, *du* 18 *juin* 1811.

Il doit pourvoir chacun des Receveurs de tous les registres, sommiers et tables qui sont nécessaires pour la perception et la régie, après avoir coté et paraphé ceux qui en sont susceptibles. *Ord. gén. de Régie*, *art.* 240.

Aucun envoi de papiers timbrés ne peut être fait que le Directeur n'en ait fixé la quantité en tête de la lettre de demande du Receveur. Son autorisation ne doit être donnée qu'après qu'il s'est assuré, à la vue du dernier état des restans en nature, que le Receveur n'est pas approvisionné pour quatre mois des quantités demandées. *Circ.* n.° 1476.

Le Directeur doit surveiller toutes les opérations du Garde-magasin du timbre; les écritures de ce Préposé doivent être tenues régulièrement, jour par jour. *Circ. du* 28 *nov.* 1814. *Instr.* 716.

Il ne peut établir, destituer ou suspendre de ses fonctions aucun Employé, sans un ordre par écrit de l'Administration, à moins qu'il y ait cas d'urgence, et à la charge d'en rendre compte sur-le-champ à l'Administration. *Ord. gén. art.* 242.

Il lui est interdit d'autoriser l'absence d'aucun Préposé de sa direction, ainsi que de faire admettre aucun Surnuméraire dans les bureaux, ni de souffrir qu'il en soit admis par les Receveurs sans un ordre de l'Administration; il ne peut non plus leur délivrer de certificats de capacité. *Art.* 243 *et* 244. — Ni accorder de remise ou modération des droits et amendes, ni ordonner de laisser des droits en souffrance, à peine d'en compter personnellement. — Il doit obliger chaque Employé d'être à son poste. En cas de maladie ou d'absence, il en informe l'Administration, et fait remplacer provisoirement les Inspecteurs par les Vérificateurs, et les Receveurs par les Surnuméraires, à moins que l'importance du bureau ou d'autres motifs n'exigent la présence d'un Employé supérieur. *Art.* 247 et 251.

Il ne doit jamais omettre à chaque changement de Receveur, de faire vérifier à fond la régie de celui sortant. *Avis de l'Administration du* 22 *prair.* 9. Lorsqu'une loi change la quotité des droits, le Directeur est tenu d'indiquer à chaque Employé la date de la publication de la nouvelle loi. *Circ.* 1109.

Le Directeur doit s'assurer lui-même de la manière dont se fait le service des bureaux de l'enregistr.t, des domaines, et de la conservation des hypothèques, du lieu de sa résidence, et faire part à l'Administration de ce qu'il aura remarqué. — Toutes les fois que l'Administration lui demande des éclaircissemens sur des affaires importantes, il ne doit recourir, ni aux Employés supérieurs, ni aux Receveurs, lorsqu'il peut les prendre par lui-même. *Circ.* 1302. *Instr.* 494.

Le directeur doit, tous les trimestres, rendre compte à l'Administration, du travail de chacun des Receveurs, relativement aux mutations par décès. *Circ.* 1407.

Il présente au Préfet des experts pour l'estimation des biens domaniaux à vendre. *Instr.* 61.

Il se fait fournir par les Inspecteurs, avant qu'ils entrent en tournée, leur itinéraire. *Circ.* 1802.

Les doutes et les difficultés doivent être proposés au

Directeur, qui en réfère à l'Administration, s'il le croit nécessaire. *Circ.* 831.

Il demande, dans les dix jours, les instructions générales qui lui manquent; il peut les connaître par les numéros parvenus. *Circ.* 1596.

Les Receveurs soumettent au Directeur les cotes de contributions pour les biens de l'Etat, avant de les acquitter. *Circ.* 1626.

Le Direc.[r] ne doit indiquer pour lieu de travail, aux Employés supérieurs, que les bureaux où ils ont l'occasion de s'occuper utilement; ne pas tolérer qu'ils prolongent, sans nécessité, leur séjour dans un bureau, et de faire en sorte que chaque bureau soit vérifié dans le cours d'une année. *Lettre de M. le Directeur général du* 19 *mars* 1806.

Il doit tenir la main à ce que les enregistremens soient convenablement libellés, ainsi que les relations, à ce qu'il soit fait un bon usage des renvois, et à l'exécution des art. 81, 82, 206 et 256 des ordr. gén. *Instr.* 290.

Le Directeur fera délivrer par le Préfet, chaque trimestre, les états ordonnancés du montant des sommes revenant aux fournisseurs des détenus, pour faire régler définitivement le droit d'enregistrement des adjudications et cautionnemens relatifs aux fournitures à faire aux détenus, à une quotité déterminée de centimes par individu, ou moyennant une part dans le produit de leurs travaux. *Instr.* 290.

Le Directeur fait un état général des instances et de leur situation, pour l'envoyer à l'Administration à la fin de chaque trimestre. *Ordres généraux, art.* 272.

Il délivre le *quitus* sur décomptes, pour acquisition de biens de l'Etat. *Arrêté du* 4 *therm.* 11, *art.* 7.

Il veille à ce qu'aucun Employé de sa direction ne s'écarte de ses devoirs. *Circ. du* 14 *mai* 1808.

Il tient la main à ce qu'on renouvelle, dans les dix ans, à compter de leur date, les inscriptions prises sur les Préposés comptables de l'Administration, pour sûreté des débets; aussi, sous sa responsabilité personnelle, le le Directeur pourvoit au renouvellement des inscriptions relatives aux créances dont le recouvrement entre dans les attributions de l'Administration, notamment celles qui auraient été prises contre les conservateurs des hypothèques sur leurs cautionnemens, contre des adjudicataires de domaines ou de bois, ou contre des débiteurs de rentes de l'Etat, lors même que les premières auraient été faites à la requête des Commissaires du Gouvernement ou des Préfets. *Instr.* 374, *et circ. des* 31 *août et* 22 *sept.* 1808.

Le Directeur ne doit permettre aucune installation, avant qu'on lui ait justifié de la consignation du cautionnement. *Instr.* 717.

Tout ce qui est relatif au personnel doit être déféré directement à M. le Directeur général: la demande des brevets de surnuméraires; les congés pour les Employés ou Surnuméraires; avis de maladie, de décès, de régie par intérim, de bureaux, installation, etc.; des destinations données aux inspecteurs et Vérificateurs; envoi à chaque semestre, en double expédition, des états généraux de la capacité et de la conduite des Employés et des Surnuméraires. Les lettres et expéditions doivent être timbrées. *Division du personnel. Instr.* 752.

Le Directeur examine les journaux de travail des Employés supérieurs, à mesure qu'il les reçoit; après les avoir émargés de ses observations, il les fait transcrire en entier sur le sommier qu'il tient à cet effet pour chacun de ces Employés: il les envoie ensuite à l'Administration. *Ord. gén.*, *art.* 253. La circulaire n.° 1300 rappelle celle n.° 1010, qui recommande de faire connaître, en tête du journal, le jour où il est parvenu à la direction; le retard à l'apostiller et à le transmettre, exposerait à une retenue de traitement.

Il doit veiller à ce que les versemens des recettes sur prix de vente de domaines soient faites tous les cinq jours. *Circ. du* 10 *avril* 1813.

Lorsqu'il parvient au Directeur des réclamations faites par les particuliers, il doit demander, non seulement au Receveur, mais aussi à l'Inspect.[r] de la division, leurs observations. *Lettre de M. l'Administr. de la* 1.re *division, du* 15 *nov.* 1815.

Voir: *impression, bureaux, garde-magasin, timbre, dépense, débet, traitement, nomination, administration, comptabilité, serment, résidence, ballot, registre, timbreur, tourne-feuilles, surnuméraire, absence, correspondance, congé, maladie, employé, journal de travail, saisie immobilière, visa, état, envoi, saisie-arrêt, frais, expertise, compte, tournée, récépissé, les ordres de Régie, renvoi, enregistrement, cautionnement, le Dict. des Dom., instance, cassation, pétition, carton, contre-tournée, privilége, sommier, opposition, incompatibilité, acquiescement, état ou bordereau des produits du mois et quitus.*

DIRECTEUR GÉNÉRAL.

L'ordonnance du Roi du 3 janvier 1821, transmise par l'instruct. 970 contient, entre autre chose, les dispositions suivantes:

» Le Directeur général dirigera et surveillera, sous les ordres du Ministre des finances, toutes les opérations relatives à cette perception; il travaille seul avec le Ministre des finances; il correspond seul avec les autorités militaires, administratives et judiciaires; il a seul le droit de recevoir et d'ouvrir la correspondance; il signe seul les ordres généraux de service. *Art.* 2.

« Le Directeur général présentera à l'approbation du Ministre des finances, l'état de composition des bureaux de l'Administration centrale à Paris, avec l'indication des traitemens attribués à chaque grade; il lui soumettra, chaque année, le budget général des dépenses de l'Administration, tel qu'il aura été délibéré par le Conseil; il lui remettra, chaque mois, les bordereaux et états de situation de toutes les recettes et dépenses; il soumettra à son approbation les délibérations du Conseil d'administration sur les dispositions de service qui donneraient lieu à une dépense nouvelle, sur les objets dont la décision ne lui est pas attribuée, et sur les questions douteuses, dans tous les cas d'application des lois, ordonnances et réglemens, dans tous ceux qui ne seraient pas prévus, ou qui ne seraient pas suffisamment définis par lesdites lois, ordonnances et réglemens, ainsi que sur les instructions générales relatives à leur exécution; il lui rendra compte, périodiquement, de tous les résultats de son administration. *Art.* 7.

« Excepté les emplois d'Administrateurs, Secrétaire général, Directeurs, Inspecteurs généraux et particuliers, et les Conservateurs des hypothèques, le Directeur général nommera à tous les grades, après avoir pris l'avis de celui des Administrateurs dans les attributions duquel se trouve la suite principale de la partie de service pour laquelle la nomination aura lieu ; il se conformera à l'ordre hiérarchique des grades, et aux règles pour l'avancement et les nominations. *Art.* 8.

« Il révoque, destitue et met à la retraite les Employés dont la nomination lui est attribuée, après avoir pris l'avis du conseil d'Administration ; il peut aussi suspendre les autres employés, sauf à rendre compte immédiatement au Ministre des finances, qui statue. *Art.* 9.

« Le Directeur général vise les comptes annuels de l'Administration, et les transmet au Ministre des finances, avec les pièces à l'appui. V. *administration.*

Nota. M. le comte Barrairon, Directeur général de l'Enregistrement, décédé à Château-Renaud, le 5 déc. 1820, a eu pour successeur M. le comte Chabrol de Crousol, Conseiller d'Etat. *Circ. des* 12 *déc.* 1820, *et* 29 *janv.* 1821.

DIRECTION GÉNÉRALE. V. *administration*, p. 66.

DISPENSE *d'âge.* Elle doit être enregistrée au greffe; l'acte qui en est dressé est soumis au droit fixe de 3 fr. *Art.* 44 *de la loi d'avril* 1816.

Les lettres-patentes de dispense d'âge pour le mariage, délivrées aux personnes reconnues indigentes, doivent être enregistr. *gratis. Loi du* 15 *mai* 1818. *Art.* 77.

DISPOSITIONS *d'un acte.* V. les différentes dénominations des actes.

DISSOLUTION ou RÉSOLUTION *de traité, société ou communauté.*

1. Lorsque les résolutions ne portent ni obligation, ni libération, ni transmission de biens-meubles ou immeubles, le droit est de 5 fr. *Loi d'avril* 1816, *art.* 45.

2. Le partage contenu dans un acte de dissolution de société, ne donne ouverture à aucun droit particulier, lorsque chaque associé ne reçoit dans son lot que les biens qui lui appartenaient, ou sa portion des biens communs. Il en sera de même, lorsque la société possédant des immeubles acquis pendant la communauté, l'acte de dissolution les assigne à l'héritier, et donne à l'associé survivant des propriétés du même prix, appartenant à la société, attendu que, dans ce dernier cas, il n'y a qu'un simple partage. *Instr.* 360.

3. Mais le droit proportionnel doit être perçu, lorsqu'un associé reçoit dans son lot des biens *apportés par l'autre*, ou qu'il lui est attribué des biens communs pour une valeur qui excède la part qui doit lui revenir dans la société. La perception, dans le premier cas, doit porter sur la totalité des biens transmis; elle opère le droit de vente, si l'acquéreur paie le prix ; mais il est dû sur le pied fixé pour les échanges, si l'objet cédé se compense avec tout ou partie de la part du cessionnaire dans l'actif de la société. Dans le second cas, le droit de vente est dû sur le montant de la soulte. *Idem.*

4. Si deux particuliers ont acquis des immeubles sans déterminer dans l'acte la portion qui appartiendrait à chacun, ils sont copropriétaires par moitié ; et si, par le partage, il en est attribué à l'un d'eux plus de la moitié, l'excédant est passible du droit proportionnel, comme soulte. *Arr. de cass. du* 2 *mai* 1808. (*Art.* 2934, *j.*) V. *partage.*

5. Les actes par lesquels des époux *rétablissent* entre eux la communauté de biens, dissoute par la séparation, soit de corps et de biens, soit de biens seulement, ayant pour effet, aux termes de l'article 1451 du C. C., de faire reprendre à la communauté son action du jour du mariage, on ne peut les considérer comme donation, sous prétexte que des acquêts faits par l'un des époux, pendant le cours de la séparation, seraient, au moyen du rétablissement de la communauté, censés payés des deniers communs. *Sol. du* 22 *pluv.* 11.

6. Pour la manière d'établir la base de la déclaration des biens, lors d'une dissolution de société, V. *action*, p. 63, n.° 3.

7. Quant aux jugemens qui prononcent une dissolution de société. V. *jugement.*

DISTRACTION *des charges.* V. *donation*, *succession* et *vente.* Pour la distraction des dépens, V. *jugem.*

DISTRIBUTION *par contribution.* V. *ordre.*

DIVORCE. L'expédition de l'acte de divorce fait devant l'Officier de l'état civil opérerait, si elle était réclamée, le droit fixe de 15 fr. en vertu de l'art. 68 de la loi de frim. 7. *Instr.* 758.

Quant aux jugemens et arrêts rendus en cette matière, V. *jugement* et *séparation de corps.*

DOMAINES *en général.* V. le DICT. DES DOMAINES.

DOMAINE *congéable.* Ainsi appelé, parce que le colon à qui il a été donné à bail, peut toujours être congédié ou expulsé.

1. Le bail à convenant ou à domaine congéable, en usage dans les départemens des Côtes-du-Nord, du Finistère et du Morbihan, est un contrat mixte, par lequel le propriétaire d'un domaine rural cède, pour un nombre d'années déterminé, la jouissance du fonds, moyennant une rente en nature ou en argent, et vend au colon et domanier les édifices et superfices, moyennant des deniers d'entrée que l'on appelle *commission.*

2. Par ce bail, le propriétaire conserve la faculté de rentrer dans l'immeuble et de congédier le colon, en lui remboursant le prix des édifices et superfices, ainsi que les améliorations, à dire d'experts.

3. On appelle cet acte *bail à convenant*, parce qu'il est uniquement fondé sur les conventions faites entre le bailleur et le preneur, et sanctionnées par les usemens locaux.

6. On le désigne aussi sous le nom de *domaine congéable*, à raison du droit que le propriétaire a de congédier le preneur ; ce dernier est nommé colon, ou domanier, ou convenancier, ou superficiaire, parce qu'il est propriétaire des superficies, à faculté de réméré.

7. Les superfices sont les édifices, murs, fossés, engrais, arbres fruitiers et bois blanc, et toutes les améliorations faites sur l'héritage; ces objets appartiennent au colon, comme droits convenanciers. — Les chênes, les frênes, les ormes appartiennent au propriétaire, et les droits de ce dernier sont connus sous la dénomination de *droit foncier.*

8. Il est dû 2 p. 100 sur l'acte par lequel le domanier abandonne les droits réparatoires au propriétaire foncier. *Déc. min. fin. du* 6 *mai* 1817. (*Art.* 6059 *j.*)

9. Le premier détachement des édifices et superfices fait par le foncier, lorsqu'il fait de son héritage un bail à domaine congéable, a toujours été assujéti, dans l'ancien régime, au centième denier; actuellement il est sujet au droit de 4 p. 100, parce qu'il y a réellement transmission d'une propriété immobilière; mais comme elle perd à l'instant ce caractère, et qu'elle devient mobilière à l'égard seulement du foncier, il est évident que, s'il exerce le congément, il ne doit être perçu, sur la valeur des édifices et superfices, qu'un droit proportionnel de 2 p. 100; mais si le congément est exercé par un cessionnaire de ce droit, il est dû 5 1/2 p. 100. *Déc. min. fin. des* 25 *vent.* 10, *et* 1.er *vent.* 12 (*Art.* 4090 *et* 6828, *j.*)

10. Le congément, pour les baux à domaine congéable postérieurs à la loi du 6 août 1791, peut être exercé par le preneur comme par le bailleur. *Arr. de cass. du* 17 *avril* 1815. (*Art.* 5311, *j.*)

11. DOMAINES *engagés*. Les arrêtés des Préfets, qui déclarent propriétaires incommutables les engagistes de domaines nationaux doivent, sans supplément de prix, 2 fr. fixe. V. *actes*, n.° 36. — Si le droit de 2 p. 100 est exigible, il s'acquitte au bureau de la situation des biens. V. *quittance*.

12. Ce dernier droit est dû pour le supplément de prix d'une partie de bois provenant du domaine de la couronne, puisqu'il existe une nouvelle transmission à titre onéreux. *Arr. de cass. du* 12 *avril* 1808. (*Art.* 3075, *j.*)

DOMICILE. Lieu où une personne jouissant de ses droits a établi sa demeure, le centre de ses affaires et le siége de sa fortune.

1. Lorsqu'un acte indique la demeure au lieu du domicile, et que l'un et l'autre sont au même lieu et au même endroit, l'acte ne peut être attaqué sur ce point, parce qu'on a rempli ce que la loi exige. *Cour de Bruxelles, du* 4 *avril* 1810.

2. La signification d'un arrêt de pourvoi à un percepteur, ne peut être faite qu'à son véritable domicile, à son habitation, et non au lieu où il doit exercer ses fonctions, parce que ses fonctions à vie sont révocables. *Arrêt de cass. du* 12 *mars* 1812.

3. A défaut de déclaration de domicile dans la forme prescrite par l'art. 104 du C. C., le domicile ou le principal établissement d'un particulier, est toujours le lieu où il tient sa famille. *Cour de Paris, du* 29 *juin* 1810.

4. Le mot *domicile*, dans le sens de la loi et relativement aux obligations, s'entend ou du domicile de fait ou du domicile élu. *Arr. de cass. du* 24 *janv.* 1816.

5. A défaut de déclaration de domicile dans la forme prescrite par l'art. 104 du C. C., la preuve de l'intention de fixer le principal établissement dans un lieu, dépend des circonstances. Lorsqu'au fait d'une habitation réelle, se joignent diverses circonstances qui ne laissent aucun doute sur l'intention de fixer son principal établissement dans une commune; lorsque le nom de la personne a été rayé au rôle des contrib.s de son ancienne résidence, et qu'elle paye, depuis plusieurs années consécutives, les contributions dans la commune où elle demeure, l'intention d'une translation de domicile se trouve caractérisée, surtout quand, par ailleurs, rien ne fait présumer l'espoir du retour à l'ancien domicile. *Arr. de cass. du* 19 *mars* 1812.

6. Lorsque, pendant quatre années antérieures et postérieures à des poursuites exercées contre un particulier, celui-ci avait un domicile à sa terre, consacré par la notoriété publique, et qui lui a été attribué par plusieurs jugemens, aux qualités desquels il n'a jamais formé d'opposition, qu'enfin il se l'est donné dans divers actes civils authentiques et judiciaires, c'est là où l'on doit voir son domicile. *Arr. de cass. du* 16 *févr.* 1819.

7. Dans le cas où, par des circonstances particulières, on se constituerait, par des actes, un domicile qui ne serait pas celui que l'on a ordinairement, ce pourrait être un motif pour regarder le domicile indiqué nouvellement comme celui réel. *Arr. de cass. du* 23 *janv.* 1817. Au surplus, V. les *art.* 102 *et suiv. du C. C.*, *bureaux*, *instance et poursuites*.

8. Ceux qui forment opposition à une contrainte, doivent élire domicile dans la commune où siége le Tribunal. *Art.* 64 *de la loi du* 22 *frim.* 7, V. *instance*.

DOMMAGES-INTÉRÊTS. C'est le désintéressement ou le dédommagement accordé à ceux qui ont souffert quelque dommage ou perte.

La condamnation à des dommages-intérêts en matière civile, criminelle, correctionnelle et de police, opère le droit de 2 fr. p. 100. *Art.* 69 *de la loi de frim.* 7, *art.* 11 *de celle du* 27 *vent.* 9, V. *indemnité*, *et jugement*, n.° 81.

DON, V. *donation*, *legs et testament*.

DONATAIRES, V. *bureaux*, *délai*, *succession*.

DONATION. On ne peut disposer de ses biens, *à titre gratuit*, que par donations entre-vifs ou par testament. *Art.* 893 *du C. C.*

DONATION *entre-vifs* est un acte par lequel le donateur se dépouille actuellement et irrévocablement de la chose donnée en faveur du donataire qui l'accepte. *Art.* 894 *du C. C.*

1. Toutes personnes peuvent disposer et recevoir par donation *entre-vifs*, excepté celles que la loi en déclare incapables. *Art.* 902. – Pour connaître la portion de biens dont on peut disposer, V. *quotité disponible*. – Tous actes portant des donations entre-vifs, doivent être passés devant Notaires, dans la forme ordinaire des contrats, et il en restera minute, sous peine de nullité. *Art.* 931. Les donations n'ont d'effet que du jour qu'elles sont acceptées. *Art.* 932 *du C. C.*

2. La quotité des droits d'enregistrement pour les donations entre-vifs, est graduée ainsi qu'il suit :

Biens immeubles en ligne directe, 4 fr. p. 100. *Art.* 69 *de la loi de frim.* 7 *et art.* 54 *de celle d'avril* 1816. — Entre époux, 4 fr. 50 cent. p. 100. *Art.* 53 *et* 54 *de la loi de* 1816. — Entre frères, oncles et autres parens au degré successible, c'est-à-dire jusqu'au 12.e degré inclusivement, 6 fr. 50 cent. p. 100. *Id.* — Entre toutes autres personnes, 8 fr. 50 cent. p. 100. *Idem.*

3. La transcription aux hypothèques de ces donations, ne donne plus lieu à aucun droit proportionnel. *Idem.*

4. Si ces donations sont faites par contrat de mariage aux futurs. V. *mariage*.

5. La réduction du droit étant restreinte aux seules donations en faveur des futurs, on ne peut l'étendre à celles faites au profit de personnes *mariées*, et l'exception ne doit porter que sur les donations stipulées dans les contrats passés *avant* le mariage. *Circ.* 1721.

6. La donation par des père et mère à leurs enfans, à la charge de les nourir ou de quelqu'autres conditions onéreuses, est passible du droit de transcription. *Instr.* 832, V. *démission p.* 140. — Si les enfans accordent une pension alimentaire à leurs ascendans, V. *ascendans*, *page* 83.

7. *Biens meubles* : en ligne directe, 1 fr. 25 cent. p. 100. *Art.* 69 *loi de frim.* 7. — Entre époux, 1 fr. 50 cent. p. 100. *Loi d'avril* 1816. *art.* 53. — Entre frères, oncles et autres parens au dégré successible, 2 fr. 50 cent. p. 100. *Idem.* — Entre toutes autres personnes, 3 fr. 50 cent. p. 100. *Idem.*

8. Les donations entre-vifs, d'effets négociables, opèrent les mêmes droits d'enregistrement que les donations des autres biens mobiliers. *Circ.* 1678.

9. Celles faites à des alliés, telles que les donations consenties par un beau-père ou une belle-mère en faveur de son gendre ou de sa bru, sont assujéties aux droits réglés pour les donations entre personnes non parentes, attendu que l'assimilation entre les parens et les alliés, qui résulte des art. 161, 162, 407 et 410 du C. C., est seulement relative aux personnes, et aux rapports et obligations, et qu'elle n'est point applicable aux biens et à leur transmission, soit par décès, soit par actes de libéralités entre-vifs. *Déc. min. fin. des* 1.er *mai et* 21 *juillet* 1820. (*Art.* 6764, *j.*)

11. Le droit d'enregistrement des transmissions à titre gratuit d'objets mobiliers, se liquide sur la déclaration estimative des parties, sans distraction des charges; quant aux immeubles, l'évaluation doit en être faite et portée, pour la propriété, à vingt fois le produit des biens ou le prix des baux courans, et pour l'usufruit, à dix fois ce produit; le tout sans distraction des charges. *Art.* 14 *de la loi de frim.* 7. — C'est d'après le prix des baux courans que le droit doit être établi; lorsque le bail est authentique, les parties ne peuvent être admises à prouver, par témoins, qu'il a été résilié, et l'Administration est fondée à se prévaloir de ce bail, sans être tenue de justifier qu'il n'était pas résolu à l'époque où la mutation s'est effectuée. *Arr. de cass. du* 7 *fév.* 1821, *art.* 162 *du Contrôleur de l'enregistrement.*

12. On ne peut admettre une évaluation sans déclaration du revenu des biens donnés. *Arr. de cass. du* 19 *déc.* 1809. (*Art* 3487, *j.*)

13. Le droit se perçoit non sur la valeur vénale, déclarée par les parties, mais sur le montant au denier 20 de ce revenu, quoique plus faible que le capital attribué, sauf à requérir l'expertise, s'il paraît insuffisant. *Sol. des* 19 *germ.* 12, 19 *nov.* 1812 *et* 28 *juillet* 1815. (*Art.* 5155 *et* 5244, *j.*)

14. Cependant lorsque les biens sont estimés, pour l'objet de la donation, 15,000 fr. en capital, mais 500 fr. en revenu, et que l'on charge le donataire venant à la succession du donateur, de tenir compte, sur sa part héréditaire, d'une somme de 15,000 fr., le droit est perceptible sur cette dernière somme. *Sol. du* 22 *août* 1812.

15. Pour la perception du droit d'enregistrement des donations, on ne doit faire aucune distinction entre les donations, à titre onéreux, et celles à titre gratuit. *Arr. de cass. des* 13 *mai* 1807 *et* 28 *janv.* 1818.

16. Il ne doit être fait aucune distraction des *charges* affectées à la donation, mais seulement des *réserves* que s'est faites le donateur sur les biens donnés. *Arr. de cass. du* 23 *nov.* 1815. (*Art.* 6004, *j.*)

17. Ainsi les charges considérables imposées au donateur ne peuvent changer le caractère de la donation et la faire envisager comme une simple vente. *Déc. min. fin. du* 31 *oct.* 1816. (*Art.* 5693, *j.*) — Il faudrait, pour asseoir ce droit, que les parties déclarassent formellement qu'elles se dessaisissent à titre de vente. *Instr.* 527.

18. Quant la donation comprend un bien fonds dont les père et mère se chargent de payer le prix au vendeur, cette dernière disposition ne change pas la nature de la convention, qui ne peut être considérée que comme donation à titre onéreux. *Instr.* 366, *nomb.* 8.

19. Lorsqu'on se réserve la faculté de payer en argent ou en immeubles, on perçoit le droit de donation comme sur une simple créance. *Inst.* 765. V. *abandon de biens au donataire*, *page* 47.

20. *Actes à considérer comme donation actuelle.* On ne peut considérer comme éventuelle, mais bien comme actuelle, la donation par un mari à sa femme, d'une somme à lui due et des intérêts à écheoir, pour en jouir dès-à-présent, avec liberté de faire inscrire la donation à tous bureaux d'hypothèques, mais à la charge de ne pouvoir disposer jusqu'au décès du donateur, que des intérêts. *Sol. du* 16 *nov.* 1814. (*Art.* 4966, *j.*) V. ci-après, n.° 42.

21. Celle acceptée du donataire, par laquelle le donateur stipule que la somme donnée, et dont il se reconnaît dès actuellement débiteur, ne sera payable que 6 mois après son décès, et lorsqu'il fait courir les intérêts du jour de la donation. *Arr. de cass. du* 22 *avril* 1817. (*Art.* 6013, *j.*)

22. Lorsque pour la donation acceptée, le donataire est chargé de remettre une somme à un tiers, il n'est pas nécessaire pour la validité de cette stipulation, d'une acceptation de la part du tiers; celle du donataire chargé de payer, suffit et rend l'acte parfait. *Arr. de cass. des* 5 *nov.* 1818 *et* 27 *janv.* 1819.

23. Les donations de biens présens et avenir, faites par contrats de mariage, soit qu'elles soient faites cumulativement ou par dispositions séparées, sont soumises au droit proportionnel dû pour les biens présens, toutes les fois qu'il est stipulé que le donataire entrera de suite en jouissance; mais lorsqu'il n'y a pas transmission actuelle de propriété, ce n'est qu'une donation éventuelle. *Inst.* 463. V. ci-après, n.° 37 *et suiv.*

24. DONATIONS *contenant diverses dispositions.* La donation faite avec réserve d'usufruit et dans laquelle le donateur dit que les fruits récoltés qui se trouveront à son décès, appartiendront au donataire, ne contient pas de dispositions de biens à venir, mais seulement une

modification de l'usufruit que le donateur réservait à son profit. *Arr. de cass. du* 27 *janv.* 1819.

25. Cependant on ne peut voir une donation dans l'acte par lequel un frère admet un autre frère comme légataire du père commun, bien que ce frère, frappé de mort civile, ait été incapable de recevoir un sacrifice prescrit par l'honneur, la délicatesse ou la piété filiale; cette disposition est une obligation naturelle, non soumise au droit proportionnel. *Arr. de cass. du* 3 *août* 1814.

26. Il existe des donations qu'on ne peut envisager que comme éventuelles. V. *ci-après*, n.° 46.

27. L'état estimatif *d'effets mobiliers*, qui accompagne un acte de donation, d'après l'art. 948 du C. C., doit être enregistré au droit fixe d'un fr.; la même règle doit s'observer pour les états des dettes et charges du donateur, existant au jour de la donation, que l'on doit annexer aux actes de donation, en exécution de l'art. 1084 du C. C. *Inst.* 351 *et* 586. V. *actes, page* 61, n.° 150. *Nomb.* 8.

28. Lorsque le partage est une des conditions essentielles de la donation, ou que le donateur assigne lui-même à chaque donataire la portion de biens qu'il se trouve posséder par l'effet du partage, il n'est dû de droit que pour la donation. Le droit, dans ce cas, doit être liquidé séparément sur la valeur de chaque portion, l'acte devant être considéré comme contenant autant de donations partielles qu'il y a de donataires ou de copartagans. Mais il y aurait lieu au droit fixe de partage, outre celui de donation, si les donateurs partageaient seuls entre eux, sans le concours des donataires. *Instr.* 290, *nomb.* 30.

29. Si les donataires licitent entre eux les biens du donateur, et s'ils demeurent à l'un d'eux, il y a lieu de percevoir le droit de donation sur la totalité des biens, et celui de vente sur la portion dont un de ces donataires acquiert la propriété. *Idem, nomb.* 30.

30. La donation par une mère à l'un de ses enfans, à la charge de payer une somme à ses frères, n'est assujétie à aucun droit pour la donation secondaire, attendu que le droit sur la donation principale est perçu sur la valeur entière du bien. *Arr. de cass. du* 21 *janv.* 1812. (*Art.* 4138, *j.*)

31. Si par l'acte de donation de biens immeubles par une mère à ses enfans, moyennant une rente viagère formant le revenu de ses biens, les donataires lui constituent une pension alimentaire, outre le droit de donation il est dû celui de constitution de pension alimentaire. *Sol. du* 13 *août* 1811.

32. Lorsque, pendant le mariage de deux époux mariés sous le régime de la communauté, une somme est donnée à la femme en propre, et que le mari reconnaît l'avoir reçue, la donation n'engendre pas le droit proportionnel d'obligation, lorsqu'il est stipulé que le revenu de l'objet donné doit entrer en communauté. *Sol. du* 22 *juillet* 1818. (*Art.* 6168, *j.*)

33. DONATIONS *sujètes au droit fixe de* 1 *fr.* Telles sont celles : 1.° de maison à une commune pour y établir, sous la direction des Sœurs de l'instruction charitable, une école gratuite, pour les jeunes filles pauvres, et soigner les malades. *Déc. min. fin. des* 7 *déc.* 1813 *et* 9 *mai* 1815. (*Article* 4791 *et* 5119, *j.*); 2.° aux Congrégations hospitalières. *Instruct.* 185, 432 *et Décr. du* 18 *fév.* 1809; 3.° les donations faites aux fabriques. *Instr.* 504; 4.° celles faites aux hospices et aux pauvres. *Instr.* 504; 5.° les donations faites à un hospice d'une somme d'argent et de créances, sous la condition que le donateur sera logé et nourri dans l'établissement pendant le reste de sa vie. *Déc. min. fin. du* 8 *sept.* 1820. (*Art.* 6820, *j.*) 6.° celles au profit des Séminaires ou Écoles secondaires ecclésiastiques. *Décr. du* 6 *nov.* 1813. (*Art.* 4699, *j.*); 7.° la donation d'un revenu annuel pour le service d'une chapelle. *Déc. min. fin. du* 26 *nov.* 1814.

Quant aux donations d'immeubles par le Roi, contractant en son nom personnel, elles sont exemptes de l'enregistrement, mais les actes subséquens, qui peuvent avoir lieu par suite de la donation, et de la part des Préfets pour la réaliser ou de celle des Intendans des domaines de S. M. doivent acquitter les droits ordinaires de mutation. *Déc. min. fin. du* 27 *mars* 1810. (*Art.* 3775, *j.*).

34. Ces diverses exceptions ne s'appliquent pas aux donations ci-après, et il y a lieu de percevoir le droit proportionnel sur celles faites, 1.°, aux associations d'éducation; elles sont passibles du droit proportionnel. *Déc. min. fin. du* 2 *août* 1808. 2.° A l'Institut pour fondation de prix : attendu que la loi n'excepte point cet établissement public. *Sol. du* 15 *prair.* 10. — 3.° Et en faveur des maisons établies dans les communes pour instruire les enfans, ces associations n'étant pas exclusivement destinées au soulagement des pauvres. *Déc. min. fin. du* 2 *août* 1808. (*Art.* 2964, *j.*). V. *abandon de biens*.

35. RÉTROCESSION *de donation*. V. *Renonciation et rétrocession*.

36. DONATIONS *sujètes au double droit*. — Lorsqu'après une déclaration de succession on reconnaît que les héritiers avaient joui des biens déclarés en vertu d'une donation non enregistrée, il y a lieu de liquider les droits et double droit de cette donation sur la valeur déclarée et de les réclamer sous la déduction de celui payé pour cette déclaration. *Déc. min. fin. du* 8 *déc.* 1814. (*Art.* 5126, *j.*).

37. DONATIONS *éventuelles*. Celles qui ne transportent pas dans le moment de la passation de l'acte la propriété ou l'usufruit des biens, mais en vertu desquelles le donataire par l'événement de la condition, peut seulement dans la suite les recueillir, opèrent le droit fixe de 5 fr. *Art.* 45 *de la loi d'avril* 1816. V. *le n.°* 23, *ci-dessus*. — Si ces donations ont lieu entre époux par contrat de mariage, V. *mariage*.

38. Ainsi le droit proportionnel ne devient exigible que quand la propriété passe au donataire par l'accomplissement de la condition ou de l'événement. Le donataire doit fournir déclaration dans les six mois de la mutation opérée en sa faveur. V. *succession*, *n.°* 106 *et suiv.*

39. Il n'est dû qu'un seul droit à raison des dispositions éventuelles, à quelque nombre qu'elles s'élèvent, dès qu'elles sont stipulées entre les futurs. *Sol. de l'Administration du* 9 *pluv.* 7. (*Art.* 58, *j.*) V. *mariage*.

40. Les institutions contractuelles ne sont considérées que comme donations soumises à l'événement du décès. *Arr. de cass. du* 19 *pluv.* 11. — Il en est de même de la donation de pensions faites par les tuteurs officieux à leurs pupilles. *Déc. min. fin. du* 23 *sept.* 1808.

41. Les donations faites aux époux pendant le mariage étant déclarées révocables par l'art. 1096 du C. C. n'opèrent pas mutation de propriété, et ne doivent être assujéties qu'au droit fixe, sauf, dans le cas de non révocation, le paiement du droit proportionnel sur la déclaration du donataire dans les six mois du décès du donateur. *Instr.* 290 *nomb.* 27. — Elles doivent être enregistrées dans les 10 ou 15 jours de leur date. *Instr.* 432. V. *délai*, n.ºs 52 *et suiv.*

42. On doit considérer comme donation entre-vifs sujète à l'événement du décès, l'acte authentique reçu par un Notaire, en présence de deux témoins, par lequel un époux déclare *faire donation à cause de mort* en telle forme que pareille donation puisse valoir à son épouse, à ce *présent* et *acceptant*, de tous les biens qui lui appartiendront le jour de son décès : pour ladite *donataire* en jouir en toute propriété, à dater du décès du donateur, et par lequel le donateur et la donataire donnent pouvoir au porteur de l'expédition dudit acte, le faire transcrire, quand et où besoin sera. *Cour de Paris du* 27 *août* 1814. (*Art.* 5432, *j.*).

43. La donation que se font les époux, quoique recevable pendant la vie du donateur, n'en est pas moins une entre-vifs; elle est sujète aux formes prescrites pour les actes ayant ce caractère. *Arr. de cass. des* 22 *juillet* 1807 *et* 16 *juillet* 1817.

44. Lorsqu'une donation comprend des biens présens et à venir, et lorsqu'à cet acte il n'a pas été annexé un état des dettes et charges actuelles du donateur aux termes de l'art. 1084 du C. C., et qu'il se réserve l'usufruit, le donataire ne pouvant donner que les biens existans à l'époque du décès. (*Art.* 1085 *du même C.*), il s'en suit que le donataire n'est saisi actuellement que d'une expectative éventuelle, et que la donation n'est point passible, avant le décès, d'un droit proportionnel comme pour mutation actuelle. *Arr. de cass. du* 17 *mai* 1815. (*Art.* 5208, *j.*, et *M. Sirey*, *année* 1815.)

45. On ne doit voir aussi qu'une donation éventuelle dans celle faite par une tante à sa nièce de tous ses biens meubles et immeubles présens et à venir; lorsqu'elle se réserve l'usufruit de ces biens et la faculté de disposer de 60,000 fr., ajoutant qu'elle se dessaisit dès-à-présent au profit de la future de tous droits de propriété et veut qu'elle soit mise en possession et jouissance, et qu'en cas de prédécès, ses enfans et, à leur défaut, son mari recueillent le bénéfice de la donation, le droit de mutation est dû après le décès de la tante, parce que la donation est du genre de celles énoncées en l'art. 1082 du C. C., et que d'après les réserves de la tante, la donataire ne pouvait être irrévocablement saisie qu'au décès de la donatrice des biens de la donation, qui s'étendait aux biens à venir. *Arr. de cass. du* 28 *janv.* 1819. (*M. Sirey*, *ann.* 1819.)

46. Lorsqu'un père fait donation du quart des biens dont il mourra saisi, en faveur de son fils qui s'oblige de payer ses dettes actuellement existantes, fondées ou non fondées en titre, jusqu'à concurrence de 1000 fr., qui ne pourront, non plus que les intérêts, être exigés du vivant du donateur, la charge imposée au donataire est aussi incertaine que l'institution faite en sa faveur, et par conséquent il n'est point dû le droit d'obligation sur ces 1000 fr. *Sol. de M. l'Administrateur de la* 4.e *division*, *du* 24 *mars* 1814.

47. Les donations qui ont lieu entre les époux pendant le mariage, forment une classe intermédiaire qui participe tout à la fois de la nature des donations entre-vifs et de celles des donations testamentaires; ainsi, lors même qu'elles sont revêtues de la forme des donations entre-vifs, elles peuvent être considérées comme renfermant des donations testamentaires, et valent comme telles. *Arr. de cass. du* 5 *déc.* 1816.

48. Quant aux donations à titre de partage, par un père à ses enfans, de la nue propriété de ses biens actuels, à la charge de payer les dettes dont ses biens se trouveront grévés à sa mort. V. *partage*.

DOT. Elle se compose des apports de la femme pour soutenir les charges qui résultent du mariage.

En Normandie, le principe d'inaliénabilité de la dot n'empêchait pas que la femme ne pût, quand elle était séparée, aliéner ses revenus mobilisés; cependant le nécessaire du ménage pour les besoins d'elle, du mari et des enfans doivent être prélevés par préférence, les revenus de la dot étant affectés aux charges du mariage. *Arr. de cass. du* 10 *janv.* 1820.

Les dots qui étaient accordées par la munificence du Souverain, n'étaient, assujéties par le décret du 20 juin 1810, qu'au droit fixe de 1 fr. *Instr.* 480. V. *mariage*.

DOUAIRE. Avantage qui, dans l'ancienne législation, était accordée aux femmes sur les biens des maris, soit par les coutumes, soit par les conventions contenues dans le contrat de mariage : le premier, nommé *coutumier*, consistait dans l'usufruit d'une partie des biens du mari; le second, nommé *conventionnel* ou *préfixe*, se composait d'une somme une fois payée ou d'une rente : le contrat de mariage en déterminait la quotité. V. *mariage et succession*, n.ºs 171 *et suiv.*

DOUANES. V. *acquisition*, *page* 52, n.° 7, *acquit*, *procès-verbaux et serment*.

DOUBLE ÉCRIT ou *écrit fait double*, V. *actes sous signature privée*, n.° 95, *page* 57.

On est fondé à former la demande des droits d'une vente *sous seing-privé* par acte qui n'a pas été fait double, si la nullité n'en a pas été prononcée. *Arr. de cass. du* 24 *juin* 1806; ou lorsque l'acte de vente *sous seing-privé* énonce qu'il a été fait double, quoiqu'il ne soit signé que de l'acquéreur et non du vendeur entre les mains duquel il se trouverait. *Arr. de cass. du* 13 *nov.* 1806.

DOUBLE MINUTE (*actes en*) V. *Notaire*, n.° 32.

DOUBLE DROIT d'*enregistrement*, V. *délai*, *insuffisance*, *omission et ventes d'imm.*, n.ºs 75 *et suivans.*

Si la convention donnant lieu au double droit, est énoncée dans un acte enregistré, on n'a que deux années, à compter de cet enregistrement, pour le demander. *Arr. de cass. du* 12 *déc.* 1814. Dans le cas contraire on a 30 ans. V. *prescription*.

Les Juges ne peuvent déclarer la contravention excusable, ni dispenser du double droit sous prétexte de bonne-foi. *Arr. de cass. du* 11 *nov.* 1812.

DROITS ET ACTIONS (les) sont meubles ou immeubles. V. *action, page* 63.

DROITS dont la perception est confiée à l'Administration de l'enregistrement. V. les différentes dénominations des actes, *greffes* (droits de) *minimum, timbre, etc.* et *aux* HYPOTHÈQUES (*droits d'hypothèques.*)

DROITS *litigieux.* La chose est litigieuse, dès qu'il y a procès et contestation sur le fond du droit. *Art.* 1700 *du C. C.*

Celui contre lequel on a cédé un droit litigieux, peut s'en faire tenir quitte par le cessionnaire, en lui remboursant le prix réel de la cession avec les frais et loyaux-coûts, et avec les intérêts à compter du jour où le cessionnaire a payé le prix de la cession à lui faite. *Art.* 1699 *du C. C.*

DROITS *réunis.* V. *exploit, procès-verb. et serment.*

DROITS *successifs.* V. *délai, retrait, succession et vente.*

DUPLICATA, c'est le double d'une pièce. V. *actes, page* 57, n.° 95, *et effets négociables.*

ÉCHANGE. Contrat par lequel les parties se donnent respectivement une chose pour une autre.

1. ÉCHANGE *d'immeubles.* Le droit d'enregistrement doit être perçu, à raison de 2 p. 100, sur la valeur d'une des parts, lorsqu'il n'y a aucun retour. *Art.* 69 *de la loi de frim.* 7. — Il est exigé en outre 1 fr. 50 c. p. 100, pour droit de transcription sur l'évaluation de chaque part, *art.* 54 *de la loi d'avril* 1816; — de sorte que dans ce cas il est dû 3 fr. 50 c. p. 100 sur l'une, et 1 fr. 50 c. sur l'autre. *Instr.* 758. V. *cession*, n.° 32.

2. Outre le droit ordinaire, il ne doit pas être perçu celui de 1 1/2 p. 100 sur la valeur de biens situés en pays étranger, et transmis par un acte d'échange passé en France depuis la loi du 28 avril 1816. *Sol. du* 7 *nov.* 1818. (*Art.* 6249, *j.*) V. *actes, pag.* 59, n.° 129.

3. Le droit se liquide sur un capital formé de 20 fois le revenu annuel, sans distraction des charges. *Art.* 15 *de la loi de frim.* 7.

4. La vente par un particulier d'un immeuble moyennant une somme, pour le paiement de laquelle l'acquéreur lui vend un autre immeuble de même valeur, mais avec faculté de pouvoir le reprendre, dans 5 ans, en remboursant ladite somme, est un échange, sauf perception du droit comme vente, si le rachat est exercé par la suite. *Déc. min. fin. du* 4 *sept.* 1810. V. *partage.*

5. *Soulte et plus value.* S'il y a retour, le droit est fixé à raison de 2 p. 100 sur la moindre portion, et de 5 1/2 p. 100 sur le retour ou la plus value. *Art.* 69 *de la loi de frim.* 7, *et art.* 64 *de celle d'avril* 1816.

6. Il se perçoit sur le prix évalué d'après les baux à ferme, soit de l'objet donné par équivalent, soit de la portion de *l'objet plus valant* pour laquelle il y a soulte. De ce que la soulte est réputée *prix de vente*, en ce qui touche la quotité du droit, il ne s'ensuit pas qu'à l'égard de l'objet plus valant pour lequel il y a soulte, le contrat doive être réputé *vente* quant à la détermination du prix, et que la soulte doive être regardée comme le véritable prix jusqu'à expertise. *Arr. cass. des* 29 *avril et* 13 *oct.* 1812. (*Art.* 4245, *j.*)

7. Sur l'échange sans stipulation de soulte, d'un bien grévé d'une rente, contre un autre bien grévé d'une autre rente, évalués chacun 250 fr. de revenu, y compris la rente, outre le droit de 5 p. 100 sur 5,000 fr., il est dû celui de retour sur *l'excédant* de la plus forte rente sur la plus faible, puisqu'il est une charge. *Arr. de cass. du* 14 *vent.* 13.

8. Lorsque chaque part est évaluée 5 fr. de revenu, et que cependant pour l'une d'elles il existe un bail courant fait moyennant 7 fr., lequel est rétrocédé par le même acte, il faut constater l'insuffisance par procès-verbal et asseoir le droit sur cet échange, comme s'il n'existait point de bail. *Sol. du* 19 *mars* 1811.

9. Lorsqu'un échange, fait sans soulte, d'une maison affermée, tant moyennant une somme, et à la charge par le fermier de payer la contribution foncière, qu'avec cession du montant de deux années de fermages, dont ce fermier restait débiteur, contre un bien affermé 2400 f., et qu'il exprime que chaque portion vaut 3000 francs, et qu'en outre l'échange est fait sans soulte ni retour, l'évaluation de la redevance en grains doit être faite d'après les mercuriales; on doit exiger la représentation des extraits certifiés des rôles de contributions, pour connaître la somme imposée en principal et centimes additionnels, et percevoir un droit de soulte à raison de la cession de la créance. *Sol. du* 27 *vent.* 11.

10. Pour le jugement qui prononce *la rescision* d'un échange, V. *résolution.*

11. ÉCHANGE *sous seing-privé.* V. *débiteur et délai.*

12. ÉCHANGE *d'objets mobiliers*, il faut percevoir seulement 2 p. 100 sur l'une des parts échangées. *Déc. des min. de la just. et des fin. des* 1.er *juin*, 3 *sept. et* 5 *nov.* 1811. (*Art.* 4179, *j.*) (Le droit serait dû sur la plus forte part, si les deux n'étaient pas de même valeur.)

13. ÉCHANGES *à enregistrer gratis* : ce sont les échanges de biens-fonds entre l'État et des particuliers. *Art.* 70 *de la loi de frim.* 7. — Ils peuvent être faits par des arrêtés des Préfets; dans ce cas, ils sont sujets au timbre et enregistrables gratis. *Déc. min. fin. du* 1.er *déc.* 1812. (*Art.* 4389, *j.*)

14. Ceux avec le domaine de la couronne s'enregistrent gratis, et ne donnent lieu, pour la transcription, qu'au salaire du Conservateur. *Décr. du* 16 *juillet* 1812. *Instr.* 598. — L'échange des biens avec la Légion d'honneur jouit de la même faveur. *Circ. du* 11 *sept.* 1807. V. *acquisition, pag.* 51, n.° 4.

15. Lorsqu'on donne en échange un bien situé en *France* contre un autre sis en pays *étranger*, ce dernier donné en échange ou en contre-échange, n'est pas soumis au droit, non plus que la soulte, s'il en est payé à cause de ce même immeuble. *Déc. min. fin. du* 25 *mai* 1813. (*Art.* 4517, *j.*)

ÉCHÉANCE *de délai*, V. *délai, page* 134.

ÉCOLE POLYTECHNIQUE. Établissement public, dont le but est de développer les connaissances physiques et mathématiques des Français qui se destinent au service de l'artillerie, du génie militaire, du génie géographe, à la construction des vaisseaux, ou qui doivent entrer dans les Administrations des ponts et chaussées, des poudres et salpêtres et des mines.

Cette Ecole est instituée aux frais de l'Etat ; ses dépenses sont des dépenses publiques. Elle est sous la surveillance des Ministres de l'intérieur et de la guerre. *Ordonn. du* 4 *sept.* 1816.

Pour les acquisitions faites à son profit, V. *acquisition, page* 52, n.° 10.

ECRITURES *publiques*, ou *sous seing-privé*. V. *actes, page* 57, n.° 92.

EFFETS *négociables* ou *de commerce*. Ce sont les lettres de change, billets, mandats, et généralement tous les effets qui se transportent par endossement.

1. Pour le droit d'enregistrement de ces effets, V. *billet, page* 92 *et* 93 ; *endossement, et lettre-de-change.*

2. Sont assujétis au droit de timbre, en raison des sommes et valeurs, les billets à ordre ou au porteur, les rescriptions, mandats, mandemens, ordonnances, et les autres effets négociables ou de commerce, même les lettres-de-change tirées par seconde, troisième et *duplicata*, et ceux faits en France, payables chez l'étranger. *Art.* 14 *de la loi du* 13 *brum.* 7. V. *billet.*

3. Le droit de timbre, pour ces effets, est gradué en raison des sommes y exprimées, sans égard à la dimension du papier. *Loi du* 13 *brum.* 7, *art.* 2. — Ce droit est de 70 cent. par 1,000 fr., inclusivement, et sans fraction, à quelque somme que puissent monter les effets. *Art.* 8 *de la loi du* 13 *brum.* 7, *et* 64 *de la loi d'avril* 1816.

4. Un effet de 2,025 liv. tournois a pu, sans contravention, être fait sur papier de 1 fr. 40 c., parce que cette somme ne s'élève pas à plus de 2000 fr. *Déc. min. fin. du* 18 *brum.* 11. (*Art.* 1309, *j.*)

5. C'est le cours légal des monnaies, et non celui du commerce ou de la bourse, qui doit servir de base pour établir la quotité des sommes, et le timbre proportionnel sur lequel les effets négociables doivent être écrits. *Déc. min. fin. du* 27 *juillet* 1812. (*Art.* 4722, *j.*)

6. Les effets négociables venant de l'étranger, ou des îles et colonies françaises, où le timbre n'aurait pas encore été établi, sont, avant qu'ils puissent être négociés, acceptés ou acquittés, soumis au timbre, ou au visa pour timbre, et le droit doit être payé d'après la quotité déterminée ci-devant. *Art.* 15 *de la loi du* 13 *brum.* 7. *Arr. de cass. du* 16 *juillet* 1806.

7. Les Préposés de l'Administration ne peuvent enregistrer ni viser pour supplément de droit de timbre, les effets de commerce rédigés sur papier frappé du timbre noir ou de dimension, et ils doivent, dans ce cas, constater la contravention, et faire payer l'amende, comme si l'effet avait été rédigé sur papier non timbré. *Circ.* 1517.

8. AMENDE. Celle pour contravention aux dispositions de la loi relative à ces effets, est du vingtième de la somme y exprimée : 1.° si l'effet est écrit sur papier non timbré ; 2.° sur un papier timbré d'un timbre inférieur à celui qui aurait dû être employé aux termes de la loi ; 3.° sur un papier timbré qui aurait été employé à tout autre objet ; 4.° s'il est rédigé deux effets sur la même feuille, à la suite l'une de l'autre ; 5.° lorsque, fait en pays étranger, il est négocié, accepté ou acquitté en France, sans être revêtu du timbre ou visé pour timbre. Cependant cette amende ne peut être moindre de 30 fr., pour les effets au-dessous de 600 fr. — Dans tous les cas ci-dessus, les contrevenans paieront en outre le droit de timbre. *Art.* 26 *de la loi du* 13 *brum.* 7.

9. Mais si le timbre employé était insuffisant, il ne serait dû, outre l'amende, que le supplément de droit de timbre que l'acte n'aurait pas supporté. *Déc. min. fin. du* 2 *fév.* 1813. (*Art.* 4420, *j.*)

10. Seront solidaires pour le paiement des droits de timbre et des amendes, les prêteurs et les emprunteurs ; pour les obligations en cas de décès des contrevenans, les droits et amendes seront dus par leurs successeurs, et jouiront, soit dans les successions, soit dans les faillites, ou tous autres cas, du privilège des contributions directes. *Art.* 75 *et* 76 *de la loi du* 28 *avril* 1816. V. *instance.*

11. Ainsi l'amende peut être prononcée contre le porteur qui a fait protester l'effet, quoiqu'il n'ait point apposé sa signature au bas, ni au dos de cet effet. *Arr. de cass. du* 3 *juin* 1811. (*Art.* 3976, *j.*) — L'Administration ne peut être obligée de diriger ses poursuites contre le signataire de l'effet. *Arr. de cass. du* 7 *janv.* 1813. (*Art.* 4859, *j.*)

12. Le signataire peut également être contraint au paiement de l'amende, bien qu'il n'ait fait aucun usage de cet effet, et que l'Administration n'en ait eu connaissance que parce qu'il a été déposé au greffe d'un Tribunal. *Arr. de cass. du* 1.er *juillet* 1811. (*Art.* 3975, *j.*)

13. L'amende est exigible, quoique l'effet n'ait point été présenté à la formalité par l'une des parties intéressées, et que le procès-verbal du Préposé, qui constate la contravention, ne fasse pas mention de la qualité de la personne qui l'a présenté. *Arr. de cass. du* 2 *nov.* 1813. (*Art.* 4979, *j.*)

14. L'effet négociable souscrit sur papier de dimension, par une femme en puissance de mari, et non autorisée à le consentir, est passible de l'amende du vingtième, bien qu'elle prétende cet effet nul, tant que la nullité n'a point été prononcée avec la partie légitime. *Arr. de cass. du* 13 *fév.* 1815. (*Art.* 5105, *j.*)

15. Le mandat peut être écrit sur papier de dimension, du même prix qu'aurait produit le timbre proportionnel, si l'on se fût servi de papier d'effet de commerce, dès que le droit est de même quotité. *Sol. des* 17 *déc.* 1807, *et* 9 *sept.* 1814. (*Art.* 4924, *j.*)

EFFETS PUBLICS. Ce sont généralement tous les effets négociables délivrés par le Gouvernement en justification d'un titre de propriété, et auxquels les lois donnent un cours public.

1. Tous ces effets sont exempts de la formalité du timbre. *Art.* 16 *de la loi de brum.* 7. V. *bons*, page 93, *inscription*, n.° 5, *mandat et transfert.*

2. Les effets qui se délivrent aux actionnaires de la caisse des tontines d'épargnes sont exemptes du timbre. *Déc. min. fin. du* 11 *janv.* 1813. (*Art.* 4789, *j.*)

EFFET RÉTROACTIF. La loi ne dispose que pour l'avenir. *Art.* 2 *du C. C.*

1. Cependant l'art. 1.er de la loi du 27 vent. 9, porte : « A compter du jour de la publication de la présente, « les droits d'enregistrement seront liquidés suivant les « fixations établies par la loi du 22 frim. 7, et celles pos- « térieures, quelle que soit la date ou l'époque des actes

« et mutations à *enregistrer*, sauf les modifications et « changemens portés dans cette même loi ». *Circ.* 1992.

2. Les donations d'une date antérieure au C. C., qui n'ont point été insinuées avant sa publication, conformément aux anciens réglemens, sont sujètes aux formalités prescrites par ce Code, qui doit servir de règle pour tout ce qui n'était pas consommé antérieurement. *Instr.* 196.

ELECTION *de command.* V. *command.*

ELECTION *de députés.* Tous les actes relatifs à l'exécution de la loi du 5 févr. 1817, sur les élections, notamment les registres et les listes des électeurs, les registres des déclarations pour translation de domicile politique, et les extraits de ces déclarations, peuvent être écrits, imprimés ou délivrés sur papier non timbré, et sont exempts d'enregistrement comme objets d'une haute Administration. *Déc. du min. de l'intérieur, approuvée par S. M., le* 7 *mai* 1817.

EMANCIPATION. Acte contenant la déclaration du père ou de la mère d'un mineur, ou la délibération de ses parens, pour lui donner la libre disposition de ses meubles et du revenu de ses immeubles.

1. Cet acte opère le droit fixe de 5 fr. par chaque émancipé. *Art.* 68 *de la loi de frim.* 7.

2. La nomination de *curateur aux causes*, ne donne ouverture à aucun droit, lorsqu'elle est contenue dans l'acte d'émancipation, dont elle est une conséquence nécessaire; mais la nomination d'un curateur spécial donne lieu au droit fixe de 2 fr. *Instr.* 449, *nomb.* 3.

3. Les actes d'émancipation des enfans admis dans les hospices, doivent être rédigés et expédiés en papier timbré, être soumis à la formalité de l'enregistrement, et acquitter le droit fixe de 5 fr. *Loi du* 15 *pluv.* 13. *Art.* 4.

EMARGEMENT. V. *enregistr.*, *dépense et sommiers.*

EMIGRÉS. V. *abandon*, *succession*, n.os 202 *et suiv.*; *et* AUX DOMAINES, *émigré* et *restitution.*

EMPHYTHEOSE. V. *bail*, n.° 40, *page* 88.

EMPLOI. Louis XIV disait à Louville : « Quand un » homme fait voir des talens supérieurs à son emploi, il » faut l'élever jusqu'à ce qu'on ait rencontré le point où » il peut rendre le plus de service, et, arrivé là, *l'y laisser* » et le récompenser libéralement. »

1. Les Français sont tous admissibles aux emplois. Le Roi nomme à tous ceux d'administration publique. *Art.* 3 *et* 14 *de la Charte constitutionnelle* accordée par S. M.

2. On ne peut quitter son emploi avant d'avoir été remplacé; il y a peine de prison contre l'Employé destitué ou suspendu qui continue à exercer ses fonctions après son remplacement, ainsi que contre celui qui, sans titre, s'est immiscé dans des fonctions publiques. *Art.* 34, 126, 197 *et* 258 *du C. Pénal.*

3. L'emploi ne doit pas être un objet de convention pécuniaire entre ceux qui veulent quitter l'Administration et ceux qui demandent à les remplacer. *Circ. du* 28 *avril* 1810, *arrêts de la Cour de Paris des* 25 *avril* 1814, 12 *oct.* 1815 *et déc. min. fin. du* 11 *nov.* 1816.

EMPLOYÉ, mot générique donné à tous les grades dans les Administrations publiques.

1. Toute attaque, voie de fait et les violences exercées envers les Préposés à la perception des contributions, ou une personne chargée d'un service public, lorsqu'elle est en fonction, sont regardées comme crime ou comme rébellion. *Art.* 209, 218, 230, 231 *et suiv. du C. Pénal.*

2. Le devoir de l'Employé, le but qu'il doit se proposer, est de faire fructifier les revenus du trésor de toutes les perceptions qui lui sont confiées, de rechercher soigneusement toutes les atteintes qui seraient portées aux produits ou aux formes dont l'infraction est l'objet de peines pécuniaires, d'activer les recouvremens, de s'occuper avec zèle de la répression de la fraude et des abus. *Circ.* 1280 *et du* 14 *mai* 1808, *et instr* 263.

3. On ne peut voir que des Employés inutiles et incapables de conserver leurs places dans ceux qui remplissent leurs fonctions avec indifférence, qui manquent d'application et d'activité. *Circ.* 1122 *et* 1126.

4. L'exactitude est une des principles qualités de l'Employé. *Instr.* 30.

5. Un Employé ne peut être poursuivi devant les Tribunaux, sur-tout civilement, sans l'autorisation préalable de M. le Directeur général. *Arr. de cass. des* 16 *mai* 1807 *et* 12 *juin* 1809. — S'il s'agissait de concussion, cette autorisation ne serait pas nécessaire. *Instr.* 899. V. *autorisation.*

6. Lorsqu'un fonctionnaire est assujéti, par un réglement de police, à quelque service public, comme citoyen, il n'appartient qu'à l'autorité administrative de l'en déclarer exempt. *Arr. de cass. du* 22 *juillet* 1819.

7. Les devoirs d'un Employé de l'Adm.on sont incompatibles avec d'autres fonctions publiques. V. *incompatibilité.*

8. L'Employé n'est pas dispensé de remplir les fonctions de juré, même le Conservateur des hypothèques. *Déc. min. just. du* 25 *janv.* 1812.

9. Il est autorisé à se faire remplacer lorsqu'il s'agit d'un service extraordinaire ou d'un droit civique à exercer, qui donnerait lieu à un déplacement. *Circ.* 688, *et Lettre de M. le Directeur général du* ... 1815.

10. Les Employés ne peuvent se rendre adjudicataires directement ou indirectement des biens dont ils ont la régie, ou qu'ils sont chargés de vendre ou d'affermer. *Circ.* 912 *et instr.* 655.

11. Ils ne sont imposables dans les rôles de taxes extraordinaires que sur leur fortune particulière. *Circ.* 912.

12. Une décision du Ministre des finances du 15 déc. 1820, *instr.* 964, porte : « Il est défendu à tout chef, employé et garçon de caisse ou de bureau du Ministère des finances, du Trésor royal et de toute administration dépendante du ministère des finances, à Paris et dans les départemens, d'agir en vertu de procuration d'un comptable et de suivre auprès de l'administration dans laquelle ils sont employés, ni auprès d'aucune autre, l'apurement d'aucun compte, la décision ou la liquidation d'aucune affaire, ni la recette d'aucune somme, à titre officieux ou gratuit. Les chefs, employés et garçons de caisse et de bureau qui contreviendraient à cette défense, et ceux qui conserveraient un intérêt ou une occupation quelconque dans des agences ou cabinets d'affaires, seront censés avoir donné leur démission, et seront immédiatement remplacés. »

13. L'Employé supprimé, par l'effet de la réduction de place, jouit de son traitement pendant le mois qui suit;

il est préféré pour les emplois qui deviennent vacans. *Circ.* 980. — Celui qui a des papiers relatifs au service qu'il quitte, doit les remettre à son successeur. *Idem.*

14. Tout Employé salarié par le Trésor, ne peut prétendre d'autre indemnité, comme témoin dans une affaire concernant une administration quelconque, que celle de ses frais de voyage, s'il sort de sa résidence pour déposer. *Instr.* 461.

EMPLOYÉS SUPÉRIEURS. Le nombre de ceux de la partie active est de 448, savoir : 216 Inspecteurs, dont 25 de première classe ; et 232 Vérificateurs, dont 25 aussi de première classe. L'avancement n'est pas exclusivement accordé aux Inspecteurs et Vérificateurs de la première classe par préférence à ceux de la seconde, il sera donné à celui qui se sera le plus distingué dans l'accomplissement de ses devoirs. *Circ. du* 13 *août* 1817.

1. Les Employés supérieurs doivent être doués de la capacité et de l'activité nécessaires pour donner de l'impulsion au travail de leurs subordonnés ; la moindre négligence dans l'exercice de leurs fonctions les exposerait à perdre la confiance de l'Administration. *Circ. du* 26 *nov.* 1811.

2. Il est défendu à l'Employé supérieur de prévenir le Recev. du projet de vérifier sa caisse. *Circ. du* 19 *août.* 1816.

3. Pour constater en tems utile les contraventions commises sur les actes et répertoires, qui n'ont pas été reconnues lors de l'enregistrement et du visa, les Employés supérieurs ne doivent jamais laisser écouler deux ans d'une vérification à l'autre, dans les études et greffes. *Instr.* 491 *et* 548.

4. Ils sont tenus 1.° de s'assurer de l'exactitude des Receveurs à n'enregistrer aucun acte qui ne serait pas sur le timbre prescrit ou visé, aucun protêt d'effets négociables sans les faire représenter en bonne forme. *Circ.* 1419. — 2.° De rechercher les contraventions au timbre des journaux, affiches, annonces, lettres de voitures, etc., et aux ventes de meubles aux enchères. *Instr.* 326. — 3.° De veiller à ce que les mesures prescrites à l'égard des inscriptions à prendre contre les comptables publics soient ponctuellement exécutées. *Instr.* 350. — 4.° De faire le récolement des inventaires de sommiers, registres et tables, pour se convaincre de l'existence de ces documens. *Circ.* 21 *juin* 1814.

5. Les Inspecteurs et Vérificateurs adressent à M. le Directeur général (division du personnel), dans la première quinzaine de janvier, un précis de leurs opérations faites pendant l'année précédente. *Instr.* 752. V. *Inspecteur et Vérificateur, ainsi que les art. des ordres généraux de Régie qui concernent ces Employés supérieurs.*

EMPREINTES *des timbres*. V. *timbre.*

EMPRISONNEMENT. V. *amendes*, p. 71, n.ºs 25 et suiv. ; *appel*, page 79, n.° 3 ; *contrainte*, p. 125, n.ºs 25 et suiv. ; et *exploit.*

EMPRUNT. V. *crédit*, p. 128, *obligation* et *procuration.*

ENCAN (*Ventes à l'*). V. *ventes de meubles.*

ENCHÈRE. Mise à prix pour des biens à affermer ou à vendre. V. *adjudication.*

ENDOSSEMENT. Ordre mis au dos d'un effet public ou négociable par le propriétaire de cet effet pour le passer au profit de celui qui en fournit la valeur.

1. Les endossemens et acquits des billets à ordre et autres effets négociables, ceux de rescription, mandats et ordonnances de paiement sur les caisses publiques, sont exempts de l'enregistrement. *Art.* 70 *de la loi de frim.* 7. V. *aval.* — Si l'endossement est mis sur un billet ordinaire, V. *billet*, p. 92, n.° 10.

Quoique l'endossement d'une lettre-de-change ou d'un billet à ordre, exprime la valeur reçue par ces mots seuls : *valeur reçue*, au lieu d'énoncer cette valeur reçue par la désignation de la sommee, cesse d'être un endossement véritable, pour ne valoir que comme procuration, ainsi qu'il résulte des arrêts des Cours de Bruxelles et de Liége, des 9 août et 13 déc. 1810, (*Art.* 4047, *j.*) il n'en est pas moins exempt de l'enregistrement. *Déc. min. just. et fin. du* 18 *mai* 1813. (*Art.* 4519, *j.*)

3. L'endossement d'un billet à ordre causé pour *don*, est valable comme s'il était causé pour valeur reçue. *Cour de Paris, du* 6 *mai* 1815. (*Art.* 5482, *j.*)

ENFANT NATUREL. Celui né hors mariage. V. *reconnaissance*, n.° 13.

1. L'enfant conçu avant, et né pendant le mariage, ne succède point à ceux de ses parens qui sont morts après sa conception, mais avant le mariage de son père avec sa mère. *Arr. de cass. du* 11 *mars* 1811. (*Art.* 3853, *j.*)

2. L'art. 3 de la loi du 14 flor. 11, qui maintient les conventions et les jugemens passés en force de chose jugée sur l'état et les droits des enfans naturels dont les pères et mères sont morts depuis le 12 brum. an 2, jusqu'à l'empire du C. C., s'applique aussi à un partage dans lequel on a faussement reconnu la qualité de successible à l'enfant naturel. *Arr. de cass. du* 15 *janv.* 1811. (*Art.* 3849, *j.*) V. *succession*, *n.*^os 161 et suiv.

ENGAGEMENT *d'immeubles*, est en général un acte par lequel on cède à quelqu'un la jouissance d'un bien pour un tems ; tel est celui fait par le débiteur à son créancier, pour jouir des biens, afin que les revenus lui tiennent lieu d'intérêts jusqu'à son remboursement. L'acte qui contient aliénation, sous la réserve de pouvoir exercer la faculté de rachat, est aussi une espèce d'engagement. V. *abandon*, p. 46 ; *antichrèse*, p. 79, et *vente à réméré.*

1. ENGAGEMENS ou *enrôlemens* (les), tant pour le service de terre que pour celui de mer, les congés, certificats et cartouches, sont exempts du timbre et de l'enregistrement. *Art.* 13 *de la loi du* 13 *brum.* 7 *et* 70 *de celle de frim.* 7.

2. Les rôles d'équipages et engagemens de matelots et gens de mer, de la marine marchande et armemens en course, sont exempts de l'enregistrement. *Loi de frim.* 7, *art.* 70.

3. Les expéditions des actes de l'état civil, et les certificats qui doivent être produits pour les enrôlemens volontaires, seront délivrés sur papier non timbré, à la charge par les Officiers publics et les Maires, de faire mention de la destination sur chaque expédition ou certificat. *Instr.* 851.

ENGAGEMENS *de domestiques*, etc, V. *bail*, p. 89, n.° 64.

ENGAGISTE. V. ce mot AUX DOMAINES, p. 34.

ENQUÊTE. Procès-verbal rédigé en présence d'un juge, contenant les dépositions de témoins.

1. Les procès-verbaux d'enquête doivent 1 fr., s'ils émanent d'un Tribunal de paix, de police correctionnelle, ou d'une Cour criminelle, soit entre parties, soit sur la poursuite du Ministère public, avec partie civile; et 3 fr. aux Tribunaux civils. *Art.* 68 *de la loi de frim.* 7; *et art.* 44 *et* 45 *de celle d'avril* 1816. — Pour les droits de greffe à percevoir en certains cas, V. *greffe* (*droit de*).

2. Lorsque, dans les causes sujètes à appel, il est dressé procès-verbal de l'audition des témoins ou de la visite des lieux, cet acte opère un droit particulier et indépendant de celui du jugement, quand même le juge prononcerait sur le lieu même sans désemparer; mais si, comme dans les causes non sujètes à appel, il n'est pas dressé de procès-verbal, il n'est dû aucun droit pour la disposition du jugement qui contient les résulats de l'enquête. *Inst.* 436, *nomb.* 7.

3. L'ouverture des procès-verbaux d'enquête n'est pas sujète à un droit distinct de celui qui est perçu sur les procès-verbaux, après que l'enquête est terminée. La mention de l'ordonnance du juge, dans le procès-verbal, n'est pas un acte séparé, mais une suite de l'ordonnance du juge, enregistrée précédemment. *Sol. du* 24 *juillet* 1819. (*Art.* 6457, *j.*)

4. Les notes tenues par les Greffiers des Tribunaux de police, de la déposition des témoins, sont exemptes de l'enregistrement. *Déc. min. fin. du* 6 *nov.* 1819.

ENREGISTREMENT. Extrait des actes sur un registre. Il tend à constater l'existence et la date des actes. Il a été établi en remplacement des droits de contrôle et autres supprimés par la loi du 19 déc. 1790.

1. A titre de formalité, il fait foi; celui de recette seulement ne sert que de commencement de preuve par écrit. *Déc. min. fin. du* 26 *août* 1818.

2. L'existence de l'acte d'émancipation perdu au greffe se prouve par l'extrait qu'en renferme le registre du Receveur de l'enregistr. *Arr. de cass. du* 27 *janv.* 1819.

3. Il en est de même de l'acte dont la minute ne se trouve pas dans l'étude d'un Notaire; celui-ci ne pourrait arguer d'une prétendue erreur sur les registres de formalité, qu'en représentant un répertoire régulier à la tenue duquel il est obligé suivant la loi. *Cour de Douai, du* 1.er *juillet* 1816. (*Art.* 5726, *j.*)

4. Lorsqu'un acte n'est pas inséré dans le registre, il s'en suit une présomption légale de son défaut d'enregistrement, et c'est à celui qui prétend que la formalité a été donnée, à le prouver, en représentant l'original de l'acte. *Arr. de cass. du* 2 *oct.* 1820.

5. Les enregistr.s doivent être clairs et précis; énoncer toutes les dispositions des actes, par extrait et dans un même contexte, soit qu'elles donnent ou non ouverture à des droits; on ne doit rien y omettre de ce qui peut servir à remplir les colonnes des différentes tables alphabétiques. — La somme du droit doit être écrite en toutes lettres, et ensuite tirée hors ligne en chiffres; chaque enregistrement doit indiquer le nombre des rôles et des renvois; l'écriture doit être soignée; il faut écrire en lettres majuscules le premier mot de l'enregistrement et les noms des parties contractantes, pour faciliter les recherches et le service des tables. — Lorsqu'une case ne suffit pas, il faut en employer autant qu'il est nécessaire, en les liant par une accolade. — Les actes synallagmatiques doivent être copiés en entier pour l'enregistrement; les autres actes S. S. P., et ceux passés en pays étrangers, doivent être enregistrés d'une manière très-circonstanciée. — Chaque enregistrement d'un acte de l'espèce de ceux indiqués dans l'art. 81 des Ordres généraux de régie doit être émargé du mot *renvoi*. — Pour le contrat de mariage, on indiquera si l'acte est passé après ou avant la célébration. — On ne doit jamais différer d'enregistrer les actes présentés, lorsqu'on en paie les droits; cependant on pourra conserver les actes pendant 24 heures pour en prendre des copies, lorsqu'ils contiendront des renseignemens dont la trace peut être utile. — Les ratures et les surcharges sont défendues dans les enregistremens, en cas d'erreur, il faut rayer les mots de manière qu'on puisse les lire. — Le Receveur, sous peine d'amende, ne doit admettre à l'enregistrement que les actes marqués du timbre auquel ils sont assujétis; il doit exiger l'amende encourue pour les actes présentés après le délai; il est comptable de tous les actes qu'il a enregistrés, et doit rapporter procès-verbal, lorsque dans un acte de poursuite relatif à un commerce, profession ou industrie, la patente n'est point indiquée, etc. *Art.* 17 *à* 30, 36 *et* 49 *des Ordres généraux de Régie. Circulaire* 43, 1109, 1419, *Inst.* 290 *et* 668.

6. Si l'Officier public se refuse au paiement du droit d'enregistrement des actes qu'il remet au bureau, on retient ces actes, pour l'obliger à payer le droit et l'amende du retard, dès le lendemain de l'expiration du délai; quant aux actes sous seing-privé dans le même cas, on ne doit conserver que ceux translatifs de propriété ou jouissance d'immeubles, même les baux, et attendre les trois mois de leurs dates pour exiger les droits et doubles droits. — Le Receveur doit percevoir le demi-droit en sus, en enregistrant les déclarations des héritiers, légataires ou donataires, fournies après les six mois du décès. *Circ.* 1310.

7. L'enregistrement de la vente des immeubles et des meubles, doit faire connaître si le mobilier a été désigné article par article; et pour l'échange, s'il contient soulte ou non. *Circ.* 926.

8. La nature de l'amende doit être distinctement exprimée dans l'enregistrement. *Circ.* 825.

9. Les Employés sont les surveillans naturels de la régularité des actes; par devoir envers la société, ils doivent examiner les actes avec attention, pour coopérer à la répression des abus. *Instruct.* 263.

10. A la marge des enregistremens, il faut indiquer les numéros des articles correspondans aux sommiers; lorsqu'il s'agit du prix des rachats de rentes, on doit faire l'énumération des droits rachetés et énoncer que les formalités préalables ont été remplies. *Ordr. génér., art.* 46.

11. Les enregistremens des prix de vente de domaines, et ceux pour recettes de toute autre nature, qui sont acquittés autrement qu'en numéraire, doivent indiquer les valeurs énoncées dans les inscriptions remises en paiement, etc. *Circ.* 812, 856, 926, 1034, 1044 *et* 2032.

12. Les Receveurs doivent, lors de la recette des créances et revenus nationaux, libeller leurs enregistremens de manière qu'on puisse facilement distinguer les cas où les intérêts et intérêts d'intérêts sont stipulés par une convention, ou exigibles de plein droit. *Instr.* 314. V. *les ordres généraux de régie.*

ENROLEMENT. V. *engagement.*

ENTÉRINEMENT *de procès-verbaux et rapports.* Approbation, enregistrement de ces actes par les Tribunaux ou Administrations.

Pour connaître les droits d'enregistrement des jugemens portant entérinement de procès-verb. V. *jugem.*

ENTREPRENEURS *de voitures publiques.* V. *amendes*, p. 76, n.° 156 et *registres.*

ENVOI *en possession.* Jugement qui autorise les héritiers d'un absent à se mettre en possession de ses biens. V. *absent et jugement.*

ENVOIS *périodiques* de pièces et états relatifs à l'administration. V. *adresse.*

1. Il faut être ponctuel dans les envois : le retard expose, 1.° le Directeur à perdre son traitement fixe ou une portion de sa remise ordinaire et extraordinaire pendant tout le tems du retard, ou à recevoir un commissionnaire dont les frais de route et les salaires seraient à sa charge. — 2.° Le Receveur à se voir expédier à ses frais, par le Directeur, des commis pour accélérer les opérations. *Circ.* 1122, 1226, 1316, 1756 *et* 1995. *Instr.* 316.

2. Il faut comprendre dans le même paquet toutes les expéditions terminées, lors même que l'on ne serait pas au terme de l'envoi de quelques-unes. *Circ.* 1565.

3. Si l'on n'a point de matière relative aux états demandés, on les remplace par des certificats négatifs. *Circ.* 1471.

4. Lorsque les envois sont perdus par la faute des agens des voitures publiques, c'est la valeur constatée de l'objet qui doit être payée. *Arr. de cass. du 6 fév.* 1809. Lorsqu'elle ne peut être constatée, c'est au Tribunal à la déterminer d'office. (*Cour de Paris du* 19 *avril* 1809.)

5. Les Employés doivent informer le Direct.r, et celui-ci l'Administration, des changemens qui surviendraient par baux, vente, etc., dans les biens immeubles qui restent aux mains de l'Administration. *Circ. des* 26 *déc.* 1807 *et* 22 *mars* 1808.

ÉTATS *à fournir par le Directeur* : ils sont adressés à M. le Directeur général, émargés d'observations convenables sur les causes qui suspendent le recouvrement, et certifiés après en avoir reconnu l'exactitude. *Circ.* 13 *vend.* 12.

6. *Par mois*, le 10 : 1.° le bordereau général des recettes, dépenses et versemens du mois précédent, sous peine d'être désigné au ministère en cas de retard. Il ne doit point être fourni double. *Instr.* 670, 782 *et* 971. — 2.° L'état général par bureau des recettes et dépenses depuis le 1.er janvier jusqu'au dernier jour du mois, présentant la situation des caisses des Receveurs. — 3.° L'inventaire des pièces de dépenses, acquittées pendant le mois sur l'exercice courant, les pièces à l'appui et le bordereau par nature des pièces justificatives. — 4.° Pareil envoi pour les pièces acquittées sur l'exercice précédent. — 5.° L'état, en double expédition, des exécutoires pour frais de justice criminels et de police, acquittés pendant le mois avec les pièces à l'appui. — 6.° L'état, en double expédition, des frais de justice acquittés sur simples mandats du Préfet, avec les mandats à l'appui. — 7.° L'inventaire des pièces justificatives des *avances pour frais de régie de l'Administration des forêts*, avec les pièces à l'appui. — 8.° L'état général de la situation des procès-verbaux de contravention. (*Ordr. gén.*, *art.* 255.)

7. Le 11 de chaque mois : 1.° l'état des instances engagées pendant le mois précédent devant les tribunaux, et des affaires domaniales introduites devant les Conseils de Préfecture ; 2.° l'état des jugemens rendus ou les arrêtés de ces Conseils. *Art.* 294, *ordr. gén. Circ.* 1565 *et* 24 *juillet* 1807. *Instr.* 542 *et* 606.

8. Les 12 et 26 : les journaux de travail des Employés supérieurs, apostillés de ses observations, et après les avoir fait transcrire. *Circ.* 1565.

9. *Par trimestre*, les états formés par les Receveurs, indiqués ci-après, n.os 4, 5, 6, 7 et 8.

10. Le 10 du premier mois : à l'Administration, deux états généraux de situation, l'un pour le contentieux administratif (même pour les questions de propriété), l'autre pour le contentieux judiciaire des affaires restant à terminer au dernier jour du trimestre précédent, et de celles engagées pendant le même trimestre. *Instruction* 606.

11. D'après les bordereaux de compte de chaque trimestre, le Directeur dresse un état qu'il transmet au Préfet, indiquant par bureau le produit brut des amendes de police, les frais à déduire et le restant net, attribué 1/3 à l'hospice du chef-lieu, et 2/3 aux communes. *Instr.* 815.

12. L'état général du recouvrement des amendes concernant l'Université. *Instr.* 906.

13. L'état de situation du recouvrement des amendes forestières. Cet état sera rédigé selon le modèle annexé à l'instr. 813, et adressé à l'Administration des forêts. *Instr.* 975.

14. Etat général des recettes pour la caisse des pensions. V. *pension.*

15. Les états de situation des sommiers, tables, et les renvois concernant d'autres départemens, ainsi que la feuille contenant le précis des opérations extraordinaires des Receveurs. *Circ. du* 22 *mars* 1808.

16. Le *vingt*, au plus tard, du second mois : l'état des débets résultant des comptes et de leur situation. *Circ. de M. l'administrateur de la comptabilité, du* 5 *nov.* 1808.

17. Dans les dix derniers jours : copie des mémoires d'ordre et instructions de la contre-tournée. *Art.* 294 *des ordr. gén.*

18. *Par semestre* : état, en double expédition, de la conduite et de la capacité des Employés et Surnuméraires. *Instr.* 752.

19. *Par année:* en janvier, le journal général des recettes et dépenses des impressions. *Circ. de M. l'Administrateur de la comptabilité, du* 19 *déc.* 1814.

20. Chaque année, le Directeur adresse, en double expédition, un état des remises allouées aux Receveurs et des salaires payés aux Conservateurs des hypothèques durant cet exercice. *Circ. du* 11 *févr.* 1818.

21. Le 1.er février : 1.° l'état général des ventes de coupe de bois de la Caisse d'amortissement ; 2.° l'état concernant les produits des droits de l'Etat ou de ceux séquestrés, affermés ou affectés aux usines. *Circ. du* 28 *sept.* 1812.

22. Le 15 mars de chaque année, l'état de complément aux états de produits de l'ann. précéd. *Inst.* 814.

23. ÉTATS A FOURNIR PAR LES EMPLOYÉS SUPÉRIEURS. Par quinzaine : à M. le Direct.r, leurs journ. de travail. *Art.* 163, 223 *des ordr. gén. de régie* et *inst.* 294.

24. Le 5 du second mois de chaque trimestre : l'inspect.r adresse à M. l'Admin.r de la divis. dans laquelle il exerce, l'état général des recettes et dépenses, et de comparaison pour sa div. de contrôle. *Arrêté de M. le Directeur gén. du* 18 *vent.* 10.

25. Le résultat de la comparaison des recettes et dépenses présentées par les états de mois des Receveurs.

26. Leurs observations sur les Receveurs, et sur la tenue de leurs sommiers et tables. *Instr.* 14 *et circ. du* 22 *mars* 1808.

27. Le compte rendu sur la conduite des Surnuméraires. *Idem.*

28. La lettre de tournée. (Voir, pour sa rédaction, *lettre de tournée*). *Art.* 211 *des Ordres de Régie.*

29. Le 5 (au plus tard) du second mois : l'Inspecteur remet lui-même au Directeur, les copies des expéditions de tournée, adressées à l'Administration et détaillées ci-dessus, n.os 24 à 28.

30. Le compte particulier de la débite du papier timbré, jusqu'au jour du passage dans les bureaux *Inst.* 971.

31 Pareil état de la débite des passe-ports et permis de port-d'armes. *Idem.*

32. Les relevés des procès-verbaux dressés sur les registres de perception. *Idem.*

33. Enfin les pièces que les Receveurs doivent lui remettre lors de son passage dans les bureaux. V. *tournée.* *Par année.* V. p. 156, n.° 5.

ETATS A FOURNIR PAR LES RECEVEURS.

34. *Par mois* : à M. le Directeur, un bordereau des recettes et dépenses à adresser le 2 au plus tard. Voyez *comptabilité*, n.° 24.

35. A M. le Direct.r général de la Caisse des dépôts et consignations, l'état des actes qui donnent lieu à des consignations. V. *consignation*, p. 123, n.° 3.

36. *Par trimestre* : à M. le Direct.r, un état des ventes d'effets militaires de la guerre, reconnus inutiles au service. *Instruct.* 623 *et* 975.

37. Un état des ventes d'objets de marine, pareillement reconnus inutiles au service. *Instr.* 624 *et* 975.

38. Un état général de la situation du recouvrement des frais de justice. *Instr.* 561 *et* 975.

38. Semblable état pour les taxes abusives. *Circ. du* 28 *févr.* 1818 *et Instr.* 975.

40. Le résultat des liquidations entre le Trésor et les communes, arrêtées par le Ministre des finances, en vertu de la loi du 20 mars 1813, *instr.* 975, qui renouvelle l'ordre de rédiger ces états, et fournit de nouveaux modèles.

41. L'état du recouvrement des amendes de contravention à la police du roulage. V. *amendes*, page 75, n.° 107.

42. Celui du recouvrement des amendes de grande voirie. V. *amendes*, page 75, n.os 113 et 114.

43. Etat du recouvrement des amendes concernant l'Université. *Instr.* 906.

44. L'état de la situation ou recouvrement des amendes forestières. *Instr.* 813 *et* 975.

45. Pour les états et expéditions périodiques à remettre chaque trimestre à l'Inspecteur, V. *tournée.*

46. Dans les dix derniers jours, les Receveurs remettent à chacun des Maires de la circonscription de leur bureau, un tableau pour y inscrire les décès. *Circ.* 2045.

47. *Par année* : le compte de l'année précédente à remettre à l'Inspecteur, avec les expéditions dont il est fait mention à l'article *comptabilité*, n.° 38.

48. Un état du produit des adjudications des coupes de bois de la Caisse d'amortissement. *Circ. du* 28 *sept.* 1812. *Instr.* 975.

49. Un état du produit des bois affermés ou affectés aux usines. *Idem.*

50. Un état du produit des coupes ordinaires de bois des communes et des établissemens publics. *Idem.*

51. Semblable état des coupes extraordinaires. *Id.*

EPAVE. V. ce mot AUX DOMAINES, page 35.

ERREUR *de calcul.* Faute dans les calculs.

1. Les erreurs de calcul au préjudice du Trésor ne sont dispensées de l'addition des intérêts qu'autant que le résultat en est modique, et qu'elles ne peuvent faire supposer dans le comptable l'intention de s'en attribuer le montant ; mais dans ce cas même elles produisent intérêts à compter du jour où l'on a été mis en demeure de les payer. *Ordonn. du* 18 *mars* 1818.

2. La prescription trentenaire est la seule limite de l'action du Trésor, pour l'exigibilité des intérêts, soit antérieurs, soit postérieurs au Code ; cependant pour les débets contractés pendant le cours du papier-monnaie, et à l'égard des comptables qui mériteraient d'être placés dans un cas d'exception, l'époque de l'exigibilité des intérêts pourra être fixée à la publication du C. C., Titre *du mandat.* Les erreurs de 100 fr. et au-dessus seront rangées dans la classe des soustractions de recette et passibles d'intérêts du jour où le recouvrement aurait dû être fait. *Déc. min. fin. du* 5 *févr.* 1815 (*Art.* 5816, *j*)

3. L'erreur qui ne s'élève qu'à 100 liv. tournois ou 98 fr. 75 cent., commise antérieurement à la loi du 6 prair. 7, n'est point sujète au décime, et ne peut être considérée comme erreur de 100 fr. *Sol. du* 23 *sept.* 1817. *Circ.* 1591.

4. Les erreurs qui ont eu lieu pendant le cours du papier-monnaie doivent être évaluées d'après le tableau de dépréciation de la Trésorerie, à la fin du trimestre dans lequel elles ont été commises. *Déc. min. fin. des* 5 *prair.* 5 ; 22 *therm.* 6, *et* 18 *therm.* 8.

5. Les erreurs relevées par les Inspecteurs sur les registres de recette, seront ajoutées ou déduites, suivant les cas, sur les mêmes registres, avec les mentions convenables, mais seulement à la date des procès-verbaux du contrôle des produits. *Instr.* 737.

6. Quant à celles relatives aux bordereaux de produits, V. *comptabilité*, *p.* 116, n°. 26; et *l'instr.* 971.

ESCORTE. Le comptable qui craint pour la sûreté des fonds qu'il va verser, peut user de la faculté de requérir une escorte de la gendarmerie dans la forme prescrite par la Circ. du 1.er août 1809. — Le refus d'un brigadier de la gendarmerie de se prêter à la réquisition d'un Receveur, a été improuvé par Déc. du Min. de la guerre, du 8 mars 1817. (*Art.* 5700, *j.*)

ESTIMATION. Si les sommes et valeurs ne sont pas déterminées dans un acte ou jugement donnant lieu au droit proportionnel, les parties seront tenues d'y suppléer avant l'enregistrement, par une déclaration estimative, certifiée et signée au pied de l'acte. *Art.* 16 *de la loi de frim.* 7.

1. Pour les transmissions entre-vifs, à titre gratuit, les parties sont tenues de faire une déclaration estimative, article par article, sans distraction des charges. *Art.* 14 *et* 27 *de la loi de frim.* 7. V. *succession*, n.os 73 *et suiv.*

2. Pour l'estimation des rentes et pensions stipulées payables en nature, V. *succession*, n.° 75 *et suiv.*

3. Pour connaître d'autres évaluations. V. *action*, *page* 63, n.os 7 *et* 10; *cession*, *page* 105, n.° 9; *échange*, *page* 153, n.° 3; *expertise*. *mercuriales* et *usufruit*.

4. Quand un immeuble est vendu moyennant un prix qui sera fixé par des experts, les parties doivent fournir une déclaration *dûment certifiée*, dont l'inexactitude emporte la peine du double droit. *Instr.* 566.

5. Si l'estimation est évidemment exagérée, les parties feront, à la suite du premier acte, un autre acte déclaratif de la véritable valeur du bien et de l'erreur commise, qu'on enregistrera au droit fixe de 1 fr., et qui servira à rectifier la perception du premier. *Sol. du* 29 *germ.* 7. (*Art.* 114, *j.*).

6. Le refus que font les experts de déterminer le prix d'un bien, n'annule pas la vente et n'empêche pas que le droit proportionnel ne soit exigible. *Arr. de cass. du* 14 *avril* 1807.

7. La circulaire 1836 et l'art. 132 des ordres de Régie recommandent de se livrer à la recherche des estimations frauduleuses dans les donations, échanges et ventes de propriété ou d'usufruit d'immeubles.

ÉTAPE. V. *billet*, page 93, n.° 29.

ÉTABLISSEMENT *public*. V. *actes*, page 55, n. 40.

ÉTABLISSEMENT *de gardien*. V. *exploit et procès-verbal*.

ÉTAT *civil*, V. *actes*, *page* 62, n.os 167 *et suiv.*; *registres*.

1. ÉTATS *de mutations*, V *communication*, *page* 113, n.° 16.

2. ÉTAT *de dettes* ou *d'effets mobiliers* à fournir à l'appui de certains actes. V. *actes*, *page* 61, n.° 150; *déclaration*, *p.* 134, n.°. 36, et *donation*, *pag.* 151, n.° 27.

ÉTAT *de distribution de secours à domicile*, arrêté par les commissions des hospices : il est exempt du timbre, comme acte d'ordre intérieur. *Déc. min. fin. du* 29 *avril* 1806. (*Art.* 2290, *j.*)

3. ÉTATS *d'inscriptions et de transcriptions* hypothécaires. Ils sont dispensés de l'enregistrement, quoi qu'ils soient produits en justice ou déposés chez un Notaire. *Instr.* 433, *nomb.* 5.

5. ÉTATS *de dépens*, V. *dépens*, *page*....

6. ÉTATS *périodiques*. Le Directeur surveille la formation de ses états, et s'assure de l'exactitude de ceux qui servent à confectionner les siens. *Arr. de cass. du* 8 *août* 1806, 7 *niv.* 14. *Circ.* 1051 *et* 1484.

7. Lorsqu'il existe de nouveaux états, on néglige les anciens. *Circ.* 1505 *et* 22 *vend.* 13.

8. On ne doit employer dans leur rédaction, que les dénominations consacrées par le nouveau système décimal. *Circ. du* 18 *flor.* 12, 701 *et* 814.

9. Ils doivent être dressés avec soin et intelligence. *Circ.* du 18 *flor.* 12.

10. Pour savoir à quelle époque les états doivent être envoyés, V. *envois périodiques*.

11. ÉTAT *de produit par mois*, maintenant nommé bordereau de recettes et dépenses. C'est celui qui présente les recettes et dépenses de chaque mois, et la comparaison avec le pareil mois de l'année précédente. Il est rédigé en double, l'un reste au bureau, l'autre est adressé au Directeur, le premier du mois. En s'attachant à suivre exactement les colonnes et indications qui figurent sur les imprimés fournis pour sa rédaction, on arrivera nécessairement au but de l'Administration, en observant que les remises doivent être liquidées chaque mois, ainsi que les retenues au profit du Trésor et du fonds de retraite. V. *l'Instr.* n.° 971. — Les frais de port de lettres peuvent être compris en dépense par mois ou par trimestre.

12. Pour la mention à mettre à la dernière page des récépissés de versemens, *instr.* 95 *et* 772.—On rappellera ici que les versemens doivent être effectués tous les cinq jours, par les Receveurs de chefs-lieux, et le dernier jour du mois, par les autres, et que les récépissés doivent être visés par le Sous-Préfet, dans les vingt-quatre heures. *Instr.* n.os 95 *et* 954. — Il est bien entendu que les Receveurs de canton feront un versement extraordinaire chaque fois qu'ils auront 5000 fr. en caisse. V. *versement*.

13. Lorsque le certificat de crédit pour compensation de cautionnement comprend, outre la somme due au Trésor, le montant des frais à rembourser par le débiteur, il est fait recette du total, sous le titre : *frais de poursuites recouvrés concernant l'enregistrement*; le certificat de crédit est porté en dépense en totalité sur l'état taxé de ces frais; le montant est porté en recette. *Lettre de M. le Directeur général de l'enregistr. du* 28 *oct.* 1817. (*Art.* 5891, *j.*).

14. Le dernier jour de chaque mois, le Receveur forme un état exact des papiers timbrés, restant en nature dans son bureau, et porte le montant de la débite sur l'état des produits; cet état est présenté à l'inspecteur, qui rédige, d'après cette donnée, le contenant de la débite du trimestre. *Instr.* 737.

15. ÉTAT *général* des produits fournis par le Directeur. Il est formé d'après les états particuliers des Receveurs. *Circ.* 1565.

— Pour la manière de le confectionner. V. *circ.* 228, 1002, 1565 *et* 1756.

16. Le Directeur s'explique sur les causes du restant en caisse. *Circ.* 1028 *et* 1565. — Il n'est pas nécessaire de fournir cet état en double expédition. *Instr.* 782.

17. ÉTAT *des frais de justice.* Il doit exister une parfaite concordance, entre le total de la 5.e colonne de l'état, dont le modèle se trouve dans l'instruction 975, et les sommes portées en recette sur les bordereaux de compte; il doit présenter la totalité des sommes recouvrées, soit sur les condamnés, soit d'après les rôles de taxes abusives. *Lettre de M. le Direct. gén. du* 10 *nov.* 1817. (*Mémoire d'ord. de la direct. d'Orléans, année* 1817.)

18. Le Directeur ne doit certifier cet état, ainsi que celui n.° 4, que lorsqu'il a reconnu que la somme y énoncée est égale à celle portée dans les états de produits; et quant à la somme portée dans la 4.e colonne de l'état n.° 4, qu'autant qu'elle est semblable au montant total des rôles ordonnancés pendant le trimestre, quelle que soit la date de l'envoi qui lui en aurait été fait. *Lettre de M. le Direct. général du* 16 *janvier* 1818. (Maintenant la comptabilité s'établit par mois. *Instr.* 971.)

19. L'état des frais de justice avancés par le Trésor, doit toujours être émargé des explications indicatives des causes de l'arriéré. *Instr.* 796, *même Lettre.*

20. ETAT *des instances, jugemens et arrêtés.* Il doit faire connaître le précis exact de chaque affaire, les moyens de défense employés de part et d'autre, et les dispositions des jugemens et arrêtés. *Instr.* 542, 606, *circ. de la* 5.e *div. du* 1.er *févr.* 1817.

21. L'ETAT *mensuel des procès-verbaux*, y compris ceux de vérification de régie jusqu'à apurement. Cet état doit présenter une analyse succincte des moyens employés ou à faire valoir. *Circ. de l'Adm. de la* 5.e *div. du* 1.er *févr.* 1817.

22. ETAT *des Employés et Surnuméraires.* Il doit être rédigé avec impartialité. *Circ. aux Directeurs, du* 31 *janv.* 1807,

23. Pour l'ordre à suivre dans l'état, et les renseignemens qu'il doit comprendre, V. *l'instr.* 14.

24. On ne doit jamais se référer au précédent. *Circ.* 606 *et* 1665.

25. Il convient que le Directeur présente, dans chaque état, l'opinion qu'il a prise de l'Employé, d'après son travail et sa conduite. Si l'Employé figure pour la première fois dans cet état, il faut l'y porter avec tous les détails que demande le sommier. *Circul. de l'Adm. de la* 5.e *div. du* 1.er *févr.* 1817.

ETAT *des papiers timbrés.* V. ci-devant, n.° 14.

ETRANGERS. V. *actes*, p. 58, n.os 114 et suiv.; et *succession*, n.° 208.

ETUDE *d'avoué.* V. *cession*, page 106, n.° 20.

EVALUATION. V. *estimation*, page 160, n.° 1, et *mercuriales.*

EVENEMENT *éventuel.* Les actes qui contiennent des dispositions éventuelles, sont assujétis au droit fixe de 5 fr. *Art.* 45 *de la loi d'avril* 1816. V. *donation*, page 151, n.° 36, *legs*, *mariage* et *testament.*

EVICTION. V. *résolution.*

EXCÉDANT *de mesure.* V. ce mot AUX DOMAINES.

EXCEPTION. Les actes qui jouissent de quelque exception relativement aux formalités du timbre et de l'enregistrement, sont placés au titre qui les concerne.

EXCLUSION *de communauté.* V. *mariage.*

EXÉCUTEUR *testamentaire.* V. *débiteur*, page 129, nomb. 7 du n.° 1.er

EXÉCUTION *de jugement.* Les droits d'enregistrement des jugemens qui ordonnent l'exécution d'autres jugemens, sont indiqués au mot *jugement.*

EXECUTION *des lois sur l'enregistrement.* V. *effet rétroactif*, page 154.

EXECUTOIRE. Ordonnance contenant la taxe ou la liquidation de frais et déboursés.

1. Les exécutoires de dépens sont soumis au droit fixe d'un franc, comme complément de jugement, ou de 50 c. p. 100, si ce droit proportionnel est supérieur à 1 fr. *Instr.* 429, *nomb.* 4. — V. *actes*, n.os 141 *et* 145.

2. Ceux délivrés aux experts pour leurs vacations et journées, sont passibles des mêmes droits. *Instr.* 436, *nomb.* 20 et 28.

3. L'ordonnance portant exécutoire au profit d'un *Notaire*, à l'effet par cet Officier de se faire rembourser d'honoraires et de droits d'actes, opère autant de droits proportionnels qu'il y a de débiteurs séparés, ou seulement un droit fixe, tel qu'il est réglé pour les jugemens dont les dispositions n'engendrent pas le droit proportionnel, dans le cas où les divers droits proportionnels ne l'excéderaient pas. *Déc. min. fin. du* 26 *oct.* 1818. (*Art.* 6209, *j.*)

4. La taxe des experts, mise au bas de leurs rapports, dans les cas prévus par les art. 206 et 319 du C. de Proc. C., n'est pas sujète à l'enregistrement, dès que le droit est perçu sur l'exécutoire délivré par suite de cette taxe. *Déc. min. fin. du* 22 *octobre* 1819. (*Art.* 6540, *j.*)

5. *Timbre.* L'état des taxations allouées au Greffier, pour écritures en police correctionnelle, doit être sur papier timbré, dont les frais sont à sa charge. *Déc. min. fin. du* 28 *mai* 1811. (*Art.* 4163, *j.*)

6. L'exécutoire de sommes non excédant 10 francs, pour frais de justice, est exempt de timbre. *Inst.* 371, *nomb.* 3.

7. *Comptabilité.* On doit faire des mémoires distincts pour les frais et les salaires des témoins en matière de délits forestiers. *Instr.* 147.

8. L'exécutoire décerné pour remboursement de frais d'impressions d'arrêts criminels, ne peut être visé et acquitté, qu'autant qu'il y est joint un exemplaire de chacun des arrêts énoncés dans le mémoire de l'imprimeur. *Lettre de M. l'Admin. de la comptab. du* 30 *avril* 1811.

9. Les droits d'enregistrement des divers actes faits dans les affaires correctionnelles, doivent toujours être compris dans les exécutoires, lors même que l'action en a été poursuivie à la seule requête du ministère public, sans partie civile. *Déc. min. just. du* 3 *janv.* 1816, (*Art.* 5699, *j.*)

10. Les Receveurs doivent comparer les liquidations de dépens avec les taxes et exécutoires acquittés, et en cas d'omissions ou erreurs, en informer le Juge taxateur, pour qu'il rectifie l'état de liquidation. *Instr.* 641. — V. *frais de justice.*

11. Les exécutoires délivrés par la Cour de cassation doivent être revêtus du visa du Préfet. *Déc. du Min. de la justice, rappelée dans une lettre du Min. des fin. du* 26 *oct.* 1813. (*Art.* 4674, *j.*)

12. L'état sur papier libre des frais urgens acquittés pendant un trimestre, doit être rédigé en triple expédition le dernier jour de chaque trimestre, pour pouvoir être rendu exécutoire, et visé assez à tems pour être compris dans les comptes; pour les dépenses non réputées urgentes, le Juge, sur la réquisition du Procureur du Roi, met l'exécutoire à la suite des mémoires des parties prenantes; l'exécutoire qui ne serait pas dans la forme prescrite, serait rejeté ou remplacé par un récépissé de versement. Aucun exécutoire ni taxes acquittés ne doivent être réservés d'un trimestre sur l'autre. *Instr.* 531, 538 *et* 560. — Pour les modèles à suivre, consulter l'*instr.* 627. (Maintenant la comptabilité s'établit par mois. *Instr.* 971.)

EXEMPTION. Lorsque, par une nouvelle loi, on assujétit au droit, des actes qui en étaient exempts auparavant, ceux qui lui sont antérieurs ne sont pas passibles de la perception. *Sol. du* 24 *pluv.* 12.

Tous les actes auxquels la loi accorde l'exemption absolue du timbre, ne peuvent y être assujétis lors de leur production en justice, ni par aucune autre circonstance. *Déc. min. fin. du* 18 *germ.* 9.

Pour connaître les actes exempts du timbre ou de l'enregistrement, V. *acquisition*, page 52, n.° 8, *actes judiciaires ou administratifs*, *rentes*, et les différentes dénominations des actes.

EXOINE. Certificat constatant qu'une personne citée comme témoin, ou appelée à remplir des fonctions dans une procédure criminelle ou de police générale, se trouve dans l'impossibilité de se rendre. Cet acte est exempt de l'enregistrement. *Circ.* 1740.

Les exoines fournies par des témoins assignés à la requête des parties civiles, et même celles où des parties agissent en leurs noms, doivent être assimilées aux certificats purs et simples, que l'art. 68 de la loi de frimaire soumet au droit fixe d'un franc. *Déc. min. fin. du* 4 *juillet* 1820. (*Art.* 6714, *j.*)

EXPÉDITION. Copie d'un acte délivré par une autorité ou officier ministériel ayant qualité. V. *greffe* (*droit de*) *et Notaire.*

1. Les extraits, copies ou expéditions des actes qui ont été enregistrés sur les minutes ou originaux, sont exempts de l'enregistrement. *Art.* 8 *de la loi de frim. Sol. du* 7 *flor.* 10.

2. Il ne peut être délivré par aucun officier public, extrait, copie ou expédition d'un acte sous seing-privé, s'il n'a été préalablement enregistré à peine de 50 fr. d'amende et de répondre personnellement du droit. *Art.* 41 7, *de la loi de frim.* 7.

3. Les officiers publics ne peuvent délivrer expédition d'aucun acte soumis à l'enregistrement avant qu'il ait été enregistré, quand même le délai ne serait pas encore expiré, à peine de 50 fr. d'amende, outre le paiement du droit. Sont exceptés les exploits et autres actes de cette nature qui se signifient à partie ou par affiches et proclamations, ainsi que les effets négociables qui peuvent n'être présentés à la formalité qu'avec les protêts qui en ont été faits. *Art.* 41 *et* 69 *de la loi de frim.* 7.

4. Le Notaire peut délivrer au testateur l'expédition de son testament sans le faire enregistrer, mais les héritiers ne peuvent se servir de l'expédition qu'après que le testament a reçu la formalité. *Déc. min. fin. du* 25 *avril* 1809.

5. Lorsqu'il rédige un procès-verbal des contestations élevées sur un partage ou licitation, il ne peut en délivrer extrait ou expédition avant l'enregistrement de cet acte; le Greffier doit rédiger acte du dépôt qui lui en est fait. *Instr.* 436, V. *extrait*, n.° 4.

6. Les expéditions des actes civils, judiciaires et de l'Etat civil, doivent être délivrées sur papier timbré du timbre de 1 fr. 25 cent. *Art.* 63 *de la loi d'avril* 1816, sous peine de 50 fr. d'amende. *Art.* 26 *de la loi du* 13 *brum.* 7.

7. Les expéditions délivrées aux particuliers par le garde des archives de la marine ou des archives administratives ou judiciaires, ne peuvent être délivrées que sur du papier timbré à 1 fr, 25 cent. *Déc. min. fin. du* 8 *déc.* 1812.

8. Il en est de même des expéditions des actes émanés de l'autorité administrative et de celles de l'Etat civil. *Décr. du* 12 *juillet* 1807, *avis du Conseil d'Etat du* 18 *août suiv.* (*Art.* 4384, *j.*) 2.° Des expéditions des décomptes délivrées aux acquéreurs de domaines nationaux. *Instr.* 332.

9. Les expéditions, autres que celles délivrées par les Greffiers, ne peuvent contenir, compensation faite d'une feuille à l'autre, plus de 25 lignes par page de moyen papier; plus de 30 lignes par page de grand papier; et plus de 35 lignes par page de grand registre. *Loi du* 13 *brum.* 7, *art.* 20, à peine de 25 fr. d'amende et de la restitution des droits. *Art.* 26.

10. Les expéditions délivrées par les Notaires ne doivent contenir que quinze syllabes à la ligne. *Décr. du* 16 *fév.* 1807.

11. Celles délivrées par les Greffiers, doivent contenir 20 lignes à la page, et 8 à 10 syllabes à la ligne, compensation faite des unes avec les autres, à peine de 100 fr. d'amende et de destitution. *Art.* 6 *et* 23 *de la loi du* 21 *vent.* 7.

12. Il y a lieu à destitution et à 100 fr. d'amende pour celles délivrées par un Greffier, qui ne contiendraient pas ce nombre. *Arr. de cass. du* 16 *mai* 1806.

13. Il sera fait mention, dans toutes les expéditions, de la quittance des droits par une transcription littérale de cette quittance; pareille mention dans les minutes d'actes qui se feront en vertu d'actes sous seing-privé ou passés dans l'étranger et sujets à l'enregistr.[1], à peine de 10 fr. d'amende pour chaque contravention. *Loi de frim.* 7. *Art.* 44.

14. Le Notaire encourt l'amende, quand, au lieu de copier la quittance du Receveur, il se contente d'énoncer dans son expédition, la date et le folio de l'enregistrement, le nom du bureau et celui du Receveur. *Arr. de cass. du* 18 *nov.* 1806, V. *Greffier et relation.*

En cas de fausse mention, V. *faux et Notaire.*

15. *Pour la quotité des droits d'expédition*, V. *greffe* (*droits de*)

16. Les grosses et expéditions d'actes déposées aux *chambres de contrats, bureaux de tabellionage et autres*, doivent être délivrées par un Notaire de la résidence la plus voisine, elles ne sont point soumises à l'enregistrement, ni susceptibles d'être inscrites au répertoire. Ces deux formalités sont de rigueur si ce sont des copies collationnées. *Déc. min. fin. du* 18 *avril* 1809. (*Art.* 3222, *j.*) V. *collation*, *page* 108.

17. Lorsqu'il est délivré expédition des délibérations des Chambres de discipline, V. *chambres, page* 107. Quant aux expéditions des actes administratifs, V. *actes, page* 54, n.° 28.

18. Les expéditions d'arrêts de la Cour des comptes rendus sur les comptes présentés par l'Administration sont exemptes du timbre. *Déc. min. fin. du* 1.er *août* 1809.

19. Lorsque, dans l'intérêt de l'Etat, l'Administration veut se procurer une seconde grosse d'un acte notarié ou une seconde expédition exécutoire d'un jugement, elle doit obtenir une ordonnance du président du Tribunal, ainsi qu'il est prescrit par les art. 844 et 854 du C. de P. C. Il suffit d'en faire la demande par simple mémoire, sans ministère d'Avoué. *Instr.* 436, *nomb.* 63. Dans ce cas, il est payé aux Notaires, par chaque rôle, 75 cent. à Paris, et 50 cent. dans les départemens, outre le papier timbré. *Instr.* 367.

20. Les expéditions des jugemens d'homologation doivent contenir non seulement ce jugement, mais encore la délibération homologuée, l'ordonnance du Président qui prescrit la communication au ministère public et les conclusions du Procureur du Roi, sauf toutefois, après qu'une expédition a été levée, à ne délivrer ensuite que les extraits qui seront demandés. *Instr.* 628.

21. Cependant les expéditions des jugemens d'homologation de partages peuvent être délivrées sans comprendre les partages homologués. *Délib. du* 17 *fév.* 1819. (*Art.* 6315, *j.*)

22. Les expéditions ne peuvent être mises à exécution qu'autant qu'elles portent le même intitulé que les lois, et qu'elles sont terminées par un mandement aux Officiers de justice. Cette disposition ne concerne pas les actes de l'autorité administrative. *Instr.* 609.

EXPERTISE. Opération faite par des experts pour estimer un bien dont le prix ou le revenu est simulé pour frauder le droit d'enregistrement.

1. *Cas où l'expertise doit être provoquée* : si le prix énoncé dans un acte translatif de propriété ou d'usufruit de biens immeubles, à titre onéreux, paraît inférieur à leur valeur vénale à l'époque de l'aliénation, par comparaison avec les fonds voisins de même nature, l'Administration peut requérir une expertise. *Loi de frim.* 7, *art.* 17.

2. Il y a également lieu à requérir l'expertise des revenus des immeubles transmis en propriété ou usufruit, à tout autre titre qu'à titre onéreux, lorsque l'insuffisance dans l'évaluation ne peut être établie par acte qui puisse faire connaître le véritable revenu des biens. (*Art.* 19.)

3. Ainsi on doit la requérir, 1.°, sur la vente faite avec réserve d'usufruit, lorsque le prix y exprimé, joint à la moitié qu'on ajoute, forme un total au-dessous de la valeur vénale. *Arr. de cass. du* 10 *juin* 1810. —2.° Sur Celle dont les charges paraissent avoir été insuffisamment déclarées. *Arr. de cass. du* 24 *juin* 1811. —3.° Sur la vente volontaire arguée d'insuffisance, bien que l'acquéreur puisse être ou ait été dépossédé par le résultat d'une surenchère faite par les créanciers du vendeur. *Sol. du* 4 *avril* 1808. *Arr. de cass. des* 3 *mai et* 29 *juin* 1809, 6 *juillet* 1812; *Tribunal de Paris du* 27 *mai* 1812. (*Art.* 3707 *et* 4354, *j.*). — 4.° Sur une soulte de partage lorsqu'elle est inconnue ou insuffisamment estimée. *Arr. de cass. du* 8 *fév.* 1813. (*Art.* 4436, *j.*). — 5.° Sur l'une des parts d'un échange ou toutes deux ensemble, suivant les circonstances. *Arr. de cass. du* 13 *déc.* 1809. — 6.° Sur une vente à rente viagère dans laquelle le capital n'est pas exprimé. *Instr.* 386. *Arr. de cass. du* 1.er *juin* 1808. — 7.° Sur une cession de droits successifs, lorsqu'il existe des dettes non déclarées, et que le prix y énoncé, y compris les charges, est au-dessous de la valeur vénale. *Déc. min. fin. du* 7 *déc.* 1814. V. *vente d'immeubles*, *n.os* 25 *et suiv.* — 8.° Sur une vente à faculté de réméré sans attendre l'expiration du délai stipulé pour l'exercice du retrait. *Sol. du* 18 *février*, 2 *juillet et* 17 *sept.* 1807; *instr.* 386.; *Tribunal de Paris* 2 *mars* 1810; *arr. de cass. du* 5 *nov.* 1811. (*Art.* 4089, 3573 *et* 3998, *j.*). — 9.° Sur un contrat de démission d'immeubles par une mère en faveur de ses enfans, sous réserve d'une jouissance sur les biens de ces derniers. *Arr. de cass. du* 2 *sept.* 1812. (*Art.* 4564, *j.*). — 10.° Sur un contrat de donation, quoiqu'il puisse être attaqué en rescision, pour cause de lésion, même énormissime. *Arr. de cass. du* 26 *fév.* 1812. — 11.° Les transmissions entre-vifs de propriété, à titre onéreux, bien qu'il existe des baux courans, s'agissant d'une valeur vénale. *Sol. du* 2 *vent.* 10.

4. *On ne peut avoir recours à l'expertise* : 1° lorsqu'il s'agit d'un contrat de vente résilié comme n'étant pas sérieux. *Sol. du* 14 *juillet* 1812.— 2.° D'un bail à portion de fruits, puisqu'il ne transmet qu'une simple jouissance. *Sol. du* 2 *oct.* 1806. — 3.° D'une cession de rente. *Arr. de cass. du* 28 *mess.* 13. — 4.° Lorsque l'évaluation en revenu, toutes les fois qu'elle est prescrite par la loi, est établie par des actes qui la font connaître, tels que des baux courans, un procès-verbal d'experts fait à la requête des parties dans l'année du décès, pour parvenir au partage. L'actionné ne peut, dans ces divers cas, demander la preuve de l'expertise. *Art.* 19 *de la loi de frim.* 7. *Sol. du* 2 *oct.* 1806. *Arr. de cass. du* 7 *germ.* 12, 18 *fév.* 1807, 25 *nov.* 1807, 5 *avril* 1808 et 14 *juin* 1809. (*Art.* 3574, *j.*). V. *succes.*, *n.os* 81 *et suiv.*

5. *Délai pour requérir l'expertise.* Il est d'une année, 1.°, pour les actes translatifs de propriété ou d'usufruit de biens immeubles, à titre onéreux. *Art.* 17 *de la loi de frim.* 7. *Arr. de cass. du* 26 *fév.* 1812. — 2.° Pour une donation faite à la charge de nourrir le donataire, ou de toute autre condition onéreuse. *Arr. de cass. des* 2 *sept.*, 22 *nov.* 1808, 1.er *mars* 1809, 2 *sept.* 1812, et 20 *janv.* 1817.

6. Il est de deux ans, s'il s'agit d'une insuffisance dans une transmission à tout autre titre qu'à titre onéreux. *Art.* 61 *de la loi de frim.* 7.

7. Cette disposition s'applique, 1.°, à toute transmission à titre gratuit, soit par donation ou autrement. *Arr. de cass. des* 13 *déc.* 1809, 26 *fév.* 1812. (*Art.* 4187 *j.*)
— 2.° Aux mutations à titre d'échange et aux soultes de partage. *Sol. du* 16 *vend.* 14. *Arr. de Cass. du* 13 *déc.* 1809. — 3.° Et à celles qui s'effectuent par décès. *Idem.*

8. Si la déclaration de succession à été postérieurement rectifiée par les héritiers, le délai court de la date de la déclaration, et non de celle de la rectification. *Sol. du* 23 *oct.* 1816. (*Art.* 5572, *j.*).

9. La transcription aux hypothèques, après le délai fixé pour l'expertise, n'interrompt point la prescription acquise. *Instr.* 433.

10. Le mémoire qui contient la demande en expertise, doit être signifié à partie, dans l'année ou les deux années, et l'original de la notification enregistré dans les mêmes délais. *Arr. de cass. des* 7 *germ.* 11, 18 *germ.* 13, *et* 11 *oct.* 1814. *Instr.* 306. — Ainsi la requête en expertise pour fausse déclaration de succession passée le 21 sept. 1808, n'est recevable qu'autant qu'elle est signifiée et enregistrée au plus tard le 20 sept 1810. *Arr. de cass. du* 10 *oct.* 1814. (*Art.* 5044, *j.*). — Il suffit que la requête de la Direction générale soit signifiée dans le délai de la loi, sans qu'il soit besoin que l'assignation soit donnée dans le même délai. *Arr. de cass. du* 5 *déc.* 1820. (*Art.* 6911, *j.*).

11. *Par qui elle doit être provoquée.* C'est au Receveur de la situation des biens à la provoquer, et à en faire connaître les résultats à celui qui a enregistré l'acte. *Circ.* 1941.

12. *Pièces à fournir et renseignemens à donner pour être autorisé à requérir l'expertise.* Lorsque l'expertise est reconnue nécessaire, il faut soumettre les faits au Directeur et de manière à ce qu'il puisse en faire un rapport circonstancié à l'Administration; indiquer un expert probe domicilié dans l'arrondissement de la situation du bien, et joindre à ces renseignemens, 1.° un extrait du contrat attaqué pour vilité de prix, celui des actes qui donnent des présomptions sur la valeur du bien, ou, s'il n'en existe pas, un état des baux de fonds voisins de même nature, pour établir une année commune sur dix; 2.° l'extrait du rôle des contributions qui concernent le bien. *Circ.* 1109. *Instr.* 294.

13. On ne peut entamer d'expertise, sous peine de responsabilité personnelle, sans une autorisation préalable et formelle de l'administration sur le rapport du Directeur. *Circ.* 1109, 1941, 1992, *Instr.* 290 et 306. Cependant, si le délai était urgent, ou si le tribunal n'avait pas prononcé aux approches du délai, le Préposé ferait signifier la requête en même-tems qu'il la remettrait au Tribunal. *Instr.* 306. *Arr. de cass.*, *du* 22 *fév.* 1809. Au surplus, il semble toujours préférable de faire signifier la requête avant de la présenter au Tribunal.

14. Le Directeur ne doit choisir que des experts probes et éclairés. *Circ.* 969. — Quiconque a été condamné à une peine infamante ne peut être expert. *Art.* 28 *du C. de P.*

15. *Forme de la procédure en expertise.* Elle n'est point abrogée par l'art. 303 du C. de P. C., non applicable aux matières qui régissent les lois spéciales sur l'enregistrement. Ces lois sont toujours en vigueur. *Inst.* 436. *Arr. de cass. du* 2 *mai* 1810. (*Art.* 3640, *j.*)

16. *Demande en expertise, ordonnance*, etc. La demande en expertise sera faite au Trib. civil de l'arrondissement dans l'étendue duquel les biens sont situés, par une pétition portant nomination de l'expert de l'état, et ordonnée dans les dix jours de la demande; la requête contenant la nomination de l'expert de l'Administration doit être signifiée à la partie, avec sommation d'en nommer un dans les trois jours, en la prévenant que, faute par elle d'y satisfaire dans ce délai, il lui en sera nommé un d'office par le Tribunal. *Art.* 18 *de la loi de frim.* 7. *Circ.* 1109. *Instr.* 294.

17. Il faut désigner dans la requête les noms, qualité et demeure de l'expert, pour mettre la partie adverse dans la possibilité d'exercer la faculté de la récusation. *Cour de Bruxelles du* 6 *août* 1808.

18. Le Tribunal ne peut suspendre l'ordonnance en expertise, sous prétexte: 1.° que les parties seront obligées de procéder à une estimation d'expert, attendu la minorité de l'une d'elles. *Arr. de cass. du* 4 *fév.* 1807; 2.° qu'il existe des poursuites en surenchère, ou que les biens sont sur le point d'être enchéris en justice. *Arr. de cass. des* 3 *mai* 1809, 27 *juin suiv.* et 6 *juillet* 1812. (*Art.* 3254, 3707 et 4270, *j.*)

19. L'expertise ne peut jamais être ordonnée que sur la demande de l'Administration et dans son intérêt. *Arr. de cass. du* 27 *avril* 1807.

20. Lorsque les biens seront situés dans plusieurs arrondissemens, c'est au Tribunal dans le ressort duquel se trouve assis le chef-lieu de l'exploitation, le corps principal, ou à défaut, la partie de biens qui présente le plus grand revenu, d'après la matrice du rôle, que la demande en expertise doit être portée. *Arr. de cass. du* 2 *brum.* 14. *Instr.* 411.

21. Lorsque l'Administration a présenté et nommé un expert dans sa requête, le Tribunal ne peut lui en substituer un autre d'office, et si la partie adverse opposait des moyens de récusation, il aurait à statuer sur le mérite de ces moyens, avant d'obliger une nouvelle nomination. *Arr. de cass. du* 26 *oct.* 1813. (*Art.* 4723, *j.*)

22. On ne peut récuser les experts qu'avant la clôture du procès-verbal d'expertise. *Arr. de cass. du* 6 *frim.* 14.

23. *Serment des experts.* Par le jugement d'ordonnance d'expertise, les experts doivent être renvoyés, pour la prestation de serment, devant le juge de paix du canton où les biens sont situés. *Art.* 1.er *de la loi du* 15 *nov.* 1808.

24. La partie contre laquelle l'expertise est requise, doit, à peine de nullité des opérations des experts, être assignée, pour être présente à leur prestation de serment. *Arr. de cass. du* 24 *therm.* 13.

25. Si la partie n'a pas assisté à cette formalité, l'acte qui la constatera et qui indiquera le jour que les experts auront fixé pour leur opération, lui sera signifiée avec sommation d'être présente à cette opération. *Art.* 315 *du C. de P. C.*

26. *Mode et base de l'expertise.* La valeur déterminée dans le rôle de la contribution foncière ne peut servir de base pour l'évaluation des immeubles, en matière de droit de mutation par décès, et l'expertise peut être requise, lorsque cette évaluation a été faite d'après le revenu porté sur la matrice du rôle. *Arr. de cass. du 4 août* 1807.

27. Pour l'estimation d'une métairie vendue, les experts doivent prendre pour base la valeur vénale et non le revenu, comme pour les échanges et donations. *Arr. de cass. des* 23 *mars et* 27 *mai* 1812.

28. Pour la nue propriété aliénée, on ne doit pas estimer la valeur entière du bien, mais seulement la valeur vénale de cette nue propriété, pour y ajouter ensuite la moitié pour l'usufruit. *Arr. de cass. du* 10 *juillet* 1810.

29. Pour les échanges, c'est le revenu qu'il s'agit d'estimer. *Arr. de cass. du* 29 *avril* 1812.

30. Tous les objets, même les arbres de clôture, doivent concourir à l'estimation des biens échus par décès. *Arr. de cass. du* 15 *juillet* 1812.

31. De ce que la loi n'ordonne l'expertise en matière d'enregistrement, que lorsque le prix énoncé dans l'acte translatif paraît inférieur à la valeur vénale, *par comparaison avec les fonds voisins de même nature*, il ne s'ensuit pas que les experts doivent, à peine de nullité, constater qu'ils opèrent *par comparaison avec les fonds voisins de même nature*; la loi laisse le mode d'expertise à la conscience des experts et des juges. *Arr. de cass. du* 6 *avril* 1815. (*M. Sirey, année* 1815.)

32. *Rapport des experts.* Il sera fait, au plus tard, dans le mois qui suivra la remise qui aura été faite aux experts de l'ordonnance du Tribunal, ou dans le mois après l'appel d'un tiers expert. *Art.* 18 *de la loi de frim.* 7.

33. Le procès-verbal est nul, lorsqu'il a été rédigé hors du lieu de l'expertise, si ce lieu de la rédaction n'a été indiqué d'avance, de manière que les parties intéressées aient pu y faire tels dires et réquisitions qu'elles jugeraient convenables. *Cour de Nancy du* 10 *sept.* 1814.

34. En cas de partage, les experts sont tenus d'appeler un tiers expert; s'ils ne peuvent en convenir, le Juge de paix du canton de la situation des biens y pourvoit. *Art.* 18 *de la loi de frim.* 7.

35. Le tiers expert peut avoir un avis particulier, et il n'est point obligé de prendre un milieu, ou d'embrasser l'une ou l'autre des opinions contraires. *Décret du* 25 *janv.* 1807.

36. Lorsque l'opération est terminée, les experts déposent au greffe leur rapport, au pied duquel leurs vacations sont taxées par le président. *Art.* 319 *du C. de P. C.* Le Greffier doit dresser acte du dépôt. *Inst.* 436, *nomb.* 28

37. *Homologation du rapport, et jugem.* Une expertise régulière, mais défectueuse et insuffisante (lorsque, par exemple, pour des biens déclarés après décès, l'estimation a été faite en bloc), peut être écartée par les Juges, pour ordonner une nouvelle expertise. — L'arrêt du 7 mars 1808 (*art.* 2870, *j.*), qui porte, que les Juges ne peuvent rejeter le témoignage des experts, pour ne suivre que leurs propres lumières, n'enseigne pas une doctrine différente pour des biens déclarés en détail; on devait en effet, dans cette circonstance, s'opposer à une estimation en bloc. *Arr. de cass. du* 24 *juillet* 1815. (*M. Sirey, année* 1815, *art.* 5210, *j.*)

38. Les Juges n'ont pas la faculté de s'écarter de l'opinion des experts, quand la loi a indiqué l'expertise comme un moyen de vérifier le fait; ils ne peuvent qu'ordonner une nouvelle expertise. *Arr. de cass. du* 17 *avril* 1816. (*Art.* 5466, *j.*)

39. Quand il s'agit de suppléer à des omissions ou à une insuffisance dans une expertise, les Juges, en ordonnant un nouveau rapport, peuvent confier cette opération aux experts qui ont fait le travail. *Arr. de cass. du* 5 *mars* 1818. (*M. Sirey, année* 1819.) — Les Tribun. ne peuvent se dispenser de porter l'évaluation à vingt fois la valeur des biens déclarés après décès, lorsque l'insuffisance est constatée dans les estimations. *Arr. de cass. du* 23 *mars* 1812. — Lorsque le tiers expert, en adoptant les bases de l'un des autres, observe néanmoins que telle partie des biens peut valoir telle somme, eu égard à ce qu'ils vaudront en les changeant de nature, le Tribunal peut écarter cette considération, et homologuer le rapport pour le surplus. *Arr. de cass. du* 9 *brum.* 14.

40. *Supplémens, doubles droits et frais.* Dans le cas de vente, les frais de l'expertise sont à la charge de l'acquéreur; mais seulement lorsque l'estimation excède d'un huitième au moins, le prix énoncé au contrat. *Art.* 18 *de la loi de frim.* 7. Dans ce cas, le double droit est dû sur le supplément de droit. *Art.* 5 *de la loi du* 27 *vent.* 9. — Le Tribunal ne peut se dispenser d'y condamner. *Arr. de cass. des* 7 *mars* 1808 *et* 23 *déc.* 1817. (*Art.* 5957, *j.*) *M. Sirey, année* 1818. — Si le supplément d'estimation est moindre d'un huitième, il est toujours passible d'un supplément de droit. *Art.* 18 *de la loi de frim.* 7.

41. Dans le cas de mutation par décès, le double droit est toujours dû sur la plus value, et la partie doit être condamnée aux frais de l'expertise. *Circ.* 1992 *et du* 19 *germ.* 9.

42. Dans tous les cas où l'expertise, autorisée par les art. 19 de la loi de frim. 7, tombent à la charge du redevable, il y a lieu au double droit d'enregistrement sur le supplément d'estimation. *Art.* 5 *de la loi du* 27 *vent.* 9. *Arr. de cass. du* 2 *oct.* 1810. (*Art.* 3727, *j.*)

43. *Pourvoi.* Tout jugement qui ordonne une expertise en matière d'enregistrement, lorsque la liquidation du droit peut être établie sur d'autres bases, est *un jugement définitif* contre lequel l'Administration peut se pourvoir en cassation. *Arr. de cass. du* 9 *vend.* 13. V. *cassation*, *page* 98, n.os 17 *et suiv.*

44. *Transaction relative à l'expertise.* Lorsqu'avant toute poursuite, ou dans le cours de la procédure, la partie offre de payer le supplément de droit, on ne peut le recevoir qu'avec le double droit. *Sol. du* 13 *fév.* 1812. (*Art.* 4140, *j.*). — Et, d'après l'autorisation de l'Administration. *Sol. du* 21 *juillet* 1807.

45. C'est au bureau où l'action a d'abord été intentée, et où existe la majeure partie des biens, que la soumission doit être faite. *Sol. du* 17 *avril* 1807.

46. *Exécution du jugement.* Le supplément et les frais doivent être recouvrés d'après le rapport; si ces frais sont à la charge de l'Etat, le Receveur les paie, d'après la taxe du Juge de paix, et en fait dépense dans ses comptes. *Circ.* 1109.

47. Si la partie poursuivie forme, dans le cours de l'instance, une demande en garantie contre son vendeur, V. *instances*, n.os 40 et 41.

EXPERTS, personnes choisies à l'amiable ou en justice, pour estimer une chose, V. *exploit*, *jugement*, *nomination*, *procès-verbaux*, et *serment*.

EXPLOIT. Acte de notification du Ministère d'un Huissier. La quotité du droit fixe à percevoir pour ces actes, varie selon les cas dont la désignation suit :

1. A *cinquante* c. Les signific.s d'Avoué à Avoué, pour l'instruction des procédures devant les Tribunaux de première instance. *Loi d'avril* 1816, *art.* 41. — L'opposition à jugement faite entre Avoués, est soumise au même droit; mais il faut distinguer les significations de nature à être faites entre Avoués, de celles qui doivent l'être à personne ou à domicile. Ces dernières, quoique faites entre Avoués ou Avocats, sont assujéties au droit ordinaire. *Instr.* 290. *nomb.* 66. — Les assignations et autres exploits devant les Prud'hommes. *Art.* 41 *de la loi d'avril* 1816. V. ci-après, n.° 26.

2. A *un* fr. Les exploits relatifs aux procédures devant les Juges de paix, jusques et y compris les significations de jugemens, les significations d'Avoué à Avoué devant les Cours royales. *Art.* 68 *de la loi de frim.* 7, *et* 42 *de celle de* 1816. — Les actes concernant le recouvrement des mois de nourrice, à la requête des Directeurs de ces bureaux. *Déc. min. fin. du* 21 *juillet* 1817. (*Art.* 5874, *j.*) — Ceux relatifs aux procédures des Tribunaux de police correctionnelle, et des Cours royales en police correctionnelle. *Sol. du* 25 *oct.* 1817. (*Art.* 5948, *j.*) — V. *appel*, p. 79, n.° 3.

3. A *deux* fr. les exploits et autres actes du ministère des Huissiers dans les procédures devant les Tribunaux de première instance ou de commerce, qui ne peuvent donner lieu au droit proportionnel. *Art.* 43 *de la loi d'avril* 1816.

4. A *trois* fr. Ceux relatifs aux procédures devant les Cours royales, jusques et y compris la signification des arrêts définitifs; les significations d'Avocat à Avocat, dans les instances à la Cour de cassation et au Conseil de S. M. *Art.* 44, *idem.* — Tous les exploits relatifs aux procédures devant le *Conseil d'Etat*, ayant été, aux termes de l'art. 48 du décret du 22 juillet 1806, *indistinctement* assujétis au droit ordinaire d'exploit, on n'est pas autorisé à ne percevoir que le droit de significations *d'Avocat à Avocat*, qui doivent, en exécution de l'art. 51 du décret précité, être faites par les Huissiers du Conseil. *Instr.* 366, *nomb.* 3.

5. A *cinq* fr. Les significations d'appel des jugemens de la justice de paix aux Tribunaux de première instance. *Art.* 68 *de la loi de frim.* 7. V. *appel*, p. 79, n.° 1.er

6. A *dix* fr. Les significations d'appel des jugemens des Tribunaux de première instance, de commerce et d'arbitrage. *Même art.* V. *appel*, page 79, n.° 2.

7. A *vingt-cinq* fr. Le 1.er acte de recours en cassation devant les Conseils du Roi. V. *appel*, page 79, n.os 4 et 5.

Pour connaître les bureaux où s'enregistrent ces actes, le délai accordé pour la formalité, et par qui les droits doivent être acquittés. V. *bureaux*, p. 95, n.° 29; *délai*, p. 136, n.° 36; et *débiteur*, p. 129, n.os 1.er et suiv. Au surplus, V. *actes passés en conséquence d'un autre*, *Avoué* et *Huissier*.

8. Les exploits de demande doivent indiquer si l'on agit en vertu d'un titre verbal ou par écrit, et, dans ce dernier cas, énoncer la formalité donnée à ce titre. *Art.* 139 *des ordr. gén. de Régie*.

9. PLURALITÉ *des droits*. Il est dû un droit pour chaque demandeur ou défendeur, en quelque nombre qu'ils soient, excepté les copropriétaires et cohéritiers, les parens réunis, les cointéressés, les débiteurs ou créanciers associés ou solidaires, les séquestres, les experts et les témoins, qui ne seront comptés que pour une seule et même personne, soit en demandant, soit en défendant, dans le même original d'acte, lorsque leurs qualités y seront exprimées. *Art.* 68 *de la loi de frim. et art.* 13 *de celle du* 29 *vent.* 9. V. *appel*, p. 80, n.os 7 et suiv.

10. Il est dû autant de droits qu'il y a de demandeurs non solidaires contre une seule personne ou contre plusieurs personnes solidaires, et *vice versâ*. S'il s'agit de plusieurs demandeurs et de différens défendeurs, on doit exiger autant de droits qu'il se trouve de demandeurs, et relativement au nombre des parties contre lesquelles chacun poursuit. Ainsi s'il y a quatre demandeurs et trois défendeurs, et que chaque demandeur ait un intérêt distinct et personnel contre chaque défendeur, il est dû douze droits. *Déc. min. fin. et just. des* 31 *juillet et* 16 *août* 1808. *Instr.* 400.

11. Il est dû autant de droits qu'il y a d'Avoués demandeurs ou défendeurs, sans avoir égard au nombre de leurs cliens. *Circ.* 2018.

12. Lorsqu'un bien grévé d'hypothèques a été adjugé par lots, et que les adjudicataires se réunissent pour faire notifier le procès-verbal d'adjudication aux créanciers inscrits, l'exploit de notification est sujet à autant de droits qu'il se trouve d'adjudicataires et de créanciers multipliés les uns par les autres; s'il y a quatre adjudicataires et quatre créanciers, il est dû seize droits, dès qu'il n'y a pas de dette personnelle de la part du nouveau possesseur, il ne peut, par la même raison, y avoir communauté d'intérêt ou association entre les créanciers. *Sol. des* 13, 16 *janv. et* 24 *sept.* 1819. (*Art.* 6328, *j.*)

13. Les délits étant personnels et les poursuites individuelles, quoique dirigées collectivement contre tous les complices d'un même fait, il doit être perçu un droit pour chaque délinquant; l'exception faite par l'art. 68, § 1.er, n.° 30 de la loi de frimaire, n'est pas applicable aux individus condamnés solidairement pour un délit, aux termes de l'art. 55 du Code Pénal. *Décis. min. fin. du* 19 *avril* 1814. (*Art.* 4801, *j.*)

14. La signification de billet et protêt à plusieurs endosseurs, avec assignation au Tribunal de commerce, n'opère qu'un seul droit, en quelque nombre que soient ces endosseurs, attendu que les débiteurs dans l'espèce sont solidaires. *Sol. du* 28 *janv.* 1817. (*Art.* 5685, *j.*) — Quant à la sommation de payer un billet adiré, V. *billet*, p. 92, n.° 13.

15. Il est dû deux droits pour la notification d'une cédule à deux experts, au tiers expert et au défendeur; l'un, pour la notification aux experts, *en quelque nombre qu'ils soient*, et l'autre pour celle au défendeur. *Déc. min. fin. du* 16 *brum.* 8.

16. Il est aussi dû deux droits sur le procès-verbal d'emprisonnement qui contient commandement au débiteur et signification au geolier. *Déc. min. fin. du* 4 *juillet* 1809.

17. Sur un exploit de signification de surenchère, fait à la requête d'une femme mariée et autorisée à ester en jugement, par lequel son père a déclaré se rendre caution de sa fille pour raison de toutes les obligations qu'elle contractait à cet égard, il doit être perçu le droit de cautionnement sur le prix de la vente et sur le montant de la surenchère, indépendamment du droit de l'exploit. *Sol. du* 9 *vend.* 11.

18. Si l'exploit de citation devant les Tribunaux de paix, de commerce et de police, près desquels il n'existe aucun Avoué en titre, contient pouvoir à un individu de représenter le requérant, il est dû un droit particulier pour le pouvoir. *Déc. min. fin. du* 28 *thermidor* 9.

19. Le droit de pouvoir n'est pas dû, sur l'exploit d'assignation devant le Tribunal de première instance qui indique que l'Avoué occupera pour la partie; il en est de même pour l'acte signifié d'Avoué à Avoué, par lequel l'un d'eux déclare à l'autre qu'il se constitue pour une personne désignée. *Circ.* 1271 *et* 2181. *Instruct.* 386.

20. Il n'est dû qu'un seul droit pour les exploits dans les affaires instruites au Conseil d'État par chacun d'eux. *Instr.* 366. — Si l'exploit contient réserve d'appel, V. *appel*, p. 80, n.° 10.

21. Les offres réelles acceptées par un exploit doivent 50 c. p. 100, et celles faisant titre aux créanciers, 1 fr. p. 100. *Art.* 69 *de la loi de frim.* 7.

Lorsqu'une offre n'a été ni acceptée, ni suivie d'aucune exécution, il n'en peut résulter d'obligation. *Arr. de cass. du* 18 *août* 1818.

22. Exploits *pour contributions et autres droits dus à l'État.* Ceux relatifs au recouvrement des contributions directes ou indirectes, même des Contributions locales dont le principal de la cote ou de l'art. n'excède pas 25 fr., sont enregistrables *gratis*, ainsi que les actes de poursuite sur une cote de l'espèce, qu'exerce pour son remboursement celui qui a fait l'avance de la contribution; au-dessus de 25 fr., passibles du droit de 1 fr.; mais les significations de contraintes, etc., faites pour la rentrée de toutes autres sommes dues au Trésor, telles que pour amendes de condamnation, frais de justice, revenus, etc., quelle qu'en soit la quotité, sont soumises au droit de 2 fr. *Art.* 70 *de la loi de frim.* 7. *Sol. du* 19 *prair.* 7. *Instr.* 290. *Déc. min. fin. des* 3 *fév. et* 23 *mars* 1818. (*Art.* 6022 *et* 6027, *j.*)

23. Mais cette exception n'a lieu que relativement à la quotité de la cote et non à celle du terme échu ou du reliquat. Ainsi le droit de 1 fr. fixe est dû sur toutes les poursuites, quelque modique qu'en soit l'objet, lorsque la cote excède 25 fr. *Instr.* 290, *nomb.* 8.

24. Il n'y a pas lieu à la pluralité des droits pour le procès-verbal d'établissement de *garnisaire*, tendant au recouvrement des contributions; mais il doit être exigé deux droits pour les procès-verbaux de saisie exécution, l'un pour la signification à la partie saisie, et l'autre pour la remise au gardien d'une copie du procès-verbal : cependant ces actes seront enregistrés *gratis*, s'il s'agit des cotes non excédant 25 fr. *Circ.* 1655.

25. Exploits *à enregistrer gratis* : Ce sont certains actes de procédure devant les Prud'hommes. V. *bureaux*, *page* 94, n.° 5.

26. Les actes des Huissiers et Gendarmes, concernant la *police générale* et de *sûreté*, et la *vindicte publique*. *Art.* 70 *de la loi de frim. Instr.* 306. V. *ci-devant* n.os 23 *et* 24.

27. Les notifications des mandats d'amener, d'arrêt et de dépôt, faits par les Gendarmes. *Instr.* 290, *nomb.* 7.

28. Les actes de procédure, à la requête du Procureur du Roi, pour réparer les omissions et faire les rectifications sur les registres de l'*État civil*, d'actes qui intéressent les individus notoirement indigens, pour le rétablissement de ceux perdus ou incendiés par les événemens de la guerre, et pour suppléer aux registres qui n'auraient pas été tenus. *Loi du* 25 *mars* 1817, *art.* 75.

29. Lorsque, par suite d'une contrainte pour une somme de 25 fr., sauf à *augmenter* ou *diminuer*, l'Administration recouvre une somme plus forte, il n'y a pas lieu de répéter le droit de l'enregistrement de la signification enregistrée *gratis*. *Arr. de cass. du* 2 *déc.* 1806.

30. Exploits *à enregistrer aux droits réservés.* V. *actes*, *page* 55, n.os 48 *et suiv*; *contrainte*, *page* 124, n.° 8; *interdiction*.

31. Exemption *de l'enregistrement.* Un avertissement imprimé, non signé de l'Huissier pour comparaître devant le Juge de paix, est dispensé du droit de notification de cédule, quand même il serait rendu jugement sur la comparution volontaire de la partie d'après cet avertissement. *Sol. du* 7 *frim.* 10. *Au surplus*, V. *actes*, *page* 55, n.° 57.

32. Exploits *qui doivent être relevés.* Ceux qui indiquent des conventions verbales contenant une cession de propriété, d'usufruit ou de jouissance d'immeubles, doivent être copiés, certifiés par l'Huissier, ou collationnés par un Officier public, à l'effet de former la demande des droits proportionnels résultant de ces conventions. Il ne peut être perçu sur ces exploits que le droit ordinaire. *Déc. min. fin. du* 16 *brum.* 8.

33. Exploits valides. Le défaut de *visa* par un fonctionnaire public, sur la signification qui lui a été faite d'un jugement, n'entraîne pas nullité, cette formalité n'étant prescrite que pour les assignations. Dès-lors cette signification fait courir le délai de 3 mois pour se pourvoir en cassation. *Art.* 69, 70 *et* 1030 *du C. de P. Arr. de cass. du* 20 *août* 1816. (*Art.* 5593, *j.*)

34. L'exploit peut n'être signifié qu'au mari, dans le cas de communauté, mais s'il y a séparation de biens entre les époux, une copie doit être laissée à chacun d'eux, parce qu'alors leurs intérêts sont distincts et séparés. *Arr. de cass. des* 4 *août* 1817 *et* 20 *avril* 1818.

35. Celui qu'on signifie à un particulier demeurant dans un hôtel garni, est valable, lorsqu'en l'absence de ce

particulier, la copie est laissée au maître d'hôtel. *Arr. de cass. du 4 mai* 1813.

36. Une signification aux entrepreneurs de messageries, parlant à un commis trouvé dans le bureau, au lieu de dénommer l'un des entrepreneurs ou sociétaires, est valable. *Arr. de cass. du* 21 *nov.* 1808.

37. Celle laissée en parlant à des domestiques, sans désignation de noms, n'est pas nulle. *Arr. de cass. du* 14 *déc.* 1815. (*M. Sirey, année* 1816.)

38. Une signification faite à une personne du décès de laquelle on n'a nul indice, est valable. *Arr. de cass. du* 3 *sept.* 1811.

39. Pour la validité d'un exploit, il suffit de la mention de la personne à qui on l'a laissé en l'absence de la partie, sans qu'il soit besoin de la désignation des domestiques ou des voisins qui ont refusé de s'en charger. *Arr. de cass. du* 24 *janv.* 1816.

40. La signification d'arrêt d'admission en cassation faite à une veuve pour elle et les héritiers de son mari, au domicile du défunt, est régulière lorsque les biens de la succession ne sont point partagés. *Arr. de cass. du* 6 *sept.* 1813. (*Art.* 5113 *j.*)

41. L'exploit dont on n'a laissé qu'une copie à une dame assignée tant en son nom qu'en celui de son enfant mineur, n'est pas nul pour n'avoir point laissé deux copies. *Arr. de cass. du* 20 *déc.* 1816.

42. La copie de l'exploit d'ajournement peut être valablement laissée au propriétaire de la maison où l'assigné a son domicile, et qui l'habite lui-même, lorsque cet assigné mange continuellement avec le propriétaire et en reçoit des soins. *Cour de Paris du* 30 *janv.* 1817.

43. Lorsqu'on assigne un particulier tant en son nom que comme représentant d'autres parties, et qu'on le déclare ainsi par l'exploit, on n'est pas obligé de donner plus d'une copie d'assignation. *Arr. de cass. du* 7 *janv.* 1818.

44. Une citation pour fait de police est valable quoique signifiée par un Huissier du Tribunal de première instance, au lieu de l'être par celui du Juge de paix qui dépend de ce Tribunal. *Arr. de cass. du* 23 *mai* 1817.

45. Lorsque l'Huissier, ayant une autre résidence que celle qui lui est assignée, indique dans son exploit sa demeure réelle, cet acte n'est pas nul pour cela. *Cour de Nîmes du* 20 *janv.* 1819.

46. On ne peut critiquer une date qui porte *trize au* lieu de *treize*. *Arr. de cass. du* 22 *déc.* 1806.

46. L'assignation sur l'appel à un domicile élu par la signification du jugement attaqué et par d'autres exploits est valable. *Cour de Rouen du* 9 *janv.* 1806.

47. L'exploit d'assignation, en validité de saisie-arrêt, dans *le délai de la loi*, remplit le vœu de la loi; on peut se dispenser d'indiquer le jour d'audience. *Arr. de cass. du* 27 *avril* 1813. Au surplus V, *appel*, page 82, n.° 32; *assignation*, page 85, et *cassation*, page 99, n.ᵒˢ 42 *et suiv.*

48. La signification, *sans contenir assignation*, d'une requête d'opposition à jugement par défaut est valable, l'art. 160 du C. de P. civ. voulant seulement qu'elle soit faite d'Avoué à Avoué. *Cour de Bruxelles du* 22 *août* 1807.

49. L'exploit d'opposition à un arrêt est suffisamment motivé lorsqu'on se retire aux moyens contenus en l'acte d'appel dûment signifié. *Même Cour, du* 7 *janv.* 1808.

50. La signification d'un arrêté de Conseil de Préfecture, concernant un mineur, est valable, quoiqu'elle ne soit faite qu'au tuteur seulement. *Ordonn. du* 14 *mai* 1817.

51. L'exploit relatif à un étranger, signifié au domicile du Procureur du Roi, qui n'a point envoyé la copie au ministre des affaires étrangères, n'est point pour cela vicié; la partie ne peut préjudicier des faits et de l'omission de ce Magistrat. *Arr. de cass. du* 11 *mars* 1817.

52. La copie de l'exploit de signification d'un arrêt d'admission est valable, quoiqu'elle ne fasse pas mention de l'enregistrement de la requête insérée dans l'arrêt. *Arr. de cass. du* 8 *janv.* 1817.

53. Le défaut de mention de l'enregistrement sur la copie signifiée de l'arrêt d'admission, n'entraîne pas la nullité de la signification et la déchéance de l'appel. *Arr. de cass. du* 8 *janv.* 1817. (*Art.* 5747, *j.*).

54. Lorsque la copie d'un exploit de notification d'un arrêt d'admission porte que l'on a donné communication à l'assigné de l'arrêt et des moyens qui l'ont fait rendre, celui-ci ne peut prétendre qu'il n'a reçu que la simple copie de l'exploit, et la déclaration contenue dans cette copie fait foi en justice jusqu'à inscription de faux. *Arr. de cass. du* 28 *janv.* 1811. (*Art.* 3860, *j.*).

55. Lorsque l'assignation a été donnée au domicile élu par les parties, il n'est pas nécessaire d'y indiquer le domicile réel; le vœu de la loi est satisfait. *Cour de Bordeaux du* 14 *fév.* 1817.

56. L'exploit signifié dans le cours d'une saisie exécution doit l'être au domicile élu dans le lieu où elle doit se faire; mais s'il en est un d'appel du jugement qui fait le fondement de la saisie, il doit être notifié à personne ou à domicile. *Arr. de la Cour de Bruxelles du* 20 *janv.* 1808.

57. Exploits nuls. L'exploit où il est fait mention de la personne à laquelle on l'a laissé, à une autre place qu'après le mot *parlant à*, est nul. *Cour de Bruxelles du* 26 *juin* 1807.

58. L'exploit par lequel on assigne un Maire, dont la copie a été laissée à l'Adjoint, qui a visé l'original en l'absence de ce Magistrat, est nul, attendu que le visa devait être donné dans ce cas par le Juge de paix ou le Procureur du Roi, d'après l'art. 69 du C. de P. *Arr. de cass. des* 10 *juin* 1812 *et* 18 *fév.* 1817.

59. *Ce visa* doit être donné sans frais, sur l'original de l'exploit sous peine d'amende contre le refusant. *Art.* 1039 *du C. de P. Instr.* 408.

60. L'exploit non enregistré dans le délai est nul. *Art.* 34 *de la loi de frim.* V. *Huissier.*

61. Cependant cette nullité ne s'applique pas aux exploits relatifs aux procédures criminelles. *Arr. de cass du* 14 *août* 1816. V. *délai*, page 136, n.ᵒˢ 40 et 42.

62. Celui de signification d'une contrainte est aussi nul, lorsqu'il n'indique point l'immatricule de l'Huissier, ou lorsque celui-ci n'a pas droit d'exercer dans le res-

sort où il a instrumenté. *Arr. de cass. du* 14 *août* 1811.

63. Il y a nullité lorsque dans la copie de l'exploit la date est en blanc, quoique l'original porte la date. *Arr. de cass. des* 6 *nov. et* 4 *déc.* 1811.

64. L'exploit où l'Huissier omet d'indiquer sa demeure est nul. *Arr. de cass. du* 20 *janv.* 1817.

65. Si l'exploit de signification d'un jugement ne fait pas mention que l'on fait la signification, ni qu'on laisse copie du jugement, il ne peut être valable ni faire courir le délai du pourvoi. *Arr. de cass. du* 3 *nov.* 1818.

66. On peut donner assignation à un terme plus long, et non plus court que celui fixé par la loi, à peine de nullité. *Arr. de cass. du* 15 *déc.* 1808.

67. L'assignation faite à une femme mariée pour défendre à une demande en cassation est nulle, si le mari n'a pas été assigné, et quoiqu'il l'eut autorisée à plaider jusques-là. *Arr. de cass. du* 14 *juillet* 1819.

68. L'exploit laissé à un voisin sans faire mention de l'absence du défendeur, ni des personnes de sa maison, est nul. *Arr. de cass. du* 21 *mars* 1812.

69. L'acte d'appel, nul faute d'avoir été signifié à personne ou à domicile, peut être attaqué de nullité par la partie actionnée, bien qu'elle ait constitué Avoué et qu'elle ait requis un jugement d'urgence; parce que l'Avoué n'a été nommé que pour proposer la nullité, et que le 2.e point ne porte caractère ni de défense, ni d'exception. *Cour de Bruxelles du* 4 *déc.* 1807.

70. Une signification faite en parlant à une fille de confiance est nulle, parce qu'elle laisse ignorer si cette personne est étrangère ou non au défendeur. *Arr. de cass. du* 4 *nov.* 1811.

71. L'exploit est nul s'il est fait par un Huissier de Cour d'appel hors du ressort du Tribunal de première instance du lieu ou siège sa Cour. *Arr. de cass. du* 12 *avril* 1808.

72. Il en est de même de l'exploit, conforme d'ailleurs à la loi, dont la copie est entachée de quelqu'irrégularité frappée de nullité. *Cour de Bordeaux du* 25 *janv.* 1811.

73. L'exploit sur appel est nul lorsqu'il est signifié à un domicile que l'on n'avait élu que pour plidear en première instance, mais cette nullité est converte si l'on procède en appel sans l'invoquer. *Arr. de cass. du* 14 *janv.* 1807.

74. Les nullités d'exploits sont couvertes lorsqu'on ne les propose pas avant les défenses ou exceptions, quoiqu'on se soit réservé, par un écrit antérieur aux défenses, tous moyens de nullités. *Cour de Paris du* 19 *août* 1808. — V. *appel*, page 81, n.° 49; *assignation*, page 83; *cassation*, page 99, n.os 42 et *suiv.*; *Huissier* et *nullité*.

EXPROPRIATION *pour cause d'utilité publique*. Les actes de procédure y relatifs, tels que les nominations d'experts pour procéder à la fixation des indemnités, les procès-verbaux des experts du Gouvernement, et les arrêtés qui fixent définitivement les indemnités, sont enregistrables gratis. *Loi du* 8 *mars* 1810. (*Art.* 3848, *j.*)

1. Les pétitions présentées par les particuliers expropriés pour faire fixer leur indemnité, les nominations de leurs experts, et les rapports de ceux-ci, sont sujets au timbre et à l'enregistrement. *Déc. min. fin. du* 7 *oct.* 1810. (*Art.* 3999, *j.*)

2. Les indemnités dues *avant le* 1.er *janv.* 1816 aux propriétaires expropriés pour cause d'utilité publique, ne peuvent être payées qu'en valeurs de l'arriéré. *Avis du Conseil d'Etat du* 28 *avril* 1817. *Déc. min. fin. du* 27 *mai suiv.* V. AUX DOMAINES, p. 35.

EXPROPRIATION *forcée*. V. *adjudication*, p. 65, n.os 29 et suiv., et *saisie immobilière*.

EXPULSION. Autorisation donnée par un jugement de faire sortir quelqu'un d'un lieu. — Pour connaître les droits des jugemens portant expulsion, V. *jugement*.

EXTRAIT *d'actes*. Expédition de partie d'un acte.

1. Les extraits d'actes, soit publics ou privés, ou de registres susceptibles de faire foi en justice, doivent être sur papier timbré. *Loi du* 13 *brumaire* 7, *art.* 12.

2. Les simples extraits d'actes publics ne peuvent, comme les expéditions, être délivrés sur du papier timbré d'un format inférieur à celui de 1 fr. 25 c. *Circ.* 1887. *Arr. de cass. du* 23 *mai* 1808. — Néanmoins, V. le n.° 5 ci-après.

3. Les extraits d'actes publics enregistrés sur minute n'étant que des expéditions abrégées, doivent, comme ces expéditions, faire mention de l'enregistrement par la transcription entière et littérale de la quittance du Receveur, sous peine de 10 fr. d'amende, parce que ces extraits sont des expéditions abrégées. *Trib. de la Seine, du* 6 *mars* 1812. (*Art.* 4288, *j.*) V. *expédition*.

4. On ne peut délivrer extrait d'un acte non enregistré. V. *expédition*. — Ainsi les Greffiers ne peuvent délivrer aux Percepteurs des communes, des extraits ou états des jugemens de condamnation à des dommages-intérêts pour délits dans les bois communaux, avant que ces jugemens n'aient été enregistrés. *Instr.* 386. *nomb.* 22. — V. ci-après, n.os 13 et suiv.

EXTRAIT *collationné*. V. *collation*, p. 108; *copie*, p. 127; *expédition* et l'art. précédent.

5. EXTRAIT *de contrat*, pour purger les hypothèques légales. Celui qui, pour parvenir à ce but, est affiché dans l'auditoire du Tribunal, peut être fait sur papier de toute dimension. *Instr.* 266. *Circul. du* 26 *pluv.* 13.

6. EXTRAIT *des rôles de contributions*. Il est exempt de l'enregistrement. *Art.* 70 *de la loi du* 22 *frim.* 7.

7. Les extraits *de matrices des rôles* de contributions directes délivrés aux contribuables, pour être produits à l'appui de leur demande en dégrèvement; sont exempts du timbre. *Instr.* 137.

8. EXTRAIT *de saisie immobilière*. Celui que le Greffier doit afficher au tableau placé dans l'auditoire, en vertu de l'art. 682 du C. de P. C., est sujet au timbre, mais exempt de l'enregistrement. *Instr.* 436.

9. EXTRAIT *des livres de commerce des marchands*. V. le n.° 1.er ci-dessus.

10. EXTRAITS *des actes administratifs* ou des établissemens publics. V. *actes*, page 54, n.° 29.

11. EXTRAITS *des registres de l'état civil.* V. *actes*, page 62, n.° 169.

12. EXTRAIT *délivré aux particuliers* des objets chargés aux messageries, est assujéti au timbre comme leur faisant titre. *Déc. min. fin. du* 30 *fructidor* 13. (*Art.* 2116, *j.*)

EXTRAITS *délivrés aux administrations publiques.*

13. Les extraits *de jugemens* de condamnations à amendes et frais, délivrés aux Préposés de l'enregistrement ou aux Agens forestiers, sont exempts du timbre et de l'enregistrement. *Circ. du* 24 *brum.* 14. *Instr.* 301 *et* 557. — Néanmoins, avant de prendre inscription aux hypothèques, il faut les faire timbrer et enregistrer en débet. *Instr.* 316. V. *amendes*, page 71, n.° 15.

14. Cette exemption s'applique aux extraits délivrés soit aux Préposés des douanes, *Déc. min. fin. du* 21 *juillet* 1812, soit aux Préposés des contributions indirectes. *Autres déc. des* 12 *déc.* 1809, 30 *mars* 1818 *et* 1819. (*Art.* 6029 et 6507, *j.*)

15. Il n'y a de frais que celui du papier timbré pour les extraits fournis à l'Administration de la loterie et à ses Préposés, de jugemens de condamnation rendus contre ceux qui auront tenu des loteries clandestines. *Loi du* 25 *sept.* 1813.

16. Il est accordé aux Greffiers 25 cent. par extrait de jugement de condamnation pécuniaire de toute nature. *Instr.* 639. V. *amendes, page* 71, n.° 15. Mais ils ne pourront être payés de cette indemnité qu'autant qu'ils auront certifié sur ces extraits, que les jugem.ˢ sont devenus *définitifs faute d'appel,* et qu'ils y auront indiqué, séparément, le montant *principal* des droits de timbre et d'enregistrement *en débet* compris dans la liquidation des dépens. Cette indemnité sera acquittée selon le mode indiqué par l'instr. 911. *Instr.* 951, V. *frais de justice.*

17. Les copies que les Greffiers délivrent des états de liquidation de frais et dépens, leur sont payées à raison de 5 cent. par article; mais ces copies ne sont pas dans le cas d'être délivrées lorsque la liquidation des frais a été insérée dans le jugement de condamnation; dans ce cas il n'y a lieu de payer aux Greffiers que 25 cent. pour l'extrait. *Instr.* 951.

18. EXTRAITS *des registres de l'enregistrement.* Les Receveurs ne pourront délivrer d'extraits de leurs registres, que sur une ordonnance du juge de paix, lorsque ces extraits ne seront pas demandés par quelqu'une des parties contractantes, ou leurs ayans-cause. — Il leur sera payé un fr. pour recherche de chaque année indiquée, et 50 c. pour chaque extrait, outre le papier timbré: ils ne pourront rien exiger au-delà. *Art.* 58 *de la loi du* 22 *frim.* 7.

19. Ces extraits doivent être écrits sur du papier au timbre de 1 fr. 25 c., *Sol. du* 29 *sept.* 1819. (*Art.* 6528, *j.*)

FABRIQUES. Les donations faites aux fabriques ne sont assujéties qu'au droit fixe de 1 fr. *Décr. du* 30 *déc.* 1809. V. *registres*; *et fabriques*, AUX DOMAINES.

FACTEUR, ou garde-vente. V. *serment.*

FACTURE. État certifié et détaillé des quantités, qualités et prix des marchandises qu'un négociant envoie à son correspondant; elle est assujétie au timbre.

Si cet état est pur et simple, il opère le droit fixe de 1 fr. *Art.* 68 *de la loi de frim.*; s'il est souscrit par le particulier à qui l'envoi est fait, et qu'il contienne la reconnaissance de la livraison des marchandises y désignées, il est passible du droit de 2 p. 100, comme vente mobilière; mais le droit n'est exigible que lorsque l'on veut faire usage de cet état. *Art.* 69.

FACULTÉ *de rachat ou de réméré;* convention qui donne au vendeur le droit de retirer l'objet de la vente, en remboursant à l'acheteur les prix et frais de son acquisition.

La faculté de rachat ne peut être stipulée pour un terme excédant 5 années; si elle a été stipulée pour un terme plus long, elle est réduite à ce terme. *Art.* 1660 *du C. C.* — V. *retrait*, *succession*, n.° 125; et *vente*, n.ᵒˢ 29 et *suiv.*

FAILLITE. L'état dans lequel se trouve un commerçant dont les affaires ne lui permettent plus de remplir ses engagemens et de payer ce qu'il doit.

1. Pour connaître les droits d'enregistrement des actes relatifs aux faillites, V. *abandon*, page 47; *actes*, p. 55, n.° 43; *affirmation*, page 69, n.ᵒˢ 6 et 7; *atermoiement*, page 84; *bilan*, page 92; *jugement; livres et registres de commerce*; *union et vérification*, n.ᵒˢ 4 et *suiv.*

2. Toutes les fois que le failli est hors d'état de faire l'avance des droits de la déclaration à laquelle il est astreint, cette déclaration doit être enregistrée en débet, ainsi que tous les actes nécessaires pour l'exécution des dispositions des chapitres 1.ᵉʳ, 2.ᵉ... et 8.ᵉ du C. de Com., jusqu'à la levée des scellés, s'il se trouve dans l'actif du failli de l'argent comptant; jusqu'à l'inventaire, s'il ne se trouve pas d'argent, mais des créances exigibles et d'un recouvrement certain; jusqu'à la vente mobilière, si ces deux dernières circonstances ne se trouvent pas, ou jusqu'au concordat, s'il se forme un arrangement, avec la condition expresse que l'enregistrement de ces actes successifs ne pourra avoir lieu qu'après que les droits des actes antérieurs enregistrés en débet auront été soldés. *Déc. min. fin. et just. du* 20 *sept.* 1814. (*Art.* 4932, *j.*)

3. Les droits d'enregistrement à recouvrer contre une faillite doivent être poursuivis par la voie de contrainte, ainsi qu'on en agit contre les particuliers. *Arr. de cass. du* 10 *mai* 1815. V. *poursuites*, *n.°* 14.

4. Le procès-verbal d'inventaire, en matière de faillite, peut, sans contravention, contenir celui de levée de scellés; le procès-verbal est enregistrable dans les 20 jours; il n'est dû, dans ce cas, que 2 fr. par chaque vacation, les deux opérations étant dépendantes l'une de l'autre. *Déc. min. fin. du* 27 *oct.* 1812. (*Art.* 4341, *j.*)

FAUSSE *déclaration.* V. *expertise*, *page* 163, *n.°* 2, *et prescription.*

FAUSSE *estimation.* V. *estimation*, *page* 160.

FAUX. Le faux matériel est celui qui a été commis par la falsification d'un écrit particulier ou d'un acte public.

1. Dans le cas de fausse mention d'enregistrement, soit dans une minute, soit dans une expédition, le délinquant

serapoursuivi par la partie publique, sur la dénonciation du Préposé de l'Administration, et condamné aux peines prononcées pour le faux. *Art.* 46 *de la loi de frim.* 7.

2. Le faux ne se juge pas sur l'intention. *Arr. de cass. du* 28 *janv.* 1807.

3. Les formalités prescrites par la loi, pour la validité des actes publics, tiennent à leur substance, et ces actes n'existent que par l'accomplissement de ces formalités. Les énonciations qui déclarent faussement l'observation des formalités, constituent nécessairement un faux, puisqu'elles ont pour objet de donner à un acte un caractère d'authenticité que la loi ne lui confère que sous une condition qui n'a point été remplie. *Arr. de cass. du* 15 *juillet* 1819.

4. L'antidate et les déclarat.ˢ mensongères dans un acte, constituent le crime de faux. *Arr. de cass. du* 20 *nov.* 1807.

5. Il y a crime de faux de la part d'un Notaire, lorsque dans l'expédition d'un acte qu'il délivre, il atteste l'enregistrement, quoiqu'il n'ait pas eu lieu. *Arr. de cass. du* 20 *avril* 1809.

6. Le Notaire qui, instrumentant hors de son ressort, date l'acte d'un lieu compris dans le sien, commet un faux essentiellement criminel. *Arr. de cass. des* 11 *août* 1809 *et* 15 *juillet* 1819. (*M. Sirey. années* 1810 *et* 1819.)

7. Un Notaire qui, sur un acte public passé par lui, écrit faussement un certificat d'enregistrement et la signature du Receveur, commet un faux de l'espèce prévue par l'art. 147 du C. Pén. – Ce faux est sans rapport avec les fonctions du Notaire; il n'altère ni le contexte, ni les dispositions de l'acte, dans le sens des articles 145 et 146 du C. Pénal. *Arr. de cassation du* 27 *janvier* 1815. (*M. Sirey*, *ann.* 1815.)

8. Le faux existe, quand il y a, au bas d'un écrit, l'apposition d'une signature supposée, soit qu'il y ait dans cette signature, imitation plus ou moins parfaite de celle de l'officier, soit que son nom ait été écrit sans imitation de sa signature, soit même qu'il n'y ait eu qu'apposition d'un nom idéal, qui n'appartient à aucune personne connue. *Arr. de cass. du* 5 *juin* 1818.

FAUX *incident civil.* V. *amendes*, *page* 73, n.° 61, *et inscription de faux.*

FÉODALITÉ, V. AUX DOMAINES, *page* 45.

FERMAGE, V. ce mot AUX DOMAINES, *page* 36.

FÊTES, V. *bureaux*, *p.* 94, n.° 9, et *délai*, *p.* 134, n.° 2.

FEUILLE *d'audience.* C'est la minute des jugemens; tous doivent y être portés chaque jour, tels qu'ils ont été rendus, signés par le Président et le Greffier, sans attendre la remise des qualités, qui ne sont nécessaires que pour les expéditions. *Instr.* 405. — Elle doit être en papier timbré. *Instr.* 397.

1. Les Greffiers des cours et tribunaux ne peuvent se dispenser de porter les jugemens sur la feuille d'audience. *Déc. min. just. du* 25 *juillet* 1807. — Il en est de même des Greffiers de la justice de paix. *Art.* 18 *du C. de P. C.*

2. Le secrétaire du conseil des Prud'hommes est tenu de rédiger, sur une feuille ou sur un registre d'audience, en papier timbré, tous les jugemens rendus par les Prud'hommes. *Instr.* 437.

3. Les jugemens doivent être rédigés sur une feuille d'audience avec les détails suffisans. *Instr.* 405.

4. Les Greffiers du Trib. de Comm. sont assimilés, pour la tenue de la feuille d'audience, aux Greffiers des autres Tribunaux. *Déc. min. fin. du* 5 *sept.* 1809.

5. Cependant ils ne sont tenus de porter sur cette feuille que les motifs et le dispositif des jugemens, sauf, lorsqu'il s'agit de les expédier, à recourir aux pièces de la procédure pour y prendre les autres détails. *Déc. min. just. du* 31 *oct.* 1809. (*Art.* 3397, *j.*)

6. Les Greffiers peuvent avoir une feuille d'audience particulière pour chaque audience, ou inscrire successivement, et par ordre, les jugemens de plusieurs audiences, sur la même feuille ou sur un registre. *Instr.* 373.

7. On peut inscrire à la suite les uns des autres, sur un registre particulier, les procès-verbaux de conciliation et de non conciliation, et les mentions de non comparution au bureau de paix. *Déc. min. just. du*..... 1818. (*Art.* 6038, *j.*)

8. Les Greffiers des Tribunaux correctionnels et ceux de police municipale, peuvent tenir deux feuilles d'audience, l'une qui sera visée pour timbre en débet, pour les jugem.ˢ rendus à la requête du ministère public, et alors les droits de timbre seront compris dans la liquidation des frais à rembourser par les condamnés; l'autre en papier timbré pour les actes faits avec le concours des parties civiles; — à défaut de tenir les deux séparées, celle d'audience prescrite pour tous les jugemens sera assujétie au timbre. *Instr.* 953.

9. Le greffier qui transcrit, sur le registre d'audience, un jugement à un autre rang que celui de sa date, ne commet pas de contravention, mais cette irrégularité doit être déférée au Procureur du Roi. *Déc. min. fin. du* 26 *janv.* 1819. (*Art.* 6663, *j.*)

FEUILLES *de conclusions*, remises par les Avoués à l'Huissier qui en fait la lecture à l'audience; elles sont assujéties au timbre. *Instr.* 72.

FEUILLES *périodiques*, V. *journaux.*

FEUILLES *imprimées*, V. *affiches*, *page* 68, n.ᵒˢ 9 *et suiv.*

FEUILLES *de route*, des conducteurs et cochers des voitures publiques. Elles sont exemptes du timbre, comme expéditions d'ordre d'administr.ⁿ *Circ.* 738. V. *messageries.*

FIDUCIE, V. *décharge*, page 131, n.° 4.

FILIGRANE, marque caractéristique qui se trouve dans le papier timbré fourni par l'Administration. — Les papiers destinés au timbre, porteront un filigrane particulier imprimé dans la pâte même du papier. *Loi du* 13 *brum.* 7. *Art.* 3.

FIN *de non recevoir* (la) est une exception péremptoire au moyen de laquelle on se dispense d'entrer dans la discussion du fonds. V. *instance.*

FOLLE *enchère.* V. *adjudication*, n.ᵒˢ 43 *et suiv.*

FONDATION. V. *donation et succession.*

FONDS *de retraite.* V. *pensions de retraite.*

FORCEMENT. Lorsque l'Inspecteur trouve des perceptions évidemment insuffisantes d'après la loi, il fait reconnaître sur le champ le vice au Recev.ʳ, et le charge en recette du supplément à la date courante. *Art.* 191 *des ordr. gén.*

1. Il en est de même des découvertes et des droits dus à l'état que le Receveur a laissé prescrire par son

défaut de surveillance; l'Inspecteur qui ne l'ordonne pas partage la responsabilité du Receveur. *Circ.* 64, 1739, 1765 et 1836.

2. Le vérificateur doit examiner si le montant des forcemens de recette ordonnés par l'Administration ou par le Directeur a été enregistré. *Ordr. gén. de Régie, art.* 235.

3. L'Inspecteur doit remettre, au retour de sa tournée, les états des perceptions vicieuses au Directeur qui les émarge de ses observations, les consigne sur son sommier et les envoie à l'Administration. *Ordr. gén. de Régie, art.* 212.

4. Le Directeur remet aux Inspecteurs, avant chaque tournée, un état des forcemens approuvés, qu'ils lui rapportent émargé du jour du paiement et du f.° du registre, et ensuite il apostille son sommier des forcemens. *Circ.* 1836.

5. Pour les forcemens sur recettes antérieures au 17 flor. 7, et sur celles non sujètes au décime, V. *débet*, page 129, n.os 12 et *suiv.*

6. Les Receveurs devaient être forcés en recette des intérêts d'intérêts dont les créances ou revenus étaient susceptibles, et qu'ils n'avaient pas exigés. *Instr.* 353.

FORÊTS. V. *Administration*, *aux* DOMAINES.

FORMALITÉ *de l'enregistrement*, V. *enregistrement.*

FORMULE *des actes.* L'ordonn. du 30 août 1815 a prescrit la rectification de la formule des actes, arrêts ou jugemens expédiés pendant l'absence de S. M. pour effacer le signe d'un pouvoir illégitime. (*Art.* 5257, *j.*).

FOURNITURES. Les obligations et condamnations pour fourniture doivent 2 p. 100. V. *jugement et obligation.*

FRACTION. La perception du droit proportionnel suit les sommes et valeurs, de 20 fr. en 20 fr. inclusivement et sans fraction. *Art.* 2 *de la loi du* 27 *vent.* 9.

Il ne peut être perçu moins de 25 c. pour l'enregistrement des actes et mutations dont les sommes et valeurs ne produisent pas 25 c. de droit proportionnel. *Art.* 3.

Si une vente de meubles est faite sous la condition que l'acquéreur paiera diverses sommes à des particuliers qui ont des intérêts différens pour leurs créances non établies par titre en forme, chaque disposition doit être considérée isolément. On ne peut cumuler les sommes pour ne fractionner que celle totale; le droit de 20 fr. en 20 fr. est dû sur chacune d'elles sans pouvoir être au-dessous de 25 c. *Sol. du* 19 *mars* 1811. V. *centime*, page 103.

FRAIS DE JUSTICE. Sont considérés comme tels toutes les dépenses qui ont pour objet la recherche, la poursuite et la punition des crimes, délits ou contraventions de la compétence des Cours d'assises ou spéciales, des Tribunaux correctionnels ou de simple police.

1. En matière de police correctionnelle, ceux qui se constitueront parties civiles, seront personnellement chargés des frais de poursuite, instruction et signification des jugemens. En toute affaire criminelle, la partie publique sera seule chargée des frais d'exécution; elle fera l'avance des frais d'instruction, expédition et signification des jugemens, du remboursement desquels ceux qui se seront constitués parties civiles, seront personnellement tenus, sauf, dans tous les cas, le recours des parties civiles contre les prévenus ou accusés qui auront été condamnés. *Art.* 4 *de la loi du* 5 *pluv.* 13.

2. Une Cour d'assises ne peut se refuser de prononcer, contre la partie civile, le remboursement des frais envers l'Etat, sauf son recours contre les condamnés. *Arr. de cass. du* 17 *mai* 1819. (*Art.* 6570, *j.*)

3. Lorsque les débats sont interrompus et renvoyés aux prochaines assises, dans l'intérêt de l'accusé, sur sa demande, et parce qu'il a négligé de faire concourir les moyens de défense avec les moyens d'attaque, les frais de ce renvoi doivent être supportés par lui, quelque soit l'issue de l'accusation. *Arr. de cass. du* 6 *juillet.* 1815. (*Art.* 5451, *j.*).

4. Celui qui s'est légalement constitué partie civile dans une affaire poursuivie dans l'intérêt de la vindicte publique, ne peut, par un désistement postérieur, se soustraire aux frais de la procédure, dans le cas où le prévenu ou l'accusé viendrait à être définitivement acquitté. *Arr. de cass. du* 5 *fév.* 1813. (*Art.* 5598, *j.*)

5. TARIF DES FRAIS DE JUSTICE. Il est réglé par le décret du 18 juin 1811, modifié par celui du 7 avril 1813. *Instr.* 511 *et* 639. V. aussi *capture page* 97.

6. FRAIS A ACQUITTER SUR LE CRÉDIT DU MINISTÈRE DE LA JUSTICE. Tout ce qui doit être, en définitif, ordonnancé par le Ministre de la justice, comme devant être pris sur le crédit qui lui est ouvert chaque année pour cette dépense, est avancé pour son compte par les caisses de l'Administration de l'enregistrement et des domaines. *Instr.* 283.

7. L'Administration de l'Enregistrement continuera de faire l'avance des frais de justice criminelle, pour les actes et procédures qui seront ordonnées d'office ou à la requête du ministère public; sauf à poursuivre, ainsi que de droit, le recouvrement de ceux desdits frais qui ne sont point à la charge de l'Etat, le tout dans la forme et selon les règles établies par le décret du 18 juin 1811.—Sont compris sous la dénomination de frais de justice criminelle, sans distinction des frais d'instruction et de poursuite en matière de police correctionnelle et de simple police: 1.° Les frais de translation des prévenus ou accusés, de transport des procédures et des objets pouvant servir à conviction ou à décharge. — 2.° Les frais d'extradition des prévenus, accusés ou condamnés; — 3°. Les honoraires et vacations des Médecins, Chirurgiens, Sages-femmes, Experts et Interprètes; — 4.° Les indemnités qui peuvent être accordées aux témoins et aux jurés; — 5.° Les frais de garde de scellés, et ceux de mise en fourrière; — 6.° Les droits d'expédition et autres alloués aux Greffiers; — 7.° Les salaires des Huissiers; — 8°. L'indemnité accordée aux Officiers de justice, dans les cas de transport sur le lieu du crime ou délit; — 9.° Les frais de voyage et de séjour accordés aux Conseillers dans les Cours royales, et aux Conseillers-Auditeurs délégués pour compléter le nombre des Juges d'une cour d'assises ou spéciale, ainsi qu'aux Officiers du ministère public, autres néanmoins que les substituts en service près des Cours d'assises et spéciales hors du chef-lieu, à l'égard desquels il a été statué par l'article 10 du décret du 30 janvier 1811; — 10.° Les frais de

voyage et de séjour auxquels l'instruction des procédures peut donner lieu ; — 11.° Le port des lettres et paquets pour l'instruction criminelle ; 12.° Les frais d'impression des arrêts, jugemens et ordonnances de justice ; — 13.° Les frais d'exécution des jugemens criminels et les gages des exécuteurs ; — 14.° Les dépenses assimilées à celles de l'instruction des procès criminels, et qui résulteront, savoir : des procédures d'office pour l'interdiction ; des poursuites d'office en matière civile ; des inscriptions hypothécaires requises par le ministère public ; du transport des greffes. *Art.* 1.er *et* 2 *du décret du* 18 *juin* 1811. *Instr.* 531.

8. On doit ajouter à cette nomenclature, 1.° Les frais de condamnation prononcés en Cour d'assises, contre l'Employé d'une administration. *Déc. min. fin. du* 17 *déc.* 1814. (*Art.* 5083, *j.*) — 2.° Ceux relatifs aux crimes et délits en matière de douane. *Déc. min. just. et fin. des* 10 *et* 21 *oct.* 1815. (*Art.* 5358, *j.*) — 3.° Ceux alloués aux Greffiers pour assistance aux exécutions. Ils sont sans recours contre les condamnés. *Circ. du* 17 *mai* 1813. — 4.° Ceux de poursuites relatives aux contraventions à la grande voirie, lorsque les délits sont jugés correctionnellement ou criminellement. *Circ. du Min. de l'intérieur aux Préfets, du* 31 *déc.* 1808. — 5.° Ceux de transport de pièces d'un greffe supprimé. *Lettre du min. just. du* 11 *juin* 1808. — 6.° Ceux en matière correctionnelle, même lorsqu'il y a partie civile, pourvu que son indigence soit constatée. — Le Recev.r exerce le recours de l'État de la manière indiquée par l'instr. 182. *Instr.* 414 *et* 531. — 7.° Ceux des jugemens ayant pour but de réparer l'inexactitude des registres de l'État civil en faveur d'indigens. Ils sont acquittés d'après un exécutoire visé par le Préfet comme on en agit pour les frais de justice. *Instr.* 90. — 8.° Les frais d'impression des états sommaires des jugemens criminels. *Déc. min. just. du* 13 *germ.* 12. — 9.° Les frais de route ou séjour momentané des condamnés aux fers, travaux publics et boulets. *Avis du Conseil d'État, approuvé le* 16 *fév.* 1807. — 10.° Les frais de procédure instruites devant les Tribunaux, à la requête du ministère public, contre les vagabonds. *Déc. min. just. du* 18 *juin* 1811. (*Art.* 4402, *j.*) — 11.° Les frais de nourriture en route des prévenus, lorsqu'ils sont déposés en route dans des maisons de détention ordinaires : et si c'est dans des maisons où il n'est pas établi de geolier, les frais en sont à la charge du ministère de l'intér.r *Déc. min. just. du* 25 *mars* 1806. — 12.° Les frais de visite de cadavres ordonnée par le Maire : ils sont acquittés comme frais de justice. *Arr. de cassation du* 19 *juin* 1816. (*Art.* 5536, *j.*) Ceux d'inhumation sont à la charge des communes. *Déc. min. just. du* 12 *nov.* 1814. — 13.° Ceux d'enlèvemens de cadavres ordonnés par les Officiers de justice : ils sont payés sur les fonds de frais de justice, s'il y a poursuite criminelle. *Déc. min. just. du* 31 *janv.* 1816. (*Art.* 5590, *j.*) Et dans le cas contraire, par la commune. *Déc. min. just. du* 12 *nov.* 1814. (*Art.* 5064, *j.*) — 14.° Le montant des mémoires des Gendarmes qui ont pour objet des affaires de faux, assassinat, vol et captures exécutées en vertu de mandats d'arrêt. *Déc. min. just. du* 1.er *oct.* 1816. (*Art.* 5589, *j.*) Quant à leurs taxes comme témoins, V. *Gendarme.*

9. Lorsque les Tribunaux sont appelés à prononcer sur les saisies de tissus, les Receveurs de l'enregistrement doivent faire l'avance des frais, qui seront remboursés dans un bref délai par le Préfet, sur le produit de la recette de ces objets. *Circ. du* 9 *févr.* 1819.

10. Le Préposé peut acquitter, sur les fonds généraux de frais de justice, les exécutoires délivrés aux Officiers de santé, pour avoir constaté l'existence de l'empreinte de la marque appliquée à des condamnés. *Déc. min. just. du* 11 *mars* 1817. (*Art.* 5725, *j.*)

11. Dans tous les cas, soit qu'il y ait partie civile, ou non, le Trésor doit faire l'avance des indemnités dues aux témoins, et les Receveurs ne peuvent se refuser à les acquitter. *Déc. min. just. du* 17 *sept.* 1819. (*Art.* 6510, *j.*)

12. La Direction générale doit avancer les frais résultant des procédures qui ont lieu au nom de l'Université, mais il faut les porter en dépense pour son compte, afin de les lui faire rembourser. *Instr.* 571. *Déc. min. just. des* 5 *oct.* 1819, 1.er *et* 23 *mai* 1820. (*Art.* 6701, *j.*)

13. Frais urgens. Ce sont : 1.° ceux qui résultent des opérations pour lesquelles les parties prenantes ne sont pas habituellement employées; 2.° les indemnités aux témoins et jurés ; 3.° les frais d'extradition des prévenus, accusés ou condamnés, *décr. du* 18 *juin* 1811, *art.* 134; 4.° les frais de visite d'Officiers de santé et de salaires des particuliers, pour avoir retiré de l'eau les cadavres. *Sol. du* 5 *nov.* 1811 ; 5.° ceux des médecins et chirurgiens accidentellement employés. *Déc. min. just. du* 10 *déc.* 1814. (*Art.* 5551, *j.*) ; 6.° les rétributions des interprètes et experts et des gens qui facilitent leurs opérations, lorsqu'ils ne sont pas domiciliés au chef-lieu ; celles des deux fossoyeurs chargés de l'extraction d'un cadavre. *Instr.* 150. *Lettre de M. le Direct. gén. du mois de mai* 1814.

14. Ces frais sont acquittés sur la simple taxe du juge, mise au bas des réquisitions, copies de convocations, citations ou mémoires des parties, et relatant si la partie prenante sait ou ne sait pas signer. Dans le premier cas, la taxe doit être souscrite d'un acquit. — Il doit être délivré aux témoins indigens, par le Président de la Cour ou du Tribunal du lieu de la résidence, ou par le Juge de paix, un mandat provisoire à-compte de ce qui pourra lui revenir pour son indemnité. Le Receveur de l'enregistrement acquitte ce mandat sur la quittance du témoin, mais il fait une mention expresse de l'à-compte, en marge et au bas de la copie de citation. *Instr.* 531. — Quant à la manière de rediger l'état de ces taxes, pour le faire admettre comme pièce comptable, V. *taxes.*

15. Frais non urgens. On ne doit pas considérer comme frais urgens les sommes payées aux exécuteurs et entrepreneurs d'ouvrages nécessaires pour l'exécution des jugemens criminels, ni celles payées aux entrepreneurs de la conduite des prisonniers. *Instr.* 150.

16. Les actes et diligences des Huissiers ne doivent pas être acquittés sur simples taxes, comme il en est usé pour les frais urgens. *Déc. min. just. du* . . . . (*Art.* 6236, *j.*)

17. Les frais non urgens se paient sur la remise d'un

exécutoire en triple expédition (dont l'un est sur papier timbré, si la somme n'est pas au-dessous de 10 fr. et reste au Receveur; l'autre, sur papier libre, restera dans les bureaux de la Préfecture, et le troisième sera transmis au Ministre de la justice), ordonnancé par le Président du Tribunal, en présence du Procureur du Roi, visé par le Préfet et le Directeur des domaines, appuyé des pièces justificatives, c'est-à-dire des mémoires détaillés et autres pièces comptables, et non des originaux des actes de la procédure; cet exécutoire sera souscrit de la quittance de la partie prenante. *Circ. du 27 mars* 1807. *Instr.* 283 *et* 531.

18. Les frais de ports de lettres et paquets adressés aux premiers Présidens, aux Présidens des Cours d'assises et des Cours spéciales, et autres Fonctionnaires désignés au chap. IX du décr. du 18 juin 1811, sont acquittés de la manière indiquée dans ce chapitre. *Instruct.* 531.

19. Le timbre des mémoires et des pièces à l'appui est à la charge de la partie prenante, mais les mémoires sont dispensés du timbre, lorsqu'ils n'excèdent pas dix francs. *Art.* 145 *et* 146 *du décr. du* 18 *juin* 1811.

20. Le Directeur, avant d'autoriser le paiement, vérifie si les pièces de dépense sont régulières, et dans le cas contraire, il en informe l'Administration, ou invite le magistrat qui a donné l'ordre à faire les rectifications convenables. *Instr.* 283 *et* 531.

21. Les pièces d'avance relatives au ministère de la guerre, consistant en taxes à témoins, d'experts, d'interprètes, d'officiers de santé, ceux d'exécution à mort, lorsqu'elle n'est pas faite militairement, sont rendues exécutoires par le Président et le Rapporteur du Conseil de guerre, ou par l'un d'eux en cas d'absence de l'autre, ou par le Commissaire de guerre, s'ils sont tous deux absens. *Instr.* 425. *Déc. du Ministre de la guerre du* 28 *août* 1812. (*Art.* 4414, *j.*)

22. L'Huissier doit joindre à son mémoire pour affaire d'interdiction à la requête du Procureur du Roi, un certificat d'indigence de l'interdit ou de ses parens, quand ce magistrat n'a pas fait mention du certificat dans son réquisitoire, au pied du mémoire. *Lettr. min. just. du* 23 *oct.* 1813. (*Art.* 4822, *j.*)

23. On doit laisser joints, à l'appui des mémoires des frais d'exécution des arrêts criminels, les réquisitoires du ministère public. *Déc. min. just. du* 3 *déc.* 1819. (*Art.* 6588, *j.*) — Pour d'autres pièces à joindre à certains mémoires, V. l'instr. 531 et la circ. du 16 nov. 1811.

24. Les actes et jugemens en matière criminelle étant exempts du timbre et de l'enregistrement, on ne doit point comprendre leur coût dans les frais de justice. *Instr.* 586. V. *exécutoire.*

25. Dans un mémoire de rôles de copies, il faut indiquer si le premier rôle de chaque copie a été distrait, et s'il a été compris, le déduire pour chaque copie. *Sol. du* 18 *mars* 1813.

26. La nature de l'affaire doit être exprimée dans les exploits; si la cédule n'en fait pas mention, l'Huissier la qualifie *inconnue;* mais le Procureur du Roi peut, lorsque le mémoire lui est présenté, indiquer l'époque, sans que l'omission soit néammoins une cause de rejet. *Sol. du* 18 *mars* 1813.

27. L'état de liquidation des frais et dépens délivré par le Greffier, ne doit pas comprendre l'indemnité payée aux jurés, qui reste à la charge du trésor. *Circ. min. just. aux Préfets*, du 3 *déc.* 1812.

28. Tout exécutoire qui ne serait pas rédigé conformément aux modèles transmis par Son Exc. le Ministre de la Justice, ne doit pas être acquitté; dans ce cas, le Directeur motive son refus de viser, sur l'absence de *cette formalité;* mais si ce défaut de formalité lui échappait, le Receveur ne refuserait pas moins d'acquitter l'exécutoire. *Instr.* 538 et 627.

29. Le Receveur peut acquitter, sans autorisation préalable du ministre, le mandat de transport de prévenus dressé au nom des Préposés aux convois militaires ou à celui de l'agent des entrepreneurs généraux. *Déc. min. just. du* 27 *avril* 1816. (*Art.* 5680, *j.*)

30. Les exécutoires qui n'auront pas été présentés au *visa* du Préfet dans le délai d'une année, à compter de l'époque à laquelle les frais auront été faits, ou dont le paiement n'aura pas été réclamé dans les six mois de la date du *visa*, ne pourront être acquittés qu'autant qu'il sera justifié que les retards ne sont point imputables à la partie dénommée dans l'exécutoire. Cette justification ne pourra être admise que par le ministre de la justice. *Art.* 149 *du décr. du* 18 *juin* 1811. (*Instr.* n.° 531.)

31. Les préposés ne peuvent se refuser d'acquitter: 1.° les mémoires de frais de justice fournis par un Huissier, sur le motif que celui-ci a annulé dans son mémoire des frais de voyage avec les droits d'exécution de mandats, de dépôts, d'arrêts, etc. *Déc. min. fin. du* 28 *nov.* 1814 (*Art.* 5065, *j.*); — 2.° ceux de frais, quoique faits depuis plus d'une année, lorsque le mémoire est présenté au paiement dans les 6 mois du *visa* du Préfet. *Déc. min. fin. du* 27 *mai* 1815. (*Art.* 5186, *j.*); — 3.° ceux de transports d'Huissiers, hors de leur canton, toutes les fois qu'ils sont appuyés de mandemens exprès, quels que soient les motifs indiqués dans ces mandemens. *Déc. min. just. du* 10 *janv.* 1816. (*Art.* 5317, *j.*); — 4.° les états de frais de ports de lettres concernant les officiers de justice, bien qu'ils soient dressés par trimestre et non par mois. *Déc. min. just. du* 9 *déc.* 1815. (*Art.* 5298, *j.*)

32. La pièce de dépense ne peut être rejetée pour l'omission du n.° de l'inscription au registre de la Préfecture. *Lettre de M. l'Administrateur de la comptabilité du* 3 *déc.* 1812.

33. Il n'y a pas de motifs plausibles pour refuser le paiement d'états de captures faites par les Gendarmes. *Déc. min. just. du* 1.er *oct.* 1816. (*Art.* 5589, *j.*).

34. Lorsque les Préfets, pour les notifications d'extraits de listes de jurés, n'emploient que les Huissiers les plus voisins des jurés, les mandats qu'ils délivrent pour le paiement des actes doivent être acquittés au chef-lieu du département. *Déc. min. fin. du* 9 *fév.* 1813. (*Art.* 4567, *j.*)

35. Le Directeur ne peut refuser son *visa* sur les mandats conformes aux dispositions du réglement qu'au-

tant qu'il existe des oppositions ou que les pièces comprennent des dépenses étrangères aux frais de justice ou ne seraient pas dans la forme prescrite, sauf aux parties à délivrer leurs mémoires. Dans ces deux cas, il sera fait mention, au bas de la pièce, des motifs du refus. *Art.* 153 *du Décr. du* 18 *juin* 1811. *Instr.* 531.

36. Paiement des frais. L'état ou mémoire au nom de deux ou de plusieurs parties prenantes ne sera rendu exécutoire s'il n'est signé de chacune d'elles. Le paiement ne peut être effectué que sur leur acquit individuel ou sur celui de la personne qu'elles auront autorisée spécialement et par écrit, à toucher la somme; l'autorisation et l'acquit seront mis au bas de la pièce et ne donneront lieu à la perception d'aucun droit. *Art.* 147 *dudit décr. Instr.* 531; voir à ce sujet l'*instr.* 283. V. *ci-devant*, n.° 11.

37. S'il y a opposition sur les salaires des exécuteurs, on paie la portion libre à la partie prenante et l'on verse le surplus au Receveur particulier ou général, qui fournit une reconnaissance du dépôt au pied du mandat. Le Directeur autorise le paiement de la totalité des mandats et fait mention dans son *visa* de la somme à acquitter à la partie saisie et de celle qui doit être versée à l'Agent de la caisse d'amortissement. *Instr.* 589.

38. Pièces a rejeter de la comptabilité. On rejète toutes les pièces qui ne sont pas conformes aux modèles tracés dans l'instr. 627, ou qui ne contiennent pas, à chaque article, les renseignemens prescrits par le modèle; qui comprennent en tout ou en partie des frais de l'espèce de ceux désignés dans l'article 3 du réglement du 18 juin 1811, des articles surannés et des frais relatifs à des affaires poursuivies dans l'intérêt des Administrations ou des établissemens publics. *Instr.* 627 et 639.

39. Les pièces de dépenses doivent être rejetées, 1.°, quand l'exécutoire ne fait pas mention de l'art. du réglement du 18 juin 1811 et que la colonne de la liquidation n'est pas remplie. 2.° — Si les états de ports de lettres des membres de l'état judiciaire ne font pas mention si les lettres ont été affranchies ou non. — 3.° Si le mémoire du Greffier n'est pas dans la forme du n.° 1.er — 4.° Lorsque le mémoire du Greffier contient des états de liquidation de frais dans toutes les circonstances où il n'y a point de partie civile et où les prévenus sont acquittés. *Lettre de M. l'Administrateur de la comptabilité du* 3 *déc.* 1812.

40. On ne peut admettre un mandat qui ne serait pas revêtu de l'acquit de la partie prenante, quand même il serait mis au pied des mandats délivrés par le Préfet, excepté le cas où le mandat est délivré en vertu de l'art. 150 du décret du 18 juin 1811 et réglement du 3 oct. 1811. Autre du 3 sept. 1813.

41. On rejète également les citations de témoins qui n'expriment pas à quelle requête elles ont été faites. *Sol. du* 18 *mars* 1813.

42. On ne doit point payer le montant des exécutoires pour frais de justice ordinaire, dans lesquels il aurait été compris des articles de frais pour procédures relatives à des délits forestiers. *Instr.* 147.

Il ne doit être alloué ni compris dans les états de frais de justice qu'on adresse à l'Administration que des exécutoires décernés par le Président du Tribunal, signés par lui et le Procureur du Roi, visés par le Préfet, acquittés par les parties prenantes, accompagnés de pièces justificatives. On n'admet point dans les comptes ceux qui ne présenteraient pas cette réunion de formalités, ou qui auraient pour objet quelque dépense étrangère au ministère de la justice. *Circ. de M. l'Administr. de la comptabilité du* 15 *mars* 1810, n.° 689.

43. Lorsque les pièces sont susceptibles d'être rejetées, pour subir une nouvelle régularisation, voyez les bordereaux des recettes et dépenses de chaque mois, où le montant de ces pièces doit figurer.

44. Frais étrangers a ceux de justice. Ils se trouvent désignés dans l'instr. 531, art. 3, et dans celle n.° 627. On doit y comprendre aussi: 1.° Ceux pour la poursuite contre les individus qui tiennent des loteries particulières. *Déc. min. just. du* 7 *juillet* 1808. — — 2.° Les menues dépenses des Tribunaux et justices de paix, loyers, constructions et réparations des édifices occupés par les tribunaux, frais de premiers établissemens, d'entretien de mobilier, gages; ceux des exécuteurs exceptés. *Instr.* 283. — 3.° Ceux de nourriture des redevables dont l'Administration aurait requis ou poursuivi l'emprisonnement. Ils sont à la charge du ministère de l'intérieur. *Instr.* 164. — 4.° Les dépenses de prisons, telles que nourriture et entretien des détenus, gages des concierges, etc., réparations, frais de service de la chaîne, d'arrestation, conduite des déserteurs, déportés par mesure générale, etc. *Instr.* 88. — 5.° Ceux de coupe de cheveux aux prisonniers ou condamnés. *Déc. min. just. du* 31 *juillet* 1806. — 6.° Ceux de reliûre des arrêts et jugemens. *Déc. min. just. du* 14 *janv.* 1806. — 7.° Ceux d'envois dans les communes, d'arrêts criminels. *Déc. min. just. du* 13 *germ.* 12. — 8.° Les frais de pêchage, transport et inhumation des noyés. *Décis. minist. just. du* 12 *juin* 1813. — 9.° Ceux de dépenses de prison et de conduite, relatives aux marins et militaires condamnés aux fers, boulet et travaux publics. *Avis du Cons. d'Etat appr. le* 16 *fév.* 1807. — 10.° Les frais de transport au greffe des doubles des registres de l'Etat civil. *Déc. min. just. du* 8 *nov.* 1810. (*Art.* 4070, *j.*) — 11°. Les frais de procédure pour rebellion, injures, insultes, envers les Préposés des contributions indirectes. *Instr.* 434. — 12.° Les taxes à témoins, dans les affaires concernant les administrations publiques. *Instr.* 461. V. dans cet article les n.os 12 et 93. — 13.° Les frais concernant le ministère de l'administration de la guerre. *Instr.* 425. — 14.° Ceux de procédure, faits à la requête du ministère public, même après une transaction entre la Régie et son adversaire: ils sont à la charge de cette administration, parce qu'ils sont faits autant dans son intérêt que dans celui de la vindicte publique. *Déc. min. just. et fin. du* 21 *déc.* 1813, (*Art.* 4831, *j.*) — 15.° Ceux de recouvrement des amendes prononcées par les Codes d'instr. crim. et Pénal: l'Administration s'en rembourse sur les condamnés. *Instr.* 531.

45. Les frais relatifs aux vérifications des Pharmaciens ne sont point frais de justice, mais de police administrative; ils sont pris sur le ministère de l'intérieur. Lorsqu'ils

sont faits par le substitut du Procureur du Roi, le Directeur du Jury ou le Juge de paix, la dépense rentre dans la classe des frais de justice. *Déc. min. just. du 7 oct.* 1806.

46. Ceux des transports des registres de l'Etat civil au greffes du Tribunal doivent se faire par les messagers de la sous-préfect.re, et dans aucun cas ils ne font point partie des frais de justice. *Déc. min. just. du* 8 *nov.* 1813. (*Art.* 4069*j.*)

47. Les frais des procès suivis à la requête des administrations publiques, ou d'office, ou dans leur intérêt; ceux des poursuites contre les employés à requête de leur administration ou d'office, ceux des expéditions d'état de liquidation de frais, sont à la charge de ces administrations. Mais si les affaires entraînaient des peines afflictives ou infamantes, sans amendes, au profit des administrations, ils devraient être payés sur les fonds généraux des frais de justice. *Déc. min. just. des* 22 *nov.* 1811 et 16 *juillet* 1814. (*Art.* 5552, *j.*)

48. Les frais faits d'office pour vol d'un sceau appartenant aux contributions indirectes, sont à la charge de cette administration, comme étant dans ses intérêts. *Déc. min. fin. du* 22 *avril* 1815. (*Art.* 5154, *j.*)

49. C'est aux Préposés de l'Administration des douanes à faire l'avance et le recouvrement des frais qui la concernent, de sorte que les états de produits et bordereaux de compte ne doivent plus présenter de dépenses de cette nature. *Instr.* 847.

50. Lorsqu'un Receveur a payé des frais relatifs à une procédure criminelle instruite contre un Receveur et un Régisseur de l'octroi d'une ville, il doit se pourvoir immédiatement auprès du Préfet pour en être remboursé par la caisse municipale, au moyen d'un crédit dans le prochain budjet, ou en vertu d'une autorisation spéciale du Ministre de l'intérieur. *Déc. min. fin. du* 16 *fév.* 1815. (*Art.* 5039, *j.*)

51. RECOUVREMENT *des frais de justice.* Le recouvrem.t des frais de justice, à partir du 1.er janv. 1820, a cessé d'être fait pour le compte du ministère de la just., et d'être compris dans les recettes pour divers; depuis cette époque, les sommes recouvrées sur les condamnés font partie des produits généraux du Trésor et les frais de poursuites pour en opérer le recouvrement sont à la charge de l'Administ.; ainsi l'on ne doit faire figurer dans les mémoires de frais payables sur les fonds du ministère de la justice aucune dépense résultant d'actes et de diligences ayant ce recouvrement pour objet, et qui consistent notamment dans les extraits d'ordonnance, d'arrêts ou de jugemens, les copies d'états de liquidation de frais et dépens, délivrés aux Receveurs et payables d'après l'ordonnance du Président, mise au pied du mémoire du Greffier ainsi que dans les citations, notifications et captures faites pour parvenir au recouvrement. Mais comme il est des actes et diligences dont le coût, dans tous les cas, doit être payé sur les fonds du ministère de la justice, les magistrats, pour empêcher qu'il ne se commette des doubles emplois, doivent veiller à ce que les parties prenantes indiquent dans leurs mémoires la destination et le but de ces actes. *Instr.* 911. — Pour le coût des extraits et états délivrés par le Greffier, V. *extrait*, *p.* 170, n.os 6 et 17.

52. Ce recouvrement est confié au Receveur des actes judiciaires, qui consigne sur le sommier *ad hoc* les extraits des jugemens de condamnation, en les émargeant des n.os de ce sommier. Le recouvrement est porté distinctement dans les comptes. *Circ.* 1556.

53. C'est au bureau dans l'arrondissement duquel est le domicile du débiteur, que se fait ce recouvrement. *Instr.* 518.

54. Le recouvrement doit être fait avec activité. *Instr.* 381, 506, 600 *et* 796. — V. *contrainte par corps.*

55. Le Receveur est rendu responsable par le défaut d'apurement des articles dans les six mois. *Instr.* 518 *et* 600.

56. En matière de police simple et correctionnelle, la partie qui n'a pas justifié de son indigence est tenue de déposer au greffe ou entre les mains du Receveur de l'enregistrement, la somme présumée pour les frais de la procédure; ce dépôt est fait sans frais et ne donne lieu à aucune remise. *Instr.* 358 *et* 531.

57. Lorsque le condamné en une amende et frais de justice, qui s'est pourvu en cassation, demande la suspension des poursuites pour le recouvrement, le Tribunal peut accueillir cette demande. *Arr. de cass. du* 27 *mars* 1811.

58. S'il meurt avant qu'il ait été statué sur son pourvoi, les héritiers sont tenus au paiement des frais adjugés par l'arrêt de condamnation. *Arr. de cass. du* 16 *févr.* 1811.

59. Les Greffiers et Huissiers peuvent réclamer directement des parties les droits qui leur sont attribués dans les frais de justice, à la charge d'en faire mention sur le répertoire, et de les verser dans les trois jours du paiement au Receveur de l'enregistrement, sous peine d'être poursuivis conformément au Code pénal. *Instr.* 531.

60. Les effets volés, trouvés sous scellés, ne doivent pas servir de garantie des frais de la procédure. *Déc. min. just. du* 21 *flor.* 8.

61. Un individu condamné correctionnellement à une amende et aux frais de la procédure, n'est point déchargé des frais, lorsqu'un jugement a commué la condamnation pécuniaire en un mois d'emprisonnement. *Arr. de cass. du* 11 *mars* 1812. (*Art.* 4190, *j.*)

62. Si le condamné est amnistié, V. *amnistie*, page 78.

63. Les frais de curage et d'entretien des fossés des routes, sont recouvrés par les Percepteurs des contributions directes, sur des rôles rendus exécutoires. *Déc. min. fin. du* 8 *sept.* 1820. (*Art.* 6883, *j.*)

64. *A-comptes.* Ceux payés par un débiteur d'amendes et frais sont imputés d'abord sur ceux-ci. *Instr.* 194 *et* 195.

65. *Condamné aux fers.* Avant d'intenter une action contre le condamné à des frais de justice et à la peine des fers, on doit lui faire nommer un curateur dans la forme prescrite par la loi, si ses parens ou le Juge de paix refusent de convoquer le Conseil de famille. *Instr.* 142. — Et comme il est frappé de mort civile, les frais devront être recouvrés sur les biens

recueillis par ses héritiers, à moins que ceux-ci ne s'abstiennent, cas où la nomination de curateur devient indispensable. *Instr.* 220.

66. On ne doit pas faire nommer un curateur au condamné au boulet pour délit militaire, parce que la législation pénale militaire ne prononce point l'interdiction dans ce cas. *Cour de Paris, du* 17 *mars* 1809.

67. La nomination de curateur à un individu condamné à une peine afflictive se fait suivant l'art. 812 du C. C., c'est-à-dire sur la réquisition des parties intéressées, ou sur celle du Procureur du Roi, comme dans le cas de succession vacante. *Déc. min. fin. du* 19 *mai* 1815. (*Art.* 5153, *j.*)

68. La mort du condamné aux fers arrivée avant la décision d'un pourvoi en cassation par lui exercé, n'empêche pas de poursuivre le recouvrement des frais de la procédure contre ses héritiers. *Arr. de cass. du* 16 *janv.* 1811. *Solut. du* 2 *sept.* 1814. (*Art.* 3852 *et* 4925, *j.*)

69. *Contributions indirectes.* A l'égard du recouvrement des frais relatifs à des affaires concernant cette administration, les Receveurs ne peuvent s'occuper que de ceux résultant des condamnations prononcées à la requête du Ministère public. *Lettre de M. l'Administrateur de la* 1.re *div.*, *du* 11 *août* 1817.

70. *Contumax.* Un accusé contumax, condamné d'abord à la peine de détention et au remboursement des frais de procédure, qui s'étant ensuite constitué prisonnier, a obtenu un arrêt d'absolution, doit acquitter les frais de la première condamnation, mais il ne peut être condamné aux frais de la procédure, d'après laquelle il a obtenu son arrêt d'absolution. *Instr.* 354.

71. Si le condamné décède dans les cinq ans du jugement par contumax ou contradictoire, la condamnation aux frais est exécutoire contre ses héritiers ou ayans-cause, qui doivent être poursuivis par la voie civile. *Instr.* 354 *et* 469.

72. Les frais de justice ne peuvent être exigés du contumax absous postérieurement, et condamné *seulement* à dix jours de prison, par forme de contumace, *Tribunal de Lure, du* 5 *juillet* 1816. — Ce principe ne détruit pas celui qui est consacré dans le n.° 70 ci-dess., attendu que l'on n'a point de titre contre le condamné, puisqu'on ne peut regarder comme tel le jugement par contumace qui se trouve anéanti, ni l'exécutoire de ces frais qui a subi le même sort; l'omission de la condamnation aux frais pouvait seulement donner ouverture au pourvoi de la part du Ministère public. *Déc. du min. des finances du* 9 *déc.* 1816. (*Art.* 5636, *j.*).

73. *Déserteurs et Militaires.* Les frais de poursuites contre les déserteurs ne doivent pas être confondus avec les autres frais de délits militaires. L'instr. 425 doit être suivie pour ceux-ci. — Il est fourni, par le Receveur de l'enregistrement, un bordereau des avances faites des frais de poursuites contre les déserteurs pendant chaque trimestre. *Instr.* 712.

74. C'est le Président ou le Rapporteur des Tribunaux militaires qui rendent exécutoires les états dressés par le Receveur, qui leur sont remis sur récépissé. *Instr.* 425.

75. Le recouvrement des frais de justice militaire se fait d'après les copies des jugemens des conseils de guerre. *Instr.* 348.

76. *Déshérence.* Les frais dus par un condamné à mort, dont la succession est en déshérence, sont payés par le Receveur des Domaines, sur l'état présenté par le Receveur de l'Enregistrement, et tous deux jouissent de leurs remises pour cette recette. *Sol. du* 8 *germ.* 9.

77. *Détenus.* Il ne sera formé aucune saisie-arrêt pour le remboursement de frais de justice sur la portion que les condamnés de l'un ou de l'autre sexe reçoivent du produit de leur travail, lorsqu'ils sortent de prison. *Déc. min. fin. du* 9 *déc.* 1815. (*Art.* 5301, *j.*) *Circ. du* 13 *janv.* 1806.

78. *Exécution des arrêts criminels.* Les droits des Greffiers, pour assister à l'exécution de ces arrêts, ne sont pas à recouvrer sur les condamnés. *Circ. du* 17 *mai* 1813.

79. *Extrait.* En vertu de l'extrait délivré par le Greffier, le Receveur prend inscription sur les biens du condamné. *Instr.* 594. V. *privilége.*

80. L'administration de l'Enregistrement ne peut être tenue de payer que les extraits qui sont remis à ses Préposés pour le recouvrement des condamnations pécuniaires; le coût des extraits et expéditions, qui sont délivrés au ministère public ne peuvent être compris dans les états dressés par les Greffiers. *Déc. min. fin. du* 18 *août* 1820. (*Art.* 6849, *j.*) — Au surplus, V. *amendes*, *page* 71, n.os 15 *et suiv.*, *et extrait*, *page* 170.

81. *Insolvabilité.* En cas d'insolvabilité, le Receveur obtient sa décharge, en rapportant un certificat du Maire, visé et attesté par le Sous-Préfet. *Instr.* 531. *Déc. min. fin. du* 25 *juin* 1807.

82. *Interdiction.* Les frais d'interdiction d'office sont recouvrés par préférence sur les biens de l'interdit, puis sur ceux des père, mère, époux et épouse. *Circ. du* 2 *pluviôse* 12. *Instr.* 194 *et* 231. V. ci-après, n°. 99.

83. *Privilége pour frais de justice*, V. *privilége.*

84. *Responsabilité des maîtres*, etc. V. *amendes*, page 72, n.os 41 et suiv.

85. *Scellés.* Lorsque la personne traduite criminellement ne possède pas assez d'immeubles pour assurer le recouvrement des frais, ou qu'elle succombe, il y a lieu de faire apposer les scellés sur les meubles, s'ils ne sont pas de valeur trop modique. *Circ.* 1871.

86. L'apposition de scellés ne doit avoir lieu que lorsqu'il s'agit d'un délit emportant peine *afflictive* ou *infamante*, si l'accusé est contumax, ou s'il s'agit de crime de la fabrication de fausse monnaie. On ne saurait apporter trop de précaution et de prudence, pour restreindre cette mesure aux seuls cas où elle est absolument nécessaire, et pour éviter la dilapidation ou la soustraction des effets. *Instr.* 89. *Circ. du* 28 *vent.* 11.

87. La simple prévention d'un délit ne suffit pas pour autoriser l'apposition des scellés. *Instr.* 69.

88. FRAIS *de justice militaire.* Ils sont avancés par les Receveurs, et payés sur simples taxes ou mandats du Président des conseils de guerre et du Rapporteur. *Instr.* 106 *et* 145. V. ci-dessus n.os 74 et 75.

89. FRAIS *de poursuites*. L'Inspecteur doit s'assurer sur les sommiers, si tous les frais admis en dépense et recouvrés sur les parties, sont portés en recette, et rendre compte à l'Administration des traités de partages des Receveurs avec les Huissiers, s'ils en découvraient. *Arrêté du Directeur général du* 23 *mars* 1808.

90. Il est abusif de laisser aux Huissiers la faculté de recevoir les sommes résultant des poursuites. *Lettre de l'Administration du* 29 *déc.* 1807.

91. On doit apporter la plus sévère économie dans les frais de poursuites, et éviter ceux en pure perte. *Circ.* 1575, 1280 et 1719.

92. Le vérificateur doit veiller à ce qu'il ne s'introduise aucun abus relativement aux frais de poursuite, à la charge des redevables. *Art.* 120 *des ordr. gén. de régie.*

93. *Administration forestière*. En matière de délits forestiers, les taxes à témoins sont acquittées par les Receveurs de l'enregistrement; mais les citations doivent indiquer la nature du délit, afin de pouvoir en dresser des états distincts et séparés à la fin de chaque trimestre pour les soumettre, avec les citations à l'appui, aux formalités de l'exécutoire et du *visa*. Les Greffiers, pour les expéditions, copies et extraits qu'ils sont dans le cas de délivrer, et les Huissiers, pour les actes de leur compétence, formeront aussi des mémoires distincts et séparés à la fin de chaque mois, et les feront arrêter par un employé supérieur des forêts, avant de les présenter au président du tribunal pour être rendus exécutoires. *Instr.* 147. V. *ci-après, n.°* 105.

94. Les actes de notifications de jugemens et assignations faites par les gardes, doivent être taxés comme ceux faits par les Huissiers de justice de paix. Ils sont payés de ces frais sur des mémoires ordonnancés par le Président du tribunal, visés du Préfet et du Directeur des domaines. *Instr.* 376.

95. *Communes*, *Régies*, etc. D'après les art. 157 et 158 du réglement du 18 juin 1811, les frais des affaires concernant les communes, régies, administrations ou établissemens publics, sont toujours à leur charge, soit que les poursuites aient eu lieu à leur requête, soit même qu'elles aient été faites à la requête du ministère public. Les Huissiers doivent donc porter leurs actes et diligences dans autant de mémoires qu'il y a d'administrations intéressées. Le montant de ces mémoires rendus exécutoires et visés par le Préfet, leur sera payé par l'administration de l'enregistrement, qui est chargée d'en poursuivre le recouvrement. *Lettre du Min. just. du* 3 *avril* 1818. (*Art.* 6523, *j.*)

96. Les frais de justice, pour les affaires suivies à la requête et dans l'intérêt de l'Administration de l'Enregistrement, sont acquittés par les Receveurs. *Déc. min. fin. du* 8 *fév.* 1814.

97. *Conservateurs* (frais de poursuites *contre les*). V. AUX HYPOTHÈQUES, *instances*.

98. *Contraventions au notariat*. Les frais de poursuites à la diligence du Procureur du Roi, pour contravention aux lois sur le notariat, sont avancés *comme frais de justice* par les Receveurs de l'enregistrement, et remboursés à l'Administration, selon le mode établi pour les dépenses, dont le ministère de la justice est chargé. *Instr.* 773.

99. Dans cette matière, comme toutes les fois que le ministère public procède pour assurer l'exécution des lois, il faut, comme pour les affaires d'interdiction, distinguer entre le cas où ceux qui sont l'objet du procès sont solvables et celui où il ne le sont pas : dans le premier, c'est à la Régie à avancer tous les frais, sauf son recours; dans le deuxième, elle ne doit avancer que les salaires des Huissiers et l'indemnité due aux témoins qui ont droit à la taxe. *Déc. min. just. du* . . (*Art.* 6236, *j.*)

100. *Contraventions aux mines*. Les frais de poursuites y relatifs sont payés par le Receveur de l'enregistrement sur les fonds affectés aux frais de justice. *Déc. min. just. du* 9 *sept.* 1817. (*Art.* 5860, *j.*)

101. *Coût des exploits*. Les Receveurs ne peuvent refuser de rembourser le coût des exploits faits à leur requête, sous prétexte que l'Etat des frais n'est pas taxé. *Déc. min. fin. du* 10 *oct.* 1809.

102. *Extraits*. Le coût des extraits délivrés par les greffiers aux Receveurs de l'enregistrement, des jugemens correctionnels, portant condamnation à des peines pécuniaires, est considéré comme frais de poursuites. *Circ. de M. l'Administrateur de la comptabilité, du* 3 *déc.* 1812.

103. *Frais relatifs aux forêts*. Les Receveurs des Domaines acquittent les frais de poursuites forestières, sur des taxes indiquant la nature des délits dont ces Receveurs dressent des états distincts à la fin de chaque trimestre, pour les présenter aux formalités de l'exécutoire et du *visa*, avec les citations à l'appui. *Instr.* 147 *et* 461. Il en est de même des taxes à témoins dans les mêmes affaires. *Sol. du* 1.er *prair.* 10. V. *ci-dessus* n°. 93.

104. Les frais pour la police et conservation des forêts sont avancés par les Receveurs des Domaines, et portés en dépense au chapitre *bois de l'Etat, autres dépenses*. — Ils ne doivent point être compris dans un exécutoire relatif aux frais de justice ordinaires. *Circ.* 1556, *instr.* 44, 147 *et* 376.

105. Les frais d'instances et de poursuites faits à la requête de l'Administration forestière, doivent être acquittés par les caisses de l'Administration de l'Enregistrement et des Domaines. *Instr.* 461.

106. Ces frais sont payés sur états rendus exécutoires par le Président, en présence du Procureur du Roi, qui signe avec lui, et visé par le Préfet. *Lettre min. just. au Préfet de Seine-et-Oise, du* 19 *juin* 1807. V. *amendes, pag.* 78, n.os 165 *et suiv.*

107. Un Receveur démissionnaire ne peut retenir sur ses recettes, le montant des frais de poursuites par lui faits. *Arr. de cass. du* 7 *mars* 1809. (*Art.* 3459 ; *j.*)

108. FRAIS *d'instances*. Les Receveurs ne sont remboursés des frais d'instances dans lesquels l'Administration aurait succombé, que lorsque les instances ont été autorisées par le Directeur ou l'Administration. *Circ. du* 23 *mars* 1808.

109. Avant de payer aucuns frais il faut examiner si le jugement dans lequel l'Administration succombe, n'alloue point à la partie des frais illégaux. *Circ.* 135.

110. Le Receveur près le tribunal qui a rendu le ju-

gement rembourse les frais, sauf à s'en faire tenir compte par son collègue que concerne l'affaire, à moins qu'il ne s'agisse de restitution de droits, cas où c'est à ce dernier à faire tous les déboursés. *Circ.* 125.

111. Quant aux frais d'instances à la Cour de cassation, V. *amendes*, *pag.* 74, n°. 97.

112. Les Receveurs dressent un état de ces frais, qu'ils font ordonnancer par le Président du Tribunal, à l'appui duquel on joint toutes les pièces justificatives. Quant aux frais qui se remboursent par suite de désistement de poursuites, il faut joindre aux pièces l'autorisation de l'Administration ou du Directeur. *Instr.* 194.

113. Le recouvrement de ces frais est passible de remises. *Instr.* 879. V. *remises.*

114. Les frais d'expertise en matière de Domaines engagés sont payés par les Receveurs des Domaines, sur un état ordonnancé par le Préfet, et souscrit par la partie prenante; ils sont à la charge de l'Etat. *Instr.* 224. — Au surplus, V. *instance.*

115. FRAIS *d'instruction.* Les frais d'instruction pour parvenir aux jugemens de condamnation d'amendes attribuées aux communes et hospices, ne doivent pas être prélevés comme ceux faits, pour le recouvrement, sur l'attribution de ces amendes. *Déc. min. fin.*, *du* 7 *déc.* 1815. (*Art.* 4695 *j.*) V. *amendes*, *pag.* 74, n°. 102.

116. FRAIS *en pure perte.* Le Receveur qui soutient une instance sans y être autorisé par le Directeur supporte les frais, s'il succombe, et s'expose à des mesures sévères de la part de l'Administration. *Circ.* 135. V. le n.° 108 *ci-dessus.*

117. Les frais du procès-verbal de contravention, nul pour défaut de signification dans le délai, sont supportés par l'employé qui l'a rapporté. *Déc. min. fin. du* 24 *fév.* 1815.

118. Les frais d'avoués dans les instances où leur ministère n'est pas prescrit, sont à la charge des parties qui les emploient. *Lettre min. just.* 25 *nov.* 1808.

119. *Paiement.* Les frais de poursuites et d'instances doivent être payés dans l'année, pendant laquelle les poursuites ont été exercées. *Instr.* 919. V. *comptabilité.*

120. *Remboursement des frais.* Pour la marche à suivre lors du remboursement des frais tombés en non-valeur par insolvabilité d'individus qui peuvent parvenir à un meilleur état de fortune, et lorsque les poursuites concernent des individus dont quelques-uns ne sont pas insolvables, V. *instr.* 302.

121. Les frais concernant des articles valables, qui ont cessé de l'être par le résultat d'un nouveau réglement, sont remboursés au Receveur. *Instr.* 316.

122. Les frais de poursuites sont avancés par le Receveur qui s'en fait rembourser par les redevables à mesure du recouvrement. *Circ.* 135, 397, 1417, 1770, ou par l'Administration, pour les articles tombés en non-valeur par insolvabilité, d'après un état appuyé des pièces justificatives et taxé par le Président du Tribunal. *Loi de frim* 7, *article* 66. *Circulaire* 1579. — Il en est de même de ceux d'inscriptions prises par erreur, ou pour articles tombés en non-valeur. *Circ.* 1669.

123. Dans le cas de changement d'emploi, destitution ou mort du Préposé qui a commencé les poursuites, il lui sera tenu compte, ou à ses héritiers, des frais avancés sur articles valables; le recouvrement se fera par le successeur sur le pied de la liquidation à l'amiable, d'après inventaire double desdites poursuites, et s'il survient quelque contestation à ce sujet, sur la taxe faite par le premier Juge du Tribunal de première instance. *Loi du* 27 *mai* 1791. V. *ci-dessus*, n.° 107.

124. Le désistement de poursuites ne peut avoir lieu que par l'autorisation du Directeur. Ce n'est qu'après l'exécution des formalités prescrites, que les frais peuvent être passés en dépense. *Circ.* 1739.

125. Lorsqu'il est accordé une amnistie en faveur de condamnés à des amendes et frais, pour un genre de délits, les frais qu'on aurait faits contre eux sont remboursés au Receveur dans la même forme que ceux tombés en non-valeur. *Instr.* 804.

126. FRAIS *de régie.* Toutes les dépenses dont on peut compter chaque mois, doivent être soldées avant l'expiration des six premiers mois de l'année qui suivra ce même exercice. *Instr.* 919 et 971.

127. *Frais de bureaux des Directeurs.* Ils sont réglés par l'Administration en raison de la direction qu'ils occupent. Le minimum est de 3,000 fr., et le maximum de 9,000 fr. Ils sont payés chaque trimestre par le Receveurs des actes civils du chef-lieu du département, sur la quittance du Directeur, déduction faite du traitement du premier Commis de la Direction. *Circ. du* 17 *août* 1815. *Instr.* 745.

128. Il est alloué 5 c. par rame, pour façon de ballots, transports aux magasins. L'état de cette dépense, visé par le Directeur, est acquitté par le Receveur du timbre extraordinaire. *Circ.* 1835.

129. Les Directeurs envoient, chaque trimestre, à M. le Directeur général, l'état particulier de leurs frais de bureau pour être ordonnancé par lui. *Instr.* 822.

130. *Impression et reliûre.* Les marchés pour fournitures de papiers à timbrer, d'impressions, reliûres, et autres concernant le service de l'Administration, sont arrêtés en conseil d'administration, et soumis au Ministre des finances par le Directeur général. *Instr.* 759. V. *administration.*

131. *Frais de transport de registres*, et menues dépenses du timbre. Ils devront être acquittés à la fin de chaque trimestre. *Instr.* 919. V. *ports de lettres.*

132. *Port de lettres et paquets.* On ne peut tolérer de marchés avec un entrepreneur, que pour faire parvenir les lettres et paquets du bureau de l'enregistrement au bureau de poste le plus voisin, à moins que le service des postes ne soit pas établi sur la route sur laquelle on se propose d'adresser les paquets. *Instruction générale* n.° 776.

133. Quant aux lettres concernant le service, qui viennent d'autres départemens, elles ne doivent être portées sur le registre du Directeur, et mises au compte de l'Administration, qu'autant qu'elles portent les nom et qualité du Préposé qui a écrit, et le numéro de son sommier de correspondance; l'état de celles qui remplissent ces conditions, certifié et quittancé, est payé

par le Receveur de l'enregistrement. *Instr.* 793. V. *dépenses*, page 41, et *port de lettres*.

134. Pour le crédit ouvert à Paris au Directeur général, V. *l'Ordonnance royale du* 6 *août* 1817.

135. L'Inspect.r du chef-lieu se transporte, chaque trimestre, chez le Directeur des postes, pour compulser son registre avec celui de la Direction. *Instr.* 171 *et circ. du* 24 *mars* 1808.

136. FRAIS *de ventes*. Lorsque le Domaine reste adjudicataire d'un immeuble qu'il a fait vendre en justice, les Receveurs qui ont provoqué l'adjudication, acquittent ces frais sur un exécutoire délivré par le Président et quittancé par l'Avoué poursuivant. — Le paiement des créances hypothécaires se fait conformément aux dispositions de la loi du 11 brum. 7, et sur quittance notariée. — Les frais de main-levée, tant des inscriptions non colloquées, que de celles éteintes par le paiement, seront alloués en dépense sur un état taxé par le Président du Tribunal, et le montant des créances payées sur l'expédition de la quittance. *Instr.* 302.

137. Les frais de ventes d'immeubles faites devant les Préfets, sont réglés par le Préfet, et acquittés sur son ordonnance, et l'acquit des parties prenantes, par le Receveur des domaines du chef-lieu du département. *Instr.* 61.

138. L'état des frais de ventes de meubles et effets mobiliers, est ordonnancé par le Préfet au vu des pièces justificatives de la dépense. *Circ.* 1220. — Si les meubles proviennent de succession en déshérence, et que l'état n'ait pas été envoyé en possession, les frais seront réglés par le Tribunal. *Instr.* 219, 273 *et* 300.

FRUITS, V. *biens*.

GAGE. V. *nantissement*.

GAINS *de survie*, avantages accordés par le contrat de mariage au survivant des époux. V. *succession*, n.os 171 *et suiv.*

GARANTIE, obligation de répondre d'un engagement.

Ni la garantie de droit, même lorsqu'elle est exprimée, ni celle de fait ou conventionnelle, ne donnent ouverture à un droit particulier, parce qu'elles se confondent avec les conventions arrêtées par les contractans, et en font une partie intégrante. *Article* 11 *de la loi de frimaire* 7. V. *cautionnement*, *page* 101, *mariage*; *et ventes d'immeubles*, n.os 60 *et suiv.*

Les art. 1030 et 1031 du C. de P. C. assurent à l'Administration une garantie contre les officiers ministériels à raison des nullités qu'ils peuvent causer par leur négligence. *Instr.* 408. V. *privilége*.

Quant aux demandes en garantie dans le cours d'une instance. V. *instance*, n°. 40.

GARDE *nationale*. V. *marché*.

GARDE *champêtre*, *ou particulier*. V. *nomination*, *procès-verbaux et serment*.

GARDE-*port*. V. *lettre de voiture*.

GARDE-*forestier*; il est autorisé à faire toutes citations, notifications et significations en matière d'eaux et forêts, à l'exception des saisies - exécutions. *Avis du Conseil d'état*, 16 *mai* 1807 *et instr.* n.° 813. V. *nomination*, *procès-verbaux et serment*.

GARDE-*pêche*. Les gardes-pêche établis par l'Administration forestière sont assimilés aux agens forestiers pour leur prestation de serment, le timbre et l'enregistrement de leurs actes. *Circ. du* 7 *pluv.* 7.

GARDE *du génie*. Préposés à la conservation des places de guerre et des établissemens militaires.

Leurs procès-verbaux doivent être timbrés et enregistrés en débet, ainsi que les actes et jugemens qui interviennent sur ces procès-verbaux. *Art.* 3 *du décr. du* 29 *mars* 1806.

GARDE-VENTE. V. *serment*.

GARDE-MAGASIN *du timbre*. Employé établi dans le chef-lieu du département, à qui est confié la garde de l'entrepôt des papiers timbrés, sous la surveillance du Directeur.

1. Il se charge en recette des papiers envoyés de l'atelier général en présence du Directeur, et après en avoir fait la vérification, il vise et signe les bulletins de permis de timbrer, délivrés par le Receveur du timbre extraordinaire; s'ils sont exacts il en fait enregistrement sur son registre du contrôle, fait timbrer sous ses yeux ces papiers, portant l'empreinte de la griffe, ou les timbre lui-même s'il n'y a pas de Receveur particulier du timbre extraordinaire : il doit conserver ces bulletins pour en justifier, etc. *Instr. de* 1791, *et* n°. 73.

2. Il reçoit, lors des changemens du timbre, avec un double de l'inventaire qui en constate les espèces et le nombre, les papiers renvoyés par les Receveurs; il s'en charge en recette sur son registre et fait passer sa reconnaissance. *Instr.* 104.

3. Les feuilles pour certificats relatifs aux hypothèques sont reçues par le garde-magasin qui en fait l'usage prescrit pour le papier timbré à l'ordinaire. *Instr. de* 1791.

4. Les demandes de papiers timbrés sont adressées au Directeur, qui, après s'être assuré de la nécessité de l'envoi par le compte du timbre restant en nature, donne l'ordre au garde-magasin d'expédier l'envoi. *Instr.* 73. — Celui-ci ne doit pas négliger de comprendre dans un des ballots une lettre de voiture ainsi qu'une reconnaissance imprimée que le Receveur remplit, et lui adresse pour rester au magasin. *Instr. de* 1791, *circ.* 1476.

5. Il ne doit faire aucun envoi de papier timbré pendant le premier mois du trimestre. *Circ.* 1476. — S'assurer du nombre d'effets de commerce contenus dans les paquets envoyés de la direction générale, pour constater le déficit, s'il en existe. *Lettre de M. l'Administrateur du timbre*, *du* 6 *juillet* 1811.

6. Il ne peut, sous peine de 50 fr. d'amende, et de destitution en cas de récidive, appliquer le timbre sur des feuilles périodiques ou du papier-musique imprimés ou gravés. *Circ.* 1124. V. *directeur* et *frais de régie*, page 179.

GARDIEN. V. *exploits*, page 167, n.° 24; *procès-verbaux*, n.° 13, et *saisie-exécution*.

GARNISAIRE ou *porteur de contraintes*. V. *exploit et répertoire*.

GAZETTE. V. *journal*.

GENDARMES. Les gendarmes appelés en justice,

soit pour être entendus comme témoins, lorsqu'ils n'ont pas dressé de procès-verbaux, soit pour donner des explications sur des faits contenus dans les procès-verbaux qu'ils ont dressés, ont droit aux mêmes taxes que les témoins ordinaires. *Déc. min. just. du* 9 *sept.* 1820. (*Art.* 6790, *j.*)

Tous leurs actes et procès-verbaux concernant la police générale de sûreté et de vindicte publique, sont exempts du timbre. *Art.* 16 *de la loi du* 13 *brum.* 7, et enregistrables gratis. *Art.* 70 *de la loi de frim.* 7.— V. *exploit*, n.° 26, *procès-verbal* et *visa*.

Pour la quotité du droit de leur prestation de serment, V. *serment*; quant aux baux pour le casernement de la gendarmerie, V. *bail*, page 87, n.° 23; *délai*, page 135, n.° 17.

GRAINS. Pour le mode de les évaluer, V. *mercuriales*.

GRAND-LIVRE. Registre sur lequel sont portés les créanciers de l'Etat. V. *cession*, page 105, n.° 12; *constitution*, page 123, n.° 7; *inscription*, n.os 6 et suiv.

GRANDE-VOIRIE. V. *amendes*, page 75, n.os 110 et suiv.

GRATIFICATIONS *aux gendarmes*. V. *amendes*, p. 77, n.os 153 et suiv.

GRATIS. Pour les actes qui doivent être enregistrés gratis, V. *acquisition*, page 51, n.os 4 et suiv.; *actes*, page 55, n.os 55 et suiv.; *bureaux*, page 94, n.° 7; *échange*, page 153, n.os 13 et suiv.; *exploit*, page 167, n.os 5 *et suiv.*; et *gendarmes*.

GREFFE. Lieu où sont déposés les actes d'un Tribunal.

Les actes passés aux greffes des Tribunaux sont sujets aux droits d'enregistrement, V. *actes*, page 55, n.° 43, et pour ceux susceptibles du droit de rédaction. V. ci-après.

Les Greffes des Cours d'appel et des Tribunaux de première instance doivent être ouverts tous les jours, excepté les dimanches et fêtes, aux heures réglées par la Cour ou par le Tribunal, de manière à être ouverts au moins huit heures par jour. *Décr. du* 30 *mars* 1808, *art.* 90.

Il y a un rôle particulier pour la tenue des vacations. *Art.* 43 *et* 78. – On doit tenir en papier timbré, dans les Greffes, les registres des renonciations, de productions, d'oppositions, de contributions sur prix de ventes ou deniers arrêtés, de transcription de saisies-immobilières et d'adjudications. V. *feuilles d'audience*. — Les Employés supérieurs doivent s'assurer si ces obligations sont remplies, et en rendre compte dans leurs journaux. *Instr.* 373.

GREFFE (*Droits de*). La loi du 21 vent. 7 a établi des droits de Greffe pour le compte du Trésor, dans les Cours et Tribunaux civils et de commerce.

1. Les droits de Greffe se composent des droits de mise au rôle, de rédaction et d'expédition, et de ceux spéciaux pour les majorats: ils sont perçus par un Receveur particulier à cette partie, ou, s'il n'y en a pas, par celui des actes judiciaires. *Circ.* 1820.

DROIT DE MISE AU RÔLE.

2. Ce droit est la rétribution due pour la formation et tenue des rôles, et l'inscription de chaque cause sur le rôle auquel elle appartient. *Art.* 3 *de la loi du* 21 *vent.* 7. *Circ.* 1537.

3. Ce droit est de 5 fr. pour les causes sur appel des Tribunaux de première instance et de commerce, portées dans les Cours d'appel; de 3 fr. pour les causes de première instance, ou sur l'appel des Juges de paix; de 1 fr. 50 c., pour les causes sommaires ou provisoires, et pour celles portées dans les Tribunaux de commerce. *Idem.* — Il suit de l'art. 404 du Code de P. C., qu'il n'est dû que le dernier droit de 1 fr. 50 c. pour les causes *qui n'excèdent pas mille francs*, qu'il y ait *titre ou non*. Quant à celles dont l'objet excède mille fr., lorsqu'il y a titre, la perception est aussi d'un franc 50 c.; mais le Greffier doit exiger le supplément, lorsque le titre est contesté. *Instr.* 626.

4. Les appels de justice de paix, quoique qualifiés de sommaires, sont sujets au droit de greffe de 3 fr. *Inst.* 335.

5. Le droit de mise au rôle ne peut être exigé qu'une seule fois; en cas de radiation, la cause est replacée gratuitement à la fin du rôle, et il doit être fait mention du premier placement. *Circ.* 1537.

6. Les causes en matière de commerce, portées devant les Tribunaux de première instance, dans les lieux où il n'y a pas de Tribunal de commerce, doivent être assimilées à celles qui sont portées directement à ces derniers. *Circ.* 1577.

7. Les causes intentées par les Procureurs du Roi en exécution de la loi du 4 vent. 9, concernant les rentes et domaines usurpés, abandonnés aux hospices, sont passibles du droit de mise au rôle. *Instr.* 201.

8. Les causes antérieures à la loi du 21 vent. 7, ne peuvent être appelées sans être mises au rôle. *Circ.* 1751.

9. Ce droit se perçoit pour les causes qui se jugent par défaut, comme pour celles qui se jugent contradictoirement. *Instr.* 368.

10. La perception du droit de mise au rôle a dû continuer depuis comme avant la promulgation du Code de P. C, *Instr.* 335 *et* 347.

11. *Exceptions.* Les causes qui auraient déjà acquitté le droit de mise au rôle dans un Tribunal supprimé depuis, n'en devraient pas un nouveau dans celui où elles seraient portées. *Circ.* 1936.

12. Les demandes en interventions ou en mise en cause pour garantie, n'étant que des accessoires d'une cause principale déjà mise au rôle, n'y sont pas sujètes. *Déc. min. fin. du* 2 *fruct.* 7. (*Art.* 258, *j.*)

13. L'instance sur une opposition ne donne pas lieu à un droit de mise au rôle indépendant de celui déjà perçu pour la cause principale portée sur le rôle. *Circ.* 1577, *nomb.* 3.

14. Les référés qui sont l'objet du titre 16 du liv. 5 du C. de P. C., ne sont pas assujétis au droit de mise au rôle. *Instr.* 398.

15. Il en est de même des jugemens que les Tribunaux sont dans l'usage de rendre sur pétition judiciaire sans qu'il ait été formé de demande par exploit, soit pour faire autoriser une femme en puissance de mari, à la poursuite de ses droits et actions, soit afin de vente de meubles et effets saisis, soit pour appréhender une

succession sous bénéfice d'inventaire, soit pour faire nommer un curateur à une succession vacante, soit enfin pour toute autre cause non susceptible d'être mise au rôle, et sur laquelle le Juge statue de suite. *Circulaire* n.° 1577.

16. Le droit de mise au rôle est perçu par le Greffier en y inscrivant la cause; le premier de chaque mois, il en verse le montant à la caisse du Receveur de l'enregistrement chargé de la perception des droits de greffe, sur la représentation de rôles cotés et paraphés par le Président, sur lesquels les causes sont appelées. *Article* 4 *de la loi du* 21 *ventôse* 7, et sous la déduction de sa remise sur cette recette. *Instr.* 944. V. ci-après, n.° 89.

17. Ce droit se perçoit sur le rôle général dont la tenue est prescrite par le décret du 30 mars 1808; ce rôle doit contenir deux colonnes, l'une pour les mises au rôle de 3 fr., et l'autre pour celles de 1 fr. 50 cent. Toutes les causes doivent être inscrites par le Greffier et non par les Avoués. *Déc. min. fin. et just. du* 18 *juin* 1811. (*Art.* 4154, *j.*).

18. Le Greffier étant chargé de recevoir les droits de mise au rôle, doit veiller à ce que les causes ne soient appelées ni jugées sans que les droits aient été payés. Il encourt une amende de 100 fr., s'il délivre une expédition de jugement avant le paiement des droits de greffe, sauf, en cas de fraude ou de malversation évidente, à être poursuivi devant les Tribunaux. *Art.* 11 *de la loi du* 21 *ventôse.*

DROIT DE RÉDACTION ET DE TRANSCRIPTION.

19. Ce droit qui représente les émolumens du Greffier, pour les actes passés au Greffe, ou rédigés par ce fonctionnaire, se perçoit au profit du Trésor public, qui acquitte le traitement du Greffier, et lui accorde des remises sur les produits. — Établi d'abord par les lois des 21 vent. et 22 prair. 7, il a été définitivement réglé par le décret du 12 juillet 1808.

20. La loi du 21 vent. 7 n'a point fixé de délai pour la présentation au bureau des actes sujets aux droits de greffe; mais l'art. 11 défend aux Greffiers de délivrer aucune expédition que ces droits n'aient été acquittés, sous peine de 100 fr. d'amende et de restitution des droits. Il faut observer, à l'égard du droit de rédaction, que les Greffiers sont censés l'avoir reçu au moment où ils transcrivent l'acte, et qu'ainsi ils ne pourraient être dispensés de l'acquitter, sous prétexte qu'ils n'ont pas délivré d'expédition. *Circ.* 1537.

DROIT DE RÉDACTION *à* 1 *fr.* 25 *cent.*

21. *Acceptation* de curatelle comme acte fait au greffe. *Art.* 1.er *du décr.* — De succession sous bénéfice d'inventaire. *Art.* 5 *de la loi, art.* 1.er *du décr.*

22. *Actes de voyage*, *Id.* — Actes faits ou rédigés par le Greffier. *Art.* 1.er *du décr. Instr.* 398.

23. *Consignations* de sommes au greffe, quels que soient les motifs de cette consignation. *Art.* 1.er *du décret. Instr.* 398.

24. *Décharge* donnée au Greffier par les parties. *Art.* 2 *du décr.* — Déclarations affirmatives, excepté celles à la requête du ministère public. *Art.* 1.er *du décr.*

25. *Dépôt* de bilan et pièces. *Art.* 5 *de la loi.* — De registres, répertoires et autres pièces. *Instr.* 318, 390 *et* 398. — De signature et paraphe des Notaires. *Art.* 1.er *du décr.* Le droit est dû lors-même que le dépôt est fait par le Procureur du Roi, mais il ne serait dû qu'un seul droit, quand même la feuille déposée contiendrait la signature de plusieurs Notaires et de la même résidence. *Instr.* 290 *et* 398. — De contrat de vente; il n'est dû aucun droit pour la remise du contrat au greffe. *Instr.* 398.

26. Les actes de dépôt sont transcrits, à la suite les uns des autres, sur un registre en papier timbré, coté et paraphé par le Président du Tribunal. Les actes de décharge de ces mêmes dépôts sont portés sur le registre en marge de l'acte de dépôt, et soumis au même droit de rédaction et de transcription. *Art.* 2 *du décr.*

27. *Enquêtes* (les procès-verbaux d'), outre le droit de 1 fr. 25 cent., sont sujets au droit de 50 cent. par chaque déposition de témoins. *Article* 5 *de la loi, art.* 1.er *du décr.* Les Tribunaux doivent se garder de permettre une défense sur les notes des dépositions de témoins et de juger sur les minutes d'enquêtes représentées à l'audience, cette marche préjudiciant aux intérêts de l'État. *Circ.* 1974.

28. *Enregistrement* de société, etc. *Art.* 5 *de la loi.*

29. *Insertion* au tableau placé dans l'auditoire. *Instr.* 398. De l'extrait de tout contrat de mariage entre commerçans; les Notaires font l'avance des droits, sauf leur recours contre les parties. *Déc. min. fin. du* 27 *juin* 1809. (*Art.* 3277, *j.*) Et généralement toute insertion au tableau, pour la publication de contrats de mariage, divorces, jugemens de séparation, actes et dissolution de société et de tous autres actes prescrits par les codes. *Art.* 1.er *du décr.*

30. *Interrogatoire* sur faits et articles. *Art.* 5 *de la loi, art.* 1.er *du décr.*

31. *Procès-verbaux* faits ou rédigés par le Greffier. *Art.* 1.er *du décr.* — Ceux d'ouverture et de description de testament. *Sol. du* 9 *déc.* 1813.

32. *Rapports* faits ou rédigés par le Greffier. *Art.* 1.er *du décret.*

33. *Réception* de caution, si elle avait lieu au greffe. *Instr.* 398.

34. *Récusation* de Juge. *Art.* 1.er *du décr. Instr.* 398.

Renonciation à communauté, legs ou donation. *Art.* 5 *de la loi, art.* 1er. *du décret.*

Soumission de caution. *Art.* 5 *de la loi, art* 1.er *du décr. Circ.* 1537. *Instr.* 398.

35. *Transcription* et enregistrement sur les registres du greffe, d'oppositions et autres actes désignés par les codes (à l'exception de la transcription de la saisie immobilière) : le droit n'est dû qu'autant qu'il est délivré expédition de la transcription. *Art.* 1.er *du décr. Instr.* 398.

36. *Vérific.*s de créances. *Déc. min. fin. du* 30 *oct.* 1810.

37. EXCEPTIONS, actes passés devant les Juges et Greffiers de paix et les Notaires, comme délégués par les Tribunaux. *Instr.* 429.

38. Ceux de productions de pièces, puisqu'ils ne sont pas des actes de greffe. *Instr.* 436, *nomb.* 13.

39. *Certificats* délivrés en brevet. *Instr.* 398.

40. Dépôt de publication prescrit par les Codes. *Art.* 1.er *du déc.* — Des registres de l'État civil ; *Instr.* 405.

41. Prestation de serment des experts et fonctionnaires. *Déc. min. fin. du* 11 *août* 1807.

Vérification de créances. On ne peut obliger le Greffier à faire un acte de dépôt des titres. *Instr.* 420.

42. Sont encore exceptés les actes de procédure en matière correctionnelle. *Circ.* 1880.

43. DROIT DE RÉDACTION *à* 1 *fr.* 50 *c.* ; dépôt de titres de créance pour la distribution par ordre ou par contribution. Il est dû un droit pour chaque production. *Art.* 1 *du déc.*

44. Surenchère faite au greffe, *idem.*

45. Radiation de saisies immobilières, *idem.*

46. DROIT DE RÉDACTION *à* 3 *fr.*, dépôt de l'état des inscriptions, délivré par le Conservateur. *Instr.* 398.

47. *Transcription* au greffe de la saisie immobilière. *Instr.* 398.

48. DROIT PROPORTIONNEL *de rédaction* : adjudications faites en justice ; il est dû 50 c. p. 100 sur les premiers 5000, et 25 c. p. 100 sur l'excédent. *Décr. du* 12 *juill.* 1808.

49. Les adjudications judiciaires faites en France, d'immeubles situés en pays étrangers, sont bien exemptes du droit proportionnel d'enregistrement. *Instr.* 978. Mais elles sont sujètes au droit proportionnel de rédaction. *Arr. de cass. du* 11 *déc.* 1820. (*Art.* 6917, *j.*)

50. Le droit proportionnel de rédaction est dû : 1.° pour les jugemens qui autorisent des rentrées en possession, faute de paiement de prix ; 2.° pour ceux qui prononcent des rétrocessions de vente ; 3.° pour les partages faits au greffe, portant soulte, et sur le montant de la soulte seulement. *Instr.* 500.

51. Pour la revente à folle enchère, le droit n'est dû que sur ce qui excède la 1.re adjudic.n *Article* 3 *du Décr.*

52. Lorsque le prix d'une première adjudication a excédé 5000 fr., et que le droit proportionnel de rédaction de 50 c. p. 100 a été perçu sur cette somme, on ne doit exiger que 25 c. p. 100 sur l'adjudication par surenchère, et par folle enchère, parce que l'excédent de prix n'est que le complément du prix principal. *Sol. du* 17 *fév.* 1814. (*Art.* 4752, *j.*)

53. Le droit sur une licitation n'est exigible que sur la valeur de la part acquise par le colicitant. *Art.* 3 *du décr. de* 1808.

54. On l'établit sur le prix cumulé de tous les lots, sauf aux adjudicataires à s'arranger entre eux au *prorata* du prix de leurs acquisitions respectives. *Sol. du* 21 *nov.* 1814.

55. Adjudications volontaires ou forcées des jouissances emphytéotiques, et celles par actes passés avant le C. C. Il faut, pour la perception du droit de rédaction, établir le capital sur dix fois le prix annuel, pour tout bail dont la durée n'excède pas trente ans, et sur vingt fois pour ceux au-dessus de ce terme, en y joignant les deniers d'entrée. *Déc. min. fin. du* 5 *mai* 1812. (*Art.* 4076 et 4664 *j.*)

56. Il est dû sur les bordereaux de collocation et les mandemens sur contribution, le droit de 25 c. p. 100 sur le montant de chaque créance colloquée. *Décr. du* 12 *juillet* 1808. V. *ordre.*

57. Dans aucun cas, la perception ne peut être au-dessous de 1 fr. 25 c. *Sol. du* 29 *mai* 1813. *Déc. min. fin. du* 10 *août* 1814. (*Art.* 5013, *j.*)

58. *Sont exemptes*, les adjudications faites à l'État, ou à l'administration des domaines, par suite d'expropriation. *Instr.* 202.

59. Les jugemens portant résolution d'un contrat pour vice radical, *instr.* 500 ; ou pour défaut de paiement de prix. *Déc. min. fin. du* 21 *juillet* 1820. (*Art.* 6933, *j.*)

60. Les baux judiciaires, leur résiliation prononcée par jugement. *Déc. min. fin. du* 5 *mai* 1812. (*Art.* 4664, *j.*) — V. aussi *mandat.*

61. Le cahier des charges, les actes du Juge qui constatent les publications, l'adjudication préparatoire et l'adjudication définitive, forment ensemble une seule minute, sujète au droit proportionnel de rédaction, qui doit être celle du jugement d'adjudication. *Sol. du* 28 *oct.* 1814. (*Art.* 4947, *j.*)

62. La somme sur laquelle frappe la perception doit être écrite en marge de l'enregistrement. *Circ.* 1611.

63. Lorsqu'une vente est annulée sur l'appel, le droit de rédaction est restituable, et non celui d'expédition. *Déc. min. fin. du* 21 *oct.* 1806. *Art.* 4 *du décret du* 12 *juillet* 1808. (*Art.* 2423, *j.*)

DROIT D'EXPÉDITION.

64. Le droit d'expédition des jugemens, et de tous actes faits et déposés au greffe, établi par la loi du 21 vent. 7, a été maintenue par l'art. 5 du décret du 12 juillet 1808.

65. Pour le nombre de lignes que doivent contenir les expéditions, V. *expéditions*, page 162, n.° 11.

66. La quotité du droit d'expédition est fixée à 2 fr., 1 fr. 25 c. et à 1 fr. le rôle. — Le droit pour un rôle écrit en partie, est le même que si le rôle eût été écrit en entier. *Instr.* 398.

67. Droit *de* 2 *fr. le rôle.* Sont passibles du droit de 2 fr. par rôle, les expéditions des arrêts sur appel des Tribunaux de première instance et de commerce, soit contradictoire, soit par défaut. *Art.* 7 *de la loi du* 21 *vent.* 7.

68. Le droit de greffe de 2 fr. par rôle fixé pour les expéditions des jugemens définitifs sur appel, doit être perçu sur ceux de même nature qui, quoique définitifs sur un point, renferment une disposition préparatoire sur un acte. *Arr. de cass. du* 20 *juin* 1810. (*Art.* 3648, *j.*) V. *jugement*, n.os 20 et suiv.

69. Droit *de* 1 *fr.* 25 *c.* Sont sujètes au droit de 1 f. 25 c. par rôle, les expéditions de *jugemens* définitifs rendus par les Tribunaux civils, soit par défaut, soit contradictoires, en dernier ressort ou sujets à l'appel ; celles des décisions arbitrales, celles des jugemens rendus sur appel des Juges de paix, celles des ventes judiciaires, *art.* 8 *de la même loi* ; ainsi que les baux judiciaires et leur résiliation par jugement. *Déc. min. fin. du* 5 *mai* 1812. (*Art.* 4664, *j.*)

70. Droit *de* 1 *fr. par rôle.* Les expéditions des jugemens interlocutoires, préparatoires et d'instructions ; les enquêtes, interrogatoire, rapports d'experts, délibérations, avis de parens, dépôts de bilan, pièces et

registres, déclarations affirmatives, renonciation à communauté ou succession, et généralement de tous actes faits ou déposés au greffe, non spécifiés aux deux articles précédens, ensemble de tous les jugemens des Tribunaux de commerce, sont soumises au droit de 1 fr. le rôle. *Art.* 9 *de la loi du* 21 *vent.* 7.

71. Celles des actes de présentation et enregistrement au greffe du Tribunal, des lettres de réception des Médecins, Chirurgiens, Officiers de santé et Sages-femmes, et des remises de titres de nomination et réception des Notaires, en exécution des lois des 19 et 23 ventôse 11. *Instr.* 204.

72. Celles des ordonnances *sur référé*, et lorsque le Juge a ordonné, dans le cas d'absolue nécessité, l'exécution de son ordonnance sur la minute; le Receveur règle provisoirement le droit sur le nombre de rôles présumés, sauf la perception définitive sur l'expédition qui se délivre ensuite; mais il n'est pas nécessaire d'expédier les ordonnances sur requête de l'une des parties, que le Juge délivre en son hôtel. *Instr.* 482.

73. Les expéditions des procès-verbaux de vérification de créance en matière de faillite. *Déc. min. fin. du* 30 *oct.* 1810.

74. Les minutes des enquêtes et interrogatoires sur faits et articles, ne doivent pas sortir du greffe pour servir d'instruction à l'audience; c'est aux parties à s'en faire délivrer expédition. *Instr.* 398. — Quant aux expéditions des procès-verbaux d'ordre, V. *ordre*.

75. Les hospices ne sont pas exempts des droits de greffe, pour les jugemens qu'ils obtiennent en vertu de la loi du 4 vent. 9, pour rentrer dans les domaines nationaux et rentes usurpées qui leur sont attribués. *Instr.* 201.

76. Si une *vente est annulée*, V. *ci-dessus*, *n.°* 63.

77. *Expéditions contenant des énonciations en chiffres.* Pourvu que, relativement au droit de timbre, une expédition ne contienne que 25 lignes à la page, compensation faite d'une page à l'autre, il pourra être inséré dans chacune de ces lignes autant de syllabes qu'elle peut en comporter; — les actes dans lesquels il n'est pas défendu par la loi d'énoncer les sommes et les dates en chiffres, pourront être expédiés de la même manière; — lorsque les actes renfermeront des tableaux en chiffres qui ne peuvent être syncopés sans en détruire l'intelligence, ces tableaux pourront être reproduits dans les expéditions, sauf aux Greffiers à établir à la fin de ces expéditions, par une récapitulation certifiée, le nombre de lignes y contenues, pour qu'après vérification, les droits de timbre et de greffe soient perçus, savoir: les droits de timbre, à raison *de* 25 *lignes* par chaque page, quelque soit le nombre des syllabes à la ligne; et les droits de greffe, à raison de 20 *lignes* à la page, de 8 à 10 syllabes chacune, compensation faite des unes avec les autres; — Les mêmes expéditions ne pourront, dans tous les cas, être rédigées sur un papier d'un taux inférieur à celui de 1 fr. 25 c. la feuille. *Instr. n.°* 942.

78. EXCEPTIONS. Sont exceptés du droit d'expédition: 1.° les certificats de non-opposition à remboursement de cautionnement, puisqu'ils sont délivrés en brevet. *Circ. du* 11 *déc.* 1806. — 2.° Les ordonnances sur requête. *Instr.* 482. — 3.° Les actes de procédure en police correctionnelle. *Circ.* 1880.

79. Les expéditions que les greffiers des justices de paix délivreraient d'actes qu'ils auraient faits en vertu de commission des Tribunaux de première instance ou de commerce, et des Cours d'appel, ne seraient point passibles des droits de greffe: mais si les expéditions étaient délivrées par le greffier du Tribunal qui a délégué les pouvoirs, les droits de greffe d'expédition seraient exigibles suivant la nature de l'acte et du Tribunal. *Instr.* 429.

80. Il n'est pas nécessaire que l'expédition entière du procès-verbal d'ordre soit levée ni signifiée, puisque les bordereaux de collocations et l'ordonnance de main levée des inscriptions contiennent la totalité du procès-verbal. *Déc. min. just. du* 27 *janv.* 1808. (*Art.* 2804, *j.*)

81. *Prescription* des droits de greffe. V. *prescription*.

DROITS DE GREFFE DES ACTES RELATIFS AUX MAJORATS.

82. Le décret du 24 juin 1808 transmis, par l'instr. 413, contient les dispositions ci-après: « nos lettres-patentes portant institution de majorats devant être enregistrées dans nos Cours et Tribunaux, les ampliations qui en seront délivrées à cet effet, ne seront pas soumises au timbre et au droit d'enregistrement. — Il sera perçu: — 1.° lors de leur enregistrement dans les Cours d'appel, pour les majorats duchés, 72 fr.; pour les majorats comtés, 48 fr.; pour les majorats baronnies, 24 fr. — Les deux tiers du droit seront pour l'enregistrement; l'autre tiers pour le *greffe*; ils sont passibles du décime. — Il ne sera payé pour l'enregistrement, dans les Tribunaux de 1.re instance, que moitié du droit ci-dessus; — 2.° lors de leur transcription aux registres des hypothèques, un droit égal à celui attribué au greffe dos Tribunaux de première instance pour l'enregistrement. » Cette indemnité tient lieu de tout salaire quelque soit le nombre des rôles à transcrire. *Instr.* 863.

83. Le Receveur percevra le droit en entier, et comptera au Greffier de la portion qui lui revient, sur un mandat délivré par le Président du Tribunal. *Instr.* 413 *et* 863.

84. Le droit spécial dont il s'agit, doit être perçu sur la minute de l'arrêt ou du jugement qui ordonnera l'Enregistrement des lettres-patentes. *Instr.* 427 *et* 863.

85. L'ordonnance du 7 oct. 1818 applique aux lettres-patentes, portant institution de majorats, de marquis et de vicomte, les mêmes droits que pour celles portant institution des majorats, de comte et de baron. Elle ajoute: « les Greffiers de nos Cours et Tribunaux » percevront, pour frais de transcriptions des lettres-» patentes portant collocation d'un titre de noblesse, » et des procès-verbaux ou actes de constitution des » biens composant les majorats, 3 fr. par rôle de l'ex-» pédition délivrée par notre secrétaire-général près » la commission du sceau des titres. Il sera fait men-» tion du nombre des rôles au bas de chaque expédi-» tion. » *Instr.* 863.

86. Le droit de 3 fr. par rôle est attribué en entier au Greffier, et doit lui être payé sans l'intermédiaire

du Receveur, par ceux qui requièrent la formalité. *Instr.* 427 *et* 863.

87. Les frais de publication et enregistrement des lettres patentes, qui confèrent un majorat, sont à la charge de l'impétrant. *Décr. du* 1.er *mars* 1808.

OBLIGATIONS DU GREFFIER RELATIVES AUX DROITS DE GREFFE.

88. Il perçoit le droit de mise au rôle. V. *le n.*° 16 *ci-devant*. Le Receveur lui en donne quittance sur le rôle. *Art.* 2 *de la loi du* 21 *vent.* 7. *Circ.* 1725.

89. Il reçoit des parties, et compte au Receveur en présentant les actes à la formalité, des droits de mise au rôle, de rédaction, de transcription et d'expédition. *Art.* 10 *de la loi du* 21 *vent.* 7. Pour le mode de comptabilité et de la relation du Receveur. V. *ci-après*, n.° 94.

90. Il ne peut délivrer d'expédition que les droits de greffe n'aient été acquittés. V. *greffe*, n.os 18 *et* 20.

91. Les Greffiers des Tribunaux civils et de commerce, tiennent un registre coté et paraphé par le Président, sur lequel ils inscrivent jour par jour les actes sujets au droit de greffe, les expéditions qu'ils délivrent, la nature de chaque expédition, le nombre des rôles, le nom des parties, avec mention de celle à laquelle l'expédition est délivrée. Ils sont tenus de communiquer ce registre aux Préposés de l'enregistrement, toutes les fois qu'ils en sont requis. *Art.* 13 *de la loi du* 21 *vent.* 7. Ce registre est exempt du timbre. *Instr.* 398.

93. REMISES DES GREFFIERS SUR LES DROITS DE GREFFE. La quotité est fixée par l'art. 19 de la loi du 21 vent. 7, savoir : 1.° à 1 décime par franc sur le produit des droits de mise au rôle, de rédaction et de transcription. — 2.° A 30 cent. par chaque rôle d'expédition.

94. Les Greffiers des Tribunaux civils et de commerce prélèveront sur le montant des droits de greffe dont ils auront fait la recette sur les parties, la portion de ces droits que la loi sus-rappelée leur accorde à titre de remises : ils ne verseront que le surplus à la caisse du Receveur de l'enregistrement qui dès-lors ne fera recette que de la somme qui lui aura été versée pour le trésor, suivant le modèle tracé dans l'instr. 913. *Ordonn. du* 8 *déc.* 1819, *loi du* 23 *juillet* 1820. *Instr.* 944.

95. Le Receveur doit mentionner en toutes lettres dans la relation, au pied de chaque acte, 1.° le montant des droits appartenant au Trésor. — 2.° Celui de la remise qui revient au greffier pour l'indemnité qui lui est allouée par la loi. *Instr.* 944.

96. Le Greffier reçoit deux décimes par chaque rôle d'expéditions que les Agens du Gouvernement demanderaient en son nom pour soutenir ses droits. *Circ.* 1537.

97. Cette rétribution leur est payée sur mandat visé par le Directeur, même quand les parties sont insolvables. *Lettre de M. le Directeur général à MM. les Administr.*, *du* 24 *oct.* 1809. *Déc. min. just. et fin. du* 31 *oct.* 1809.

98. Pour la remise des Greffiers sur les droits fixés pour les majorats, V. *ci-devant* n.os 82 *et suiv.*

GREFFIER, Officier titulaire d'un greffe, qui tient, rédige et expédie les jugemens et actes du greffe.

1. Il est tenu d'acquitter dans le délai de 20 jours les droits dus pour les actes et jugemens (sauf le cas prévu ci-après), qui doivent être enregistrés sur les minutes, et ceux passés et reçus aux greffes. *Art.* 29 *de la loi de frim.* 7. Sous peine de payer personnellement à titre d'amende et pour chaque contravention, une somme égale au montant du droit et d'acquitter en même-tems ce droit, sauf son recours, pour ce droit seulement, contre la partie. *Art.* 35.

2. Il est fait exception à cet égard, quant aux jugemens rendus à l'*audience*, lorsque les parties n'auront pas consigné aux mains du Greffier, dans le délai prescrit pour l'enregistrement, le montant des droits. Dans ce cas, le recouvrement doit en être poursuivi contre les parties, par les Receveurs ; elles supporteront en outre la peine du droit en sus. Pour cet effet, le Greffier est tenu de remettre au Receveur de l'enregistrement, dans les 10 jours qui suivent l'expiration du délai, des extraits par lui certifiés des jugemens dont les droits ne lui auraient pas été remis par les parties, à peine d'une amende de 10 fr. pour chaque décade de retard, et pour chaque jugement, et d'être en outre personnellement contraint au paiement des doubles droits. *Art.* 37 *de la loi du* 22 *frim.* 7, *et instr.* 726.

3. Il sera délivré au Greffier par le Receveur de l'enregistrement, des récépissés sur papier non timbré de ces extraits. Ces récépissés seront inscrits sur les répertoires. *Art.* 38 *de la loi du* 28 *avril* 1816.

4. L'insertion de cette mention sur les répertoires, des actes dont ils doivent délivrer extrait, ne les dispense pas de l'amende pour défaut de remise des extraits dans le délai. *Arr. de cass. du* 22 *juillet* 1807. Mais l'omission de cette mention ne constitue pas une contravention. V. *répertoire*, n.° 46.

5. Le Greffier peut exiger d'avance la consignation entre ses mains du montant des droits. A défaut de cette consignation, le recouvrement des droits et doubles droits doit être poursuivi contre la partie par le Receveur, sur l'extrait remis comme il est dit ci-dessus. *Art.* 2 *de l'ordonnance du* 22 *mai* 1816.

6. Le Greffier d'un Tribunal de paix et de conciliation doit remettre, dans le délai prescrit, extrait d'un acte translatif de propriété dont les parties ne lui ont pas acquitté le droit, sous peine de l'amende prononcée par la loi. *Arr. de cass. du* 11 *brum.* 7.

7. Les Greffiers des Cours royales ne sont tenus qu'à faire enregistrer en débet, dans les 20 jours de leur date, les déclarations de recours en cassation, en matière correctionnelle, lorsque les condamnés sont emprisonnés. *Sol. du* 4 *juillet* 1818. (*Article* 6217, *j.*) V. *appel*, *page* 79. — V. aussi *amendes*, n.° 98.

8. La loi du 28 avril 1816 et l'ordonnance du Roi du 22 mai suivant, ne dispensent pas les Greffiers des Tribunaux de police correctionnelle, de présenter à l'enregistrement, d'après l'art. 35 de la loi de frim. 7, les actes à la requête du ministère public, qui doivent être revêtus en débet de cette formalité. *Sol. du* 24 *sept.* 1818. V. *délai*, *page* 134.

9. L'obligation de remettre au Préposé dans le délai fixé par la loi de frim. 7, les extraits de jugemens dont il n'aurait pas reçu les droits d'enregistrement s'étend, 1.° aux jugem.s préparat.s comme à ceux définitifs. *Sol. du* 23 *juill.* 1818. *Déc. min. fin. du* 25 *juin* 1819. 2.° Aux jugem.s

rendus incompétemment. *Arrêt de cass. du* 30 *nov.* 1807. 3.° Et aux présentations, défauts et congés faute de comparaître, défendre ou conclure qui se prennent au greffe, et aux actes et procès-verbaux de vente de prise ou bris de navires faites par les Officiers de l'Administration de la marine. *Loi du* 27 *vent.* 9.

10. Lorsqu'un Greffier qui est devenu insolvable a négligé de faire enregistrer des jugemens dont les droits lui ont été avancés, il y a lieu de suivre, contre les parties, le recouvrement des droits des jugemens et actes dont il n'a pas été délivré d'expédition. *Déc. min. fin. du* 12 *germ.* 13. V. *l'instr.* 340.

11. Pour connaître le bureau où il doit faire enregistrer ses actes. V. *bureaux, page* 95 n.ºs 28 *et* 34.

12. Lorsqu'il a fait pour les parties l'avance des droits d'enregistrement, il peut prendre exécutoire du Juge de paix de son canton, pour en obtenir le remboursement. V. *débiteur*, n.° 2.

13. Le Greffier doit avoir soin d'énoncer dans les actes et jugemens faits ou rendus en vertu d'actes enregistrés, le montant du droit payé, la date du paiement et le nom du bureau où il a été acquitté; le Receveur est autorisé, en cas d'omission, à exiger le droit de l'acte, s'il n'a pas été enregistré dans son bureau. *Art.* 48 *de la loi de frim.* 7.

Dans les jugemens et autres actes judiciaires, une simple mention de l'enregistrement des actes qui leur servent de base est suffisante; on peut se dispenser de la transcription littérale. *Tribun. de Bar-sur-Aube*, du 1.er avr. 1819. *Déc. min. fin. du* 6 *août suiv.* (*Art.* 6533, *j.*)

14. Le Greffier ne peut, d'après la loi de frim., recevoir en dépôt un acte non enregistré. V. *annexe*, *page* 78; *et dépôts*, *page* 143, *n.^{os}* 8 *et suiv.*

Lorsqu'un tribunal va statuer définitivement dans une instance où il y a eu un jugement préparatoire, on ne peut le contraindre à rappeler dans ce dernier jugement, la mention du jugement préparatoire, afin que le Receveur perçoive en même-tems le droit des deux jugemens; le Greffier a satisfait à ses obligations, lorsqu'il a remis au Receveur, dans le délai prescrit, un extrait du premier jugement, si les parties ne lui en ont pas consigné les droits, afin que le Receveur puisse, en même-tems, percevoir les droits de ces deux jugemens. *Déc. min. fin. du* 24 *avril* 1819. (*Art.* 6699, *j.*)

15. Il ne doit recevoir les quittances que l'art. 715 du C. de P. C. prescrit d'annexer aux jugemens d'adjudication sur saisie immobilière qu'elles n'aient été enregistrées. *Instr.* 436, *nomb.* 54.

16. Le Greffier ne peut, sous peine de 50 fr. d'amende, recevoir, sans en rédiger acte, le dépôt: 1.° d'un procès-verbal d'expert ou d'arbitres; 2.° du cahier de charges de la vente sur saisie immobilière; 3.° celui que fait le Notaire en vertu de l'art. 977 du C. de P. C. du procès-verbal des difficultés et dires des parties, lors des partages. *Instr.* 436. — V. *dépôt*, page 144, *n.^{os}* 26 *et suiv.*

17. Il est défendu au Greffier de délivrer en brevet, copie ou expédition, aucun acte soumis à la formalité, ni faire aucun acte en conséquence, avant qu'il ait été enregistré, quand même le délai pour l'enregistrement ne serait pas encore expiré, à peine de 50 fr. d'amende, outre le paiement du droit. *Art.* 41 *de la loi du* 22 *frim.* 7. — V. *actes*, page 59, *n.^{os}* 133 *et suiv.*

18. Le Greffier ne peut, sans encourir la même peine, délivrer des expéditions, même de simples notes ou extraits (aux parties ou autres intéressés) de jugemens sujets à l'Enregistrement sur les expéditions, sans que celles-ci aient été enregistrées. *Même art.*

19. Il ne peut délivrer extrait du procès-verbal de partage avant que l'acte ait été enregistré. *Instr.* 436, *nomb.* 76. — V. aussi *extrait*, page 169.

20. Dans tous les cas de délibérations sujètes à l'homologation, il ne peut expédier séparément le jugement d'homologation, la délibération homologative, l'ordonnance qui prescrit la communication au ministère public, et les conclusions du Procureur du Roi. *Instr.* 628.

21. Le Greffier doit communiquer ses actes aux préposés. V. *communication.* — Tenir répertoire et une feuille d'audience. V. *ces mots.*

22. Lorsqu'il procède à des ventes de meubles. V. *décharge*, page 131, *n.°* 7.

23. Quant à la manière de constater les productions dans les ordres, V. *ordre.*

24. Le Greffier de justice de paix qui a redigé sur papier non timbré des minutes d'actes, est en contravention au timbre, lors même qu'il ne les aurait pas signées. *Arr. de cass. du* 7 *mars* 1808.

25. Il est prescrit au Greffier de tenir dans le plus grand ordre les rôles et les différens registres dont la tenue est prescrite par le Code de P. C. *Décr. du* 30 *mars* 1808.

26. Dans chacune des deuxièmes et subséquentes expéditions des actes et jugemens assujétis au droit proportionnel, mais qui ne sont pas dans le cas d'être enregistrés sur les minutes, le Greffier fera mention de la quittance du droit payé pour la 1.re, par une transcription littérale de cette quittance. — Il fera mention sur la minute de chaque expédition délivrée, de la date de l'enregistrement et du droit payé. — Toute contravention à ces dispositions sera punie d'une amende de 10 fr. *Loi de frim.* 7. *Art.* 45. — V. *relation.*

27. En cas de fausse mention, V. *faux* et *notaire.*

28. Le Greffier est autorisé à remettre aux Préposés de l'Enregistrement, les extraits des jugemens portant *condamnation d'amende*, sans que ces jugemens aient été enregistrés; il faut seulement que les extraits fassent mention de cette destination. *Circ. du* 24 *brum.* 14. — V. *extrait.*

29. Le Greffier peut être poursuivi pour délits dans l'exercice de ses fonctions, sans autorisation préalable du conseil d'état, parce qu'il n'est pas agent du gouvernement. *Arr. de cass. du* 25 *déc.* 1807.

30. Il est responsable de toutes les peines pécuniaires encourues par ses commis, dans l'exercice de leurs fonctions, pour contraventions, délits ou crimes, sauf son recours contre ceux-ci. *Décr. du* 18 *août* 1810.

31. Il lui est défendu, ainsi qu'à ses commis, d'exiger ni recevoir d'autres droits de greffe que ceux établis par la loi, ni recevoir aucun droit de prompte expédition, à

peine de 100 fr. d'amende, et de destitution. *Loi du* 21 *vent.* 7, *art.* 23.

32. On doit faire, dans les greffes, la recherche des actes non enregistrés dans les 20 jours, surtout dans les Tribunaux de commerce, où les Greffiers pourraient se croire dispensés quelquefois de rédiger le jugement d'après l'arrangement des parties à l'audience. *Circ.* 1836. *Instr.* 24 *et* 248.

33. Le Receveur doit informer le Directeur, des abus et contraventions que commettent les Greffiers. *Circ.* 1974.

34. Les Greffiers des Juges de paix doivent déposer à la municipalité, dans les dix premiers jours de janvier de chaque année, les minutes de leurs actes en matière civile, et leur répertoire : on s'assurera dans ces dépôts, si les obligations prescrites par les lois ont été observées. *Circ.* 1147.

35. *Remises, droits de recherches, etc.* Les Greffiers ne peuvent exiger aucun droit pour la recherche des actes et jugemens faits ou rendus dans l'année, ni de ceux dont ils font les expéditions. Mais, lorsqu'il n'y aura pas d'expédition, il leur est attribué un droit de recherche qui demeure fixé à 50 c. pour l'année indiquée, et 25 c. pour les autres (si on en indique plusieurs dont ils soient obligés de faire la recherche). *Art.* 14 *de la loi du* 21 *vent.* 7.

37. Il leur est attribué 25 c. pour chaque légalisation d'actes des Officiers publics, et 75 c. pour la communication à chaque créancier, du procès-verbal d'ouverture d'ordre, de l'extrait des inscriptions et des titres et pièces qui auront été produits. *Loi du* 21 *vent.* 7, *art.* 14. *Loi du* 22 *prair.* 7, *art.* 4.

38. Pour les extraits fournis à l'Administration, V. *extraits* et *frais de justice.*

39. Le Greffier retient lui-même ses remises sur les droits de greffe. V. *greffe*, n.° 94. — Quant à ses obligations, relativement à ces droits, V. *Greffe*, n.os 89 et suiv.

GROSSE, V. *expédition.*

GROSSESSE, V. *déclaration*, pag. 133, n.° 23.

HALLES. V. *abandon* de biens.

HÉRITIER. L'héritier, en même tems légataire, qui n'a pas renoncé à l'une de ces qualités, est réputé les posséder toutes deux, et susceptible d'être poursuivi au paiement des droits. *Arr. de cass. du* 24 *oct.* 1810.

1. Les titres exécutoires contre le défunt sont pareillement exécutoires contre l'héritier personnellement; mais les créanciers ne peuvent en poursuivre l'exécution que huit jours après la signification de ces titres à la personne ou au domicile de l'héritier. *Art.* 877 *du Code civil.*

2. L'héritier sous bénéfice d'inventaire peut se décharger du paiement des dettes, en abandonnant les biens de la succession aux créanciers et légataires. *Cour de Douai, du* 29 *juillet* 1816.

3. L'héritier bénéficiaire qui vend ses droits successifs avant d'avoir fait inventaire, et sans y avoir fait procéder par son acquéreur, est réputé héritier pur et simple. *Cour de Paris, du* 9 *juillet* 1806.

4. Il ne répond pas, sur ses biens personnels, des créances de la succession, quoiqu'il ait laissé rendre contre lui des jugemens de condamnation où il est qualifié simplement d'héritier. *Cour de Paris du* 8 *janv.* 1808. Si l'héritier bénéficiaire acquiert les biens de la succession, V. *adjudication*, page 65, n.° 37.

5. L'héritier bénéficiaire est tenu de payer les droits de succession, comme l'héritier pur et simple et dans le même délai. *Arr. de cass. du* 5 *niv.* 12 (*Articles* 3990 *et* 4088, *j.*); — quoique l'usufruit soit possédé par un tiers. *Autre du* 29 *germ.* 11; — et malgré l'allégation que la valeur des biens de l'hérédité ne suffirait pas pour faire face aux dettes. *Arr. de cass. du* 26 *oct.* 1806. — V. *succession*, n.° 241.

HOMME *de loi.* V. *avocat*, *avoué* et *consultation.*

HOMOLOGATION. Confirmation d'un acte par autorité de justice. — Pour connaître les droits dont sont passibles les jugemens portant homologation, V. *jugement.*

HOSPICE. V. *abandon*, p. 47; *acquisition*, p. 51, n.° 1.er; *donation*, page 151, n.° 33; et *rentes.*

HUISSIER. Officier ministériel de justice, qui rédige et signifie les exploits.

1. Il ne peut faire aucun acte en conséquence d'un autre non enregistré. V. *actes*, page 60, n.os 141 et suiv.

2. Cependant, lorsqu'il signifie d'avoué à avoué une requête dans laquelle on se sert d'un acte sous seing-privé non enregistré, il n'est pas en contravention; l'Avoué seul est passible d'amende. *Arr. de cass. du* 8 *août* 1809.

3. Il doit : 1.° faire enregistrer ses actes dans le délai de quatre jours, sous peine d'amende et de nullité. V. *décharge*, page 131, n.° 7; et *délai*, page 136, n.os 36 et suiv.; — 2.° Tenir répertoire, V. *répertoire*; — 3.° Enoncer dans ses actes sa patente et celles des particuliers qui y sont sujets. Voy. *patente*; — 4.° Communiquer aux Préposés ses actes et ses répertoires, V. *communication*, page 112, n.os 7, 10 et suiv.; — 5.° Faire l'avance des droits comme les autres fonctionnaires, V. *Débiteur*, page 129.

4. Pour connaître les droits et les cas de validité ou de nullité de ses actes, V. *appel* et *exploit.* — Quant à ses obligations communes avec les Notaires, V. *notaire.*

5. Il doit énoncer le coût à la fin de son exploit, à peine de 5 fr. d'amende payables à l'instant de la formalité. *Art.* 67 *du C. de P. C.* — Cette disposition s'applique à tous les actes du ministère des Huissiers, même aux ventes judiciair.s, *instr.* 408, et non aux ventes volontaires. *Instr.* 420. *Déc. min. just. du* 15 *sept.* 1812. (*Art.* 4479, *j.*) *et déc. min. fin. du* 10 *janvier* 1815. (*Art.* 5051, *j.*)

6. Les copies de toutes les pièces faites par les Huissiers, doivent être correctes et lisibles, à peine de rejet de la taxe. Les papiers employés à ces copies ne doivent pas contenir plus de trente-cinq lignes par page de petit papier, quarante lignes du moyen, et cinquante lignes par page de grand papier, à peine de 25 fr. d'amende. L'Huissier qui a signifié la copie de citation ou d'exploit de jugement ou d'arrêt qui serait illisible, sera condamné en 25 fr. d'amende, sur la provocation du ministère public, et par le Tribunal

devant lequel la copie est produite. *Décr. du* 29 *août* 1813. (*Art.* 4600, *j.*)

7. Si la copie avait été faite et signée par un Avoué, l'Huissier qui l'aurait signifiée serait également condamné à l'amende, sauf son recours contre l'Avoué. *Décr. du* 29 *août* 1813. *Instr.* 659. — Cette amende n'est pas attribuée, et ne peut être recouvrée qu'en vertu d'un jugement. *Même instr.*

8. Il doit rédiger ses actes sur papier timbré. V. *timbre.* — Cependant un jugement est régulier, lorsqu'il décharge un Huissier de l'amende réclamée pour défaut de timbre d'une copie d'exploit, si le Trib. reconnaît que cette pièce n'est qu'un modèle, et que la véritable copie est entre les mains de l'Avoué à qui elle a été signifiée sur timbre. *Arr. de cass. du* 28 *nov.* 1812.

9. Les amendes de condamnation prononcées par les Tribunaux contre les Huissiers pour délits ou contraventions dans l'exercice de leurs fonctions, sont recouvrées par le Receveur du chef-lieu de l'arrondissement qui compte, chaque trimestre au Trésorier de la Chambre, et sur sa quittance mise au pied d'un bordereau, d'un quart de ces amendes, après prélèvement, sur le principal, d'un quart pour frais tombés en non-valeur, et de 5 p. 100 pour frais de Régie. *Inst.* 659, qui indique le mode de comptabilité à cet égard.

10. La communauté des Huissiers n'a droit au quart des amendes prononcées contre ses membres, pour délits ou contraventions relatifs à l'exercice de leur ministère, qu'autant que les jugemens de condamnation sont postérieurs au décret du 14 juin 1813. *Circ. du* 25 *mai* 1814.

11. Il ne peut instrumenter pour ses parens et alliés et ceux de sa femme, en ligne directe à l'infini, ni pour ses parens et alliés collatéraux jusqu'au degré de cousin issu de germain inclusivement, à peine de nullité. *Art.* 66 *du C. de P. C.*

12. S'il a excédé les bornes de son ministère, il peut être condamné aux dépens en son nom, et sans répétition, même aux dommages et intérêts, s'il y a lieu. *Art.* 132 *du C. de P. C.*

13. L'Huissier qui commet dans son exploit une nullité de son fait, en est responsable. *Art.* 71 *du Code de P. C.* — Il n'appartient qu'aux Tribunaux ordinaires de prononcer à cet égard. *Arr. de cassat. du* 2 *juin* 1817.

14. On peut exercer la contrainte par corps contre l'Huissier qui ne compte pas la somme, même moindre de 300 fr., qu'il a reçue pour son client, par suite de ses fonctions, quand il y a surtout dol et fraude de la part de cet Officier public. *Arr. de cass. du* 4 *févr.* 1819.

15. Les Huissiers doivent mettre à exécution tous les actes de l'autorité administrative, tels qu'ils leur sont présentés. *Circ. du Ministre de la justice aux Procureurs du Roi.* (*Art.* 3448, *j.*)

16. Lorsque l'Huissier est chargé de poursuivre le recouvrement des frais de justice, ou qu'il a instrumenté pour le ministère public, ses salaires sont payés par le Trésor. V. *frais de justice.*

17. Au surplus, V. *amendes*, page 78, n.° 165, et *timbre.*

IDIOME, langue propre d'une nation.

Tous les actes passés en France, doivent être écrits en français. *Art.* 1.er *de l'arrêté du gouvernement du* 24 *prair.* 11.

ILES et COLONIES. V. *actes* n.os 114 *et suiv.*, *et délai page* 135, n.os 23 *et suiv.*

IMMEUBLES, V. *biens, page* 91, n.os 22 *et suiv.*; *succession et vente.*

IMPRESSIONS. Le Directeur réclame à l'Administration, à mesure qu'il en a besoin et au plus tard le 30 du 2.me mois de chaque trimestre, les impressions reliées à son usage et à celui du bureau du timbre extraordinaire. Les imprimés des feuilles de demandes d'impressions sont remis aux Receveurs par les Inspecteurs, à l'époque de la tournée, et rapportés par ceux-ci à la direction, le 5 du second mois de chaque trimestre, avec les autres pièces de la tournée de contrôle. Avant d'approuver les demandes des Receveurs, les Inspecteurs doivent s'assurer qu'elles sont fondées; le Directeur doit tenir pour les registres, sommiers et tables, et pour les impress.s relatives à la comptabilité, au timbre, aux forcemens et restitutions et aux journaux de travail, un journal de recette et dépense, dont les deux premières pages contiennent la recette, et les suivantes, la dépense des registres et sommiers. Les titres des derniers feuillets indiquent qu'ils sont affectés tant à la recette qu'à la dépense des impressions dont on vient de parler. Il suffira quant aux volumes, de les inscrire sur les inventaires de la direction, du Receveur et du Garde magasin; pour les feuilles, il se borne à de simples écritures d'ordre pour constater la distribution et l'envoi. *Lettre de M. l'Administrateur* chargé de la surveillance du timbre et des impressions, *du* 19 *déc.* 1814.

IMPRIMEURS. Les obligations à ordre souscrites par les Imprimeurs pour le paiement du droit de 1 cent. par feuille d'impression, sur les ouvrages connus en imprimerie sous le nom de *labeurs*, affecté aux dépenses de la direction générale de l'imprimerie et de la librairie, par le décret du 29 avril 1811, et qui accompagnent le dépôt de cinq exemplaires de chaque ouvrage, d'après le décret du 3 juin suiv., doivent être écrites sur du papier du timbre proportionnel. (Art. 14 de la loi du 13 brum.). En cas de protêt, le droit d'enregistrement de ces obligations est de 50 cent. p. 100. (*Art.* 23 *et* 69 *n.°* 6 *de la loi de frim.* (*Art.* 4468, *j.*) — V. *affiches*, *journal et serment.*

INCLUSIVEMENT. La perception du droit proportionnel suit les sommes et valeurs de 20 en 20 fr. *inclusivement*, et sans fraction. *Art.* 2 *de la loi du* 27 *vent.* 9. Ainsi quand une somme s'élève à 20 fr. 50 cent., par exemple, le droit doit être perçu comme si elle était de 40 fr. *Circ.* 1992.

INCOMPATIBILITÉ, impossibilité légale de posséder à la fois deux charges.

1. Il y a incompatibilité entre les fonctions de Receveur, même de Conservateur des hypothèques, et celles de Notaire, Greffier, Avoué, Juge, Juge de paix, Suppléans de Juges, Procureur du Roi, Maire et

de tout autre membre d'autorité constituée, en un mot entre une fonction chargée de la surveillance médiate et immédiate et une autre fonction. Si quelquefois l'incompatibilité n'est pas légale, elle existe toujours de fait. *Art.* 10 *des ordres de régie, circ.* 31, 96, 194 *et* 1045, *et déc. des min. de la guerre du....* (*Art.* 1591 j.) *et des fin. du* 14 *avril* 1820. (*Art.* 6678, *j.*)

2. Les Directeurs sont chargés de faire remplacer provisoirement les Receveurs qui exercent des fonctions incompatibles, s'ils n'ont pas opté dans les 24 heures. *Circ.* 510 *et* 1045.

3. Les citoyens qui exercent des fonctions publiques pour un tems illimité, ne perdent point leurs places par l'acceptation de celles de membre de la chambre des Députés; leur remplacement dans ce cas n'est que provisoire. *Loi du* 30 *germ.* 13.

INCOMPÉTENCE. *D'faut de compétence.*

Les jugemens qui prononcent l'incompétence sont considérés comme définitifs. V. *jugement.* — Pour connaître à quelle autorité appartient la connaissance d'une affaire, V. *compétence*, et AUX DOMAINES, page 11.

INDEMNITÉ. Engagement de garantir quelqu'un d'une obligation qu'il contracte.

1. L'enregistrement des indemnités est fixé à 50 cent., p. 100. — Le droit est dû indépendamment de celui de la disposition que l'indemnité aura pour objet, mais sans pouvoir l'excéder. *Art.* 69 *de la loi de frim.* 7.

2. Cependant les indemnités ou garanties consenties par les parties dans l'acte même pour son exécution, ne donnent ouverture à aucun droit; il n'en serait pas de même si elles étaient consenties par un tiers, ou par acte séparé. *Déc. min. fin. du* 27 *nov.* 1810.

3. Les indemnités éventuelles dont la quotité est déterminée, n'en sont pas moins passibles du droit de 50 cent. p. 100; leur éventualité ne change rien à l'essence de la stipulation, dont l'effet est d'obliger dès le moment même, et de pouvoir contraindre au paiement de l'indemnité celui qui ne remplit pas ses engagemens. — Si l'indemnité stipulée a pour objet une somme fixe payable par chaque année, on doit cumuler les années et percevoir le droit sur le montant. *Sol. du* 9 *flor.* 7 (*Art.* 127, *j.*).

4. Les jugemens de condamnation *à titre d'indemnité*, ne sont sujets qu'au droits de 50 cent. p. 100: ceux qui portent condamnation pour dommages-intérêts, sont passibles du droit de 2 fr. p. 100. V. *jugement*, n°. 81.

5. Les promesses d'indemnités indéterminées, et non susceptibles d'estimation, sont passibles du droit fixe de 2 fr. *Art.* 43 *de la loi d'avril* 1816.

6. Quant aux indemnités en matière forestière, V. *amendes*, n.os 161 *et suiv.*

INDICATION *de paiement.* V. *délégation.*

INDIGNES. Sont indignes de succéder, l'assassin du défunt, l'accusateur calomnieux et l'héritier majeur, qui instruit du meurtre du défunt, ne l'a pas dénoncé. *Art.* 727 *du C. C.* — V. *délai*, n.° 86.

Les actes relatifs à la défense des indignes, confiée aux avocats, par décret du 14 oct. 1810, ne peuvent être visés pour timbre ni enregistrés en débet. Dans le cas où ils succomberont, les droits de timbre, d'enregistrement et de greffe leur seront remboursés sur la taxe du tribunal, visé par le Préfet et d'après l'autorisation spéciale du Grand-Juge. *Déc. min. fin. du* 14 *janv.* 1812. (*Art.* 4670, *j.*)

L'action en indignité intentée sur un successible ne profite qu'à celui qui l'intente; formée par tous les cohéritiers, elle profite à tous. *Arr. de cass. du* 14 *déc.* 1813.

INDIVIS, ce qui n'est point partagé; — pour les biens acquis par *licitation*, V. ce mot; — quant à ceux indivis avec l'État, V. *abandon et* LES DOMAINES.

INDIVISIBLE. Le droit de mutation par décès n'est pas indivisible, on doit l'acquitter dans chacun des bureaux de la situation des biens. V. *succession.*

INGRATITUDE. Le jugement qui prononce la révocation pour cause d'ingratitude, est soumis au droit fixe de 5 fr., comme résolution de contrat pour vice radical. *Art.* 45 *de la loi du* 28 *avril* 1816.

INHUMATION. Les soumissions pour le service des inhumations, sont sujètes au droit fixe de 1 fr. *Déc. min. fin. du* 8 *mess.* 9.

Quant à l'autorisation d'inhumer, V. *actes*, n.° 175.

INJONCTION (*ordonnance d'*), V. *ordonnance sur requête.*

INJURES (*jugemens portant réparation d'*), V. *jugement.*

1. Un Préposé de l'Enregistrement ne peut être actionné pour injures verbales, relativement aux informations qu'il est obligé de prendre pour l'exercice de ses fonctions. *Arr. de cass. du* 29 *germ.* 9.

2. De ce que l'Administration serait injuriée dans un mémoire, sur instances entre particuliers, elle ne serait pas fondée à intervenir dans la cause, pour demander réparation, ce ne serait que par voie d'action qu'elle pourrait agir. *Art.* 466 *du C. de P. C. Cour de Rouen du* 29 *nov.* 1808.

3. Lorsque les écrits relatifs à la défense des parties contiennent des imputations calomnieuses et des injures contre la Régie ou ses Préposés, les Juges peuvent, en jugeant la cause, prononcer la suppression des injures ou écrits injurieux, ou faire des injonctions aux auteurs des délits, et statuer sur les dommages-intérêts. *Art.* 377 *du C. pénal.*

INSCRIPTION *de faux*, acte par lequel on soutient en justice qu'une pièce est fausse ou altérée.

1. Comme acte fait au greffe, la déclaration d'inscription de faux est sujète au droit fixe de 3 fr. V. *actes*, n.° 43.

2. Les jugemens qui admettent l'inscription de faux, sont préparatoires. Pour les droits dont ils sont passibles, V. *jugemens.*

3. On peut s'inscrire en faux contre la minute d'un arrêt ou d'un jugement. *Arr. de cass. des* 29 *juillet* 1807 *et* 7 *déc.* 1818.

4. Mais on n'est pas fondé, après qu'un jugement est rendu, à s'inscrire en faux contre le procès-verbal d'un Préposé. *Arr. de cass. du* 4 *juin* 1817. — Au surplus, V. *amendes*, n.° 61.

5. INSCRIPTION *hypothécaire.* V. l'article HYPOTHÈQUES.

6. INSCRIPTIONS *sur le grand-livre de la dette pu-*

blique. Ces inscriptions, leurs transferts et mutations, les quittances des intérêts qui en sont payés, et tous effets de la dette publique, inscrits ou à inscrire définitivement, sont exempts du timbre et de l'enregistrement. *Art.* 16 *de la loi du* 13 *brum.* 7, *art.* 70 *de celle de frim.* 7. V. *cession*, n.° 12, et *transfert*.

7. Quant aux actes sous seing-privé, relatifs à la liquidation de la dette publique, V. *actes*, n.os 66 et suiv.

8. S'il est constitué une rente, moyennant une inscription au grand-livre, V. *constitution*, page 123, n.° 7.

INSCRIPTION *au rôle de la contribution foncière*, V. *mutation*.

INSERTION. Sont actes d'établissement publics, les *remises* aux chambres des Notaires et Avoués, et les inscriptions au tableau, dans les greffes des tribunaux, des actes de mariage des négocians, et des jugemens de séparation; l'acte qui les constate est enregistrable dans les vingt jours. Le droit fixe de 1 fr. doit être perçu pour la remise aux chambres des Notaires et Avoués, et celui de 2 fr. pour les *remises* aux Tribunaux. *Instr.* 637. — Même règle, pour l'insertion à la salle de la maison commune; le registre qui la constate doit être en papier timbré. *Déc. min. just. du* 15 *nov.* 1817.

INSINUATION *légale*, abolie par l'art. 939 du C. C.; les donations antérieures au Code, non insinuées avant sa publication, sont sujètes aux formalités prescrites par le Code. *Instr.* 196.

INSOLVABILITÉ *des fonctionnaires* qui ont négligé de faire enregistrer des actes par eux reçus. V. *greffier*, n°., n.os 78 *et suiv.*

INSOLVABILITÉ *des débiteurs de droits et créances.* L'insolvabilité constatée d'un fermier de biens domaniaux, débiteur de fermages, n'empêche pas la saisie et la vente des fruits pendant par racine qui lui appartiendraient. *Circ.* 1567. — V. *procès-verbal de carence*, et *poursuites*.

INSPECTEURS. Ceux des Employés de l'Administration qui sont chargés d'examiner et de surveiller.

INSPECTEURS GÉNÉRAUX de l'Administration, créés par le décret du 30 vent. 13. — Ils doivent faire des tournées dans les départemens sous les ordres et instructions de M. le Directeur général, pour vérifier la manutention des Employés de tous les grades. *Circ. du* 16 *germ.* 13. — Avant cette époque, MM. les Administrat.rs faisaient des tournées dans les départemens. *Circ.* 1091.

L'Inspecteur général, qui est choisi parmi les Inspect.s contrôleurs des recettes, peut être nommé Directeur de seconde et de troisième classe après trois ans d'exercice dans son grade, et Directeur de 1.re classe après un exercice de 5 années. *Instr.* 759. — Le nombre des Inspecteurs généraux est fixé à deux, par ordonnance du 23 janvier 1821; ils sont nommés par le Roi, sur la proposition du Ministre des finances. *Instr.* 970. — V. *administration*.

INSPECTEUR-*contrôleur des recettes*, chef de division d'un certain nombre de bureaux.

1. Il est nommé par S. Exc. le Ministre des finances. *Ordonn. du Roi du* 3 *janv.* 1821. *Instr.* 970. Et choisi parmi les Vérificat.s — Après 3 ans d'exercice, il peut être appelé au grade d'Inspecteur général, et après 5 ans, à celui de Directeur de 3.ème classe. *Instr.* 759.

2. Le nombre des Inspecteurs est divisé en deux classes, mais l'avancement se donne, sans préférence de classe, à celui qui remplit ses devoirs avec le plus de distinction. *Circ. du* 13 *août* 1817.

3. Les opérations des Inspecteurs sont périodiques et divisées en deux parties : les tournées de contrôle et les contre-tournées. Cet Agent supérieur doit surveiller la conduite des Receveurs dans tous les points; s'assurer s'ils remplissent exactement leurs fonctions; leur donner des instructions nécessaires; contraindre ceux qui seraient en débet; faire les vérifications autorisées dans les études des Notaires, Huissiers, aux greffes des Tribunaux, et dans tous les dépôts publics; relever les perceptions irrégulières, ainsi que les droits négligés et recélés; rapporter des procès-verbaux sur les contraventions aux dispositions des lois dont l'exécution ou la surveillance est confiée à l'Administration; suivre ou faire suivre par les Receveurs l'apurement des articles consignés sur les sommiers; l'Inspecteur doit aussi défendre, d'après les ordres du Directeur, les instances engagées devant les Tribunaux civils, etc. *Art.* 173 *et* 179 *des ord. génér. Instr.* 606, *nomb.* 1. — Les Inspecteurs doivent aussi :

4. Examiner fréquemment dans les bureaux, les enregistremens et les tables alphabétiques, et exiger que leur confection ne laisse rien à désirer. *Circ.* 43.

5. S'assurer si les baux des propriétés domaniales sont consignées sur le sommier, et si les articles sont émargés des observations convenables. *Circ.* 1844.

6. Apporter la plus sérieuse attention dans l'examen des pièces concernant les frais tombés en pure perte; faire eux-mêmes sur les sommiers les annotations convenables. *Instr.* 444.

7. Veiller à ce que les mesures prescrites pour les inscriptions à prendre contre les comptables publics soient ponctuellement exécutées, et rendre compte des irrégularités. *Instr.* 360.

8. Rendre compte aussi de leurs démarches et de celles des Receveurs, pour découvrir les contraventions au timbre des journaux, affiches, etc., et aux ventes de meubles. *Instr.* 326.

9. Vérifier, chaque année, si les extraits d'arrêts et jugemens portant condamnation d'amendes et frais, et les liquidations de frais de justice, sont consignés sur les sommiers, pour les articles qui concernent le bureau, et si ceux qui sont relatifs à d'autres bureaux ont été renvoyés; — le rapprochement de l'état de renvoi de ces derniers articles à la Direction, avec les minutes au Greffe, sera nécessaire à cette opération. *Instruct.* 518.

10. Faire le récolement des inventaires, pour se convaincre que tous les sommiers, registres, tables et autres documens dont ils donnent la désignation, existent dans le bureau. *Circ. du* 21 *juin* 1814.

11. Lorsque l'Inspecteur se transporte dans les communes pour une opération particulière, il doit prendre en même-tems des renseignemens auprès du Maire, sur la solvabilité des habitans qui seraient débiteurs dans le bureau auquel il serait attaché, afin de faire payer ou annuler les articles de ces débiteurs. *Circ.* 1983.

12. Pendant son séjour à la Direction, l'Inspecteur prend note, sur le sommier du contentieux judiciaire et des pétitions, des articles qui concernent sa division, pour provoquer la décision des affaires. *Circul. du 24 juillet* 1807.

13. L'Inspecteur qui certifierait l'exactitude d'un état de situation des sommiers et tables, qui serait ultérieurement reconnu infidèle, perdrait son grade; — celui qui abuse de la confiance de l'Administration, doit être destitué. *Circ. des 22 mars et 14 mai* 1809.

14. Si l'Inspecteur négligeait de relever et de dénoncer les fautes qu'il aurait pu remarquer dans les opérations des Conservateurs des hypothèques, il serait gravement compromis. *Circ. du 7 juin* 1809.

15. Il serait responsable des omissions qui résulteraient des opérations des Receveurs, concernant les droits en débet de timbre et enregistrement. *Instr.* 707.

16. L'Inspecteur est aussi responsable des erreurs de calcul, des droits tirés hors ligne qu'il n'aurait pas relevés, et des articles annotés de paiement sur les sommiers sans avoir été portés en recette. Il est de même garant des déficits de papiers timbrés. *Arrêté de M. le Directeur général du 25 déc.* 1806, *et instr.* 971.

17. Le Vérificateur qui remplace l'Inspecteur en tournée, doit recevoir de ce dernier 10 fr. par jour, à titre d'indemnité de frais de voyage. *Sol. du 5 oct.* 1809.

18. Après avoir remis à la Direction les pièces de la tournée de contrôle, l'Inspecteur devient en quelque sorte un vérificateur, pendant les trois dernières quinzaines de chaque trimestre, par le genre d'opérations dont il est chargé. *Art.* 217 *des ordres gén.*

19. Pour connaître les autres obligations de l'Inspecteur, V. *les ordres généraux*, art. 168 et suiv.; *employés supérieurs*, *tournée*, *contre-tournée* et *vérificateur*.

INSPECTEURS *et Sous-Inspecteurs des finances.* Pour les renseignemens à leur fournir par les Préposés, V. *communication*, page 112, n.os 4 et 5.

INSTALLATION. V. *cautionnement*, *commission*, *directeur*, *receveur* et *serment*.

INSTANCE. Poursuites devant un tribunal.

1. ACTES PRÉLIMINAIRES. La résolution des difficultés qui pourraient s'élever relativement à la perception des droits d'enregistrement, avant l'introduction des instances, appartient à la Régie. *Art.* 65 *de la loi du 22 frim.* 7.

2. Si les solutions données par le ministre ne sont pas dans l'intérêt des parties, V. *décision*, page 132.

3. Le premier acte de poursuite pour le recouvrement des droits d'enregistrement et le paiement des peines et amendes prononcées par la loi du 22 frim. an 7, sera une contrainte; elle sera décernée par le Receveur ou préposé de la Régie; visée et déclarée exécutoire par le juge de paix du canton où le bureau est établi, et elle sera signifiée. *Art.* 64 *de ladite loi.*

4. Pour que la contrainte soit régulière, il faut absolument qu'on ait rempli ces formalités. *Arr. de cass. du* 8 *mars* 1808.

5. La contrainte pour omission au répertoire, décernée non par un Receveur, mais par un *Vérificateur*, qui la fait précéder d'un procès-verbal redigé en son nom, sans élection de domicile, est valable, quoique la signification du procès-verbal n'ait pas été faite dans le délai, attendu qu'un procès-verbal n'est pas nécessaire dans ce cas. *Arr. de cass. du 2 août* 1808. (*Art.* 3356, *j.*) — V. *contrainte*, n.° 16.

6. Pour connaître les cas de nullité, d'une contrainte et de sa signification, V. *contrainte*, *exploit* et *nullité*.

7. L'administration n'est point tenue de fournir un cautionnement pour l'exécution provisoire des affaires qui intéressent l'état. *Circ.* 1296.

8. L'exécution des contraintes décernées, ne peut être interrompue que par une opposition formée par le redevable et motivée, avec assignation à jour fixe devant le tribunal de première instance; dans ce cas, l'opposant est tenu d'élire domicile dans la commune où siége le trib.[1] *Art.* 64, *de la loi de frim.* 7. *Inst.* 606.

9. PRÉCAUTIONS A PRENDRE AVANT DE LIER UNE INSTANCE. — Avant de lier une instance avec quelqu'un qui ne peut ester en jugement, il faut s'assurer s'il a l'autorisation convenable, et dans le cas contraire, provoquer un jugement qui la lui accorde. *Arr. de cass. du* 29 *mars* 1808. — V. *communes*.

10. Un mari est censé avoir autorisé spécialement sa femme à défendre une instance dirigée contre elle par l'administration, lorsqu'il a formé, conjointement avec elle, opposition à la contrainte; qu'il l'a autorisée par un acte à ester en jugement dans toutes les affaires qu'elle avait, et du nombre desquelles se trouvait celle dans laquelle le mari a voulu ensuite méconnaître son autorisation. *Arr. de cass. du* 2 *mai* 1815 (*Art.* 5180, *j.*)

11. Les marguilliers ne peuvent attaquer ni défendre sans une autorisation du conseil de préfecture. *Décr. du* 30 *déc.* 1809.

12. CE QUI CONSTITUE L'INSTANCE. — L'opposition à la contrainte décernée par l'Administration, avec assignation, constitue l'instance; dès-lors le défaut de réponse de l'Administration n'établit pas la prescription annale, il ne reste que la péremption d'instance qui est de trois ans. *Déc. min. fin. du* 10 *fév.* 1809. *Arr. de cass. du* 27 *juillet* 1813. (*Article* 4631, *j.*) V. *péremption*.

13. TRIBUNAUX COMPÉTENS POUR JUGER. L'introduction des instances relatives au timbre et à l'enregistrement, doit avoir lieu devant les tribunaux de 1.re instance; la connaissance et la décision en sont interdites à toutes autres autorités civiles ou administratives. *Art.* 2 *de la loi du* 11 *sept.* 1790. *Art.* 32 *de celle du* 13 *brum.* 7. *Et art.* 65 *de celle du* 22 *frim.* 7.

14. Les oppositions aux contraintes ne peuvent jamais devenir la matière d'une simple ordonnance de référé, elles ne peuvent être suivies que devant les Tribunaux, à l'audience et sur le rapport d'un juge. *Arr. de cass. du* 6 *août* 1817. (*Art.* 5984, *j.*)

15. L'opposition à la contrainte décernée pour droit d'enregistrement, ne peut être portée qu'au Tribunal civil dans le ressort duquel se trouve situé le bureau d'où part l'action. *Arr. de cass. des* 1.er *therm.* 12, 23 *flor.* 13, 5 *mai* 1806 et 28 *juillet* 1812.

16. Ainsi, dès que le droit d'un jugement doit être

perçu au bureau établi dans le lieu où siège le Tribunal, les oppositions ne peuvent être faites et jugées que par le tribunal civil dans le ressort duquel est situé le bureau, quelque soit le domicile de la partie. *Arr. de cass. du* 30 *déc.* 1806.

17. Par la même raison, l'opposition à une contrainte décernée pour supplément de droit d'un acte sous seing-privé, ne peut être portée que devant les Juges de la situation du bureau ou a été décernée la contrainte. *Arr. de cass. des* 30 *mess.* 10, *et* 14 *niv.* 11.

18. C'est devant les Tribunaux de première instance qu'il faut porter l'instance dirigée contre les syndics d'une faillite, pour obtenir le paiement des droits d'enregistrement résultant d'actes sous seing-privé, translatifs de propriété, dont l'existence a été constatée par l'inventaire. *Arr. de cass. du* 10 *mai* 1815. (*Art.* 5169, *j.*) — Si l'on suivait une autre marche, il faudrait proposer le *déclinatoire*. V. ce mot.

19. A Paris, l'une des chambres civiles est spécialement chargée de la connaissance des contestations relatives aux contributions indirectes. *Décr. du* 18 *août* 1810.

20. FORME DE LA PROCÉDURE. — L'art. 1041 du C. de P. Civ. n'est point applicable à l'Administration : les formes de procéder doivent être les mêmes depuis comme avant l'exécution du Code. *Avis du Conseil d'Etat du* 12 *mai* 1807, *circ. du* 4 *juillet suiv.*

Les articles subséquens feront connaître la marche qu'il convient de suivre.

21. MINISTÈRE DES AVOUÉS : Il n'est pas nécessaire, dans les instances à suivre par l'Administration, pour les perceptions qui lui sont confiées. *Mêmes lois qu'au* n.° 13 *ci-devant, art.* 17 *de celle du* 27 *vent.* 9.

22. Ce principe est applicable aux instances concernant le recouvrement des revenus domaniaux, comme à celles qui ont rapport à la perception, même pour les causes qui se sont introduites depuis la publication du C. de P. C. *Instr.* 606.

23. Néanmoins les parties pourront employer les Avoués, mais seulement à la rédaction de leur mémoire. *Circ.* 1992. Ils ne peuvent être entendus, puisque toute plaidoirie leur est interdite. V. ci-après, n.° 35.

24. MOYENS DE NULLITÉ A PROPOSER. Les nullités dans les actes de poursuites sont couvertes par une défense au fond. V. *nullité*.

25. MÉMOIRE A SIGNIFIER. L'instruction des instances à suivre par l'Administration, pour toutes les perceptions qui lui sont confiées, se fait par simples mémoires signifiés. *Mêmes lois qu'au* n.° 21 *ci-devant*.

26. Les Tribunaux accorderont, soit aux parties, soit aux préposés de la Régie, qui suivront les instances, le délai qu'ils demanderont pour produire leurs défenses ; il ne pourra néanmoins être de plus d'un mois. *Art.* 65 *de la loi du* 22 *frim.* 7.

27. Tous les mémoires qu'il y a lieu de produire et de signifier dans les instances relatives aux perceptions, doivent être signés par le Directeur. Les Receveurs sont tenus de lui fournir tous les renseignemens nécessaires sur chaque affaire. Les Inspecteurs et Vérificateurs peuvent, suivant les circonstances, être chargés de rédiger des projets de mémoires, mais ces pièces ne doivent jamais être déposées au greffe, ni notifiées aux parties, sans avoir été approuvées par le Directeur, et revêtues de sa signature. *Instr.* 606.

28. Pour connaître à quelle requête doivent être signifiés les mémoires et tous les actes concernant les instances relatives à l'Administration, V. *contrainte*, page 124, n.° 6.

29. Si une partie ne signifie point de mémoire, le jugement rendu n'est attaquable que par opposition. V. ci-après, n.os 59 et suiv.

30. Le jugement rendu sur mémoires non signifiés respectivement, est dans le cas d'être annulé. *Arr. de cass. des* 18 *janv.* 1808, 20 *oct.* 1813 *et* 31 *janv.* 1814. — Même lorsqu'il constate que le Procureur du Roi a été entendu. *Arr. de cass. du* 11 *mars* 1812.

31. Le jugement par lequel il est statué, d'après un second mémoire fourni par la partie et non signifié à la Direction générale, est nul, attendu que cette dernière est censée n'avoir pas été mise à portée de combattre la défense que ce mémoire renfermait. *Arr. de cass. du* 10 *fév.* 1819. (*Art.* 6354, *j.*)

32. Le jugement qui condamne la demande faite par un Receveur, sans avoir entendu la direction générale, est nul ; mais lorsqu'il est évident que cette demande est contraire à la loi, le Tribunal en admettant l'exception proposée par la partie, sans qu'elle ait été signifiée à la direction générale, ne fait que ce qu'il peut et doit faire d'office. *Arr. de cass. du* 6 *juillet* 1818.

33. Lorsque des mémoires ont été respectivement signifiés en première instance, et qu'après le jugement, la partie condamnée fait signifier ses moyens d'appel au Procureur général de la Cour royale, qui, par l'arrêt d'appel, a été reconnu représenter l'Administration des domaines, et que d'ailleurs ces moyens sont les mêmes que ceux qu'on a fait valoir devant les premiers juges, la loi n'a point été violée. *Arr. de cass. du* 24 *déc.* 1818.

MOYENS A RECTIFIER *en certain cas*. — Les Préposés sont autorisés avant que le Tribunal leur ait donné acte de leurs conclusions, à en rectifier les dispositions, et à rétracter leurs premiers moyens de défense. *Arr. de cass. du* 21 *avril* 1806.

35. TOUTE PLAIDOIRIE EST INTERDITE. *Mêmes lois qu'au* n.° 21 *ci-dessus*.

36. Il y a nullité dans le jugement qui énonce que l'Avoué du défendeur a été entendu, en bureau ouvert, dans une affaire relative aux droits d'enregistrement, ou toutes les fois que les parties ou leurs défenseurs ont produit à l'audience des consultations ou pièces non signifiées qui ont déterminé le Tribunal à prononcer sur des moyens dont l'administration n'a pas eu connaissance. *Arr. de cass. des* 13 *et* 18 *janv. et* 19 *oct.* 1808 ; 4 *déc.* 1810 ; 5 *mars* 1811 ; 22 *fév. et* 22 *mars* 1814 ; 7 *mai* 1815 ; 31 *janv.*, 26 *fév. et* 13 *nov.* 1816 ; 2 *et* 5 *fév. et* 7 *mai* 1817. (*Art.* 3460, 5426 *et* 5714, *j.*)

37. La mention, dans un jugem.t, qu'il a été rendu après plaidoirie, peut n'être qu'une erreur de rédaction, et peut être détruite même devant la Cour de cassation, par l'attestation contraire des Juges du Tribunal et par celle du Procureur du Roi. *Arr. de cass. du* 11 *juillet* 1815.

38. Les parties ne sont pas plus admises que leurs défenseurs à exposer, développer ou expliquer leurs moyens

verbalement à l'audience. *Déc. min. just. et fin. des* 8 *et* 22 *prair.* 8. — Cependant les parties peuvent être entendues au Tribunal, si les Juges le trouvent nécessaire pour éclairer leur religion. *Arr. de cass. du* 20 *mars* 1816.

39. Désistement *en certains cas.* — Le désistement à une action en justice sur le fondement du vice de poursuites, détruit l'instance, mais n'exclut pas du droit de revenir sur la demande par des poursuites regulières faites après le désistement. *Arr. de cass. du* 8 *mars* 1808. (*Art.* 3400, *j.*).

40. Demande *en garantie.* — On n'admet point à la procédure les demandes en garantie, formées par les défendeurs contre des tiers, sauf à ceux-ci, à provoquer une instance particulière, et où ils figurent seuls, l'Administration étant étrangère à cette cause. *Jugement du Tribunal de la Seine du* 9 *août* 1816.

41. On doit même rejeter la demande en garantie formée par un acquéreur poursuivi en expertise pour simulation de prix dans un acte de vente à réméré, contre le vendeur *qui s'était obligé de payer les frais de l'acte. Jugement du Tribunal de Pithiviers du* 24 *mars* 1820.

42. Délais *pour l'instruction des instances.* Les jugemens sont rendus dans les trois mois au plus tard, à compter de l'instruction des instances. *Art.* 65 *de la loi du* 22 *frim.* 7. — Ce délai de trois mois n'est point de rigueur, et l'on peut former opposition à un jugement par défaut. *Arr. de cass. des* 4 *mars* 1807, 2 *août* 1808 *et* 19 *juin* 1809. V. *ci-devant* n.° 26.

43. Les Directeurs n'en doivent pas moins faire toutes les diligences convenables, pour que les jugemens soient rendus dans le délai que la loi indique. *Instr.* 606.

44. Le rapport *doit être fait au jour indiqué.* — Lorsqu'il est signifié une ordonnance portant indication du jour de l'audience, et qu'avant cette époque, il est statué sur la question, le jugement est nul, puisqu'on a privé la partie d'assister à l'audience pour y proposer ses observations, si elle le jugeait convenable. *Arr. de cass. du* 23 *fév.* 1817. (*Art.* 5748, *j.*)

45. Fonctions du Procureur du Roi. Le Procureur du Roi n'est pas chargé d'instruire les affaires qui concernent l'enregistrement, les Préposés seuls sont tenus d'y pourvoir; mais ce magistrat doit, si la demande lui paraît dans le vœu de la loi, défendre les intérêts de l'Etat sur les mémoires qui lui sont remis, et requérir que les conclusions prises par l'Administration lui soient adjugées. *Lettre du min. des fin. du* 27 *flor.* 12.

46. Rapport du juge, etc. — Les jugemens seront rendus sur le rapport d'un Juge, fait en audience publique, et sur les conclusions du Procureur du Roi. *Art.* 65 *de la loi du* 22 *frim.* 7.

47. Le jugement est nul, s'il ne constate pas qu'il a été précédé d'un rapport fait par l'un des Juges du Tribunal. *Arr. de cass. des* 25 *avril* 1808, 19 *septemb.* 13 *et* 19 *déc.* 1809, 28 *mars et* 8 *mai* 1810, 5 *mars* 2 *juillet et* 19 *août* 1811, 2 *juillet* 1812, 10 *août et* 21 *déc.* 1813, 1.er *juin et* 3 *oct.* 1814, 25 *janv. et* 15 *juillet* 1815, 31 *janv. et* 1.er *nov.* 1816, 2 *avril* 1817, *et* 10 *fév.* 1819. (*Art.* 3488, 4012, 4734, 4779, 4902 *et* 5089, *j.*)

48. Le certificat délivré par les Juges, constatant qu'un jugement rendu contradictoirement entre l'administration et un redevable, a été fait sur le rapport d'un Juge, ne peut point suppléer à la mention du rapport, omise dans le jugement. *Arr. de cass. des* 25 *avril* 1808 *et* 3 *janv.* 1820. *Instr.* 606. (*Art.* 6662, *j.*) — Un arrêt du 26 sept. 1817, avait déjà établi que les poursuites qui ne sont point constatées par le procès-verbal de la séance d'un Tribunal, doivent être réputées n'avoir pas été observées.

49. Lorsque le jugement en matière d'enregistrement n'a pas été rendu sur le rapport préalable d'un Juge, il est nul, quand même il eût été précédé des conclusions du Ministère public. *Arr. de cass. des* 28 *janv. et* 2 *avril* 1817. (*Art* 5835, *j.*)

50. Il est encore nul, s'il ne contient pas la mention qu'il a été rendu sur les conclusions *verbales* du Procur.r du Roi. *Arr. de cass. des* 16 *juillet* 1806, 25 *août* 1808, 19 *déc.* 1809, 8 *mai* 1810, 5 *mars* 1811, 1.er *juin* 1813, 14 *mars* 1814, 31 *janv.* 1816; 15 *octob.* 1818 *et* 14 *mars* 1821. (*Art.* 3523, 3586, 4940 *et* 5534, *j.*)

51. Celui qui exprime que le Procureur du Roi était présent à l'audience, au lieu de constater qu'il ait été entendu dans ses conclusions, est pareillement nul. *Arr. de cass. du* 10 *fév.* 1819. (*Art.* 6362, *j.*)

52. Lorsque, d'après le rapport d'un juge et les conclusions du Procureur du Roi, il y a remise, il n'est pas nécessaire de renouveler ces deux préalables avant le jugement définitif. *Arr. de cass. des* 23 *avril* 1816 *et* 30 *déc.* 1818. (*Art.* 5483, *j.*)

53. Le jugement qui constate que le rapport a été fait en la chambre du Conseil, est nul, parce que la loi commande qu'il le soit en audience publique. *Arr. de cass. des* 14 *août* 1815 *et* 7 *janv.* 1818. (*Art.* 5307 *et* 6006, *j.*)

54. Il est encore dans le cas d'être annulé, quand il ordonne que les pièces resteront entre les mains d'un Juge, pour, le rapport, être fait par lui en la Chambre du Conseil et en l'audience indiquée, parce que ce rapport doit être fait en audience publique. *Arr. de cass. du* 13 *mai* 1806,

55. Il suffit que dans un jugement il soit dit qu'il a été rendu à l'audience, pour qu'on ne puisse pas prétendre qu'il n'a pas été rendu publiquement. *Arr. de cass. des* 27 *janv.*, 26 *juin* 1817, *et* 27 *mai* 1818. (*Art.* 6223, *j.*)

56. Rédaction du jugement. — Dans toutes les affaires qui suivent, pour la procédure, la marche tracée dans cet article, le jugement doit être rédigé sans signification préalable de qualités. *Circ.* 369.

57. L'Administration n'est tenue de faire signifier les qualités, que dans les affaires où elle se sert du ministère d'avoué, comme dans les saisies immobilières, ouvertures d'ordre, etc. *Déc. min. just. du* 18 *février* 1810. (*Art.* 3897, *j.*)

58. Les jugemens sont sans appel et ne peuvent être attaqués que par la voie de cassation. *Art.* 65 *de la loi du* 22 *frim.* 7. *Arr. de cass. du* 8 *juin* 1812.

59. Les jugemens rendus contre la Régie, sans que cette Administration ait fait signifier ses défenses, ne cessent pas d'être des jugemens par défaut, susceptibles d'opposition, et ne deviennent point contradictoires par

cela seul qu'ils ont été précédés de l'audition du ministère public. *Arr. de cass. des* 4 *mars* 1807, 11 *mars et* 8 *juin* 1812. (*Art.* 4190, *j.*)

60. Mais si le mémoire a été fourni par l'Administration, qui garde le silence sur plus amples défenses de la partie, le jugement est contradictoire, et l'opposition n'est plus recevable. *Arr. de cass. du* 13 *fév.* 1815. (*Art.* 5105, *j.*)

61. Ces jugemens peuvent aussi être attaqués par la voie de l'opposition, lorsqu'ils portent qu'ils ont été rendus sur le vu des mémoires et pièces de l'une des parties, et faute de produire de la part de l'autre, encore qu'elle se fut défendue sur plusieurs moyens. *Arr. de cass. du* 17 *juillet* 1811. (*Art.* 4043, *j.*)

62. Lorsque la partie qui a fait une opposition, même motivée, ne répond pas au mémoire que lui fait signifier le Directeur, le jugement rendu n'en est qu'un par défaut, parce que l'opposition ne fait que lier l'instance et n'est point une réplique. *Sol. du* 18 *oct.* 1808. *Déc. min. fin. du* 10 *janv.* 1809.

63. Un jugement définitif est réputé par défaut, quoiqu'une des parties ait comparu au commencement de l'instance, sur un jugement interlocutoire qui a ordonné une expertise, si elle n'a assisté ni à l'expertise, ni signifié de nouveaux mémoires avant le jugement définitif. *Arr. de cass. du* 8 *juin* 1812. (*Art.* 4248, *j.*)

64. L'opposition est recevable jusqu'à l'exécution du jugement. *Art.* 158 du C. de P. C. *Instr.* 606.

65. Aux termes de l'art. 159 du C. de P. C., un jugement est réputé exécuté dès que les frais ont été payés, ou qu'il y a quelque acte duquel il résulte évidemment que l'exécution a été connue de la partie défaillante. *Instr.* 606.

66. Le jugement qui est rendu sur des conclusions prises respectivement sur le fond de l'affaire, mais par défaut faute de plaider, est regardé comme contradictoire, et ne peut être attaqué qu'en cassation. *Arr. de cass. du* 23 *mars* 1819.

67. La femme en puissance de mari, condamnée par un jugement dans lequel on avait contesté sa qualité pour procéder, peut y former opposition. *Arr. de cass. du* 8 *juin* 1812.

68. Requête civile. — Les jugem.[s] contradictoires ou par défaut rendus en dernier ressort et qui ne sont plus susceptibles d'opposition, peuvent, d'après l'art. 480 du code, être retractés dans les cas prévus, sur la requête de ceux qui y ont été parties ou dûment appelés. Aussi la Cour de cassation a-t-elle statué, par arrêts des 30 août 1809, 14 mai 1811 et 3 juillet 1816, que la voie de la requête civile est admissible contre toute espèce de jugemens sans exception, et conséquemment contre ceux concernant les perceptions; que l'Administration n'est pas dispensée de faire signifier, conformément à l'art. 495 du Code de P. C., une consultation de trois Avocats, contenant qu'ils sont d'avis de la requête civile; enfin que, dans les instances de l'espèce, les plaidoiries doivent avoir lieu. — Les Directeurs suivront cette marche, mais ils n'auront recours à la requête civile qu'après un ordre spécial de l'Administration pour chaque affaire. *Instr.* 606.

69. Pourvoi en cassation. Le pourvoi en cassation n'est recevable contre un jugement ou un arrêt par défaut, qu'autant que l'un ou l'autre n'est plus susceptible d'opposition. *Arr. de cass. du* 20 *niv.* 8. *Avis du Cons. d'état du* 18 *fév.* 1806.

70. Toutes les fois qu'un jugement *interlocutoire* admet illégalement des preuves, telle qu'une expertise, lorsqu'il y a des preuves résultant d'actes, ou qu'il présente une violation de la loi, il donne ouverture au pourvoi en cassation. *Arr. de cass. des* 9 *vend.* 13, 18 *fév.* 1807. *Instr.* 606. — V. *cassation.*

71. Les pièces à produire à la Cour de cassation doivent, à peine de rejet, être écrites sur papier timbré. *Instr.* 606.

72. Il ne doit y avoir aucun retard, de la part des Directeurs, dans l'envoi à l'Administration des dossiers relatifs aux jugemens susceptibles d'être dénoncés à la Cour de cassation, *instr.* 606. — Pour l'état des instances à fournir par trimestre, V. *état*, n.° 20.

73. Lorsqu'on n'envoie pas à l'Administration le jugement qui lui préjudicie, assez à tems pour qu'elle puisse en exercer le pourvoi, on est responsable du préjudice que l'on a occasionné. *Circ.* 406 et 1117.

74. Frais a supporter. — Il n'y a d'autres frais à supporter par la partie qui succombe, que ceux du papier timbré, des significations et du droit d'enregistrement des jugemens. *Art.* 65 *de la loi de frim.* 7.

75. Le salaire des Avoués est à la charge de ceux qui les employent. *Déc. min. just. du* 26 *nov.* 1808.

76. Si les frais de poursuites sont tombés en non valeurs, V. *frais*, n.° 120.

77. Quant à ceux faits irrégulièrem.[t], V. *frais*, n.° 116.

78. Exécution des jugemens. — Aussitôt qu'un jugement, ou un arrêt concernant l'Administration a été rendu, les Receveurs près les Tribunaux ou les Cours d'appel, doivent en envoyer le dispositif, tant au Directeur qu'à l'Inspecteur et au Receveur du canton où la contestation s'est élevée. *Art.* 93 *des ordr. génér. Instr.* 389.

79. Si les conclusions de l'Administration n'ont été adoptées qu'en partie, le Receveur ne recevra, avant l'autorisation du Directeur, le montant des condamnations qui lui serait offert, qu'avec réserves précises, au nom de l'Administration, de se pourvoir par appel ou en cassation, à raison des dispositions qui auraient rejeté ou modifié la demande, ou qui auraient condamné l'Administration sur quelque point. Il insérera ces réserves dans sa quittance, et il veillera à ce qu'elles le soient dans les actes de poursuites que des circonstances urgentes pourraient exiger pour la conservation des intérêts de l'Etat. *Instr.* 389.

80. A l'égard des affaires jugées en faveur de l'Administration, le montant des condamnations doit, à la réception des pièces de l'instance, être consigné sur le sommier de la Direction et celui du bureau, sous le n.° de l'art. relatif à la créance, ou au droit qui a fait la matière de la contestation. Le recouvrement sera poursuivi avec activité; les Employés supérieurs sont spécialement chargés d'y tenir la main. Il en sera de même des dépens avancés par l'Administration, et qui lui auront été adjugés, notamment dans les affaires devant le Conseil d'Etat, ou la Cour de cassation; les recettes de cette nature seront

portées sur *les bordereaux de mois*, à l'art. *recouvrement de frais d'instance concern. le Domaine. Instr.* 606.

81. Pour parvenir au recouvrement, on fait signifier le jugement à l'intimé, à personne ou à domicile, et d'après l'autorisation du Directeur. V. *cassation*.

82. En cas de décès de la partie condamnée, V. *exploit*, n.° 40.

83. Les Receveurs doivent être exacts à faire signifier les jugemens rendus par la Cour de cassation. *Circ.* 406.

84. Lorsque la partie fait soumission de payer, V. *soumission*.

85. Si le jugem.[1] est contraire à la demande de l'Administration, le Receveur ne doit payer les dépens, ou effectuer la restitution, si elle a été ordonnée, qu'après y avoir été autorisé par le Directeur, à moins qu'il n'y eût commandement avec signification de jugement; dans ce cas, on doit réserver, dans la quittance, le recours de l'administration; si elle s'est pourvue avant ce paiement, il faut, avant de l'effectuer, que la partie fournisse caution pour sûreté des sommes à elle adjugées, comme le prescrit le décret du 16 juillet 1793, dans la circul. 441. *Instr.* 389 *et* 606.

86. L'Admin.[on] est censée avoir acquiescé à un jugement signifié sans réserve à sa requête, et non à celle d'un simple Préposé, elle n'est donc plus recevable à se pourvoir en cassation *Arr. de cass. du* 25 *déc.* 1807.

87. Quand les Préposés inférieurs agissent en leur qualité d'Employés, sans ordre ou mandat spécial, l'Administration n'est pas liée par leur fait, lors même que, sur un jugement signifié, ils auraient payé, sans faire aucune réserve, le montant de la condamnation; le prétendu acquiescement que, dans ce cas, l'on opposerait à l'Administration, n'ayant pas été volontaire, le pourvoi de celle-ci, contre le jugement qu'elle attaquerait, ne pourrait être écarté. *Arr. de cass. des* 21 *germ.* 12 *et* 16 *avril* 1813. (*Art.* 4458, *j.*) — V. *acquiescement*.

88. Le Directeur doit être exact à faire passer à l'Administration, chaque mois, l'état des jugemens rendus pendant le mois précédent. *Circ.* 406.

89. NOUVELLE INSTANCE *à engager*. — L'Administr.[n] déboutée de sa demande de droits de mutation, par défaut de preuves suffisantes, peut intenter une nouvelle affaire fondée sur un acte découvert nouvellement, sans qu'on puisse lui opposer l'autorité de la chose jugée. *Arr. d'admission en cass. du* 26 *août* 1813. (*Art.*5058, *j.*)

90. INSTANCES *relatives au timbre*. — Sont solidaires pour le paiement des droits de timbre et des amendes, tous les signataires pour les actes synallagm.[s], les prêteurs et les emprunt.[rs] pour les obligations; les créanc.[rs] et débit.[rs] pour les quittances; les Officiers ministériels, qui auraient reçu ou rédigé des actes énonçant des livres de commerce non timbrés. *Art.* 75 *de la loi de* 1816.

91. S'il s'agit d'affiches, avis, annonces, V. *affiches*, n.ºs 16 et suiv.

92. Quant aux amendes de contravention aux effets de commerce, V. *effets négociables*, n.ºs 8 et suiv.

93. Le recouvrement des droits de timbre et des amendes de contraventions y relatives, sera poursuivi par voie de contrainte. *Art.* 76.

94. Les Préposés de l'Administration sont autorisés à retenir les actes, registres ou effets en contravention à la loi du timbre, qui leur sont présentés, pour les joindre aux procès-verbaux qu'ils en rapportent, à moins que les contrevenans ne consentent à signer leurs procès-verbaux, ou à acquitter sur-le-champ l'amende encourue et le droit de timbre. *Art.* 31 *de la loi des* 13 *brum.* 7. — V. *Circ.* 1105 *et* 1124.

95. En cas d'opposition, les instances seront instruites et jugées selon les formes prescrites par les lois des 22 frim. 7 et 27 vent. 9 sur l'enregistrement. *Art.* 76 *de la loi de* 1816.

96. Si les contrevenans sont décédés, V. *effet*, n.° 10.

97. Un Tribunal ne pouvait décharger un fermier de l'octroi de l'amende encourue pour avoir délivré sur papier libre des quittances de droits au-dessus de dix fr., détachées du registre à souche non timbré lui-même, faute par l'Administration d'avoir représenté les feuilles non timbrées à l'appui de la contravention. *Arr. de cass. du* 12 *nov.* 1810. (*Art.* 3753, j.)

98. INSTANCES *pour contravention à la loi sur le notariat*. — Le paiement des amendes encourues pour défaut de dépôt, dans les délais, de contrats de mariage de commerçans, comme de celles qui sont prononcées par la loi du 25 vent. 11, doit être poursuivi par le ministère public, d'après le Procès-verbal du Préposé de la Régie. *Déc. min. fin. du* 19 *janvier* 1813. (*Art.* 4454, j.)

99. Le Procureur du Roi ne peut laisser sans suite les procès-verbaux d'infraction à ladite loi; si la contravention était légère, on pourrait, après le jugement de condamnation, faire souscrire au Notaire la soumission de payer une somme au lieu de l'amende, et adresser cette pièce au Procureur du Roi. *Déc. min. just. du* 31 *juillet* 1807.

100. Les amendes ne peuvent être remises sous prétexte de non intention de fraude. *Arr. de cass. des* 19 *pluv. an* 2, 23 *et* 29 *nov.* 1807 *et* 11 *nov.* 1812.

101. C'est au Procureur du Roi à exercer le pourvoi contre les jugemens de l'espèce, qui violent les dispositions des lois des 6 oct. 1791, 16 flor. an 4 et 25 vent. an 11. *Déc. min. just. du* 25 *avril* 1818.

102. Quoique le montant des amendes dont la demande a été faite, ne s'élève pas à 1,000 fr., le Procureur du Roi ne doit pas moins se pourvoir par appel, lorsque le jugement lui paraît susceptible d'être réformé. *Arr. de la Cour de Metz, du* 15 *janvier* 1819. (*Art.* 6555, j.)

103. La partie peut, dans le même cas, interjeter appel, quoique la condamnation soit au-dessous de 1000 francs. *Cour de Paris, du* 16 *mars* 1821. (n.° 175 *du Contrôleur de l'enregistrement.*) — V. *notaire*.

104. INSTANCES *relatives aux saisies-arrêts*. Pour connaître les cas où la saisie-arrêt peut être employée, et ceux où cette faculté est interdite, V. *saisie*.

105. Trois personnes figurent dans cette opération, le *saisissant* ou créancier, le *saisi* ou celui à qui la somme appartient, et le *tiers-saisi* ou débiteur du saisi.

106. Il suffit, pour la validité d'une saisie-arrêt formée contre le débiteur d'une succession, lorsque l'héritier a été inutilement contraint pour le paiement du

droit de mutation, que cette saisie ait été dénoncée au dernier, avec assignation pour en voir prononcer la validité. *Arr. de cass. du 7 janv.* 1818.

107. La demande en validité d'une saisie-arrêt faite à la requête de la Régie de l'enregistrement, pour obtenir le recouvrement des droits dus, doit être portée au Tribunal du bureau de perception de ces mêmes droits, de préférence à celui du domicile de la partie saisie. *Sol. du* 28 *avril* 1814. *Arr. de cass. du* 14 *décemb.* 1819. (*Art.* 6613, *j.*)

108. Le ministère des Avoués n'est pas nécessaire dans ce cas, puisque cette opération n'est qu'un accessoire de la contrainte. *Arr. de cass. des* 28 *juillet* 1812 *et* 7 *janv.* 1818. (*Art.* 4279 *et* 6123, *j.*)

109. Lorsqu'une saisie-arrêt aux mains des fermiers d'un débiteur, est suivie d'une demande en validité devant le Tribunal, le débiteur ne peut se pourvoir en référé pour requérir la levée des oppositions ; dès que l'instance était engagée, ce Tribunal seul pouvait connaître de la demande provisoire. *Arr. de cass. du* 3 *oct.* 1810.

110. Si, sur une saisie-arrêt, on conteste que le saisissant soit créancier du saisi, et qu'il y ait sur cet objet litige pendant à un Tribunal autre que celui qui doit prononcer sur la validité de la saisie, la demande ne peut être portée qu'au domicile du débiteur principal. *Arr. de cass. du* 17 *fév.* 1817.

111. Les incidens qui peuvent s'élever sur la validité d'une saisie-arrêt formée par la Régie de l'enregistrement, pour se remplir d'un droit de mutation qu'elle prétend lui être dû, doivent être jugées sur simples mémoires respectivement signifiés ; les plaidoiries des Officiers ministériels ne peuvent être admises par le Tribunal. *Arr. de cass. du* 9 *févr.* 1814.

112. Si le tiers-saisi prétend ne rien devoir, et forme opposition à la saisie, il peut suivre les formalités ordinaires exigées par le Code de procédure civile, et par conséquent employer le ministère d'Avoué, parce qu'alors l'Administration représente le créancier. *Déc. min. just. et fin. du* 27 *flor.* 13. *Arr. de cass. du* 29 *avril* 1818. (*Art.* 6146, *j.*)

Le mode de procéder devant les Tribunaux de première instance, pour les instances relatives à la perception, ne peut être suivi, lorsqu'il s'agit d'une demande en garantie formée contre des tiers par le défendeur, sur la demande de l'Administration. *Jugement du Tribunal de la Seine, du* 13 *août* 1816.

113. Une saisie-arrêt faite pour une somme principale au-dessous de 1000 francs, sans préjudice des intérêts, doit être jugée en dernier ressort, bien que le tout s'élève à plus de 1000 fr. *Cour de Colmar, du* 11 *déc.* 1815.

114. *Tiers-saisi.* La déclaration affirmative du tiers-saisi doit, à peine de nullité, être accompagnée des pièces justificatives exigées par les articles 573 et 574 du Code de procédure civile ; l'offre tardive de faire ces productions n'est pas recevable. *Cour de Paris, du* 16 *mai* 1810.

115. Le tiers-saisi est toujours en droit de rectifier sa déclaration incomplète, après les délais fixés par un jugement, sauf à supporter les dépens jusqu'au jour de la déclaration valable. *Cour de Paris, des* 30 *août* 1810 *et* 12 *mars* 1811.

116. Il ne répond que de ce qu'il est tenu de payer à celui sur qui la saisie a été exercée. *Arr. de cass. du* 11 *mars* 1806.

117. Il ne peut payer qu'entre les mains du saisissant ; ce paiement le libère envers son créancier, il peut ensuite réclamer de celui-ci les sommes qui lui sont dues, sans qu'il puisse s'établir une compensation, qui ne peut avoir lieu au préjudice des droits acquis à un tiers. *Arrêt de cass. du* 14 *févr.* 1810.

118. INSTANCES *relatives à la saisie-exécution.* On ne peut procéder à une saisie-exécution qu'en vertu d'un titre exécutoire, et pour choses liquides et certaines. Si la dette exigible n'est pas d'une somme d'argent, il doit être sursis, après la saisie, à toutes poursuites ultérieures, jusqu'à ce que l'appréciation en ait été faite. *Art.* 551 *du C. de P. C.*

119. On peut faire saisir les fruits pendans par racine dans un tems rapproché de la récolte, en se conformant à l'usage des lieux. *Instr.* 288.

On ne peut saisir les meubles qui se trouvent chez un débiteur, lorsqu'il les a vendus par acte devant Notaire, et contre lequel il ne s'élève aucun motif de fraude. *Cour de Rennes, du* 13 *janv.* 1811.

120. Le propriétaire du fonds ne peut former opposition à la vente du mobilier de son fermier saisi à la requête du Trésor ; il ne peut intervenir que par opposition sur le prix de la vente. *Arr. de cass. du* 16 *août* 1814.

121. Le gardien des effets d'une saisie dont l'objet est au-dessous de 300 francs, ne peut être contraint par corps à les représenter. *Art.* 2065 *du Code civ. Solut. du* 17 *avril* 1808.

122. L'opposition aux actions de la Régie, même en cas de faillite de son débiteur, ne peut être portée que devant le Tribunal de première instance. *Cour de Bruxelles, du* 13 *août* 1811.

123. L'instance dirigée, non contre un redevable, mais contre le créancier saisissant d'un redevable de l'Administration, à l'effet de faire statuer sur la préférence qui doit être accordée à l'Administration pour faire vendre, n'est pas sujète, dans son instruction, à la loi de frim. 7 ; on doit épuiser la voie d'appel avant de recourir en cassation, si l'objet de la demande est au-dessus de 1000 fr. *Arr. de cass. des* 25 *janv.* 1814 *et* 23 *janv.* 1815. (*Art.* 5150 *et* 5273, *j.*)

124. INSTANCES *relatives aux saisies immobilières.* Les Préposés ne pourront poursuivre aucune expropriation, sans l'autorisation formelle de l'Administration, qu'elle n'accorde qu'après justification de la valeur vénale des biens, des charges dont ils sont grévés, des frais des premières poursuites qu'on avance à l'Avoué, de la fixation de la mise à prix qu'on peut espérer, du taux auquel on peut porter les enchères. — Lorsque l'instance est engagée, le Directeur ou le Receveur qui a reçu l'ordre de se transporter au Tribunal, provoque le renvoi au mois, si la mise à prix n'est pas couverte, ou si les enchères ne surpassent pas quinze fois le revenu du bien ; le premier prévient M. le Directeur général de cette circonstance. — Si l'adjudication reste à l'Etat, l'acte est enregistrable

gratis(V. *acquisition*), tous les frais sont à la charge de l'adjudicataire. — Le bien est régi comme ceux domaniaux ; dans tous les cas, les frais relatifs à l'ordre sont colloqués au profit de l'Administration ; on se réserve, dans le jugement, le droit d'élire command, faculté dont on use s'il se présente quelqu'un qui rende l'Etat indemne ; le Receveur adresse au Directeur copie de cette déclaration, en rendant compte du résultat de l'expropriation. *Instr.* 41, 202, 251, 302, 341 *et* 411.

125. Si le débiteur offre la délégation du revenu de ses biens pendant une année, et que ce produit soit suffisant à l'amortissement de la créance, il faut accepter la proposition, pourvu que les poursuites ne soient pas commencées. *Instr.* 251.

126. Si les biens de l'un des condamnés solidaires à une amende et des frais sont insuffisans, on peut exercer la saisie immobilière sur ceux des autres. *Art.* 1204 *du C. C. Instr.* 311, *sol. du* 4 *mars* 1813.

127. *Le ministère des Avoués*, est indispensable, toutes les fois que l'Administration est obligée de prendre la voie de la *saisie immobilière* pour parvenir au recouvrement des sommes dues à l'Etat. — Les Directeurs sont, en conséquence, autorisés à employer ces officiers pour faire les actes de procédure de leur ministère dans les saisies faites à la requête de l'Administration. — Les art. 2204 et suiv. du C. C., indiquent les biens qui, par leur nature, sont soumis à la saisie, les exceptions en faveur d'une successions indivise, les précautions que la faiblesse et l'inexpérience des mineurs, des interdits, et des femmes, exige que l'on apporte dans les saisies qui les concernent, et les mesures à prendre, lorsque le revenu des biens garantit au créancier son paiement dans l'année. — D'un autre côté, les formes de la poursuite concernant la saisie immobilière, sont réglées par les art. 673 et suiv., du C. de P. C. — Enfin, la loi du 14 déc. 1808 trace la marche à suivre pour la saisie des biens d'un débiteur situés dans plusieurs arrondissemens. — Il importe que les Préposés s'appliquent à connaître les dispositions de ces lois, relatives aux saisies, afin de veiller à ce que les poursuites soient régulières. — Aucune saisie d'immeubles ne devant être suivie à la requête du domaine, sans une autorisation expresse, il est nécessaire, pour que l'administration puisse l'accorder en connaissance de cause, que les Directeurs qui auraient à provoquer une mesure de l'espèce, s'assurent du revenu des biens, de leur valeur vénale, du montant des créances hypothécaires qui sont payables avant celles de l'Etat, et de celui des frais que la saisie occasionnerait, et qu'ils en rendent à l'Administration un compte détaillé. — Lorsque la saisie aura été autorisée, le pouvoir spécial, dont l'huissier, aux termes de l'art. 556 du C. de P. C., doit être pourvu, sera donné et signé *par le Directeur*, qui seul peut agir au nom de l'administration. — Quant aux frais et émolumens de l'Avoué, le code indique par qui ils doivent être supportés. — L'art. 715 porte que le jugement d'adjudication ne sera délivré à l'adjudicataire qu'en rapportant par lui au Greffier quittance des frais ordinaires de poursuites, et l'art. 716 veut que les frais extraordinaires soient payés, par privilége, sur le prix. — D'après ces articles, les émolumens d'Avoué ne peuvent être une charge pour l'Administration, puisque l'adjudicataire en est tenu, ou que le montant s'en prélève lors de l'ordre et de la distribution du prix de l'adjudication. — Mais comme l'Administration ne doit pas exiger que les Avoués fassent pour elle des avances dans ces sortes d'affaires, les Directeurs lui adresseront, pour chaque saisie à entreprendre, un aperçu des frais de premières poursuites, et, après avoir reçu l'autorisation, ils délivreront à l'Avoué un mandat de la somme déterminée, payable par le Receveur établi près le tribunal où la procédure devra s'instruire, et le montant en sera payé sur l'acquit de l'Avoué. Les Receveurs qui auront payé de pareils mandats en feront mention, *pour mémoire*, dans leurs bordereaux de recette et dépense ; ils y seront rappelés successivement, jusqu'à la rentrée des fonds. Il sera fait pareille mention sur les comptes annuels, et l'on fera disparaître le débet fictif par un récépissé motivé, lorsque le remboursement aura été effectué par l'adjudicataire ou le débiteur. — Au surplus on se réfère, pour ce qui concerne les saisies immobilières, aux instructions n.os 41, 202, 251, 302, 341, et 411, relatives à cette matière. *Inst.* 606. - V. *frais d'instance.*

128. INSTANCES *relatives aux ordres ou distributions des deniers.* — Le ministère des Avoués est nécessaire dans les instances d'ordre et de distribution, du prix de vente de biens sur lesquels l'Administration a obtenu des inscriptions hypothécaires, pour sûreté des sommes dues à l'Etat, lorsque la contestation est commune aux créanciers poursuivant la distribution. *Instr.* 606.

129. INSTANCES *contre les tuteurs et curateurs.* Quand même les Tribunaux auraient de justes motifs pour ne pas condamner personnellement les tuteurs et curateurs soit à la peine du demi-droit, soit au droit principal, ils ne peuvent déclarer l'Administration non recevable. *Arr. de cass. du* 4 *avril* 1807.

130. Quand les tuteurs et curateurs ont laissé passer les délais, ils doivent être poursuivis, savoir : pour le droit simple, sur les biens de la succession, et pour le droit en sus, sur leurs biens propres. *Instr.* 386.

131. L'Administration qui a des amendes à répéter contre un tuteur et qui a intérêt à contester ou affaiblir le reliquat dû par le tuteur aux mineurs, n'est recevable à critiquer en cassation le jugement qui a donné la préférence aux mineurs, pour leur reliquat indéterminé, sur les biens du tuteur, qu'après avoir soumis ce jugement aux Juges d'appel. *Arr. de cass. du* 8 *juin* 1813. (*Art.* 4829, *j.*)

132. INSTANCES *diverses.* A moins qu'une loi expresse ne fixe des formes particulières pour les instances, on doit suivre les régles établies par le code de procédure civile. *Arr. de cass. des* 10 *juillet* 1816 *et* 12 *août* 1818.

133. On ne peut se servir que des formes ordinaires de la procédure contre le particulier qui, pour couvrir le débet d'un Receveur de l'enregistrement, a fourni des billets qu'il n'a point soldés aux échéances. *Arr. de cass. du* 10 *août* 1814. (*Art.* 4896, *j.*)

134. La forme de procéder pour les affaires concernant l'enregistrement, s'applique aux instances pour recouvrement de frais et dépens, auxquels un individu a été condamné correctionnellement pour fait de vol. *Arr. d'admission en cass. du 3 mars* 1814. (*Art.* 5008, *j.*) Mais l'affaire est susceptible d'appel, si elle a pour base une demande supérieure à 1000 fr. *Arr. de cass. du* 10 *juin* 1806.

135. Quant aux instances sur les ventes de meubles, V. *vente de meubles.* — Pour celles dirigées contre les syndics d'une faillite, V. *ci-devant* n.° 18.

136. INSTANCES *concernant les domaines.* V. *ce mot aux* DOMAINES.

INSTITUTION *contractuelle*, délai n.° 87, donation et mariage.

INSTITUTION *d'héritier*, V. *testament.*

INSTRUCTIONS *générales*, V. *accusé de réception, circulaire et directeur.*

INSUFFISANCE *d'estimation*, dans les transmissions entre-vifs, à titre gratuit ou à titre d'échange, et dans le prix stipulé aux actes d'aliénation, à titre onéreux, de propriété ou d'usufruit d'immeubles. V. *expertise.*

1. On doit rechercher les insuffisances d'évaluation que recèlent les mutations d'immeubles. *Circ.* 1836.

Les baux et états de section offrent pour cet objet le plus de ressources. *Circ.* 1992.

2. La peine pour les omissions qui seront reconnues avoir été faites dans les déclarations de succession, sera d'un droit en sus de celui qui se trouve dû pour les objets omis, il en sera de même pour les insuffisances constatées dans les estimations des biens déclarés. *Art.* 39 *de la loi de frim.* 7. — Si l'insuffisance est établie par un rapport d'expert. V. *expertise.*

3. Le jugement qui, pour une omission dans une déclaration, condamnerait à la peine du demi-droit en sus, tandis qu'elle est du droit en sus, serait contraire à la loi. *Arr. de cass. du* 16 *mars* 1814.

4. Lorsqu'un Tribunal a reconnu qu'il y a lieu à un supplément de droit, à cause d'une insuffisance dans une déclaration, il ne peut par des considérations particulières, et sous prétexte de bonne foi, accorder la remise du double droit. *Arr. de cass. du* 3 *sept.* 1810. (*Art.* 3712, *j.*)

5. Lorsqu'après le décès de l'un des conjoints, le survivant a fait procéder à l'inventaire des effets dépendant de la succession de celle-ci, il ne peut se soustraire à la peine encourue pour l'insuffisance qui résulte de sa déclaration, lorsque cette dernière contient une évaluation inférieure à celle portée dans l'inventaire ; cet acte seul doit faire foi, puisqu'il y est affirmé que tous les objets qui s'y trouvent détaillés existaient dans la maison lors du décès de la femme du déclarant. Des allégations postérieures d'amélioration dans son commerce ne peuvent rien contre le contenu en l'acte. *Arr. de cass. du* 11 *avril* 1815. (*Art.* 5179, *j.*) — V. *success.*, n.° 77.

6. Lorsque le revenu d'un bien non affermé a été estimé au-dessous de celui porté par un procès-verbal d'experts, fait après l'ouverture de la succession, parce que, parmi les héritiers, il y avait des mineurs, on peut attaquer la déclaration pour insuffisance. *Sol. du* 25 *novemb.* 1807. — V. *expertise.*

7. Une évaluation plus considérable dans une précédente déclaration ne peut autoriser que la voie d'expertise. *Arr. de cass. du* 21 *janv.* 1812. — V. aussi *expertise.*

8. Un acte de notoriété délivré par le Maire de la situation des biens d'un majorat, ne peut servir à constater une insuffisance dans la déclaration du revenu de ce même bien, pour le paiement des droits de mutation par décès ; ce n'est qu'une forte présomption qu'il *convient d'approfondir*, parce que l'intention du Gouvernement, dans l'institution des majorats, est que les immeubles qui sont affectés à leur fondation produisent réellement le revenu nécessaire. *Déc. min. fin. du* 10 *avril* 1810. (*Art.* 3795, *j.*)

9. L'insuffisance dans une déclaration de succession est constatée par un procès-verbal non sujet à l'affirmation qu'on fait suivre de contrainte. *Sol. des* 26 *vend.* 10, *et* 21 *nov.* 1806. — S'il s'agit d'une somme trouvée dans une succession, V. *Délai*, n.° 93.

INTERCALATION. V. *répertoire.*

INTERDICTION (*jugement d'*). V. *jugement.*

Les certificats constatant que les jugemens d'interdiction et ceux de nomination du conseil ont été affichés dans la salle de l'auditoire et dans les études des Notaires de l'arrondissement, conformément aux art. 501 du C. C., et 897 du C. de P. C., peuvent être écrits sur les expéditions de ces jugemens, et sont exempts de l'enregistrement. *Déc. min. fin. du* 23 *juin* 1807.

La notification faite à la chambre des Notaires, aux termes de l'art. 491 du C. C., du jugement d'interdiction pour démence ou fureur, rendu à la requête du ministère public, doit être, non en papier libre, mais sur papier visé pour timbre, dont le droit se recouvre, comme celui d'enregistrem.t, sur la partie. *Déc. min. fin. et just. des* 11 *et* 19 *oct.* 1813. (*Art.* 4817 *et* 4972, *j.*)

INTÉRÊT. Droit dans une entreprise. — V. *action.*

1. INTÉRÊT. Fruits que produit l'argent.

2. Le retard de paiement des droits d'enregistrement, de timbre, de greffes et d'hypothèques, n'autorise pas à exiger ni à demander en justice les intérêts des sommes dues. *Instr.* 314.

3. L'Administration de l'enregistrement ni les redevables ne peuvent être assujétis à payer les intérêts des sommes à répéter, soit en cas de restitution d'une perception indûment faite, soit de supplément à raison d'une perception insuffisante. Le jugement qui condamnerait à payer les intérêts, violerait la loi. *Arr. de cass. des* 25 *therm.* 2, 2 *flor.* 13, 11 *fév.* 1806, 8 *mai et* 12 *juin* 1810, 13 *août* 1817, 28 *janv. et* 23 *fév.* 1818, *et* 31 *mars* 1819. (*Art.* 3646, 3586, *j.*) *Instr.* 574.

4. INTÉRÊTS résultant des débets des Employés. Les erreurs de calcul ne sont passibles d'intérêts que lorsque le Ministre l'aura prononcé dans chaque cas particulier. V. *procès-verbal de vérification de régie.*

5. Les débets sont passibles d'intérêts avant comme après la promulgation du C. C., sans pouvoir remonter au-delà de 30 années. *Avis du Conseil d'Etat, approuvé*

le 10 *mars* 1809. *Circ. du* 25 *mars* 1809, contraire en ce point à l'instr. 407.

6. En cas de déficit de caisse ou omission de recette, les Agens comptables doivent l'intérêt de 5 p. 100, à compter du jour où le versement aurait dû avoir lieu, et ces intérêts ne cessent pas d'être exigibles après 5 ans. *Ordonn. du* 27 *août* 1817.

7. Lorsque le Receveur, débiteur d'une somme à son bureau, n'en a pas fait recette, c'est une omission volontaire placée dans la même classe que l'omission de recette passible d'intérêts. *Déc. min. fin. du* 19 *janv.* 1815. (*Art.* 5092, *j.*)

8. Le Ministre des finances a déclaré, le 5 juin 1811, qu'il ne lui appartenait pas d'accorder la remise des intérêts d'un débet, quelle qu'en fût la modicité. (*Art.* 4212, *j.*)

9. L'article 1996 du C. C. est applicable aux débets des Employés : les intérêts, à raison de 5 p. 100 par an, des soustractions de recette ou *déficit* de caisse, courent du moment où les versemens devaient être faits ; ceux des erreurs de calcul qui ne peuvent être considérées comme des infidélités, du jour de la signification du procès-verbal de vérification de régie ; ceux des débets par force majeure, du jour où la somme volée a été mise à la charge du comptable. Il n'est point dû d'intérêts à raison de débets fictifs pour pièces non régularisées, si la régularisation ne dépend pas du Préposé ; dans le cas contraire, l'intérêt court du jour où il a été constitué en demeure. Les contestations à cet égard ne peuvent être portées que devant le Ministre des finances, sauf recours au Conseil d'état. *Instr.* 407. — V. *décision.*

10. Pour les débets contractés pendant le cours du papier-monnaie et l'époque de la prescription des intérêts, V. *erreur*, page 159, n.° 2, et *prescription.*

11. Le cautionnement d'un comptable en débet ne vient en déduction de son débet que du jour où le dessaisissement a eu lieu au profit du Trésor. Quant aux intérêts du cautionnement, attendu qu'ils sont fixés par la loi à 4 p. 100, il n'y a pas lieu d'en élever le taux à 5 p. 100, lorsqu'il s'agit de compenser ces intérêts avec ceux du débet. *Déc. min. fin. du* 8 *août* 1818. (*Art.* 6140, *j.*)

12. Les intérêts résultant des liquidations de l'arriéré dont le remboursement est régi par la loi du 20 mars 1813, courent du jour de la date de l'ordonnance de remboursement. *Déc. min. fin. du* 22 *nov.* 1817. (*Art.* 5954, *j.*)

13. Ceux de capitaux de rentes réassignées postérieurement à la loi du 28 avril 1816, mais dont la rescription a été délivrée antérieurement, sont payables en capitaux de rentes. *Circ. de M. le Directeur général du* 22 *oct.* 1817.

INTÉRIM, tems pendant lequel un emploi est vacant. V. *congé*, *pension et vacance.*

INTERLIGNE. V. *répertoire*, n.° 12.

INTERLOCUTOIRE. V. *cassation*, *instance et jugement.*

INTERROGATOIRES. Ces actes, en *matière civile*, opèrent le droit de 1 fr. devant les Juges de paix, *Art.* 68 *de la loi de frim.* 7 ; de 3 fr. devant les Tribunaux de première instance, *art.* 44 *de la loi d'avril* 1816 ; de 5 fr. devant les Cours royales, *art.* 45 *de la même loi.* — En *matière criminelle ou de police*, ils opèrent le droit de 1 fr., lorsqu'il y a partie civile. *Art.* 68 *de la loi de frim.* 7 ; ils sont exempts de la formalité, lorsqu'il n'y a pas partie civile. *Art.* 70 *de la même loi.*

INTERRUPTION de *prescription.* V. *prescription.*

INTERRUPTION de *fonctions.* V. *changem.t d'emploi.*

INTERVENTION, acte par lequel on se rend partie dans une instance. V. *jugement, et aux* DOMAINES, *page* 58 n.° 27.

INTERVENTIONS *à protêt*, droit fixe de 2 fr. *Art.* 43 *de la loi d'avril* 1816.

INTRODUCTION *des instances* concernant l'Administration de l'Enregistrement. V. *instances.*

INVENTAIRE dénombrement par écrit des effets de quelqu'un.

1. Les inventaires de meubles, objets mobiliers, titres et papiers, par quelque officier ou autorité qu'ils aient été rédigés, doivent le droit fixe de 2 fr. pour chaque vacation. *Art.* 68 *de la loi de frim.* 7. — V. *vacation.*

2. Si l'inventaire contient des déclarations de dettes, V. *déclaration* n.° 20 *et liquidation.*

3. Quant au délai pour l'enregistrement de ces actes, V. *vacation, et ci-après* n.° 7. — Pour le lieu où ils doivent être enregistrés, V. *bureaux*, n.° 30.

4. La nomination d'experts ou de Commissaires-Priseurs et celle d'un Huissier-Priseur, faite dans les inventaires, et la prisée à laquelle ils procèdent, dérivant l'une et l'autre de l'inventaire, ne donnent point ouverture à un droit particulier. *Sol. des* 2 *fruct.* 9 *et* 21 *déc.* 1809. (*Art.* 3450, *j.*)

5. Le Notaire peut, sans contravention, inventorier des actes sous seing-privé non enregistrés, et si l'inventaire est interrompu par un référé. V. *actes*, n.° 150. — Lorsqu'il concerne un failli, V. *faillite.*

6. Les Notaires ont généralement seuls le droit de procéder aux inventaires. *Art.* 10 *de la loi du* 27 *mars* 1791. *Déc. min. just. du* 6 *therm.* 5.

7. Les inventaires et recolemens d'inventaire de cargaisons naufragées, qui ont lieu devant les commissaires de la marine, ou toute autre autorité, doivent être écrits sur papier timbré, et présentés à l'enregistrement dans les 20 jours de leur date. *Instr.* 390, *nomb.* 6.

8. Les inventaires dressés dans le cas prévu par la loi du 21 avril 1818, par les détenteurs de tissus français ou de cotons filés, pour suppléer la marque de la fabrique, sont enregistrables *gratis* dans les 15 jours de leur date. *Instr.* 830. — V. *manifeste.*

9. INVENTAIRE, état des registres, sommiers, etc. dépendant d'un bureau. — La formation de cet invent.re a été recommandée de nouveau par la circ. du 30 juin 1814.

10. Le Receveur doit comprendre sur cet état les registres, sommiers, tables alphabétiques, receuils, lois, instructions, ordres généraux de régie et les documens qu'il reçoit de l'Admin.on. *Circ.* 980. — Le Vérificateur doit s'assurer de l'exécution de cet ordre. *Art.* 111 *des ord. génér.*

11. A chaque vacance de bureau, il est fait un triple inventaire de tout ce qui y existe, l'un pour la décharge du Receveur sortant ou de ses héritiers, l'autre pour son

successeur et le troisième pour la direction. *Lettre de M. le Directeur général.*

12. A chaque changement de Directeur il doit être fait un triple inventaire, 1.° des papiers, registres, sommiers et documens relatifs à la direction. *Circ.* 1796. 2.° De tous les registres et impressions restant en blanc dans le magasin de la direction. *Circ.* 109. Le successeur à l'emploi les signe pour décharge ; l'un lui reste, l'autre est remis à son prédécesseur ou à ses héritiers et le troisième est envoyé à l'Administration. *Circ.* 112.

13. Si en faisant l'inventaire des registres d'un bureau, on reconnaissait des discontinuations, des lacunes, lacérations et autres défectuosités, il faudrait les constater à la suite de l'inventaire. *Circ.* n.° 1539.

14. Lorsque quelque partie de perception est désunie de l'Administration et remise à une autre régie financière, on doit faire arrêter par le Maire, la veille de la désunion, au soir, les registres de la recette relative à cette partie, et remettre à la nouvelle régie tous les sommiers et papiers qui concernent cet objet, sous un inventaire quadruple, lequel n'est pas susceptible d'être sur papier timbré. *Instr.* 254.

15. INVENTAIRE *des papiers timbrés.* La veille de chaque changement de timbre, le Directeur fait constater le restant en nature dans son magasin, par le Juge de paix ou un officier municipal : la même opération doit avoir lieu le même jour, dans chaque bureau ; les Receveurs font passer au Directeur un double de l'inventaire qui les concerne pour être annexé à chaque compte de timbre et envoyé à l'Administration. *Circ.* 35.

ITINERAIRE. Indication de la route que l'Inspecteur tient successivement dans sa tournée. *Art.* 183 *des ord. génér. de Régie.*

Avant d'entrer en tournée, l'Inspecteur remet son itinéraire au Directeur, afin qu'il sache où l'on pourra lui adresser les ordres pressans qu'on aurait à lui donner ou à lui transmettre pendant le cours de la tournée. *Circ.* 944 *et* 1802.

JOURNAL ou *feuille périodique.*

Les journaux, gazettes, feuilles périodiques et papiers-nouvelles, les feuilles de papier-musique, sont assujétis au droit de timbre fixe ou de dimension. *Art.* 56 *de la loi du* 9 *vend.* 6. *Art.* 70 *de la loi de* 1816. — Il en est de même des supplémens aux journaux et papiers-nouvelles. *Art.* 3 *de la loi du* 6 *prair.* 7.

Sont exceptés du timbre les ouvrages périodiques, relatifs aux sciences et aux arts, ne paraissant qu'une fois par mois où à des intervalles plus éloignés, et contenant au moins *deux feuilles* d'impression. *Art.* 76 *de loi du* 25 *mars* 1817.

Les journaux étrangers qui circulent en France, et qui y sont distribués, doivent être timbrés au chef-lieu du département par lequel ils arrivent, s'ils ne sont pas imprimés en papier timbré. *Circ.* 1163.

Les bulletins administratifs et journaux dits officiels, imprimés dans le département pour la publication des actes administratifs, sont exempts du timbre ; mais les feuilles destinées aux fonctionnaires qui ne sont pas chargés de concourir à l'exécution des arrêtés qu'ils concernent, doivent être sur du timbre spécial des journaux. *Instr.* 403.

Deux journaux différens entre eux de date et de numéro, ne peuvent être imprimés sur la même feuille de papier timbré. *Sol. du* 29 *pluv.* 8. (*Art.* 385, *j.*)

Il suffit que la feuille du journal qui contient l'extrait de l'acte de saisie immobilière, soit frappée du timbre des journaux. *Déc. min. fin. du* 3 *déc.* 1811. (*Art.* 4229, *j.*)

Droits. Le timbre des journaux est fixé à 5 cent. pour chaque feuille de 25 décimètres carrés de superficie, et à 3 cent. pour chaque demi-feuille de même espèce. Au-dessus de cette dimension, le droit est de 1 cent. par chaque *cinq décimètres carrés* d'excédant. *Loi du* 13 *vend.* 6. *Circ.* 1105. *Déc. min. fin. du* 18 *déc.* 1815.

Indépendamment de ce droit, il sera perçu 1 cent. et demi par feuille sur ceux imprimés à Paris, et 1/2 c. sur ceux imprimés dans les départemens. Le produit de ce droit fera partie des recettes générales de l'Etat. Les journaux ne seront assujétis à aucune autre taxe ou rétribution, sous quelque dénomination que ce puisse être. *Ordonn. du* 1.er *avril* 1816, continuée par les *lois des* 15 *mai* 1818 *et* 17 *juillet* 1819. *Inst.* 834 et 899.

Les journaux d'affiches et les feuilles d'annonces périodiques publiés depuis la loi du 5 mai 1818, sont sujets au droit accessoire fixé par l'art. 89 de cette loi. *Déc. min. fin. du* 3 *sept.* 1819. (*Art.* 6508, *j.*)

Le journal d'affiches du département de la Seine, et celui des affiches Parisiennes, ne peuvent être dispensés de cet accessoire, sous prétexte qu'ils ne sont point des journaux politiques. *Sol. du* 10 *avril* 1819. — Le même supplément a dû être exigé du propriétaire du Journal Général des Petites Affiches, après la cessation de son abonnement avec la police. *Lettre de M. Directeur général, du* 21 *mars* 1820. (*Dictionn. de Manut., tome* 5.)

Amendes. Ceux qui impriment des journaux sur du papier non timbré, encourent l'amende de 100 fr., exigible pour chaque contravention contre les Imprimeurs, solidairement avec les auteurs et distributeurs. *Art.* 60 *et* 61 *de la loi du* 9 *vend.* 6.

Les contraventions relatives aux feuilles de supplément, jointes aux journaux et papiers-nouvelles, sont punies, indépendamment des droits fraudés, d'une amende de 25 fr. pour la première fois ; de 50 fr. pour la seconde ; et de 100 fr. pour chacune des autres récidives. *Loi du* 6 *prair.* 7, *art.* 4.

La même peine est encourue par les directeurs des postes, entrepreneurs de messageries, et autres conducteurs de voitures publiques, lorsqu'ils se chargent d'une manière quelconque de journaux imprimés soit en France, soit en pays étranger, qui ne sont pas timbrés. *Circ.* 1163.

Les Préposés ne peuvent, à peine de 50 fr. d'amende, et de destitution en cas de récidive, appliquer le timbre sur des feuilles imprimées. *Circ.* 1124.

Timbrage. Pour la manière d'y procéder, V. *la Circulaire* n.° 1105.

Contraventions à constater. V. *instances*, n.os 90 *et suiv.*

JOURNAL *de travail.* Compte que rendent, de leurs opérations, les Vérificateurs pour chaque quinzaine de l'année, et les Inspecteurs-Contrôleurs des recettes, pour le tems des contre-tournées. — Pour la rédaction et l'envoi, V. *les ordres généraux de Régie*, *art.* 163, 164, 166, 167, 223, 224 et 225.

1. Le premier journal que fournit l'Employé supérieur doit annoncer l'état de la caisse, la situation du bureau auquel il vient d'être attaché, et celle des valeurs de la caisse, des tables et sommiers. *Circ. du 22 mars* 1808. — V. *bordereau*.

2. Il doit présenter un aperçu des ressources de ce bureau, et indépendamment de ses explications sur les arrêtés aux registres, le récolement de l'inventaire, l'existence du tableau des mercuriales, l'état de la correspondance, l'époque de l'examen des Régis des Receveurs successifs, il faut encore indiquer les parties le plus négligées, ou qui, par leur importance locale, paraissent devoir rendre le travail fructueux, ainsi que la situation de la vérification des dépôts publics par un état indicatif : 1.° des noms et du domicile de tous les officiers publics de l'arrondissement du bureau; 2.° de l'époque des vérifications faites au jour de l'entrée de l'Employé supérieur au bureau; 3.° de la date où les vérifications ont été conduites jusqu'au jour de la sortie du bureau. — Le premier journal, lors de l'entrée au bureau, doit annoncer d'abord s'il s'agit de la vérification générale ou seulement de la vérification de la Régie d'un Employé ou d'un dépôt public; il faut toujours que les opérations soient détaillées par article, et que tout ce qui est relatif à celles de peu de durée, aux découvertes en quelque sorte accidentelles, soit placé immédiatement avant l'art. du mouvement des sommiers. — Le journal de sortie du bureau présente de nouveau ces objets dans le même ordre, et avec les améliorations qui sont résultées de la présence de l'Employé supérieur; le tableau du mouvement des sommiers, doit indiquer les articles dans le même ordre qu'ils figurent au tableau de la situation par trimestre. *Circ. et lettre de l'Administration des 2 oct.* 1815 *et* 1.er *févr.* 1817.

3. Faire connaître la manière dont on tient, au bureau, le registre d'ordre et les tables des circulaires, tant analytiques que chronologiques. *Circ.* 1250.

4. Indiquer ses diligences et celles du Receveur pour la recherche, soit des domaines usurpés, soit des rentes et créances recélées à l'Etat, et des suites données au recouvrement de ces articles. *Instr.* 355.

5. Les Employés supérieurs doivent toujours rendre compte des opérations rappelées dans la circ. n.° 1856.

6. Le journal doit énoncer tout ce qu'on a fait pendant la quinzaine; on ne doit réserver aucune partie de ce travail et de ses résultats, pour la quinzaine suivante. *Lettre de M. le Directeur général du* 19 *mars* 1806.

7. L'Employé supérieur qui ne justifie pas de l'emploi utile de son tems est privé d'avancement. *Circ* 1250.

8. La Régie par intérim d'un bureau ne dispense pas de fournir un journal par quinzaine. *Avis de l'Administration du* 15 *prair.* 10.

9. Les journaux doivent être remis avec exactitude, autrement les Employés éprouveraient une retenue de traitement proportionnée au retard qui excéderait de cinq jours l'expiration de chaque quinzaine. *Circ.* 1010, 1250, 1300, et *Instr.* 294.

10. L'envoi du journal ne doit pas être accompagné d'une lettre d'avis, afin d'économiser les frais de ports. *Circ.* 1802.

11. Le Directeur doit être exact à faire mention, en tête du journal, du jour où il lui est parvenu; à relever, par ses observations, toutes les infractions aux ordres de l'Administration, les irrégularités, omissions, insuffisances d'opérations et autres objets de nature à être critiqués; et à s'expliquer sur l'emploi du tems, et les preuves de zèle qui pourraient mériter à l'Employé des témoignages de satisfaction. — Les journaux, apostillés des observations du Directeur, doivent être envoyés à l'Administration de quinzaine en quinzaine. *Circ.* 1300, 1565, *Lettre de M. l'Administrateur de la* 5.e *division, du* 1.er *fév.* 1817.

12. Il est divers moyens de s'assurer si les découvertes et le recouvrement annoncés par les Employés supérieurs sont le fruit de leurs opérations; le Directeur ne doit jamais négliger de les mettre en usage lorsqu'il répond aux journaux de travail. *Circ.* 2004. — Au surplus, V. *les ordres généraux de Régie*.

JOURNAL *de recette et dépense*. Ce journal, qui était tenu et servi par l'Inspecteur pendant chaque tournée de recouvrement, d'après les circ. 1028, 1418, 1565, 2041, celles des 18, 21 vent. 10, 10 sept. 1806, et 7 juin 1819, et les instr. 95 et 737, n'est plus en usage depuis le 1.er janv. 1821. *Instr.* 971.

JOURNAL *de dépense*, registre destiné à l'enregistrement des récépissés de versemens et des pièces de dépense.

Il doit être coté et paraphé par le Juge de paix, et tenu jour par jour; les Employés sont tenus, à leur arrivée dans un bureau, de constater la coincidence qui doit se trouver entre le résultat de ce journal, celui de la somme trouvée en caisse, et des registres de recettes; ce journal paraît devoir être représenté aux Inspecteurs et Sous-Inspecteurs des finances. *Instr.* 704 *et* 930.

On fera mention sur ce journal, de toutes les dépenses, à mesure qu'elles auront lieu; on y portera également le montant de la quittance de remises du Receveur. *Circ.* 1641.

Le montant de la retenue faite sur les remises au profit du Trésor devait être mentionné à la marge gauche du journal de dépense. *Instr.* 711.

JOURNAL *des impressions*, tenu par le Directeur, pour la recette et la dépense des impressions et registres. V. *impressions*.

JOUR FÉRIÉ, V. *délai*, page 134, n.° 2.

JUGE, celui qui prononce en Tribunal, sur les différens des particuliers.

1. Il est défendu aux Juges, à peine d'être personnellement responsables des droits, de rendre aucun jugement en faveur de particuliers, sur des actes non enregistrés. *Art.* 47 *de la loi de frim.* 7. — V. *actes*, n.ºs 145 et suiv.

2. Ni sur un acte, registre ou effet de commerce, qui ne serait pas écrit sur papier marqué du timbre pres-

crit, ou visé pour timbre. Il leur est aussi défendu de coter et parapher un registre assujéti au timbre, si les feuilles ne sont timbrées, *art. 24 de la loi du 13 brum. 7*, à peine de 100 fr. d'amende, outre la restitution du droit de timbre. *Art. 26.* — V. *livres* et *registres*.

3. Ils n'encourent la responsabilité prononcée par l'art. 47, ci-dessus rappelé, qu'autant que le jugement préparatoire non enregistré, sert de base au jugement définitif, et s'y trouve rappelé. *Sol. du 25 juillet* 1818. *Déc. min. fin. du 25 juin* 1819. (*Mém. d'ord. de la direct. d'Orléans, année* 1819.)

4. Ils ne peuvent accorder de remise ou modération des droits et des peines encourues, ni en suspendre ou faire suspendre le recouvrement, sans en devenir personnellement responsables. *Art. 59 de la loi de frim. 7.* V. *amendes*, n.° 2.

5. Ils ne peuvent prononcer que lorsqu'ils sont en nombre fixé par la loi, sous peine de nullité du jugement. *Arr. de cass. du 26 mai* 1819. — Pour d'autres cas de nullité de leurs jugemens, V. *instances*.

Les Juges ne peuvent donner aux actes des qualifications contraires à leur effet. *Arr. de cass. des 18 vend. 7.*

6. Les Tribunaux actuels sont soumis aux mêmes obligations qui étaient imposées aux Tribunaux existans lors de la publication de la loi de frim. 7. *Circ.* 1992.

7. Les Juges ne peuvent mander à leur Tribunal les Préposés de l'Administration, pour s'expliquer sur une perception. *Lettre des min. fin. et just. du 19 sept.* 1791.

8. Ceux qui n'ont point assisté à toutes les plaidoiries d'une cause, ne peuvent, sans incompétence, participer au jugement. *Arr. de cass. des 3 déc.* 1806, *et 30 mars* 1812.

JUGEMENT, décision prononcée par un Tribunal ou une Cour.

9. *Principes généraux.* Les jugemens sont contradictoires ou par défaut, en dernier ressort, ou susceptibles d'appel; ils sont encore préparatoires, interlocutoires, de provision ou définitifs.

Un jugement est *contradictoire*, lorsque les parties adverses ont été entendues dans leurs demande et défense.

10. Le jugement où les parties comparaissent, mais où néanmoins l'une d'elles déclare qu'elle n'avoue ni ne conteste la demande, en est un contradictoire. *Arr. de cass. du 4 fév.* 1806.

11. Un jugement rendu après que les qualités ont été posées, et les conclusions prises par les Avoués respectifs, est contradictoire et non par défaut, quoique l'un d'eux n'ait pas voulu plaider. *Cour d'Aix du 31 mai* 1808.

12. Il est *par défaut* contre l'une des parties, quand elle n'a pas comparu, qu'elle n'a fourni aucune défense, ou qu'elle refuse de plaider.

Le jugement qui intervient après un jugement préparatoire, avant lequel on avait respectivement plaidé et pris des conclusions, en est un par défaut, quand l'une des parties a refusé de plaider et de conclure. *Arr. de cass. du 12 mars* 1816.

13. Quant aux jugemens qui intéressent l'Administration, V. *instances*, n°s. 59 et suiv.

14. Le jugement *en dernier ressort* est celui que le Tribunaux prononcent souverainement, sur une demande portée devant eux dans les matières de leur compétence.

15. Pour connaître les jugemens susceptibles d'appels, V. *appel*.

16. C'est la somme demandée, et non celle adjugée, qui détermine la compétence du dernier ressort. *Arr. de cass. du 7 therm.* 11.

17. Une demande en pétition d'hérédité est susceptible du premier ressort. *Arr. de cass. du 23 brum.* 12.

18. Une demande de 1000 fr., et où les parties forment respectivement des demandes en dommages-intérêts réels et honoraires, en impression et affiches de jugement, ou quand la demande est indéterminée, ne peut être décidée en premier et dernier ressort. *Arr. de cass. des 7 et 13 janv.* 1806.

19. Le jugement qui prononce sur l'affaire dans laquelle un fermier actionné, ayant à payer au propriétaire une somme de 875 fr., pour fermages échus, propose la compensation d'une somme de 807fr., dont il se prétend créancier, en ajoutant l'offre réelle de 68 fr. de solde, est en dernier ressort, attendu qu'il n'existait de litige que sur la demande de 875 fr., et celle en compensation, d'où résultait un excédent de 68 fr., et que le tout était inférieur à 1000 fr. *Arr. de cass. du 23 févr.* 1818. (*Art.* 6065 j.)

20. Le jugement rendu par le Tribunal choisi pour arbitre, est en dernier ressort, tant que la condamnation n'excède pas le taux de la compétence, et quoique l'objet de la contestation excédât ce taux, dès qu'une demande n'a pas déterminé le *quantum* de la prétention. *Sol. du 28 déc.* 1819.

21. Les juges de première instance ne peuvent prononcer qu'en premier ressort sur les affaires de 1000 fr., lors même que le revenu ne serait pas déterminé. *Cour de Paris du 15 nov.* 1816.

22. Pour connaître d'autres circonstances qui déterminent le ressort, V. AUX DOMAINES, page 34.

23. Le jugement est *préparatoire*, lorsqu'il est nécessaire à l'instruction d'une affaire.

24. *Interlocutoire*, lorsqu'il admet à la preuve ou à la vérification d'un fait.

25. Sont réputés interlocutoires, les jugemens rendus, lorsque le Tribunal ordonne une preuve, une vérification ou une instruction qui préjuge le fond. *Art. 452 du C. de P. C.*

26. On appelle jugement de *provision*, celui qui accorde une somme, des alimens, la liberté provisoire de la personne, ou la jouissance des biens, avant de statuer au fond.

27. Le jugement *définitif* est celui qui termine le différend.

28. Celui qui condamne l'une des parties à rendre le compte demandé par celle-ci, est définitif. *Arr. de cass. du 28 août* 1809.

29. Le jugement du Tribunal de commerce portant condamnation contre un tiers, d'un effet, et sursis à l'égard de l'endosseur, est définitif dans la première disposition et préparatoire dans la seconde. *Arr. de cass. du 27 juin* 1810. (*Art.* 3740, *j.*)

30. Il en est de même de celui qui ordonne que l'une

des parties rendra à l'autre le compte demandé par celle-ci. *Arr. de cass. du* 18 *août* 1809. (*Art.* 3474, *j.*)

31. Le jugement de vérification d'écriture d'une lettre-de-change, n'est pas préparatoire, mais définitif. *Arr. de cass. du* 21 *mess.* 9.

32. *Débiteur* des droits des jugemens. V. *ce mot*.

33. *Enregistrement*. Tous les jugemens sujets à l'enregistrement reçoivent cette formalité sur la minute. V. *délai*, n.° 19.

34. Quand un jugement est assujéti au double droit, les parties ne peuvent protester de l'erreur sur la date des jugemens, pour se refuser à ce double droit. *Arr. de la Cour de cass. du* 26 *mai* 1808. — Non plus que de l'incompétence du Tribunal de paix, saisi à tort de l'affaire. *Arr. de cass. du* 30 *nov.* 1807.

35. *Feuille d'audience*. Les jugemens doivent y être portés. V. *feuille d'audience*.

36. *Obligations des Greffiers*, relatives aux jugemens, V. *Greffier*.

37. *Timbre*. Les jugemens de la justice de paix, des bureaux de paix, de la police ordinaire, des Tribunaux, des arbitres et des Cours, et les extraits, copies et expéditions qui en sont délivrés, doivent être faits et rédigés sur papier du timbre de dimension. *Art.* 12 *de la loi du* 13 *brum.* 7.

38. Sont néanmoins exceptés de la formalité du timbre, les actes et jugemens de police générale et de vindicte publique, ainsi que les copies des pièces de procédure criminelle, qui doivent être délivrées sans frais. *Art.* 16 *de la même loi.* — V. *actes*, n.os 57 *et suiv.*

39. *Prescription des droits*. V. *prescription*.

40. *Rédaction des jugemens*. Elle doit contenir les noms des Juges, du Procureur du Roi, s'il a été entendu, ainsi que des Avoués; les noms, professions et demeures des parties, leurs conclusions, l'exposition sommaire des points de fait et de droit, les motifs et le dispositif des jugemens. *Art.* 141 *du C. de P. C.*

41. La transcription, dans un arrêt de Cour royale, des motifs du jugement de première instance où les points de fait sont fixés, ne saurait tenir lieu des motifs de l'arrêt lui-même, quand cet arrêt n'exprime pas que ces motifs ont été adoptés. *Arr. de cass. du* 27 *déc.* 1819.

42. Un jugement qui rejète une fin de non recevoir, motivé sur ce qu'elle est sans fondement, est valable. *Arr. de cass. du* 15 *mars* 1819.

43. Celui qui contient l'énumération des moyens respectivement employés par les parties, n'est attaquable que par voie de cassation. *Arr. de cass. du* 24 *fév.* 1808.

44. En matière sommaire, le jugement doit fixer les dépens dont il prononcera la condamnation. *Art.* 543 *du C. de P. C.*

45. *Nullité*. Le jugement rendu en matière de police, sans l'assistance du Greffier, est nul. *Arr. de cass. du* 25 *fév.* 1819.

46. Il en est de même de tout jugement rendu par un Tribunal non légalement composé. *Avis du Conseil d'Etat approuvé le* 4 *juillet* 1813.

47. Un jugement qui ne contient pas les questions de fait et de droit qui constituent le procès, peut être annulé. *Arr. de cass. du* 4 *avril* 1808.

48. Le jugement, quoique nul par vice de forme, n'a pas moins son exécution, s'il n'en est pas interjeté appel dans le délai. *Cour de Bruxelles, du* 7 *janv.* 1808.

49. Quant à celui rendu sur le procès-verbal d'un commissaire de police, V. *délai*, page 136, n.° 40.

DROITS FIXES D'ENREGISTREMENT.

50. JUGEMENS PRÉPARATOIRES. *Justices de paix*. Les jugemens préparatoires, interlocutoires ou d'instruction des Juges de paix, 1 fr. fixe. *Art.* 68 *de la loi de frim.* 7.

51. *Bureaux de paix*. — V. *bureaux*, p. 94.

52. *Conseils de Prud'hommes*. V. *bureaux*, n.os 5 et suiv.

53. *Tribunaux de police simple ou correctionnelle*, et *Cours criminelles*. — Les actes et jugem.s des Tribunaux de police simple ou correctionnelle, et de cours criminelles, soit entre parties, soit sur poursuite du ministère public, *avec partie civile*, lorsqu'il n'y a pas de condamnation de sommes et valeurs, ou dont le droit proportionnel ne s'élèverait pas à 1 fr., doivent 1 fr. fixe. *Art.* 68 *de la loi de frim.* 7. — Les arrêts des Cours royales en matière correctionnelle, soit entre parties, soit avec partie civile, ne doivent que 1 fr., ou le droit proportionnel, s'il est supérieur. *Sol. du* 25 *oct.* 1817. (*Art.* 5948, j.)

54. Les décisions rendues en police ordinaire, entre les ouvriers et apprentis, fabricans et artisans, par les Maires et adjoints, les Préfets et Commissaires généraux de police, qui, en vertu de l'attribution que leur donne la loi du 22 germ. 11, exercent les fonctions de Juges, sont soumises aux mêmes droits de timbre et d'enregistrement que les jugemens rendus contre les contrevenans en matière de simple police. *Instr.* 271.

55. *Tribunaux de première instance, de commerce et d'arbitrage*. — Les jugem.s préparatoires ou d'instruction de ces Tribunaux, sont soumis au droit fixe de 3 francs. *Art.* 44 *de la loi du* 28 *avril* 1816.

56. Le jugement qui contient nomination, prestation de serment et affirmation d'experts, doit, comme acte préparatoire, le droit de 1 fr. ou de 3 fr., selon qu'il émane de la justice de paix ou du Tribunal civil; mais s'il statue que les droits des parties seront définitivement, et sans l'intervention ultérieure du Tribunal, fixés par le procès-verbal d'expertise, le droit est celui établi pour les jugemens définitifs. *Déc. min. fin. du* 5 *nov.* 1811. (*Art.* 4203, j.)

57. Les actes et jugemens interlocutoires ou préparatoires des divorces, sont passibles du droit fixe de 5 fr. *Art.* 45 *de la loi d'avril* 1816.

58. *Cours royales*. — Leurs arrêts interlocut.es ou préparatoires, lorsqu'ils ne seront pas susceptibles d'un droit plus élevé, sont assujétis au droit fixe de 5 fr. *Art.* 45 *de la loi d'avril* 1816.

59. *Cour de cass. et conseils de S. M.* — Leurs arrêts interlocutoires ou préparatoires, 10 fr. fixe. *Art.* 46 *de la loi d'avril* 1816.

60. JUGEMENS DÉFINITIFS. — *Justices de paix*. Les jugemens du Juge de paix portant renvoi ou décharge de demande, débouté d'opposition, validité de congé, expulsion, condamnation à réparation d'injures personnelles, et généralement tous ceux qui, contenant des dispo-

sitions définitives, ne donnent pas ouverture au droit proportionnel, sont tarifés à 2 fr. fixe par l'art. 68 de la loi de frim. 7.

61. Les jugemens définitifs portant condamnation de sommes dont le droit proportionnel ne s'élèverait pas à 1 fr., doivent 1 fr. fixe. *Idem.*

62. Ceux rendus en dernier ressort, d'après la volonté expresse des parties, au-delà des limites de la compétence ordinaire, sont tarifés à 3 fr., lorsqu'ils ne contiennent pas des dispositions donnant ouverture à un droit proportionnel supérieur. *Art.* 44 *de la loi de* 1816.

63. Pour faire l'application de cet article, V. *compromis*, page 114.

64. *Bureaux de paix.* — V. *bureaux*, page 94.

65. *Conseils de Prud'hommes.* Idem.

66. *Tribun. de police*, etc. — V. le n.° 53 ci-devant.

67. *Tribunaux de première instance, de commerce et d'arbitrage.* — Les jugemens des Tribunaux de première instance, prononçant sur l'appel des Juges de paix; ceux *rendus en premier ressort* portant acquiescement, acte d'affirmation, débouté d'opposition, etc., et généralement tous jugemens de ces Tribunaux et des Tribunaux de commerce ou d'arbitres, contenant des dispositions définitives qui ne donneraient pas lieu à un droit plus élevé, sont assujétis au droit fixe de 5 fr. *Art.* 68, §. 3 *de la loi de frim.* 7, *art.* 12 *de celle du* 27 *vent.* 9, *et art.* 45 *de la loi d'avril* 1816.

68. Cette disposition spéciale pour les jugemens rendus en premier ressort, ne peut être étendue aux jugemens en dernier ressort rendus sur des demandes dont le principal n'excède pas la valeur de 1000 fr.; ces derniers restent soumis au droit fixe de 3 fr. *Instr.* 758.

69. Le jugement de débouté d'opposition à une contrainte n'est passible que du droit fixe. *Déc. min. fin. du* 14 *fév.* 1817. (*Art.* 5710, *j.*) — Il en est de même de celui qui affecte au paiement du résidu de la dot d'une femme, tels ou tels biens vendus par son mari. *Sol. du* 25 *nov.* 1814. (*Art.* 4992, *j.*)

70. Ce droit de 5 fr. est dû pour les jugemens qui ordonnent l'enregistrement et la transcription au greffe de lettres patentes instituant un majorat. *Instr.* 427. Ou qui prononcent la récusation des Juges de paix. *Instr.* 436, *nomb.* 8.

71. Lorsqu'au pied d'une requête, il est rédigé un acte dans la forme d'un jugement, et que ce jugement est définitif, quant à son objet, il y a lieu de percevoir le droit d'enregistrement fixé pour les jugemens définitifs; et sur l'expédition, celui de greffe, de 1 fr. 25 cent. par rôle. *Sol. du* 19 *mars* 1812. (*Art.* 4167, *j.*)

72. Les jugemens rendus en dernier ressort par les Tribunaux de première instance ou les arbitres, d'après le *consentement des parties*, lorsque la matière ne comportait pas ce dernier ressort, sont soumis au droit fixe de 10 fr., sauf la perception du droit proportionnel, s'il est supérieur. *Art.* 46 *de la loi d'avril* 1816.

73. Les jugemens des Tribunaux de première instance, portant interdiction, et ceux de séparation de biens entre mari et femme, sont passibles du droit fixe de 15 fr., lorsqu'ils ne portent point condamnation de sommes et valeurs, ou lorsque le droit proportionnel ne s'élève pas à 15 fr. *Art.* 68 *de la loi de frim.* 7.

74. Ceux admettant une adoption ou prononçant un divorce, doivent 50 fr. *Art.* 48 *de la loi d'avril* 1816. V. *l'art. suiv.*

75. *Cours royales.* — Leurs arrêts définitifs sont tarifés à 10 fr., lorsque le droit ne s'élevera pas à cette somme. *Art.* 46 *de la loi du* 28 *avril* 1816.

76. Ceux portant interdiction ou prononçant séparation de corps entre mari et femme, sont passibles du droit fixe de 25 fr. *Art.* 47.

77. Les arrêts de Cour d'appel confirmant une adoption, doivent 100 fr. fixe. *Art.* 49.

78. Ceux qui prononcent définitivement sur une demande en divorce, sont soumis au droit fixe de 100 fr. S'il n'y a pas d'appel, ce droit sera perçu sur l'acte de l'Officier de l'Etat civil. *Idem.*

79. Pour les jugemens et arrêts antérieurs à la loi d'avril 1816, le droit de 100 f. est exigible ou sur l'arrêt, si le jugement de première instance a donné lieu à l'appel, ou sur l'expédition de l'acte de divorce dressé en vertu d'un simple jugement contre lequel il n'aurait pas été interjeté appel. Enfin le droit de 15 fr. doit continuer d'être perçu sur les expéditions des actes de divorce qui, avant le code civil, ont eu lieu sans l'intervention de l'autorité judiciaire. *Instr.* 758.

80. *Cour de cass. et conseils de S. M.* — Pour leurs arrêts définitifs, le droit est de 15 fr. fixe. *Art.* 47 *de la loi d'avril* 1816.

81. Droits proportionnels. — Les jugemens et arrêts contradictoires ou par défaut, de quelque Tribunal ou Cour qu'ils émanent, portant condamnation, collocation ou liquidation de sommes et valeurs mobilières, intérêts et dépens, excepté les dommages-intérêts, dont le droit proportionnel est fixé à 2 p. 100, sont assujétis au droit de 50 c. par 100 fr. *Art.* 69 *de la loi de frim.* 7.

82. Dans aucun cas, et pour aucun de ces jugemens, le droit proportionnel ne pourra être au-dessous du droit fixe, tel qu'il est réglé ci-dessus pour les jugemens et arrêts des divers Tribunaux et Cours. *Art.* 69 *de la loi de frim.* 7.

Cette dernière disposition de la loi n'est point changée par les art. 2 et 3 de celle du 27 vent. 9. *Instr.* 386.

83. Lorsque le droit proportionnel aura été acquitté sur un jugement rendu par défaut, la perception sur le jugement contradictoire qui pourra intervenir, n'aura lieu que sur le supplément des condamnations : il en sera de même des jugemens rendus sur appel et des exécutoires. S'il n'y a pas de supplément de condamnation, le jugement sera enregistré pour le droit fixe, qui sera toujours le moindre droit à percevoir. *Idem.*

84. Pour la perception du droit de 50 cent. p. 100, il faut joindre le montant des dépens liquidés à celui des autres condamnations. S'ils ne sont pas liquidés, le droit proportionnel se perçoit sur la somme énoncée dans l'exécutoire que la partie se fait délivrer ultérieurement. *Sol. du* 22 *niv.* 10. — Ce droit est exigible quoique les actes qui ont servi de base à la condamnation aient été enregistrés. *Déc. min. fin. du* 16 *germ.* 7. *Arr. de cass. du* 1.er *vent.* 8.

85. L'acte du juge qui autorise la demande de

frais et déboursés adjugés à un particulier, ou réclamés par un Huissier, même quand ces frais résultent d'actes enregistrés, est passible du droit de 50 cent. p. 100. *Arr. de cass. du 1.er mess. 12.* — V. *exécutoire.*

86. Lorsque par suite d'une liquidation de société, l'un des associés est condamné envers l'autre au paiement de certaines sommes, il y a lieu de percevoir non-seulement un droit de 50 cent. p. 100, sur la minute du jugement, mais encore et *cumulativement* un droit proportionnel sur le montant de la condamnation. *Arr. de cass. du 24 mars* 1812. (*Art.* 4213, *j.*)

87. Le jugement qui déclare un père agent de change, propriétaire de 5 actions de la banque de France, dont il avait remis le montant à sa fille mineure, en vertu d'une délibération de conseil de famille, pour lui assurer une somme de 10,000 fr. provenant des droits de celle-ci dans la succession de sa mère, n'est passible que du droit de 50 cent. p. 100, parce que l'intérêt des actionnaires de la banque ne consiste que dans le produit annuel des actions. *Sol. du* 31 *janv.* 1815. (*Art.* 5309, *j.*) V. *ci-après*, n.os 110 et suiv.

88. Celui qui porte confiscation de marchandises au profit de l'État, et condamnation à une amende, ne doit que 50 cent. p. 100, lorsqu'il ne porte pas explicitement que c'est à titre de *dommages-intérêts* que la confiscation est ordonnée. *Déc. min. fin. du* 1.er *juillet* 1816. (*Art.* 5469, *j.*)

89. Le jugement qui ordonne, 1.° qu'un individu, comptable envers une succession, présentera son compte, qui sera vérifié et apuré; 2.° qu'il versera à la caisse des consignations les sommes dont il sera reconnu débiteur par le résultat de ce compte, n'est point passible du droit proportionnel, parce qu'il ne peut être considéré comme portant condamnation d'une somme fixe, ni d'une somme à déclarer. *Sol. du* 15 *mai* 1819. (*Art.* 6931, *j.*)

90. Le jugement qui accorde des secours à l'époux qui a obtenu la séparation de corps et de biens, doit 50 cent. p. 100 sur le capital, au denier 10, de la pension. *Instr.* 390. — Si les secours étaient accordés aux ascendans. V. *ascendans*, *page* 83.

Quant aux jugemens qui condamnent à une indemnité ou à des dommages-intérêts, V. *indemnité* et *dommages.* — S'il s'agissait de procès-verbaux d'ordre, V. *ordre.* — Pour les jugemens d'arbitre, V. *arbitrage.*

91. Le jugement portant qu'un immeuble sera vendu, et que sur le prix il sera payé à un créanc. une somme déterminée, n'est passible que du droit fixe, et non de celui de 50 c. p. 100, parce que la vente de l'immeuble n'étant pas opérée, il n'y pas de prix à répartir, ni par conséquent de collocation utile. *Déc. min. fin. du* 21 *juillet* 1818. (*Art.* 6302, *j.*)

92. D'après le réglement du 2 prair. 11, relatif aux armemens en course, on fait deux espèces de liquidation, l'une partielle du produit de chaque prise, et l'autre générale de la croisière. Il est dû 50 cent. p. 100 sur l'acte qui comprend la liquidation partielle et la liquidation générale; si la première est enregistrée avant la liquidation générale, le droit perçu sur ce premier acte doit être distrait de celui auquel le second donne lieu. *Instr.* 650. — V. *prises.*

93. Le jugement d'un Tribunal de commerce qui liquide le produit d'une prise maritime et colloque les sociétaires pour la somme qui leur revient, est passible du droit de 50 c. p. 100. *Arr. de cass. du* 21 *avril* 1814. (*Art.* 5470, *j.*)

Le droit de celui portant liquidation de croisières maritimes antérieures au premier avril 1814, doit être payé sur la valeur nominale des sommes remboursables en reconnaissances de liquidation et sur la valeur réelle de celles liquidées en inscriptions, laquelle dernière valeur sera déterminée par le cours moyen de la bourse de Paris, au jour du jugement contenant la liquidation. *Déc. min. fin. du* 15 *juin* 1818. (*Art.* 6137, *j.*)

94. Le droit proportionnel perçu sur un jugement par défaut, doit être maintenu, quoique le jugement contradictoire qui intervient ensuite porte une condamnation d'une moindre valeur; seulement il n'est dû qu'un droit fixe sur ce dernier jugement. *Sol. du* 29 *janv.* 1820. (*Art.* 6617, *j.*)

95. CONDAMNATION SUR TITRES NON ENREGISTRÉS *et conventions verbales.* — Lorsqu'une condamnation est rendue sur une demande non établie par un titre enregistré et susceptible de l'être, le droit auquel la demande aurait donné lieu, s'il avait été convenu par par acte public, doit être perçu indépendamment du droit dû pour l'acte ou le jugement qui a prononcé la condamnation. *Art.* 69 *de la loi de frim.* 7.

96. Cette disposition s'applique aux jugemens portant liquidation des sommes sur une demande non établie par un titre non enregistré et susceptible de l'être. *Instr.* 429. V. *ci-devant* n.° 86. — Elle comprend aussi toutes les conventions verbales ou prétendues telles. *Instr.* 132.

97. Les instr. 550 et 577 dispensent de l'Enregist.t les locations purement verbales; le droit ne peut donc être exigé sur les jugemens de l'espèce, puisqu'ils constatent qu'il n'existe pas d'actes. Mais il résulte de la condamn.n une obligation pour fermages arriérés, laquelle consentie par acte public, aurait donné lieu au droit proportionnel de 1 fr. p. 100. *Lettre de M. l'Administrateur de la* 1.re *division du* 3 *avril* 1821. — V. *bail*, n.° 57.

98. Le jugement qui condamne à 260 fr. pour prix d'une vente de paille, dont le titre n'est pas justifié, est assujéti, 1.° au droit de 5 fr. 20 cent. à raison de 2 p. 100 sur la demande non établie par un acte enregistré et susceptible de l'être. 2.° Et de 3 fr. fixe pour le jugement, attendu que le droit proport. de 50 c. p. 100 ne s'élève pas à 3 fr. *Art.* 68 *et* 69 *de la loi du* 22 *frim.* 7, *Arr. de cass. des* 21 *frim.* 13, et 9 *août* 1809. (*M. Sirey, année* 1810.)

99. Le jugement de justice de paix qui ordonne le paiement d'arrérages de rentes, sans énoncer aucun titre, est passible du droit proportionnel sur la constitution de rente, indépendamment de celui du jugement. *Sol. du* 30 *sept.* 1813. (*Art.* 4640, *j.*)

100. Sur celui qui donne acte au défendeur de sa reconnaissance de devoir 95 fr. et néanmoins renvoie devant un arbitre qu'il nomme pour concilier les parties sur le *quantum* de la dette, il est dû 1.° le droit d'obligation sur 95 fr.; 2.° un droit pour la nomination d'arbitre; 3.° et le double droit, si cette nomination n'a pas été enregistrée dans les 20 jours. *Sol. du* 13 *août* 1814.

101. Lorsqu'un jugement condamne un entrepreneur

cessant ses travaux à céder des matériaux à l'entrepreneur qui lui succède, en vertu d'une stipulation d'un traité enregistré, qui porte que l'entrepreneur pourra céder à son successeur ses matériaux qui seront estimés à dire d'experts, outre le droit de condamnation, il convient de percevoir un nouveau droit proportionnel sur l'obligation qui a servi de fondement à la demande et à la condamnation qui n'a pas encore acquitté ce droit. *Tribunal de la Seine du* 9 *août* 1816. (*Art.* 5630, *j.*)

102. Le jugement qui contient liquidation de compte entre des associés, et qui établit un sociétaire débiteur envers l'autre, est passible du droit de 1 p. 100 pour le résultat du compte, parce que l'obligation est individuelle. *Arr. de cass. du* 24 *mars* 1812. (*Art.* 4213, *j.*)

103. Celui qui condamne à payer ce qui reste dû sur le prix d'une vente verbale d'objets mobiliers, n'est point sujet au droit de 2 p. 100 sur la totalité de la créance, mais seulement sur la somme qui fait l'objet de la condamnation. *Déc. min. fin. du* 5 *avril* 1818. (*Art.* 6230, *j.*) Sans qu'il y ait lieu de percevoir le droit de quittance sur les sommes dont le paiement n'est pas demandé. *Sol. du* 15 *oct.* 1812. (*Art.* 4324, *j.*)

104. Les jugemens de justice de paix portant condamnation de sommes modiques pour salaires d'ouvriers ou domestiques, mois de nourrice, prêts ou ventes de comestibles ou autres objets réclamés en vertu de conventions verbales, doivent, indépendamment du droit d'enregistrement perceptible sur le jugement, celui auquel l'objet de la demande aurait donné lieu, s'il avait été convenu par acte public. *Circ. du* 8 *germ.* 12. *Arr. de cass. du* 21 *frim.* 12. *Instr.* 132.

105. Il y a exception au principe établi ci-dessus, lorsque la demande est formée en vertu de titres exempts de la formalité de l'enregistrement, comme les transferts des inscriptions sur le grand-livre de la dette publique, les quittances de leurs intérêts, les rescriptions, mandats et ordonnances sur les caisses publiques, et les quittances des contributions. Les jugemens de condamnation sur des demandes de cette nature, sont seulement sujets au droit de 50 cent. p. 100, quoiqu'il ne soit pas justifié de titres enregistrés, attendu que ces demandes sont établies sur des actes qui ne sont pas sujets à l'enregistrement. *Circ. du* 8 *germ.* 12. — V. *ci-après*, n.° 113.

106. Les jugemens qui condamnent les parties à payer aux Notaires et Avoués leurs honoraires et avances, à raison d'actes de leur ministère, sont dispensés d'un droit spécial sur l'objet de la demande. Le seul droit exigible est celui résultant du jugement. Cependant, lorsque la prescription établie par l'art. 2273 du Code civil est acquise, l'action devient une demande ordinaire, et doit, aux termes de l'art. 2274, être justifiée par un compte *arrêté*, ou tout autre titre *susceptible d'être enregistré*. *Déc. min. fin. du* 8 *pluv.* 9. *Instr.* 290, *nomb.* 33. — V. *exécutoires*.

107. Lorsqu'un fils, donataire de son père, répudie la donation après le décès de celui-ci, et que, sur la demande en reddition de compte de l'Administration qu'il avait eue des biens répudiés, formée par un créancier de la succession vacante, il intervient un jugement qui le renvoie de cette demande, comme n'étant point débiteur de la succession, et le constitue au contraire créancier de 100,000 fr., on doit percevoir sur ce jugement le droit de 5 fr., à raison du renvoi de demande, et celui de 50 cent. p. 100 sur 100,000 fr., bien qu'il soit rendu en l'absence du curateur à cette succession. *Arr. de cass. du* 9 *avril* 1812. (*Art.* 4178, *j.*)

108. Quant aux actes sous seing-privé produits dans le cours d'une instance, V. *actes*, n.° 94.

109. Lorsqu'un jugement, par lequel il est prononcé des condamnations sur des conventions verbales, est présenté à la formalité après le délai fixé par l'art. 20 de la loi de frim. 7, il y a lieu de percevoir le double droit sur le montant de la condamnation prononcée, et seulement le droit simple sur la convention qui fait la matière de la demande, à moins que cette convention n'ait pour objet une transmission de propriété, d'usufruit ou de jouissance d'immeuble, susceptible par elle-même de la peine du double droit, à défaut d'enregistrement dans les délais fixés par la loi, auquel cas seulement le double droit est aussi perçu sur la convention. *Instr.* 452. — V. *actes sous seing-privé*, n.° 91.

110. Pluralité des droits. — Il ne faut pas juger de l'indépendance des dispositions d'un arrêt par la rédaction du dispositif, mais par la substance des choses et la nature des condamnations. *Cour de Paris du* 3 *mars* 1810.

111. Il n'est dû qu'un seul droit sur un jugement qui condamne dix individus à diverses amendes montant à 15 fr.; parce que la pluralité du droit ne peut porter que sur la pluralité des dispositions, et non sur le nombre des personnes. *Sol. du* 16 *août* 1817. (*Art.* 5920, *j.*)

112. Il est dû deux droits proportionnels sur un jugement portant condamnation au paiement d'une créance, et autorisation au demandeur de toucher une somme due par un tiers saisi; cette dernière disposition, comme indépendante de la condamnation, doit engendrer le droit de collocation de 50 c. p. 100; sauf à restituer une partie de ce droit, si, par suite de la déclaration à faire par le tiers saisi, la somme n'est pas suffisante pour éteindre la créance. *Jug. du Trib. de la Seine, du* 9 *juin* 1820. (*Art.* 6791, *j.*)

113. Le jugement d'un Tribunal de commerce, qui autorise les Administrateurs du Mont-de-piété à payer à un prêteur qui a perdu ses reconnaissances, le montant des sommes qu'il a prêtées, à la charge par lui de fournir caution, est passible du droit de 50 c. p. 100 sur le montant de la condamnation et pour le cautionnement; celui de 1 p. 100, à raison du titre, ne peut être perçu en outre, parce que tous les actes du Mont-de-piété sont exempts de l'enregistrement. *Déc. min. fin. du* 19 *juin* 1810. (*Art.* 3875, *j.*)

114. Le jugement qui ordonne l'expertise et donne acte de la nomination des experts par les parties, est soumis à deux droits. — Il n'est dû aucun droit pour la disposition du jugement qui contient les résultats de l'expertise. *Instr.* 436, *nomb.* 24. — V. *serment*.

115. Sur le jugement qui ordonne, avant faire droit, une expertise, et portant nomination d'expert, si les parties n'en nomment point, on ne peut percevoir qu'un droit comme jugement préparatoire; il en serait dû deux, si la nomination émanait des parties, et que le jugement ne fît

que la proclamer. *Sol. du* 13 *août* 1814. — Pour connaître ces droits, V. *nomination d'experts*.

116. Celui qui contient enquêtes et visites de lieux, est soumis à un droit indépendant de celui de jugement, quand même le Juge prononcerait sur le lieu même sans désemparer, s'il est dressé procès-verbal de l'audition des témoins ou de la visite. — Dans les causes en dernier ressort, où il n'est pas rédigé de procès-verbal, aucun droit n'est dû sur la disposition du jugement qui contient les résultats de l'enquête, attendu que les mentions que le jugement énonce, en font partie intégrante. — Même règle pour les expertises. *Instr.* 436, *nomb.* 7.

117. Le jugement qui homologue une délibération de conseil de famille, relative à la vente des biens de mineurs, et nomme les experts ou le fonctionnaire qui doit recevoir l'enchère, n'est soumis qu'à un seul droit. *Instr.* 436, *nomb.* 73.

118. Celui qui prononce séparation de biens, et autorisation à la femme mariée de retirer sa dot des mains dans lesquelles elle a été déposée, n'est passible que du droit fixe. *Sol. du* 7 *mars* 1818. (*Art.* 6021, *j.*)

119. Il en est de même de celui qui, prononçant la séparation de biens, condamne le mari à rendre à sa femme ce qu'il a reçu à cause d'elle, puisqu'il n'en résulte, pour la femme, aucun nouvel avantage. *Autre sol. du même jour.*

120. Il n'est pas dû non plus de droit particulier sur la disposition d'un arrêt qui, dans les cas prévus par l'art. 473 du C. de P. C., infirme le jugement dont est appel. et statue en même-tems sur le fond. *Instr.* 436, *nomb.* 39.

121. La condamnation aux dépens, non plus que la distraction des dépens que l'Avoué obtient, ne peut motiver la perception d'un droit fixe, indépendamment de celui proportionnel sur le montant des condamnations. *Sol. du* 22 *niv.* 10. (*Art.* 1052, *j.*)

122. Il n'est dû qu'un seul droit pour un jugement qui condamne un endosseur à acquitter le montant d'une traite, et le tireur à indemniser l'endosseur de l'effet de cette condamnation, parce que le recours contre le tireur est de droit. *Sol. du* 26 *therm.* 12.

123. On ne peut agir, auprès de la justice de paix, *en vertu d'un pouvoir*, que cet acte n'ait été préalablement enregistré, et dans ce cas le jugement doit mentionner la procuration, et en rappeler l'enregistrement; mais, si le Juge admet un mandat *verbal*, et si le jugement indique qu'il n'y a pas de pouvoir écrit, cette énonciation ne donne pas lieu à un droit particulier, et l'on ne peut asseoir la perception sur un acte dont l'existence n'est pas prononcée. *Instr.* 436, *nomb.* 4.

124. Au Tribunal de commerce, le mandataire peut, séance tenante, être autorisé verbalement par la partie, et, dans ce cas, on ne peut percevoir aucun droit d'enregistrement. Mais, si le pouvoir spécial est écrit, il doit acquitter un droit particulier sur le jugem.t, s'il a été rendu de suite. — Le *visa* du Greffier, sur le pouvoir, est exempt d'enregistrement; en aucun cas, l'autorisation verbale ne doit être enregistrée. *Instr.* 436, *nomb.* 35. *Déc. min. fin. du* 2 *nov.* 1813. (*Art.* 4680, *j.*)

125. On peut admettre les défenseurs des parties non présentes à l'audience, à plaider pour elles, sur la simple représentation de l'original, ou de la copie de l'assignation, sans qu'il soit nécessaire d'y joindre un pouvoir aux mêmes fins, et la mention qui en est faite dans le jugement, ne donne lieu à aucun droit. *Déc. min. fin. et just. des* 21 *avril et* 3 *août* 1819. (*Art.* 6553, *j.*)

JUGEMENS EN MATIÈRE DE CONTRIBUTIONS.

126. Les jugemens en matière de contributions publiques ou locales, et autres sommes dues à l'Etat et aux établissemens locaux, sont assujétis aux mêmes droits d'enregistrement que ceux rendus entre particuliers. *Art.* 33 *de la loi du* 28 *avril* 1816.

127. Ceux en matière de *douanes*, qui portent condamnation en une amende et confiscation de marchandises au profit de l'Etat, sans énoncer la valeur des objets confisqués, sont enregistrables dans les vingt jours de leur date, aux droits *réservés*, sauf le recouvrement des droits contre les parties. Les Préposés de douanes doivent faire l'estimation des marchandises, soit avant le jugement, soit avant toute transaction avec les redevables, et remettre aussitôt le résultat de l'évaluation au Receveur de l'enregistrement pour la liquidation des droits. — Ces jugemens ne sont passibles que du droit de 50 c. par 100 fr. sur le montant des condamnations, à moins qu'ils ne portent explicitement que c'est à titre de dommages-intérêts que la confiscation est prononcée, cas dans lequel le droit de 2 p. 100 serait exigible sur la valeur des effets confisqués. *Instr.* 766.

128. Le droit de condamnation sur l'amende et la confiscation pour délit de contrebande, en matière de douanes, doit être liquidé sur le prix de la vente des marchandises confisquées. *Sol. du* 13 *anv.* 1821. (*Art.* 6893, *j.*)

129. Les procès-verbaux des douanes, comme exempts de l'enregistrement, ne donnent lieu à aucun droit, soit sur les actes mêmes, soit sur les jugemens rendus en conséquence. *Déc. min. fin. du* 1.er *septembre* 1820. (*Art.* 6818, *j.*)

130. JUGEMENS DES FONCTIONNAIRES ETRANGERS. Toutes les fois que des parties ont recours à un Tribunal français pour faire rendre exécutoires des jugemens ou actes émanés des Juges ou autres Fonctionnaires étrangers, et auxquels la loi n'accorde pas d'exécution en France, il est incontestable que le jugement qui intervient sur cette demande, est passible de tous les droits auxquels les jugem.s ordin.s sont assujétis. *Instr.* 436, *nomb.* 45.

131. JUGEMENS PORTANT TRANSMISSION *d'immeubles ou résolution de contrats*. — Lorsqu'un individu a acquis seul un immeuble et a payé les droits de mutation, et qu'un jugement reconnaît ensuite qu'un autre individu a une part dans cet immeuble, comme coacquéreur, ce jugement forme un titre pour ce dernier, qui est censé opérer la mutation, et donne ouverture aux droits proportionnels, sans qu'il y ait lieu à aucune restitution sur le premier droit qui a été perçu. *Arr. de cass. du* 6 *octobre* 1813. (*Art.* 4729, *j.*)

132. Le jugement qui envoie une femme en possession d'un immeuble appartenant à son mari, pour la remplir de ses reprises matrimoniales et autres menues dépenses, est passible du droit proportionnel, lorsque, par le contrat de mariage, le mari avait la faculté de se libérer envers sa femme avec les mêmes deniers qu'il avait reçus en

dot, et qu'il n'avait été apporté par celle-ci que de l'argent. *Arrêt d'admission en cass. du* 30 *déc.* 1813. (*Art.* 5005, *j.*)

133. Il n'est dû que le droit fixe de 5 fr. pour celui qui envoie la veuve dans la propriété de biens acquis par son mari, lorsque ses biens dotaux ont été vendus, et que le contrat de mariage accordait au mari la faculté de les vendre, à la charge de remploi en fonds de terre. *Arrêt de cass. du* 29 *mai* 1816. (*Art.* 5539, *j.*). — Au surplus, V. *adjudication*, *antichrèse*, *mutation*, *résolution*, *restitution* et *rétrocession*.

134. JUGEMENS ENREGISTRABLES EN DÉBET OU EXEMPTS *de l'enregistrement.* — V. *actes*, page 55.

135. JUGEMENS ENREGISTRABLES GRATIS. — Les actes et jugemens pour rectification sur les registres de l'état civil, d'actes dans l'intérêt des individus notoirement indigens, doivent être enregistrés *gratis*, ainsi qu'il est dit p. 55, n.° 55. — Les Recev. ne donneront la formalité *gratis* aux actes et jugemens de l'espèce, que sur la production d'un certificat d'indigence délivré par le Maire et légalisé par le Sous-préfet, ou lorsque, dans les cas urgens, ces actes contiendront la mention expresse qu'ils intéressent des personnes notoirement indigentes, et que d'ailleurs la formalité aura été requise par le ministère public. *Inst. génér. du* 19 *avril* 1821, n.° 978.

JURÉS-COMPTEURS, institués sur les ports de la Loire, par décision du Ministre de l'intérieur du 10 févr. 1812. (*Art.* 6822, *j.*) — V. *lettres de voiture*.

LAISSEZ-PASSER. Ceux délivrés aux entrepreneurs des voitures publiques, par les Préposés de la Régie des contributions indirectes, pour chaque voiture que ces entrepreneurs ont en circulation, doivent être frappés du timbre spécial de cette Régie. *Instr.* 327.

LANGUE *française*. V. *Idiôme*.

LÉGALISATIONS (les) de signatures d'officiers publics sont exemptes d'enregistrement. *Art.* 70 *de la loi de frim.* 7, ainsi que celles de la signature des particuliers, comme actes administratifs. *Loi du* 15 *mai* 1818.

LÉGATAIRE. Le légataire universel a une saisine de droit, et peut prendre celle de fait, en vertu d'une simple ordonnance d'envoi en possession, rendue sur sa seule requête, et sans qu'il ait besoin de délivrance. *Arr. de cass. du* 2 *fév.* 1818. — V. *bureaux*, page 95, n.os 42 et suiv.; *délai*, page 137, n.os 62 et suiv.; *succession*, n.os 140 et suiv.; et *testament*.

LÉGENDE. Chaque timbre doit porter pour légende, *timbre royal*. — V. *timbre*.

LÉGION *d'honneur*. Les procurations et certificats de vie pour recevoir les traitemens et gratifications des membres de la Légion d'honneur, sont exempts de l'enregistrement. *Déc. min. fin. du* 11 *août* 1817. — V. *acquisition*, page 51, n.° 5; *bail*, page 88, n.° 28; *certificat*, page 104, n.os 12 et 20; *échange*, page 153, n.° 14; et *procuration*.

LÉGITIMATION. V. *reconnaissance*, n.os 13 et suiv.

LÉGITIME, *en fait de succession*, est une portion que la loi attribue aux enfans, sur les biens du père et de la mère. — Pour connaître quelle doit être cette portion, V. *quotité disponible*.

V. aussi *quittance*, n.° 14; et *partage*.

LEGS. Don laissé par acte à cause de mort. Les droits d'enregistrement pour les legs sont indiqués au mot *succession*, n.os 48, 49, 140 et suiv., et doivent être acquittés par le légataire. V. *succession*, n.os 224 et suiv.

Pour les legs faits aux fabriques, séminaires, *etc.* V. *donation*, page 151, n.° 33.

V. aussi *acceptation*, n.° 7, *délivrance* et *renonciation*.

LÉSION. Dommage qu'on souffre en quelque convention. V. *résolution*.

LETTRES-*de-change* (les) tirées de place en place, et celle venant de l'étranger ou des colonies françaises, sont passibles du droit de 25 cent. par 100 fr.: elles pourront n'être présentées à l'enregistrement qu'avec l'assignation. *Art.* 50 *de la loi de* 1816.

1. Dans le cas de protêt *faute d'acceptation*, elles doivent être enregistrées seulement avant que la demande en remboursement ou en cautionnement puisse être formée contre les endosseurs ou le tireur. *Idem.*

2. Pour faire une juste application de la disposition ci-dessus, il ne faut pas confondre les protêts *faute de paiement*, qui font l'objet de l'art. 162 du C. de Com., avec les protêts faute *d'acceptation*, dont parle l'art. 119 du même code. *Instr.* 714.

3. Le protêt ne rend pas passible du droit d'enregistrement une lettre-de-change non acceptée; c'est l'assignation ou la demande après le protêt, qui rend ce droit exigible. *Déc. min. fin. du* 1.er *août* 1817. (*Art.* 6434., *j.*)

4. Il y a contravention aux art. 41 de la loi de frim. 7, 50 et 77 de celle de 1816, lorsqu'une lettre-de-change protestée faute de paiement, n'est soumise à l'enregistrement qu'après l'assignation sur protêt. *Arr. de cass. du* 7 *nov.* 1820. (*Art.* 6868, *j.*)

5. Toute lettre-de-change est sujète au droit de timbre proportionnel. *Art.* 64 *de la loi de* 1816. — V. *effet de commerce*.

6. La lettre-de-change, passée *devant Notaire*, est sujète au droit de 25 cent. p. 100, dans le délai prescrit par l'art. 20 de la loi de frim. 7. *Instr.* 883.

7. Cette lettre-de-change, ainsi que les billets à ordre et autres effets négociables, passés devant Notaires, ne peuvent être délivrés en brevets ou par expédition, être négociés, acceptés, endossés ni protestés que sur papier du timbre proportionnel; mais les minutes de ces actes qui resteraient déposés dans l'étude du Notaire rapporteur, peuvent être écrites sur du papier de dimension. *Déc. min. fin.* (*Art.* 5492, *j.*)

8. Les lettres-de-change enregistrées au droit fixe de 1 fr., conformément à l'Instr. 410, sont passibles du droit proportionnel, lorsqu'elles forment l'objet d'une action en justice. *Sol. du* 24 *déc.* 1817. (*Art.* 5976, *j.*) — Il a été ordonné de laisser sans suite les demandes du droit d'enregistrement des lettres-de-change passées devant Notaire, antérieurement au 22 nov. 1808. *Déc. min. fin. du* 5 *juin* 1810. (*Art.* 3856, *j.*)

9. On doit considérer comme lettre-de-change celle ainsi conçue: « Au 1.er ...., il plaira à M.me mon « épouse, que j'autorise pour l'acceptation, payer sur

« cette seule de change, à l'ordre de...., la somme « de ...., valeur reçue comptant et que M.me passera « sans autre avis de son mari ». *Sol. du* 11 *fév.* 1817. (*Art.* 5672, *j.*)

10. La lettre-de-change ne perd pas son caractère par cela seul que le tireur qui se trouve en même-tems porteur d'ordre, l'a endossée au profit d'un tiers dans le lieu même où elle est payable. *Arr. de cass. du* 28 *fév.* 1810. (*Art.* 3752, *j.*)

11. Celle payable à l'ordre du tireur, sans désignation de la personne sur laquelle elle est tirée, n'en est pas moins une lettre-de-change. *Sol. du* 4 *nov.* 1814. (*Art.* 4953, *j.*)

12. Une traite en échange de valeur, *tirée sur soi-même*, est parfaite, s'il y a remise de *place* en *place*, pourvu que la traite soit revêtue des formalités prescrites. *Arr. de cass. du* 1.er *mai* 1809.

13. Celle payable dans la ville du tireur et tirée sur une autre place, a tous les caractères d'une lettre-de-change, à moins que les parties ne prouvent que la remise de place en place avait été supposée; cas où cette traite serait rangée dans la classe de simple promesse; mais on doit difficilement présumer cette supposition frauduleuse. *Instr.* 410.

14. *Lettres-de-change à considérer comme simple promesse.* — Une lettre-de-change est la cession d'une somme faite par le tireur à un tiers, pour être payée par son correspondant dans un autre lieu que celui où la lettre-de-change a été tirée; le billet *portant*: J'ai reçu de J...., une traite sur...., de la somme de 1200 fr., payable le...., dont je lui tiendrai compte, est un engagement ordinaire et non une lettre-de-change. *Arr. de cass. du* 19 *janv.* 1813.

15. La lettre-de-change tirée de place en place, avec la condition que le paiement sera fait dans la ville où elle a été tirée, doit 50 c. p. 100, comme simple promesse, aux termes de l'art. 112 de C. de Com. *Sol. de l'Administration.* (*Art.* 4926, *j.*)

16. Celle à l'ordre du tireur, n'est réputée lettre-de-change que par l'endossement du tireur au profit d'un tiers, qui forme le contrat de change. *Instr.* 410. *Déc. min. fin. et just. des* 10 *et* 18 *mai* 1813. — Dans le cas où elle serait tirée par celui qui l'a souscrite au profit de lui-même, passée par lui à l'ordre d'une tierce personne, et serait, faute de paiement, protestée à la requête du tireur et non de l'endosseur, elle devrait être soumise au droit dont sont passibles les promesses et billets à ordre. *Instr.* 410. *Déc. min. fin. et just. du* 18 *mai* 1813. (*Art.* 4510. *j.*)

17. Des effets souscrits en la forme de lettres de change et causés pour valeur reçue en quittance du prix d'adjudication d'immeubles nationaux, suivant la circulaire du 13 nivôse 13, n'ont pas le véritable caractère de lettres de change, et ne sont pas soumis à la prescription de 5 ans. *Arr. de cass. du* 19 *août* 1811. (*M. Sirey, année* 1813.)

18. Si l'on donne des biens en hypothèque pour garantir le paiement d'un effet de commerce, V. *novation*.

19. LETTRE *de crédit*, celle par laquelle un commerçant invite son correspondant de fournir à un tiers, porteur de cette lettre, une somme quelconque. V. *billet et le* n.° 27 *ci-après*.

20. LETTRE *de grâce*, V. *amnistie*, *page* 78.

21. LETTRES *missives*. Celles qui ne contiennent ni obligation, ni quittance, ni aucune autre convention donnant lieu au droit proportionnel, opèrent le droit fixe de de 2 fr. *Art.* 43 *de la loi d'avril* 1816.

22. Elles doivent être visées pour timbre et enregistrées avant d'être produites en justice. *Art.* 30 *de la loi de brum.* 7. — V. *effets*, *page* 154 n.° 15.

23. Le mandat peut, sans contravention au timbre, être donné par lettre missive sur papier libre, en la faisant timbrer ou viser pour timbre avant de s'en servir. *Déc. min. fin. du* 25 *oct.* 1808. (*Art.* 3057, *j.*)

24. Quant aux avis distribués par forme de lettre, V. *affiches*, *page* 68 n.° 8.

25. La correspondance réciproque des parties, par laquelle elles conviennent l'une de vendre, l'autre d'acquérir, tel bien à telle condition, vaut vente. *Arr. de cass. du* 14 *frim.* 14.

26. Une lettre écrite de Madrid le 22 janvier 1812 et enregistrée à cette époque dans la même ville, contenant reconnaissance de 20,000 réaux veillon, n'est point passible du droit proportionnel en France, avant d'être produite en justice, surtout lorsqu'elle est relatée dans un jugement rendu dans cette ville le 10 mai 1813. *Déc. min. fin. du* 6 *fév.* 1815. (*Art.* 5085, *j.*)

27. La lettre écrite par un négociant à l'un de ses correspondans par laquelle, en annonçant l'existence d'un bon donné pour effectuer en son nom un paiement à un tiers, il prie la personne à qui s'adresse la lettre, d'aviser aux moyens de faire ce paiement, n'est ni une *lettre de crédit*, ni une obligation; c'est une simple missive contenant procuration pour négocier. Le titre obligatoire est le bon énoncé dans la lettre, et serait seul passible du droit proportionnel, s'il était présenté à l'enregistrement. *Sol. du* 11 *avril* 1818. (*Art.* 6045, *j.*)

28. LETTRES PATENTES. V. *greffe* (*droits de*) et *majorat*.

29. LETTRES *de voiture*. Lettres ouvertes contenant l'énonciation des marchandises ou effets confiés à un voiturier pour les rendre à leur destination dans un tems fixe.

30. Les lettres de voiture sont soumises au droit fixe de 1 fr. par chaque personne à qui les envois sont faits. *Art.* 68 *de la loi de frim.* 7. Et doivent, à peine de 30 fr. d'amende, être écrites sur papier timbré de la dimension qui convient aux parties, ainsi que les connaissemens et chartes parties. *Instr.* 419.

31. L'accusé de réception peut être mis au pied d'une lettre de voiture sans engendrer un nouveau droit de timbre. *Sol. du* 2 *vend.* 14. (*Art.* 2154, *j.*)

32. Un écrit signé de celui qui expédie des marchandises, et indiquant le nom du voiturier et le prix à lui payer pour sa voiture jusqu'à certaine distance de la route, doit être considéré comme lettre de voiture et susceptible du timbre. *Déc. min. fin. du* 27 *avril* 1819. (*Art.* 6489, *j.*)

33. Les duplicata de lettre de voiture sont, comme les lettres originales, sujets au timbre. *Instr. gén.* n.° 326.

Sol. du 5 flor. 8. *Déc. min. fin. du 9 mars* 1819. (*Art.* 6537, *j.*)

34. Le porteur d'une lettre de voiture passée en pays étranger, est passible de l'amende, lorsqu'il en fait usage en France sans la faire timbrer; attendu que tout acte fait et passé en pays étranger ou dans les îles et colonies, est soumis au timbre avant qu'il puisse en être fait usage en France, soit dans un acte public, soit dans une déclaration quelconque, soit devant une autorité judiciaire ou administrative. *Sol. du* 6 *oct.* 1819. (*Art.* 6595, *j.*)

35. Le négociant, sur le voiturier duquel a été saisie une lettre de voiture écrite sur papier libre, ne peut éluder la peine de sa contravention, en présentant un double timbré de cette lettre de voiture. *Arr. de cass. du* 21 *pluv.* 9.

36. Les lettres de voiture faites depuis le 1.er janvier 1815 sur papier à l'ancien timbre et non contre-timbrées au type royal, sont en contravention. *Arr. de cass. du* 23 *janv.* 1817. (*Art.* 5797, *j.*)

37. Non seulement les Préposés des douanes, des octrois et des contributions indirectes, (*Instr.* 326 *et* 375,) mais encore les gendarmes, doivent avoir la moitié des amendes des contraventions au timbre des lettres de voiture qu'ils ont constatées. *Déc. min. fin. du* 14 *févr.* 1817. (*Art.* 6203, *j.*)

38. Les gardes-ports et jurés-compteurs sont aussi autorisés à constater les contraventions à la loi du timbre qu'ils reconnaissent en visant les lettres de voiture; ils ont droit à la moitié des amendes. *Déc. min. fin. du* 3 *nov.* 1820. (*Art.* 6823, *j.*)

39. On prélève les droits de timbre et les frais, sur la portion recouvrée sur le contrevenant. Ce prélèvement doit figurer sur le registre du visa du bureau où le paiement a été fait; la moitié du surplus doit seule être comptée, lorsque le restant tombe en non-valeur. *Circ. des* 7 *janv. et* 19 *avril* 1806.

40. Le simple refus d'un voiturier de représenter une lettre de voiture, sous prétexte qu'il ne lui en a pas été remis, ne suffit pas pour autoriser les poursuites; il est nécessaire de produire la preuve matérielle de la contravention, conformément à l'art. 31 de la loi du 13 brum. 7. *Instr.* 575.

41. *Exemption.* Sont dispensés de se pourvoir de lettres de voiture, 1.° les propriétaires qui font conduire, par leurs voituriers et domestiques ou fermiers, les produits de leurs récoltes. *Instr.* 419. — 2.° Le manufacturier qui fait transporter ses produits dans ses magasins par ses chevaux. *Sol. du* 1.er *févr.* 1816. (*Art.* 5367, *j.*)

42. Sont exemptes du timbre, 1.° les lettres de voiture pour le transport d'effets militaires, ou pour le compte direct du Gouvernement, expédiés par ses Agens, *autres que les entrepreneurs. Circ.* 2042. *Instr.* 326. — 2.° Celles expédiées par les entrepreneurs des transports de la marine, pour l'approvisionnement des ports, quand elles sont visées par l'Administration de la marine. *Déc. min. fin. du* 11 *mars* 1806. — 3.° Les feuilles que se délivrent entre eux les Agens de la Direction générale des subsistances, à raison des envois qu'ils se font pour les besoins du service. *Déc. min. fin. du* 22 *mai* 1818. — Quant aux lettres de voiture qui accompagnent des objets chargés aux messageries, V. *messageries.*

LETTRES *de correspondance des Employés.*

43. Les lettres écrites par les Employés au Directeur, par celui-ci ou les Employés supérieurs à l'Administration, sont à mi-marge, et numérotées en tête de la marge gauche. *Ordr. gén., art.* 94 *et* 259. *Circ.* 1802.

44. Le Directeur, les Inspecteurs et Receveurs conservent une copie de leurs lettres sur un registre *ad hoc*, et les terminent sans compliment final. *Art.* 94, 226 *et* 259 *des ordr. gén. Circ.* 1802.

45. On doit émarger les lettres de l'indication précise de l'objet qui s'y trouve traité. *Lettre de M. l'Adm. de la* 1.re *div. du* 13 *févr.* 1817.

46. Celles qui doivent être envoyées à M. le Directeur général, seront timbrées : *division du personnel*, pour les envois directs au Directeur général. — V. l'*Instr.* 752.

47. Il ne faut jamais traiter plusieurs objets dans la même lettre, lors même qu'il ne s'agirait que d'accusés de réception; mais on peut réunir dans un même paquet les lettres qui concernent une même division. *Circ. du* 17 *vent.* 12.

48. Les expéditions sous une même enveloppe, doivent être placées avec ordre, de manière que chacune d'elles soit renfermée dans la lettre d'envoi qui lui est particulière. *Circ. des* 26 *brum.*, 17 *vent. et* 17 *germ.* 12.

49. On doit éviter de se servir de papier d'un trop grand format; il faut traiter par lettres ou rapports distincts, les objets qui, dans les états, comportent une discussion de quelque étendue. *Circ. de M. l'Admin. de la* 5.e *div., du* 1.er *févr.* 1817.

50. Il est esssentiel, pour diminuer les frais de ports de lettres, de retrancher les feuilles blanches, et de supprimer les enveloppes, toutes les fois que l'adresse peut être mise sur la lettre, sans que l'écriture puisse en être détériorée. *Circ.* 1802. — Il faut aussi éviter les lettres d'envoi, lorsqu'elles deviennent sans utilité. — Cette économie est superflue pour les lettres adressées à M. le Directeur général, qui jouit de la franchise des ports. *Art.* 262 *des ordres génér. Circ.* 83, 174, 839 *et* 1378. *Instr.* 171. — V. *ports de lettres* et *adresse.*

51. On ne doit jamais réunir sous le même cachet, des papiers destinés à plusieurs bureaux ou à plusieurs divisions. *Circ. du* 17 *germ.* 12.

52. La lettre en demande de papiers timbrés, doit être séparée de celle pour demande d'impressions et registres non timbrés *Circ. de M. l'Administr. chargé de ces parties du* 12 *mars* 1812. — V. *correspondance.*

53. Les Employés peuvent refuser les lettres qui leur sont écrites par des particuliers et dont le port ne serait pas affranchi. Ceux du chef-lieu de départ.t remettent au Direct.r les lettres concernant l'Administration qu'ils écrivent à leurs collègues. *Instr.* 171.

54. Les lettres concernant l'Administration, écrites à des fonctionnaires publics doivent porter sur l'adresse le nom et la qualité de l'employé, avec le n.° du registre de correspondance. *Circ.* 1238. *Instr.* 171.

55. LETTRE *de tournée*, celle que l'Inspecteur écrit à M. l'Administrateur, en envoyant, après la tournée de contrôle, son état général de comparaison des produits.

56. Il est recommandé aux Inspecteurs de donner une attention particulière à la situation du recouvrement de

toutes les branches de produits, et d'en rendre le compte le plus rigoureux par leur lettre de tournée. l'Administration doit être mise à même d'apprécier les travaux de ses Préposés avec certitude, et d'arrêter les progrès de la négligence. *Circ. du* 22 *mars* 1808. V. *les Ord. génér.*

57. Cette lettre doit faire connaître le résultat de la comparaison des registres de recette, avec l'état qui est remis par le Directeur, des mandats délivrés par le Receveur général sur le Caissier central du Trésor, et qui ont reçu la formalité du *visa.* — *Instr.* 923.

58. M. l'Administrateur de la première division a prescrit, le 16 mars 1820, un mode uniforme de rédaction, ainsi qu'il suit : §. 1.er Observations sur les causes des augmentations et diminutions, sur le travail des Receveurs, leurs découvertes et les moyens employés pour les obtenir. — §. 2. Examen des arrêtés des registres de recettes, des enregistremens et des perceptions. — §. 3. Examen des calculs, etc. — §. 4. Examen des mesures prises dans chaque bureau, pour la sûreté des caisses et papiers timbrés.—§. 5. Répertoires et notices de décès. — §. 6. Comparaison des annotations de paiement mises sur les sommiers, avec les registres de recette, et vérification prescrite par l'instruction 607, relative aux droits réservés. — §. 7. Tenue des sommiers, des tables alphabétiques, et du sommier de la contribution foncière ; renvois, mercuriales, et autres objets d'ordre et de manutention. — §. 8. Instances.— §. 9. Vérification des inventaires des bureaux. — §. 10. Manutention des Conservateurs des hypothèques. — §. 11. Observ.s particulières. V. *tournée* et *inspecteurs.*

59 L'Inspecteur de la première division s'expliquera sur le résultat de sa vérification du registre des ports de lettres tenu à la Direction, et du produit de la comparaison des bulletins du timbre extraordinaire. *Instr.* 171.

60. LETTRE *de contre-tournée*, celle que l'Inspecteur écrit aux Receveurs de sa division, dans les premiers jours de la contre-tournée, pour servir d'ordres et d'instructions. — Elle rappelle les vices de perception, les irrégularités et négligences remarquées pendant sa tournée de contrôle. V. art. 216 des *ordr. de régie*, et *inspect.s*

LEVÉE *de scellés*, V. *scellés.*

LIBÉRALITÉ (*actes de*), V. *donation*, *succession* et *testament.*

LIBÉRATION, V. *acceptation* et *quittance.*

LICENCES, délivrées par les Préposés des contributions indirectes : elles sont passibles du timbre de cette Régie. *Instr.* 327.

Celles de pêche dans les rivières navigables sont, comme les baux de cette nature, sujètes au timbre et à l'enregistrement. *Instr.* 246.

LICITATION, vente aux enchères d'un objet indivis.

1. Si elle a lieu en faveur d'un étranger, le droit se liquide à raison de 2 p. 100, ou de 5 fr. 50 c. par 100 fr., sur la totalité de l'adjudication, suivant qu'il s'agit de mobilier ou de biens immeubles. *Art.* 69 *de la loi de frim.* 7, *et* 54 *de celle d'avril* 1816.

2. Lorsque c'est un des copropriétaires qui se rend adjudicataire, il ne doit le droit que pour les parts et portions qu'il acquiert. *Idem.* — Voyez, pour le droit immobilier, les n.os 4 et 5 ci-après.

3. Tant que le colicitant n'acquiert pas pour une valeur excédant sa portion, dans la masse des biens vendus, il ne doit pas de droit proportionnel. *Sol. du* 21 *nov.* 1814. V. ci-après les n.os 7 et suiv.

4. Le cohéritier qui acquiert une part quelconque dans l'immeuble indivis, étant censé, aux termes de l'art. 883 du C. C., avoir succédé seul et immédiatement à cette part, les actes de l'espèce ne sont pas sujets, par leur nature, à la transcription ; l'art. 54 de la loi du 28 avril 1816 ne leur est pas nécessairement applicable ; dès-lors ils ne sont soumis qu'au droit de 4 p. 100. *Arr. de cass. du* 27 *juillet* 1819. — Les droits perçus au-delà de ce taux doivent être restitués. *Instr.* 904.

5. Quelle que soit la nature de l'acte de mutation qui fait cesser l'indivision entre des cohéritiers, le seul droit à percevoir est celui de 4 p. 100, attendu que l'art. 827 du C. C. donne aux héritiers majeurs, la faculté de liciter devant un Notaire à leur choix, et que l'arrêt de cass. du 3 mars 1807 regarde comme partage, la cession de droits successifs entre cohérit. *Lettr. de M. l'Admin.r de la* 1.re *divis.*, *du* 3 *avril* 1821, qui a ordonné la restitution du droit de 1 fr. 50 c p. 100, qu'on avait exigé sur trois actes de vente de l'espèce, entre cohéritiers.

6. Les licitations d'immeubles, lorsque les copropriétaires ne sont point cohéritiers, sont passibles du droit de 5 fr. 50 cent. pour 100 ; attendu que la fiction établie par l'art. 883 du Code civil, étant une exception au droit commun, ne doit pas être étendue hors du cas pour lequel elle a été créée. *Jugement du tribunal de la Seine du* 20 *nov.* 1819. (*Art.* 6568, *j.*).

7. Lorsqu'un des héritiers d'une succession indivise acquiert par licitation une partie des biens de l'hérédité, le droit doit être perçu sur la somme qui, d'après le contenu de l'acte et dans l'état où sont les choses, forme le prix apparent de la portion indivise acquise par licitation, sauf restitution convenable en justifiant, par le cohéritier acquéreur, dans les deux ans de l'enregistrement du contrat, d'un partage ou d'une liquidation constatant la part qui lui est revenue dans les biens de la succession. *Déc. min. fin. du* 22 *oct.* 1819. (*Art.* 6573, *j.*)

8. Quand des biens indivis sont vendus séparément, et à des dates différentes, on ne doit excepter du droit d'enregistrement, en cas d'aliénation à l'un des copropriétaires, que sa part dans le prix de la vente qui lui est faite et non dans celui de la totalité des biens, ses droits indivis n'étant pas positivement fixés. *Sol. du* 27 *juin* 1817. (*Art.* 5793, *j.*)

9. Lorsque dans une vente en détail et par lots, d'objets mobiliers, l'une des parties intéressées se rend adjudicataire d'un ou plusieurs des lots, le droit de 2 p. 100 n'en est pas moins perceptible sur l'intégralité du prix. Mais les adjudications de la totalité d'un fonds de commerce, par forme de licitation, dont l'un des colicitans se rend adjudicataire, doivent subir, pour la liquidation du droit, la déduction de la portion qui doit revenir à cet adjudicataire. *Déc. min. fin. du* 10 *déc.* 1819. (*Art.* 6785, *j.*)

10. Lorsque le colicitant acquéreur est chargé de payer en entier les frais, occasionnés par les opérations relatives à la licitation, le droit ne doit porter sur le montant des

frais que dans la proportion des parts acquises. *Sol. des* 3 *niv.* 10 et 21 *nov.* 1814.

11. Les réquisitions et déclaratoires des Avoués, ainsi que les procès-verbaux de publications qui se trouvent à la suite du cahier des charges et de l'adjudication préparatoire, ne peuvent donner lieu à aucun droit particulier. *Sol. du* 21 *nov.* 1814.

LIGNE. Ordre de parenté.

1. La proximité de parenté s'établit par le nombre de générations: chaque génération s'appelle un degré. *Art.* 735 *du C. C.*

2. La suite des degrés forme la *ligne*: on appelle *ligne directe*, la suite des degrés entre personnes qui descendent l'une de l'autre; *ligne collatérale*, la suite des degrés entre personnes qui ne descendent pas les unes des autres, mais qui descendent d'un auteur commun. — On distingue la ligne directe, en ligne directe descendante et ligne directe ascendante. — La première est celle qui lie le chef avec ceux qui descendent de lui; la deuxième est celle qui lie une personne avec ceux dont elle descend. *Art.* 736 *du C. C.*

3. En *ligne directe*, on compte autant de degrés qu'il y a de générations entre les personnes: ainsi le fils est à l'égard du père, au premier degré, le petit-fils au second, et réciproquement du père de l'aïeul à l'égard du fils et petit-fils. *Art.* 737.

4. En *ligne collatérale*, les degrés se comptent par les générations, depuis l'un des parens jusques et non compris l'auteur commun, et depuis celui-ci jusqu'à l'autre parent: Ainsi, deux frères sont au deuxième degré; l'oncle et le neveu sont au troisième degré; les cousins germains au quatrième, et ainsi de suite. *Art.* 738.

5. Pour connaître l'ordre dans lequel se divisent les successions dévolues à des ascendans et à des collatéraux, V. *successions*. — Quant aux droits dûs pour les mutations de biens en ligne directe, entre collatéraux ou personnes non parentes, V. *donation*, *mariage* et *succession*.

LIQUIDATION. Espèce de compte qui règle des droits, créances, etc.

1. LIQUIDATION *de la dette publique*. V. *actes*, page 56, n.os 66 et 67.

2. Les actes produits pour la liquidation des créances anglaises, sont assujétis aux même droits de timbre et d'enregistrement que s'ils avaient été passés en France, et ne peuvent être produits aux commissaires liquidateurs qu'après le paiement de ces droits. *Déc. min. fin. du* 25 *sept.* 1816. (*Art.* 5540, *j.*)

3. LIQUIDATION *de société*. V. *jugement*, n.° 86.

4. LIQUIDATION *de reprises*, etc. L'acte par lequel un héritier se reconnaît débiteur, envers la veuve du défunt, du douaire stipulé par le contrat de mariage de celle-ci, doit être considéré, non comme le titre d'une obligation nouvelle, mais bien comme l'exécution d'un titre antérieur (le contrat de mariage). En conséquence, cet acte n'est point assujéti au droit proportionnel établi par l'art. 69, §. 3, n.° 3 de la loi de frim. 7, mais seulement au droit fixe de l'art. 68, §. 1.er, n.° 6. *Arr. de cass. du* 10 *oct.* 1817. (*M. Sirey*, *année* 1818.)

5. La liquidation qui fixe les reprises d'une veuve à 10,000 fr. dans laquelle somme se trouve comprise celle de 9,000 fr., provenant de ses apports en mariage, dont le mari s'était reconnu débiteur par son contrat, et dont le surplus résulte de la rectification d'une erreur dans le contrat de mariage, et de la fixation du deuil de la veuve, doit 1 p. 100 sur 1,000 fr., et 1 fr. fixe pour le surplus. *Arr. de cass. des* 6 *juin* 1811. *et* 13 *oct.* 1813.

6. Une liquidation générale ne doit pas de droit proportionnel, si ce droit a été perçu sur la liquidation particulière; dans ce cas la liquidation générale est regardée comme un simple acte de partage, passible seulement du droit fixe. *Arr. de cass. des* 1.er *juin* 1813, *et* 9 *fév.* 1814.

7. Il est essentiel de remarquer que la déclaration par un créancier du paiement fait par un débiteur absent, mais dénommé dans une liquidation, n'opère pas la libération de celui-ci, et que les aveux dans le même acte d'un débiteur présent, ne peuvent faire titre en faveur du créancier nommé. Le droit proportionnel ne peut donc être perçu à raison de ces dispositions particulières. *Tribunal d'Orléans, du* 3 *mars* 1817. *Déc. min. fin. du* 21 *nov.* 1818.

8. Il y a lieu d'exiger le droit de mutation de 5 1/2 p. 100 dans le ressort de la ci-devant coutume de Normandie, sur la disposition d'un acte de liquidation, par lequel les héritiers du défunt consentent, au profit de la veuve, pour lui tenir lieu de ses propres aliénés, l'abandon d'immeubles affectés précédemment à ce remploi. *Jugement du tribunal de Caen, du* 25 *mai* 1820, *et Déc. min. fin. du* 11 *août suivant.* (*Article* 6786, *j.*) Au surplus, V. *actes*, n.° 93, *compte* et *partage*.

LISTE *civile*. C'est l'état des domaines de la couronne. V. *procès-verbaux*.

LISTES *d'arrivages* de navires, délivrées par les Courtiers de navires. Elles doivent être sur papier timbré. *Déc. min. fin. du* 9 *fév.* 1808.

LITHOGRAPHIE. V. *affiches*, n.° 2.

LIVRE *tournois*. V. *monnaie*.

1. LIVRES *d'acquit* dont la tenue est prescrite à chaque chef d'atelier, par la loi du 18 mars 1806, ne sont plus sujets au timbre. *Déc. min. fin. du* 6 *juillet* 1813. (*Art.* 4692, *j.*)

2. LIVRES *de commerce*. Ceux qui, aux termes du C. de Com., doivent être paraphés, seront timbrés à tous les feuillets d'un timbre spécial. *Art.* 72 *de la loi du* 28 *avril* 1816. — Pour la quotité de ce droit, V. *le texte*, *p.* 36.

3. Le décime par franc est maintenu sur cette recette. *Instr.* 715.

4. C'est du timbre spécial dont il s'agit ici, que doivent être frappés les registres des aubergistes, imprimeurs, entrepreneurs de messageries et de roulage, des horlogers, armuriers, débitans de poudre, droguistes, etc. *Instr.* 774. — V. *registres*.

5. Il en est de ces registres comme des répertoires des Officiers publics; en conséquence, les feuilles des livres ou registres sujets au timbre, d'après l'art. 72 de la loi de 1816, mais qui étaient timbrées et non employées au moment de l'exécution de cette loi, conti-

nueront de servir sans être contre-timbrées ou visées pour timbre. *Déc. min. fin. du* 11 *nov.* 1816. (*Art.* 5586, *j.*)

6. Tous individus assujétis à tenir des livres, par les lois et réglemens, sont tenus de les faire timbrer, sous peine de 500 fr. d'amende pour chaque contravention. *Art.* 72 *de la loi d'avril* 1816.

7. Aucun livre assujéti au timbre par les lois, ne pourra être produit en justice, ou devant des arbitres, déposé à un greffe en cas de faillite, ni énoncé dans aucun acte, s'il n'est timbré, ou si l'amende n'a été acquittée ; aucun concordat ne pourra être rédigé sans énoncer si les livres du failli sont revêtus des formalités ci-dessus, ni recevoir d'exécution avant que les amendes aient été payées. *Art.* 74 *de la même loi.*

8. Pour le procès-verbal de cote et paraphe. V. *cote et paraphe*, *page* 127.

9. LIVRE *des mutations*. La note de chaque mutation de propriétés, doit être inscrite dans le *livre des mutations*, à la diligence des parties intéressées, avec désignation des biens qui en sont l'objet, et indication du titre en vertu duquel la mutation s'est opérée, faute de quoi l'ancien propriétaire continue d'être inscrit au rôle, et lui ou ses héritiers peuvent être contraints au paiement de l'imposition, sauf leur recours contre le nouveau propriétaire. *Loi du* 3 *frim.* 7. *Circ.* 1465.

10. Les Employés doivent prendre connaissance de ces états. V. *communication*, n.° 16.

LOCATERIE *perpétuelle*. Bail par lequel le preneur acquiert la possession d'un bien, mais dont la propriété directe réside sur la tête du bailleur. V. *bail*, n.° 50.

Si le preneur est évincé, V. *rétrocession*.

LOCATION *verbale*. V. *bail*, n.° 57, et *jugement*, n.° 97.

LOI. La loi est exécutoire dans tout le Royaume, en vertu de la promulgation qui en est faite par le Roi. *Art.* 1.er *du C. C.* — Elle ne doit pas avoir d'effet rétroactif. V. *effet rétroactif*, page 154.

1. Celle reçue de l'Imprimerie royale par le Ministre de la justice le 26, est exécutoire à Paris le 28. Le délai pour l'exécution dans les autres départemens est d'un jour de plus qu'à Paris par chaque distance de 10 myriamètres, en observant que les fractions de distance entre 10, 20, 30 myriamètres, etc., doivent donner un jour. *Instr.* 768. V. *publication*.

2. Le sens que le Roi donne à la loi qu'il interprète ou développe, se rattache à la loi expliquée. *Déc. min. fin. du* 5 *juillet* 1808. *Arr. de cass. du* 19 *oct. suiv.*

3. Lorsque la loi accorde un délai pour se mettre en règle sur une opération qui a trait à l'enregistrement, il est utile que le Directeur se concerte avec le Préfet pour qu'un extrait de cette loi soit inséré dans le journal du département. *Instr.* 344.

4. Il suffit, pour établir un droit nouveau, que la nouvelle loi contienne une disposition contraire à celle de la loi antérieure, encore que la dernière ne fasse pas une mention expresse de celle qui l'a précédée. *Instr.* 331.

5. Les lois nouvelles sont toujours censées se référer aux lois antérieures dans tout ce qui ne les contrarie pas. *Avis du Conseil d'Etat*, *appr. le* 25 *mai* 1811.

6. La loi générale n'est pas censée déroger à la loi spéciale, lorsque la dérogation n'est pas formellement exprimée. *Arr. de cass. du* 26 *août* 1816.

LOTERIE. V. *billet*, n.° 28, et *amendes*, n.° 175.

LOUAGE *d'ouvrage ou d'industrie*. V. *bail*, n.° 64.

LOYAUX-COUTS. Frais que l'acquéreur doit payer outre le prix de son acquisition. V. *vente*.

LYCÉE. V. *Collèges royaux*, page 108.

MAIN-LEVÉE *d'inscription ou d'oppositions*. Consentement à la radiation d'une inscription, ou désistement d'une opposition.

1. La main-levée pure et simple, donnée dans un acte civil, doit être assimilée à un consentement ; elle est passible du droit fixe de 2 fr., en vertu de l'art. 43 de la loi d'avril 1816. *Instr.* 758. — Quant à celle prononcée par jugement, V. *jugement*.

2. Lorsque, dans une quittance, il est donné main-levée de l'opposition ou inscription que le créancier avait formée sur son débiteur, cette disposition est un accessoire et la suite immédiate de la quittance, ainsi elle ne peut être assujétie à aucun droit. Le seul à percevoir, fût-il inférieur à 2 francs, est de 50 c. p. 100. *Instr.* 590.

3. Cependant l'acte notarié qui constate la main-levée d'une inscription prise d'office sur des acquéreurs de biens des hospices, est passible, outre le droit fixe de 2 francs, de celui de 50 c. p. 100, à défaut de représentation de quittance enregistrée, sur le montant du prix de l'adjudication, lorsque l'expédition des autorisations qui sont jointes à la minute, consacre la libération de l'acquéreur. *Sol. du* 25 *sept.* 1815. (*Art.* 5294, *j.*)

4. Les droits des main-levées des inscriptions sur les débiteurs de créances de l'Etat, sont à la charge de ceux au profit desquels elles font titre. *Circ.* 2030.

5. Lorsque le Receveur d'un hospice, d'une commune ou d'une fabrique, est autorisé par le Conseil de préfecture à donner main-levée, et qu'il doit être passé un acte authentique pour consentir la radiation, l'autorisation préliminaire n'est sujète ni au timbre, ni à l'enregistrement. Mais l'acte ultérieur qui contient le consentement à la radiation, doit être revêtu de ces deux formalités. *Instr.* 605.

6. Les arrêtés des Préfets portant consentement de radier des inscriptions dans l'intérêt de l'Etat, lorsqu'ils suffisent pour que le Conservateur procède à la radiation, sans qu'il soit besoin d'actes subséquens, doivent être sur papier timbré et enregistrés dans les 20 jours. Il ne peut en être délivré expédition aux parties que sur timbre à 1 fr. 25 c. *Instr.* 638.

7. L'enregistrement aurait lieu gratis, s'il s'agissait d'inscriptions qui auraient été mal à propos requises sur des biens considérés, par erreur, comme chargés d'hypothèques envers le Trésor. *Instr.* 171. — V. *actes administratifs*.

8. Les décisions d'un Conseil de Préfecture, qui autorisent la radiation d'inscriptions prises par les hospices, ne sont passibles du timbre et de l'enregistrement qu'autant qu'elles dispensent expressément d'un acte de consentement notarié ; la minute de la délibération de l'hospice, portant qu'il y a lieu à radiation, doit être timbrée ; mais l'expédition au Préfet est exempte de cette formalité. *Sol. de l'Adm.* (*Art.* 2816, *j.*)

9. Le Receveur ne peut consentir main-levée, sans en avoir obtenu l'autorisation expresse du Directeur; il ne doit la donner que dans le cas où il s'agirait d'une inscription prise sur impôt indirect, et alors son consentement est passé devant Notaire, et doit relater l'autorisation du Directeur. S'il est question, au contraire, de quelque partie domaniale, c'est au Préfet à accorder la main-levée. *Circ.* 1669 *et* 2030.

10. Il n'appartient qu'à la Cour des comptes de décider qu'un comptable ne doit rien au Gouvernement; les Tribunaux ne peuvent, dans ce cas, accorder main-levée. *Arr. de cass. du* 25 *nov.* 1812.

MAIN-MISE. V. aux DOMAINES, page 39.

MAINTENUE *en possession*, V. *jugement.*

MAINTIEN ou RÉDUCTION *d'hypothèque* prononcé par jugement, V. *jugement.*

MAIRES et ADJOINTS, V. *actes*, *page* 54, n.os 25 *et suiv.*; *délai, page* 135, n.os 10 *et suiv.*; *notices de décès*, *pétition et répertoires.*

MAJORATS, ce sont des substitutions perpétuelles qui passent de mâle en mâle, par ordre de primogéniture, et qui ne peuvent devenir caduques que quand toute la descendance masculine issue du premier titulaire est éteinte. *Cour de Paris du* 26 *juillet* 1817.

1. Pour les droits d'enregistrement et de sceau à percevoir sur les lettres patentes conférant un majorat, V. *le texte de la loi, page* 27. — Quant aux droits de greffe, V. *greffe* (*droits de*) n.os 82 *et suiv.*

3. Aucune expédition desdites lettres patentes ne pourra être délivrée par le conseil du sceau des titres, que le droit d'enregistrement n'ait préalablement été payé. *Art.* 55 *de la loi du* 28 *avril* 1816. — V. *débiteur*, *page* 130, n.° 22.

2. Les droits d'enregistrement et d'hypothèques à percevoir sur les actes de constitution de majorats formés par les Pairs de France, sont ceux établis par le décret du 24 juin 1808. *Ordonn. royale du* 25 *août* 1817. (*Art.* 6005, *j.*)

4. MAJORAT *sur demande.* L'acte indicatif des biens proposés pour former le majorat, est soumis au droit fixe de 1 fr. La transcription aux hypothèques ne doit que le salaire du Conservateur. Le procès-verbal d'acceptation des conditions proposées par le Roi, est soumis à l'enregistrement et au timbre. La procuration donnée aux Avocats au Conseil, pour instruire les demandes relatives aux majorats, est passible du droit fixe d'enregistrement de 2 fr. Les requêtes des Avocats doivent être timbrées et les pièces produites à l'appui, sont exemptes de l'enregistrement. *Décr. du* 24 *juin* 1808. *Instr.* 413.

5. MAJORAT *de propre mouvement.* L'acte de constitution ou le procès-verbal de désignation des biens composant les majorats de propre mouvement, tant ceux dont la totalité de la dotation aura été accordée par S. M., que ceux dont la dotation n'aura été faite par elle qu'en partie, sera sur papier timbré et ne paiera aucun droit. *Art.* 3 *du décr.*

6. Pour les règles générales aux majorats sur demande ou de propre mouvement, V. *les instr.* 413 *et* 427.

MALADIE. Le Préposé qui est forcé de cesser son service pour maladie, en informe ou fait informer le Directeur, et lui fait en même-tems parvenir un certificat légalisé, d'un médecin ou chirurgien en titre. Le Directeur pourvoit au remplacement, en rend compte au Directeur général, et lui adresse le certificat du médecin avec ses observations. Dans ce cas, le Préposé conserve la jouissance de son traitement, pourvu qu'il ne quitte point sa résidence. Néanmoins, le traitement des Employés qui ont à fournir périodiquement des journaux de travail, ne peut leur être alloué que d'après une autorisation spéciale du Directeur général. Les Directeurs ne peuvent au surplus, permettre aucune absence sous le prétexte du besoin de changer d'air ou de prendre les eaux, sans avoir préalablement reçu un congé expédié dans la forme ordinaire. *Instr.* 812.

C'est à M. le Directeur général que le Directeur doit transmettre le certificat de maladie. *Instr.* 752. *Lettre de M. le Direct. génér. du* 25 *nov.* 1819.

MANDAT. Pouvoir de faire une chose. V. *procuration et mutation*, n.° 36.

L'acte qui constate que le capitaine d'un bâtiment de commerce a reçu de la compagnie qui a équipé ce bâtiment, une somme d'argent destinée à diverses opérat.s commerciales pendant sa course, est un mandat pour agir; le capitaine ne contracte aucune des obligations prescrites par les art. 1297 et suivans du C. C., il est seulement tenu de remettre la somme à sa destination. *Sol. du* 3 *mars* 1819. (*Art.* 6331, j.)

MANDAT. Ordre qu'un créancier donne par écrit à son débiteur, de payer une somme à une personne désignée.

1. Cet acte est soumis au droit d'Enregistrement de un p. 100. *Art.* 69, *loi frim.* 7. — V. *délégation*

2. Le mandat à terme ou de place en place doit être fait sur timbre proportionnel, comme les effets négociables, et sous la même peine. *Loi du* 6 *prair.* 7. *Circ.* 1580.

3. Les mandats ou ordonnances délivrés aux créanciers des successions vacantes sur le produit des biens, sans qu'il y ait eu distribution, ne sont pas sujets aux droits de Greffe. *Déc. min. fin. du* 26 *oct.* 1809. (*Art.* 3805, j.)

4. Les mandats sur les caisses publiques, leurs endossemens et acquits, sont exempts de l'Enregistrement. *Art.* 70, *de la loi du* 22 *frim.* 7.

6. *Timbre.* Les mandats non précédés d'exécutoires ou d'arrêtés sur papier timbré, doivent être écrits sur papier timbré, lors même que le montant ne s'élèverait pas à 10 fr. *Instr.* 72.

7. Cette disposition s'applique, 1.° aux mandats délivrés aux experts qui ont procédé à l'estimation des biens nationaux. *Déc. min. fin. du* 14 *pluv.* 12. — 2.° à ceux délivrés aux religieux pour le paiement des arrérages de leurs pensions; mais les actes de naissance et certificats de vie pour en obtenir la liquidation en sont exempts. *Déc. min. fin. du* 28 *vent.* 11. — Les droits de timbre ne peuvent être répétés par les parties prenantes sur les payeurs. *Circ.* 1566 *et* 1705.

8. Dans les mandats pour frais de justice délivrés aux Huissiers, il ne leur est attribué aucun droit pour la rédaction de leurs mémoires de frais, et rembourse-

ment de papier timbré qui y est employé. *Déc. min. just. du* 14 *germ.* 8.

9. Les mandats délivrés par les Préfets sur les caisses des Receveurs généraux pour fournitures d'effets d'habillement, sont sujets au timbre. *Déc. min. fin. du* 5 *janv.* 1815. (*Art.* 5034, *j.*)

10. Il en est de même de ceux au-dessus de 10 fr. que les fabriques délivrent à leurs fournisseurs. *Dec. min. fin.* (*Art.* 4498, *j.*)

11. Les mandats de paiement délivrés pour une adjudication faite au Ministère de la guerre, pour le compte du Gouvernement, doivent être timbrés à la charge de l'adjud.ⁿᵃ. *Déc. min. fin. du* 11 *juin* 1812. (*Art.* 4231, j.)

12. Ceux délivrés par les Receveurs généraux sur le caissier central du trésor, seront visés pour timbre, aussitôt qu'ils auront été détachés de la souche et après l'acquittement du droit proportionnel, *mais seulement* lorsqu'ils seront *présentés* par ces Recev.ˢ au Recev.ʳ du timbre extraordinaire. Pour le contrôle de cette perception, le Recev.ʳ gén. remet au Directeur, à la fin de chaque trimestre, un relevé de la date et du montant de chacun des mandats présentés au timbre. *Instr.* 923. *Lettre de M. l'Admin. de la* 1.ʳᵉ div., *du* 20 *mars* 1811.

13. *Sont exempts du timbre.* 1.° Ceux pour le paiement des traitemens et émolumens des fonctionnaires salariés par l'Etat; 2.° ceux qui ont pour objet le remboursement des avances par eux faites pour le service public. *Sol. du* 22 *germ.* 11; 3.° ceux expédiés au profit des particuliers pour frais de justice, réglés par exécutoires sur papier timbré et visés par le Préfet. *Instr.* 72; 4.° ceux pour le paiement des traitemens des Agens forestiers et les certificats de vie qui en tiennent lieu. *Circ.* 2033.

14. *Paiemens.* Lorsque la partie prenante, qui se présente dans un bureau pour toucher le montant d'un exécutoire, ne sait pas signer, la déclaration de non signature est mise en marge du rôle, et signée par un agent et par le commis principal, s'il s'agit de rôles qui doivent être acquittés par émargement; si c'est un mandat, une ordonnance, ou une facture, la partie qui ne sait pas signer en fait sa déclaration au Payeur, qui la transcrit de suite sur la pièce justificative de la dépense, la signe, et la fait signer par deux témoins présens à la déclaration. *Décr. du* 18 *mess.* 2. V. *frais de justice.*

15. MANDAT *d'amener* ou *d'arrêt.* Ordre d'un Juge, de traduire devant lui un individu, pour y être interrogé, ou de conduire une personne dans une maison d'arrêt.

Cet acte est exempt de la formalité de l'enregistrement; la signification en est enregistrée gratis. *Art.* 70 *de la loi de frim.* 7.

MANDATAIRE. Le mandataire est responsable du préjudice qu'il fait éprouver par sa faute au mandant, soit qu'il soit salarié, ou qu'il se soit chargé de la mission à titre gratuit. *Cour de Paris du* 24 *juillet* 1809.

Le mandataire salarié qui reçoit, pour son mandant, des sommes qu'il a détournées à son profit, ne peut être poursuivi, à raison de ce fait, par voie de police correctionnelle. *Arr. de cass. du* 16 *janv.* 1808.

MANDEMENT, en matière d'ordre et de contribution, V. *ordre.*

MANIFESTES *de navires* ou *invent.ʳᵉ de chargement* (les), servant de titres aux Capitaines des bâtimens, et produits par eux, pour constater et faire vérifier leurs cargaisons, sont sujets au timbre ordinaire créé par la loi du 28 avril 1816, et non à celui particulier des douanes. *Déc. min. fin.*, *du* 19 *nov.* 1819. (*Art.* 6564 *j.*) — V. *inventaire.*

MANUFACTURES et USINES, V. *action.*

MARCHÉ, engagement de faire une entreprise, moyennant un prix.

1. Ces actes sont passibles du droit de 1 fr. p. 100. *Art.* 69 *de la loi de frim.* 7. — S'il s'agit d'objets mobiliers, V. *vente de meubles.* — Quant à ceux dont le prix doit être payé par le Trésor public ou des établissemens publics, V. *adjudication*, page 65, n. 17.

2. Les marchés pour fournitures d'objets de consommation, passés entre les administrations charitables et des particuliers, ne sont enregistrables qu'autant qu'on en faire usage en justice, s'ils sont sous seing-privé; — ils doivent être enregistrés dans les vingt jours de leur date, s'ils sont passés par adjudications publiques devant les Autorités. *Déc. min. fin. du* 25 *sept.* 1810. (*Art.* 4006, *j.*)

3. Si les marchés passés avec l'Etat sont annulés, V. *restitution.*

4. Les soumissions faites par les manufacturiers, les traités passés avec eux, pour le travail à fournir aux détenus dans les prisons, et pour le salaire de ce travail, et les expéditions qui en sont délivrées, sont sujets au timbre; les traités sont de plus enregistrables dans les vingt jours de leur date, au droit de 1 fr. *Déc. min. fin. du* 27 *nov.* 1815. (*Art.* 5277, *j.*)

5. Les traités passés pour l'arpentage d'une commune entre un Géomètre en chef et des Arpenteurs secondaires, contenant affectation d'immeubles par ces derniers, pour la garantie des conventions, sont soumis au droit proportionnel de 1 fr. p. 100 sur la somme qui forme le prix de la convention sans qu'il y ait lieu de percevoir de droit particulier pour l'affectation d'hypothèque. *Déc. min. fin. du* 16 *juin* 1807. (*Art.* 2629, *j.*)

6. Les actes passés devant les Préfets et Sous-préfets, entre les jeunes gens appelés au recrutement et leurs remplaçans, sont exempts du timbre et de l'enregistrement, lorsqu'ils ne contiennent que l'engagement de servir pour un autre. *Instr.* 290, *nomb.* 74.

7. Mais lorsque des actes de l'espèce contenaient des obligations contractées par le remplacé au profit du remplaçant, ils devaient être rédigés sur papier timbré et enregistrés dans les 20 jours de leur date. Les Secrétaires des préfectures et sous-préfectures, n'ont pas été rendus responsables des droits des actes non enregistrés, passés antérieurement au 3 flor. 13; mais ils ont dû en remettre des extraits aux Receveurs de l'enregistrement, pour poursuivre sur les parties le recouvrement des droits. *Déc. min. fin. du* 7 *janv.* 1806.

8. Sont soumis au droit proportionnel de 1 fr. p. 100 ces actes de remplacement, contenant obligation de sommes. *Déc. min. fin. du* 24 *pluv.* 12. *Instr.* 207.

9. Si un acte de remplacement a été reçu par un Notaire, et s'il en est passé un nouveau devant le Sous-préfet, il ne doit être perçu que le droit fixe de 1 fr. pour ce dernier. *Déc. min. fin. du* 7 *janv.* 1806.

10. Pour liquider le droit d'un arrangement par lequel un conscrit s'oblige de payer au volontaire qui le remplace, une somme fixe, et de lui faire une haute paye pour un tems non déterminé, il faut former un capital des cinq années de la haute-paye (tems fixé pour le service militaire par la loi du 10 mars 1818), y ajouter la somme fixe stipulée dans l'acte, et asseoir la perception sur ces deux sommes cumulées. *Sol. du 29 flor.* 7.

11. L'acte résilié pour défaut d'admission du remplaçant, est passible du droit de 1 fr. fixe; il est dû 1 p.r 100 sur le nouveau traité que passe le remplacé avec un nouvel individu. *Déc. min. fin. du* 16 *juin* 1809. (*Art.* 2614, *j.*)

12. Les marchés pour remplacemens dans le service de la garde nationale, appelée à la défense des côtes, doivent le droit fixe de 1 fr. *Circ. du* 24 *sept.* 1809. *Sol. du* 1.er *juillet* 1813. (*Art.* 4574, *j.*)

MARIAGE (actes de), V. *actes*, n.os 168 *et suiv.*

MARIAGE (contrat de). Toutes conventions matrimoniales doivent être redigées avant le mariage par acte devant Notaire, et ne peuvent recevoir aucun changement après la célébration. V. *art.* 1394 *et suivans du C. C.*

1. Le contrat de mariage reçu par un seul Notaire en présence de témoins, parens des contractans au dégré prohibé par la loi, est nul. *Cour de Riom du* 12 *févr* 1818, qui sur le motif qu'on ne pouvait reprocher au Notaire ni dol ni fraude, l'a dispensé de donner des dommages-intérêts à la partie lésée.

2. Les contrats de mariage qui ne contiennent d'autres dispositions que des déclarations, de la part des futurs, de ce qu'ils apportent eux-mêmes en mariage et se constituent, sans aucune stipulation avantageuse entre eux, sont sujets au droit fixe de 5 fr. *Art.* 68 *de la loi de frim.* 7; *art.* 45 *de celle d'avril* 1816.

3. Ce droit est dû, dans tous les cas, indépendamment de ceux résultant de dispositions donnant lieu à un droit proportionnel. *Art.* 11 *de la loi de frim.* 7. *Sol. du* 9 *pluv. suiv.*

4. Lorsque deux contrats de mariage successivement résiliés avant la célébration, sont suivis d'un troisième, on n'est pas fondé à faire rétablir les droits restitués sur les deux premiers; les droits ne sont exigibles que sur les dispositions du troisième contrat. *Déc. min. fin. du* 13 *août* 1819. (*Art.* 6503, *j.*)

5. Les contrats de mariage qui ne contiennent que les déclarations d'apports, que les stipulations de communauté et autres clauses qui, en formant le pacte de famille et de société entre les conjoints, ne peuvent être considérés comme disposition de libéralité au profit des futurs, de leurs parens ou autres, ne sont sujets qu'à un seul droit fixe de 5 fr. — L'établissement de communauté entre les futurs, fait partie du contrat, et n'opère pas un droit particulier. *Déc. min. fin. du* 5.e *jour complém. an* 10.

6. La déclaration, dans un contrat de mariage, de vivre sous le régime de la communauté ou sous le régime dotal, ne donne pas ouverture à un droit particulier. *Instr.* 290, *nomb.* 16

7. La reconnaissance énoncée dans le contrat, de la part du futur, d'avoir reçu la dot apportée par la future, ne donne pas lieu à un droit particulier. *Art.* 68 *de la loi de frim.* 7.

8. Il en serait de même si une partie d'icelle consistait en objets mobiliers mis à prix dans le contrat. *Déc. min. fin. des* 12 *et* 22 *mai* 1810.

9. Cette exception ne peut être étendue à la reconnaissance que donne le père du futur, s'il a lui-même reçu la dot; celui-ci demeure chargé de la somme, et en devient comptable envers le futur, il y a donc obligation sujète au droit de 1 p. 100; mais on ne doit pas exiger en même-tems le droit de quittance pour la libération du constituant. *Sol. du* 18 *vend.* 9.

10. La reconnaissance du mari d'avoir reçu la dot de sa femme, mariée sans contrat, n'opère pas un droit d'obligation, attendu qu'il y a communauté. *Solut. de l'Adm. du* 18 *févr.* 1812.

11. La clause d'ameublissement ne peut donner lieu à aucun droit particulier, puisqu'il ne produit point de transmission actuelle; mais si l'époux, qui a ameubli un immeuble, ou ses héritiers, n'use pas de la faculté de le reprendre, de manière que, par le partage, cet immeuble soit assigné à l'autre époux ou à ses héritiers, la transmission devient parfaite, et le droit est exigible au taux reglé pour les transmissions par décès. *Arrêt de cass.*, *du* 4 *mars* 1807. — V. *succession*, n.os 96 et suiv.

12. Celle par laquelle le futur, pour assurer à la future les avantages stipulés en sa faveur, lui délègue des capitaux placés sur des particuliers, ne donne ouverture à aucun droit. *Solut. du* 9 *mai* 1817. (*Art.* 5755, *j.*)

13. Le droit de quittance est dû sur la constitution de dot faite par le père ou la mère à son enfant, pour être imputée sur la succession de l'un d'eux décédé. *Sol. du* 2 *déc.* 1814. (*Mém. d'ordres de la direct. d'Orléans, année* 1815).

14. Lorsque la mère du futur lui abandonne par forme de partage provisoire, et en attendant partage définitif, tout l'actif mobilier de la communauté évalué 100,000 fr. en déduction de ses droits dans la succession de son père, il est dû 5 fr. comme partage, et non le droit fixé pour les licitations. *Sol. du* 27 *mars* 1816. (*Art.* 5405, *j.*)

15. Sur le contrat contenant vente au futur par ses père et mère, d'un bien, moyennant 4,000 fr., sur quoi il retiendra 1,000 fr. qu'ils lui constituent en dot, il est dû 5 et demi p. cent sur 4,000 fr., et 62 c. et demi p. 100 sur 1,000 fr. *Sol. du* 11 *mars* 1814. (*Art.* 4800, *j.*) — V. le n.° 18 ci-après.

16. La dispostion par laquelle un fils mineur abandonne à son père l'usufruit de ses droits mobiliers et immobiliers dans la succession de sa mère, moyennant une somme déterminée, est une cession passible du droit de 5 1/2 p. 100, quoique cette disposition ne soit pas suivie d'une renonciation positive à demander compte et partage. *Sol. du* 6 *fév.* 1812. (*Art.* 4135, *j.*)

17. Celle portant que les père et mère du futur le dispensent de rapporter à leur succession les sommes qu'ils ont payées pour le faire remplacer dans le service

militaire, ne donne pas ouverture au droit proportionnel. *Sol. du* 17 *fév.* 1814. (*Art.* 1756, *j.*)

18. Lorsque des père et mère abandonnent à leur fils des objets mobiliers de valeur de 24,000 fr., dont 18,000 payés comptant par les futurs, et 6,000 transmis à titre de dot, il est dû 62 cent. 1/2 sur 6,000 fr., et 2 p. 100 sur 18,000 fr. *Sol. du* 28 *juillet* 1815. (*Art.* 5166, *j.*) V. *le* n.° 15 *ci-dessus.*

19. Si, au moyen de la constitution dotale, faite à la future par sa mère, les futurs renoncent à demander à la constituante aucun compte ni partage de la succession du père et des aïeux paternels de la future, le droit proportionnel de 5 1/2 p. 100 doit être perçu. *Déc. min. fin. des* 9 *oct.* 1810 *et* 24 *avril* 1819. *Arr. de cass. du* 7 *sept.* 1807. (*Art.* 4014, *j.*)

20. La stipulation qu'un immeuble acquis par le futur 2 ans avant le contrat, sera réputé faire partie de la communauté établie entre les époux, sous la condition que la future paiera, soit sur ses propres, soit sur sa part des bénéfices de la communauté, la 1/2 du prix de cette acquisition, ne donne ouverture à aucun droit. *Sol. du* 23 *juillet* 1812. (*Art.* 4268, *j.*)

21. La constitution d'une somme en dot, par un frère à sa sœur, pour la remplir de ses droits successifs, paternels et maternels, est passible du droit proportionnel comme vente, quoique l'acte contienne réserve, au profit de la future, de plus grands droits sur les biens de ses père et mère, parce que cette réserve ne peut donner lieu, de la part de celle-ci, qu'à une demande en supplément d'hérédité pour le cas où ces droits excéderaient le montant de la somme stipulée, et que l'aliénation n'en est pas moins complète. *Arr. de cass. du* 7 *nov.* 1820. (*Art.* 6876, *j.*)

22. On doit considérer comme une garantie mobilière, donnant lieu au droit de 50 c. p. 100, la clause insérée dans un contrat de mariage, par laquelle la mère survivante assure à sa fille *une portion déterminée* dans la masse des biens, composée, tant de la communauté et de la succession du père défunt, que des biens propres de la mère elle-même, s'engageant dans tous les cas à compléter à la future cette portion dans la masse totale. *Déc. min. fin. du* 12 *janv.* 1821. (*Art.* 166 *du contrôleur de l'enregistrement.*)

23. La renonciation de la part de la future à demander, pendant la vie de son père, le partage des biens de la succession de sa mère, et dont celui-ci restera en possession, au moyen d'une somme de 3,000 fr. qui sera sujète à rapport lors du partage, mais avec réserve par la fille d'aliéner cette portion de biens, n'est pas une cession d'usufruit en faveur du père, puisqu'il peut être dépossédé sans pouvoir s'en défendre, ni demander d'indemnité. *Arr. de rejet de la Cour suprême, du* 8 *juillet* 1818. (*Art.* 6471, *j.*)

24. La disposition qui porte : « Les biens dont la future a droit de jouir dès-à-présent, étant régis et administrés par son père, qui en touche les revenus, il continuera cette administration jusqu'à la mort de la grand'mère de la future, époque jusqu'à laquelle le père s'engage à lui payer, en équivalent des revenus, une pension annuelle de 3,500 fr., » constitue un bail à vie, un contrat commutatif, et non un simple mandat. *Arr. de cass. du* 10 *mars* 1819. (*Art.* 6382, *j.*)

25. Celle portant, 1°. promesse par le père de la future, de lui payer 4,000 fr. pour s'acquitter d'autant envers elle, de ce qu'elle se trouve avoir à prétendre sur la succession mobilière de sa mère; 2° que les revenus sont réservés au père jusqu'à une époque déterminée, autorise la perception du droit de 2 p. 100 sur 4,000 fr., comme cession mobilière, mais il n'est rien dû sur la seconde disposition. *Déc. min. fin. du* 27 *avril* 1813. (*Art.* 4506, *j.*)

26. Le contrat portant exclusion de communauté, et par lequel la femme donne quittance à son mari d'une somme dont elle s'oblige de payer les intérêts et pour sûreté de laquelle elle hypothèque ses biens propres pour le remboursement de cette somme, présente une obligation passible du droit de 1 fr. p. 100. *Arr. de cass. du* 16 *nov.* 1813. (*Art.* 4735, *j.*)

26. DONATIONS ENTRE-VIFS. — *Droits proportionnels.* Les droits des donations entre-vifs faites par contrat de mariage aux futurs, de propriété ou d'usufruit de biens meubles, sont réglés ainsi qu'il suit :

27. Pour les *immeubles*, y compris 1 fr. 50 cent. p. 100 pour la transcription aux hypothèques, suivant l'art. 54 de la loi d'avril 1816, et la Sol. du 17 sept. 1817, qui apprend qu'il doit être ajouté dans son intégralité et non pour 1/2 seulement (*Art.* 5885, *j.*), *en ligne directe*, 2 fr. 75 cent. p. 100; — entre *époux*, 3 fr. par 100 fr.; — entre *frères, sœurs, oncles, tantes, neveux, nièces et autres parens* au degré successible, 4 fr. p. 100; — et entre *toutes autres* personnes, 5 fr. p. 100. *Art.* 69 *de la loi de frim.* 7. *Art.* 53 *de celle d'avril* 1816.

28. Pour les *biens meubles*, en propriété ou usufruit, en *ligne directe*, 62 c. 1/2 p. 100; — entre *époux*, 75 c. p. 100; — entre *frères, sœurs, oncles, tantes, neveux, nièces et autres personnes* au degré successible, 1 fr. 25 c. p. 100; — et entre *toutes autres* personnes, 1 fr. 75 c. p. 100. *Idem.* V. *donation et le* n.° 35 *ci-après.*

29. La perception du droit proportionnel ne peut être différée ni rectifiée sur la signification faite à la requête du père de l'un des futurs mineurs, au Notaire rédacteur du contrat, portant que le mariage n'aura pas lieu pour raison à lui connue. *Sol. du* 11 *mars* 1813. (*Art.* 4486, *j.*)

30. La faveur de la modération des droits sus-exprimés, accordée pour les donations entre-vifs faites aux futurs par leur contrat de mariage, s'étend, dans le même cas, à celles entre-vifs faites par un futur à sa future dans ledit acte. *Sol. du* 30 *juillet* 1817. (*Art.* 5841, *j.*)

31. A défaut d'expression de capital d'une rente constituée en dot en avancement d'hoirie, le droit se liquide sur le capital au denier 20. *Sol. de l'Adminis. du* 18 *fév.* 1808.

32. Il doit être perçu le droit fixé pour les donations de simples créances, sur les donations de sommes *payables en argent ou en immeubles*, au choix du donateur. *Instr.* 766. V. *abandon.*

33. Si dans la donation aux futurs il leur est imposé des charges, cette clause ne changeant rien à la nature

de la convention, ne donne ouverture à aucun droit particulier. *Instr.* 366, *nomb.* 8.

34. Ainsi, lorsqu'une mère donne des biens immeubles à l'un de ses enfans, à la charge de payer des sommes en argent à ses frères et sœurs, il n'est pas dû de droit particulier pour ces donations secondaires. *Arr. de cass. du* 21 *janv.* 1812. *Avis du Conseil d'Etat du* 10 *sept.* 1808. (*Art.* 4138, *j.*)

35. Les abandons de jouissance de *biens immeubles* que les pères et mères des futurs font à ceux-ci par contrat de mariage, et en vertu desquels les futurs jouissent des biens jusqu'au décès de leurs auteurs, doivent, outre le droit de 1 fr. 25 c. p. 100, celui de 1 fr. 50 c. aussi pour 100. *Déc. min. fin. du* 8 *août* et 15 *sept.* 1818. (*Art.* 6159, *j.*)

36. Il y a lieu de percevoir le droit proportionnel sur les contrats de mariage par lesquels les Administrateurs d'une fabrique constituent une dot à une fille pauvre, en exécution d'une fondation faite à ce sujet. *Sol. du* 31 *juillet* 1819. (*Art.* 6470, *j.*) V. *dot.*

37. DONATIONS ÉVENTUELLES. Les dispositions de libéralité soumises à l'événement du décès, qui sont faites par un contrat de mariage entre les futurs, donnent lieu à un droit particulier de 5 fr. fixe, indépendamment de celui du contrat. *Art.* 45 *de la loi d'avril* 1816. — Un pareil droit est dû sur semblables dispositions en faveur des futurs par d'autres personnes. *Idem.*

38. Il ne doit être perçu qu'un seul droit fixe, à raison des dispositions éventuelles stipulées entre les futurs, à quelque nombre qu'elles s'élèvent. *Sol. du* 9 *pluv.* 7. s *Art.* 38 *j.*)

39. Ainsi il n'est dû qu'un droit fixe de donation éventuelle sur la donation mutuelle que se font les futurs époux par contrat de mariage. *Déc. min. fin. du* 21 *juillet* 1810. (*Art.* 6763, *j.*)

40. Il n'y a pas lieu de percevoir le droit de 5 fr. sur la promesse faite par les père et mère du futur, de ne point avantager leurs autres enfans à son préjudice. *Sol. du* 6 *juin* 1817. (*Art.* 5808, *j.*)

41. La promesse d'augmentation de dot dans un contrat de mariage, si une circonstance arrive, ne donne ouverture à aucun droit proportionnel, sauf perception de ce dernier droit à l'accomplissement de l'événement; et sans attendre qu'il y ait un nouvel acte, le droit doit être liquidé d'après les bases établies par la loi, pour les donations faites par et en faveur de mariage. *Sol. du* 6 *mess.* 13. (*Art.* 2054, *j.*)

42. On doit en agir de même, relativement, 1.° à la donation des biens que le donateur laissera à son décès. *Arr. de cass. du* 5 *sept.* 1807; (*Art.* 2948 j.) 2.° à celle de biens présens et à venir au profit des époux et de leurs enfans à venir. *Instr.* 290, *nomb.* 35.

43. Mais si le donataire entre de suite en jouissance, le droit proportionnel est dû sur le contrat. *Instr.* 463.

44. La disposition par contrat de mariage, contenant donation de biens présens et à venir faite à l'un des futurs époux sans l'annexe de l'état des dettes, est une institution contractuelle qui ne saisit pas actuellement. *Arr. de rejet de cass. du* 17 *mai.* 1815. (*Art.* 5208, *j.*) V. *Donation*, n°. 27.

Il n'est dû que le droit fixe lorsque les père et mère de la future lui assurent en sus de la dot, une somme déterminée à prendre dans leurs successions, sans intérêts. *Sol. du* 9 *mars* 1809. (*Art.* 3697, *j.*).

45. Le droit de mutation sur une donation de biens présens et à venir, faite par contrat de mariage, avec réserve d'usufruit, n'est dû qu'au moment du décès du donateur. *Arr. de cass. du* 28 *janv.* 1819.

Les institutions contractuelles sont considérées comme donations soumises à l'événement du décès. *Instr.* 290, *nomb.* 27. V. *succession.*

46. Une constitution dotale en argent, payable sans intérêts, après le décès de ceux qui la font, ne présente qu'une donation éventuelle, si elle n'est point garantie par une affectation d'hypothèque. *Sol. des* 1.er *mai* 1810, *et* 11 *sept.* 1819. (*Art.* 3807, 6526 *j.*).

47. Cependant M. l'Administrateur de la première division a décidé, le 28 déc. 1820, que le droit proportionnel était dû sur une semblable constitution de 12,000 fr., dont moitié fut payée comptant, et le surplus, non garanti sur une hypothèque, n'était exigible, sans intérêts, qu'après le décès du donateur.

48. Si la constitution est faite avec affectation d'hypothèque sur les biens des père et mère, le droit proportionnel devient exigible. *Tribunal de la Seine du* 21 *juin* 1817. — *Déc. min. fin. du* 31 *janv.* 1820. (*Art.* 5875 *et* 6623, *j.*).

49. La clause qui établit que la dot est imputable sur la succession du prémourant des père et mère, avec stipulation *qu'il ne pourra être exigé aucun compte* du survivant, qu'en rapportant la dot en entier, opère un droit particulier de donation éventuelle. *Instr.* 481.

50. DÉCLARATION DE L'ORIGINE *de l'apport de dot.* La reconnaissance par le futur d'avoir reçu précédemment de ses père et mère non présens au contrat de mariage, en avancement d'hoirie, est passible du droit proportionnel fixé pour les dots mobilières. *Sol. du* 9 *juillet* 1813.

51. Lorsque le futur se constitue en dot ses droits dans la sucession de sa mère, qu'il estime 6,000 fr., et que le père s'oblige à payer cette somme à un terme fixe, sauf à considérer comme avancement d'hoirie le surplus, si elle excédait la part héréditaire, il est dû 1 p. 100 comme obligation, attendu qu'il ne peut y avoir libéralité en prenant terme pour payer ce qu'on doit. *Sol. du* 13 *janv.* 1819.

52. Il n'y a pas lieu de considérer comme sujète au droit proportionnel, une disposition par laquelle le futur déclare qu'une partie de la dot qu'il se constitue, provient de l'ancien fonds de commerce de son père, présent à l'acte. Pour caractériser la cession, il aurait fallu qu'elle fût consentie et acceptée en termes formels. *Sol. du* 24 *avril* 1819. (*Art.* 6389, *j.*).

53. Par son contrat de mariage le futur se constitue 6,000 fr. qui lui proviennent de la succession de son père, non encore liquidée, la moitié lui est remise comptant par sa mère qui s'oblige de payer le surplus dans un délai déterminé; il est dû 50 cent. p. 100 sur 3,000 fr., et 1 p. 100 sur l'obligation et non le droit

de vente mobilière ou immobilière. *Arr. de cass.* 30 *août* 1814. (*Art.* 4959, *j.*).

54. L'apport en mariage de biens appartenant au père du futur présent à l'acte, opère le droit de donation comme si cette personne les donnait par l'acte même, et non celui de vente, parce qu'on doit présumer que celui qui fait acte de propriété ne s'est constitué ces biens que pour éviter le droit auquel la constitution faite par le père aurait donné lieu. *Sol. du* 30 *fruct.* 10. (*Art.* 1335, *j.*). V. *Mutation.*

55. Le contrat portant que la future se constitue en dot une somme que par un acte de vente où elle n'a pas comparu, son père a chargé l'acquéreur de lui payer, pour la remplir de ce qui lui revient dans la succession de sa mère, opère le droit d'acceptation de transport de 1 p. 100. *Sol. du* 2 *juillet* 1817. (*Art.* 5834, *j.*).

56. Régime dotal. L'estimation donnée à l'immeuble constitué en dot, n'en transporte point la propriété au mari, s'il n'y en a déclaration expresse. *Art.* 1552 *du C. C.*

57. Si la dot ou partie de la dot consiste en objets mobiliers mis à prix par le contrat, sans déclaration que l'estimation n'en fait pas vente, le mari en devient propriétaire, et n'est débiteur que du prix donné au mobilier. *Art.* 1551 *du C. C.*

Dans le cas prévu par ce dernier art. du C. C., il n'y a pas lieu de percevoir le droit proportionnel de vente sur la valeur du mobilier dotal dont le mari devient propriétaire, et dont il doit acquitter le prix. *Instr.* 481.

58. Quant à la déclaration faite par les futurs, qu'ils se marient sous le régime dotal, V. ci-devant, n.° 6.

59. Contrats sous seing-privé. Ceux faits sous seing-privé en *Normandie*, avant l'existence du C. C., étaient valables, et leurs dates étaient assurées, lorsqu'ils étaient signés par les parens des parties contractantes; d'où il suit qu'on doit leur appliquer la faveur accordée, par l'art. 69 de la loi de frimaire 7, aux donations faites, par contrat de mariage, aux futurs. *Arr. de cass. du* 20 *janvier* 1807. (*Art.* 2557, *j.*)

60. Contrats passés après la célébration. Lorsque le contrat de mariage est passé *après* l'acte civil qui unit les époux, les donations qu'il contient au profit de ceux-ci, ne doivent pas jouir de la faveur que cette loi n'accorde qu'à celles faites aux *futurs*, dans les contrats passés *avant* le mariage; néanmoins, la déclaration, dans ces actes, de la part des époux, de ce qu'ils ont apporté en mariage, n'est passible que du droit fixe de 5 fr. *Circ.* 1721.

61. Contrats résiliés. V. *restitution*, n.os 40 *et suiv.*

MARINE. Les actes de l'Administration de la marine, pour l'instruction, le jugement et la vente des prises, sont sujets au timbre et à l'enregistrement, lorsqu'ils ont rapport à des intérêts particuliers; tels sont ceux relatifs aux prises. *Déc. min. fin. du* 28 *prair.* 8.

Pour connaître la quotité des droits d'enregistrement des inventaires des cargaisons naufragées et des ventes d'effets de la marine, V. *inventaire*. *p.* 201, n°. 7; et *ventes de meubles.*

Quant à la quotité du droit d'enregistrement des décisions du Conseil des prises, V. *conseil*, p. 121, n.° 8.

Pour les rapports faits par les capitaines de navires, V. *rapports.*

MARINS. V. *engagemens.*

MATÉRIAUX. V. *ventes.*

MÉMOIRE. Compte justificatif de ce qu'on a fait ou fourni.

1. Les mémoires de livraisons de marchandises sont soumis au droit de 2 fr. p. 100; ceux d'ouvrages ou de sommes prêtées ou reconnues, doivent 1 f. p. 100, *art.* 68 *et* 69 *de la loi de frim.* 7; et s'ils ne forment point aveu du débiteur, 1 fr. fixe. *Article* 68 *de ladite loi.*

2. Les mémoires d'ouvrages ou de fournitures de marchandises, sont sujets au timbre. *Déc. min. fin. des* 8 *août* 1818 *et* 24 *mai* 1819. (*Art.* 6432, *j.*)

3. MÉMOIRE (le) écrit, de demande ou de défense en justice, est soumis au timbre. *Instr.* 435.

4. Les mémoires signés des hommes de loi sont assujétis au droit de timbre de dimension, qu'ils soient ou non produits en justice. *Instr.* 417.

5. Ceux imprimés, et les mémoires où l'on s'est borné à rappeler les signatures des jurisconsultes, et qui sont distribués aux Juges ou au public, ne sont soumis au timbre qu'autant qu'ils sont signés des hommes de loi; mais ceux produits en justice ou signifiés aux parties adverses, sont sujets au timbre. *Sol. du* 29 *therm.* 7. *Inst.* 435. — Les premiers peuvent être timbrés à l'extraordinaire. *Instr.* 137.

6. Quant aux *pétitions* ou mémoires présentés aux autorités constituées, V. *pétitions.*

7. L'instruction des instances relatives aux contributions indirectes, se fait par simples mémoires respectivement signifiés. V. *instances.*

MENTION. Annotation sur une pièce ou registre.

Les mentions de production de pièces faites sur le registre tenu au Greffe à cet effet, et les mentions de non comparution de l'une des parties au bureau de conciliation, sont exemptes de la formalité de l'enregistrement. *Instr.* 390.

Dans le cas de fausse mention d'enregistrement, soit dans une minute, soit dans une expédition, le délinquant est poursuivi par le Ministère public, sur la dénonciation du Préposé de la Régie, et condamné aux peines prononcées pour le faux. *Art.* 46 *de la loi de frim.* 7. V. *notaire.*

Pour la forme de la mention de l'enregistrement à mettre sur les actes, V. *relation.*

MERCURIALES. Taxe des denrées, volailles et charrois, d'après leur prix commun dans les marchés.

1. Pour les rentes et les baux stipulés payables en quantité fixe de grains et denrées dont la valeur est déterminée par des mercuriales, et pour les donations entre-vifs et les transmissions par décès de biens dont les baux sont également stipulés payables en quantité fixe de grains et denrées dont la valeur est de même déterminée par des mercuriales, la liquidation du droit proportionnel d'enregistrement, sera faite d'après l'évaluation du montant des rentes ou du prix des baux, ré-

sultant d'une année commune, de la valeur des grains ou autres denrées selon les mercuriales du marché le plus voisin. — On formera l'année commune d'après les quatorze dernières années antérieures à celle de l'ouverture du droit; on retranchera les deux plus fortes et les deux plus faibles; l'année commune sera établie sur les dix années restantes. *Art.* 75 *de la loi du* 15 *mai* 1818. *Instr.* 834.

2. Dans le cas où, pour l'évaluation des rentes en nature, les mercuriales n'existent pas dans un marché, ou s'il y a des lacunes, il faut y suppléer par des appréciations que l'autorité locale constatera, soit sur les rapports des marchands de chaque espèce de denrées, soit d'après tous autres renseignemens qu'on pourra se procurer, et qui seront approuvés par le Préfet du département. *Sol. du* 31 *mai* 1820. (*Art.* 6784, *j.*)

3. Le Receveur doit faire chaque année, dans chacune des Mairies de son arrondissement, le relevé des mercuriales; le tenir au courant et l'afficher dans un endroit apparent de son bureau. Les Employés supérieurs doivent veiller à l'exécution de cet ordre et en rendre compte. *Art.* 88 *des ord. génér.*, *circ.* 783, 856 et 926.

4. Dans le cas où les biens affermés sont situés hors de l'arrondissement du bureau où la perception est faite, et que les parties ne justifient pas des mercuriales du lieu, on doit suivre la fixation de celle en usage dans le bureau. *Circ.* 926.

MESSAGERIES. Voitures publiques partant à jour et heure fixes.

1. Les registres des messageries qui constatent la quantité des marchandises ou le nombre des voyageurs, doivent être en papier timbré, de même que la quittance au-dessus de 10 fr. donnée aux voyageurs pour retenue de places, ainsi que les extraits délivrés aux particuliers pour les objets chargés. *Circ.* 1566.

Les traités de conduite des diligences, ceux pour nourriture de chevaux, les quittances d'intérêts de cautionnement, les registres des garçons de caisse, ceux d'enregistrement de places et effets, les registres des facteurs de ville, et les mandats de paiemens ordonnancés par l'Administration, les lettres de voiture qui accompagnent des objets particuliers, sont également assujétis au timbre, mais les feuilles de route des conducteurs et cochers sont exemptes de ce droit. *Circ.* 1738. *Déc. min. fin. du* 30 *fruct.* 13. (*Art.* 2116, *j.*).

MESSIER. Garde des fruits de la terre. V. *serment*.

MESURES. V. *actes*, n° 20; *correspondance*, n° 10, et *le Tableau de Concordance*, *à la fin du Dictionnaire*.

MEUBLES. V. *biens*, page 90, et *ventes*.

MINES. V. *cession*, page 106, n.° 17.

MINEUR, est celui qui n'a pas l'âge nécessaire pour disposer de sa personne et de ses biens. V. *bail*, n.° 61, *émancipation*, *succession* et *tutelle*.

MINIMUM *des droits de timbre*. V. *affiche*, n.° 13, et *effet*, n.° 3.

MINIMUM *des droits d'enregistrement*. Il ne peut être perçu moins de 25 c. pour l'enregistrement des actes et mutations dont les sommes et valeurs ne produiraient pas 25 c. de droit proportionnel. *Art.* 3 *de la loi du* 27 *ventôse* 9. *Circ.* 1992. — V. *bail*, *jugement*, *perception*, n.° 2, *succession*, etc.

MINIMUM *des remises des Receveurs*. V. *remises*.

MINISTERE *public*. Fonctions attribuées aux Procureurs du Roi près les Tribunaux et les Cours. Les actes faits à la requête du Ministère public sont enregistrables en débet, gratis ou exempts de la formalité. V. *actes judiciaires*, et *les mots qui désignent ces actes*.

Le Ministère public seul, est chargé de poursuivre, d'après les procès-verbaux remis par les Préposés de la Régie, la condamnation aux amendes de contravention aux lois sur le notariat. Le Procureur du Roi doit être entendu, dans les affaires qui intéressent l'Administration; mais il n'est pas obligé de les instruire. V. *instance*. p. 191.

MINISTRE. V. *décision*, p. 132, et *intérêt*.

MINUTE. Original d'un acte authentique.

1. Les Notaires, en général, doivent garder minute de tous les actes qu'ils reçoivent. — Voyez, pour les exceptions, *notaire*, n.° 29.

2. Le Notaire qui a procédé à la vente de biens de mineurs, en vertu de délégation d'un Tribunal, doit garder la minute, et non la déposer au greffe. *Circ. du* 8 *prair.* 12.

3. Il est tenu de rédiger ses actes sur feuilles détachées et non sur des registres. *Lettre du Ministre de la justice au Procureur du Roi*, *à Toulouse*; *du* 15 *févr.* 1809. — Quant aux actes à double minute, V. *notaire*, n.° 52.

4. Les minutes d'enquête peuvent être produites à l'audience. *Loi du* 13 *janv.* 1817.

5. Celles des adjudications au rabais pour travaux de construction, entretien ou réparations de bâtimens et établissemens *militaires*, doivent rester au secrétariat de la Préfecture, Sous-préfecture et Mairie, suivant qu'elles ont été passées devant l'une ou l'autre de ces autorités, et être enregistrées dans les vingt jours de leur date, à la diligence des secrétaires de ces administr.s, au droit fixe de 1 fr. *Déc. min. fin. du* 13 *févr.* 1810. (*Art.* 3509, *j.*)

6. Les minutes des procès-verbaux de vente mobilière doivent rester aux huissiers qui les ont faits. *Décis. min. just. et fin. des* 11 *et* 19 *oct.* 1813. (*Art.* 4795, *j.*)

7. Les actes judiciaires sont enregistrables sur la minute. V. *actes*, n.° 42.

MOBILIER. V. *vente*.

MOBILISATION, ou *ameublissement d'immeubles*. V. *mariage*, n°. 11.

MODERATION *de droits et amendes*. V. *amendes*, n°. 2, et *Juge*.

MODIFICATION dans un acte de société. V. *société*; et dans un contrat de mariage, V. *mariage*.

MOINS DE MESURE. V. ce mot aux DOMAINES.

MONNAIES. Les espèces rognées ne peuvent être admises qu'au poids dans les caisses publiques. *Instr.* 145.

1. La pièce de 10 cent. doit être donnée et reçue à découvert, et seulement pour les appoints de 1 fr. et au-dessous. *Circ.* 11 *mars* 1808.

2. Les anciennes pièces d'argent, dont l'effigie, vue de face, regarde à gauche, ne peuvent être refusées, quand même le millésime serait effacé, pourvu qu'elles soient de fabrication française, ce qui se reconnaît à l'effigie ou à l'écusson aux fleurs de lis et branche de laurier. *Circ. du* 13 *fruct.* 12.

3. Celles d'une date antérieure à 1726, ne peuvent être admises. *Déc. min. fin. du* 25 *therm.* 12.

4. Les pièces de 6 liv. doivent être reçues pour 5 fr. 80 cent. lorsqu'elles ne sont point rognées et que leur empreinte n'est point altérée par l'effet de la lime, ou d'un mordant quelconque. *Déc. min. fin. du* 5 *nov.* 1811. (*Art.* 4123, *j.*).

5. Il est défendu au Receveur d'admettre en paiement, des monnaies étrangères. *Instr.* 145 *et* 311.

6. La valeur des pièces d'or de 48 liv. et de 24 liv. et des pièces d'argent de 6 liv. et de 3 liv. tournois a été réglée par décret du 12 sept. 1810, ainsi qu'il suit : la pièce de 48 fr. à 47 fr. 20 cent.; — celle de 24 fr. à 23 fr. 55 c.; — celle de 6 fr. à 5 fr. 80 c.; — celle de 3 fr. à 2 fr. 75 cent.

Les pièces seront admises à ce taux dans les caisses publiques. *Circul. des* 19 *sept. et* 12 *oct.* 1810.

7. Les pièces dites de 30 s. et de 15 s. circuleront pour 1 fr. 50 cent. et 75 cent., et ne pourront entrer dans les paiemens que pour les appoints au-dessous de 5 fr. *Circ. du* 19 *sept.* 1810. — Les pièces de 6, 12 et 24 s. valent 25 cent., 50 cent. et 1 fr., lorsqu'elles ont conservé quelque trace de leur empreinte. *Circ. du* 4 *sept.* 1810.

8. Pour convertir des francs en livres il faut ajouter un centime un quart, ou 1/80.e; — et pour réduire des liv. en francs, il faut déduire 1/81.e. *Circ.* 1693.

9. Le droit proportionnel d'enregistrement des actes dont le prix est stipulé payable en monnaie étrangère, doit être liquidé et perçu sur le pied du change au jour de leur passation. *Circ.* 416.

10. Le florin de Hollande est évalué 2 fr. 10 cent. *Déc. min. fin. du* 3 *germ* 1812. — Au surplus, V. *actes*, n°. 18, et *appoint.*

MONT-DE-PIÉTÉ. Sont déclarés exempts de l'enregistrement et du timbre, les registres, les reconnaissances d'engagement, et généralement tous les actes relatifs à l'Administration des Monts-de-Piété de *Bordeaux. Décr. du* 30 *juin* 1806.; de *Marseille. Décr. du* 10 mars 1807; de *Paris. Décr. du* 8 *therm.* 13; de *Versailles. Décr. du* 31 *mai* 1807.

En général l'intention du Gouvernement est que les actes et registres de tous ces établissemens soient exempts du timbre et de l'enregistrement. *Déc. min. fin. du* 29 *juin* 1813. (*Art.* 4702, *j.*).

Mais les actes personnels aux Préposés de ces établissemens, ne participent point à cette dispense ou faveur. *Déc. min. fin. du* 20 *oct.* 1812.

MUSIQUE. Les feuilles de papier-musique ont été assujéties au timbre, comme les journaux et affiches, par l'art. 56 de la loi du 9 vend. 6, circ. 1105; sont exceptés les œuvres de musique *non-périodiques*, qui contiennent plus de deux feuilles d'impression. *Loi du* 2 *flor.* 6. *Circ.* 1290.

1. Les dispositions rapportées au mot *journal*, relativement à la quotité des droits, aux peines encourues pour contravention à la loi et au décime, sont applicables aux papiers-musique.

2. Tout œuvre, *non-périodique*, de musique, qui ne contiendra plus de *deux feuilles entières* de papier d'une dimension de moins de *vingt-trois décimètres* carrés, ne peut être gravé ou imprimé que sur du papier timbré, d'après la loi du 2 flor. 6, sous les peines portées par les art. 60 et 61 de la loi du 9 vend. 6. *Instr.* 572.

3. Les papiers-musique étrangers qui circulent en France, sont sujets au timbre. Les directeurs des postes et messageries ne peuvent, sous peine d'amende, se charger de ces papiers, s'ils ne sont timbrés : c'est au chef-lieu du département par lequel ils arrivent, qu'ils doivent être soumis à la formalité. *Circ.* 1163.

4. Les timbres de 5 c. et 3 c. sont destinés pour les dimensions *fixes* de 25 décimètres carrés, et de douze et demi-décimètres carrés; l'excédent de droit d'un centime, doit être perçu dès qu'il y a un excédant quelconque de superficie, même au-dessous de 5 décimètres, et progressivement, ainsi que l'a décidé Son Exc. le Min. des fin., le 18 déc. 1815. *Instr.* 722.

L'instruction 326 qui rappèle quelques-unes de ces dispositions, en renferme d'autres qu'on se dispense d'analyser, à cause du peu d'intérêt qu'elles présentent.

MUTATION. Changement dans la propriété ou possession d'un bien quelconque.

1. Le droit d'enregistrement des mutations de biens de toute nature, est un droit réel, dont la perception et l'exigibilité dépendent uniquement des choses, et nullement de la qualité et du domicile des personnes. *Instr.* 290, *nomb.* 36.

2. L'art 59 de la loi du 28 avril 1816, portant que les mutations ne seront soumises au droit qu'elle établit, qu'autant qu'elles seront postérieures à sa publication, doit s'entendre, tant des mutations par décès, que de celles par vente, et comme faisant exception à leur égard, à l'art. 1.er de la loi du 27 vent. 9, qui consacre ce principe en général, que les droits sont réglés par la loi existante à l'époque du paiement de ces droits. *Arr. de cass. des* 23 *janv. et* 6 *juillet* 1818. (*Sirey, ann.* 1818.)

3. Les mutations entre-vifs, de propriété ou d'usufruit de biens immeubles, sont soumises au droit d'enregistrement réglé pour les ventes, dans les 3 mois de leur date, à peine du double droit, lors même que les nouveaux possesseurs prétendraient qu'il n'existe pas de convention écrite. — A défaut d'actes, il y sera suppléé par des déclarations détaillées et estimatives, dans les 3 mois de l'entrée en possession, à peine d'un droit en sus. *Art.* 4 *de la loi du* 27 *vent.* 9. V. *déclaration*, n.° 33.

4. Il n'y a lieu à demander le droit de mutation que sur les biens situés en France. *Circ. des* 4 *niv.* 14, *et* 11 *mars* 1806. V. *actes*, n.° 130.

5. Lorsque l'Administration représente un acte sous-seing-privé portant mutation, signé des deux parties, l'acquéreur n'est point fondé à prétendre qu'il n'est pas propriétaire, et le Tribunal ne peut astreindre l'Administration à fournir d'autres preuves de cette mutation, dès que la signature de l'acte qu'elle représente n'est point contestée. *Arr. de cass. du* 7 *févr.* 1814. (*Art.* 4782, *j.*) V. *actes*, n.ºs 78 et suiv., et *date*.

6. Le droit de mutation doit être exigé, quoique l'une des parties prétende que l'acte est frappé d'une nullité relative. *Arr. de cass. du* 9 *févr.* 1814. (*Art.* 4928, *j.*)

7. Lorsqu'on demande le droit de mutation résultant d'une démission dont on ne prouve pas l'existence, et que des actes et des faits énoncés dans un jugement, indiquent qu'elle n'a jamais eu lieu, l'action n'est pas fondée. *Arr. de cass. du* 11 *juin* 1811.

8. Quoiqu'il fût prouvé qu'un acte de rétrocession d'immeubles était dressé sur papier timbré, et n'avait pas été engistré, le Tribunal d'Autun avait renvoyé la partie de la demande des droits et de l'amende; son jugement a été cassé le 26 oct. 1814.

9. Un acte de démission de biens donne ouverture au droit de mutation, bien qu'ultérieurement et après la contrainte décernée, l'acte soit déclaré nul par jugement. *Avis du Conseil d'Etat du* 28 *oct.* 1808. *Arr. de cass. du* 24 *mars* 1813.

10. La mutation par acte sous seing-privé non daté, consentie en faveur d'un mandataire, est passible du droit, dès qu'il y a eu dessaisissement de propriété. Il n'appartient pas à la Direction générale d'examiner la validité du titre et les excès de pouvoirs. *Arr. de cass. du* 9 *fév.* 1814.

11. On peut exiger le droit d'enregistrement du déguerpissement d'un héritage pris à location perpétuelle, quoiqu'il n'existe pas d'abandon écrit de la part du preneur, quand la transmission peut être prouvée. *Arr. de cass. du* 30 *mars* 1808.

12. Quelle que soit l'époque que l'on veuille assigner à une mutation, lorsqu'on ne justifie pas qu'elle est en forme probante, elle est toujours réputée faite sous l'empire de la loi en vigueur, et le droit en sus est exigible. *Arr. de cass. du* 26 *juillet* 1813. — Au surplus, voyez *lettre missive* et *promesse*.

13. Quant aux mutations qui ont eu lieu antérieurement aux lois existantes, V. *actes*. n.os 104 et suiv.

14. Lorsqu'une vente est réalisée devant Notaire plus de trois mois après la convention, V. *vente*.

15. La découverte des mutations secrètes se trouve dans les actes de possession des acquéreurs, dans le rôle foncier, ou les déclarations des héritiers des vendeurs, suivant les règles ci-après indiquées. *Circ.* 1836.

PREUVE DE L'EXISTENCE DES MUTATIONS.

16. Les dispositions du C. C., relatives aux différentes manières dont on acquiert la propriété, ne dérogent pas aux règles d'après lesquelles l'Administration peut, pour la demande des droits, établir la preuve de la mutation. *Arr. de cass. du* 23 *nov.* 1807.

17. La mutation d'un immeuble en propriété ou usufruit est suffisamment établie pour la demande du droit d'enregistrement et la poursuite du paiement contre le nouveau possesseur, soit par l'inscription de son nom au rôle de la contribution foncière, et des paiemens par lui faits d'après ce rôle, soit par des baux par lui passés, ou enfin par des transactions ou actes constatant sa propriété ou son usufruit. *Art.* 12 *de la loi du* 22 *frim.* 7.

18. *Preuves résultant de l'inscription au rôle.* Il suffit pour donner ouverture au droit proportionnel de mutation, que le possesseur d'un bien soit inscrit en son nom au rôle de la contribution foncière, et qu'il ait payé cette contribution. *Arr. de cass. des* 13 *flor.* 10, 2 *août et* 14 *nov.* 1809. (*Art.* 3467 *et* 3554, *j.*).

19. Cette preuve ne cesse pas d'exister même quand le possesseur a réclamé contre l'imposition, si sa réclamation n'a pas été accueillie. *Arr. de cass. du* 1.er *sept.* 1806. (*Art.* 3147, *j.*).

20. Il n'est pas nécessaire que la convention qui établit cette mutation soit rapportée par écrit. *Arr. de cass. du* 4 *Déc.* 1810. (*Art.* 3857, *j.*).

21. La preuve de la mutation résulte de l'inscription au rôle foncier, et des paiemens faits en conséquence, bien que ceux qui les contestent invoquent un acte de partage non enregistré fait par leur père, qui leur a assigné les parts qu'ils auraient après son décès, à la charge de payer les contributions. *Arr. de cass. du* 1.er *Déc.* 1812. (*Art.* 4397, *j.*).

22. Le droit ne cesse pas d'être exigible bien que l'on oppose et produise contre l'inscription et le paiement un partage transmissible des biens, mais que l'Administration prouve avoir été annulé par un jugement qui a reçu son exécution. *Arr. du* 22 *déc.* 1813. (*Art.* 4807, *j.*)

23. Pour faire résulter la preuve de la mutation de la double circonstance d'imposition et de paiement d'impôt, il faut qu'il soit constant que la contribution a été imposée et acquittée précisément à cause de l'objet prétendu aliéné. *Arr. de cass. du* 5 *fév.* 1810.

24. Lorsque l'Administration forme la demande du droit de mutation contre un individu, parce que son nom est inscrit sur le rôle de la contribution foncière, elle n'est pas tenue de prouver que l'inscription sur le rôle a été faite, d'après la réquisition de l'actionné, ou d'après la représentation d'un titre translatif de propriété. *Arr. de cass. du* 2 *août* 1809. (*Art.* 3554, *j.*)

25. *Autres preuves de la mutation.* On doit induire une mutation intermédiaire et verbale d'un contrat de mariage dans lequel le futur se déclare propriétaire de la totalité d'un immeuble, tandis que par un acte précédent, son père ne s'était démis en sa faveur, que d'une portion de cet immeuble. *Arr. de cass. du* 2 *mai* 1820. (*Art.* 6721, *j.*)

26. Il y a preuve suffisante de la mutation lorsque *Pierre* fait sommer *Paul* de se trouver chez un Notaire pour faire passer acte public des conventions verbale, faites entre eux, le...., par lesquelles il a cédé un domaine contre une métairie, et lorsqu'il est dit que *Paul* s'est obligé de payer au premier, à différens termes, une somme de 9,000 fr., pour retour; que les parties s'étaient mises de suite en possession des biens échangés, et lorsque *Paul* se trouvait imposé à la contribution, relativement audit domaine, et l'avait payée; en conséquence il y a lieu au double droit, si la mutation a plus de 3 mois de date, et la réalisation de cet acte devant Notaire ne peut aucunement contrarier cette perception. *Arr. de cass. du* 22 *déc.* 1819.

27. La qualité de *communiste* ou *coacquéreur solidaire*, ne donne pas au communiste ou acquéreur la faculté de vendre pour *le tout* l'immeuble commun. Si donc il vend pour le tout, il y a présomption qu'il lui a été consenti, par les autres communistes ou acquéreurs, une revente passible du droit proportionnel d'enregisment. *Arr. de cass. du* 26 *oct.* 1812. (*Art.* 4371, *j.*)

28. Lorsqu'après une acquisition en commun, deux particuliers se partagent l'immeuble inégalement pour la valeur, il y a cession jusqu'à concurrence du montant de la différence. *Arr. de cass. du 2 mai* 1808.

29. Le jugement qui résilie une vente verbale et remet en possession l'ancien propriétaire, indique suffisamment qu'il y a eu mutation, et donne lieu à la perception du droit proportionnel. *Arr. de cass. du* 9 *nov.* 1813. (*Art.* 4727, *j.*)

30. Il suffit pour justifier la mutation, d'un bail fait par un particulier, sans indication de sa qualité de fermier, quoiqu'il le fût d'après un bail sous signature privée, non enregistré, mais dont la date était devenue certaine par le décès du bailleur avant la demande du droit de mutation. *Arr. de cass. du* 29 *juillet* 1816. (*Art.* 5546, *j.*)

31. Le coassocié qui afferme ou vend, *en son nom personnel*, une partie de l'immeuble acquis en commun, est censé en être devenu tacitement propriétaire, et doit acquitter les droits de mutation qui en résultent. *Arr. de cass. des* 24 *janv.* 1815, *et* 29 *juillet* 1816. (*Art.* 5069 *et* 5704, *j.*)

32. Lorsque le nouveau possesseur, outre l'inscription aux rôles et le paiement de la contribution foncière, a fait faire au bien des réparations, nommé des gardes et fait une déclaration d'abat de bois, sans que rien ne justifie qu'il ait agi comme mandataire, on peut lui demander le droit de mutation. *Arr. de cass. du* 31 *août* 1814. (*Art.* 4986, *j.*)

33. Lorsqu'un frère cadet vend une propriété acquise précédemment par son aîné, pour lui seul et non pas au nom d'une société, sans qu'il ait été passé d'acte apparent de cette vente, il y a mutation à son profit, bien qu'il produise un acte de partage, passé *postérieurement* à la vente qu'il a faite, ou qu'il prétende que lors de l'acquisition de son frère, il était mineur, et qu'il existait entre eux une société tacite. *Arr. du* 9 *oct.* 1810. (*Art.* 3729, *j.*)

34. Lorsque les enfans se partagent entre eux des biens fonds qui appartiennent à leur père vivant, on doit supposer un abandon de la part du père à ses enfans, et desquels on peut exiger le droit, quoiqu'ils allèguent que le père n'a point concouru au partage. (*Arr de cass. du* 13 *avril* 1814. (*Art.* 4851, *j.*)

35. L'inscription aux rôles fonciers et des portes et fenêtres, le paiement fait en conséquence et le congé donné par le détenteur, prouvent également la mutation. *Arr. de cass. du* 15 *mars* 1814. (*Art.* 4923, *j.*)

36. Un mandat par lequel le fondé de pouvoir se charge de vendre en détail et au prix qui lui conviendra, un immeuble pour lequel il s'oblige de payer à son mandant une somme déterminée, est translatif de propriété. *Arr. de cass. du* 20 *janv.* 1808.

37. La demande en résiliation d'un acte de vente qu'un particulier prétendrait avoir consenti au profit d'un autre, suffirait pour prouver la mutation, et donner lieu à la perception des droits. *Arr. de cass. du* 26 *août* 1806.

38. Lorsque le vendeur d'un bien n'a pas un titre connu et enregistré, on peut former contre lui la demande d'un droit de mutation. *Arr. du* 22 *juillet* 1807.

39. La mutation est encore suffisamment caractérisée, 1.° lorsqu'un particulier traduit au bureau de conciliation pour servir comme acquéreur une rente affectée sur un bien, ne dénie cette qualité ni ne conteste la rente; qu'il prétend seulement qu'elle n'est pas de la quotité demandée, et qu'il est condamné à la payer sans appeler du jugement. *Arr. de cass. du* 21 *prair.* 13. — 2.° Quand un individu a acquis un bien en son nom, et que, quelques années après, un autre en consent la vente, celui-ci ne peut point dire que l'adjudicataire a acquis pour lui; en convenant de cette mutation, l'acquéreur ne peut point la faire remonter à une époque qui est contredite par des actes authentiques. *Arr. de cass. du* 26 *juillet* 1813. (*Art.* 4706, *j.*) — 3.° Quand il est reconnu, par un jugement, qu'un tiers a la copropriété de biens qu'un particulier avait seul acquis. *Arr. de cass. du* 22 *novemb.* 1811. — 4.° Par un bail dans lequel le bailleur déclare qu'il a acquis par acte non enregistré. *Arr. de cass. du* 23 *févr.* 1810. — 5.° Par un congé donné en qualité de propriétaire. *Arr. de cass. du* 23 *nov.* 1807. — 6.° Par l'aveu du nouveau propriétaire, quoiqu'il prétendît que la vente a été modifiée par des actes postérieurs. *Arr. de cass. du* 18 *déc.* 1811. — 7.° Lorsque trois personnes ont acquis un bien immeuble par adjudication, et que l'une des trois vend ensuite la totalité du bien en son nom propre, sans parler de ses coacquéreurs. *Arr. de cass. du* 26 *oct.* 1812. (*Art.* 4371, *j.*) — 8.° Lorsque, par un partage sous seing-privé, le nouveau possesseur a figuré comme étant aux droits de l'un des cohéritiers, il n'est pas nécessaire que la signature de ce possesseur soit mise au bas de l'acte, quand cet acte a reçu son exécution, et que le détenteur jouit des biens que le partage lui assigne. *Arr. de cass. du* 17 *févr.* 1813.

40. Il en est de même, lorsqu'un particulier, quoiqu'ayant acquis seul un bien, en prend possession avec un autre; qu'ils soldent conjointement le prix; qu'ils sont imposés ensemble à la contribution foncière et la paient en commun; que, par un exploit, ils sont qualifiés adjudicataires du bien, et qu'enfin ils partagent ce bien. *Arr. de cass. du* 12 *therm.* 13.

41. L'inscription au rôle, le paiement des impositions et l'affectation d'une hypothèque sur l'immeuble dont un individu se prétendait simple fermier, est, dans le sens de la loi, une preuve de la mutation qui s'est opérée. *Arr. de cass. du* 12 *fév.* 1813. (*Art.* 4496, *j.*)

42. La vente faite par un individu à un autre propriétaire d'un bien par acte authentique de quelques parties de ce bien, prouve une mutation secrète au profit de l'acquéreur, et donne lieu à la perception du droit proportionnel. *Arr. de cass. du* 14 *novemb.* 1813. (*Art.* 5401, *j.*)

43. La mutation est suffisamment constatée lorsque, par une déclaration après décès, le comparant affirme que tel bien avait été donné au défunt. *Arr. de cass. du* 31 *janv.* 1814.

44. Lorsqu'un cohéritier se trouve posséder un immeuble de la succession, et que cependant la valeur de cet immeuble excède sa part héréditaire, calculée, d'après l'estimation qui a servi de base à la Régie de

l'Enregistrement pour percevoir les droits de succession, on est autorisé à réclamer le droit de mutation sur la partie de l'immeuble excédant la part héréditaire, et qui nécessairement ne se trouve entre les mains de l'héritier que par l'effet d'une cession de ses cohéritiers. En vain, l'héritier dirait que c'est à titre héréditaire que l'immeuble lui est échu, en vertu d'un partage secret, où les biens de la succession ont été estimés à une plus grande valeur que dans la déclaration faite à la Régie. *Arr. de cass. des* 13 *mars* 1816 *et* 4 *août* 1818. (*Art.* 5416 *et* 6183, *j.*)

45. La mutation secrète d'un immeuble en propriété est suffisamment établie pour la demande du droit contre le nouveau possesseur, par la déclaration faite par les héritiers de celui-ci, lors de l'ouverture de sa succession, de la totalité de l'immeuble, tandis que le quart seulement lui était échu et avait été déclaré lors du décès de la mère de qui il provenait. *Arr. de cass. du.* 4 *août* 1818. (*Art.* 6183, *j.*) Au surplus, V. *restitution*, n.° 31.

46. *Preuves qui établissent une rétrocession.* L'inscription pendant plusieurs années, au rôle de la contribution foncière, du nom d'un propriétaire exproprié, suffit pour fonder la demande du droit de l'enregistrement de la rétrocession secrète qui s'est opérée en sa faveur. Un acte de donation du prix de l'adjudication, passé postérieurement aux poursuites de la Direction générale, ne peut nuire à la demande du droit. *Arr. de cass. du* 29 *mars* 1820. (*Art.* 6727, *j.*)

47. Il en est de même quand l'exproprié vend ensuite le bien dont on l'a dépouillé. *Arr. de cass. du* 4 *mars* 1807.

48. Lorsque le vendeur d'un immeuble a laissé subsister son nom sur le rôle de la contribution foncière, et qu'il a fait le paiement de cette contribution pendant long-tems, on peut demander les droits d'enregistrement de la rétrocession secrète. On peut aussi exiger le double droit, s'il est fait ensuite une rétrocession par acte public. *Arr. de cass. du* 18 *nov.* 1818. (*Art.* 6372, *j.*) — Le premier principe a été consacré par l'arrêt du 22 oct. 1811. (*Art.* 4108, *j.*)

49. En vain la partie prétendrait que si son nom n'a pas cessé d'être porté sur le rôle, c'est par oubli, et par négligence qu'il n'a pas été rayé. *Arr. de cass. du* 16 *févr.* 1814. (*Art.* 5044, *j.*)

50. Lorsque le possesseur d'un immeuble a échangé en son nom cet immeuble qu'il avait auparavant vendu à un tiers, il résulte de l'échange une présomption légale que ce possesseur a repris, par l'effet d'une rétrocession, la propriété de cet immeuble. *Arr. de cass. du* 21 *déc.* 1808. (*Art.* 3964, *j.* — *Sirey, année* 1810).

51. La rétrocession est suffisamment établie, 1.° lorsque, postérieurement à la vente d'un bien, le vendeur a hypothéqué ce même bien. *Arr. de cass. du* 2 *févr.* 1813. (*Art.* 4496, *j.*) — Lorsque celui qui a vendu un domaine sous faculté de réméré, le revend à une autre personne, à la même condition, après le délai du réméré, et sans qu'il paraisse d'acte de rachat. *Arr. de cass. du* 2 *août* 1808.

52. L'inscription au rôle, le paiement fait en conséquence, et la revente d'une partie du bien précédemment aliéné, prouvent encore la rétrocession. *Arr. de cass. du* 3 *avril* 1811.

53. Il en est de même du partage que fait le premier propriétaire, des biens qu'il avait aliénés. *Arr. de cass. du* 17 *août* 1813. (*Art.* 4737, *j.*)

54. Lorsque, indépendamment de la déclaration de command, le déclarant reste propriétaire aux yeux de la loi, il est dû le droit de rétrocession, dès que la déclaration de command a eu lieu, et a été acceptée : en vain chercherait-il à justifier que le déclarataire n'avait nul moyen pécuniaire pour acquérir, et que le prix a été payé par lui déclarant, qui a affermé et payé les impôts. *Arr. de cass. du* 9 *mai* 1808.

55. Lorsqu'un individu a vendu verbalement un objet immobilier, et que cette vente se trouve constatée par l'inscription au rôle et le paiement des contributions de la part de l'acquéreur, si ce vendeur fait ultérieurement des actes de propriété sur cet objet immobilier précédemment vendu, il faut décider qu'il y a eu rétrocession en sa faveur, quelles que soient ses allégations, et il y a lieu de réclamer les droits de cette mutation intermédiaire. *Arr. d'admission en cass. du* 9 *nov.* 1812. (*Art.* 4467, *j.*)

56. La présomption légale de mutation de propriété, pour la perception des droits, s'induit de la nature de l'acte et non de l'intention des parties, ainsi la caution qui, pour la sûreté de ses engagemens, consent une hypothèque sur les domaines qu'elle avait précédemment vendus au cautionné, fait un acte suffisant pour établir une nouvelle mutation et autoriser la régie à percevoir le droit, bien qu'il n'apparaisse d'aucun acte translatif de propriété et qu'il n'ait jamais été dans l'intention des parties d'opérer une translation de propriété. *Arr. du* 2 *juillet* 1816. (*Art.* 5548, *j.* (*M. Sirey, année* 1817.)

57. Preuves insuffisantes *de la mutation.* Un Tribunal peut, sans violer l'art. 12 de la loi du 22 frim. 7, déclarer que les preuves indiquées par cet article pour légitimer la demande du droit de mutation ne sont pas établies d'après les faits exposés dans la cause. *Arr. de cass. du* 5 *fév.* 1810. (*Art.* 3590, *j.*)

58. Si le paiement de la contribution n'a pas été fait par le possesseur présumé ou par un tiers qu'il ait autorisé à cet effet, la présomption d'une mutation ne peut se soutenir, lors même qu'il serait produit un bail consenti par le fils du possesseur présumé, au nom de son père. *Arr. de cass. du* 19 *oct.* 1814.

59. L'inscription au rôle et le paiement des contributions, cesse d'autoriser la demande du droit de mutation, 1.° Quand un arrêt en dernier ressort a reconnu que la possession du détenteur est purement précaire et que la propriété réside en d'autres mains. *Arr. de cass. du* 15 *juin* 1814. 2.° Quand des enfans sont imposés à la place de leur père, comme fermiers et tenus de la contribution, et que l'un des enfans est mineur, dernière circonstance qui doit écarter toute idée de mutation. *Arr. de cass. du* 2 *août* 1814.

60. L'aliénation ou la location par un associé de biens non encore partagés, ne prouve point mutation

à son profit des portions afférantes à ses coassociés. *Arr. de cass. du 20 vend.* 11.

61. La présomption de la mutation n'est pas suffisamment établie par un bail fait par un particulier sans indication de la qualité de fermier ou de locataire, lorsqu'il a cette qualité d'après un bail sous seing-privé non enregistré, mais qui a acquis une date certaine par le décès du bailleur avant la demande du droit de la mutation présumée. *Arr. de cass. du* 29 *juillet* 1816. (*Art.* 5546, *j.* — *M. Sirey, année* 1817.)

62. L'acte par lequel plusieurs mandataires obligés solidairement, reçoivent pouvoir de vendre en détail un bien, et la cession du prix éventuel de la vente, moyennant une somme que l'un d'eux garantit par hypothèque sur ses propriétés, ne constitue point une mutation. *Arr. de cass. du* 27 *août* 1817.

63. Il en est de même du jugement qui renvoie en possession d'immeubles précédemment donnés à titre d'antichrèse. *Arr. de cass. du* 4 *nov.* 1817.

64. Un jugement qui maintient en possession un détenteur d'immeubles et qui renvoie le demandeur à se pourvoir au pétitoire, n'est pas une présomption suffisante de propriété pour prouver la mutation, il faut indiquer un précédent propriétaire et un nouveau possesseur, et si ce n'est pas dans ces termes que la régie a introduit sa demande, elle a pu être déboutée de ses prétentions. *Arr. de cass. du* 10 *fév.* 1813.

65. Lorsque l'héritier du défunt vend en son nom seul, un bien de la communauté, le droit de mutation de la moitié de ce bien, n'est pas dû d'après cette seule donnée, si d'ailleurs la veuve déclare après, par acte notarié, que c'est par erreur qu'elle n'a pas été comprise dans la vente faite par cet héritier. *Sol. du* 24 *fév.* 1813.

66. On ne peut induire une mutation de ce que par un partage des biens d'une succession où il y a cinq héritiers, quatre d'entre eux se divisent ces biens en créant sur leurs lots respectifs la charge de contribuer à l'entretien du cinquième, notoirement en état de démence, et qui dans cette situation ne pouvait figurer à l'acte. *Sol. du* 14 *mars* 1818.

67. Enfin on fera connaître un arrêt de la Cour suprême du 30 mars 1814 duquel il résulte, 1.° que la déclaration pour laquelle une tante consent, dans un acte de partage fait par ses neveux des immeubles de la succession de leur père, que ses biens personnels, dont elle se réserve la jouissance et la propriété, y soient compris, ne peut être regardée comme donation. 2.° Que l'inscription qui avait lieu quelques années avant le partage au rôle foncier d'un nom de famille commun à la tante, et aux neveux, propriétaires par indivis des biens imposés, ne peut faire preuve de la donation présumée. 3.° Qu'il n'y a non plus aucune induction à tirer de la prétendue donation, dès que les fermiers des biens indivis ont payé cette contribution.

67. ÉVALUATION DES BIENS. *Droits à percevoir.* Lorsqu'un acquéreur refuse de représenter son titre d'acquisition, nécessaire pour faire la liquidation des droits de mutation, un Tribunal ne peut fixer lui-même *d'office* le montant du prix de la vente, et ordonner que le droit, soit perçu sur cette fixation. *Arr. de cass. du* 24 *juillet* 1810. (*Art.* 3696, *j.*)

68. C'est à la partie à passer une déclaration telle que la loi le prescrit. *Arr. de cass. du* 24 *juillet* 1810.

69. Il ne doit être perçu que le droit de 2 1/2 p. 100 fixé pour les donations en ligne directe, toutes les fois que les enfans déclarent que la transmission, qui d'ailleurs ne résulte d'aucun acte écrit, s'est opérée en leur faveur à titre de démission ou de donation de la part de leurs père et mère. *Déc. min. fin. du* 12 *janv.* 1821. (*Art.* 160 *du contrôleur de l'enregistrement.*)

70. POURSUITES *contre l'acquéreur.* Lorsqu'une vente immobilière est faite sous seing-privé dont la connaissance de l'acte est donnée par les vendeurs, soit en le communiquant au Receveur, soit en citant l'acquéreur en paiement du restant du prix, on n'a d'action pour le paiement du droit d'enregistrement que contre ce dernier. Il faut s'en procurer les preuves indiquées par la loi de frim. 7, autres que celles résultant du titre même, et réserver la production de ce titre, comme dernière ressource, *sans en faire mention dans la contrainte.* Mais si un exploit cite l'acte, il faut poursuivre l'Huissier par procès-verbal, comme responsable du droit et contraindre en même-tems l'acquéreur. *Sol. du* 13 *sept.* 1813. V. *actes S.-S.-P.* et *débiteur*, n.° 8.

NAISSANCE. V. *actes*, n.° 169.

NANTISSEMENT. Contrat par lequel un débiteur remet un gage à son créancier pour sûreté de sa dette. V. *antichrèse* et *Prêt.*

1. Le nantissement d'une chose mobilière stipulé dans une obligation ne donne pas lieu à un droit particulier; mais s'il a lieu par acte séparé, il opère le droit de 50 cent. pour 100 fr. V. *cautionnement*, n.os 20 et suivans.

2. Les nantissemens de valeur et les garanties hypothécaires donnés par les entrepreneurs et fournisseurs du Gouvernement, à leurs cautions, doivent 50 cent. p. 100. *Déc. min. fin. du* 23 *mars* 1818. (*Art.* 6119, *j.*)

3. Le nantissement en matière de commerce, comme en matière civile, passé sous signature privée et non enregistré, lorsqu'il s'agit d'une dette excédant 150 f. ne donne point au créancier le droit de se faire payer sur le gage, par privilége et préférence aux autres créanciers, d'après l'art. 2074 du C. C. *Arr. de cass. du* 5 *juillet* 1820. (*Article* 6804, *j.*)

NATURALISATION. Le décret du 26 août 1811, concernant les Français naturalisés en pays étranger, avec ou sans autorisation, n'est pas applicable aux femmes. *Avis du cons. d'Etat du* 12 *mai* 1812, *approuvé le* 22. *Circ. du* 7 *sept.* 1813. (*Art.* 4249, *j.*)

L'instruction n.° 563 rappèle l'avis du Conseil d'Etat du 14 janv. 1812, approuvé le 21, qui décide sur plusieurs questions relatives aux Français naturalisés étrangers, ou servant en pays étranger.

NAVIGATION. Les permis de navigation intérieure sont sujets au timbre. *Déc. min. fin. du* 19 *mai* 1807.

NOMINATION *d'arbitres.* V. *compromis*, page 114.

1. NOMINATION *d'Avoué ou Défenseur officieux*, dans un exploit. V. *exploit*, n.os 18 et 19.

2. NOMINATION *de Commissaires, Directeurs et*

Séquestres. Cette nomination faite par les Tribunaux civils, opère le droit fixe de 5 fr. *Art.* 45 *de la loi d'avril* 1816.

3. Si elle émane d'une Cour royale elle opère le droit de 10 fr. *Art.* 46.

4. La nomination de juges-commissaires, lorsqu'il s'agit de la réception du serment des experts, de l'envoi en possession des biens d'un absent, ou de l'autorisation de la femme mariée, ou de distribution par contribution, est exempte de l'enregistrement. *Instr.* 436, *nomb.* 48.

5. NOMINATION *de cotuteur et de curateur.* Les délibérations du conseil de famille qui conservent la tutelle à la mère, et donnent pour cotuteur le second mari, n'opèrent que le seul droit de 2 f. *Inst.* 449, *nomb.* 2.

6. Les procès-verbaux de nomination de curateur, sont sujets au droit de 2 fr. *Art.* 68 *de loi de frim.* 7.

7. La nomination de curateurs aux causes, ne donne ouverture à aucun droit, lorsqu'elle est contenue dans l'acte d'émancipation, dont elle est une conséquence naturelle et nécessaire. *Instr.* 449, *nomb.* 3.

8. Mais la nomination d'un curateur spécial n'étant pas prescrite par la loi, et ne tenant dès lors qu'à des circonstances où à la volonté des parties, est, quoique renfermée dans l'acte d'émancipation, sujète au droit fixe de 2 fr., indépendamment de celui de 5 fr., résultant de l'émancipation et par émancipé. *Idem.*

9. NOMINATION *des Employés* de l'Enregistrement. — L'instruction 759 a transmis l'ordonnance royale du 25 déc. 1816, relative à l'ordre à suivre dans les nominations, et le tems requis pour passer à un autre, ses dipositions se trouvent analysées aux mots *Directeur, Inspecteur, Vérificateur, Receveur* et *Surnuméraire.*

10. NOMINATION *d'experts.* Si elle a lieu dans un procès-verbal de levée de scellés, V. *scellés.*

11. Quant à celle contenue dans les inventaires, V. *inventaire, page* 201, n.° 4.

12. Les nominations d'experts hors jugement, sont passibles du droit fixe de 2 fr. *Art.* 43 *de la loi davril* 1816. Si elles ont lieu en justice, V. *jugement,* n°s. 114 et suiv.

13. Les nominations d'experts, ainsi que celles du juge ou du notaire qui doit recevoir les enchères contenues dans les jugemens d'homologation de délibération de conseil de famille, relatives à l'aliénation de biens de mineurs, ne sont sujètes à aucun droit. *Instr.* 436, *nomb.* 73.

14. NOMINATION *de gardes.* Les délibérations qui contiennent la nomination, par les communes, des gardes-champêtres, sont exemptes de l'enregistrement, comme actes d'administration publique. *Circ.* 1707. -- Soit qu'elles contiennent ou non stipulation de traitement, la prestation de serment insérée dans l'acte est seule passible du droit. *Déc. min. fin. du* 20 *janv.* 1818. *Art.* 6136, *j.*)

15. NOMINATION *de gardien* faite dans le procès-verbal d'apposition de scellés. V. *scellés*, n.° 2. — Dans un exploit, V. *exploit, page* 167, n.° 24. — Dans une saisie, V. *saisie.*

16. NOMINATION *de gérant.* Dans le cas de saisie d'animaux et ustensiles servant à l'exploitation d'une terre, le procès-verbal de nomination du gérant à l'exploitation, est passible de la formalité de l'enregistrement sur la minute, au droit fixe de 2 fr. *Instr.* 436, *nomb.* 47.

17. NOMINATION *de Greffiers, Huissiers, etc.* Les ampliations délivrées par le garde-des-sceaux, des Ordonnances du Roi, portant nomination de notaires, greffiers et huissiers, doivent, comme celles qui concernent les magistrats, participer à l'exemption du timbre. *Sol. du* 2 *déc.* 1818. (*Art.* 6242, j.)

18. NOMINATION *des Percepteurs.* Les expéditions qui sont remises aux Percepteurs à vie, des Ordonnances contenant leur nomination, sont sujètes au timbre. *Déc. min. fin. du* 15 *sept.* 1807. (*Art.* 2704, j.)

19. NOMINATION *de tuteur*, ou de *tuteur officieux.* V. *tutelle.*

NON CONCILIATION. V. *bureaux de paix.*

NOTAIRES. Ce sont les fonctionnaires publics établis pour recevoir tous les actes et contrats auxquels les parties doivent ou veulent faire donner le caractère d'authenticité attaché aux actes de l'Autorité publique, et pour en assurer la date, en conserver le dépôt, en délivrer des grosses et expéditions. — Ils sont institués à vie. *Art.* 1.er *et* 2 *de la loi du* 25 *vent.* 11.

1. Il est défendu à tout Notaire d'instrumenter hors de son ressort. V. *le texte, page* 41, et *faux*, n.° 6. — L'acte rédigé par le Notaire, hors de son ressort, est nul. *Cour de Pau, du* 11 *mars* 1811. *Arr. de cass. du* 10 *déc.* 1816.

2. Les Notaires ne pourront recevoir des actes dans lesquels leurs parens ou alliés, en ligne directe, à tous les degrés, et, en collatérale, jusqu'au degré d'oncle ou de neveu inclusivement, seraient parties, ou qui contiendraient quelques dispositions en leur faveur. *Art.* 8 *de la loi du* 25 *vent.* 11.

3. Les actes seront reçus par deux Notaires, ou par un Notaire assisté de deux témoins, citoyens français, sachant signer et *domiciliés* dans l'arrondissement communal ou l'acte sera passé. *Art.* 9, *idem.* — Il est fait exception pour les testamens ; les témoins appelés pour y être présens, devront être mâles, majeurs, sujets du Roi, jouissant des droits civils. *Art.* 980 *du C. C.*

4. Deux Notaires parens ou alliés, au degré prohibé par l'art. 8, ne pourront concourir au même acte. — Les parens, alliés, soit du Notaire, soit des parties contractantes, au degré prohibé par l'art. 8, leurs clercs et leurs serviteurs, ne pourront être témoins. *Art.* 10 *de la même loi.*

5. Le nom, l'état et demeure des parties, devront être connus des Notaires, ou leur être attestés dans l'acte par deux citoyens connus d'eux, ayant les mêmes qualités que celles requises pour être témoins instrumentaires. *Art.* 11, *idem.*

6. *Actes* (forme de leurs). Tous les actes doivent énoncer les noms et lieux de résidence du Notaire qui les reçoit, à peine de 100 francs d'amende contre le Notaire contrevenant. *Art.* 12.

7. La signature ne peut suppléer à l'énonciation du nom. *Déc. min. fin. du* 20 *oct.* 1807. (*Art.* 2734, *j.*)

8. Le défaut de mention de la signature des Notaires,

n'entraîne point la nullité de l'acte. *Avis du Conseil d'Etat, du 16 juin 1810, approuvé le 20. Arr. de cass. du 11 mars 1812.* (*Art.* 3811, j.)

9. Leurs actes doivent également relater les noms des témoins instrumentaires, leur demeure, le lieu, l'année et le jour où les actes ont été passés, à peine de nullité de tous, et même de faux, si le cas y échéoit. *Art.* 12.

10. L'omission de la date de l'année et du jour où un acte notarié a été passé, ne peut donner lieu qu'à des dommages-intérêts contre le Notaire; mais s'il a sciemment donné une fausse date, c'est un faux. *Art. de cass. du 15 juillet* 1809.

11. Les actes des Notaires seront écrits en un seul et même contexte, lisiblement, sans abréviation, blanc, lacune ni intervalle; ils contiendront les noms, prénoms, qualités et demeures des parties, ainsi que des témoins qui seraient appelés dans le cas de l'art. 11. — Ils énonceront, en toutes lettres, les sommes et les dates; les procurations des contractans seront annexées à la minute, qui fera mention que lecture de l'acte a été faite aux parties; le tout à peine de 100 fr. d'amende contre le Notaire contrevenant. *Art.* 13 *de la loi.* V. *annexe, page* 78.

12. Les actes seront signés par les parties, les témoins et les Notaires qui doivent en faire mention, à la fin de l'acte. Quant aux parties qui ne savent ou ne peuvent signer, le Notaire doit faire mention, à la fin de l'acte, de leurs déclarations à cet égard. *Art.* 14 *de la loi du* 25 *vent.* 11. V. *le* n.° 37 *ci-après.*

13. Cependant la mention de la signature des parties peut valablement se trouver dans le corps de l'acte. *Cour de Turin, du* 25 *fév.* 1810.

14. L'acte qui au lieu d'énoncer que la partie a déclaré ne savoir signer, fait seulement mention qu'elle a apposé sa marque ordinaire, est nul. (*Cour de Colmar, du* 4 *mars* 1817.

15. Les renvois et apostilles ne pourront, sauf l'exception ci-après, être écrits qu'en marge; ils seront signés et paraphés, tant par les Notaires, que par les autres signataires, à peine de nullité des renvois et apostilles. Si la longueur du renvoi exige qu'il soit transporté à la fin de l'acte, il devra être non-seulement signé ou paraphé comme les renvois écrits en marge, mais encore expressément approuvé par les parties, à peine de nullité du renvoi. *Art.* 15 *de la loi de vent.* — La contravention à cet article ne donne pas lieu à amende. *Arr. de cass. du* 24 *avril* 1809.

16. Il n'y aura ni surcharge, ni interligne, ni addition dans le corps de l'acte, et les mots surchargés, interlignés ou ajoutés seront nuls. Les mots qui devront être rayés, le seront de manière que le nombre puisse en être constaté à la marge de leur page correspondante, ou à la fin de l'acte, et approuvés de la même manière que les renvois écrits en marge; le tout à peine d'une amende de 50 fr. contre le Notaire, ainsi que de tous dommages-intérêts, même de destitution en cas de fraude. *Art.* 16 *de la même loi.*

17. Quelle que soit la valeur des mots surchargés (même insignifians), l'amende est encourue; et en pareil cas, les Préposés ne doivent pas se dispenser de rapporter procès-verbal contre le notaire. *Déc. min. fin. du* 8 *nov.* 1814. (*Art.* 5763, *j.*)

18. La date est une partie intégrante des actes, sa surcharge constitue une contravention à l'art. 16 de la loi du 25 vent. 11; il ne suffit pas, d'après cet art., que les actes soient datés, il faut qu'il ne puisse s'élever d'incertitude sur la fixité des dates. *Jugement du Tribunal de Nogent-sur-Seine, du* 12 *déc.* 1808. *Arr. de cass. du* 20 *févr.* 1816. (*Art.* 5410, *j.*)

19. LA SURCHARGE des mots cesse d'être une contravention, dès qu'elle a été approuvée légalement, *Jug. du Trib. de Clermont, du* 20 *juin* 1816. *Déc. min. fin. du* 27 *janv.* 1817. (*Art.* 5683, *j.*)

20. La surcharge de la date d'un contrat opère la nullité des mots surchargés, et par suite la nullité du contrat. *Arr. de cass. du* 27 *mars* 1812. V. *faux.*

21. La surcharge non approuvée de la date est bien une contravention à la loi du 25 vent. 11; mais elle ne constitue une contravention à la loi de frim. 7, que dans le cas où la date première de l'acte aurait été rétablie par le Notaire, après l'enregistrement, de son propre mouvement ou en vertu d'un jugement. Alors seulement le retard de présentation à l'enregistrement partirait de cette dernière date. *Solut. des* 6 *août et* 24 *déc.* 1817. (*Mém. d'ordre de la Direction d'Orléans, année* 1817).

22. Lorsqu'il existe dans un même acte plusieurs ratures et surcharges non approuvées, le Notaire n'a encouru qu'une seule amende. *Arr. de cass. du* 24 *avril* 1809.

23. Une surcharge dans un acte, tendante à altérer la vérité, ne fût-ce même que pour opérer une post-date et frauder les droits, doit être regardée comme un faux. *Arr. de cass. du* 20 *févr.* 1809. (*Art.* 4219, *j.*)

24. Au surplus, V. *faux*, page 170.

25. Il est dû une amende de 50 fr. pour chaque acte où il y a surcharge, interligne ou addition, quoique plusieurs de ces contraventions soient constatées par un même procès-verbal. *Arr. de cass. du* 29 *janv.* 1812. (*Art.* 4195, *j.*) — V. ci-après, n.° 46.

26. Il y a contravention susceptible d'amende, toutes les fois que la déclaration du nombre des mots rayés, mise à la fin de l'acte, n'est pas approuvée par un paraphe ou une signature des parties, outre celle de l'acte en général. *Déc. min. just. du* 18 *août* ....., *transmise par M. le Dir. gén. à M. l'Adm. de la* 5.e *div., le* 12 *mars* 1817. (*Mém. d'ordres de la Direct. d'Orléans, année* 1820) — Cette décision est contraire à celle du Min. des fin., du 8 nov. 1814. (*Art.* 5733, *j.*)

27. *Actes* (Qualification dans les). Le Notaire qui contreviendra aux lois et arrêtés du Gouvernement, concernant les noms et qualifications supprimés, les clauses et expressions féodales, les mesures métriques, et la numération décimale, sera condamné à une amende de 100 fr., qui sera double en cas de récidive. *Art.* 17 *de la loi du* 25 *vent.* 11.

28. *Actes* (Foi est due aux). Tous actes notariés feront foi en justice, et seront exécutoires dans toute l'étendue de la France. *Art.* 19. — V. *actes*, n.° 8.

29. *Actes* (*minute des*). Les Notaires seront tenus de garder minute de tous les actes qu'ils recevront. — Ne

sont néanmoins compris dans cette disposition, les certificats de vie, procurations, actes de notoriété, quittances de fermages, de loyers, de salaires, arrérages de pensions et rentes, et autres actes simples qui, d'après les lois, peuvent être délivrés en brevet. *Art.* 20, *id.*

30. Les Notaires ne peuvent écrire leurs minutes sur registre. V. *minute*, n.° 3.

31. *Actes en brevet et actes*, page 62, n.° 183.

32. *Actes à double minute.* Ces actes seront enregistrés, tant sur la première que sur la seconde minute, au bureau de la résidence de chacun des Notaires qui les recevront. Les droits seront payés par le plus ancien de ces deux Notaires, s'ils résident tous deux dans l'arrondissement du même bureau, ou que la résidence soit étrangère au bureau dans le ressort duquel l'acte aura été passé, et par le Notaire de ce ressort, si l'autre n'y est pas domicilié; les minutes feront mention expresse du Notaire chargé du paiement, et l'enregistrement, dans le bureau où il n'y aura pas lieu à la perception, se fera pour mémoire, avec désignation du bureau où les droits auront été payés et du notaire chargé de les acquitter. — Si les actes sont enregistrés dans le même bureau, il n'y aura lieu qu'à un seul enregistrement, mais ils seront tous deux revêtus de la relation de l'enregistrement, avec mention sur le second acte, que c'est par duplicata. *Instr.* 400.

33. *Actes imparfaits.* Tout acte fait en contravention aux dispositions contenues aux art. 6, 8, 10, 14, 20, 52, 64, 65, 66 et 67 de la loi du 25 vent. 11, sont nuls, s'ils ne sont pas revêtus de la signature de toutes les parties; et lorsque l'acte sera revêtu de la signature des parties, il ne vaudra que comme écrit sous seing-privé, sauf dans les deux cas, s'il y a lieu, à des dommages-intérêts contre le Notaire contrevenant. *Art.* 68 *de la loi.*

34. Les causes de nullité pour contraventions commises par les Notaires, ne peuvent dispenser ces fonctionnaires de faire enregistrer, dans le délai déterminé par la loi du 22 frim. 7, les actes qui en sont frappés, ni les Receveurs de l'enregistrement de percevoir les droits des dispositions susceptibles d'être annulées. *Instr.* 263.

35. Les mêmes principes s'appliquent aux actes des Notaires qui, d'après les dispositions de l'art. 68 de la loi du 25 vent. 11, et dans les cas y prévus, ne peuvent valoir que comme écrits sous signature privée. *Idem.*

36. La Cour royale de Colmar a décidé, le 21 avril 1812, qu'un bail rédigé en forme d'acte notarié, en l'étude d'un Notaire, par l'un de ses clercs, et qui n'avait point été signé par ce Notaire, sous prétexte que l'un des preneurs avait refusé d'y apposer sa signature, a dû être enregistré dans le délai, malgré son état d'imperfection, parce que le bailleur et quelques-uns des preneurs, non solidaires, avaient signé cet acte et remis au Notaire les droits d'enregistrement et ses honoraires de l'acte. (*Art.* 4246, *j.*)

37. L'obligation pour prêt est un acte unilatéral; si elle est passée devant Notaire et que le prêteur la signe, sans que l'officier fasse mention de cette signature, il ne peut rien en résulter pour sa validité, elle n'est pas moins authentique, parce que, dans les contrats unilatéraux, une telle signature n'est pas nécessaire. *Arr. de cass. du* 8 *juillet* 1818.

38. Le Notaire encourt l'amende de 50 fr., pour avoir seulement écrit et porté sur son répertoire, un acte signé par les parties contractantes et les témoins, mais non de lui. *Arr. d'admission en cass. du* 15 *fév.* 1814. (*Art.* 4984, *j.*)

39. Mais si l'acte n'est signé ni par toutes les parties, ni par les témoins, ni par lui-même, l'imperfection de l'acte n'est plus le fait seul du Notaire, dès-lors il ne peut être passible d'amende pour défaut d'enregistrement ni d'insertion au répertoire. *Sol. du* 26 *sept.* 1815. (*Art.* 5236, *j.*)

40. Il peut arriver que l'acte non enregistré dont on demande copie, soit revêtu de la signature du Notaire et de celle des parties, ou qu'il soit seulement signé des contractans, ou enfin qu'il soit resté absolument imparfait; on doit, dans le premier cas, se conformer aux dispositions de l'instruction n.° 340, et dans le second, prendre pour règle les principes que l'instruction n.° 263 rappèle sur cette matière. *Instr.* 436, *nomb.* 62.

41. Quant à l'acte resté imparfait, et dont cependant on requiert copie, il ne peut donner ouverture qu'au droit fixe de 1 fr., à moins qu'il ne résulte de l'acte, même dans son imperfection, quelque obligation qui dût avoir son exécution, et qui, d'après cela, fût passible du droit proportionnel. *Idem.*

42. *Actes rédigés par un Notaire remplaçant son confrère.* Dans le cas où un Notaire aura remplacé son confrère pour la rédaction d'un acte, cet acte contiendra la mention que la minute est restée au Notaire suppléé, lequel demeurera responsable du préjudice de la substitution; la minute sera portée à la fois sur le répertoire du Notaire substitué, et sur celui du Notaire substituant avec autre mention, que la minute sera enregistrée au bureau de l'Enregistrement de la résidence du Notaire suppléé. *Instr.* 909. V. *décharge*, n.° 8.

43. *Actes passés en conséquence d'autres.* Le Notaire ne peut, dans certain cas, passer d'acte en vertu d'un autre non enregistré. V. *actes*, n.os 133 et suiv.

44. La loi, en punissant d'une amende de 50 fr., le Notaire qui a redigé un acte en vertu d'un autre sous-seing-privé, non enregistré, l'a en même tems rendu personnellement responsable du droit de cet acte sous-seing-privé, mais la solidarité ne se présumant pas, on ne peut poursuivre le Notaire qu'après que la partie aura été discutée dans ses biens pour le paiement des droits résultant de cet acte. *Arr. de cass. du* 3 *juillet* 1811. (*Art.* 4011, *j.*) V. *ci-après*, n.° 74.

45. *Actes trouvés dans l'étude du notaire.* V. *actes*, n.° 100.

46. *Contravention.* Lorsque par un même procès-verbal, on a constaté contre un Notaire, plusieurs contraventions du même genre à la loi du 25 vent. an 11, il est dû autant d'amendes qu'il y a d'actes dans lesquels le Notaire a contrevenu à cette loi. *Cour de Metz du* 15 *janv.* 1819. (*Art.* 6555, *j.*) V. n.° 25, *ci-devant.*

47. Pour toutes les contraventions à la loi du 25 vent. an 11, dont il ne peut résulter aucune condamnation en-

vers l'Etat, les Employés de l'enregistrement doivent dénoncer l'irrégularité au Procureur du Roi, et en faire mention à la marge de l'enregistrement des actes qui y auront donné lieu. *Instr.* 263.

48. Toutes actions relatives aux contraventions *autres que celles* concernant le *contrôle* ou l'*enregistrement*, antérieures à la loi du 25 vent. an 11 sont éteintes, cependant les dispositions non abrogées des lois des 6 oct. 1791 et 16 flor. an 4, doivent toujours recevoir leur exécution. *Instr.* 340 et 384. V. *art.* 51 *et* 52 *ci-après.*

49. *Délai.* Le Notaire doit faire enregistrer ses actes dans le délai de la loi. V. *délai*, n.os 44 et suiv.

50. Le *notaire* qui a laissé écouler le délai prescrit, sans faire enregistrer un acte par lui reçu, ne peut alléguer, pour être dispensé du double droit, qu'il ait été empêché de remplir cette formalité, soit par le refus du Receveur, soit par un autre obstacle; il eût dû faire constater de suite et légalement de sa diligence ou du refus : — le Tribunal ne peut admettre une semblable excuse et suspendre le recouvrement du droit en ordonnant un jugement interlocutoire, pour s'assurer de la réalité des obstacles allégués par le notaire. *Arr. de cass. du* 3 *oct.* 1810. (*Art.* 3736, *j.*) V. *ci-après*, n.os 71 et suiv.

51. Si l'acte non enregistré a été passé sous l'empire des déclarations et tarif du 22 sept. 1722, il ne sera demandé aucune amende pour défaut de contrôle; il en sera de même de toutes les autres contraventions commises par les Notaires avant la publication de la loi du 19 déc. 1790. — Depuis cette loi jusqu'à la publication de celle de frim., le double droit et les amendes fixes sont exigibles pour défaut d'enregistrement, conformément à l'art. 9 de la loi de 1790. *Instr.* 340.

52. Quelle que soit la date d'un acte notarié, qui n'a été ni contrôlé ni enregistré, on ne peut exiger du notaire ou de ses héritiers, les droits d'Enregistrement de cet acte que d'après les lois actuelles. *Idem.*

55. *Dépôt.* Tout Notaire qui aura reçu un contrat de mariage dont l'un des époux est commerçant, sera tenu de le transmettre par extrait, dans le mois de sa date, aux Greffes et Chambres désignés par l'art. 872 du C. de P. C., pour être exposé au tableau, conformément au même article, *art.* 67 *du C. de Com.*; — sous peine de 100 fr. d'amende, etc. *Art.* 68.

56. Le délai doit être augmenté d'un jour par 5 myriamètres de distance du lieu où a été passé le contrat à celui où le dépôt doit être fait. *Déc. min. fin. du* 19 *oct.* 1813. (*Art.* 4968, *j.*)

57. Il est dû autant d'amendes qu'il y a de contrats non déposés, mais il n'en est dû qu'une seule pour un même contrat non déposé en plusieurs lieux désignés par la loi. *Déc. min. fin. et just. du* ... (*Art.* 5004, *j.*)

58. La Cour royale de Paris a décidé, le 16 mars 1821, que s'il n'y a point de Chambre de Notaires et d'Avoués dans la commune du domicile du mari commerçant, l'extrait du contrat de mariage peut ne pas être affiché. *Art.* 173 *du Contrôleur de l'enregistrement.*

59. Le Notaire doit faire l'avance des droits de dépôts de contrats de mariage, dont l'instr. 637 donne connaissance. *Déc. min. fin. du* 27 *juin* 1809.

60. Il doit aussi rédiger acte de dépôts des actes déposés dans son étude. V. *dépôt*, n.os 8 et suiv.

61. *Expéditions.* Le droit de délivrer des grosses et des expéditions n'appartient qu'au Notaire possesseur de la minute, et néanmoins tout Notaire pourra délivrer copie d'un acte qui lui aura été déposé pour minute. *Art.* 21 *de la loi du* 25 *vent.* 11.

62. Les Notaires ne pourront se dessaisir d'aucune minute, si ce n'est dans les cas prévus par la loi, et en vertu d'un jugement; avant de s'en dessaisir, ils en dresseront et signeront une copie signée, qui, après avoir été certifiée par le Président du Tribunal civil de leur résidence, et le Procureur du Roi, sera substituée à la minute, dont elle tiendra lieu jusqu'à sa réintégration. *Art.* 22.

63. Les Notaires ne pourront également, sans l'ordonnance du Président du Tribunal de première instance, délivrer expédition, ni donner connaissance des actes, à d'autres qu'aux personnes intéressées en nom direct, héritiers ou ayans-droit, à peine des dommages-intérêts, d'une amende de cent francs, et d'être, en cas de récidive, suspendus de leurs fonctions pendant trois mois, sauf néanmoins l'exécution des lois et réglemens sur le droit d'enregistrement, et de celles relatives aux actes qui doivent être publiés dans les Tribunaux. *Art.* 23.

64. Le Notaire qui délivre la grosse ou l'expédition d'un acte public qui se trouve aux archives de la Préfecture, n'est tenu ni de payer le droit, ni de l'inscrire au répertoire; il en serait autrement s'il en délivrait une copie collationnée. *Déc. min. financ. du* 28 *avril* 1809.

65. Pour le nombre de lignes et syllabes que les expéditions doivent contenir, et les émolumens du Notaire lorsqu'il délivre des expéditions aux Préposés des administrations, V. *expédition*, page 162, n.os 9, 10 et 19.

66. L'acte reçu par un Notaire appartient aux parties contractantes; le dépositaire de la minute ne peut refuser d'en délivrer expédition. *Cour de Paris, du* 2 *mai* 1808.

67. Dans le cas de fausse mention d'enregistrement, soit dans une minute, soit dans une expédition, le délinquant sera poursuivi par la partie publique, sur la dénonciation du Préposé de l'Administration. V. *faux*, page 170, *n.*o 1.er

68. La minute, dans ce cas, est enregistrée pour mémoire à la date courante, avec mention du décès du Notaire, ou de la date de sa condamnation. *Instruct.* 340.

69. *Paiement des droits.* Les droits seront payés par les Notaires, pour les actes par eux reçus. V. *débiteur*, page 129. et le n.o 32 ci-devant.

70. La présentation au bureau d'un acte que le Receveur n'a pas enregistré, *à défaut de paiement des droits*, ne peut dispenser d'acquitter les amendes encourues, lorsque les délais pour la formalité sont expirés. *Arr. de cass. du* 21 *flor.* 8.

71. Le Notaire ne peut exciper du refus ou de la négligence du Receveur, à moins qu'on ne l'ait fait légalement constater dans le délai utile; il ne pourrait non plus

arguer d'un prêt qu'il aurait fait au Receveur, pour prétendre que ce fait suppléait à la consignation des fonds. *Arr. de cass. du* 26 *mai* 1807. V. ci-devant, n.° 50.

72. Les Notaires qui, sur le motif que le montant des droits ne leur aurait pas été consigné, n'auraient ni signé, ni fait enregistrer des actes *reçus par eux*, et revêtus de la signature des parties, seraient passibles de l'amende prononcée pour défaut d'enregistrement dans le délai, et de celle portée par l'article 49 de la loi de frimaire, pour chaque omission sur le répertoire. *Sol. des* 21 *vent.* 13, *et* 13 *niv.* 14.

73. Un acte de Notaire, dûment enregistré, ne perd pas l'authenticité, par cela seul que l'enregistrement a été bâtonné dans la suite, à défaut de paiement des droits. *Arr. de cass. du* 16 *déc.* 1811. (*Art.* 4194, *j.*)

74. Le défaut d'enregistrement d'un acte notarié donne ouverture à la responsabilité contre le Notaire qui l'a reçu, encore bien qu'il n'ait reçu aucuns fonds pour le faire enregistrer; néanmoins, cette même responsabilité cesse, si le même acte ne peut produire son effet par quelque autre vice indépendant de la faute ou de la négligence du Notaire. *Cour de Nîmes du* 14 *mai* 1813. (*Art.* 4661, *j.*) V. le n.° 44 ci-devant.

75. Un Notaire qui avait détourné à son profit, des sommes que des contractans lui avaient remises, pour qu'il payât les droits d'enregistrement de divers actes, et qu'il n'avait point fait enregistrer, a été condamné en deux ans de prison et 500 fr. d'amende, par jugement du Tribunal de Bordeaux, confirmé en cass. le 31 juill. 1817. (*Art.* 5878, *j.*)

76. En cas d'avance de droits par les notaires pour les parties, V. *débiteur*, n.° 2.

77. Le Notaire peut, pour le paiement de ses avances et honoraires, à raison d'actes qu'il a reçus, actionner sur la simple représentation de ces actes, les parties qui ne justifient pas s'en être libérées, si d'ailleurs il n'y a pas prescription. *Arr. de cass. du* 14 *oct.* 1811. (*Art.* 4099, *j.*)

Le Notaire qui a fait l'avance des droits d'enregistrement d'actes de vente et d'obligation, a une action solidaire contre le vendeur et le créancier, pour son remboursement, comme contre l'acquéreur et le débiteur, parce que l'acte est toujours dans l'intérêt respectif des parties. *Arr. de cass. du* 26 juin 1820. (*Art.* 6811, *j.*)

78. En cas d'insolvabilité du Not.^e, la demande du droit proportionnel d'enregistrement, *sans double droit ni amende*, sera faite directement aux parties contractantes, sauf l'abandon de cette demande, si celles-ci produisent une expédition en forme, contenant mention de l'enregistrement, quoiqu'elle soit faussement énoncée. *Instr.* 340.

79. Aucune poursuite ne doit avoir lieu, à moins qu'il ne soit constaté par quelques renseignemens susceptibles d'être présentés en justice, que les contractans sont débiteurs envers le Notaire, du montant des droits d'enregistrement, dont ils ne lui auraient pas fait l'avance, pour l'acte qui les concerne, et que l'Administration, sur le compte qui lui aura été rendu à cet égard, n'ait spécialement autorisé le Directeur à intenter une action. *Circulaire du* 19 *mars* 1808.

80. On ne peut répéter, contre les parties les droits d'un acte rédigé par un Notaire devenu insolvable, lorsqu'elles sont munies d'une expédition, portant date du temps où le Notaire exerçait encore ses fonctions, quoiqu'en effet l'acte ait été rédigé postérieurement à la perte de son titre d'Officier public. *Déc. min. fin. du* 20 *juillet* 1808.

81. *Poursuites.* Les peines encourues par un Notaire ne peuvent être infligées à ses héritiers, à moins qu'un jugement n'en ait prononcé la condamnation du vivant du Notaire, ou qu'il n'ait souscrit l'obligation de payer les amendes. *Instr.* 340.

82. Avant de poursuivre les héritiers, on ne peut se dispenser de leur faire signifier, soit l'obligation, soit le jugement. *Art.* 877 *du C. C.*

83. *Réclamation.* Le Ministre ne décide en général, sur les réclamations des Not.^es en modération d'amendes de contravention sur le notariat, qu'après le prononcé des Juges; la justification de recours auprès du Gouvernement, ne doit donc pas arrêter la suite à donner aux procès-verbaux. *Lettre de l'Adm., du* 30 *sept.* 1815.

84. *Recherches.* La partie qui a intérêt de connaître un acte dont on lui nie l'existence, est autorisée à le faire compulser à ses frais, sans indication du jour où il a été passé. *Cour de Paris, du* 1.er *mars* 1809.

85. *Répertoire.* Pour les obligations des Notaires à cet égard, V. *répertoire* et *communication.*

86. *Suppression d'étude.* Pour connaître les obligations des Notaires ou de leurs héritiers, relativement à la remise à faire de leurs minutes et répertoires, lorsqu'ils sont remplacés ou que la place est supprimée, V. *les art.* 54, 55 et 56 *de la loi du* 25 *vent.* 11.

87. Le titulaire ou ses héritiers, en retard de satisfaire aux dispositions des articles 55 et 56, seront condamnés à cent francs d'amende par chaque mois de retard, à compter du jour de la sommation qui leur aura été faite d'effectuer la remise. *Art.* 57 *de la loi.*

88. *Surcharges.* V. ci-dessus, n.° 16.

89. *Timbre* (Obligations y relatives). V. *timbre.*

90. *Vente mobilière.* V. *vente de meubles.*

91. *Vente de biens de mineurs* en vertu de délégation, V. *minute* et *délai*, n.° 45.

NOTES. Lorsque l'on n'a que des notes informes de jugemens dont les minutes ne se trouvent plus au Greffe, et que ceux dénommés dans ces jugemens nient qu'ils les concernent ou qu'ils renferment les dispositions énoncées dans les notes, on n'est pas fondé à demander le droit pour ces actes, la perception ne pouvant porter sur des titres de l'existence desquels on ne justifie point. *Sol. du* 8 *août* 1818. Au surplus, V. *actes*, n.° 46; *enquête*, n.° 4, et *ordres.*

Les articles 17 et 24 de la loi de brum. 7, ne s'opposent pas à ce que les états de frais que les Avoués déposent au greffe dans les affaires sommaires, soient rédigés sur papier libre. *Déc. min. fin. du* 13 *avril* 1820. V. *ordre.*

NOTICES *de décès.* Les Maires ou Secrétaires des Mairies doivent remettre par trimestre, aux Receveurs de l'enregistrement de l'arrondissement, les relevés, par eux certifiés, des actes de décès; ces notices, sur papier non timbré, seront remises dans les mois de janvier, avril, juillet et octobre, à peine de 30 francs d'amende par chaque mois de retard ; ils en retireront récépissés sur papier non timbré. *Art.* 55 *de la loi du* 22 *frim.* 7, *et art.* 6 *de celle du* 25 *vent.* 9.

1. Les Receveurs doivent les transcrire sur leurs tables alphabétiques, au fur et à mesure de la remise, relever les infractions des Maires, faire mention au registre de recette des actes civils, le dernier jour des mois sus-indiqués, des noms des Maires qui ont satisfait à la loi, et de ceux qui y ont contrevenu ; relater les procès-verbaux, rapports, et faire connaître les amendes acquittées. — Ils devront, par leur précis d'opérations, indiquer tous les soins donnés à cet égard. Les Inspecteurs rendront compte de ces opérations à la fin de leur tournée. *Circ.* 1705 *et* 2045.

2. Avant de rapporter contre le retardataire les procès-verbaux dont la rédaction a été prescrite par les circ. 1765 et 1814, il faut en prévenir le Directeur. *Instr.* 70.

3. La circulaire 1244 prescrit de veiller à ce que les renvois de ceux de ces extraits qui concernent des personnes décédées hors du lieu de leur résidence ordinaire, et des extraits des actes et déclarations qui indiquent des biens dépendans de successions situées dans d'autres arrondissemens, soient faits exactement au bureau du domicile.

4. Dans les dix derniers jours de chaque trimestre, les Receveurs doivent adresser à tous les Maires de leur arrondissement un nombre suffisant de feuilles destinées au relevé des actes de décès ; c'est afin de leur ôter tout prétexte d'éluder la loi. *Circ.* n.° 2045, V. *succession*, n.os 254 *et suiv.*

NOTIFICATION, V. *appel* et *exploit.*

NOTORIÉTÉ. Les actes de notoriété sont soumis au droit fixe de 2 fr. *Art.* 43 *de la loi d'avril* 1816.

Ceux rédigés par un Notaire, au vu des pièces produites par les membres de la légion d'honneur, pour constater l'identité des titulaires, sont passibles du même droit. *Déc. min. fin. et just. du* 16 *oct.* 1816. (*Art.* 5754, *j.*) V. *certificat*, n.° 12.

NOURRITURE, V. *bail à nourriture*, n.os 59 *et suiv.*

NOVATION, transmutation d'un contrat en un autre, qui déroge au premier et change l'hypothèque.

1. La novation ne se présume point, il faut que la volonté de l'opérer résulte clairement de l'acte. *Art.* 1273 *du C. C.*

2. L'acte par lequel le débiteur d'une lettre de change ou d'un billet, affecte ou hypothèque des immeubles pour sûreté de paiement, est passible du droit proportionnel de 1 p. 100, indépendamment de celui perçu sur ces effets, comme donnant une sûreté immobilière à un effet qui n'emporte qu'une garantie personnelle. *Instr.* 290, *nomb.* 11, V. *obligation*, n.° 9.

3. Si un adjudicataire chargé par le jugement d'adjudication d'acquitter les frais de l'Avoué poursuivant indiqué *provisoirement*, s'oblige ensuite, par un acte notarié contenant affectation d'hypothèque, de lui en payer le montant déterminé dans huit années, il est dû sur ce dernier acte 1 p. 100, comme novation. *Déc. min. fin. du* 11 *juin* 1818.

4. Si l'acquéreur d'un immeuble sur lequel était affecté une rente, au lieu d'en rembourser le capital après la signification de l'acte d'acquisition, transige avec le créancier de la rente, et s'oblige à la continuer, et que le créancier le reconnaisse pour seul et unique débiteur, il y a novation de titre ; alors le droit de 2 p. 100 est dû sur le capital au denier 20 de la rente. *Déc. min. fin. du* 13 *juin* 1813. (*Art.* 4642, *j.*)

5. Une obligation substituée à la promesse de livrer les actions de la banque de France qui avaient été constituées en dot, est passible du droit proportionnel. *Déc. min. fin. du* 13 *août* 1811. (*Art.* 4177, *j.*)

6. Il y a encore novation lorsque, par un acte passé en l'absence du créancier, un héritier se reconnaît personnellement débiteur d'une somme dont la succession est grévée et due par titre en forme ; qu'il s'oblige d'en payer les intérêts jusqu'au remboursement qu'il sera toujours libre de faire ; et lorsque le créancier approuve cet acte par acte postérieur. *Arr. de cass. du* 7 *déc.* 1814. (*Art.* 5312, *j.*)

7. L'acte portant que le capital d'une rente constituée et trois mois d'arrérages dus, seront exigibles dans trois ans, est passible du droit d'obligation comme novation. *Déc. min. fin. du* 28 *janv.* 1812. (*Art.* 5213, *j.*)

8. L'obligation de payer à terme le capital et les arrérages d'une rente devenue exigible à défaut d'avoir servi ces arrérages depuis les deux dernières années, est passible du droit proportionnel sur le prix stipulé, bien que ce titre créatif de la rente ait été enregistré. *Sol. du* 17 *nov.* 1814.

9. La conversion d'une rente foncière de 172 fr., résultat d'un bail à rente, en une obligation de 3,000 francs, payable à terme, est passible du droit de 2 p. 100 sur 3,000 francs, et de 50 c. p. 100 sur l'excédant du capital de la rente. *Jugement du Tribunal de la Seine du* 2 *mars* 1810. *Sol. du* 18 *avril* 1814.

10. Lorsque les parties au profit desquelles il a été constitué une rente perpétuelle, consentent que le débiteur en rembourse une partie à des créanciers indiqués, le reliquat demeurant constitué, il n'est dû que le droit fixe, parce que, d'après la législation actuelle, le capital des rentes constituées n'étant plus aliéné à perpétuité, la fixation de l'époque de la libération n'apporte aucun changement à l'obligation du débiteur, ni aux droits du créancier. *Sol. du* 23 *déc.* 1808.

11. La clause par laquelle un vendeur consent à une constitution de rente en représentation du prix de la vente, n'opère pas une mutation ; il n'est pas censé recevoir fictivement le prix, et il peut, en cas de non paiement de la rente, demander la résolution de cette rente. *Cour de Paris, du* 11 *mars* 1816. (*M. Sirey, année* 1817).

12. On ne peut voir de novation dans l'acte par lequel un créancier accorde un délai de paiement à la personne qui lui est déléguée par son débiteur. *Arr. de cass. du* 13 *janv.* 1818.

L'acte par lequel le fils héritier se reconnaît débiteur envers la veuve du défunt, sa mère, du douaire stipulé par le contrat de mariage de celle-ci, doit être considéré, non comme le titre d'une obligation nouvelle, mais bien comme l'exécution d'un titre antérieur; en conséquence cet acte n'est pas sujet au droit proportionnel. *Arr. de cass. du* 10 *oct.* 1817.

NUE PROPRIÉTÉ. V. *succession*, *usufruit et vente.*

NULLITÉ. Défaut ou vice qui rend un acte nul.

1. Les actes notariés sont frappés de nullité dans certains cas. V. *notaire*, n.os 33 et suiv.

2. On ne peut demander la nullité d'un acte sous seing-privé, avant qu'il soit enregistré. *Arr. de cassat. du* 19 *germ.* 6.

3. Lorsqu'une vente est reconnue nulle volontairement, V. *rétrocession*; — par jugement, V. *résolution.*

4. En matière d'enregistrement, les juges ne peuvent dispenser un acte du droit sur le fondement qu'il est nul, si déjà la nullité n'a pas été prononcée entre les parties légitimes. *Arr. de cass. du* 13 *févr.* 1815. — V. *actes*, n.° 83, *et date.*

5. Lorsque l'Administration a décerné une contrainte pour le paiement du droit de mutation immobilière annulée par jugement, pendant l'instance, on ne doit pas moins suivre le recouvrement de ce droit. *Arr. de cass. du* 24 *mars* 1813. (*Art.* 4537; *j.*)

6. Les nullités des actes destinés à constater les contraventions aux lois d'ordre public, ne peuvent être créées par les Tribunaux, sans excès de pouvoir de leur part. *Arr. de cass. du* 20 *flor.* 11.

7. Les nullités pour vice de forme, d'un procès-verbal constatant des contraventions aux lois, sur l'enregistrement et le timbre, empêchent d'en faire un nouveau pour le même objet. *Arr. de cass. du* 23 *prair.* 9.

8. Toute nullité d'acte de procédure est couverte, si elle n'est proposée avant toute défense et exception autre que les exceptions d'incompétence. *Art.* 173 *du C. de C.*

9. Ainsi la nullité de forme dans la signification d'une contrainte pour recouvrement des droits, se couvre par l'opposition basée uniquement sur des moyens tirés du fond. *Arr. de cass. des* 7 *août* 1807 *et* 14 *nov.* 1815. (*Art.* 5401, *j.*)

10. Le jugement qui ne statuerait pas sur ces exceptions, avant l'examen du fond, serait susceptible de cassation. *Arr. de cass. du* 5 *mars* 1810.

11. Lorsque l'intimé, après avoir demandé, dans le premier acte qu'il signifie, la nullité d'un exploit d'appel signifié à l'Avoué qui a occupé en première instance, au lieu de l'être à personne ou à domicile, vient à la plaidoirie sans parler de nullité, cette marche n'est pas une renonciation à ce dernier moyen. *Arr. de cass. du* 30 *mai* 1810. — Au surplus, V. *appel*, *cassation*, *exploit et soumission.*

OBLIGATION. Promesse de payer une somme ou de remplir un engagement.

1. Les contrats, transactions, promesses de payer, arrêtés de comptes, billets, mandats, reconnaissances, celles de dépôt de sommes chez des particuliers, et tous autres actes qui contiennent obligation de sommes, sans libéralité et sans que l'obligation soit le prix d'une transmission de meubles ou immeubles non enregistrée, sont passibles du droit de 1 fr. par 100 fr. *Art.* 69 *de la loi de frim.* 7.

2. L'obligation pour prêt remboursable avec intérêts deux ans après le décès du prêteur ne peut être enregistrée qu'au droit fixé pour les obligations et non comme constitution de rente. *Sol. du* 22 *mars* 1815.

3. Celle pour prêt en lingots d'argent, remboursable à une époque fixe, et estimée dans l'acte, doit 1 p. 100. *Sol. du* 12 *mai* 1814 *et* 10 *oct.* 1817.

4. Le droit d'un p. 100 cesse d'être applicable toutes les fois que l'obligation est le prix d'une transmission dont le prix n'a pas été payé. Les obligations pour *livraisons effectuées* de comestibles, se trouvent comprises dans la classe des actes translatifs d'objets mobiliers *quelconques*, pour lesquels il faut percevoir le droit proportionnel de 2 fr. p. 100, sans distinction des objets déjà livrés, et de ceux à fournir. *Instr.* 766.

5. Lorsque les obligations sont causées pour valeurs reçues partie en marchandises et partie en argent prêté, sans désignation de prix, on peut admettre les contractans à passer déclaration de la valeur des marchandises et du montant du prêt; le droit doit être liquidé à raison de 2 p. 100 sur le premier objet, et d'un p. 100 sur le second. *Sol. du* 5 *germ.* 10. (*Art.* 1258, j.)

6. L'obligation d'une somme payée en avancement d'hoirie, est passible du droit fixé pour les donations. *Sol. du* 26 *mars* 1810. (*Art.* 5285, j.)

7. L'acte par lequel un fils se reconnaît débiteur envers sa mère, de 1,500 fr., pour nourriture, logement et vêtemens, et qui énonce que pour se libérer de cette somme et de celles qu'elle paiera pour lui, jusqu'à concurrence de 4,000 fr., il consent qu'une inscription de 1,200 fr. de rente soit déposée chez un Notaire, et que sa mère en reçoive les intérêts jusqu'au remboursement de la somme de 4,000 fr., est passible du droit de 1 p. 100 sur 4,000 fr. comme obligation du fils envers sa mère. *Déc. min. fin. du* 13 *juillet* 1813. (*Art.* 4875, j.)

8. L'obligation pour le paiement d'un douaire résultant d'un contrat de mariage, ne donne pas lieu au droit proportionnel, il doit être considéré, non comme le titre d'une obligation nouvelle, mais bien comme l'exécution d'un titre antérieur. *Arr. de cass. du* 10 *oct.* 1817. (*M. Sirey*, *année* 1818.) V. *liquidation.*

9. L'acte passé devant Notaire, portant reconnaissance de créance résultant de billets à ordre enregistrés, renferme une nouvelle obligation soumise au droit de un p. 100. *Arr. de cass. du* 1.er *fév.* 1813. (*Art.* 4427, j.) V. *novation.*

10. Les obligations pour frais dus à un Avoué, contenant affectation d'hypothèque, sont passibles du droit proportionnel de un pour 100; il est inutile de faire enregistrer les pièces qui constatent ces frais. *Déc. min. fin. du* 11 *juin* 1818. (*Art.* 6505, *j.*)

11. Il n'est dû que 1 p. 100 sur l'acte par lequel un particulier reconnaît avoir reçu de son frère une somme déterminée, à valoir sur les biens indivis d'un autre frère que l'on croit mort aux armées. *Jugement du Tribunal de Marvejols du* 15 *déc.* 1817.

12. Quant aux obligations contractées de la part du tuteur officieux en faveur de son pupile, V. *tutelle officieuse.*

13. Les obligations souscrites pour supplément de cautionnement en numéraire, sont en cas de protêts,

passibles du droit proportionnel, sauf à ne les faire enregistrer qu'avec les protêts. *Déc. min. fin. du 6 sept.* 1816. (*Art.* 5522, *j.*) *Instr.* 743.

14. Celles fournies par les Receveurs généraux ou Directeurs des droits réunis, et leurs endossemens et acquits sont exemptes de l'Enregistrement, excepté les protêts ultérieurs. *Instr.* 290, *nomb.* 40 *et* 41. Elles sont également exemptes du timbre. *Circ.* 1819.

15. Les obligations à ordre souscrites par les Préposés comptables des impôts indirects, sont passibles du timbre proportionnel; et, quand on veut en faire usage, du droit d'enregistrement de 50 c. p. 100, et de pareil droit pour le cautionnement. *Déc. min. fin. du* 18 *juillet* 1814. (*Art.* 4976, *j.*)

16. Celles souscrites par les acquéreurs de domaines nationaux, en exécution de la loi du 11 frim. 8, sont soumises au timbre de 35 cent., circ. 1729, et enregistrables pour 1 fr. fixe, lorsque l'on requiert la formalité. *Circ.* 1852.

17. L'emprunt fait pour fournir le cautionnement pécuniaire exigé pour un emploi public, doit nécessairement acquitter le droit proportionnel de un p. 100; s'il n'y a pas eu d'acte de cet emprunt qui ait été assujéti à ce droit, il doit être perçu sur l'acte postérieur qui le fait connaître. *Instr.* 743. — Ainsi lorsque la connaissance en est donnée par un jugement, il y a lieu de percevoir le droit non acquitté. *Sol. du* 4 *juillet* 1818. (*Art.* 6150, *j.*)

18. Lorsqu'une obligation est acquittée avec ou sans subrogation, V. *quittance* et *subrogation*.

19. Au surplus, V. *annulation*, *billet* et *compte*.

20. *Dispositions particulières.* Les intérêts stipulés dans une obligation ne font pas partie du capital; on a la liberté de déterminer l'époque à laquelle ils ont pu ou pourront avoir lieu, sans qu'il en résulte de droit particulier d'enregistrement. *Sol. du* 21 *juillet* 1807.

21. Lorsqu'une obligation porte qu'il est loisible au prêteur d'exiger le remboursement de la somme prêtée en fonds de terre, à choisir dans ceux hypothéqués, dont l'emprunteur promet de passer vente à ses frais; on ne peut voir dans cette promesse de vendre une mutation réelle, puisque la clause est nécessairement facultative et qu'il n'y a pas consentement respectif. *Décis. min. fin. du* 6 *juin* 1815. (*Art.* 5148, *j.*)

22. Un particulier prête 6000 fr. à la charge d'en payer 5 p. 100 d'intérêts, et par augmentation d'intérêts, l'emprunteur cède la jouissance d'une métairie jusqu'au remboursement de la somme prêtée; il n'y a dans cet acte ni antichrèse ni bail; cette augmentation d'intérêts est contraire à la loi. *Sol. du* 6 *mars* 1815.

23. La déclaration faite par un emprunteur, que le bien par lui affecté à la sûreté de son emprunt est déjà hypothéqué pour le service d'une rente due et pour les arrérages, n'engendre aucun droit à raison des arrérages; il n'est dû que le droit de 1 p. 100 sur la nouvelle obligation. *Sol. du* 25 *nov.* 1817. (*Art.* 5898, *j.*)

24. L'acte qui, pour assurer le paiement de la somme prêtée, contient délégation de pareille somme due à l'emprunteur, n'est passible que d'un seul droit de un p. 100. *Jugement du Tribunal de Limoges, confirmé par Décis. min. fin. du* 7 *avril* 1817. (*Art.* 5838, *j.*) V. *mariage* et *vente*.

25. L'obligation contractée solidairement par deux personnes et dans laquelle il est stipulé, que l'un des débiteurs a pris tout l'argent pour l'employer à son utilité, est passible de 50 c. p. 100, comme cautionnement, outre celui de 1 p. 100. *Sol. du* 15 *avril* 1813. — V. *cautionnement*.

26. *Paiement des droits*, V. *débiteur*.

27. *Timbre.* D'après l'art. 6 de la loi du 6 prairial 7, les obligations non négociables, même celles souscrites par des particuliers non commerçans, et pour simple prêt, doivent être faites sur papier du timbre proportionnel. *Circ.* 1580. *Arr. de cass. des* 1.er *mai* 1809 *et* 24 *mars* 1813. — Cependant V. *effets négociables*, n.° 15.

28. Voyez aussi *débiteur*, n.° 4, et *dépôt*, n.° 3.

29. OBLIGATION *à la grosse aventure* ou *pour retour de voyage*, contrat par lequel un particulier prête à un armateur, une somme destinée à être employée dans son expédition, avec clause qu'elle lui sera rendue avec une portion déterminée des bénéfices, ou qu'en cas de perte par force majeure, il ne pourra réclamer que ce qui en restera. Cet acte est sujet au droit de 50 c. p. 100. *Art.* 69 *de la loi de frim.* 7.

30. Lorsque les obligations de l'espèce sont passées devant Notaire, elles rentrent dans la classe des contrats civils, qui produisent en faveur du créancier, le droit d'hypothèque et d'exécution, et l'endossement est une véritable cession passible du droit de 1 p. 100. *Arr. de cass. du* 5 *pluv.* 11. (*Manuel de l'Enregistrement.*)

31. OBLIGATION *contractée sous une condition suspensive ou résolutoire*.

32. L'obligation contractée sous une condition suspensive est celle qui dépend, ou d'un événement futur et incertain, ou d'un événement actuellement arrivé, mais encore inconnu des parties; dans le premier cas, l'obligation ne peut être exécutée qu'après l'événement; dans le second cas, l'obligation a son effet du jour où elle a été contractée. *Art.* 1181 *du C. C.*

33. Lorsque l'obligation a été contractée sous une condition suspensive, la chose qui fait la matière de la convention, demeure aux risques du débiteur qui ne s'est obligé de la livrer, que dans le cas de l'événement de la condition. *Art.* 1182.

34. La condition résolutoire est celle qui, lorsqu'elle s'accomplit après la révocation de l'obligation, remet les choses au même état que si l'obligation n'avait pas existé. Elle ne suspend point l'exécution de l'obligation; elle oblige seulement le créancier à restituer ce qu'il a reçu, dans le cas où l'événement prévu arrive. *Art.* 1183.

35. La condition résolutoire est toujours sous-entendue, dans les contrats synallagmatiques, pour le cas où l'une des deux parties ne satisfera point à son engagement. Dans ce cas, le contrat n'est point résolu de plein droit. La partie envers laquelle l'engagement n'a point été exécuté, a le choix, ou de forcer l'autre à l'exécution de la convention, lorsqu'elle est possible, ou d'en demander la résolution avec dommages et intérêts. La résolution

doit être demandée en justice, et il peut être accordé au défendeur un délai selon les circonstances. *Art.* 1184.

36. S'il a été stipulé, lors de la vente d'immeubles, que, faute de paiement du prix dans le terme convenu, la vente serait résolue de plein droit, l'acquéreur peut néanmoins payer après l'expiration du délai, tant qu'il n'a pas été mis en demeure par une sommation ; mais après cette sommation, le juge ne peut pas lui accorder de délai. *Art.* 1656. V. *vente d'immeubles*, n.° 58.

OBSERVATIONS, V. *instances* et *états*.

OCTROIS, droits qu'on permet à une ville de lever sur elle-même, pour subvenir à ses dépenses publiques.

1. Les actes et procès-verbaux dont l'objet est de poursuivre le recouvrement des droits d'octrois des communes, ou de constater des contraventions aux lois qui les établissent, doivent être soumis à l'enregistrement et acquitter les droits. *Sol. du* 18 *pluv.* 8.

2. Les Préposés de l'octroi sont dispensés de rédiger procès-verbal en forme de saisie d'une valeur présumée de 10 fr. et au-dessous, sauf à rapporter des procès-verbaux réguliers pour toutes celles qui excéderaient cette somme. *Instr.* 432.

3. Les registres de l'octroi ne sont plus soumis au timbre de dimension établi par la loi du 13 brum. 7 ; il est fait maintenant usage d'un timbre particulier. *Inst.* 597.

4. Quant aux droits d'enregistrement des prestations de serment des Préposés de l'octroi, V. *serment.*

5. Les Préposés à la perception des droits d'octroi sont tenus de se faire représenter les lettres de voiture des marchandises et autres objets dont le transport se fait par terre ou par eau, et de vérifier si ces actes sont écrits en papier timbré : en cas de contravention, ils en rédigent des procès-verbaux, pour faire condamner les souscripteurs et porteurs solidairement à l'amende ; pour indemniser ces Préposés des soins de cette vérification, il leur est accordé la moitié des amendes payées par les contrevenans. *Art.* 1.er, 2 *et* 3 *du décr. du* 16 *mess.* 13. V. *lettre de voiture.*

OFFICIERS *publics*, V. *Notaire*, *Greffier*, et *actes*, n.° 61.

OFFRES *réelles*. Celles qui ne font pas titre à un créancier, et non acceptées, opèrent le droit de 2 fr. fixe. *Art.* 43 *de la loi d'avril* 1816. V. *exploit.*

Elles ne peuvent suppléer au paiement des droits. V. *succession*, n.ºs 52 *et suiv.*

OMISSION, dans une déclaration de succession. — Elle donne ouverture au droit en sus et non au demi-droit, à titre d'amende. *Art.* 39 *de la loi de frim.* 7. *Arr. de cass. du* 16 *mars* 1814. (*Art.* 4901, *j.*) V. *expertise*, *insuffisance et prescription.*

OMISSION *de recette*, V. *vérification*, *procès-verbal de vérification de régie* et *tournée.*

OPPOSITION, empêchement à ce qu'il soit passé outre à quelque chose.

1. Pour connaître les droits des exploits d'opposition, ceux des actes faits aux greffes, portant opposition à délivrance de pièces, etc., et les droits fixés pour les oppositions à levée de scellés, V. *exploit*, *page* 166 ; *actes*, n.° 43 *et scellés.*

2. L'opposition à un jugem.' rendu par défaut, peut valablement être formée par signification d'Avoué à Avoué. *Instr.* 290, *nomb.* 67.

OPPOSITIONS *aux contraintes* décernées pour recouvrement des droits d'enregistrement.

3. Lorsque la partie actionnée forme opposition à la contrainte, le Receveur doit envoyer sur-le-champ au Directeur cette opposition. *Circ.* 1498. V. *instance.*

4. Les motifs de l'opposition exigés par l'art. 161 du C. de P. C., sont suffisamment déduits lorsqu'on se réfère à ceux employés précédemment et dont le jugement porte l'analyse. *Arr. de cass. du* 14 *mars* 1809.

5. Les oppositions au paiement de mandats sur les caisses de l'enregistrement, ne sont valables qu'autant qu'elles ont été notifiées au Directeur dans le département où le paiement doit être effectué. *Instr.* 282.

ORDONNANCE *sur requête*, ordre mis au bas d'une requête ou pétition par une autorité civile ou judiciaire.

1. Les ordonnances des Juges de paix et celles rendues en matière de police simple ou criminelle, lorsqu'il y a *partie civile*, sont sujètes au droit de 1 fr. fixe. *Art.* 68 *de la loi de frim.* 7.

2. Les ordonnances des Juges des Tribunaux de première instance et de commerce, opèrent le droit de 3 fr. *Art.* 44 *de la loi du* 28 *avril* 1816.

3. Celles des Juges des Cour royales, sont passibles du droit de 5 fr. *Art.* 45 *de la même loi.*

4. Les ordonnances rendues en matière de police ou criminelle, *lorsqu'il n'y a pas de partie civile*, doivent être enregistrées en débet, sauf le recouvrement contre la partie, s'il y a lieu. *Art.* 70 *de la loi de frim.* 7.

5. Les ordonnances et mandemens d'assigner les opposans à scellés, rendus par les Juges de paix, opèrent le droit fixe de 1 fr. *Art.* 68 *de la loi de frim.* 7.

6. Toutes celles passibles du droit sont enregistrables sur minute, instr. 436, dans le délai de 20 jours, art. 20 de la loi de frim. 7 et à la diligence des parties. *Art.* 29.

7. Lorsqu'au pied d'une requête il est rédigé un acte dans la forme d'un jugement définitif, V. *jugement*, n.° 71.

8. L'ordonnance par laquelle le Président commet un Juge, pour faire son rapport sur les présomptions d'absence, étant de pure formalité, ainsi que l'intervention du ministère public, est exempte d'enregistrement. *Instr.* 436, *nomb.* 65.

9. Il en est de même 1.° de celle du Juge prononçant sur les oppositions aux qualités pour la rédaction des jugemens. *Instr.* 758, *nomb.* 5. 2.° Des ordonnances mises au bas des délibérations de conseils de famille, sujètes à l'homologation, ordonnant communication au ministère public, et nomination d'un Juge rapporteur. *Nomb.* 69 *de la même instr.* 3.° Celle du Président qui, dans le cas où la femme demande à poursuivre ses droits contre son mari absent, ordonne la communication au ministère public. *Nomb.* 66 *de la même instruction.*

10. L'ordonnance du Juge qui, en exécution de l'art. 526 du C. de P. C., commet un autre Juge pour procéder à un interrogatoire sur faits et articles, est sujète au droit et enregistrable avant d'être signifiée. *Instr.*

456, *nomb.* 29, au surplus, V. *actes*, n.° 153, *commission*, n.° 4.

11. ORDONNANCES *des conseils de préfecture.* Elles ne sont pas susceptibles d'enregistrement. *Déc. min. fin. du* 20 *oct.* 1817.

12. ORDONNANCES *de police* (les) qui se crient et se distribuent dans les rues, peuvent, comme actes d'administration publique, être imprimées sur papier non timbré. *Instr.* 326, V. *affiches*, n.° 20.

13. ORDONNANCES *de paiement* sur les caisses publiques, V. *mandat.*

14. ORDONNANCES *de décharge* ou *de réduction* d'impositions; elles sont exemptes de l'enregistrement. *Art.* 70 *de la loi de frim.* 7.

15. Mais elles sont assujéties au timbre comme expédition, *lorsqu'elles sont délivrées aux parties;* cependant celles remises au Directeur des contributions, jouissent de l'exemption, pourvu qu'il soit fait mention de leur destination pour un fonctionnaire public. *Circ.* 2042.

16. ORDONNANCES *royales* (les) auxquelles les arrêtés et les décrets impériaux étaient assimilés, sont obligatoires dans chaque département, du jour auquel le bulletin a été distribué au chef-lieu. *Loi du* 12 *vend.* 4, et *circ. du* 10 *vend.* 14.

17. Celles non insérées au bulletin, du jour de la communication aux personnes qu'elles intéressent. *Idem.*

18. Les ordonnances royales rendues en matière de conflits d'attribution, sont exemptes de l'enregistrement comme actes d'une haute administration. *Déc. min. fin. du* 8 *fév.* 1821. (*Art.* 6902, *j.*) V. *nomination*, n.° 17.

ORDRE et DISTRIBUTION, opération qui tend à fixer le rang dans lequel chaque créancier d'un débiteur doit être payé. 749 *à* 779 *C. de P. C.* — V. *ordre*, AUX HYPOTHÈQUES.

Droits résultans des procès-verbaux d'ordre judiciaire.

1. L'ordonnance du Juge commissaire, à l'effet de faire sommer les créanciers de produire, soit qu'elle ait lieu sur la requête de l'Avoué poursuivant, ou sur la minute même du procès-verbal d'ordre, est assujétie au droit d'enregistrement de 3 fr. dans les 20 jours de sa date. *Déc. min. fin. du* 17 *janv.* 1820. (*Art.* 6590, *j.*)

2. Il n'est rien dû sur l'ordonnance de renvoi à l'audience, en cas de contestation, parce qu'elle forme une partie intégrante du procès-verbal d'ordre. *Idem.*

3. Les autres parties du procès-verbal d'ordre, considérées comme ne faisant qu'un tout, sont sujètes au droit d'enregistrement de 50 cent. p. 100 sur le montant des collocations, et il est dû, pour droit de greffe, savoir : 3 fr. pour l'annexe de l'état d'inscriptions, et 1 fr. 50 cent. pour chaque production de titres de créances, conformément au décret du 21 juillet 1808. *Idem.*

4. Le procès verbal d'ordre peut n'être soumis à l'enregistrement qu'à l'époque de la délivrance des mandemens ou bordereaux de collocation, pourvu toutefois, que l'enregistrement précède cette délivrance, qui ne donne lieu, par elle-même, qu'au droit de rédaction. *Idem.*

5. Le droit de greffe d'expédition de 1 fr., doit être perçu d'après le nombre de rôles et mandemens de bordereaux de collocation indépendamment de celui de rédaction de 25 c. p. 100 de la somme exprimée, qui est le salaire de la rédaction de la minute du procès-verbal d'ordre. *Déc. des min. de la just. et des fin. du* 2 *juin* 1820. (*Art.* 6700, *j.*)

6. Les dispositions d'un jugement d'ordre qui ordonne la rédaction des inscriptions existant sur l'immeuble vendu, ne donnent pas ouverture à un droit particulier et indépendant de celui qui est dû sur la disposition relative à la distribution des deniers aux créanciers colloqués. *Arr. de cass. du* 21 *juillet* 1818. *Déc. min. fin. du* 3 *oct. suiv.*

7. Les formalités prescrites par l'art. 754 du C. de P. C. pour constater les productions des titres dans les confections d'ordre, de prix de ventes d'immeubles, doivent être observées rigoureusement, d'après un avis donné par Monseigneur le Garde des Sceaux à MM. les Procureurs génér. *Lettre du Min. des fin. du* 8 *juillet* 1819. (*Art.* 6445, *j.*)

8. Si les Avoués remplaçaient les actes de productions, par des requêtes dans lesquelles ils demanderaient à être colloqués, on devrait toujours considérer ces requêtes comme de véritables actes de productions, qui seraient enregistrables avant d'être relatées dans le proc.-verb. *Déc. min. fin. du* 25 *mars* 1821. (*Art.* 6945, *j.*)

9. En cas de *distribution par contribution*, les notes sur le registre du greffe, pour constater la réquisition du saisissant, ou de la partie la plus diligente, et la nomination par le Président du juge-commissaire, sont exemptes d'enregistrement. *Instr.* 436, *nomb.* 58.

10. *Ordres à l'amiable par devant Notaires.* Les collocations faites à l'amiable par devant Notaires étant prévues par la loi, et ne produisant pas, au profit des créanciers, d'effets plus utiles que celles réglées en justice, il n'y a lieu de les assujétir qu'au droit de 50 c. p. 100. *Même Instr.*, *nomb.* 57.

11. ORDRE *ou distribution qui intéresse l'Administration.* Les sommes pour lesquelles les Administrations financières sont colloquées dans l'intérêt du trésor, et qui sont à toucher sur la caisse des consignations, doivent être payées sur simple quittance du Préposé comptable, sans qu'il soit besoin de quittance notariée. *Déc. min. fin. du* 23 *juillet* 1811. (*Art.* 4173, *j.*) V. *instance*, n.° 128.

12. ORDRE *ou mémoire de tournée et de contre-tournée.* La copie du mémoire d'ordre de tournée et de contre-tournée que le Directeur doit adresser aux Employés supérieurs de sa direction, l'un, le 25 du 3.e mois, et l'autre le 15 du 2.e mois de chaque trimestre, doit être envoyée exactement à l'Administration, pour servir à diriger les réponses aux lettres de tournée et aux journaux de travail; on y signale les vices de perception et les irrégularités, et on y rappèle les instructions qui ne recevraient que peu ou point d'exécution, dans la plupart des bureaux. *Lettre de M. l'Administrateur de la* 5.e *division du* 1.er *fév.* 1817.

ORDRES *généraux de régie :* Sont ceux qui sont obligatoires pour tous les Employés. Les infractions aux ordres généraux doivent être punis, soit par la destitution, soit par la suspension. *Circ. du* 14 *mai* 1808. — V. CES ORDRES GÉNÉRAUX, *à la fin du volume.*

ORGANISATION de l'Administration de l'enregistrement. V. *administrateur*; *administration* et *directeur général*.

ORIGINAUX. Tous actes judiciaires en matière civile, tous jugemens en matière criminelle, correctionnelle ou de police, sont, sans exception, soumis à l'enregistrement sur les minutes ou originaux. *Art.* 38 *de la loi d'avril* 1816.

OUTRE-PASSE. V. AUX DOMAINES, page 42.

OUVERTURE du testament mystique ou olographe par les Présidens des tribunaux de première instance. L'acte qui constate l'ouverture opère le droit de 3 francs. *Art.* 44 *de la loi d'avril* 1816.

OUVRAGES. V. *bail*, *marchés et journal*.

PAIEMENT *des droits*. Pour connaître par qui doivent être avancés ou payés les droits dont il s'agit dans ce dictionnaire, V. *débiteur* et *consultation*.

1. Les Tribunaux ne peuvent, en cas de contestation sur la quotité des droits, ordonner le dépôt d'une somme pour tenir lieu de celle réclamée. *Arr. de cass. du* 7 *mai* 1806.

2. Le paiement provisoire des droits n'est exigible que lors de la présentation libre d'un acte à la formalité. — S'il s'agit de droits à payer d'après une contrainte décernée par un Préposé, la partie n'est pas tenue de les acquitter avant le jugement à intervenir sur la contestation relative à la quotité, si elle a fait opposition. *Arr. de cass. du* 15 *prair.* 13. — *M. Sirey*, T. 5, p. 266.

3. Ainsi, lorsque le receveur réclame un droit de jugement d'après un extrait délivré par le Greffier, la partie doit payer, bien que le jugement par défaut ait été annulé sur opposition. *Arr. de cass. du* 13 *frim.* 13.

4. On ne peut, dans la vue d'accélérer les recouvremens, faire fournir aux parties des billets à ordre, mais seulement une soumission de payer dans un tems déterminé. *Sol. du* 27 *nov.* 1807.

5. Le redevable de droits résultant d'un jugement de la justice de paix, ne peut se refuser au paiement, sous prétexte que ce jugement a été rendu incompétemment. *Arr. de cass. du* 30 *nov.* 1807.

PAPIER-*musique*. V. *musique*.

PAPIER-*nouvelle*. V. *journal*.

PAPIER *timbré*. V. *timbre*.

PAQUET. V. *lettres* et *ports de lettres*.

PARCHEMIN. V. *timbre*.

PARAPHE. V. *cote* et *paraphe*.

PARENS. V. *avis de parens*.

PARTAGE. Division entre plusieurs personnes d'objets qui leur appartiennent en commun.

1. Nul ne peut être contraint à demeurer dans l'indivision, même lorsque les copropriétaires, avant et depuis le Code civil seraient convenus de rester indivis. *Art.* 815 *du C. C. Arr. de cass. du* 18 *nov.* 1818.

2. Le premier acte qui fait cesser l'indivision entre copropriétaires au même titre, n'est jamais qu'un partage, quelle que soit la qualification qui lui ait été donnée, et lors même que la propriété appartient aux uns et l'usufruit aux autres. *Sol. du* 26 *août* 1813.

3. L'acte par lequel il est convenu que chacun des copropriétaires jouira alternativement des biens, est un partage provisoire. *Arr. de cass. du* 15 *févr.* 1813. — V. *dissolution*, n.° 5.

4. DROITS. Les partages de biens meubles et immeubles entre copropriétaires, à quelque titre que ce soit, *pourvu qu'il en soit justifié*, sont assujétis au droit fixe de 5 fr. *Art.* 45 *de la loi d'avril* 1816. — S'il y a soulte, V. ci-après, n.ºs 17 et suiv.

5. Il n'est dû qu'un droit, quel que soit le nombre des successions partagées, pourvu que le partage en soit fait entre les mêmes cohéritiers, et par un seul acte. *Sol. du* 8 *germ.* 8.

6. Il n'y a lieu qu'au droit fixe de 5 francs, pour les actes de liquidation et partage de succession qui établissent la masse partageable, même quand ces actes sont faits par des juges ou des arbitres. *Sol. de l'adm. du* 11 *flor.* 12. (*Art.* 1737, *j.*)

7. Les liquidations de *reprises*, contenues dans les partages de succession, communauté ou société, et qui doivent précéder le partage dont ils font nécessairement partie, n'opèrent aucun droit particulier. *Instr.* 366, *nomb.* 4.

8. Lorsqu'un émigré a été rayé après le décès de son père qui avait ouvert partage de présuccession; que depuis sa rentrée en France, ses frères lui ont délivré, par un partage, une portion égale à celle qu'il aurait eue, s'il n'eût pas émigré, et telle qu'elle avait été fixée par le père commun, suivant son testament antérieur au partage de présuccession, on ne peut considérer ce partage comme une donation. *Arr. de cass. du* 3 *août* 1814.

9. Il n'y a pas lieu de percevoir le droit d'obligation sur les déclarations faites dans un partage, hors la présence de ceux qui sont désignés comme créanciers, et sans indication de titres enregistrés, parce que ces déclarations ne peuvent servir que d'un commencement de preuve par écrit. *Jugement du Trib. de Strasbourg, du* 12 *oct.* 1820. (*Art.* 156 *du Contrôleur de l'enregistrement*). — V. *liquidation*, n.° 7, où ce principe a été consacré.

10. Les actes sous seing-privé non enregistrés, peuvent, sans contravention, être relatés dans un partage. V. *actes*, n.° 149.

11. La stipulation insérée dans un acte de partage, qui adjuge à l'un des copartageans l'usufruit, et à l'autre la nue propriété des biens indivis, sans *soulte* ni retour, n'est passible que du droit fixé pour les partages, et non du droit proportionnel dû pour les échanges. *Instr.* 775. *Déc. min. fin. du* 25 *févr.* 1821. (*Art.* 164 *du Contrôleur de l'enregistrement*).

12. PARTAGES *contenant plusieurs dispositions*. — Il n'y a que les partages purs et simples, ceux qui ne contiennent pas de dispositions indépendantes, ou ne dérivent pas nécessairement de l'acte, pour lesquels la perception doit se réduire à 5 francs. Si, par exemple, dans un partage entre une mère et ses enfans, indépendamment du réglement de communauté, ceux-ci se libèrent envers leur mère d'une portion échue de *douaire*, ou des frais funéraires faisant partie des charges de la succession du père, ou si les enfans délèguent à leur mère, à prendre sur des créances, une somme

supérieure à celle qu'elle avait droit de prétendre, comme étant commune en biens, il y a lieu, outre le droit fixe pour le partage, de percevoir des droits sur les autres conventions. *Arr. de cass. du* 8 *juillet* 1808.

13. Par la même raison, lorsque, dans un acte de liquidation et partage passé devant notaire entre le père et ses enfans, il est stipulé des reconnaissances d'avancement d'hoirie, cessions de marchandises, etc., des droits particuliers sont dus à ce sujet, ce sont des conventions antérieures que les copartageans confirment. *Déc. min. fin. du* 24 *déc.* 1819.

14. Lorsque, avant la signature de l'acte de partage, deux des copartageans échangent entre eux leur lot respectif, cette disposition n'opère aucun droit. *Déc. min. fin. du* 5 *nov.* 1811. (*Art.* 4186, *j.*) — Mais le droit spécial serait dû, si l'échange était fait par acte séparé, avec mention qu'il y avait eu erreur dans le partage et le tirage des lots. *Déc. min. fin. du* 19 *juillet* 1808. (*Art.* 2953, *j.*)

15. Lorsque, dans un partage fait entre des enfans d'un premier et d'un second lit, les uns comprennent des immeubles qui leur sont propres, et qui entrent dans le lot des autres, cette disposition donne lieu au droit, comme échange. *Sol. du* 15 *sept.* 1819.

16. Quant aux partages contenus dans les donations, V. *donation*, n.° 28. — Dans les testamens, V. *testament*. — V. aussi le n.° 32 ci-après.

17. Soulte. S'il y a retour dans un partage, le droit sur ce qui en fait l'objet, sera perçu au taux réglé pour les ventes. *Art.* 68 *de la loi de frim.* 7.

18. La loi du 28 avril 1816, art. 52 et 54, qui assujétit à un droit de 5 1/2 p. 100, tous actes de ventes immobilières, ne s'applique pas aux soultes ou retours de partage simplement déclaratifs de propriété, bien qu'assimilés à des ventes. *Arr. de cass. du* 27 *juill.* 1819. (*Art.* 6550, *j.*)

19. De sorte que le droit à percevoir sur les retours de partages immobiliers, reste tarifé par la loi de frimaire 7. *Instr.* 903.

20. Il convient alors d'examiner, pour les actes postérieurs à la loi du 28 avril 1816, si les soultes sont susceptibles de transcription. Celles entre cohéritiers en sont exemptes, ainsi il n'est dû sur l'acte qui les contient que 4 p. 100. Celles au contraire entre copropriétaires à tout autre titre qu'à celui d'héritiers, sont sujètes à être transcrites, attendu que la fiction établie par l'art. 883 du C. C., est spéciale pour les cohéritiers. Ainsi ces soultes donnent ouverture, lors de l'enregistrement, au droit de transcription établi par la loi d'avril 1816. *Tribunal de la Seine, du* 20 *nov.* 1819. V. *licitation*.

21. Lorsque les biens partagés sont de diverses espèces, le prix des soultes doit être imputé : d'abord, sur le montant des rentes sur l'Etat, puis sur les créances à terme, ensuite sur les capitaux de rente et sur les meubles; enfin, sur les immeubles : c'est dans ce sens que doit être perçu le droit proportionnel. *Instr.* 342.

22. Quand dans un partage d'objets achetés en commun, sans autre explication, l'acte donne un droit plus fort à un des acquéreurs, on doit percevoir sur cet excédent ou plus value le droit réglé pour les ventes. *Arr. de cass. du* 2 *mai* 1808.

23. Si le copartageant qui a le lot le plus fort, est chargé de payer les dettes de l'hérédité, c'est une acquisition jusqu'à concurrence du montant des dettes qui excède sa part contributoire, et le droit proportionnel est exigible sur cet excédent. *Arr. de cass. du* 6 *therm.* 11.

24. Lorsque par un partage entre un héritier et des légitimaires, ces derniers sont chargés d'acquitter les dettes de la succession, en recevant des biens au-delà de leur légitime, pour une somme égale au montant de ces dettes, il n'y a cession de la part de l'héritier en faveur des légitimaires, que jusqu'à concurrence de la partie des dettes dont se trouvait tenu cet héritier. *Arr. de cass. du* 26 *août* 1816. (*Art.* 5611, *j.*)

25. Pour les soultes contenues dans les partages anticipés, V. *ci-après*, n.ºs 31 *et suiv.*

26. L'acte par lequel quatre frères comprennent par portions égales, dans leurs lots respectifs, la part revenant à un cinquième enfant en démence, à la charge par chacun d'eux de contribuer à l'entretien de ce dernier, n'est passible que du droit de 5 fr. *Sol. du* 14 *mars* 1818. (*Art.* 6037, *j.*)

27. *Partages par anticipation.* Le partage d'immeubles fait par des père et mère à deux de leurs fils, sous réserve de l'usufruit, leur vie durant, à la charge par les donataires de payer une certaine somme à leurs deux autres frères, dont l'un est *mineur*, et en outre les *dettes que les donataires laisseront à leur décès*, ne doit que le droit fixe de 5 fr., parce que l'obligation de payer les dettes que les donateurs laisseront à leur décès, ne peut se concilier avec le caractère d'une donation entre-vifs. *Arr. de cass. des* 14 *juillet* 1807 *et* 13 *avril* 1815. (*Art.* 5102, *j.*)

28. Il en est de même lorsque dans le partage qui oblige à des soultes, les ascendans se sont réservé de vendre ou de donner tout ou partie des objets partagés. *Déc. min. fin. du* 28 *avril* 1818. (*Art* 6061, *j.*)

29. Mais lorsqu'un ascendant fait entre ses enfans le partage de ses biens présens, à titre irrévocable et de donation entre-vifs, avec réserve d'usufruit, et sans que ces derniers soient chargés des dettes du donateur, telles qu'elles existeront à son décès, il est dû le droit de donation, augmenté de 1 fr. 50 c. p. 100, s'il s'agit d'immeubles. *Sol. du* .... (*Art.* 6216, *j.*)

30. Même perception lorsque la charge imposée aux donataires de payer les dettes du donateur, ne comprend que des dettes existant au moment du partage, et détaillées dans l'acte. *Considérant d'un arrêt de cass. du* 28 *juillet* 1806. Au surplus, V. *donation*, n.ºs 37 *et suiv.*

31. Quant aux soultes établies par les partages anticipés, lorsque les père et mère ont fait eux-mêmes la distribution et le partage de leurs biens, les soultes qui y sont établies ne peuvent être considérées comme des *cessions* entre les copartageans, 1.° puisque ceux-ci n'ont pas été propriétaires des objets que les soultes représentent ; 2.° et puisqu'on ne peut à la fois recevoir et acquérir. Ces soultes ne peuvent donc pas donner lieu à un droit de mutation. *Sol. du* 31 *mai* 1815. *Déc. min. fin. du* 28 *avril* 1818. (*Art.* 6874, *j.*)

32. Mais lorsque le démettant s'est réservé, sa vie durant, quelques-uns des biens dont il se dessaisit, et

que les démissionnaires qui arrêtent partage, par le même acte, imposent une soulte au profit de celui dans le lot duquel les biens grevés d'usufruit se trouvent, il est dû un droit particulier de partage, et un droit proportionnel relativement au retour. *Sol. du* 25 *mars* 1818.

33. ORIGINE *des biens partagés*. Le Receveur peut, avant l'enregistrement, exiger la justification des titres de copropriété des partageans; et dans le cas où ils ne seraient pas enregistrés, former la demande des droits de mutation. *Arr. de cass. du* 2 *mai* 1808. (*Art.* 2934, *j.*)

34. Lorsque parmi les biens partagés, il s'en trouve qui avaient été *adjugés à un tiers*, dont l'intervention dans l'acte a pour but de déclarer n'avoir aucun droit à ces biens qui avaient été acquis pour les copartageans, il est dû le droit proportionnel de cession, outre celui de 5 fr. fixe. *Arr. de cass. du* 9 *fruct.* 12.

35. PARTAGE *des biens d'un absent*, V. *absent*.

36. PARTAGE (le) *des biens entre l'État et des particuliers, est enregistrable gratis. Article* 70 *de la loi du* 22 *frim.* 7.

37. La soulte résultant de la charge imposée au copartageant avec l'état d'acquitter toutes les dettes de la succession, n'opère pas de droit. *Sol. du* 23 *prair.* 9.

38. PARTAGES *de bois communaux*. Les délivrances de bois en coupe ordinaire, aux habitans des communes, à la charge par chacun d'eux de payer une somme pour subvenir aux dépenses communales, doivent être considérées comme un partage entre copropriétaires, sur lequel il n'est dû que le droit fixe de 5 fr. Les sommes réservées pour les dépenses de la commune ne pouvant être réputées soultes. *Déc. min. fin. du* 1.er *therm.* 10.

39. PARTAGES *de biens communaux*. Ceux faits entre les habitans, de la jouissance pendant leur vie jusqu'à changement de domicile et à la charge d'une redevance annuelle payable au Receveur de la commune, sont passibles du droit fixe de 5 fr., lorsque chaque habitant reçoit seulement sa portion dans la chose commune; mais il serait dû le droit proportionnel sur le capital au denier dix de la redevance, qu'un habitant paierait à la décharge d'un autre habitant, pour jouir de sa portion. *Instr.* 386, *nomb.* 24.

40. PARTAGES *sous seing-privé*. S'ils contiennent soulte, ils sont translatifs de propriété. V. *actes*, n.° 91.

Quant au *timbre* des doubles, V. *actes*, n.° 98.

PARTIE *civile*. V. *jugement*, *ordre*, *etc.*

PARTIES (les) doivent avancer les droits des actes sous seing-privé, etc. V. *débiteur*, et *paiement*.

PASSAVANT. V. *congés*.

PASSEPORT, permis de voyager, délivré par l'Autorité.

1. Les passeports et permis de port-d'armes sont exempts de l'enregistrement. *Art.* 70 *de la loi de frim.* 7. — Ils sont fournis par la Direction générale de l'enregistrement. *Instr.* 496.

2. Le prix des passeports à l'intérieur est de 2 fr.; — celui des passeports à l'étranger, de 10 fr. *Décr. du* 26 *sept.* 1810. *Instr.* 496.

3. Les passeports pour les indigens, serviront indistinctement pour *l'intérieur* et pour *l'étranger*. Dans ce dernier cas, on aura soin de rayer les mots, *à l'intérieur*, mis en tête des formules, et l'on ajoutera à la main, vers le haut des armes de France : *bon pour aller à l'étranger*. — *Instr.* 774. V. *l'art.* 11 *ci-après*.

4. La recette du prix des passeports est portée dans les comptes et états de mois, et versée comme les autres produits. *Instr.* 496.

5. Il est alloué 3 cent. par franc aux Percepteurs sur le montant des formules qui leur sont livrées. — Chaque trimestre le Receveur constate à la suite de sa quittance de remise, l'allocation de cette indemnité; cette pièce est la seule à produire relativement aux trois centimes. *Idem*, et *Instr.* 543.

6. La remise du Receveur est la même que celle qui lui est accordée sur les autres parties de ses recettes. *Id.*

7. La comptabilité en nature et en espèces des passeports ne diffère pas de celle relative aux papiers timbrés. *Idem.*

8. Un compte reau particulier des formules des passeports et de permis de port d'armes, est arrêté chaque trimestre par l'Inspecteur, et le Directeur rend un compte sur cette partie, comme il le fait pour le timbre. *Idem.* V. *comptabilité*, n.° 32.

9. La recette du prix des formules de passeports à *l'intérieur* est faite au chef-lieu de département, par le Receveur du timbre extraordinaire; et dans les arrondissemens communaux, par le Receveur de l'Enregistrement du chef-lieu, qui en tient un registre spécial, arrêté chaque trimestre par l'Inspecteur; le Receveur du timbre extraordinaire tient aussi un pareil registre pour la dépense en nature. *Instr.* 496 et 524.

10. Les Inspecteurs tiendront la main à ce que les Receveurs conservent les reconnaissances ou décharges données par les Percepteurs lors des livraisons, afin de les vérifier. *Instr.* 543.

11. La débite des passeports aux *indigens* est confiée indistinctement aux Receveurs de canton et à ceux d'arrondissement : les Receveurs délivreront ces formules sur la demande des Maires, énonçant les noms des personnes auxquelles elles sont destinées. Ils rendront compte de la débite, chaque trimestre, par un état qu'ils soumettront, avec les lettres de demande, à la vérification du Sous-Préfet et au *visa* du Préfet; le tout conformément à la décision transmise par l'instruction n.° 570. S'ils remarquaient que des individus, à raison de leurs facultés, eussent été mal à propos désignés pour recevoir des formules de passeports réservés aux indigens, ils en informeraient le Sous-Préfet de l'arrondissement. *Instr.* 921.

12. Les Percepteurs reçoivent les formules des mains des Receveurs de l'enregistrement; ils en paient le prix sur-le-champ; ils ne peuvent les remettre qu'aux Maires, qui leur tiennent compte du prix de celles qu'ils ont employées et dont ils doivent déposer les récépissés aux Receveurs toutes les fois qu'ils en demandent de nouvelles, pour justifier de l'emploi des passeports qui formaient leur dernier approvionnement. *Inst.* 721.

13. Si l'insolvabilité des Percepteurs en retard d'acquitter le prix des formules qui leur ont été délivrées à crédit, lorsque cette comptabilité était suivie, faisait

obstacle à l'apurement de cette espèce de comptabilité, le Receveur devrait produire un certificat d'indigence des débiteurs pour obtenir sa déchéance. *Déc. min. fin. du* 27 *juin* 1815. (*Art.* 5184, *j.*)

PATENTE. Contribution directe établie sur ceux qui font un commerce, ou exercent une profession, une industrie; à partir de l'an 10, les patentes doivent s'acquitter par douzième; les quittances qui en sont délivrées sont exemptes du timbre. *Circ. du* 9 *pluv.* 10.

1. Nul ne pourra former de demande, ni fournir aucune exception ou défense en justice, ni faire aucun acte ou signification par acte extrajudiciaire, pour tout ce qui est relatif à son commerce, sa profession ou son industrie, sans qu'il soit fait mention, en tête des actes de la patente prise, avec désignation de la classe, de la date, du numéro et de la commune où elle aura été délivrée à peine d'une amende de 500 fr., tant contre les particuliers sujets à la patente, que contre les fonctionnaires publics qui auraient fait ou reçu lesdits actes, sans mention de la patente. *Art.* 37 *de la loi du* 1.er *brum.* 7, remise en vigueur par ordonn. du Roi, du 23 déc. 1814. *Instr.* 668.

3. Il est nécessaire de désigner la classe, la date, le numéro et la commune où la patente a été délivrée: l'omission de l'une de ces indications constitue une contravention passible de l'amende de 500 fr. *Idem. Déc. min. fin. du* 3 *oct.* 1817. (*Art.* 5881, *j.*)

4. Les contraventions constatées par procès-verbal seront poursuivies par le Procureur du Roi. *Instr.* 668.

5. Cependant on ne peut exiger les énonciations prescrites dans les actes, depuis le 1.er janv. jusqu'au 1.er avril, attendu que l'art. 4 de la loi du 1.er brum. 7 accorde les trois premiers mois de chaque année pour prendre la patente. *Sol. du* 4 *mars* 1815. *Dictionnaire de manutention, patente*, n.° 6.

6. Le vœu de la loi est rempli, lorsque dans les actes des Notaires, ou dans ceux faits au greffe et dans les demandes judiciaires et les défenses, il a été fait mention de la patente par les *Notaires, Greffiers, Huissiers et Avoués*; aucune disposition n'exige que les Tribunaux fassent cette mention dans le prononcé de leurs jugemens, et ne les autorise non plus, soit à requérir la représentation de la patente à l'audience avant de statuer sur les contestations, soit à prononcer d'office sur les contraventions aux droits de patente. *Instr. gén. du* 22 *fév.* 1821, n.° 972.

7. Les patentes sont délivrées à Paris dès le 2 janvier, sur la justification du paiement du premier douzième du droit dû par le redevable. *Arrêté du Préfet de la Seine du. . . .* (*Art.* 5689, *j.*).

8. Les Avoués des Cours royales sont tenus, comme les Avoués des tribunaux de première instance, de mentionner dans les actes de leur ministère, les patentes des commerçans dénommés dans ces actes comme parties requérantes. *Déc. min. fin. du* 26 *fév.* 1819. (*Art.* 6324, *j.*)

9. Le mandataire d'un négociant tenant une maison de commerce en son nom, n'est pas assujéti à la patente de son mandant, dans les actes où il stipule les intérêts de ce commettant. *Ordonn. du* 20 *janv.* 1819. (*Art.* 6597, *j.*)

10. Les particuliers agissant comme experts nommés par les Tribunaux, ne sont assujétis, ni à représenter leur patente, ni à en faire mention dans leurs procès-verbaux. *Sol. du* 17 *oct.* 1815. (*Art.* 5255, *j.*)

11. *Comptabilité.* Les patentes sont timbrées à l'extraordinaire au droit de 1 fr. 25 c. *Circ. des* 15 *déc.* 1806, 25 *nov.* 1807 *et* 2 *déc.* 1809. *Déc. de M. le Commissaire des fin. du* 19 *avril* 1814. (*Art.* 4827, *j.*)

12. A mesure de l'expédition des rôles de patentes, le Directeur des Contributions directes remettra à celui de l'Enregistrement, un certificat constatant le nombre des patentables du département, et tous les trois mois un autre certificat qui fera connaître le nombre des particuliers repris aux rôles supplémentaires à la fin de l'année; le Directeur des contribut.s fournira encore au Direct.r de l'Enregistrem.t, un relevé du nombre des articles de décharges et de non valeurs. Les formules rapportées par les Percepteurs ne devront pas excéder ce dernier nombre: elles resteront en dépôt aux mains des Directeurs de l'Enregistrement, jusqu'à la formation des rôles de l'année suivante, et à cette époque, elles viendront en déduction sur le nombre des formules des nouveaux rôles. — Le prix du timbre de ces formules est toujours avancé par le Receveur général. *Instr.* 849.

PATURAGE. Les arrêtés des conseils de préfecture, pris en vertu de la loi du 28 ventôse 11, confirmatifs des jouissances de pâturage, pacage et autres usages, dans les forêts de l'État, ne sont soumis qu'au droit fixe de 1 franc. *Instr.* 336.

PÊCHE dans les fleuves et rivières navigables.

1. Le droit de pêche s'afferme par adjudication; la minute du procès-verbal d'adjudication est sujète au timbre de dimension, et les extraits et expéditions à celui de 1 fr. 25 c., à l'exception de l'extrait remis dans les bureaux du Préfet, et de l'expédition envoyée à l'administration des Forêts. Les droits d'enregistrement et du cautionnement, sont perçus comme pour un bail à ferme. — Il en est de même de la licence; les droits d'enregistrement en sont acquittés par les parties; les porteurs de licence la font timbrer à l'extraordinaire; elle est enregistrable, sous les peines portées par l'art. 42 de la loi du 22 frim. 7, avant d'être inscrite au secrétariat de la sous-préfecture où l'adjudication eût dû être faite aux enchères. *Instr.* 246.

2. La recette du droit de pêche appartient au Receveur du lieu de cantonnement de pêche, quant aux licences; et au Receveur du lieu de l'adjudication, quant aux baux. *Circ. du* 30 *sept.* 1812. V. *amendes et licences*; et *pêche*, AUX DOMAINES.

PENSION (*Constitution de*). V. *ascendans*, n.° 4, et *constitution*, page 123.

La femme qui a obtenu le divorce sous l'empire de la loi de 1792, peut donner à son mari, en 1810, l'usufruit de portion de ses biens, à titre de pension alimentaire, sans que cette libéralité soit passible du droit de 2 p. 100. *Arr. de cass. du* 18 *juillet* 1815. (*Art.* 5201, *j.*)

PENSIONS *de retraite* (*fonds affectés aux*).

1. A partir du 1.er janvier 1816, la retenue sur les traitemens et remises des Administrateurs et Préposés de l'enregistrement et des domaines, et des Conservateurs des hypothèques, pour la caisse des pensions de retraite,

a été élevée à 5 p. 100. — Il est prélevé, au profit de la même caisse, à compter de cette époque. 15 pour 100 sur le montant des recouvremens provenant du principal des peines et amendes de contravention sur l'enregistrement, prononcées par les lois du 22 frim. 7 et 27 vent. 9, *Ordonn. du* 17 *janv.* 1816. *Instr.* 707.

2. Depuis le 1.er juillet 1817, la retenue proportionnelle prescrite par l'art. 138 de la loi du 25 mars 1817, est exercée suivant le tableau annexé à l'instr. 811, sur toutes les pensions au-dessus de 500 francs, acquittées avec les fonds de retenue des ministères, administrations et autres établissemens publics, (pour le tems déterminé par la loi pour les pensions inscrites au Trésor royal) le produit de cette retenue accroît d'autant les ressources des caisses de retraite desdits ministères, administrations et établissemens. *Ordonn. du* 3 *sept.* 1817. *Instr.* 803.

3. Les salaires que perçoivent les Conservateurs des hypothèques, sont sujets à la retenue pour les pensions, sous la déduction du tiers arbitré pour frais de commis. *Instruct.* 665.

4. La moitié des salaires pour transcription, dévolue au Trésor, d'après l'ordonnance du 1.er mai 1816, est passible de remises pour le Conservateur, et la retenue pour le fonds des retraites n'est assise que sur la remise. *Sol. du* 4 *sept.* 1816. (*Art.* 5544, *j.*)

5. Le produit de la retenue des traitemens et remises des Employés, pendant la durée des congés qu'ils obtiennent, et celui des traitemens de tous les emplois vacans par mort, démission, ou autrement, sous la déduction des sommes à payer aux Préposés chargés des *interim*, sont affectés aux fonds des retraites. *Instr.* 665, qui donne toutes les formules des quittances à fournir dans les différens cas. V. aussi *changement d'emploi* et *l'art. suiv.*

6. A partir du 1.er avril 1820 jusqu'au 1.er avril 1821, toute personne pourvue d'un emploi, ou qui obtiendra une augmentation de traitement, dans le ministère des finances ou dans les administrations financières, devra verser à la caisse des pensions, le montant net du premier mois de ses appointemens, ou du premier douzième de l'augmentation obtenue. *Instr.* 932. Par ordonnance du 14 mars 1821, S. M. a maintenu ce prélèvement jusqu'au 1.er avril 1822. *Instr.* 976.

7. Les remises sur le produit du domaine extraordinaire, sont classées au nombre des rétributions ordinaires à la charge de l'Etat, et passibles de la retenue au profit de la caisse des retraites. *Instr.* 870.

9. Les Receveurs feront recette sur un registre spécial et aux époques prescrites, de toutes les sommes affectées aux fonds de retraite; ils en compteront comme de leurs recettes ordinaires; elles seront portées aux bordereaux de mois sous le titre de *Fonds de retraite* (*Caisse des dépôts et consignations*), et feront l'objet d'une quittance particulière que le Receveur se délivrera chaque mois, en sa qualité de Préposé de la Caisse des consignations. Cette recette ne peut donner lieu à aucune remise quelconque. — Au vu des bordereaux de produits par mois, M. le Direct.r général fait fournir un relevé des recettes faites dans les départemens, et en fait verser le montant à la Caisse des consignations. *Instr.* 836 *et* 971. — V. *comptabilité*, n.° 24.

10. Les Receveurs qui n'auraient pas fait recette au jour indiqué, des fonds de retraite, seront considérés comme les ayant soustraits. *Lettre de M. le Directeur général, du* 31 *août* 1818.

PENSIONS *de retraite*. Secours viager accordé à l'Employé qui se retire de l'emploi, après un certain tems de service.

11. Il ne sera reçu aucune signification de transport, cession ou délégation de pensions de retraite affectées sur des fonds de retenue; le paiement desdites pensions ne pourra être arrêté par aucune saisie ou opposition, à l'exception des oppositions qui pourraient être formées par le propriétaire du brevet de la pension. *Ordonn. du* 27 *août* 1817. *Instr.* 803.

12. Nul ne pourra cumuler deux pensions, ni une pension avec un traitement d'activité, de retraite ou de réforme; le pensionnaire aura le choix de la pension ou du traitement le plus élevé. Néanmoins les pensions de retraite pour services militaires, pourront être cumulées avec un traitement civil d'activité. *Art.* 28 *de la loi du* 27 *mars* 1817. *Idem.*

13. Tous les pensionnaires seront tenus de déclarer, dans leurs certificats de vie, qu'ils n'ont aucun traitement ni aucune autre pension ou solde de retraite, soit à la charge de l'Etat, soit sur les fonds de retenue des diverses administrations ou des Invalides de la marine. — Les pensions suspendues pour cause de mise en activité des titulaires, ne seront point regardées, même provisoirement, comme éteintes, et il ne pourra être disposé comme de fonds libres, de ceux affectés à leur paiement. *Idem.*

14. Ces dispositions sont applicables, à partir du 1.er janvier 1817, aux pensions acquittées sur le fonds de retenue de l'enregistrement et des domaines. *Idem.*

15. La rétribution des services militaires récompensés, et non admis dans la liquidation des pensions sur les fonds de retenues des administrations financières, en exécution de l'ordonnance du 22 novembre 1815, sera réglée par année de services, dans la proportion déterminée pour chaque grade, par les réglemens relatifs aux pensions militaires; les services administratifs seront calculés à part d'après leurs réglemens particuliers; cette disposition s'applique aux services militaires déjà récompensés, qui se trouvent dans le cas prévu par l'ordonnance du 20 juin 1817. Néanmoins les pensions déjà accordées, et pour la fixation desquelles les services militaires ont été assimilés aux services administratifs, ne seront assujéties à aucune révision. *Ordonn. du* 6 *mai* 1818. (*Art.* 6054, *j.*)

16. C'est un *trentième* de la somme affectée à chaque grade, qui doit être accordé pour chaque année de service militaire, sans que les campagnes puissent faire augmenter ce calcul. *Déc. min. fin. du* 25 *juin* 1818. (*Art.* 6108, *j.*)

17. Les titulaires de deux pensions, l'une sur le trésor et l'autre sur la caisse de retenue de deux ministères et Administrations, ne seront plus obligés de les faire réunir en une pension unique sur les caisses de retenue, et pourront en jouir, à compter du 1.er avril 1818. *Art.* 1.er *de l'ordonn. du* 8 *juillet* 1818. — Les réunions de pensions faites sur lesdites caisses de retenue, en exécution de l'art. 15 de l'ordonn. du 20 juin 1817, sub-

sisteront ; les pensions rayées au trésor, pour être réunies à celles sur fonds de retenue, seront réinscrites au trésor, si la réunion n'est pas consommée, au 8 juillet 1818. *Art.* 2. — Nul pensionnaire n'obtiendra toute fois la réinscription au trésor, qu'en administrant la preuve que les services récompensés par la pension à réinscrire ne font pas double emploi avec ceux récompensés par la pension sur fonds de retenue, et qu'ils ont fini avant que les autres commençassent. *Art.* 3. — La remise en activité d'un employé, jouissant d'une pension sur fonds de retenue, fera cesser ladite pension, tant qu'il sera en possession d'un traitement aux frais de l'Etat. Ses derniers services seront ajoutés aux anciens dans la liquidation de la pension nouvelle à laquelle il aura droit. *Art.* 4 *de la dite ordonn.* (*Art.* 6125, *j.*).

18. Les pensions accordées en exécution de la loi du 31 juillet 1791, ne sont pas du nombre de celles dont l'art. 1.er de l'ordonn. ci-dessus, a autorisé la cumulation avec une pension sur fonds de retenue, attendu que leur rejet définitif a dû avoir lieu à compter du 22 déc. 1816, par suite de la loi du 25 mars 1817, pour les titulaires qui, depuis leur remise en activité, auraient joui d'un traitement égal aux deux tiers de celui qu'ils avaient lors de leur suppression. — Aucune des pensions de secours dont il s'agit ne pourra donc être payée ni rétablie au Trésor royal, qu'autant que les titulaires justifieraient que, depuis leur remise en activité, le traitement dont ils auraient joui n'a jamais été porté aux deux tiers de celui pour lequel ils l'avaient obtenue. — L'époque du 1.er avril 1818, fixée par ladite ordonnance pour la reprise de jouissance des pensions qui seront reconnues susceptibles d'être cumulées avec une pension sur fonds de retenue, ne concernant que les pensions payables par trimestre, celles payables par semestre seront comprises dans les états de paiement, avec la jouissance à dater du 22 décemb. 1817, conformément à une décision du Ministre des finances du 9 juin 1818. — Aucunes des pensions rejetées des registres du Trésor pour cause de réunion ou de double pension, ou par l'effet de la loi du 25 mars 1817, ne pourront y être rétablies que sur une décision spéciale du Ministre des finances. *Déc. min. fin. du* 15 *juillet* 1818. (*Art.* 6125, *j.*).

19. Il y a lieu de réunir pour leur montant, les pensions ecclésiastiques des Préposés, à celles sur fonds de retraite. *Déc. min. fin. du* 10 *janv.* 1818. (*Art.* 6000, *j.*).

20. L'admission des services militaires à ceux qui sont susceptibles d'être comptés pour la pension de retraite, n'a lieu que pour les pensions *liquidées* ou à *liquider* depuis l'ordonnance du 22 nov. 1815, et ne peut être réclamée par les ayans-droit des employés décédés, ou liquidés antérieurement à cette ordonnance. *Déc. min. fin. du* 13 *fév.* 1817. (*Art.* 5799, *j.*).

21. La pension pour les Préposés dont les fonctions ont cessé par suite de la réduction du territoire, court du jour de leur cessation de service sauf à leur précompter, sur les arrérages de pension, le traitement qu'ils ont reçu à titre de secours. *Déc. min. fin. du* 10 *sept.* 1817. (*Art.* 5800, *j.*).

22. Les héritiers d'un pensionnaire décédé avant que la liquidation de sa pension ait reçu la sanction du Gouvernement, ont droit aux arrérages courrus depuis l'ouverture de ses droits à la pension jusqu'à son décès. *Avis du comité des fin. du* 3 *fév.* 1815. (*Art.* 5221, *j.*)

23. Les arrérages d'une pension sur les fonds de retenue, dus au moment du décès du pensionnaire, quoiqu'il n'ait pas été justifié de ce décès dans les six mois, ou postérieurement, ne peuvent être réclamés par les héritiers du défunt ou le domaine, si la succession est tombée en déshérence. *Déc. min. fin. du* 3 *avril* 1819. (*Art.* 6347, *j.*)

24. Tous les pensionnaires des Administrations civiles doivent toucher leur pension, soit qu'ils résident en France ou en pays étranger. *Déc. min. fin. du* 12 *fév.* 1820. (*Art.* 6641, *j.*)

25. On a la faculté de se faire payer par le Receveur particulier des finances que l'on désigne. *Instr.* 734.

26. La pension est présumée éteinte lorsque le pensionnaire a laissé écouler 3 mois sans se présenter. *Ordonn. des* 25 *sept.* 1814 *et* 20 *juin* 1817.

27. La loi du 24 mess. 3, qui interdit de cumuler un traitement et une pension au-delà de 3,000 fr., n'est applicable, en ce qui concerne les Receveurs de l'enregistrement et des domaines, qu'aux deux tiers des remises seulement, l'autre tiers représentant les frais de bureau. *Déc. min. fin. du* 16 *juin* 1815. (*Art.* 5196, *j.*)

28. L'Employé qui occupe une place de Notaire après le tems nécessaire pour sa retraite, n'est pas exclu de la pension. *Décret du* 2 *germ.* 7.

29. SERVICES A COMPTER *pour la pension.* Sont susceptibles d'être comptés pour la pension. — 1.° le tems passé dans d'autres Administrations financières. *Arrêté du Gouvernement du* 6 *therm.* 11. — 2.° Les services militaires non récompensés, lorsqu'ils sont suivis de 10 années au moins de service dans une Administration financière. *Ordonn. du* 22 *nov.* 1815. (*Art.* 5281, *j.*) — 3.° Les services des femmes employées aux ateliers ou à la débite du timbre, mêmes antérieurs à l'âge de 20 ans. *Déc. min. fin. du* 30 *déc.* 1817. (*Art.* 5964, *j.*) — 4.° Les services des agens forestiers dans les bois des Princes apanagés. *Déc. min. fin. du* 14 *janv* 1819. (*Art.* 6282, *j.*) — 5.° Ceux dans les transports de l'ex-entreprise, Lanchère et Cerf-Berr ; ils sont considérés comme services directs du Gouvernement. *Lettre du min. de la guerre, du* 15 *janv.* 1819. (*Art.* 6283, *j.*)

30. Les services dans *les bois du clergé* ne datent pour la pension, qu'à compter de la loi du 4 nov. 1789, qui a mis ces bois à la disposition de l'Etat. *Déc. min. fin. du* 29 *août* 1818. (*Art.* 6171, *j.*)

31. Il n'y a lieu d'admettre dans la liquidation des pensions, les services dans les équipages et convois militaires, de toute espèce, qu'à partir de 1807, époque où ce service a reçu la forme et les règles de l'organisation militaire. *Déc. min. fin. du* 1.er *juin* 1820. (*Art.* 6711, *j.*)

32. Les anciens services, déjà récompensés par une pension sur les fonds généraux, sont comptés avec les services postérieurs pour le réglement de la pension nouvelle, en raison de la totalité des services. Alors,

la pension sur les fonds généraux reste à la charge du trésor de l'Etat, et son montant est déduit sur celle qui résulte de tous les services, pour, le surplus, être assigné sur les fonds de retraite. *Déc. min. fin. du* 17 *nov.* 1818. (*Art.* 6273, j.)

33. Les services militaires *récompensés* doivent cesser d'être comptés pour la liquidation des pensions de retraite à prendre sur les fonds de retenue des Administrations. *Déc. min. fin. du* 5 *janv.* 1821. (*Art.* 6934, j.)

34. Le tems pendant lequel des Préposés, dont l'exercice a cessé par suite de la réduction du territoire, ont reçu des secours temporaires, est compté pour la liquidation de la pension, dont la jouissance ne court que du jour où ils ont cessé de recevoir lesdits secours. *Avis du comité des fin. du* 20 *d'c.* 1816. (*Art.* 5800, j.)

35. Les anciens services déjà récompensés par une pension sur les fonds généraux, continueront, aux termes de l'art. 15 de l'ordonnance du 20 juin 1817, à être comptés avec les services postérieurs, pour régler une pension nouvelle en raison de la généralité des services. Conformément à l'ordonnance du 8 juillet 1818, la pension sur les fonds généraux pouvant rester à la charge du trésor, sera déduite de celle résultant de la liquidation faite sur la généralité des secours, et le surplus de cette liquidation sera assigné sur les fonds de retenue. *Arrêté du min. des fin. du* 17 *nov.* 1818. (*Art.* 6237, *j.*)

36. Sont admissibles *pour la liquidation des pensions sur les fonds de retenue*, 1.° Les anciens services d'un Préposé, comme Avocat du Roi. *Déc. min. fin. du* 15 *fév.* 1815. (*Art.* 5195, *j.*) 2.° Les services judiciaires ou de judicature, rendus dans l'exercice de places tenues en titre d'office. *Déc. min. fin. du* 6 *juin* 1820 (*Art.* 6751, *j.*) V. *le* n.° 33 *ci-devant.*

37. Les services civils, étrangers à la direction générale, mais susceptibles d'être admis pour la liquidation des pensions, ne doivent pas être comptés au-dessous de l'âge de 20 ans révolus. *Déc. min. fin. du* 13 *sept.* 1816. (*Art.* 6620, *j.*)

38. Les services du titulaire employé à l'intérieur et non à la suite des armées qui ne représentent aucun caractère de stabilité, sont éphémères et doivent être retranchés de la liquidation. *Déc. du* 11 *janv.* 1820. (*Art.* 6770, *j.*)

Tems nécessaire pour obtenir la pension. — Sa quotité.

39. Les Employés de la Direction générale de l'enregistrement et des domaines ont droit à une pension de retraite après 30 ans d'exercice, et même après 10 ans dans le cas de retraite forcée par des infirmités acquises dans l'emploi. *Circ.* 825.

40. La pension des Administrateurs et Employés à traitement fixe est liquidée à raison du traitement; et celle des Receveurs, sur les deux tiers des remises, l'autre tiers ne devant être considéré que comme l'indemnité du loyer et autres frais de bureau. *Arrêtés du Gouvernement des* 30 *vent.* 4, *et* 6 *frim.* 5.

41. Elle est réglée par le Gouvernement, sur le pied du traitement attribué à l'emploi qu'exerçait le Préposé, lors de sa retraite, en formant une année commune des trois dernières. *Arrêté du* 4 *brum.* 4. *Circ.* 825.

42. Elle est de la moitié du traitement pour 30 ans de service, et d'un vingtième de l'autre moitié pour chaque année en sus, sans pouvoir excéder la moitié du traitement. *Idem.*

43. Le maximum des pensions des Conservateurs a été fixé à 1,500 fr. pour ceux d'arrondissement, et à 2,000 fr. pour ceux de chefs-lieux de département : elle se liquide sur la portion de salaires soumise à la retenue pour pension, et sur les deux tiers des remises allouées par le Trésor au Conservat.[r] — Pour les salaires comme pour les remises, on prend le taux moyen du traitement attribué pendant les trois dernières années à l'emploi qu'exerçait l'Employé au moment de sa retraite ou de son décès. *Instr.* 665.

44. La pension, en cas de retraite forcée par des infirmités, est du 6e. du traitement pour 10 ans, avec un accroissement proportionnel par chaque année de service jusqu'à 30 ans, époque à laquelle la pension est de moitié. *Circ.* 825.

45. Celle des Vérificateurs de la comptabilité et des Expéditionnaires est réglée sur le pied du tiers seulement du traitement dont ils jouissent. *Déc. min. fin. du* 24 *juillet* 1810. (*Art.* 3933, j.).

46. Les veuves des Administrateurs et Employés qui seront admis à la pension, jouiront également, après le décès de leurs maris pensionnaires, de la moitié de la pension si elles réunissent les conditions suivantes : — Leurs pensions seront de la moitié de celles auxquelles auraient eu droit leurs maris, si au jour de leur décès ils eussent été admis à la retraite. — Les conditions de l'admission des veuves à la pension ; sont : 1.° que leurs maris qui seront décédés dans l'exercice de leurs emplois, aient 30 ans de service accomplis au moment de leur décès ; 2.° qu'elles aient été mariées avec eux depuis cinq ans au moins ; 3.° qu'elles ne soient point divorcées. — La pension cessera de leur être payée si elles contractent un nouveau mariage. *Décr. du* 12 *flor.* 13. *Instr.* 287.

47. Quand il s'agit de retraite pour cause d'infirmité, si le mari n'est pas mort pensionnaire, la veuve ne peut prétendre à la pension. *Déc. min. fin. du* 6 *fév.* 1808.

48. Si un Administrateur ou un Employé qui a 30 ans de service accomplis, ou un pensionnaire, meurt veuf, mais laisse des orphelins, il pourra leur être accordé des secours annuels jusqu'à ce qu'ils aient atteint l'âge de 15 ans ; la quotité sera fixée relativement à leur nombre, et ne pourra excéder, pour tous les enfans ensemble, la moitié de la pension de leur père. *Instr.* 287.

49. Toutes les fois que le traitement moyen des trois dernières années de l'exercice, pris pour base de la liquidation de la pension d'un Préposé ayant moins de 30 ans de service, élèvera cette pension au-delà du trentième, pour chacune des années de son exercice, du *maximum* de la pension de son grade, il y aura lieu de restreindre, proportionnellement à cette quotité, la pension du Préposé qui aura été admis à la retraite. *Sol. du* 8 *sept.* 1819, approuvée le . . . (*Art.* 6538, j.)

50. Les pensions des employés du ministère et des Administrations des finances, admis à la retraite avant 30 ans d'activité, ou 25 ans s'ils sont sexagénaires, et dont la pension est limitée par un *maximum* inférieur à la moitié du terme moyen des trois dernières années de leur traitement annuel, seront liquidées à raison d'un 30.e dudit maximum par chaque année d'exercice. — Ce mode de liquidation sera suivi pour toutes les pensions de l'espèce non encore concédées par ordonnance royale, mais sans qu'il y ait lieu de revenir sur la fixation de celles accordées défitivement. *Ordonn. du 3 Mars* 1820. (*Art.* 6633, *j.*).

Pièces a produire *à l'appui des demandes de pensions, ou de secours sur les fonds de retraite de la Direction générale de l'Enregistrement et des Domaines.*

51. L'instruction générale du 22 mars 1819, n.° 881, donne le détail de toutes ces pièces. — On ajoutera à ce qu'elle a fait connaître que des lettres de naturalisation ne sont pas nécessaires à un pensionnaire né en pays étranger, d'un français. *Lettre du Min. de la justice du 17 juin* 1819.

Formalités, *dont les pièces à produire doivent être revêtues.*

52. Toutes les pièces à produire à l'appui des demandes de pension de retraite ou de secours, autres que les congés militaires, les brevets de pensions et les lettres d'avis de nomination ou de changement de résidence, doivent être revêtues de la formalité du timbre. *Instr.* 881.

53. Les expéditions des actes de l'état civil, les certificats de domicile, de naturalisation, d'infirmités ou de blessures, de non divorce ou de viduité, doivent être légalisés par le Préfet, le sous-Préfet ou par le Président du Tribunal de première instance. *Idem.*

PERCEPTEURS. V. *communication, registres, serment et timbre.*

PERCEPTION en matière d'impôts. On ne peut, par voie d'induction ou d'analogie, étendre d'un cas à un autre la disposition de la loi. *Arr. de cass. du* 27 *juill.* 1819.

1. Le droit d'enregistrement de tout contrat doit être perçu sur le prix y exprimé et non sur ce qui reste dû au moment où l'acte reçoit la formalité. *Arr. de cass. du 6 frim.* 12.

2. Les divers droits fixes doivent être payés pour les jugemens, suivant leur nature, lorsque le droit proportionnel réglé par série de 20 fr. qu'ils opéreraient, ne s'éleverait pas à la somme produite par le droit fixe. *Instr.* 386. — V. *minimum*, p. 222.

3. La circulaire 1310 défend aux employés de donner leur avis sur une perception avant que l'acte ne leur soit déposé pour recevoir la formalité.

4. Pour l'omission ou l'insuffisance de perception, l'Administration a contre le comptable une hypothèque légale. *Sol. du* 17 *août* 1809.

5. L'employé qui reçoit des lois additionnelles, ou des commentaires sur les instructions, doit les annoter sur l'exemplaire de la loi à laquelle elles ont rapport. *Circ.* 926.

6. Lorsqu'une perception est insuffisante, V. *les art.* 149 et *suiv. des ordres génér.*

7. Quant aux perceptions provisoires, V. *estimation* et *restitution.*

PÉREMPTION. Espèce de prescription d'une contestation judiciaire, par discontinuation de poursuites pendant un certain tems.

1. Toute instance, encore qu'il n'y ait pas eu constitution d'Avoué, sera éteinte par la discontinuation des poursuites pendant trois ans. *Art.* 397 *du C. de P. C.*

2. La péremption courra contre l'Etat, contre les établissemens publics, et toutes personnes, même mineures, sauf leur recours contre les administrateurs et tuteurs. *Art.* 398.

3. La péremption n'aura pas lieu de droit; elle se couvrira par les actes valables faits par l'une ou l'autre des parties, avant la demande en péremption. *Art.* 399.

4. La péremption anéantit toute l'instance, et pour toutes les parties qui y figuraient. *Arr. de cass. du* 8 *juin* 1813. (*Art.* 4608, j.)

5. Elle peut être interrompue par tout acte de procédure, même frustratoire, ou quand on justifie d'un empêchement absolu de signifier en tems utile un pareil acte. *Cour de Paris du* 25 *avril* 1815. (*Dictionnaire de manutention, tome* 2, *page* 426).

6. Elle n'est suspendue, dans le cas de décès de l'une des parties, qu'à compter du jour où ce décès a été signifié. *Cour de Paris, du* 17 *avril* 1809. (*Art.* 3721, j.)

7. Le pourvoi en cassation n'établit une instance que du moment que la section civile est saisie; ainsi il n'est pas interruptif du délai pour la prescription, notamment dans une affaire dont les poursuites commencées par la Régie ont dû n'être pas discontinuées pendant trois ans. *Arr. de cass. du* 13 *nov.* 1815. (*Art.* 5033, *j.* — *Journ. du Palais, tome* 45, *page* 13). — V. *instance*, n.° 12.

PERIODIQUES (*Ouvrages*). — V. *journal.*

PERMIS *d'inhumer.* V. *actes*, page 62, n.° 175.

PERMIS *De saisir, vendre*, etc. V. *ordonnance sur requête.*

PERMIS *de navigation.* V. *navigation.*

PERMIS *de ports-d'armes de chasse.* 1. Le droit sur le permis de ports d'armes est fixé à 15 francs, pour tous ceux qui sont dans le cas de se pourvoir de ce permis. *Loi du* 28 *avril* 1816, *art.* 77, *et instr.* 732. — Pour la comptabilité, V. *passeports.*

2. Les lieutenans de louveterie ne sont pas exempts de ce droit. *Déc. min. fin. du* 26 *déc.* 1812. (*Article* 4009, *j.*) — V. l'*instr.* 511.

3. L'instruction du 5 novembre 1820, n.° 975, détermine les règles à suivre pour l'obtention de ces permis.

4. L'Administration de l'enregistrement est chargée de fournir les permis de ports-d'armes de chasse. *Instruct.* 596.

5. C'est le Receveur du timbre extraordinaire, dans chaque chef-lieu de département, qui fait recette du prix des formules. *Instr.* 496 *et* 524.

Néanmoins le prix peut être versé par les postulans au Receveur du chef-lieu d'arrondissement, qui leur délivrera quittance sur papier non timbré, après l'avoir porté en recette au registre destiné à la recette du prix les passeports. *Instr.* 887.

6. Le droit relatif aux permis retirés par mesure de police, ne doit pas être restitué. Celui payé pour un permis que l'on n'a pas voulu accorder, doit être rendu sur la remise du bulletin de paiement, revêtu de l'attestation du Préfet que le permis n'a pas été délivré, et souscrit de la quittance de la partie. La somme restituée est passée en dépense sur la représentation de cette pièce. *Instr.* 587.

7. Le Directeur rend compte, chaque trimestre, du nombre de permis délivrés pendant le trimestre précédent. *Instr.* 570.

8. Quant à l'indemnité accordée à ceux qui constatent des contraventions aux réglemens sur les ports-d'armes. V. *amendes*, n.os 153 et suiv.

PÉTITION. Mémoire adressé à une autorité pour obtenir une décision supérieure. V. *réclamation*.

1. Les pétitions et mémoires, même en forme de lettres, présentés au Gouvernement, aux Ministres, à toutes les autorités constituées, aux administrations et établissemens publics, et ceux adressés directement, ou communiqués au Directeur général de l'enregistrement, doivent être faits sur papier timbré, quelles que soient d'ailleurs leur forme, leur objet, et la quotité des sommes qui y donnent lieu. *Art.* 12 *de la loi du* 13 *brum.* 7. *Instr.* 72.

2. Les pétitions pour obtenir dégrèvement de contributions, sont soumises au timbre, même lorsqu'il s'agit de cotes au-dessous de 5 fr. *Déc. min. fin. du* 6 *déc.* 1816. — Les circulaires 1566 et 2042 établissent le même principe.

3. Il en est de même des pétitions en dégrèvement de contributions, assises sur les biens de la Légion-d'honneur. *Déc. min. fin. du* 30 *pluv.* 13. — V. *déclaration*, n.° 27.

4. Les pétitions adressées aux Directeurs de l'enregistrement, pour obtenir la restitution de droits d'enregistrement, doivent, sous peine d'amende, être sur papier timbré. *Déc. min. fin. du* 16 *mars* 1813. — Le droit, dans certains cas, peut être restitué. V. *restitution*.

5. En général, toutes celles non exemptées formellement du timbre, doivent être sur papier timbré. Les Préfets ne peuvent donner suite à des pétitions sujètes au timbre, et qui n'en seraient pas revêtues. *Inst.* 765.

6. On doit veiller à ce que les pétitions présentées aux ministres, aux autorités constituées, aux administrations et établissemens publics, ne soient admises qu'autant qu'elles seraient sur papier timbré. *Instr.* 565.

7. On ne peut exiger que les mémoires et pétitions qui sont rédigés en double, soient tous deux remis en papier timbré. *Circ.* 1566 *et* 1705.

8. Si la pétition présentée n'offre pas assez de blanc pour y placer la minute de l'arrêté, le secrétaire de préfecture ou sous-préfecture est autorisé à exiger de celui qui la présente, une feuille de papier timbré séparée pour contenir la minute de l'arrêté. *Décis. min. fin. du* 21 *août* 1810. (*Art.* 3956, *j.*)

9. Sont *exceptées* du timbre, 1.° les pétitions qui ont pour objet des demandes de congés absolus et limités, et de secours; et les pétitions des déportés et réfugiés des colonies, tendant à obtenir des certificats de résidence, passe-ports et passages pour retourner dans leur pays. *Art.* 16 *de la loi du* 13 *brum.* 7. — 2.° Celles de réclamations contre les résultats de l'expertise préliminaire au cadastre. *Instr.* 587.

10. La correspondance d'une Chambre de commerce avec le Ministre, pour des demandes ou des réclamations d'un objet général, n'est pas plus soumise au timbre que la correspondance officielle du Préfet. *Déc. min. fin. du* 13 *août* 1819. (*Art.* 6490, *j.*)

PIGNORATIF (*contrat*). Acte par lequel on vend un bien, à la charge par l'acquéreur qui en laisse la jouissance au vendeur, d'en faire la revente lorsque le remboursement lui sera offert.

Le contrat pignoratif étant une espèce d'engagement, puisqu'il n'en diffère qu'en ce que, par le premier, c'est le vendeur qui conserve la jouissance, tandis qu'elle est transférée à l'acquéreur par l'engagement, est soumis au droit de 2 fr. p. 100, par l'art. 69 de la loi de frim. 7.

PLAINTE. V. *appel*.

PLUMITIF. V. *feuille d'audience*.

PLURALITÉ *des droits*. V. *acceptation*, *appel*, *exploits*, *jugemens*, etc.

POLICE *d'assurance*. V. *assurance* et *communication*.

POLICE *judiciaire*. V. *procès-verbaux*.

POLICE *générale*. Tous actes des huissiers et gendarmes, concernant la police générale et la vindicte publique, lorsqu'il n'y a pas de partie civile, dans les cas spécifiés par la loi de frim. 7, sont enregistrables gratis. *Instr.* 386 *et* 726.

PORT-D'ARMES. V. *permis*.

PORTS *de lettres*. Les ports de lettres et paquets concernant le service de l'Administration, que les Inspect.s, Vérificat.rs, Gardes-magasins du Timbre et Recev.s sont dans le cas de s'adresser réciproquement, leur sont remboursés sur un état dont la forme est prescrite par la circulaire 1781. — Cet état indiquera de plus, le n.° de la lettre, et ne doit comprendre les lettres adressées par des particuliers. *Instr.* 171.

1. A cet état doit être joint, sous peine de rejet de la dépense, celui des lettres écrites pendant le trimestre. Il contiendra le n°. du registre de correspondance, la date de la lettre, le nom de l'Employé auquel il aura été écrit, et l'objet de la lettre. *Circ. du* 24 *mars* 1808.

2. Le Receveur se rembourse de ses avances par mois ou par année. V. *comptabilité*, n.os 46 et suiv. — Les Inspecteurs, Vérificateurs et Gardes-magasins seront remboursés de leurs avances, par celui des Receveurs dénommé dans le visa que le Directeur apposera au pied de l'état rédigé, comme il est dit ci-dessus. *Instr.* 171.

3. Pour les ports de lettres des Inspecteurs généraux, V. la *circ. du* 7 *nov.* 1809.

4. Les lettres et paquets reçus et affranchis par les Directeurs, sont constatés sur un registre spécial, tenu par les Directeurs de l'Enregistrement et ceux de la poste aux lettres. A l'expiration de chaque mois, il est dressé un état certifié par les deux directeurs, lequel est acquitté par le Receveur de l'Enregistrement du chef-lieu du département, sur le reçu du Directeur de la poste. *Instr.* 171. — L'Inspecteur du chef-lieu doit vérifier ce registre. V. *frais*, n.° 135, et *tournée*.

5. A l'égard des ports de lettres acquittés par les Directeurs, pour des dépêches qui auraient été adressées par des Préposés en résidence hors du territoire où ils exercent leurs fonctions, V. l'*instr.* 793.

6. Lorsqu'il n'y pas de bureau de poste dans un canton, les Receveurs ont un commissionnaire, dont les salaires sont alloués dans les comptes du Receveur, dans la même forme que les ports de lettres. *Circ. du* 26 *brum.* 12.

7. On doit employer la voie des messageries pour les paquets trop volumineux ; leur port est passé en dépense comme pour les autres ballots. *Idem.*

Il n'y a que pour les routes sur lesquelles il n'existe pas de service de poste, que le transport des lettres et paquets du bureau de l'Enregistrement au bureau de poste le plus voisin puisse être confié à un messager particulier. *Instr.* 776.

8. Les états et bordereaux sur feuilles imprimées, adressées par les Receveurs de l'Enregistrement, et des Domaines aux Directeurs, seront admis à l'affranchissement, au prix de 5 c. par feuille. *Déc. min. fin. du* 19 *janv.* 1821. *Circ. de M. le Direct. gén. du* 30 *janv.* 1821.

9. D'après cette décision, les Receveurs renfermeront sous bandes croisées, dont la largeur ne peut excéder le tiers de celle du paquet, *sans enveloppe*, les états de produits par mois, et les autres états ou bordereaux imprimés et remplis à la main, qu'ils sont tenus d'adresser aux Directeurs. Il affranchiront ces paquets, en payant 5 cent. par feuille d'impression au bureau de poste de leur résidence. Le montant de l'affranchissement leur sera remboursé sur l'état, formé par trimestre, des ports de lettres concernant le service. On ne doit comprendre, dans ces envois, aucune lettre ou pièce manuscrite ; les paquets de l'espèce non affranchis seront à la charge des receveurs. *Idem.*

10. Les lettres et paquets concernant des pièces à viser par les Directeurs, pour l'Administration des forêts, doivent leur être adressés franc de port. *Circ. du* 17 *sep.* 1812.

POSSESSEUR, V. *mutation* et *priviléges*.

POURSUITES, action pour parvenir au recouvrement des droits et créances. V. *contrainte*.

1. Il suffit, pour autoriser la poursuite des contraventions, qu'elles aient été découvertes et légalement constatées, encore bien que les pièces qui y donnent lieu n'aient été communiquées aux Préposés par aucun officier public, que la loi charge spécialement de cette communication. *Arr. de cass. des* 1.er *juillet* 1811 *et* 6 *mai* 1815.

2. Pour connaître à quelle requête et dans quelle forme doivent être signifiés les actes de poursuites et de procédure, V. *contrainte*, n.° 6.

3. Il est indifférent, pour la validité d'un acte d'appel, qu'il ait été notifié, à la requête des ci-devants administrateurs ou du Directeur général. — La modification survenue ne frappe que sur des formes purement réglementaires. *Arr. de cass. du* 29 *mai* 1818.

4. Les poursuites doivent être exercées de la manière réglée par les lois qui régissent l'Administration. *Sol. du* 25 *janv.* 1817.

5. Le paiement des droits d'enregistrement dus par une femme mariée sous le régime dotal, et provenant d'une cause antérieure à son mariage, peut être poursuivi sur la dot mobilière qu'elle s'est constituée. *Arr. de cass. du* 4 *juillet* 1811. (*Art.* 4643, *j.*)

6. Les poursuites à exercer contre les *Notaires*, pour contravention à la loi sur le notariat, doivent être faites par le ministère public. *Instr.* 384. V. *instances*, n.os 98 *et suiv.*

7. A l'égard des poursuites relatives au recouvrement des amendes, V. *amendes*, n.os 21 *et suiv.*, et *contrainte*.

8. Quant à celles concernant les *frais* de justice, V. *frais de justice*, page 176.

9. Au mot *succession*, on fait connaître quels sont les débiteurs de droit de *mutation par décès*, que l'on doit poursuivre, V. aussi *instances*.

10. S'il s'agissait de poursuivre une commune. V. *commune*.

11. Lorsqu'on signifie un arrêt d'admission d'un pourvoi en cassation à plusieurs cohéritiers, parmi lesquels se trouve une femme mariée, il faut, à peine de nullité, assigner en même tems le mari, à l'effet de l'autoriser en justice. *Arr. de cass. du* 25 *mars* 1812. (*Art.* 4256, j.)

12. La femme mariée qui n'est pas séparée de biens, est valablement assignée avec son mari, au domicile de celui-ci ; il suffit de leur laisser une copie de l'assignation, sans que l'huissier soit tenu de délivrer deux copies, l'une pour la femme et l'autre pour le mari. *Arr. de cass. du* 1.er *avril* 1812.

13. Les titres exécutoires contre le défunt, le sont pareillement contre l'héritier. V. *héritier*, page 187.

14. Ce n'est que contre les syndics d'une faillite que l'on peut faire commandement de payer ce que doit le failli ; eux seuls ont en main toutes les facultés du failli. *Arr. de cass. du* 2 *mars* 1819. Au surplus. V, *faillite* n.° 3.

15. La vente des meubles d'un failli doit être faite à la requête des Agens du trésor, et non des syndics des créanciers, lorsque la saisie a eu lieu à la requête du Trésor. *Arr. de cass. du* 9 *janv.* 1815. (*Art.* 5261, j.)

16. La saisie faite par un créancier, sur les meubles et effets d'un fermier ou locataire, ne peut être paralysée par le propriétaire ou le principal locataire : la loi ne leur accorde qu'un droit sur le prix des objets vendus : mais le créancier peut poursuivre la vente des effets, sans être obligé de garantir au propriétaire l'exécution du bail. *Arr. de cass. du* 16 *août* 1814. (*Art.* 4948, j.) V. *instances*, n.os 118 *et suiv.*

17. *Signification des actes de poursuites.* On doit se servir des Huissiers de justice de paix, jusqu'à opposition aux contraintes, lorsqu'elles sont visées et rendues exécutoires par les Juges de paix. Pour les poursuites ultérieures, on doit employer les Huissiers près les Tribunaux civils. Si les contraintes sont visées par le président du Tribunal civil, elles ne peuvent être signifiées que par des Huissiers attachés à ce Tribunal. *Instr.* 12, 129 *et* 659.

18. Les Gardes-Forestiers peuvent aussi faire des significations. V. *garde*, *page* 180.

19. Les significations aux personnes qui ont leur résidence habituelle dans les maisons royales, sont faites aux suisses ou concierges de ces maisons ; et l'exécution des poursuites a lieu après s'être présenté au Gouverneur ou à son suppléant. *Ordonn. du* 28 *août* 1817.

20. La signification des contraintes doit être faite, à peine de nullité, à personne ou domicile, et non à des Notaires ou hommes d'affaires, gérans ou fermiers. *Arr. de cass. du* 13 *fév.* 1807. — Non plus qu'à un domicile, ni légal, ni prouvé. *Arr. de cass. du* 9 *fruct.* 12.

21. La signification aux étrangers qui n'ont pas domicile en France, doit être faite à la personne du Procureur du Roi près le Tribunal de l'arrondissement du bureau où sera portée la demande. *Art.* 69 *du C. de P. C., nomb.* 9.

22. Une signification est valable, quoique faite collectivement aux associés ou membres d'un établissement public ou d'une société de commerce. *Arr. de cass. du* 21 *nov.* 1808. (*Art.* 3089, *j.*)

23. Au surplus, V. *les* n.os 11 *et* 12 *ci-devant; appel, page* 82, n.os 52 *et suivans; cassation, page* 99, n.os 38 *et suivans; exploit, pages* 167 *et* 168; *instances* et *nullité.*

24. *Contravention au timbre.* — V. *instances*, n.os 90 et *suivans.*

25. *Mutations sous seing-privé.* La contrainte décernée contre l'acquéreur pour les droits d'une mutation sous seing-privé, établie par acte public, *postérieurement* à la demande de l'Administration, doit être suivie, sauf à précompter le droit perçu sur l'acte authentique : la peine du double droit étant encourue. *Sol. du* 19 *mess.* 12. V. *vente*, n.os 75 *et suiv.*

26. *Insuffisances d'évaluation.* Lorsqu'un insuffisance est constatée dans une déclaration, les Receveurs doivent, sans citer les redevables devant les Tribunaux, décerner contrainte au pied de leur procès-verbal. *Sol. du* 26 *vendém.* 10. V. *insuffisance, page* 200.

27. *Actes non présentés librement à la formalité.* V. *paiement.*

28. *Sursis aux poursuites.* Les Préfets sont incompétens pour accorder des sursis aux poursuites tendant au recouvrement des droits et amendes. *Déc. min. fin. du* 28 *prair.* 8. — Il n'y a que l'insolvabilité du débiteur qui puisse autoriser cette mesure. V. *surséance.*

29. *Offre de payer.* Toutes les fois que, pour une déclaration de succession, la somme demandée par la contrainte est offerte, elle ne peut être refusée quand même on ne ferait point la déclaration : il faut, dans ce cas, décerner une seconde contrainte. *Arr. de cass. du* 22 *déc.* 1806. V. *succession*, n.° 55 *et suiv.*

30. *Non-valeurs.* V. *frais. p.* 179, n.os 116 *et suiv.*

POUVOIR. V. *procuration* et *jugement.*

PRÉCIPUT ou *avantages entre époux.* V. *succession*, n.os 171 *et suiv.*

PRÉCIS des opérations extraordinaires des Receveurs, à fournir par trimestre. V. *Receveurs* et *tournée.*

PRÉFÉRENCE. V. *privilèges.*

PRÉFETS. Il leur est défendu de prendre aucun arrêté sur un acte ou registre non écrit sur papier marqué du timbre prescrit, ou non visé pour timbre. *Art.* 24 *de la loi du* 13 *brum.* 7. — A peine de 100 fr. d'amende, *art.* 26.

Il leur est également interdit de prendre aucun arrêté en faveur de particuliers, sur des actes non enregistrés, à peine d'être personnellement responsables des droits. *Art.* 47 *de la loi du* 22 *frim.* 7.

Lorsqu'un arrêté est pris sur un acte enregistré, il doit faire mention de l'enregistrement, et énoncer le montant du droit payé, la date du paiement et le nom du bureau où il a été acquitté; en cas d'omission, le Receveur doit exiger le droit si l'acte n'a pas été enregistré dans son bureau, sauf restitution dans le délai prescrit, s'il est ensuite justifié de l'enregistrement de l'acte sur lequel l'arrêté à été pris. *Art.* 48.

Les Préfets ne peuvent disposer des fonds de recettes provenant des droits de l'Administration; ces fonds restent entièrement à la disposition du Trésor royal. *Lettre du Ministre des fin., du* 7 *nov.* 1791, *à l'Administration du départ.t du Tarn.* V. *caisse*, n.° 3.

Pour connaître les actes des Préfets sujets au timbre et à l'enregistrement, V. *actes*, *page* 54.

Au surplus, V. *amendes*, n.° 2, *arrêtés*, *poursuites*, n.° 28; et AUX DOMAINES, *compétence.*

PREMIER COMMIS *de direction.* Employé établi auprès de chaque direction pour préparer, sous les ordres du Directeur, le travail de la correspondance et du contentieux. Son traitement passible de la retenue pour la pension, est prélevé sur les frais de bureau accordés au Direct.rs *Circ. du* 17 *août* 1815. — Il est cho isi parmi le Recev.rs, et, comme eux, il suit la même ligne d'avancement. *Instr.* 759.

En cas de vacance de son emploi, il est remplacé par un Vérificateur, et la portion de traitement du premier commis est versée dans la caisse des pensions. *Instr.* 745.

PRÉPARATOIRE. V. *jugement.*

PRESCRIPTION. Échéance du tems fixé par la loi pour exiger un droit quelconque. V. *ce mot*, AUX DOM.s

1. L'art. 2281 du Code civil n'est pas applicable aux prescriptions qui sont l'objet d'une loi spéciale. *Arr. de cass. du* 30 *nov.* 1813.

2. En perception comme en restitution, lorsque la loi particulière ne porte aucune disposition sur la prescription, c'est à la loi générale qu'on doit se fixer pour ce dernier objet. *Arr. de cass. du* 16 *fév.* 1813.

3. Ce n'est jamais qu'à partir de l'époque que la loi détermine pour le paiement du droit que la prescription commence à courir. *Arr. de cass. du* 9 *nov.* 1813.

4. Quand une contrainte a été abandonnée comme ne pouvant être soutenue, et que quelques années après on en décerne une nouvelle, au moyen de titres probans qui manquaient d'abord, c'est une nouvelle demande et non pas la suite de l'autre; la prescription ne serait donc pas admissible. *Arr. de cass. du* 14 *août* 1813. V. *instance*, n° 89.

5. La règle portant que les prescriptions commencées sous les lois anciennes, ne peuvent être réglées par les lois nouvelles, s'applique même au cas où depuis la loi nouvelle il s'est écoulé un tems suffisant pour prescrire. *Arr. de cass. du* 28 *déc.* 1813. (*Sirey*, *T.* 14, *page* 92.)

6. La faculté réservée lors du paiement, de se faire restituer la somme, n'ajoute pas au délai de la prescription. *Arr. de cass. du* 21 *avril* 1806.

7. On peut invoquer la prescription après une défense au fonds. *Arr. de cass. du* 5 *juin* 1810.

8. A l'approche de la prescription, le Receveur doit faire des actes conservatoires. *Art.* 91 *des ord. génér.* Il est passible des droits prescrits par sa négligence; les Employés supérieurs doivent le forcer en recette de ces droits. *Circ.* 1739, 1765 et 1835. *Instr.* 208. — V. *restitution*, n.° 15.

PRESCRIPTION DES AMENDES. Le délai de leur prescription varie suivant les cas et les circonstances.

9. *Amendes de contravention sur l'enregistrement et les ventes de meubles.* Toutes les fois que les Receveurs de l'enregistrement sont à portée de découvrir, au moyen d'actes présentés à la formalité, des contraventions aux lois sur l'enregistrement, ils doivent, dans les deux ans de la formalité donnée à l'acte, faire des poursuites pour le recouvrement de l'amende, à peine de prescription; parce que la loi de frim. 7 n'établissant pour le recouvrement des droits et des amendes, qu'une seule et même voie, celle de la contrainte, cette uniformité, dans le mode de recouvrement annonce l'intention du législateur d'assimiler les amendes aux droits en ce qui concerne la prescription. *Avis du Conseil d'Etat du* 18 *août* 1810. *Instr.* 491. *Arr. de cass. du* 9 *avril* 1810. (*Art.* 3584, *j.*)

10. Les Receveurs doivent donc réclamer dans les deux ans de la formalité, les amendes qui résultent des actes qui leur sont présentés. *Instr.* 491.

11. La peine encourue par le Greffier, pour défaut d'enregistrement d'un de ses actes inscrit sur le répertoire, se prescrit par deux ans à partir du jour du visa, pour le trimestre dans lequel a été compris l'acte en contravention. *Déc. min. fin. du* 27 *août* 1819. (*Art.* 99 *du Contrôleur de l'Enregistrement.*)

12. Les amendes pour irrégularités à la tenue des répertoires se prescrivent aussi par deux années. *Instr.* 548.

13. Ainsi, celle encourue par l'omission d'un Greffier d'avoir présenté ses répertoires au visa du Receveur de l'enregistrement, se prescrit par deux ans, aux termes de l'art. 61 de la loi du 22 frim. 7, bien qu'il ne parle pas expressément des répertoires; l'identité des motifs doit faire présumer l'identité d'intention dans le législateur. *Arr. de cass. du* 4 *janv.* 1814. (*M. Sirey, année* 1814.) Les Receveurs seront rendus responsables, toutes les fois qu'il s'agira d'amendes provenant d'irrégularités que l'examen du répertoire pouvait faire découvrir. *Instr.* 548.

14. Les amendes de contraventions aux lois sur l'enregistrement, forment une obligation civile de la part des contrevenans. Rien n'empêche de les répéter, lors-même qu'elles se trouveraient prescrites à l'époque du paiement, qui ne peut être regardé que comme une renonciation au bénéfice de la prescription. *Arr. de cass. du* 20 *déc.* 1814.

15. *Amendes de contravention à la loi sur le notariat.* Comme elles ne peuvent être exigées qu'en vertu d'un jugement et non par une simple contrainte décernée par un Préposé. Elles sont sujètes à la prescription de 30 ans. *Cour de Trèves du* 30 *nov.* 1812. (*Art.* 4551, *j.*) Et *arrêts de la Cour suprême rappelés dans l'instr.* 748.

16. *Amendes de condamnation* : en matière criminelle elles se prescrivent par 20 ans; celles en matière correctionnelle, par 5 ans; celles de simple police, par 2 ans; celles en matière forestière, par 10 ans. *Instr.* 748.

17. La prescription pour les amendes en matière civile, prononcées par les Tribunaux civils, telles que les amendes de non comparution au bureau de paix, s'étend à 30 années. *Arr. de cass. du* 11 *nov.* 1816. (*Art.* 5459, *j.*)

18. *Amendes de timbre.* L'avis du Conseil d'Etat du 18 août 1810, qui a appliqué la prescription biennale aux amendes, concernant l'enregistrement, que les Préposés sont à portée de reconnaître par des actes présentés à la formalité, est basé sur l'uniformité dans le mode de recouvrement des droits et de celui des amendes. (*La contrainte.*) — Ainsi, depuis la loi d'avril 1816, le recouvrement des droits et amendes du timbre, étant pareillement poursuivi *par voie de contrainte*, on doit appliquer à ces amendes les dispositions de l'avis du Conseil d'Etat précité; en conséquence, elles se prescrivent par deux ans, à compter du jour où les Préposés de l'enregistrement ont été mis à portée de connaître ces contraventions. *Instr.* 852.

19. Les amendes pour défaut de *copie* littérale de la *mention* du Receveur, dans les expéditions, se prescrivent par 30 ans. *Arr. de cass. du* 18 *avril* 1806.

PRESCRIPTION DES DROITS DES ACTES CIVILS ET JUDICIAIRES.

20. La prescription établie en faveur des redevables par l'art. 61 de la loi de frim. 7, ne s'applique point au cas où l'Administration réclame, à raison d'actes qui n'ont jamais été présentés à l'enregistrement. *Arr. de cass. du* 31 *août* 1808. (*Art.* 3669, *j.*) — Si les actes ont été passés en pays étranger ou dans les colonies, V. *actes*, n° 128.

21. Sont soumis à la prescription de 30 ans, les actes reçus par les Officiers publics et soustraits à la formalité. *Déc. min. fin. du* 8 *prair.* 11, et *circ.* 2013.

22. Cependant, lorsqu'il y a plus de deux ans qu'un acte non enregistré a été inscrit sur le répertoire, la prescription est acquise pour l'amende ou le double droit encouru sur cet acte, par l'officier public. *Déc. min. fin. du* 27 *août* 1819. (*Art.* 6514, *j.*) V. *le* n° 11 *ci-devant.*

23. Les droits et double-droit de jugement portant résolution d'une vente d'immeubles pour défaut de paiement de partie du prix, ne se prescrivent que par le laps de 30 ans, à compter de la date du jugement. *Arr. de cass. des* 10 *août* 1807, 25 *avril* 1808, et 14 *mai* 1816. (*Art.* 5503, *j.*)

24. La signification d'un jugement de justice de paix non enregistré et rendu quatre ans auparavant, est une contravention à l'art. 41 de la loi de frim. 7, parce que la prescription pour l'enregistrement du jugement n'est pas acquise. *Sol. du* 15 *sept.* 1812.

25. Le décès de l'usufruitier consacre l'extinction d'une charge et non une transmission; ainsi, quand des nu-propriétaires n'ont pas été poursuivis dans les cinq ans du décès qui leur a transmis la nue-propriété, il n'y a plus lieu, lors de la réunion par mort, de l'usufruit à

la propriété d'exiger aucun droit, attendu que le droit, sur l'intégralité des biens, était exigible dès le décès de la personne qui avait la nue-propriété, et que la prescription est acquise. *Arr. de cass. du* 31 *juillet* 1815. (*Art.* 5251, *j.*)

26. Lorsque, dans l'enregistrement fait sous le régime de la loi du 19 déc. 1790, d'un acte de vente d'immeubles avec réserve d'usufruit, il n'a rien été ajouté au prix de la nue-propriété pour la perception des droits, on ne peut aujourd'hui, à cause de la réunion de l'usufruit à la propriété, exiger le droit de 5 1/2 p. 100, sur la valeur de l'usufruit; ce supplément se trouve prescrit. *Sol. du* 15 *oct.* 1812. (*Art.* 4331, *j.*)

27. Le droit fixe qui se perçoit sur les testamens, dans les trois mois du décès des testateurs, se prescrit par 30 ans. *Arr. de cass. du* 13 *oct.* 1806, *circ.* 2013. — Quant aux droits proportionnels à percevoir dans les six mois du décès, V. *ci-après*.

28. Prescription des droits de succession. Il y a prescription pour la demande des droits d'enregistrement après cinq années, à compter du jour du décès pour les successions non déclarées. *Art.* 61 *de la loi de frim.* 7.

29. Ce principe a reçu, dans certains cas, quelques modifications. On va faire connaître les diverses décisions rendues à ce sujet.

30. *Biens en litige.* Lorsqu'un bien est rentré dans l'hérédité, par l'annulation d'une vente faite par le défunt, la prescription court de la date du jugement d'envoi en possession, si la déclaration de succession a été faite pour les autres biens de l'hérédité. *Arr. de cass. du* 30 *mars* 1813, 15 *mars* 1814. (*Art.* 4540 et 5157, *j.*) Si la déclar.ⁿ de succession n'a pas eu lieu. V. le n° 35 *ci-après*.

31. La déclaration des biens, non compris dans une première déclaration, parce que la propriété était en litige, doit se faire dans le délai de cinq ans, à compter du jour du jugement qui les réintègre dans la possession de ces biens. *Arr. de cass. du* 28 *juin* 1820. (*Art.* 6781, j.)

32. *Décès non constatés légalement.* — La prescription de cinq ans établie pour une succession non déclarée ne peut être opposée à l'Administration, lorsque le décès ne se trouve pas inscrit sur les registres de l'état civil, ou de la manière voulue par les lois existantes à l'époque de ce décès. *Arr. de cass. du* 5 *vent.* 9, 19 *therm.* 13, 30 *juin* 1806, 26 *nov.* 1810, 3 *nov.* et 30 *déc.* 1813, *instr.* 424. (*Art.* 4477 et 4708, j.)

33. Elle ne commence à courir, dans ce cas, que du jour où la Régie a pu avoir connaissance du décès par des actes, présentés à l'enregistrement; peu importe que les héritiers aient joui sans trouble et même qu'ils aient été portés sur le rôle des contributions. *Arr. de cass. du* 17 *fév.* 1818. (M, *Sirey*, *année* 1818.)

34. Si le décès n'a pu être connu que par un acte de notoriété, le délai ne court qu'à compter du jour de l'enregistrement de cet acte. *Arr. de cass. du* 25 *janvier* 1815. (*Art.* 5089, *j.*)

35. *Hérédité incertaine.* — Bien que les droits encore incertains des héritiers dépendent d'un jugement qui peut les réintégrer dans la propriété de ces droits, la prescription n'en commence pas moins à courir de la date du décès, si aucune déclaration n'a eu lieu après ce décès. *Arr. de cass. du* 3 *sept.* 1810. (*Art.* 3737, *j.*) — Si la déclaration a eu lieu, V. le n.° 30 ci-devant, *biens en litige*.

36. *Héritiers rappelés à la succession.* — Lorsqu'une veuve, légataire universelle de son mari, a acquitté les droits de mutation par décès sur la totalité de la succession, et qu'un jugement rappèle les frères du défunt au partage des biens de cette succession, l'Administration a cinq ans, à partir de la date de ce jugement, pour réclamer les droits dus pour les héritiers collatéraux. *Arr. d'admission d'un pourvoi en cassation, du* 19 *juillet* 1815. (*Article* 5332, *j.*)

37. *Legs.* — La prescription quinquennale pour les déclarations à faire des legs mobiliers et immobiliers, ne court que du jour de l'enregistrement du testament qui contient le legs. *Déc. min. fin. du* 11 *oct.* 1808. (*Art.* 3335, *j.*)

38. On n'a que cinq ans pour demander les droits de succession dus par l'usufruitier. *Arr. de cassation, du* 31 *juillet* 1815.

39. *Succession d'absent.* — La prescription pour la demande des droits résultant de la succession d'un individu dont le décès ne figure pas sur les registres de l'état civil, bien qu'il soit inscrit sur ceux tenus au Ministère de la guerre, ne court que du jour de l'enregistrement du partage des biens du défunt entre ses héritiers. *Arr. de cass. du* 29 *avr.* 1818. (*M. Sirey, année* 1818). — V. ci-après, n.ᵒˢ 41 et suiv.

40. *Succession collatérale déclarée en directe.* — Lorsqu'un acte fait connaître qu'une succession déclarée en directe est dévolue à des collatéraux, la prescription de 5 ans court de la date de cet acte, et non du jour du décès. *Arr. de cass. du* 5 *sept.* 1809. (*Art.* 3645, *j.*)

41. *Succession d'un militaire.* Le délai de la prescription, pour la demande des droits résultant de la succession d'un militaire décédé en activité de service, ne court pas du jour de l'inscription du décès sur les registres matricules de l'armée, mais seulement du jour de la mise en possession des héritiers. *Arr. de cass. du* 22 *brum.* 14. — V. ci-devant, n.° 39.

42. Mais il en est autrement, lorsque le décès se trouve inscrit sur les registres des hôpitaux militaires ou de la marine, et que ces registres ont été déposés à la Mairie, parce que, dans ce cas, il est au pouvoir des Préposés de la Direction générale de se procurer une connaissance légale du décès. *Arr. de cass. du* 21 *févr.* 1809.

43. Le délai court aussi du jour où le décès a été connu légalement. *Sol. du* 5 *sept.* 1817.

44. *Successions ouvertes en Amérique.* — Elles suivent les mêmes règles que celles des absens. On ne doit faire courir la prescription de cinq ans que du jour de la mise en possession des biens. *Déc. min. fin. et du Grand-Juge, des* 24 *et* 30 *mai* 1809. (*Art.* 4487, *j.*)

45. *Succession de biens séquestrés.* — La prescription, quant aux successions de biens séquestrés sur un particulier, ne court que du jour de la main-levée définitive du séquestre. *Arr. de cass. des* 23 *brum.* 13, *et* 9 *nov.* 1813. (*Art.* 4713, *j.*)

46. Il n'appartient point aux Juges d'examiner si le séquestre a dû ou non avoir lieu. Le délai de la prescription

ne court que de la mise en possession des héritiers. Ainsi, ce délai peut varier d'un bureau à un autre, selon les circonstances. *Arr. de cass. du 1.er août* 1808.

47. *Successions de prêtres déportés.* La prescription du droit ne court que du jour de l'arrêté d'envoi en possession, au profit des héritiers, bien que MM. les Prêtres aient été inscrits sur la liste des émigrés. *Sol. de 9 mai* 1806.

48. Lorsqu'il n'y a eu ni séquestre, ni main-levée, ni envoi en possession, à raison des biens d'un prêtre déporté en 1792, la prescription, pour le droit de mutation par décès, ne court que du jour de la vente que les hérit. ont faite des biens de la succ.n *Arr. de cass. du 7 janv.* 1818.

49. *Successions de personnes décédées en pays étranger.* — Lorsqu'un Français est mort en pays étranger, et que son décès n'a pu être connu, on ne peut opposer la prescription de cinq ans. *Arr. de cass. du 8 mai* 1809. (*Art.* 3630, *j.*)

Mais lorsque le décès, arrivé en 1787, d'un propriétaire de biens-fonds dans le continent français, se trouve compris sur le registre déposé, en l'an 12, au dépôt de la marine, la prescription est acquise. *Arr. de cass. du 9 frim.* 7.

51. Quoiqu'un décès arrivé dans les colonies françaises, ne soit pas inscrit sur les registres de France, la prescription n'est point interrompue, puisque les Employés de l'Enregistrement dans ces colonies, ont dû fournir à leur Administration les renseignemens de ce décès. *Arr. de cass. du 9 juin* 1817. (*Art.* 5849, *j.*)

52. Le délai de 5 ans est de rigueur pour réclamer les droits de succession, lorsque, à l'époque du décès, le lieu où le décès est arrivé dépendait du territoire français, quoique séparé depuis. *Déc. min. fin. du 21 juillet* 1820. (*Art.* 6746, *j.*)

Délai de la prescription *pour requérir l'expertise.* V. *expertise.*

53. Délai pour les omissions *et insuffisances de perception de droits; pour les demandes en restitution; pour les fausses évaluations et omissions de biens dans les déclarations.*

54. Il y a prescription pour la demande des droits d'enregistrement après deux années, à compter du jour de l'enregistrement, s'il s'agit d'un droit perçu sur une disposition particulière dans un acte, ou d'un supplément de perception insuffisamment faite, ou d'une fausse évaluation dans une déclaration. *Art.* 61 *de la loi du 22 frim.* 7.

55. Toute action en paiement d'un droit non perçu sur une disposition dans un acte, ou d'un supplément de perception insuffisamment faite, doit être dirigée contre *les parties. Déc. min. fin. du 7 juin* 1808, *instr.* 386. — V. *vente d'immeubles*, n° 77.

56. Si une déclaration est faite le 21 sept. 1815, la Régie ne pourra pas intenter d'action en supplément de droits le 21 sept. 1817 : le terme fatal étant expiré le 20 sept. *Arr. de cass. du 11 oct.* 1814. (*Art.* 5044, *j.*)

57. Lorsqu'une première déclaration de succession a été rectifiée pour insuffisance d'estimation, par une seconde déclaration sur laquelle il a été commis une erreur dans la liquidation des droits, les parties ne peuvent se refuser au paiement du supplément des droits, sous prétexte que la première déclaration a été faite depuis plus de deux ans; la prescription ne commence à courir que du jour de la seconde déclar.n *Sol. du 27 juill.* 1814. (*Art.* 4878, *j.*)

58. La prescription des supplémens de droits d'inscription et de transmission aux hypothèques, s'acquiert par le laps de deux ans à compter du jour de l'enregistrement; les Conservateurs, Vérificateurs et Inspecteurs sont responsables des droits prescrits par leur négligence. *Instruct.* 316.

59. Mais s'il s'agissait de droits dus en principal, il conviendrait de laisser aux Tribunaux à décider. *Sol. du 10 août* 1813.

60. Le délai de la prescription, à l'égard des supplémens de droits d'enregistrement, ne court que de l'époque à laquelle la perception a eu lieu. *Arr. de cass. du 21 avril* 1806.

61. La présentation d'un acte au bureau n'équivaut pas à l'enregistrement, pour fixer l'époque à laquelle l'Administration a eu connaissance de ses dispositions, de sorte que le délai pour prescrire le double droit qu'il peut engendrer, ne commence à courir que du jour qu'il a reçu la formalité. *Arr. de cass. du 15 juin* 1815.

62. Les parties sont non recevables après le délai de *deux ans*, à compter du jour de l'enregistrement, pour toute demande en restitution de droits perçus. *Art.* 61 *de la loi de frim.* 7.

63. La prescription ne court pour la restitution d'un droit proportionnel perçu sur un jugement par défaut portant résolution d'un contrat de vente d'immeubles, que, du jour où ce jugement est annulé par suite de l'opposition. *Arr. de cass. du 23 fév.* 1818. (*Dict. de Manut.*, T. 5.)

64. Lorsqu'il a été perçu deux droits à raison des mêmes biens d'une seule succession, les parties ne sont plus recevables après deux ans, à réclamer la restitution du trop payé. *Sol. du 22 août* 1811. V. *restitution.*

65. La prescription a lieu après trois années, aussi à compter du jour de l'enregistrement, s'il s'agit d'une omission de biens dans une déclaration faite après décès. *Art.* 61 *de la loi de frim.* 7.

66. Délai de la prescription. Pour requérir l'expertise, V. *expertise*. n.° 10.

67. Prescription des droits des actes sous seing-privé. Les actions concernant les droits résultant des ventes d'immeubles sous seing-privé, non enregistrée, sont soumises à la prescription de trente ans, à compter du jour où ces actes ont acquis une date certaine par le décès de l'une des parties contractantes. *Arr. de cass. des 18 mars et 13 oct.* 1806, *26 août* 1807, *20 mars et 28 août* 1816.

68. La prescription, relativement à des droits de mutation résultant d'actes passés dans les colonies, court à compter du jour où ils ont été énoncés dans les actes enregistrés, ou de celui où il en a été fait usage en justice ou devant les Officiers publics. *Arr. de cass. du 14 avril* 1813. — Elle est de trente ans pour les actes sous seing-privé. *Arr. de cass. du 27 mai* 1809. V. *actes*, n.° 128.

69. Prescription des droits de greffe. Mêmes règles que pour les prescriptions relatives aux droits d'enregistrement. *Décr. du 12 juillet* 1808. *Instr.* 398.

70. Prescription de frais de justice. Les frais dont la condamnation est prononcée au profit de l'Etat, ne

peuvent être considérés comme une peine, et par conséquent, ils ne sont pas soumis aux mêmes règles de prescriptions que les diverses amendes. Il y a lieu de suivre, à leur égard, les règles posées par la loi du 5 septembre 1807, transcrite dans l'instr. 252. *Instr.* 748.

71. PRESCRIPTION DES DÉBETS *des comptables.* Les intérêts dus pour les droits que le Receveur a omis de porter en recette, pour les erreurs de calcul, etc., ne se prescrivent que par le laps de trente ans. Et, en général, l'action du Trésor contre les comptables, dure trente ans. *Avis du Conseil d'Etat des mois de juillet* 1808 *et mars* 1809. *Déc. min. fin. du* 5 *fév.* 1815. *Lettre de M. le Diret. gén. du* 9 *du même mois. Sol. du* 24 *fév.* 1818.— Les 30 ans sont à partir du jour où leur gestion a cessé. *Instr.* 350. V. *erreur*, n.° 2.

72. CIRCONSTANCES *qui peuvent ou non faire courir le délai de la prescription.* Lorsque des actes sous seing-privé, contenant mutation d'immeubles, sont relatés dans un inventaire, ou une sentence arbitrale, soumis à l'enregistrement, les droits et doubles droits auxquels ces actes donnent ouverture, sont prescrits, si la demande n'en a été formée qu'après deux ans, à partir de l'enregistrement de l'inventaire ou de la sentence arbitrale. *Avis du Conseil d'Etat du* 28 *août* 1810. *Arr. de cass. des* 1.er *juin et* 12 *déc.* 1813, 20 *mars et* 21 *mai* 1816. (*Art.* 4848, 5052, 5445, *et* 5515, *j.*)

73. La prescription biennale n'est point applicable à la demande des droits de mutation, ou des doubles droits résultant de ventes réalisées devant Notaire plus de 3 mois après que les mutations ont eu lieu, lorsque l'Administration n'a pas été mise à portée d'en constater l'existence par les actes qui ont été revêtus de la formalité, *sans recherches ultérieures et indépendantes de ces actes.* Ainsi le bail qui n'énonce pas que le titre du bailleur a été enregistré, n'est pas suffisant pour faire connaître la mutation qui s'est opérée en faveur de celui-ci. *Arr. de cass. des* 29 *juin et* 17 *août* 1813 *et* 27 *mars* 1817. (*Art.* 4605, 4701, 4705 *et* 6003, *j.* (*M. Sirey, année* 1818.)

74. La prescription biennale est étrangère à l'acte qui, pris et considéré isolément, ne constate point de mutation antérieure, et lorsque les découvertes de cette mutation ont été uniquement le résultat de combinaisons et de circonstances particulières. *Arr. de cass. du* 17 *août* 1813. (*Art.* 4737, *j.*)

75. L'inscription au rôle du nouveau possesseur, sa saisie immobilière et l'ordre ouvert contre lui, ne font point courir la prescription de 2 ans, dès que, par ces actes, on n'était pas à portée de savoir si le titre du propriétaire se trouvait enregistré. *Arr. de cass. du* 30 *juin* 1813. (*Art.* 4586, *j.*)

76. Le partage enregistré ne suffit pas pour mettre le Receveur à portée de découvrir si les titres de tous les copartageans sont en forme, il faut pour cela des *recherches ultérieures*, et qui ne dépendent nullement de cet acte. Ainsi le droit de rétrocession que ce partage a donné lieu de découvrir, ne peut se prescrire par deux années, à partir de la présentation du partage à la formalité. *Arr. de cass. du* 9 *mai* 1814. (*Art.* 4847, *j.*)

77. Cette prescription biennale ne s'applique pas à l'acte sous seing-privé présenté au Receveur qui ne l'aurait point enregistré faute de paiement. *Arr. de cass. du* 15 *juin* 1813.

78. On ne peut non plus faire courir le délai de deux ans pour la demande des droits de mutation secrète de l'acte de donation de ces biens, qui rappèle faussement qu'ils proviennent au donateur suivant contrats de *tels* et *tels* jours : cette énonciation, loin de remplir le vœu de l'avis du Conseil d'Etat, du 22 août 1810, tend à induire les Préposés en erreur. *Arr. de cass. du* 10 *janv.* 1821. (*Art.* 6936, *j.*)

79. INTERRUPTION *de la prescription.* Les prescriptions seront suspendues par des demandes signifiées et enregistrées avant l'expiration des délais, mais elles seront acquises irrévocablement si les poursuites commencées sont interrompues pendant une année, sans qu'il y ait d'instance devant les Juges compétens, quand même le premier délai pour la prescription ne serait point expiré. *Art.* 61 *de la loi de frim.* 7.

80. La date des actes sous seing-privé ne pourra être opposée à l'Etat pour prescription des droits et peines encourus, à moins que ces actes n'aient acquis une date certaine par le décès de l'une des parties, ou autrement. *Art.* 62 *de la même loi.*

81. Ainsi un acte sous seing-privé ne peut être opposé à l'Administration pour justifier une possession trentenaire et la prescription du droit, que lorsqu'il a une date certaine depuis plus de 30 ans. *Arr. de cass. du* 28 *août* 1809. (*Art.* 3623, *j.*)

82. La signification par acte d'Huissier d'une demande en restitution, sans assignation devant un Tribunal, suffit pour prévenir la prescription. *Sol. du* 14 *avril* 1819. (*Art.* 6360,).)

83. L'opposition motivée et signifiée avec assignation devant les Juges compétens, constitue l'instance ; dès-lors la prescription est interrompue. *Déc. min. fin. du* 27 *juillet* 1813.

84. Les événemens de force majeure suspendent la prescription. *Arr. de cass. du* 9 *avril* 1818. — Cependant il appartient à la prudence des Juges de faire l'application de l'exception à cet égard. *Arr. de cass. du* 5 *août* 1817. V. *cassation*, n.° 47, et *délai*, n.° 5.

85. Au surplus la prescription n'est interrompue que par des actes réguliers et valables, et non par un acte nul. *Arr. de cass. du* 14 *août* 1811.

86. Pour savoir si le pourvoi en cassation interrompt la prescription, V. *péremption*, n.° 7.

87. Les réclamations des particuliers auprès des Autorités administratives ou de l'Administration, n'interrompent pas la prescription, il faut toujours de leur part une demande extrajudiciaire, signifiée et enregistrée avant les délais ; il en est de même à l'égard de l'Administration. *Instr.* 208 *et* 509.

88. Une contrainte signifiée dans un délai utile, en conservant l'action du Trésor public pour une demande en supplément de droits d'Enregistrement, ne conserve pas en même tems les droits de la partie pour réclamer une restitution. *Circulaire du Grand-Juge, du* 30 *août* 1818. *Instr.* 424.

PRESTATION *de serment.* V. *serment.*

PRÊT. Il y a deux espèces de prêts : la première s'appèle prêt à usage ou commodat ; la 2.e se nomme prêt de consommation, ou simplement prêt. *Art.* 1874 *du C. C.*

1. Le prêt à usage ou commodat, est un contrat par lequel l'une des parties livre une chose à l'autre, pour s'en servir, à la charge, par le preneur, de la rendre après s'en être servie. *Art.* 1875.

2. Ce prêt est essentiellement gratuit. *Art.* 1876. — Le prêteur demeure propriétaire de la chose prêtée. *Art.* 1877.

3. Le prêt de consommation est un contrat par lequel l'une des parties livre à l'autre une certaine quantité de choses qui se consomment par l'usage, à la charge, par cette dernière, de lui en rendre autant de même espèce et qualité. *Art.* 1892.

4. Pour l'effet de ce prêt, l'emprunteur devient le propriétaire de la chose prêtée, et c'est pour lui qu'elle périt, de quelque manière que cette perte arrive. *Art.* 1893.

5. Pour connaître la quotité des droits dus sur ces deux espèces de prêts, V. *obligation.*

6. Le créancier, dans le cas de prêt *sur nantissement*, même lorsqu'il est autorisé à vendre les objets périssables, en imputant le prix sur le prêt, ne pouvant conserver la chose ni en disposer comme propriétaire, le droit pour les prêts de l'espèce doit être réglé à raison de 1 p. 100. *Sol. du* 14 *mars* 1806.

PRÉVARICATION. Malversation d'un Préposé dans les fonctions de sa place.

1. Les Agens du Gouvernement ne peuvent être poursuivis pour les faits relatifs à leurs fonctions, qu'en vertu d'une décision du Conseil d'état. *Art.* 75 *de la constitution de frim.* 8.

2. Le Directeur général de l'Enregistrement et des Domaines est autorisé à traduire devant les Tribunaux, sans recourir à la Décision du Conseil d'état, les Employés inférieurs de cette Administration. *Arrêté du Gouvernement du* 9 *pluv.* 10.

3. Lorsque les préventions constatées contre un Employé emportent peine afflictive, les Directeurs sont autorisés à provoquer provisoirement un mandat d'arrêt contre le prévenu, et à le faire mettre à exécution ; ils doivent faire apposer les scellés sur les effets ; prendre les mesures conservatoires, et informer l'Administration de ces mesures. *Instr.* 42. — Dans certains cas l'autorisation n'est pas nécessaire. V. *contribution*, p. 126.

PRIMES. Toutes les pièces produites et leurs duplicata, ainsi que les rôles d'équipage, relativement aux primes accordées pour la pêche de la morue, de la baleine et du cachalot, doivent être timbrées, aux frais et par les soins des parties intéressées. *Ordon. des* 21 *oct.* 1818 *et* 14 *févr.* 1819. *Instr.* 866. (*Art.* 6355, j.)

Les primes d'encouragement pour la destruction des loups, sont payées sur les fonds des dépenses imprévues. *Circ. du Min. de l'intérieur, du* 9 *juillet* 1818.

PRISE *de possession.* Cet acte opère le droit fixe de 1 fr., lorsqu'il n'est que l'exécution d'un acte enregistré. *Art.* 68, §. 1.er, *n.°* 13 *de la loi de frim.* 7

PRISES *maritimes* (Liquidation des). — Le montant des droits de douanes et d'octrois, mis à la charge des acquéreurs, en exécution de l'arrêté du Gouvernement du 2 prairial 11, ne doit pas, pour la liquidation du droit, être ajouté au prix de la vente des prises maritimes. Mais si ces droits se trouvaient acquittés avant la vente des marchandises capturées, la perception frapperait alors sur la totalité du prix. *Circ. du* 23 *sept.* 1807. — V. *conseil*, n.° 8.

PRISÉE *de meubles.* V. *inventaire*, page 201, n.° 4.

PRIVILÉGE DU TRÉSOR ROYAL.

1. *Pour les droits de succession.* — L'Etat a action sur les revenus des biens à déclarer, en quelques mains qu'ils se trouvent, pour le paiement des droits dont il faudrait poursuivre le recouvrement. *Art.* 22 *de la loi du* 22 *frim.* 7.

2. L'action déférée au Trésor par cet article, doit s'exercer même contre les coacquéreurs, non-seulement pour les revenus échus au moment de l'adjudication, mais encore pour ceux à écheoir jusqu'à l'épuisement total de la créance, à moins que ces tiers-acquéreurs n'aient rempli les formalités hypothécaires, et ne soient devenus propriétaires incommutables avant les saisies et oppositions faites dans l'intérêt de l'Etat. — Les Préposés doivent même, sans attendre l'expiration des délais accordés pour la déclaration, prendre des mesures conservatoires vis-à-vis des tiers-acquéreurs, afin d'assurer le paiement des droits de mutation ouverts au profit du Trésor. *Déc. min. fin. du* 14 *juillet* 1817. *Instr.* 809. — Cependant, V. *succession*, n° 227.

3. Quelle que soit la nature de l'action attribuée à l'Administration, sur les revenus des biens d'une succession, pour le recouvrement du droit de mutation, elle ne peut exercer cette action sur le prix des immeubles tombés en succession au préjudice des droits acquis aux créanciers ayant hypothèque sur ces immeubles, et inscrite antérieurement au décès. *Arr. de cass. du* 6 *mai* 1816. (*M. Sirey*, T. 16, page 428.)

4. Ainsi l'action accordée sur les revenus pour les droits de succession, ne doit pas préjudicier aux droits des créanciers inscrits antérieurement au décès. Cette jurisprudence est antérieurement fixée par l'arrêt dont les dispositions précèdent. *Déc. min. fin. du* 10 *mai* 1819.

5. *Pour frais de justice.* L'Etat a privilége, 1° sur les *meubles* et effets mobiliers des condamnés. Ce privilége se trouve primé par les frais de justice ordinaires : tels que ceux d'apposition et levée de scellés, d'inventaires et ventes, et autres qui ont pour objet la conservation et la liquidation de la chose, les frais funéraires, ceux de la dernière maladie, les salaires des gens de service, les fournitures des subsistances, les frais de pension des enfans, les loyers et fermages, les sommes dues pour la défense personnelle de l'accusé, enfin l'indemnité allouée à la partie qui a souffert du dommage résultant du délit (excepté quand celle-ci s'est portée partie civile). — 2.° Sur les *immeubles*, mais toujours à la charge de prendre inscription dans les deux mois de la date du jugement. — Ce privilége est primé par ceux indiqués ci-dessus et par les droits des vendeurs, bailleurs de fonds, cohéritiers, etc., Si les conditions prescrites pour leur conservation ont été

remplies; par les hypothèques légales indiquées à l'article 2121 du C. C.; enfin par les hypothèques ayant pour objet des créances inscrites avant le privilége du Trésor, et résultant d'actes d'une date certaine et antérieure au mandat d'arrêt ou au jugement de condamnation, pourvu qu'elles ne présentent point quelque caractère de fraude, cas où on les dénoncerait au Procureur du Roi. *Loi du* 5 *sept.* 1807. *Instr.* 352.

6. Les Receveurs sont responsables du préjudice qui serait causé pas leur négligence à requérir l'inscription en tems utile. L'hypothèque est judiciaire; elle grève tous les biens présens et à venir. *Instr.* 352, 426 *et* 750.

7. En cas de faillite simple, comme dans celui d'une faillite frauduleuse, l'Etat n'a pas de privilége pour le recouvrement des frais de justice dont la condamnation a été prononcée à son profit avant l'ouverture de la faillite. *Déc. min. fin des* 17 *avril* 1817 *et* 1819. (*Art.* 5968 *et* 6464, *j.*)

8. Le locateur doit être payé par préférence aux frais de scellés apposés lors du décès du locataire. Le propriétaire est réellement nanti du mobilier qui garnit les lieux qu'il a loués; et vouloir faire prévaloir des priviléges généraux sur ceux particuliers, ce serait anéantir la disposition de la loi qui les établit. *Cour de Paris du* 25 *nov.* 1814. (*M. Persil.*) V. *instances*, n.° 120, et *poursuites*, n.° 16.

Les espèces déposées pour la liberté provisoire, et les immeubles servant de cautionnement aux prévenus de délits de police correctionnelle, seront affectés par privilége : 1.° au paiement des réparations civiles et des frais avancés par la partie civile; 2.° aux amendes; le tout, néanmoins, sans préjudice du privilége du Trésor public, à raison des frais faits par le Ministère public. *Extrait de l'art.* 121 *du C. d'instr. criminelle.*

9. Le propriétaire a, sur le prix des effets mobiliers qui lui ont été volés, et dont la vente a été ordonnée par justice, un privilége préférable à celui du trésor relatif aux frais de procédure. *Déc. min. fin. des* 13 *et* 20 *avril* 1813. (*Art.* 4657, *j.*)

10. Pour le recouvrement des droit de timbre, V. *effets*, n.° 10.

11. *Pour les amendes*, V. *amendes*, n.° 19.

12. *Sur les biens des comptables de l'Etat.* — Le Trésor a privilége : 1.° sur le mobilier trouvé dans l'habitation du mari même à l'égard des femmes séparées de biens, etc.; 2.° sur les immeubles acquis, après la nomination, par les comptables ou leurs femmes, même séparées de biens, etc., à la charge d'une inscription, qui doit être faite dans les deux mois de l'acte translatif de propriété. *Loi du* 5 *sept.* 1807. *Instr.* 350. — Pour connaître les obligations que cette loi impose aux Préposés, V. AUX HYPOTHÈQUES, *comptables publics.*

13. Le privilége des administrations, sur les biens meubles des comptables, est maintenu par l'art. 2098 du Code civil. *Arr. de cass. du* 17 *oct.* 1814. (*Art.* 5259, *j.*)

13. L'acquisition faite par un père, comptable public, au nom de son fils, mineur, qui n'a aucun moyen d'acquérir, est réputée former la propriété du père, et dans le cas de débet, ce bien demeure affecté au paiement de la créance. *Cour de Limoges du* 22 *juin* 1808.

14. L'action du Trésor sur les biens des comptables est conservée, même après la cessation du service, tant que leur gestion n'est pas apurée, par une inscription prise dans les deux mois des actes d'acquisition de ces Préposés; plus tard, l'inscription ne prend rang que du jour de l'inscription. *Déc. min. fin. du* 19 *avril* 1817. — Il convient donc de bien se pénétrer de l'instr. 350. *Lettre de M. le Direct. gén. du* 14 *juin* 1817. (*Mém. d'ord. de la Direct. d'Orléans, même année.*)

15. Lorsque le Trésor fait vendre des biens sur son comptable reliquataire, et que les titres de propriété de ces biens n'ont pas été enregistrés, l'Administration de l'Enregistrement a préférence sur lui pour le paiement des droits résultant de la formalité à donner à ces titres. *Déc. min. fin. du.* . . . (*Art.* 4466, *j.*)

16. Les dispositions de la loi du 5 sept. 1807, concernant les priviléges du trésor sur les biens des comptables, sont applicables au Trésor de la couronne. Les Receveurs de l'enregistrement et Procureurs du Roi, sont tenus de se conformer, en ce qui les concerne, aux dispositions de ces articles, pour la conservation des droits de la couronne. *Instr.* 370.

17. L'inscription prise à la requête du trésor contre le commerçant en faillite et qui est en débet, comme comptable public, a privilége sur tous les créanciers; la question de préférence qui lui serait contestée ne peut être résolue que par le Tribunal de première instance. *Arr. de cass. du* 4 *avril.* 1808.

18. *Sur le cautionnement des Officiers publics.* L'Administration a non seulement sur les intérêts, mais encore sur le montant des cautionnemens des Offic.rs ministériels, un privilége pour le paiement des amendes et condamnations prononcées contre les titulaires des ces cautionnemens. *Arr. de cass. du* 1.er *juin* 1814. (*Art.* 4897, *j.*)

19. Le privilége du Trésor sur le cautionnement d'un agent de change, pour le recouvrement des amendes prononcées contre lui, ne doit s'exercer qu'après celui résultant du dommage éprouvé par ceux qui ont traité avec l'Agent de change, lorsque surtout le Trésor n'a obtenu de condamnation qu'après sa faillite, survenue depuis que les créances pour ces dommages avaient été consenties. *Arr. de rejet d'un pourvoi en cass. du* 7 *mai* 1816. (*Art.* 5716, *j.* (*M. Sirey, année* 1817.)

20. On peut poursuivre sur le cautionnement d'un Avoué, le paiement des droits d'enregistrement d'une adjudication faite à son profit et non présentée à la formalité dans le délai. On ne peut restreindre l'exercice de l'action de la régie aux seuls intérêts de ce cautionnement. *Arr. de cass. du* 26 *mars* 1821. (*Art.* 175 *du Contrôleur de l'enregistrement.*)

PRIX. Le prix des *ventes et des cessions d'immeubles*, est, non seulement la somme stipulée dans le contrat, mais encore tout ce qui tourne au profit du vendeur, et tout ce qui est un objet lucratif pour lui, ou onéreux pour l'acquéreur. V. *ventes d'immeubles*, *adjudications* et *licitation*.

Lorsque le prix paraît être inférieur à la valeur vénale, V. *expertise*.

S'il doit être fixé par estimation, V. *estimation*, page 160.

PROCÉDURE relative aux droits et amendes dont il est question dans ce dictionnaire, V. *instance*.

PROCÈS-VERBAL, acte rédigé par une personne commise à cet effet, pour constater un fait.

1. Les procès-verbaux et rapports d'employés, gardes, commissaires, séquestres, experts et arpenteurs, sont sujets au droit d'enregistrement de 2 fr. *Art.* 43 *de la loi d'avril* 1816. Ce droit de 2 fr. est dû quelque soit l'objet de ces actes. *Déc. min. fin. du* 31 *oct.* 1817. *Lettre de M. le Directeur général du* 8 *nov. suiv.* (*Art.* 5936, *j.*)

2. Le procès-verbal qui constate la retenue des marchandises par les Préposés des douanes en exécution de la loi du 4 flor. 4, ne doit que 2 fr. fixe pour la saisie, sauf le paiement du droit de 2 p. 100 sur la vente ultérieure. *Déc. min. fin. du* 4 *sept.* 1810. (*Art.* 3980, *j.*)

3. Les Procès-verbaux des Préposés des douanes pour constater la destruction, opérée en leur présence, de marchandises avariées, doivent 1 fr. fixe. *Instr.* 830, V. *jugement*, n.° 129.

4. Quant aux procès-verbaux de cote et paraphe, V. *cote*. A l'égard de ceux des bureaux de paix et des Prud'hommes, V. *bureaux*. — Pour ceux des Préposés des octrois, V. *octrois*.

5. Les procès-verbaux dressés par MM. les Préfets contenant 1.° recensement par commune, des bestiaux qui ont pacagé pendant l'année dans des terrains domaniaux; 2.° l'obligation tant par les propriétaires de ces bestiaux, que par leurs cautions, de payer la taxe à fixer pour cet objet, doivent être rédigés sur papier timbré et enregistré sur la minute dans les 20 jours de leur date, moyennant le droit de 25 cent. p. 100 comme baux de pâturage, et le même droit pour les cautionnemens fournis. *Déc. min. fin. du* 7 *août* 1810. (*Art.* 3963, *j.*)

6. L'enregistrement du procès-verbal des Préposés des contributions indirectes avant la délivrance de la copie, n'est pas nécessaire, et il n'y a pas lieu à un droit particulier à cause de cette délivrance. *Instr.* 390. V. l'exception portée au n.° 13 ci-après.

7. Mais il ne faut pas confondre l'assignation avec la délivrance de la copie : il y aurait contravention formelle, si des assignations étaient données d'après des procès-verbaux qui n'auraient pas été préalablement soumis à la formalité. *Instr.* 400.

8. Quant aux procès-verbaux rédigés dans les secrétariats des préfectures, constatant le dépôt des demandes de brevets d'invention, V. *brevets*, n. 5.

9. Les procès-verbaux des gardes particuliers ne jouissent d'aucune exception. *Déc. min. fin. du* 26 *germ.* 7. V. le n.° 16 ci-après.

10. Ceux d'arpentage de bois destinés aux usagers, dans les forêts royales, sont sujets au timbre et à l'enregistrement. *Instr.* 366.

11. Ceux d'*échouement* doivent être timbrés et enregistrés, lors même qu'ils concernent l'Etat. *Circ* 1705.

12. DÉLAI *pour l'enregistrement*. Les procès-verbaux des Préposés des douanes doivent, comme ceux des Préposés de la régie des contributions indirectes, être enregistrés dans les quatre jours. *Déc. min. fin. du* 21 *août* 1810. (*Art.* 3955, *j.*) V. *délai*, n.os 36 et suiv.

13. PLURALITÉ *des droits*. Le procès-verbal de contraventions, dressé par les Préposés des contributions indirectes, qui contient cautionnement ou obligation de représenter les objets saisis, est sujet à deux droits, mais seulement si un tiers intervient pour se constituer gardien des objets saisis. — Il n'est rien dû, si les objets sont laissés à la garde du contrevenant, ou que ce soit l'un des Préposés qui s'en charge. — Si les employés notifient leur rapport par un acte distinct et d'une autre date, il y a lieu à un droit particulier. *Instr.* 323. *Lettre de M. le Directeur gén. du* 5 *oct.* 1819. V., dans cet article, les n.os 6, 22 et suiv.

14. ENREGISTRM. ET VISA EN DÉBET. Les procès-verbaux pour faits de police, pour délits de grande voirie, et ceux faits à la requête d'une administration publique, agissant dans l'intérêt de l'Etat (l'Administration des Contributions indirectes exceptée), doivent être visés pour timbre et enregistrés en débet. V. *actes*, n.° 48, et *amendes*, n.° 110.

15. Si les fonctionnaires agissent dans l'intérêt d'un établissement public, ces actes ne jouissent pas de la faveur du débet. *Instr.* 201 *et* 400.

16. Les procès-verbaux et actes des Huissiers, Préposés, Gardes champêtres ou forestiers (autres que ceux des particuliers), et généralement tous actes et procès-verbaux concernant la police ordinaire, et qui ont pour objet la poursuite et la répression des délits et contraventions aux réglemens généraux de police et d'impositions, seront visés pour timbre, et enregistrés en débet lorsqu'il n'y aura pas de partie civile poursuivante, sauf à suivre le recouvrement des droits contre les condamnés. *Loi du* 25 *mars* 1817. *Instr.* 768.

17. Les procès-verbaux peuvent être visés pour timbre et enregistrés en débet, lorsqu'il y a partie civile, et qu'elle néglige ou refuse de consigner les frais de justice, sauf à suivre le recouvrement des droits contre les parties *Déc. min. fin. du* 17 *juillet* 1818. (*Art.* 6270, *j.*)

Les Gardes-pêche sont assimilés à ceux forestiers, pour le timbre et l'enregistrement de leurs procès-verbaux. *Instr.* 63. *Circ. du* 7 *pluv.* 12.

18. Les procès-verbaux des Sous-Officiers et Gendarmes sont faits sur papier libre; Ceux de ces actes qui seraient de nature à donner lieu à des poursuites judiciaires sont préalablement enregistrés en débet ou *gratis*, suivant les distinctions établies par la loi du 22 frim. 7 et l'ordon. du 22 mai 1816. — Ils seront présentés à la formalité, par les Gendarmes, lorsqu'il se trouvera un bureau d'enregistr.t dans le lieu de leur résidence; dans le cas contraire, l'enregistrement aura lieu à la diligence du ministère public chargé des poursuites. *Ordonn. du* 29 *oct.* 1820. (*Art.* 6872, *j.*).

19. Les procès-verbaux des agens des Ponts-et-chaussées peuvent être visés pour timbre, et enregistrés en débet. *Déc. min. fin. du* 25 *therm.* 13. — La même faveur doit être accordée au procès-verbal d'un agent subalterne des Ponts-et-chaussées, constatant des injures faites à sa personne par un ouvrier de l'atelier, à la suite duquel est

une attestation des faits mise par un Ingénieur des Ponts-et-chaussée. *Déc. min. fin. du* 15 *déc.* 1812. (*Art.* 4478, *j.*)

20. Il est en de même : 1°. des procès-verbaux de contravention à la loi du 19 brum. 6, sur les droits de garantie des matières d'or et d'argent, ainsi que des jugemens y relatifs qui doivent être rendus à la requête du Proc.r du Roi. *Instr.* 516. — 2.° De ceux des Gardes du génie. *Décr. du* 29 *mars* 1806. — 3.° De ceux des Gardes de bois communaux et de bois domaniaux. *Instr.* 475. — 4.° Des procès-verbaux des Gardes de bois de la liste civile, commis par le Roi. *Déc. min. fin. du* 5 *germ.* 15. — 5.° De ceux des Gardes de bois des fabriques. *Déc. min. fin. du* 8 *mai* 1810. (*Art.* 3824, *j.*). — 6.° De ceux qui constatent des morts violentes, et qui contiennent l'inventaire des effets du décédé : le paiement des droits est exigible, lorsque les expéditions sont délivrées aux personnes qui les requièrent. *Sol. du* 8 *brum.* 10. *Instr.* 72.

21. Quant à ceux des Inspecteurs et autres Préposés de l'imprimerie et de la librairie, ils ne doivent pas être enregistrés en débet. *Instr.* 559.

22. Si le procès-verbal de saisie des Employés des douanes et les cautionnemens y relatifs, sont faits par deux actes séparés, il est dû un droit fixe pour chacun d'eux, quand même le second acte serait rédigé sous seing-privé par les seules parties intéressées, et sans le concours des Préposés. — Ces deux actes sont enregistrables à la même date, lors même que le dernier ne serait rédigé que dans l'intervalle accordé par la loi de frim. pour l'enregistrem.t des procès-verb. de saisie. — Si le procès-verbal contient l'acte de cautionnement et constate la remise en même tems que la saisie, il donne ouverture à deux droits fixes et distincts pour chacune de ces dispositions ; s'il ne contient qu'une offre de remise sous caution non acceptée, il n'est passible que d'un seul droit, les choses restant au même état. *Déc. min. fin. du* 27 *octob.* 1812. (*Art.* 4669, *j.*)

23. Les procès-verbaux d'expertise qui ne contiennent aucune disposition autre que l'état des choses et leur évaluation, ne doivent qu'un seul droit, quel que soit le nombre de jours employés à leur rédaction. *Instr.* 406.

24. La taxe des experts, mise à la suite de leur procès-verbal, n'engendre aucun droit. La perception ne doit être assise que sur l'exécutoire délivré de la taxe. *Décis. min. fin. du* 22 *oct.* 1819.

25. Une ordonnance du Roi du 20 mai 1814, a remis S. A. S. le duc d'Orléans en possession des forêts et bois dont son père avait joui comme provenant de l'apanage d'Orléans, et qui n'ont pas cessé de faire partie du domaine de l'Etat, auquel ils peuvent faire retour à défaut d'hoirs mâles. Par cette raison, les Agens chargés de la surveillance des forêts de l'apanage ont le caractère d'Officiers publics, et peuvent défendre devant les Tribunaux comme les Employés de l'Administration des forêts, dont celle du duc d'Orléans n'est en quelque sorte qu'une émanation. *Lettre du Ministre de la justice du* ... (*M. Pailliet, Manuel de droit*).

26. Les procès-verbaux de ces Agens doivent être visés pour timbre et enregistrés en débet. Les jugemens qui interviennent jouissent de la même faveur. — Les Receveurs tiennent un compte ouvert des droits dus pour cette double formalité, ils adressent chaque trimestre aux agens de S. A. S. le duc d'Orléans, un état certifié du montant de ces droits ; ce montant est remboursé par l'Administration de S. A. S. Il est essentiel de remarquer que le remboursement est indépendant des événemens ultérieurs, et de l'acquittement ou de la condamnation des individus désignés dans les procès-verbaux. Cette faveur est, au surplus, spéciale pour ceux des actes et jugemens qui ont lieu à la requête du duc d'Orléans, comme apanagiste. *Décis. min. fin. du* 24 *sept.* 1817. *Lettre de M. le Directeur gén. du* 30 *du même mois.*

27. Enregistrement gratis. — Les procès-verbaux des huissiers et gendarmes, concernant la police générale, la sûreté et la vindicte publique, doivent être enregistrés gratis. *Art.* 70 *de la loi de frim.* 7. — V. le n° 18 ci-dev.

28. Exemption de la formalité. — Sont exempts de la formalité du timbre, les procès-verbaux de morts violentes, lorsque ces actes ne contiennent pas inventaire des effets trouvés sur le décédé. *Instr.* 72.— 2° Ceux de contravention à la police du roulage. V. *amendes*, n° 105. — 3° Le procès-verbal qui constate l'assiette de coupes des bois de l'Etat. *Circ. du* 4 *août* 1809.

29. Ceux des Contrôleurs des contributions directes contenant l'avis des répartiteurs sur les demandes en dégrèvement, sont exempts du timbre. *Circ.* 1932.

30. Ceux des experts, sur des faits à raison desquels il est réclamé un dégrèvement de contributions, sont exempts du timbre, si ces experts sont nommés par le Préfet. — Ils doivent les droits, si la nomination a été faite par les contribuables. *Instr.* 137.

31. PROCÈS-VERBAL *de carence.* On doit préférer, pour constater l'insolvabilité des débiteurs, un certificat d'indigence au procès-verbal de carence, toutes les fois qu'il produit le même résultat ; autrement les frais ne seraient point alloués au Préposé qui les aurait faits. *Instruct.* 381. V. *amende*, n.os 25 et suiv.

32. Lorsqu'on ne peut recourir sur le coobligé qu'après discussion préalable du débiteur principal, c'est un procès-verbal de carence qu'il faut obtenir. *Circ.* 1770, *instr.* 238.

33. PROCES-VERBAL *de contravention.* Lorsqu'un Préposé rédige un procès-verbal, il le communique en projet au Directeur, qui doit l'approuver avant qu'il soit revêtu d'un caractère légal. *Circ.* 1498.

34. Ceux qui doivent être confectionnés au moment où la contravention est découverte, sont adressés au Directeur aussitôt après leur notification. *Circ.* 1419.

35. Lorsque le procès-verbal emporte confiscation des objets en contravention, comme dans le cas de faux timbre, ou de papiers timbrés vendus sans titre, sa nullité pour vice de forme ne dispense pas de prononcer la confiscation. *Décr. du* 1.er *germ.* 13. *Arr. de cass. du* 2 *oct.* 1818.

36. Pour poursuivre le paiement d'une amende encourue par un Officier public, il n'est pas nécessaire de faire viser, approuver ou affirmer le procès-verbal qui constate les contraventions qui ont donné lieu à l'amende. La contrainte seule est sujète aux formalités voulues. *Arr. de cass. du* 9 *juin* 1813. (*Art.* 4673, *j.*) V. *affirm.*, n. 11 *et suiv.*

37. Quand le procès-verbal régulier d'un Garde est affirmé, il fait foi jusqu'à inscription de faux. *Arr. de cass. des 8 juillet* 1808, 21 *avril* 1809, 8 *fév.* 1810, *et* 20 *sept.* 1811. V. *inscription de faux.*

38. Les procès-verbaux des Employés et des Gardes forestiers, réguliers d'ailleurs, ne sont pas nuls quand bien même ils ne seraient pas signés de l'officier municipal qui a dû les assister dans leur opération. *Arr. de cass. du* 5 *mars* 1807. (*Art.* 5581, *j.*) (*M. Sirey, année* 1816.)

39. Le procès-verbal qui constate les injures, menaces et voie de fait contre les Employés, lorsqu'ils sont en fonctions et qui en empêchent le libre exercice, fait foi jusqu'à inscription de faux. Mais l'action serait exercée personnellement par l'Employé, si les injures étaient étrangères à ses fonctions qui n'auraient été ni troublées, ni empêchées. *Arr. de cass. du* 12 *janv.* 1819.

40. Pour les procès-verbaux constatant le défaut de timbre des journaux, affiches et impressions. V. *Circ.* 1105, 1124, et *Instr.* 326.

41. Un procès-verbal n'est pas nécessaire pour constater les contraventions au répertoire, une contrainte suffit; tout Préposé peut la décerner; il n'y a pas de délai fixe pour la signifier. *Arr. de cass. du* 2 *août* 1818.

42. Les procès-verbaux, les contraintes et significations dont ils sont suivis, peuvent valablement être sur papier timbré à l'extraordinaire. *Arr. de cass. du* 15 *juillet* 1816.

43. Si le procès-verbal est irrégulier, on peut faire un désistement. V. *instances*, n.° 39. — Au surplus, V. *affirmation.*

44. PROCÈS-VERBAL *de vérification de régie.* Les erreurs de calcul au préjudice du Trésor, quelle que soit leur qualité, ne donnent lieu à des intérêts, à partir de l'époque où le versement aurait dû être effectué, qu'autant que le Ministre l'aura ainsi prononcé par une décision spéciale pour chaque régie vérifiée, en rangeant ces erreurs dans la classe des omissions de recette. — Les erreurs au préjudice des comptables, seront imputées à leur date, d'abord sur les intérêts, ensuite sur le capital des omissions et des erreurs qui auront été considérées comme omissions. — En conséquence lors de la rédaction d'un procès-verbal de vérification de régie, les Employés supérieurs se borneront à établir, à la fin du procès-verbal, un résultat *provisoire*, portant balance, en principal, des sommes dues par le comptable, et de celles susceptibles d'être admises à sa décharge. La contrainte qui sera signifiée à la suite du procès-verbal aura pour objet ce *résultat provisoire en principal*, *sans préjudice des intérêts.* — Si des paiemens sont effectués avant que le Ministre ait prononcé, on énoncera dans la quittance qu'ils sont reçus, à valoir d'abord sur les intérêts qui pourront être dûs et liquidés. — Les Employés supérieurs joindront à leurs procès-verbaux, rédigés *par nature de perception*, un relevé par *ordre chronologique* de toutes les erreurs ou omissions constatées. — Pour le calcul des intérêts, leur imputation sur les erreurs et omissions, et la forme de ce dernier état. V. *Instr.* 839. — Au surplus, V. *débet*, *erreur* et *intérêt.*

45. Le procès-verbal doit établir une série de numéros pour les articles qu'il énonce, et le tableau chronologique doit contenir à gauche deux colonnes présentant, l'une une suite de numéros pour tous les articles, en nombre égal à ceux du procès-verbal ; l'autre l'indication de numéro sous lequel l'article se trouve au procès-verbal. — Avant d'adresser à l'Administration copie d'un procès-verbal de l'espèce, ainsi que le tableau ci-dessus, il faut faire demander au reliquataire ses observations ; et le Directeur, par sa lettre d'envoi, doit les transmettre et donner les siennes. *Lettre de M. l'Administrateur de la* 1re *division du* 18 *avril* 1820.

46. Si le résultat du procès-verbal ne présente aucune répétition à former contre le comptable, ce procès-verbal est exempt du timbre et de l'enregistrement comme acte d'administ.ⁿ intérieure. — Si la restitution, au profit du Trésor, n'excède pas dix fr., il est exempt du timbre ; dans tous les autres cas, il doit être timbré et enregistré. Les droits sont à la charge du Préposé redevable ou en avance. *Sol. du* 26 *août* 1813. *Lettre de M. le Directeur génér. du* 4 *janvier* 1814.

47. Toutes les avances ou créances des comptables, qu'elle qu'en soit l'origine, doivent, par le seul fait de leur antériorité au 1er janv. 1816, être remboursées en valeur de l'arriéré. *Déc. min. fin. du* 11 *septemb.* 1817. (*Art.* 5921, *j.*)

48. Il y a lieu de déduire, du montant des avances reconnues, les sommes allouées aux comptables, pour remises sur ces mêmes avances. *Déc. min. just. du* 26 *fév.* 1819.

49. Les prévarications sont constatées par un seul procès-verbal, qui n'est clos que lorsque l'on a terminé l'examen, sur toutes les parties de la gestion du comptable. *Art.* 138 et 157 *des ordr. génér.*

PROCURATION. Les procurations ou pouvoirs pour agir, ne contenant aucune disposition donnant lieu au droit proportionnel, sont passibles du droit fixe de 2 f. *Art.* 43 *de la loi d'avril* 1816.

1. Si le constituant s'oblige de payer au mandataire une somme déterminée pour ses honoraires, V. *obligation* ; — si la somme est indéterminée, V. *promesse.*

2. La procuration qui contient don et remise au profit du mand.^{re}, du cinquième d'une somme qu'il est chargé de recouvrer, ne doit sur ce cinquième que le droit de 1 p. 100 comme marché. *Déc. min. fin. du* 20 *janv.* 1818. (*Art.* 5972, *j.*).

3. Les procurations collectives que les créanciers de l'arriéré donnent à un agent à Paris, à l'effet de toucher le montant de leurs créances sur le Trésor, sont soumises à autant de droits qu'il y a de créanciers., *déc. min. fin.*, transmise par le Ministre de la guerre aux commissaires ordonn.^{rs}, *le* 12 *sept.* 1817. (*Art.* 5865, j.)

4. La procuration donne lieu à autant de droits fixes qu'elle dénomme de mandataires qui doivent gir privativement. Si, dans celle enregistrée, on a laissé le nom du mandataire en blanc, et qu'ensuite on remplisse ce blanc de noms de plusieurs personnes dont les diligences devront être faites particulièrement, nul doute qu'il ne s'en suive l'exigiblité de plusieurs droits, et ainsi un supplément à réclamer, comme la Direction gé-

nérale l'a reconnu, le 23 oct. 1817, en même-tems qu'elle a pensé que le délai pour faire la réclamation courait du jour du 1er enregistrement.

5. Cette circonstance avertit du besoin de s'assurer si les procurations qu'on a occasion de voir n'auraient pas été originairement données en blanc, et si la manière dont on les a remplies, concorde avec la perception qu'elles ont supportée. (*Mémoire d'ordres de la direction d'Orléans*).

5. Si un débiteur donne pouvoir de souscrire une obligation à son créancier, qu'il dénomme, le droit proportionnel est exigible. *Sol. de l'Admin. du....* (*Manuel de l'enregistrement*, page 93.)

7. La remise par un coacquéreur à son coassocié, dans l'acquisition de la portion du prix dont il est tenu, à la charge, par cet associé, de demeurer seul chargé, envers le vendeur, du prix total, ne doit être considérée que comme un simple pouvoir ou commandement, donné par l'un des sociétaires à son coacquéreur, de rendre au vendeur commun, la somme qui, à cet effet, lui est confiées. *Sol. du* 17 *vent.* 11. *Idem.*

8. La procuration donnée à l'effet de déclarer command après le délai équivaut à la déclar. même ; elle est passible du droit de vente. *Sol. du* 21 *déc.* 1814. (*Art.* 4977, *j.*)

9. Quant aux pouvoirs ou constitusions d'Avoués, pour agir au Tribunal de commerce, contenus dans les actes d'Huissiers, V. *exploit*, n.° 18, et *jugement*, n.os 123 et suiv.

10. Les procurations des contractans doivent être annexées aux actes qui les rappelle. V. *annexe.*

11. Les procurations des sous-officiers et soldats en retraite ou réforme, à l'effet de toucher pour eux, à la caisse du Payeur, les arrérages qui leur sont dus pour leur pension, sont exempts de timbre et de toute espèce de droits. *Décr. du* 21 *déc.* 1808.

12. Celles qui seraient données par des militaires d'un grade supérieur à celui de sous-officier, ne peuvent jouir de cette exemption ; il en serait de même, si la procuration donnée par des sous-officiers et soldats était à l'effet de régler en même tems d'autres intérêts. *Instr.* 419.

PROCUREUR *du Roi*, V. *instances*, n. 45.

PRODUCTION *de titres* (les actes de) par les Avoués en matière d'ordre, doivent 1 fr. fixe. *Art.* 66 *de la loi de frim.* 7.

La relation dans le procès-verbal du Juge-Commissaire, des productions des Avoués, pour être colloquée, n'autorise pas la perception d'un droit particulier. *Instr.* 620. V. *ordre.*

PROMESSE, engagement de donner ou de faire quelque chose.

1. Les promesses de fidélité à la Charte sont exemptes d'enregistrement. V. *serment.*

2. Celles d'indemnités indéterminées et non susceptibles d'estimation, opèrent le droit fixe de 2 fr. *Art.* 43 *de la loi d'avril* 1816.

3. Quant à celles de payer, V. *compte* et *obligation.*

4. La promesse de vente vaut vente, lorsqu'il y a consentement réciproque des deux parties, sur la chose et sur le prix. *Art.* 1589 *du C. C.*

5. La promesse faite avec arrhes n'opère pas mutation, si elle ne se réalise pas. *Sol. du* 2 *sept.* 1814. (*Art.* 4498, *j.*) V. *arrhes*, et *bureaux*, n°. 3.

Ne sont pas susceptible du droit de vente, les promesses sous seing-privé, portant que celle des parties qui refusera de passer acte public dans un délai convenu, paiera à l'autre, à titre de dommage et intérêts, une somme déterminée. Il en est de même pour celle faite par un débit.r à son créancier, de lui vendre un immeuble désigné, dans le cas où il ne se libérerait pas envers lui aux époques convenues. *Sol. des* 20 *et* 27 *mess.* 13. (*Art.* 2260 *et* 2261, *j.*)

6. Le jugement qui envoie un individu en possession d'un immeuble, pour le remplir d'une somme qu'un autre lui devait, et pour le paiement de laquelle il lui avait consenti dans un acte authentique, la vente de cet objet immobilier, faute de paiement de la somme au terme fixé, opère mutation, encore que les experts n'aient pas procédé à l'estimation de l'immeuble comme ils le devaient aux termes de l'acte. *Arr. de cass. des* 14 *avril* 1807 *et* 22 *déc.* 1813. (*Art.* 4764, *j.*))

7. La clause dans un acte, par laquelle un père s'oblige d'abandonner à son fils, dans 4 ans, à dater du jour du contrat, des immeubles en paiement d'une somme de 2,000 fr. qu'il a reconnu lui devoir, vaut vente, et l'Administration n'est pas obligée d'attendre les événemens pour faire payer le droit de 5 1/2 p. 100 sur 2,000 fr. *Sol. du* 26 *août* 1813. (*Art.* 4606. *j.*)

8. La promesse de consentir une rétrocession de biens sous la condition de payer des créanciers inscrits, n'est pas une condition suspensive, mais résolutoire ; le droit proportionnel est dû et non restituable. *Arr. de cass. du* 28 *août* 1815. (*Art.* 5295, *j.*)

9. On ne peut percevoir le droit proportionnel de vente sur la promesse que fait un frère à sa sœur, de lui vendre un bien dont il n'est pas encore adjudicataire définitif, avec clause qu'ils conviendraient ultérieurement du prix, et à condition que la sœur acquitterait les dettes dont le bien était grévé. *Déc. min. fin. du* 7 *juillet* 1820. (*Art.* 6944, *j.*) V. *obligation*, n.° 21.

10. La promesse de garder succession ne peut être considérée comme opérant mutation. *Arr. de cass. du* 27 *mars* 1816.

11. La promesse de bail n'est considérée, nulle part, dans la loi, comme valant bail ; en sorte qu'on ne peut exiger le droit de location, lorsqu'elle est comprise dans un acte dont le fond n'est pas cette convention ; aucune perception ne doit être faite pour la promesse. *Sol. du* 15 *mai* 1819. (*Art.* 6392, *j.*)

PROMULGATION *des lois.* V. *publication.*

PROPRIÉTÉ (*manière d'établir les preuves de la*). Pour la demande du droit d'enregistrement d'une transmission. V. *mutation.*

PROPRES *de communauté.* Biens qui appartiennent à des époux, et qui n'entrent point dans leur communauté.

1. Pour connaître de quoi se compose la *communauté légale*, V. *communauté.*

2. Les donations d'immeubles qui ne sont faites, pendant le mariage, qu'à l'un des deux époux, ne tombent point dans leur communauté, et appartiennent au donataire seul, à moins que la donation ne contienne

expressément que la chose donnée appartient à la communauté. *Art.* 1405 *du C. C.*

3. L'immeuble abandonné ou cédé par père, mère ou autre ascendant, à l'un des deux époux, soit pour le remplir de ce qu'il lui doit, soit à la charge de payer les dettes du donateur à des étrangers, n'entre point en communauté, sauf récompense ou indemnité. *Art.* 1406.

4. L'immeuble acquis pendant le mariage, à titre d'échange contre l'immeuble appartenant à l'un des époux, n'entre point en communauté, et est subrogé aux lieux et place de celui qui a été aliéné, sauf la récompense, s'il y a soulte. *Art.* 1407 *du C. C.*

5. L'acquisition faite pendant le mariage à titre de licitation ou autrement, de portion d'un immeuble dont l'un des époux était propriétaire par indivis, ne forme point un conquet, sauf à indemniser la communauté de la somme qu'elle a fournie pour cette acquisition. *Art.* 1408.

6. Dans le cas où le mari deviendrait, seul et en son nom personnel, acquéreur ou adjudicataire de portion ou de la totalité d'un immeuble appartenant par indivis à la femme, celle-ci, lors de la dissolution de la communauté, a le choix ou d'abandonner l'effet à la communauté, laquelle devient débitrice envers la femme de la portion appartenant à celle-ci dans le prix, ou de retirer l'immeuble, en remboursant à la communauté le prix de l'acquisition. *Art.* 1408 *du C. C.*

7. Tout immeuble est réputé acquêt de communauté, s'il n'est prouvé que l'un des époux en avait la propriété ou possession légale antérieurement au mariage, ou qu'il lui est échu depuis, à titre de succession ou donation. *Art.* 1402 *du C. C.*

8. Les bénéfices qui échoient, pendant le mariage, d'une entreprise ou d'un traité antérieur au mariage, tombent en communauté. *Arrêt du Parlement de Paris, du* 9 *mars* 1781. (*Art.* 5393, *j.*)

9. Lorsque, dans un contrat de mariage *passé avant le Code civil*, une donation d'immeubles a été faite *aux deux conjoints* par un ascendant de l'un d'eux, cette donation est réputée faite à l'époux descendant seul, et l'immeuble lui est propre; l'autre époux ne peut rien y prétendre. *Cour de Bruxelles, du* 9 *juin* 1810. (*Art.* 3979, *j.*)

10. Mais si une semblable donation a été faite *depuis la publication du Code civil*, l'immeuble donné est propre à chacun d'eux pour moitié, et n'entre point en communauté. *Art.* 849 *et* 1405 *du C. C.*

11. Suivant les anciennes coutumes, notamment celle de Paris, les biens retrayés lignagèrement, étaient réputés propres à l'époux retrayant; d'où il suit qu'il a droit de les reprendre, sauf récompense à la communauté des sommes qu'il en avait tirées pour exercer le retrait; lorsque le contrat de mariage a fixé la mise en communauté de la part de chacun des époux, et que le surplus des biens a été stipulé propre, il s'en suit que les revenus personnels des époux, *échus au jour du mariage*, quoique tombés dans la communauté, n'en faisaient pas partie, et qu'ils ont droit respectivement d'en faire la reprise. Quoiqu'un usufruit soit par lui-même un objet immobilier, et qu'il forme une propriété personnelle à l'époux auquel il est échu, il n'en est pas moins certain que les *revenus* qui en dérivent tombent dans la communauté, et que dès lors l'époux qui a l'usufruit n'a aucune reprise à exercer à ce sujet. *Cour de Paris du* 20 *févr.* 1815. (*Art.* 5612, *j.*)

12. Le transport fait par la masse des héritiers d'un immeuble indivis dépendant de la succession, à l'un des cohéritiers, dans l'acte de partage, doit être considéré comme licitation, et l'objet acquis comme propre à l'époux acquéreur, sauf récompense à la communauté. *Décr. du* 2 *févr.* 1812. (*Art.* 4148, *j.*)

13. Un immeuble qu'une femme possédait par indivis, comme héritière sous bénéfice d'inventaire de sa mère, et qui par conséquent *était propre de succession*, devient *un conquêt de communauté*, si la femme s'en rend adjudicataire en justice, sur la poursuite de *saisie immobilière* d'un créancier de la succession, parce qu'elle ne possède plus comme héritière de sa mère, mais comme adjudicataire en justice, non sur une demande en licitation formée par ses cohéritiers, mais sur une poursuite de saisie immobilière qui l'avait elle-même dépossédée. *Cour de Paris, du* 2 *juin* 1817. (*Art.* 5983, *j.*)

PROROGATION *de délai* pour le paiement d'une créance établie par acte en forme. — Cette disposition donne lieu au droit fixe de 1 franc. *Art.* 68 *de la loi de frimaire* 7.

Il n'est dû que le droit fixe sur l'acte qui accorde une prorogation de délai, pour l'acquit d'une obligation résultant d'un jugement portant condamnation au paiement d'une lettre-de-change, quoique par l'acte on convertisse en hypothèque spéciale celle générale résultant du jugement. *Sol. de l'Administration.* (*Art.* 5642, *j.*)

On peut, sans contravention, écrire une prorogation de délai à la suite du billet auquel elle s'applique. *Sol. du* 6 *oct.* 1815. (*Art.* 5248, *j.*) — V. *attermoiement*, n° 6, et *novation*.

PROSPECTUS, annonces et catalogues de librairie. Ceux d'objets relatifs aux sciences et aux arts sont exempts du timbre. *Lois des* 25 *mars* 1817 *et* 15 *mai* 1818. *Instr.* 768 *et* 834.

Le défaut de timbre d'un catalogue imprimé annonçant la vente d'une collection de tableaux, dessins, et indiquant les divers libraires étrangers chez lesquels se trouve ce catalogue, est passible de l'amende de 25 fr., et non de 500 fr., comme paraissant contenir des avis et annonces. *Sol. du* 13 *juin* 1817.

Le prospectus des colléges, pour annoncer le prix de la pension et le mode d'enseignement, n'est pas sujet au timbre. *Sol. du* 10 *oct.* 1817. — V. *affiches*.

PROTESTATION. V. *exploit*.

PROTÊT. Sommation de payer ou d'accepter un effet de commerce.

1. Les protêts n'étant pas désignés nommément dans les lois de frim. 7 et d'avril 1816, il s'en suit qu'étant faits par huissiers, ils sont rangés dans la classe des exploits et soumis au droit fixe de 2 francs, et que, faits par notaire, ils ne sont assujétis qu'à celui d'un franc. *Sol. de l'Administration.* (*Manuel de l'enregistrem.t*, page 82).

2. L'effet protesté peut n'être présenté à l'enregistrement qu'avec le protêt. *Art.* 69 *de la loi de frim.* 7. — V. *billet*, n.os 17 et suiv., et *lettre-de-change*.

3. Il est défendu aux Receveurs, sous peine de 50 fr. d'amende, d'admettre à la formalité de l'enregistrement des protêts d'effets négociables, sans se faire représenter ces effets en bonne forme. *Art.* 25 *et* 26 *de la loi du* 13 *brumaire* 7.

4. Les huissiers peuvent, sans contravention au timbre, rédiger à la suite du protêt les dénonciations à l'endosseur. *Sol. du* 22 *oct.* 1807.

5. Les Notaires et Huissiers, outre le répertoire particulier qu'ils sont obligés de tenir en vertu de l'art. 176 du Code de commerce, sont astreints de porter ces actes sur leur répertoire destiné aux actes de leur ministère. *Instruct.* 420.

6. Les protêts des obligations des Receveurs généraux et Directeurs des droits-réunis, sont sujets à la formalité. *Instr.* 290.

PROVISION (Jugement de). V. *jugement*, n° 90.

PRUDHOMMES. V. *bureaux*, page 94, n° 5, et *conseil des Prud'hommes*, page 121, n° 9.

PUBLICATION *des lois*. Depuis la Charte, le Roi sanctionne et promulgue les lois. La date de la promulgation est celle que le Roi fixe. *Arr. de cass. du* 9 *juin* 1818. (*Art.* 6084, *j.*) — *Autre arr. de cass. du* 2 *juillet* 1818.

Les lois et ordonnances sont réputées connues et exécutoires à Paris, un jour après la réception du bulletin par le Chancelier; et dans les départemens, après le même délai augmenté d'un jour par 10 myriam.s (20 lieues), ou, dans les cas extraordinaires, du jour qu'elles sont parvenues au Préfet, qui en constatera la réception sur un registre. *Ordonn. du* 27 *nov.* 1816. (*Art.* 5601, *j.*)

QUALITÉS *en fait de procédure*. Leur signification entre Avoués est assujétie au droit de 50 cent. en première instance, et de 1 fr. en Cour d'appel. *Art.* 41 *et* 42 *de la loi d'avril* 1816. V. *exploit et instances*, n.° 56.

QUESTIONS. L'Administration est chargée de résoudre, avant l'introduction des instances, les questions qui s'élèvent sur la quotité des droits dont il s'agit dans ce Dictionnaire. V. *instance*, n.° 1.er

QUITTANCE, acte par lequel un créancier reconnaît avoir reçu le paiement intégral ou partiel d'une dette.

1. Les quittances et tous autres actes et écrits, portant libération de sommes et valeurs mobilières, sont sujets au droit de 50 cent. p. 100. *Art.* 69 *de la loi de frim.* 7.

2. Chaque quittance du prix des acquisitions faite par le domaine extraordinaire, est sujète au droit de 3 fr. fixe. *Déc. min. fin. du* 29 *sept.* 1812. (*Art.* 4469, *j.*)

3. Celles par les trésoriers des hospices du prix de vente d'immeubles révélés, vendus pour le compte des hospices, doivent le droit proportionnel. *Déc. min. fin. du* 9 *nov.* 1813. (*Art.* 4714, *j.*)

4. La quittance d'une somme payée en avancement d'hoirie, est une véritable donation. *Sol. du* 26 *mars* 1810. (*Art.* 5285, *j.*)

5. La quittance d'arrérages d'une rente, lorsque l'enregistrement du titre créatif n'est point relaté, autorise la perception du droit de 2 p. 100, sauf réduction à celui de 50 cent. p. 100, lorsqu'il est justifié que le titre se trouve enregistré. *Déc. min. fin. du* 22 *brum.* 8. (*Art.* 299, *j.*)

6. Celle donnée par un mandant à son mandataire, n'opère que le droit fixe de 2 fr., V. *décharge*, page 131, n.° 11.

7. Dans certaines circonstances la libération et l'arrêté du compte du mandataire, sont passibles du droit proportionnel. V. *compte*, page 119, n.os 9 et 10.

8. La quittance pour prix de locations ou ventes contenue dans les actes même de bail, vente ou *déclaration de command*, ne donne lieu à aucun droit particulier. V. *bail*, page 87, n.° 9; *command*, page 109, n.° 8 et *ventes d'immeubles*, n.° 57. — Quant aux quittances d'à-compte mises sur les billets, V. *billet*, page 92, n.° 3.

9. La *main-levée* de l'inscription hypothécaire donnée dans l'acte même de *quittance*, n'opère pas de droit particulier, encore que le droit de quittance soit inférieur à 2 fr. *Instr.* 390, *nomb.* 8.

10. Le droit pour les quittances de remboursement de rentes et obligations dans lesquelles il n'est pas fait *réserve des intérêts*, n'est dû que sur les sommes qui y sont exprimées. Mais à l'égard des quittances annonçant *que tous les intérêts échus ont été payés*, le droit est exigible sur le nombre d'années d'arrérages ou d'intérêts révolus, d'après la date du titre si elle ne remonte pas à 5 ans, ou sur 5 années si la date du titre est plus ancienne, à moins que le paiement de ces intérêts ne résulte d'actes en forme qui seraient mentionnés. *Instr.* 390, *nomb.* 11.

11. Lorsqu'une quittance porte que le créancier décharge le débiteur de toutes choses quelconques, relatives au capital remboursé, il y a lieu de percevoir le droit sur le capital remboursé et les intérêts des 5 dernières années. *Sol. du* 21 *oct.* 1818. (*Art.* 6201, *j.*)

12. Il n'est dû que le droit de 50 c. p. 100 sur l'acte par lequel le survivant des père et mère, qui a été *tuteur* de ses enfans, leur paie la valeur des meubles du décédé, qu'il ne peut représenter en nature. *Instr.* 548.

13. L'acte par lequel un émigré rentré, dont on a vendu le bien, ratifie la vente faite par l'autorité administrative et reçoit une somme de l'acquéreur, doit être enregistré comme quittance. *Décision. min. fin. du* 24 *nov.* 1814.

14. Le droit d'enregistrement pour les actes par lesquels des légitimaires acceptent leur légitime en numéraire, transigent ou donnent quittance, en renonçant à leur droit d'être payés en biens héréditaires, doit seulement être liquidé à raison de 50 c. p. 100, attendu que les dispositions de l'art. 16 de la loi du 18 pluv. an 5, sont purement facultatives. *Circ.* 1709.

15 Lorsque, par un contrat postérieur à la vente, l'acquéreur paie en l'absence du vendeur, le prix de son acquisition au créancier de celui-ci, qui l'a subrogé dans tous ses droits, la perception ne doit être faite que comme quittance. *Sol. du* 17 *déc.* 1817. (*Art.* 5935, *j.*)

16. On ne serait pas fondé à percevoir un second droit proportionnel, pour la double libération résultant d'un paiement fait par un acquéreur aux créanciers de son vendeur, en présence de ce dernier et de son consentement, même lorsque la délégation n'a pas été acceptée par les créanciers, quand l'acte de vente porte, que *le montant des délégations sera payé aux créanciers en la présence du vendeur, ou en celle de son fondé de pouvoirs*, conformément au réglement qu'il aura fait avec chaque créancier. *Trib. de Lyon du* 19 *nov.* 1816. *Déc. min. fin. du* 11 *août* 1817. (*Art.* 5854, *j.*) V. *délégation*, page 140, n°. 7.

17. Quant à la garantie contenue dans une quittance, V. *cautionnement*, page 101, n.° 25.

18. La quittance définitive *du quart de la valeur des domaines engagés*, délivrée par le Receveur des Domaines, opérant la libération de l'engagiste, et consommant en sa faveur la *mutation de propriété*, il convient de faire courir le délai pour l'enregistrement et le paiement du droit proportionnel de 2 p. 100, du jour de cette quittance. — Le Receveur des domaines qui l'a délivrée, en donne avis au Receveur de l'Enregistrement du bureau de la situation des biens, et celui-ci prévient l'engagiste qu'il ait à soumettre sa dernière quittance à la formalité, dans les trois mois de sa date, et s'il n'obtempère pas à cet avertissement, le paiement du droit et double droit sera poursuivi par les voies ordinaires, conformément à l'article 38 de la loi du 22 frim. 7. — Les arrêts définitifs qui ont pour objet de déclarer les engagistes et échangistes, propriétaires incommutables, et qui, aux termes de la circul. n.° 1672, devaient acquitter le droit proportionnel de 2 p. 100, ne seront sujets, au moyen de la mesure qui précède, qu'au droit fixe de 1 fr. *Instruction* 290, *nomb.* 62.

19. Les quittances des frais ordinaires de poursuites, qui, aux termes de l'art. 715 du C. de P. C., doivent être annexées aux jugemens d'adjudication sur saisie immobilière, sont passibles du droit avant qu'elles puissent être annexées. *Instr.* 436, *nomb.* 54.

20. Mais on ne peut contraindre le tiers-saisi à faire enregistrer les quittances qui lui ont été délivrées, et qu'il ne produit que pour appuyer la déclaration que la loi exige de lui. Cependant il y aurait lieu à la formalité et au paiement du droit, si, en cas de contestation entre le créancier et le tiers-saisi, le premier excipait des quittances, pour repousser l'action du saisi. *Instr.* 436, *nomb.* 45.

La remise d'une dette en opère la libération. V. *acceptilation*, page 50.

21. Lorsqu'une obligation est acquittée par un tiers qui n'est pas formellement subrogé aux droits du créancier, il y a lieu de restreindre la perception au droit de 50 c. p. 100, encore bien qu'il déclare payer de ses deniers. *Déc. min. fin. du* 2 *fév.* 1821. (*Art.* 158 *du Contrôleur de l'enregistrement.*) V. *subrogation.*

22. Sont *dispensées* de l'enregistrement, les quittances des fournisseurs, ouvriers, maîtres de pensions, et autres de même nature, produites comme pièces justificatives d'un compte. *Art.* 537 *du C. de P. C.* — Cette exception, en faveur des comptes judiciaires, s'applique à ceux rendus à l'amiable, ou devant Notaires. *Instr.* 436, *nombre* 42.

23. Mais si la libération est pour toute autre cause, comme dans le cas où elle est relative à ce que le tuteur a payé au mineur, le droit est perceptible. *Sol. du* 6 *sept.* 1808.

24. Sont également dispensées de l'enregistrement, celles des intérêts résultant d'inscription sur le grand-livre ; les quittances ou acquits des inscriptions, mandats ou ordonnances de paiement sur les caisses publiques ; les quittances de contributions, droits, créances et revenus payés à l'Etat ; celles pour charges locales ; celles des Fonctionnaires et Employés salariés par l'Etat, pour leurs traitemens et émolumens ; les quittances relatives aux décharge ou réduction, remise ou modération d'imposition ; celles pour prêt et fourniture, tant pour le service de terre que pour le service de mer ; enfin, les quittances ou acquits de lettres de change, billets à ordre ou autre effets négociables. *Art.* 70 *de la loi de frim.* 7.

25. Timbre. Toutes les quittances, sauf les exceptions ci-après, sont sujètes au timbre de dimension. *Art.* 16 *de la loi du* 13 *brum.* 7. — L'amende pour défaut de timbre est solidaire entre les créanciers et les débiteurs. V. *instances*, *page* 197, n.° 90.

26. Les frais du timbre des quittances sont à la charge de ceux qu'elles libèrent. *Arr. de cass. du* 28 *août* 1809. *Instr.* 403, *art.* 1248 *du C. C.*

27. Le timbre des quittances fournies à l'Etat ou délivrées en son nom, est à la charge des particuliers qui les donnent ou les reçoivent. *Art.* 29 *de la loi de brum.* 7.

28. Celles délivrées aux voituriers en contravention à la police du roulage, sont passibles de cette formalité. *Instr.* 345.

29. Il en est de même, — 1.° De celles relatives aux adjudications de travaux qui se paient sur les centimes additionnels, lorsqu'elles sont supérieures à 10 fr. *Déc. min. fin.*, *transmise par le min. de l'intérieur*, *le* 7 *avril* 1818. — 2.° Des quittances sur des mandats de sommes dues aux lycées pour les bourses communales. *Décis. min. fin. du* 31 *mars* 1812. (*Art.* 4685, *j.*) — 3.° Et de celles relatives au paiement des salaires des Huissiers, en matière criminelle, attendu que ces officiers ne sont ni fonctionnaires, ni salariés par l'Etat. *Sol. du* 22 *germ.* 10.

30. Dans le cas d'un mandat de plus de 10 fr., délivré à une personne étrangère à un établissement public, la quittance ou l'acquit ne pourrait être placé sur ce mandat qu'autant qu'il serait en papier timbré. *Instr.* 454.

31. Les quittances de traitement des professeurs de colléges et écoles secondaires, des instituteurs, des bibliothécaires, et de toutes les personnes attachées aux établissemens publics avec un traitement annuel, qui n'est pas payé par le Trésor public, sont passibles du timbre lorsque les traitemens excéderont 300 fr. par année. *Idem.*

32. Sont également sujètes au timbre toutes les quittances de sommes au-dessus de 10 fr., pour paiement

fait par les communes aux hospices, aux lycées, à raison des bourses; pour abonnement à des journaux; pour les ports de lettres; du dixième du produit des droits de jaugeage et pesage affecté au bureau de vérification des poids et mesures; et du dixième ou vingtième des revenus fonciers dont le produit est destiné aux acquisitions, constructions, et réparations des églises, presbytères et séminaires. *Instr.* 454.

33. Il en était de même des quittances de dot, qui étaient accordées par le Souverain à des filles vertueuses, ou à celles mariées à des militaires. *Idem.*

34. Les quittances du prix du papier timbré destiné à la formation du registre de l'État civil, lorsqu'elles excèdent 10 fr., sont passibles du timbre. *Idem.*

35. Pour les quittances données par les Préposés des postes, V. *reconnaissances*, n.° 10. — Quant aux quittances des rétributions des commissaires de police, V. *ci-après*, n.° 39.

36. *Sont exemptes du droit de timbre :* les quittances de traitement et émolumens des fonctionnaires et employés salariés par le Gouvernement; les quittances ou récépissés délivrés aux Percepteurs et Receveurs de deniers publics; celles que les Percepteurs des contributions directes peuvent délivrer aux contribuables; celles des contributions indirectes qui s'expédient sur les actes, et celles de toutes autres contributions qui se délivrent sur feuilles particulières, et qui n'excèdent pas 10 fr.; les quittances des secours payés aux indigens, et indemnité pour incendies, inondation, épizooties et autres cas fortuits; et toutes autres quittances, même celles entre particuliers, pour créances et sommes non excédant 10 f., quand il ne s'agit pas d'un à-compte ou d'une quittance finale sur une plus forte somme. *Art.* 16 *de la loi du* 13 *brum.* 7.

37. Même principe pour les quittances des gages, indemnités, pensions et secours des maîtres de postes, postillons, leurs veuves et enfans pensionnaires. *Instr.* 399.

38. Sont également dispensés du timbre, 1°. les rôles et quittances des contributions imposées sur les propriét.s qui se réunissent à l'effet de pourvoir à l'entretien des *digues. Instr.* 587; 2.° les quittances de secours accordés aux parens des militaires. *Circ.* 1566; 3°. celles de restitution de droit indûment perçu. *Instr.* 397.

39. Les quittances des traitemens des Secrétaires des communes, Gardes-champêtres et autres salariés dont les appointemens n'excèdent pas 300 fr., sont exemptes du timbre. Mais celles des rétributions des Commissaires de police y sont sujètes, à moins qu'ils ne les reçussent des deniers de l'État. *Instr.* 572.

40. Toutes quittances de *contributions directes* sont dispensées du timbre; celles de *contributions indirectes* excédant 10 fr., sont les seules qui y soient assujéties. *Circ.* 1566.

41. Il n'y a pas lieu au timbre pour les quittances des sommes payées par les communes, sur les produits des octrois, en remplacement de la contribution mobilière; de même que pour le dixième destiné au pain de soupe des troupes, et les 5 p. 100 affectés aux compagnies de réserve. *Instr.* 454.

42. *Principes divers.* Les anciens gardes-collecteurs des amendes forestières sont tenus d'acquitter solidairement avec les redevables les droits de timbre, sans amende, des quittances de sommes excédant 10 francs qu'ils leur ont délivrées, sur papier non timbré postérieurement à la loi de 1816, et non de celles délivrées antérieurement. *Déc. min. fin. du* 22 *oct.* 1819. (*Art.* 6565, j.).

43. Les quittances que les Receveurs des Domaines se sont délivrées à eux-mêmes comme acquéreurs de biens nationaux, ne peuvent pas être opposées par eux ou leurs héritiers, si les sommes énoncées dans ces quittances n'ont pas été portées en recette dans les registres du Receveur. *Décr. du* 6 *sept.* 1813. (*Art.* 4696, j.).

44. La quittance non signée du Notaire, ni des témoins et parties, n'est qu'un projet. *Instr.* 436.

45. Celle par forme de reconnaissance de dépôts, écrite de la main du comptable et signée de la lettre initiale de son nom, libère le débiteur quand l'Administration ne conteste ni les écrits ni les qualités du Receveur. *Cour de Paris du* 22 *nov.* 1809. — Il faut distinguer, dans les quittances de droits, le principal du décime. *Circ.* 1574. V. *relation.*

46. Le caissier peut payer au Préposé qui a droit de recevoir sur sa quittance, et sans qu'il soit besoin d'un acte notarié, le montant pour lequel l'Administration est colloquée, sur la caisse des consignations. *Déc. min. fin. du* 25 *juillet* 1811. (*Art.* 4173, *j.*).

47. Pour connaître les quittances qui peuvent être mises à la suite d'autres actes V. *timbre* et *décharge*, n.os 7 et 8.

QUITUS délivré par les Directeurs aux Employés. V. *certificat*, n.° 10 et *cautionnement*, n.° 48.

QUOTITÉ *disponible*. Celle dont on peut disposer par acte entre-vifs, ou par testament.

1. Les libéralités, soit par actes entre-vifs, soit par testament, ne pourront excéder la moitié des biens du disposant, s'il ne laisse à son décès qu'un enfant légitime; le tiers, s'il laisse deux enfans; le quart, s'il en laisse trois ou un plus grand nombre. *Art.* 913 *du C. C.*

2. Les libéralités par actes entre-vifs, ou par testament, ne pourront excéder la moitié des biens, si, à défaut d'enfant, le défunt laisse un ou plusieurs ascendans dans chacune des lignes paternelle et maternelle; et les trois quarts, s'il ne laisse d'ascendans que dans une ligne. *Art.* 915.

3. A défaut d'ascendans ou de descendans, les libéralités par actes entre-vifs ou testamentaires pourront épuiser la totalité des biens. *Art.* 916.

4. Les dispositions soit entre-vifs, soit à cause de mort, qui excéderont la quotité disponible, seront réductibles à cette quotité lors de l'ouverture de la succession. *Art.* 920.

5. L'époux pourra, soit par contrat de mariage, soit pendant le mariage, pour le cas où il ne laisserait point d'enfans ni descendans, disposer en faveur de l'autre époux, en propriété, de tout ce dont il pourrait disposer en faveur d'un étranger, et, en outre, de l'usufruit de la totalité de la portion dont la loi prohibe la disposition au préjudice des héritiers. — Et pour le cas où l'époux donateur laisserait des enfans ou descendans, il pourra

donner à l'autre époux, ou un quart en propriété, et un autre quart en usufruit, ou la moitié de tous ses biens en usufruit seulement. *Art.* 1095.

6. L'homme ou la femme qui, ayant des enfans d'un autre lit, contractera un second ou subséquent mariage, ne pourra donner à son nouvel époux qu'une part d'enfant légitime le moins prenant, et sans que, dans aucun cas, ces donations puissent excéder le quart des biens. *Art.* 1098.

RABAIS. V. *actes*, n° 25, et *adjudication*, n° 16.

RACHAT *de rente*. V. *adjudication*, n° 4, et *remboursement*.

RACHAT (*Faculté de*). V. *faculté*, *retrait*, *vente* et *succession*.

RADIATION *d'inscription*. La radiatiation d'inscription consentie par acte notarié, par exploit, ou prononcée par arrêté du Préfet, est soumise au droit fixe de 2 f. *Art.* 43, §. 7 *de la loi d'avril* 1816.

Si la radiation est prononcée par jugement, V. *jugement*.

Les radiations ordonnées dans les procès-verbaux d'ordre, sont exemptes du droit. *Instr.* 370.

Les minutes des délibérations des Préfets, portant autorisation de radier des inscriptions prises sur des biens considérés par erreur comme grévés d'hypothèques envers l'Etat, sont enregistrables gratis. *Instr.* 176. — V. *radiation*, AUX HYPOTHÈQUES.

RAPPORTS *faits par les capitaines de navires*.

Les grands rapports, ayant pour objet un voyage de *long cours* ou un cabotage, pendant lequel il est arrivé *quelque chose d'extraordinaire et des avaries considérables*, sont sujets à l'enregistrement. Les petits rapports, ainsi qualifiés lorsqu'ils mentionnent seulement le jour du départ, le nom, le port, le chargement du navire, la route et le jour d'arrivée, sont exempts de la formalité. — Quant aux capitaines de navires naufragés, les Receveurs sont autorisés à viser pour timbre en débet, les papiers destinés tant aux rapports que doivent faire ces Officiers, qu'au dépôt de ces actes au greffe du Tribunal de commerce. Lorsque le capitaine déclare dans l'acte que son état de dénuement ne lui permet de faire aucune avance, le recouvrement est subordonné à l'amélioration de son sort; mais le Greffier ou Secrétaire qui aura reçu le rapport, n'en délivrera expédition aux intéressés qu'après justification préalable du paiement des droits. *Instruct.* 402.

Ces principes sont applicables à ceux des capitaines de navires capturés. *Déc. min. fin. du* 4 *juillet* 1809.

Les grands rapports sont sujets au droit fixe de 3 fr. *Sol. du* 7 *avril* 1819. (*Art.* 6398, *j.*)

RATIFICATION. Confirmation par une personne d'un acte qu'elle a fait, ou de celui qui a été fait en son nom par un autre.

1. Les ratifications pures et simples d'actes en forme, opèrent le droit fixe de 1 fr. *Art.* 68 *de la loi de frim.* 7.

2. La ratification d'un acte de vente authentique enregistré, contenant quittance du prix de cette vente, n'est passible que du droit de 50 c. p. 100, fût-il inférieur à celui de la ratification, parce que la quittance est la disposition principale de laquelle l'autre dérive. *Solut. du* 2 *sept.* 1813.

3. Lorsqu'on ratifie plusieurs contrats par un même acte, il n'est dû qu'un seul droit de ratification, si les ratifians ont un intérêt commun dans les contrats; mais il doit être perçu autant de droits qu'il se trouve de parties qui ont un intérêt différent. *Sol. du* 29 *août* 1814.

4. La ratification par acte séparé, consentie par une femme, de la vente faite par son mari, d'un immeuble propre à celui-ci, ou dépendant de la communauté, opère le droit fixe de 1 fr. *Déc. min. fin. du* 19 *avril* 1814. (*Art.* 4799, *j.*) V. *actes*, n° 139 *et timbre*.

RATURE. V. *notaire*, n° 16.

RÉBELLION. V. *employé*, n° 1er.

RÉCÉPISSÉ. Reconnaissance de la remise de pièces ou de fonds versés dans une caisse publique.

1. Le récépissé de pièces par acte notarié ou sous seing-privé, doit 1 fr. fixe. *Art.* 68, §. 1er *de la loi de frim.* — Par acte au greffe, V. *actes judiciaires*, n° 43.

2. Les récépissés délivrés aux Percepteurs des contributions, aux Receveurs des deniers publics et des contributions locales, sont exempts de l'enregistrement. *Art.* 70 *de la loi de frim.* 7.

3. Ceux des sommes versées à la caisse du Mont-de-piété, sont, lorsqu'on les soumet à la formalité, passibles du droit proportionnel de 1 p. 100, même quand ces récépissés sont délivrés à des hospices qui doivent y verser des fonds. *Déc. min. fin. du* 5 *nov.* 1811. (*Art.* 4207, *j.*)

4. Il en est de même des récépissés délivrés par les Receveurs généraux ou particuliers aux Préposés spéciaux des communes. *Déc. min. fin. du* 28 *août* 1809. (*Art.* 3330, *j.*)

5. Un huissier ne peut, sans encourir l'amende, signifier la copie d'un récépissé délivré par un Receveur particulier, en sa qualité de préposé de la caisse des dépôts et consignations, avant que ce récépissé ait été enregistré. *Arr. d'admission en cass. du* 6 *juin* 1820. (*Art.* 6943, *j.*) — V. *délai et dépôt*.

6. Les récépissés des Avoués pour communication de pièces, ne sont assujétis à l'enregistrement que lorsqu'on veut en faire usage pour obliger un Avoué en retard à remettre les pièces communiquées. *Instruct.* 436, *nomb.* 14 *et* 18.

7. Ceux que les Receveurs de l'enregistrement délivrent aux Greffiers, des extraits de jugemens qu'ils doivent fournir en exécution de l'art. 37 de la loi du 22 frimaire 7, et qu'ils doivent inscrire sur leurs répertoires, suivant la loi d'avril 1816, sont exempts du timbre. *Art.* 38 *de cette dernière loi*.

8. RÉCÉPISSÉ *de versement*. — Le Receveur des finances qui fait la recette, doit délivrer, *au moment même du versement*, un récépissé à talon, conforme au modèle annexé au décret du 4 janv. 1808. — La partie versante présente *immédiatement* ce récépissé à talon, à la Préfecture ou à la Sous-Préfecture de l'arrondissement dans lequel le versement a eu lieu; et *dans les vingt-quatre heures*, pour tout délai, elle retire ce récépissé visé du Préfet ou du Sous-Préfet qui en a détaché et retenu le talon. — Tout comptable de deniers publics encourrait la peine de la destitution,

si, par suite d'arrangemens avec le Receveur des finances, ou par tout autre motif, il effectuait un versement sans se faire remettre un récépissé à talon. *Instr.* 954.

9. Tout récépissé du caissier central du trésor, qui n'est pas à talon, dans la forme prescrite, et visé par l'Inspecteur général chargé du contrôle des caisses, ne peut opérer la décharge des comptables, agens ou débiteurs publics envers le trésor. *Ordonn. du* 18 *nov.* 1817.

10. Le Sous-Préfet doit apposer son visa tous les jours depuis neuf heures du matin jusqu'à quatre heures du soir. *Circ.* 2032.

11. Pour les *récepissés* de versemens de revenus des biens de la Légion d'honneur, V. *l'instr.* 710.

12. Les récépissés de versemens de rescriptions du trésor, doivent énoncer les valeurs dont ils sont représentatifs. *Circ.* 2032.

Au surplus, V. *comptabilité*, page 118, n.° 61.

RÉCEPTION *de caution*. V. *acceptation*, n.° 10.

RÉCEPTION *de serment*. V. *serment*.

RECETTE. Elle doit être faite et comptée en même valeur que celle qu'on a reçue. *Art.* 80 *des ordres généraux.*

On ne peut disposer des fonds des recettes que pour versemens et acquits de mandats. *Circ.* 160.

Les Receveurs ne peuvent admettre de lettres de change en paiement de revenus domaniaux. *Circ.* 295.

Au surplus, V. *recouvrement.*

RECEVEUR. *Titulaire d'un bureau de recette.* — Il est nommé par M. le Directeur général, d'après l'avis de M. l'Administrateur de la division. *Instr.* 970.

Le Receveur peut être appelé au grade de Vérificateur ou de Premier Commis de direction après trois années d'exercice. *Instr.* 759.

1. Le Receveur en activité de service, doit continuer ses fonctions jusqu'à l'installation de son successeur, à peine d'être responsable envers l'Administration et les particuliers du préjudice occasionné par la cessation de ses fonctions. *Loi du* 9 *vent.* 7.

2. *Entrée en fonction.* — Il ne peut entrer en fonction qu'après avoir justifié de l'acquit de son cautionnement. V. *cautionnement*; — Et après avoir prêté serment. V. *serment*; — V. aussi *commission.*

3. *Enregistrement.* Il ne peut, sous aucun prétexte, lors même qu'il y aurait lieu à expertise, différer l'enregistrement des actes et mutations dont les droits auraient été payés au taux fixé par la loi. Il ne peut non plus arrêter ou suspendre le cours des procédures en retenant des actes ou exploits; cependant si un acte dont il n'y a pas de minute, ou un exploit, contient des renseignemens dont la trace puisse être utile pour la découverte de droits dus, le Receveur a la faculté d'en tirer copie et de la faire certifier conforme à l'original par l'officier qui l'a présenté; en cas de refus, il peut réserver l'acte pendant 24 heures seulement, pour s'en procurer une collation en forme, à ses frais, sauf répétition s'il y a lieu. — Cette disposition est applicable aux actes sous seing-privé, présentés à l'enregistrement *Art.* 56 *de la loi du* 22 *frim.* 7. — V. *enregistrement* et *effets négociables.*

4. Il ne peut juger de la validité ou de l'invalidité des actes, ni se refuser à les enregistrer. *Déc. min. just. du* 28 *mars* 1807.

5. Le Receveur de l'enregistrement peut enregistrer lui-même une saisie faite à sa requête. *Cour de Riom, du* 12 *mai* 1808. (*Art.* 5253, *j.*)

Il ne doit enregistrer aucun acte de vente, donation, ou autre aliénation de biens composant un majorat, ni aucun acte qui frapperait ces biens de privilége ou d'hypothèque, sauf le cas excepté par le décret du 1er mai 1808.

Pour les mesures à prendre lors de l'enregistrement des actes d'acquisition, vente, etc., par des comptables et débiteurs de l'État, V. AUX HYPOTHÈQUES, *comptables publics.*

7. *Infraction aux ordres généraux.* Il serait suspendu s'il se rendait complice des infractions aux ordres généraux de Régie commises par l'Inspecteur. *Circ. du* 14 *mai* 1808. V. *absence.*

8. *Précis d'opérations.* Il doit fournir le précis de ses opérations de chaque trimestre, par feuille particulière jointe à l'état de situation à remettre à l'Inspecteur, et dans laquelle il s'explique sur le compte des Surnuméraires. *Circ. du* 22 *mars* 1808.

9. *Remise des droits.* Il ne peut accorder de remise des droits, sous peine de responsabilité personnelle. *Art.* 59 *de la loi de frim.* 7.

10. *Résidence.* Le Receveur doit résider dans le chef-lieu de l'arrondissement de son bureau. *Art.* 11 *des ordr. généraux.*

11. *Responsabilité.* Le Receveur est responsable des perceptions notoirement insuffisantes qu'il a faites, lorsque le délai prescrit pour réclamer le supplément est expiré. *Ordonn. du* 31 *janv.* 1817. *Sol. du* 23 *oct.* 1818.

12. *Soustractions de recette.* L'ex-receveur dans les pays détachés de la France, qui a fait des soustractions et omissions de recette, doit être traduit devant les Tribunaux, à son domicile de fait ou à son domicile de droit. *Déc. min. just. du* 29 *juillet* 1815. (*Art.* 5238, *j.*)

13. POUR CONNAÎTRE LES OBLIGATIONS DU RECEVEUR, relativement à la manutention intérieure de son bureau, V. *amendes*, *arrêté des registres*, *bureaux*, *ballot*, *correspondance*, *lettres de correspondance*, *mercuriales*, *omissions*, *poursuites*, *prescription*, *recouvremens*, *relation*, *répertoires*, *sommiers*, *tables* et *tournée.*

14. Ses opérations extérieures sont la conséquence de ce qu'on a dit aux mots *communication*, *greffes*, *mercuriales*, *messageries*, *mutations*, *notaires*, *notices* et *répertoires.*

15. Quant à celles qui ont trait à la comptabilité. V. *ballot*, *caisse*, *calcul*, *changement*, *comptabilité*, *comptables*, *congés*, *débet*, *dépenses*, *envois*, *erreur*, *escorte*, *états*, *expéditions*, *extraits*, *forcemens*, *frais de justice*, *huissier*, *insolvabilité*, *insuffisances*, *intérêt*, *intérim*, *maladie*, *passeport*, *pensions de retraite*, *remises*, *responsabilité*, *saisie-arrêt*, *taxes à témoins*, *tournée*, *vacance*, *versement*, *visa* et *vol.*

16. A l'égard du contentieux. — V. *acquiescement*, *affirmation*, *appel*, *cassation*, *contrainte*, *déclinatoire*,

délai, *état*, *expertise*, *exploit*, *injures*, *instances*, *nullité*, *poursuites*, *procès-verbal*, *succession* et *timbre*.

17. Ce qui est relatif aux contraventions qu'il a à constater se trouve principalement aux mots : *affiches*, *contraventions*, *effets négociables*, *enregistrement*, *journal*, *régistres*, *répertoires*, *succession* et *timbre*.

18. On fait connaître aux mots *envois* et *tournée* ce qu'il doit faire à l'expiration de chaque trimestre. — Au surplus, V. *comptabilité* et *les ordres généraux de régie*.

RECEVEUR *du timbre extraordinaire*; celui qui perçoit le droit de la marque des papiers présentés pour recevoir la formalité du timbre extraordinaire.

20. Il liquide les droits, d'après les quantités et les dimensions des papiers, enregistre l'article, délivre à la partie un bulletin, qu'elle présente au Garde-magasin, qui vérifie la perception et la fait rectifier si elle est vicieuse. V. *Garde-magasin*.

21. Dans les départemens où il n'y point de Receveur *ad hoc*, un de ceux du chef-lieu est chargé de cette recette. — Les enregistremens sont faits en toutes lettres, jour par jour, au fur et à mesure de la perception, et par suite de numéros que le bulletin doit indiquer, et dont la série est renouvelée chaque trimestre. Le registre sur lequel ces enregistremens sont faits est coté par le Directeur. — Le Garde-magasin est porteur de la griffe, pour ne la confier à qui que ce soit. *Instr.* 73.

22. L'enregistrement doit être clair, indiquer le nombre, la nature et la dimension des papiers et le droit perçu. *Instr. de* 1791.

23. Il ne peut timbrer aucune feuille en débet sous peine d'être forcé en recette. *Art.* 71 *de la loi d'avril* 1816. — Il doit appliquer lui-même la griffe, cependant on lui accorde quelquefois un timbreur et même un tourne-feuille. V. *timbreur* et *tourne-feuille*. — Pour les obligations relatives aux passeports et permis de ports-d'armes, V. *ces mots*.

RECHERCHES, *par les particuliers*, dans les bureaux d'enregistrement. V. *Extrait*, *page* 170, n.° 18.

RECHERCHES *par les Préposés* de l'Administration, dans les dépôts publics. V. *communication*, *pages* 112, n.os 7 et suiv.

RÉCLAMATION, à l'effet d'obtenir décharge de contribution. V. *pétition*.

Pour obtenir remises des amendes. — Avant de réclamer la remise ou modération d'amende de contravention à la la loi sur le notariat, il convient de demander l'opinion du tribunal qui devra prononcer ou aura prononcé la condamnation à l'amende. — Alors les réductions, quoiqu'en définitive, autorisées par le Ministre des finances, se trouveront néanmoins concorder avec le sentiment de l'autorité judiciaire et remplir ses intentions. *Lettre de M. le Directeur général du* 18 *janv.* 1816. V. *notaire*, *page* 232, n°. 83.

RÉCOLEMENT., de coupes de bois. V. *Procès-verbaux*.

RECOMMANDATION pour faire rester un débiteur en prison. V. *contraints par corps*.

RECONDUCTION. Continuation de la jouissance d'un bien après l'expiration d'un bail non renouvelé, aux mêmes prix et conditions, V. *bail*, n.° 57.

RECONNAISSANCES. Celles pures et simples, ne contenant aucune obligation ni quittance, opèrent le droit fixe de 2 fr. *Art.* 43 *de la loi d'avril* 1816.

1. Celles portant obligation, et celles de dépôts de sommes chez des particuliers, sont assujéties au droit de 1 p. 100. *Art.* 69 *de la loi de frim.* 7.

2. Quant aux reconnaissances fournies par la caisse des consignations.) V. *dépôt*, n° 5.

3. A l'égard des reconnaissances de chargemens par mer. — V. *Chargement*.

4. Celui au profit de qui est faite une reconnaissance de dépôt de somme n'est pas passible du droit d'enregistrement que comporte l'acte, s'il déclare ne vouloir ni accepter, ni tirer aucun profit soit du dépôt, soit de la reconnaissance. — Si le droit a été perçu il doit être restitué. *Arr. de cass. du* 2 *mai* 1815.

5. La reconnaissance par le mari d'une somme qu'un parent de la femme donne à celle-ci pendant la communauté, et qu'il hypothèque sur ses biens, n'opère aucun droit, le mari ayant seul le droit de recevoir. *Sol. du* 22 *juillet* 1812.

6. Les reconnaissances de sommes ou créances, avec cette clause, *dont nous lui ferons compte en valeur de telle date*, doivent être écrites sur timbre proportionnel. *Arr. de cass. du* 24 *mars* 1813.

7. RECONNAISSANCE *de bestiaux*. V. *bail*, n.os 11 *et* 68.

— *De dettes dans les inventaires ou partages*, V. *déclaration*, n.° 20.

8. RECONNAISSANCE *de dot par contrat de mariage*, V. *mariage*.

9. RECONNAISSANCE *de rente*, V. *titre nouvel*.

10. RECONNAISSANCES *de sommes et autres objets déposés à la poste* par des particuliers pour les faire parvenir à leur destination, doivent être sur papier timbré, à l'exception de celles relatives aux envois faits aux militaires en activité de service, de sommes de 10 fr. et au-dessous. *Circ.* 1566.

11. Les duplicata de ces reconnaissances, que les parties requièrent quelquefois, doivent également être en papier timbré. *Circ.* 170.

12. RECONNAISSANCES *d'actes*, V. *actes*, n.os 78 *et suivans*.

13. RECONNAISSANCES *d'enfans naturels* : faites par actes de célébration de mariage, ou autrement, elles doivent être enregistrées sur l'expédition, qu'elles soient antérieures ou postérieures à la loi du 28 avril 1816; elles sont soumises au droit fixe de 2 fr., lorsqu'elles sont faites par acte de célébration de mariage, et autrement que par cet acte, elles doivent 5 fr. fixe. *Art.* 43 *et* 45 *de la loi d'avril* 1816. *Déc. min. fin. du* 5 *août suivant*. *Art.* 5517 *j.*)

14. La reconnaissance par l'acte de mariage, de plusieurs enfans naturels, ne constitue qu'une disposition et n'opère qu'un droit. *Déc. min. fin. du* 17 *déc.* 1819.

15. Celle d'enfans naturels appartenant à des individus notoirement indigens, doivent être enregistrées gratis. *Art.* 77 *de la loi du* 15 *mai* 1818.

16. Ces reconnaissances ne peuvent être mentionnées en marge des actes de naissances, sans avoir été préalablement enregistrées, à moins qu'elles n'ayent été faites devant l'officier de l'Etat civil, qui a reçu les actes de naissances, auxquels elles s'appliquent; le droit d'enregistrement doit être perçu sur les expéditions d'actes de naissances, faisant mention de reconnaissances d'enfans naturels, sans relater l'enregistrement de ces reconnaissances; ce droit doit être de 2 fr., lorsque la reconnaissance a été faite devant l'officier de l'État civil, et de 5 fr., lorsqu'elle a eu lieu devant Notaire. *Déc. min. fin. du* 22 *janv.* 1819. (*Art.* 6276, *j.*)

RECOURS en cassation ou au Conseil d'état. V. *appel.*

RECOUVREMENT. Ceux de toute nature doivent être opérés avec activité. *Circ.* 1836 *et autres indiquées au* n.° 21 du mot *amendes.*

1. Les Inspecteurs doivent veiller au recouvrement et en rendre compte par leurs lettres de tournée. *Circ. du* 22 *mars* 1808.

2. Aucune Autorité, ni la Régie, ni les Préposés, ne peuvent suspendre le recouvrement des droits et amendes sans en devenir personnellement responsables. *Art.* 59 *de la loi de frim.* 7.

3. Les frais faits contre celui qui a fourni cautionnement de se représenter en justice, sont payés par les Préposés de la caisse des consignations, sur quittance du Receveur. *Instr.* 554.

4. Le droit d'enregistrement d'un jugement par défaut peut être demandé, bien qu'il existe un jugement contradictoire, postérieur, qui ait acquitté les droits, sauf la déduction du droit acquitté sur le jugement contradictoire, en réduisant ce dernier au droit fixe. *Tribunal de la Seine, du* 28 *mai* 1812. (*Art.* 4290, *j.*)

5. Le recouvrement des droits de timbre et des amendes sera poursuivi par voie de contrainte. V. *instances*, n.°s 90 *et suiv.*

6. Les droits des jugemens et actes de poursuites pour le recouvrement de sommes dues à l'Administration, doivent être consignés, article par article, sur le sommier des droits en débet, mais seulement au bureau où les sommes à recouvrer seront payables, quel que soit celui où les formalités en débet ayent été données. — Le Receveur qui aura donné la formalité, devra en conséquence faire le renvoi de l'enregistrement, lorsque le principal réclamé ne sera pas payable à son bureau. — Les Receveurs doivent exiger que les Greffiers mentionnent distinctement dans les extraits des jugemens de condamnation à des amendes ou à des frais, le montant des droits de timbre et d'enregistrement. — Ils feront cette distinction sur leurs sommiers, lors de la consignation de chaque article; lors du recouvrement, ils porteront toujours, en faisant la même distinction, le montant de ces droits sur le registre de recette, destiné à la recette principale de la condamnation. — A la fin de chaque mois, ils feront le total de ces droits, et porteront ceux de timbre au registre du visa, et ceux d'enregistrement au registre des exploits. — Lorsqu'il s'agira de condamnation à amendes, les dépens seront portés, comme il est dit ci-dessus, pour les droits de timbre et d'enregistrement, au registre de recette des amendes, et chaque mois le report du total de ces dépens devra être fait au registre de recette des frais de justice. *Instr.* 607.

7. Quant au recouvrement des amendes, V. *amendes*, n.°s 21 et suivans. — A l'égard de celui des frais, V. *frais de justice*, n.°s 51 et suiv., et *instances*, n.° 134.

8. C'est aux Percepteurs des contributions directes qu'il appartient de recouvrer le montant des rôles rendus exécutoires pour frais de curage et d'entretien des fossés des grandes routes. *Déc. min. fin. du* 8 *septemb.* 1820. (*Art.* 6883, *j.*)

RECRUTEMENT *de l'armée.* Voyez *engagement* et *marché.*

RÉCUSATION *de juges.* Moyen d'empêcher qu'un Juge ne connaisse d'une affaire portée à son Tribunal, en proposant contre lui des raisons de parenté, d'intérêt, de suspicion ou autres. *Ordonnance du Roi du mois d'avril* 1667.

1. La partie qui veut récuser un Juge de paix, doit former la récusation et en exposer les motifs par un acte qu'elle fait signifier au Greffier de la Justice de paix qui vise l'original. L'exploit est signé sur l'original et la copie, par la partie ou son fondé de pouvoir spécial. La copie est déposée au greffe, et communiquée immédiatement au Juge par le Greffier. *Art.* 45 *du Code de P. C.*

2. La récusation, s'il s'agit des Juges des autres Tribunaux, est proposée au greffe par un acte, qui en contient les moyens, et est signée de la partie ou du fondé de sa procuration authentique et spéciale, laquelle sera annexée à l'acte. *Art.* 384 *du même Code.*

3. Le Juge est tenu de donner au bas de cet acte, sa déclaration par écrit, portant son acquiescement à la récusation, ou son refus de s'abstenir, avec les réponses aux moyens de récusation. *Art.* 46.

4. Cet acte opère le droit fixe de 3 francs, s'il est fait au greffe d'un Tribunal de première instance ou de commerce, *art.* 44 *de la loi du* 28 *avril* 1816; et de 5 francs, s'il est fait au greffe d'une Cour royale, *art.* 45 *de la même loi.*

5. Le visa du Greffier de la Justice de paix, ayant pour objet de constater la remise de la copie de l'exploit de signification, n'opère pas de droit. *Nomb.* 8 *et* 52 *de l'instr.* 436.

6. La signification étant faite au Greffier, afin que copie en demeure déposée au greffe, il ne doit point être perçu de droit relativement à ce dépôt, s'il n'en est pas dressé acte. *Idem.*

7. Pour connaître les droits des jugemens qui prononcent la récusation, V. *jugemens.*

8. Quant à la déclaration du Juge, portant son acquiescement à la récusation ou son refus de s'abstenir, elle n'est passible d'aucun droit. *Déc. min. fin. et just. du* 13 *juin* 1809.

9. Aucune loi n'autorise la récusation du Ministère public. *Arr. de cass. du* 14 *févr.* 1811.

RÉDACTION (*Droits de*). V. *greffe* (*droits de*).

REDDITION *de compte.* V. *compte.*

REDEVANCES. V. *bail* et *succession.*

RÉFÉRÉ (*Ordonn. de*). V. *ordonnances sur requêtes*.

RÉGIE *de l'Enregistrement*. — V. *Administration*.

RÉGIE *des contributions indirectes*. V. *abonnemens, procès-verbal* et *serment*.

REGISTRE. Livre qui sert à écrire des actes où à garder des notes. — Lorsque des registres assujétis au timbre par une loi, en étaient exempts auparavant, il n'y a de passible de ce droit que les feuilles qui restent en blanc. *Circ.* 1419. — V. *livres*, n° 5.

1. REGISTRES *de l'autorité judiciaire*. Les registres de l'autorité judiciaire, où s'écrivent des actes sujets à l'enregistrement sur la minute, sont assujétis au timbre de dimension. *Art.* 12 *de la loi du* 13 *brum.* 7. — Sont exceptés de cette formalité ceux des Tribunaux, des Procureurs généraux et des Procureurs du Roi, où il ne s'inscrit aucune minute d'actes soumis à l'enregistrement. *Art.* 16 *de cette loi.*

2. Le registre d'audience doit être en papier timbré. V. *feuille d'audience*.

3. Celui tenu au greffe, pour y inscrire les *renonciations* à succession, les déclarations d'*acceptation d'hérédité* sous bénéfice d'inventaire et les *renonciations* à communauté, aux termes des art. 784, 793, 794 et 1457 du C. C., et 997 du C. de P. C., doit être en papier timbré. *Instr.* 373, *nomb.* 1.er

4. Les registres des productions, ordonnés par l'article 108 du C. de P. C.; des oppositions et appels établis par les art. 163 et 549; des contributions sur le prix des ventes ou deniers arrêtés, prescrits par l'art. 658; de transcription au greffe pour enregistrer les saisies immobilières, en exécution de l'art. 680; des adjudications, ouverts au greffe en vertu de l'art. 751, doivent aussi être en papier timbré. *Instr.* 373, *nomb.* 3.

5. Le registre tenu en vertu de l'art. 925 du C. de P. C., sur lequel sont inscrits, d'après la déclaration des Juges de paix, les appositions de scellés qui ont eu lieu dans l'arrondissement du tribunal, est un registre d'ordre dispensé du timbre. *Instr.* 373, *nomb.* 9.

6. Le registre coté et paraphé destiné à constater le dépôt des tables, contenant les marques des fabricans de quincaillerie et de coutellerie, qui doit être tenu au Greffe des Tribunaux de commerce, et aux Secrétariats des conseils de Prud'hommes, est sujet au timbre. *Décr. du* 5 *sept.* 1810. (*Art.* 3893, *j.*)

Quant aux registres des conseils des Prud'hommes, V. *bureaux*, n.° 7.

7. REGISTRES *des officiers publics*. — Les fonctionnaires chargés de tenir des registres timbrés, ont la faculté de ne les composer que du nombre de feuillets proportionnés à leur besoin. *Instr.* 376.

8. Sont sujets au timbre, les registres des notaires, Huissiers et autres Officiers publics et ministériels, et leurs répertoires. *Art.* 12 *de la loi du* 13 *brum.* 7.

9. Les registres des certificats de vie délivrés par les Notaires certificateurs aux rentiers et pensionnaires de l'Etat, sont exempts du timbre. *Circ. du* 10 *fév.* 1807.

10. Les Notaires ne peuvent point recevoir les minutes de leurs actes sur des registres. V. *minute*.

Quant aux registres des chambres de discipline, V. *chambres*.

11. Les Notaires et Huissiers ne sont point tenus de soumettre au visa du Receveur de l'Enregistrement le registre en forme de répertoire qu'ils tiennent en conformité de l'art. 176 du C. de Com., pour y inscrire les protêts. *Instr.* 420.

12. Ceux que les Receveurs généraux tiennent pour leurs opérations particulières, relatives aux achats et reventes d'effets publics auxquels ils peuvent se livrer, ne sont pas dans le cas d'être timbrés. *Déc. min. fin. du* 6 *déc.* 1820. (*Art.* 6864, *j.*)

13. REGISTRES *de l'Etat civil*. — Les registres tenus doubles par les Maires, pour l'inscription des actes de naissances, mariages et décès, sont sujets au timbre. *Art.* 2 *de la loi du* 20 *sept.* 1792.

14. Le papier nécessaire à la confection de ces registres et à celle de la table décennale que les Greffiers doivent faire en double expédition ne peut être délivré à crédit. *Instr.* 751 et 770. V. *tables*.

15. Les Greffiers des Tribunaux sont autorisés à faire sur papier libre les copies destinées à remplacer les registres de l'état civil perdus par force majeure. *Instr.* 774.

16. Quant aux actes qui ont pour objet de réparer les omissions faites sur les registres, V. *actes*, n° 55.

17. REGISTRE *des administrations et établissemens publics*. Ceux de Préfecture, Sous-Préfecture et Mairie, tenus pour objets particuliers et qui n'ont point rapport à l'administration générale; ceux des Receveurs des droits et revenus communaux, et des établissemens publics, sont soumis au timbre. *Art.* 12 *de la loi du* 13 *brum.* 7. *Instr.* 582, 895 et 908.

18. Sont *exempts* de cette formalité ceux des administrations et établissemens publics, pour ordre ou administration générale, ceux des Receveurs des contributions publiques et autres Préposés de l'espèce. *Art.* 16. — Les registres tenus pour les arrêtés et délibérations d'administration générale; ceux utiles à l'ordre intérieur des Tribunaux; et, parmi ces derniers, ceux qui constatent la remise des pétitions et autres pièces qui parviennent à l'Administration. *Circ.* 1566.

19. Le *registre* à souche, sur lequel s'inscrivent les permis de construire ou de réparer, sont exempts du timbre, pour la partie réservée aux minutes; il est sujet au timbre de 1 fr. 25 c. pour celle destinée aux expéditions. *Déc. min. fin. du* 14 *fév.* 1809. (*Art.* 3158, *j.*)

20. Le registre de recette des droits de voirie doit être sur papier timbré. *Même décision.*

21. Les *fabriques* des églises, chapitres et autres *établissemens publics*, peuvent tenir, pour les actes relatifs à leur administration, deux registres, l'un pour les actes de police intérieure, et sans aucuns rapports avec les personnes étrangères à l'établissement, et l'autre pour les actes d'administr.on temporelle et extérieure; — le premier registre est exempt du timbre, mais aucun acte sujet à l'enregistrement ne peut être inscrit sur ce registre. — Si, au lieu de deux registres, les communes et établissemens publics n'en formaient qu'un seul, il devrait alors être tenu, comme celui de l'administration temporelle et extérieure, sur papier timbré. *Instr.* 293.

22. Les registres des *revenus des communes*, tenus par les Recev.s des villes jouissant d'un revenu de 10,000 fr.

et au-dessus, sont : — 1° le journal général et livre de caisse par mois, sur lequel sont enregistrées sommairement toutes les recettes et dépenses ; il est sujet au timbre sur toutes les feuilles ; — 2° le grand-livre des comptes des recettes et dépenses diverses, destiné à reporter les opérations de recettes et de dépenses ; il est exempt du timbre. Quant aux Percepteurs-Receveurs communaux des communes dont le revenu ne s'élève pas à 10,000 francs, leur *journal à souche* par année, destiné à inscrire uniquement les recettes faites sur les contributions directes, et le *livre récapitulatif* par année, où sont enregistrées les mêmes recettes à la fin de chaque jour, et les versemens qui en sont faits à la caisse du Receveur particulier, sont dispensés du timbre ; — les feuilles du *livre des comptes de recettes et dépenses* par année, employées pour les Revenus communaux ou pour des services particuliers, doivent être timbrés, et les autres destinés à la récapitulation des recouvremens effectués sur les contributions publiques, en sont exemptes ; ces dispositions ont dû recevoir leur exécution à partir du 1.er janv. 1818, et il a été accordé jusqu'au 1.er avril 1821, pour faire timbrer, sans amende, celles des feuilles des registres, qui, quoique soumises au timbre, n'avaient point été revêtues de cette formalité. *Instr.* 918.

23. On ne doit point exiger de timbre pour les livres des dettes des communes ; il n'en est pas de même de l'extrait de ces registres. *Déc. min. fin. des* 23 *juin* 1812 *et* 16 *févr.* 1813. (*Art.* 4556, *j.*)

24. L'effet des contraventions au timbre, résultant des pièces admises sans cette formalité dans les comptes des communes, doit être poursuivi contre les Receveurs communaux, sans préjudice de la solidarité établie par l'article 75 de la loi d'avril 1816, pour les contraventions postérieures. *Déc. min. just. du* 24 *mai* 1819.

25. Les registres des *hospices* et des bureaux *de bienfaisance*, tenus pour les actes d'administration temporelle et extérieure, sont sujets au timbre ; ceux des fabriques en sont exempts. *Déc. min. fin. du* 21 *janv.* 1820. *Inst.* 941. (*Art.* 6601, *j.*)

26. Quant aux registres qui constatent l'insertion au tableau de la Mairie des jugemens de séparation, V. *insertion*, page 190.

27. Les registres de l'administration du bureau des *nourrices* de la ville de Paris, et de ses Préposés, sont exempts du timbre. *Décr. du* 30 *juin* 1806.

28. Les registres de recette et dépense des colléges, que l'instr. 621 exemptait du timbre, ont été assujétis à cette formalité par l'instr. gén. 953.

29. Les registres tenus par les Agens particuliers préposés à la recette des droits de *pesage*, jaugeage et mesurage, et des emplacemens publics, doivent être en papier timbré. *Instr.* 371.

30. Ceux des Employés des *octrois* seront à souche ; les quittances ou expéditions qui en seront détachées, continueront à n'être marquées que du timbre de la Régie des impôts indirects. *Ordonn. royale du* 9 *décemb.* 1814. (*Art.* 4988, *j.*) V. *instr.* 597.

31. Les registres de recette de l'octroi de la *navigation* sont dispensés du timbre. *Circ. du* 10 *frim.* 12.

32. Les *registres* destinés à recevoir les déclarations des propriétaires qui, pour ne pas payer les contributions, renoncent à leurs propriétés, sont sujets au timbre, aux frais de la commune ; les expéditions qui en sont délivrées aux parties, doivent être sur papier de 1 fr. 25 c. *Déc. min. fin. du* 18 *août* 1812. (*Art.* 4425, j.)

33. Ceux de l'Administr.n des postes en sont exempts. *Circ.* 1705.

Il en est de même de ceux des rapports de navigation, tenus par les Préposés aux Douanes. *Déc. min. fin. du* 26 *pluv.* 11.

34. Dispositions *diverses*. Les registres de la Direction générale de l'enregistrement ne peuvent être déplacés. V. *dépôt*, n° 42. — On peut en délivrer extrait. V. *extrait*.

35. Ceux qui intéressent le Trésor, et sur lesquels il a été commis des falsifications ou altérations, doivent être déposés au greffe de la Cour spéciale de la Seine. *Circ. du* 26 *déc.* 1806.

36. Quant aux registres des hypothèques, V. les hypothèques.

37. Lorsqu'il survient une nouvelle loi sur la perception, soit qu'elle augmente ou diminue les droits, les Receveurs doivent faire arrêter par le Juge de paix, et à défaut par le Maire ou Adjoint, leurs registres de recette de ces droits. *Circ.* n.os 10, 856, 926, 1505 *et* 1992.

38. Le registre destiné aux effets négociables, est tenu au bureau de l'enreg.t des actes des Huissiers. *Instr.* 739.

39. C'est sur le registre des actes judiciaires que le jugement arbitral doit être enregistré. *Instr.* 436.

40. Les *registres* sur lesquels le Directeur des domaines et celui des postes doivent inscrire les lettres et paquets dont la dépense est à la charge de l'Administration, sont achetés par les Directeurs, qui se font rembourser de cette avance dans la forme prescrite pour les menues dépenses du timbre. *Lettre de M. l'Administrateur de la* 1.re *div.*, *du* 13 *mars* 1818.

Registres et livres de commerce *et d'ordre public*, assujétis au timbre par les anciens réglemens et les nouvelles lois.

41. Les livres de commerce qui doivent être paraphés, seront timbrés d'un timbre spécial. V. *livre*.

Dénomination des professions de ceux qui sont obligés à tenir des registres timbrés.

42. *Affineurs d'or et d'argent pour le commerce*. Registre pour inscrire le poids et le titre des matières qui leur sont apportées à affiner, et de celles qu'ils rendent après l'affinage. *Loi du* 19 *brum.* 6.

43. *Agens d'affaires*. Registre dont la tenue est mentionnée dans la loi du 11 février 1791.

44. *Agens de change, de banque et de marchandises*. Livres et registres-journaux pour y consigner toutes les conditions des ventes, achats, assurances, négociations, et en général toutes les opérations faites par leur ministère. *Loi du* 28 *mai* 1791, *art.* 84 *du C. de Com.*, et en outre spécialement pour ceux de Paris, *Ordonnance de Louis XIV du mois de mars* 1675.

45. *Apothicaires*. V. ci-après, n° 111.

46. *Armuriers*. Registre pour y inscrire le nom des Officiers des troupes de S. M., auxquels ils vendent les bayonnettes par eux fabriquées. *Déclaration du* 23 *mars* 1728, *décret du* 12 *mars* 1806. — Autre registre sur le-

quel seront inscrites l'espèce et la quantité d'armes qu'ils fabriqueront ou achèteront, ainsi que de celles qu'ils vendront, avec les noms et domiciles des vendeurs et acquéreurs. *Art.* 12 *de l'ordonn. du Roi du* 24 *juillet* 1816.

47. *Armateurs.* Leurs registres paraphés et timbrés, doivent être représentés en bonne forme, pour qu'ils puissent obtenir leur patente. *Loi du* 5 *flor.* 5.

48. *Artisans.* Leurs registres, s'ils veulent en tenir, sont sujets au timbre. *Circ.* 1598.

Assurance (Société d') contre la grêle dans le département des Landes. Registre contenant la déclaration des actionnaires, et tous registres de comptabilité de cette société, sont dispensés du timbre. *Décret du* 12 *juillet* 1808.

50. *Aubergistes.* Registre sur lequel sont inscrits les noms, qualités, domiciles, etc., de ceux qui couchent chez eux. *Loi du* 22 *juillet* 1791, *et Code pén., art.* 73 *et* 475.

51. *Banquiers.* Les registres dont la tenue leur est prescrite par la loi, doivent être en papier timbré. *Déclaration du* 16 *avril* 1737, *loi des* 11 *févr.* 1791 *et* 13 *brum.* 7.

52. *Blanchisseurs.* Registre des toiles qui leur sont apportées pour être blanchies. *Ordonnance du mois de février* 1687.

53. *Bonnetiers de Paris.* Registre des noms et demeures des ouvriers qu'ils font travailler hors de chez eux, et des matières qu'ils leur délivrent pour travailler, ainsi que des paiemens qu'ils leur font pour leur salaire. — Semblable registre doit être tenu par les ouvriers. *Déclaration du* 18 *février* 1720.

54. *Bourse de commerce.* V. ci-après, n° 74.

55. *Brasseurs.* Registre de vente, pour y inscrire jour par jour les quantités de bière vendues, ainsi que le nom et domicile des acheteurs. *Art.* 31 *de la loi du* 22 *novemb.* 1808. — Nota. Ils peuvent avoir un registre en papier libre, sur lequel les Employés consignent le résultat des actes inscrits à leurs portatifs. *Art.* 111 *de l'ordon. du* 8 *déc.* 1814.

56. *Broderies en fil d'or et d'argent* (Fabricans et marchands de). Registre pour inscrire la nature, le nombre, le poids et le titre des matières et ouvrages d'or et d'argent qu'ils achètent ou vendent, avec les noms et demeures des vendeurs et des acheteurs, etc. *Loi du* 19 *brum.* 6, *art.* 81.

57. *Caisse de Poissy.* Livres de compte avec les bouchers, et ceux de perception du droit. *Décret du* 6 *février* 1811, *art.* 36.

58. *Canaux d'Orléans et de Loing* (compagnie des). Registre double sur lequel les actions sont inscrites nominativement, ainsi que les transferts qui s'opèrent. *Décr. du* 16 *mars* 1810.

59. *Capitaine de navire.* Le registre destiné aux rapports qu'il fait dans les cas prévus par l'art. 242 du C. de Com., est sujet au timbre; mais les extraits ou relevés de ces rapports sont exempts de toute formalité de timbre et d'enregistrement. *Instr. du* 14 *oct.* 1808. *Déc. min. fin. du* 15 *juillet* 1818.

60. *Changeurs et Commis aux changes*, registre pour y écrire les qualité, quantité et poids des espèces, vaisselles et matières qui leur sont apportées, avec les noms, surnoms et demeures de ceux qui les apportent et le prix de ce qu'ils leur en ont payé. *Arr. de la Cour des monnoies du* 20 *fév.* 1690.

61. *Chapeliers de Paris vendant du neuf.* Livre-journal sur lequel doivent être inscrits les noms de ceux qui leur donnent des chapeaux à accommoder. *Statuts et réglemens du mois de mars* 1658.

62. *Chaudronniers de Paris.* Registre d'achat de vieux meubles. *Ordonn. de police des* 15 *janv.* 1369, 12 *fév.* 1385, *etc.*

63. *Chirurgiens.* Registre des substances vénéneuses vendues ou employées. *Déclaration des mois de juillet* 1682 *et de fév.* 1776.

64. *Commerçant.* Livre-journal qui présente jour par jour, ses dettes actives et passives, les opérations de son commerce, ses négociations, acceptations et endossemens d'effets et généralement tout ce qu'il reçoit et paye, à quelque titre que ce soit, et qui énonce, mois par mois, les sommes employées à la dépense de sa maison. *Art.* 8 *du C. de Com.* — Registre spécial destiné à y copier, année par année, l'inventaire de ses effets mobiliers et immobiliers, et de ses dettes actives et passives. *Art.* 9 *du même code.* — Les registres particuliers tenus par les négocians, pour remplacer le livre-journal, sont sujets au timbre. *Sol. du* 27 *déc.* 1816.

Nota. Le livre de copie de lettres que tout commerçant doit avoir, n'est pas sujet au timbre. *Déc. min. fin. du* 30 *nov.* 1819. *Instr. génér.*, n.° 913. Non plus que son livre de correspondance. *Déc. min. fin. du* 3 *juin* 1818.

65. *Commissionnaires de transport par terre ou par eau.* Livre-journal sur lequel sont inscrites les déclarations de la nature et de la quantité des marchandises, et, s'il en est requis, de leur valeur. *Arr. du Conseil du* 10 *oct.* 1721; *lettres patentes du* 31 *dudit mois et art.* 96 *du C. de Com.* — Registre coté et paraphé sur lequel sont copiées les lettres de voiture. *Art.* 102 *du même code.*

66. *Concierge des prisons et autres lieux de détention.* Registre sur lequel sont mis, par forme d'inventaire, les papiers, hardes et meubles, dont le prisonnier aura été trouvé saisi. *Ordonn. d'Henry II, rendue à Fontainebleau, au mois de mars* 1549; *Art.* 7, *titre* 13 *de l'ordonn. criminelle de* 1670. — Registre des écrous et recommandations, élargissemens et décharges. *Art.* 6 *titre* 13 *de la même ordonn.* — Le Registre sur lequel le geolier transcrit le jugement qui autorise l'arrestation et y porte les recommandations, est sujet au timbre. *Instr.* 373. *Déc. min. fin. du* 24 *sept.* 1808. (*Art.* 3035, *j.*) Celui d'écrous en matière civile, y est également assujéti. *Déc. min. fin. du* 4 *juillet* 1820. (*Art.* 6757, *j.*) Le geolier se fait rembourser des droits de timbre, par les parties, à proportion de l'emploi des feuilles. *Déc. min. fin. du* 10 *août* 1813. — Registre des sommes consignées pour l'aliment des prisonniers civils. *Art.* 3 *de la déclaration de Saint-Germain-en-Laye du* 6 *janvier* 1680.

67. *Courtiers de change, de banque, de marchandises.* Livres-journaux pour y porter toutes les conditions des ventes, achats, assurances, négociations, et

en général de toutes les opérations faites par leur ministère. *Loi du 8 mai* 1791, *Art. 84 du C. de Com.*

68. *Courtiers-interprètes et conducteurs de navires.* Mêmes livres-journaux qu'à l'art précédent. *Ordonn. du mois d'août* 1681, *titre* 7, *art.* 8; *C. de Com. art.* 84.

69. *Courtiers d'assurances* Mêmes livres-journaux. *Même art. dudit Code.*

70. *Courtiers de transport par terre et par eau.* Mêmes livres-journaux. *Même art.*

71. *Diligences*, V. les n.os 77 et 105 *ci-après.*

72. *Doublet* (fabricant de). Registre sur lequel sont transcrites, jour par jour, les ventes qu'ils ont faites. *Art.* 98 *de la loi du* 19 *brum.* 6.

73. *Droguistes et épiciers.* Même registre que pour les Pharmaciens.

74. *Ecrivains crieurs de bourses de commerce.* Registre du nom des vendeurs des matières, ou espèces d'or et d'argent, du nom des acheteurs, du prix de la vente et de la quotité des objets vendus. *Loi du* 28 *vend.* 4, *art.* 10.

75. *Ecrivain de vaisseau ou navire.* Registre ou journal, côté et paraphé, dans lequel il écrit les agrès et apparaux, armes, munitions et victuailles du vaisseau, les marchandises qui sont chargées et déchargées, le nom des passagers, le frêt ou nolis par eux dû, le rôle des gens de l'équipage, avec leurs gages et loyers, le nom de ceux qui décèdent dans le voyage, le jour de leur décès, etc.; les achats qui sont faits pour le navire depuis le départ, et généralement tout ce qui concerne le dépense du voyage. *Liv.* 2, *titre* 3 *de l'ordonn. du mois d'août* 1681. Ce registre fait foi en justice; défenses à l'écrivain, sous peine de la vie, d'y écrire chose contraire à la vérité. *Même livre et titre, art.* 6 *de la même ordonnance.*

76. *Entrepreneurs du roulage public.* V. *le* n.° 116 *ci-après.*

77. *Entrepreneurs de voitures publiques par terre et par eau.* Registres sur lesquels sont inscrits les noms et prénoms des voyageurs, leur profession, le lieu de leur domicile, ainsi que les effets, paquets, ballots et argent à transporter. *Proclamation du Roi*, *du* 10 *avril* 1791. *Art.* 3 *du décr. du* 14 *fruct.* 12; *art.* 1785 *du C. C.*; *art.* 4 *du décr. du* 28 *août* 1808. V. *le* n.° 105, *ci-après.* — Les registres des entrepreneurs de voitures publiques servant à l'enregistrement des voyageurs, des ballots, malles et paquets, doivent être tenus en papier timbré. *Ordonn. du Roi, du* 4 *fév.* 1820. (*Art.* 6692, *j.*)

78. *Epiciers.* V. *droguistes*, n.° 73 *ci-devant.*

79. *Fabricans en général.* Registre particulier pour y inscrire les quantités d'arsenic, réalgar, orpiment et sublimé, qu'ils auront employées, les noms des personnes pour lesquelles cet emploi aura été fait. *Déclaration du mois de juillet* 1682.

80. *Fabricans d'étoffes d'or, d'argent et de soie.* Registre des quantités et qualités de soie, or et argent qu'ils délivrent aux maîtres travaillant en façon, et des soies et étoffes reçues desdits ouvriers; ceux-ci doivent aussi tenir un semblable registre. Pour Paris et la banlieue, *statuts et réglement du mois de juillet* 1667; pour Lyon, *arr. du Conseil*, *du* 19 *juin* 1744; pour Nismes, *lettres patentes du mois de sept.* 1682; pour Tours, *lettres patentes du* 27 *mars* 1667.

81. *Fabricans d'armes.* V. *ci-devant*, n°. 46.

82. *Fabricans d'or et d'argent, ouvré ou non ouvré.* Registre sur lequel ils inscrivent la nature, le nombre, le poids et le titre des matières et ouvrages d'or et d'argent qu'ils achètent ou vendent, avec les noms des vendeurs et des acheteurs. *Loi du* 19 *brum.* 6, *art.* 74. *Arr. de cass. du* 30 *juillet* 1819. (*Art.* 6676, *j.*)

83. *Fabricans de plaqué.* V. n.° 112 *ci-après.*

84. *Fabricans de sel.* V. *ci-après*, n.° 117.

85. *Fabricans de soude.* Registres tenus en double par les fabricans et par les Préposés des douanes ou des contributions indirectes, suivant les lieux, sur lesquels sont portées les quantités de sel mises en magasin, et celles qui en sortent pour la fabrication; les quantités de soude fabriquées et celles qui sont vendues. *Art.* 7 *du décr. du* 13 *oct.* 1809.

86. *Fouleries* (*maître de*). Registre pour y inscrire les toiles et étoffes qui sont portées à leurs fouleries. *Art.* 2, *tit.* 4 *de l'ordonn. du mois de fév.* 1687.

87. *Fourbisseurs.* Registre sur lequel sont portés les ouvrages vieux ou réputés vieux, qu'ils achètent pour leur compte ou pour les revendre; ceux portés pour raccommoder ou donnés en nantissement pour modèle, ou dépôt, ou sous quelque prétexte que ce puisse être. *Ordonn. de police du* 15 *janv.* 1369, *et arrêté du Directoire exécutif, du* 16 *prair.* 7.

88. *Fripiers.* Registre des achats des hardes. *Ordonn. de police citée à l'art. précédent.* — Registre des achats de meubles neufs faits par les fripiers; des maîtres menuisiers. *Art.* 2 *des ordonn. de police des* 15 *juillet* 1701 29 *avril* 1704, n.° 82 ci-dessus.

89. *Galons d'or et d'argent* (fabricans de) Leur sont applicables les dispositions de l'article 74 de la loi du 19 brum. 6, relatif aux fabricans d'or et d'argent. *Art.* 81 *de la même loi.* V. *fabricans d'or et d'argent ouvré et non ouvré*, n.° 82 *ci-dessus.*

90. *Gardes du commerce*, V. le n.° 124 ci-après.

91. *Gardiens des maisons d'Arrêt ou de justice*, registre sur lequel sont inscrits l'acte dont est porteur l'exécuteur d'un mandat d'arrêt, d'une ordonnance de prise de corps, d'un arrêt ou jugement de condamnation. *Art.* 573 *du C. pénal*, *du* 3 *brum.* 4; *Art.* 607 *et* 608 *du C. d'instr. crim. Art.* 790 *du C. de P. C.* — V. *ci-dev.*, n.° 66.

92. *Geoliers de prisons*, V. ci-devant, n.° 66.

93. *Graveurs.* Registre pour inscrire la vaisselle non poinçonnée qui leur est portée, pour graver les noms, qualités et demeures de ceux à qui ladite vaisselle appartient. *Arr. de la Cour des aides du* 21 *avril* 1717. — Registre sur lequel sont portés la vaisselle et autres ouvrages vieux, ou réputés vieux, qu'ils achètent pour leur compte ou pour les revendre; ceux qui leur sont apportés pour raccommoder, ou donnés en nantissemement, pour modèle ou dépôt, ou sous quelque prétexte que ce puisse être. *Art.* 15 *de la déclarat. du* 26 *janv.* 1749. *Arrêté du directoire exécutif du* 16 *prair.* 7.

94. *Greffiers des prisons et autres lieux de détention*, V. *les* n.os 66 *et* 91 *ci-devant.*

95. *Interprètes-courtiers-conducteurs de navires*, V. ci-devant, n.° 68.

96. *Joailliers.* Registre sur lequel sont inscrits, jour par jour, les achats qu'ils font. *Art.* 86 *de la loi du* 19 *brum.* 6. — Registre pour inscrire les ouvrages vieux, ou réputés vieux, qu'ils achètent pour leur compte ou pour les revendre; ceux qui leur sont portés pour raccommoder ou donnés en nantissement, pour modèle ou dépôt, ou sous quelque prétexte que ce puisse être. *Art.* 15 *de la déclar. du* 6 *janv.* 1649, *et arrêté du direct. exécutif du* 16 *prair.* 7.

97. *Juifs établis et faisant commerce à Metz.* Doivent avoir des registres, et les tenir dans la forme prescrite, en langue française, et non en langue hébraïque, à peine d'être déchus de toutes actions, etc. *Déclarat. du Roi, donnée à Marly, le* 26 *août* 1710.

98. *Logeurs.* Registre pour inscrire les noms, qualités, domiciles, etc. de ceux qui couchent chez eux, même une seule nuit. *Loi du* 22 *juillet* 1791. *Art.* 73 *et* 475 *du C. pénal.*

99. *Maîtres d'hôtels garnis.* Même registre qu'à l'article précédent.

100. *Marchands, tant en gros qu'en détail.* V. ci-devant, n.° 64.

101. *Marchands d'étoffes de draps d'or, d'argent et de soie.* Livre de teinture pour y inscrire la quantité, la qualité des soies qu'ils envoient chez les teinturiers, et les couleurs dans lesquelles ils les font teindre. — Autre registre des quantités et qualités de soie, or et argent qu'ils délivrent aux maîtres-ouvriers, pour mettre en œuvre, et le prix des façons. — Paris et banlieue, *statuts du mois de juillet* 1667. Lyon et tout le pays lyonnais, *ordonn. de Henri II du mois d'avril* 1554. *Arr. du Conseil du* 19 *juin* 1744. Nîmes, *lettres-patentes du mois de sept.* 1682. Tours, *lettres-patentes du* 27 *mars* 1667. — Registre pour y porter la nature, le nombre, le poids et le titre des matières d'or, d'argent et de soie, qu'ils achètent ou vendent. *Art.* 74 *de la loi du* 19 *brum.* 6. — Pour se dispenser d'avoir un registre, le marchand de matières d'or et d'argent, ne peut point être admis à alléguer qu'il l'a perdu, ou qu'il n'a encore fait ni vente, ni achat. *Arr. de cass. du* 4 *nov.* 1819. (*Art.* 6690, *j.*)

102. *Maréchaux.* Registre d'emploi de substances vénéneuses. *Décl.*n *du Roi du mois de juillet* 1682.

103. *Médecins. Idem.*

104. *Merciers.* Registre d'achats de vieilles hardes, vieux meubles, tableaux, etc. V. *n.°* 87 *ci-devant.* Registre des ouvrages vieux ou réputés vieux, qu'ils achètent pour leur compte ou pour les revendre, ceux qui leur sont portés pour raccommoder ou donnés en nantissement pour modèle ou dépôt, ou sous quelque prétexte que ce puisse être. *Décl. du* 26 *janv.* 1749. *Art.* 15 *de l'arrêté du Directoire Exécutif du* 16 *prair.* 7.

105. *Messageries* (entreprise générale des), rue Notre-Dame-des-Victoires. Registre destiné à inscrire les actions et demi-actions; autre, des délibérations de l'Administration; autre sur lequel sont inscrits les transferts des actions et demi-actions. *Art.* 4 *et* 6 *du décr. du* 4 *déc.* 1809, et *acte de société y annexé, du* 24 *mars précédent*, V. *n.°* 77 *ci-devant.*

106. *Négocians*, V. *le* n.° 64 *ci-devant.*

107. *Orfèvre.* Registre d'emploi de substances vénéneuses. *Décl. du mois de juillet* 1680. Registre pour inscrire les quantité et qualité des matières d'or et d'argent, les noms et demeures de ceux à qui ils les vendent et de qui ils les achètent. *Arr. du Conseil du* 17 *janv.* 1696; *ordonn. de police des* 18 *juin* 1698, 15 *juillet* 1701, 29 *avril* 1704; *Art.* 74 *de la loi du* 19 *brum.* 6. Registre pour y inscrire la vaisselle et autres ouvrages vieux qu'ils achètent pour leur compte ou pour les revendre, ceux qui leur seront portés pour raccommoder ou donnés en nantissement, pour modèle ou dépôt, ou sous quelque prétexte que ce puisse être. *Art.* 15 *de la décl. du* 26 *janv.* 1749, *et arrêté du Directoire Exécutif du* 16 *prair.* 7.

108. *Ouvrages en fil d'or et d'argent* (fabricans et marchands d'). Mêmes registres qu'aux mots *fabricans d'étoffes d'or, d'argent et de soie*, et à ceux *fabricans d'or et d'argent, ouvré et non ouvré. Art.* 81 *de la loi du* 19 *brum.* 6.

109. *Ouvriers bonnetiers de Paris.* Registre des noms et demeures des maîtres qui les font travailler, des matières qui leur sont délivrées pour être mises en œuvre, des paiemens faits pour leur salaire. *Déclaration du* 18 *fév.* 1720.

110. *Ouvriers travaillans pour les fabricans d'étoffe d'or, d'argent et de soie*, V. ci-devant, n.° 80.

111. *Pharmaciens.* Registre sur lequel ceux qui sont dans le cas d'acheter des substances vénéneuses, inscrivent leurs noms, qualités et demeures, la nature et la quantité des drogues qui leur sont délivrées, l'emploi qu'ils se proposent d'en faire, et la date du jour de leur achat. *Art.* 35 *de la loi du* 21 *germ.* 11.

112. *Plaqué* (fabricans de). Registre sur lequel sont transcrites, jour par jour, les ventes qu'ils ont faites. *Art.* 98 *de la loi du* 19 *brum.* 6.

113. *Plombiers.* Registre d'achat de vieux meubles. *Ordonn. de police*, V. n.° 87 *ci-dev.* Registre pour y inscrire les achats et les ventes qu'ils font du plomb. *Arr. du parlement de Paris du* 6 *sept.* 1727.

114. *Ponts à bascule* (Préposés aux), V. *amendes de roulage*, page 75.

115. *Potiers d'étain.* Registre des achats de vieux meubles, vaisselle, etc., V. le n.° 87 ci-devant.

116. *Roulages publics* (entrepreneurs de). Registre des effets et paquets dont ils se chargent. *Art.* 1785 *du C. C.*

117. *Sel* (fabricans de). Registre sur lequel sont portées les quantités de sel fabriquées, et celles vendues. *Art.* 18 *du décret du* 11 *juin* 1806, *et art.* 10 *de l'ordonn. du Roi du* 19 *juin* 1816.

118. *Sociétés anonymes.* Registres sur lesquels sont inscrites les actions et les déclarations de transferts. *Art.* 36 *du C. de Com.*

119. *Tabac* (Particuliers qui veulent cultiver du). Leurs registres des *déclarations* sont exempts du timbre. Il en est de même de la partie du registre des *livraisons* du tabac qui est destinée à les constater; mais l'autre partie qui en est détachée, et qui est réservée pour le récépissé, le mandat de paiement et l'acquit du cultivateur qui a livré les tabacs, est assujétie au timbre de 35 c. *par chaque* [illegible] des nouveaux registres. Cette partie doit être timbrée à l'extraordinaire, et les droits

sont payables en une obligation du Directeur des droits réunis. Il y a lieu de compenser jusqu'à due concurrence, avec ces droits de timbre, ceux des feuilles non employées des registres supprimés. *Instr.* 595.

120. *Tapissiers.* Registre des achats de vieux meubles. V. le n.° 87 ci-devant.

121. *Teinturiers.* Registre des vieilles hardes ou étoffes qui leur sont données à teindre. *Ordonn. de police du 18 juin* 1698. Registre des soies qui leur sont données par les fabricans pour les teindre. *Ordonn. de Henry II du mois d'avril* 1554, pour Lyon et tout le pays lyonnais. — Registre de toutes les soies, fils, laines, étoffes et Marchandises qu'ils teignent, de quelque qualité qu'elles soient. *Statuts et ordonn. approuvés par lettres patentes du mois d'août* 1669, *pour être observés dans tout le royaume.*

122. *Tireurs d'or* de Lyon. — Registre d'achats et ventes des traits, avec les noms des vendeurs et des acheteurs, le poids, la quantité, etc.; des noms de ceux à qui ils donnent à écacher et à filer; de la remise qui leur est faite des filets qui en proviennent, et de la vente qu'ils font desdits filets. *Edit du mois de septemb.* 1708, *arrêt du Conseil du* 6 *août* 1715.

123. *Tissus en fils d'or et d'argent* (Fabricans et marchands de). V. le n° 80 ci-devant.

124. *Vérificateurs attachés au bureau des gardes du commerce.* Registre contenant la mention des titres remis pour les créances, des noms, qualités et demeures des poursuivans et débiteurs, etc. — Autre servant à inscrire les oppositions ou significations faites par les débiteurs, etc. *Art.* 12 *du décret du* 14 *mars* 1808.

125. *Vérificateur des draps destinés au commerce du Levant.* — Le Registre sur lequel il inscrit les draps présentés à l'estampillage, le nom du fabricateur, est exempt du timbre. *Décr. du* 9 *déc.* 1810. (*Art.* 3894, j.)

126. Les Tribunaux de commerce ne peuvent homologuer les concordats qui leur sont présentés, lorsque les livres du failli ne sont pas timbrés, et que les amendes ne sont pas acquittées. *Lettre du Min. de la justice aux Procureurs généraux, du* 18 *oct.* 1819. *Instr.* 913.

127. L'agent provisoire d'une faillite peut, sans contravention, faire mention, dans le compte qu'il rend aux syndics, des livres non timbrés du failli. *Solut. du* 27 *déc.* 1816. (*Art.* 5653, j.) — Au surplus, V. *atermoiement* et *livres de commerce.*

RÉINTÉGRATION *par contre-lettre.* Voyez *contre-lettre.*

RELATION. Mention mise, sur un acte, de la formalité qu'il a reçue et du droit payé.

1. La quittance de l'enregistrement sera mise sur l'acte enregistré, ou sur l'extrait de la déclaration du nouveau possesseur. — Le Receveur y exprimera, en toutes lettres, la date de l'enregistrement, le folio du registre, le numéro et la somme des droits perçus. — Lorsque l'acte renfermera plusieurs dispositions opérant chacune un droit particulier, le Receveur les indiquera sommairement dans sa quittance, et y énoncera distinctement la quotité de chaque droit perçu, à peine d'une amende de 10 francs pour chaque omission. *Art.* 57 *de la loi de frim.* 7, *art.* 58 *et* 59 *des ordres généraux, instr.* 400.

2. La mention sur les billets doit être placée de manière à ne point laisser présumer qu'elle s'applique aux à-comptes annotés au dos qui n'entrent point dans la perception. *Sol. du* 29 *prair.* 7.

3. La relation sur la contre-lettre déclarée nulle par l'art. 40 de la loi de frimaire 7, doit être ainsi conçue : *Reçu le . . . par forme d'amende, la somme de . . . payée par . . . conformément à . . .* — *Circ.* 1109.

4. Lorsque, faute de certaines énonciations, l'acte donne lieu à l'amende, la relation doit indiquer la cause de cette perception. *Circ.* 838.

6. La mention du Receveur doit être copiée littéralement dans les expéditions. V. *expédition* et *greffier*, n.os 13 et suivans. — S'il s'agit d'actes en double minute, V. *notaire*, n.° 32.

6. La simple indication que la formalité a été donnée par tel Receveur qui a perçu les droits, ne dispense pas de l'amende, pour défaut de copie de la mention. *Instr.* 400.

7. Même obligation que pour les expéditions, s'il s'agit de la délivrance d'extraits. *Sol. du* 9 *mai* 1809.

8. Pour le jugement qui est relaté dans un acte de Notaire, on n'a point à mentionner *le coût* des droits de greffe qui en a été perçu. *Déc. min. fin. du* 5 *novembre* 1819.

9. La prescription pour défaut de copie littérale de la mention du Receveur dans les expéditions, est de trente ans. *Arr. de cass. du* 18 *avril* 1806.

10. Les rôles qui énoncent les exploits des Huissiers ne doivent pas nécessairement contenir la transcription littérale de la quittance de l'enregistrement. Il suffit de faire mention de la date de la formalité, du folio du registre, du montant des droits, et du nom du bureau ainsi que de celui du Receveur. *Déc. min. fin. du* 23 *sept.* 1806.

RELEVÉ *des décès*, V. *notices de décès.*

REMBOURSEMENT. Les remboursemens ou rachats de rentes, pensions et redevances de toute nature, opèrent le droit de 50 c. p. 100. *Art.* 69 *de la loi de frim.* 7.

1. Le droit se liquide sur le capital qui avait été constitué, quel que soit le prix stipulé pour l'amortissement. *Art.* 14 *de la même loi.*

2. Si la rente a été créée sans expression de capital ou stipulée payable en nature, V. *estimation* et *mercuriales.*

3. Le droit de 50 c. p. 100 à percevoir sur les remboursemens de rentes faits à l'État, doit être liquidé à raison de 15 fois la rente. *Circ.* 1849.

4. Lorsqu'une rente est remboursée volontairement par la caution du débiteur avec subrogation et décharge du cautionnement en sa faveur, l'acte qui contient ces dispositions est passible du droit comme cession de rente, et la décharge du cautionnement n'opère aucun droit. *Déc. min fin. du* 17 *nov.* 1807. V. *subrogation.*

5. Quant aux rachats d'une rente créée avant la loi du 11 brumaire 7, l'acte devant éteindre au lieu de transférer, le droit de transcription de 1 1/2 p. 100 n'est pas dû. *Sol. du* 25 *juillet* 1818. (*Art.* 6231, *j.*) —

Pour connaître les rentes dont on peut exiger le remboursement, V. aux DOMAINES, le mot *rentes*.

RÉMÉRÉ. Une vente faite sous faculté de réméré ou de rachat, après un certain tems, en remboursant à l'acquéreur le prix de son acquisition, opère le même droit que les ventes ordinaires. V. *ventes d'immeubles*, n.° 29. — Quant au retrait de réméré, V. *faculté* et *retrait*.

REMISE *de dette*. V. *acceptilation*.

— *de droits et amendes*. V. *amendes*, n.° 2; et *juge*, page 203, n.° 4.

— *de pièces*. V. *décharge*.

— *de cause*. V. *actes*, n.° 58.

REMISES *des Receveurs de la direction générale des Domaines*.

1. La remise *ordinaire* des Receveurs des droits d'enregistrement, de timbre, de greffes, d'hypothèques, des amendes et autres recettes y jointes, est réglée comme il suit : — 8 p. 100 sur les premiers 10,000 fr. — 3 p. 100, de 10 à 50,000 fr. — 2 p. 100, de 50 à 150,000 fr. — 1 p. 100, de 150,000 à 300,000 fr. — 1/2 p. 100, de 300,000 à 700,000 fr. — 1/4 au-dessus de 700,000 fr. indéfiniment. *Décr. du 23 mai* 1810. *Instr.* 479.

2. Celles des Receveurs des domaines ont été fixées par le même décret, ainsi qu'il suit : — 4 p. 100 sur les premiers 30,000 fr. — 2 p. 100, de 30 à 100,000 f. — 1 p. 100, de 100 à 250,000 fr. — 1/2 p. 100, de 250 à 700,000 fr. — 1/8 p. 100, de 700,000 et au-dessus indéfiniment. *Idem*.

3. A partir de 1820, le minimum de la remise des Recev.[s] de l'Enregistrem.[t], est de 800 fr. — La remise des Conservateurs des hypothèques, dont les recettes annuelles ne s'élèvent pas à 7,500 francs, sera liquidée à raison de 8 p. 100. Ces Préposés ne jouiront plus du minimum de 600 fr. *Instr.* 914.

4. Le minimum des remises du Receveur du timbre extraordinaire, est le même que celui pour les Receveurs de l'enregistrement. *Déc. min. fin. du* 15 *avril* 1816. (*Art.* 5449, *j.*)

5. *Remise extraordinaire sur le prix des ventes de bois de l'Etat*. Les Receveurs verseront le montant des sommes recouvrées sur les 2 p. 100 du prix des ventes de bois, en vertu de la loi du 23 sept. 1814, avec les autres produits, dans la caisse du Receveur général. Ils porteront sur leurs états de mois, les recettes et dépenses qu'ils auront faites sur cette partie. — Sur cette remise, 1 p. 100 est employé en gratifications aux Préposés des Domaines et en dépenses de service, et le 1 p. 100 restant est distribué aux agens forestiers. *Instr.* 706.

6. *Remises sur le produit des biens du Domaine extraordinaire*. Pour les *revenus* proprement dits, 2 p. 100 jusqu'à 50,000 fr. de la recette de l'année. — 1 p. 100 sur l'excédant. *Instr.* 841.

7. Pour les *prix de vente* et les *capitaux* recouvrés, 1 p. 100 jusqu'à 100,000 fr. de la recette. — 1/2 p. 100 au-dessus de 100,000 fr. jusqu'à 200,000 fr. inclusivement. — 1/4 p. 100 sur l'excédant. *Idem*.

8. *Remises sur le produit des décomptes*. Elles se trouvent supprimées à partir du 1.er janvier 1819. *Instr.* 899.

9. *Remises spéciales sur les revenus et prix de vente des biens des communes*. A compter du 1.er janv. 1816, le Ministre des finances fera distribuer, par trimestre, aux Préposés des Domaines et aux Employés des Préfectures, qui auront concouru aux opérations relatives à l'exécution de la loi du 20 mars 1813. *Instr.* 709.

10. *Autres recettes passibles ou non de remises*. A partir du 1.er janv. 1819, les Receveurs ont droit à la remise ordinaire sur les frais de poursuite et d'instances avancés en matière d'enregistrem.[t], domaines et forêts. *Instr.* 879.

11. Le recouvrement des intérêts d'un débet donne lieu à la remise comme celui des soustractions de recettes, attendu que les recouvremens n'ont figuré dans aucun compte. *Sol. du* 20 *fév.* 1812. (*Art.* 5205, *j.*)

12. Il n'y a point de remise sur le décime. *Circ.* 1574.

13. A compter du 1.er janv. 1815, les recettes provenant de dégrèvement de contributions sont passibles de remises. *Instr.* 670.

14. Il n'y a pas lieu à rapport des remises allouées sur les sommes enlevées par force majeure, dont l'Employé obtient décharge. — Celles allouées, lors de la recette, au Receveur en débet et insolvable, doivent être ajoutées au débet qui n'est plus passible de remise, lors de la rentrée du déficit. *Circ. du* 4 *août* 1816.

15. Les amendes de consignation restituées ne doivent point être distraites des sommes sujètes à remises. *Sol. du* 6 *mars* 1817. — La perte des remises allouées sur leur montant est supportée par le Trésor. *Déc. de la Cour des comptes*. (*Art.* 4311, *j.*)

16. La moitié des salaires des Conservateurs, attribuée au Trésor par l'ordonn. du 1.er mai 1816, est passible de remise, comme les autres recettes, et ne doit point supporter la retenue pour le fonds des retraites sur cette moitié de salaires dont ils ne profitent pas. *Sol. du* 4 *sept.* 1816. (*Art.* 5544, *j.*)

17. La remise est accordée sur les amendes attribuées comme sur celles qui ne le sont pas. *Circ.* 1037.

18. Lors de la restitution de tout ou partie d'un droit, le Receveur éprouve la réduction de sa remise sur la somme rendue. *Circ.* 114 *et* 359.

19. Le dépôt que ferait une partie civile, de la somme qui serait nécessaire pour frais de procédure, ne produit point de remise. *Instr.* 358 *et* 531.

20. *Comptabilité*. Les remises des Receveurs seront liquidées provisoirement par les Receveurs, à l'expiration de chaque mois, et figureront en dépense sur le bordereau. V. *Comptabilité*, n°. 24.

21. Lorsqu'il est établi un *maximum* de remises, et que les produits du mois l'atteignent, on ne doit pas le retenir ; il faut seulement s'attribuer un, deux, trois douzièmes de ce *maximum*, selon le mois où l'on se trouve. Quand la remise n'excède pas le *minimum*, on retient le douzième de ce *minimum* chaque mois. *Circ.* 804 *et du* 6 *sept.* 1793.

22. Pour les remises d'un Receveur dont les attributions ont été modifiées dans le courant d'une année, en cas de division ou réunion de bureaux, il y a lieu de *faire une liquidation particulière pour chaque portion d'année* où les attributions du Receveur ont été différentes, et comme s'il

avait exercé deux emplois. *Sol. des* 23 *déc.* 1813 *et* 1814. V. *l'Instr.* 711.

24. En cas de division d'un bureau d'enregistrement et de domaines, V. *instr.* 489, et les *circ.* 448 *et* 1615, confirmées par *déc. min. fin. du* 23 *avril* 1811. (*Art.* 3887, *j.*)

25. Si un bureau a été régi dans l'année par plusieurs Receveurs, chacun d'eux a droit à la remise (ou à l'indemnité, s'il en est accordé une. *Circ.* 804), en raison du tems de son exercice, et non proportionnellement à la recette. *Circ.* 245, 754, 1615 *et* 1799.

26. Les Receveurs doivent s'entendre lors de la liquidation définitive, pour le paiement du reliquat revenant à l'un ou à l'autre. *Circ.* 359 *et* 804.

27. La Cour des comptes ne peut rejeter une dépense pour remises allouées en vertu d'une circulaire de l'Administr.", approuvée par le Ministre des finances. *Avis du Cons. d'État, appr. le* 3 *janv.* 1815.

28. Les Tribunaux ne peuvent, dans une liquidation de compte, allouer de remises à un Receveur absent pour cause de maladie, mais qui ne justifie pas de congé donné pour cette cause. *Arr. de cass. du* 16 *août* 1809. (*Art.* 3625, *j.*)

29. Lorsqu'un employé supérieur fait l'intérim d'un bureau dont le Receveur passe ailleurs, 1/3 lui est attribué pour frais de bureau, et 2/3 sont destinés à la caisse des pensions. *Instr.* 295 et 665. V. *pensions de retraite* et *vacance.*

REMPLACEMENT. V. *engagement* et *marché.*

REMPLOI. C'est le remplacement d'un bien aliéné ou d'une rente remboursée, qui doit être fait au profit de celui des époux qui en était propriétaire.

1. Le remploi est censé fait à l'égard du mari, toutes les fois que, lors d'une acquisition, il a déclaré qu'elle a été faite des deniers provenus de l'aliénation de l'immeuble qui lui était personnel, et pour lui tenir lieu de remploi. *Art.* 1434 *du C. C.*

2. D'où il suit que, s'il est fait déclaration de remploi dans un contrat d'acquisition, elle ne doit, outre le prix de la vente, que le droit fixe de 2 fr. établi par l'art. 43 de la loi de 1816. *Instr.* 392.

3. La déclaration du mari, que l'acquisition est faite des deniers provenus de l'immeuble vendu par la femme, et pour lui servir de remploi, ne suffit point, si ce remploi n'a pas été accepté; elle a simplement droit, lors de la dissolution de la communauté, à la récompense du prix de son immeuble vendu. *Art.* 1435 *du C. C.*

4. Ainsi, la simple déclaration du mari non acceptée par la femme, n'opérant pas le remploi, ne donne ouverture à aucun droit; mais elle produirait celui de 2 fr. fixe, si elle était acceptée, cette dernière disposition devant être considérée comme consentement ou décharge de remploi. *Instr.* 392.

5. Si le remploi n'a pas été consommé, la récompense du prix de l'immeuble appartenant à la femme, s'exerce sur les biens personnels du mari, en cas d'insuffisance des biens de la communauté. *Art.* 1436 *du C. C.*

6. Il n'est dû aucun droit pour l'affectation particulière d'un immeuble par le mari. Cette clause n'ajoute rien aux avantages assurés à la femme par l'art. 1436 du Code, et n'a d'autre effet que de restreindre l'hypothèque légale que cet article donne à la femme sur les biens, non seulement de la communauté, mais encore de son mari, pour sûreté du remploi de ses propres aliénés. *Instr.* 392.

7. Le mari peut céder à sa femme des immeubles pour le remploi de ses biens aliénés. *Art.* 1595 *du C. C.*, V. *cession*, n° 21.

Au surplus, V. *déclaration*, n° 28; *succession* et *ventes d'immeubles.*

RENONCIATION. Abdication d'un droit acquis.

1. La renonciation à succession, legs ou communauté, lorsqu'elle est pure et simple, opère le droit fixe de 1 fr., si elle est faite par acte civil. *Art.* 68 *de la loi de frim.* 7; elle donne ouverture au droit de 3 fr., si elle est faite par acte judiciaire. *Art.* 44 *de la loi du* 28 *avril* 1816. — Il est dû un droit par chaque renonçant, et pour chaque succession à laquelle on renonce. *Art.* 68 *de la loi de frim.* 7.

2. L'acte par lequel le légataire non encore saisi par la délivrance, passe un acte par lequel il se désiste purement et simplement et sans aucun prix de son legs au profit des héritiers de la succession, n'est passible que du droit fixe. *Sol. du* 16 *mai* 1814. *Arr. de cass. du* 22 *frim.* 11.

3. Les répudiations de donations acceptées et devenues irrévocables, emportent rétrocession de la part du donataire, des objets à lui donnés, en faveur du donateur, et conséquemment une transmission de propriété à son profit, donnant ouverture au droit proportionnel de donation. *Arr. de cass. des* 9 *juin* et 28 *juillet* 1806.

4. La renonciation à une succession faite au greffe en faveur d'un tiers acceptant, opère une vente ou une donation, selon qu'elle est faite à titre onéreux ou gratuit, et ne dessaisit plus de la qualité d'héritier. *Arr. de cass. du* 17 *août* 1815. (*Art.* 5365, *j.*)

5. La renonciation par un légataire à la nue-propriété des immeubles qui lui ont été légués en toute propriété pour s'en tenir à l'usufruit, est une transmission de propriété en faveur des héritiers présens à l'acte. *Sol. du* 11 *avril* 1817. (*Art.* 5730, *j.*)

6. Celle par les héritiers de deux époux assassinés, sans qu'on puisse savoir lequel a survécu, à tirer aucun avantage de la donation mutuelle que les époux se sont faite en *propriété*, opère une donation par les héritiers de l'époux, comme dernier mourant, suivant les présomptions qui se tirent des art. 720 et suivans du C. C., des biens qu'il avait recueillis en sa qualité de survivant. *Sol. du* 15 *avril* 1813. (*Art.* 4485, *j.*)

7. Lorsqu'après avoir cédé ses droits dans une succession échue, on renonce à cette succession moyennant une somme, il en résulte cession. *Arr. de cass. du* 31 *mars* 1817. (*Dict. de Manut.*, *tom* 3, *p.* 17).

8. La renonciation à communauté faite pour un mineur par son tuteur, en vertu d'une délibération du conseil de famille, même sans être homologuée en justice, est valable. *Arr. de cass. du* 22 *nov.* 1815.

9. Lorsque la veuve qui n'a pas fait inventaire dans les trois mois du décès de son mari, renonce à la com-

munauté, même sans s'y être immiscée, sa renonciation n'est d'aucune valeur. *Cour de Paris du* 2 *août* 1816.

10. La forme pour les renonciations aux successions *ab intestat*, s'applique aux renonciations à toutes successions testamentaires. *Instr.* 586.

11. Le père ou la mère ne peut renoncer au préjudice de ses créanciers, au droit d'usufruit que lui confère l'art. 384 du C. C. sur les biens de ses enfans, jusqu'à ce que ceux-ci aient atteint leur majorité ou soient émancipés. *Arr. de cass. du* 11 *mai* 1819.

12. La femme donataire universelle de son mari, ne peut renoncer à cet avantage, lorsqu'elle l'a accepté par divers actes et qu'elle s'est saisie de différens effets de la succession. *Cour de Paris du* 25 *fév.* 1819.

13. L'enfant d'un débiteur assigné en reprise d'instance, peut toujours renoncer à la succession de son père, et la renonciation est recevable jusqu'à ce qu'on prouve qu'il a fait acte d'héritier; il n'est tenu de justifier ni d'inventaire ni d'acte exclusif d'acceptation. *Arr. de cass. du* 16 *juillet* 1814. (*Art.* 5374, *j.*)

14. Les renonciations à succession ou legs, ne sont valables qu'autant qu'elles sont faites au Greffe du tribunal civil, etc., *article* 784 *du* C. C. — Néanmoins on peut admettre comme dispensé de paiement des droits résultant d'un legs, la renonciation que le légataire aurait passée par acte notarié. *Instr.* 386.

15. La renonciation à un gain de survie, faite dans les six mois après le décès, doit entraîner la cessation des poursuites commencées pour le paiement des droits résultant dudit avantage. *Déc. min. fin. du* 9 *nov.* 1813. (*Art.* 4787, *j.*)

16. La renonciation à un avantage testamentaire, n'empêche pas que le droit ne soit dû pour le douaire. *Arr. de cass. du* 3 *août* 1808.

17. Le droit payé par les héritiers, n'est pas restituable, lorsqu'ils renoncent ensuite à la succession. *Déc. min. fin. du* 30 *août* 1815. — V. *succession.*

RENTES. Les obligations, constitutions, transferts et engagemens de rentes que la ville de Bordeaux a été autorisée à créer par l'ordonnance du 29 oct. 1817, ne sont soumis qu'au timbre, suivant l'art. 9 de cette ordonnance. (*Art.* 5908, *j.*)

Les titres constitutifs des rentes créées par la ville de Paris, en vertu de l'ordonnance du 13 septembre 1815, et autres actes y relatifs, sont sujets au timbre et non à l'enregistrement. *Ordonn. du* 13 *septembre* 1815. (*Art.* 5235, *j.*)

Il ne sera perçu que le droit fixe de 1 fr., pour les délégations qui seront faites par la commission administrative des hospices de Paris et de Poitiers, aux créanciers de ces établissemens, des capitaux de rentes mis à leur disposition. *Arrêté du Gouvernement du* 4 *therm.* 10. (*Art.* 3989, *j.*) — V. *adjudication*, n.° 3, *cession*, n.ºs 26 et suiv., *constitution* n°s 2 et suiv., *conversion*, *estimation*, *novation*, *remboursement* et *succession*.

RENTRÉE ou RENVOI *en possession*. V. *résolution*, *retour*, *retrait* et *rétrocession*.

RENVOIS *d'extraits d'actes ou d'enregistrement*.

1. Pour que chaque Receveur soit à portée de meubler ses tables des renseignemens qui sont utiles aux intérêts de l'Administ.^n, il est indispensable que tout Employé fournisse à celui de ses confrères qu'ils concernent, les renvois des extraits d'enregistrement qu'il lui importe de connaître; ces renvois doivent comprendre, suivant la circ. 1109: — 1.° Les actes de décès des personnes mortes hors de leur résidence, les dons éventuels d'objets déterminés, donations d'immeubles, contrats de mariage portant quelque avantage au profit de l'un des conjoints, et généralement toutes dispositions susceptibles, lors du décès des contractans ou autres événemens prévus, d'opérer des droits qui doivent être payés dans d'autres bureaux, ou donner lieu à des déclarations de la part de l'héritier, légataire ou donnataire. — 2.° Les actes translatifs de propriété ou usufruit de biens particuliers ou domaniaux, situés dans l'arrondissement d'autres bureaux, tels que baux, ventes, cessions, partages, transactions et autres actes qui établissent la propriété, et font connaître la valeur des biens. *Circ.* 1109. Enfin tous les renseignemens qui peuvent mettre à portée de suivre la filiation des mutations, de découvrir celles opérées par actes sous seings-privés, ou autres titres, et de constater les insuffisances dans les déclarations des héritiers ou donataires. *Art.* 81 *des ordres généraux de Régie*, *circ.* 1714. — 3.° Et les relevés des inscriptions de créances hypothécaires, pour être transmis à chacun des bureaux d'enregistrement du domicile des créanciers. (*Lettre de M. l'Adm.^r de la* 1.re *division*, *du* 9 *mai* 1821, n° 1464. *Mém. de Contretournée*, *de mai* 1821, *direction d'Orléans.*)

2. On doit joindre aux renvois la copie de l'enregistrement d'une acceptation de donation entre-vifs lorsque celle-ci a été enregistrée à un autre bureau. *Instr.* 290.

3. Il est essentiel de renvoyer les extraits d'enregistrement des actes que les Officiers publics et ministériels font enregistrer hors de l'arrondissement du bureau de leur résidence, pour que la vérification des répertoires se fasse plus complètement. (*Mémoires d'ordres de la Direction d'Orléans*, *année* 1821.)

4. On doit renvoyer au bureau où doivent se faire les recouvremens des sommes dues à l'Administration, les actes enregistrés en débet qui y ont rapport. *Instruct.* 607.

5. Il faut aussi joindre aux renvois les extraits de jugemens de condamnation à amendes, et les frais adjugés contre les condamnés qui ont leur domicile dans un autre bureau. *Instr.* 518.

6. Le Directeur fait passer au bureau de la situation des biens, des extraits d'adjudication d'immeubles domaniaux, pour que le Receveur procède au recouvrement des fermages dus à l'Etat. *Circ.* 990.

7. Quant aux actes qui doivent servir à faire convertir en créance réelle l'inscription indéfinie, pour déterminer le paiement du droit d'hypothèque, en vertu des renvois d'enregistrement qui doivent être faits aux Conservateurs, V. AUX HYPOTHÈQUES, *inscription indéfinie*.

8. L'Inspecteur relève, dans le cours de ses opérations, et joint à son journal de travail, les articles du visa pour timbre donné aux actes dans un bureau

autre que celui où il travaille. La distribution et l'usage de ces renvois ont lieu comme pour les autres. *Circulaire* n°. 1419.

9. Les renvois servent à constater les simulations de prix, insuffisances et omissions dans les déclarations. *Circ.* 1941. — Quant au mode de consignation sur les registres du bureau, voyez l'article 82 des ordres généraux de Régie.

10. Lorsqu'il a été payé un supplément en conséquence d'un renvoi, il faut en faire mention sur la feuille des renvois, pour le bureau où l'acte a été enregistré. *Instr.* 316.

11. L'Inspecteur, à chaque tournée, reçoit du Directeur les renvois qui concernent les divers bureaux de sa division, les remet à son passage aux Receveurs, reçoit ceux du trimestre précédent, pour être déposés à la Direction; il se fait également remettre ceux que les Receveurs ont dû disposer pour les autres bureaux, ou un certificat négatif; il en fait la remise au Directeur, avec les autres pièces de la tournée. *Art.* 256 *et* 291 *des ordres généraux de la Régie. Circ.* 53. *Instruct.* 290.

RÉPERTOIRE. Registre sur lequel les Officiers publics inscrivent sommairement les actes qu'ils rédigent en leur qualité.

1. OBLIGATION DE TENIR RÉPERTOIRE.—Les Notaires, Huissiers, Greffiers, et les Secrétaires des Administrations centrales et municipales tiendront des répertoires dans la forme ci-après indiquée. *Art.* 49 *de la loi de frimaire* 7.

2. Sont soumis à ces dispositions : 1° les Courtiers et Gardes du commerce, assimilés aux Huissiers. *Lettre du min. du commerce, aux Préfets, du . . . (Art.* 4718 *j.)* *Déc. min. fin. du* 20 *juin* 1809. — 2° Les Huissiers près les justices criminelles; ils sont tenus de porter au répertoire tous leurs exploits soumis à l'enregistrement, soit qu'ils acquittent ou n'acquittent pas immédiatement les droits, soit que la formalité ait eu lieu gratis. *Instr.* 388. — 3° Le Greffier de la Cour de cassation; il doit le faire viser par le Receveur. *Déc. min. fin. du* 28 *décembre* 1813. (*Art.* 4793, *j.*) — 4° Les Officiers qui remplissent près les Prud'hommes les fonctions de Greffiers. *Inst.* 437. — 5° Les Greffiers des Tribunaux de commerce. *Déc. min. fin. du* 14 *déc.* 1813. *Avis du Conseil d'Etat, app. le* 14 *déc.* 1814. (*Art.* 4802 *et* 5022, *j. M. Sirey, année* 1814). — 6° Les Commissaires-Priseurs; ils sont soumis aux mêmes obligations que les Notaires, et doivent, comme ceux-ci, en déposer au greffe du Tribunal, une expédition dans les deux premiers mois de chaque année. *Ordonn. du* 26 *juin* 1816. (*Art.* 5519, *j.*) — 7° Les porteurs de contraintes. *Instr.* 363.

Chaque Huissier audiencier tiendra deux répertoires, l'un, des actes qu'il fera comme Huissier audiencier; l'autre, des actes qu'il fera ou signifiera par suite de clientelle ou de confiance particulière; le premier de ces répertoires devra être présenté au visa du Receveur établi près le Tribunal auquel l'Huissier est attaché, pour le service des audienciers, et le second, au visa du Receveur de la résidence de l'Huissier, aux époques prescrites par l'art. 51 de la loi du 22 frim. 7. *Décis. min. fin. du* 29 *déc.* 1820. (*Art.* 6899, *j.*)

3. Les Sous Préfets et les Maires ont été admis à déléguer, par un arrêté *spécial*, la tenue de leur répertoire à l'un des Employés de leurs bureaux. — L'Employé délégué doit accepter, par écrit, à la suite de l'arrêté, la délégation qui lui a été faite, et se soumettre à remplir les obligations imposées par la loi. — Une expédition de ces deux actes doit être adressée au Directeur de l'enregistrement, et une autre au Procureur du Roi près le Tribunal de première instance de l'arrondissement, pour faire connaître à ces Fonctionnaires le Préposé qui, près de chaque *Sous-Préfet* ou de chaque *Maire*, est soumis aux vérifications et à l'amende établie par la loi. *Instr.* 322 *et* 325.

4. Les Maires qui n'ont point de délégués, sont tenus de se conformer aux règles prescrites par la loi. *Instr.* 318.

5. Les Secrétaires généraux sont assimilés aux Fonctionnaires publics, pour les actes sujets au timbre et à l'enregistrement, et en cas de contravention, ils ne sont pas fondés à décliner la compétence des Tribunaux. *Déc. min. fin. du* 28 *avril* 1807.

6. TIMBRE DES RÉPERTOIRES. — Les répertoires des Notaires, Huissiers, Greffiers, et Secrétaires des Préfectures, Sous-Préfectures et Mairies, sont assujétis au timbre à peine de 100 francs d'amende. *Art.* 12 *et* 26 *de la loi de brum.* 7. *Arr. de cass. du* 19 *déc.* 1808.

7. Ils ne peuvent se servir pour cela que du timbre débité par la Régie. *Circ. du* 19 *avril* 1810.

C'est à ceux qui sont dans l'obligation de les tenir, à en supporter les frais, sauf à ne les composer que du nombre de feuilles qu'ils jugeront convenable. *Circul.* 1566. — Si les colonnes du répertoire sont imprimées, V. *timbre* (empreinte couverte d'écritures.).

8. Le double des répertoires à déposer chaque année au greffe du Tribunal de première instance, doit être en papier timbré. *Circ.* 1401.

9. Les répertoires des Officiers publics commencés sur papier timbré avant la loi d'avril 1816, peuvent être continués sur le même papier non contre-timbré. *Sol. du* 16 *juillet* 1816. (*Art.* 5518, *j.*)

10. Les répertoires des porteurs de contrainte doivent continuer à être visés pour timbre gratis. *Décis. min. fin. du* 26 *août* 1820. (*Art* 6779, *j.*)

11. COTE ET PARAPHE. — Les répertoires seront cotés et paraphés, savoir, ceux des Greffiers de la justice de paix, par le Juge de paix de leur domicile; ceux des Greffiers des Cours et Tribunaux, par le Président ou le Juge qu'il aura commis; ceux des Secrétaires des Administrations, par le Président de l'Administration, *art.* 53 *de la loi de frim.* 7, *instruct.* 486; ceux des Notaires par le Président du Tribunal de première instance de leur arrondissement, *loi des* 25 *vent.* 11 *et* 22 *niv.* 12; ceux des Huissiers audienciers, par le Président de la Cour ou du Tribunal, ou par le Juge qu'il aura commis à cet effet; ceux des Huissiers ordinaires qui résident dans les villes où siègent les Tribunaux de première instance, par le Président du Tribunal ou par le Juge qu'il aura commis; ceux des

autres Huissiers par le Juge de paix du canton de leur résidence. *Instr.* 659.

12. TENUE DU RÉPERTOIRE. — Les répertoires sont à colonnes; les Officiers publics doivent y inscrire, jour par jour, sans blanc ni interligne, et par ordre de numéros, les articles susceptibles d'y être portés. *Art.* 49 *de la loi de frim.* 7.

13. Chaque article doit contenir, 1° son numéro; 2° la date de l'acte; 3°. sa nature; 4° les noms et prénoms des parties et leurs domiciles; 5° l'indication des biens, leur situation et le prix, lorsqu'il s'agit d'actes qui auront pour objet la propriété, l'usufruit ou la jouissance de bien-fonds; 6° la relation de l'enregistrement. *Art.* 49 *de la même loi.* — Cette forme n'est point changée par la loi du 25 vent. 11. *Déc. min. fin. du* 20 *germ.* 12.

15. On peut exprimer en chiffres le numéro, la date des actes, celle de l'enregistrement, et les droits perçus. *Instr.* 363 *et* 382.

16. L'inscription des actes doit être faite sur le répertoire le jour même de leur date. *Arr. de cass. des* 10 *déc.* 1808 *et* 4 *déc.* 1816.

17. Le Notaire doit inscrire ses actes au répertoire jour par jour, sauf à laisser en blanc la case destinée à la mention de l'enregistrement, jusqu'à l'accomplissement de cette formalité. *Arr. de cass. du* 5 *février* 1811. (*Art.* 3845, *j.*)

18. Le coût des actes, déboursés défalqués, doit être porté sur le répertoire des Huissiers. En cas d'omission, on doit en prévenir le Procureur du Roi, pour réprimer l'irrégularité. *Instr.* 659.

19. Lorsque les actes rédigés par les Juges suppléans ne peuvent être déposés au greffe qu'après leur date, ce qui s'oppose à l'inscription au répertoire à leur ordre, ils doivent être, le jour de leur remise, visés par le Juge de paix, et portés au répertoire par le Greffier, en ayant soin d'y insérer le date du visa du Juge. *Déc. min. fin. du* 31 *juillet* 1808.

ACTES A PORTER SUR LE RÉPERTOIRE. — Les Officiers publics doivent y inscrire, savoir :

20. Les *Notaires.* — Tous les actes et contrats qu'ils recevront, même ceux qui seront passés en brevet, à peine de 10 francs d'amende pour chaque omission. *Art.* 49 *de la loi de frim.* 7, *et* 29 *de la loi du* 25 *ventôse* 11.

21. Les *Commissaires-Priseurs* ont les mêmes oblitions. V. ci-dessus, n° 2.

22. On ne peut tenir deux répertoires, l'un pour les actes en brevet, et l'autre pour ceux en minute. *Sol. du* 22 *mai* 1810.

23. Il résulte de cette disposition de la loi, que les Notaires doivent porter sur leurs répertoires, 1.° les décharges du prix du mobilier qu'il a vendu. *Sol. du* 2 *janv.* 1818. 2.° Les testamens qu'il a reçus, ou qui lui sont déposés à la date de la rédaction de l'acte, sauf à laisser en blanc la partie destinée à la mention de l'enregistrement. *Déc. min. just. des* 6 *vend.* 13 *et* 9 *sept.* 1812. *Arr. de cass. du* 19 *déc.* 1808. (*Art.* 4441, *j.*) 3.° Les ventes de biens mineurs faites en vertu de délégation des Tribunaux. *Circ. du* 8 *prair.* 12. 4.° Les collations d'actes et extraits de pièces *Instr.* 232.

24. Cependant les extraits et expéditions que délivre un Notaire, comme successeur d'un autre décédé, ne sont sujets ni aux droits ni à l'inscription sur le répertoire. *Déc. min. fin. du* 22 *juin* 1813.

25. L'obligation imposée aux Notaires par l'art. 176 du C. de Com., de tenir répertoire des protêts dans la forme ordinaire, ne les dispense pas de porter ces actes au répertoire de leur ministère et de le présenter tous les trois mois au visa. *Instr.* 420.

26. Les baux des biens des hospices doivent être portés au répertoire des Notaires, le jour où ils ont été passés, sauf à mettre en marge, *soumis à l'approbation du Préfet.* — *Instr.* 336.

27. Les inventaires ne sont pas soumis à une inscription particulière pour chaque vacation. *Circ.* 1737. On les porte à leur première date, en indiquant à la suite et dans le même contexte les dates des autres vacations. *Instr.* 596.

28. Lorsque l'inventaire a été passé hors de l'arrondissement du bureau où réside le Notaire, l'acte doit être porté sur le répertoire, en indiquant les jours qu'il a duré, les divers enregistremens dans chaque bureau, leur date et les noms des bureaux. *Instr.* 290.

29. Les actes à plusieurs dates doivent être portés sur le répertoire à la première date. *Sol. du* 6 *mars* 1807. *Instr.* 596. — Quant aux actes passés devant un Notaire remplaçant son confrère, V. *Notaire*, n.° 42.

30. Lorsqu'un Notaire dresse un procès-verbal de visite des lieux, comme chargé de cette opération par ordre du Tribunal, il doit insérer cet acte sur son répertoire. *Déc. min. fin. du* 24 *oct.* 1817. (*Art.* 5930, *j.*)

31. L'acte non signé du Notaire, ne doit pas être porté sur le répertoire. *Arr. de cass. du* 18 *nov.* 1807, V. *Notaire*, n.os 33 *et suiv.*

32. Celui signé par un Notaire pour son confrère, doit être sur le répertoire du premier. *Sol. du* 22 *mai* 1810. V. *décharge*, n.° 8.

33. Les états de mobiliers, annexés aux actes de donations, peuvent ne pas être portés au répertoire. *Instr.* 351.

34. Les certificats de vie délivrés par les Notaires certificateurs, aux rentiers viagers et pensionnaires de l'Etat, ne doivent pas être portés sur les répertoires. *Déc. min. fin. du* 2 *août* 1808.

35. *Huissiers* et autres qui en remplissent les fonctions. Tous les actes et exploits de leur ministère, doivent être portés sur leur répertoire, sous peine d'une amende de 5 fr. pour chaque omission. *Art.* 49 *de la loi de frim.* 7. V. ci-devant, n.° 2.

36. Cette obligation est générale et comprend les significations d'Avoué à Avoué. *Déc. min. just. et fin. des* 19 *frim.* 14, 19 *janv. et* 15 *juillet* 1806.

37. Les Huissiers doivent inscrire, jour par jour, les protêts sur leur répertoire, et les Employés veiller à ce que cette inscription soit faite. *Sol. du* 21 *juin* 1808.

Quant aux décharges du prix de vente mobilière, V. *ci-dessus*, n.° 23.

38. Ils doivent tenir, en outre, un registre des protêts, V. *protêt*, n.° 6 et *registres*, n.° 11.

39. Un Huissier est obligé, sous peine de 5 fr. d'amende, d'inscrire sur son répertoire ses significations, le jour même qu'il les donne aux parties. *Arr. de cass. du* 4 *déc.* 1816. (*Art.* 5626, *j.*)

40. *Greffiers.* Ils doivent porter sur leurs répertoires tous les actes et jugemens, qui doivent être enregistrés sur la minute, à peine de 10 fr. d'amende pour chaque omission. *Art.* 49 *de la loi de frim.* 7. *Arr. de cass. du* 23 *juin* 1807, qui casse un jugement qui avait déchargé un Greffier des amendes encourues pour l'omission de 115 actes au répertoire.

41. Il suit de cet article de la loi, que les Greffiers doivent porter sur leur répertoire 1.° les affirmations de voyage. *Sol. du* 4 *nov.* 1815. (*Art.* 5262 *j.*) 2.° Les actes au criminel ou correctionnel soumis à l'enregistrement, soit au comptant ou débet, soit enfin gratis. *Instr.* 388.

42. Seulement les Greffiers des Tribunaux de première instance, et ceux des Cour royales, sont autorisés à tenir, dans la forme et sous les obligations prescrites par la loi de frimaire, deux répertoires distincts, l'un pour les actes et jugemens en matière civile, l'autre pour ceux de la police correctionnelle. *Instr.* 920.

43. Le procès-verbal de reconnaissance, et celui de levée de scellés, exigent chacun une mention distincte au répertoire. *Sol. du* 15 *mai* 1816. (*Art.* 5446, *j.*)

44. Le Greffier du Juge de paix, doit y porter les actes que le Juge de paix a reçus comme délégué du Tribunal de première instance. *Déc. min. fin. et just. des* 24 *déc.* 1811, *et* 7 *janv.* 1812. (*Art.* 4313, *j.*)

45. Les Greffiers ne sont pas tenus de porter sur leurs répertoires, les actes non rédigés ni signés par eux, et qui émanent immédiatement des juges. *Sol. du* 9 *août* 1817. (*Art.* 5866, *j.*)

46. Les Greffiers doivent inscrire sur leurs répertoires les récépissés qui leurs sont délivrés par les Receveurs de l'enregistrement, des jugemens dont les droits ne leur auraient pas été consignés. *Art.* 38 *de la loi d'avril* 1816. Mais cette inscription n'étant qu'une simple mesure d'ordre, la loi ne prononce aucune amende; cependant elle ne les dispense pas de porter sur le répertoire les actes dont ils délivrent extraits. *Déc. min. fin. des* 18 *vend.* 10, *et* 29 *mars* 1819. (*Art.* 6439, *j.*)

47. *Secrétaires.* Ils doivent tenir le répertoire de leurs actes, sous peine de 10 fr. d'amende pour chaque omission. *Art.* 49 *de la loi de frim.* 7.

48. Les seuls actes dont ils devra être tenu répertoire sur papier timbré, dans les Préfectures, Sous-Préfectures et Mairies, et dont les Préposés pourront demander communication, sont ceux dénommés dans l'art. 78 de la loi du 15 mai 1818. *Art.* 82 *de cette loi.* V. *actes*, n.° 28.

49. Les Secrétaires des Administrations et des Mairies, ne doivent pas perdre de vue les obligations que la loi leur impose pour la tenue des répertoires. *Instr.* 454.

50. On doit porter sur le répertoire, les actes susceptibles de l'approbation des Préfets ou des Ministres, ainsi que ceux pour lesquels elle n'est pas nécessaire; il faut, en marge des articles de la première espèce, ajouter ces mots : *soumis à l'approbation du Préfet*, et indiquer de même, soit en marge, soit dans une colonne qui sera ajoutée au répertoire, la date du jour où l'approbation sera parvenue. *Instr.* 290, *nomb.* 5.

51. Le Secrétaire général doit inscrire sur son répertoire, les échanges de biens fonds entre l'État et des particuliers, faits par actes de Préfecture. *Déc. min. fin. du* 1.er *déc.* 1812.

52. VISA DES RÉPERTOIRES. — Les Notaires, Huissiers, Greffiers et Secrétaires des Administrations, sont obligés de présenter, tous les 3 mois, leurs répertoires aux Receveurs de l'enregistrement de leur résidence, qui les visent et qui énoncent, dans leur visa, le nombre des actes inscrits; cette présentation doit avoir lieu chaque année, dans les 10 premiers jours des mois de janvier, avril, juillet et octobre, à peine d'une amende de 10 fr. par chaque décade de retard. *Art.* 51 *de la loi de frim.* 7.

53. L'obligation imposée aux Notaires, de faire viser le répertoire par le Président du Tribunal civil, ne déroge pas aux dispositions ci-dessus. *Instr.* 318. *Arr. de cass. du* 24 *avril* 1809.

53. Si le jour de l'expiration est un jour férié, on peut les présenter le lendemain. *Sol. du* 21 *déc.* 1814. (*Art.* 4903, *j.*)

54. Le délai pour la présentation au visa expire le dernier jour de la dixaine du commencement de chaque trimestre. *Sol. du* 22 *vent.* 8. *Arr. de cass. du* 31 *janv.* 1809.

55. L'amende de 10 fr. est due pour un retard de un ou deux jours à présenter le répertoire au visa du Receveur, comme pour les dix jours entiers. *Arr. de cass. du* 31 *janv.* 1809. (*Art.* 3559, *j.*)

56. L'Huissier qui ne fait pas viser le répertoire de ses actes par le Receveur de l'enregistrement, est passible de l'amende, encore bien qu'il n'ait plus le libre usage de ses facultés intellectuelles. *Arr. de cass. du* 31 *janv.* 1814. (*Art.* 4794, *j. M. Sirey, année* 1814.)

Le registre du protêt n'est pas astreint au visa. V. *registre*, n.° 11. — Au surplus, V. *le* n.° 2 *ci-devant.*

57. DÉPÔT DU DOUBLE DES RÉPERTOIRES. Dans les deux 1.ers mois de chaque année, les Notaires (et Commissaires-priseurs, *ordonn. du* 26 *juin* 1816), doivent déposer le double de leurs répertoires au greffe du Tribunal de première instance, à peine de 100 fr. d'amende pour chaque mois de retard. *Lois des* 23 *sept.* 1791 *et* 16 *flor.* 4. *Circ.* 1304.

58. Le silence de la loi du 25 vent. 11 ne les dispense pas de cette obligation. *Circ. du* 22 *niv.* 12. *Instr.* 318. *Arr. de cass. du* 24 *avril* 1809.

59. La contravention résultant du défaut de dépôt du double des répertoires des Notaires, dans les deux premiers mois de chaque année, existe dès le 1.er mars; l'amende de 100 fr. est encourue ce jour-là, et doit être augmentée de pareille somme pour chaque mois de retard ultérieur. *Déc. min. fin. du* 5 *mai* 1807. *Instr.* 433. *Arr. de cass. des* 31 *janv. et* 30 *juillet* 1816, 10 *mai* 1819 *et* 4 *juillet* 1820. (*Art.* 5437, 5573 *et* 6447, *j. Art.* 184 *du Contrôl. de l'Enregistrement.*)

60. Le Notaire n'est point dispensé de l'amende, parce qu'il a remis ce double à la poste de son domicile dans les délais. *Arr. de cass. du* 6 *juin* 1809.

61. Le Notaire qui n'a reçu pendant l'année aucun acte, n'est pas tenu de déposer au greffe un certificat négatif. *Déc. min. fin. et just. des* 2 *et* 14 *juillet* 1812. (*Art.* 4399, *j.*)

62. Celui qui succède à un autre, est tenu de faire pour lui le dépôt des minutes reçues depuis le commencement de l'année. *Déc. min. fin. du* 12 *nov.* 1817 (*Art.* 5938, *j.*)

63. Les Huissiers ne sont pas tenus de déposer aux greffes des Tribunaux civils, les procès-verbaux de ventes mobilières, ni les doubles de leurs répertoires. *Déc. min. fin. et just. des* 11 *et* 19 *oct.* 1813. (*Art.* 4795, *j.*). — Quant aux Commissaires-Priseurs, V. n.° 2 ci-devant.

64. Le Receveur près le Tribunal civil doit, sous sa responsabilité, s'assurer, le 1.er mars de chaque année, du dépôt du double des répertoires, et constater par procès-verbal (qu'il remet au Procureur du Roi chargé de poursuivre *instr.* 384) les contraventions à cette disposition. L'Employé supérieur doit, sous les mêmes peines, vérifier si le Receveur a été exact, et en rendre compte. *Instr.* 318 *et* 453. *Sol. du* 28 *janv.* 1812.

C'est au Procureur du Roi à se pourvoir contre le jugem.t qui dispense le Notaire de l'amende. *Arr. de cass. du* 12 *juin* 1811. (*Art.* 4023, *j.*) V. *instances*, n° 98.

65. Le certificat du Greffier, qui constate le dépôt fait par le Fonctionnaire, du double de son répertoire, justifie de l'exactitude à déposer, quoique la mention de ce dépôt n'existe point sur le registre à ce destiné, attendu que la tenue d'un tel registre n'est ordonnée par aucune loi. *Arr. de cass. du* 11 *janv.* 1816. (*Dict. de Manut.*, tom. 3, p. 41.)

66. Quant au dépôt des minutes de la justice de paix, V. *Greffier*, n.° 34.

67. Pour la forme de la rédaction et le droit d'enregistrement de l'acte de dépôt que le Greffier doit rédiger, V. *dépôt*, n.os 43 et suiv.; *greffe* (droits de), n.° 25.

68. INTERCALATION; *omission*; *inscriptions aux répertoires*, *d'actes non enregistrés*. — L'intercalation est considérée comme omission. *Arr. de cass. du* 19 *déc.* 1808. (*Art.* 3317, *j.*) — Et lorsqu'après le visa du Receveur, énonciatif du nombre d'actes inscrits, l'Officier intercale d'autres actes, il est en contravention, et doit supporter autant d'amendes qu'il se trouve d'intercalations, parce qu'il y avait omission, et que dès-lors la peine était encourue. *Sol. du* 26 *germ.* 13.

69. Le Notaire encourt l'amende de 50 fr., pour avoir seulement écrit et porté sur son répertoire un acte signé par les parties et les témoins, et non de lui. *Arr. de cass. du* 15 *fév.* 1814. (*Art.* 4984, *j.*)

70. La mention de la formalité sur le registre de recette suffit pour prouver qu'un exploit a eu existence, et l'Huissier qui a omis de le porter à son répertoire, a encouru l'amende. *Arr. de cass. du* 2 *oct.* 1810. (*Art.* 3769, *j.*)

71. Si, au contraire, il a porté sur son répertoire, différens actes avec mention de leur enregistrement, et qui pourtant ne se trouvent pas portés sur les registres de recette, il a encouru l'amende de 25 fr. par chaque acte. *Arr. de cass. du* 2 *oct.* 1810. (*Art.* 3769, *j.*)

72. COMMUNIC.on DES RÉPERTOIRES. — Indépendamment de la présentation ordonnée pour le *visa*, les Notaires, Huissiers, Greffiers et secrétaires sont tenus de communiquer leurs répertoires, à toute réquisition, aux Préposés de l'Enregistrement qui se présenteront chez eux pour les vérifier, à peine d'une amende de 50 fr. en cas de refus. Le Préposé, dans ce cas, doit requérir l'assistance du Maire, pour dresser, en sa présence, procès-verbal du refus qui lui aura été fait. *Art.* 52 *de la loi de frim.* 7. *Circ.* 1450.

73. Dans les vérifications des dépôts publics, l'Employé supérieur doit: 1.° se faire représenter les répertoires, et s'assurer si la tenue est conforme à la loi: dans le cas contraire, rapporter procès-verbal (*art.* 140 *et* 141 *des ordr. gén. de régie*), sous peine de responsabilité (*circ.* 1836); 2.° relever quantité suffisante d'extraits d'actes, pour s'assurer de l'exactitude des fonctionnaires et Receveurs. *Art.* 142 *des ord. gén. Circ.* 1304.

74. Les Préposés sont autorisés à faire, sur les répertoires des Notaires, la vérification et la recherche des testamens clos qui y sont inscrits, et à former, devant les Tribunaux, toute action nécessaire pour faire ordonner l'ouverture des testamens clos, d'après la preuve qu'ils fourniront que les testateurs sont décédés depuis trois mois. *Déc. min. fin. du* 6 *vent.* 7. *Sol. du* 26 *vend.* 8. V. *testament.*

REPORTS. L'Inspecteur doit les vérifier lors de ses vérifications, et le Receveur, en enregistrant les actes de ventes mobilières. — V. *enregistrement*, *tournée.*

REPRÉSENTATION *des actes*, V. *communication.*

REPRÉSENTATION *de personnes*, V. *cautionnement.*

REPRÉSENTATION *en fait de succession.* C'est une fiction de la loi, dont l'effet est de faire entrer les représentans dans la place, dans le degré et dans les droits du représenté. *Art.* 739 *du C. C.*

1. La représentation a lieu à l'infini en ligne directe descendante. Elle est admise dans tous les cas, soit que les enfans du défunt concourent avec les descendans d'un enfant prédécédé, soit que tous les enfans du défunt étant morts avant lui, les descendans desdits enfans se trouvent entre eux en degrés égaux ou inégaux. *Art.* 740.

2. La représentation n'a pas lieu en faveur des ascendans: le plus proche, dans chacune des deux lignes, exclut toujours le plus éloigné. *Art.* 741.

3. En ligne collatérale, la représentation est admise en faveur des enfans et descendans des frères ou sœurs du défunt, soit qu'ils viennent à la succession concurremment avec des oncles ou tantes, soit que les frères et sœurs du défunt étant prédécédés, la succession se trouve dévolue à leurs descendans en degrés égaux ou inégaux. *Art.* 742.

4. Dans tous les cas où la représentation est admise, le partage s'opère par souche: si une même souche a produit plusieurs branches, la subdivision se fait aussi par souche dans chaque branche, et les membres de la même branche partagent entre eux par tête. *Art.* 743.

5. On ne représente pas les personnes vivantes, mais seulement celles qui sont mortes naturellement ou civilement. On peut représenter celui à la succession duquel on a renoncé. *Art.* 744. — V. *succession*, n.° 20.

REPRISE *d'instance.* Acte par lequel on déclare continuer une instance à la place d'une personne décédée,

L'instance doit être reprise par acte d'Avoué à Avoué. *Art.* 347 *du C. de P. C.* — Cet acte est passible du droit fixe de 50 c. V. *exploit.*

REPRISE. *Prélèvement* que les époux ont droit de faire lors de la dissolution de leur communauté.

Pour les liquidations de reprises, V. *liquidation.*

Quant à celles contenues dans les partages, V. *partage.*

S'il est cédé aux époux ou à leurs héritiers des biens propres ou de communauté pour les remplir de leurs reprises, V. *abandon.*

Pour liquider les droits d'une succession qui contient des reprises à exercer, V. *succession.*

RÉPUDIATION. V. *renonciation.*

REQUÊTE. V. *expertise*, *instance* et *ordonnance.*

RÉQUISITION *de scellés.* V. *scellés.*

— *Au greffe.* Celle qui se fait sur le registre des adjudications, est exempte de l'enregistrement. *Instr.* 390.

RESCISION. Cassation d'un acte, à raison de la lésion qui en résulte. V. *résolution.*

RESCRIPTION. Mandat tiré par une caisse sur une autre caisse.

1. Les rescriptions et mandats de la caisse de service sur les Receveurs généraux, ou de ceux-ci sur cette caisse, sont exempts du timbre et de l'enregistrement, même en cas de protêt. *Déc. min. fin. du* 10 *août* 1815, (*Art.* 5209, *j.*)

2. Les réassignations de rescription doivent être admises en paiement à compter de la date des premières rescriptions. *Décis. min. fin. du* 27 *avril* 1812. (*Art.* 4363, *j.*).

3. Sur chaque feuille imprimée de rescription de la caisse du Trésor, il se trouve un bulletin servant de lettre d'avis, lequel est adressé au Receveur qui admet la rescription, en la rapprochant du bulletin qu'il y joint lors du versement, après y avoir fait mettre l'acquit daté et signé du porteur. *Circ.* 1361 *et* 1023.

4. La rescription du Trésor avec laquelle on paie un prix d'acquisition de biens domaniaux (que le Receveur doit admettre à quelque époque qu'elle soit présentée, (*circ.* 858) ou toute autre créance, doit être désignée dans l'enregistrement en recette, et la quittance, par date, numéro et indication des valeurs qui y sont portées, ou que la partie doit y faire porter, si elle n'y est pas spécifiée. *Circ.* 2032.

5. Le talon de chaque rescription est adressé au Receveur qui la prend pour comptant; il est accompagné de deux états détaillés, dont un lui reste, et l'autre est envoyé au Caissier des recettes du Trésor, revêtu de la signature du Receveur et de la date du reçu qui est au pied. *Lettre du Min. du Trésor, du* 26 *prair.* 10.

6. La rescription reçue pour quelque paiement que ce soit, doit être biffée par le Receveur, en présence de la personne qui la donne en paiement. Le Receveur indique, dans sa quittance, dans son registre et dans le bordereau, la somme, l'échéance, la date et le numéro de la rescription. *Circ.* 876.

7. Les Receveurs ne peuvent refuser d'admettre des rescriptions endossées. *Circ.* 1426.

8. Les rescriptions du Trésor public, quel qu'en soit l'objet, et les autres valeurs admissibles et reçues en paiement par les Préposés, seront considérées dans leurs mains comme pièces de dépense, dont le montant sera admis dans leurs comptes, ainsi qu'il en est usé pour les exécutoires de frais de justice. *Instr.* 213.

9. Quant aux rescriptions pour transferts de rentes dues à l'Etat, V. *l'inst.* 869.

10. Les rescriptions n'ont plus besoin d'être converties en récépissés, pour être admises dans les comptes de l'Administration. *Instr.* 891.

RÉSERVE *d'usufruit.* V. *vente* et *usufruit.*

RÉSERVE *dans une quittance.* Lorsqu'un acte public a été enregistré sous la réserve de plus forts droits, le supplément ne peut être répété que sur les parties. *Arrêt du Conseil du Roi, du* 11 *nov.* 1767.

Cette réserve ne prolonge pas le délai de la prescription. V. *prescription.*

Lorsqu'après un premier procès-verbal de prestation de serment, un second a été enregistré sans réserve, la partie n'est pas fondée à opposer une fin de non-recevoir sur la demande des droits dus sur le premier acte. *Arr. de cass. du* 21 *janv.* 1806.

RÉSIDENCE. Celle du Receveur est au chef-lieu de l'arrondissement de son bureau. *Art.* 11 *des ordr. gén. de Régie.*

Celle du Vérificateur est variable. *Art.* 102.— Celle de l'Inspecteur est au chef-lieu, si sa division s'étend sur la totalité du département; ou, si c'est sur une partie seulement, au chef-lieu de la Sous-Préfecture le plus au centre de sa division. *Art.* 171. — Celle du Directeur est au chef-lieu du département. *Art.* 230.

RÉSILIATION *ou* RÉSILIEMENT. Convention portant qu'un acte demeure comme non avenu, et sans effet.

1. Les *résiliemens purs et simples*, faits *par actes authentiques*, *dans les* 24 *heures* des actes résiliés, opèrent le droit fixe de 2 fr. *Art.* 43 *de la loi de* 1816. — S'ils ne renferment pas les trois conditions ci-dessus, V. *rétrocession.*

2. Lorsque le bail a été fait par écrit, la résiliation ne peut être justifiée que par la représentation d'un autre écrit; la preuve par témoins ne peut y suppléer. *Cour d'Angers du* 3 *avril* 1818.

3. Un acte de résiliation du bail, en faveur du propriétaire, doit être fait sur papier timbré et être soumis à l'enregistrement dans les trois mois. — L'existence de cet acte de résiliation, ainsi que l'indemnité pour laquelle il est fait, est suffisamment établie par le dépôt, entre les mains du Receveur, du double détenu par le fermier, et par la déclaration que fait ce dernier que le prix de l'indemnité est de 1985 fr. *Arr. d'admission en cass. du* 17 *août* 1813. (*Art.* 4806, *j.*)

RÉSOLUTION *de société.* V. *dissolution.*

RÉSOLUTION *de contrat.* Cassation d'un acte par l'autorité administrative, judiciaire, ou par le consentement des parties.

Dans les premier cas, V. *restitution.*

1. La convention contractée par erreur, violence ou dol, n'est point nulle de plein droit : elle donne

seulement lieu à une action en nullité ou en rescision. *Art.* 1117 *du C. C.*

2. Si le vendeur a été lésé de plus de 7/12.es dans le prix d'un immeuble, il a le droit de demander la rescision de la vente, quand même il aurait expressément renoncé dans le contrat, à la faculté de demander cette rescision, et qu'il aurait déclaré donner la plus value. *Art.* 1674 *du même Code.*

3. Pour savoir s'il y a lésion de plus de sept douzièmes, il faut estimer l'immeuble suivant son état et sa valeur au moment de la vente. *Art.* 1675 *du C. C.*

4. La demande n'est plus valable après l'expiration de deux années, à compter du jour de la vente : ce délai court contre les femmes mariées et contre les absens, les interdits et les mineurs venant du chef d'un majeur qui a vendu. *Art.* 1676 *du C. C.*

5. La preuve de la lésion ne pourra être admise que par jugement et dans les cas seulement où les faits articulés seraient assez vraisemblables, et assez graves pour faire présumer la lésion. *Art.* 1677.

6. Cette preuve ne pourra se faire que par un rapport de trois experts qui seront tenus de dresser un seul procès-verbal en commun, et de ne former qu'un seul avis, à la pluralité des voix. *Art.* 1678.

7. Dans le cas où l'action en rescision est admise, l'acquéreur a le choix ou de rendre la chose en retirant le prix qu'il en a payé, ou de garder le fonds en payant le supplément du juste prix, sous la déduction du dixième du prix total. Le tiers possesseur a le même droit, sauf son recours en garantie contre son vendeur. *Art.* 1681.

8. Si l'acquéreur préfère garder la chose en fournissant le supplément réglé par l'article précédent, il doit l'intérêt du supplément, du jour de la demande en rescision; s'il préfère la rendre et recevoir le prix, il rend les fruits du jour de la demande; l'intérêt du prix qu'il a payé lui est aussi compté du jour de la même demande ou du jour du paiement, s'il n'a touché aucuns fruits. *Art.* 1682.

9. La rescision pour lésion n'a pas lieu en faveur de l'acheteur. *Art.* 1683.

10. Elle n'a pas lieu en toutes ventes, qui, d'après la loi, ne peuvent être faites que d'autorité de justice. *Art.* 1684.

11. La rescision pour cause de lésion n'a pas lieu dans le contrat d'échange. *Art.* 1706.

12. La vente de droits successifs n'est à l'abri de l'action en rescision pour lésion, que lorsqu'il y a incertitude de la valeur des droits cédés, ou quelque chose d'aléatoire dans la convention : mais lorsque les droits successifs cédés sont déterminés et garantis, alors cette cession a le caractère d'une vente ordinaire, elle est soumise à l'action en rescision pour lésion. *Arr. de cass. du* 19 *nov.* 1819.

Ces principes ont reçu les applications suivantes :

13. RÉSOLUTION *pour cause de nullité radicale, lésion, simulation*, etc. — Les jugem.s des Tribunaux de 1.re instance portant résolution de contrat, pour cause de nullité radicale, sont passibles du droit fixe de 5 fr. *Art.* 45 *de la loi de* 1816.

14. Celles prononcées par arrêt d'une Cour royale, opèrent le droit de 10 fr. *Art.* 46.

15. Les jugemens de commerce et ceux rendus par les arbitres, qui prononcent des résolutions de contrats pour cause de nullités radicales, sont soumis au droit proportionnel; la faveur du droit fixe n'est due qu'aux jugemens émanés des tribunaux civils. *Arr. de cass. des* 1.er *et* 17 *déc.* 1811. (*Art.* 4114, j.)

16. Ainsi le jugement arbitral qui déclare une vente simulée et radicalement nulle, est une rétrocession de l'immeuble qui engendre le droit proportionnel. Ce jugement ne peut être regardé comme un commencement de preuve suffisant pour faire admettre la preuve testimoniale de simulation, à l'égard de la Régie, d'un tiers qui n'a pas été partie dans le jugement. *Arr. de cass. du* 8 *janv.* 1817. (*Sirey*, année 1817.)

17. La résolution pour cause de lésion, même énormissime, ne peut être considérée comme ayant lieu pour cause de nullité radicale, elle est passible du droit proportionnel. *Arr. de cass. du* 17 *déc.* 1811. (*Art.* 4114, *j.*)

18. Celle prononcée par jugement, pour cause de simulation, opère une mutation nouvelle. *Arr. de cass. du* 5 *déc.* 1810. (*Art.* 3780, *j.*)

19. Le jugement qui prononce l'annulation d'une adjudication d'immeubles pour cause intrinsèque (une moindre mesure que celle exprimée), ne peut être réputé comme opérant rétrocession et donner lieu à un droit proportionnel, quand même le Tribunal aurait dû se borner à réduire le prix. *Arr. de cass. du* 8 *avril* 1811.

20. Celui qui porte rétrocession d'une donation faite en ligne directe, par contrat de mariage, sous prétexte qu'elle est plus onéreuse que profitable, doit 4 p. 100 y compris le droit de transcription. *Sol. du* 15 *août* 1817. (*Art.* 6120, *j.*)

21. La rescision d'un contrat d'échange prononcée par jugement, opère un nouvel échange si les parties sont respectivement rétablies dans leurs biens; une vente, si l'un des échangistes en rentrant en possession de l'objet par lui cédé, conserve la propriété des biens qui lui ont été attribués en contre-échange; ou enfin un supplément à titre de soulte, si la partie contre laquelle la lésion aurait été jugée restait propriétaire en payant la plus value. *Instr.* 245.

22. Celle d'un contrat de vente est sujète au droit proportionnel à défaut de *demande formée dans les deux ans*, de *rapport de 3 experts*, et de *lésion de plus de sept douzièmes*, trois conditions voulues par les articles précités du C. C. *Idem.*

23. La rescision pour lésion tant en faveur de l'*acheteur* que pour les ventes qui ne peuvent être faites que *d'autorité de justice*, sont passibles du droit proportionnel. *Idem.*

24. L'envoi en possession, en vertu de l'art. 1668 du C. C. au profit de l'un des covendeurs, opère 50 cent. p. 100 sur le remboursement de sa portion, et le droit de vente sur l'excédant représentant les portions de ses covendeurs qui lui reviendraient; il en serait de même dans le cas d'un retrait qui serait exercé par l'un des héritiers des vendeurs, sans le concours de ses cohéritiers. *Instr.* 245.

25. RÉSOLUTION *pour défaut de paiement du prix.* Les jugemens portant résolution de contrat de vente pour défaut de paiement quelconque sur le prix de l'acquisition, lorsque l'acquéreur n'est pas entré en jouissance, ne sont soumis qu'au droit fixe. *Art.* 12 *de la loi du* 27 *vent.* 9.

26. S'il a été fait un paiement quelconque, ou si l'acquéreur a commencé à jouir, il est dû le droit de vente, *Circ.* 1992. *Arr. de cass. du* 7 *mai* 1806.

27. Un jugement arbitral qui annule une vente, sur les motifs que cette vente était simulée et que l'acquéreur n'avait rien payé, quoique le contrat portât quittance d'une portion du prix, est une rétrocession : pour que le droit fixe fût seulement exigible, il faudrait que le contrat résilié eût été vicié dans son essence, ou faute de paiement du prix stipulé. *Arr. de cass. du* 23 *août* 1813. (*Art.* 4682, *j.*)

28. La résiliation d'une vente verbale prononcée par jugement pour défaut de paiement, bien qu'elle ne considère pas le vendeur comme redevenant acquéreur, et n'autorise pas la perception d'un droit de mutation payable par le vendeur réintégré, n'empêche pas qu'il ne soit dû par l'acquéreur dépouillé, un premier droit de mutation à raison de la vente résiliée. Au surplus, le droit du jugement, donnant lieu à un second droit de mutation, doit toujours être avancé par la partie qui a obtenu le jugement. *Arr. de cass. du* 6 *sept.* 1813.

29. Le jugement qui ordonne l'éviction de l'acquéreur, si mieux n'aime ce dernier payer le prix, n'opère point de rétrocession, quand le prix est payé avant que le vendeur soit rentré en possession ; si le droit proportionnel avait été perçu, il serait restituable. *Déc. min. fin. du* 5 *nov.* 1819. (*Art.* 6575, *j.*)

30. Lorsqu'une vente publique d'immeubles constate que le prix convenu entre les parties a été payé, quoique le vendeur fasse ensuite résilier cet acte en justice, au moyen d'une contre-lettre établissant que le prix n'a point été payé, le vendeur ne peut se prévaloir, vis-à-vis de l'Administration, du jugement dans lequel elle n'a point été partie, non plus que de la contre-lettre ; il y a rétrocession au profit du vendeur. *Arr. de cass. du* 11 *juillet* 1814. (*Art.* 4935, *j.*)

RÉSOLUTION *pour causes d'inexécution de certaines conditions.* — Les jugemens portant renvoi en possession de biens immeubles, faute de paiement des rentes, formant le titre de transmission de la propriété et autres charges dont ils sont grévés, opèrent le droit de rétrocession ; et comme l'acte de prise de possession n'est que l'exécution de ce jugement, le droit proportionnel s'applique au jugement et non à ce procès-verbal de prise de possession sur lequel il n'est dû que le droit fixe. *Déc. min. fin. du* 6 *pluv.* 13. *Arr. de cass. des* 24 *therm.* 13 et 26 *frim.* 14.

32. La résolution d'une donation pour cause d'inexécution des conditions y exprimées, est passible des droits proportionnels sur la valeur des biens dans lesquels rentre le donateur. Ce n'est pas comme si le contrat était résolu pour nullité radicale existant dans l'essence même de l'acte. *Arr. de cass. du* 14 *nov.* 1815. (*Art.* 5400, *j.*)

33. Lorsqu'après un jugement par défaut portant résolution de vente, faute d'avoir satisfait aux conditions du contrat, l'acquéreur, sur l'opposition à ce jugement, a justifié de l'acquit des charges, et s'est maintenu en possession de l'immeuble, le droit proportionnel du jugement non encore enregistré cesse d'être exigible. *Arr. de cass. du* 22 *août* 1815. (*Art.* 5496, *j.*)

34. RÉSOLUTION VOLONTAIRE. — La rétrocession volontaire d'un immeuble dont la vente est radicalement nulle, n'en opère pas moins le droit proportionnel. *Sol. du* 2 *frim.* 10. *Arr. de cass. des* 5 *germ.* 13 et 15 *mars* 1820. (*Art.* 6669, *j.*).

35. Si le résiliement a lieu dans les 24 heures des actes résiliés, V. *résiliement.*

36. Lorsque des cohéritiers consentent à résilier volontairement un acte de cession par lequel l'un d'eux cède à l'autre, moyennant une somme, les droits qu'il a dans la succession commune, cette résiliation volontaire, qui ne pourrait être regardée comme partage que si elle était prononcée par jugement, constitue une rétrocession, et opère le droit proportionnel. *Arr. de cass. du* 10 *oct.* 1810. (*Art.* 3726, *j.*)

37. Lorsqu'un individu a fait une vente et qu'il a ensuite été déclaré failli, et l'ouverture de la faillite fixée au jour qui a précédé la vente ; la démission de l'acquéreur en faveur des syndics, sans que la nullité de la vente ait été prononcée en justice, opère une rétrocession passible du droit de 5 1/2 p. 100. *Sol. du* 23 *juillet* 1812. (*Art.* 4280, *j.*) *Arr. d'admission en cass. du* 15 *fév.* 1814. (*Art.* 5077, *j.*)

38. Une vente de biens dotaux dans le ressort du Parlement de Toulouse, faite par les deux conjoints et annulée ensuite volontairement par les parties, est également une rétrocession soumise au même droit. *Arr. d'admission en cass. du* 26 *avril* 1814. (*Art.* 4995, j.)

39. La transaction qui constate la nullité d'un acte de transmission est une rétrocession déguisée. *Arr. de cass. du* 30 *janv.* 1815.

40. La rétrocession volontaire de biens donnés en dot par contrat de mariage, ne produit que la même quotité du droit que la donation a engendré. *Arr. de cass. des* 28 *juillet* 1806 et 14 *nov.* 1815.

41. En sorte que, si elle est faite en ligne directe et postérieurement à la loi de 1816, il doit être perçu 4 p. 100. *Sol. du* 13 *août* 1817. (*Art.* 6120, j.)

42. La résolution d'une vente atteinte d'une nullité absolue, est passible du droit proportionnel, et si les biens ne sont pas estimés, il faut prendre pour base le contrat annulé. *Sol. du* 27 *juillet* 1812.

43. La résiliation, en conciliation, d'une promesse de vente faite avec arrhes, ne peut produire de droit de mutation. *Déc. min. fin. du* 27 *juillet* 1814.

RESPONSABILITÉ. C'est une condition inhérente à une fonction publique, qui naît avec elle, dure autant qu'elle, et quelquefois même subsiste après elle. En matière de finance, responsabilité et comptabilité sont inséparables ; la première n'existe pas sans la seconde. *Discours de M. Lally-Tolendal à la Chambre des Pairs, du* 10 *décembre* 1816. — V. *décès*, *enregistrement*, *frais*, *forcement*, *poursuites*, *prescription*, *recouvrement*, *répertoire*, *directeur*, *inspecteur*, *vérificateur*, *receveur*, *tournée*, *contrainte*, *instances*, etc.

RESTITUTION. Remise d'une somme indûment ou provisoirement perçue.

1. L'Art. 60 de la loi de frim. 7, porte : « Tout droit » d'enregistrement perçu régulièrement en conformité » de la présente, ne pourra être restitué, quels que » soient les événemens ultérieurs, sauf les cas prévus » par la présente. »

2. Tout droit régulièrement perçu en conformité d'une loi existante, ne peut devenir sujet à restitution d'après des événemens ultérieurs, à moins d'une disposition expresse de la loi. *Arr. de cass. du 2 juillet* 1817.

3. L'administration ne doit point l'intérêt des sommes qu'elle restitue. *Arr. de cass. des 28 janvier* 1818, et 31 *mars* 1819. (*Art.* 6004 *et* 6338, *j.*) V. *intérêt.*

4. La restitution de droits perçus avant le 1.er janvier 1816, ne peut se faire qu'en valeurs de l'arriéré. *Déc. min. fin. du 19 mai* 1817. (*Art.* 5750, *j.*)

RESTITUTION DES AMENDES. — Lorsqu'une amende a été payée avant l'ordonnance de grâce qui en fait remise, elle n'est pas restituable. *Avis du cons. d'état, appr. le 25 janvier* 1807. *Déc. du min. de la justice, du 26 févr.* 1817. (*Art.* 5831, j.) V. *amnistie.*

5. Si, après une condamnation suivie de paiement, il intervient un jugement qui décharge de l'amende, celle-ci doit être rendue en principal et accessoires et non les frais faits légitimement pour en obtenir le recouvrement. *Circ.* 297. — Il faut même restituer à la partie, l'amende et les frais payés, lorsque, sur son pourvoi, un arrêt la décharge de l'accusation, sans cependant statuer sur les condamnations. *Déc. min. fin. du 22 janv.* 1811.

6. On ne doit restituer que les amendes non attribuées; quant à celles qui le seraient, c'est aux parties qui ont touché à faire eux-mêmes la restitution. *Instr.* 297.

7. On fera rapporter au réclamant la quittance de l'amende que l'on joindra à celle relative à la restitution pour venir au soutien de la dépense, avec une copie du jugement, ou un certificat de non opposition délivré par le Greffier, s'il est par défaut. *Instr.* 297.

8. Il n'y a pas lieu de restituer portion d'une amende de consignation, lorsqu'on s'est désisté de l'appel à l'audience. *Cour de Bruxelles du 9 décemb.* 1806. *Déc. min. fin. du 7 therm.* 6.

9. Néanmoins l'amende consignée dans l'intention de se pourvoir en requête civile ou en cassation, est restituable quand le pourvoi n'est pas exercé. *Arr. de cass. des 12 octobre* 1808 et 18 *oct.* 1809. *Déc. min. fin. du 2 déc.* 1806.

10. Les amendes de cette dernière espèce sont restituables quand le jugement ou l'arrêt attaqué a été cassé; la cassation ne prononçât-elle pas cette restitution. *Arr. de cass. du 24 fruct.* 7. *Circ.* 1683.

11. Les amendes d'appel, consignées en l'an II, sont restituables telles qu'elles ont été déposées, c'est à dire, en numéraire. *Décision du ministre des fin. du 30 mai* 1818. (*Art.* 6079, *j.*)

12. La restitution des amendes de cette nature doit avoir lieu sur une simple copie du dispositif du jugement ou de l'arrêt, signée de l'Avoué, et sur la remise de la quittance de cet Avoué ou de la partie; le jugement ou l'arrêt doivent être enregistrés préalablement à la restitution, s'ils sont postérieurs à la loi de 1816, et cette formalité n'est pas nécessaire s'ils lui sont antérieurs. *Déc. min. fin. du* 31 *août* 1818. — On joindra à ces pièces la quittance que le Receveur avait délivrée. *Sol. du 6 mars* 1817.

13. Celles de roulages sont restituées dans la forme ordinaire : si les deux portions attribuées au Préposé et au Receveur communal, sont payées, on déduit le tout sur le prochain état de répartition. *Instr.* 345.

14. RESTITUTION DES DROITS DE SUCCESSION. — Il y a lieu à restitution, lorsqu'il s'agit d'une erreur de fait, relative à une déclaration dans laquelle des héritiers auraient compris des biens qui seraient légalement reconnus pour être étrangers à la succession. *Instr.* 386.

15. Les droits de mutation par décès, mal-à-propos perçus sur des biens transmis ensuite par une donation entre-vifs, ne doivent pas être déduits du droit de cet acte, surtout lorsque la prescription des droits restituables est acquise à l'Etat. *Arr. de cass. du 5 juillet* 1820. (*Art.* 6796, *j. Sirey, année* 1821.)

16. Les droits perçus sur un legs auquel on a renoncé après le paiement, ne sont pas restituables, quoique la demande en restitution soit faite dans les délais et que celui qui a passé déclaration en son nom et celui du légataire, ne fût pas muni des pouvoirs de celui-ci. *Sol. du 6 juin* 1818.

17. Si la partie qui a payé le droit à raison d'une succession contestée en justice, est déboutée de ses prétentions par jugement, elle peut se faire restituer ce qu'elle a payé, dans les deux ans de ce jugement. *Sol. du 20 juin* 1811.

18. On ne doit point restituer le droit payé par un héritier évincé d'une succession déclarée par jugement échue à un légataire universel; seulement, le paiement libère la succession. *Arr. de cass. du 13 déc.* 1814.

19. Les enfans qui ont compris dans la déclaration de succession de leur mère, moitié des biens qu'un partage de communauté sous seing-privé attribuait à leur père, ne sont pas recevables à demander la restitution du droit qu'ils ont payé, parce que l'acte sous seing-privé ne pouvant être réputé qu'un simple réglement de jouissance provisoire, ils ont pû déclarer postérieurement qu'ils étaient devenus propriétaires de la moitié des immeubles dépendans de la communauté. *Arr. de cass. du 4 juin* 1817. (*Art.* 6863, *j.*)

20. Lorsque les héritiers d'un absent ont acquitté les droits de mutation en conformité de l'art. 40 de la loi de 1816, et que l'absent reparaît, les droits payés sont restituables sous la seule déduction de celui auquel aura donné lieu la jouissance. *Art. 40 de la même loi.* Dans ce cas on suit les principes établis par l'article 127 du C. C. *Instr.* 290, *nomb.* 72.

21. La restitution des droits d'enregistrement acquittés provisoirement par les héritiers des absens, avant le 1.er janvier 1816, doit être faite en numéraire, lorsque l'absent reparaît ou qu'il se présente un héritier plus proche. *Sol. du 26 août* 1820. (*Art.* 6871, *j.*)

22. RESTITUTION *des droits proportionnels perçus sur les jugemens.* — Le droit de 5 fr. 50 cent. par 100 fr.

à percevoir sur les jugem.s d'adjudic.n, dans les 20 jours de leur date, est restituable lorsque l'adjudication est annulée par les voies légales, et ce, dans le délai de 2 ans seulement. *Avis du Conseil d'Etat du* 22 *oct.* 1808. *Instr.* 429. — Ce délai court de la date de l'arrêt. *Arr. de cass. du* 16 *fév.* 1813. (*Art.* 4458, *j.*)

23. La prescription pour réclamer le droit proportionnel perçu sur un jugement par défaut contenant résolution de vente, ne court que de la date du jugement qui, sur cette opposition, annule la clause résolutoire insérée dans le premier jugement, c'est-à-dire du jour où l'on a pu agir contre la régie. *Arr. de cass. du* 23 *févr.* 1818. (*Art.* 6047, *j.*)

24. Lorsque l'adjudication sur saisie immobilière est annulée, les droits de transcription et de rédaction doivent être restitués, il ne doit rester que ceux de timbre et d'expédition, et les salaires du Conservateur pour la transcription et du Greffier pour la rédaction du jugement. *Déc. min. fin. du* 21 *oct.* 1806. — Les droits fixes ne sont pas restituables. *Instr.* 398.

25. Lorsqu'un acquéreur, en retard de payer le prix de son acquisition, est condamné à délaisser l'immeuble vendu, ou à en payer le prix dans un délai déterminé, et qu'il a souscrit, pour se libérer, avant l'expiration de ce délai, une obligation à terme au profit de son vendeur, il y a lieu de restituer le droit proportionnel de mutation qui a été perçu sur le jugement d'envoi en possession. *Déc. min. fin. du* 5 *nov.* 1819. (*Art.* 6575, *et* 6626, *j.*)

26. On doit aussi restituer le droit proportionnel perçu sur un jugement portant qu'une vente d'immeubles est résolue, si l'acquéreur ne se libère dans quinzaine; lorsque dans ce délai, celui-ci justifie que le vendeur a renoncé au bénéfice de ce jugement. *Tribunal de Toul, du* 8 *juillet* 1820. *Sol. du* 18 *oct. suiv.* (*Art.* 6810, *j.*) Mais le jugement par défaut qui anéantit purement et simplement un contrat de vente, faute de paiement du prix, est passible du droit de rétrocession, non restituable lorsque par suite d'une opposition il est annulé. *Arr. de cass. du* 6 *déc.* 1820. (*Art.* 6922, *j.*)

27. Lorsqu'un jugement contradictoire ordonne de faire telle chose dans un délai, sinon que l'on paiera telle somme, et que l'on ne satisfait pas à la première disposition dans le tems fixé, le jugement a acquis l'autorité de la chose jugée, quant à la condamnation, le délai étant de rigueur. *Arr. de cass. du* 1.er *avril* 1812.

28. Ainsi on ne peut restituer le droit proportionnel de mutation perçu sur un jugement qui a prononcé qu'à défaut de payer dans quinzaine le prix d'une vente d'immeubles, la vente serait dès-à-présent résolue, et dans la propriété desquels l'acquéreur ne s'est maintenu qu'en se libérant après le délai fixé : la restitution n'eût pu être faite que dans les cas prévus par les art. 48 et 69 de la loi de frim. 7. *Avis du Conseil d'Etat du* 22 *oct.* 1808. *Arr. de cass. du* 8 *fév.* 1813. (*Art.* 4456, *j.*)

29. Lorsque le prix d'une adjudication judiciaire se trouve réduit par la distraction de biens compris à tort dans l'adjudication, le droit perçu sur la somme comprise par erreur est restituable. *Déc. min. fin. du* 6 *juillet* 1813. (*Art.* 4562, *j.*)

30. La nullité prononcée d'une adjudication volontaire, ne donne pas lieu, comme la nullité d'une adjudication judiciaire, à la restitution du droit d'enregistrement, quand bien même la vente serait frappée de nullité par la loi. L'avis du Conseil d'Etat du 22 oct. 1808, n'est point applicable à l'espèce. *Arr. de cass. du* 10 *fév.* 1812. (*Art.* 4150, *j.*)

31. Lorsqu'un jugement reconnaît un particulier copropriétaire d'un bien qu'un autre tient d'une acquisition, V. *jugement*, n.o 113.

32. Un jugement prononce une séparation de biens entre époux; un mois après une liquidation est faite des reprises; le tout est annulé par un autre jugement rendu sur la demande des créanciers du mari, à défaut de poursuites commencées dans la quinzaine qui a suivi le premier jugement : nouveau jugement qui admet la séparation et autre liquidation où la somme est au-dessous de la précédente, attendu que, dans l'intervalle, le mari a vendu divers objets. Ce dernier acte est enregistrable pour 1 fr. et il n'y a pas lieu de restituer le droit perçu sur l'excédant de valeur, à raison de la précédente liquidation. *Sol. du* 30 *nov.* 1819.

33. Les doubles droits perçus sur un jugement qui a été déclaré nul par la Cour d'appel, sont susceptibles d'être restitués comme les droits principaux. *Sol. du* 27 *juillet* 1809.

RESTITUTION DE DROITS *perçus sur les ventes.*

34. Pour savoir si le droit proportionnel perçu à raison d'une vente de biens fonds doit être restitué, à supposer que la restitution en soit demandée dans le délai, il faut examiner si la vente a eu lieu sous une condition ou *résolutoire* ou *suspensive*; dans le premier cas, le droit est irrévocablement acquis, et dans le second, il est restituable. *Arr. de cass. du* 28 *août* 1815. (*Art.* 5295, *j.*)

35. Le droit perçu sur une vente régulière d'un domaine de l'Etat n'est pas restituable, sous prétexte que le command refuse d'accepter la déclaration passée à son profit, et qui est résiliée pour ce motif. *Déc. min. fin. des* 28 *vent. et* 12 *fruct.* 7.

36. Les droits perçus sur un acte de vente d'immeubles; dont partie a été reconnue ne pas appartenir au vendeur, ne sont pas restituables. *Sol. du* 16 *oct.* 1815. (*Art.* 5250, *j.*)

37. Bien plus, il n'y a pas lieu de restituer le droit d'enregistrement sur l'un des deux actes de vente du même bien par le même propriétaire, le même jour, quoique l'une des deux ventes ait été annulée judiciairement. Tout droit régulièrement perçu ne peut être restitué, quels que soient les événemens ultérieurs. *Jugement du Trib. de la Seine du* 19 *août* 1807. *Sol. des* 2 *juillet* 1817 *et* 17 *mars* 1819. (*Art.* 5804, 6371, *j.*)

38. Lorsque le prix d'une vente subordonnée à une expertise sur les quantités de biens, se trouve réduit par le résultat de l'expertise, le droit de transcription perçu doit éprouver une réduction proportionnelle, il faut rendre l'excédant. *Sol. du* 10 *fruct.* 12.

39. L'exercice de la faculté de réméré ne donne point lieu à la restitution du droit perçu sur la vente. *Instruction* 386.

40. RESTITUTION *de droits perçus sur les contrats de mariage.* — Les droits proportionnels sont restituables, lorsqu'il est reconnu que la célébration n'a pas eu et n'aura pas lieu. Il faut un acte qui le constate. Le droit fixe de 5 fr. doit être conservé. *Instr.* 386, *nomb.* 29.

41. Il y a lieu de restituer le droit d'enregistrement perçu sur une déposition d'un contrat de mariage, qui a été changée par un acte postérieur au contrat, mais antérieur à la célébration du mariage. *Sol. du* 24 *sept.* 1812. (*Art.* 4300, j.)

42. La restitution des droits proportionnels perçus sur un contrat de mariage, non suivi de célébration, peut être utilement demandée dans les deux ans de l'acte de résiliement. *Sol. du* 9 *août* 1820. (*Art.* 6782, *j.*).

43. AUTRES DROITS *qui doivent ou non être restitués.* Le droit perçu sur une lettre de change présentée à l'enregistrement en même temps que le protêt, faute d'acceptation, n'est point restituable, sous prétexte que cette lettre n'est assujétie à la formalité, que lors de la demande du remboursement et du cautionnement. La partie ne peut s'en prendre qu'à l'Huissier. *Sol. du* 25 *fév.* 1819. (*Art.* 6544, *j.*)

44. Lorsqu'un employé a prêté deux fois le même serment pour le même grade et la même place, on ne doit point restituer les droits perçus sur l'un des deux actes. *Sol. du* 30 *sept.* 1815. (*Art.* 5297, *j.*)

45. Les droits perçus sur une liquidation de communauté préliminaire au divorce, d'après la loi du 26 mai..., ne sont pas restituables, quoique la prescription ne soit pas acquise. *Déc. min. fin. du* 11 *août* 1818. (*Art.* 6180, *j.*)

46. Les droits proportionnels perçus sur un acte de remplacement de conscrit, devenu nul par défaut d'admission du remplaçant, doivent être restitués. *Déc. min. fin. du* 10 *août* 1813. (*Art.* 4715, *j.*)

47. Celui qu'on a acquitté sur l'acte de donation, par lequel des père et mère ont constitué une pension à leur fils, pour entrer dans la maison du Roi, n'est restituable qu'autant qu'il sera fait un acte authentique qui annule l'acte de donation. *Sol. du* 21 *oct.* 1814. (*Art.* 4789, *j.*) V. aussi *estimation.*

48. Lorsqu'une adjudication de domaines de l'Etat est déclarée nulle par l'autorité administrative, il y a lieu à restituer les droits. *Sol. des* 19 *frim.* 7 *et* 28 *germ.* 8.

49. Les droits proportionnels d'enregistrement perçus sur des marchés passés avec le Gouvernement, lorsqu'ils sont annulés par sa volonté, sont restituables. *Déc. min. fin. du* 8 *niv.* 9. (*Art.* 688, *j.*)

50. Si elle est annulée du consentement de l'adjudicataire le droit n'est pas restituable. *Sol. du* 9 *fruct.* 13.

51. Quand l'homologation du concordat enregistré est refusée, on doit rendre le droit. *Déc. min. fin. du* 11 *avril* 1815.

52. RESTITUTION DE DROITS *trop perçus.* — Elle peut être faite au Notaire qui a passé l'acte, ou à la partie. *Arr. de cass. du* 5 *févr.* 1810. *Jugement du Tribunal de Lunéville. Déc. min. fin. du* 2 *nov.* 1813, qui annule celle rappelée dans l'*Instruct.* 386, *nombre* 28. (*Art.* 4786, *j.*).

53. Il est permis de la faire au particulier muni d'un pouvoir sous seing-privé de la partie, dont la signature doit être légalisée par le Juge de paix du canton où est domiciliée la partie prenante. *Sol. du* 3 *févr.* 1815.

54. Les quittances de restitutions de droits sont dispensées du timbre. *Déc. min. fin. du* 16 *août* 1808.

55. Le Ministre des finances, en autorisant, le 10 avril 1820, la restitution du droit perçu indûment sur un douaire que le Receveur avait contraint à tort la partie à comprendre dans sa déclaration, a ordonné de rembourser 1 fr. 25 c. pour le timbre de la pétition que le réclamant avait rédigée pour parvenir à ce résultat. (*Art.* 84 *du Contrôleur de l'Enregistr.*)

56. Lorsque, pour l'opérer, on change la relation mise sur l'acte, et qu'une expédition déjà délivrée n'en fait pas mention, c'est au Notaire, ou à ses héritiers, s'il est décédé, et au Receveur qui ne s'est pas conformé aux ordres généraux, à désintéresser la partie. *Déc. min. fin. du* 4 *juillet* 1817.

57. Lorsqu'il est fait restitution d'une somme payée par double emploi, et en vertu d'un mandat autorisé par le Ministre des finances, le montant de la remise allouée pour le recouvrement, doit être déduit sur celle du trimestre où l'indû paiement a eu lieu. V. *remises.*

58. L'Inspecteur fait mention des motifs de la restitution en marge de l'enregistrement de cette somme, et certifie cette mention sur le mandat. *Déc. min. fin. du* 21 *févr.* 1810.

59. Si, après un ordre de restituer, à la charge par la partie de faire des justifications, celle-ci néglige de se mettre en règle dans les deux ans, l'article est prescrit. *Sol. du* 25 *oct.* 1814.

60. Lorsque la restitution ordonnée par l'Inspecteur en marge de l'enregistrement, n'est pas opérée dans les deux ans fixés pour la prescription, elle n'est plus admissible. *Sol. du* 31 *août* 1809.

61. Il y a présomption suffisante que des restitutions autorisées sur la demande des parties, ont été effectuées par le Receveur dans la comptabilité duquel leur montant est alloué depuis vingt-cinq ans, sans que les parties aient réclamé de nouveau. *Ordonn. du Roi du* 18 *mars* 1818.

62. L'Inspecteur peut, de son chef, ordonner la restitution d'une perception évidemment trop forte, lorsque la prescription n'est pas acquise. *Art.* 190 *des ord. gén.*

63. On ne peut allouer en dépense aucune restitution faite après la prescription, à moins que les parties n'aient eu soin de l'interrompre par un acte, qu'on annexerait à la quittance jointe au compte. *Inst.* 509.

64. Les Receveurs doivent effectuer les restitutions aussitôt qu'elles sont ordonnées par l'Administration, le Directeur ou un Tribunal; elles se font, dans ce cas, à la première notification, et sous réserve, s'il y a lieu; la quittance détaillée, délivrée, sur papier libre, par la partie, au pied d'une copie de l'enregistrement, rappelle la décision ou le jugement. Elle est jointe aux pièces de dépense, après mention en marge de l'enregistrement, où le Receveur reconnaît, ainsi que sur la quittance, que la somme lui a été allouée au compte de tel mois. *Art.* 75 *des ordr. gén.*

65. Si les fonds manquent dans un bureau où doit s'effectuer une restitution, on divise celle-ci; ou, si la

partie s'y refuse, le Directeur charge l'Inspecteur de faire un emprunt sur d'autres bureaux. *Circ.* 694. — V. *comptabilité*, n° 59.

66. Le Vérificateur doit faire exécuter, dans les formes prescrites, les restitutions autorisées par l'Administration ou le Directeur; il consigne au sommier certain les solutions sur les restitutions, en les émargeant d'un ordre au Receveur de les effectuer de suite. *Art.* 75 *et* 119 *des ordres gén. de Régie.*

RÉTABLISSEMENT *de communauté.* Voyez *dissolution.*

RETENUES. Il est prélevé sur les remises et traitemens fixes des Préposés de la Direction générale de l'enregistrement, des retenues au profit de la Caisse des pensions. V. *pensions.*

1. Il s'exerçait aussi, au profit du Trésor, sur les traitemens et remises, une retenue proportionnelle dont le taux se trouve dans les instructions 711 et 899. — Cette retenue doit cesser d'avoir lieu, à partir du 1.er juillet 1821, d'après le rapport de la Commission du budget, du 9 mai de la même année.

2. Les instructions relatives à ce prélèvement, sont celles sous les numéros 737, 742, 746, 768, 805 et 870; on ajoutera aux principes qu'elles consacrent, 1° que les gratifications accordées pour les opérations de 1816, relatives à la vente des biens des communes et des bois de l'État, n'étaient pas sujètes à la retenue. *Déc. min. fin. du* 16 *avril* 1817. (*Mém. d'ordres de la Direction d'Orléans., année* 1817); — 2° que celle à exercer sur les remises des Receveurs qui font bourse commune, frappait sur la somme qui revenait à chacun d'eux par suite du partage. *Sol. du* 4 *juillet* 1816. (*Art.* 5488, *j.*)

3. A partir de la publication de la loi de 1816, les Conservateurs des hypothèques porteront en recette, pour le compte du Trésor royal, la moitié des salaires fixés pour la transcription des actes de mutation. *Ordonn. du* 1.er *mai* 1816. *Instr.* 791. — Cette portion est passible de remises, et non du prélèvement pour fonds de retraite. V. *remise.*

4. La transcription d'une vente d'immeuble, enregistrée avant la loi de 1816, et transcrite postérieurement, est passible de la retenue de moitié sur le salaire du Conservateur. *Solut. du* 4 *juillet* 1816. (*Art.* 5488, *j.*)

RETOUR dans les *échanges* et *partages*.—V. ces mots.

RETOUR (*Droit de*). Réversion aux donateurs des biens par eux donnés.

1. Les ascendans *succèdent*, à l'exclusion de tous autres, aux choses par eux données à leurs enfans ou descendans décédés sans postérité, lorsque les objets donnés se trouvent en nature dans la succession. — Si les objets donnés ont été aliénés, les ascendans recueillent le prix qui peut en être dû. Ils succèdent aussi à l'action en reprise que pourrait avoir le donataire. *Article* 747 *du* C. C.

2. Ce droit leur est accordé, quoique, au lieu de numéraire donné, il se trouve, dans la succession, des billets, des obligations et autres effets suffisans pour faire la somme. *Cour de Rouen, du* 11 *janvier* 1816. *Arr. de cass. du* 30 *juin* 1817. (*Art.* 5407 *et* 5893, *j.*)

3. Lorsque le donataire décédé sans postérité a disposé, par testament, des choses que lui avait données son ascendant, il n'y a pas lieu à retour en faveur de celui-ci. *Arr. de cass. du* 17 *déc.* 1812. (*Art.* 4530, *j.*)

4. Le père donateur qui vient à la succession de son fils, a droit de cumuler la réserve légale avec le legs que lui a fait le défunt. *Cour de Limoges, du* 14 *juillet* 1818.

5. Tout donateur peut stipuler le droit de retour des objets donnés, soit pour le cas du prédécès du donataire seul, soit pour le cas du prédécès du donataire et de ses descendans; mais ce droit ne peut être stipulé qu'au profit du donateur seul. *Art.* 951 *du* C. C.

RÉTRACTATION. V. *révocation.*

RETRAIT *de réméré.* Exercice du droit de retirer un immeuble aliéné, avec faculté d'y rentrer pendant un certain tems. V. *faculté de rachat, page* 170.

1. Les retraits exercés en vertu de réméré, par actes publics, dans les délais stipulés, ou faits sous seing-privé et présentés à l'enregistrement avant l'expiration de ces délais, opèrent le droit de 50 c. p. 100. *Art.* 69 *de la loi de frim.* 7.

2. Il est indifférent que le retrait s'exerce partiellement ou en une seule fois; si l'exercice a lieu dans le délai convenu, il n'est dû que le droit de 50 c. p. 100. *Sol. du* 9 *fév.* 1817. *Déc. min. fin. du* 30 *janv.* 1818. (*Art.* 5962 *et* 6268, *j.*)

3. L'art. 1660 du Code Civil, qui permet de stipuler un délai de 5 ans pour l'exercice du réméré, n'a pas dérogé à l'art. 69 de la loi de frim. 7 d'après lequel, pour la perception du droit, les retraits exercés hors du délai convenu par l'acte de vente, sont considérés comme des rétrocessions. *Déc. min. fin. du* 20 *mars* 1819. (*Art.* 6350, *j.*)

4. La faculté de réméré doit être stipulée par le contrat de vente. *Art.* 1659 *du C. C.* — D'où il suit que, si elle avait été convenue entre les parties, par acte séparé, fut-il authentique et passé le jour même de la vente, l'acte ultérieur qui remettrait le vendeur en possession, devrait, comme rétrocession, subir le droit de mutation. *Instr.* 245.

5. Si le retrait de réméré est exercé après le délai stipulé *dans la vente*, quant même il aurait été prorogé par les parties ou par jugement, le droit de vente est exigible. *Arr. de cass. des* 16 *germ.* 6 *et* 22 *brum.* 14. *Déc. min. fin. et just. du* 19 *nov.* 1809.

6. Les retraits exercés en vertu de réméré, qui ont lieu de plein droit par suite de l'exécution des clauses stipulées dans le contrat de vente, *et qui d'ailleurs réunissent les conditions prescrites par l'art.* 69, §. 2, *nomb.* 11 *de la loi du* 22 *frim.* 7, sont les seuls auxquels le droit de 50 c. p. 100 soit applicable; on doit percevoir celui fixé pour les reventes ou rétrocessions *sur toutes rentrées en possession*, qui n'étant pas le résultat nécessaire de l'accomplissement des obligations imposées par le contrat primitif, ne seraient que l'effet d'une prorogation de délai, consentie librement de la part l'acquéreur, soit que l'objet vendu avec faculté de réméré soit de nature mobilière ou immobilière. *Déc. min. fin. du* 5 *déc.* 1809. (*Art.* 3501, *j.*)

7. Ainsi la faculté de rachat d'une rente exercée après le délai fixé dans l'acte pour le réméré, en vertu d'une prorogation de délai, autorise la perception du droit de 2 p. 100. *Déc. min. fin. et just. du* 19 *nov.* 1809. (*Art.* 3444, *j*)

8. On ne peut considérer comme rétrocession l'acte par lequel la banque territoriale a consenti, dans le délai fixé par la vente, au retrait d'un immeuble qui lui avait été vendu à faculté de reméré, nonobstant un jugement qui avait déclaré le retrayant déchu de la faculté de réméré. *Sol. du* 26 *déc.* 1811. (*Art.* 4112, *j.*)

9. La remise de l'immeuble vendu à faculté de réméré, faite à un tiers en vertu d'une cession que le vendeur lui a faite de la faculté de réméré qu'il s'était réservée, opère le droit de rétrocession. *Arr. de cass. du* 21 *germ.* 12.

10. Le vendeur à pacte de rachat pouvant, d'après l'art. 1664 du C. C., exercer son action contre un second acquéreur, quand même la faculté de réméré n'aurait pas été déclarée dans le second contrat, il n'y a lieu qu'au droit de demi pour cent, sur le retrait exercé soit par le vendeur, soit par les héritiers, pourvu que la faculté du rachat ait été réservée par le vendeur originaire. *Instr.* 245.

11. Le droit de 50 cent. p. 100 est également le seul à percevoir sur le retrait exercé par le vendeur, tant de la partie vendue à réméré que de celle licitée, lorsque l'acquéreur à pacte de *réméré* d'une partie seulement et adjudicataire par licitation de la totalité, use de la faculté donnée par l'article 1667 du Code civil. *Instruct.* 245.

12. Si des héritiers d'un vendeur à pacte de rachat, exerçaient le réméré pour des parts auxquelles ils n'auraient pas droit, le droit de 5 fr. 50 cent. p. 100 serait exigible sur l'excédant. *Même instr.*

13. Le retrait conventionnel d'un immeuble, exercé en tems utile par les descendans du vendeur encore *vivant*, en vertu de la réserve expresse stipulée en leur faveur, doit être considéré, pour la perception du droit d'enregistrement, comme opérant transmission de cet immeuble au profit des retrayans par la clause de réméré. *Arr. de cass. du* 5 *août* 1806.

Quant à la cession du droit de retrait, V. *vente d'immeubles*, n° 31.

14. RETRAIT *successoral* ou *de droits litigieux.* — Exercice de la faculté accordée par la loi, 1° aux héritiers de rentrer dans les droits successifs indivis cédés à un tiers par un des cohéritiers ; 2° à celui contre lequel un a cédé un droit litigieux d'en évincer le cessionnaire.

15. Toute personne, même parente du défunt, qui n'est pas son successible, et à laquelle un cohéritier aurait cédé son droit à la succession, peut être écartée du partage, soit par tous les cohéritiers, soit par un seul, en lui remboursant le prix de la cession. *Art.* 841 *du C. C.*

16. Les retraits de l'espèce ne sont assujétis qu'au droit proportionnel de 50 cent. p. 100 sur les sommes à rembourser au cessionnaire, pourvu que les droits soient encore indivis lors du retrait. *Instr.* 245.

17. Ce principe s'applique au retrait exercé sur une cession *partielle*, où l'un des héritiers aurait cédé son droit aux immeubles dépendant de la succession indivise, exclusivement aux objets mobiliers, ou seulement la portion qui doit lui revenir dans ceux-ci. *Idem.*

18. La faculté de *retrait*, autorisée par l'art. 841 du C. C., ne s'applique qu'à la vente de *droits successifs*, faite *avant* le partage, et non à celle qui aurait lieu *après* le partage, d'une ou plusieurs portions dans un immeuble déterminé, resté indivis entre les successibles. *Cour de Rouen, du* 24 *mars* 1806, qui confirme un jugement du Tribunal de Louviers. (*Art.* 2340, *j.*)

19. Le retrait successoral exercé après le partage, en vertu de l'art. 841 du C. C., sur des immeubles ou sur des rentes créées avant la loi du 13 brum. 7, est passible du droit de 1 fr. 50 cent. p. 100, outre celui ordinaire, attendu qu'il y a rétrocession volontaire. *Sol. du* 7 *avril* 1819. (*Art.* 6425, *j.*)

20. La cession qui est faite à une veuve commune en biens avec son mari, et sa légataire universelle, de droits successifs provenant de celui-ci, n'est pas susceptible du retrait, parce qu'en l'une ou l'autre qualité, cette veuve a droit d'assister au partage des biens de la succession. *Cour de Paris, du* 31 *juillet* 1810.

21. Lorsqu'une veuve a vendu à un tiers, moyennant une somme, et une rente viagère, tous les biens que lui a laissés à son décès, à titre de donataire universelle, son mari possesseur de ces mêmes biens comme héritier de son père, concurremment avec ses frères et sœurs, ceux-ci peuvent exercer le retrait en remboursant ce tiers-acquéreur, attendu que la vente n'est pas d'objets certains et déterminés, mais d'universalité de droits successifs. *Arr. de cass. du* 1er *déc.* 1806.

22. Deux frères acquièrent un bien, l'un d'eux décède en laissant deux enfans qui vendent leur moitié à un tiers, ce dernier provoque le partage avec l'héritier du second frère décédé depuis. — Le retrait, dans ce cas, ne peut être exercé, attendu que cet acquéreur ne peut être considéré comme ayant acquis des droits successifs, mais seulement une portion d'immeubles indivis entre deux familles qui ne succédaient pas à une hoirie commune, et que le litige n'a pas précédé l'acquisition. *Arr. de cass. du* 9 *sept.* 1806.

23. Le retrait ne peut avoir lieu contre l'acquéreur de la portion indivise d'un héritier, dans un immeuble déterminé de la succession. *Arr. de cass. des* 9 *sept.* 1806 et 22 *avril* 1808.

24. Le retrait successoral peut être exercé tant que le partage n'a pas été consommé, et l'un des cohéritiers peut demander la subrogation pour la totalité des droits cédés. *Arr. de cass. du* 14 *juin* 1820, *confirmatif d'un jugement du tribunal de Trèves du* 27 *mai* 1815, *et de l'arrêt de la Cour de Limoges, du* 5 *août* 1818. (*Art.* 135 *du Contrôleur de l'Enregistrement.*)

25. L'antériorité à l'article 841 du C. C. de la cession de droits successifs ne peut faire obstacle à l'exercice du retrait, parce que cet article n'établit pas un droit nouveau, et que les anciennes lois admettaient ce retrait. *Cour de Paris du* 11 *janvier* 1809. *Arr. de cass. du* 12 *déc.* 1810.

26. L'héritier n'a pas le droit d'exercer le retrait du bien vendu par son cohéritier à l'héritier d'une autre ligne, parce que le retrait n'est autorisé qu'autant que le cessionnaire est étranger à la succession. *Cour de Rouen du 21 juillet* 1806.

27. Le légitimaire, comme successible, a lui-même le droit d'exercer le retrait. *Arr. de cass. du 22 avril* 1808.

28. La faculté de retrait ne s'applique pas aux ventes après partage d'une ou plusieurs portions dans un immeuble déterminé resté indivis entre les successibles. *Cour de Rouen du 24 mars* 1806; — non plus qu'à la vente d'une portion indivise dans un immeuble déterminé, quand même la vente serait antérieure à tout partage. *Arr. de cass. du 22 avril* 1806.

29. Lorsque trois héritiers d'une succession se rendent adjudicataires des biens qui la composent, et que d'eux d'entre eux vendent leur part indivise, le troisième ne peut exercer le droit de retrait. *Cour de Paris du 21 juin* 1813.

30. Le transport de droits successifs qui a eu lieu par échange ne donne pas moins ouverture au retrait. *Arr. de cass. du 19 oct.* 1814.

31. Le remboursement, dans ce cas, ne se régit pas sur l'évaluation du même bien, par l'acte d'échange, mais d'après la valeur réelle à l'époque de la résolution du contrat. *Cour de Limoges du 15 janv.* 1812.

32. Si l'acquisition est antérieure au 29 germ. 11, la faveur du retrait n'existe pas. *Instr.* 245.

Au surplus, V. *mutation*, n.° 51.

RÉTROACTIVITÉ. V. *effet rétroactif.*

RÉTROCESSION. Cession volontaire d'un objet à celui de qui on le tenait. La quotité du droit d'enregistrement des rétrocessions, est la même que celle qui a été perçue sur les actes rétrocédés. *Art.* 69, § 4 et 7 *de loi de frim.* 7, sauf l'exception ci-après.

1. RÉTROCESSION *de baux*. Les rétrocessions de baux sous seing-privé, sont sujètes à l'Enregistrement dans le délai fixé pour les baux et passibles du timbre, sous les peines établies par les lois de frim. et de brum. 7. *Arr. de cass. du 26 oct.* 1814. (*Art.* 5075, j.)

2. Lorsque deux personnes qui ont à sous-bail la ferme de diverses propriétés en qualité d'associés, et que postérieurement, d'après une contestation sur l'existence de la société, l'une d'elles consent par un acte à payer à l'autre une somme de 1000 fr., pendant la durée du bail principal, cet acte est enregistrable dans le délai fixé pour les baux au droit proportionnel, en raison du prix de la cession, en y ajoutant le prix principal de la partie cédée du bail pour les deux années qui restent à courir. *Arr. de cass. du 30 juin* 1806.

3. Sur une rétrocession de bail d'un moulin faite, outre le prix, avec cession des *tournans* et *travaillans* montant à 5591 fr., dont 750 fr. pour la souche appartenant au propriétaire, il est dû, en sus du droit de bail, un second droit proportionnel sur 4841 fr., montant de la cession des tournans et travaillans. *Sol. des 5 déc.* 1809 *et 5 sept.* 1814.

4. Le jugement portant résiliement d'un bail, pour cause de détérioriation, et condamnation à des dommages-intérêts pour la valeur d'arbres abattus, n'opère point le droit de rétrocession. *Sol. du 21 avril* 1815. (*Art.* 5117, j.)

5. Lorsqu'un bail à portion de fruits fait à perpétuité est résilié par jugement, il y a rétrocession sujète au droit proportionnel, quand ce bail a transmis au preneur la propriété; dans les cas contraire, il n'est dû qu'un droit fixe. *Sol. du 20 frim.* 13.

6. On ne peut considérer comme rétrocession, l'acte par lequel un locataire cède à un tiers l'effet de son bail, du consentement du propriétaire, qui décharge le fermier de ses obligations pour le tems restant à courir, mais qui se réserve ses droits pour le tems pendant lequel a joui le preneur, lorsque ce bail ne pouvait être cédé que du consentement du propriétaire. *Arr. de cass. du 1.er août* 1815. (*Art.* 5187, j.) V. *cession*, n.° 8.

7. Un bail passé à un nouveau fermier, pour entrer en jouissance avant l'expiration du précédent, suffit pour prouver qu'il y a eu rétrocession de la part de l'ancien fermier, et autoriser la demande du droit. *Arr. de cass. du 12 oct.* 1808. (*Art.* 4440, *j.*)

8. RÉTROCESSION *de ventes*. Un acte sous seing-privé portant qu'une vente faite par un acte public, est feinte et simulée, est considéré comme rétrocession et passible du droit proportionnel. *Arr. de cass. du 25 oct.* 1808. (*Art.* 3637, *j.*)

9. Lorsqu'un individu s'est rendu adjudicataire d'un domaine, et qu'il n'a fait de déclaration de command, au profit de personne, un jugement qui au bout de 7 ans de jouissance, déclare que l'adjudication a été faite au profit d'un autre, est passible du droit de rétrocession. *Arr. de cass. du 28 janv.* 1811. (*Art.* 3860, j.)

10. La rétrocession existe pour la perception des droits sur l'acte par lequel un acquéreur déclare que la vente qui lui a été faite était simulée, qu'il n'avait été qu'intermédiaire pour faire passer les biens sur la tête du fils du vendeur, et que de fait ces biens n'étaient pas sortis de la possession de ce dernier, et ont été partagés avec ceux qui composaient la succession. *Arr. de cass. du 1.er mars* 1815. (*Art.* 5135, j.) V. *résolution.*

11. Les rétrocessions de donations librement acceptées et devenues irrévocables, opèrent une mutation sujète au droit proportionnel. *Arr. de cass. du 22 frim.* 11.

12. Pour connaître les moyens d'établir les preuves d'une rétrocession, V. *mutation.*

RÉUNION *de la propriété à l'usufruit.*

1. L'usufruitier qui a acquitté le droit pour son usufruit, ne doit plus payer lors de l'acquisition qu'il fait de la nue propriété, le droit d'enregistrement, que sur la valeur de la nue propriété, sans qu'il y ait besoin d'y joindre celle de l'usufruit. *Art.* 15, n.° 8, *de la loi de frim.* 7.

2. Les principes ci-dessus reçoivent leur application, lorsque l'usufruitier réunit la nue propriété à son usufruit par succession. *Sol. du 29 germ.* 13. (*Art.* 1989, *j.*)

RÉUNION *d'usufruit à la propriété.* C'est la consolidation à la propriété, de la jouissance qui en avait été séparée.

3. Pour connaître si la réunion d'usufruit à la propriété

opère un droit proportionnel d'enregistrement, il faut faire plusieurs distinctions qui vont être établies ci-après : Ou la transmission de la nue propriété a eu lieu par décès, ou à titre gratuit, ou bien elle résulte d'un titre onéreux :

4. Si la transmission de la nue propriété s'est opérée par décès ou à titre gratuit, il n'est rien dû pour la réunion d'usufruit, lorsque le droit d'enregistrement a été acquitté sur la valeur entière de la propriété. *Art.* 15, n.° 7 *de la loi de frim.* 7. — V. le n.° 12, suivant.

5. Il est indifférent que la réunion ait lieu par le décès de l'usufruitier ou par acte de cession, seulement dans ce dernier cas, il est dû le droit fixe de 3 fr. *Art.* 44, n.° 4, *de la loi du* 28 *avril* 1816.

6. Il est essentiel de remarquer que la dispense du droit proportionnel, pour la réunion par acte de cession, n'a lieu que lorsque la transmission de la nue propriété a acquitté les droits sur l'entière valeur des biens. Il ne suffit pas que ces droits soient prescrits, il faut qu'ils aient été payés. *Sol. du* 23 *pluv.* 9. (*Art.* 770, j.) V. *prescription*, n.os 25 et 26.

7. Cependant il convient d'admettre comme restriction à ce dernier principe, qu'il ne peut plus être exigé aucun droit proportionnel sur la réunion, lors même que le droit n'a pas été acquitté sur la valeur entière de la propriété, si le droit perçu l'a été d'après une déclaration devenue inattaquable par l'effet de la prescription. *Arr. de cass. du* 19 *avril* 1809, *Confirmatif d'un jugement du Tribun. de Malines.* (*M. Sirey*, 1814.)

8. La contradiction qui semble exister entre les principes émis aux deux précédens numéros, n'est qu'apparente, car il résulte seulement de l'arrêt cité dans le dernier, qu'on ne peut percevoir un droit proportionnel pour la réunion, quand même le prix de la cession serait supérieur à celui sur lequel le droit a été perçu lors de la transmission de la nue propriété, attendu qu'en fait de succession ou de donation le droit est perçu sur la valeur entière, et qu'il s'agirait alors d'obtenir une nouvelle évaluation de biens, ce qui ne peut avoir lieu que dans les délais et les formes déterminés par la loi de fr. 7. *Déc. min. fin. du* 22 *mars* 1808. *Instr.* 386, *nomb.* 39.

9. Les réunions d'usufruit par le décès de l'usufruitier n'opèrent aucun droit, si la mutation de la nue propriété a eu lieu en ligne directe, avant l'établissement de l'enregistrement. Celles par acte de cession opèrent, dans le même cas, le droit proportionnel, parce qu'en thèse générale, le rachat de l'usufruit est sujet à ce droit, lorsque les nu-propriétaires n'ont pas acquitté le droit sur la valeur entière. *Décis. min. fin. du* 11 *avril* 1809. *Instr.* 432, *nomb.* 5.

10. Il est indifférent, pour la perception, que la réunion ait lieu par acte à titre onéreux ou à titre gratuit *Déc. min. fin. du* 25 *nov.* 1813. *Instr.* 654.

11. Si des héritiers nu-propriétaires acquièrent l'usufruit avant la déclaration de la mutation de la nue propriété opérée en leur faveur, et sans en avoir acquitté les droits, le droit proportionnel est dû sur l'acte d'acquisition ; mais le droit perçu devra être restitué lors de la déclaration de succession. — La restitution doit être faite sans aucune réserve, quand bien même le prix de la cession de l'usufruit serait supérieur à l'évaluation faite de cet usufruit, dans la déclaration, sauf à obtenir une nouvelle évaluation des biens déclarés, si le délai utile n'est pas expiré. *Même décis. qu'au* n.° 8.

12. Dans l'hypothèse où la transmission de la nue propriété a eu lieu à titre onéreux, il n'est dû aucun droit pour l'extinction de l'usufruit, par le décès de l'usufruitier. — Dans le cas où la réunion s'opère par acte de cession, il n'est dû que le droit fixe de 3 fr., si le prix n'est pas supérieur à l'évaluation qui aura été faite pour la liquidation du droit de la transmission de propriété. — Si le prix est supérieur, le droit proportionnel doit être perçu sur ce qui se trouve excéder cette évaluation. *Art.* 15, n.° 6, *et art.* 68, n.° 42 *de la loi de frimaire* 7. — C'est en cela que la réunion d'usufruit, lorsque la nue propriété a été transmise à titre onéreux, diffère essentiellement de celle qui a lieu lorsque la transmission de la nue propriété s'est opérée par décès ou à titre gratuit.

13. L'art. 2118 du Code civil porte, que l'usufruit est susceptible d'hypothèque pendant sa durée ; de là résulte évidemment la nécessité, pour le nu-propriétaire qui acquiert l'usufruit, de purger les hypothèques qui peuvent grever cet usufruit. — Ainsi, en principe général, les réunions d'usufruit par acte de cession, depuis la loi du 28 avril 1816, opèrent, outre le droit fixe de 3 fr., celui de 1 fr. 50 c. p. 100, établi par l'art. 54 de cette loi. (*Art.* 5818, *j.*)

14. Cependant il convient d'établir quelques distinctions : si la transmission de la nue propriété a eu lieu par succession, soit antérieurement, soit postérieurement à la loi de 1816, le droit de transcription est toujours dû sur l'acte de réunion. — Si la nue propriété a été transmise par vente antérieure à la promulgation de cette loi, le droit de transcription est encore dû pour la réunion par acte de cession.

15. Ce droit ne cesserait pas d'être exigible par la circonstance que la vente aurait été transcrite ; car, suivant la solut. du 7 niv. 13 (*art.* 1895, *j.*), l'usufruit étant susceptible lui-même d'hypothèque, on n'a pas, lors de la transcription, perçu le droit de 1 fr. 50 p. 100, sur le prix cumulé de l'usufruit et de la nue propriété, mais seulement sur celui attaché à l'abandon de la nue propriété.

16. Lorsque la vente de la nue propriété est postérieure à la loi d'avril 1816, le droit de transcription n'est pas dû sur la réunion, car il a été acquitté sur l'acte translatif de la nue propriété.

17. Si une donation entre-vifs consacre la transmission de la nue propriété, et si si elle est antérieure à la loi du 28 avril 1816, et a été transcrite, il n'est dû aucun droit proportionnel lors de la réunion par cession, si, à la transcription, le droit a été perçu sur la valeur entière ; il en serait autrement, si cette perception n'avait pas eu lieu. — Les principes ci-dessus émis, en ce qui concerne le droit de transcription, quand la nue propriété a été transmise par acte de vente postérieur à la loi d'avril 1816, sont applicables, au cas où elle aurait eu lieu par donation, suivant acte aussi postérieur à la loi citée.

Les principes exprimés depuis le n.° 14 ci-dessus, sont consignés à l'art. 5975 du *journal de l'Enregist.*

18. Pour les ventes faites sous la loi de 1790, V. les *art.* 3284 *et* 4351 *j.*, qui ont aussi rapport à cet objet.

REVENDICATION (*Ordonnance de*). Droit fixe de 3 fr. *Art.* 44, *nomb.* 10 *de la loi du* 28 *avril* 1816.

REVENTE. Vente d'un objet qu'on avait acquis.

1. Les reventes de domaines nationaux, primitivement vendus aux municipalités, en vertu du décret du 14 mai 1790, faites par actes non enregistrés, dans les 15 années accordées par ce décret, doivent le droit fixe de 75 c., sans double droit. *Instr.* 290, *nomb.* 64.

2. Le droit des reventes de rentes ci-devant nationales, transférées en vertu de la loi du 21 niv. 8, doit être liquidé sur le capital au denier 20. *Instr.* 290, *nomb.* 65.

3. Quant aux reventes qui ont lieu par folle ou sur enchère, V. *adjudication*, n.os 43 *et suiv.* — Sur déclaration de command, V. *command*, et *procuration*, n°. 8.

REVERSION (*droit de*). V. *retour légal.*

REVOCATION ET RÉTRACTATION.

1. Les révocations, autres que celles des actes synallagmatiques dont il est parlé aux mots *résolution et rétrocession*, opèrent le droit fixe de 2 fr. *Art.* 43 *de la loi d'avril* 1816.

2. Si par l'acte de révocation d'une procuration, on nomme un nouveau mandataire, il est dû pour cette nomination un autre droit de 2 fr., attendu qu'elle ne dérive pas nécessairement de la révocation. *Art.* 11 *de la loi de frim.* 7.

3. La révocation d'Avoué contenant nomination d'un nouvel Avoué par le même acte, n'opère qu'un seul droit. *Circ.* 2050.

4. La révocation d'un testament est un acte de dernière volonté, qui ne doit être enregistré que dans les 3 mois du décès. Si cet acte est pur et simple, et ne contient que la déclaration de mourir, *ab intestat*, on ne peut le considérer comme un acte de libéralité; il n'opère que le droit de 2 fr. *Sol. du* 14 *niv.* 13. *Art.* 43 *de la loi d'avril* 1816. — Il peut être mis à la suite du testament. V. *timbre.*

5. Celle d'un testament mystique ou public, par acte sous seing-privé, est également un acte de dernière volonté, si elle est écrite, datée et signé de celui qui avait disposé auparavant. *Cour de Paris*, *du* 5 *juillet* 1813.

RHONE (*chaussées du*). C'est aux Préposés de l'enregistrement à poursuivre la rentrée de l'amende de 25 fr. ou de 50 fr., prononcée contre les auteurs de dégradations à ces chaussées, par le décret du 15 mai 1813. *Déc. min. fin. du* 21 *fév.* 1821. (*Art.* 6926, *j.*)

ROLE. Les expéditions des rôles à l'*armement* et au *désarmement* des bâtimens de commerce, doivent être en papier timbré et non visé pour timbre. *Circ.* 1705.

1. Les rôles des causes au tribunal sont exempts du timbre. *Art.* 16 *de la loi du* 13 *brum.* 7.

2. Ceux des *contributions* et les extraits qui en sont délivrés, sont exempts de l'enregistrement. *Art.* 70 *de la loi du* 22 *frim.* 7.

3. Les extraits des matrices des rôles des contributions, délivrés aux contribuables, pour être produits à l'appui de leurs réclamations en dégrèvement, sont exempts du timbre. *Instr.* 137.

4. Les rôles de cotisations pour curage de rivières, sont exempts du timbre. *Instr.* 387.

5. Les rôles *d'introduction* présentés et mentionnant les exploits des Huissiers qui ont opéré en cause, peuvent ne relater que la date de l'enregistrement, le folio, le montant du droit, et la signature du Receveur. *Déc. min. fin. du* 25 *sept.* 1816. (*Art.* 2408, *j.*))

6. *Les rôles d'équipages* sont des actes qui contiennent le nom de toutes les personnes embarquées sur un vaisseau, navire ou bâtiment de mer; ils sont exempts de l'enregistrement. *Art.* 70 *de la loi de frim.* 7.

7. Mais les rôles d'équipages pour la pêche et le cabotage, déposés, dans les bureaux des classes, par les armateurs, sont assujétis au timbre. Les expéditions qui en sont remises à ces derniers, ou autres particuliers, doivent être délivrées sur papier du timbre de 1 fr. 25 c. au moins. — Les duplicata qui sont déposés dans les bureaux de la marine, ou remis au Ministre, et qui portent la mention expresse de cette destination, sont exempts du timbre. *Circ.* 1629. *Autre*, *du* 28 *août* 1806.

8. Quant aux permis de navigation, qui sont de véritables rôles d'équipage, V. *navigation*, *page* 227.

Voyez aussi *primes* et *expédition.*

SAISIE-*arrêt*, celle qui a pour objet d'empêcher qu'un tiers ne paye à son créancier ce qu'il lui doit. — Elle opère le droit fixe de 2 fr. *Art.* 43 *de la loi de* 1816. — V. *déclaration*, n.os 54 et suiv. et *exploits.*

1. La saisie-arrêt faite au nom de la direction générale de l'enregistrement entre les mains des fermiers ou locataires du débiteur de droits de succession, prime toutes celles antérieures, attendu que ce droit doit être payé par préférence sur les revenus. *Arr. de cass. du* 9 *vend.* 14.

2. La saisie-arrêt qui tient son fondement d'un jugement annulé, croule avec lui. *Cour de Paris du* 22 *nov.* 1811.

3. En vertu d'une contrainte rendue exécutoire par le Juge de paix et décernée pour obtenir le recouvrement d'une amende encourue par un officier public, on peut procéder par la voie de saisie-arrêt de son cautionnement aussi bien que par celle de saisie-exécution. *Arr. de cass. du* 11 *juin* 1811. (*Art.* 3930, *j.*)

4. Les revenus d'une rente viagère stipulée insaisissable, peuvent, nonobstant cette stipulation, être saisis pour le paiement des droits résultant de sa transmission. *Sol. du* 5 *août* 1814. (*Art.* 4879, *j.*)

5. *Sont insaisissables*, 1.° les gratifications ou indemnités accordées aux agens forestiers, pour aucune partie. *Déc. min. fin. du* 13 *sept* 1811. Le Directeur doit donc toujours autoriser, par son visa, le paiement de cette dépense. *Instr.* 546. — 2.° Le tiers consolidé de la dette publique. *Loi du* 8 *niv.* 6. — 3.° Les revenus des majorats, hors le cas où ils auraient été délégués. *Décr. du* 1er *mars* 1808. — 4.° Les soldes de retraite, traitemens de réforme et les pensions tant militaires que de la Légion d'honneur. *Avis du Conseil d'Etat approuvé le* 2 *fév.* 1808. — 5.° Les rentes sur l'Etat, *Loi du* 8 *niv.* 6. Le créancier ne peut obliger le débiteur qui a de ces rentes et ne paye

pas, à les lui transférer, puisque ce serait une espèce de saisie. *Cour de Paris du 24 août 1811.* — 6.° Les pensions des Administrateurs et Préposés de l'enregistrement et des domaines. *Arr. de cass. du 28 août 1815.* — 7.° Les droits dont la perception est attribuée à l'Administration de l'enregistrement. *Arr. de cass. du 16 therm. 10 et 31 mars 1819.* (*M. Sirey, année 1819.*) Au surplus, V. *les art. 580 à 593 du C. de P. C., et frais de justice*, n.° 77.

6. De ce qu'une vente a été déclarée valable à l'égard de l'acquéreur, pour la perception des droits de mutation, il ne s'ensuit pas que la direction générale puisse faire saisir les fruits des fonds vendus, si le prétendu vendeur oppose la nullité de la vente; dans ce cas, le jugement rendu entre la régie et le prétendu acquéreur n'a pas l'autorité de la chose jugée à l'égard du vendeur. *Arr. de cass. du 22 févr. 1811.*

7. On ne peut faire saisie-arrêt sur soi-même. *Cour de Rouen du 13 juillet 1816.*

L'Administration ne peut former de saisie-arrêt aux mains du créancier d'un débiteur de droits d'enregistrement, lorsque ce créancier a accepté la délégation du prix des fruits qu'il avait saisis. *Arr. de cass. du 9 mars 1814.*

8. Les traitemens et remises sont saisissables jusqu'à concurrence, savoir, du 5.me sur les premiers 1000 fr. et toutes les sommes au-dessous; du quart sur les 5000 fr. suivans; et du tiers sur la portion, quelle qu'elle soit, excédant 6000 fr. et jusqu'à l'entier acquittement des créances. *Loi du 21 vent. 9. Instr.* 478.

9. Les saisies-arrêts et oppositions aux paiemens à faire par les Préposés de l'enregistrement, sont notifiées dans les départemens au Directeur dans la direction duquel le paiement devra être effectué, et à Paris, au Secrétaire général de l'Administration. *Instr.* 339.

10. Outre les formalités communes à tous les exploits, ceux de saisie-arrêt, entre les mains des Préposés des finances, contiendront, à peine de nullité, les noms et qualité de la partie saisie, la somme pour laquelle l'opposition est faite, (elle n'a d'effet que jusqu'à concurrence de cette somme); il sera fourni, avec copie de l'exploit, à ces Préposés, copie ou extraits en forme des titres du saisissant. — La saisie arrêt n'est valable qu'autant que l'exploit est fait à la personne préposée pour le recevoir, visé par elle sur l'original, ou, en cas de refus, par le Procureur du Roi près le tribunal de première instance de sa résidence, lequel en donnera avis aux chefs des Administrations. *Décr. du 18 août 1806. Instr.* 339.

11. Les Directeurs seront tenus de délivrer sur la demande du saisissant, un *certificat* qui tiendra lieu, en ce qui les concerne, de tous autres actes et formalités prescrits, à l'égard des tiers saisis, par le titre VII du liv. V du C. de P. C. — S'il n'est rien dû au saisi, le certificat l'énoncera; si la somme due au saisi est liquide, le certificat en déclarera le montant; si elle n'est pas liquide, le certificat l'exprimera. *Instr.* 339.

12. Dans le cas où il serait survenu des saisies-arrêts ou oppositions sur la même partie et pour le même objet, les Directeurs seront tenus, dans les certificats qui leur seront demandés, de faire mention desdites saisies-arrêts ou oppositions, et de désigner les noms et élections de domicile des saisissans, et les causes desdites saisies-arrêts ou oppositions. *Idem.*

13. S'il survient de nouvelles saisies-arrêts ou oppositions, depuis la délivrance d'un certificat, les Directeurs seront tenus, sur la demande qui leur en sera faite, d'en fournir un extrait contenant pareillement les noms et élections de domicile des saisissans, et les causes desdites saisies-arrêts ou oppositions. *Idem.*

14. Si le certificat demandé concerne un Employé supérieur ou du timbre, les Directeurs qui sont tenus de viser les quittances d'appointemens de ces Préposés, mentionneront ce qui est dû au saisi; s'il s'agit d'un Receveur, le certificat énoncera, suivant les cas, le montant de la remise revenant au comptable, ou exprimera que la remise est à liquider. *Idem.*

15. Ces certificats sont sujets au timbre de 35 centimes. *Idem.*

16. Les directeurs ne doivent pas autoriser, par leur *visa*, le paiement des sommes susceptibles d'être acquittées sur les produits de l'administration, lorsqu'il a été formé opposition, jusqu'à ce qu'il leur soit justifié d'une main-levée, d'un consentement ou d'un jugement *Instr.* 282, 339 et 412.

17. Cette règle est applicable, sans distinction, au paiement des sommes saisissables en totalité; mais elle ne l'est qu'en partie aux traitemens et remises. *Instr.* 478.

18. Si le paiement doit être fait sur un état, et qu'il comprenne la totalité du traitement dû à l'Employé saisi, ou de ses remises, le Directeur fera mention, en marge de l'article qui le concernera, qu'il existe des oppositions; y indiquera le montant de la portion insaisissable à lui payer, et de celle qui, étant saisissable, ne doit pas lui être payée; déduira du total de l'état, le montant de cette dernière portion; et n'autorisera, *par son visa*, le paiement que de la somme restante. L'Employé émargera cet état *en toutes lettres*, de la somme insaisissable qu'il aura réellement reçue, et de sa signature au-dessous. *Idem.*

19. Si l'état ne comprend que la partie insaisissable, une observation indiquera en marge, celle qui aura été déduite à cause des oppositions; alors le Directeur pourra autoriser, par son *visa*, le paiement de la totalité des sommes portées dans l'état. L'acquit par émargement sera donné comme il vient d'être dit. *Instr.* 478.

20. Quant aux paiemens à faire sur des quittances individuelles, tels que ceux des traitemens fixes des Employés supérieurs dans les départ.s, les Employés saisis ne donneront quittance que de la portion insaisissable, et y exprimeront que le paiement du surplus a été suspendu à cause d'une opposition. Le Directeur n'autorisera, par son *visa*, que le paiement de cette somme. *Idem.*

21. Enfin, à l'égard des remises des Receveurs, qui sont payables sans ce *visa*, comme elles sont néanmoins saisissables dans les proportions fixées au n.° 8 ci-dessus, le Directeur prescrira au Receveur de libeller la quittance ainsi qu'il vient d'être dit pour les Employés

à traitement fixe, et n'allouera en dépense que la portion insaisissable. *Instr.* 478.

22. Pour être à portée de faire dans leurs certificats les mentions indiquées au n.° 12 ci-dessus, les Directeurs auront soin de réserver les copies d'exploits et les extraits des titres qui leur seront fournis. *Instr.* 339.

23. Aussitôt qu'il leur aura été notifié une opposition au paiement d'un Employé, ils lui ouvriront un compte sur lequel ils feront les mentions nécessaires quant aux oppositions, etc. *Instr.* 478.

24. Les Directeurs ne pourront, sans le consentement des parties intéressées, ou sans y être autorisés par justice, rayer les oppositions ou saisies-arrêts qu'ils auront inscrites. — Les Receveurs, de leur côté, continueront de n'acquitter, à l'exception des frais de justice qui se paient par urgence, que les ordonnances, mandats et exécutoires revêtus du *visa* du Directeur, constatant qu'il n'existe point de saisie-arrêt ni d'opposition. *Instr.* 339.

25. Les sommes saisies et arrêtées entre les mains des dépositaires et débiteurs, à quelque titre que ce soit, doivent être versées à la caisse des dépôts et consignations. *Ordonn. du Roi du* 3 *juin* 1816. *Instr.* 736.

26. Il en sera de même pour les portions de traitemens des Préposés pour lesquelles il aura été signifié des oppositions aux Directeurs. *Instr.* 792.

27. Les Receveurs généraux doivent, dans ce cas, se borner à exiger des consignataires, la remise des exploits des oppositions ou saisies-arrêts. *Lettre de M. le Directeur général de la Caisse des consignations.* (*Art.* 6769, *j.*) — V. *instances*, n.os 104 et suiv.

28. SAISIE *exécution*. Acte du ministère d'un Huissier par lequel on saisit les meubles d'un débiteur pour être vendus au profit de son créancier. — Il opère le droit fixe de 2 fr. V. *exploit.*

29. Il est dû deux droits pour les procès-verbaux de saisie exécution, l'un pour la signification à la partie saisie, et l'autre pour la remise au gardien d'une copie du procès-verbal, mais il n'est dû qu'un seul droit quand le saisi est établi gardien. *Circ.* 1655.

30. Le procès-verbal ou l'ordonnance du Juge de Paix, qui, aux termes de l'art. 594 du C. de P. C., établit un gérant à l'exploitation des terres, en cas de saisie d'animaux et ustensiles servant à cette exploitation, doit être enregistré sur la minute au droit de 1 franc. *Instr.* 436, *nomb.* 47. — V. *instances*, n.os 118 et suiv.

SAISIE *immobilière*. Procès-verbal d'un Huissier qui consiste à saisir les immeubles d'un débiteur. — V. *instances*, n.os 124 et suiv.

31. Cet acte opère le droit fixe de 2 francs par vacation, V. *vacation*; et chacune de ces vacations doit être enregistrée dans le délai de quatre jours. *Instruct.* 390. *Sol. du* 22 *nov.* 1817.

32. La transcription au greffe d'une saisie immobilière opère le droit fixe de 3 francs; le certificat d'insertion au journal, 1 fr.; le cahier des charges pour la vente, 1 fr.; et le dépôt au greffe de ce cahier, 3 f. *Instr.* 436, *nomb.* 49, 50, 51 *et* 52. — V. *certificat*, n° 2; *greffe* (*droits de*), n° 47; et *succession*, n.os 126 et suiv.

SCELLÉS (*apposition de*). C'est l'application d'un sceau sur les lieux où sont renfermés les meubles et effets d'un absent, d'un failli ou autre.

1. Le droit d'enregistrement des appositions de scellés, est fixé à 2 francs par chaque vacation. *Art.* 68 *de la loi de frim.* 7 — V. *vacation*.

2. Il n'est pas dû un droit particulier pour la disposition de cet acte qui porte établissement de gardien. *Instr.* 436, *nomb.* 72.

3. Pour connaître les procès-verbaux de l'espèce à viser et à enregistrer en débet, V. *actes*, n.os 51 et suivans; *faillite*, n° 2.

4. En cas de décès du titulaire d'une cure, le Juge de paix sera tenu d'apposer le scellé d'office, sans rétribution pour lui et son Greffier, *ni autres frais*, si ce n'est le seul remboursement du papier timbré. *Art.* 16 *du décret du* 6 *nov.* 1813. (*Art.* 4699, *j.*)

5. Dans le cas où des militaires en activité de service se trouvent héritiers, le Juge de paix doit, immédiatement après l'apposition des scellés, les en avertir, s'il sait à quel corps ou armée ils sont attachés; il doit également en instruire le Ministre de la guerre, et le double de ses lettres doit être copié à la suite de son procès-verbal, avant de le présenter à l'enregistrement, sans qu'il résulte de ces copies une augmentation de droit. *Art.* 1er *de la loi du* 11 *vent.* 2.

6. Après une accusation grave contre un particulier, on peut faire apposer chez lui les scellés, pour garantir les droits éventuels de l'Etat et notamment le paiement des frais de justice. *Déc. min. just. du* 17 *ventôse* 8.

7. On ne doit faire apposer les scellés que lorsque l'accusé est contumax, ou lorsqu'il est prévenu de crime de fausse monnaie. Quand le prévenu ne laisse personne chez lui, ou qu'il s'y trouve des personnes suspectes, l'appositon des scellés est nécessaire pour assurer le mobilier à la garantie des condamnations. — On ne saurait apporter trop de précaution et de prudence pour restreindre cette mesure aux seuls cas où elle est absolument nécessaire, pour éviter la dilapidation ou la soustraction des effets, et lorsqu'il s'agira de délit emportant peine afflictive ou infamante. *Instr.* 89 *et circ. du* 28 *vent.* 11. — Au surplus, V. *frais*, n.os 85 et suivans.

8. SCELLÉS (*Levée de*). Le procès-verbal de levée de scellés, est assujéti au droit fixe de 2 fr. par chaque vacation. *Art.* 68 *de la loi de frim.* 7.

9. Indépendamment de ce droit, il est dû celui de 1 fr. pour chaque opposition à levée de scellés, par comparution personnelle dans le procès-verbal. *Art.* 68.

10. Le procès-verbal de levée de scellés qui contient nomination et prestation de serment d'experts, est passible d'un droit particulier pour la prestation de serment qui peut avoir lieu par acte séparé. *Déc. min. fin. du* 25 *juillet* 1810. (*Art.* 3939, *j.*)

11. La réquisition, pour parvenir à la levée de scellés, est une requête non enregistrable; l'ordonnance du Juge, mise à la suite, est seule passible du droit d'un franc. *Déc. min. fin. du* 1er *juillet* 1814. (*Art.* 4837, *j.*)

12. Le procès-verbal de levée de scellés, peut être fait à la suite de celui d'apposition. *Art.* 23 *de la loi du* 13 *brum.* 7. — V. aussi *actes*, n° 158.

SECOURS. Les états de distribution de secours, arrêtés par les hospices, et les comptes rendus par ces établissemens aux Sous-Préfets, sont exempts du timbre. *Déc. min. fin. du* 29 *avril* 1809. — V. *quittance*, n° 37.

Si des enfans ou le tuteur officieux accordent des secours à leurs ascendans ou à leur pupille, V. *ascendans*, n°s 3 et 4, et *tutelle officieuse*.

SECRÉTAIRES *des Préfectures, Sous-Préfectures et Mairies*.

1. Ils sont obligés, 1° d'acquitter eux-mêmes entre les mains du Receveur de l'enregistrement, les droits des actes de leur ministère sujets à la formalité. *Déc. min. fin. du* 10 *août* 1813. (*Art.* 4712, *j.*) — 2° De faire enregistrer, dans le délai de vingt jours, les adjudications et marchés reçus par l'autorité administrative, sous peine du double droit. V. *actes*, n°s 28 et suivans; *délai*, n°s 10 et suivans.

2. Les dispositions des articles 20, 26, 29, 36, 37, 41, 49 et suivans de la loi de frimaire 7, doivent être exactement observées. *Instr.* 765.

3. Lorsque les parties n'ont pas consigné entre les mains des Secrétaires, dans le délai, le montant du droit, ils fournissent aux Receveurs de l'enregistrement, dans les dix jours qui suivent l'expiration de ce délai, des extraits de ces actes, à peine de 10 francs d'amende pour chaque décade de retard et pour chaque acte, et d'être en outre personnellement contraints au paiement du double droit. — En cas de remise de ces extraits, le recouvrement du droit et du double droit est suivi par le Receveur contre les parties. *Art.* 29, 37 *et* 38 *de la loi de frim.* 7. — V. *actes*, n° 31.

4. Ils doivent aussi tenir répertoire de leurs actes, V. *répertoire*; les communiquer à toute réquisition aux Préposés de l'Administration de l'enregistrement, ainsi que les actes dénommés dans la loi du 15 mai 1818. V. *communication*.

5. Pour leurs obligations communes avec les Notaires, V. *notaire*.

6. Quant aux tableaux de décès à fournir par les Secrétaires des Mairies, V. *notices de décès*.

7. Les *Secrétaires généraux*, Sous-Préfets et Maires encourent l'amende, en délivrant directement ou indirectement, sur papier non timbré, des expéditions aux particuliers ou établissemens publics agissant comme partie. *Instr.* 765.

8. Ils ne peuvent se servir de papier visé pour timbre. *Circ.* 1566.

9. Il doit être tenu, dans les Préfectures et Sous-Préfectures, deux registres; l'un en papier timbré, l'autre en papier libre, pour les actes non sujets à l'enregistrement, et relatifs à des objets d'ordre et d'administration générale. *Instr.* 765.

10. Les Sous-Préfets et les Maires sont personnellement responsables des contraventions aux lois sur l'enregistrement, parce que s'il existe des Secrétaires de leurs administrations, ce sont des Agens de leur choix et qui n'ont pas le caractère de Fonctionnaires publics, *Instr.* 318. — Cependant s'ils ont délégué à un des Employés de leurs bureaux la tenue du répertoire, et qu'il ait accepté cette charge, c'est contre lui qu'il faut diriger les poursuites en cas de contravention. *Instr.* 322.

11. Les dispositions de la loi de frimaire 7, relatives aux Secrétaires des Administrations centrales, sont applicables aux Secrétaires des Sous-Préfectures et Mairies. *Déc. min. fin. du* 10 *août* 1813.

SECRÉTAIRE *général de l'Administration de l'enregistrement*. Il est nommé par le Roi, sur le rapport du Ministre des finances. — *Ordonn. du* 3 *janvier* 1821, *instr.* 970. — V. *saisie*, n° 9.

SENAT, V. *acquisition*, n.° 5.

SENTENCE *arbitrale*, V. *arbitrage et arbitre*.

SÉPARATION *de corps ou de biens*.

L'ordonnance du président portant que les parties comparaîtront, et celle mise à la suite portant renvoi à se pourvoir et autorisation à la femme de procéder sur la demande, sont toutes deux enregistrables dans le délai de 20 jours; et la dernière n'opère qu'un droit parce que les dispositions qu'elle renferme sont prescrites par la loi et dérivent l'une de l'autre. *Instr.* 436, *nomb.* 68, V. *jugement*, n.ºs 90 et 118.

SÉPULTURE, V. *notices de décès*.

SÉQUESTRE, V. ce mot aux DOMAINES.

SERMENT (prestation de), acte par lequel on promet par serment de remplir, avec exactitude et probité, les fonctions d'un emploi ou d'une commission.

1. Tout serment politique est exempt de l'enregistrement. *Instr.* 290, *nomb.* 56.

2. Lorsqu'on est entré en exercice avant d'avoir prêté serment, on peut être poursuivi et puni d'une amende de 16 à 150 fr. *Art.* 196 *du C. Pénal.*

3. Il n'appartient pas aux Employés d'examiner dans quel cas les Préposés des contributions indirectes doivent prêter serment. *Instr.* 323.

4. Les Employés de l'enregistrement, Experts, Gardes et autres, peuvent prêter leur serment devant le juge de paix du canton où ils sont appelés à exercer leurs fonctions, s'ils ne doivent pas résider dans la commune où siège le Tribunal de première instance; mais ils doivent de suite et immédiatement envoyer au greffe de ce Tribunal l'extrait de leur prestation de serment qui doit faire mention de l'accomplissement de cette formalité. *Circ.* 936 *et* 1500.

DÉLAI. Les prestations de serment sont enregistrables dans les 20 jours de leur date, à peine du double droit. *Art.* 14 *de la loi du* 27 *vent.* 9.

6. PLURALITÉ *des droits*. Il est dû un droit particulier par chaque prestation de serment, soit que plusieurs soient constatées par un seul et même procès-verbal, ou par autant de procès-verbaux qu'il y a d'individus assermentés. *Circ.* n.° 1798. *Instr.* 290, *nomb.* 49. V. ci-après, n.° 38.

7. QUOTITÉ *des droits*. La perception doit se faire à raison de 15 fr. pour tous les emplois non susceptibles d'être assimilés à ceux sujets seulement au droit de 3 fr., quoique les emplois n'aient été créés que depuis la loi du 22 frim. 7. *Déc. min. fin. du* 8 *prair.* 8.

8. Le serment de tous Préposés des Administrations

ou toutes autres personnes qui reçoivent un salaire de l'Etat, lorsque les traitemens, salaires ou remises n'excèdent pas 500 fr. par an, est soumis au droit de 3 fr., mais la quotité du traitement doit être mentionnée dans la commission d'emploi et rappelée dans l'acte de prestation de serment. *Instr.* 785.

9. Les droits auxquels les diverses prestations de serment sont soumises, doivent être perçus d'après les quotités ci-après établies. (*Les différens emplois sont désignés à leur titre ou à celui de l'Administration ou de l'établissement qui les concerne.*)

10. *Agréé* au Tribunal de commerce, 1 fr. *Déc. min. fin. du 7 août* 1813. (*Art.* 4760, *j.*)

11. *Arpenteurs* des forêts royales, 15 fr. *Instr.* 290, *nomb.* 45.

12. *Avocats, Avoués et Défenseurs officieux* : leur serment pour entrer en fonctions, est sujet au droit de 15 fr. *Art.* 14 *de la loi du 27 vent.* 9. *Instr.* 330.

13. L'acte de prestation de serment prescrit aux Avocats, par les décrets des 31 mai 1807 et 6 juillet 1810, n'est pas passible du droit fixe de 15 fr., si, antérieurement, l'Avocat était déjà entré en fonctions, et avait prêté un premier serment, même avant la révolution : cet acte n'est passible que du droit fixe de 1 fr. *Arr. de cass. du* 17 *avril* 1816. (*Sirey, année* 1817.)

14. Le serment des Avocats, antérieur au décret du 31 mai 1807, et qui n'a pas été enregistré dans le délai prescrit par les lois existantes lors de sa prestation, opère actuellement le droit de 15 fr. et le double droit. *Arr. de cass. du* 11 *sept.* 1811. (*Art.* 4048, *j.*)

15. Le serment de ces offic.[s] publics, prêté en exécution de l'art. 31 de la loi du 22 vent. 12, sur les écoles de droit, et qui sont déjà assermentés pour l'exercice de leurs fonctions, ne doit que 1 fr. *Arr. de cass. du* 24 *fév.* 1808. *Circ. du 7 nov. suiv.*

16. Le renouvellement annuel du serment des Avocats, à la rentrée des Cours royales, après les vacations, est d'ordre intérieur, est exempt de toute formalité. *Déc. min. fin. du 2 juin* 1812. (*Art.* 4228, *j.*)

17. Il en est de même des prestations de serment par des Avocats et Avoués, de ne rien dire ni publier, comme défenseurs ou conseils, de contraire aux lois, aux réglemens, aux bonnes mœurs et à la sûreté de l'Etat, et de ne jamais s'écarter du respect dû aux Tribunaux et à l'autorité publique. — Ne sont pas compris dans cette disposition, les actes par lesquels les Avocats prêtent serment de remplir leurs fonctions avec exactitude et probité. *Instr.* 290, *nomb.* 56.

18. Le serment d'un Avoué, prêté le 16 frim. 9 est soumis aux simple et double droit fixés par la loi du 27 vent. an 9, lorsqu'il n'a été payé aucun droit lors de la prestation de serment. *Arr. de cass. du* 12 *nov.* 1812.

19. *Commis-Greffiers* des Tribunaux de première instance, de commerce et des Cours royales ou d'appel, 15 fr. *Sol. du* 22 *niv.* 10. *Arr. de cass. du* 17 *fév.* 1806.

20. Il serait dû un nouveau droit de 15 fr., si le Commis-Greffier était ensuite nommé Greffier en chef. *Arr. de cass. du* 21 *janv.* 1806.

21. Le serment d'un Commis-Greffier du Tribunal de première instance temporairement nommé, doit 1 fr. fixe, quel que soit le nombre d'actes ou jugemens dans lesquels la prestation de serment a été exprimée. *Déc. min. fin du* 26 *sept.* 1817. (*Mém. d'ord. de la direction d'Orléans, année* 1817.)

22. Les prestations de serment des Commis-Greffiers, pour remplacer temporairement le Greffier en chef, le jour où il fait le service de garde national, sont exemptes de l'enregistrement, pourvu que dans les actes de prestation de serment, il soit fait mention de la cause du remplacement. *Déc. du Commissaire des fin. du* 19 *avril* 1814. (*Art.* 4823, *j.*) V. les n.ºs 49 et 50 ci-après.

23. *Commissaires de police.* Leur prestation de serment est exempte de l'enregistrem.[t] *Instr.* 290, *nomb.* 58.

24. *Contributions directes.* Directeurs, Inspecteurs, Contrôleurs et Receveurs, 15 fr. *Instr.* 290, *nomb.* 54.

25. Le serment des surnuméraires de cette Administration doit 1 fr. fixe. *Déc. min. fin. du* 25 *juillet* 1809.

26. Payeurs généraux, Caissiers du Trésor royal, Receveurs généraux et autres comptables directement justiciables de la Cour des comptes, 15 francs. *Ordonn. du* 29 *juillet* 1814. (*Art.* 4876, *j.*)

27. Lorsqu'un comptable direct de la Cour des comptes ne peut prêter serment devant cette Cour, il est autorisé par le Ministre, à se retirer devant le Préfet de son département. Il sera envoyé au Président de la Cour des comptes, une expédition de cette prestation; le double remis au comptable est sujet au droit d'enregistrement de 15 fr. *Ordonn. du 7 oct.* 1814. (*Art.* 4934, *j.*)

28. Les actes de prestation de serment des Receveurs généraux et autres comptables, directement justiciables de la Cour des comptes, reçus par le Préfet, en vertu de l'ordonnance sus rappelée, sont enregistrables dans les 20 jours de leur date, au droit de 15 fr., comme n'étant point de la compétence ordinaire du Préfet, ni un acte administratif. *Instr.* 922.

29. Depuis la loi du 15 mai 1818, il n'y a pas lieu de rédiger, sur papier timbré, et de faire enregistrer, les prestations de serment faites devant l'Autorité administrative, par les Percepteurs et par les porteurs de contraintes; les expéditions qui en seraient délivrées aux parties, sont seulement assujéties au timbre. *Déc. min. fin. du* 13 *juillet* 1818.

30. Les Sous-Préfets ne peuvent se refuser d'admettre les porteurs de contraintes au serment de remplir leurs fonctions avec exactitude et probité. *Déc. min. fin. du* 14 *déc.* 1813. (*Art.* 4707, *j.*)

31. *Contributions indirectes*; sont soumis au droit fixe de 3 fr. : les prestations de serment des surnuméraires de cette Administration, et des débitans de tabac, comme celles des commis aux exercices à pied, et des Buralistes dont le traitement n'excède pas 500 fr. par année; pour tous les autres emplois, le droit de 15 fr. doit être acquitté d'après les règles prescrites par l'instruction 248. *Instr.* 754.

32. Le serment des débitans de tabac, déjà assermentés comme Receveurs buralistes, est enregistrable *gratis* et sujet au timbre sur la minute et l'expédition. *Instr.* 785.

33. Celui des Commis et Contrôleurs temporaires des contributions indirectes, chargés de procéder aux

inventaires des boissons, est exempt de l'enregistrement. *Instr.* 290, *nomb.* 51.

34. *Douanes.* Les sermens des Préposés des douanes, tels que lieutenans, sous-lieutenans de brigades, gardes, emballeurs, priseurs et mesureurs de sel, sont soumis au droit de 3 fr. *Déc. min. fin. du* 19 *nov.* 1818.

35. L'instruction générale, du 26 nov. 1816, n.° 754, soumet à la même quotité de droit le serment des capitaines et de tous autres Préposés de grade inférieur à celui de Contrôleur exclusivement; elle ajoute que pour tous les autres emplois de cette Administration, le droit de 15 fr. doit être acquitté. — Les prestations de serment sont enregistrables dans les 5 jours de leur date, au lieu de 20. *Instr.* 830.

36. *Enregistrement et Domaines.* La prestation de serment d'un Surnuméraire chargé de l'intérim d'un bureau, en cas de vacance par mort ou destitution, doit 15 fr.; mais si l'intérim a pour cause la maladie ou l'absence du Receveur, le serment ne doit que 1 fr. *Sol. du* 26 *fruc.* 11.

37. Le Directeur, l'Inspecteur, le Vérificateur et le Receveur sont sujets au serment avant l'installation. *Art.* 12, 98, 169 et 228 *des Ordr. de Régie*, suivant les quotités de droit déterminées ci-dessus, n.° 7.

38. *Experts.* Si plusieurs experts prêtent serment par le même acte, il y a lieu à la pluralité des droits, toutes les fois que la prestation de serment est dans l'intérêt de ceux qui l'ont faite, et lorsqu'elle n'est pas relative à une seule contestation. *Sol. du* 16 *nov.* 1814. (*Art.* 4970, *j.*)

39. Leurs prestations de serment, et le rapport de l'expertise qui ont lieu devant le juge, ne constituent qu'un acte judiciaire, passible d'un droit unique d'enregistrement. *Instr.* 436, *nomb.* 7.

40. *Gardes forestiers et champêtres*, 3 fr. *Art.* 68 *de la loi de frim.* 7. — V. *nomination*, n.° 14, *et ci-après*, n.° 66.

41. La prestation de serment de ces derniers ne peut être mise au pied de l'expédition de l'arrêté de la nomination. *Déc. min. fin. du* 18 *mess.* 8.

42. *Garde à cheval des forêts*, quoique le traitement s'élève au-dessus de 500 fr., 3 fr. *Sol. du* 11 *nov.* 1818.

43. *Gardes messiers* nommés pour le tems des récoltes et sans rétribution. Leur serment est exempt du timbre et de l'enregistrement. *Sol. du* 24 *sept.* 1812. (*Art.* 4301, *j.*)

44. Cependant une décision du Ministre des finances insérée à l'art. 4946 du journal de l'enregistrement, fixe à 1 fr. le droit d'enregistrement de leurs prestations de serment.

45. *Gardes-ventes* dans les bois de l'Etat. 1 fr. fixe. *Circ. du* 12 *sept.* 1808.

46. *Gendarmerie.* La prestation de serment des sous-officiers de gendarmerie et Gendarmes chargés de constater les contraventions en matière de grande voirie, est passible du droit fixe de 3 fr., en observant, toutefois, que les Gendarmes qui, à raison de leurs autres fonctions, auraient prêté serment, sont dispensés de cette formalité. *Instr.* 400, *nomb.* 7.

47. *Greffiers et Huissiers* des Tribunaux de première instance, de commerce et des Cours criminelles, 15 fr. *Art.* 68 *de la loi de frim.* 7. — Cette disposition s'applique aux Greffiers de Cours d'appel. *Instr.* 290, *nomb.* 44.

48. La prestation de serment des Greffiers et Huissiers de Juge de paix, ne doit que 3 fr. *Art.* 68 *de la loi du* 22 *frim.* 7.

49. Celle des Greffiers commis dans les affaires de police, en vertu de l'art. 68 du C. d'instr. criminelle, est passible de ce dernier droit. *Instr.* 537.

50. Celle des Commis-Greffiers temporaires, n'est assujétie qu'au droit fixe de 1 fr. *Déc. min. fin. du* 11 *vent.* 12.

51. *Huissiers*, V. ci-dessus, n.os 47 et 48.

52. *Imprimeurs* et *libraires*; droit fixe de 1 fr.; la prestation de serment peut être mentionnée sur le brevet. *Instr.* 645.

53. *Inspecteurs* et *Sous-inspecteurs des chasses* établis par le Gouvernement, 15 fr. *Instr.* 290, *nomb.* 46.

54. *Interprètes* des langues étrangères, 1 fr. *Instr.* 290, *nomb.* 48.

55. *Jury.* Le serment des membres du jury établi près le ministère de l'intérieur, pour vérifier l'origine des tissus saisis dans l'étendue du royaume, est enregistrable gratis. *Déc. min. fin. du* 27 *janv.* 1817.

56. *Légion d'honneur* (membre de la), leurs sermens sont exempts de l'enregistrement. *Instr.* 290. *Sol. du* 13 *pluv.* 12.

57. *Maisons de détention* (Employés des). Le droit de la prestation de serment de chacun des Employés d'une maison centrale de détention reçue par le Maire du lieu où cette maison est établie, est de 15 fr., sauf à percevoir celui de 3 fr., dans le cas où le traitement énoncé dans la commission et dans l'acte n'excédera pas 500 fr. par an. *Instr.* 785.

58. Celle des inspecteurs, économes, médecins, chirurgiens, dépensiers et autres employés au service des prisons et maisons d'arrêt, autre que la prestation de serment du guichetier qui reste tarifiée à 3 fr., est passible du droit de 15 fr. *Déc. min. fin. du* 15 *janv.* 1811. (*Art.* 4118, *j.*)

59. *Médecin vétérinaire.* Sa prestation de serment opère le droit fixe de 15 fr. *Déc. min. fin. du* 23 *fév* 1818.

60. *Monts-de-Piété* (employés des), tels que Directeur, Secrétaire, Garde-magasin, Contrôleur, Caissier, Commissaire-Priseur et Commissionnaires attachés à ces établissemens; droit fixe de 3 fr. *Déc. min. fin. du* 20 *octobre* 1812.

61. *Notaires.* Leur prestation de serment est sujète au droit fixe de 15 fr. *Art.* 68 §. 6 n.° 4 *de la loi du* 22 *frim.* 7.

62. Ce droit est indépendant de celui acquitté sur leur prestation de serment antérieur à la loi du 25 ventôse an 11. *Instr.* 290, *nom* 49.

63. *Octrois* (Préposés des). Leur prestation de serment ne doit que 3 fr. *Ordonn. royale du* 9 *déc.* 1814. (*Art.* 4988, *j.*)

64. La prestation de serment peut être mentionnée sur leur commission. La délivrance de l'expédition n'est pas nécessaire non plus que pour celles des Employés

des douanes et des contributions indirectes. *Déc. min. fin. des* 8 *déc.* 1812 *et* 27 *avril* 1813. (*Art.* 4512, *j.*)

65. Le serment des Receveurs communaux chargés de la recette des droits d'octroi, doit le droit fixe de 3 fr. *Déc. min. fin. du* 7 *déc.* 1813. (*Art.* 4697, *j.*).

66. Cette perception est applicable aux prestations de serment des Secrétaires des mairies et Gardes-champêtres faisant fonctions de Préposés de l'octroi dans les communes rurales. *Déc. min. fin. du* 16 *vend.* 14.

67. Il n'est dû qu'un seul droit de 3 fr. sur la prestation de serment d'un individu nommé en même-tems Garde-champêtre et Préposé de l'octroi; mais s'il est rédigé deux actes séparés, chacun d'eux opère un droit particulier de 3 fr. *Déc. min. fin. du* 28 *nov.* 1809.

68. *Ponts et chaussées.* Les prestations de serment des agens des ponts et chaussées et de la navigation, chargés de constater les contraventions en matière de grande voirie, celles des conducteurs des travaux des ponts et chaussées, doivent 3 fr. *Instr.* 400, *nomb.* 7.

69. Celles des ingénieurs des ponts et chaussées, 15 fr. *Instr.* 290, *nomb.* 59.

70. *Porteurs de contraintes*, 3 fr. *Instr.* 290, *nomb.* 55. V. *ci-dessus*, n.° 29.

71. *Postes* (Employés des). — Il suffit, lorsque le traitement des Directeurs n'excède pas 500 fr., de l'indiquer dans la lettre de nomination en vertu de laquelle la prestation de serment a lieu, sauf à renouveler cette indication dans la commission au moment où elle sera expédiée : le droit, dans ce cas, ne sera que de 3 fr.; à l'égard des Directeurs des postes, dont le traitement est au-dessus de 500 fr., les lettres de nomination ne contiendront aucune mention relative à cet objet, et le droit à percevoir pour l'enregistrement de la prestation de serment sera de 15 fr. *Déc. min. fin. du* 22 *sept.* 1820. (*Art.* 6783, *j.*)

72. *Préfecture.* Le serment des *Préfets*, *Sous-Préfets*, *Membres* et *Secrétaires généraux de Préfecture*, est exempt de l'enregistrement. *Déc. min. fin. du* 8 *pluv.* 9.

73. *Procureurs du Roi* près les différens Tribunaux ou Cours de justice. Leur serment est exempt de l'enregistrement. *Instr.* 290, *nomb.* 43.

74. *Sels* (Préposés au mesurage des), 3 francs. *Déc. min. fin. du* 12 *oct.* 1808, V. *ci-dessus*, n.° 34.

75. Nouveau serment. Toutes les fois qu'un Préposé de l'Administration passe à un grade supérieur, à celui dont il était pourvu, il doit prêter un nouveau serment : mais cette obligation cesse d'exister, lorsqu'il change de résidence sans passer à un grade supérieur. *Loi du* 22 *août* 1791. *Instr.* 269.

76. Il suffit qu'il fasse constater par le Greffier sur la feuille d'audience, à la date courante, son nom, la nature de ses fonctions, la date de sa prestation de serment, avec l'indication du Tribunal qui l'a reçue, et que cette formalité, qui sera donnée sans frais, soit annotée par le Greffier sur la nouvelle commission. *Instr.* 438.

77. Ainsi les Employés supérieurs et les Receveurs, nommés Conservateurs des hypothèques, ne doivent pas prêter un nouveau serment avant d'entrer en fonctions en cette dernière qualité; il y a seulement lieu de mentionner sans frais, comme il est dit ci-dessus, sur le registre d'audience du tribunal, l'acte qui constate la précédente prestation de serment de ces Préposés; ils ne sont pas tenus de justifier de cette mention au Directeur, même ceux qui changent de département. *Sol. du* 28 *avril* 1819. (*Art.* 6437, *j.*)

78. Mais un nouveau serment devient indispensable, si l'on reprend de l'emploi après avoir quitté le sien. *Déc. min. fin. du* 30 *mai* 1809.

79. Cependant l'acte de prestation de serment d'un Greffier à qui on a donné un successeur, et qui a repris sa place avant que ce successeur ait exercé, n'engendre pas le droit 15 fr., parce que ce serment est purement politique; on doit se borner à celui qui sera dû comme acte du Tribunal portant réinstallation. *Déc. min. fin. du* 23 *juin* 1817.

80. La dispense d'un nouveau serment a lieu également, lorsque les Préposés des contributions directes et les Receveurs généraux de département, changent uniquement de résidence sans changer de grade ou d'emploi; le même principe s'applique aux Employés des douanes et des contributions indirectes qui changent de grade sans passer à une classe supérieure. *Instr. gén.* n.° 785.

81. Cette disposition, et celle relative à la mention à insérer sans frais sur la feuille d'audience, ont été confirmées en ce qui concerne les douanes par *décis. du min. des fin. du* 19 *nov.* 1818. Et pour les Employés des contributions indirectes, par *décision du* 18 *août* 1812. (*Art.* 4681, *j.*)

82. Pour déterminer dans quels cas les changemens de grades obtenus par les Employés des contributions indirectes, donnent lieu à la prestation de serment pour entrer en fonctions, et à la perception des droits d'enregistrement, le Ministre des finances a adopté la classification suivante : — 1.re *classe.* Les Surnuméraires, Buralistes, Débitans de tabac, Elèves de manufactures de tabac. — 2.e *classe.* Les Commis à pied, Commis à cheval, Sous-brigadiers et Commis de surveillance, Préposés de la navigation et des salines, Commis aux écritures dans les manufactures et magasins de tabacs. — 3.e *classe.* Les Receveurs particuliers sédentaires et ambulans, Receveurs du droit de navigation, Chefs de fabrication, premiers et seconds Commis, Teneurs de livres dans les manufactures et magasins de tabac. — 4.e *classe.* Les Entreposeurs-Receveurs centraux. — 5.e *classe.* Les Contrôleurs de ville, Contrôleurs ambulans, premiers Commis des Inspections générales, Brigadiers de surveillance, Contrôleurs de fabrication et de comptabilité des manufactures, Gardes-magasins des manufactures et des tabacs en feuilles, Contrôleurs spéciaux de culture et des magasins de feuilles. — 6.e *classe.* Les régisseurs des manufactures. — 7.e *classe.* Les Directeurs. — 8.e *classe.* Les Inspecteurs généraux. — Les Commis de Direction seront rangés dans celle de ces classes à laquelle ils appartiennent par leur grade dans la Régie. *Instr.* 785.

83. Les changemens de dénomination d'emplois, telles que celle de contrôle principal convertie en direction d'arrondissement, n'ont pu donner lieu au paiement d'un droit d'enregistrement de la part des Préposés

déjà assermentés pour des places analogues supprimées par l'ordonnance du 19 juin 1816, qu'autant que ces Préposés auront prêté serment pour entrer en fonctions dans leur nouvel emploi. *Instr.* 785.

84. En ce qui concerne l'Administration des *douanes*, le serment doit être renouvelé, 1° lorsqu'un Préposé de brigade précédemment commissionné par un Directeur, obtient un emploi à la nomination du Directeur général, ou lorsqu'un Préposé de bureau passe à l'un des grades de Receveur principal, Contrôleur aux entrepôts, ou Commis principal à la navigation; — 2° lorsqu'il y a promotion à une Sous-inspection sédentaire ou divisionnaire; — 3° en cas de promotion à une inspection sédentaire, divisionnaire ou principale; — 4° s'il y a nomination à une Direction. *Instr.* 754.

85. Lorsque les Employés des Douanes qui ont exercé leurs fonctions dans les pays détachés de la France, se trouvent dans le cas de renouveler leur serment, en exécution de la circulaire du 1.er avril 1816, et pour le même emploi, il n'y a pas lieu d'exiger le droit, si ces Préposés justifient de l'attestation de leurs anciens services, signée de leur Direct.r actuel. *Déc. min. fin. du 15 juillet* 1816. (*Mém. d'ordres de la Direct. d'Orléans, année* 1816).

SERVICE *de terre ou de mer.* Voyez *engagement*, *et marché.*

SERVITUDE. V. *biens*, n° 29, et *vente d'immeubles.*

SIGNIFICATION. V. *exploit*; *cassation*, n.os 38 et suiv., et *poursuites*, n.os 17 et suiv.

SIMULATION de prix ou de revenu dans les actes et déclarations. V. *expertise* et *succession.*

Ce n'est pas frauder la loi que de faire une donation sous la forme d'une vente. *Arr. de cass. du 19 décemb.* 1810.

SOCIÉTÉ. Acte par lequel plusieurs personnes réunissent leurs biens ou leur industrie pour faire une entreprise.

1. Les actes de formation ou de dissolution de société, qui ne portent ni obligation, ni libération, ni transmission de biens meubles ou immeubles, entre les associés ou autres personnes, opèrent le droit fixe de 5 fr. *Art.* 45 *de la loi d'avril* 1816.

2. La stipulation d'indemnité entre les contractans, en cas d'inexécution des clauses de la société, n'opère aucun droit. *Déc. min. fin. du* 27 *nov.* 1810.

3. Il n'est point dû de droit proportionnel, 1° quand un ou plusieurs sociétaires promettent de verser à une époque déterminée, le montant de leur mise; 2° quand les sociétaires conviennent d'ajouter à leur première mise, et stipulent l'époque du versement, et pour toutes les dispositions de cette nature dans l'intérêt général de la société, soit par l'acte même, soit par des actes additionnels et supplétifs; 3° quand un associé transmet pour sa mise en commun, des meubles ou des immeubles à la société. — Mais les dispositions n'ayant pas l'intérêt général de l'association pour objet, et purement personnelles, soit à l'un, soit à quelques-uns des associés stipulant respectivement entre eux, soit à des étrangers intervenans, donnent ouverture au droit proportionnel. *Instr.* 290, *nomb.* 9, *et instr.* 360.

4. Il est dû le droit d'obligation sur la disposition par laquelle un des associés, indépendamment de sa mise de fonds, s'oblige de verser une somme dont il lui sera payé intérêt. *Sol. de l'Admin.*on (*Art.* 1346, *j.*)

5. Ce droit n'est pas exigible sur la clause d'une société en commandite portant reconnaissance, par les autres associés, d'une somme quelconque en compte courant obligé, avec intérêts. Cette stipulation est de pure forme; il n'est dû que le droit de 5 francs fixe. *Sol. du* 9 *janvier* 1819.

6. La disposition par laquelle, après la fixation de la mise en commun de chaque associé, l'un d'eux, qui est commanditaire, affecte sa part d'immeubles en garantie des opérations commerciales, doit être considérée comme faisant essentiellement partie de l'acte d'association; elle n'opère d'ailleurs aucune obligation nouvelle d'un sociétaire envers l'autre, ni des associés envers des étrangers, et n'est en conséquence passible d'aucun droit particulier. *Sol. du* 23 *prair.* 12. (*Art.* 1748, *j.*)

7. La délibération d'une société d'actionnaires, qui oblige chacun de ses membres à verser une somme déterminée par action, dans la caisse du Receveur général de la société, est passible du droit fixe d'un franc comme dérivant du premier acte, d'après le principe rappelé dans l'instr. 290, nomb. 9. *Sol. du* 3 *mai* 1814. (*Art.* 4816, *j.*)

8. Les actes d'adhésion à une société déjà établie, forment, entre les anciens associés et celui qui se réunit à eux, en adhérant à leurs statuts, une nouvelle société, sujète, comme la première, au droit fixe de 5 fr. *Déc. min. fin. du* 28 *frim.* 8.

9. L'acte portant que le produit du travail et de l'industrie, ainsi que le revenu des immeubles, d'un mari et d'une femme vivant avec les père et mère de l'un d'eux, cesseront, nonobstant les conventions précédentes, d'être confondus dans la maison paternelle, sans que la société d'acquets existant entre toutes les parties soit dissoute, ne fait que modifier les clauses du contrat, et n'opère qu'un droit fixe. *Solution du* 7 *août* 1819. (*Art.* 6465, *j.*)

10. Lorsqu'un partage attribue à l'un des deux sociétaires plus de la moitié du bien acquis en commun, V. *mutation*, n° 28.

Pour les sociétés d'assurance, V. *assurances.*

Si la société est rétablie entre époux, V. *dissolution.*

Quant aux jugemens portant liquidation de société, V. *jugement*, n.° 86.

SOLDE *de compte.* V. *comptabilité* et *cautionnement*, n.° 48.

SOLIDARITÉ. Obligation commune entre plusieurs personnes dont l'une répond pour toutes.

1. Elle ne se présume point, il faut qu'elle soit expressément stipulée, à moins qu'elle n'ait lieu de plein droit, en vertu d'une disposition de la loi. *Art.* 1202 *du C. C.*

2. Dans le cas où elle a lieu, le créancier peut s'adresser à celui des débiteurs qu'il préfère, sans que

celui-ci puisse opposer le bénéfice de division. *Art.* 1203 *du C. C.*

3. Il n'y a point de solidarité à l'égard des dépens en matière civile. *Arr. de cass. du* 15 *mai* 1811. V. *amendes.*

4. Les cohéritiers sont solidaires pour le paiement des droits de mutation par décès. V. *succession*, n.os 224 *et suivans.*

5. Il y a solidarité 1°. entre les auteurs, imprimeurs, distributeurs, pour certaines amendes de timbre. V. *affiches*, n.° 18. — 2.° Entre les officiers publics et les parties pour les amendes de contravention à la loi sur les patentes. V. *patente.*

Quant à la solidarité relative aux droits de timbre, V. *instances*, n.os 90 *et suiv.*

SOLUTION. V. *décision du Ministre*, et *instances*, n.° 1er.

SOMMATION. Acte par lequel on interpelle une personne de faire quelque chose. V. *exploit.*

SOMMIER. Registre contenant la consignation des articles à faire payer, ou d'ordre, ou des comptes ouverts.

1. *Directeur.* Des sommiers sont établis dans chaque direction, pour les matières suivantes : arrondissement de bureaux; Employés; Surnuméraires; cautionnemens des Conservateurs des hypothèques; journaux de travail; forcemens et restitutions; procès-verbaux de contravention; contentieux judiciaire; contentieux administratif; pièces de dépense, visées par le Directeur; journal du dépôt des traites; réparations de domaines; opposition à visa; port de lettres et corresp.ce V. *les Ordr. gén.*

2. Lorsqu'on demande au Directeur des renseignemens que ses sommiers ne renferment pas, il se les fait fournir par les Receveurs, pour les en appostiller. *Circ.* 1805.

3. Le Directeur doit avoir, et servir jour par jour, un registre, tant en recette qu'en dépense, de tous les sommiers, registres, tables et impressions qui lui sont fournis et qu'il envoie. *Ordr. gén.*, *art.* 274.

4. Il doit tenir encore 1.° un registre des circulaires, pour les transcrire en entier; 2.° un registre pour porter, par extrait et par ordre alphabétique, les circulaires et les solutions données par l'Administration aux questions générales. *Ordr. gén.*, *art.* 258; 3.° Un sommier d'effets de la marine. *Instr.* 624. — Un sommier des amendes de cassation. *Circ.* 1057.

5. La tenue des divers sommiers est indiquée aux ordres généraux de régie, *art.* 122, 258, 263, 273, 274, 281. dans les *Instr. génér.* 171, 445, 542, et dans *la circ. du* 24 *juillet* 1807.

6. *Inspecteurs.* Ils doivent tenir un sommier certain; un sommier des instances introduites dans la division; un sommier des forcemens et restitutions. *Ordres gén. de régie*, *art.* 177, 178; *circ.* 64 et *du* 24 *juillet* 1807.

7. *Receveurs.* Ils tiennent les sommiers, 1.° des droits d'enregistrement à éclaircir. *Art.* 83 *des ordres gén.*; — 2.° des droits certains. *Circ. du* 24 *juill.* 1807; — 3.° des actes dont la formalité de l'enregistrement et du timbre a été donnée en débet. *Instr.* 443. — On ne doit pas relever au sommier des droits en *débet*, les droits de timbre et d'enregistrement, des formalités données, *aux droits réservés*, à des procès-verbaux et autres actes de poursuites, dont le montant, s'il y a condamnation, sera compris dans les frais ou dépens. Les droits en débet des formalités hypothécaires doivent être portés sur le sommier des hypothèques. Ceux des appositions et levées de scellés et autres actes faits d'office, seront relevés au sommier des droits en *débet. Instr.* 607. V. *recouvrement*, n° 6.

8. Ils tiennent également des sommiers, 1° des amendes de condamnations et des frais de justice à recouvrer. *Circ.* 1556, *instr.* 381 et 518, V. *recouvrement*, n° 6; — 2° de la contribution foncière. *Circ.* 1109; — 3° des ordres et instructions : il doit être terminé par une table alphabétique. *Ordres gén.*, *art.* 83.

9. De la régularité dans la tenue des sommiers dépend le maintien de l'ordre dans le service; on ne saurait prendre trop de soins pour l'assurer. *Instr.* 443; *voir les ord. gén. de régie*, *art.* 83, 178, 269, 271, 272, et *les circ.*, nos 33 et *du* 24 *juillet* 1807.

10. Lorsque les sommiers de la contribution foncière et autres ne sont pas en règle, le vérificateur doit y suppléer. *Ord. gén.*, *art.* 158 et 159.

11. Le sommier *des surséances indéfinies*, dont la tenue est prescrite par une lettre de M. l'Administrateur de la 1re division du 3 août 1816, est destiné à inscrire les articles d'amendes, frais de justice et autres non prescrits, susceptibles de surséances, par l'insolvabilité des débiteurs, constatée soit par des procès-verbaux de carence, soit par des certificats d'indigence, et que des événemens ultérieurs peuvent mettre en faculté de se libérer. Dans les bureaux où ces articles sont peu nombreux, il suffit d'ouvrir, à la fin du sommier douteux, un chapitre particulier qui serve de sommier des surséances.

12. Ce sommier doit contenir à la fin, une table alphabétique des noms des débiteurs, pour faciliter les vérifications fréquentes dont il doit être l'objet. — L'article de surséance doit figurer au sommier jusqu'au moment où il survient au débiteur quelques moyens de solvabilité. *Instr.* 750.

Pour la tenue d'autres sommiers, V. *les* DOMAINES et *les* HYPOTHÈQUES.

SOUCHE (*registre à*) V. *registre.*

SOULTE. Ce qui est donné pour égaler les lots ou portions dans les partages et échanges.

Si l'immeuble, dont un cohéritier est possesseur, se trouve d'une valeur supérieure à sa portion héréditaire, l'excédant est censé lui avoir été acquis à titre de cession, soulte ou retour. *Arr. de cass. du* 13 *mars* 1816. (*M. Sirey*, *année* 1817.)

SOUMISSION. Acte par lequel on s'oblige à faire quelque chose.

1. Celle qui a pour objet de payer des droits à l'Administration, doit être écrite sur une feuille séparée, et non en marge du registre, ou du procès-verbal; le Directeur, en l'adressant à l'Administration, doit entrer dans des détails propres à fixer l'opinion de MM. les Administrateurs. *Lettre de l'Administration du* 10 *mars* 1813.

2. Cependant celle qui serait faite sur les registres de l'Enregistrement, n'en serait pas moins valable, quoiqu'elle ne fût point faite double. *Arr. de cassat. du* 26 *oct.* 1808. (*Dict. de Manut.*, tom. 3, page 86.)

3. La soumission des entrepreneurs de travaux publics, ou de fournitures à faire au Gouvernement, et l'acceptation des obligations que lui impose l'approbation par l'autorité dont cette soumission est revêtue, ne forment qu'un seul acte, bien qu'elles portent des dates différentes, et par conséquent ne doivent engendrer qu'un seul droit. *Déc. min. fin. du* 2 *mai* 1818. *Sol. du* 5 *août* 1819. (*Art.* 6468, *j.*) V. *marché*, n.° 4.

4. La soumission à fournir par les propriétaires, relativement à des constructions dans les limites des places frontières, n'est sujète qu'au droit fixe de 1 fr. *Loi du* 17 *juillet* 1819.

5. Il résulte des art. 519, et 522 du Code civil, qu'en matière de cautionnement judiciaire, la caution présentée, soit qu'elle ait été présentée, soit qu'elle ait été admise par la partie, soit que celle-ci ne l'ait pas contestée dans le délai fixé par la loi, doit faire au Greffe sa soumission, qui est exécutoire sans jugement, même par la contrainte par corps, s'il y a lieu à contrainte. V. *cautionnement*, n.° 23.

6. Celles fournies par les Receveurs particuliers aux Receveurs généraux, du montant des contributions directes, sont exemptes du timbre. *Circ.* 1819.

7. Toutes soumissions par les particuliers devant les Préfets, pour fournir un logement à la gendarmerie, doivent être en papier timbré. — Dans le cas où il en serait fait usage avant l'approbation du ministre elles doivent être préalablement enregistrées au droit fixe de 1 fr., sauf la perception ultérieure des droits de bail dans les 20 jours de la réception de l'acceptation du Ministre, si les soumissions tenaient lieu de bail. — Les droits d'enregistrement doivent, sous peine du double droit, être acquittés dans le délai par le Secrét.[re] gén. *Circ. du* 9 *sept.* 1807.

SOUS-BAIL. Le droit est fixé sur le pied réglé pour le prix des baux. V. *bail*, à l'ENREGISTREMENT et AUX DOMAINES.

SOUSCRIPTION. La reconnaissance fournie à celui qui souscrit pour l'impression d'un ouvrage de littérature, d'art ou de science, pouvant être produite comme titre, est sujète au timbre de dimension, aux termes de l'art. 12 de la loi du 13 brum. 7.

SOUS-PRÉFET. V. *actes administratifs* et *répertoire*.

SOUS-TRAITÉ. V. *adjudication*, n. 21.

SOUSTRACTION *de recette*. Les comptables qui commettent des infidélités, sont livrés à la vindicte publique. *Circ.* 2014.

Voir, pour l'application des peines, les art. 169 et suivans du Code pénal.

Tout comptable qui a omis ou retardé de se charger en recette, des sommes qui lui ont été comptées pour le service public, doit être destitué et poursuivi comme coupable de vol de deniers publics. *Arrêté du Gouvernem. du* 27 *prair.* 10. — V. *intérêt*, *débet* et *prévarication*.

SUBDIVISION, V. *partage*, n. 14.

SUBORDINATION. Les Employés de tous grades sont subordonnés à leurs supérieurs immédiats. *Art.* 5, 16, 101 et 174 *des ord. gén. de régie.*

SUBROGATION *de bail*, V. *cession*, n.ºs 5 et suiv.

SUBROGATION *en fait de créances*; substitution aux droits d'un créancier, au profit d'un tiers qui le paie.

1. Elle a lieu de plein droit : 1.° au profit de celui qui, étant lui-même créancier, paie un autre créancier qui lui est préférable, à raison de ses priviléges ou hypothèques, — 2.° Au profit de l'acquéreur d'un immeuble, qui emploie le prix de son acquisition au paiement des créanciers auxquels cet héritage était hypothéqué ; — 3.° Au profit de celui qui, étant tenu avec d'autres, ou pour d'autres, au paiement de la dette, avait intérêt de l'acquitter. *Art.* 1251 *du Code civil.*

2. Elle est conventionnelle : 1.° lorsque le créancier, recevant son paiement d'une tierce personne, la subroge dans ses droits, actions, priviléges ou hypothèques contre le débiteur : cette subrogation doit être expresse et faite en même-tems que le paiement ; — 2.° Lorsque le débiteur emprunte une somme, à l'effet de payer sa dette et de subroger le prêteur dans les droits du créancier. Il faut, pour la validité de cette subrogation, que, dans l'acte d'emprunt, il soit déclaré que la somme a été empruntée pour faire le paiement, et que, dans la quittance, il soit déclaré aussi que le paiement a été fait des deniers fournis à cet effet par le nouveau créancier. Cette subrogation s'opère sans le concours de la volonté du créancier. *Art.* 1250 *du C. C.*

3. L'acte par lequel un mari, pour arrêter les poursuites exercées par sa femme, en paiement de sa dot, dont la restitution est ordonnée par jugement de séparation de biens, s'est adressé à un tiers qui lui prête avec subrogation ; il n'est pas dû celui de quittance, puisque la position du débiteur reste la même. *Sol. du* 25 *nov.* 1814. (*Art.* 5006, *j.*)

4. Lorsqu'un acquéreur d'un bien, moyennant une somme payable aux créanciers hypothécaires, paye en l'absence du vendeur, à un créancier inscrit et qui le subroge à tous ses droits, il n'est dû que le droit de 50 c. p. 100, comme quittance. *Sol. du* 17 *déc.* 1817. (*Art.* 113 *du Contrôl. de l'Enregistrement.*) V. *quittance*, n.° 21.

5. Si un créancier est remboursé d'une rente par un tiers qu'il subroge expressément dans les droits d'hypothèques, résultant du contrat de constitution passé à son profit par son débiteur, cet acte est un transfert de rente, passible du droit de 2 p. 100, quoique le débiteur soit absent, ainsi que le tiers subrogé, attendu que le paiement est fait des deniers de celui-ci. *Déc. min. fin. du* 24 *nov.* 1820. (*Art.* 6885, *j.*)

6. La subrogation consentie par le Trésor royal, au profit des Receveurs, Payeurs généraux, sur les Receveurs et Payeurs particuliers, et autres comptables en débet, n'est passible que du droit fixe. *Déc. min. fin. du* 19 *mai* 1812. (*Art.* 6650, *j.*).

SUBSISTANCES. Les agens de la direction des subsistances militaires doivent être affranchis de l'obligation de se servir de papier timbré, lorsqu'ils se font des envois entre eux et pour les besoins du service. *Déc. min. fin. du* 22 *mai* 1818. (*Art.* 6072, *j.*)

SUBSTITUTION *d'héritiers*, abolie par les décrets des 25 octobre et 14 novembre 1792 et par l'art. 896 du Code civil. — Néanmoins, V. *majorat*.

SUBVENTION du dixième par franc, V *décime*.

SUCCESSION. Institution civile par laquelle les biens d'un défunt passent en d'autres mains.

1. OUVERTURE DES SUCCESSIONS. Les successions s'ouvrent par la mort naturelle et par la mort civile. *Art.* 718 *du C. C.*

2. La succession est ouverte par la *mort civile*, du moment où cette mort est encourue. *Art.* 719.

3. Les condamnations *contradictoires* n'emportent la mort civile qu'à compter du jour de leur exécution, soit réelle, soit par effigie. *Art.* 26.

4. Les condamnations *par contumace* n'emportent la mort civile qu'après les cinq années qui suivent l'exécution du jugement par effigie, et pendant lesquelles le condamné peut se représenter. *Art.* 27.

5. PERSONNES DÉCÉDÉES EN MÊME TEMS. Si plusieurs personnes respectivement appelées à la succession l'une de l'autre, périssent dans un même événement, sans qu'on puisse reconnaître laquelle est décédée la première, la présomption de survie est déterminée par les circonstances du fait, et, à leur défaut, par la force de l'âge ou du sexe. *Art.* 720 *du* C. C.

6. Si ceux qui ont péri ensemble avaient moins de 15 ans, le plus âgé sera présumé avoir survécu. — S'ils étaient tous au-dessus de 60 ans, le moins âgé sera présumé avoir survécu. — Si les uns avaient moins de 15 ans, et les autres plus de 60, les premiers seront présumés avoir survécu. *Art.* 721 *du* C. C.

7. Si ceux qui ont péri ensemble, avaient 15 ans accomplis et moins de 60, le mâle est toujours présumé avoir survécu, lorsqu'il y a égalité d'âge, ou si la différence qui existe n'excède pas une année. — S'ils étaient du même sexe, la présomption de survie qui donne ouverture à la succession dans l'ordre de la nature, doit être admise : ainsi, le plus jeune est présumé avoir survécu au plus âgé. *Art.* 722 *du* C. C.

8. Si deux époux sont assassinés en même tems, sans qu'on puisse savoir lequel a survécu, la présomption de survie s'établit d'après l'art. 720 du C. C., et les héritiers du dernier décédé doivent déclarer les effets de la donation mutuelle. *Sol. du* 15 *avril* 1813. (*Art.* 4485, *j.*)

9. SAISINE DES HÉRITIERS. Les héritiers légitimes sont saisis de plein droit des biens, droits et actions du défunt, sous l'obligation d'acquitter toutes les charges de la succession. *Art.* 724 *du* C. C.

10. A défaut d'héritiers légitimes, les successions passent à un autre ordre de personnes : d'abord aux enfans naturels, s'il y en a, sinon à l'époux survivant, enfin à l'Etat. *Art.* 723 *du C. C.* — Mais attendu qu'ils ne sont pas des héritiers légitimes proprement dits, ils ne sont pas saisis de plein droit, et ils doivent se faire envoyer en possession par justice, dans les formes déterminées par les articles 727 et suivans. *Art.* 724 *du C. C.*

11. A l'égard des *légataires universels*, ils sont saisis de plein droit par la mort, sans être tenus de demander la délivrance, lorsqu'au décès du testateur il n'y a pas d'héritiers auxquels une quotité de ses biens soit réservée par la loi. *Art.* 1006 *du C. C.*

12. QUALITÉS REQUISES POUR SUCCÉDER. S'il s'ouvre une succession à laquelle soit appelée un individu dont l'existence n'est pas reconnue, elle est dévolue exclusivement à ceux avec lesquels il avait le droit de concourir, ou à ceux qui l'auraient recueillie à son défaut. *Art.* 136 *du* C. C.

13. Pour succéder, il faut nécessairement exister à l'instant de l'ouverture de la succession ; ainsi, sont incapables de succéder, 1.° celui qui n'est pas encore conçu, 2.° l'enfant qui n'est pas né viable, 3.° celui qui est mort civilement. *Art.* 725.

14. L'enfant né avant le 180.e jour du mariage, ne pourra être désavoué par le mari, 1.° s'il a eu connaissance de la grossesse avant le mariage ; 2.° s'il a assisté à l'acte de naissance et si cet acte est signé de lui, ou contient sa déclaration qu'il ne sait signer ; 3.° si l'enfant n'est pas déclaré viable. *Art.* 314 *du C. C.*

15. La légitimité de l'enfant né 300 jours après la dissolution du mariage, pourra être contestée. *Art.* 315. V. aussi le mot *indignes*, page 189.

16. DIVERS ORDRES DE SUCCESSION. *Dispositions générales.* Les successions sont déférées aux enfans et descendans du défunt, à ses ascendans et à ses parens collatéraux, dans l'ordre et suivant les règles ci-après déterminées. *Art.* 731 *du C. C.*

17. La loi ne considère ni la nature, ni l'origine des biens pour en régler la succession. *Art.* 732.

18. Toute succession échue à des ascendans ou à des collatéraux, se divise en deux parts égales ; l'une pour les parens de la ligne paternelle, l'autre pour les parens de la ligne maternelle. Les parens utérins ou consanguins ne sont pas exclus par les germains, mais ils ne prennent part que dans leur ligne, sauf ce qui sera dit au n.° 28 ci-après. Les germains prennent part dans les deux lignes. Il ne se fait aucune dévolution d'une ligne à l'autre, que lorsqu'il ne se trouve aucun ascendant ni collatéral de l'une des deux lignes. *Art.* 733.

19. Cette première division opérée entre les lignes paternelle et maternelle, il ne se fait plus de division entre les diverses branches ; mais la moitié dévolue à chaque ligne appartient à l'héritier ou aux héritiers les plus proches en degrés, sauf le cas de la représentation, ainsi qu'il sera dit ci-après. *Art.* 734. — V. *ligne.*

20. *Représentation.* Des neveux appelés à la succession de leur oncle, concurremment avec un enfant naturel légalement reconnu, n'ont droit qu'au quart, le surplus appartient au dernier, parce que, malgré le prédécès des père et mère des neveux, il n'y a plus de représentation suivant l'art. 757 du C. C. *Arr. de cass. du* 6 *avril* 1813. (*Art.* 4679, *j.*) — V. *représentation.*

21. *Successions déférées aux descendans.* Les enfans ou leurs descendans succèdent à leurs père et mère, aïeuls, aïeules ou autres ascendans, sans distinction de sexe ni de primogéniture, et encore qu'ils soient issus de différens mariages. Ils succèdent par égales portions et par tête, quand ils sont tous au premier degré et appelés de leur chef : ils succèdent par souche, lorsqu'ils viennent tous ou en partie par représentation. *Art.* 745 *du C. C.*

22. *Successions déférées aux ascendans.* Si le défunt n'a laissé ni postérité, ni frère, ni sœur, ni descendans d'eux, la succession se divise par moitié entre les ascendans de la ligne paternelle et les ascendans de la ligne maternelle. L'ascendant qui se trouve au degré

le plus proche, recueille la moitié affectée à sa ligne, à l'exclusion de tous autres. Les ascendans au même degré succèdent par tête. *Art.* 746 *du C. C.* Ils peuvent succéder aux choses par eux données. V. *ascendans*, *et ci-après* n.os 167 et suiv.

23. Lorsque les père et mère d'une personne morte sans postérité lui ont survécu, si elle a laissé des frères, sœurs ou des descendans d'eux, la succession se divise en deux portions égales, dont moitié seulement est déférée au père et à la mère, qui la partagent entre eux également. *Art.* 748 *du C. C.*

24. L'autre moitié appartient aux frères, sœurs ou descendans d'eux, ainsi qu'il sera expliqué ci-après. *Idem.*

25. Dans le cas où la personne morte sans postérité laisse des frères, sœurs, ou des descendans d'eux, si le père ou la mère est prédécédé, la portion qui lui aurait été dévolue, conformément au précédent article, se réunit à la moitié déférée aux frères, sœurs, ou à leurs représentans, ainsi qu'il sera expliqué ci-après. *Art.* 749.

26. *Successions collatérales.* En cas de prédécès des père et mère d'une personne morte sans postérité, ses frères, sœurs ou leurs descendans, sont appelés à la succession, à l'exclusion des ascendans et des autres collatéraux. — Ils succèdent, ou de leur chef, ou par représentation, ainsi qu'il est réglé à la section 2 du chapitre 3, titre 1.er du C. C. *Art.* 750.

27. Si les père et mère de la personne morte sans postérité lui ont survécu, ses frères, sœurs, ou leurs représentans, ne sont appelés qu'à la moitié de la succession. Si le père ou la mère seulement a survécu, ils sont appelés à recueillir les trois quarts. *Art.* 751.

28. Le partage de la moitié ou des trois quarts dévolus aux frères ou sœurs, aux termes de l'article précédent, s'opère entre eux par égales portions, s'ils sont tous du même lit; s'ils sont de lits différens, la division se fait par moitié entre les deux lignes paternelle et maternelle du défunt; les germains prennent part dans les deux lignes, et les utérins ou consanguins chacun dans leur ligne seulement : s'il n'y a de frères ou sœurs que d'un côté, ils succèdent à la totalité, à l'exclusion de tous autres parens de l'autre ligne. *Art.* 752.

29. A défaut de frères, ou de sœurs ou de descendans d'eux, et à défaut d'ascendans dans l'une ou l'autre ligne, la succession est déférée par moitié aux ascendans survivans; et pour l'autre moitié, aux parens les plus proches de l'autre ligne. — S'il y a concours de parens collatéraux au même degré, ils partagent par tête. *Art.* 753 *du* C. C.

30. Dans le cas de l'art. précédent, le père ou la mère survivant a l'usufruit du tiers des biens auxquels il ne succède pas en propriété. *Art.* 754.

31. Les parens au-delà du douzième degré ne succèdent pas. — A défaut de parens au degré successible dans une ligne, les parens de l'autre ligne succèdent pour le tout. *Art.* 755.

32. Successions irrégulières. *Des droits des enfans naturels sur les biens de leur père ou mère.*

Les enfans naturels ne sont point héritiers : la loi ne leur accorde de droits sur les biens de leur père ou mère décédés, que lorsqu'ils ont été légalement reconnus. Elle ne leur accorde aucun droit sur les biens des parens de leur père ou mère. *Art.* 756 *du C. C.*

33. Le droit de l'enfant naturel sur les biens de ses père et mère décédés, est réglé ainsi qu'il suit : — Si le père ou la mère a laissé des descendans légitimes, ce droit est d'un tiers de la portion héréditaire que l'enfant aurait eue s'il eût été légitime ; il est de la moitié lorsque les père ou mère ne laissent pas de descendans, mais bien des ascendans ou des frères ou sœurs ; il est des 3/4 lorsque les père ou mère ne laissent ni descendans, ni ascendans, ni frères ni sœurs. *Art* 757.

34. L'enfant naturel a droit à la totalité des biens, lorsque ses père ou mère ne laissent pas de parens au degré successible. *Art.* 758.

35. En cas de prédécès de l'enfant naturel, ses enfans ou descendans peuvent réclamer les droits fixés par les articles précédens. *Art.* 759.

36. L'enfant naturel ou ses descendans sont tenus d'imputer sur ce qu'ils ont droit de prétendre, tout ce qu'ils ont reçu du père ou de la mère, dont la succession est ouverte, et qui serait sujet à rapport, d'après les règles établies à la section 2 du chap. VI du titre 1.er du Code civil. *Art.* 760.

37. Toute réclamation leur est interdite, lorsqu'ils ont reçu, du vivant de leur père ou de leur mère, la moitié de ce qui leur est attribué par les articles précédens, avec déclaration expresse, de la part de leur père ou mère, que leur intention est de réduire l'enfant naturel à la portion qu'ils lui ont assignée. — Dans le cas où cette portion serait inférieure à la moitié de ce qui devrait revenir à l'enfant naturel, il ne pourra réclamer que le supplément nécessaire pour parfaire cette moitié. *Art.* 761.

38. Les dispositions des art. 757 et 758 ne sont pas applicables aux enfans adultérins ou incestueux. — La loi ne leur acccorde que les alimens. *Art.* 762 *du C. C.* — Ces alimens sont réglés, eu égard aux facultés du père ou de la mère, au nombre et à la qualité des héritiers légitimes. *Art.* 763.

39. Lorsque le père ou la mère de l'enfant adultérin ou incestueux lui auront fait apprendre un art mécanique, ou lorsque l'un d'eux lui aura assuré des alimens de son vivant, l'enfant ne pourra élever aucune réclamation contre leur succession. *Art.* 764.

40. *Des successions des enfans naturels décédés sans postérité.* La succession de l'enfant naturel décédé sans postérité, est dévolue au père ou à la mère qui l'a reconnu; ou par moitié à tous les deux, s'il a été reconnu par l'un et par l'autre. *Art.* 765 *du C. C.*

41. En cas de prédécès des père et mère de l'enfant naturel, les biens qu'il en avait reçus passent aux frères ou sœurs légitimes, s'ils se trouvent en nature dans la succession. Les actions en reprise, s'il en existe, ou le prix de ces biens aliénés, s'il est encore dû, retournent également aux frères et sœurs légitimes. Tous les autres biens passent aux frères et sœurs naturels ou à leurs descendans. *Art* 766.

42. *Droits du conjoint survivant et de l'Etat.* Lorsque le défunt ne laisse ni parens au degré successible, ni enfans naturels, les biens appartiennent au conjoint non

divorcé qui lui survit. *Art.* 767. — A défaut de conjoint survivant, la succession est acquise à l'Etat, *Art.* 768.

43. Le conjoint survivant et l'Administration des Domaines, qui prétendent droit à la succession, sont tenus de faire apposer les scellés, et de faire inventaire dans les formes prescrites pour l'acceptation des successions sous bénéfice d'inventaire. *Art.* 769.

44. Ils doivent demander l'envoi en possession, au Tribunal de première instance dans le ressort duquel la succession est ouverte. Le Tribunal ne peut statuer sur la demande, qu'après trois publications ou affiches dans les formes usitées, et après avoir entendu le Procureur du Roi. *Art.* 770.

45. L'époux survivant est encore tenu de faire emploi du mobilier, ou de donner caution suffisante pour en assurer la restitution, au cas où il se présenterait des héritiers du défunt, dans l'intervalle des trois ans : après ce délai, la caution est déchargée. *Art.* 771.

46. L'époux survivant, ou l'Administration des domaines, qui n'auraient pas rempli les formalités qui leur sont respectivement prescrites, pourront être condamnés aux dommages et intérêts envers les héritiers, s'il s'en présente. *Art.* 772.

47. Les dispositions des art. 769, 770, 771 et 772, sont communes aux enfans naturels appelés à défaut de parens. *Art.* 773.

QUOTITÉ DISPONIBLE, V. ce mot, page 262.

SUCCESSION (*déclaration de*). Le droit d'enregistrement des mutations qui s'effectuent par décès en propriété ou usufruit, est fixé comme il suit :

48. BIENS-MEUBLES. — *En directe*, 25 c. p. 100 fr. *Art.* 69 *de la loi de frim.* 7. — *Entre époux*, 1 fr. 50 c. par 100 fr. Si l'époux succède à défaut de parens, le droit est de 3 fr. 50 c. p. 100. — *En ligne collat'rale*, jusqu'au degré successible, 2 fr. 50 c. p. 100. — *Entre personnes non parentes*, 3 fr. 50 c. p. 100. *Art.* 53 *de la loi du* 28 *avril* 1816.

49. BIENS IMMEUBLES. — *En directe*, 1 fr. p. 100. *Art.* 69 *de la loi de frim.* 7. — *Entre époux*, 3 fr. p. 100. Si l'époux succède à défaut de parens, le droit est de 7 fr. par 100 fr. — *En collatérale*, 5 fr. p. 100. — *Entre étrangers*, 7 fr. par 100 fr. *Art.* 53 *de la loi de* 1816.

50. Pour connaître la distinction qu'il faut établir entre les meubles et les immeubles, V. *biens*.

51. La perception suit les sommes et valeurs de 20 fr. en 20 fr., inclusivement et sans fraction, et il ne peut être perçu moins de 25 c. pour l'enregistrement des mutations dont les sommes et valeurs ne produiraient pas 25 c. de droit proportionnel. *Art.* 2 *et* 3 *de la loi du* 27 *vent.* 9.

52. NÉCESSITÉ DE PASSER DÉCLARATION. — Les héritiers, donataires ou légataires, leurs tuteurs ou curateurs, sont tenus de passer déclaration détaillée des mutations par décès de propriété ou d'usufruit de biens-meubles et immeubles, et de la signer sur le registre. *Art.* 27 *de la loi de frim.* 7.

53. Le versement des droits, fait au trésor public à Paris, ne dispense pas de faire cette déclaration dans les délais. *Décis. min. fin. du* 18 *mess.* 13.

54. La déclaration ne peut être faite par acte extrajudiciaire ; il faut qu'elle soit consignée sur un registre à ce destiné, et souscrite par les héritiers. *Arr. de cass. du* 14 *mars* 1814. (*Art.* 4912, *j.*)

55. Les offres réelles ne dispensent pas de la déclaration, surtout quand elles sont faites sans désignation et évaluation des biens, qui puissent mettre à même de vérifier si ces offres représentent exactement les droits que l'Administration a à répéter. *Arr. de cass. du* 18 *août* 1814. (*Art.* 5042, j.)

56. Bien qu'il y ait contrainte en paiement du droit, les héritiers n'en sont pas moins obligés de passer la déclaration de la consistance et de la valeur des biens. *Arr. de cass. des* 30 *oct.* 1809 *et* 30 *sept.* 1810.

57. L'héritier doit fournir cette déclaration, lors même qu'un jugement lui accorderait l'option de la faire ou de payer le montant de la contrainte ; les saisies-arrêts qu'on a pu faire contre lui, et qui l'ont déterminé à payer, ne le dispensent pas de cette obligation. *Arr. de cass. des* 27 *mars et* 3 *sept.* 1811. (*Art.* 3864, *j.*)

58. L'héritier n'a aucun motif admissible de ne pas satisfaire à la dette du droit, puisqu'à l'instant du décès, il est censé en possession de l'hérédité. *Déc. min. fin. du* 12 *août* 1806. — Au surplus, V. *ci-après*, n°s 140 et suiv.

BUREAUX où la déclaration doit être faite. V. *bureaux*, n°s 42 et suiv.

DÉLAIS accordés pour passer déclaration, V. *délai*, n°s 62 et suiv.

59. MODE DE LA DÉCLARATION. La déclaration doit être détaillée et signée sur le registre du Receveur par l'héritier ou son fondé de pouvoir, son représentant, son tuteur ou curateur. *Art.* 27 *de la loi de frim.* 7, *circ.* 1450.

60. Si la déclaration est faite par un fondé de pouvoir, sa qualité sera établie, la procuration de lui certifiée véritable demeurera annexée au registre, et mention en sera faite dans la déclaration. Si la procuration est sous seing-privé, elle doit être sur papier timbré, mais l'enregistrement n'en sera pas exigé. *Art.* 38 *des ord. gén.*

61. Toute personne qui n'aurait pas qualité suffisante pour passer la déclaration, ne peut être admise à la faire. *Instr.* 443.

62. Les héritiers sont libres de faire leur déclaration comme bon leur semble, et l'Administration ne peut intervenir ensuite que pour en vérifier l'exactitude. *Déc. min. fin. du* 12 *août* 1806.

63. Ils sont dispensés de produire l'extrait de l'acte de décès de celui dont ils recueillent la succession, pourvu qu'ils indiquent la date de ce décès. *Déc. min. fin. du* 16 *nov.* 1812. (*Art.* 4398, *j.*)

64. S'il existe un inventaire authentique, les héritiers doivent indiquer dans leur déclaration sa date, ainsi que le nom de la résidence du Notaire qui l'a reçu. *Déc. min. fin. du* 22 *prair.* 7.

65. Dans le cas contraire, ils doivent fournir, à l'appui de leurs déclarations de biens-meubles, un état estimatif, article par article, par eux certifié, et qui sera annexé à la déclaration reçue et signée sur le registre du Receveur. *Art.* 27 *de la loi de frim.* 7.

66. Cet état doit être sur papier timbré (*Art.* 206, *j.*) et laissé au Receveur qui l'annexe à sa déclaration. *Circ.* 1450.

67. Les Préposés auront l'attention, en rédigeant les déclarations, d'y établir les noms et prénoms de tous les héritiers, légataires et donataires, leurs demeures et professions, la date du décès des personnes dont les successions donnent ouverture au droit. *Art.* 37 *des ord. gén.*, *instr.* 443.

68. La déclaration doit renfermer les élémens nécessaires pour la vérifier ; ces élémens existent quand elle indique, par articles séparés, chacun des immeubles, avec l'énonciation du nom particulier sous lequel le bien peut être connu, les communes dans lesquelles il est situé, et son évaluation. *Arr. de cass. du* 14 *mars* 1814. (*Art.* 4912, *j.*)

69. Il n'y a pas contravention passible d'amende à ne pas désigner la véritable contenance des biens, il suffit de les nommer tous et de désigner les lieux de leur situation, pour mettre les Employés à même de vérifier les évaluations. *Arr. de cass. du* 16 *mars* 1814 (*Art.* 4901, *j.*)

70. Le Receveur doit refuser d'inscrire sur ses registres une déclaration qui ne serait pas assez détaillée. *Arr. de cass. du* 16 *janv.* 1811 (*Art.* 3858, *j.*)

71. On peut, sans contravention, relater dans une déclaration de succession, des actes sous seing-privé non enregistrés, sauf au Receveur à réclamer, à qui de droit, les droits de mutation qui seraient dus, si cet acte était translatif de propriété ou de jouissance. *Solut. du* 24 *pluv.* 12.

72. DÉCLARATION NON SIGNÉE *sur le registre*. Les parties, lorsque leur déclaration n'a été écrite, ni signée sur le registre, ne peuvent se refuser au paiement du droit de succession, en alléguant, et même en fournissant la preuve qu'ils ont fait acquitter par un tiers le droit demandé, mais que le Receveur a négligé ou refusé de présenter ses registres. Les redevables ne sont admis à exciper de la négligence ou du refus d'un Préposé, qu'autant qu'ils l'ont fait constater légalement et en tems utile. *Arr. de cass. du* 26 *avril* 1808.

73. BASE DE LA DÉCLARATION. Pour les transmissions par décès, de *biens-meubles*, les parties sont tenues de faire une déclaration estimative, article par article, sans distraction des charges. *Art.* 14 *et* 27 *de la loi de frim.* 7. V. *estimation.*

74. On ne peut déduire des deniers de la succession le montant d'une dot exigible d'après un contrat de mariage et restant à payer à l'époque du décès, parce qu'il constitue une charge. *Déc. min. fin. du* 22 *sept.* 1812. (*Art.* 4435, *j.*)

75. Les héritiers doivent déclarer le capital constitué de la rente qui dépend de la succession, ou, si elle a été créée sans expression de capital, elle doit être estimée à raison d'un capital formé de vingt fois la rente perpétuelle et de dix fois la rente viagère. *Art.* 14 *de la loi de frim.* 7. *Arr. de cass. du* 28 *mess.* 13. — Ce principe reçoit son exécution pour les rentes viagères, quel que soit le nombre de têtes sur lesquelles elles soient créées. *Circ.* 1450.

76. L'usufruit de biens meubles transmis à titre gratuit, s'évalue à la moitié de la valeur entière de l'objet. *Art.* 14 *de la loi de frim.* 7.

77. L'inventaire fait après le décès de l'un des époux, sert seul de *base* à la déclaration des biens de la succession du défunt. *Arr. de cass. du* 23 *mars* 1812. (*Art.* 4171, *j.*) V. *insuffisance*, n.° 5.

78. L'estimation pour les transmissions de propriété qui s'effectuent par décès, de *biens immeubles*, doit être faite et portée à vingt fois le produit des biens ou le *prix des baux courans*, sans distraction des charges (et non à quinze fois le revenu. *Arr. de cass. du* 4 *août* 1807.) Et à dix fois seulement, s'il ne s'agit que d'un usufruit. *Art.* 15 *de la loi de frim.* 7.

79. Les rentes foncières qui grèvent les biens transmis par décès, ne doivent pas être déduites de la valeur de ces biens. *Arr. de cass. du* 13 *niv.* 11.

80. La réserve des arbres dont le fermier n'a pas l'élaguage, doit être l'objet d'une évaluation particulière. Mais s'il avait la faculté de les élaguer, il n'y aurait pas lieu à augmentation de prix. *Instr.* 405.

81. Les baux courans sont ceux qui avaient cours à l'époque du décès, sans égard à l'augmentation ou à la diminution qui serait survenue pour le revenu, dans l'intervalle du décès à la déclaration. Si le bail, quoique subsistant à l'époque du décès, n'a dû avoir cours que postérieurement, il ne peut servir de base à la déclaration, et l'insuffisance d'évaluation, si elle existe, ne peut être attaquée que par la voie d'expertise. *Instr.* 290, *nomb.* 69, V. *expertise.*

82. Le bail authentique ayant cours au moment du décès, est la seule base de l'estimation, sans qu'il y ait lieu à expertise, bien que la partie déclare que le prix qui y est stipulé ait été porté, pour causes particulières, à un taux excessif. *Arr. de cass. du* 13 *fév.* 1809. (*Art.* 3960, *j.*)

83. Lorsqu'il subsiste un bail à l'époque du décès, on ne peut prendre pour règle du revenu, le rôle de la contribution foncière. *Arr. de cass. des* 4 *août* 1807 *et* 5 *avril* 1808.

84. Le bail général, quoiqu'énonçant un prix inférieur à celui indiqué par le rôle foncier et divers sous-baux est le seul qui puisse servir de base. *Sol. du mois de sept.* 1809.

85. L'Administration qui prétend qu'un bail sous seing-privé dont on se fonde dans une déclaration, était expiré au moment de l'ouverture de la succession, et qu'ainsi on n'a pu le prendre pour base de la liquidation du droit, doit faire preuve de son allégation. *Arr. de cass. du* 30 *juin* 1813.

86. On ne peut être admis à prouver, par témoins, qu'un bail enregistré et courant a cessé d'exister avant le décès du propriétaire des biens. *Arr. de cass. du* 21 *janv.* 1812. (*Art.* 4130, *j.*) — V. *donation*, n.° 11.

87. Si le prix du bail est payable moitié en numéraire, et moitié en nature de grains, au *choix* du bailleur, il faut établir le droit sur la moitié du prix d'après les mercuriales, s'il doit être plus élevé que le prix en argent. *Déc. min. fin. du* 9 *fév.* 1813. (*Art.* 4564, *j.*) Pour l'estimation, V. *mercuriales.*

88. La partie n'est pas recevable à prétendre que les

mercuriales présentent un revenu plus fort que le véritable. C'est le prix qu'elles fournissent qui sert de base à la liquidation du droit, sans qu'il soit besoin de recourir à une estimation par experts, *Arr. de cass. du* 14 *juin* 1809. (*Art.* 3574, *j.*)

89. Si le bail stipule pour les premières années un prix supérieur à celui déterminé pour les autres, on ne doit point prendre ces premières années pour base de la déclaration de succession ouverte pendant leur cours, il convient d'établir le prix moyen sur le total. *Sol. du* 16 *sept.* 1814. (*Art.* 4917, *j.*)

90. S'il n'existe point de bail, on doit prendre l'affirmation qu'il en est ainsi. *Circ.* 1109. Ce n'est qu'à défaut d'actes qui constatent le revenu, que l'évaluation de ce revenu doit être faite. *Arr. de cass. du* 5 *avril* 1808.

91. Les Tribunaux ne peuvent substituer aux baux courans la déclaration des parties. *Arr. de casss du* 23 *mars* 1812.

92. Les tourbières transmises entre vifs, à titre gratuit ou par décès, sont estimées d'après les principes généraux de la loi de frim. 7, art. 15 *à* 19. *Avis du Conseil d'Etat du* 18 *fév.* 1812, *approuvé le* 22. (*Art.* 4304, *j.*)

93. Lorsque des cohéritiers d'une succession y ont renoncé, tant pour eux que pour l'un d'eux absent, pour lequel ils se sont portés fort et qui est décédé sans avoir ratifié l'acte qui règle en argent la légitime des renonçans, la succession de ce dernier est simplement mobilière. *Solution du* 29 *octobre* 1812. (*Art.* 4356, *j.*)

BIENS QUI SONT SUSCEPTIBLES OU EXEMPTS DE LA DÉCLARATION.

Actions, V. ce mot, page 63.

94. *Biens abandonnés aux créanciers.* La cession de biens volontaire, de la part d'un failli, ne confère pas plus aux créanciers la propriété, que la cession judiciaire; en conséquence, les biens abandonnés volontairement par le défunt à ses créanciers, ne laissent pas de faire partie de la succession, lorsqu'ils n'ont pas été vendus à l'époque du décès, et doivent être déclarés par les héritiers. *Arr. de cass. des* 3 *vent.* 10, 1.er *mess.* 12, 27 *juin* 1809, *et* 28 *jun* 1810. (*Art.* 3681, j.).

95. *Biens adjugés au défunt.* Le droit de mutation par décès n'est pas dû pour un immeuble dont le défunt s'était rendu adjudicataire, et qui, après son décès, a été revendu à sa folle enchère, parce que celle-ci résout la première adjudication. *Arr. de cass. de* 2 *fév.* 1819. (*Art.* 6571, j.). V. *délai*, n.° 68.

96. *Biens ameublis.* Lorsque, par suite de la clause d'ameublissement insérée dans le contrat de mariage, l'immeuble ammeubli par l'époux prédécédé reste au survivant ou à ses héritiers, soit en vertu du partage de la communauté, soit au moyen de la réserve expresse qu'en a faite le survivant, il est dû un droit de mutation par décès, sur la valeur de la portion dévolue au survivant. *Arr. de cass. du* 4 *mars* 1807.

97. Il en est de même, dans le cas où l'époux survivant se trouve saisi de l'immeuble ameubli autrement que par le partage de la communauté, ou que par une réserve expresse. Ainsi il est de principe que, lorsque, par une disposition quelconque, l'époux survivant fait acte de propriétaire sur l'immeuble ameubli par le conjoint prédécédé, sans qu'il soit justifié que les héritiers du prédécédé, avaient préalablement retenu l'immeuble, en vertu de l'art. 1509 du Code civil, on doit considérer que le survivant a recueilli cet immeuble en exécution de la clause d'ameublissement, jusqu'à concurrence de la part qu'il avait dans la communauté, attendu qu'alors la propriété exercée par le survivant sur la portion de l'immeuble réputée être sa part de conquêt, ne peut avoir d'autres causes que l'ameublissement. *Déc. min. fin. du* 6 *déc.* 1820. (*Art.* 6851, *j.*)

98. *Biens contestés.* Lorsqu'il existe dans une succession, des biens certains, et d'autres dont la propriété est contestée, les premiers doivent être déclarés dans les six mois du décès; il en est de même des biens incertains, si l'héritier en a la possession, sauf restitution du droit, s'il est définitivement exproprié; mais, s'il n'en a pas la possession, il doit fournir une soumission de les déclarer dans les six mois de l'acte qui lui en assurera la propriété. *Sol. du* 18 *niv.* 10. *Déc. min. fin. du* 22 *avril* 1806. V. *prescription*, n.os 30 et 35.

99. *Biens à domaine congéable.* Les héritiers du colon doivent acquitter les droits de succession, pour les édifices et superfices qui sont immeubles à son égard, et pour les bestiaux attachés à la culture de la terre, à moins que, lors de la baillée en premier détachement, le propriétaire ne les eût attachés à l'héritage, pour tenir lieu des droits préparatoires. *Sol. du* 4 *sept* 1806.

100. *Biens à locaterie perpétuelle.* Ils sont considérés dans les mains des preneurs, comme simplement grévés d'une rente rachetable. *Arr. de cass. du* 5 *oct.* 1808.

101. *Biens possédés à charge de substitution au profit d'un autre.* Ils doivent être déclarés, si le grévé meurt après l'appelé. *Déc. min. fin. du* 19 *sept.* 1814.

Le legs fait à la charge de substitution en ligne directe, conformément à l'art. 1048 du Code civil, ne donne ouverture, lors du décès du testateur, qu'à un seul droit de 1 p. 100. *Sol. du* 26 *août* 1814. (*Art.* 4892, *j.*)

102. Le bien provenant d'une substitution graduelle et à l'infini, en ligne directe, transmis au fils de l'un des institués par le décès de celui-ci, doit être déclaré et acquitter le droit de mutation. *Déc. min. du* 7 *mai* 1819.

103. *Biens déjà possédés par les déclarans*, mais dont le titre n'était pas enregistré. Ils ne doivent point être compris dans la déclaration; celui perçu est restituable après l'enregistrement de l'acte de leur acquisition. *Décis. min. fin. du* 8 *déc.* 1814.

104. *Biens dont le prix est dû ou délégué.* Ces biens doivent être déclarés pour leur valeur intégrale, quoique le prix n'en ait pas été payé par l'auteur de la succession, et soit acquittable aux vendeurs des deniers de la succession. *Déc. min. fin. du* 8 *frim.* 9.

105. Le prix d'immeubles que l'auteur de la succession a délégué à des créanciers accceptant, et qui se trouve payé à l'époque du décès, ne doit pas être déclaré. *Arr. de cass. du* 28 *déc.* 1812.

106. *Biens donnés éventuellement.* Tous les actes de libéralité, dont les dispositions n'ont pu engendrer le droit proportionnel de mutation au moment où ils ont reçu la formalité, doivent faire le sujet d'une décla-

ration, à l'époque de l'accomplissement des évènemens qui ont fait différer la perception. Ce principe résulte de ce qu'on a dit aux mots *donation* et *mariage*.

107. Ainsi le donataire de biens dont le donateur pouvait disposer de son vivant, doit, au décès de ce dernier, fournir déclaration des effets de cette donation; le donateur conserve jusque-là la libre disposition de ses biens. *Arr. de cass. des 20 frim. an 14 et 5 sept.* 1807.

108. L'héritier institué par contrat de mariage est seul passible des droits de mutation par décès, parce que l'instituant n'a pu disposer ultérieurement de partie de son bien. *Arr. de cass. du 23 fév.* 1818. (*Art.* 6036, *j.*).

109. Lorsqu'un futur époux, par son contrat de mariage, a donné à l'aîné de ses enfans à naître, la moitié de ses biens, en se réservant la faculté d'élire un choix entre eux, et qu'il meurt sans avoir fait cette élection, le droit de mutation par décès est dû sur la totalité de la succession; attendu que le défaut d'élection a rendu incertain la question de savoir quelle serait la personne qui recueillerait les biens de la donation, et que ce n'est qu'au décès qu'il y a eu transmission définitive de la propriété. *Déc. min. fin. des 8 juillet et 8 août* 1809, *arr. de cass. des 19 pluv.* 11 *et* 19 *nov.* 1811. (*Art.* 4125. *j.*).

Une donation par contrat de mariage, au profit d'un des enfans à naître, donne ouverture au droit proportionnel, lorsque le donataire a pris possession après le décès de ses père et mère. *Arr. de cass. du 2 juin* 1813. (*Art.* 4585, *j.*).

110 *Biens des majorats.* Le droit de mutation par décès, des biens composant un majorat subsistant, ne doit être perçu qu'au taux réglé par la loi pour les transmissions de simple usufruit en ligne directe. Il est à la charge du majorat et doit être payé par l'appelé et la veuve, par proportion de la pension dont elle jouira sur le majorat, sans qu'il puisse être réclamé contre la succession du titulaire décédé. — Les enfans *du fondateur* d'un majorat, qui ne seraient pas remplis de leur légitime sur les biens libres de leur père, sont, par l'art. 40 du décr. du 1.er mars 1808, autorisés à en demander le complément sur les biens donnés par le père pour la formation du majorat. Les enfans qui obtiennent leur légitime de cette manière, doivent acquitter les droits d'enregistrement de la mutation, tels qu'ils sont réglés par les lois des 22 frim. an 7 et 27 vent. an 9. — Lorsque la descendance masculine d'un titulaire qui a fourni les biens composant la dotation, vient à s'éteindre, que le titre est supprimé, et que les biens affectés au majorat deviennent libres dans la succession du dernier titulaire, et sont recueillis par ses héritiers, les droits d'enregistrement de mutation doivent être perçus, comme s'il s'agissait d'une succession ordinaire. *Instr.* 413.

111. *Biens de communauté.* Pour connaître comment s'établit et de quoi se compose la communauté entre époux, — V. *Communauté*, page 111, et *Propres*, page 258.

112. En cas de dissolution de la communauté, s'il a été procédé au partage avant la déclaration de succession, les héritiers du prédécédé doivent déclarer la moitié de tous les biens qui dépendaient de la communauté, sans égard aux effets du partage. *Instr.* 484, *Déc. min. just. du 14 nov.* 1810. (*Art.* 4039, *j.*). — V. *Restitution*, n.° 19.

113. En cas de remploi consommé, l'immeuble ne faisant pas partie de la communauté, les héritiers de celui qui a obtenu le remploi, doivent, à son décès, comprendre la totalité de l'immeuble dans leur déclaration. Si le remploi en faveur de la femme n'a pas été accepté par elle, l'immeuble étant resté dans la communauté, les héritiers du prédécédé doivent en déclarer la moitié, et dans le cas où la femme serait prédécédée, ses héritiers ont à déclarer en outre la récompense qui leur est due par la communauté, pour le prix de son immeuble vendu. *Inst.* 392.

114. Dans les déclarations de biens de communauté après le décès de l'un des conjoints, il y a lieu d'admettre, sur la masse commune, la distraction des reprises de l'époux survivant, et de ne percevoir les droits de succession que sur la portion des biens de la communauté qui revient aux héritiers après ces prélévemens. D'où il suit que si le montant des reprises à exercer par le survivant, doit être distrait de la valeur des biens de la communauté, lors de la déclation des héritiers du prédécédé, ceux-ci ne peuvent, lorsqu'ils ont de semblables prélévemens à faire, du chef de leur auteur, se dispenser de les comprendre dans leur déclaration, et d'en acquitter les droits. *Instr.* 809.

115. Le montant des inscript. au Grand-livre doit concourir à former les reprises : pour composer la distraction, il faut d'abord l'établir sur l'argent, ensuite sur le mobilier, et de là sur les immeubles, quand le mobilier ne suffit pas pour y faire face. *Sol. du 23 août* 1819.

Pour faciliter la vérification des déclarations qui ne seraient pas dans le sens de cette instruction, on va présenter, d'après la marche qu'en ont donnée MM. les Rédacteurs du Journal de l'Enregistrement, des exemples de liquidation.

§. I.er. *Liquidation d'une communauté conventionnelle.*

116. Le contrat porte 1.° stipulation de communauté d'acquets et exclusion des dettes antérieures au mariage; 2.° mise en communauté de 2,000 fr. de part et d'autre; le surplus réservé propre à chacun des époux et aux siens, ainsi que tout ce qui leur écherrait pendant le mariage, de quelque nature qu'il fût; 3.° préciput au survivant, de 3,000 fr. en meubles, sans crue, ou deniers comptant.

Reprises de la femme. Elle a apporté en dot 4,000 fr. en numéraire ou en mobilier; elle s'est réservé en propre 2,000 fr., qu'elle a droit de prélever, suivant les articles 1500 et 1503 du C. C., ci. . . 2,000 fr.

Créances et effets mobiliers qui lui sont échus par succession, suivant les inventaires ou partages qui en ont été faits (*Art.* 1503 *du C. C.* . . . . 3,000 fr.

Suivant l'art. 1403 du C. C., il lui est dû une récompense de 2,500 fr., pour le pro-

5,000 fr.

Report. . . . . 5,000 fr.

duit annuel et constaté à 250 fr., d'une carrière ou mine ouverte pendant le mariage sur ses héritages propres. . . . . 2,500 fr.

Il a été vendu un de ses immeubles, moyennant 6,000 fr., dont le remploi n'a pas été fait; de plus il a été remboursé une rente à elle propre, au capital de 1,200 fr. dont le remploi n'a pas été fait (*Art.* 1433). 7,200 fr.

Le mari et la femme ont doté conjointement un de leurs enfans, et cette dot, montant à 10,000 fr., a été fournie en biens personnels à la femme; elle a droit d'exiger, sur les biens de son mari, la moitié de la dot, ci. *Mémoire*. . . . .

Total des reprises de la femme. . . . 14,700 fr.

Sur quoi il convient de déduire les récompenses qu'elle doit à la communauté :

Un immeuble, à elle propre a été échangé contre un autre, moyennant une soulte de 600 fr., payée des deniers communs (*Article* 1407). . . . . 600 fr.

Il a été acquitté, aussi des deniers de la communauté, une dette, ou remboursé une rente dont elle était personnellement tenue (*Art.* 1437) . . . . . 2,000 fr.

} 2,600 fr.

Ses reprises se réduisent donc à. . . . . 12,100 fr.

Reprises du mari. Il a apporté en dot 5,000 f. en objets mobiliers, partant il doit prélever 5,000 fr.

Objets mobiliers échus par succession, don ou legs. . . . . 4,700 fr.

Aliénation d'immeubles ou remboursement de rentes à lui appartenant, et dont le remploi n'a pas été fait. . . . . . . 8,000 fr.

Total de ses reprises. . . . . 15,700 fr.

Mais il doit à la communauté les récompenses ci-après :

Une donation lui a été faite, à la charge de payer 3,000 francs de dettes qui ont été acquittées des deniers de la communauté; ce bien lui est propre, il doit récompense. (*Art.* 1406). . . . . 3,000 fr.

Il a acquis, à titre de licitation, moyennant 4,000 fr., les deux tiers d'un bien dont il était propriétaire par indivis. Ce bien lui est propre; mais il doit à la communauté récompense du prix qui en a été tiré (*Art.* 1408). . . . 4,000 fr.

Grosses réparations, constructions ou améliorations faites sur les biens personnels. (*Art.* 1437). . . . . 12,500 fr.

} 19,500 fr.

Ainsi, il doit à la communauté une récompense de . . . . 3,800 fr.

Les biens meubles ou immeubles de la communauté étant au décès du prémourant de valeur de. . . . . 50,000 fr.

on ajoutera la récompense due par le mari, de. . . . . 3,800 fr.

Et sur le résultat de . . . . 53,800 fr.

On distraira, 1° le préciput. 3,000 fr.
2° les reprises de la femme. . 12,100 fr. } 15,100 fr.

Il restera à partager. . . . . 38,700 fr.

Dont moitié pour le survivant et moitié pour les héritiers du prédécédé, est de. . . . 19,350 fr.

Nota. L'art. 1471 du C. C. porte : « Les prélèvemens « de la femme s'exercent avant ceux du mari. Ils s'exer- « cent pour les biens qui n'existent plus en nature, d'a- « bord sur l'argent comptant, ensuite sur le mobilier, « et subsidiairement sur les immeubles de la commu- « nauté; dans ce dernier cas, le choix des immeubles « est déféré à la femme ou à ses héritiers ».

En supposant que le mari soit prédécédé, sa part, dans les bénéfices de la communauté, est de. . 19,350 fr.

Mais il a été fait, pour les récompenses qu'il devait à la communauté en sus de ses reprises, le rapport fictif de. . . . . 3,800 fr.

Ses héritiers ne recueillent donc dans les biens de la communauté que: . . . . . 15,550 fr.

Ces biens sont meubles ou immeubles, selon la nature de ceux qui restent de la communauté, après les prélèvemens de la veuve. Il y a seulement lieu d'observer que ce prélèvement étant fait, s'il reste des meubles avec des immeubles, la part des héritiers du mari se prend proportionnellement dans chacune de ces natures de biens.

Outre les 15,550 francs ci-dessus, les héritiers du mari doivent déclarer les biens propres de la succession; (pour connaître en quoi ils consistent, V. *propres*), et la veuve doit passer déclaration de 1,500 francs pour moitié du préciput.

Si la femme est prédécédée, ses héritiers doivent déclarer : 1° les biens meubles ou immeubles qu'ils recueillent à titre de reprises, jusqu'à concurrence de 15,700 francs, en observant, pour la nature de ces biens, les distinctions établies par l'article 1471 du C. C.; 2° la moitié de chaque nature des biens de la communauté qui restent après ce prélèvement, et montent à 19,350 francs; 3° la créance de 5,000 francs qu'ils ont à réclamer sur les biens du mari pour la constitution de dot faite conjointement à l'un des enfans, en biens personnels à la femme; 4° enfin tous les propres à la défunte.

Le mari doit déclarer les 1,500 francs formant moitié du préciput.

Dans la liquidation qui précède on n'a point fait mention des dettes passives, parce qu'aucune déduction des charges ne doit être faite sur les biens à déclarer. *Art.* 14 *et* 15 *de la loi du* 22 *frim.* 7.

Si, en raison de ces dettes, la veuve ou ses héritiers renonçaient à la communauté, on examinerait le contrat de mariage, pour connaître, d'après l'art. 1514 du C. civ., quelle est l'étendue de la stipulation qui peut y avoir été insérée à cet égard.

§. II. *Liquidation d'une communauté légale.*

117. Pour connaître comment cette communauté s'établit et de quoi elle se compose, V. *communauté*.

Masse active. Meubles, argent et créances au moment de la dissolution. . . . . . . 22,000 fr.

Immeubles acquis pendant le mariage, et existans lors du décès. . . . . 25,000 fr.

Reprises de la femme. — Une somme de 2,000 francs lui a été donnée pendant le mariage, avec stipulation qu'elle n'entrerait point en communauté; elle doit la reprendre sur les effets de la communauté (*Art.* 1401 *du C. C.*). . 2,000 fr.

Pendant le mariage, le mari s'est rendu adjudicataire en son nom personnel, de portion ou de la totalité d'un immeuble appartenant par indivis à la femme; celle-ci a l'option d'abandonner ou de retirer l'immeuble, sauf la récompense, dans le premier cas, au profit de la femme, et dans le second en faveur de la communauté (*Art.* 1408). Si la femme abandonne l'immeuble à la communauté, elle a droit de reprendre sa part, supposée de. 1,000 fr.

Mais une coupe de bois sur les héritages à elle propres, qui pouvait être faite durant la communauté, ne l'a point été. La femme doit récompense de 4,000 francs, prix supposé du produit de la coupe (*Art.* 1403) . . . . . . 4,000 fr.

La récompense excède les reprises de. . . . . 1,000 fr.

Et doit être ajoutée à la masse, ci. . . . . 1,000 fr.

48,000 fr.

Récompenses dues par le mari. Son père lui a abandonné un immeuble en paiement d'une somme de 1,500 francs qu'il lui devait; cet immeuble ne tombe point en communauté; ainsi le mari doit récompense à la communauté (*Art.* 1406), ci . . . . 1,500 fr.

Il est échu au mari une succession dont les meubles, d'après inventaire, sont prisés 2,000 fr.,

1,500 fr. 48,000 fr.

Report. . . . . . 1,500 fr. 48,000 fr.

et les immeubles de valeur de 4,000 fr. Cette succession était grévée de 300 fr. de dettes, qui ne sont à la charge de la communauté que jusqu'à concurrence de la portion contributoire du mobilier dans les dettes, eu égard à la valeur de ce mobilier, comparée à celle des immeubles, (*Art.* 1414); ainsi la part des dettes à la charge des immeubles propres au mari, est de 200 fr., dont il doit récompense. . . . 200 fr.

1,700 fr.

La masse doit donc être augmentée de. . 1,700 fr.

Total à partager. . . . . 49,700 fr.

Dont moitié pour le survivant, et moitié pour les héritiers du prédécédé . . . . 24,850 fr.

Si la communauté est acceptée par la femme, les héritiers de la femme prédécédée doivent déclarer, 1° ses immeubles personnels; 2° la moitié de la communauté, distraction faite des 1,000 francs qu'ils ont rapportés, reste 23,850 francs à déclarer, dont 12,500 francs en immeubles, et le surplus en mobilier.

Les héritiers du mari prédécédé devront déclarer ses immeubles personnels, les 24,850 francs ci-dessus, sur lesquels il faut déduire la récompense de 1,700 francs qu'ils ont rapportés, reste 23,150 francs à déclarer, dont 12,500 francs en immeubles, et le reste en mobilier.

S'il y a renonciation à la communauté, les héritiers de la femme prédécédée doivent déclarer ses immeubles personnels, et l'excédant des reprises sur les récompenses qu'elle devait à la communauté.

Les héritiers du mari prédécédé auraient à passer déclaration des immeubles qui lui étaient personnels, des biens effectifs qui se sont trouvés dans la communauté lors de sa dissolution, et consistant en mobilier de 22,000 fr., et en 25,000 francs d'immeubles, et de la récompense de 1,000 francs due par la veuve, toute défalcation faite de ses reprises.

§. III. *Liquidation d'une communauté d'acquets sous le régime dotal.*

118. Il convient de consulter, pour cette opération, les articles 1498, 1499, 1540, 1541 à 1581 du C. C.

119. Le prélèvement des reprises des conjoints doit être fait sur les biens provenant d'acquets, lorsque les époux ont été mariés sous le régime dotal avec stipulation d'acquet, comme il est fait pour les mariages contractés sous le régime de la communauté. *Déc. min. fin. du* 21 *févr.* 1820.

120. Biens *rentrés dans l'hérédité.* Lorsqu'une donation entre-vifs, faite par un individu à ses successibles, est annulée après le décès du donateur, les héritiers n'ont ni déclaration à fournir ni droit à acquitter pour les biens qui leur avaient été donnés, sur lesquels le droit de muta-

tion avait déjà été payé. *Arr. de cass. du* 5 *juillet* 1820. (*Art.* 161 *du Contrôleur de l'Enregistrement.* —V. *délai*, n.os 71 et suiv.

121. *Biens réversibles.* Les biens acquis des deniers communs par mari et femme, avec clause que l'objet acquis appartiendra en totalité au survivant, ne doivent point, au décès du premier, de droit de mutation sur la moitié que le survivant recueille. *Arr. de cass. des* 11 *germ.* 9 *et* 8 *germ.* 13. *Sol. du* 9 *déc.* 1820. (*Art.* 6857, *j.*)

122. Ce principe est applicable aux acquisitions à titre de réversion de toute espèce sur le dernier survivant des acquéreurs. *Arr. de cass. du* 24 *flor.* 9. *Solut. du* 22 *mess.* 10.

123. Une rente viagère acquise des deniers communs, avec clause qu'elle sera reversible en totalité sur la tête du survivant, n'est pas passible du droit de mutation au décès du premier; le droit ne serait dû que dans le cas où le survivant serait étranger à ce prix. *Sol. du* 10 *fruct.* 10.

124. Lorsque le mari et la femme ont vendu solidairement un immeuble de *communauté*, moyennant une rente reversible sur le dernier survivant, celui-ci ne doit point de droit de mutation à cet égard au décès de l'autre. *Sol. du* 9 *janv.* 1812. (*Art.* 4115, *j.*)

125. *Biens vendus et acquis à réméré.* Les acquisitions à pacte de réméré faites par le défunt, doivent être déclarées, quand même le retrait aurait été exercé après le décès et avant la déclaration. *Déc. min. fin. du* 15 *frim.* 13.

— Quant aux biens vendus à réméré, V. *délai*, n° 73.

126. *Biens saisis ou vendus préparatoirement.* Les héritiers qui trouvent dans la succession un bien dont la vente a été ordonnée avant le décès du propriétaire, décédé immédiatement après, doivent le déclarer comme immeuble, et non comme mobilier. *Déc. min. fin. du* 13 *août* 1814. (*Art.* 5097, *j.*)

127. L'adjudication préparatoire ne dépouillant pas le propriétaire, s'il vient à décéder, les biens mis en vente doivent être déclarés. *Arr. de cass. du* 24 *juin* 1811. (*Art.* 4100, *j.*)

128. Cependant dans le cas prévu par l'art 693 du C. de P. C., la déclaration ne doit porter que sur le prix de la vente qui se trouve validée par la consignation. *Instr.* 386.

129. *Biens grévés d'usufruit.* Les héritiers d'un bien grévé d'usufruit doivent acquitter dans les six mois du décès, le droit sur la totalité de la propriété sans distraction de moitié pour la valeur de l'usufruit. *Arr. de cass. du* 11 *sept.* 1811. (*Art.* 4058, *j.*).

130. Mais il ne sera pas dû un nouveau droit lors de la réunion de l'usufruit à la propriété. *Déc. min. fin. du* 24 *janv.* 1809. — V. *réunion.*

131. Ils ne peuvent prétendre qu'on s'adresse préférablement au détenteur, parce que l'action accordée au trésor sur les revenus n'est que secondaire. *Arr. de cass. du* 21 *mai* 1806. *Instr.* 386.

132. Le droit de mutation par décès étant dû par l'héritier personnellement, l'usufruitier qui en fait l'avance peut le répéter à l'héritier de la nue-propriété, sans attendre l'expiration de l'usufruit, et sans être tenu de consentir à la vente d'aucune partie des biens. *Arr. de cass. du* 9 *juin* 1813. (*Art.* 5121, *j.*)

133. On peut poursuivre contre l'usufruitier, le paiement des droits de mutation dus par le nu-propriétaire, sauf son recours contre ceux-ci. *Trib. de la Seine du* 6 *juin* 1817.

134. On peut aussi rechercher, pour le paiement du droit de mutation dû par l'héritier de la nue-propriété d'une rente, le légataire de l'usufruit de cette rente. *Arr. de cass. du du* 24 *oct.* 1814. (*Art.* 4989, *j.*)

135. Si l'héritier acquiert l'usufruit avant d'avoir fait sa déclaration pour la nue-propriété, le droit de succession ne doit pas moins être établi sur la valeur entière du bien, sans distraction des charges; sauf à restituer le droit proportionnel perçu pour la cession d'usufruit, et à ne retenir que le droit simple. Il ne doit être fait ni réserve ni perception de supplément sur la somme qui pourrait excéder l'évaluation de cet usufruit dans le contrat d'acquisition. *Instr.* 386. V, *réunion.*

136. *Biens situés sur divers bureaux.* — On doit passer dans chaque bureau, la déclaration des biens situés sous son arrondissement. Ce qui a été payé pour le droit relatif à un bureau n'influe point sur le sort du droit qui serait dû à un autre, et la contrainte décernée pour les biens sis dans le ressort de l'un d'eux n'arrête point la prescription pour les autres. *Arr. de cass. du* 7 *avril* 1807. (*Art.* 2809. *j.*). V. *chose jugée*, n.° 2.

137. *Créances caduques.* Elles doivent être comprises dans la déclaration pour leur intégralité, à moins qu'il ne soit justifié de la réduction de la créance sur le failli par un extrait en forme du concordat, cas où la perception n'aurait à frapper que sur le montant que l'on en tirerait. *Sol. du* 23 *novemb.* 1814.

138. Cependant les héritiers peuvent se dispenser de payer le droit sur ces créances, en affirmant par la déclaration qu'ils y renoncent. *Déc. min. fin. du* 12 *août* 1806.

Effets de commerce. Lorsqu'il s'en trouve dans une succession, on doit les comprendre dans la déclaration et en payer les droits comme pour les autres biens meubles. *Circ.* 1678.

140. Legs *de meubles ou immeubles.* La déclaration que doit fournir le légataire d'immeubles n'est pas susceptible de l'enregistr.t de 1 fr. 50 c. par 100 fr., pour droit de transcription, dès que cette formalité lui est étrangère. *Déc. min. fin. du* 16 *janv.* 1818. (*Art.* 5960. *j.*).

141. Lorsque les héritiers ou légataires universels ont acquitté les droits sur la totalité des biens de la succession, il n'est plus dû de nouveaux droits sur les legs particuliers de sommes d'argent non existant dans la succession. *Avis du Cons. d'Etat du* 2 *sept.* 1808, *Instr.* 401. *Arr. de cass. du* 12 *avril* 1808.

142. Le legs d'une rente viagère en argent ou en nature, payable par les héritiers, n'opère aucun droit, dans le cas où le droit de la déclaration a été payé sur la valeur totale des biens de la succession; l'avis précité du Conseil d'Etat est applicable à l'espèce. *Déc. min. fin. du* 12 *mars* 1819. (*Art.* 6359. *j.*)

143. Ce principe avait déjà été consacré par arrêts de la cour suprême des 23 nov. 1811, (instruct. 574) 17 mars 1812, (*Art.* 4256, *j.*) et 24 mai 1813, qui ont appliqué la même exception aux legs de rente perpetuelle, en ajoutant qu'il n'en est pas de même pour les legs d'usufruit. — Lorsque le légataire particulier a payé le droit avant la déclaration personnelle aux héritiers ou légataires universels, il en est tenu compte à ceux-ci, alors il convient d'indiquer dans cette déclaration le folio du registre où celle particulière a été faite. *Instr.* 401.

144. Pour une succession composée d'une maison à Nantes, estimée 39,000 f. et d'un mobilier à Paris, évalué 2,063 f., lorsque le décédé a institué pour légataire universel un parent en ligne collatérale, et qu'il a fait un legs particulier de 18,000 f. à une personne non parente, le droit de 3 f. 50 c. doit être perçu à Paris sur le mobilier, et celui de 5 p. o/o à Nantes, sur la totalité de l'immeuble. *Sol. du* 29 *janv.* 1820. (*Art.* 6620, *j.*).

145. Lorsque le testateur a chargé son héritier institué de payer une somme d'argent, pour être employée en *prières*, au ministre du culte qui lors de son décès exercera dans la commune, cette disposition ne constitue ni un legs, ni une libéralité quelconque, mais une charge de l'hérédité. *Arr. de cass. du* 11 *sept.* 1809. (*Art.* 4107, *j.*).

146. Ainsi le legs fait à un curé d'une somme d'argent destinée à faire dire des messes pour le testateur n'opère aucun droit de mutation. *Sol. du* 1.er *déc.* 1818.

147. Celui fait à un curé, de biens fonds, à la charge de les vendre et d'employer la moitié du prix à faire dire des messes et le surplus à l'entretien de l'église, ne produit de droit d'enregistrement que sur le legs fait à la fabrique. Ce dernier droit n'est que de 1 f. d'après l'arr. de cass. du 11 sept. 1809 et l'instr. 504. *Sol. du* 10 *nov.* 1818. (*Art.* 6235, *j.*).

148. L'héritier ou le légataire universel n'est pas tenu de comprendre dans sa déclaration les objets légués à des légataires particuliers, *lorsque la chose léguée se trouve en nature dans la succession. Instr.* 366.

149. Quoique le légataire soit responsable du droit relatif à son legs on peut se dispenser de le lui demander, à moins que l'héritier ou le légataire principal ne parût suffisamment solvable. *Instr.* 401.

150. Si le droit porportionnel fixé pour les legs a été perçu lors de l'enregistrement du testament, il n'est plus exigible lors de la déclaration. *Arr. de cassation du* 8 *sept.* 1808.

151. Legs *d'usufruit*. L'usufruit est évalué à dix fois le produit des biens ou le prix des baux courans sans distraction du prix des charges. *Art.* 15 *de la loi de frim.* 7.

152. Toute jouissance qui excède dix ans est usufruitière, et le capital ne peut être que celui tiré du denier dix. *Sol. du* 15 *oct.* 1815.

153. Le légataire d'un usufruit doit faire, dans les six mois, ou sa renonciation au legs, ou passer sa déclaration et en acquitter les droits, bien qu'il n'en ait pas encore demandé la délivrance. *Arr. de cass. du* 4 *fév.* 1812. (*Art.* 4160, *j.*) V. *usufruitier.*

154. Cependant, si le légataire est décédé sans avoir été envoyé en possession, conformément aux art. 1011 et 1014 du Code civil, son legs est devenu caduc, et ne donne lieu à aucune déclaration. *Déc. min. fin. du* 7 *août* 1815. (*Art.* 5206, *j.*)

155. Le paiement du droit proportionnel, par l'héritier ou le légataire de la nue propriété, sur l'universalité de la succession, ne dispense pas l'usufruitier de payer un droit particulier indépendamment de celui relatif à la propriété. *Arr. de cass. du* 23 *nov.* 1811.

156. L'usufruitier qui a acquitté le droit de mutation pour son usufruit, et qui a offert de payer celui dû par les héritiers, pour la nue propriété, ne peut, lors de ce paiement, imputer ce qu'il a payé à raison de son usufruit, sur ce qui est dû pour le droit de mutation de la nue propriété. *Arr. de cass. du* 18 *déc.* 1811. (*Art.* 4134, *j.*)

157. *Immeubles par destination.* Des héritiers, en passant une déclaration de succession, ne peuvent ranger les bestiaux et ustensiles aratoires destinés à l'exploitation de l'héritage dans la classe des meubles, sous prétexte que le Code civil n'était point encore publié lors de la promulgation de la loi de frim. 7. *Arr. de cass. du* 20 *juillet* 1812. (*Art.* 4284, *j.*) — V. *biens.*

158. *Inscriptions sur le Grand-Livre.* Lorsqu'elles sont immobilisées, leurs mutations sont soumises aux droits réglés pour les immeubles. *Instr.* 413.

159. *Rentes sur l'Etat ou l'étranger.* Les effets de la dette publique, inscrits ou à inscrire définitivement, sont dispensés du droit de mutation. *Art.* 70 *de la loi de frimaire* 7. — Cependant les arrérages d'un semestre échu au jour du décès doivent être déclarés, et les droits acquittés. (*Art.* 2014, *j.*) — Il n'y a lieu ni à déclaration, ni au paiement des droits, en raison des créances ou rentes sur l'étranger ou sur des colons, quoique dépendantes de successions ouvertes en France et échues à des regnicoles. *Instr.* 290, *nomb.* 36.

160. Déclaration *par l'enfant adoptif.* Suivant l'article 350 du C. C., l'enfant adoptif est assimilé à celui qui serait né de mariage.

161. Déclaration *par l'enfant naturel.* L'enfant naturel doit passer déclaration des biens qu'il recueille à ce titre; le droit est le même que pour la ligne directe; il n'y a point de solidarité entre lui et les héritiers légitimes. *Instr.* 239.

162. S'il est appelé à la succession, à défaut d'héritiers successibles, le taux du droit est celui fixé pour les personnes non parentes. *Art.* 53 *de la loi de* 1816.

163. L'enfant naturel a le tiers de ce qu'il aurait eu s'il avait été légitime. Pour exécuter cette disposition, il faut admettre momentanément l'enfant naturel au nombre des enfans légitimes, et le faire concourir figurativement avec eux, de manière que s'il n'existe qu'un enfant légitime, il doit être procédé comme s'il y en avait deux; deux, comme s'il y en avait trois, etc. Si le père d'un enfant légitime et d'un enfant naturel meurt en instituant l'enfant légitime pour son héritier, la portion disponible, au moyen de ce qu'en doit compter l'enfant naturel, est du tiers; ainsi, dans cette hypothèse, ce dernier prend un tiers dans un tiers ou un neuvième. *Arr. de cass. du* 26 *juin* 1809. (*Art.* 3314, *j.*)

164. L'enfant naturel reconnu postérieurement au mariage, n'a droit qu'à une portion de la succession de ses père et mère, quoiqu'il ait été élevé publiquement comme enfant légitime. *Cour de Douai du* 15 *mai* 1816.

165. DÉCLARATION *après le décès du tuteur officieux.* Le droit proportionnel de 3 fr. 50 c. p. 100 est dû sur les déclarations qui doivent avoir lieu, après le décès du tuteur officieux, des secours à payer au pupille, en exécution du réglement fait par le tuteur. *Circ. du* 24 *nov.* 1806.

166. DÉCLARATION *après un jugement qui prononce l'indignité. V. délai*, n° 86.

DÉCLARATION *par l'héritier bénéficiaire. V. héritier*, page 187, n° 5.

167. DÉCLARATION *par les ascendans.* Les biens qui reviennent aux ascendans, en vertu de l'art. 747 du C. C., sont soumis au droit de mutation; il ne doit en être exigé aucun pour le retour qui a lieu en vertu du retrait expressément réservé dans l'acte de donation. *Circ.* 1689. *Instr.* 366.

168. L'effet du retour légal par suite d'une donation faite en 1787, doit être réglé par la loi existante à cette époque; ainsi le retour dont il s'agit est réputé un droit conventionnel, une condition tacite de la donation, si le contrat a eu lieu sous l'empire des lois romaines, et dans le ressort d'un parlement qui lui reconnaissait ce caractère: donc le retour au donateur par le décès du donataire, n'est pas une mutation donnant ouverture au droit proportionnel, parce que l'art. 747 du C. C. n'est pas applicable à cette espèce de retour. *Arr. de cass. du* 8 *fév* 1814. (*Art.* 4792, *j.*)

169. L'enfant du donataire doit passer déclaration des biens qui avaient été donnés à ses père et mère par ses ayeux, quoique ces derniers aient survécu au donataire, si les biens donnés se trouvaient encore dans la succession; cet enfant venant à décéder, même du vivant des ascendans donateurs, ceux-ci ne pouvant pas réclamer, à titre de retour légal, les biens par eux donnés, aucune demande de droit de succession à cet égard, ne peut leur être faite; ces biens, au contraire, devant être recueillis par les héritiers de cet enfant, dans l'ordre et la proportion que le code prescrit au titre des successions, c'est à ces héritiers légaux à acquitter le droit, d'après leur degré de parenté. Ce principe résulte de l'*arr. de cass. du* 18 *août* 1818, *conforme à l'art.* 747 *du C. C.* (*Art.* 6251, *j.*) Au surplus, V. *retour*.

Quant à l'usufruit des biens des enfans mineurs, que l'art. 384 du C. C. accorde à leurs ascendans, V. *ascendans*, n.° 5.

170. DÉCLARATION *par les créanciers de l'hoirie.* Les mutations par décès, qui, par la renonciation des héritiers, ne sont pas suivies de la saisie réelle des biens délaissés par le défunt, doivent être soumises à la déclaration et au paiement du droit, indépendamment de la perception sur la vente ultérieure qui serait faite au profit des créanciers. *Déc. min. fin. du* 28 *flor.* 7.

171. DÉCLARATION *par le survivant des époux.* Le survivant des époux doit acquitter le droit de mutation par décès, à raison de ses gains de survie, lors même qu'au moment où il s'est marié, ce droit n'aurait pas encore été établi. *Arr. de cass. du* 23 *flor.* 13.

172. Si les avantages sont recueillis par le survivant, en vertu de donations qui aient été revêtues des formalités, antérieurement à la loi du 19 déc. 1790, les effets mobiliers ne doivent point être déclarés, mais les immeubles sont passibles du droit. *Déc. min. fin. du* 8 *fruct.* 9. *Sol. du* 28 *niv.* 10.

173. Les gains de survie, stipulés en argent dans les contrats de mariages, ne doivent point de droit de mutation, lorsque ces sommes n'existent pas dans la succession, et que l'héritier a payé le droit sur l'intégralité des biens de cette succession. *Déc. min. fin. du* 12 *sept.* 1814. (*Art.* 5018, *j.*)

174. Les donations faites par contrat de mariage, *aux futurs conjoints*, ne doivent s'entendre que du fils du donateur. *Cour de Bruxelles, du* 9 *juin* 1810. — Ainsi les droits de mutation par décès ne sont dus que par les héritiers de l'époux en faveur duquel la cession a particulièrement été faite. (*Art.* 3979, *j.*)

175. Les art. 1515, 1516 et 1525 du C. C., relatifs au préciput, ne dérogent pas à la loi de frim. 7; le droit de mutation est dû au moment du décès sur les avantages stipulés en faveur de l'époux survivant. *Arr. de cass. du* 26 *mai* 1807. *Déc. min. fin. du* 22 *août* 1809.

176. Le douaire n'est ouvert que par le décès. *Cour de Paris, du* 30 *juillet* 1807.

177. Cependant la femme mariée sous la coutume de Normandie, a droit à son douaire, par la séparation de biens prononcée, même depuis la publication du C. C. *Arr. de cass. du* 5 *avril* 1815. (*Art.* 5344,

178. Le droit dû pour les avantages stipulés entre les conjoints dans les contrats de mariage, n'est acquittable que dans les six mois du décès. *Arr. de cass. du* 19 *oct.* 1806.

179. Le douaire qui consiste en une *rente viagère*, donne lieu à une déclaration de la part de la femme qui le recueille au décès de son mari; ce qui n'empêche pas que les héritiers de celui-ci ne doivent payer le droit sur la totalité des biens de la succession; le principe sur les legs de sommes non trouvées dans l'hérédité n'étant pas applicable à l'espèce. *Sol. du* 18 *janv.* 1819. Néanmoins, V. l'art. 142 ci-devant.

180. Le préciput s'ouvre par la séparation de biens. *Arr. de cass. du* 26 *janv.* 1808.

181. Le droit de mutation dont il est susceptible ne se perçoit que sur la portion qui produit avantage au profit du survivant. *Déc. min. fin. du* 29 *août* 1809.

182. Si la communauté ne suffit par pour la délivrance du préciput, celui-ci est caduc. *Sol. du* 17 *nov.* 1814.

183. Les avantages que les époux se sont faits par leur contrat de mariage passé avant la publication de la loi du 17 niv. 2, se règlent d'après les statuts et coutumes sous l'empire desquels les contrats ont été passés; ce n'est que sur les avantages qui en résultent que le droit de mutation par décès doit être liquidé. *Arr. de cass. des* 27 *flor.* 4, 29 *niv* 6, 27 *germ.* 12, 8 *et* 24 *prair.* 13, 4 *août* 1806 *et* 1.er *fév.* 1820.

184. Ceux stipulés par contrat de mariage passé depuis cette loi, sont réglés par elle, et le survivant n'a pas droit aux gains de survie qui étaient conférés de de plein droit au survivant par le statut local. *Arr. de cass. des* 18 *frim.* 11, 20 *sept.* 1807 *et* 6 *mars* 1811. (*Art.* 3918, *j.*)

185. Les donations mutuelles antérieures au code civil doivent recevoir leur exécution et ne sont passibles d'aucune réduction à raison des avantages accordés aux ascendans par l'art. 915 de ce code. *Cour de Paris du* 6 *août* 1810. (*Art.* 3659. *j.*) *Arr. de cass. du* 18 *mai* 1812. (*Art.* 5880. *j.*).

186. Le survivant des époux doit acquitter le droit de succession à raison des avantages qu'il recueille en vertu du statut local sous l'empire duquel il s'est marié, sans avoir égard à la loi existante au moment du décès. *Arr. de cass. des* 23 *mars* 1815 *et* 30 *janv.* 1816. (*Art.* 5314 *et* 5643, *j.*)

Il n'est pas dû de droit de mutation à raison d'une rente viagère dont la femme jouit en vertu d'un contrat de vente consenti par elle et son mari des biens qu'ils possédaient en commun. *Sol. du* 9 *janv.* 1812. (*Art.* 4115. *j.*).

187. Pour les biens appartenant à des époux mariés sous la coutume de la *main plevvie* (celle par laquelle les biens de la femme tombent, au moment du mariage, au pouvoir du mari qui en a la libre disposition, et au décès du mari, la femme a la propriété de tous les biens), comme ce n'est qu'au décès du survivant des époux que les enfans recueillent les biens du prédécédé, on ne peut exiger d'eux le paiement des droits au décès du prémourant; mais au décès de l'un des époux, le survivant doit acquitter le droit de mutation pour la propriété pleine qu'il acquiert alors. *Déc. min. fin. du* 9 *mai* 1815. (*Art.* 5142, *j.*)

188. La femme survivante, mariée sous la coutume de Normandie, ne doit aucun droit, à raison de la portion qu'elle recueille en propriété dans les conquêts, parce que son titre remonte à la date du contrat de l'acquisition faite par son mari, comme si les biens eussent été acquis en commun; mais il n'en est pas de même à raison de celle qu'elle recueille en usufruit sur les conquêts situés hors bourgage; cet avantage est regardé comme un gain de survie sujet au droit de mutation. *Déc. min. just. et fin. du* 21 *octob.* 1816. (*Art.* 6122. *j.*).

189. La séparation de corps annule les avantages entre époux contenus dans leur contrat de mariage passé avant comme depuis le Code civil. *Arr. de cass. du* 22 *avril* 1812. (*Art.* 4449. *j.*).

190. Lorsque des enfans ont stipulé par leur contrat de mariage qu'ils ne renonçaient à la succession du prédécédé, et à demander compte au survivant de leur père et mère qu'en rapportant la dot en entier, et que l'époux qui a survécu est appelé à la jouissance d'objets autres que ceux de la communauté, ce survivant doit en passer déclaration; mais il ne serait rien dû si la clause n'avait pour objet que des biens de la communauté. *Instr.* 481.

La stipulation dans un contrat de mariage, par laquelle il est attribué au survivant des époux la totalité des biens de la communauté, donne lieu à déclaration lors de l'événement. *Instr.* 451.

191. Quand les époux conviennent, par contrat de mariage, qu'au décès de l'un d'eux, sans qu'il y ait d'enfans, les bénéfices de la communauté appartiendront en totalité au survivant, celui-ci doit les recueillir, quoique l'époux décédé eût légué à ses héritiers la moitié des acquets, parce que la disposition testamentaire n'a pu porter atteinte à une clause du contrat de mariage. *Arr. de cass. du* 27 *mai* 1817. (*Art.* 6081, *j.*)

La clause d'un contrat de mariage, portant que le survivant pourra conserver les biens acquis pendant la communauté, à la charge de remettre aux enfans nés du mariage, la moitié de la valeur de ces biens, n'est qu'une condition de l'association; si le survivant profite de cette faculté, il ne doit y avoir de déclaration que celle au nom des enfans, pour la moitié du prix ou de la valeur des conquets. *Déc. min. just. et fin. des* 17 *et* 24 *août* 1813. (*Art.* 6841, *j.*)

192. Le survivant des époux d'un second mariage ne doit faire la déclaration et acquitter le droit de mutation par décès des avantages qui lui sont légués par le prédécédé, que pour la portion disponible, d'après l'art. 913 du C. C. *Arr. de cass. du* 2 *févr.* 1819. (*Art.* 6475, j.)

193. Le meurtre commis par la femme contre le mari, donne ouverture aux effets de la donation éventuelle; mais cette cause ayant détruit les chances de survie ouvertes en faveur du mari, la femme s'est ôté le droit de réclamer celles qui existaient en sa faveur; elles sont au contraire censées accomplies au profit du mari, éventuellement donataire. *Arr. de cass. du* 5 *mai* 1818. (*Art.* 6443, j.)

194. Quand le survivant succède à l'époux prédécédé à défaut d'héritier au degré successible, il doit être considéré comme étranger. *Loi du* 28 *avril* 1816. *Instr.* 714.

195. DÉCLARATION *par les tuteurs ou curateurs.* Les tuteurs ou curateurs sont responsables de la peine du retard et de leur fausse déclaration. La contrainte doit en faire mention, et distinguer le droit à leur charge. *Art.* 37 *de la loi de frim.* 7. *Instr.* 386. — V. *instances*, nos 129 et suivans.

196. Le tuteur qui fait vendre tout le mobilier de la succession échue à son pupille, sans payer le droit de mutation, devient, en sa qualité de tuteur, personnellement passible de l'intégralité des droits dus. *Arr. de cass. du* 25 *oct.* 1808. (*Art.* 3608, *j.*)

197. L'exercice de l'action directe contre le tuteur personnellement, n'a lieu pour le droit principal qu'autant que l'Administration justifie que c'est par le fait du tuteur qu'elle n'a pu recouvrer ce droit. *Arr. de cass. du* 1er *déc.* 1812. (*Art.* 4489, *j.*)

198. DÉCLARATION *d'une succession dévolue à de nouveaux héritiers.* Lorsqu'un légataire a acquitté le droit de succession, et que, par suite d'un testament distinct et reconnu postérieurement, la succession passe à un nouveau légataire, celui-ci ne doit pas de droit, dès qu'il ne s'agit que d'une mutation et d'une succession qui ne peuvent donner ouverture à deux droits. *Arr. de cass. des* 8 *oct.* 1813 *et* 13 *nov.* 1814. (*Art.* 5020 *et* 5595, *j.*) — V. *délai*, n° 75, et *prescription*, n° 40.

199. DÉCLARATION *des successions d'absent.* — V. *absent.*

200. DÉCLARATION *des successions d'amnistiés.* Les amnistiés après la mort naturelle sont censés décédés *integri statûs.* De sorte que si l'un des héritiers légitimes décède avant l'amnistie, la portion qu'il aurait eue, s'il eût vécu au-delà, passe à ses héritiers personnels. *Arr. de cass. du* 21 *déc.* 1807.

201. Si le mari est amnistié, V. le n° 204 ci-après.

202. DÉCLARATION *des successions d'émigrés.* Remise est faite aux héritiers et représentans du propriétaire émigré, dont les biens ont été confisqués, des droits de mutation par décès, dus à raison des biens appartenant à leur auteur, et dans la propriété desquels lesdits héritiers et représentans ont été réintégrés en vertu des lois des 5 décembre 1814 et 28 avril 1816. *Loi du* 25 *mars* 1817, *art.* 78.

203. L'effet de cette remise est exclusivement limité aux droits résultant de cette entrée en possession; toute autre mutation postérieure du même bien, et à quelque titre que ce soit, est et demeure passible des droits d'enregistrem.[1] établis par les lois sur chaque nature de mutation. — Quant aux biens qui n'auraient été que séquestrés, la compensation des droits de mutation n'aura lieu que jusqu'à concurrence du montant net des sommes perçues par l'état provenant desdits biens. *Idem.*

204. Une femme qui s'est rendue adjudicataire en l'an 3 des biens de son mari émigré, amnistié en l'an 10 et décédé en l'an 12, ne doit point déclarer la moitié de ces biens, dès que la communauté a été dissoute par l'émigration. *Arr. de cass. du* 12 *nov.* 1810. (*Art.* 3744, *j.*)

205. C'est le plus proche parent de l'héritier immédiat de l'émigré, décédé, et non le légataire universel de cet héritier, qui doit recueillir les biens rendus en exécution de la loi du 5 déc. 1814. *Arr. de cass. du* 25 *janvier* 1819. (*Art.* 6310, *j.*)

206. Le cessionnaire des droits de l'héritier ne doit pas non plus recueillir cette espèce de biens qui n'appartient qu'aux parens. *Arr. de cass. du* 25 *janvier* 1819.

207. DÉCLARATION *des successions d'enfans naturels.* Lorsqu'un enfant naturel a été reconnu par ses père et mère, sa succession leur est dévolue en totalité, à l'exclusion des enfans légitimes; en cas de prédécès de l'un deux, c'est au survivant seul que le droit de succession doit être réclamé. *Cour de Dijon, du* 1.er *août* 1818.

207 *bis.* DÉCLARATION *de la succession d'un interdit.* Les enfans d'un interdit qui ont eu l'administration de ses affaires, et ont vendu, sans autorisation, une partie de ses biens, ne doivent, lors du décès de l'interdit, aucun droit de succession sur les biens par eux vendus, encore que la vente fût nulle. *Sol. du* 16 *juillet* 1812. (*Art.* 4281, *j.*)

208. DÉCLARATIONS *des successions d'étrangers.* Les héritiers, quelque soit leur domicile et celui de la personne décédée, doivent acquitter le droit de tous les immeubles *situés en France*, ainsi que des meubles, rentes et créances *payables en France* pour les créances originairement exigibles aux colonies et dans les pays étrangers. *Instr.* 290.

209. Les art. 726 et 912 du C. C., sont abrogés; en conséquence les étrangers auront droit de succéder, de disposer et de recevoir de la même manière que les Français dans toute l'étendue du Royaume; dans le cas de partage d'une même succession entre des cohéritiers étrangers et Français, ceux-ci prélèveront, sur les biens situés en France, une portion égale à la valeur des biens situés en pays étrangers, dont ils seraient exclus à quelque titre que ce soit, en vertu des lois et coutumes locales. *Loi du* 14 *juillet* 1819, *art.* 2, *instruction* n.° 900.

210. L'abolition du droit d'aubaine qui a accordé aux étrangers la faculté d'hériter en France, leur a, par là même, imposé l'obligation d'y payer les droits de mutation des biens qu'ils y recueillent. *Arr. de cass. du* 27 *juillet* 1819. (*Art.* 6543, *j.*)

211. Les héritiers de l'Ambassadeur étranger, décédé en France, doivent acquitter le droit du mutation à raison des immeubles qu'il possède en France, et des rentes et créances qui lui sont dues par des Français, et payables en France. *Déc. des min. des fin. et des relations extérieures du* 9 *juillet* 1811. (*Art* 4181, *j.*)

212. Le héritiers du Consul ou de l'Agent du commerce des puissances étrangères, ne doivent point de droit de mutation pour les meubles à son usage. *Mêmes décisions*, *Tribunal de Paris du* 14 *mai* 1813. (*Art.* 5079, *j.*)

213. Si cet Agent est propriétaire en France, il doit acquitter les contributions assises sur ses propriétés; s'il est négociant, il ne peut se soustraire aux charges assises sur le commerce. *Déc. du min. des affaires étrangères du* 29 *déc.* 1814. (*Art.* 5079, *j.*) *Arr. de cass. du* 26 *mai* 1815. (*Art.* 5160, j.)

214. Un Anglais qui a épousé une Française depuis le Code Civ., n'est pas fondé à réclamer, après la paix, ses droits d'hérédité dans une succession ouverte en France pendant la guerre. *Arr. de cass. du* 6 *avril* 1819.

215. Un religieux étranger, incapable, d'après les lois de son pays, de recueillir et de transmettre une succession, ne peut profiter des dispositions testamentaires faites en sa faveur par un Français. *Arr. de cass. du* 24 *août* 1808. (*Art.* 3902, *j.*)

216. DÉCLARATION *de la succession d'une personne morte en mer.* Les effets mobiliers qui se trouvaient dans son vaisseau, ne doivent pas de droit de mutation. *Déc. min. fin. du* 9 *therm.* 10.

217. DÉCLARATION *des successions vacantes.* Une succession est réputée vacante lorsqu'après l'expiration des délais pour faire inventaire et pour délibérer, il ne se présente personne pour la réclamer; qu'il n'y a pas d'héritier connu, ou que les héritiers connus y ont renoncé. *Art.* 811 *du C. C.*

218. La régie de cette succession ne regarde que les Receveurs particuliers des finances. *Lettre de M. l'Administrateur de la* 1.re *division, du* 15 *juillet* 1812.

Quant aux mandats à délivrer aux créanciers, V. *mandat*, n.°. 3.

219. Ces successions sont passibles de la déclaration comme toutes les autres. *Arr. de cass. des* 18 *niv. et* 9 *prair.* 12, 17 *pluv. et* 3 *niv.* 13.

220. Le curateur à une succession vacante est tenu de passer déclaration des biens qui la composent, et d'en acquitter les droits, lorsqu'il ne justifie pas, par son compte, qu'il a fait sans succès des diligences pour le recouvrement des revenus de la succession, ou par la vente du mobilier. *Arr. de cass. du* 4 *avril* 1807. V. *délai*, n.os 95 *et suiv.*

221. Le droit se liquide d'après la ligne, en faveur de laquelle la succession s'est ouverte par la renonciation des héritiers ou légataires, et il est réglé comme s'il n'y avait eu ni testament ni donation; le curateur prend la place de l'héritier auquel la succession était dévolue, et doit acquitter les droits auxquels celui-ci était imposé. *Instr.* 386.

Pour connaître les actes relatifs à cette succession, qui sont enregistrables en débet, V. *actes*, n.° 51.

222. DÉCLARATION *des successions en déshérence.* Il n'y a pas lieu de passer déclaration des biens dépendans d'une succession en déshérence. *Art.* 70 *de la loi de frim.* 7.

223. Mais si l'héritier se présentait, il devrait acquitter le droit dans les 6 mois de l'autorisation à prendre possession des biens. *D'c. min. fin. du* 8 *frim.* 9. V. *déshérence*, AUX DOMAINES.

224. DÉBITEURS DES DROITS *de succession.* Les droits des déclarations des mutations par décès doivent être payés par les héritiers, donataires ou légataires. Les cohéritiers sont solidaires. *Art.* 32 *de la loi de frim.* 7. V. *débiteurs.*

225. Il n'y a point de solidarité entre les *enfans naturels* ou les *légataires*, et les *héritiers légitimes*; ceux-ci ne sont tenus de passer déclaration que de la portion des biens qui leur sont échus, et d'en payer le droit suivant leur ligne directe ou collatérale : les enfans naturels doivent, de leur côté, fournir la déclaration des biens que la loi leur accorde et acquitter le droit résultant de la mutation par décès en ligne directe. *Instr.* 239.

226. On peut s'adresser au cohéritier que l'on préfère, sans cependant que les poursuites faites contre l'un, soient un obstacle à ce qu'on en exerce contre les autres; il convient néanmoins de poursuivre tous ceux qui sont sur les lieux. *Instr.* 386 *et* 495.

227. Le cessionnaire d'un bien échu par décès, qui s'est obligé de payer le droit de succession, n'est pas susceptible d'être poursuivi; les héritiers sont seuls débiteurs du droit envers l'administration. *Tribunal de Vendôme du* 26 *fév.* 1819. *D'c. min. fin. du* 24 *sept. suiv.* (*Art.* 6560, *j.*) V. *ci-devant*, n.os 149, 153, 155, 195 *et* 220.

228. PEINES POUR DÉFAUT DE DÉCLARATION *dans les délais.* Les héritiers, donataires ou légataires qui n'ont pas fait dans le délai prescrit, les déclarations de biens à eux transmis par décès, doivent payer, à titre d'amende, un demi-droit en sus du droit qui est dû pour la mutation. *Art.* 39 *de la loi de frim.* 7.

229. Les héritiers qui, par la renonciation d'un autre héritier, d'un donataire ou d'un légataire universel, se trouvent n'avoir été saisis de l'hérédité qu'après l'expiration des délais accordés pour passer déclaration et payer les droits, n'en doivent pas moins acquitter le demi-droit en sus, avec le droit principal. *Solution du* 12 *frimaire an* 11. (*Article* 1321, *j.*). V. *ci-après* n.os 238 *et suiv.*

230. Lorsque le débiteur du droit de mutation meurt débiteur du demi droit en sus, ses héritiers ne sont pas tenus à cette peine, qui lui est personnelle; mais s'il était décédé avant l'échéance du délai, ils deviendraient passibles de la peine du retard. *Déc. min. fin. du* 15 *juillet* 1806.

231. L'indication d'une fausse date du décès, donnée pour se soustraire au demi-droit en sus, n'est passible que de cette peine. *Sol. du* 2 *germinal* 8. V. *délai*, n.os 62 et suiv.

232. INSUFFISANCES ET OMISSIONS dans les déclarations. V. ces mots et *expertise.*

233. POURSUITES *pour le recouvrement de ces droits.* Le premier acte de poursuites est une *contrainte.* V. *compétence*, *contrainte*; *instances* et *poursuites*; et, dans ce chapitre, n.os 195, 224 et suiv.

234. On peut poursuivre les héritiers de la nue-propriété, pour le paiement des droits qu'ils doivent personnellement. *Arr. de cass. du* 29 *germ.* 11. V. *ci-devant*, n° 133.

235. On peut même saisir les fruits pendans par racine. *Arr. de cass. du* 3 *janvier* 1809. V. *saisie-arrêt.* V. aussi *compensation.*

236. PRESCRIPTION des droits de succession. V. *prescription*, n.os 28 et suiv.

237. PRIVILÉGES accordés au Trésor sur les revenus des biens. V. *privilége.*

238. RENONCIATION *au bénéfice de la succession.* L'héritier est toujours libre de renoncer à la succession, pourvu qu'il se soit abstenu jusqu'alors. *Arr. de cass. du* 5 *fév.* 1806. — V. *acceptation.*

239. Il peut, même après les six mois de décès, faire cette renonciation, sans être tenu au paiement des droits. *Arr. de cass. du* 23 *frim.* 11.

240. Les enfans, en faveur desquels leurs père et mère se sont dessaisis par *anticipation*, peuvent renoncer à la succession des donateurs. *Cour de Paris du* 11 *mai* 1808.

241. L'héritier bénéficiaire a aussi le droit de renoncer à la succession. *Arr. de cass. du* 6 *juin* 1815.

242. L'Administration doit admettre les renonciations faites par actes civils publics. *Instr.* 386.

243. Si les héritiers ont fait acte d'héritier avant de renoncer, V. *renonciation*, page 274.

244. Les enfans qui recueillent la moitié de la communauté, en vertu de la renonciation de leur mère, peuvent ne passer déclaration de cette moitié que dans les 6 mois de cette renonciation. *Sol. du* 21 *oct.* 1814. (*Art.* 4958, *j.*)

245. Le survivant qui renonce à ses avantages, est tenu d'en passer déclaration, lorsque, par le même acte, il reçoit d'autres avantages des héritiers du prédécédé, attendu que sa renonciation n'est pas pure et simple. *Arr. d'admission en cass.*, *du* 5 *juillet* 1815. (*Art.* 5345, *j.*)

246. Les renonciations à une succession, après que la déclaration a été faite, ne donnent lieu à aucune restitution; on doit même poursuivre contre les renonçans

les droits dus pour leur fausse déclaration, si elle est inexacte. *Déc. min. fin. du* 13 *janv.* 1807.

247. Restitution *des droits*. V. *restitution*.

248. Obligations *des Employés*. Les Receveurs doivent consigner au sommier les successions non déclarées, et suivre le recouvrement des droits qu'elles peuvent occasionner. Ceux qui négligeraient de se procurer des relevés d'actes de décès, de rechercher par l'examen des tables alphabétiques et du sommier de la contribution foncière, les biens meubles et immeubles, d'en apostiller les tables des décès, de consigner au sommier les articles non acquittés, et d'en suivre le recouvrement, s'exposeraient à ce que l'Administration prît à leur égard des mesures sévères. Les Inspect.rs doivent surveiller cette partie du service, et s'expliquer, dans leurs journaux de travail, sur les soins qu'on y aura donnés. *Circ.* 1244.

249. A défaut de surveillance à cet égard, les Receveurs sont responsables des droits. *Déc. min. fin. du* 11 *vent.* 11. — Ils sont également responsables des droits prescrits par leur négligence. *Circ.* 1765.

250. Ils doivent, pour assurer la rentrée des droits, prendre inscription aux hypothèques. V. *inscription*, aux hypothèques.

251. Ces inscriptions ne peuvent être prises pendant la durée du délai accordé aux héritiers pour passer déclaration. *Lettre de M. l'Administrateur de la* 1.re *division, du* 28 *pluv.* 10.

252. Le Receveur doit refuser la déclaration qui ne serait pas assez détaillée. V. *ci-devant*, n.° 70. — Vérifier l'exactitude de ces déclarations et constater, par procès-verbal, les omissions et insuffisances qu'elles peuvent receler. V. *insuffisance*, n.° 9.

253. Dans les cas où il y aurait une expertise à provoquer pour établir l'insuffisance d'évaluation, Voyez *expertise*.

254. Dans les dix derniers jours de chaque trimestre, les Receveurs adresseront aux Maires de leur arrondissement, un tableau destiné à contenir l'extrait des actes des décès survenus pendant le trimestre précédent. V. *notices de décès*.

255. Ils feront, dans toutes les communes de leur arrondissement, le relevé exact des extraits de sépulture qui se trouveraient avoir été omis dans les relevés fournis. — Pour en tirer tout l'avantage qui doit en résulter, ils constateront sur les lieux mêmes, autant qu'il sera possible, les noms et demeure des héritiers légataires directs et collatéraux; ceux des nouveaux possesseurs à titre de succession, donation éventuelle ou autrement; la situation et valeur des immeubles échus, afin d'accélérer le recouvrement des droits d'enregistrement qui se trouveront dus. *Art.* 86 *des Ordr. gén.*

256. Ils devront rechercher les successions dont les droits n'auraient pas été acquittés, faire payer les droits des mutations d'usufruit, opérées au profit des veuves, à titre de douaire coutumier, et postérieurement à la loi du 22 frim. 7. *Circ.* 1836.

257. Il est prescrit aux Vérificateurs de prendre note des décès sur les minutes qu'ils vérifient dans les études et dans les greffes, et de les comparer avec la table des décès. *Art.* 153 *des Ordr. gén.*

258. Ils releveront les donations éventuelles contenues dans les contrats de mariage et autres actes, dont l'accomplissement des conditions imposées a lieu au décès des donateurs, et les testamens et donations à cause de mort, dont les testateurs et donateurs sont décédés. *Circ.* 1846.

259. Les Inspecteurs et Vérificateurs examineront les tables des décès, et s'assureront que les relevés des actes de décès y ont été portés exactement et spécialement pour les cinq dernières années. Ils feront réparer les omissions qu'ils auraient reconnues. *Circ.* 1765.

Les extraits remis aux Receveurs ne font pas toujours connaître les mutations par décès; la lecture des actes et exploits en procure quelquefois la découverte, elle résulte aussi des changemens dans les rôles de la contribution foncière. *Circ.* 1765.

SUPPLÉMENT *de droit*. C'est dans les deux ans de la formalité donnée à un acte, qu'il faut réclamer le supplément de droit non perçu sur quelques-unes de ses dispositions. V. *prescription*, n° 54.

1. Le supplément de droit ne peut être réclamé après les deux ans de la perception, à moins que la prescription n'ait été interrompue par une demande en restitution formée dans le délai par la partie. *Arr. de cass. du* 30 *mars* 1808.

2. Tout supplément de droit non perçu sur un acte public, ne peut être réclamé qu'à la partie, et non à l'officier ministériel. *Instr.* 386.

3. Il en est de même de ceux sur ventes de meubles, lorsque les Commissaires-Priseurs ont rendu leurs comptes, sauf le cas où les droits auraient été éludés par fraude, ou par toute autre cause du fait des Commissaires-Priseurs. *Instr.* 882.

4. Le supplément à payer n'étant qu'un accessoire du premier paiement, ou plutôt un à-compte sur ce qui était dû, c'est la loi en vigueur à l'époque où le paiement a été fait, qui doit servir de règle pour la liquidation de ce supplément. *Sol. du* 2 *germ.* 10.

5. Le supplément pour fausse évaluation commise dans un échange avec retour, doit être réclamé dans les deux ans; et si les biens sont affermés, il n'y a plus lieu à expertise : le bail fait foi. *Arr. de cass. du* 13 *déc.* 1809. (*Art.* 3495, j.) — V. *expertise*.

6. Après la rentrée du supplément réclamé, le premier enregistrement doit toujours être émargé tant du supplément payé, que du numéro où il se trouve en recette, et le dernier doit indiquer le premier. *Art.* 45 *des ordr. gén.*

7. Les Employés supérieurs sont responsables des supplémens qu'ils auraient négligé de faire rentrer. *Circulaire* 64.

8. Si, après une contrainte pour le paiement provisoire d'un droit de mutation, on reconnaît un acte de cession qui autorise un droit plus fort, on peut décerner une contrainte en supplément. *Arr. de cass. du* 30 *juin* 1806.

SURCHARGE. V. *notaire*, nos 16 et suiv.

SURENCHÈRE. Offre supérieure au prix d'une vente,

La surenchère ne suspend point l'enregistrement et la perception des droits de mutation occasionnés par l'adjudication. *Déc. min. fin. du* 15 *nov.* 1815. (*Art.* 5296, *j.*) V. *adjudication*, nos 49 et suiv.

2. La surenchère est du quart après une adjudication sur saisie immobilière ; elle n'est que du dixième dans tout autre. *Arr. de cass. du* 22 *juin* 1819.

3. La vente faite en justice par le tuteur, est réputée volontaire. *Cour de Riom, du* 26 *janv.* 1818.

4. Les créanciers qui reçoivent la notification d'une surenchère, ne doivent connaître que de la date de l'exploit qui leur est signifié. *Cour de Paris, du* 27 *mars* 1811.

SURMESURE. V. ce mot AUX DOMAINES.

SURNUMÉRAIRE. Aspirant à une place de Receveur.

1. Il convient de ne pas permettre, sous l'espoir éloigné et incertain d'obtenir un emploi, que les jeunes gens perdent dans l'Administration un tems qu'ils pourraient consacrer à d'autres opérations. *Circ.* 1138.

2. Celui qui n'a pas 18 ans accomplis ou qui en a plus de 30, ne peut être admis au surnumérariat ; pour obtenir le brevet de surnuméraire, l'aspirant doit le demander à M. le Directeur général par l'intermédiaire du Directeur, par un mémoire sur papier timbré, écrit et signé de lui, et joindre à l'appui, 1° l'acte de sa naissance, légalisé ; 2° un certificat aussi légalisé d'étude faite pendant une année au moins chez un Notaire, Avoué ou Avocat ; 3° un certificat de bonne vie et mœurs délivré par les autorités locales ; 4° la preuve qu'il sera par lui, ou par ses parens, en état de fournir un cautionnement, en argent, de 1200 fr. au moins, lorsqu'il sera appelé à un emploi. *Circ. du* 1er *sept.* 1806.

3. Le Directeur, en adressant le mémoire et les autres pièces à l'Administration, doit s'expliquer sur l'éducation, la capacité et la conduite du candidat, sur la profession et la fortune de ses parens ; indiquer le bureau où il convient de le placer et s'il ne gênerait pas dans le bureau où il désire travailler. — La mauvaise écriture est une cause de refus. — Les surnuméraires qui ne sont pas assidus aux bureaux, et ceux qui manquent de capacité et de bonne conduite, doivent être rayés du tableau. *Circ. du* 6 *déc.* 1808.

4. Les surnuméraires qui exercent en même-tems une autre profession et qui refuseraient d'opter, et ceux notés de négligence ou d'insubordination, doivent aussi être rayés du tableau. Il en est de même de ceux qui s'absenteraient du bureau sans congé. *Sol. du* 25 *fruct.* 9.

5. L'arriéré des tables alphabétiques, du relevé des actes de décès et du sommier de la contribution foncière, les exposerait à perdre leur rang. — Dans la répartition des surnuméraires, il faut avoir égard au travail qu'exigent les bureaux. — Les Receveurs doivent donner des soins particuliers à l'instruction des surnuméraires. *Circ.* 2044.

6. Ceux qui sont en état d'être placés, doivent être nommés de préférence à ceux moins anciens qu'eux. *Circ. du mois de nov.* 1807.

7. On ne peut faire choix, pour exercer l'intérim d'un bureau, que d'un surnuméraire en état de régir ; avant d'entrer en fonctions, il doit prêter serment. *Instr.* 170.

8. Les surnuméraires ayant 21 ans accomplis et deux années au moins de surnumérariat, sont admissibles aux bureaux qui n'excèdent pas 1500 fr. de remise, année commune. *Instr.* 759. — Au surplus, V. *ord. gén. de régie, art.* 2 et suiv.

9. A l'avenir, le nombre des surnuméraires, dans tout le royaume, ne pourra excéder 600 ; aucun surnuméraire ne sera nommé avant la réduction à ce nombre. *Instr. du* 3 *janv.* 1821, n° 966, à laquelle est annexé le tableau de la répartition des surnuméraires pour chaque direction.

SUSCRIPTION des testamens mystiques ou secrets. Cet acte opère le droit fixe de 2 francs. *Art.* 68 *de la loi du* 22 *frim.* 7.

Il ne doit être enregistré que dans les trois mois du décès du testateur. *Instr.* 290, *nomb.* 73.

Lorsque, pour satisfaire au vœu de l'art. 976 du C. C., le Notaire rédige l'acte de suscription, dès l'instant que la réquisition lui en est faite, il n'est pas responsable de la contravention qu'il commet en rédigeant cet acte sur l'enveloppe non timbrée du testament. *Instr.* 359.

SURSÉANCE *à tems.* Suspension de poursuites.

Elle résulte d'une opposition par acte d'Huissier à une contrainte ; d'une instance pendant sa durée, et d'un ordre supérieur.

SURSÉANCE *indéfinie.* Cette surséance n'a lieu que d'après un certificat constatant que le particulier qui s'y trouve dénommé, n'a aucune propriété foncière ; le certificat d'indigence ne produit pas la décharge des articles qui en sont l'objet ; il occasionne seulement la surséance indéfinie à toutes poursuites, sauf à les reprendre, si le débiteur devient solvable. *Instr.* 338.

Après avoir fait mention du certificat d'indigence à la marge du sommier des amendes, etc., l'article sera reporté au sommier des surséances. *Sol. du* 8 *août* 1806, *Instr.* 750, V. *sommier des surséances.*

SURSIS aux poursuites et au paiement. V. *poursuites et surséance.*

TABLES *des actes de l'état civil.* Les tables annuelles et décennales dont la tenue est prescrite par l'art. 8 de la loi du 25 sept. 1792 doivent être sur papier timbré. *Circ.* 2051, *décr. du* 22 *juillet* 1807.

1. La dimension de ce timbre sera celle du papier qui a servi aux registres de l'état civil : il en sera de même pour le double des tables à déposer au greffe. *Instr.* 377.

2. La 3.e expédition à rester au greffe, de la table décennale des actes de l'état civil, doit être rédigée par le greffier, sur papier libre. *Sol. du* 10 *oct.* 1814.

3. Les greffiers qui l'auraient faite sur papier timbré ne peuvent être remboursés du timbre qu'ils auraient mal à propos employé pour cette expédition que sur les fonds affectés aux menues dépenses des cours et tribunaux. *Déc. min. fin. du* 23 *nov.* 1813. (*Art.* 4686, *j.*).

4. Pour le timbre de la table décennale, V. *Registres*, n.° 14.

TABLES *alphabétiques.* Ce sont celles qui contiennent analyse de certains enregistremens.

5. Les tables alphabétiques tenues avec soin procurent les élémens des découvertes. *Circ.* n.° 43. *Instr.* 443.

6. Le préambule de chaque table et l'indication des colonnes dont elles sont composées tracent l'usage qu'on en doit faire et les résultats qu'on peut en obtenir : voir, à ce sujet, l'art. 84 des ordr. gén., et la circ. 1942.

7. A partir du 1.er avril 1821, il sera tenu dans *chaque bureau d'enregistrement* une table des créances hypothécaires; tous les renseignemens nécessaires pour la former, seront fournis par les conservateurs qui seront tenus de faire les renvois aux bureaux du domicile des créanciers. *Lettre de M. l'Administrateur de la 1.re division du* 9 *mai* 1821, n.° 1464. (*Mém. de Contretournée de mai* 1821, *Direct. d'Orléans.*)

8. Le Vérific.r s'assure de la situation des tables, qui doit être conforme au compte rendu, et de leur exactitude; fait rectifier les irrégularités, les fait recommencer si leur défectuosité nuit aux recherches; invite le Receveur ou les Surnuméraires à les mettre à jour, et les dirige dans ce travail; il combine les documens qu'elles renferment de manière à relever les droits négligés, les fausses évaluations, les omissions ou fausses indications de décès. *Art.* 125 *et suiv. des ordr. gén.*

9. La table des contrats de mariage doit présenter les noms des maris et ceux des femmes. *Instr.* 443. — Au surplus, V. *Directeur*, *Inspecteur*, *Vérificateur*, *Receveur et Surnuméraire.*

TACITE *reconduction.* — V. *reconduction*, pag. 265.

TAXE, fixation d'un salaire.

1. La taxe des Experts, mise au bas de leurs rapports, dans les cas prévus par les articles 209 et 319 du C. de P. C., n'est pas sujète à l'enregistrement. *Déc. min. fin. du* 22 *octob.* 1819. (*Art.* 6540, *j.*)

2. TAXES *à témoins.* — Si le témoin est hors d'état de pourvoir aux frais de son déplacement. V. *Frais de justice*, n. 14.

3. A la fin de chaque mois, les Receveurs de l'enregistrement dressent en triple minute, l'état des taxes acquittées. Cet état, après avoir été ordonnancé par le Président du tribunal, en présence du Procureur du Roi, et visé par le Préfet, est admis en dépense, lorsqu'il a été quittancé par le Receveur. — Pour le former, on rassemble les taxes de même espèce et de somme égale, dans une chemise séparée sur laquelle on indique le nombre de jours et de myriamètres et demi myriamètres parcourus, sans fraction, le montant de la taxe, le nombre et le produit des taxes. — Ces relevés partiels sont portés sur l'état général qui doit être adressé en triple expédition à M. le Préfet qui l'ordonnance, retient l'une d'elles et renvoie les deux autres au Receveur : celui-ci les adresse au directeur avec les pièces à l'appui. *Instr.* 560.

Les taxes comprises dans l'état doivent avoir chacune un n.° d'ordre, qui est porté en tête de la copie de la citation. *Déc. min. Just. du* 7 *juin* 1816. (*Art.* 5565 *j.*)

TÉMOINS (pour les assignations à). V. *exploit.*

Lorsqu'un Agent du gouvernement est appelé en justice, V. *employé*, n.° 13, *frais de justice et gendarme.*

TESTAMENT. Acte par lequel on dispose de tout ou partie de ses biens pour le tems où on n'existera plus.

1. Les testamens et tous autres actes de libéralité qui ne contiennent que des dispositions soumises à l'événement du décès, sont sujets au droit fixe de 5 fr. *Art.* 45 *de la loi de* 1816.

2. Les testamens ne sont sujets qu'au droit fixe, à moins qu'ils ne contiennent des obligations ou reconnaissances; et l'on ne peut réclamer aux légataires les droits de leurs legs que dans les six mois du jour du décès. *Instr.* 290, *nomb.* 1er.

3. La nomination de tuteur contenue dans le testament qui institue un héritier, n'est passible d'aucun droit. *Sol. du* 5 *juin* 1816. (*Art.* 5487, *j.*)

4. Les testamens sont enregistrables dans les 3 mois du décès des testateurs. V. *délai.*

5. Le Notaire qui présente à l'enregistrement un testament par lui reçu, n'est pas tenu de présenter un certificat d'existence et d'individualité du testateur, s'il existe, ni l'acte de décès, s'il est mort; sa déclaration suffit, sauf à en vérifier l'exactitude. *Déc. min. fin. du* 16 *nov.* 1812. (*Art.* 4398, *j.*)

6. Ces actes sont susceptibles d'être portés au répertoire, V. *répertoire.*

7. Les Receveurs sont autorisés à provoquer devant les Tribunaux l'ouverture des testamens clos et inscrits aux répertoires des Notaires, en prouvant que les testateurs sont décédés depuis plus de trois mois. *Sol. du* 26 *vend.* 8.

8. Pour connaître les personnes qui doivent en acquitter les droits, V. *débiteur.*

9. Lorsque les institués ou légataires ont renoncé au testament par devant notaire, avant de s'être immiscés dans l'objet de l'institution ou du legs, le droit d'enreg.t de l'acte ne peut être exigé. *Sol. du* 18 *nov.* 1819.

10. Cependant un particulier qui n'a point fait enregistrer dans les trois mois un testament passé en sa faveur, ne peut se refuser à acquitter le droit fixe et le droit proportionnel, en soutenant qu'il n'a point hérité à titre d'héritier testamentaire, surtout s'il n'a point renoncé à ce testament dans le même délai. *Arr. de cass. du* 24 *oct.* 1810. (*Art.* 3767, *j.*)

11. Le testament passé en pays étranger ne doit être enregistré en France, au lieu de la situation des biens légués, qu'autant qu'il renferme, au profit de ceux qui en sont porteurs, la disposition de quelque immeuble d'après l'art. 1000 du C. C. *Jugement du Tribunal de Paris du* 10 *déc.* 1817.

12. Le testament olographe d'une personne décédée antérieurement à la loi d'avril 1816, a pu être écrit sur papier libre sans contravention. *Déc. min. fin. du* 13 *avril* 1818. (*Art.* 6478, *j.*)

Mais si le testateur est décédé depuis cette loi, l'amende est due par les héritiers, parce qu'alors l'infraction aurait pu être réparée. *Déc. min. fin. du* 10 *sept.* 1819. (*Art.* 6546, *j.*) V. *délai*, n.os 53 *et suivans.*

13. Pour les obligations des Notaires, relatives aux dépôts des testamens et aux expéditions à en délivrer, V. *dépôt* et *expédition.*

14. Si le testament est sous enveloppe, V. *suscription.*

15. Le testament par lequel des père et mère assignent à chacun de leurs enfans les biens qui lui seront dévolus après leur décès, est un partage anticipé; mais ce partage, qui est une disposition inhérente au testament, n'opère aucun droit particulier de 5 fr., outre celui dû pour le testament. *Sol. du* 14 *fév.* 1818. V. *partage*.

16. Celui par lequel un mari se reconnaît débiteur de onze années d'intérêts d'une somme qu'il devait payer à sa femme, en vertu d'un acte notarié, en interdisant à ses héritiers la faculté de la prescription, ne peut être assujéti pour cette stipulation au droit de 1 p. 100 sur ces intérêts. *Sol. de l'Administration*, *du* . . . (*Art.* 108 *du Contrôleur de l'Enregistrement*).

17. Les actes sous seing-privé, non enregistrés, peuvent être relatés dans les testamens. V. *actes*, n.° 148.

Quant aux partages testamentaires, V. *partage*.

18. Les testamens faits avant ou pendant l'exécution des lois des 17 niv. et 22 vent. 2, sont valides. *Arr. de cass. du* 1.er *brum.* 13.

19. Les dispositions additionnelles dans un testament olographe, quoique signées du testateur et non datées, sont nulles. *Arr. de cass. du* 12 *mars* 1806.

TIERS-SAISI. V. *affirmation*, n.os 5 *et suivans*; *déclaration*, n.os 34 *et suiv.*; et *instances*, n.os 114 *et suiv.*

TIMBRE. Coin avec lequel on marque le papier.

1. Les timbres pour le droit établi sur la dimension, sont gravés pour être appliqués en *noir*; ceux pour le droit gradué en raison des sommes, sont gravés pour être frappés à sec; chaque timbre porte son prix. *Loi du* 13 *brum.* 7, *art.* 4.

2. Le texte des différentes lois rendus sur le timbre, est en tête du Dictionnaire.

3. Les droits de timbre ont été établis par les lois des 9 vend. 6, 13 brum. et 6 prair. 7, 28 avril 1816, et 15 mai 1818.

4. Pour connaître les actes, écritures et registres assujétis au timbre, V. *livre*, *registre*, *etc.*

5. Quant aux autres actes qui sont ou ne sont pas passibles de cette formalité, V. leurs dénominations ou celle de la partie à laquelle ils se rattachent.

6. Les règles relatives au timbre proportionnel, sont insérées aux mots *billet*, *effet de commerce*, *et lettre-de-change*.

7. Quant au timbre des journaux et affiches, V. *affiche et journal*.

8. PAPIER-EXPÉDITION. Aucune expédition, copie ou extrait d'actes reçus par des Notaires, Greffiers ou autres dépositaires publics, ne pourra être délivrée que sur papier de 1 fr. 25 c. *Art.* 65 *de la loi du* 28 *avril* 1816. V. *expédition*,

9. Pour le nombre de lignes et syllabes qu'elles doivent contenir, V. *expédition*.

10. On ne peut faire usage d'actes, registres ou effets de commerce non timbrés. V. *juge*, *arbitre*, *receveur* et *registre*.

11. EMPREINTE COUVERTE D'ÉCRITURE OU ALTÉRÉE. L'empreinte du timbre ne pourra être couverte d'écriture, ni altérée. *Art.* [illegible] de la loi du 13 *brum.* 7, sous peine de 15 fr. d'amende contre les particuliers, et de 25 fr. pour les officiers et fonctionnaires publics. *Art.* 26.

12. L'altération du timbre sec, comme celle du timbre noir d'une feuille de papier, donne lieu à l'amende contre celui qui l'a pratiquée. *Arr. d'admission en cass. du* 4 *juillet* 1815. (*Art.* 5457, *j.*)

13. Néanmoins lorsque le verso des empreintes du timbre noir et sec se trouve couvert d'écriture, il n'y a pas contravention au timbre. *Déc. min. fin. du* 16 *juin* 1807. (*Art.* 4557, *j.*)

14. Lorsque le timbre du papier employé aux répertoires des officiers publics est couvert par l'impression des colonnes, il n'y a pas de contravention, de fait, ni d'intention, à l'art. 22 sus-rappelé. *Déc. min. fin. du* 26 *mai* 1820. (*Art.* 6865, *j.*)

15. LE PAPIER NE PEUT SERVIR DEUX FOIS. Le papier timbré qui aura été employé à un acte quelconque, ne pourra plus servir pour un autre acte, quand même le premier n'aurait pas été achevé. *Art.* 22 *de la loi du* 13 *brum.* 7, sous peine de 50 fr. d'amende contre les particuliers, et de 100 fr. contre les fonctionnaires et officiers publics. *Art.* 26.

16. La loi qui punit d'amende l'usage d'une feuille de papier timbré pour deux actes, ne s'applique point au cas où il ne s'agit que d'un même acte, mais rédigé d'abord par tel Huissier y immatriculé, et notifié ensuite par tel autre Huissier qui a subtitué son immatricule au moyen de ratures approuvées; si d'ailleurs le premier Huissier n'avait pas signé l'acte, et par là l'avait laissé incomplet et non utilisé. *Arr. de cass. du* 11 *juillet* 1815. (*M. Sirey*, *année* 1816.)

17. L'amende n'est pas non plus encourue pour un acte recommencé à la suite de la rédaction biffée, relative au même acte. *Sol. du* 5 *déc.* 1816. (*Art.* 5615, *j.*)

18. ACTES A LA SUITE L'UN DE L'AUTRE. Il ne pourra être fait ni expédié deux actes à la suite l'un de l'autre, sur la même feuille de papier timbré, nonobstant tout usage ou réglement contraire. *Art.* 23 *de la loi du* 13 *brum.* 7, sous peine d'amende de 50 fr. contre les particuliers, et de 100 fr. contre les officiers et fonctionnaires publics. *Art.* 26.

19. Ainsi un Huissier ne peut, sans contravention, écrire à la suite d'un procès-verbal de vente de meubles, l'état de ses frais et la requête tendant à obtenir taxe. *Sol. du* 19 *août* 1813. (*Art.* 4588, *j.*)

20. Le procès-verbal d'apposition d'affiches, ne peut être écrit à la suite de l'exemplaire de l'affiche. *Instr.* 468.

21. Le greffier ne peut, sans contravention, rédiger l'acte de dépôt du cahier des charges, pour parvenir à une adjudication immobilière à la suite de ce cahier des charges. *Sol. du* 20 *déc.* 1816. *Déc. min. fin. du* 15 *mars* 1818.

22. Le procès-verbal d'adjudication d'immeubles devant Notaire, ne peut pas être rédigé à la suite de l'acte du dépôt du cahier des charges. *Déc. min. fin. du* 5 *mars* 1819. (*Art.* 6339, j.)

23. Deux obligations concernant la même personne, de même date et remboursables à la même époque, ne peuvent être écrites sur le même coupon, parce que

chacune d'elles est signée et datée. *Sol. du* 8 *juillet* 1807.

24. La contrainte ne peut être mise à la suite de l'extrait remis par le Greffier au Receveur de la commune, d'un jugement de condamnation à amende au profit de cette commune. *Instr.* 386.

25. A la suite d'un procès-verbal de vente, on ne peut écrire une requête à l'effet de faire régler ses frais. *Sol. du* 19 *août* 1813.

26. Sont *exceptés :* les ratifications des actes passés en l'absence des parties, les quittances de prix de ventes et celles de remboursement de contrats de constitution ou obligation, les inventaires, procès-verbaux et autres actes qui ne peuvent être consommés dans un même jour et dans la même vacation, les procès-verbaux de reconnaissance et levée de scellés, qu'on pourra faire à la suite du procès-verbal d'apposition, et les significations des Huissiers, qui peuvent également être écrites à la suite des jugemens et autres pièces dont il a été délivré copie; il pourra aussi être donné plusieurs quittances sur une même feuille de papier timbré, pour à-compte d'une seule et même créance, ou d'un seul terme de fermage ou loyer. — Toutes autres quittances qui seront données sur une même feuille de papier timbré, n'auront pas plus d'effet que si elles étaient sur papier non timbré. *Art.* 23 *de la loi du* 13 *brum.* 7.

27. Pour les cas où l'exception existe, peu importe de quelle époque soit le timbre, pourvu que la feuille en soit revêtue. *Instr.* 137.

28. Il n'y a pas contravention au timbre, lorsqu'à la suite d'une vente, dont le prix est remis aux mains du Notaire chargé de payer les créances hypothécaires, on met les quittances successives données par des créanciers à cet officier public. *Sol. du* 20 *janv.* 1814.

29. On peut, sans contravention, mettre une prorogation de délai à la suite du billet auquel elle s'applique. *Sol. du* 6 *oct.* 1815. (*Art.* 5248. j.)

30. On peut aussi mettre, sans contravention, à la suite des procès-verbaux de criées ou du cahier des charges, ceux d'adjudication. *Sol. du* 31 *décemb.* 1817. *Déc. min. fin. du* 5 *mars* 1819.

31. Un greffier peut rédiger un jugement à la suite d'un autre de la même audience qui n'a point été achevé et qui même se trouve rayé. *Sol. du* 27 *sept.* 1817, *approuvé par le min. des fin. le* 12 *nov. suivant.* (*Mém. d'ordre de la direction d'Orléans. janv.* 1818.)

32. Les délibérations des créanciers unis peuvent être rédigées dans un seul cahier de papier timbré, à la suite les unes des autres. *Sol. du* ..... (*Art.* 4634, *j.*)

33. Deux exploits de signification d'un même jugement faits à la même requête, aux mêmes personnes, l'un au domicile élu, et l'autre au domicile réel, par deux huissiers différens, peuvent être écrits à la suite de l'expédition de ce jugement. *Sol. du* 27 *août* 1812. (*Art.* 4295, *j.*).

34. Les révocations de procurations et de testamens peuvent être faites et expédiées sur la même feuille que ces actes. *Décret du* 25 *juin* 1812. *Instr.* 591. (*Art.* 4237, *j.*).

35. Les actes de cautionnement et ceux de déclaration de command en matière de vente de bois de la caisse d'amortissement, peuvent être rédigés à la suite des procès-verbaux d'adjudication. *Déc. min. fin. du* 19 *fév.* 1819. (*Art.* 6308, *j.*)

36. La décision ou ordonnance du juge sur l'opposition aux qualités du jugement, doit être portée sur les qualités mêmes et non sur une feuille séparée. *Instr.* n.° 533.

37. La quittance sous seing-privé ne peut être mise à la suite de l'obligation notariée. *Sol. du* 10 *fév.* 1819.

38. On peut mettre sans contravention, 1.° un accusé de réception au bas d'une lettre de voiture. *Solution de l'Administration, du* 2 *vendémiaire an* 14. — 2.° L'addition à un interrogatoire en marge ou à la suite du procès-verbal. *Art* 334 *du C. de P. C.* — 3.° L'acquit d'un paiement à la suite d'un mandat. *Déc. min. fin. du* 11 *fév.* 1806. — 4.° L'ordonnance et le procès-verbal de levée de scellés à la suite du procès-verbal d'apposition. *Instr.* 634. — 5.° La dénonciation d'un protêt d'effet de commerce à la suite du protêt. *Sol. du* 22 *octob.* 1807. — 6.° Le certificat de l'insertion au tableau des interdictions ou de nomination de conseil de l'interdit, sur l'expédition du jugement d'interdiction. *Déc. min. fin. du* 23 *juin* 1807.

39. Les actes de cautionnement relatifs aux adjudications des coupes de bois, tant royaux que communaux, et des établissemens publics, devront être rédigés sur des feuilles distinctes et séparées des procès-verbaux d'adjudication. *Lettre du min. des fin. du* 9 *nov.* 1813, *à M. le Préfet du Loiret.* (*Art.* 4808, *j.*).

40. La décision ministérielle du 11 octobre 1808, instr. 403, qui autorise les notaires à expédier, sur la même feuille de papier timbré, les actes ou extraits d'actes et les procurations en vertu desquelles ils ont été passés et qui doivent y demeurer annexés pour leur validité, est applicable aux cas où les procurations sont seulement rappelées dans les actes faits en conséquence, lorsque ces procurations ont été précédemment annexées à un acte de la même étude. *Déc. min. fin. du* 17 *nov.* 1819.

41. Quant aux décharges de prix de vente, Voy. *Décharge*, n.° 7. Au surplus, V. *Pétition*, *Protêt* n.° 4, et *Serment* n.° 76.

42. Timbre extraordinaire. Les particuliers et administrations publiques qui voudront se servir de papiers autres que ceux de la régie, ou de parchemin, seront admis à les faire timbrer avant d'en faire usage. Si les papiers ou le parchemin se trouvent être de dimension différente du papier de la régie, le timbre, quant au droit établi en raison de la dimension, sera payé au prix du format supérieur. *Art.* 7 *et* 18 *de la loi du* 13 *brum.* 7.

43. Cette faculté est interdite aux notaires, huissiers, greffiers, arbitres, avoués ou défenseurs officieux et à tous autres officiers ou fonctionnaires publics: ils sont tenus de se servir de papier timbré débité par la régie, à peine de 100 f. d'amende. *Art.* 18 *et* 26 *de la même loi. Arr. de cass. du* 15 *mes.* 11. — Ils peuvent néanmoins faire timbrer à l'extraordinaire du parchemin, lorsqu'ils sont dans le cas d'en employer. *Art.* 18 *de la même loi.*

44. Les pétitions et autres pièces assujéties au timbre, ne peuvent être admises au timbre extraordinaire ou visa, sans acquitter l'amende. *Circ.* 1402. V. *avoué*, n° 3, et *mémoire*, n° 5.

45. Le timbre extraordinaire s'applique au haut du côté droit de la feuille; la griffe est mise du côté opposé. S'il s'agit de l'empreinte d'un timbre de supplément ou de contre-timbre, on l'appose au milieu de la partie supérieure de chaque feuil e. — Les registres timbrés et commencés ne sont pas assujétis au contre-timbre. *Inst.* 716.

46. Lorsque le papier est d'une dimension supérieure à celle réglée par une section du tarif, le droit est dû sur le pied de la section supérieure, et le timbre est appliqué en conséquence. *Instr.* 419.

47. Pour trouver le nombre carré qui détermine la dimension du papier, il faut multiplier la longueur par la largeur de la feuille. *Circ.* 1105 *et instr.* 326. — V. *affiches*, n° 13; *journal* et *musique*, n° 4.

48. On ne peut viser pour supplément de droit de timbre, les effets de commerce rédigés sur du papier du timbre noir ou de dimension; dans ce cas, on doit constater la contravention, et faire payer l'amende comme si l'effet avait été rédigé sur papier non timbré. *Circ.* 1517.

49. Les papiers timbrés à l'extraordinaire sont dispensés de l'application de la griffe dans le département de la Seine. *Circ. du* 23 *niv.* 12.

50. Pour connaître les obligations du Receveur du timbre extraordinaire, V. *receveur*.

51. Les Préposés qui appliquent le timbre sur des feuilles imprimées ou gravées, encourent l'amende et la destitution. *Circ.* 1124. — V. *garde-magasin*, n° 6.

52. La dimension des feuilles timbrées doit être exprimée dans l'enregistrement pour justifier la perception; on doit faire expliquer les porteurs sur la destination du papier, afin que la feuille soit timbrée en autant de parties qu'elle doit former de pièces détachées. *Circ.* 1105 *et* 1124. — V. *receveur*, n° 22.

53. Registre de recette du timbre extraordinaire. Il ne doit comprendre que le timbre dont on requiert l'application, et les amendes qui en sont la suite; s'il s'agit de timbre par visa, c'est au Receveur de l'enregistrement à donner cette formalité; le registre est contrôlé, chaque trimestre, par l'Inspecteur, qui vérifie les perceptions, et le compare au registre du contrôle et aux bulletins. S'il se trouve une différence entre la recette et les bulletins, l'Inspecteur la constate par un procès-verbal sur papier libre, signé du Receveur, qui met à la suite ses observations; le Directeur envoie ce procès-verbal avec son avis à l'Administration, qui décide s'il y a lieu à la rectification ou au forcement; il est compté du timbre extraordinaire par un seul article; le Directeur vérifie la récapitulation que le Receveur établit sur son registre à la fin de chaque mois, et met à la suite un vu; s'il se trouve une différence entre le registre et la récapitulation, le Receveur en recherche la cause, afin de rectifier l'erreur. *Circ.* 1776.

54. La circulaire 855 indique la manière de composer et de se servir de l'encre pour timbrer.

55. Timbre des journaux, *affiches et papiers-musique*. V. *affiche*, *journal* et *musique*.

56. Peines contre ceux qui abuseraient des timbres. Ceux qui auront contrefait ou falsifié le timbre de l'Etat, ou qui auront fait des papiers ou timbres falsifiés ou contrefaits, seront punis des travaux forcés à tems; sera puni de la réclusion, celui qui s'étant indûment procuré les vieux timbres, en aura fait une application ou un usage préjudiciable aux droits ou intérêts de l'Etat. *Art.* 140 *et* 141 *du Code pénal.*

57. La peine contre ceux qui abuseraient des timbres pour timbrer et vendre frauduleusement du papier timbré, est la même que celle prononcée par le Code pénal contre les contrefacteurs des timbres. *Loi du* 13 *brum.* 7, *art.* 28.

58. Débite du timbre. Nul ne pourra vendre ou distribuer de papier timbré, qu'en vertu d'une commission de la Régie, à peine d'une amende de 100 francs pour la 1.re fois, et de 300 fr. en cas de récidive. Le papier saisi sera confisqué au profit de l'Etat. *Loi du* 13 *brum.* 7, *art.* 27.

59. Le Directeur fait connaître dans le courant du dernier mois de chaque trimestre, les quantités de papiers timbrés, registres et impressions nécessaires au service de la direction, calculée sur la consommation effective du trimestre correspondant de l'année précédente. Pour ne pas exposer les expéditions à des avaries pendant l'hiver, on pourrait porter à 10 mois l'approvisionnement qui serait demandé en septembre; il faut une demande séparée pour les papiers timbrés et les impressions; tous les envois devant parvenir à leur destination dans la première quinzaine du premier mois de chaque trimestre, il convient que les reconnaissances soient reçues à l'Administration, au plus tard le dernier jour du même mois, afin que les dépenses des gardes-magasins généraux puissent être justifiées à la même époque, etc. *Circ. de M. l'Administ.r chargé de la surveillance du timbre et des impressions du* 12 *mars* 1812.

60. Le même Administrateur, par sa circ. du 11 mars 1809, annonce que le réglement pour le travail et la police de l'atelier général du timbre, exige que les compteuses attachent en tête de toutes les rames qu'elles auraient comptées, un bulletin qui porte leur nom, afin qu'on puisse connaître leur exactitude; ce bulletin doit être renvoyé à l'Administration en même tems qu'on adresse les procès-verbaux constatant des erreurs; toutes les réclamations privées du bulletin seraient regardées comme non avenues.

61. Changement des droits de timbre. — Lors de l'augmentation ou du changement du timbre, les Employés dépositaires de papiers timbrés doivent faire constater, par un procès-verbal du Maire, les quantités restant en nature. *Instr.* 715 *et* 716.

62. L'un des doubles de l'inventaire est envoyé au Directeur, *Instr.* 115.

63. Instances relatives au timbre. — Les contraventions au timbre sont constatées par procès-verbal, qu'on fait suivre d'une contrainte: s'il y est formé opposition, l'instance suit la même marche que celle relative aux droits d'enregistrement, V. *instance*.

Tarif des droits de timbre. *V. le Tableau ci-après.*

TARIF des prix des Papiers timbrés de toutes les espèces.

PAPIER DE DIMENSION.
(Art. 62 de la loi d'avril 1816).

NOMBRE.	1/2 FEUILLE à 35 centim.	FEUILLE à 70 centim.	FEUILLE à 1 fr. 25 c.	FEUILLE à 1 fr. 50 c.	FEUILLE à 2 francs.
feuill.	f. c.	f. c.	f. c.	f. c.	f. c.
1	» 35	» 70	1 25	1 50	2 »
2	» 70	1 40	2 50	3 »	4 »
3	1 05	2 10	3 75	4 50	6 »
4	1 40	2 80	5 »	6 »	8 »
5	1 75	3 50	6 25	7 50	10 »
6	2 10	4 20	7 50	9 »	12 »
7	2 45	4 90	8 75	10 50	14 »
8	2 80	5 60	10 »	12 »	16 »
9	3 15	6 30	11 25	13 50	18 »
10	3 50	7 »	12 50	15 »	20 »
11	3 85	7 70	13 75	16 50	22 »
12	4 20	8 40	15 »	18 »	24 »
13	4 55	9 10	16 25	19 50	26 »
14	4 90	9 80	17 50	21 »	28 »
15	5 25	10 50	18 75	22 50	30 »
16	5 60	11 20	20 »	24 »	32 »
17	5 95	11 90	21 25	25 50	34 »
18	6 30	12 60	22 50	27 »	36 »
19	6 65	13 30	23 75	28 50	38 »
20	7 »	14 »	25 »	30 »	40 »
21	7 35	14 70	26 25	31 50	42 »
22	7 70	15 40	27 50	33 »	44 »
23	8 05	16 10	28 75	34 50	46 »
24	8 40	16 80	30 »	36 »	48 »
25	8 75	17 50	31 25	37 50	50 »
mains					
2	35 »	35 »	62 50	75 »	100 »
3	52 50	52 50	93 75	112 50	150 »
4	70 »	70 »	125 »	150 »	200 »
5	87 50	87 50	156 25	187 50	250 »
6	105 »	105 »	187 50	225 »	300 »
7	122 50	122 50	218 75	262 50	350 »
8	140 »	140 »	250 »	300 »	400 »
9	157 50	157 50	281 25	337 50	450 »
10	175 »	175 »	312 50	375 »	500 »
rame.	350 »	350 »	625f »	750 »	1000 »

TIMBRE DES AFFICHES, JOURNAUX, ANNONCES, AVI
Art. 65, 66, 70 et 71 de la loi d'avril 1816.

NOMBRE.	AFFICHES.		ANNONCES ET AVIS.				JOURN MUS ET OUV Déc main
	Demi-feuille à 5 cent.	Feuille à 10 cent.	Demi-quart de feuille ou carte à 1 cent	Quart de feuille à 2 c. 1/2.	Demi-feuille à 5 cent.	Feuille à 10 cent.	Demi-feuille à 3 cent.
	f. c.	f. c.	f. c.	f. c.	f. c.	f. c.	f. c.
1	» 05	» 10	» 01	» 02 ½	» 05	» 10	» 03
2	» 10	» 20	» 02	» 05	» 10	» 20	» 06
3	» 15	» 30	» 03	» 07 ½	» 15	» 30	» 09
4	» 20	» 40	» 04	» 10	» 20	» 40	» 12
5	» 25	» 50	» 05	» 12 ½	» 25	» 50	» 15
6	» 30	» 60	» 06	» 15	» 30	» 60	» 18
7	» 35	» 70	» 07	» 17 ½	» 35	» 70	» 21
8	» 40	» 80	» 08	» 20	» 40	» 80	» 24
9	» 45	» 90	» 09	» 22 ½	» 45	» 90	» 27
10	» 50	1 »	» 10	» 25	» 50	1 00	» 30
11	» 55	1 10	» 11	» 27 ½	» 55	1 10	» 33
12	» 60	1 20	» 12	» 30	» 60	1 20	» 36
13	» 65	1 30	» 13	» 32 ½	» 65	1 30	» 39
14	» 70	1 40	» 14	» 35	» 70	1 40	» 42
15	» 75	1 50	» 15	» 37 ½	» 75	1 50	» 45
16	» 80	1 60	» 16	» 40	» 80	1 60	» 48
17	» 85	1 70	» 17	» 42 ½	» 85	1 70	» 51
18	» 90	1 80	» 18	» 45	» 90	1 80	» 54
19	» 95	1 90	» 19	» 47 ½	» 95	1 90	» 57
20	1 »	2 »	» 20	» 50	1 »	2 »	» 60
21	1 05	2 10	» 21	» 52 ½	1 05	2 10	» 63
22	1 10	2 20	» 22	» 55	1 10	2 20	» 66
23	1 15	2 30	» 23	» 57 ½	1 15	2 30	» 69
24	1 20	2 40	» 24	» 60	1 20	2 40	» 72
25	1 25	2 50	» 25	» 62 ½	1 25	2 50	» 75
50	2 50	5 »	» 50	1 25	2 50	5 »	1 50
75	3 75	7 50	» 75	1 87 ½	3 75	7 50	2 25
100	5 »	10 »	1 »	2 50	5 »	10 »	3 »

TIMBRE PROPORTIONNEL
Pour les Billets et Effets de commerce. — Art. 64, *idem*.

NOMBRE.	1000 fr. et au-dessous, 70 c.	1000 fr. à 2000, 1 f. 40 c.	2000 fr. à 3000, 2 f. 10 c.	3000 fr. à 4000, 2 f. 80 f.	4000 fr. à 5000, 3 f. 50 c.	5000 fr. à 6000, 4 f. 20 c.	6000 fr. à 7000, 4 f. 90 c.	7000 fr. à 8000, 5 f. 60 c.
	f. c.	f. c.	f. c.	f. c.	f. c.	f. c.	f. c.	f. c.
1	« 70	1 40	2 10	2 80	3 50	4 20	4 90	5 60
2	1 40	2 80	4 20	5 60	7 »	8 40	9 80	11 20
3	2 10	4 20	6 30	8 40	10 50	12 60	14 70	16 80
4	2 80	5 60	8 40	11 20	14 »	16 80	19 60	22 40
5	3 50	7 »	10 50	14 »	17 50	21 »	24 50	28 »
6	4 20	8 40	12 60	16 80	21 »	25 20	29 40	33 60
7	4 90	9 80	14 70	19 60	24 50	29 40	34 30	39 20
8	5 60	11 20	16 80	22 40	28 »	33 60	39 20	44 80
9	6 30	12 60	18 90	25 20	31 50	37 80	44 10	50 40
10	7 »	14 »	21 »	28 »	35 »	42 »	49 »	56 »
11	7 70	15 40	23 10	30 80	38 50	46 20	53 90	61 60
12	8 40	16 80	25 20	33 60	42 »	50 40	58 80	67 20
13	9 10	18 20	27 30	36 40	45 50	54 60	63 70	72 80
14	9 80	19 60	29 40	39 20	49 »	58 80	68 60	78 40
15	10 50	21 »	31 50	42 »	52 50	63 »	73 50	84 »
16	11 20	22 40	33 60	44 80	56 »	67 20	78 40	89 60
17	11 90	23 80	35 70	47 60	59 50	71 40	83 30	95 20
18	12 60	25 20	37 80	50 40	63 »	75 60	88 20	100 80
19	13 30	26 60	39 90	53 20	66 50	79 80	93 10	106 40
20	14 »	28 »	42 »	56 »	70 »	84 »	98 »	112 »
21	14 70	29 40	44 10	58 80	73 50	88 20	102 90	117 60
22	15 40	30 80	46 20	61 60	77 »	92 40	107 80	123 20
23	16 10	32 20	48 30	64 40	80 50	96 60	112 70	128 80
24	16 80	33 60	50 40	67 20	84 »	100 80	117 60	134 40
25	17 50	35 »	52 50	70 »	87 50	105 »	122 50	140 »

NOMBRE.	LIVRE-JOURNAL et Livre des Inventaires, à l'usage du Commerce. *Décime maintenu.*			CATALOGUES ET PROSPECTU *Décime maintenu.*			
	Petit ou moyen papier, à 20 c. le feuillet.	Grand papier, à 30 c. le feuillet.	supérieur à 50 c. le feuillet.	Demi-feuille petit papier, à 3 cent.	Feuille petit papier, à 5 cent.	Demi-feuille au-dessus, à 4 cent.	F d à 8
	f. c.	f. c.	f. c.	f. c.	f. c.	f. c.	
1	» 20	» 30	» 50	» 03	» 05	» 04	[illegible]
2	» 40	» 60	1 »	» 06	» 10	» 08	[illegible]
3	» 60	» 90	1 50	» 09	» 15	» 12	[illegible]
4	» 80	1 20	2 »	» 12	» 20	» 16	[illegible]
5	1 »	1 50	2 50	» 15	» 25	» 20	1
6	1 20	1 80	3 »	» 18	» 30	» 24	1
7	1 40	2 10	3 50	» 21	» 35	» 28	1
8	1 60	2 40	4 »	» 24	» 40	» 32	1
9	1 80	2 70	4 50	» 27	» 45	» 36	1
10	2 »	3 »	5 »	» 30	» 50	» 40	1
11	2 20	3 30	5 50	» 33	» 55	» 44	»
12	2 40	3 60	6 »	» 36	» 60	» 48	»
13	2 60	3 90	6 50	» 39	» 65	» 52	1
14	2 80	4 20	7 »	» 42	» 70	» 56	1
15	3 »	4 50	7 50	» 45	» 75	» 60	1
16	3 20	4 80	8 »	» 48	» 80	» 64	1
17	3 40	5 10	8 50	» 51	» 85	» 68	1
18	3 60	5 40	9 »	» 54	» 90	» 72	1
19	3 80	5 70	9 50	» 57	» 95	» 76	1
20	4 »	6 »	10 »	» 60	1 »	» 80	1
25	5 »	7 50	12 50	» 75	1 25	1 »	2
50	10 »	15 »	25 »	1 50	2 50	2 »	4
100	20 »	30 »	50 »	3 »	5 »	4 »	8

Note sur le changement des timbres jusqu'en 1821 :

64. A compter du 1.er avril 1791, le timbre portait pour légende *la Nation, la Loi, le Roi. Loi du* 11 *frim.* 1791.

65. Un décret de la convention nationale du 4 juillet 1793, fit retrancher des empreintes des timbres, les mots, *le Roi, les fleurs de lys*, et tous autres attributs de la royauté. *Circ.* 405, 415 et 432.

66. Le 20 nivôse 4, dans le département de la Seine, et le 10 pluv. suivant, dans les autres départemens, les empreintes ont été frappées en *rouge*, et dès-lors les papiers timbrés en noir ont cessé d'être mis en usage. *Loi du* 11 *niv.* 4. *Circ.* 848.

67. Le 1.er vend.re 5, chaque timbre portait distinctement *son prix*, et avait pour légende les mots *république française*. Les timbres appliqués en noir pour le droit de dimension, et à sec pour le droit proportionnel, étaient uniformes dans toute la France. *Loi du* 14 *therm.* 4. *Circ.* 848.

68. Jusqu'ici les empreintes des timbres ont été apposés *au haut du milieu* de chaque feuille, demi-feuille ou autre dimension du papier de la Régie, et *au côté gauche* du papier que les parties faisaient timbrer. *Circ.* 848.

69. Par la loi du 13 brum. 7, de nouveaux timbres ont été établis; ils portaient leur prix ainsi que le nom du département où ils devaient être Employés, pour celui de dimension appliqué *en noir*; ceux pour le droit proportionnel étaient frappés *à sec*; il etait appliqué une autre empreinte en noir, qui indiquait la somme pour laquelle l'effet pouvait être tiré : trois mois après la publication de cette loi, on n'a pu faire usage du papier marqué des anciens timbres, dont on a été autorisé à faire l'échange pendant le mois qui a suivi ce délai. *Art.* 4, 5, 10 et 39 *de la loi du* 13 *brum.* 7.

70. Un arrêté du Gouvernement du 9 prair. 9, a autorisé à faire fabriquer et timbrer à Paris tout le papier nécessaire au service dans tous les départemens; chaque feuille ou demi-feuille a été frappée de deux timbres uniformes, l'un à *l'encre*, qui continuait à indiquer la quotité du droit, et l'autre à *sec*; ce timbre avait encore pour légende, *République française*. La débite a été fixée au 1.er vend. 12, pour le timbre proportionnel, et au 1.er niv. 11, pour celui de dimension. *Circ. du* 19 *fruct.* 10. *Instr.* 143.

71. Depuis la loi du 13 brum. 7, l'empreinte sur les papiers fournis par la Régie a été posée au haut de la partie *gauche* de la feuille ployée, de la demi-feuille et du papier pour effet de commerce; et l'empreinte sur les papiers et parchemins que les particuliers présentent au timbre, au haut du côté droit de la feuille. *Art.* 6 *et* 7 *de la loi du* 13 *brum.* 7.

72. Le 1.er juillet 1806, les timbres de dimension à *l'extraordinaire* ayant pour type l'*aigle impériale*, ont été mis en usage, et le 1.er janvier 1807, ceux de dimension à l'*ordinaire* et de proportion, avaient pour type la même *aigle* : le timbre à l'encre portait pour légende ces mots : *Empire français*, et le timbre *sec* ceux-ci : *Administration de l'enregistrement et des domaines. Décr. du* 17 *avril* 1806. *Circ. du* 12 *déc. suiv.*

73. Le 1.er janvier 1815, on a fait usage du timbre qui portait le type royal. *Ordonn. du Roi du* 11 *nov.* 1814. *Circ. du* 28 *du même mois.*

74. La débite du timbre au type impérial a été établie le 1.er juillet 1815. *Décr. du* 30 *mars* 1815. *Instr.* 679.

75. Aux termes de l'ordonnance du Roi du 10 août 1815, le timbre au type royal a été remis en usage 20 jours après sa publication. *Instr.* 697.

76. L'amende encourue pour contravention au timbre établi par l'ordonn. du Roi du 11 nov. 1814, est due, bien qu'un décret du 30 mars 1815 ait introduit un nouveau timbre. *Arr. de cass. du* 23 *juin* 1817.

TIMBREUR, celui qui applique le timbre sur les papiers destinés à être timbrés; il est subordonné au Garde-magasin. *Loi du* 27 *mai* 1791.

1. Il reçoit sa commission du Direct.r général. *Instr.* 122. Il peut être chargé de porter aux messageries les papiers timbrés. *Lettre de l'Admin.*on *du* 8 *vend.* 9.

2. Le Directeur choisit les timbreurs auxiliaires, prévient l'Administration du tems qu'il les a occupés, de la somme qui leur a été payée. Cette dépense se fait d'après son autorisation, comme menus frais du timbre. *Instr.* 122.

TITRE. Acte qui garantit un droit quelconque. V. *bail*, *échange* et autres actes.

TITRE *clérical*. Acte par lequel un aspirant à la prêtrise justifie qu'il jouit d'un revenu suffisant.

Si le revenu de 300 francs, exigé par la loi du 18 germ. 10, pour être admis aux ordres ecclésiastiques, est constitué par les père et mère de l'aspirant ou autres, le droit comme donation est dû sur le capital au denier 10 de la rente. *Sol. du* 8 *therm.* 10.

TITRE *nouvel* ou reconnaissance de rentes dont les contrats sont justifiés en forme, sont assujétis au droit fixe de 3 fr. *Art.* 44 *de la loi de* 1816. — V. *cession*, n° 31.

1. Il n'est dû qu'un droit, quoique l'acte concerne plusieurs parties de rentes, pourvu qu'il n'y ait qu'un créancier et qu'un débiteur. *Sol. du* 9 *frim.* 8.

2. Le titre nouvel contenant reconnaissance d'une rente établie par un acte authentique, quoique passé, il y a plus de quarante ans, dans un pays où l'enregistrement n'avait pas lieu, ne peut être considéré comme une constitution nouvelle, et n'est passible que du droit fixe de 3 francs, lorsqu'il est fait entre les mêmes personnes et pour la même créance. *Sol. du* 25 *juillet* 1806. (*Art.* 2371, *J.*)

3. Si le titre de la rente reconnue n'est pas justifié en forme, V. *constitution de rente.*

4. Le titre nouvel fourni après trente ans, ne peut pas être considéré comme nouvelle constitution, et ne peut opérer que le droit fixe. *Sol. du* 25 *juillet* 1808.

TOURNÉE *de contrôle*, dont sont chargés les Inspecteurs, pour examiner toutes les opérations des Receveurs, faites pendant le trimestre expiré.

1. Avant de commencer la tournée qui doit se faire régulièrement pendant les mois de janvier, avril, juillet et octobre, et, dès le premier jour, l'Inspecteur adresse son itinéraire au Directeur; la tournée doit toujours être achevée dans le courant du mois, et les pièces qui en

sont la conséquence, être remises à la Direction, le 5 du mois suivant. *Art.* 183 *et* 213 *des ordr. gén., circ.* 294 *et* 600; *arrêtés de M. le Direct. gén. du* 18 *vent.* an 10; *instr.* 971.

2. L'Inspecteur se transporte dans tous les bureaux de sa division; sa marche doit être dirigée de manière à parcourir successivement tous les bureaux établis dans l'arrondissement d'une même Sous-Préfecture. *Art.* 183 *et* 185 *des ordr. gén. Circ.* 294.

OPÉRATIONS PRESCRITES A L'INSPECTEUR EN TOURNÉE.

3. Après le vu prescrit par l'art. 187 des ord. gén., pour constater son arrivée au bureau, l'Inspecteur doit se livrer aux opérations indiquées par les ordr. génér. de régie, *art.* 180 *à* 213 *inclus*, qui sont ici résumés avec les changemens survenus depuis :

4. Examen du local où sont placés le bureau, la caisse, le papier timbré, les registres et documens. *Art.* 112 *des ordr. gén. de régie, instr.* 56.

5. Vérification des enregistremens, perceptions, sommes tirées hors lignes, calculs et reports d'une page à l'autre. *Art.* 189 *à* 193 *des ordr. gén. instr.* 245, 290, 737 *et* 971.

6. *Idem* de l'exactitude des receveurs à faire les versemens aux époques prescrites. *Circ. du* 3 *therm.* 10.

7. *Idem* des enregistremens, du visa des répertoires des notaires et autres officiers et fonctionnaires publics. *Circ.* 1617.

8. *Idem* du nom des maires qui ont remis les notices de décès et de ceux qui ont contrevenu à la loi. *Circ.* 1703.

9. *Idem* des enregistremens en débet, des poursuites et reports aux sommiers. *Instr.* 115, 169, 229 *et* 607.

10. *Idem* des feuilles de renvoi : vû à mettre à chaque article renvoyé. *Art.* 206 *des ordr. gén.*

11. *Idem* des relevés des déclarations et notifications d'appel. *Instr.* 136.

12. *Idem* des relevés d'actes contenant des dispositions en faveur des hospices. *Circ. du* 3 *pluv.* 13

13. Rédaction du procès-verbal, pour chaque mois, sur les registres de perception. *Instr.* 971.

14. Compte de la débite des papiers timbrés et du restant en nature; il doit se faire représenter l'état de la situation de chaque mois, ordonné par l'instr. 737; l'Inspecteur est responsable de tout déficit de caisse qui pourrait résulter du défaut d'exactitude dans la vérification des papiers existans. *Art.* 195 *des ordr. de régie. Instr.* 971.

15. Rédaction du relevé des procès-verbaux. *Art.* 196 *des ordr. de régie. Instr.* 971.

16. Lors de la tournée de janvier, l'inspecteur fera rédiger, en sa présence, par le receveur, le compte de l'année précédente. *Instr.* 971.

17. Vérification des versemens, ainsi que des recettes que les receveurs ont annoncées dans leurs états de mois; compte à rendre à l'administration et au directeur, s'il y a lieu. *Art.* 202 *et* 204 *des ordr. de régie. Instr.* 95, 190 *et* 213.

18. Contrainte à décerner en cas de débet; avis à en donner au directeur et à l'administration. *Art.* 201 *des ordr. de régie. Circ.* 1806. *Arrêté de M. le Directeur-général du* 23 *déc.* 1806.

19. Examen des sommiers, comparaison des mentions de paiement avec les registres de recette; ordres à donner pour le recouvrement. *Art.* 207 *des ordr. de régie. Circ.* 1565, *autres des* 15 *mess.* 9, *et* 22 *mars* 1808. *Instr.* 261.

20. *Idem* du sommier de la contribution foncière, prescrit par l'art. 83 des ordres généraux, et qui doit toujours être au courant d'après la circ. 1109.

21. *Idem* de l'état des amendes que le receveur doit fournir, et du certificat à inscrire sur les registres de recette pour le visa des répertoires. *Circ.* 1949. *Instr.* 48, 444 *et* 607.

22. *Idem* des tables alphabétiques, même de celle de circulaires; les comparer avec l'état de leur situation; exiger que leur confection ne laisse rien à désirer. *Art.* 208 *des ordr. de régie. Circ.* 1250 *et* 1565. *Instr.* 14 *et* 43.

23. Transcription des mémoires d'ordres. *Art.* 83 et 209 *des ordres de régie.*

24. Il doit viser les certificats d'indigence délivrés aux redevables d'amendes et de frais de justice. *Instr.* 238.

25. S'assurer si la correspondance est bien tenue et au courant; viser les lettres dont le port est compris dans la dépense des Receveurs. *Art.* 211 *des ordres généraux, instr.* 171.

OPÉRATIONS SPÉCIALES POUR LES HYPOTHÈQUES.

26. Indépendamment de l'examen des calculs des registres de recette, y compris celle de la moitié des salaires, d'après l'instr. n° 719, et des parties d'ordre susénoncées, et après avoir confronté ces registres de recette avec ceux des formalités hypothécaires prescrit par les circ. 1914 et 1991, l'Inspecteur doit encore vérifier scrupuleusement si les Conservateurs sont exacts à arrêter *chaque jour, au soir*, tous leurs registres, et à faire les inscriptions et les transcriptions *sous la même date* et *dans le même ordre* que les enregistremens portés sur le registre de dépôts de pièces. *Instr.* 233, 316, *nomb.* 9, et 443, *nomb.* 23.

27. S'assurer si les bulletins de dépôts de pièces sont délivrés toutes les fois que la formalité n'est pas donnée de suite *en présence* de la personne qui dépose. *Instr.* 316, *nomb.* 10.

28. Tenir la main à ce que le tarif des salaires soit affiché dans le bureau, comparer le registre des salaires aux autres registres, et employer tous moyens extérieurs pour savoir s'il y a ou non des omissions d'enregistrement ou des excès de perception. *Circ. du* 7 *juin* 1809.

29. Il doit se convaincre que les Conservateurs sont exacts à délivrer les bulletins de dépôt, et qu'ils employent dans les transcriptions le nombre de lignes prescrit pour chaque page. *Lettre de M. l'Admin.r de la* 1re *div., du* 12 *mars* 1821.

30. La vérification des Inspecteurs doit s'étendre sur tout ce qui compose la conservation des hypothèques, soit pour la loi, soit pour les particuliers, soit pour l'Administration, etc. *Instr.* 494.

31. L'Inspecteur doit aussi activer le recouvrement des

droits des formalités hypothécaires données en débet. *Circulaire* 1521. *Instr.* 607.

32. Veiller à l'éclaircissement des droits des inscriptions indéfinies et indéterminées, au moyen des renvois que les Receveurs de l'enregistrement sont tenus de faire aux bureaux d'hypothèques. *Circ.* 1676 *et instr.* 383.

PIÈCES QUE LE RECEVEUR DOIT PRÉPARER *pour le passage de l'Inspecteur en tournée.*

33. Le projet du relevé des procès-verbaux à dresser sur les registres de perception. *Instr.* 971.

34. Celui du comptereau des papiers timbrés. *Idem.*

35. Celui du compte de la débite des passe-ports et permis de ports-d'armes. *Idem.*

36. Etats de demandes de registres et impressions; mêmes états du trimestre précédent, souscrits de sa reconnaissance. *Lettre de l'Adm.on, du* 19 *déc.* 1814.

37. Les renvois des enregistremens du trimestre, y compris ceux des actes qui doivent déterminer l'éclaircissement des droits d'hypothèques des inscriptions indéfinies, etc., et les déclarations et significations d'appel. Chaque article doit être émargé d'un numéro correspondant à celui qui est porté sur le registre où ces relevés ont été pris. *Art.* 81 *des ordr. de régie; circul.* 1676; *autre du* 22 *mars* 1808; *instr.* 136.

38. Renvois du trimestre précédent, dûment apostillés. *Circ. du* 22 *mars* 1808.

39. Précis des opérations extraordinaires en double minute. *Idem.*

40. Relevé des forcemens et restitutions ordonnés, apostillé de la date de leur exécution.

41. Relevé des actes contenant des dispositions en faveur des hospices et établissemens de bienfaisance. *Circulaire du* 3 *pluv.* 13.

42. Un état particulier, pour chaque sommier, des articles consignés pendant le trimestre.

43. Pareil état des articles recouvrés, rédigé d'après l'art. 164 des ordr. de régie.

44. Semblable état des articles tombés en non-valeur.

45. Relevé des enregistremens en débet, dont les droits doivent être recouvrés dans d'autres bureaux. *Instruct.* 607.

46. Le tableau de situation des sommiers et tables alphabétiques. *Circ. du* 22 *mars* 1808.

47. La note du nombre d'articles et du montant des salaires que le Conservateur des hypothèques a reçus pendant le trimestre. *Circ. du* 7 *juin* 1809. — Au surplus, V. *envois périodiques.*

TONTINE. V. *action*, page 63.

TOURNE-FEUILLE. Celui qui présente au timbre les feuilles à timbrer; il aide le timbreur sous l'inspection du garde-magasin. *Loi du* 27 *mai* 1791.

Ce qui est dit au mot timbreur lui est applicable.

TRADUCTIONS (les) d'actes par un traducteur juré doivent être sur papier timbré. *Déc. min. just. du* 30 *flor.* 12.

1. Celles d'actes passés en pays étrangers, faites par les traducteurs jurés, et les copies collationnées par les mêmes traducteurs peuvent être expédiées sur papier de toute dimension. *Sol. du* 13 *oct.* 1819 (*Art.* 00, *j.*) V: *actes*, n° 139, *nomb*, 6.

TRAITE. V. *billet à ordre*, *effet de commerce et lettre-de-change.*

1. Les traites des adjudicataires de coupes de bois de l'Etat doivent être rédigées sur du papier du timbre proportionnel. *Instr.* 291, *circ. des* 12 *sept.* 1808 et 4 *août* 1809.

2. Elles ne peuvent être visées pour timbre après leur confection. *Déc. min. fin. du* 28 *avril* 1820. (*Art.* 6831, *j.*)

3. Celles souscrites pour les exercices antérieurs à 1813, quoique rédigées dans la forme de *simples billets à ordre*, ne sont, en cas de protêt, sujètes qu'au droit fixe de 1 fr. *Instr.* 640.

TRAITÉ. V. *marché.*

TRAITEMENT. Salaire fixe de l'employé.

1. Il est réglé du jour de l'installation à celui de la cessation du service. *Art.* 288 *des ord. gén.*, *loi du* 25 *mai* 1791. V. *congé*, *maladie* et *vacance.*

2. L'Employé (autre que le Receveur) conserve son traitement, lorsqu'il passe d'un emploi à un autre de la même classe. — Celui des Administrateurs court du jour de leur nomination. *Loi du* 13 *août* 1793.

3. Les quittances doivent être employées dans les comptes pour la somme entière, sans égard à la retenue. *Loi du* 27 *mai* 1791.

4. Le traitement des employés supérieurs et préposés du timbre, premiers commis de direction, et les frais de bureaux des Directeurs, sont payés dans les départemens, excepté celui de la Seine, par les Receveurs des actes civils du chef-lieu du département, qui opère la retenue pour la caisse des pensions. *Instr.* 746 et 958.

5. Il s'exerçait sur les traitemens une retenue, au profit du trésor. V. *retenue.*

6. Le traitement des employés, assujétis à la prestation de serment, ne court que de la date de cet acte, même dans le cas où le serment se trouverait différé par la faute du Tribunal. Le relevé des quittances de traitemens, fournis par le Directeur à la division de la comptabilité, doit faire mention de la date du serment de chaque employé, promu à un nouveau grade pendant l'année. *Lettre du* 22 *juin* 1810, *circ. de M. l'Administrateur de la comptabilité*, *du* 30 *janvier* 1810.

7. Le Directeur, dans son visa sur les quittances de traitement des employés, doit ajouter *sans opposition*, *lettre du* 16 *avril* 1810. V. *saisie-arrêt.*

TRANSACTION. Acte par lequel on termine ou prévient une contestation.

1. Celles en quelque matière que ce soit, qui ne contiennent aucune stipulation de sommes et valeurs, ni dispositions soumises à un plus fort droit d'enregistrement, opèrent le droit fixe de 3 fr. *Art.* 44 *de la loi de* 1816.

2. S'il en résulte quittance, obligation, vente, etc., V. *ces mots.*

3. Ne sont pas comprises, dans la classe des *transactions* soumises au droit de 1 p. 100, celles portant abandon à titre onéreux *de droits successifs*; la somme stipulée, étant, dans ce cas, le prix de la transmission d'une part dans les meubles et immeubles de la succession, il y a lieu au droit proportionnel de 5 1/2 p. 100, et non à celui réglé pour les cessions de simples créances. *Arr. de cass. des* 19 *brum.* 14 et 22 *fév.* 1808.

4. Une transaction par laquelle un père, pour remplir un de ses enfans de la part qu'il réclame dans la succession de sa mère, se reconnaît, en qualité de détenteur de cette succession, débiteur envers son fils d'une somme à laquelle les droits de celui-ci ont été réglés à l'amiable, est une cession de droits successifs maternels soumis au droit proportionnel de 5 1/2 p. cent. *Arr. de cass. du* 7 *juin* 1820, (*Art.* 6744, *j.*)

5. Celle portant que l'acquéreur d'un immeuble consent pour consolider sa tranquillité, à payer une somme de 2000 fr., est passible du droit de mutation sur ce prix. *Arr. de cass. du* 4 *flor.* 13.

6. Si l'un des créanciers du vendeur, sur la notification qui lui est faite du contrat, surenchérit, et que l'acquéreur s'oblige à payer le supplément résultant de la surenchère, il est dû un droit de vente sur ce supplément qui a profité au vendeur. *Arr. de cass. du* 17 *mars* 1806. (*J. du P.* 1806.)

7. Lorsqu'une veuve cède, moyennant une somme, une partie de ses biens à son fils qui renonce à toutes ses prétentions contre elle; que sur la réclamation des frères du cessionnaire contre cette cession, celui-ci s'oblige par transaction à leur payer 10,000 f., et enfin que la veuve lui abandonne d'autres biens qu'elle possède, on doit considérer cette somme de 10,000 fr. comme un supplém.t de prix. La nouvelle mutation de propriété n'est point comprise dans le premier acte, par conséquent le tout est sujet au droit de 5 1/2 pour 100. *Arr. de cass. du* 4 *mars* 1807.

8. La transaction par laquelle des héritiers, à qui la loi ne réserve aucune quotité dans la succession, renoncent à leurs prétentions, au profit des légataires, moyennant une somme déterminée que ceux-ci s'obligent à leur payer, n'engendre que le droit de 1 p. 100, comme obligation. *Solution du* 7 *juillet* 1819. (*Art.* 6444, *j.*)

9. La rétrocession, qualifiée de transaction sur procès, d'une vente reconnue par les parties nulle dans son essence, donne lieu à la demande du droit de 5 1/2 p. 100. *Arr. de cass. du* 30 *janvier* 1815. (*Art.* 5070, *j.*)

10. Les transactions qui remettent le saisi en possession des biens aliénés par jugement d'adjudication sur saisie immobilière, confirmés par arrêts rendus sur appel, *déférés à la Cour de cassation*, sont réputées *rétrocessions pures et simples. Sol. du* 12 *prair.* 12. (*Manuel de l'Enregistrement*, page 158.)

TRANSCRIPTION, V. ce mot AUX HYPOTHÈQUES.

TRANSCRIPTION *de saisie immobilière.* — Celle faite aux greffes des Tribunaux de première instance, opère comme acte du Greffe, le droit d'enregistrement de 3 fr. *Art.* 44 *de la loi de* 1816. *Déc. min. fin. du* 13 *juin* 1809; elles sont en outre soumises à un droit de Greffe de 3 fr. *Décr. du* 12 *juillet* 1808.

TRANSFERT *de rentes.*

1. Les actes de cession ou transport de créances ou rentes sur l'Etat, passés devant Notaires, sont soumis au droit d'enregistrement d'un fr. fixe. *Déc. min. fin. du* 18 *août* 1820. (*Art.* 6793, *j.*) V. *cession*, *constitution*, n.° 7, et *inscription.*

2. Ceux faits par les Directeurs de l'enregistrement aux porteurs de rescriptions de la trésorerie, en exécution de l'arrêté du Gouvernement du 27 prair. 8, ne sont sujets qu'au droit fixe de 1 fr. *Circ.* 1845.

3. Les transferts de rentes par la caisse d'amortissement sont assujétis au timbre; la formalité de l'Enregistrement devient indispensable, si on veut en faire usage en justice. *Déc. min. fin. du* 20 *juillet* 1810. (*Art.* 3892, *j.*)

4. Ceux des rentes ou effets publics étrangers, sont passibles du droit proportionnel, non sur le prix de la cession, mais sur le cours légalement constaté des effets cédés. *Sol. du* 3 *juin* 1817. (*Art.* 5768, *j.*)

5. Le transfert des actions de la compagnie des salins faits au profit de cette compagnie par ses employés comptables et ses traitans, par forme de cautionnement ou de garantie éventuelle, pour sûreté de leur gestion, sont exempts de l'Enregistrement. Si ces transferts ont lieu par actes publics et notariés, ils sont sujets au droit fixe de 1 fr.; l'exemption du droit proportionnel est applicable aux actes de cautionnement ou du dépôt de ces mêmes actions, pour sûreté de la gestion de ces mêmes employés et traitans. *Déc. min. fin. du* 17 *mars* 1810. (*Art.* 3774, *j.*)

TRANSMISSION *verbale*, V. *mutation.*

TRANSPORT de *rentes* ou *créances*, V. *cession.*

TRÉSOR, V. ce mot aux DOMAINES.

TRIBUNAUX, V. *Juge et jugement.*

TUTELLE, autorité que la loi donne au tuteur pour prendre les intérêts des mineurs et interdits.

1. Les nominations de tuteur et de curateur opèrent le droit fixe de 2 fr. *Art.* 68 *de la loi de frim.* 7. V. *Avis de parens.* — Il en est de même de celles de subrogé-tuteur. *Art.* 43 *de la loi d'avril* 1816.

2. Les actes qui, conservant la tutelle à la mère dans le cas où elle se remarie, nomment pour cotuteur son deuxième mari, sont passibles du seul droit fixe de 2 fr. *Instr.* 449.

3. Il est dû, sur la nomination de subrogé-tuteur contenant en outre nomination et prestation de serment d'un expert, 2 fr. pour la nomination de subrogé-tuteur; pareil droit pour celle de l'expert et 1 fr. pour la prestation de serment. *Sol. des* 26 *et* 29 *nov.* 1816. (*Art.* 5608 *j.*)

4. Le procès-verbal de subrogé-tutelle fait en vertu de l'art. 421 du C. C, quoique les mineurs soient pourvus d'un tuteur ou dont la tutelle serait antérieure au code, est enregistrable en débet. *Instr.* 390, *nomb.* 1.er.

5. La rentrée des droits sera suivie contre les tuteurs; ils seront prélevés par privilége sur les biens de la succession et s'il n'y a pas été renoncé, sur ceux des mineurs ou absens. *Instr.* 290. Le visa du Receveur fera mention du montant des droits en suspens. *Instr.* 726.

6. TUTELLE *officieuse.* Les actes de tutelle officieuse opèrent le droit fixe de 50 fr. *Art.* 48 *de la loi d'avril* 1816.

7. La déclaration contenue dans l'acte de tutelle officieuse, d'élever le pupille et de le mettre en état de gagner sa vie, ne doit aucun droit particulier. *Instr.* 449. Il est dû le droit de 5 fr. sous la réserve du droit principal de mutation à l'ouverture de la succession sur

la disposition par laquelle le tuteur règle les secours à payer, après son décès, à son pupille ; il est dû 25 c. p. 100 par analogie avec les baux à nourriture de mineurs sur les actes volontaires ou judiciaires, par lesquels les droits des pupilles sont réglés après le décès des tuteurs officieux, et à défaut par ceux-ci d'avoir fait ce réglement. *Circ. du* 24 *nov.* 1806.

TUTEUR ; il est tenu 1.° d'acquitter le droit d'enregistrement des testamens en faveur de son pupille, V. *débiteur*. — 2.° De passer déclaration des biens échus par décès à son mineur, sous peine d'amende, V. *succession* ; n.° 195. — Au surplus, V. *tutelle*.

Le tuteur, soit de l'interdit, soit du mineur, a droit, en cette qualité, de passer des baux sans adjudication. *Arr. de cass. du* 11 *août* 1818.

Les états que les tuteurs sont obligés de remettre, de leur gestion, chaque année, aux subrogés-tuteurs, sont exempts du timbre. *Art.* 470 *du C. C.*

ULTRA-PETITA. V. *cassation*, p. 98, n° 21.

UNION *de créanciers*. Contrat par lequel les créanciers d'un débiteur s'unissent pour parvenir au recouvrement de ce qui leur est dû.

Cet acte est assujéti au droit fixe de 3 fr. *Art.* 68 *de la loi de frim.* 7.

S'il porte obligation de sommes déterminées par les co-intéressés envers un ou plusieurs d'entre eux, ou autres personnes chargées d'agir pour l'union, il doit être perçu un droit particulier comme pour obligation. *Même art.* — V. *abandon*, *atermoiement*, *livres* et *registres*.

UNIVERSITÉ. V. *colléges*, et aux DOMAINES, *université*.

USUFRUIT. Jouissance d'un bien dont la propriété appartient à un autre.

1. L'usufruit de *biens-meubles*, transmis à *titre gratuit*, s'évalue à la moitié de la valeur entière de l'objet, sur la déclaration estimative des parties, sans distraction des charges, s'il s'agit d'une transmission par acte entre-vifs. *Art.* 14, *n.os* 8 *et* 11 *de la loi de frim.* 7. — Et d'après un état estimatif, article par article, s'il s'agit d'une mutation par décès. *Art.* 27 *de la même loi.* — V. *estimation*.

2. Pour les transmissions d'usufruit d'*immeubles*, soit entre-vifs à titre gratuit, soit par décès, l'évaluation doit être portée à dix fois le produit des biens ou le prix des baux courans, aussi sans distraction des charges. *Art.* 15 *de la même loi.*

3. Lorsque la transmission d'usufruit s'opère par acte à titre onéreux, le droit est assis sur le prix exprimé, et le capital des charges qui peuvent ajouter au prix. *Art.* 14.

4. Quant à la quotité du droit, V. *donation*, *legs*, *succession et vente* ; et pour l'usufruit réservé aux ascendans, V. *ascendans*.

5. Quoique l'usufruit soit séparé de la propriété, le droit d'enregistrement est perceptible pour les mutations de propriété par actes entre-vifs à titre gratuit ou par décès, sur le pied de la valeur entière des biens, sans aucune déduction pour raison de l'usufruit. *Art.* 14 *et* 15 *de la loi du* 22 *frim.* 7.

Si l'usufruit se réunit à la propriété, V. *réunion*.

Quant aux legs d'usufruit, V. *succession*, n° 129.

USUFRUITIER. Celui qui a droit à un usufruit. A cet égard, V. *succession*

Le nu-propriétaire n'a aucun droit à ce qui ne serait pas exploité d'une coupe de bois-taillis vendue par l'usufruitier à l'époque du décès de ce dernier ; la vente doit avoir son effet dans son intégralité, sauf, pour les arbres sur pied à l'époque de la cessation de l'usufruit, dont on fera compte de la valeur au nu-propriétaire, dans la proportion du prix de la vente. *Arr. de cass. du* 21 *juillet* 1818. (*Art.* 6185, *j.*)

VACANCE *d'emploi*. Tems pendant lequel l'emploi n'est pas occupé. — V. *Conservateur*, AUX HYPOTHÈQUES.

1. *Par maladie*. L'Employé qui a suspendu ses fonctions pour cause de maladie constatée, jouit de son traitement (s'il se fait soigner chez lui) ; mais le Receveur ou le Directeur continue de payer ses frais de bureaux, et l'Inspecteur compte de 10 francs par jour au Vérificateur qui fait pour lui la tournée de recouvrement. *Instr.* 295.

2. *Par congé*, pour vaquer à des affaires personnelles. La remise ou le traitement, pendant la durée de l'absence appartient à la caisse des pensions, excepté un tiers des remises du Receveur, (et du traitement du Garde-Magasin. *Sol. du* 30 *pluv.* 13, *article* 5226, *j.*) les frais de bureaux du Directeur, les 10 francs par jour alloués au Vérificateur qui fait la tournée, et qui sont prélevés sur le montant de la retenue. — Quant aux timbreurs et tourne-feuille, le traitement appartient en entier à leurs remplaçans qui sont payés sur l'attestation du Directeur, pour la durée du service. *Idem.*

3. Les remises allouées sur la recette des décomptes pendant l'intérim d'un Employé, appartiennent au Receveur chargé des frais de bureaux. *Sol. de l'Administration.* (*Art.* 5392, j.)

4. Par *changement* d'emploi ou de résidence. V. *changement*, *page* 107.

5. *Par mort*, *démission*, *destitution ou suspension*. Si l'intérim du bureau ou de la place de Garde-Magasin est confiée à un Surnuméraire, celui-ci jouit pendant sa régie de la totalité des remises. Si c'est un Employé supérieur, outre son traitement, il jouit du tiers des remises ou traitemens pour frais de bureau. Pendant la vacance d'une direction ou de l'inspection, la somme allouée pour frais de bureau et le traitement de Direct.r ou d'Inspect.r, appartient à l'intérimaire. Le Vérificat.r qui, dans ce cas, remplace l'Inspecteur, jouit seulement, pendant le mois (ou la portion du mois) qu'il a employé à la tournée, du traitement d'Inspecteur ; il rentre ensuite dans les obligations de sa place avec son traitement ordinaire. — Le traitement du timbreur ou tourne-feuille, appartient au remplaçant. *Instr.* 295.

6. La portion des remises ou traitemens qui n'est point payée aux intérimaires, appartient à la caisse des pensions de retraite. V. *pensions*, n.° 5.

7. Le premier commis, dans le cas de vacance, est remplacé par un Vérificateur, qui consomme le traitement de son grade, et le traitement du premier commis est versé dans la caisse des pensions. *Sol. du* 30 *nov.* 1815.

Il en est de même dans le cas où il n'est point remplacé par un autre Employé de l'Administration. *Sol. du 29 fév.* 1816.

8. Les avis de vacances d'emploi doivent être donnés directement à M. le Directeur général. *Instruction* 752.

VACATION. Tems Employé par des Officiers publics à une opération quelconque.

1. Il est dû pour *chacune* des vacations employées aux procès-verbaux d'apposition, reconnaissance et levée de scellés, et aux inventaires, le droit fixe de 2 fr. *Art.* 68 *de la loi de frim.* 7.

2. La durée de chaque vacation étant, suivant l'art. 8 de la loi du 27 mars 1791, et les articles 1.er et 168 du décret du 16 fév. 1807, fixé à *trois heures*, cette base doit être adoptée pour la liquidation des droits d'enregistrement de tous les actes dont la confection exige plusieurs séances. — Les Préposés, pour liquider les droits avec régularité, devront, au moyen de l'indication de l'heure du commencement et de celle de la fin de chaque séance, que doit constater le procès-verbal, s'assurer du nombre effectif d'heures écoulées pendant la durée de l'opération et percevoir autant de droits qu'il y aura de vacations de trois heures employées par l'officier. *Instr.* 406.

3. Dans le nombre d'heures sur lequel on perçoit le droit, il ne faut pas comprendre l'aller et le retour du fonctionnaire qui a rédigé l'acte ; le droit n'est dû que pour chaque séance écrite. *Sol. du* 4 *août* 1807. *Déc. min. fin. et just. du* 25 *fév.* 1812.

4. Dans le cas où l'expert requis pour l'estimation d'un immeuble, est un particulier ordinaire, le rapport qu'il fait ne peut, comme acte sous seing-privé, être passible que d'un seul droit, quelque soit le nombre des séances ; mais si le rapport est fait par un Notaire, chaque séance, close dans la forme authentique, opère un droit particulier, quelque soit le tems employé à la rédaction. *Sol. du* 13 *juillet* 1818. V. *procès-verbal*, n.° 23.

5. DÉLAI *pour l'enregistrement*. Il est de 10 jours pour les vacations d'inventaires rédigés par les Notaires du ressort de la *Cour royale*, lorsqu'ils exercent dans une commune chef-lieu de bureau ; mais il est de 15 jours pour les vacations d'inventaires reçus par les Notaires qui exercent dans une commune qui n'est pas chef-lieu de bureau ; c'est aussi dans le délai de 15 jours que doit être enregistrée au bureau de la résidence du Notaire, la dernière séance contenant la clôture de ces inventaires. *Instr.* 290, *nomb.* 32.

6. Tous les actes qui ne peuvent être consommés que pendant plusieurs séances, doivent être enregistrés dans les délais fixés pour chaque *vacation*. Le délai court à partir de la date du procès-verbal de chaque vacation, et non de la date de la dernière de toutes. *Instr.* 296.

7. Cette règle ne s'oppose point à l'exécution de l'art. 676 du C. de P. C. ; il en résulte seulement que la copie entière du procès-verbal de saisie immobilière se trouvera délivrée avant que l'acte ait été enregistré en son entier. *Instr.* 390.

8. Le procès-verbal de saisie par les préposés des douanes, est enregistrable dans les 4 jours de sa clôture. Il n'est passible que d'un seul droit, quelque soit le nombre de ses contextes. *Instr.* 386, *nomb.* 26.

9. A défaut d'enregistrement, il est dû une amende pour chaque vacation non présentée à la formalité dans le délai. *Circ.* 1737. *Arr. de cass. du* 13 *mess.* 13.

10. Quant aux procès-verbaux de ventes mobilières V. *Ventes de meubles*, page 328, n.os 28 et suiv.

11. L'officier ministériel peut faire enregistrer en même tems les diverses vacations d'une vente de meubles dont la date est dans le délai utile. *Arr. de cass. du* 11 *sept.* 1811. (*Art.* 4110, *j*,).

12. Il n'est pas nécessaire de faire un enregistrement particulier pour chaque vacation, on peut ne donner la quittance du droit que par une seule relation. *Circ.* 1737.

13. Quant à la mention à insérer sur le répertoire. V. *Répertoire.*

14. *Timbre*. Les inventaires, procès-verbaux et autres actes qui ne peuvent être consommés dans une même vacation peuvent être continués sur la même feuille de papier timbré. *Art.* 23 *de la loi du* 13 *brum.* 7.

VALEURS. V. *Estimation et Mercuriales.*

VALEURS existant dans les caisses des Receveurs le 31 décembre. V. *Instr.* 962 et *comptabilité.*

VALIDITÉ *de congé* (Jugement portant) V. *Jugement.*

VENDRE. (Ordonnance rendue en 1.re instance portant permis de). Droit fixe de 3 fr. *Art.* 44 *de la loi du* 28 *avril* 1816.

VENTE. Aliénation d'une chose mobilière ou immobilière.

1. VENTES de *meubles*. Les ventes, reventes, adjudications, cessions, rétrocessions, marchés, traités et autres actes, soit civils, soit judiciaires, translatifs de propriété, à titre onéreux, de meubles, récoltes de l'année sur pied, coupes de bois taillis et de haute futaie, et autres objets mobiliers généralement quelconques, même les ventes de cette nature faites par l'état, opèrent le droit de 2 fr. par 100 fr. *Art.* 69 *de la loi de frim.* 7.

2. Les adjudications à la folle enchère de biens meubles sont assujétis aux mêmes droits, mais seulement sur ce qui excède le prix de la précédente adjudication, si le droit en a été acquitté. *Art.* 69, § 5, *de la loi de frim.* 7.

3. Si le prix de l'adjudication à la folle enchère n'est pas supérieur à celui de la précédente adjudication, le procès-verbal opère le droit fixe de 3 fr. *Art.* 44 *de la loi d'avril* 1816.

4. Les bois taillis et de haute futaie vendus pour être coupés, sont considérés comme meubles, alors que les bois sont encore sur pied, et quand bien même la coupe serait achetée plus de 2 ans avant que les bois fussent parvenus à l'âge où ils doivent être coupés. *Sol. du* 9 *vend.* 14.

5. On ne devrait pas moins considérer comme purement mobilière, la vente d'une coupe de futaie, bien que par un contrat séparé, et d'une date différente,

en eût vendu le fonds à la même personne. *Arr. de cass. du* 8 *sept.* 1813. V. *biens.*

6. Certains actes rédigés en forme de baux, sont passibles des droits de vente. V. *bail*, n.os 19 et suiv.

7. La vente de l'exploitation d'une carrière et des ustensiles qui y sont attachés, est une vente mobilière en ce qui touche le droit d'enregistrement, bien qu'il s'agisse de matériaux non extraits. *Arr. de cass. du* 19 *mars* 1816. (*Art.* 5406, *j.*).

8. Sont également sujètes au droit de 2 p. o/o : 1° Les ventes faites par un Secrétaire de préfecture, de chevaux du train d'artillerie et des équipages qui ont été remis pour être placés chez des cultivateurs ; le dépôt du prix de la vente doit être fait à la caisse de service. *Déc. min. fin. des* 30 *nov.* 1814 *et* 6 *fév.* 1815. (*Art.* 5071 *et* 5090, *j.*). — 2° Celles de papiers de réforme, provenant de la cour des comptes. *Déc. min. fin. du* 8 *juillet* 1814. ((*Art.* 4840, *j.*). — 3° Celles de denrées coloniales ; le droit est à la charge de l'acquéreur. *Déc. min. fin. du* 5 *janv.* 1813. Ce droit ne doit pas être perçu sur les droits de douanes acquittés. *Déc. min. fin. du* 15 *déc.* 1812. (*Art.* 4404, *j.*). — 4° Les ventes de chevaux des haras et celles des effets des militaires décédés dans les hôpitaux ou dans les prisons, ou qui s'en seraient évadés. *Instr.* 439. — 5° Celles d'objets saisis par les préposés des douanes, *Sol. du* 3 *flor.* 7 (V. le n° 13 ci-après), ou par les préposés des octrois. *Déc. min. fin. du* 15 *nov.* 1808. — 6° Celles de prises maritimes. *Déc. min. fin. du* 18 *germ.* 8. — 7° Celles de places dans les Eglises : le droit est dû sur le capital au denier dix de la rente consentie. *Déc. min. fin. du* 29 *vent.* 12. — 8° Les ventes de mérinos et laines provenant des bergeries nationales. *Déc. min. fin. du* 27 *oct.* 1807. — 9° Celles de rentes perpétuelles ou viagères : le droit est dû sur le capital entier de la rente, lors même que le vendeur s'en est reservé l'usufruit. *Arr. de cass. du* 1er *sept.* 1806. Au surplus, V. *Adjudication* et *Marine.*

9. VENTES *sujètes aux droits de* 50 c. p. o/o. — Celles publiques de marchandises faites à la bourse et aux enchères par le ministère des courtiers de commerce, doivent 50 c. p. o/o. *Loi du* 15 *mai* 1818. *Instr.* 834 *et* 904.

10. Cette perception est la même, lorsque la vente, qui devait avoir lieu à la bourse, est, dans les cas prévus par l'ordonnance royale du 9 avril 1819, faite au au domicile du vendeur ou en tout autre endroit convenable, et pourvu que les objets y compris soient désignés dans le tableau annexé au décret du 17 avril, ou dans les états dressés en vertu de ce décret : sans la réunion de ces conditions, le droit serait de 2 p. o/o. *Déc. min. fin. du* 11 *août* 1820. (*Art.* 6765, *j.*).

11. Les ventes qui comprendraient des marchandises autres que celles désignées dans le tableau arrêté par le tribunal et la chambre de commerce, en exécution du décr. du 17 avril 1812, ou qui auraient eu lieu en vertu d'une autorisation pure et simple, ou qui, enfin, seraient divisées en lots à la portée immédiate des consommateurs, devraient acquitter le droit de 2 p. o/o. *Dec. min. just. du* 10 *janv.* 1821. (*Art.* 6913, *j.*).

12. Les ventes de tabacs faites au commerce par les préposés des contributions indirectes, en vertu d'autorisations ministérielles, ne sont passibles que du droit de 50 c. p. o/o. *Instr.* 940.

13. VENTES *sujètes au droit de* 1 *fr.* Les actes ou procès-verbaux constatant les ventes de navires, soit totales ou partielles, ne sont passibles à l'enregistrement que du droit fixe de 1 fr. *Art.* 64 *de la loi du* 21 *avril* 1818. *Instr.* 830.

14. Toutes les ventes de navires, même sans avoir lieu par suite d'avarie, sont affranchies du droit proportionnel et passibles de celui de 1 fr. fixe. *Déc. min. fin. du* 25 *sept.* 1818. (*Art.* 6343, *j.*)

15. Les procès-verbaux de ventes de marchandises avariées par suite d'événemens de mer, et qui doivent être rédigés par des courtiers de commerce ou d'autres officiers publics, *sous la surveillance du Receveur des douanes*, sont sujets au droit fixe de 1 fr. *Art.* 56 *de la même loi.*

16. La vente des cargaisons composées de marchandises vendues en même tems que les navires, est sujète au droit proportionnel de 2 p. 100, sauf à percevoir le droit fixe sur la vente du navire, dans le cas où le contrat exprimerait un prix particulier pour la valeur du navire, et un autre pour celle des marchandises. *Déc. min. fin. du* 6 *oct.* 1820. (*Art.* 6860, j.)

17. Les procès-verbaux de ventes publiques de marchandises *avariées*, rédigés par les commissaires aux classes de la marine, et les ventes de *débris* de navires naufragés, ne sont sujets qu'au droit fixe de 1 fr. Les droits proportionnels perçus depuis moins de 2 ans, seront restitués. *Instr. du* 19 *avril* 1821, n.° 978.

VENTES *enregistrables gratis ou exemptes de la formalité.*

18. Celles des effets non réclamés des marins et passagers morts en mer, faites par les administrateurs de la marine, sont exemptes du timbre, lorsqu'elles n'excèdent pas 10 fr., et enregistrables gratis lorsque le prix n'excède pas 25 fr. Si les ventes sont faites en mer ou dans les pays étrangers, l'acte est sujet à l'enregistrement, après avoir été visé pour timbre, dans les 20 jours de l'arrivée des bâtimens dans les ports de France. — Ces dispositions s'appliquent aux bâtimens de l'Etat, du commerce et des armemens en course, *pourvu que les ventes soient faites d'office et non à la requête des particuliers par des Administrateurs et Préposés de la marine*, ainsi qu'à celles qui auraient lieu en mer et en pays étranger, par les officiers des navires de commerce et armés en course ; *mais ces derniers officiers n'auraient pas le droit de procéder eux-mêmes aux ventes* faites dans les ports de France. *Déc. min. fin. du* 8 *germ.* 8.

19. Si ces ventes sont faites dans les ports de France, elles seront enregistrées dans les 20 jours de la date du procès-verbal. *Circ.* 1801 *bis.*

20. Les ventes de poissons de mer, frais, secs ou salés, faites publiquement et aux marchés, sont exemptes de l'enregistrement. *Instr.* 940.

21. Il en est de même 1.° de celles de mobiler militaire faites en exéc.on de l'arrêté du [illegible] *Instr.* [illegible] — 2.° Des ventes, des aprovisionnemens de siège et de la marine. *Instr.* 58 *et* 166. — 3°. De celles faites par

les courtiers, des marchandises formant le gage des prêts faits par le Gouvernement aux manufactures en souffrance, en exécution de décret du 11 mars 1807. *Circ. du* 6 *juin* 1807. — 4.° De celles d'effets de la marine, inutiles ou hors de service. *Instr.* 624.

22. La vente d'effets de Monts-de-Piété, avant ou après la surannation des objets engagés est exempte des droits d'enregistrement, pourvu qu'elle soit faite conformément aux réglemens du Mont-de-Piété. *Déc. min. fin. du* 4 *juin* 1811. (*Art.* 4152, j.)

23. Liquidation du droit. Le droit se liquide sur le prix exprimé en l'acte, et le capital des charges qui peuvent ajouter au prix. *Art.* 14 *de la loi de frim.* 7.

24. Quant aux ventes à l'enchère, il se liquide sur le montant des sommes que contient cumulativement le procès-verbal des séances à enregistrer dans le délai de la loi. *Circ.* 1498.

25. Ce mode s'applique aux adjudications en détail, de récoltes ou de coupes de bois, signées par chaque adjudicataire non solidaire. *Arr. de cass. du* 5 *févr.* 1808. *Déc. min. fin. du* 4 *juin* 1811.

26. La réserve d'usufruit des biens meubles ne donne lieu à aucune addition en sus du prix stipulé. *Déc min. fin. du* 11 *août* 1812. *Sol. du* 25 *du même mois.* (*Art.* 4273, *j.*)

27. Pour les adjudications de coupes de bois, V. *adjudication*, n.° 6.

Bureaux où les ventes sont enregistrables. V. *bureaux*, n° 34.

28. Délai *pour l'enregistrement des ventes publiques e meubles.* — Il est de quatre jours pour les Huissiers et Comm.-Pris.s, de dix pour les Notaires, et de quinze jours lorsque ceux-ci sont obligés de les faire enregistrer dans un bureau autre que celui de leur résidence. *Circ.* 1498.

29. Le délai est de 20 jours, lorsqu'elles sont faites par les Greffiers. *Sol. du* 24 *janvier* 1816. (*Art.* 5563, j.)

30. Les procès-verbaux de ventes faites par les préposés des douanes, sont enregistrables, dans les 4 jours, comme ceux des droits réunis. *Déc. min. fin. du* 21 *août* 1810. (*Art.* 3955, *j.*)

31. Il en est de même des ventes du mobilier national faites par les Préposés des domaines. *Sol. du* 14 *janvier* 1812. (*Art.* 4282, j.).

32. Les ventes de biens des faillis faites publiquement par les syndics, doivent être déclarées préalablement, et enregistrées dans les 20 jours de la date de chaque vacation; celles à l'amiable peuvent être faites sans déclaration préalable. Le procès-verbal est soumis à l'enregistrement dans le même délai de 20 jours. *Déc. min. fin. et just. des* 26 *mai et* 9 *juin* 1812. (*Art.* 4234, j.) — Quant à celles de meubles des fabriques et hospices, V. le n.° 69 *ci-après.*

33. Le procès-verbal de vente mobilière par un huissier, etc., et l'ordonnance du juge qui a prescrit de la faire, portés sur le même cahier, sont regardés comme un acte renfermant plusieurs vacations, et doivent être enregistrés dans les 4 jours de la première. *Sol. du* 24 *oct.* 1818.

34. Qualités nécessaires *pour procéder aux ventes publiques et par enchères.* — Les meubles, effets, marchandises, bois, fruits, récoltes, et tous autres objets mobiliers, ne peuvent être vendus publiquement et par enchères qu'en présence et par le ministère d'officiers publics *ayant qualité pour y procéder. Art.* 1er *de la loi du* 22 *pluv.* 7.

35. A Paris, les Commissaires-Priseurs ont exclusivement le droit de procéder à ces ventes. *Loi du* 27 *vent.* 9.

36. Dans le reste du royaume, les Notaires, Huissiers et Greffiers, sont les seuls qui puissent les faire, concurremment avec les Commissaires-Priseurs, auxquels est réservé le droit exclusif d'y procéder dans la commune de leur domicile. *Circ.* 967, 1008, 1498, *ordonn. du* 1er *mai* 1816, *instr.* 659 et 926.

37. Les courtiers ont faculté de passer des ventes de navires en se conformant à ce que prescrit la loi sur les ventes de meubles aux enchères. — Il en est de même des courtiers de commerce. *Instr.* 602.

38. Les Greffiers des Tribunaux de simple police établis par l'art. 668 du C. d'instr. criminelle, ne peuvent y procéder. *Déc. min. fin. du* 8 *janv.* 1812. (*Art.* 4120, j.)

39. On doit considérer comme meubles et effets mobiliers, les récoltes, fruits et bois pendans par les racines, vendus pour être séparés du fonds, et les Notaires ne peuvent pas procéder publiquement, et à la chaleur des enchères, à ces ventes, dans les lieux où il y a des Commissaires-Priseurs. *Arr. de cass. des* 23 *janv.* 1809, 20 *mars et* 21 *juin* 1820. (*Art.* 6668 et 6904, j.)

40. Tout autre individu que ceux dénommés spécialement dans les décisions précitées, quand même il serait revêtu d'un caractère public, n'a pas le droit de procéder pour lui ou par autrui, à une vente publique de meubles aux enchères. *Circ.* 1498. *Arr. de cass. du* 30 *mess.* 10. (*J. du P.*, 11.)

41. Il n'est pas permis à un particulier de vendre ou de faire vendre aux enchères, en conséquence d'affiches et publication, soit ses meubles, soit ses immeubles, *Déc. min. fin. du* 2 *oct.* 1811. (*Art.* 4093, *j.*) — Il n'y a que les Notaires qui puissent procéder à la vente des biens-fonds. *Circ. de M. le Proc. gén. de la Cour de Paris, du* 26 *déc.* 1818.

42. *L'amende* encourue par tout particulier, pour violation de cette disposition, est déterminée en raison de l'importance de la contravention, mais sans pouvoir être au-dessous de 50 fr. ni excéder 1000 fr. *Loi du* 22 *pluv.* 7, et *instr.* 326.

43. Les Directeurs sont autorisés à faire spécifier dans la contrainte le montant de cette amende dans la latitude marquée par la loi et suivant les circonstances. *Circ.* 1498.

44. Ils peuvent diminuer le taux de la fixation faite par la contrainte, lorsqu'elle leur paraît trop considérable et que les contrevenans se soumettent au réglement; dans ce dernier cas, on se dispense de faire prononcer la condamnation. *Sol. du* 25 *niv.* 8.

45. *Sont exceptées* des règles ci-dessus établies, les ventes du mobilier de l'Etat, faites par les Préposés des domaines, et celles des effets militaires qui se font devant les Officiers d'Administration ou Commissaires des guerres. *Circ.* 1220. *Instr.* 66.

46. Celles des effets des militaires décédés dans les prisons et hôpitaux ou qui s'en sont évadés, se font par les

Commissaires des guerres ou les fonctionnaires qui les remplacent. *Instr.* 591.

47. Celles des chevaux réformés dans les différens corps de troupes, ont lieu en présence des membres du conseil d'Administration de chaque corps et d'un Inspecteur ou Sous-inspecteur aux revues. *Circ. du* 6 *vent.* 11.

48. Les ventes de mobilier communal peuvent être faites par les Maires et Adjoints ou leurs délégués. *Circ.* 1732.

49. Ce sont les Préposés de la loterie qui procèdent, sans frais, aux ventes de papiers inutiles au service de cette Administration. *Déc. min. fin. du* 2 *mars* 1813. (*Art.* 4461, *j.*)

50. On n'est pas tenu de se servir d'un Commissaire-Priseur, ni des formes prescrites pour les ventes de meubles aux enchères, à raison de la vente d'un intérêt dans une entreprise de commerce ou d'industrie ou de tous autres meubles *incorporels*, l'obligation d'employer l'officier priseur étant restreinte aux ventes à l'encan de meubles corporels. *Cour de Paris du* 2 *mai* 1811. *J. du P., même année.*

51. Les ventes à l'amiable d'effets d'un failli, peuvent être faites par le syndic, sans ministère d'officier ministériel ni déclaration préalable, mais elles sont enregistrables dans les 20 jours de leur date. Celles aux enchères faites par le syndic ou un officier public, sont soumises à la déclaration préalable au bureau dans l'arrondissement duquel elles doivent se faire, et enregistrables dans les 20 jours. *Déc. min. just. et fin. des* 26 *mai et* 9 *juin* 1812. (*Art.* 4234, *j.*)

52. Les Régisseurs des octrois municipaux peuvent procéder, eux-mêmes, aux ventes d'objets saisis par leurs Préposés, pourvu que les ventes soient constatées par les Préposés en chef, dans le cas où elles n'excéderaient pas 200 fr., et à la charge, en outre, de faire enregistrer le procès-verbal. *Déc. min. fin. du* 15 *déc.* 1808.

53. Les Préposés de l'enregistrement et des domaines sont, comme par le passé, chargés exclusivement de procéder aux ventes du mobilier de l'Etat et des effets militaires hors de service ; l'établissement des Commissaires-Priseurs n'a point dérogé aux lois et aux réglemens spéciaux relatifs à ces ventes. *Instr.* 927.

54. Un libraire n'a pas encouru l'amende lorsqu'il a procédé chez lui à une vente d'après un avis imprimé distribué à plusieurs de ses confrères, contenant un catalogue de livres qu'il offrait de vendre à eux seuls à l'amiable et de gré à gré, et lorsque, pour procéder à cette vente, il se fesait apporter successivement les objets qu'il annonçait pour un prix que l'on devait accepter, sans quoi le lot était retiré et remplacé par un autre. *Arr. de cass. du* 4 *nov.* 1818.

55. DÉCLARATION PRÉALABLE, etc. Aucun officier public ne peut procéder à une vente publique et par enchères d'objets mobiliers (bois taillis ou futaies, fruits ou récoltes, V. le n.° 39 ci-devant), qu'il n'en ait préalablement fait la déclaration au bureau de l'enregistrement dans l'arrondissement duquel la vente a lieu. *Art.* 2 *de la loi du* 22 *pluv.* 7. A peine de 100 fr. d'amende. *Art.* 7 *de la même loi.*

56. La déclaration doit avoir lieu pour les ventes de récoltes rédigées dans la forme des *baux*, comme pour toutes les autres ventes d'objets mobiliers. *Déc. min. fin. du* 29 *sept.* 1820. (*Art.* 6878, *j.*)

57. L'Huissier doit faire la déclaration préalable de la vente de meubles à laquelle il doit procéder. *Instructions*, n.° 659.

58. Les Receveurs de l'enregistrement ne sont point tenus de recevoir, les dimanches et fêtes, les déclarations des officiers publics, ayant pour objet les ventes de meubles. *Déc. min. fin. du* 30 *mars* 1815. (*Art.* 5107, *j.*)

59. S'il y a plusieurs bureaux dans la même ville, la déclaration doit être faite dans celui où s'enregistrent ordinairement les actes de la nature de ceux passés par l'officier public qui fait la vente. *Circ.* 1499. *Instr.* 326, *nomb.* 3.

60. La déclaration peut être faite par un mandataire muni d'une procuration spéciale, signée et enregistrée, qui demeurera annexée au registre et dans laquelle on mentionnera la cause de l'impossibilité où sont les officiers publics de remplir eux-mêmes la formalité. Le Receveur ne peut se permettre de la recevoir sur simple lettre ou avis de ces officiers. *Instr.* 396.

61. La déclaration ne peut être faite par lettre missive. *Arr. de cass. du* 24 *nov.* 1806. (*Art.* 2654, *j.*).

62. Lorsque la vente n'a pas eu lieu au jour indiqué par la déclaration, il doit être fait une nouvelle déclaration. *Sol. du* 18 *avril* 1817. (*Art.* 5813, *j.*).

63. Mais lorsque l'officier public chargé de procéder à une vente de l'espèce, ne peut la commencer faute d'enchérisseurs, et qu'il la remet à un autre jour, par procès-verbal qu'il soumet à l'enregistrement dans le délai prescrit, il n'est pas tenu de faire une nouvelle déclaration préalable. *Déc. min. fin. du* 24 *mars* 1820. (*Art.* 6853, *j.*).

64. La déclaration est inscrite sur un registre particulier *en papier non timbré*, et datée. Elle contient les noms, qualités et domicile de l'officier, ceux du requérant, ceux de la personne dont le mobilier doit être mis en vente, et l'indication de l'endroit où se fera la vente, et le jour de son ouverture. Elle est signée par l'officier public, et il en est fourni une copie, sans autres frais que ceux du papier timbré sur lequel elle est délivrée. Elle ne peut servir que pour le mobilier qui est dénommé. *Art.* 3 *et* 4 *de la loi du* 22 *pluv.* 7.

65. Cette copie doit être délivrée sur papier au timbre de minute. *Déc. min. fin. du* 6 *oct.* 1817. (*Art.* 6129, *j.*).

66. *Sont dispensées* de cette déclaration les ventes : 1° De mobilier national et d'effets des Monts-de-Piété légalement établis. *Circ.* 1498. — 2° De prise maritime, et celles faites par les commissaires de marine ou autres agens et administrateurs qui les remplacent. *Déc. min. fin. des* 14 *juin et* 15 *décem.* 1808. — 3° D'objets saisis, faites par les préposés des douanes. *Sol. du* 3 *flor.* 7. — 4° De récoltes de prés, bois et autres

revenus communaux qui peuvent être faits par les maires ou délégués des administrations communales, pourvu qu'il en soit dressé procès-verbal dans le délai. *Circ.* 1732. *Instr.* 326.

67. Il n'en serait pas de même si ces ventes étaient faites par les administrateurs de ces établissemens. *Déc. min. fin. du* 13 *décem.* 1808.

68. Quant aux ventes d'effets d'un failli, V. les n°s 32 et 51 ci-dessus.

69. Celles de mobilier des fabriques et des hospices auxquelles les maires peuvent procéder, sont sujètes au timbre, à l'enregistrement dans les 20 jours, et dispensées de déclaration préalable. *Déc. min. fin. du* 16 *avril* 1811. (*Art.* 4174, *j.*).

70. Obligations diverses *des fonctionnaires et préposés.* — L'art. 5 de la loi du 22 pluv. 7, porte: « Les officiers publics transcriront, en tête de leurs procès-verbaux de vente, les copies de leurs déclarations. — Chaque objet adjugé sera porté de suite au procès-verbal; le prix y sera écrit en toutes lettres, et tiré hors lignes en chiffres. — Chaque séance sera close et signée par l'officier public et deux témoins domiciliés. — Lorsqu'une vente aura lieu par suite d'inventaire, il en sera fait mention au procès-verbal, avec indication de la date de l'inventaire, du nom du notaire qui y aura procédé, et de la quittance de l'enregistrement. »

71. Il est prononcé une amende de 100 f. pour chaque article adjugé et non porté au procès-verbal (outre la restitution du droit); de 100 f., aussi, pour chaque altération de prix des articles adjugés; de 25 f. pour défaut de transcription, en tête des procès-verbaux de vente, des copies de déclarations; et de 15 f. pour chaque article, dont le prix ne serait pas écrit en toutes lettres au procès-verbal. *Art.* 7 *de la même loi.*

72. La disposition de l'arrêt du conseil d'état du 13 novembre 1778 qui oblige les notaires, greffiers, huissiers et tous autres officiers publics, ayant droit de procéder aux ventes mobilières, de comprendre dans leurs procès-verbaux tous les articles exposés en vente, tant ceux par eux adjugés soit en totalité ou sur simple échantillon, que ceux retirés ou livrés par les propriétaires ou les héritiers pour le prix de l'enchère et de la prisée, sous peine de 100 fr. d'amende, et de restitution du droit, est remise en vigueur, et sortira sa pleine et entière exécution. *Ordonn. du* 1er *mai* 1816.

73. Il n'y a lieu à la perception des droits, que sur les objets adjugés, et sur ceux dont la tradition est prouvée légalement; il n'en est dû aucun sur le prix des objets retirés, même après enchère, par le propriétaire. Le procès-verbal de vente devra comprendre tous les objets exposés, sauf les explications nécessaires pour distinguer ceux qui n'ont pas été adjugés. *Instr.* 882.

74. A l'égard de la déclaration que doit faire, au pied du procès-verbal de vente, le fonctionnaire qui l'aura rédigé, V. *consignation.*

75. Le Receveur, avant d'enregistrer cet acte, et l'Employé supérieur, lors des vérifications, doivent s'assurer de l'exactitude des additions. *Circ.* 1498. *Instr.* 436.

76. Contraventions a constater. — Instances. Les Préposés de l'Administration de l'Enregistrement sont autorisés à se transporter dans tous les lieux où se font des ventes publiques et par enchères, et à s'y faire représenter les procès-verbaux de vente et les copies de déclarations préalables. — Ils peuvent requérir l'assistance du Maire ou de l'Adjoint de la commune où se fait la vente. — La preuve testimoniale est admissible sur les ventes faites en contravention à la loi du 22 pluviôse 7. *Circ.* 1498. *Instr.* 326. *Arr. de cass. du* 30 *mess.* 10, qui confirme le dernier principe.

77. Ils sont tenus de dresser procès-verbal des contraventions qu'ils ont reconnues et constatées. *Art.* 8 *de la même loi.*

78. Les employés de tous grades doivent constater les contraventions qu'ils découvriraient. *Circ.* 967.

79. L'Inspecteur et le Vérificateur doivent faire connaître par leurs journaux de travail, et le premier par sa lettre de tournée, le résultat de leurs démarches et de celles des Receveurs pour la découverte des contraventions aux ventes de meubles aux enchères. *Instr.* 326.

80. Si la vente publique présentée à l'enregistrement est faite par une personne sans qualité, il faut en joindre une copie ou collation au procès-verbal que l'on dresse de la contravention. *Circ.* 1008.

81. L'amende, dans ce cas, ne peut être recouvrée par contrainte. *Arr. de cass. du* 30 *mess.* 10.

82. Lorsqu'il y a lieu de rapporter procès-verbal d'une contravention reconnue tant par l'Employé que par l'Officier municipal, on fait mention de la présence de cet officier qu'on fait signer sur le procès-verbal, sujet à l'affirmation, s'il n'existe pas de pièces probantes de la contravention, et dispensé de cette formalité, si elle résulte de pièces écrites que le Receveur ait en main. Dans les deux cas, on soumet au Directeur le projet du procès-verbal. *Circ.* 1498.

83. Quand un Notaire a procédé à une vente sans déclaration, à défaut d'un procès-verbal dressé sur les lieux mêmes où se commet la contravention, il faut une enquête et non un procès-verbal dressé dans le bureau du Receveur sur de simples déclarations des particuliers non assermentés. *Arr. de cass. du* 4 *juillet* 1810. (*Art.* 3716, *j.*)

84. Dans tous les cas de contravention aux lois des 22 frim. et 22 pluv. 7, le Receveur ne doit enregistrer la vente que sous réserve de l'amende encourue, ne remettre l'acte qu'après en avoir tiré une copie certifiée de l'officier public, ou collation en forme, à moins que le contrevenant n'acquitte le droit et l'amende. *Circ.* 1498. *Inst.* 326.

85. Les poursuites et instances ont lieu de la manière prescrite par la loi du 22 frim. 7. *Art.* 8 *de la loi du* 22 *pluv.* 7.

86. Ainsi lorsque le Directeur a approuvé le procès-verbal et fixé le montant de l'amende, s'il s'agit d'une contravention commise par un particulier, le Receveur décerne une contrainte, la fait viser par le Juge de paix, et poursuit l'effet par commandement, saisie, etc. — Si le redevable forme opposition à ces poursuites, avec assignation, l'instance s'engage devant le Tribunal de première instance, et le Directeur la suit par mémoires

respectivement signifiés, et, conformément à l'art. 65 de la loi du 22 frim. 7, il n'y a pas lieu à l'appel. *Circ.* 1498.

VENTES *d'immeubles.*

1. Les ventes, reventes, adjudications, cessions, rétrocessions et tous autres actes civils et judiciaires, translatifs de propriété ou d'usufruit de biens immeubles, à titre onéreux, opèrent le droit de 5 fr. 50 c. p. 100; mais la formalité de la transcription au bureau de la Conservation des hypothèques, ne donne plus lieu à aucun droit proportionnel. *Art.* 52 *et* 54 *de la loi du* 28 *avril* 1816. V. à HYPOTHÈQUES, *droit de transcription.*

2. La convention portant qu'un particulier consent à recevoir, dès-à-présent et à perpétuité, à titre de servitude, sur une portion de son terrain, les eaux pluviales des bâtimens voisins, à condition que le prix de cette servitude lui sera payé suivant l'estimation qui en sera faite par des experts, est passible du droit de 5 1/2 p. 100. *Déc. min. fin. du* 18 *sept.* 1811. (*Art.* 3997, *j.*)

3. La clause d'un acte par laquelle un père paye une somme à sa fille, héritière pour une moitié de sa mère, à la charge de ne plus rien lui demander, tant du chef de la communauté que de ses autres droits dans la succession maternelle, si aucuns lui en revenaient, et sous condition qu'il en jouira sans en rendre compte, *sans quoi les présentes n'auraient pas eu lieu,* est une vente de droits héréditaires, attendu que l'acte n'a été précédé, accompagné ni suivi d'aucune des formes constitutives du partage. *Arr. de cass. du* 31 *mars* 1817. (*Art.* 5790, *j.*)

4. Celui qui a acquis un bien dont il a payé le prix comptant, et qui s'en rend adjudicataire ensuite, sur l'expropriation poursuivie par les créanciers hypothécaires de son vendeur, parce qu'il n'avait pas purgé son acquisition, n'est point tenu de payer un second droit proportionnel de mutation. *Sol. du* 19 *août* 1818, *approuvée par le min. des fin. le* 17 *novembre suivant.* (*Art.* 6697, *j.*)

5. Pour les ventes à folle ou sur enchère. V. *adjudication.*

6. Quant aux cessions du droit de congédier le colon, faites à un tiers par les propriétaires fonciers de *domaines congéables*, V. *domaine congéable.*

7. A l'égard des ventes par licitation, V. *licitation.*

8. LIQUIDATION DES DROITS. Le droit des ventes et autres actes translatifs de propriété ou d'usufruit de biens immeubles, à titre onéreux, se liquide sur le prix exprimé dans l'acte, en y ajoutant toutes les charges en capital. *Art.* 15 *de la loi de frim.* 7. V. *ci-après*, n.os 15 *et suivans.*

9. Le droit est dû pour vente, encore que le transport de la propriété ne soit pas fait pour de l'argent, mais à la charge de remplir des conditions onéreuses. *Arr. de cass. du* 7 *fév.* 1814.

10. Ainsi l'acte par lequel un particulier, pour ne plus recevoir dans sa cour les eaux provenant de la maison de son voisin, consent à construire à ses frais, dans la cour de celui ci, un puisard dont la dépense est évaluée 600 fr., est passible du droit de 5 fr. 50 c. pour 100 sur cette somme. *Sol. du* 22 *oct.* 1817.

11. Lorsque le prix est converti en une rente plus forte que ne le comporte ce prix, le droit ne peut frapper que sur celui exprimé, sauf expertise, s'il y a lieu. *Sol. du* 9 *prair.* 6.

12. Ainsi une vente faite moyennant 2,500 fr. laissés à l'acquéreur pour servir une rente viagère de 400 fr., n'est passible du droit que sur 2,500. *Sol. du* 15 *vend.* 10.

13. Si la vente est faite pour un prix à fixer par *estimation*, V. ce mot.

14. Lorsqu'un terrain est vendu avec déclaration que les bâtimens y existans appartiennent déjà à l'acquéreur, sans en rapporter la preuve légale, le Receveur doit faire estimer les bâtimens et percevoir le droit proportionnel sur la valeur des deux objets. *Sol. du* 29 *janv.* 1820. (*Art.* 6616, *j.*) — Au surplus, V. *actes*, n.° 181.

15. CHARGES. Toutes les charges doivent être ajoutées au prix, quelque éventuelles qu'elles soient. *Tribunal de Paris, du* 12 *juin* 1812. (*Art.* 4366, *j.*)

16. Le capital des rentes foncières dont est chargé l'acquéreur, doit être ajouté au prix. *Instr.* 178.

17. La rente créée par le titre même de mutation, fait charge comme celle anciennement affectée à l'immeuble. *Arr. de cass. du* 9 *fruct.* 12. (*J. du P., même année.*)

18. La charge imposée à l'acquéreur qui entre en jouissance au mois de juin, de payer les contributions foncières, à compter du 1.er janvier précédent, constitue une augmentation du prix de la vente. *Arr. de cass. du* 19 *mai* 1819. (*Art.* 6525, *j.*)

19. Lorsque l'acquéreur est chargé de payer les droits d'enregistrement, d'hypothèques et honoraires du Notaire, ces droits doivent être déduits du prix principal sur lequel on établit le droit de mutation. *Arr. de cass. des* 29 *pluv. et* 25 *germ.* (*J. du P.* 1806.)

20. Dans une adjudication devant Notaire, les émolumens de l'Avoué ou Not.re enchérisseur, sont des *charges* ainsi que tous les frais, excepté les honoraires du Notaire rédacteur, qui ne peuvent entrer dans la liquidation des droits d'enregistrement. *Déc. min. just. du* 23 *mai* 1809.

21. Lorsque dans une adjudication pardevant Notaire, le cahier des charges porte que les adjudicataires paieront au Notaire, en sus de leurs prix principaux, une somme pour frais et honoraires, et que cette somme excède ce qui est dû au Notaire pour les frais et honoraires relatifs à la vente dont il s'agit, la Régie a le droit de demander que cette somme soit réduite, et que le surplus, quoique accordé au Notaire pour frais et honoraires dans d'autres opérations, soit considéré comme faisant partie du prix principal, et en conséquence assujéti au droit d'enregistrement *Arr. de cass. du* 10 *déc.* 1816. (*M. Sirey, année* 1818.)

22. La vente d'un moulin à la charge par l'acquéreur de rembourser au locataire de ce bien la prisée des tournans, virans et travaillans est soumise au droit de 5 1/2 p. 0/0 sur la totalité du prix du moulin et des ustensiles. *Sol. du* 18 *août* 1815. (*Art.* 5197, *j.*).

23. Celle d'un domaine provenant d'engagemens moyennant une somme et sous la condition d'acquitter la rente résultant du titre de concession est passible du

droit sur le prix stipulé en y ajoutant le capital de la rente, quoique féodale. *Arr. de cass. du* 25 *avril* 1810.

24. VENTES DE DROITS SUCCESSIFS. — Le droit proportionnel dû pour les immeubles doit être perçu sur la totalité du prix d'une cession de droits successifs, lors même qu'il est établi un prix particulier pour les immeubles et pour les meubles, si les désignations prescrites par l'art. 9 de la loi de frim. 7 ne sont pas faites article par article. *Arr. de cass. du* 5 *mai* 1817. (*Art.* 6850, *j.*).

25. Lorsqu'une vente de l'espèce a lieu, les dettes de la succession font charge, quoique l'acquéreur ne soit pas expressément obligé de les acquitter. *Arr. de cass. du* 20 *niv.* 12. — Si la cession de droits successifs ne contient aucune clause relative au paiement des dettes, le Receveur ne peut exiger qu'on en passe déclaration, sauf à requérir l'expertise dans le cas où le prix lui paraîtrait inférieur à la valeur vénale des biens déclarés. *Déc. min. fin. du* 3 *nov.* 1820. (*Art.* 6842, *j.*).

26. Lorsque le cessionnaire de droits successifs est tenu de rapporter à la masse de la succession une somme due à celle-ci par le cédant, il y a lieu d'ajouter cette charge au prix de la vente puisqu'elle en accroît le prix, et de percevoir 5 1/2 p. o/o sur la totalité. *Déc. min. fin. du* 17 *nov.* 1820. (*Art.* 6891, *j.*). V. *Cession*, n.os 15 et suiv.

27. La vente sous seing-privé de droits successifs mobiliers et immobiliers doit être enregistrée dans les trois mois de sa date, sous peine de double droit comme contenant vente d'immeubles. *Arr. de cass. du* 28 *août* 1809.

28. Lorsque dans une vente de droits successifs il est déclaré qu'il n'existe aucune dette à la charge de la succession, la découverte de créances sur cette succession, ne peut autoriser qu'une demande en expertise. *Sol. du* 18 *nov.* 1814, *appr. par le min. des fin. le* 7 *déc. suiv.* (*Art.* 5021, *j.*).

29. VENTE A FACULTÉ DE RÉMÉRÉ. — Cette vente étant translative de propriété, quoique résoluble sous condition, est sujète aux mêmes droits que les ventes ordinaires. *Instr.* 386.

30. S'il est stipulé un supplément de prix au cas que le rachat ne soit pas exercé, le droit doit être assis sur ce supplément, qui sera ajouté aux prix de la vente et autres charges. *Instr.* 386. — Si au contraire le vendeur s'oblige en cas de retrait de payer à l'acquéreur une somme plus forte que le prix stipulé pour l'aliénation, on doit prendre pour base ce dernier prix, sauf à requérir l'expertise, s'il y a lieu. La dernière stipulation n'opère aucun droit. *Sol. du* 5 *germ.* 10. — V. *Retrait de réméré.*

31. La cession du droit de retrait d'une vente à faculté de réméré, constitue une mutation immobilière *Arr. de cass. du* 21 *germ.* 12. (*J. du P., même année.*)

32. On doit considérer comme vente à réméré pour la perception, celle faite à titre d'antichrèse, à toujours rachetable, moyennant 400 fr. savoir : 100 fr. payés comptant, 100 fr. acquittables lors de l'entrée en jouissance, et 200 fr. deux ans après, sans intérêt, avec clause qu'à défaut de paiement au terme fixé le cédant pourra rentrer dans ses biens 3 mois après avertissement. *Arr. de cass. du* 4 *mars* 1807. (*Mém. d'ordre de la direction d'Orléans, année* 1820.)

33. VENTE DE MEUBLES ET IMMEUBLES OU *d'immeubles par destination, rentes, etc.* — Lorsqu'un acte translatif de propriété ou d'usufruit comprend des *meubles* et *immeubles*, le droit d'enregistrement doit être perçu sur la totalité du prix au taux réglé pour les immeubles, à moins qu'il ne soit stipulé un prix particulier pour les objets mobiliers, et que ces objets ne soient désignés et estimés article par article dans le contrat. *Art.* 9 *de la loi du* 22 *frim.* 7.

34. L'état descriptif et évaluatif passé dans la huitaine du contrat ne peut empêcher la perception du droit de 5 1/2 p. 100 sur la totalité du prix, parce que cet état doit être contenu dans le contrat même. *Déc. min. fin. du* 30 *mai* 1809. (*Art.* 3445, *j.*)

35. Dans la cession d'immeubles et de la jouissance des fruits pour les années antérieures, moyennant un prix distinct pour les deux natures de vente, il n'est pas nécessaire pour dispenser du droit de 5 1/2 p. o/o sur la valeur des fruits, que cette jouissance soit désignée année par année. *Arr. de rejet d'un pourvoi en cass. du* 21 *oct.* 1811. (*Art.* 4333, *j.*).

36. Lorsqu'une vente de meubles et d'immeubles est faite moyennant 65,000 fr., dont 50,000 pour le mobilier, qui se trouve décrit dans un bref état qui précède l'acte, et qui est le résultat d'un inventaire authentique, il convient de ne percevoir que 2 p. 100 sur les 50,000 f. *Arr. de cass. du* 5 *mai* 1817.

37. S'il s'agit d'une vente de droits successifs, V. le n.° 24 ci-dessus.

38. Les fruits d'un fonds sont censés en faire partie, lorsqu'ils sont compris dans le transport de la propriété ou de l'usufruit de ce fonds, bien qu'il soit stipulé que la vente est faite moyennant 100,000 fr., dont 5,000 fr. pour prix des récoltes, tant *sur pied* que *rentrées ou vendues*, parce que les fruits des fonds ne sont pas entièrement coupés, et qu'il n'y a pas de ventilation. *Instr.* 290, *nomb.* 76. *Arr. de cass. du* 19 *vend.* 14. *Sol. du* 9 *nov.* 1815. (*Art.* 5268, *j.*) — Au surplus, V. *biens.*

39. On doit percevoir le droit réglé pour les immeubles, sur un contrat contenant vente d'immeubles, moyennant un prix, et dans une des autres sections du contexte, cession de meubles avec stipulation d'un prix spécial, dès que le mobilier n'est pas désigné comme l'exige la loi. *Déc. min. fin. du* 30 *déc.* 1808.

40. Lorsque, par deux contrats du même jour, un particulier acquiert, d'un côté, la superficie d'un bois, et de l'autre, le sol de ce bois, on doit considérer ces actes comme formant une seule vente, et percevoir le droit fixé pour les immeubles, tant sur la vente du fonds que sur celle de la superficie. *Trib. de la Seine du* 10 *frim.* 10. (*Art.* 1325, *j.*) — Cependant, V. *ventes de meubles*, n.° 5.

41. Autre jugement du Tribunal de la Seine, du 3 mai 1806, qui a jugé que les objets mobiliers garnissant la manufacture d'armes de Rouanes, vendus le même jour et au même acquéreur des fonds et bâtimens, mais par acte séparé, devaient, pour la perception du droit

d'enregistrement, être considérés comme d'une nature immobilière par destination.

42. Une vente de meubles existant dans un domaine, et devenus immeubles par destination, faite à l'acquéreur de ce domaine, quelques jours, et même plusieurs mois après l'acquisition, est passible du droit de 5 1/2 p. 100, d'après la solution du Conseil du 8 juillet 1814. (*Art.* 4854, *j.*) — L'arrêt de cass. du 7 sept. 1813, qui a jugé un cas particulier, n'est pas contraire à cette règle.

43. Une vente d'une maison et d'une rente foncière de 50 fr., au capital de 1000 fr., créée par acte enregistré est consentie moyennant 2,000 fr. pour le tout : le droit de 2 p. 100 est exigible sur 1000 f., et celui de 5 1/2 p. 100 sur les autres 1000 f. n'est que prov.[es] Il convient d'exiger que les parties déclarent pour quelle somme cet immeuble entrait dans le prix, et employer la voix de l'expertise, en cas d'insuffisance d'évaluation. *Sol. du 9 juillet* 1813.

44. VENTE AVEC RÉSERVE D'USUFRUIT. Si l'usufruit est réservé par le vendeur, il sera évalué à la moitié de tout ce qui forme le prix du contrat, et le droit sera perçu sur le total ; mais il ne sera dû aucun autre droit pour la réunion de l'usufruit à la propriété. *Art.* 15 *de la loi de frim.* 7. V. *réunion de l'usufruit à la propriété.*

45. Le droit de la vente de la nue-propriété, faite à un usufruitier qui a acquitté le droit d'enregistrement pour son usufruit, ne doit être perçu que sur la valeur de la nue-propriété, sans qu'il y ait lieu d'y joindre celle de l'usufruit. *Art.* 15, n.° 8, *de la loi du 22 frim.* 7.

46. Il est constant néanmoins que, si le prix n'était stipulé payable qu'à l'époque où l'usufruit devrait se réunir à la propriété, la réserve n'ajoutant rien au prix de la vente, le droit ne pourrait être liquidé que sur ce prix seulement. (*Art.* 33 *bis.*)

47. La réserve de l'usufruit, pour un tems déterminé, fait charge, excepté celle seulement pour le terme courant, lors de la vente. *Instr.* 400.

48. La vente d'un bois, fonds et superficie, moyennant 4000 fr., avec réserve, de la part du vendeur, de la première coupe à faire de ce bois, n'est passible du droit que sur 4000 fr. *Sol. du* 11 *therm.* 13.

49. Lorsqu'une forêt aménagée en plusieurs coupes annuelles est vendue, avec réserve de sept coupes que fera le vendeur, dans l'espace de six années, et des arbres de lisière, futaie, etc., et à la charge par l'acquéreur de payer le prix de la vente dans les six mois, ainsi que les contributions et les frais d'administration et de garde, à partir de la même époque, le droit doit être établi sur le prix, les intérêts de ce prix, le montant des contribut.[s] et sur celui des frais du garde, pour tout le tems que l'acquéreur se trouve perdre la jouissance. *Déc. min. fin. du* 5 *sept.* 1818. (*Art.* 6178, *j.*)

50. La vente faite à la charge de rapporter, le cas échéant, la distraction des gains de survie stipulés en faveur de la femme du vendeur par son contrat de mariage, présente par cette clause une réserve dont l'estimation doit être faite par la partie avant l'enregistrement ; le Tribunal doit ordonner cette formalité si la partie forme opposition à la contrainte decernée à cet effet par le Receveur, sauf à recourir à l'expertise, si le prix réel de l'immeuble se trouve ensuite insuffisamment évalué. *Arr. de cass. du* 24 *juin* 1811.

51. VENTE DE LA NUE-PROPRIÉTÉ A L'UN ET DE L'USUFRUIT A L'AUTRE. Lorsqu'un contrat transmet la propriété à un particulier qui paie comptant, et l'usufruit à un autre, le droit est dû, 1° par l'acquéreur de l'usufruit sur la somme stipulée ; 2° par l'acquéreur du fonds sur le prix de la propriété, en y ajoutant moitié de ce prix. *Sol. du* 9 *frim.* 7, *tribunal de Paris du* 2 *mars* 1810. (*Art.* 3996, *j.*)

52. Ainsi, lorsqu'un particulier acquiert la nue-propriété d'un immeuble, moyennant 34,000 fr., et un autre l'usufruit, moyennant pareille somme, ce dernier doit acquitter le droit sur 34,000 fr. ; et le premier sur 51,000 fr. *Sol. du* 26 *oct.* 1814.

53. Lorsque la vente de la nue-propriété à l'un et de l'usufruit à l'autre est faite, moyennant 300,000 fr. sans indication de la portion du prix payé par chaque acquéreur, le droit est dû pour la nue-propriété, 1.° sur 150,000 fr., formant la moitié de la somme totale ; 2.° sur 75,000 fr., pour la réserve d'usufruit.

Total.. . .	225,000 fr.	} 375,000 fr.
Et pour l'usufruit, sur. .	150,000 fr.	

Arr. d'admission en cass. du 22 *juin* 1815. (*Art.* 5333, j.) *Déc. min. fin. du* 8 *août* 1818. (*Art.* 6166 *et* 6552, j.)

54. Lorsqu'on vend la nue-propriété d'un domaine et l'usufruit de moitié seulement à un individu, tandis que l'usufruit de l'autre moitié est cédé à un second acquéreur, le droit doit frapper sur le prix exprimé dans l'acte, auquel on ajoute la portion d'usufruit réservée au second. *Arr. d'admission en cass. du* 3 *fév.* 1814. (*Art.* 5031, j.)

55. Si une vente d'immeubles et de rentes est faite, sav. : à un particulier de la nue-propriété, et à un autre de l'usufruit, moyennant 2000 fr. pour le tout, dont 1400 fr. pour la propriété et 600 fr. pour la jouissance, il convient de faire estimer par la partie la somme pour laquelle les héritages entrent dans les 1400 fr., et percevoir le droit pour l'usufruit des rentes sur la moitié de leurs capitaux. *Sol. du* 5 *oct.* 1812.

56. VENTE DE LA NUE-PROPRIÉTÉ ET DE L'USUFRUIT AU MÊME. Si deux particuliers vendent à un autre, l'un, la nue-propriété de terres labourables, moyennant 14,000 fr. et à la charge d'une redevance en grains, l'autre, l'usufruit, moyennant 1,000 fr. et sous condition de supporter en leur place la redevance en question, le droit est perceptible 1.° sur 14,000 fr. et le capital de la rente ; 2.° sur 1,000 fr. résultant de la cession d'usufruit. *Sol. du* 13 *mars* 1807.

57. DISPOSITIONS PARTICULIÈRES. Dans le cas de transmission de biens, la quittance donnée ou l'obligation consentie par le même acte, pour tout ou partie du prix entre les contractans, n'opère point un droit particulier d'enregistrement. *Art.* 10 *de la loi de frimaire* 7. Mais la vente qui contient quittance à l'acquéreur par les créanciers du vendeur, est passible, outre le droit de vente, de celui de 50 c. p. 100 pour la libération de celui-ci envers ses créanciers. *Arr. de cass. du* 6 *juillet* 1815. (*Art.* [illegible], j.)

58. La vente peut être parfaite encore qu'elle soit faite sous condition d'être non avenue, si le prix n'est

pas payé dans un délai déterminé : une telle condition est résolutoire et non suspensive. *Arr. de cass. du* 14 *déc.* 1809. (*Art.* 3687, *j.*)

On ne peut non plus considérer comme condition suspensive, l'obligation imposée à un acquéreur de payer les créanciers inscrits. *Arr. de cass. du* 28 *août* 1815. (*Art.* 5295, *j.*) V. *obligation*, n.° 31, et *promesse*, n.° 8.

59. Lorsque dans une vente faite moyennant 10,000 fr. payables à terme, les intérêts sont payés comptant, il n'y a pas lieu de réunir les intérêts au prix puisqu'il est accordé délai à l'acquéreur pour se libérer du capital convenu. *Sol. du* 23 *oct.* 1818.

60. Le contrat de vente du bien d'un mineur dans lequel le vendeur promet de garantir et de faire ratifier cette vente à la majorité de son pupille, n'opère que le droit de vente, puisque la promesse est dépendante de la vente. *Déc. min. fin. du* 12 *janv.* 1818. (*Art.* 5959, *j.*)

61. La vente faite par un individu, tant en son nom que pour un mineur duquel il s'oblige de rapporter la ratification à la majorité, en affectant une somme pour sûreté de cette garantie, n'opère aucun droit fixe ou proportionnel comme cautionnement. *Sol. du* 24 *sept.* 1813.

Il n'en est pas de même, et le droit de cautionnement est exigible, lorsque dans un acte d'acquisition par un mineur émancipé, assisté de son curateur, celui-ci se fait fort, au besoin, de l'exécution pleine et entière des conditions de la vente. *Sol. du* 12 *avril* 1821. (*Art.* 6937, j.)

62. La même perception doit avoir lieu lorsqu'un tiers intervient pour garantir les acquéreurs de toutes recherches. *Arr. de cass. du* 31 *mai* 1813. (*Art.* 4573, j.)

63. Lorsqu'un père a donné à son fils tous ses biens présens et à venir, mais sans stipulation de transmission actuelle, qu'ils vendent ensuite conjointement une portion de ces biens, et que le prix est payé en billets à l'ordre du fils du donataire, on doit voir dans cette garantie, que l'acquéreur semble exiger, un cautionnement passible du droit de 50 c. p. 100. *Sol. du* 31 *juillet* 1816. *Déc. min. fin. du* 10 *oct.* 1817. (*Art.* 5904, *j.*) Au surplus, V. *cautionnement*, n.ºs 16 et suiv.

64. Sur la disposition d'un contrat de vente, par laquelle l'acquéreur souscrit des billets à ordre pour le paiement des intérêts à échoir du prix de la vente, il n'est pas dû de droit d'obligation. *Sol. du* 29 *mai* 1819. (*Art.* 6416, *j.*)

65. La stipulation dans un contrat d'acquisition faite par un mari et sa femme, que l'objet acquis appartiendra en totalité au survivant, ne peut être considérée comme une donation éventuelle, passible du droit fixe de 5 fr.; et à l'évènement du décès, le survivant n'est pas tenu d'acquitter sur la moitié qu'il recueille à ce titre, le droit de succession. *Arr. de cass. du* 11 *germ* 9. (*J. du P. an* 9.)

66. L'intervention de la femme dans une vente d'immeuble, appartenant à son mari ou dépendant de la communauté, ne donne ouverture à aucun droit. *Déc. min. fin. du* 19 *avril* 1814. (*Art.* 4799, *j.*)

67. La renonciation par une femme à son hypothèque légale sur des immeubles appartenant en propre à son mari, contenue dans l'acte de vente, ne peut autoriser la perception d'aucun droit particulier. *Sol. du* 4 *juin* 1818. (*Art.* 6093, *j.*)

68. Une vente d'immeubles paraphernaux, par la femme autorisée seulement de son mari qui reçoit le prix, donne lieu à la perception d'un droit particulier de 1 fr. p. 100, à titre soit de prêt, soit de dépôt, parce qu'aux termes de l'art. 1576 du C. C. elle a exclusivement l'administration de cette nature de biens. *Sol. du* 19 *mai* 1815. (*Art.* 5129, *j.*)

69. Lorsque l'acquéreur d'un bien, paie le prix comptant, et que le vendeur, pour lui donner toute garantie, affecte un autre bien, il n'est rien dû à cause de cette affectation. *Sol. du* 9 *mai* 1817. (*Art.* 5767, *j.*)

70. Si dans son texte, un acte contient vente d'un immeuble moyennant 30,000 fr. et donation du tiers de cette somme à l'acquéreur, on doit percevoir le droit de vente sur 30,000 fr. et celui de donation mobilière sur 10,000 fr. *Arr. de cass. du* 14 *mai* 1817. (*Art.* 5863, *j.*)

71. Une vente est faite moyennant 1,000 fr. payés en billets à ordre et annoncés dans le même contexte de l'acte, déposés entre les mains du Notaire chargé d'en faire le recouvrement : il n'y a point de contravention de la part de ce Notaire, pour avoir reçu en dépôt des actes non enregistrés; seulement, outre le droit de vente, on est fondé à percevoir un droit fixe de 2 fr. pour le dépôt, et celui de 50 cent. par 100 pour les billets souscrits par les acquéreurs au profit des vendeurs, et déposés par ces derniers entre les mains du Notaire, parce que cette disposition est étrangère à l'acte. *Déc. min. fin. du* 13 *nov.* 1810. (*Art.* 4036, *j.*)

72. Dans une vente faite à un particulier, du tiers d'un domaine, et à deux autres, des deux tiers restant, moyennant 9,000 fr. à la charge d'acquitter les rentes affectées sur ces biens; le vendeur, par cette vente, consent que le premier acquéreur, son créancier, reçoive la totalité du prix en extinction proportionnelle de la dette. Pour cet acte, le droit de vente doit frapper sur cette charge, et il est dû, en outre, celui de 1 fr. par 100 fr. sur les deux tiers du prix comme cession de créance. *Arr. de cass. du* 14 *mess.* 13.

73. Si la vente contient une clause qu'il en sera passé acte, V. *adjudication*, n.° 35.

74. Lorsqu'un mari et sa femme vendent un bien appartenant à celle-ci, sous l'hypothèque de leurs biens immeubles, présens et à venir, V. *déclaration*, n.° 2.

75. VENTES SUJÈTES AU DOUBLE DROIT. La vente dans laquelle se trouve une clause qui fait remonter la possession de l'acquéreur à trois années, à cause d'une convention verbale, conclue entre lui et son vendeur, autorise la perception du double droit. *Arr. de cass. des* 22 *mars* 1808 *et* 21 *oct.* 1811. (*Art.* 4080, *j.*)

76. Lorsqu'on prouve qu'une vente passée devant Not.^{re}, existait plus de 3 mois auparavant, par acte sous seing-privé, on est fondé à demander le double droit. *Arr. de cass. des* 12 *therm.* 13, *et* 19 *juillet* 1815 (*Art.* 5433, *j.*)

77. Cette amende ne peut être exigée du Notaire, mais seulement du nouveau possesseur. *Sol. du* 6 *oct.* 1815. (*Art.* 5252, *j.*)

78. Quoiqu'il n'ait pas été décerné contrainte, on doit poursuivre par cette voie, le recouvrement du double droit, contre un acquéreur qui présente, dans les délais, son contrat d'acquisition, si antérieurement il a été porté comme propriétaire sur le rôle, et s'il a payé cette contribution. *Arr. de cass. des 24 fév.* 1807, *et* 11 *mai* 1808. (*Art.* 3757, *j.*)

79 Il en est de même, lorsqu'antérieurement à son contrat l'acquéreur avait consenti un bail des biens par lui acquis. *Arr. de cass. du* 23 *déc.* 1807. (*J. du P., même année.*)

80. Pour régulariser la perception faite à raison de 5 1/2 p. 100 sur une vente d'immeubles, passée devant Notaire depuis la loi du 28 avril 1816, lorsqu'il est reconnu que la mutation s'était opérée avant cette loi, et que le double droit était exigible, le Ministre des finances a décidé, le 14 nov. 1818, que le droit et le double droit résultant d'un acte notarié, du 2 fév. 1817, étaient dûs à raison de 4 p. 100 en principal, et que sur le montant de ces droits, déduction devait être faite de la somme payée pour l'enregistrement de l'acte. (*Art.* 6524, *j.*)

81. L'acte de vente de biens dont la jouissance remonte à plus de 3 mois, et qui constate même une promesse verbale, antérieure à cette période de tems, ne donne pas lieu à la perception du double droit, malgré l'arrêt du 22 mars 1808; attendu que le dessaisissement de la propriété ne date que du jour de l'acte authentique, et que l'entrée en jouissance n'est pas l'entrée en possession. *Arr. de cass. du* 1.er *mars* 1815. *Déc. min. fin. du mois de juillet* 1819.

82. VENTES *de majorats*. Les Receveurs ne doivent pas enregistrer tout acte de vente, donation ou autre aliénation par les titulaires de biens affectés aux majorats, ainsi que tout acte qui les frapperait de privilége ou hypothèque. *Instr.* 413.

83. Toutes les acquisitions destinées à remplacer en France des propriétés situées hors du royaume et formant la dotation d'un majorat, sont soumises au droit 5 1/2 p. cent. *Même instr.*

84. VENTES à l'État et au Roi, aux départemens, arrondissemens et communes, aux hospices, congrégations hospitalières, etc., V. *acquisition*.

85. VENTES de biens provenant de succession en déshérence, etc., V. *adjudication*, n.° 42.

— Aux femmes et enfans d'émigrés, etc., V. *abandon*.

86. VENTES *sous seing-privé et verbales*. V. *actes sous-privé* et *mutation*.

87. VENTES reconnues nulles par les parties; elles n'en sont pas moins sujètes au droit proportionnel. *Arr. de cass. du* 10 *pluv.* 13.

88. VENTES *publiques d'immeubles*, V. *ventes de meubles*, n.° 41.

89. VENTES *d'immeubles situés en pays étrangers*. V. *actes*, n.° 130, et *greffe* (*droits de*), n.° 49.

90. VENTES *d'immeubles faites dans l'île de Corse*. Toutes les ventes d'immeubles faites dans l'île de Corse, sont soumises au droit de 2 p. 100, au lieu de 4 p. 100. *Arrêté de M. l'Administrateur de cette île, du* 21 *prair. an* 9. *Déc. min. just. et fin. du* 12 *mai* 1817. — Il convient pourtant d'ajouter le droit de transcription.

91. VENTES *de domaines de l'État*. Elles sont sujètes au droit de 2 fr. p. 100 fr.; la perception doit porter sur la totalité du prix. *Lois des* 26 *vend.* 7, 15 *et* 16 *flor.* 10, *et* 5 *vent.* 12. *Circ.* 1417 *bis*. *Instr.* 61 *et* 215.

92. Lorsqu'un coacquéreur de biens nationaux ne solde pas, et que le Préfet arrête qu'un autre coacquéreur lui est subrogé, cet acte n'est soumis qu'au droit de 2 p. 100. *Instr.* 308 *et* 532.

93. Les droits des adjudications des biens de cette nature, qui n'ont point été soumises à l'enregistrement, sont passibles des droits réglés par les lois en vigueur à l'époque où elles ont été faites. Le double droit n'est pas même exigible pour celles antérieures au 9 vend. 6, et le recouvrement du simple droit, doit être poursuivi directement contre les acquéreurs. *Circ.* 1109. *Déc. min. fin. du* 18 *brum.* 11. *Sol. du* 21 *vent.* 13.

94. La minute et la première expédition de ces ventes, à délivrer aux adjudicataires, sont exemptes du timbre. *Circ.* 117. — Même exception pour les procès-verbaux d'adjudication des biens confisqués. *Circ.* 767.

95. Toutes les ventes et adjudications des biens *de cette nature, de quelque origine qu'ils proviennent*, sont sujètes au droit proportionnel d'enregistrement. *Circ.* 893.

96. Les droits de timbre, tant des minutes que des expéditions délivrées aux particuliers, des procès-verbaux de ventes des biens de l'Etat, ne font point partie des frais qui, suivant l'art. 6 de la loi du 15 floréal 10, sont à la charge du Trésor public : ces droits, ainsi que celui de l'enregistrement, doivent être payés par les adjudicataires. *Instr.* 137.

97. Les ventes des biens formant les dotations des grands corps de l'Etat, et de ceux des hospices, qui ne sont qu'usufruitiers, ne sont assujétis qu'au droit de 2 p. 100, comme les biens nationaux. *Ins.* 366. *Circ. des* 1.er *avr.* 1806 *et* 11 *sept.* 1807.

98. Les ventes de biens immeubles des hospices sont passibles du droit de transcription : ainsi on doit percevoir 3 fr. 50 c. p. 100 sur ces sortes de ventes. *Instr.* 917.

99. Quand il s'agit de biens communaux, le droit de 2 p. 100, relatif aux biens nationaux ne peut être appliqué. *Déc. min. fin. du* 27 *janv.* 1809.

100. Les adjudications de biens communaux, faites aux détenteurs actuels de terrains adjugés, ne sont assujéties aux droits d'enregistrement, sur le prix exprimé, que déduction faite du montant des indemnités à prélever sur le même prix, d'après le cahier des charges, pour les constructions et améliorations existantes sur les terrains, à l'époque de l'adjudication. *Instr.* 904.

101. VENTE *des bois de la caisse d'amortissement*, V. *adjudication*, n.° 25.

VENTILATION. Evaluation faite de chacune des choses qui ont été vendues pour une somme, sans distinction du prix particulier assigné à chacune d'elle. V. *vente d'immeubles*, n. 33.

VÉRIFICATEUR, Employé supérieur d'un grade au-dessous de celui d'Inspecteur. Le Vérificateur est choisi parmi les Receveurs ou les premiers Commis de direction qui ont au moins trois années d'exercice dans leur grade; après un exercice de trois ans, il peut être appelé à la place d'Inspecteur. *Instr.* 759.

2. La première opération du Vérificateur, à son arri-

vée dans un bureau, est, après avoir mis son vu sur le principal registre de recette, et après avoir constaté l'état de la caisse, dont il fait un bordereau, d'établir la situation des tables et sommiers; s'il en imposait sur leur véritable situation, cet Employé perdrait son grade. *Circ. du 22 mars* 1808.

3. Il doit seconder le Receveur avec zèle, dans toutes les opérations tendant à l'amélioration des produits. — V. à ce sujet, et pour toutes ses autres obligations, les ordres généraux.

4. Le Vérificateur ne doit jamais prolonger sans nécessité son séjour dans un bureau. Il est tenu non seulement de surveiller et diriger toutes les parties, mais de faire les vérifications et recherches, tant extérieures qu'intérieures, qui lui sont prescrites. Le but de son institution est qu'il soit dans une activité continuelle, et qu'il passe, selon le besoin du service, d'un bureau à un autre. *Lettre de M. le Directeur génér. du* 19 *mars* 1806.

5. Il doit veiller à la tenue du sommier des fermages ou baux : réparer les omissions, rapprocher les annotations de paiemens au registre de recette. *Circ.* 1844.

6. Il s'assure, dans les bureaux de conservation d'hypothèques, par la comparaison des registres des formalités avec le registre de recette, si les droits ont été portés en recette et bien perçus, si les salaires sont conformes au tarif; il doit rectifier les omissions, et rapporter procès-verbal, lorsqu'elles paraissent avoir été faites avec intention; rendre compte de cette opération dans ses journaux. *Circ. du* 7 *juin* 1809; *autre* n.° 1914 et *instr.* 316 et 494.

7. Le vérificateur rend compte de toutes ses opérations par un journal de travail de quinzaine, qu'il adresse à M. le Directeur; et pour chaque année, par un précis qu'il envoie à M. le Directeur général. *Instr.* 752. — V. *Envoi*, n° 23.

Au surplus, V. *Employés supérieurs*, *Inspecteur*, *intérim*, *procès-verbal*, *Receveur*, *tournée*, *vérification*, vol. n°. 5; *et* AUX HYPOTH., *Employés supér.*ˢ et *Vérific.*ʳ

VÉRIFICATION *d'écritures*.

1. Les actes sous seing-privé font foi contre les parties et n'ont pas besoin d'être vérifiés d'après l'art. 1322 du code civil, lorsqu'il n'y a pas dénégation de l'écriture. *Arr. de cass. du* 7 *janv.* 1814.

2. Le rapport des experts peut n'être soumis à l'enregistrement qu'avec le procès-verbal du Juge-commissaire. Si la pièce à vérifier n'est pas exempte d'enregistrement, elle doit être enregistrée avant d'être produite. *Instr.* 436., *nomb.* 19 *et* 20.

3. Les décharges que les dépositaires de pièces remises au greffe, en cas de *vérification d'écriture*, donnent au greffier sur le *procès-verbal*, sont passibles d'un droit particulier indépendamment de celui du *procès-verbal. Id.*

4. VÉRIFICATION *de créances*. Pour connaître les droits qu'il convient de percevoir sur les procès-verbaux de vérification de créance, V. *Actes*, n° 43.

5. Un seul droit fixe est exigible quelque soit le nombre des séances employées à la confection de ces procès-verbaux. *Sol. du* 2 *fév.* 1809. (*Art.* 3263, *j.*).

6. On peut procéder à la vérification de créances sur un *failli*, sans que les titres représentés aient été préalablement enregistrés. *Déc. min. fin. du* 28 *juin* 1808.

7. Il n'est pas nécessaire de remettre au Juge-commissaire de la faillite une expédition authentique du bilan déposé au greffe, pour procéder à la vérification des créances. *Déc. min. fin. et just. des* 17 *et* 30 *mars* 1813. (*Art.* 4618, *j.*).

VÉRIFICATION *des études et greffes*.

8. Les instructions générales nᵒˢ 491 et 548 exigent que les études, les greffes et les secrétariats de tous les officiers publics et ministériels soient vérifiés de manière à ce qu'il ne s'écoule jamais deux années d'une vérification à l'autre, et que la prescription ne puisse atteindre les supplémens de droits et amendes qui résulteraient des irrégularités, énonciations ou contraventions que l'examen des actes et répertoires ferait connaître; ces instructions rendent en même tems les Receveurs responsables de la perte des droits et amendes qui proviendrait de leur retard à faire cette opération.

9. Dans le cours de chaque année et pour prévenir les prescriptions, les Receveurs doivent vérifier les minutes et les répertoires des officiers publics domiciliés dans l'étendue de leur arrondissement. *Art.* 85 *des ordr. génér. de Régie.*

10. La vérification des dépôts publics est prescrite aux employés supérieurs par les art. 139 et 217 des ordr. génér. de régie, et à tous les employés par la circ. 1836.

11. VÉRIFICATION *de régie*. —V. *Inspecteur*, *Vérificateur*. *Intérêt*, *Débet*, *Procès-verbal et les Ordres généraux de régie*.

VERSEMENS. — Ils doivent être faits aux époques prescrites, à la caisse des receveurs particuliers des contributions dans l'arrondissement duquel se trouve le bureau ou la division d'inspection, et comprendre la totalité des recettes. Aucune excuse ne peut en dispenser. *Circ. du* 6 *fruct.* 13. *Autre sous le* n° 871.

1. On ne peut admettre dans les versemens au-delà de l'appoint de la pièce de 5 fr. en monnaie de cuivre et billon. *Circ. du* 19 *avril* 1811. — Le comptable fera réduire à cette quotité la monnaie de cuivre qui lui sera offerte en paiement de droits. *Déc. min. fin. du* 11 *déc.* 1820. (*Art.* 6964, *j.*) V. *appoint* et *monnaie*.

2. Le Receveur comprend dans son versement les récépissés qu'il reçoit du caissier de la monnaie pour l'envoi qu'il aurait fait à l'hôtel des monnaies, de matières d'or et d'argent trouvées dans les successions en déshérence, ou restées en dépôt dans les greffes. *Instr.* 643.

3. Le montant des amendes de police doit être compris dans les versemens ordinaires. *Instr.* 670.

4. Les versemens doivent être faits de manière à ce qu'à la fin du mois leur montant avec les dépenses égale celui des recettes. *Instr.* 671.

5. Les frais du versement sont à la charge des comptables. *Circ.* 1062.

6. On ne doit jamais comprendre dans le même versement la recette qui a rapport à deux exercices. *Instruction* 213.

7. Le Receveur d'un chef-lieu (même celui du timbre extraordinaire, *circ.* 1796) doit verser tous les 5 jours, celui de canton tous les mois, sous peine de destitution; on ne doit pas attendre ce délai si les recettes montent à 5000 fr.; lorsque l'époque du versement est un jour

de repos, ou verse la veille. Le Directeur doit s'assurer que ces obligations sont remplies, par l'examen des états de mois, et l'Inspecteur doit en rendre compte dans ses lettres de tournée. *Circ.* 722, 1089, 1461, 1589, 1796, 1945. *Instr.* 56, 95, 190, 194 et 954. — V. *escorte*, p. 160, et *récépissé de versement*, p. 264.

VINDICTE publique. V. *ministère public*.

VISA. Formalité prescrite pour constater l'existence ou la date d'un acte, ou pour rendre exécutoire une contrainte.

1. Le visa du juge de paix, sur des pièces préalables à l'exercice de la contrainte par corps, doit le droit fixe de 1 fr. *Art.* 68 *de la loi de frim.* 7.

2. Le visa des contraintes décernées par les employés de l'enregistrement, est exempt de la formalité. *Sol. de l'Administration.* — Il en est de même des visa qui sont donnés sur des actes d'Huissiers, en exécution des Codes civil et de procédure, par les Maires, les Juges de paix, les Procur.s du Roi, etc. *Instr.* 436, *nomb.* 78.

3. Les répertoires des Officiers publics doivent être soumis au visa des Receveurs de l'enregistrement. V. *répertoire*, n° 52.

4. Quant au visa à insérer sur les exploits de signification, V. *exploits*, n.os 33 et suiv.

5. **VISA** *du Directeur*. Les ordonnances, mandats et exécutoires, excepté ceux pour indemnité aux jurés, taxes à témoins et autres frais de justice urgens, ne peuvent être acquittés par les Receveurs, qu'après qu'ils ont été revêtus du visa du Directeur, constatant qu'il n'existe point de saisie-arrêt ni d'opposition. *Instr.* 282. V. *saisie-arrêt.*

6. Le Directeur tient deux registres en papier libre, l'un pour inscrire sommairement les saisies-arrêts par ordre de dates et de n.os, avec indication du bureau où le paiement doit être fait, et du n° du visa du Préfet, qui doit être relaté dans son visa; l'autre pour inscrire, avec le même ordre, les oppositions. *Instr.* 282.

7. Le *visa* du Directeur n'est pas nécessaire sur les états de taxe d'urgence délivrés au profit du Receveur. *Instr.* 283.

8. Sont exemptes du *visa* des Préfets, les ordonnances délivrées par les Présidens, pour dépenses relatives aux successions en déshérence. *Instr.* 219. — De celui du Directeur, les mandats délivrés aux Tribunaux, pour ports de lettres. *Circ. du* 9 *avril* 1807.

9. Le Directeur vise les quittances des traitemens des Employés supérieurs et de ceux du Timbre, et certifie la durée du service. *Art.* 288 *des ord. gén.* V. la *circ.* n.° 125 et celle du 26 sept. 1808, pour la forme de ce *visa.*

10. Le *visa* ne peut être refusé qu'autant que le mémoire n'est pas dans la forme prescrite, ou quand la pièce comprend des dépenses non assignées sur les frais de justice. Les abus sur le fond des taxes ne peuvent que l'autoriser à en rendre compte à l'Administration. *Instr.* 531 *et* 538. V. *frais de justice.*

11. Le Directeur est tenu de vérifier la validité de la pièce de dépense, et d'indiquer le bureau où la somme ordonnancée doit être payée. *Lettre de M. le Direct. gén. du* 1.er *août* 1811.

12. Le Receveur ne peut acquitter que les pièces de dépenses revêtues du *visa* du Directeur. *Instr.* 339.

13. Le Directeur qui vise un mandat au profit d'un débiteur saisi, nonobstant l'opposition d'un créancier, est responsable de la somme envers celui-ci. *Déc. min. fin. du* 23 *mai* 1819.

14. **VISA** *pour valoir timbre*. Mention faite par un Préposé de l'Administration de l'Enregistrement, en tête d'un écrit ou de papiers destinés à certains actes, pour tenir lieu de l'empreinte du timbre.

15. Les particuliers qui ont besoin d'effets négociables au-dessus de 20,000 fr., sont tenus de présenter les papiers qu'ils y destinent, au Receveur de l'Enregistrement, et de les faire viser pour timbre. *Art.* 11 *de la loi du* 13 *brum.* 7. — Ils ont à payer un droit à raison de 70 cent. par 1000 fr., sans fraction. *Idem, et art.* 64 *de la loi de* 1816. — Le *visa* du Receveur doit énoncer la somme pour laquelle l'effet est tiré, le montant du supplément de droit et la date de la perception. *Circ.* 1419.

Pour les effets négociables venant de l'étranger, V. *effets négociables.*

16. A l'égard des écritures privées, faites sur papier non timbré, sans contravention aux lois du timbre, et produites en justice, V. *actes*, n.° 92.

17. La faculté du *visa* ne peut être accordée que pour les actes indiqués et les cas prévus par la loi. *Circ.* 40, 930 et 1419.

18. Les Receveurs sont autorisés à viser pour timbre en débet, les feuilles de papier destinées aux procès-verbaux des Agens forestiers, des Agens des Ponts et Chaussées, des Gardes-champêtres, de communes, hospices ou établissemens publics, des Gardes du Génie, des Gendarmes, dans l'exercice de leurs fonctions; aux procès-verbaux, sur les contraventions en matière de grande voirie, dressés par les Maires, les Ingénieurs des Ponts et Chaussées, ou autres; enfin le papier qui doit servir aux significations que les gardes forestiers font eux-mêmes de leurs proc.-verb. *Circ.* 890, 1155, 1156, 1218 et 1312.

19. Le visa pour timbre en débet est autorisé pour les actes judiciaires que la loi a soumis à l'enregistrement aux droits réservés. V. *Actes* n° 48.

20. Le visa pour timbre des répertoires des porteurs de contraintes doit avoir lieu gratis. *Instr* 382. V. *Répertoires*, n° 10.

21. On doit viser pour timbre *en débet* les feuilles destinées aux bordereaux d'inscription de créances appartenant à l'état, sauf le recouvrement du droit de timbre sur le grévé. *Instr.* 235. V. aussi *Interdiction*; et AUX HYPOTHÈQUES, *visa pour valoir timbre.*

22. Il en est de même, 1° du duplicata des quittances des droits d'inscriptions aux hypothèques, restés en suspens. *Circ.* 1521. 2° des arrêtés de préfets portant autorisation de radier des inscriptions illégalement requises. *Instr.* 176.

23. Tous les receveurs ayant le registre du visa pour valoir timbre, doivent admettre à cette formalité, les formules imprimées des procès-verbaux de saisie et des transactions en matière de contributions indirectes, pourvu que les droits de timbre soient acquittés à l'instant même où la formalité est demandée. *Déc. min. fin. du* 8 *fév.* 1814. (*Art.* 4809, *j.*).

24. Cette faculté du *visa pour timbre* doit être continuée, mais elle reste toujours interdite au chef-lieu du département, attendu que là il existe des poinçons pour l'apposition du *timbre extraordinaire*. *Lettre de M. le Directeur général du* 6 *mars* 1821. (*Bulletin des contrib.*[s] *indir.*[es], 1.er *vent.*)

25. La décision rappelée au n° 23 étant spéciale, il n'y a pas lieu de l'étendre aux contraintes. *Déc. min. fin. du* 1er *mars* 1820. (*Art.* 6651, *j.*).

26. Même depuis la loi du 25 mars 1817, les procès-verbaux des gardes champêtres et forestiers doivent continuer à être rédigés sur du papier visé *préalablement* pour timbre. *Sol. du* 28 *oct.* 1818. (*Art.* 6353, *j.*).

27. On peut viser pour timbre les papiers nécessaires pour instruire contre les communes à requête des préfets ou procureurs du roi. *Circ.* 1566.

28. Mais ce visa ne peut être donné, 1° aux actes administratifs. *Circ.* 1566. 2° aux affiches, feuilles ou journaux sujets au timbre. *Circ.* 1104. 3° non plus qu'aux procès-verbaux des gardes des particuliers. *Déc. min. fin. du* 26 *germ.* 7.

29. Dans les villes où il existe des receveurs d'actes judiciaires et des receveurs d'actes civils, le premier a le visa en débet, et le 2.e au comptant, et les receveurs ont un registre du visa pour les bordereaux, états et certificats d'inscription qui doivent être visés pour timbre. *Circ. du* 7 *juin* 1806.

30. Dans le cas où un timbre ou contre timbre ne peut être mis en activité au moment de la publication d'une nouvelle loi, le receveur y supplée par un visa énonciatif de la quotité ou du supplément de droit. *Instr.* 716.

VOIRIE. Les procès-verbaux y relatifs rédigés par les maires, adjoints, ingénieurs et conducteurs des ponts et chaussées, commissaires de police et gendarmes sont visés pour timbre, ainsi que tous les actes de poursuites en matière de grande voirie et les expéditions des arrêtés de condamnation. *Instr.* 415.

Les expéditions de permis d'alignement, de construire, de réparer et autres sont soumises à l'enregistrement, quand on veut en faire usage. *Déc. min. fin. du* 14 *fév.* 1809. V. *amendes* n°s 110 et suiv., et *visa pour timbre*.

VOL. Le ministre se fait rendre compte des vols de deniers publics dont les préposés réclameraient la décharge; c'est au gouvernement qu'il appartient de prononcer. *Arrêté du* 17 *niv.* 10.

1. Le préposé ne peut obtenir la décharge d'aucun vol qu'en justifiant qu'il est l'effet d'une force majeure; qu'indépendamment des précautions ordinaires il couchait ou faisait coucher un homme sûr dans le lieu où il tenait ses fonds, et que ce lieu était un rez-de-chaussée, qu'il le tenait solidement grillé. *Instr.* 56.

2. L'omission de l'une de ces précautions le rend passible du montant du vol, quoi qu'il soit reconnu qu'il ait été l'effet de l'effraction, et que les coupables aient été arrêtés. *Avis du Conseil d'état, du* 20 *pluv.* 13.

3. L'Employé est également responsable du montant des deniers qui lui ont été volés lors du transport de ses fonds à la caisse du Receveur des finances, s'il n'a pas eu soin de se faire escorter, ainsi qu'il est dit au mot *escorte*. *Décret du* 3 *vend.* 13.

4. Un vol de deniers et de timbre n'a pas été passé en compte à un Receveur, parce que la porte d'entrée de son bureau était sans cadenas et sans serrure de sûreté, que les meubles où se trouvaient les objets enlevés, n'étaient fermés que par une serrure ordinaire, et qu'ils étaient d'ailleurs si faciles à briser, qu'on les aurait inutilement fermés avec des serrures solides. *Déc. min. fin. du* 24 *avril* 1818.

5. Un Vérificateur qui régissait un bureau par intérim, a été suspendu de ses fonctions par arrêté de M. le Direct.[r] général, du 8 mars 1820, à cause d'un vol avec effraction commis dans le bureau qui lui était confié, dans la nuit du samedi au dimanche, attendu que sans avoir obtenu de congé, il avait quitté son poste et que personne ne couchait dans le bureau.

6. Les vols, pour n'être point mis à la charge des comptables, doivent être constatés par procès-verbaux des Juges de paix et se trouver dans les cas prévus ci-dessus: l'omission de l'une des précautions recommandées empêche le comptable d'être déchargé du vol. *Décrets des* 3 *vend.* 13, *et* 30 *sept.* 1808.

7. Dans le cas de vol de caisse, l'Inspecteur se transporte au bureau, constate par un bordereau la situation de la caisse, prend des informations sur les circonstances du vol, décerne contrainte, sauf à prendre au pied, la reconnaissance du Receveur pour tenir lieu de notification, envoie toutes les pièces ainsi que le procès-verbal de l'Autorité locale au Directeur, qui les transmet à l'Administration. *Lettre de l'Administration, du* 22 *flor.* 9.

VU. Le Vérificateur en arrivant dans un bureau et en le quittant, l'Inspecteur en entrant dans un bureau, soit en tournée, soit en contre-tournée (pour l'arrivée et le départ), sont tenus de constater leur présence par un vu aux actes civils dans la case qui suit le dernier enregistrement ou le dernier arrêté, daté et signé du Receveur. L'Inspecteur et le Receveur ne peuvent, l'un se faire réserver de case, l'autre en conserver, sous peine de destitution pour le premier, et de suspension pour l'autre. *Circ. du* 14 *mai* 1808.

Quant au vu ou visa que les Juges de paix doivent apposer sur certains actes, V. *contrainte* et *visa*.

Calendriers républicain et grégorien.—An 2. 1793 et 1794.

Dates supprim.	Vend. (Septembre 1793 / Octobre)	Brum. (Octobre / Novembre)	Frim. (Novembre / Décembre)	Nivose. (Décembre / Janvier 1794)	Pluv. (Janvier 1794 / Février)	Vent. (Février / Mars)	Germ. (Mars / Avril)	Flor. (Avril / Mai)	Prair. (Mai / Juin)	Mess. (Juin / Juillet)	Therm. (Juillet / Aout)	Fruct. (Aout / Septembre)
1	22	22	21	21	20	19	21	20	20	19	19	18
2	23	23	22	22	21	20	22	21	21	20	20	19
3	24	24	23	23	22	21	23	22	22	21	21	20
4	25	25	24	24	23	22	24	23	23	22	22	21
5	26	26	25	25	24	23	25	24	24	23	23	22
6	27	27	26	26	25	24	26	25	25	24	24	23
7	28	28	27	27	26	25	27	26	26	25	25	24
8	29	29	28	28	27	26	28	27	27	26	26	25
9	30	30	29	29	28	27	29	28	28	27	27	26
10	1	31	30	30	29	28	30	29	29	28	28	27
11	2	1	1	31	30	1	31	30	30	29	29	28
12	3	2	2	1	31	2	1	1	31	30	30	29
13	4	3	3	2	1	3	2	2	1	1	31	30
14	5	4	4	3	2	4	3	3	2	2	1	31
15	6	5	5	4	3	5	4	4	3	3	2	1
16	7	6	6	5	4	6	5	5	4	4	3	2
17	8	7	7	6	5	7	6	6	5	5	4	3
18	9	8	8	7	6	8	7	7	6	6	5	4
19	10	9	9	8	7	9	8	8	7	7	6	5
20	11	10	10	9	8	10	9	9	8	8	7	6
21	12	11	11	10	9	11	10	10	9	9	8	7
22	13	12	12	11	10	12	11	11	10	10	9	8
23	14	13	13	12	11	13	12	12	11	11	10	9
24	15	14	14	13	12	14	13	13	12	12	11	10
25	16	15	15	14	13	15	14	14	13	13	12	11
26	17	16	16	15	14	16	15	15	14	14	13	12
27	18	17	17	16	15	17	16	16	15	15	14	13
28	19	18	18	17	16	18	17	17	16	16	15	14
29	20	19	19	18	17	19	18	18	17	17	16	15
30	21	20	20	19	18	20	19	19	18	18	17	16
Jours comp. 1	»	»	»	»	»	»	»	»	»	»	»	17
2	»	»	»	»	»	»	»	»	»	»	»	18
3	»	»	»	»	»	»	»	»	»	»	»	19
4	»	»	»	»	»	»	»	»	»	»	»	20
5	»	»	»	»	»	»	»	»	»	»	»	21

An 3. — 1794 et 1795.

Dates supprim.	Vend. (Septembre 1794 / Octobre)	Brum. (Octobre / Novembre)	Frim. (Novembre / Décembre)	Nivose. (Décembre / Janvier 1795)	Pluv. (Janvier 1795 / Février)	Vent. (Février / Mars)	Germ. (Mars / Avril)	Flor. (Avril / Mai)	Prair. (Mai / Juin)	Mess. (Juin / Juillet)	Therm. (Juillet / Aout)	Fruct. (Aout / Septembre)
1	22	22	21	21	20	19	21	20	20	19	19	18
2	23	23	22	22	21	20	22	21	21	20	20	19
3	24	24	23	23	22	21	23	22	22	21	21	20
4	25	25	24	24	23	22	24	23	23	22	22	21
5	26	26	25	25	24	23	25	24	24	23	23	22
6	27	27	26	26	25	24	26	25	25	24	24	23
7	28	28	27	27	26	25	27	26	26	25	25	24
8	29	29	28	28	27	26	28	27	27	26	26	25
9	30	30	29	29	28	27	29	28	28	27	27	26
10	1	31	30	30	29	28	30	29	29	28	28	27
11	2	1	1	31	30	1	31	30	30	29	29	28
12	3	2	2	1	31	2	1	1	31	30	30	29
13	4	3	3	2	1	3	2	2	1	1	31	30
14	5	4	4	3	2	4	3	3	2	2	1	31
15	6	5	5	4	3	5	4	4	3	3	2	1
16	7	6	6	5	4	6	5	5	4	4	3	2
17	8	7	7	6	5	7	6	6	5	5	4	3
18	9	8	8	7	6	8	7	7	6	6	5	4
19	10	9	9	8	7	9	8	8	7	7	6	5
20	11	10	10	9	8	10	9	9	8	8	7	6
21	12	11	11	10	9	11	10	10	9	9	8	7
22	13	12	12	11	10	12	11	11	10	10	9	8
23	14	13	13	12	11	13	12	12	11	11	10	9
24	15	14	14	13	12	14	13	13	12	12	11	10
25	16	15	15	14	13	15	14	14	13	13	12	11
26	17	16	16	15	14	16	15	15	14	14	13	12
27	18	17	17	16	15	17	16	16	15	15	14	13
28	19	18	18	17	16	18	17	17	16	16	15	14
29	20	19	19	18	17	19	18	18	17	17	16	15
30	21	20	20	19	18	20	19	19	18	18	17	16
Jours compl. 1	»	»	»	»	»	»	»	»	»	»	»	17
2	»	»	»	»	»	»	»	»	»	»	»	18
3	»	»	»	»	»	»	»	»	»	»	»	19
4	»	»	»	»	»	»	»	»	»	»	»	20
5	»	»	»	»	»	»	»	»	»	»	»	21
	»	»	»	»	»	»	»	»	»	»	»	22

An 4. — 1795 et 1796. — V. *calendrier*, pag. 97.

Dates supprim.	Vend. (Septembre 1795 / Octobre)	Brum. (Octobre / Novembre)	Frim. (Novembre / Décembre)	Nivose. (Décembre / Janvier 1796)	Pluv. (Janvier 1796 / Février)	Vent. (Février / Mars)	Germ. (Mars / Avril)	Flor. (Avril / Mai)	Prair. (Mai / Juin)	Mess. (Juin / Juillet)	Therm. (Juillet / Aout)	Fruct. (Aout / Septembre)
1	23	23	22	22	21	20	21	20	20	19	19	18
2	24	24	23	23	22	21	22	21	21	20	20	19
3	25	25	24	24	23	22	23	22	22	21	21	20
4	26	26	25	25	24	23	24	23	23	22	22	21
5	27	27	26	26	25	24	25	24	24	23	23	22
6	28	28	27	27	26	25	26	25	25	24	24	23
7	29	29	28	28	27	26	27	26	26	25	25	24
8	30	30	29	29	28	27	28	27	27	26	26	25
9	1	31	30	30	29	28	29	28	28	27	27	26
10	2	1	1	31	30	29	30	29	29	28	28	27
11	3	2	2	1	31	1	31	30	30	29	29	28
12	4	3	3	2	1	2	1	1	31	30	30	29
13	5	4	4	3	2	3	2	2	1	1	31	30
14	6	5	5	4	3	4	3	3	2	2	1	31
15	7	6	6	5	4	5	4	4	3	3	2	1
16	8	7	7	6	5	6	5	5	4	4	3	2
17	9	8	8	7	6	7	6	6	5	5	4	3
18	10	9	9	8	7	8	7	7	6	6	5	4
19	11	10	10	9	8	9	8	8	7	7	6	5
20	12	11	11	10	9	10	9	9	8	8	7	6
21	13	12	12	11	10	11	10	10	9	9	8	7
22	14	13	13	12	11	12	11	11	10	10	9	8
23	15	14	14	13	12	13	12	12	11	11	10	9
24	16	15	15	14	13	14	13	13	12	12	11	10
25	17	16	16	15	14	15	14	14	13	13	12	11
26	18	17	17	16	15	16	15	15	14	14	13	12
27	19	18	18	17	16	17	16	16	15	15	14	13
28	20	19	19	18	17	18	17	17	16	16	15	14
29	21	20	20	19	18	19	18	18	17	17	16	15
30	22	21	21	20	19	20	19	19	18	18	17	16
Jours comp. 1	»	»	»	»	»	»	»	»	»	»	»	17
2	»	»	»	»	»	»	»	»	»	»	»	18
3	»	»	»	»	»	»	»	»	»	»	»	19
4	»	»	»	»	»	»	»	»	»	»	»	20
5	»	»	»	»	»	»	»	»	»	»	»	21

An 5. — 1796 et 1797.

Dates supprim.	Vend. (Septembre 1796 / Octobre)	Brum. (Octobre / Novembre)	Frim. (Novembre / Décembre)	Nivose. (Décembre / Janvier 1797)	Pluv. (Janvier 1797 / Février)	Vent. (Février / Mars)	Germ. (Mars / Avril)	Flor. (Avril / Mai)	Prair. (Mai / Juin)	Mess. (Juin / Juillet)	Therm. (Juillet / Aout)	Fruct. (Aout / Septembre)
1	22	22	21	21	20	19	21	20	20	19	19	18
2	23	23	22	22	21	20	22	21	21	20	20	19
3	24	24	23	23	22	21	23	22	22	21	21	20
4	25	25	24	24	23	22	24	23	23	22	22	21
5	26	26	25	25	24	23	25	24	24	23	23	22
6	27	27	26	26	25	24	26	25	25	24	24	23
7	28	28	27	27	26	25	27	26	26	25	25	24
8	29	29	28	28	27	26	28	27	27	26	26	25
9	30	30	29	29	28	27	29	28	28	27	27	26
10	1	31	30	30	29	28	30	29	29	28	28	27
11	2	1	1	31	30	1	31	30	30	29	29	28
12	3	2	2	1	31	2	1	1	31	30	30	29
13	4	3	3	2	1	3	2	2	1	1	31	30
14	5	4	4	3	2	4	3	3	2	2	1	31
15	6	5	5	4	3	5	4	4	3	3	2	1
16	7	6	6	5	4	6	5	5	4	4	3	2
17	8	7	7	6	5	7	6	6	5	5	4	3
18	9	8	8	7	6	8	7	7	6	6	5	4
19	10	9	9	8	7	9	8	8	7	7	6	5
20	11	10	10	9	8	10	9	9	8	8	7	6
21	12	11	11	10	9	11	10	10	9	9	8	7
22	13	12	12	11	10	12	11	11	10	10	9	8
23	14	13	13	12	11	13	12	12	11	11	10	9
24	15	14	14	13	12	14	13	13	12	12	11	10
25	16	15	15	14	13	15	14	14	13	13	12	11
26	17	16	16	15	14	16	15	15	14	14	13	12
27	18	17	17	16	15	17	16	16	15	15	14	13
28	19	18	18	17	16	18	17	17	16	16	15	14
29	20	19	19	18	17	19	18	18	17	17	16	15
30	21	20	20	19	18	20	19	19	18	18	17	16
Jours compl. 1	»	»	»	»	»	»	»	»	»	»	»	17
2	»	»	»	»	»	»	»	»	»	»	»	18
3	»	»	»	»	»	»	»	»	»	»	»	19
4	»	»	»	»	»	»	»	»	»	»	»	20
5	»	»	»	»	»	»	»	»	»	2	»	21

An 6. — 1797 et 1798.

Dates supprim.	VEND.	BRUM.	FRIM.	NIVOSE.	PLUV.	VENT.	GERM.	FLOR.	PRAIR.	MESS.	THERM.	FRUCT.
1	SEPTEMBRE 1797. 22	OCTOBRE. 22	NOVEMBRE. 21	DÉCEMBRE. 21	JANVIER 1798. 20	FÉVRIER. 19	MARS. 21	AVRIL. 20	MAI. 20	JUIN. 19	JUILLET. 19	AOUT. 18
2	23	23	22	22	21	20	22	21	21	20	20	19
3	24	24	23	23	22	21	23	22	22	21	21	20
4	25	25	24	24	23	22	24	23	23	22	22	21
5	26	26	25	25	24	23	25	24	24	23	23	22
6	27	27	26	26	25	24	26	25	25	24	24	23
7	28	28	27	27	26	25	27	26	26	25	25	24
8	29	29	28	28	27	26	28	27	27	26	26	25
9	30	30	29	29	28	27	29	28	28	27	27	26
10	OCTOBRE. 1	31	30	30	29	28	30	29	29	28	28	27
11	2	NOVEMBRE. 1	DÉCEMBRE. 1	31	30	MARS. 1	31	30	30	29	29	28
12	3	2	2	JANVIER 1798. 1	31	2	AVRIL. 1	MAI. 1	31	30	30	29
13	4	3	3	2	FÉVRIER. 1	3	2	2	JUIN. 1	JUILLET. 1	31	30
14	5	4	4	3	2	4	3	3	2	2	AOUT. 1	31
15	6	5	5	4	3	5	4	4	3	3	2	SEPTEMBRE. 1
16	7	6	6	5	4	6	5	5	4	4	3	2
17	8	7	7	6	5	7	6	6	5	5	4	3
18	9	8	8	7	6	8	7	7	6	6	5	4
19	10	9	9	8	7	9	8	8	7	7	6	5
20	11	10	10	9	8	10	9	9	8	8	7	6
21	12	11	11	10	9	11	10	10	9	9	8	7
22	13	12	12	11	10	12	11	11	10	10	9	8
23	14	13	13	12	11	13	12	12	11	11	10	9
24	15	14	14	13	12	14	13	13	12	12	11	10
25	16	15	15	14	13	15	14	14	13	13	12	11
26	17	16	16	15	14	16	15	15	14	14	13	12
27	18	17	17	16	15	17	16	16	15	15	14	13
28	19	18	18	17	16	18	17	17	16	16	15	14
29	20	19	19	18	17	19	18	18	17	17	16	15
30	21	20	20	19	18	20	19	19	18	18	17	16
JOURS COMP. 1	»	»	»	»	»	»	»	»	»	»	»	17
2	»	»	»	»	»	»	»	»	»	»	»	18
3	»	»	»	»	»	»	»	»	»	»	»	19
4	»	»	»	»	»	»	»	»	»	»	»	20
5	»	»	»	»	»	»	»	»	»	»	»	21

An 7. — 1798 et 1799.

Dates supprim.	VEND.	BRUM.	FRIM.	NIVOSE.	PLUV.	VENT.	GERM.	FLOR.	PRAIR.	MESS.	THERM.	FRUCT.
1	SEPTEMBRE 1798. 22	OCTOBRE. 22	NOVEMBRE. 21	DÉCEMBRE. 21	JANVIER 1799. 20	FÉVRIER. 19	MARS. 21	AVRIL. 20	MAI. 20	JUIN. 19	JUILLET. 19	AOUT. 18
2	23	23	22	22	21	20	22	21	21	20	20	19
3	24	24	23	23	22	21	23	22	22	21	21	20
4	25	25	24	24	23	22	24	23	23	22	22	21
5	26	26	25	25	24	23	25	24	24	23	23	22
6	27	27	26	26	25	24	26	25	25	24	24	23
7	28	28	27	27	26	25	27	26	26	25	25	24
8	29	29	28	28	27	26	28	27	27	26	26	25
9	30	30	29	29	28	27	29	28	28	27	27	26
10	OCTOBRE. 1	31	30	30	29	28	30	29	29	28	28	27
11	2	NOVEMBRE. 1	DÉCEMBRE. 1	31	30	MARS. 1	31	30	30	29	29	28
12	3	2	2	JANVIER 1799. 1	31	2	AVRIL. 1	MAI. 1	31	30	30	29
13	4	3	3	2	FÉVRIER. 1	3	2	2	JUIN. 1	JUILLET. 1	31	30
14	5	4	4	3	2	4	3	3	2	2	AOUT. 1	31
15	6	5	5	4	3	5	4	4	3	3	2	SEPTEMBRE. 1
16	7	6	6	5	4	6	5	5	4	4	3	2
17	8	7	7	6	5	7	6	6	5	5	4	3
18	9	8	8	7	6	8	7	7	6	6	5	4
19	10	9	9	8	7	9	8	8	7	7	6	5
20	11	10	10	9	8	10	9	9	8	8	7	6
21	12	11	11	10	9	11	10	10	9	9	8	7
22	13	12	12	11	10	12	11	11	10	10	9	8
23	14	13	13	12	11	13	12	12	11	11	10	9
24	15	14	14	13	12	14	13	13	12	12	11	10
25	16	15	15	14	13	15	14	14	13	13	12	11
26	17	16	16	15	14	16	15	15	14	14	13	12
27	18	17	17	16	15	17	16	16	15	15	14	13
28	19	18	18	17	16	18	17	17	16	16	15	14
29	20	19	19	18	17	19	18	18	17	17	16	15
30	21	20	20	19	18	20	19	19	18	18	17	16
JOURS COMPL. 1	»	»	»	»	»	»	»	»	»	»	»	17
2	»	»	»	»	»	»	»	»	»	»	»	18
3	»	»	»	»	»	»	»	»	»	»	»	19
4	»	»	»	»	»	»	»	»	»	»	»	20
5	»	»	»	»	»	»	»	»	»	»	»	21
6	»	»	»	»	»	»	»	»	»	»	»	22

An 8. — 1799 et 1800.

Dates supprim.	VEND.	BRUM.	FRIM.	NIVOSE.	PLUV.	VENT.	GERM.	FLOR.	PRAIR.	MESS.	THERM.
1	SEPTEMBRE 1799. 23	OCTOBRE. 23	NOVEMBRE. 22	DÉCEMBRE. 22	JANVIER 1800. 21	FÉVRIER. 20	MARS. 22	AVRIL. 21	MAI. 21	JUIN. 20	JUILLET. 20
2	24	24	23	23	22	21	23	22	22	21	21
3	25	25	24	24	23	22	24	23	23	22	22
4	26	26	25	25	24	23	25	24	24	23	23
5	27	27	26	26	25	24	26	25	25	24	24
6	28	28	27	27	26	25	27	26	26	25	25
7	29	29	28	28	27	26	28	27	27	26	26
8	30	30	29	29	28	27	29	28	28	27	27
9	OCTOBRE. 1	31	30	30	29	28	30	29	29	28	28
10	2	NOVEMBRE. 1	DÉCEMBRE. 1	31	30	MARS. 1	31	30	30	29	29
11	3	2	2	JANVIER 1800. 1	31	2	AVRIL. 1	MAI. 1	31	30	30
12	4	3	3	2	FÉVRIER. 1	3	2	2	JUIN. 1	JUILLET. 1	31
13	5	4	4	3	2	4	3	3	2	2	AOUT. 1
14	6	5	5	4	3	5	4	4	3	3	2
15	7	6	6	5	4	6	5	5	4	4	3
16	8	7	7	6	5	7	6	6	5	5	4
17	9	8	8	7	6	8	7	7	6	6	5
18	10	9	9	8	7	9	8	8	7	7	6
19	11	10	10	9	8	10	9	9	8	8	7
20	12	11	11	10	9	11	10	10	9	9	8
21	13	12	12	11	10	12	11	11	10	10	9
22	14	13	13	12	11	13	12	12	11	11	10
23	15	14	14	13	12	14	13	13	12	12	11
24	16	15	15	14	13	15	14	14	13	13	12
25	17	16	16	15	14	16	15	15	14	14	13
26	18	17	17	16	15	17	16	16	15	15	14
27	19	18	18	17	16	18	17	17	16	16	15
28	20	19	19	18	17	19	18	18	17	17	16
29	21	20	20	19	18	20	19	19	18	18	17
30	22	21	21	20	19	21	20	20	19	19	18
JOURS COMP. 1	»	»	»	»	»	»	»	»	»	»	»
2	»	»	»	»	»	»	»	»	»	»	»
3	»	»	»	»	»	»	»	»	»	»	»
4	»	»	»	»	»	»	»	»	»	»	»
5	»	»	»	»	»	»	»	»	»	»	»

An 9. — 1800 et 1801.

Dates supprim.	VEND.	BRUM.	FRIM.	NIVOSE.	PLUV.	VENT.	GERM.	FLOR.	PRAIR.	MESS.	THERM.
1	SEPTEMBRE 1800. 23	OCTOBRE. 23	NOVEMBRE. 22	DÉCEMBRE. 22	JANVIER 1801. 21	FÉVRIER. 20	MARS. 22	AVRIL. 21	MAI. 21	JUIN. 20	JUILLET. 20
2	24	24	23	23	22	21	23	22	22	21	21
3	25	25	24	24	23	22	24	23	23	22	22
4	26	26	25	25	24	23	25	24	24	23	23
5	27	27	26	26	25	24	26	25	25	24	24
6	28	28	27	27	26	25	27	26	26	25	25
7	29	29	28	28	27	26	28	27	27	26	26
8	30	30	29	29	28	27	29	28	28	27	27
9	OCTOBRE. 1	31	30	30	29	28	30	29	29	28	28
10	2	NOVEMBRE. 1	DÉCEMBRE. 1	31	30	MARS. 1	31	30	30	29	29
11	3	2	2	JANVIER 1801. 1	31	2	AVRIL. 1	MAI. 1	31	30	30
12	4	3	3	2	FÉVRIER. 1	3	2	2	JUIN. 1	JUILLET. 1	31
13	5	4	4	3	2	4	3	3	2	2	AOUT. 1
14	6	5	5	4	3	5	4	4	3	3	2
15	7	6	6	5	4	6	5	5	4	4	3
16	8	7	7	6	5	7	6	6	5	5	4
17	9	8	8	7	6	8	7	7	6	6	5
18	10	9	9	8	7	9	8	8	7	7	6
19	11	10	10	9	8	10	9	9	8	8	7
20	12	11	11	10	9	11	10	10	9	9	8
21	13	12	12	11	10	12	11	11	10	10	9
22	14	13	13	12	11	13	12	12	11	11	10
23	15	14	14	13	12	14	13	13	12	12	11
24	16	15	15	14	13	15	14	14	13	13	12
25	17	16	16	15	14	16	15	15	14	14	13
26	18	17	17	16	15	17	16	16	15	15	14
27	19	18	18	17	16	18	17	17	16	16	15
28	20	19	19	18	17	19	18	18	17	17	16
29	21	20	20	19	18	20	19	19	18	18	17
30	22	21	21	20	19	21	20	20	19	19	18
JOURS COMPL. 1	»	»	»	»	»	»	»	»	»	»	»
2	»	»	»	»	»	»	»	»	»	»	»
3	»	»	»	»	»	»	»	»	»	»	»
4	»	»	»	»	»	»	»	»	»	»	»
5	»	»	»	»	»	»	»	»	»	2	»

An 10. — 1801 et 1802.

Dates supprim.	Vend.	Brum.	Frim.	Nivose.	Pluv.	Vent.	Germ.	Flor.	Prair.	Mess.	Therm.	Fruct.
1	Septembre 1801. 23	Octobre. 23	Novembre. 22	Décembre. 22	Janvier 1802. 21	Février. 20	Mars. 22	Avril. 21	Mai. 21	Juin. 20	Juillet. 20	Aout. 19
2	24	24	23	23	22	21	23	22	22	21	21	20
3	25	23	24	24	23	22	24	23	23	22	22	21
4	26	26	25	25	24	23	25	24	24	23	23	22
5	27	27	26	26	25	24	26	25	25	24	24	23
6	28	28	27	27	26	25	27	26	26	25	25	24
7	29	29	28	28	27	26	28	27	27	26	26	25
8	30	30	29	29	28	27	29	28	28	27	27	26
9	Octobre. 1	31	30	30	29	28	30	29	29	28	28	27
10	2	Novembre. 1	Décembre. 1	31	30	Mars. 1	31	30	30	29	29	28
11	3	2	2	Janvier 1802. 1	31	2	Avril. 1	Mai. 1	31	30	30	29
12	4	3	3	2	Février. 1	3	2	2	Juin. 1	Juillet. 1	31	30
13	5	4	4	3	2	4	3	3	2	2	Aout. 1	31
14	6	5	5	4	3	5	4	4	3	3	2	Septembre. 1
15	7	6	6	5	4	6	5	5	4	4	3	2
16	8	7	7	6	5	7	6	6	5	5	4	3
17	9	8	8	7	6	8	7	7	6	6	5	4
18	10	9	9	8	7	9	8	8	7	7	6	5
19	11	10	10	9	8	10	9	9	8	8	7	6
20	12	11	11	10	9	11	10	10	9	9	8	7
21	13	12	12	11	10	12	11	11	10	10	9	8
22	14	13	13	12	11	13	12	12	11	11	10	9
23	15	14	14	13	12	14	13	13	12	12	11	10
24	16	15	15	14	13	15	14	14	13	13	12	11
25	17	16	16	15	14	16	15	15	14	14	13	12
26	18	17	17	16	15	17	16	16	15	15	14	13
27	19	18	18	17	16	18	17	17	16	16	15	14
28	20	19	19	18	17	19	18	18	17	17	16	15
29	21	20	20	19	18	20	19	19	18	18	17	16
30	22	21	21	20	19	21	20	20	19	19	18	17
Jours comp. 1	»	»	»	»	»	»	»	»	»	»	»	18
2	»	»	»	»	»	»	»	»	»	»	»	19
3	»	»	»	»	»	»	»	»	»	»	»	20
4	»	»	»	»	»	»	»	»	»	»	»	21
5	»	»	»	»	»	»	»	»	»	»	»	22

An 11. — 1802 et 1803.

Dates supprim.	Vend.	Brum.	Frim.	Nivose.	Pluv.	Vent.	Germ.	Flor.	Prair.	Mess.	Therm.	Fruct.
1	Septembre 1802. 23	Octobre. 23	Novembre. 22	Décembre. 22	Janvier 1803. 21	Février. 20	Mars. 22	Avril. 21	Mai. 21	Juin. 20	Juillet. 20	Aout. 19
2	24	24	23	23	22	21	23	22	22	21	21	20
3	25	25	24	24	23	22	24	23	23	22	22	27
4	26	26	25	25	24	23	25	24	24	23	23	22
5	27	27	26	26	25	24	26	25	25	24	24	23
6	28	28	27	27	26	25	27	26	26	25	25	24
7	29	29	28	28	27	26	28	27	27	25	26	25
8	30	30	29	29	28	27	29	28	28	27	27	26
9	Octobre. 1	31	30	30	29	28	30	29	29	28	28	27
10	2	Novembre. 1	Décembre. 1	31	30	Mars. 1	31	30	30	29	29	28
11	3	2	2	Janvier 1803. 1	31	2	Avril. 1	Mai. 1	31	30	30	29
12	4	3	3	2	Février. 1	3	2	2	Juin. 1	Juillet. 1	31	30
13	5	4	4	3	2	4	3	3	2	2	Aout. 1	30
14	6	5	5	4	3	5	4	4	3	3	2	Septembre. 1
15	7	6	6	5	4	6	5	5	4	4	3	2
16	8	7	7	6	5	7	6	6	5	5	4	3
17	9	8	8	7	6	8	7	7	6	6	5	4
18	10	9	9	8	7	9	8	8	7	7	6	5
19	11	10	10	9	8	10	9	9	8	8	7	6
20	12	11	11	10	9	11	10	10	9	9	8	7
21	13	12	12	11	10	12	11	11	10	10	9	8
22	14	13	13	12	11	13	12	12	11	11	10	9
23	15	14	14	13	12	14	13	13	12	12	11	10
24	16	15	15	14	13	15	14	14	13	13	12	11
25	17	16	16	15	14	16	15	15	14	14	13	12
26	18	17	17	16	15	17	16	16	15	15	14	13
27	19	18	18	17	16	18	17	17	16	16	15	14
28	20	19	19	18	17	19	28	18	17	17	16	15
29	21	20	20	19	18	20	19	19	18	18	17	16
30	22	21	21	20	19	21	20	20	19	19	18	17
Jours compl. 1	»	»	»	»	»	»	»	»	»	»	»	18
2	»	»	»	»	»	»	»	»	»	»	»	19
3	»	»	»	»	»	»	»	»	»	»	»	20
4	»	»	»	»	»	»	»	»	»	»	»	21
5	»	»	»	»	»	»	»	»	»	»	»	22
	»	»	»	»	»	»	»	»	»	»	»	23

An 12. — 1803 et 1804.

Dates supprim.	Vend.	Brum.	Frim.	Nivose.	Pluv.	Vent.	Germ.	Flor.	Prair.	Mess.	Therm.	Fruct.
1	Septembre 1803. 24	Octobre. 24	Novembre. 25	Décembre. 23	Janvier 1804. 22	Février. 21	Mars. 22	Avril. 21	Mai. 21	Juin. 20	Juillet. 20	Aout. 19
2	25	25	24	24	23	22	23	22	22	21	21	20
3	26	26	25	25	24	23	24	23	23	22	22	21
4	27	27	26	26	25	24	25	24	24	23	23	22
5	28	28	27	27	26	25	26	25	25	24	24	23
6	29	29	28	28	27	26	27	26	26	25	25	24
7	30	30	29	29	28	27	28	27	27	26	26	25
8	Octobre. 1	31	30	30	29	28	29	28	28	27	27	26
9	2	Novembre. 1	Décembre. 1	31	30	29	30	29	29	28	28	27
10	3	2	2	Janvier 1804. 1	31	Mars. 1	31	30	30	29	29	28
11	4	3	3	2	Février. 1	2	Avril. 1	Mai. 1	31	30	30	29
12	5	4	4	3	2	3	2	2	Juin. 1	Juillet. 1	31	30
13	6	5	5	4	3	4	3	3	2	2	Aout. 1	31
14	7	6	6	5	4	5	4	4	3	3	2	Septembre. 1
15	8	7	7	6	5	6	5	5	4	4	3	2
16	9	8	8	7	6	7	6	6	5	5	4	3
17	10	9	9	8	7	8	7	7	6	6	5	4
18	11	10	10	9	8	9	8	8	7	7	6	5
19	12	11	11	10	9	10	9	9	8	8	7	6
20	13	12	12	11	10	11	10	10	9	9	8	7
21	14	13	13	12	11	12	11	11	10	10	9	8
22	15	14	14	13	12	13	12	12	11	11	10	9
23	16	15	15	14	13	14	13	13	12	12	11	10
24	17	16	16	15	14	15	14	14	13	13	12	11
25	18	17	17	16	15	16	15	15	14	14	13	12
26	19	18	18	17	16	17	16	16	15	15	14	13
27	20	19	19	18	17	18	17	17	16	16	15	14
28	21	20	20	19	18	19	18	18	17	17	16	15
29	22	21	21	20	19	20	19	19	18	18	17	16
30	23	22	22	21	20	21	20	20	19	19	18	17
Jours comp. 1	»	»	»	»	»	»	»	»	»	»	»	18
2	»	»	»	»	»	»	»	»	»	»	»	19
3	»	»	»	»	»	»	»	»	»	»	»	20
4	»	»	»	»	»	»	»	»	»	»	»	21
5	»	»	»	»	»	»	»	»	»	»	»	22

An 13. — 1804 et 1805.

Dates supprim.	Vend.	Brum.	Frim.	Nivose.	Pluv.	Vent.	Germ.	Flor.	Prair.	Mess.	Therm.	Fruct.
1	Septembre 1804. 23	Octobre. 23	Décembre. 22	Décembre. 22	Janvier 1805. 21	Février. 20	Mars. 22	Avril. 21	Mai. 21	Juin. 20	Juillet. 20	Aout. 19
2	24	24	23	23	22	21	23	22	22	21	21	20
3	25	25	24	24	23	22	24	23	23	22	22	21
4	26	26	25	25	24	23	25	24	24	23	23	22
5	27	27	26	26	25	24	26	25	25	24	24	23
6	28	28	27	27	26	25	27	26	26	25	25	24
7	29	29	28	28	27	26	28	27	27	26	26	25
8	30	30	29	29	28	27	29	28	28	27	27	26
9	Octobre. 1	31	30	30	29	28	30	29	29	28	28	27
10	2	Ncvembre. 1	Novembre. 1	31	30	Mars. 1	31	30	30	29	29	28
11	3	2	2	Janvier 1805. 1	31	2	Avril. 1	Mai. 1	31	30	30	29
12	4	3	3	2	Février. 1	3	2	2	Juin. 1	Juillet. 1	31	30
13	5	4	4	3	2	4	3	3	2	0	Aout. 1	31
14	6	5	5	4	3	5	4	4	3	3	2	Septembre. 1
15	7	6	6	5	4	6	5	5	4	4	3	2
16	8	7	7	6	5	7	6	6	5	5	4	3
17	9	8	8	7	6	8	7	7	6	6	5	4
18	10	9	9	8	7	9	8	8	7	7	6	5
19	11	10	10	9	8	10	9	9	8	8	7	6
20	12	11	11	10	9	11	10	10	9	9	8	7
21	13	12	12	11	10	12	11	11	10	10	9	8
22	14	13	13	12	11	13	12	12	11	11	10	9
23	15	14	14	13	12	14	13	13	12	10	11	10
24	16	15	15	14	13	15	14	14	13	13	12	11
25	17	16	16	15	14	16	15	15	14	14	13	12
26	18	17	17	16	15	17	16	16	15	15	14	13
27	19	18	18	17	16	18	17	17	16	16	15	14
28	20	19	19	18	17	19	18	18	17	17	16	15
29	21	20	20	19	18	20	19	19	18	18	17	16
30	22	21	21	20	19	21	20	20	19	19	18	17
Jours compl. 1	»	»	»	»	»	»	»	»	»	»	»	18
2	»	»	»	»	»	»	»	»	»	»	»	19
3	»	»	»	»	»	»	»	»	»	»	»	20
4	»	»	»	»	»	»	»	»	»	»	»	21
5	»	»	»	»	»	»	»	»	»	»	»	22

Dates supprim.	An 14. — 1805 et 1806. VEND.	BRUM.	FRIM.	NIVOSE.	PLUV.	VENT.	GERM.	FLOR.	PRAIR.	MESS.	THERM.	FRUCT.
1	SEPTEMBRE 1805. 23	OCTOBRE. 25	NOVEMBRE. 22	DÉCEMBRE. 22	JANVIER 1806. 21	FÉVRIER. 20	MARS. 22	AVRIL. 21	MAI. 21	JUIN. 20	JUILLET. 20	AOUT. 19
2	24	24	23	23	22	21	23	22	22	21	21	20
3	25	23	24	24	23	22	24	23	23	22	22	21
4	26	26	25	25	24	23	25	24	24	23	23	22
5	27	27	26	26	25	24	26	25	25	24	24	23
6	28	28	27	27	26	25	27	26	26	25	25	24
7	29	29	28	28	27	26	28	27	27	26	26	25
8	30	30	29	29	28	27	29	28	28	27	27	26
9	OCTOBRE. 1	31	30	30	29	28	30	29	29	28	28	27
10	2	NOVEMBRE. 1	DÉCEMBRE. 1	31	30	MARS. 1	31	30	30	29	29	28
11	3	2	2	JANVIER 1806. 1	31	2	AVRIL. 1	MAI. 1	31	30	30	29
12	4	3	3	2	FÉVRIER. 1	3	2	2	JUIN. 1	JUILLET. 1	31	30
13	5	4	4	3	2	4	3	3	2	2	AOUT. 1	31
14	6	5	5	4	3	5	4	4	3	3	2	SEPTEMBRE. 1
15	7	6	6	5	4	6	5	5	4	4	3	2
16	8	7	7	6	5	7	6	6	5	5	4	3
17	9	8	8	7	6	8	7	7	6	6	5	4
18	10	9	9	8	7	9	8	8	7	7	6	5
19	11	10	10	9	8	10	9	9	8	8	7	6
20	12	11	11	10	9	11	10	10	9	9	8	7
21	13	12	12	11	10	12	11	11	10	10	9	8
22	14	13	13	12	11	13	12	12	11	11	10	9
23	15	14	14	13	12	14	13	13	12	12	11	10
24	16	15	15	14	13	15	14	14	13	13	12	11
25	17	16	16	15	14	16	15	15	14	14	13	12
26	18	17	17	16	15	17	16	16	15	15	14	13
27	19	18	18	17	16	18	17	17	16	16	15	14
28	20	19	19	18	17	19	18	18	17	17	16	15
29	21	20	20	19	18	20	19	19	18	18	17	16
30	22	21	21	20	19	21	20	20	19	19	18	17
Jours c. 1	»	»	»	»	»	»	»	»	»	»	»	18
2	»	»	»	»	»	»	»	»	»	»	»	19
3	»	»	»	»	»	»	»	»	»	»	»	20
4	»	»	»	»	»	»	»	»	»	»	»	21
5	»	»	»	»	»	»	»	»	»	»	»	22

CONCORDANCE DES ANCIENNES MESURES AGRAIRES

Avec les nouv. mesures analogues prescr. par la loi du 1er vend. 4.-V. mesu

ARPENS de cent perches carrées.	VALEUR EN MESURES DÉCIMALES. Perche linéaire de 18 pieds. hect.	ares.	cent.	Perche linéaire de 20 pieds. hect.	ares.	cent.	Perche linéaire de 22 pieds. hect.	ares.	c
1	»	34	17	»	42	18	»	51	0
2	»	68	33	»	84	36	1	02	0
3	1	02	50	1	26	54	1	53	1
4	1	36	66	1	68	72	2	04	1
5	1	70	83	2	10	90	2	55	1
6	2	05	»	2	53	08	3	06	2
7	2	39	16	2	95	26	3	57	2
8	2	73	33	3	37	44	4	08	3
9	3	07	50	3	79	62	4	59	3
10	3	41	66	4	21	80	5	10	3
50	17	08	31	21	09	82	25	51	9

PERCHES carrées.	VALEUR EN MESURES DÉCIMALES. Perche linéaire de 18 pieds. ares.	cent.	Perche linéaire de 20 pieds. ares.	cent.	Perche linéaire de 22 pieds. ares.	cent.
1	»	34	»	42	»	51
2	»	68	»	84	1	02
3	1	02	1	27	1	53
4	1	36	1	69	2	04
5	1	71	2	11	2	55
6	2	05	2	53	3	06
7	2	39	2	95	3	57
8	2	73	3	37	4	08
9	3	07	3	80	4	59
10	3	42	4	22	5	10
50	17	08	21	10	25	52

Toises carrées.	hect.	ares.	cent.	Toises carrées.	hect.	ares.	ce
1	»	»	04	10	»	»	3
2	»	»	08	50	»	1	9
5	»	»	19	100	»	3	7

Désignation des mesures.	RAPPORT DES ANCIENNES MESURES aux nouvelles.	VALEUR EXACTE.	VALEUR APPROXIMAT.
Mesures linéaires.	1 lieue terrestre en kilomètres.	4,4444000000	4 kilom. 2/5.
	1 lieue marine en kilomètres.	5,5556000000	5 kilom. 1/2.
	1 toise en mètres.	1,9490400000	2 mètres.
	1 pied en mètre.	0,3248400000	3 décimètres.
	1 pouce en mètre.	0,0270700000	2 centimètres.
	1 ligne en mètre.	0,0022560000	2 millimètres.
	L'aune de Paris en mètre.	1,1884500000	1 mètre 18 cent.
Mesures cubiques.	1 toise cube en mètres.	7,4038900000	7 mètres 2/5
	1 pied cube en mètre.	0,0342773000	1/30 de mètre.
	1 pouce cube en mètre.	0,0000198360	1/50,000 de m.
	1 ligne cube en mètre.	0,0000001148	1/10000000 m.
	1 corde de bois (forêts) en stèr.	3,8391000000	3 stères 4/5.
	1 solive (charpente) en stère.	0,1028300000	1/10 de stère.
Mesures de capacité.	1 pinte de Paris en litres.	0,9313000000	9/10 de litre.
	1 muid de vin de Paris en hect.	2,6822000000	2 hectol. 7/10
	1 septier de blé de Paris en hect.	1,5610000000	1 hectol. 3/5.
	1 boisseau en litres.	13,0080000000	13 litres.
	1 litron en litre.	0,8130000000	4/5 du litre.
Mesures de poids.	1 livre en kilogramme.	0,4895100000	1/2 kilogram.
	1 once en kilogramme.	0,0305900000	3 décag. ou 3 g.
	1 gros en kilog.	0,0038240000	4 grammes.
	1 grain en kilog.	0,0000531000	5 centigram.
	1 quintal en miriagramme.	4,8951000000	4 miriagr. 9/10

Désignation des mesures.	RAPPORT DES NOUVELLES MESURES aux anciennes.	VALEUR EXACTE.	VALEU APPROXIM
Mesures linéaires.	1 kilomètre en lieue terrestre.	0,2250000000	1/4 de l. ter
	1 kilomètre en lieue marine.	0,1800000000	1/5 de l. m
	1 mètre en toise.	0,5130700000	1/2 toise.
	1 mètre en pieds.	3,0784400000	3 pieds 11
	1 mètre en pouces.	36,9413000000	37 pouces.
	1 mètre en lignes.	443,2960000000	443 lignes.
	1 mètre en aune de Paris.	0,8414400000	4/5 de l'a
Mesures cubiques.	1 mètre cube en toise.	0,1350640000	1/7 de la t
	1 mètre cube en pieds cubes.	29,1739000000	29 pieds 1
	1 mètre cube en pouces cubes.	0,0504124200	50412 pou
	1 mètre cube en lignes cubes.	8,7112655000	871126551
	1 stère en corde de bois.	0,2604800000	1/4 de cor
	1 stère en mètre-cube ou solives	9,7246000000	9 solives
Mesures de capacité.	1 litre en pinte de Paris.	1,0737000000	1 pinte 1/
	1 hect. en muids de vin de Paris	0,3728000000	1/3 du mu
	1 hect. en sept. de blé de Paris.	0,6406000000	3/5 du sep
	1 litre en boisseau.	0,0768700000	1/13 du b
	1 litre en litrons.	1,2300000000	1 litron 1/
Mesures de poids.	1 kilogramme en livres.	2,0428800000	2 livres.
	1 kilogramme en onces.	32,6860000000	32 onces 1
	1 kilogramme en gros.	261,4900000000	261 gros.
	1 kilogramme en grains.	18827,1500000000	18827 grai
	1 miriagramme en quintal.	0,2042900000	1/5 du qui

ORGANISATION DE LA CONSERVAT.^{ON} DES HYPOTHÈQUES.

LOI du 21 Ventôse an 7. (*Circ.* 1539.)

Art. 1er. La Conservation des hypothèques est remise à la Régie nationale de l'enregistrement ; elle en confiera l'exécution aux Receveurs de l'enregistrement, dans les lieux et suivant les formes qui vont être ci-après déterminées.

2. Il y aura un bureau de la Conservation des hypothèques par chaque arrondissement de Tribunal de police correctionnelle ; il sera placé dans la communne où siége le Tribunal.

Si, dans le même arrondissement, le Tribunal civil et le Tribunal de police correctionnelle siégent dans deux communes différentes, le bureau sera placé dans la commune où siégera le Tribunal civil.

3. Les Préposés de la Régie à la conservation des hypothèques seront chargés, 1° de l'exécution des formalités civiles prescrites pour la conservation des hypothèques et la consolidation des mutations de propriétés immobilières ; 2° de la perception des droits établis au profit du Trésor public pour chacune de ces formalités.

4. Avant d'entrer en exercice, chaque Préposé fera enregistrer sa commission au greffe du Tribunal civil du département ; il y prêtera le serment prescrit par la loi du 19 fructidor an 5, et celui de remplir avec fidélité et exactitude les fonctions qui lui sont confiées.

5. Le Préposé fournira, en outre, un cautionnement en immeubles. Il sera payé, pour l'enregistrement dudit cautionnement, un droit fixe d'un franc. — Le cautionnement sera reçu par le Tribunal civil de la situation des biens, contradictoirement avec le Commissaire du Directoire exécutif près le même Tribunal.

6. Le Préposé sera tenu de faire recevoir son cautionnement, et d'en justifier à la Régie nationale dans le mois de l'enregistrement de sa commission ; il déposera, dans le même délai, une expédition de la réception dudit cautionnement, au greffe du Tribunal civil dans l'arrondissement duquel il remplira ses fonctions.

7. L'inscription du cautionnement sera faite à la diligence et aux frais du Préposé. — Elle subsistera pendant toute la durée de sa responsabilité, sans avoir besoin d'être renouvelée.

8. Le cautionnement ci-dessus demeure spécialement affecté à la responsabilité du Préposé à la conservation des hypothèques, pour les erreurs et omissions dont la loi le rend garant envers les citoyens.

Cette affectation subsistera pendant toute la durée des fonctions, et dix années après : passé lequel délai, les biens servant de cautionnement seront affranchis de plein droit de toutes actions de recours qui n'auraient point été intentées dans cet intervalle.

9. Les Préposés à la conservation des hypothèques auront domicile dans le bureau où ils rempliront leurs fonctions, pour les actions auxquelles leur responsabilité pourrait donner lieu.

Ce domicile est de droit ; il durera aussi long-tems que la responsabilité des Préposés ; toutes poursuites à cet égard pourront y être dirigées contre eux, quand même ils seraient sortis de place, ou contre leurs ayans-cause.

10. Le passage d'un bureau dans un autre n'emportera point l'obligation d'un nouveau cautionnement ; celui déjà fourni subsistera pour le nouveau bureau, sauf à suppléer, s'il y a lieu.

11. Le cautionnement sera,

De 20,000 francs pour une population de cinquante mille individus et au-dessous ;

De 30,000 francs pour une population de cinquante mille à cent mille individus ;

De 40,000 francs pour une population de cent mille à cent cinquante mille individus ;

De 50,000 francs pour une population de cent cinquante mille à deux cent mille individus, et au-dessus ;

Il sera de 100,000 francs pour la commune de Paris.

12. En cas d'absence ou d'empêchement d'un Préposé, il sera suppléé par le Vérificateur ou l'Inspecteur de l'enregistrement dans le département, ou bien, à leur défaut, par le plus ancien Surnuméraire du bureau.

Le Préposé demeurera garant de cette gestion, sauf son recours contre ceux qui l'auront remplacé.

13. S'il y a vacance d'un bureau, par mort ou autrement, le cas de démission excepté, il sera rempli provisoirement par le Vérificateur ou l'Inspecteur de l'enregistrement, ou bien, à leur défaut, par le plus ancien Surnuméraire du bureau.

Ils demeureront responsables de leur gestion. La Régie pourvoira sur-le-champ à la place vacante.

14. Nul Préposé démissionnaire ne pourra quitter ses fonctions avant l'installation de son successeur, à peine de répondre de tous dommages et intérêts auxquels la vacance momentanée du bureau pourrait donner lieu.

15. Le traitement des Préposés à la conservation des hypothèques, est réglé par les remises accordées sur les recettes aux Receveurs de l'enregistrement, et il leur sera payé, par les requérans, pour les actes qu'ils délivreront, outre le papier timbré, le salaire énoncé au tarif suivant, etc. V. *remises et salaires*.

16. Les registres servant à recevoir les actes du nouveau régime hypothécaire, seront en papier timbré ; les Préposés les feront coter et parapher à chaque feuillet, par le Président de l'Administration municipale du lieu.

Cette formalité sera remplie dans les trois jours de la présentation des registres, et sans frais.

17. Les actes seront datés et consignés de suite, sans blanc, et jour par jour ; ils seront numérotés suivant le rang qu'ils tiendront dans les registres, et signés du Préposé.

18. Outre les registres mentionnés en l'article 16, les Préposés tiendront un registre sur papier libre, dans lequel seront portés par extrait, au fur et à mesure des actes, sous le nom de chaque grevé, et à la case qui lui sera destinée, les inscriptions à sa charge, les transcriptions, les radiations, et les autres actes qui le concernent, ainsi que l'indication des registres où chacun de ses actes sera porté, et les numéros sous lesquels ils y seront consignés.

19. Il sera perçu, au profit du Trésor public, conformément à l'article 62 du titre IV de la loi du 9 vendémiaire an 6, un droit sur l'inscription des créances hypothécaires, et sur la transcription des actes emportant mutation de propriétés immobilières.

20. Le droit d'inscription des créances hypothécaires sera, 1° d'un pour deux mille du capital de chaque créance hypothécaire, antérieure à la promulgation de la loi du 11 brumaire dernier; 2° d'un pour mille du capital des créances postérieures à ladite époque.

21. Il ne sera payé qu'un seul droit d'inscription pour chaque créance, quel que soit d'ailleurs le nombre des créanciers requérans, ou celui des débiteurs grévés.

22. S'il y a lieu à inscription d'une même créance dans plusieurs bureaux, le droit sera acquitté en totalité dans le premier bureau; il ne sera payé, pour chacune des autres inscriptions, que le simple salaire du Préposé, sur la représentation de la quittance constatant le paiement entier du droit, lors de la première inscription.

En conséquence, le Préposé dans le premier bureau, sera tenu de délivrer à celui qui paiera le droit, indépendamment de la quittance au pied du bordereau d'inscription, autant de *duplicata* de ladite quittance qu'il lui en sera demandé. — Il sera payé au Préposé vingt centimes pour chaque *duplicata*, outre le papier timbré.

23. L'inscription des créances appartenant à l'État, aux hospices civils et aux autres établissemens publics, sera faite sans avance du droit d'hypothèque et des salaires des Préposés.

24. Toutes les fois que l'inscription aura lieu sans avance du droit et des salaires, le Préposé sera tenu, 1° d'énoncer, tant sur les registres que sur le bordereau à remettre au requérant, que les droits et salaires sont dus; 2° d'en poursuivre le recouvrement sur les débiteurs, dans les deux décades après la date de l'inscription.

Ces poursuites s'exerceront suivant les formes établies pour le recouvrement des droits d'enregistrement.

25. Le droit sur la transcription des actes emportant mutation de propriétés immobilières, sera d'un et demi pour cent du prix intégral desdites mutations, suivant qu'il aura été réglé à l'enregistrement.

26. Si le même acte donne lieu à transcription dans plusieurs bureaux, le droit sera acquitté ainsi qu'il est porté à l'article 22 ci-dessus pour les inscriptions.

27. Hors les cas d'exception prononcés par la présente loi et par celle du 11 brumaire dernier, les droits et salaires dus pour les formalités hypothécaires, seront payés d'avance par les requérans.

Les Préposés en expédieront quittance au pied des actes et certificats par eux remis et délivrés; chaque somme y sera mentionnée séparément et en toutes lettres.

28. Les dispositions de la loi du 29 messidor an 3 sur le régime hypothécaire, provisoirement maintenues par l'article 55 de la loi du 11 brumaire dernier, sont et demeurent rapportées.

39. Il sera placé, dans chaque bureau de la conservation des hypothèques, un tableau divisé en trois colonnes:

La première contiendra, par ordre alphabétique, le nom des communes de l'arrondissement;

La seconde désignera l'ancien arrondissement dont chacune d'elles faisait partie;

La troisième indiquera dans quel bureau de la nouvelle organisation hypothécaire auront été déposés les registres des inscriptions et transcriptions antérieures à sa mise en activité, et relatives à chaque commune.

Décret du 21 sept. 1810. — (Les articles 29, 30, 31, 32, 33, 34, 35, 36, 37 et 38 sont maintenant sans objet.)

TABLEAU COMPARATIF des Salaires dus aux Conservateurs des hypothèques.

FORMALITÉS Pour lesquelles il est dû des Salaires aux Conservateurs.	SALAIRES. d'après la loi du 21 vent. an 7.	d'après le décret du 21 sept. 1810.
	f. c.	f. c.
1. Pour l'enregistrement et la reconnaissance des dépôts d'actes de mutation pour être transcrits, ou de bordereaux pour être inscrits.	0 00	0 25
2. Pour l'inscription de chaque droit d'hypothèque ou privilége, quel que soit le nombre des créanciers, si la formalité est requise par le même bordereau.	0 50	1 00
3. Pour chaque inscription faite d'office par le Conservateur, en vertu d'un acte translatif de propriété soumis à la transcription.	0 00	1 00
4. Pour chaque déclaration, soit de changement de domicile, soit de subrogation, soit de tous les deux par le même acte.	0 25	0 50
5. Pour chaque radiation d'inscription.	0 50	1 00
6. Pour chaque extrait d'inscription ou certificat qu'il n'en existe aucune.	0 50	1 00
7. Pour la transcription de chaque acte de mutation par rôle d'écriture du Conservateur, contenant vingt-cinq lignes à la page, et dix-huit syllabes à la ligne.	0 25	1 00
8. Pour chaque certificat de non transcription d'acte de mutation.	0 00	1 00
9. Pour copies collationnées des actes déposés ou transcrits dans les bureaux des hypothèques, par rôle d'écriture du Conservateur, contenant vingt-cinq lignes à la page, et dix-huit syllabes à la ligne.	0 25	1 00
10. Pour chaque duplicata de quittance.	0 00	0 25
11. Pour la transcription de chaque procès-verbal de saisie immobilière (art. 677 du Code de procédure civile) par rôle d'écriture, du Conservateur, contenant vingt-cinq lignes à la page, et dix-huit syllabes à la ligne.	0 25	1 00
12. Pour l'enregistrement de la dénonciation de la saisie immobilière au saisi, et la mention qui est faite en marge du registre (art. 681 du Code de procédure.)	0 00	1 00
13. Pour l'enregistrement de chaque exploit de notification de placards aux créanciers inscrits (art. 696 du Code), tenant lieu de l'inscription des exploits de notification des procès-verbaux d'affiches.	1 00	1 00
14. Pour l'acte du Conservateur constatant son refus de transcription en cas de précédente saisie (art. 679 du Code de procédure.)	0 00	1 00
Pour la radiation de la saisie immobilière (art. 696 du Code de procédure.)	0 00	1 00

DICTIONNAIRE DES HYPOTHÈQUES.

ACQUÉREUR. Nul ne pouvant céder à un autre plus de droit qu'il n'en a lui-même, et le vendeur ne transmettant, d'après l'art. 2182 du C. C., que la propriété et les droits qu'il a sur la chose vendue, il est de toute évidence que si le droit qu'avait sur l'immeuble le premier acquéreur, est résolu, celui du second et du troisième acquéreur l'est pareillement. La cause résolutoire doit s'exécuter contre les sous-acquéreurs, nonobstant la transcription de leurs contrats. *Arr. de la Cour de Paris du 15 nov. 1816*, *et arr. de cass. du...* (*Traité des hyp.*)

1. L'acquéreur ne peut être légalement contraint de se dessaisir du prix de son acquisition, qu'autant que l'immeuble acquis est dégrévé et que les radiations des inscriptions sont opérées. *Arr. de cass. du 6 oct.* 1808.

2. L'acquéreur à pacte de rachat peut faire vendre l'immeuble par lui possédé à ce titre, et retenir sur le prix de l'adjudication, ce qui lui est dû malgré les hypothèques postérieures consenties au profit d'autres créanciers. *Arr. de rejet de cass. du 2 déc.* 1818. (*Art.* 6365, *j.* (*J. du P.* 1819.)

3. L'acquéreur qui veut purger l'immeuble grévé d'une rente foncière est tenu de rembourser le capital de la rente. *Cour de Nîmes*, 23 *frim.* 14. (*Traité des hyp.*[es])

ARRÊTÉS. Le registre de dépôt et ceux de formalité pour l'inscription des bordereaux de créances et pour la transcription des actes de mutation, seront arrêtés chaque jour comme ceux d'enregistrement des actes. *Art.* 2201 *du C. C. Instr.* 233 et 316, *nomb* .9 — Le registre des salaires doit aussi être arrêté. V. *registres* et *salaires*.

Le Conservateur qui n'arrêterait pas tous les jours les registres qui doivent l'être, qui mettrait plus d'un arrêté dans une case, qui intercalerait des arrêtés sur les registres non divisés par case, qui n'écrirait pas la date en toutes lettres et qui ne signerait pas ses arrêtés, qui doivent toujours être écrits de sa main, se compromettrait gravement. *Instr.* 443, V. *bureau.* — Pour connaître les jours de repos légalement fixés, V. à L'ENREGISTREMENT, *délai*, n.° 2.

BIENS *indivis*. L'inscription prise pendant l'indivision, sur l'un des co-héritiers, ne peut se fixer que sur le lot qu'aura le débiteur, sauf au créancier, dans le cas où le partage renfermerait collusion ou fraude, à soutenir son droit. *Cour de Bruxelles*, 21 *déc.* 1807.

BIENS *susceptibles d'hypothèques*. Sont seuls susceptibles d'hypothèques 1.° les biens immobiliers qui sont dans le commerce et leurs accessoires réputés immeubles; 2.° l'usufruit des mêmes biens et accessoires pendant le tems de sa durée. *Art.* 2118 *du C. C.*

1. Les meubles n'ont pas de suite par hypothèque. — Il n'est rien innové par le code aux dispositions des lois maritimes concernant les navires et bâtimens de mer. *Art.* 2119 *et* 2120. *Idem.*

2. Il résulte de la combinaison des dispositions de la loi du 11 brum. 7, art. 3, nomb. 1 er, et de l'ensemble du C. C., que les hypothèques sur les meubles n'ont pas lieu tant pour le passé que pour l'avenir. *Arr. de cass. du 7 mars* 1807. (*Quest. hyp.*[es])

3. D'après les art. 526 et 2118 du C. C., l'usufruit est réputé *immeuble* par la loi; il est passible d'hypothèque; le fermage des biens représente cet usufruit. *Cour de Turin*, 24 *avril* 1810. (*Quest. hyp.*[es] *et J. du P.* 1810)

4. Les ustensiles d'une brasserie, comme tous les autres immeubles par destination, sont susceptibles d'hypothèque; ils sont même frappés *ipsò jure*, de toutes les autres hypothèques dont le fonds est grévé; et ce n'est que par la séparation du fonds de ces immeubles, par destination, que l'hypothèque s'évanouit et s'efface; encore s'il y a vente séparée de ces ustensiles, et que, soit par le défaut de paiement de l'acquéreur, soit par la faillite ou la déconfiture du débiteur, le prix n'en soit pas confondu avec les autres biens du vendeur, les créanciers pourront se le faire distribuer par ordre d'hypothèque. *Arr. de cass. du 4 fév.* 1817. (*Quest. hyp.*[es])

5. Les objets mobiliers placés dans une usine pour son usage habituel, comme tonnes, etc., sont réputés immeubles par destination et ainsi passibles d'hypothèques; s'ils sont vendus à part de l'usine, le prix n'en est pas moins affecté aux créanciers hypothécaires dans leurs rangs et priviléges. *Art.* 524 *du C. C.*, *Cour de Douai*, 3 *janv.* 1815. (*M. Sirey, même année.*) V. *hypothèques* en général, et à l'ENREGISTREMENT, le mot *biens*, page 96.

BORDEREAU *d'inscription hypothécaire.*

1. Pour opérer l'inscription, le créancier représente, soit par lui-même, soit par un tiers au Conservateur des hypothèques, l'original en brevet ou une expédition authentique du jugement ou de l'acte qui donne naissance au privilége ou à l'hypothèque. — Il y joint deux bordereaux écrits sur papier timbré, dont l'un peut être porté sur l'expédition du titre; ils contiennent: 1° les nom, prénom, domicile du créancier, sa profession, s'il en a une, et l'élection d'un domicile pour lui dans un lieu quelconque de l'arrondissement du bureau; — 2° les nom, prénom, domicile du débiteur, sa profession, s'il en a une connue, ou une désignation individuelle et spéciale, telle que le Conservateur puisse reconnaître et distinguer dans tous les cas l'individu grévé d'hypothèque; — 3° la date et la nature du titre; — 4° le montant du capital des créances exprimées dans le titre, ou évaluées par l'inscrivant, pour les rentes et prestations, ou pour ses droits éventuels, conditionnels ou indéterminés, dans le cas où cette évaluation est ordonnée; comme aussi le montant des accessoires de ces capitaux, et l'époque de l'exigibilité. (V. *rectification d'erreurs, autorisée par la loi du 4 déc.* 1807;) — 5° l'indication de l'espèce et de la situation des biens sur lesquels il entend conserver son privilége ou son hypothèque. — Cette dernière disposition n'est pas nécessaire dans le cas des hypothèques légales ou judiciaires; à défaut de convention, une seule inscription, pour ces hypothèques, frappe tous les immeubles compris dans l'arrondissement du bureau. » *Art.* 2148 *du C. C.* — V. *inscription.*

2. Un seul bordereau suffit pour plusieurs obliga-

tions consenties par la même personne au profit du même créancier ; l'inscription de ces obligations ayant eu lieu originairement par bordereaux séparés, peut être renouvelée par un seul et même bordereau. *Déc. min. fin. du 12 janv.* 1813. (*Art.* 4539, *j.*)

3. Lorsque les agens ou syndics d'une faillite requièrent une inscription sur les immeubles d'un failli, il suffit que la date du jugement qui les a nommés soit relatée dans les bordereaux ; la production de l'extrait du jugement ne doit être exigée que relativement aux inscriptions prises sur les immeubles des débiteurs du failli. *Art.* 500 *du C. de Commerce. Instr.* 619.

4. On doit considérer cette inscription comme indéfinie, non passible du droit proportionnel, lequel ne doit être perçu que pour raison de l'inscription du jugement homologatif du concordat, et au moment ou la formalité est donnée. *Instr.* 429. V. *inscription indéfinie.*

5. Les bordereaux pour les inscriptions concernant des droits et créances acquis à l'État, aux hospices et autres établissemens publics, seront rédigés sur papier visé pour valoir timbre au droit réservé. *Circ.* 1521.

6. Avant de rédiger les bordereaux d'inscription, le Receveur des domaines doit s'assurer de l'existence du débiteur. *Lettre de l'Administration, du* 21 *nov.* 1806.

7. Les Directeurs doivent se concerter avec MM. les Procureurs généraux près les Cours criminelles, pour faire évaluer le montant des frais à recouvrer, et qui n'auraient été réglés, ni par l'arrêt ou le jugement, ni par un exécutoire, sur ce qu'il y aurait pourvoi en cassation. L'évaluation, qui comprendra les frais présumés susceptibles d'être faits ultérieurement, doit être relatée dans les bordereaux à joindre à l'expédition du jugement, et servira au Conservateur à inscrire le privilége du trésor, et à libeller son inscription aux termes du décret du 18 juin 1811. *Instr.* 426.

8. L'extrait du jugement étant une expédition *in parte quâ*, et le jugement n'étant soumis ni au timbre, ni à l'enregistrement (en matière criminelle) l'extrait est suffisant pour rédiger le bordereau et requérir une inscription relative aux frais de justice. *Instr.* 594.

9. Il est recommandé à MM. les Préfets, Sous-Préfets, aux Avoués de l'agence judiciaire du trésor, et à tous ceux chargés de requérir des inscriptions contre les comptables, en vertu de la loi du 5 sept. 1807, de se conformer au modèle de bordereau ci-après :

MINISTÈRE DU TRÉSOR ROYAL. } *Bordereau d'inscription*
Bureau de......

Au profit du trésor royal pour lequel domicile est élu (à la *Préfecture* pour le bureau de conservation au chef-lieu, et *aux Sous-Préfectures*, pour les autres bureaux) contre...... (désigner avec exactitude les noms, prénoms, qualités et demeures des grévés). — Afin de sûreté des priviléges et hypothèques du trésor royal, résultant de la gestion dudit......, la présente inscription requise par le Receveur de l'enregistrement (ou Conservateur des hypothèques), soussigné, en exécution de la loi du 5 septembre 1807, en conséquence d'un acte passé...... (énoncer sommairement la date et l'objet de l'acte qui donne lieu à l'inscription. Si c'est une acquisition ou une vente, en exprimer le prix, indiquer aussi la nature et la situation des biens acquis ou aliénés par le comptable ou par sa femme ; l'inscription doit toujours être prise pour droits indéterminés, et non pour une somme fixe.) *Instr.* 442. V. *comptables publics* et *notification.*

8. Lorsque le créancier dépose en même tems plusieurs bordereaux à inscrire à son profit contre divers débiteurs, il peut ne retirer qu'une seule reconnaissance des titres déposés. *Instr.* 433. V. *bulletin.*

9. Si le bordereau et l'inscription au registre ne sont point conformes, on s'en rapporte à l'inscription, parce que le registre seul peut être connu du public, et que le bordereau n'a fait que pour servir de minute au Conservateur. *Jugement du Tribunal de la Seine, du* 18 *fév.* 1808 ; *Cour de Paris*, 31 *août* 1810, *et avis du Conseil d'état, approuvé le* 26 *déc.* 1811.

10. Le bordereau déposé au bureau, fait seul titre pour ou contre le Conservateur. *Arr. de cass. du* 22 *avril* 1807. (*Art.* 6261, *j. et J. du P., même année.*)

11. Les bordereaux de créances au profit de l'État, dont le recouvrement est confié à l'Administration, doivent être rédigés, *au nom de l'Administration de l'Enregistrement et des Domaines, pour laquelle domicile est élu en son hôtel, rue de Choiseul, à Paris, et à la diligence de M...* (nom et prénoms) *son Receveur au bureau de....*, qui élit aussi domicile.... etc. *Instr.* 123.

BULLETIN *de dépôt.*

Toutes les fois que le Conservateur donne de suite la formalité de l'inscription ou de la transcription en présence de la partie, on ne peut obliger celle-ci à prendre une reconnaissance du dépôt de ses pièces. Mais si des circonstances exigeaient que les pièces restassent au bureau, quand ce ne serait que *du matin au soir*, le bulletin de dépôt devrait être délivré. Le Conservateur est en droit d'exiger le timbre avant de faire la mention de la remise des pièces, sur le registre à ce destiné. *Instr.* 516, *nomb.* 10 *et lettre de M. l'Administrateur de la* 1.re *division du* 7 *juin* 1821.

On peut, sans contravention, mettre sur le même bulletin la reconnaissance de plusieurs bordereaux à inscrire au profit du même créancier, contre différens débiteurs. *Instr.* 433.

BUREAU *de la conservation des hypothèques.*

1. Il y a, par chaque arrondissement de Tribunal de première instance, un bureau de la conservation des hypothèques, dont l'étendue est la même que le ressort du Tribunal. *Loi du* 21 *vent.* 7. *Circ.* 1539, 1820 *et* 1979.

2. Le Conservateur doit placer dans son bureau, un tableau indiquant les communes de l'arrondissement de la conservation des hypothèques. *Circ.* 1539.

3. Lorsque le bureau a éprouvé quelque distraction, on indique aux parties, par les états et certificats, les bureaux où elles doivent s'adresser pour se procurer les renseignemens dont elles auraient besoin. *Circul.* 1539 *et* 1979.

4. Les formalités hypothécaires doivent avoir lieu au bureau de la situation des biens. *Circ.* 1454 *et* 1521.

5. En cas de vacance du bureau, le titulaire est remplacé provisoirement par un Vérificateur ou un Inspec-

teur, ou, à leur défaut, par le plus ancien Surnuméraire. Le conservateur est garant de cette gestion, sauf son recours contre ceux qui l'ont remplacé. Si la vacance a lieu par mort ou autrement (le cas de démission excepté), cet Employé est remplacé provisoirement de la même manière, et celui qui remplace alors est responsable de sa gestion. *Circ.* 1539.

6. Les bureaux doivent être fermés, pour tout le monde, les dimanches et fêtes. *Instr.* 362, 433 *et* 499.

7. Pour connaître quels sont ces jours fériés, V. *délai*, A L'ENREGISTREMENT.

8. Dans l'arrêté journalier des registres, le Conservateur doit indiquer la date du mois, et faire mention des dimanches et fêtes; l'Inspecteur doit s'assurer de l'exécution de cet ordre. *Instr.* 730.

9. Le tableau des salaires doit être affiché dans le bureau. *Circ. du 7 juin* 1809. V. *conservateur*, et A L'ENREGISTTREMENT, *bureau* et *receveur*.

CAUTIONNEMENT DES CONSERVATEURS DES HYPOTHÈQUES.

1. *En immeubles*: son objet est exclusivement affecté à la responsabilité du Conservateur, pour les erreurs et les omissions dont la loi le rend garant envers les citoyens. Dans le mois de l'enregistrement de la commission, il est tenu de justifier au Directeur, que le cautionnement fourni a été admis, et que l'expédition de l'acte de réception est déposée au greffe du tribunal civil de l'arrondissement où il exerce ses fonctions. — Si le Conservateur ne se mettait pas en règle dans ce délai, le Ministre nommerait à sa place. *Loi du* 21 *vent.* 7. *Circ.* 1539. *Instr.* 445.

2. Le cautionnement est reçu par le Tribunal civil de la situation des biens, contradictoirement avec le Procureur du Roi; l'acte est enregistré au droit de 1 fr. fixe. — L'inscription est indéfinie; elle est faite à la diligence du Conservateur et à ses frais. Elle subsiste pendant toute la durée de sa responsabilité, et doit être renouvelée avant l'expiration de chaque période décennale. *Idem.*

3. Le changement de bureau n'oblige pas à fournir un nouveau cautionnement, sauf à suppléer, s'il y a lieu. — Le cautionnement est de 20,000 fr. pour une population de 50,000 individus et au-dessous; de 30,000 fr. pour 50,000 à 100,000; 40,000 fr. pour 150,000 à 200,000 individus et au-dessus. Il est de 100,000 pour Paris. *Loi du* 21 *vent.* 7. *Circ.* 1539, *instr.* 526.

4. Le cautionnement en immeubles peut être remplacé par d'autres immeubles de même valeur, dès que le remplacement est fait dans la même forme que le cautionnement primitif. *Lettre du Min. de la just. du* 17 *avril* 1811. *Instr.* 445 *et* 526. V. *renouvellement d'inscription.*

5. Lorsqu'un nouveau cautionnement en immeubles est fourni par un conservateur des hypothèques, et qu'il a été admis par le Tribunal, le Directeur doit en informer le Directeur général, ainsi que des changemens ou augmentations du cautionnement et du renouvellement des inscriptions. *Instr.* 445.

6. Le Directeur ne doit pas perdre de vue que le renouvellement d'inscription doit avoir lieu six mois, au moins, avant l'expiration du délai décennal. *Lettre de M. le Directeur général du* 31 *mars* 1820.

7. Le Directeur doit tenir un sommier des cautionnemens des Conservateurs. — Ce sommier est tenu à feuille ouverte, les bureaux y sont rangés par ordre alphabétique. — Sa forme et les renseignemens dont il devra être servi, sont indiqués dans l'*instr.* 445.

8. On ne peut contraindre les héritiers d'un Conservateur qui avait fourni un cautionnement en immeubles situés en Belgique, et qui est décédé avant la réduction du territoire, à fournir un nouveau cautionnement en France, pour la garantie décennale imposée aux Conservateurs. *Sol. du* 13 *oct.* 1820. (*Art.* 6873, *j.*)

9. Lorsque, par suite de la réunion d'un canton ou d'une commune, la population se trouve augmentée, dans la proportion qui existe entre la série de population qui a servi de base au premier cautionnement et la série ou les séries supérieures, il y a lieu d'obliger le Conservateur à fournir, en immeubles, un supplément de cautionnement; mais la fixation n'en peut être changée, quand la progression de la population ne résulte que des recensemens annuels. *Instr.* 316, *nomb.* 13.

10. *En numéraire*: On ne peut être admis à prêter serment, ni être installé dans les fonctions auxquelles on a été nommé, si on ne justifie préalablement de la quittance de son cautionnement. *Loi du* 28 *avril* 1816, *art.* 92 *et* 96. — L'intérêt du cautionnement est fixé à 4 p. 100, sans retenue, *Art.* 94 *de la même loi.*

11. Il a été prescrit aux Conservateurs de fournir un supplément de cautionnement par les instruct. 713, 717 et 733. — Pour les obligations souscriptes à cet effet, V. *l'instr.* 743.

CERTIFICATS d'*inscription*. V. *Etats d'inscription.*

CERTIFICATS de *non inscription*. — Lorsque dans le certificat délivré après la transcription, le Conservateur a omis de comprendre une inscription, l'immeuble en est de suite affranchi; et la signification d'un nouvel état des inscriptions ne donne pas au créancier le droit de requérir la mise aux enchères, dans ce qui reste à courir du délai de quarante jours. *Arr. de cass. du* 9 *niv.* 14. (*J. du P.* 1806.).

2. Un certificat de l'espèce affranchit l'immeuble de l'hypothèque omise, même lorsqu'il a été délivré après la transcription d'un contrat de vente qui n'annonçait pas les noms sous lesquels le vendeur était vulgairement connu. — Le Conservateur n'ayant pu éviter cette erreur imputée au seul fait de la dame Lavalette venderesse, elle fut condamnée, par corps, à payer au créancier inscrit, diverses sommes à titre de dommages-intérêts. *Arr. de la cour de Paris du* 5 *décemb.* 1810. (*J. du P.* 1811.). Ainsi que les rédacteurs de ce journal, M. Persil combat la doctrine de cet arrêt qu'il croit dangereux, comme pouvant ouvrir un chemin large à la mauvaise foi, et contraire à l'article 2198 du code civil, qui oblige, envers le créancier, ou le conservateur ou l'immeuble. (*Questions hyp.*[es] 2.e *édit.*, *t.* 2, pag. 152.).

3. Lorsque c'est un conservateur qui a vendu l'immeuble ou lorsqu'il s'agit d'inscription prise contre lui, c'est l'Inspecteur, le Vérificateur, ou le plus ancien surnuméraire qui doit délivrer l'état des insc.[ns] ou le certificat qui constate qu'il n'en existe aucune. V. les art.[es] suiv.

4. Un certificat de l'espèce délivré par le conservateur de Ste-Menehould a été déclaré nul, d'après l'art. 12

de la loi du 21 vent. 7. *Arr. de la cour de Paris du 22 janv.* 1810. (*Art.* 3654 *et J. du P.* 1810.).

5. M. Persil adopte le même principe pour l'inscription prise contre le conservateur et pour celle qu'il aurait intérêt de requérir.) *Quest. hyp*,)

6. Si le Conservateur s'est permis de délivrer un certificat négatif d'inscription sur lui-même, qu'il ait omis de mentionner une inscription, et qu'il arrive que l'acquéreur, trompé par cette omission, paie son prix et se trouve ensuite grévé d'une hypothèque, l'action en dommages-intérêts qui lui compète ne pèse pas sur les cautions du conservateur, ce fait n'est pas un fait de charge. *Cour de Paris*, 13 *nov.* 1811. (*Traité des hyp.*) V. *État des inscriptions*, *Responsabilité et Salaires.*

COLLOCATION. Un créancier qui a été payé par son débiteur postérieurement à son inscription, de trois années d'intérêt, peut encore requérir sa collocation pour deux années d'intérêt et l'année courante au même rang que son capital. *Arr. de cass.*, *rendu dans l'intérêt de la loi*, *le* 27 *mai* 1816. (*Art.* 5524. *j.*, *et M. Sirey*, *même année.*) — V. *ordre.*

COMPTABLES PUBLICS.

1. Les droits du trésor public sur les biens des comptables étaient fixés par l'édit du mois d'août 1669, et par les lois des 24 novembre 1790, 19 juillet, 11 août 1792, 11 brumaire 7; la loi du 5 septembre 1807, et le décret du 25 février 1808 font connaître dans quel cas et comment doivent se régler les privilèges accordés par le code civil. *Instr.* 350 *et* 370.

2. En exécution des lois précitées, les conservateurs des hypothèques et les receveurs sont tenus, à peine de destitution, et, en outre de tous dommages et intérêts, de faire ou de requérir inscription, au nom de l'*agent judiciaire du trésor*, contre tous receveurs généraux et particuliers, tous payeurs généraux divisionnaires, ainsi que contre les payeurs de départemens, des ports et des armées, au vu des actes de vente, d'acquisition, de partage, d'échange et autres translatifs de propriété qu'ils passeront, et dans lesquels ils sont obligés d'énoncer leurs titres et qualités, à peine de destitution, et en cas d'insolvabilité d'être poursuivis comme banqueroutiers frauduleux. — Est excepté de cette mesure, le comptable qui aura obtenu un certificat du trésor public, portant que l'aliénation n'est pas sujète à l'inscription de la part du trésor, mais alors le certificat sera mentionné dans l'acte. — Il sera fait trois bordereaux, d'après l'art. 2148 du code civil, dont deux seront envoyés tant au procureur du Roi près le tribunal de 1.re instance de la situation des biens qu'à l'agent judiciaire du trésor royal à Paris. *Instr.* 868.

3. Les formes à suivre pour la rédaction des bordereaux sont indiquées dans l'instruction 442. — D'après une autre instruction n.° 633 qui prescrivait de nouveau de se conformer à la loi du 5 septembre 1807, l'inscription des créances appartenant à l'état, doit être faite sans avance des salaires et droits d'hypothèques qui seront en débet; il en sera de même pour le droit de timbre du registre; les bordereaux écrits sur papier libre seront visés pour timbre. — L'envoi des bordereaux dont il s'agit, doit être constaté au registre de formalité. *Instr.* 350, *Déc. min. fin. du* 14 *nov.* 1818. *Idem.*

4. Si le Receveur de l'enregistrement adresse les bordereaux au bureau des hypothèques, le Conservateur, aussitôt la réception, fera sur ses registres l'inscription requise et expédiera au receveur une reconnaissance qui énoncera, en exécution de l'art. 2200 du C. C., le n.° du registre où le dépôt des pièces aura été inscrit. — Le Conservateur, dans le jour où l'inscription aura été faite, transmettra les bordereaux de la manière sus indiquée. *Instr.* 868. V. *Bordereaux.*

5. Toutes les précautions recommandées par l'instr. n.° 350, sont applicables aux comptables du trésor de la couronne. *Instr.* 370.

6. Si le contrat de vente n'énonce point de prix ou ce qui est dû au vendeur, le Conservateur n'ayant pas été mis à portée de faire l'inscription d'office, ne peut être recherché. *Cour de Bruxelles*, 17 *mars* 1806. (*J. du P.*, 1807.)

CONSERVATEURS DES HYPOTHÈQUES. Préposés chargé de donner les formalités hypothécaires.

1. « Les Conservateurs des hypothèques étaient, sous l'empire de l'édit de 1771, des Officiers créés dans chaque bailliage et sénéchaussée, pour recevoir les oppositions des créanciers qui prétendaient quelque droit d'hypothèque ou privilége sur les immeubles réels ou fictifs de leur débiteur. Les articles 21, 22 et suivans de cet édit réglaient leurs attributions, et subirent déjà quelques changemens en 1790, par l'effet des lois rendues à cette époque sur l'organisation des Tribunaux. — A ces Conservateurs ont succédé d'abord ceux établis par la loi de messidor 3, qui n'ont eu qu'une existence incertaine à raison de la suspension de l'exécution de cette loi, et qui ont été remplacés par les Conservateurs établis par la loi du 21 vent. 7, faisant suite à celle du 11 brumaire précédent. — Leurs fonctions et attributions sont indiquées dans ces deux dernières lois, ainsi qu'au livre III, titre 18, chap. 4 du C. C. (*Traité des Priv. et hyp.*, *par M. Battur*, *année* 1818).

2. Les fonctions de Conservateur sont remplies par les Employés de l'Administration de l'enregistrement, *circ.* 1539, et par eux seulement. *Lettre du Ministre des fin. au Ministre des relations extérieures*, *du* 18 *vend.* 10.

3. Le Conservateur des hypothèques est nommé par S. Exc. le Ministre des finances, *ordonn. du Roi du* 3 *janv.* 1821, *instr.* 970; il suit la même ligne d'avancement que les Receveurs. *Instr.* 759.

4. Avant d'entrer en exercice, le Conservateur doit faire enregistrer sa commission au greffe du Tribunal civil de l'arrondissement, et prêter serment; il se fait délivrer une expédition, tant de cet enregistrement que du procès-verbal de la prestation de serment, pour en justifier, en même tems que de son cautionnement, au Directeur, qui de son côté, doit en informer l'Administration. *Circ.* 1539. — V. *cautionnement* et *bureau.*

5. Lorsqu'un Employé supérieur ou un Receveur est nommé Conservateur des hypothèques, il doit prêter un nouveau serment, dont l'acte est passible du droit d'enregistrement de 15 francs. *Instr. gén. n°* 910.

6. Le Conservateur qui changera de résidence, sera seulement tenu de faire inscrire au greffe du Tribunal dans le ressort duquel il passe, l'acte du serment qu'il a prêté antérieurement, d'après l'instr. gén., n° 269. — *Déc. min. just. et fin. du* 4 *août* 1820. (*Art.* 6745, *j.*)

7. La Conservation des hypothèques, sur laquelle repose la sûreté des transactions civiles, est d'une si grande importance, qu'elle ne sera confiée qu'à des Préposés capables de justifier le choix qu'on aura fait d'eux; ceux qui sont en place n'y seront maintenus qu'autant qu'ils rempliront exactement tous leurs devoirs envers le public, les Tribunaux et l'Administration. *Instr.* 494.

9. Le Conservateur des hypothèques qui entraverait l'exécution des lois, soit par absence, démission, refus ou retard d'opérer dans l'exercice de ses fonctions, ou par le vice de ses opérations, serait responsable civilement et par corps, envers les citoyens, des torts qui en résulteraient, ainsi que des dommages et intérêts. *Loi du* 9 *vent.* 7. *Art.* 126 *du C. Pénal*, V. *responsabilité.*

10. Les Conservateurs doivent avoir le nombre nécessaire de bons commis, pour que toutes les parties du service soient tenues dans le plus grand ordre, et toujours au courant. Il est de leur intérêt de n'attacher à leurs opérations, que des personnes instruites, et dont l'écriture soit correcte. *Instr.* 494.

11. Les Conservateurs sont tenus de délivrer, à tous ceux qui le requièrent, copie des actes transcrits sur leurs registres, et celle des inscriptions subsistantes, ou certificats qu'il n'en existe aucune. *Art.* 2196 du C. C.

12. Pour les autres art. du chap. 10, titre 18 du C. C., relatifs aux bulletins ou reconnaissances de dépôt et à la responsabilité des Conservateurs, V. *bulletin* et *responsabilité.*

13. Le Conservateur doit examiner attentivement les bordereaux d'inscription et les actes qui lui sont présentés à la transcription, afin d'éviter toute erreur dans la liquidation des droits. — Pour faciliter la vérification des Employés supérieurs, il doit porter, en *gros caractères*, dans les enregistremens, les sommes sur lesquelles les droits ont été établis. *Circ.* 1539, et *instr.* 316.

14. Les Conservateurs ne peuvent jamais refuser de faire les inscriptions requises régulièrement, même dans les cas prévus par les art. 2109, 2110 et 2111 du C. C.; il n'appartient qu'aux parties de veiller à ce que ces inscriptions et transcriptions n'aient à leur égard que l'effet prescrit. Il leur est recommandé d'apporter, dans leurs opérations, la plus grande exactitude, et d'éviter de donner lieu à aucune plainte fondée. *Instr.* 233 et 255.

15. Les registres des formalités hypothécaires, seules pièces que les intéressés soient appelés à consulter, doivent être tenus avec le plus grand soin; le Conservateur ne pourrait ni altérer ses registres, ni se permettre de faire un changement dans le contexte des inscriptions et des transcriptions, sans renverser les bases sur lesquelles repose le système hypothécaire. *Instr.* 505. Cependant on a prévu certaines erreurs qu'il a été possible de rectifier. V. *rectification.*

16. Le Conservateur n'est pas garant de ce qu'un acte hypothécaire antérieur à son exercice n'est pas signé; il peut le délivrer tel qu'il se trouve. *Déc. min. fin. du* 9 *sept.* 1809.

17. Le Conservateur s'abstiendra de donner sur papier libre des notes non signées des inscriptions, il en résulterait un préjudice pour le timbre. *Instr.* 516, *nomb.* 12.

18. Dès que l'Administration ne fournit plus d'imprimés pour les expéditions que délivrent les Conservateurs, ces Employés doivent prendre le papier timbré qui leur est nécessaire au bureau de l'enregistrement et en payer le prix; on ne doit pas leur en donner au magasin du timbre. *Sol. du* 28 *août* 1819.

19. Pour les obligations prescrites aux Conservateurs, afin de conserver les droits du Trésor royal et de la Couronne contre les comptables qui aliéneraient leurs biens, V. *comptables publics.*

20. Les lettres de LL. Exc. les Ministres de la justice et des finances des 18 oct. et 2 nov. 1813, ainsi que l'instr. 362, établissaient que le Conservateur des hypothèques étant considéré comme revêtu d'un caractère public, pouvait, s'il était actionné en justice pour s'être refusé à une opération illégale, défendre par *simple mémoire*; mais il a été décidé depuis que lorsqu'il ne s'agit pas de la perception des droits au profit du Trésor royal, le Conservateur doit plaider par le ministère d'un Avoué, et suivre les formes de la procédure en usage entre les particuliers. *Instr.* 959.

21. La qualité de Conservateur des hypothèques ne dispense pas de remplir les fonctions de juré. *Déc. min. just. du* 25 *janvier* 1812, (*Art.* 4672, *j.*)

22. Mais les fonctions de cet employé ne peuvent pas être exercées simultanément avec celles de suppléant de Juge de paix. S'il n'y a pas incompatibilité de fait d'après l'art. 4 du titre 4 de la loi du 24 vend. 3, elle existe de droit et le Conservateur doit opter entre ces deux places. *Déc. du min. des fin. du* 14 *avril* 1820. (*Art.* 6673, *j.*) V. *incompatibilité à* L'ENREGISTREMENT.

23. Le Conservateur démissionnaire ne peut quitter ses fonctions avant l'installation de son successeur, à peine de répondre de tous dommages-intérêts auxquels la vacance momentanée du bureau pourrait donner lieu. *Art.* 14 *de la loi du* 21 *vent.* 7. *Circ.* 1539. *Déc. min. fin. du* 16 *flor.* 7. — V. *bureau*, n.° 5. — Pour d'autres obligations qui sont communes aux Conservateurs et aux Receveurs, V. *envoi périodique*, *Receveurs et tournée*, *à l'*ENREGISTREMENT.

DÉCLARATION *de changement de domicile élu.*

1. Il est loisible à celui qui a requis une inscription, ainsi qu'à ses représentans ou cessionnaires, par acte authentique, de changer, d'après l'art. 2152 du C. C., sur le registre des inscriptions, le domicile par lui élu, à la charge d'en choisir et indiquer un autre dans le même arrondissement. — Les déclarations portant changement du domicile élu doivent être faites et rédigées en marge de l'inscription. Le créancier doit les signer: si l'espace manquait, elles seraient portées à la date courante du registre, en consignant en marge de l'inscription une note indicative du volume et du numéro où est placé le changement de domicile. Les déclarans doivent rapporter le bordereau d'inscription, pour y faire mention du changement, et remettre, s'ils sont cessionnaires, une expédition de l'acte authentique de cession et subrogation de l'hypothèque dans les droits du créancier originaire; mais lorsque les parties ne savent pas signer, il est nécessaire d'agir en vertu d'un

acte notarié, dont l'expédition doit rester au Conservateur. *Déc. min. fin. du* 20 *pluv.* 9.

2. En général les Conservateurs sont autorisés à se faire remettre et à garder les expéditions des procurations en minute devant Notaires, produites par les inscriptions de créances, leur radiation et les annotations de changement de domicile. *Instr.* 123.

3. Il est permis à un cessionnaire d'une partie de créance, de changer, en ce qui le concerne, le domicile élu par l'inscription, s'il croit que son intérêt l'exige. *Déc. min. just. et fin. des* 17 *et* 28 *juillet* 1812. (*Art.* 4412, *j.*)

4. Si l'article 2152 du C. C. autorise le cessionnaire par acte authentique à changer le domicile élu par l'inscription du cédant, cette faculté ne peut s'appliquer au cas où le cessionnaire, qui prend une nouvelle inscription, l'est par acte sous seing-privé. *Arr. de cass. du* 11 *août* 1819. — Pour les droits d'hypothèque dûs à cause de ces annotations, V. *droit*, *inscription* et *salaire*.

DIRECTEUR. Il doit s'assurer lui même de la situation du service du bureau des hypothèques établi dans la ville de sa résidence. *Instr.* 494. V. *cautionnement*.

DOTATION. Biens dont la jouissance est assignée par l'Etat à certaines personnes pour les récompenser de leurs services envers la patrie.

INSCRIPTIONS *pour les rentes comprises dans les dotations.* — Exécution du décret du 22 déc. 1812.

1. Les donataires sont obligés de requérir, au nom du domaine de la couronne, des inscriptions pour la conservation des rentes ou redevances annuelles, et d'en justifier; elles seront prises au bureau des hypothèques sur le débiteur de la rente ou de la redevance, et sur le bien qui est grévé. *Instr.* 625.

2. A défaut d'évaluation par le titre, des redevances en grains, denrées ou bestiaux, l'inscription énoncera la quantité et la qualité des choses dues, telles qu'elles sont exprimées au titre, ou dans les procès-verbaux de lotissement et de prise de possession des dotations. *Id.*

2. Les Conservateurs des hypothèques feront ces inscriptions sur la remise de deux bordereaux résultant d'état dans lequel la rente aura été portée.

— On peut ne requérir qu'une seule et même inscription pour les rentes et redevances dues par un même débiteur; dans ce cas il ne sera délivré qu'un seul et même extrait. *Idem.*

4. Ils renouvelleront d'office ces inscriptions, aux frais des donataires, dans le mois qui précédera l'expiration du délai décennal, et enverront un extrait de l'inscription renouvelée, dans le mois suivant, à M. l'Intendant général. Ils énonceront dans les bordereaux et les inscriptions, que ces inscriptions sont faites d'office; l'émargement contiendra aussi la date de l'envoi de l'extrait, et ils feront, à la marge de l'inscription primitive et de celle de renouvellement, les apostilles propres à renvoyer de l'une à l'autre. Les inscriptions seront faites sur le registre de formalité des inscriptions ordinaires; elles pourraient être portées sur une table particulière dans l'intérêt des Conservateurs des hypothèques. *Idem.*

5. Il ne sera payé aucun droit d'hypothèque pour les inscriptions et renouvellement; les salaires et le timbre des feuilles employées seront acquittés par les Directeurs de l'enregistrement-Conservateurs du domaine extraordinaire; à défaut, ils seront recouvrés sur le fermier du bien ou débiteur de la rente, même par la voie ordinaire de la contrainte. *Même instruction.*

TRANSCRIPTION *des actes d'investiture des dotations.* Même décret.

6. Les lettres d'investiture des dotations auxquelles seront affectés des biens situés dans l'étendue de la France, seront transcrites à la diligence et aux frais des donataires, au bureau de l'arrondissement dans lequel ses biens seront situés, sur un registre particulier qui sera ouvert à cet effet dans la forme ordinaire. Il en sera de même des actes d'acquisition ou d'échange autorisés en remplacement des biens affectés à la dotation. *Instr.* 625.

7. Cette transcription sera faite dans le mois de la délivrance des lettres et de la passation des actes; il en sera délivré un certificat par le Conservateur, pour être annexé à la minute du procès-verbal de prise de possession. *Idem.*

8. Le Conservateur fera mention à la suite de la transcription et sur l'expédition remise à la partie des articles 41 et 43 du 2.me statut du 1er mars 1808, sur les majorats, applicable aux dotations, aux termes de l'art. 1er. du décr. du 3 mars 1810, n° 2, lesquels déclarent nuls de plein droit, tout acte d'aliénation ou portant hypothèque des biens composant les dotations, tout jugement qui en ordonnerait l'exécution, et défendent aux Notaires de recevoir ces actes, aux Receveurs de les enregistrer, aux Juges d'en prononcer la validité. *Idem.*

9. Il ne sera payé, pour la transcription, que le salaire du Conservateur, le timbre des feuilles employées et un fr. pour chaque extrait qui sera délivré. *Idem.* — Pour la transcription de collation de titres de noblesse, V. *majorats* A L'ENREGISTREMENT.

DROITS D'HYPOTHÈQUES. Il est perçu deux espèces de droits au profit du trésor public, celui d'inscription et celui de transcription.

DROIT D'INSCRIPTION.

1. Le droit d'inscription des créances hypothécaires sera d'un pour 1000, sans distinction des créances antérieures ou postérieures à la loi du 11 brumaire 7. — La perception de ces droits suivra les sommes et valeurs de 20 fr. en 20 fr. inclusivement et sans fractions. *Art.* 60 *de la loi d'avril* 1816. *Instr.* 714.

2. Il n'est payé qu'un seul droit d'inscription pour chaque créance, quelque soit d'ailleurs le nombre des créanciers requérans ou celui des débiteurs grevés. *Art.* 21 *de la loi du* 21 *vent.* 7.

3. Lorsqu'il résulte d'un titre, qu'un créancier a hypothèque sur plusieurs personnes non solidaires, ou que plusieurs créanciers ont des créances distinctes sur un débiteur commun, il faut une inscription particulière pour chaque créancier ou pour chaque débiteur; dès qu'il n'existe point d'unité de créance, ni d'obligation solidaire, il y a lieu à la pluralité des droits d'hypothèques. *Lettre du Ministre des fin. du* 16 *flor.* 7.

4. S'il y a lieu à inscription d'une même créance dans plusieurs bureaux, le droit est acquitté en *totalité* dans le *premier* bureau; il n'est payé pour chacune des *autres*

inscriptions, que le *simple salaire du Conservateur*, sur la représentation de la quittance constatant le paiement entier du droit lors de la première inscription. — Le Conservateur des hypothèques du premier bureau, est tenu, à cet effet, de délivrer à celui qui paie le droit, indépendamment de la quittance au pied du bordereau d'inscription, autant de *duplicata* de cette quittance qu'il lui en est demandé, moyennant 25 cent. pour chaque *duplicata*, outre le papier timbré. *Instr.* 494.

5. L'inscription prise par un vendeur pour sûreté du prix et de ses autres droits, lorsqu'un contrat n'a pas été transcrit, est passible du droit proportionnel d'hypoth.[e] L'inscription par un acquéreur pour garantie de la restitution du prix en cas d'éviction, ne donne ouverture qu'au salaire du Conservateur et au remboursement du timbre, sauf la perception du droit, si la créance se réalise. *Déc. min. fin. du* 31 *juillet* 1810. *Instr.* 487.

6. Il est dû un nouveau droit proportionnel sur les inscriptions (supplétives) qui, relatives aux mêmes créances, frappent néanmoins sur d'autres immeubles que ceux désignés dans les premières inscriptions, quoique non périmées, et même lorsqu'il s'agit d'une inscription formée sur les immeubles d'une caution solidaire. *Déc. min. fin. des* 29 *juillet* 1806, *et* 28 *décemb.* 1813. (*Art.* 4810, *j.*).

7. Mais l'inscription rectificative d'une précédente, à laquelle elle n'apporte d'autre changement que de réparer une omission, telle que l'énonciation qu'elle avait pour objet, le renouvellement d'une inscription prise antérieurement, ou la désignation du nom d'un créancier, n'est passible d'aucun droit. *Déc. min. fin. du* 15 *mai* 1806. *Sol. du* 24 *fév.* 1819. (*Art.* 6352, *j.*). V. *Rectification.*

8. L'avance du droit d'inscription (qui est à la charge du débiteur, s'il n'y a stipulation contraire), est faite par l'inscrivant. *Art.* 2155 *du C. C.*

9. Le renouvellement d'une inscription qui a acquitté le droit proportionnel, en est lui-même passible, soit qu'il y ait novation à l'égard des grévés, soit qu'une hypothèque générale soit remplacée par une spéciale, soit que la durée de l'inscription primitive soit prolongée par une subséquente. Il n'y a d'exception que relativement aux inscriptions prises par les Conservateurs, *pour rectifier des irrégularités qu'ils auraient commises.* Le droit proportionnel ne serait dû que dans l'hypothèse où la nouvelle inscription constaterait un excédant de créance. *Instr.* 316 *et* 505.

10. Le droit proportionnel est même dû sur une inscription renouvelée *par erreur*, trois ans après l'inscription de la même créance. — Cette formalité prolonge de trois ans la conservation des droits des créanciers sur les biens situés dans l'arrondissement du bureau où le renouvellement a eu lieu. *Sol. du* 7 *juillet* 1819. (*Art.* 6879, *j.*).

11. Les inscriptions d'office faites par le Conservateur, lorsque le titre de mutation constate qu'il est dû quelque chose au vendeur, ne donnent lieu à aucun droit proportionnel. *Circ.* 1653. — V. *Salaires.*

12. Il est dû un droit proportionnel d'hypothèque sur subrogation d'inscription au profit du nouveau propriétaire, si on fait une nouvelle inscription. *Déc. min. fin. du* 28 *pluv.* 9 (*Art.* 4082, *j.*).

13. Le droit proportionnel est dû lorsqu'on inscrit des dispositions entre-vifs ou testamentaires à la charge de restitution de sommes colloquées avec privilége sur des immeubles. *Art.* 1069 *du C. C. Instr.* 196.

14. Les inscriptions qui seraient prises pour sûreté des rentes d'indemnité, d'après les art. 22 et 31 de la loi du 16 septembre 1807, relative au desséchement des marais ou travaux publics, ne donneront lieu qu'au droit fixe de 1 fr, indépendamment du salaire du Conservateur. *Instr.* 464.

15. Les inscriptions faites d'après l'art. 2 du décret du 27 févr. 1811 (354e *bulletin des lois*), relatif à la vente des maisons urbaines des hospices de Paris, pour transfert d'hypothèque *sur des biens ruraux*, pour des rentes perpétuelles dues sur *ces maisons*, ne sont sujètes qu'au droit simple d'un franc, sans préjudice des droits du Conservateur. *Art.* 4 *du même décret.*

16. Droits en débet. L'inscription des créances appartenant à l'État; celle des hypothèques légales des communes et des établissemens publics sur les biens de leurs *Receveurs et Administrateurs comptables*; celle des mineurs, des interdits, sur leurs tuteurs; des femmes mariées sur leurs époux, se font sans avance du droit d'hypothèque et des salaires du Conservateur, pour lesquels celui-ci a son recours contre le débiteur grévé. *Art.* 2153 *et* 2155 *du C. C.*

17. Les hospices et les fabriques sont tenus de faire l'avance des droits et salaires des inscriptions prises dans leurs intérêts. Ils ne sont dispensés de faire cette avance que pour les inscriptions prises sur les biens de leurs *Receveurs et Administrateurs comptables. Instr.* 316.

18. Antérieurement à cette instruction, les droits des inscriptions de l'espèce étaient en débet, suivant l'article 23 de la loi du 21 vent. an 7. *Circ.* 1559.

19. Toute inscription indéfinie, à la requête soit de l'Agent judiciaire du Trésor, soit de toutes autres Administrations, sur tous comptables publics sujets à un cautionnement *en immeubles*, ne donne lieu qu'au salaire du Conservateur, au timbre du bordereau et du registre; le droit proportionnel ne serait exigible que pour le reliquat ou débet constaté par un compte ou un bordereau; en un mot, quand la créance devient réelle, et jusqu'à la concurrence de la valeur de l'immeuble affecté au cautionnement, si le débet égale cette valeur. Le recouvrement s'en poursuit contre le grévé. *Circ.* 1676 *et instr.* 333. *Sol. du* 30 *mars* 1818. (*Art.* 6040, *j.*)

20. En cas de radiation d'une inscription de l'espèce sur le comptable qui ne possède pas d'immeubles dans l'arrondissement du bureau, le Conservateur doit porter en non-valeur dans son compte les droits de timbre des feuilles du registre sur lequel elle a été consignée. *Déc. min. fin. du* 4 *nov.* 1814.

21. Il en sera de même pour les inscriptions prises au nom de l'État contre des insolvables, lorsque l'insolvabilité sera légalement constatée, au moyen d'un état arrêté entre le Conservateur et l'Inspecteur. Le montant des droits de timbre sera porté dans les comptes comme restitution de droits; il sera déduit des produits passibles de re-

mise. Le certificat d'indigence sera joint à l'état auquel il sera fait mention de la décision ci-après de S. Exc. — *Déc. min. fin. du* 17 *nov.* 1817. (*Art.* 6007, *j.*)

22. Les fabriques ont dû rembourser les avances faites par l'Administration pour l'inscription des créances qui leur ont été restituées. *Instr.* 274.

23. Les inscriptions pour le Trésor public et le Domaine continuent de se faire sans avance des droits ni salaire; lorsqu'elles sont nécessaires pour le recouvrement des droits et amendes, les expéditions ou extraits doivent être enregistrés et timbrés en débet. *Instr.* 316.

24. Le droit doit être perçu sur une inscription prise pour un cautionnement, jusqu'à concurrence d'une somme fournie par un ex-Garde-magasin à un Munitionnaire des vivres. La restitution du droit proportionnel qui était reçu a été refusée, parce que ce Garde-magasin ne pouvait pas être assimilé à un Comptable public, et que l'inscription dans l'espèce n'est point indéfinie. *Déc. de M. le Directeur général du* 26 *août* 1812.

25. La délégation au profit du Trésor, par un Comptable, du prix d'un immeuble grévé, pour sûreté de sa gestion, ne le dispense pas de payer ensuite les droits des inscriptions, et les intérêts du prix qui ont couru depuis la délégation. *Sol. du* 30 *mars* 1818. (*Art.* 6040, *j.*)

DROIT DE TRANSCRIPTION.

26. Les actes de transmission d'immeubles et droits immobiliers susceptibles de transcription, ne seront assujétis à cette formalité que pour un droit fixe d'un franc, outre le salaire du Conservateur, lorsque les droits proportionnels auront été acquittés de la manière prescrite par les articles 52 et 54 de la loi du 28 avril 1116. *Art.* 61.

27. Sur la transcription d'un procès-verbal d'adjudication en plusieurs lots, même lorsqu'il n'est présenté à cette formalité qu'une seule expédition de l'adjudication, il est dû un droit fixe d'un fr. pour chaque lot, lorsqu'il est acquis par un adjudicataire particulier. *Sol. du* 16 *juillet* 1819. (*Art.* 6758, j.)

28. Lors de la transcription d'un contrat au profit de plusieurs acquéreurs non solidaires, qui ont payé distinctement les droits d'enregistrement, à raison de 5 1/2 p. 100 sur leurs lots respectifs, il doit être exigé autant de droits fixes qu'il y a d'acquéreurs qui requièrent la transcription, ou auxquels cette formalité profite. *Déc. min. fin. du* 18 *mai* 1821, *Instr.* 980.

29. Le droit de transcription n'est pas dû pour les acquisitions ni pour les échanges faits pour le compte de l'Etat, ou pour S. M., ses ayans-cause et successeurs à la couronne. *Inst.* 366. V. *salaires.*

30. Il ne sera perçu que le droit fixe de 3 fr. pour la transcription, indépendamment des salaires et du remboursement du timbre pour les acquisitions faites au profit du domaine extraordinaire. *Décret du* 28 *mars* 1812. *Instr.* 580. — Et pour les contrats d'échange avec le domaine de la couronne. *Décret du* 11 *juillet* 1812. *Inst.* 598.

31. Il n'est dû, pour la transcription d'une adjudication consentie en faveur de l'Administration de l'enregistrement et des domaines, sur des poursuites de saisies immobilières, ni droit d'hypothèque, ni salaire du Conservateur, ni timbre des registres, dont le montant doit être déduit de la débite. *Instr.* 477.

32. Les transcriptions relatives aux travaux publics et au desséchement des marais, ne sont assujéties qu'au droit d'hypothèque d'un fr. fixe et au salaire du Conservateur. *Instr.* 464.

33. Il n'est dû que 1 fr. pour droit d'hypothèque de la transcription des actes contenant donation d'immeubles en faveur des pauvres et des hospices, et l'acceptation ainsi que la notification de l'acceptation, si elle a lieu par acte séparé, sans préjudice du timbre du registre et du salaire du Conservateur. *Instr.* 185 et 209.

Pour la vente des biens des hospices, et pour ce qui concerne les majorats, V. *transcription*, n.° 11, et *majorat*, V. aussi *dotation*.

Droits de transcription des contrats qui n'ont pas acquitté le droit proportionnel lors de l'enregistrement.

34. Le droit sur la transcription des actes, qui contiennent mutation de propriétés *immobilières*, est de 1 fr. 50 c. p. 100 sur le prix intégral des mutations, ainsi que ce *prix aura été réglé à l'enregistrement. Art.* 25 *de la loi du* 21 *vent.* 7. — V. n.os 35 *et* 39 *ci-après.*

35. Il convient de fractionner les droits d'hypothèque de 20 fr. en 20 fr., comme il en est usé à l'enregistrement. *Lettre de l'Administration, du* 29 *mars* 1811.

36. Le droit de transcription est dû sur les démissions ou actes entre-vifs, contenant l'abandon par les pères et mères en faveur de leurs enfans. *Instr.* 832.

37. La loi du 11 brum. 7, qui a mobilisé les ventes, ne les a pas affranchies des hypothèques dont elles étaient antérieurement affectées. Le droit de 1 fr. 50 c. p. 100 est dû pour la transcription, indépendamment de celui de 2 p. 100, pour la cession ou le transport. *Instr.* 832. V. *cession à* L'ENREGISTREMENT.

38. Si le même acte donne lieu à la transcription dans plusieurs bureaux, le droit sera acquitté en *totalité* dans le *premier* bureau, comme il a été dit pour le droit d'inscription. *Circ.* 1559. V. ci-devant, n.° 4.

39. Pour régler le droit de transcription, on doit prendre pour base le prix qui a servi à la perception du droit d'enregistrement, soit d'après le contrat, soit d'après une expertise; mais les Receveurs de l'Enregistrement ont seuls le droit de provoquer l'expertise, parce que la loi de frim. 7 ne donne ce droit qu'à eux, et non aux Conservateurs. *Instr.* 433.

40. Le droit de transcription est dû pour les licitations faites à l'un des copropriétaires, sur les parts par lui acquises, et d'après le prix fixé pour l'enregistrement. *Sol. du* 17 *flor.* 7, et *instr.* 903. — V. le n.° 45 ci-après.

41. Il se règle, pour les baux emphytéotiques, d'après une évaluation en capital des biens, à dix fois le prix annuel du bail, lorsque la durée n'excédera pas trente années, et à vingt fois pour ceux au-dessus de trente années, en *y joignant les charges et deniers d'entrée.* On suit le même principe pour les cessions et rétrocessions, relativement *aux années restant à courir*, ce bail emportant par sa nature, aliénation du domaine utile. *Instr.* 198.

42. La transcription de la vente et de la déclaration de command, faite dans le délai légal, quoique non *notifiée* au Receveur de l'Enregistrement, ne donne lieu qu'à un seul droit proportionnel de transcription : mais le salaire

du Conservateur, se paie à raison des rôles que contient la transcription. *Instr.* 316. V. *salaires*.

43. La transcription d'un acte constatant l'exercice du réméré dans le délai fixé par le contrat, ne donne pas ouverture au droit d'hypothèque : il n'est dû que le salaire du Conservateur, et le timbre des registres. Il en est de même pour la transcription d'un jugement qui annule une vente pour cause de nullité radicale. Le droit proportionnel serait dû, si le délai du réméré était expiré ou la rentrée en possession volontaire. *Instr.* 316.

44. Lorsque les immeubles donnés en échange et en contre-échange, sont situés dans l'arrondissement de deux bureaux de conservation, outre que la transcription faite dans l'un ne sert pas à purger les hypothèques inscrites dans l'autre où l'on n'a pas requis, ni fait la transcription, il n'y a pas unité de transmission, puisque l'échange opère deux ventes ; ainsi le droit n'est dû que pour celui des objets échangés dont on requiert la transcription. *Circ.* 1570. *Arr. de cass. du* 15 *fév.* 1813. (*Art.* 4446, *j.*, et *J. du P.*, *année* 1813.)

45. Le droit de 1. 1/2 p. 100, ne se perçoit plus lors de l'enregistrement des actes de licitation et partage ; mais il y aurait lieu de le percevoir si la transcription était requise ultérieurement. *Instr.* 903.

46. Si après la transcription d'un acte de vente, il y avait revente sur enchère, il ne serait pas dû de supplément de droit sur l'excédant du prix. Il faudrait attendre la transcription du second acte pour le percevoir. *Arr. de cass. du* 10 *juin* 1812. (*Art.* 4293, *j.* (*M. Sirey*, *année* 1812.)

47. L'adjudication des immeubles d'une succession à l'héritier *bénéficiaire*, n'emporte pas mutation, *lorsqu'il n'a pas renoncé à la succession. Déc. min. fin. et just. du* 26 *vend.* 14.

48. Le droit de transcription d'une vente de la nue-propriété, avec réserve de l'usufruit par un tiers, ne se perçoit que sur le prix *stipulé* : l'usufruit étant lui-même *susceptible d'hypothèque*, on ne peut, pour la transcription en *ajouter la valeur au prix. Sol. du* 7 *niv.* 13.

49. Le droit de transcription est restituable sur une adjudication judiciaire annulée sur l'appel, parce qu'il n'y a plus de mutation, et que la transcription ne peut profiter ; mais le timbre du registre et le salaire du Conservateur sont payés sans retour. *Déc. min. fin. du* 21 oct. 1806. (*Art.* 689 *et* 2423, *j.*) V. *quittance*.

ELECTION de *domicile*. Un particulier élit domicile à Bourmont, chez le Conservateur des hypothèques, dont le bureau est transféré à Chaumont, mais qui reste demeurant à Bourmont, auquel on signifie à ce domicile le contrat de vente grévé de l'inscription. On a demandé la nullité de la poursuite, sous prétexte qu'elle devait être faite au domicile du Conservateur en exercice, mais il fut reconnu que l'intention d'élire le domicile chez le Conservateur, quel qu'il fût, n'avait pas été explicitement exprimée, et que l'ambiguité qui se trouvait dans l'élection devait être expliquée contre celui qui l'avait commise. *Arr. de cass. du* 8 *therm.* 11. V. *bordereaux et inscriptions*.

EMPLOYÉS SUPÉRIEURS. Ils ne négligeront aucune des vérifications et recherches nécessaires pour prévenir toutes irrégularités, tant dans la manutention des Conservateurs, que dans la perception de leurs salaires : ils ne perdront pas de vue que dans une matière où tout est de rigueur, l'uniformité des principes et d'exécution doit être sévèrement maintenue ; enfin ils veilleront à ce que ces Préposés se pénètrent de l'esprit des décisions, délibérations et solutions rapportées, et rendront compte du plus ou moins d'exactitude des Conservateurs à en faire une juste application. Les Employés supérieurs doivent aussi s'assurer que le registre des salaires est tenu régulièrement. *Instr.* 316, 494, 665 *et circ. du* 17 *sept.* 1812, V. *salaires*.

Ils doivent également veiller à ce que les mesures prescrites par les instr. 350, 442 et 663, pour les inscriptions à prendre contre les *comptables publics*, *au vu des actes* qui les concernent, aient leur effet, et rendre compte des omissions ou négligences des Conservateurs ou Receveurs, afin que l'Agent du Trésor puisse exercer son recours en dommages-intérêts contre ceux qui les auraient commises et où la destitution serait encourue. *Instr.* 868, V. *Conservateur et Inspecteur* ; V. aussi à l'ENREGISTREMENT, *Employés supérieurs*, *Inspecteurs et tournée*.

ENCHÈRE. V. *surenchère*.

ETAT *des inscriptions*.

1. Dans aucun cas, le Conservateur ne peut différer jusqu'après la quinzaine qui suit la transcription d'un contrat de vente, la délivrance de l'état des inscriptions prises sur l'immeuble. *Déc. min fin. et just. des* 21 *sept. et* 11 *oct.* 1808. (*M. Sirey*, 1810.) *Instr.* 433.

2. L'état d'inscription requis après la transcription des contrats translatifs de propriété d'immeubles ou droits réels immobiliers, ne doit comprendre que les inscriptions qui grèvent les biens ou les droits. *Déc. min. fin. du* 5 *nov.* 1811. (*Art.* 4083, *j.*)

3. Le Conservateur peut délivrer, pour raison d'hypothèques légales, l'état des inscriptions prises dans les deux mois de l'exposition des contrats de vente contre les maris et les tuteurs, quoiqu'il eût délivré un état général des inscriptions survenues dans la quinzaine de la transcription du contrat de vente. *Sol. du* 18 *mars* 1818. (*Art.* 6404, *j.*)

4. Cet Employé doit s'abstenir de comprendre dans les états, les inscriptions périmées, lors même qu'elles auraient été renouvelées en tems utile, à moins que les parties prévenues de leur caducité, n'en aient, par écrit, expressément requis la délivrance ; c'est alors seulement qu'on serait fondé à exiger le salaire. L'état ferait mention de la réquisition écrite des parties. *Instr.* 649, *Tribunal de Paris du* 6 *juin* 1810, (*J. du P. même année.*) *Instr.* 902.

5. Le Conservateur est obligé de retrancher de l'état les inscriptions périmées et de restituer les salaires, indûment perçus. *Cour de Paris du* 21 *janv.* 1814. (*Art.* 4818, *j. et J. du P.* 1814.)

6. Quand un acquéreur revend l'immeuble par lui acquis, le conservateur doit comprendre dans le certificat des inscriptions qu'il donne au second acheteur, toutes les inscriptions prises sur le premier, encore qu'elles aient eu lieu avant la transcription de son con-

trat, conséquemment dans un tems où le résultat de ces inscriptions était non opposable à des tiers. Si le conservateur omet des telles inscriptions, il est responsable de cette omission. *Arr. de cass. du* 17 *oct.* 1810.

7. Lorsque l'acquéreur a fait transcrire et que le Conservateur lui a délivré un certificat des inscriptions, il n'est point tenu de prouver au vendeur que ces inscriptions frappent directement sur lui. — L'acquéreur qui est dans l'intention de purger, n'est soumis par la loi qu'à l'obligation de transcrire, de requérir les certificats et de notifier; ainsi c'est au vendeur qui s'est obligé à rapporter la main-levée des hypothèques à prouver que celles comprises dans le certificat lui sont étrangères. *Arr. de cass. du* 5 *janvier* 1809 (*J. du P.* 1809), qui confirme un jugement du tribunal de Beauvais et qui casse l'arrêt contraire de la cour d'Amiens.

8. Les conservateurs doivent tenir pour certain que toutes les inscriptions faites le jour de la transcription grèvent l'immeuble aliéné, soit qu'elles aient été faites le matin ou le soir; elles doivent être comprises dans les états d'inscriptions délivrées après la transcription qui, pour prévenir toute contestation et éviter de compromettre la responsabilité des Conservateurs, ne seront remis que le *lendemain* de la formalité. *Instr.* n.° 255.

9. Tout état d'inscriptions hypothécaires doit comprendre toutes celles existantes, et *non radiées ni périmées*; on ne doit mettre à la suite aucun état supplémentaire, excepté le cas où il est fait une demande de la délivrance d'un état ou d'un certificat négatif après quinzaine de la date de la transcription des actes de mutation; alors cet état, qui est supplémentaire, peut être mis à la suite de celui délivré lors de la première transcription. Ainsi, hors cette hypothèse, il ne peut être délivré aucun état partiel. *Instr.* 630 *et* 655.

10. Pour la délivrance des états d'inscription, il faut distinguer ceux demandés sur un individu désigné ou sur un immeuble quelconque. Dans le premier cas, on doit comprendre, sans aucune distinction, toutes les inscriptions prises contre cet individu, et, dans le second cas, toutes les inscriptions qui grèvent seulement l'immeuble dans la personne des propriétaires actuels et des anciens possesseurs. *Instr.* 316, *nomb.* 11.

Pour bien connaître les propriétaires actuels et les anciens possessurs, il semble nécessaire, à la responsabilité du Conservateur, de se faire représenter le dernier titre de la propriété.

11. Les états, extraits et certificats fournis par le Conservateur, sont considérés comme des quittances de droits et salaires, et en conséquence dispensés de l'enregistrement. *Déc. min. fin. du* 21 *mai* 1809. (*M. Sirey, année* 1810). *Instr.* 433.

12. Il est défendu aux Conservateurs de donner aucune note des inscriptions sur papier libre; ils doivent délivrer des états et extraits, et ne peuvent exiger que les salaires autorisés par la loi; elle ne leur accorde aucun droit de recherche. *Instr.*316,*nomb.* 12. — Au surplus, V. *certificats de non-inscription*, *instances*, *responsabilité* et *salaires*.

EXPROPRIATION *forcée*. Pour connaître les moyens d'y procéder, il faut consulter le Code de Procédure civile, art. 673 et suiv.

Le créancier peut poursuivre l'expropriation, 1° des biens immobiliers et de leurs accessoires réputés immeubles, appartenant en propriété à son débiteur; 2° de l'usufruit appartenant au débiteur sur les biens de même nature. *Art.* 2204 *du C. C.*

2. Néanmoins la part indivise d'un cohéritier dans les immeubles d'une succession, ne peut être mise en vente par ses créanciers personnels avant le partage ou la liquitation qu'ils peuvent provoquer s'ils le jugent convenable, ou dans laquelle ils ont le droit d'intervenir, conformément à l'art. 882, au titre des successions. *Art.* 2205 *du Code civil.*

3. Les immeubles d'un mineur, même émancipé, ou d'un interdit, ne peuvent être mis en vente avant la discussion du mobilier. *Art.* 2206. *Idem.*

4. La discussion du mobilier n'est pas requise avant l'expropriation des immeubles possédés par indivis entre un majeur et un mineur ou interdit, si la dette leur est commune, ni dans le cas où les poursuites ont été commencées contre un majeur ou avant l'interdiction. *Art.* 2207. *Idem.*

5. L'expropriation des immeubles qui font partie de la communauté, se poursuit contre le mari débiteur, seul, quoique sa femme soit obligée à la dette. — Celle des immeubles de la femme qui ne sont point entrés en communauté, se poursuit contre le mari et la femme, laquelle, au refus du mari de procéder avec elle, ou si le mari est mineur, peut être autorisée en justice. — En cas de minorité du mari ou de la femme, et de la femme ou de la minorité de la femme seule, si son mari majeur refuse de procéder avec elle, il est nommé par le Tribunal un tuteur à la femme contre lequel la poursuite est exercée. *Art.* 2208. *Id.*

6. Le créancier ne peut poursuivre la vente des immeubles qui ne lui sont pas hypothéqués, que dans le cas d'insuffisance des biens qui lui sont hypothéqués. *Art.* 2209. *Idem.*

7. La vente forcée des biens situés dans différens arrondissemens, ne peut être provoquée que successivement, à moins qu'ils ne fassent partie d'une seule et même exploitation. — Elle est suivie dans le Tribunal dans le ressort duquel se trouve le chef-lieu de l'exploitation, ou à défaut de chef-lieu, la partie des biens qui présente le plus grand revenu d'après la matrice du rôle. *Art.* 2210. *Idem.*

8. Si les biens hypothéqués au créancier, et les biens non hypothéqués, ou les biens situés dans divers arrondissemens, font partie d'une seule et même exploitation, la vente des uns et des autres est poursuivie ensemble, si le débiteur le requiert, et ventilation se fait du prix de l'adjudication, s'il y a lieu. *Art.* 2211. *Idem.*

9. Si le débiteur justifie par baux authentiques que le revenu net et libre de ses immeubles, pendant une année, suffit pour le paiement de la dette en capital, intérêts et frais, et, s'il en offre la délégation au créancier, la poursuite peut être suspendue par les Juges, sauf à être reprise, s'il survient quelque opposition ou obstacle au paiement. *Art.* 2212. *Idem.*

10. La vente forcée des immeubles ne peut être poursuivie qu'en vertu d'un titre authentique et exécutoire pour une dette certaine et liquide. Si la dette est en espèces

non liquidées, la poursuite est valable, mais l'adjudication ne pourra être faite qu'après la liquidation. *Art.* 2213. *Idem.*

11. Le cessionnaire d'un titre exécutoire ne peut poursuivre l'expropriation qu'après que la signification du transport a été faite au débiteur. *Art.* 2214. *Idem.*

12. La poursuite peut avoir lieu en vertu d'un jugement provisoire ou définitif, exécutoire par provision, nonobstant appel; mais l'adjudication ne peut se faire qu'après un jugement définitif en dernier ressort, ou passé en force de chose jugée. — La poursuite ne peut s'exercer en vertu d'un jugement rendu par défaut durant le délai de l'opposition. *Art.* 2215. *Idem.*

13. La poursuite ne peut être annulée sous prétexte que le créancier l'aurait commencée pour une somme plus forte que celle qui lui est due. *Art* 2216. *Idem.*

14. Toute poursuite en expropriation d'immeubles doit être précédée d'un commandement de payer, fait, à la diligence et requête du créancier, à la personne du débiteur ou à son domicile, par le ministère d'un huissier. — Les formes du commandement et celles de la poursuite sur l'expropriation sont réglées par les lois sur la procédure. *Art.* 2217. V. *saisie immobilière.*

15. Le code civil et le code de procédure civile abrogent l'article 15 de la loi du 11 brumaire 7, d'après lequel la vente forcée de l'immeuble grévé ne rendait point exigibles les capitaux aliénés. *Cour de Bruxelles du* 27 *sept.* 1809.

16. Les articles 2193, 2194 du code civil, et l'avis du conseil d'état approuvé le 15 juin 1807, ne sont applicables qu'aux ventes volontaires; les formalités qu'ils prescrivent pour purger les hypothèques légales existantes sur un immeuble vendu volontairement sont remplacées, dans le cas d'une expropriation forcée, par d'autres formalités dont l'exécution donne aux poursuites la publicité nécessaire pour éveiller l'attention des créanciers qui ont une hypothèque légale indépendante de l'inscription. Les formalités prescrites par les articles 673, 675, 676, 677, 680, 681, 682, 683, 684, 685, 687, 695, jusques y compris 708, seront observées à peine de nullité. *Art.* 217 *du C. de P. C. Arr. de cass. des* 37 *nov.* 1811 *et* 18 *mars* 1812. (*J. du P.* 1812, *T.* 2 *et* 3.).

17. L'action en simple déclaration d'hypothèque n'est pas abrogée par le code civil, mais elle ne peut plus avoir pour objet que d'interrompre la prescription à l'égard des tiers détenteurs; sous tous les autres rapports elle est frustratoire au paiement de la dette hypothécaire. *Art.* 2169 *du C. C. Cour de Colmar,* 15 *janvier* 1808. (*Sirey*, 1810.)

18. Lorsque le tiers détenteur qui n'a pas purgé se refuse à payer ou à délaisser, le créancier n'a d'autre droit que de poursuivre l'expropriation et la revente de l'immeuble hypothéqué. Les tribunaux ne peuvent prononcer de condamnation personnelle contre le tiers détenteur à défaut de délaissement. *Art.* 2167, 2168 *et* 2169 *du C. C. Arr. de cass. du* 27 *avril* 1812. (*M. Sirey et j. du P.*, *même année.*). V. *Saisie immobil. et Ordre.*

EXTINCTION *des privilèges et hypothèques.*

1. Les privilèges et hypothèques s'éteignent, 1.° par l'extinction de l'obligation principale; — 2.° Par la renonciation du créancier à l'hypothèque; — 3.° Par l'accomplissement des formalités et conditions prescrites aux tiers détenteurs pour purger les biens par eux acquis; — 4.° Par la prescription. La prescription est acquise au débiteur, quant aux biens qui sont dans ses mains, par le tems fixé pour la prescription des actions qui donnent l'hypothèque ou le privilége. — Quant aux biens qui sont dans la main d'un tiers détenteur, elle lui est acquise par le tems réglé pour la prescription de la propriété à son profit : dans le cas où la prescription suppose un titre, elle ne commence à courir que du jour où il a été transcrit sur les registres du Conservateur. — Les inscriptions prises par le créancier n'interrompent pas le cours de la prescription établie par la loi en faveur du débiteur ou du tiers détenteur. *Art.* 2180.

2. Le créancier qui a action hypothécaire sur plusieurs particuliers, et qui renonce à son action à l'égard de quelques-uns, n'est pas pour cela entièrement privé de la faculté d'agir contre les autres. *Arr. de cass. du* 23 *janv.* 1815. (*M. Sirey, même année.*)

3. L'effet de la condition résolutoire existe lorsque le débiteur d'une rente constituée qui laisse écouler plus de deux ans, sans payer les arrérages de cette rente, peut être contraint par voie de commandement à rembourser le capital avec les intérêts. *Arr. de cass. du.....* (*Traité des hyp.*)

4. L'hypothèque s'éteint par la renonciation tacite du créancier : la femme qui s'est obligée, conjointement avec son mari, et qui a *hypothéqué avec lui*, soit les immeubles propres de ce dernier, soit les immeubles de la communauté, est censée avoir renoncé à son hypothèque légale, parce que la présence de la femme n'étant pas nécessaire au contrat à cet égard, il est impossible d'expliquer son intervention, autrement que par la volonté de renoncer à son hypothèque légale. *Arr. de cass. du .....* (*Quest. hyp.*)

5. La prescription de l'hypothèque qui se règle par la loi sous l'empire de laquelle elle a commencé, doit courir de la date même du titre. Il est évident, 1.° que le Législateur n'a pas entendu appliquer la nécessité de la transcription aux contrats qui étaient déjà revêtus de toutes les formes voulues par les anciennes lois, pour rendre accomplie la transmission de la propriété. — 2.° Qu'en substituant la transcription aux lettres de ratification que requéraient et obtenaient ceux qui voulaient purger d'hypothèques leur propriété, quoique parfaite, ce mode est resté purement facultatif de la part des acquéreurs anciens, comme il l'était sous le régime de l'édit de 1771, la loi n'ayant pas voulu rétrogader à cet égard. Qu'il suit de là que les acquéreurs du passé ont eu, comme ils l'avaient auparavant, la liberté de laisser écouler le tems nécessaire pour l'extinction des hypothèques, en restant pendant tout le tems de la prescription, exposés aux actions hypothécaires des créanciers, ou de hâter leur moment de tranquillité, en purgeant leurs contrats d'acquisition, suivant les formes voulues par loi. Ainsi la prescription de dix ans, commencée avant la loi du 11 brum. 7, au profit d'un tiers acquéreur,

contre un créancier hypothécaire, n'a pas cessé de courir après cette loi, à défaut de transcription du contrat de vente (quoique le créancier hypothécaire eût inscrit son titre de créance. *Arr. de cass. du* 1.er *août* 1810 (*J. du P.*, *et M. Sirey*, *même année.*)

6. La destruction totale de l'héritage anciennement grévé d'une rente foncière, éteint la rente foncière, dont cet héritage était chargé, et nonobstant que la rente foncière n'affecte pas aujourd'hui les héritages à titre d'hypothèque, cette disposition légale ne peut rétrograder sur les anciennes rentes foncières pour lesquelles le droit de déguerpir n'a pas été enlevé au preneur. *Arr. de cass. du* 11 *oct.* 1814. (*Traité des hyp.*)

V. *purge*, *radiation* et *transcription*.

HOSPICES. Ils conservent leurs hypothèques sur la totalité du domaine affecté au paiement de la rente, quoiqu'un septième de cette rente ait été confisqué au profit de l'Etat sur l'un des détenteurs. *Arr. de cass. du* 6 *mai* 1818. (*Art.* 6130, *j.*).

HYPOTHÈQUES *en général.* « L'unité de la législation hypothécaire qui régit aujourd'hui la France, est l'un des plus grands bienfaits que nous devions aux célèbres rédacteurs de nos codes. — S'il est de la nature des institutions humaines de ne pouvoir atteindre à la perfection, et d'entraîner toujours dans l'exécution quelques inconvéniens; si la législation, malgré ses richesses, porte encore le cachet de notre fragilité; félicitons-nous au moins que la plus importante de ses branches, qui embrasse toutes les fortunes particulières et fonde la fortune publique, qui consolide les propriétés et favorise leur transmission, qui vivifie l'agriculture, le commerce et l'industrie nationale, qui rend la mauvaise foi captive, et imprime à la loyauté, à l'émulation et au crédit tout l'essor possible, ait un caractère d'uniformité qui, en donnant à tous les intérêts la même direction et la même garantie, serait à lui seul un bien inappréciable quand la loi serait imparfaite. » (*Traité des privilèges et hyp.*)

1. L'hypothèque est un droit réel, sur les immeubles affectés à l'acquittement d'une obligation. — Elle est de sa nature, indivisible, et subsiste en entier sur tous les immeubles affectés sur chacun et sur chaque portion de ces immeubles. — Elle les suit en quelques mains qu'ils passent. *Art.* 2114 *du C. C.*

2. L'hypothèque n'a lieu que dans ces cas et suivant les formes autorisés par la loi. — Elle est ou légale, ou judiciaire, ou conventionnelle. *Art.* 2115 et 2116.

3. L'hypothèque est indivisible en ce sens, que l'aliénation d'une partie de l'immeuble hypothéqué rend exigible la totalité de la créance. *Arr. de cass. du* 9 *janv.* 1810 (*J. du P.* 1810).

4. Le créancier ayant hypothèque sur plusieurs immeubles, peut, à son gré, exercer la totalité de son droit sur un seul d'entr'eux, ou diviser son action de la manière qui lui conviendra davantage, sans que les créanciers postérieurs aient le droit de le contraindre à en agir autrement; lors surtout que les ordres sont ouverts en différens lieux et en différens tems. *Cour de Paris du* 24 *nov.* 1814.

5. L'inscription est tellement nécessaire pour donner à l'hypothèque son complément, que le créancier a négligé de la requérir ne peut plus être préféré aux créanciers chirographaires parce que, aux termes de l'art 2134 du code civil, l'hypothèque n'a de rang entre les créanciers que du jour de l'inscription, et que, d'après l'art. 2135, elle ne donne l'existence, indépendamment de toute inscription qu'à des hypothèques légales. *Cour de cass. du* 19 *déc.* 1809 (*J. du P.* 1810 *et quest. hyp.*)

6. Mais si pour une créance antérieure à la loi du 11 brum. 7, l'inscription avait été requise dans le délai accordé par cette loi, encore que le débiteur eût fait faillite dans l'intervalle, non-seulement le créancier serait préféré aux créanciers chirographaires, mais même il conserverait le rang que lui donnaient les anciennes lois. *Arr. de cass. du* 15 *déc.* 1809 (*J. du P.* 1810.).

7. L'hypothèque peut donc s'établir de trois manières: 1.° deux personnes qui traitent se donnent respectivement dans un *acte authentique*, des sûretés pour la garantie de leurs conventions; c'est le cas le plus ordinaire: voilà *l'hypothèque conventionnelle*; — 2.° on obtient des condamnations contre un particulier; *les jugemens* ont un caractère qui ne permet pas de leur accorder moins d'effets qu'à des contrats authentiques: voilà *l'hypothèque judiciaire*, — 3.° Enfin, il est une autre hypothèque que *la loi* donne à des personnes ou à des établissemens qui méritent une protection spéciale: telle est *l'hypot. légale*. (*Rapport à l'occasion de la loi.*)

8. HYPOTHÈQUE LÉGALE, est celle qui résulte de la loi. *Art.* 2117 *du C. C.*

9. Les droits et créances auxquels l'hypothèque légale est attribuée, sont, ceux des femmes mariées sur les biens de leurs maris; ceux des mineurs et interdits sur les biens de leur tuteur; ceux de l'Etat, des communes, et des établissemens publics, sur les biens des Receveurs et Administrateurs comptables. *Art.* 2121.

10. Le créancier qui a une hypothèque légale, peut exercer son droit sur tous les immeubles appartenant à son débiteur, et sur ceux qui pourront lui appartenir dans la suite, sous les modifications qui seront ci-après exprimées. *Art.* 2122.

11. L'hypothèque existe indépendamment de toute inscription, 1.° au profit des mineurs et interdits, sur les immeubles appartenant à leur tuteur, à raison de sa gestion, du jour de l'acceptation de la tutelle; — 2.° au profit des femmes pour raison de leurs dot et conventions matrimoniales, sur les immeubles de leurs maris, et à compter du jour du mariage. — La femme n'a hypothèque pour les sommes dotales qui proviennent de successions à elle échues ou de donations à elle faites pendant le mariage, qu'à compter de l'ouverture des successions, ou du jour que les donations ont eu leur effet. — Elle n'a hypothèque pour l'indemnité des dettes qu'elle a contractées avec son mari, et pour le remploi de ses propres aliénés, qu'à compter du jour de l'obligation ou de la vente. — Dans aucun cas, cette disposition ne pourra préjudicier aux droits acquis à des tiers avant la publication du présent titre. *Art.* 2135 *du C. C.*

12. L'hypothèque du Trésor sur les biens des comptables, remonte à l'époque où ils ont été chargés de la gestion des deniers publics. *Arr. de cass. du* 4 *déc.* 1815 (*Art.* 5402, *j.*).

13. *Hypothèque légale de la femme.* Elle prend date du jour de son contrat de mariage ; elle frappe non-seulement les biens présens et à venir du mari, mais encore les conquets aliénés par lui pendant la communauté. *Cour d'Orléans du* 14 *nov.* 1817.

14. L'hypothèque légale accordée à la femme ne s'étend pas aux immeubles dépendans d'une société dans laquelle le mari est intéressé, encore même que les fonds dotaux aient été versés par le mari dans la caisse sociale. Le droit que chaque associé a sur ces biens n'est pas un droit de propriété tel que chacun d'eux puisse le grèver d'hypothèque. *Cour de Paris du* 25 *mars* 1811. (*Traité des hyp.*, *quest. hyp.*, *et J. du P.* 1811.).

15. L'hypothèque légale est attachée aux créances paraphernales, et conséquemment à celles que la femme avait avant son mariage contre son mari, et que par une clause formelle elle avait exclues de sa dot. — En admettant ce principe on ajoute que cette hypothèque n'est pas indépendante de l'inscription. *Cour de Toulouse du* 11 juin 1816. (*Quest. hyp.*, *et J. du P.* 1817). Les rédacteurs de ce journal ont fait remarquer une contradiction dans les dispositions de cet arrêt.

16. La femme mariée sous le régime de la communauté qui garantit l'aliénation que son mari a faite d'un de ses immeubles, ou qui s'oblige solidairement avec lui, ne peut pas exercer son hypothèque au préjudice du tiers envers lequel elle s'est obligée. *Arr. de cass. du* 12 *fév.* 1811. (*J. du P. même année*). *Cour de Paris*, 11 *mars* 1813. (*Quest. hyp.*, *traité des hyp.*, *et J. du P.* 1813).

17. L'effet soit de la renonciation, soit de la cession ou de la subrogation que fait la femme de son hypothèque légale, s'exerce par le créancier le plus ancien subrogé et ainsi de suite jusqu'à concurrence des sommes pour lesquelles les subrogations ont été consenties. — Cette femme à pu subroger le créancier de son mari dans ses droits. *Cour de Paris*, 29 *juin* 1812 *et* 12 *déc.* 1817. (*J. du P.* 1812.)

18. L'hypothèque de la femme pour les créances que le mari a reçues pour elle, ne date que du jour ou le recouvrement en a été réellement fait *Arr. de cass. du*..... 1815. (*Quest. hyp.*).

19. L'étrangère, mariée en pays étranger, à un homme qui ensuite est devenu français, jouit de l'hypothèque légale. *Cour de Paris*, 27 *juin* 1815. (*Quest. hyp.*).

20. La femme normande, qui n'avait qu'un contrat de mariage sous seing-privé, n'en a pas moins acquis l'hypothèque légale par la publication du code civil. *Arr. de cour de Caen*, *du*.... 1814. (*Quest. hyp.*).

21. La femme, et par suite les héritiers ne peuvent profiter du bénéfice de l'hypothèque légale sur les biens du mari, si le mariage n'a point existé sous le code civil. *Arr. de cass. du* 9 *nov.* 1813 (*Art.* 4767, *j.*, *et J. du P.* 1814.)

22. Le code civil ne conserve l'hypothèque légale de la femme, indépendamment de l'inscription, qu'autant qu'elle était encore dans les liens du mariage, au moment de la promulgation de ce code. — La femme devenue veuve avant cette publication a dû prendre inscription pour conserver son hypothèque. *Arr. cass. du* 20 *mai* 1817. (*Art.* 5805, *j.*, *et J. du P.* 1818.).

23. La femme mariée n'est dispensée de la formalité de l'inscription que pendant le mariage. Après le décès du mari, la veuve est tenue de remplir cette formalité pour sûreté de ses droits matrimoniaux. *Arr. de la cour d'Agen*, *du* 8 *mai* 1810. (*Art.* 4035, *j.*, *et J. du P.* 1811.).

24. La disposition du code, qui ne donne hypothèque à la femme mariée, pour l'indemnité des dettes contractées avec son mari, qu'à compter du jour des obligations, n'est pas applicable aux femmes mariées antérieurement au code et à la loi du 11 brum. 7. *Tribunal de première instance de la Seine du*.......... (*Quest. hyp.*).

25. Si le mari avait vendu solidairement avec sa femme, commune en biens, un de ses immeubles *personnels*, elle ne serait plus recevable à agir par la voie hypothécaire sur cet immeuble, même en renonçant à la communauté, par la raison qu'elle s'est engagée envers le tiers acquéreur à le garantir et qu'elle a par là renoncé à son hypothèque légale. *Arr. du*...... *fév.* 1811. (*Traité des hyp.*).

26. Lorsque la femme aura expressément et solidairement avec son mari concouru à la vente des *conquets* durant la communauté, elle sera exclue de son action hypothécaire sur le conquet. *Arr. de cass. du* 16 *fruc.* 12. (*Sirey*, 1806.) — Dès que la femme ayant hypothèque légale sur les conquets de la communauté s'est obligée solidairement avec son mari, elle est par cela même réputée avoir renoncé, au profit des créanciers de son mari, à la priorité qui pouvait lui appartenir en vertu de son hypothèque légale. *Cour de Paris des* 11 *mars* 1813 *et* 27 *juillet* 1816. (*Traité des hyp.* et *Sirey*, 1813.).

27. La femme ne peut sous le régime dotal renoncer à son hypothèque, ni indirectement, ni en garantissant la vente d'un immeuble de son mari, ni en s'obligeant solidairement avec lui. — Cette renonciation serait une aliénation du fonds dotal prohibée par le code civil. *Arr. de cass. du*.......... (*Quest. hyp. et traité des hyp.*).

28. *Hypothèque légale des Communes.* — Les Communes n'ont pas une hypothèque légale sur les biens des fermiers de l'octroi. *Cour de Pau.* (*J. du P. T.* 1er *de* 1817, *pag.* 150.

29. Lorsqu'un Maire ou un membre du conseil municipal, qui n'était ni receveur, ni administrateur comptable s'est emparé de quelques sommes appartenant à la commune, et a fini par les divertir, la commune a sur ses biens une hypothèque légale, parce que le membre du conseil municipal était devenu comptable de la commune et qu'il avait réuni cette qualité à celle d'administrateur, ce qui aux yeux de la loi était suffisant. *Cour de Paris*..... M. Persil pense le contraire, parce que l'art. 2121 du code ne doit être appliqué qu'à la qualité de comptable de droit. (*Quest. hyp.*)

30. Une commune n'a pas d'hypothèque légale sur les biens du fermier de son octroi. *Arr. de la cour royale de Pau du* 25 *juin* 1816. (*Art.* 5607, *j.*)

31. Le Trésor de la couronne est appelé à jouir de la même hypoth.e légale dont est privilégié l'Etat sur les biens

de ses receveurs et administrateurs comptables. *Avis du Conseil d'état du 25 fév* 1808.

32. HYPOTHÈQUE *judiciaire*. C'est celle qui résulte des jugemens ou actes judiciaires. *Art.* 2117 *du C. C.*

33. Elle résulte des jugemens, soit contradictoires, soit par défaut, définitifs ou provisoires, en faveur de celui qui les a obtenus. Elle résulte aussi des reconnaissances ou vérifications faites en jugement des signatures apposées à un acte obligatoire sous seing-privé. — Elle peut s'exercer sur les immeubles actuels du débiteur et sur ceux qu'il pourra acquérir, sauf les modifications qui seront ci-après exprimées. — Les décisions arbitrales n'emportent hypothèque, qu'autant qu'elles sont revêtues de l'ordonnance judiciaire d'exécution. — L'hypothèque ne peut pareillement résulter des jugemens rendus en pays étranger, qu'autant qu'ils ont été déclarés exécutoires par un tribunal français, sans préjudice des dispositions contraires qui peuvent être dans les lois politiques ou dans les traités. *Art.* 2123.

34. Cette hypothèque résulte d'un jugement par défaut, au moment même qu'il est prononcé; elle peut être inscrite valablement avant la signification. *Arr. de cass. du* 21 *mai* 1811. (*J. du P.* 1811.). (*Art.* 4067, *j.*). *Cour d'appel de Rouen du* 7 *décem.* 1812. (*J. du P.* 1813.). (*Art.* 4583, *j.*), et même sans que le jugement soit enregistré ni expédié. *Cour de Riom du* 6 *mai* 1809.

35. Elle grève les biens présens et à venir du débiteur, d'après les art. 2114, 2123 et 2134 du code civil: une seule inscription suffit lorsque le propriétaire grévé a déclaré s'inscrire sur les biens à venir comme sur les biens présens, et il est inutile d'en requérir une nouvelle après chaque acquisition que le débiteur peut faire, pourvu toutefois qu'il y ait une inscription dans chacun des bureaux où le débiteur possède des immeubles, ou en acquerra par la suite. *Arr. de cass. du* 3 *août* 1819. (*Art.* 6569 *.j.*, et *J. du P.* 1820.).

36. Le jugement qui condamne un associé régisseur à rendre ses comptes, emporte hypothèque, dès que la condamnation comprend essentiellement celle d'en payer le reliquat. *Arr. de cassation, du* 21 *août* 1810. (*J. du P.* 1811.).

37. Le cautionnement passé au greffe, en vertu d'un jugement qui a ordonné de le fournir, est un acte judiciaire qui emporte hypothèque comme le jugement luimême. *Cour de Metz du* 27 *août* 1817.

38. Un jugement de condamnation à des amendes et frais de justice en matière criminelle, correctionnelle et de police, donne une hypothèque judiciaire qui grève non seulement les biens présens du condamné, mais encore ceux qu'il viendrait à acquérir. — Le Receveur doit conserver cette hypothèque en prenant inscription. *Instr.* 750.

39. Les jugemens d'expédient emportent hypothèque comme ceux rendus sur les contestations des parties. *Cour de Bruxelles, du* 7 *mars* 1807. (*J. du P., même année*).

40. L'hypothèque judiciaire peut résulter d'une condamnation volontaire, parce qu'elle ne diffère point de celle sur litige, et que, dans les deux cas, c'en est une judiciaire. *Cour de Bruxelles, du* 22 *août* 1807. (*J. du P.* 1808).

41. Les immeubles dotaux de la femme sont frappés de l'hypothèque judiciaire, si la dette ayant été contractée avant le mariage, a une date certaine. — Si la dette a été contractée postérieurement ou depuis la séparation de biens, ou qu'elle n'ait pas de date certaine, les immeubles dotaux ne pourront être frappés d'hypothèque, parce que l'aliénation en est prohibée; ainsi les jugemens rendus contre une femme mariée, quoique séparée, ne donnent point hypothèque sur ses immeubles dotaux, s'il ne s'agit pas de dettes antérieures au mariage. *Cour de Limoges, du* 18 *juin* 1808. (*Quest. hyp.*)

42. La femme marchande publique, n'a pas pu, depuis l'émission du Code civil, mais avant celle du Code de commerce, hypothéquer ses biens dotaux pour les affaires de son commerce. *Arr. de cass. du* . . . . . . (*Quest. hyp., tom.* 1er, *p.* 174)

43. On ne peut envisager comme jugement emportant hypothèque, le procès-verbal d'un Juge-de-paix, qui ne pouvait être autorisé que *par la présence et le consentement formel du créancier et des débiteurs*, à se constituer juge, et prononcer comme tel dans une matière qui sortait de ses attributions et de sa compétence ordinaire et légale. *Arr. de cass. du* 22 *déc.* 1806. (*J. du P.*, 1807)

44. Le jugement qui, sur la demande d'un architecte ou de tout autre ouvrier, ordonne le réglement d'un mémoire d'ouvrage, n'emporte point hypothèque. *Jug. du Tribunal de la Seine du......* (*Quest. hyp.*)

45. L'hypothèque générale qui résultait des actes ou jugemens rendus en pays étrangers, s'étend aux immeubles que le débiteur possède en France, lorsque ce pays a été ensuite réuni à la France. *Arr. de cass. du* . . . . Cette décision a été respectée par arrêt de la Cour de Rouen, le 28 juin 1810. (*Quest. hyp.*)

46. Les actes des corps administratifs, tels que baux et autres, peuvent être mis au rang des jugemens, et emportent également *hypothèque* et exécution parée. *Loi du* 23 *oct.* 1790. *Cour de Paris, du* 6 *messid.* 10. (*J. du P.*, 11).

47. L'Administration des Douanes a hypothèque sur tous les biens présens et à venir de l'acquéreur déchu, pour la somme dont il est redevable d'après le prix de la revente. *Cour de Rouen, du* 22 *mai* 1818. (*Art.* 6155, j.)

48. Les jugemens rendus par des Consuls français en pays étranger, emportent hypothèque toutes les fois que ces diplomates ont prononcé sur des matières de leur compétence. — Revêtus d'un caractère plus ou moins étendu par les traités faits avec la puissance chez laquelle ils résident, ce sont des Juges, des Magistrats français établis pour juger des négocians français, et mettre un terme aux différends qui les divisent en pays étranger; leurs décisions sont exécutoires en France, et doivent produire les mêmes effets que si elles avaient été rendues par des Tribunaux français. (*Quest. hyp., tome* 1er, *p.* 182).

49. L'art. 1.er de l'ordonnance de 1629, relatif à l'exécution des jugemens rendus en pays étranger, ne

s'applique point à des jugemens étrangers, qui ne sont que la conséquence nécessaire ou l'exécution de décisions souveraines rendues en France contre un Français. En conséquence, ces jugemens obtiennent en France l'autorité de la chose jugée, sans être susceptibles d'aucune révision. *Arr. de cass. du* 30 *juillet* 1810. (*Traité des hyp.*)

49. HYPOTHÈQUE *conventionnelle*, est celle qui dépend des conventions, et de la forme extérieure des contrats. *Art.* 2117 *du C. C.*

50. Les hypothèques conventionnelles ne peuvent être consenties que par ceux qui ont la capacité d'aliéner les immeubles qu'ils y soumettent. *Art.* 2124.

51. Ceux qui n'ont sur l'immeuble qu'un droit suspendu par une condition, ou résoluble dans certains cas, ou sujet à rescision, ne peuvent consentir qu'une hypothèque soumise aux mêmes conditions, ou à la même rescision. *Art.* 2125.

52. Les biens des mineurs, des interdits, et ceux des absents, tant que la possession n'en est différée que provisoirement, ne peuvent être hypothéqués que pour les causes et dans les formes établies par la loi, ou en vertu d'un jugement. *Art.* 2126.

53. L'hypothèque conventionnelle ne peut être consentie que par acte passé en forme authentique devant deux Notaires, ou devant un Notaire et deux témoins. *Art.* 2127.

54. Les contrats passés en pays étrangers, ne peuvent donner d'hypothèque sur les biens de France, s'il n'y a des dispositions contraires à ce principe dans les lois politiques ou dans les traités. *Art.* 2128.

55. Il n'y a d'hypothèque conventionnelle valable que celle qui, soit dans le titre authentique constitutif de la créance, soit dans un acte authentique, postérieur, déclare spécialement la nature et la situation de chacun des immeubles actuellement appartenant au débiteur, sur lesquels il consent l'hypothèque de la créance. Chacun de de tous les biens présens peut être nominativement soumis à l'hypothèque. — Les biens à venir ne peuvent pas être hypothéqués. *Art.* 2129.

56. Néanmoins, si les biens présens et libres du débiteur sont insuffisans pour la sûreté de la créance, il peut, en exprimant cette insuffisance, consentir que chacun des biens qu'il acquerra par la suite, y demeure affecté à mesure des acquisitions. *Art.* 2130.

57. Pareillement, en cas que l'immeuble ou les immeubles présens, assujétis à l'hypothèque, eussent péri ou éprouvé des dégradations, de manière qu'ils fussent devenus insuffisans pour la sûreté du créancier, celui-ci pourra, ou poursuivre dès-à-présent son remboursement, ou obtenir un supplément d'hypothèque. *Art.* 2131.

58. L'hypothèque conventionnelle n'est valable qu'autant que la somme pour laquelle elle est consentie est certaine et déterminée par l'acte : si la créance résultant de l'obligation est conditionnelle pour son existence, ou indéterminée dans sa valeur, le créancier ne pourra requérir l'inscription dont il sera parlé ci-après, que jusqu'à concurrence d'une valeur estimative par lui déclarée expressément, que le débiteur aura droit de faire réduire, s'il y a lieu. *Art.* 2132.

59. L'hypothèque acquise s'étend à toutes les améliorations survenues à l'immeuble hypothéqué. *Art.* 2133.

60. Une hypothèque peut être valablement consentie en vertu d'un pouvoir sous seing-privé ; il suffit que l'hypothèque consentie l'ait été par acte authentique. *Arr. de cass. du* 27 *mai* 1819. (*Sirey, J. du P., même année, et art.* 6529, *j.*)

61. Aux termes de l'art. 2127 du C. C., l'hypothèque ne peut être consentie que par un acte authentique, mais elle ne pourrait pas moins résulter d'un acte sous seing-privé, déposé chez un Notaire, parce que l'acte du dépôt s'identifiant avec le contrat sous seing-privé, donne l'authenticité voulue par la loi. *Arr. de cass. du* 11 *juillet* 1815. (*Art.* 5278, *j.*, *et Sirey*, 1815.)

62. Pour que le dépôt devant Notaire, d'un acte sous seing-privé par le débiteur, suffise pour faire revivre l'hypothèque, il faut qu'elle soit rappelée dans l'acte de dépôt, et que le créancier l'accepte.

Cette acceptation résulte de la remise de l'expédition de l'acte au créancier, ou de l'inscription prise par celui-ci, ou des poursuites par lui faites. *Cour de Paris, du* 4 *vent.* 13. (*J. du P., même année.*)

64. L'hypothèque générale conventionnelle est prohibée, mais il est juste d'accorder au créancier qui l'a stipulée, le droit d'en réclamer une spéciale, si l'intention des parties a été véritablement d'en accorder une générale. *Cour d'Aix*, 16 *août* 1811. (*J. du P.*, 1813.)

65. La stipulation permise par l'art. 2130 du C. C., n'est pas autorisée dans le cas où le débiteur ne possède aucuns biens présens. *Tribunal de première instance de Paris, du....* (*Quest. hyp., T. I, pag.* 197.)

66. L'hypothèque est valablement consentie, lorsque dans l'acte constitutif on a déclaré la donner sur un domaine situé dans tel endroit, sans autre désignation, parce qu'il y a une différence entre les héritages pris isolément et en particulier, et une réunion d'héritages formant un domaine ou une métairie dont le nom est connu. *Cour de Riom, du* 16 *mars* 1815.

67. La décision sur la validité de l'indication de la situation des biens, est laissée à la prudence des juges. *Cour d'Aix, du* 13 *nov.* 1812.

68. Quant à la désignation de la nature des biens, il suffit de dire d'une manière générale qu'ils consistent en maisons, vignes, champs, etc. *Cour de Besançon, du* 22 *juin* 1810. (*J. du P.* 1812.)

69. Les hypothèques sur les biens situés en France, sont essentiellement régies par les lois et réglemens du territoire français ; ni la circonstance que le créancier est domicilié en pays étrangers, ni celle de sa minorité, ne peuvent changer à la rigueur de la règle. *Arr. de cass. du* 17 *germ.* 12.

70. L'hypothèque d'un bien situé en France peut résulter d'un acte signé par un Prince, et contre-signé par son Secrétaire intime de cabinet, dans un pays dont il était alors Souverain, et qui depuis a été réuni à la France. *Arr. de cass. des* 7 *fruct.* 3, *et* 7 *juin* 1809. (*J. du P.* 1809.)

71. Les actes reçus dans les colonies peuvent emporter hypothèque si l'on a soin de les faire enregistrer en France, parce que l'autorité française est reconnue

dans tous les pays soumis à l'obéissance du Roi. *Loi des* 5 *déc.* 1790 *et* 29 *sept.* 1791. *Arr. de cass. du* 7 *déc.* 1807. (*Traité des hyp.*)

72. L'héritier bénéficiaire peut valablement hypothéquer les biens de la succession, d'après l'art. 988 du code de procédure civile. *Cour de Paris du* 16 *mai* 1815. (*J. du P.* 1813 *et Quest. hyp.*)

73. Le séquestre de guerre ne paralyse pas la capacité des sujets appartenans à la puissance ennemie; ils sont capables, pendant sa durée, de consentir des hypothèques sur les biens séquestrés. *Arr. de cass. du* 11 *déc.* 1816. (*J. du P.* 1817.).

L'hypothèque sur un immeuble donne le droit d'empêcher les dégradations que le débiteur voudrait y commettre et autorise le créancier à le poursuivre et le faire condamner à des dommages-intérêts, lorsque ces dégradations ont altéré la valeur de son gage. *Cour de Paris du* 9 *fév.* 1809.

74. Le créancier qui, ayant anciennement une hypothèque générale conventionnelle, ne l'a inscrite que depuis le code civil, n'a pas eu besoin de spécifier la nature et la situation des biens sur lesquels il entendait conserver son hypothèque. *Arr. de cass. du* 11 *nov.* 1812. (*J. du P.* 1813.).

75. L'hypothèque donné subsidiairement, mais pour n'être acquise que dans le cas prévu, n'existe pas avant que la condition soit arrivée. *Arr. de cass. du* 5 *déc.* 1809. (*Sirey*, 1810.)

76. L'hypothèque consentie, avant la loi du 11 brum. 7, conserve tous ses effets sur tous les biens présens et à venir, encore qu'elle n'ait pas été inscrite dans le délai fixé par cette loi; seulement elle prend rang à compter de la date de l'inscription qui peut toujours être requise. *Arr. de cass. du* 20 *frim.* 14. (*Quest. hyp., et J. du P.* 1806.)

INSCRIPTIONS *en général.*

1. Les inscriptions se font au bureau de la conservation des hypothèques dans l'arrondissement duquel sont situés les biens soumis au privilége ou à l'hypothèque. Elles ne produisent aucun effet si elles sont prises dans le délai pendant lequel les actes faits avant l'ouverture des faillites sont déclarés nuls. — Il en est de même entre les créanciers d'une succession, si l'inscription n'a été faite par l'un d'eux que depuis l'ouverture, et dans le cas où la succession n'est acceptée que sous bénéfice d'inventaire. *Art.* 2146 *du C. C.*

2. Tous les créanciers inscrits le même jour exercent en concurrence une hypothèque de la même date, sans distinction entre l'inscription du matin et celle du soir, quand cette différence serait marquée par le Conservateur. *Art.* 2147. — *Instr.* n° 255.

3. Pour connaître la manière dont l'inscription doit être formée, V. *bordereau.*

4. Lorsqu'on a pris inscription sur des biens indivis d'une succession, et que, par le résultat du partage entre cohéritiers, ce bien est échu à un autre que le cohéritier débiteur, il cesse d'être grévé, l'inscription ne s'affecte plus, on n'a même pas de véritable hypothèque (qui ne s'acquiert que par l'inscription) sur l'immeuble compris dans le lot du débiteur, faute d'avoir, par une nouvelle inscription, fait passer l'hypothèque sur cet immeuble. *Cour de Bruxelles du* 13 *déc.* 1808.

5. Lorsqu'on dépose au bureau des hypothèques un bordereau contenant un grand nombre d'articles de biens soumis à l'hypothèque spéciale, le Conservateur doit indiquer sur son registre la consistance indiquée de chaque pièce, avec les tenans et aboutissans: il ne suffit pas de désigner la quantité et la situation de ces biens en masse. *Déc. min. de la just.* 11 *janvier* 1809.

6. Pour être préféré aux créanciers chirographaires, le créancier qui a un titre hypothécaire est tenu de prendre inscription avant les dix jours qui précèdent l'ouverture de la faillite. *Arr. de cass. du* 11 *juin* 1817. (*Art.* 5931, *j.*).

7. L'article 2146 du code civil qui défend de prendre inscription dans le délai pendant lequel les actes faits avant l'ouverture de la faillite, ainsi que l'art. 443 du Code de commerce qui prononce *que nul ne peut acquérir privilége en hypothèque sur les biens du failli dans les dix jours* qui précèdent l'ouverture de sa faillite, ne s'appliquent point au débiteur en déconfiture, qui peut toujours hypothéquer ses biens. *Arr. de cass. du......* (*Quest. hyp.* T. 1, pag. 317.).

8. Cet article n'est applicable qu'au débiteur *commerçant* ou autre débiteur qui manquant à ses engagemens est seulement en *déconfiture.* — Rien ne s'oppose à ce qu'on prenne inscription après que la déconfiture est notoire. *Cour de Paris du* 29 *juin* 1812. (*Sirey*, 1813.)

9. L'article 2146 du Code civil n'atteint pas des hypothèques anciennes, si les inscriptions prises dans les dix jours de la faillite ou de l'acceptation bénéficiaire, ne produisent aucun effet; d'après cet article, il ne faut l'entendre que pour des inscriptions qui *conservent l'hypothèque pour l'avenir et non pour celles qui conservent seulement le rang des hypothèques du passé. Arr. de cass. du* . . . . 1816. (*J. du P., et Quest. hyp.*)

10. Pour opérer l'inscription, le créancier représente soit par lui-même, soit par un tiers, au Conservateur des hypothèques l'original en brevet ou une expédition authentique du jugement ou de l'acte qui donne naissance au privilége ou à l'hypothèque; il y joint deux bordereaux, dont l'un peut être sur l'expédition du titre. *Art.* 2148. V. *Bordereaux.*

11. L'inscription peut être prise par un tiers au nom du créancier sans procuration écrite ni verbale de sa part. *Arr. de cass. du* 15 *mai* 1809. (*Art.* 4317, *j.*)

12. Le défaut d'exactitude dans l'indication de la date du titre ne serait pas une cause de nullité de l'inscription, si le titre était énoncé de manière à ce que personne ne puisse s'y méprendre. *Arr. des Cours de Metz du* 12 *juillet* 1811, *et de cass. du* 17 *août* 1813.

13. De la combinaison des dispositions des Codes civil et judiciaire, il résulte que l'inscription pour être valable, doit, s'il s'agit de biens isolés et particuliers, désigner l'espèce et la nature de chacun d'eux; mais que s'il s'agit d'un *domaine*, il suffit de le dénommer et d'en indiquer la situation. *Cours de Paris et de Riom*, 6 *mars* 1815 *et* 24 *fév.* 1816. (*Art.* 5707, *j.*) V. *le* n.° 81.

14. Les biens affectés dans une *inscription*, pour une hypothèque conventionnelle, sont suffisamment désignés

par ces expressions : *sur tous les biens appartenant au débiteur, situés communes... Arr. de la Cour de Grenoble du 8 août* 1817, *confirmé par la Cour suprême le 6 mars* 1820. (*Art.* 6708, *j.*) V. le n°. 81.

15. L'inscription qui n'indique pas l'arrondissement dans lequel le bien grévé est situé, n'en est pas moins valable. *Arr. de cass. du* 11 *juillet* 1815.

16. On ne doit pas tirer la conséquence de la validité d'une inscription, de ce que l'acquéreur a dénoncé son contrat, et offert de payer le montant de la créance inscrite, parce que les offres ne peuvent jamais rien préjuger sur la légitimité de la créance, ou sur la régularité de l'inscription. *Arr. de cass. du* 23 *juin* 1812 (*J. du P.* 1813.)

17. L'omission faite par le Conservateur dans une inscription de la date du titre, peut être suppléée par un bordereau énonciatif de cette date, produit par le créancier avant toute distribution du prix. *Cour de Paris du* 22 *frim.* 13. (*J. du P.*, *même année*, et *Traité des hyp.*)

18. La situation et la nature des biens hypothéqués doivent être indiquées dans les obligations ; il ne suffit pas que ces indications se trouvent seulement dans les inscriptions prises en vertu de l'acte. *Arrêt de cassation du* 20 *fév.* 1810. (*Art.* 3984. *j.*, et *J. du Pal.*, 1810.)

19. L'inscription doit contenir non seulement la mention du domicile réel du créancier, mais aussi celle d'un domicile élu dans l'étendue du bureau où elle a été faite, ou une énonciation équipolente, à peine de nullité. *Arr. de cass. des* 6 *juin* 1810 *et* 2 *mai* 1816. (*Art.* 5562. *j.*)

20. La désignation du domicile réel du créancier peut être remplacée dans l'inscription par des indications équipolentes. *Arr. de cass. des* 15 *mai* 1809 *et* 9 *nov.* 1815. (*Art.* 3329. *j. Traité des hyp.* et *J. du P.* 1809.)

21. Les formalités qui tiennent à la substance des actes sont de rigueur, et doivent, même dans le silence de la loi, être observées à peine de nullité. Ces principes s'appliquent aux formalités qui concernent l'inscription hypothécaire, et particulièrement à celle qui exige la déclaration de la date du titre ou l'époque à laquelle l'hypothèque a pris naissance. *Arr. de cass. des* 22 *avril et* 7 *sept.* 1807. (*J. du P.* 1808.)

22. L'inscription prise sur le débiteur primitif, par le créancier, qui savait que ce débiteur avait cessé d'être propriétaire, n'est pas conservée sur l'immeuble aliéné, au préjudice des inscriptions prises postérieurement par d'autres créanciers sur le nouvel acquéreur. *Arr. de cass. du* 13 *therm.* 12. (*J. du P.* 1806.)

23. Dans le sens clair de l'art. 2148 du Code, l'inscription doit être prise à la charge du débiteur direct et originaire, et il doit être indiquée d'une manière précise, afin que le Conservateur puisse le reconnaître. Cette disposition est conçue en termes généraux et impératifs, qui n'admettent aucune exception, et excluent par conséquent l'idée que l'inscription puisse être valablement prise à la charge du tiers détenteur de l'immeuble hypothéqué. *Arr. de cass. du* 27 *mai* 1816.

24. Les intérêts non conservés par l'inscription ne sont pas chirographaires ; ils sont hypothécaires : ici l'accessoire suit le sort du principal. *Cour de Colmar du* 13 *mars* 1817. (*Sirey*, 1818.)

25. Lorsqu'un débiteur propriétaire d'une créance a négligé de prendre une inscription, son créancier peut, en se procurant le titre de cette hypothèque, requérir l'inscription, au nom et par représentation de ce débiteur ; pourvu qu'il représente au Conservateur le titre de sa créance avec les bordereaux prescrits. *Instr.* 265.

26. La femme mariée, même sous le régime de la communauté, peut prendre inscription, sans y être préalablement autorisée de son mari, ou de justice, attendu que l'inscription, complément de l'hypothèque, n'est qu'un acte conservatoire. *Cour de Paris du* 31 *août* 1810. (*Art.* 4297, *j.* et *J. du P.* 1811.)

27. Les femmes, pour conserver leurs créances paraphernales sur les biens de leurs maris, doivent prendre une inscription. (L'hypothèque légale ne concerne que leurs dot et conventions matrimoniales.) *Cour de Grenoble des* 18 *juillet et* 24 *août* 1814. (*Art.* 6281, *j.*)

28. Si le mineur ne peut pas ester en jugement sans l'assistance et l'autorisation de son curateur, il a la capacité de faire tous actes conservatoires pour garantir ses droits et ainsi de prendre par lui-même des inscriptions hypothécaires. *Cour de Riom du* 16 *mars* 1811. (*Art.* 4963, *j.*)

29. Les inscriptions à prendre sur les biens d'une personne décédée, pourront être faites sous la simple désignation du défunt, ainsi qu'il est dit au n.° 2 de l'art. 2148 du C. C., rapporté au mot *bordereau. Art.* 2149 *du C. C.* — Si le créancier est décédé, on inscrira au nom de la succession. *Arr. de cass. des* 5 *vend.* 13 *et* 15 *mai* 1809. (*J. du P.* 1809, et *Traité des hyp.*)

31. L'inscription prise en vertu de procuration, au nom des héritiers d'une succession, et où le nom de plusieurs de ces héritiers est omis, est également valable, lorsque le partage n'est pas encore fait, parce que jusque-là l'intérêt est commun et qu'un seul peut conserver l'hypothèque pour tous. *Cour de Bruxelles du* 19 *déc.* 1807. (*J. du P. collec.* 1809.)

32. En vertu d'une vente sous l'édit de 1771, non suivie de lettres de ratifications, ni transcrite depuis les nouvelles lois, les créanciers d'une date antérieure à cette vente, peuvent conserver leur hypothèque sur l'immeuble vendu, par une inscription. *Arr. de cass. du* 19 *nov.* 1817. (*Art.* 5953, *j.*)

33. Le créancier porteur d'un titre antérieur à la loi de brum. 7, a pu postérieurement à la publication du C. C., prendre utilement inscription sur les biens d'une succession bénéficiaire. Mais le créancier négligent qui n'a pas requis l'inscription dans le délai de trois mois, ne peut plus exiger pour son hypothèque, quelle que fût l'ancienneté du titre, d'autre rang, d'autre date, que la date de l'inscrip." *Arr. de la Cour cass. du* ....(*Quest. hyp.*)

34. L'inscription prise sous l'empire du C. C., à l'effet de conserver une hypothèque ancienne et générale, n'est pas obligée à la désignation particulière des biens. *Arr. de cass. du* 11 *nov.* 1812. (*Art.* 4622, *j*, *autre du* 6 *déc.* 1813. (*Art.* 4804, *j.* et *J. du P.* 1813.)

35. Le créancier qui a hypothèque sur un bien vendu a pu prendre une inscription, mais seulement sur ce bien, et non pas sur les autres propriétés de l'acquéreur, quoiqu'il les eût affectées à la sûreté du prix envers les vendeurs, parce que le créancier n'avait acquis

par cette clause aucun titre direct et personnel emportant exécution parée contre l'acquéreur. *Cour de Paris du 3 germ.* 11. (*J. du P.* 1811.)

36. Quand, sur un contrat de vente, il survient une surenchère, et lorsque l'acquéreur en ne se rendant pas dernier enchérisseur, ne conserve point l'immeuble, l'aliénation n'est réellement consommée que par le jugement d'adjudication, puisque la propriété passe directement du vendeur à l'adjudicataire, comme si elle n'avait pas résidé en la personne du premier acquéreur. Ainsi l'*inscription* prise dans l'intervalle du premier contrat à l'adjudication, même postérieurement à la transcription de ce contrat, a été requise en tems utile. *Cour de Paris du 3 avril* 1812. (*J. du P.* 1812.)

37. Aux termes de l'art. 834 du C. de P. C., le créancier qui a hypothèque sur un immeuble, ne peut, quinze jours après la transcription de la vente qui en a été faite, acquérir des droits sur ce bien vendu, et parconséquent, si jusqu'alors il n'y a pas eu inscription sur le bien, il ne peut plus en prendre une. Mais pendant tout le tems que l'immeuble vendu n'a pas été purgé de ses charges, par l'accomplissement de toutes les formalités prescrites à cet effet par la loi, le créancier du vendeur peut conserver les droits qui lui sont acquis par une inscription antérieure à la vente, et ainsi renouveler cette inscription, bien que l'acte d'aliénation ait été transcrit et que même il se soit écoulé plus de quinze jours depuis cette transcription. *Arr. de cass. du 27 mai* 1816. — V. *la circ. du 24 fév.* 1807, qui rapporte à ce sujet l'art. 834 du C. de P. C.

38. Bien que la revente ne soit pas faite à l'acquéreur primitif, les inscriptions prises sur l'immeuble vendu dans l'intervalle de la surenchère à la revente et même dans la quinzaine de la transcription de la revente, sont valables. *Arr. de la Cour d'appel de Paris du 3 avril* 1812. (*Art.* 4237, j. et *J. du P.* 1812.)

39. Le créancier qui se trouve aux droits du vendeur et de l'acquéreur, n'est pas tenu d'énoncer dans son inscription les actes au moyen desquels la créance était passée du cédant au cessionnaire avant de lui parvenir; il suffit de relater, dans l'inscription, le titre constitutif de l'hypothèque. *Cour de Paris*, 26 *mars* 1808. (*J. du P. même année.*)

40. L'inscription doit rappeler la date de l'acte de subrogation au privilége du vendeur, puisque le privilége n'est constitué que par cet acte. *Arr. de cass. du* 16 *mars* 1813. (*Art.* 4550, *j.* et *J. du P.* 1813.)

41. Le cessionnaire peut valablement prendre inscription au nom de son cédant, après la signification du transport, parce que le transport étranger au tiers et dont la signification n'a pour but que d'empêcher le débiteur de payer au cédant, ne constitue ni la créance, ni l'hypothèque, dès-lors on peut requérir l'inscription dans les mêmes termes que s'il n'y avait pas eu de cession. *Arr. de cass. des* 15 *vent.* 13 *et* 4 *avril* 1810. (*Quest. hyp.*)

42. Par la même raison, on peut renouveler l'inscription au nom du créancier originaire. *Jugement de la première chambre du Tribunal de la Seine du..... contre lequel il n'y a point eu d'appel.* (*Quest. hyp.*)

Par *débiteur, individu grevé*, la loi a entendu parler du débiteur primitif. *Arr. des Cours de Caen et de cass. des* 6 *mai* 1812 *et* 27 *mai* 1816. (*Sirey*, 1810 *et* 1816.)

43. En vertu d'une clause de garantie de tous troubles et évictions, insérée dans un contrat de ventes d'immeubles, l'acquéreur a été fondé, dès que son vendeur était à la veille de faire faillite, à prendre inscription sur les biens de celui-ci, pour sûreté de cette clause. *Arrêt de la Cour de... sur un jugement de Ste-Ménehould, du* 19 *vent.* 12. (*Quest. hyp.*)

44. Les agens et syndics de la faillite seront tenus de prendre inscription, au nom de la masse des créanciers, sur les immeubles du failli, dont ils connaîtront l'existence. Elle sera reçu sur simple bordereau, énonçant qu'il y a faillite, et relatant la date du jugement par lequel ils auront été nommés. *Art.* 500 *du C. de Commerce.*

45. L'inscription hypothécaire, prise par le cessionnaire d'une créance dont la cession est annulée, profite aux créanciers. *Arr. de cass. du* 15 *juin* 1813. (*J. du P., même année.*)

46. Pour garantie de lettres-de-change qui seront renouvelées, fonds d'avance d'un compte courant, fourni ou à fournir, *Edme* a pu hypothéquer ses biens par un acte au profit de *Louis*, et l'inscription est valable; il est certain que par l'effet des opérations projetées, le débiteur, au jour de l'acte, peut devenir créancier, parce que les lois autorisent formellement les obligations et hypothèques conventionnelles et éventuelles. *Cour de Rouen du* 24 *avril* 1812. (*J. du P., même année.*)

47. Si, par suite d'un partage, la créance passe à un cohéritier, l'inscription se fera au nom du titulaire. Si la créance a été transportée à un tiers, l'inscription se fera au nom du cessionnaire ou du cédant, car le cédant est toujours le titulaire légal. *Arr. de Cass. du* 15 *vent.* 13. (*Traité des hyp.*, et *J. du P., même année.*)

48. Le créancier peut requérir utilement une inscription jusqu'à la transcription de l'acte de vente d'un bien grévé d'hypothèque, et vendu avant le code civil. *Arr. de cass. du* 4 *janv.* 1820. (*Art.* 6732, j.)

49. L'inscription prise au profit de l'Etat sur les biens des comptables, en vertu et sous l'empire de la loi du 11 brum. 7, conserve toute sa force jusqu'à six mois au-delà de l'apurement définitif de la gestion du comptable; ce principe est consacré par un arrêt de la Cour d'appel de Bruxelles, du 8 mai 1810. (*Art.* 3779, *j.* et *J. du P.* 1811.)

50. L'inscription prise par un usufruitier, en son nom personnel, ne profite qu'à lui: elle doit être restreinte à l'hypothèque acquise sur l'usufruit, sans jamais pouvoir conserver celle attachée à la nue-propriété. *Arr. de cass. du* 4 *frim.* 14. (*J. du Palais* 1806.)

51. Celle prise par le cessionnaire, doit énoncer l'acte originaire de la créance, autrement le vœu de l'art. 2148 du C. C. ne serait pas rempli et l'inscription serait nulle: *Arr. de cass. du* 4 *avril* 1810. (*J. du P. même année.*) M. Persil pense qu'on ferait bien d'indiquer l'acte de cession, pour éviter un procès, même mal fondé. (*Quest. hyp.*)

52. Le défaut d'une désignation rigoureuse du débiteur originaire, n'est pas toujours une cause de la nul-

lité de l'inscription ; si cette inscription indique le débiteur d'une manière à ce qu'on ne puisse s'y méprendre, le but de la loi est rempli, et elle est valide. *Arr. de cass. du 2 mars* 1812. (*J. du P. même année.*)

53. Il n'est pas nécessaire pour la validité d'une inscription, qu'elle énonce la nature du titre, si d'ailleurs elle contient l'indication du Notaire qui l'a reçue, outre les autres mentions prescrites. *Arr. de cass. du* 11 *mars* 1816. (*J. du P.* 1817. et *Art.* 5605, *j.*)

54. L'inscription prise par le cessionnaire d'une créance, et qui fait connaître le créancier, le débiteur, le titre constitutif de l'hypothèque, sa date, le montant de la dette et les biens hypothéqués, est régulière. Il n'est besoin que de l'énonciation de ce titre, la loi n'exige pas la mention de la qualité du cessionnaire en vertu de laquelle la créance est passée sur la tête de l'inscrivant. *Arr. de cass. du* 25 *mars* 1816. (*Art.* 5425, *j.*)

55. Elle est valide lorsqu'elle indique la date et la nature du titre, sans exprimer la date de l'acte de cession, puisque c'est le titre de créance qui produit l'hypothèque. *Arr. de cass. du* 7 *oct.* 1812. (*Art.* 4534, *j.*)

56. Celle qui est prise en vertu d'un acte de subrogation est aussi valable, bien qu'elle n'énonce pas le titre originaire d'où procède le privilége, si elle réitère une inscription antérieure où ce titre est énoncé par le n.° et le fol.° du registre où elle est contenue. *Arr. Cour Paris*, 15 *janv.* 1818. (*Art.* 6491, *j.*)

57. L'inscription hypothécaire est encore valable quoiqu'elle n'énonce pas le titre constitutif de la créance, si ce titre est rappelé dans l'acte en vertu duquel elle est prise ; elle l'est toujours tant que les tiers y trouvent ce qu'ils ont intérêt de savoir pour régler leur détermination. *Arr. de la Cour de Caën du* 13 *mars* 1817, *confirmé en cass. le* 3 *fév.* 1819. (*Art.* 6596, *j.*)

58. L'erreur dans la date du titre en vertu duquel on prend inscription et qui ne cause aucun préjudice à qui que ce soit ne vicie point cette inscription. *Arr. de cass. des* 17 *août* 1813 *et* 9 *nov.* 1815. (*Art.* 4881, *j.*).

59. Pour la validité d'une inscription, il n'est pas nécessaire d'énoncer, ni que la créance est privilégiée, ni le décès de celui sur les biens duquel elle est prise. *Cour de Paris du* 9 *décem.* 1811. (*J. du P.* 1812.)

60. Du défaut de mention du domicile de l'agent du trésor de l'Etat dans l'inscription qu'il a prise en cette qualité, ne peut résulter la nullité de l'inscription, parce que l'administration du trésor a son siége bien connu à Paris, et que l'agent non seulement n'est que son instrument, mais encore a son bureau au siége de l'administration ; surtout lorsque l'inscription a été prise pour le trésor sous le nom de son agent, à la requête du Préfet et à la diligence du sous-Préfet, avec élection de domicile à l'hôtel de la Sous-Préfecture. *Cour de Rouen du* 22 *mai* 1818. (*Art.* 6155, j.). V. *inscription indéfinie.*

61. Une inscription faite sur un Conservateur n'est pas nulle parce qu'elle a été portée sur les registres par lui-même. *Cour de Paris du* 13 *nov.* 1811.

62. L'inscription requise pour la sûreté du paiement d'une rente perpétuelle et désignée comme telle, est dispensée de l'énonciation de l'exigibilité ; si on veut conserver les arrérages échus d'une rente, la seule déclaration que l'inscription est prise pour les arrérages remplacera l'indication de l'exigibilité, et si l'inscription est faite pour arrérages à échoir, l'exigibilité sera censée avoir lieu d'année en année. *Arr. de cass. du* 2 *avril* 1811. (*Art.* 3931, *j. Traité des hypoth.* et *J. du P.* 1811.).

63. Cependant les décisions des Ministres de la just. et des finances des 21 juin et 5 juillet 1808, rapportées dans l'instruction 394, portent que l'échéance ou l'exigibilité des arrérages de rentes doit être formellement indiquée.

64. S'il est dit dans l'inscription purement et simplement que la créance est exigible, cette indication est suffisante. *Cours de Riom, Nîmes et Rouen, des* . . . *et de Paris du* 13 *mars* 1811. (*Quest. hyp.* et *J. du P.* 1811.). V. *les* n.os 13 *et* 14 *ci-devant.*

65. La date de l'exigibilité paraît être suffisamment exprimée dans l'inscription qui énonce qu'elle est prise en vertu d'un jugement de condamnation *pour deux billets protestés* sur le débiteur. *Arr. de cass. du* 25 *juillet* 1812. (*J. du P.* 1813.).

66. Une inscription prise sur tous les biens présens et à venir des débiteurs et notamment sur leurs propriétés en maisons, prés et terre situés commune de. . . . est valable, parce que l'inscription par de telles énonciations remplit le vœu de la loi. *Cour de Riom du* 30 *août* 1816.

67. Les créanciers des émigrés pouvaient prendre des inscriptions sur les biens de ces derniers, avant la loi du 16 ventôse 6, comme ils l'ont pu depuis. *Arr. de cass. du* 3 *oct.* 1814.

68. Les dispositions par actes entre-vifs, ou testamentaires, à la charge de restitution, doivent, quant aux sommes colloquées avec privilége sur des immeubles, être rendues publiques par l'inscription sur les biens affectés au privilége, à la diligence soit du grevé, soit du tuteur nommé pour l'exécution. *Article* 1069 *du C. C.*

69. Jusqu'à la transcription de la donation d'immeubles, on peut prendre inscription sur les biens que cette donation comprend. *Cour d'Amiens du* 11 *juin* 1814. — V. *Renouvellement*, *Droits* et *Salaires.*

70. Le Conservateur doit inscrire les créances antérieures à la loi du 11 brumaire 7, sur la simple remise des bordereaux. *Instr.* 274.

71. Les parties ne peuvent requérir, et le Conservateur inscrire un jugement portant reconnaissance d'une obligation sous seing-privé qu'après que la dette est où échue ou qu'elle est devenue exigible, ou dans le cas l'acte aurait accordé la faculté d'inscrire avant l'échéance ou l'exigibilité de la dette. *Loi du* 3 *septembre* 1807. *Instr.* 344.

72. Les Conservateurs ne sont pas en général établis pour juger de la validité des inscriptions régulièrement requises, et ils ne peuvent refuser de donner les formalités ; mais le texte de la loi étant prohibitif, la défense, dans l'espèce, les concerne comme les requérans. *Idem.*

73. L'inscription est autorisée en vertu d'un acte passé en forme authentique dans les colonies françaises, pourvu qu'il soit timbré et enregistré. *Sol. du 23 fruct.* 13.

74. L'inscription prise en vertu d'un bail sous seing-privé, déposé chez le Notaire qui en délivre expédition d'après la convention des parties, est valide. *Arr. de cass. du 11 juillet* 1815.

75. L'inscription n'est pas nulle pour omission des prénoms du créancier ou lorsqu'ils sont rappelés d'une manière inexacte, et lorsqu'on n'a pas fait mention de sa profession, dès que le débiteur n'a pu se méprendre sur la personne du créancier inscrivant. *Arr. de cass. du 1.er oct.* 1810.

76. En vertu du cautionnement d'un préposé, reçu par l'Administration centrale, on peut admettre à l'inscription, parce que c'est un titre authentique. *Circ.* 1913.

77. Les actes des Princes souverains revêtus de formes consacrées par les actes de la puissance publique, sont authentiques et peuvent faire la matière d'une inscription. *Arr. de cass. du 7 juin* 1809. (*J. du P.* 1809.)

78. On peut prendre inscription en vertu d'un jugement arbitral, quoique ce jugement n'ait prononcé aucune condamnation pécuniaire, que les droits des parties ne soient encore qu'éventuels, et qu'il ne puisse résulter de créance pour une somme déterminée, que d'une liquidation non encore achevée; cette inscription est valable quoiqu'elle ne contienne pas la mention de l'époque de l'exigibilité. *Cour de Colmar du 16 avril* 1818. (*Art.* 6097, *j.*)

79. L'inscription est valablement requise, lorsque, faite dans l'intérêt d'une maison sociale, elle ne désigne que les principaux associés, même sans énonciation de leurs prénoms, mais sous le nom desquels cette maison est connue. *Cour de Paris du 15 mai* 1809. *Arr. de cass. du 1.er mars* 1810. (*Art.* 3810, *j.* et *J. du P.* 1810.)

80. L'obligation qui porte consentement à ce que les *maisons, cours, jardins, terres, vignes, situés dans une même commune, soient et demeurent spécialement affectés et hypothéqués*, satisfait à l'art. 2129 du Code, et l'inscription prise dans les mêmes termes est valide. La loi n'exige pas un détail minutieux; lorsqu'on a indiqué la nature et la situation des biens, sa disposition est remplie. *Cour de Paris des* 10 1810 *juillet et* 10 *juin* 1812. (*J. du P.* 1810 *et* 1813.) V. *les n.os* 13 *et* 14 *ci-devant.*

81. Le commanditaire n'étant pas associé pur et simple, le jugement contre la société ne peut autoriser à prendre inscription sur les biens. *Cour de Paris du 8 prair.* 11. (*J. P. an* 12.)

82. Les arrêtés des Préfets fixant les débets des comptables des communes et des établissemens publics, sont exécutoires sur les biens de ces comptables, sans l'intervention des Tribunaux. Les Administrateurs auxquels les lois ont attribué, pour les matières qui y sont désignées, le droit de prononcer des condamnations, ou de décerner des contraintes, sont de véritables Juges dont les actes doivent produire les mêmes effets et obtenir la même exécution que ceux des Tribunaux ordinaires. *Circ.* 1739. *Avis du Conseil d'Etat des 29 oct. et 12 nov.* 1811. *Instr.* 573 *et* 576.

83. L'inscription prise en vertu d'un arrêté de l'autorité administrative, vaut comme hypothèque judiciaire sur tous les biens présens et à venir du débiteur, dans l'arrondissement du bureau où cette inscription a été prise, sans qu'il soit besoin d'en prendre, lorsqu'elle n'est pas prescrite, une nouvelle au fur et à mesure que de nouveaux biens parviennent au débiteur dans le même arrondissement. *Cour de Rouen du 22 mai* 1818. (*J. du P.*, *même année.*)

84. L'Administration de l'enregistrement doit user de ce droit notamment pour les droits d'enregistrement des mutations par décès. *Lettres des min. fin. et just. des* 14 *et* 20 *avril* 1813. (*Art.* 4565, *j.*) *Instr.* 356 *et* 495. V. *privilége*, et A L'ENREGISTREMENT, *poursuites.*

85. L'inscription prise en vertu d'une contrainte visée par le Juge de paix pour le paiement d'un droit de succession est valable, et l'administration doit être colloquée au rang que la date que cette inscription lui donne. *Cour de Paris du 10 fév.* 1814.

87. On peut prendre une inscription pour assurer le recouvrement des amendes et frais, en vertu de l'extrait du jugement de condamnation, délivré par le Greffier; cet extrait doit être timbré et enregistré en débet. *Décr. du 18 juin* 1811. *Instr.* 301, 316, 531 *et* 594.

88. Les Receveurs doivent prendre inscription pour les rentes, fermages et créances résultant des titres authentiques. S'ils omettaient de faire des inscriptions en tems utiles, ils encourraient la destitution, et seraient en outre responsables du préjudice qu'ils auraient occasionné. Le bordereau qui doit rester aux mains du requérant doit contenir cette relation : *Inscrit au bureau des droits d'hypothèque, n.° .... du registre, droits restés en suspens, à ...... ce ......* *Circ.* 1501. *Instr.* 100 et 355.

89. Les inscriptions prises par les Receveurs doivent être requises au nom de M. le Directeur général. *Instr.* 123. *et circ. du 29 janv.* 1821.

90. On ne doit prendre ou renouveler d'inscription sur vente de biens de l'Etat, ou paiement de cédules souscrites relativement à ces ventes, que lorsqu'à raison desdites ventes, il a été fourni cautionnement sur d'autres biens des acquéreurs, par suite d'une clause de l'adjudication, ou pour cause de dégradations commises avant de solder le prix. *Instr.* 418.

91. Il ne faut prendre inscription sur les fermiers des biens qu'à défaut de paiement des termes échus. *Circ.* 1795.

92. Les Préfets doivent prendre les inscriptions sur les acquéreurs de biens domaniaux qui n'ont pas soldé le prix de leur acquisition ou qui ont fait des démolitions non autorisées. Le Receveur des Domaines doit indiquer à ces magistrats les inscriptions qu'ils ont à requérir. *Circ.* 1478, 1671, 1776 *et* 1857.

93. Les inscriptions pour sûreté des rentes domaniales doivent être prises sur les biens des débiteurs, par les Receveurs des domaines, et non par les Préfets; quelle que soit la modicité des rentes, l'inscription doit être requise. *Circ.* 1760.

94. Les Sous-Préfets étaient chargés de requérir l'inscription des créances appartenant aux mineurs, interdits

absens, et aux époux aussi mineurs. *Circ.* 1454. — Mais d'après l'article 2138 du C. C., c'est au Procureur du Roi à remplir cette formalité.

95. INSCRIPTIONS NULLES. L'inscription est nulle, si elle est prise en vertu d'un titre qui n'est pas valable. *Arr. de cass. du* 10 *nov.* 1817.

96. L'inscription prise en vertu d'une sentence arbitrale non revêtue de l'ordonnance du Tribunal de première instance, ou de celui de la Cour, si le compromis est sur appel, est nulle, alors même qu'elle aurait été prise après le dépôt et l'enregistrement. *Arr. de cass. du*..... (*Quest. hyp.*)

97. Une inscription qui n'énonçait pas la profession du créancier, a été déclarée nulle. *Arr. de cass. des* 22 *avril et* 7 *sept.* 1807, *et Cour de Besançon du* 21 *juin* 1808. (*J. du P.*, *même année.*)

98. L'inscription qui ne fait pas mention de la date du titre de créance, est nulle. *Arr. de cass. des* 22 *avril et* 7 *sept.* 1807. (*Quest. hyp.*, 1807.)

99. Celle qui n'énonce pas le titre originaire constitutif de l'hypothèque, ou, à son défaut, l'époque à laquelle elle a pris naissance, est nulle. *Arr. de cass. du* 4 *avril* 1810. (*Art.* 3655, *j.* et *J. du P.* 1810.)

100. Celle qui n'indique point l'espèce et la situation des biens sur lesquels elle porte, est également nulle. *Arr. de cass. des* 11 *nov.* 1812 *et* 17 *août* 1813. (*J. du P.* 1812, et *Sirey* 1813.)

101. Il en est de même de celle qui ne détermine pas le montant de la créance, lorsqu'elle est prise par la caution d'un adjudicataire de coupe de bois contre le cautionné, sans énonciation de la somme qui en est l'objet. *Arr. de cass. du* 5 *sept.* 1808. (*J. du P.*, 1809.)

102. L'inscription requise en vertu d'une délégation est nulle, si le créancier délégué n'a pas déjà accepté la délégation par acte authentique. *Arr. de cass. du* 21 *fév.* 1810. (*quest. hyp.* et *J. du P.* 1810.)

103. L'inscription prise sur un bien personnel à la femme, hypothéqué par un acte du mari auquel cette femme n'a point adhéré, est sans effet. *Cour de Paris du* 11 *août* 1808. (*J. du P.*, *même année.*)

104. Sont nulles, les inscriptions prises pendant l'émigration d'une personne qui, depuis a été rayée de la liste des émigrés. *Déc. min. just. et fin. du* 6 *nov.* 1810. (*Art.* 4051, *j.*)

105. L'inscription prise dans les dix jours de la faillite du grévé, soit qu'elle ait pour objet d'acquérir ou de conserver un privilége est, d'après l'art. 2146 du Code civil, entachée d'une nullité radicale. *Arr. de cass. des* 11 *juin* 1817 *et* 16 *juillet* 1818.

106. Celle qui a été faite contre une succession acceptée sous bénéfice d'inventaire par une partie des héritiers, et purement et simplement par les autres, n'est d'aucune valeur, parce que, par le décès, le sort de tous les créanciers s'est trouvé fixé. *Cour de Rouen du* 1.er *mars* 1817.

107. L'obligation d'indiquer, dans l'inscription, l'époque de l'exigibilité, est de rigueur; elle s'applique, tant aux hypothèques conventionnelles et légales soumises à l'inscription, qu'aux hypothèques judiciaires. Ainsi il ne suffit pas d'énoncer le jugement relativement à ces derniers, pour satisfaire la loi. *Arr. des Cours de Rouen et de cass. des* 1.er *avril et* 1.er *août* 1809. (*Art.* 3560, *j.*) V. *l'Instr.* 344.

108. Il est donc évident que l'inscription est nulle, lorsqu'elle est prise en vertu d'un jugement qui n'indique ni l'époque de l'exigibilité de la créance inscrite, ni l'exigibilité, au moment où elle a été faite; énoncer un jugement n'est pas dire que la créance soit exigible, il ne condamne pas toujours à payer une dette échue; une liquidation de créance ne suppose pas nécessairement son exigibilité. *Arr. de cass. du* 15 *janv.* 1817. (*Sirey*, *même année.*)

109. La femme veuve avant le Code civil, doit mentionner l'exigibilité de sa créance dans l'inscription. *Arr. de cass. du* 3 *déc.* 1814. (*Art.* 5279, *j.*)

110. Le contrat passé en pays étranger ne conférant pas l'hypothèque, l'inscription qui en résulte est sans valeur. *Cour de Paris, du* 26 *mars* 1808. (*J. du P. même année.*)

111. L'inscription prise en vertu d'un jugement rendu en pays étranger est nulle; il faut un jugement rendu en France pour qu'elle soit valable. *Arr. de cass. du* 27 *août* 1812. (*Art.* 4411, *j.* et *J. du P.* 1813.). Cependant V. *hypothèque judiciaire*, n.os 48 *et* 49.

112. Une inscription est nulle si toutes les énonciations prescrites par la loi n'y sont pas observées, encore bien que le bordereau les contienne toutes, attendu que le registre doit être seul consulté, et que le bordereau n'est rédigé que pour servir de minute au Conservateur. *Cours de Paris et Bruxelles des* 31 *août* 1810 *et* 3 *décem.* 1812. (*J. du P.* 1811 *et* 1813.).

113. L'inscription requise contre la caution d'un comptable public en vertu d'un cautionnement sous seing-privé est nulle, parce que la caution n'étant pas le comptable, l'hypothèque ne pouvait résulter que d'un acte passé en forme authentique d'après l'article 2127 du Code civil. *Déc. min. fin. du* 7 *fév.* 1812.

114. L'inscription prise par des héritiers pour la garantie de leurs droits sur les biens de leur cohéritier qui s'est emparé de la succession, est nulle, parce qu'aucune loi n'accorde hypothèque légale aux cohéritiers de celui qui s'est ingéré dans l'administration d'une succession commune. *Arr. de cass. du* 11 *nov.* 1811. (*J. du P.* 1812.).

115. INSCRIPTION *indéfinie.* L'inscription indéfinie qui a pour objet la conservation d'un simple droit d'hypothèque éventuel, sans créance existante, n'est point sujète au droit proportionnel établi par les lois des 9 vend.re 6 et 21 vent. 7. *Loi du* 6 *mess.* 7, *art.* 1.er

116. Si le droit éventuel qui a donné lieu à l'inscription indéfinie se convertit en créance réelle, le droit proportionnel est dû sur le capital de la créance. (*Art.* 2.)

117. L'enregistrement d'aucune transaction ou quittance de paiement de ladite créance ne peut être requis, que le droit proportionnel d'inscription n'ait été préalablement acquitté. (*Art.* 3.).

118. Les comptables publics qui fournissent des cautionnemens en immeubles, sont sujets à l'inscription hypothécaire. (*Art.* 4.).

119. L'inscription n'a lieu que jusqu'à concurrence de la valeur du cautionnement fourni, et sur les immeubles qui en sont l'objet; elle est indéfinie. (*Art.* 5.)

120. Ainsi on doit considérer comme indéfinie, l'inscription requise par un subrogé-tuteur ou curateur sur un tuteur pour sûreté de sa gestion avant qu'elle fût terminée et que le compte en fût réglé ; celle faite par un père sur le mari de sa fille, pour restitution de la dot ou des apports de celle-ci, en cas de décès ou de divorce. — Après l'inscription du bordereau sur le registre de formalité, on doit en faire le report sur le répertoire et la table alphabétique, qu'on émargera de ces mots : *inscription indéfinie.* — Cet émargement suffira pour faciliter la recherche et le recouvrement du droit, si par suite il devient exigible. — Le subrogé tuteur ou parent qui requiert l'inscription, est dispensé de faire l'avance des salaires qui doivent être recouvrés sur le grévé dans les 20 jours de la date de l'inscription. — Le droit éventuel se convertit en créance réelle lorsque, 1° le tuteur est constaté reliquataire par un compte rendu à l'amiable ou en justice, ou pour la valeur des aliénations des biens du mineur qu'il aurait faites sans l'accomplissement des formalités prescrites ; 2° lorsque la femme, au décès de son mari, a fait établir ce qui lui est dû, par un acte de liquidation, soit des biens et dettes de la communauté, etc. ; alors le droit devient *exigible* sur le capital de la créance fixée par ces actes, et le Conservateur doit en poursuivre le recouvrement par la voie ordinaire, *après avoir consigné l'article sur le sommier des droits d'hypothèques.* — Après le paiement, l'émargement du répertoire et de la table, sera apostillé de ces mots : *droit proportionnel acquitté, Fol. . . . Vol. . . . du registre de recette.* — Si les actes qui doivent faire connaître l'existence de la créance sont enregistrés dans un autre bureau que celui des hypothèques, le Receveur de l'enregistrement fera le *renvoi* prescrit par l'article 81 des ordres généraux de régie, au bureau de conservation dans le ressort duquel seront situés les biens des femmes ou des mineurs ; ces dispositions s'appliquent également aux déclarations après décès, et autres actes qui constateraient une créance certaine au profit de la femme sur les biens de son mari à raison de son contrat de mariage, ou pour tout autre avantage dérivant des coutumes ou de la loi. *Circ.* n.° 1676.

121. *L'inscription sur les comptables publics est indéfinie.* Le droit ne pourra être exigé que sur le reliquat du compte arrêté définitivement. — Il ne peut excéder la valeur du cautionnement fourni, parce que cette inscription a lieu seulement jusqu'à concurrence de la valeur du cautionnement, et sur les immeubles qui en sont l'objet. (*Idem.*).

122. On admettra au visa pour timbre en débet chaque demi-feuille de papier que les Préfets, Sous-Préfets et Procureurs du Roi destineraient aux bordereaux d'inscription que la loi les charge de faire former, sauf à recouvrer le droit sur les grévés. *Circ.* 1506, 1521 *et* 1676.

123. Les inscriptions prises contre les entrepreneurs pour le compte de l'Etat, qui n'ont pas remplis les engagemens pour lesquels ils ont reçu des avances, ainsi que sur leurs cautions, sont indéfinies. *Circ.* 1761. — Il en est de même de celles requises contre les employés des contributions indirectes qui fournissent des cautionnemens en immeubles, pour lesquels il n'est dû que le droit de timbre et le salaire du Conservateur ; le bulletin de dépôt de pièces ne sera délivré que si l'employé de la régie le requiert, *attendu qu'il s'agit ici de favoriser le service d'une administration. Instr.* 316 *et* 383.

124. Le droit proportionnel d'hypothèque est exigible lorsque le comptable est constitué en débet. *Circ.* 1676 *et Instr.* 383.

125. INSCRIPTION *d'office.* Le vendeur privilégié conserve son privilége par la transcription du titre qui a transféré la propriété à l'acquéreur, et qui constate que la totalité ou partie du prix lui est due ; à l'effet de quoi, la transcription du contrat faite par l'acquéreur, vaudra inscription pour le vendeur et pour le prêteur qui lui aura fourni les deniers payés, et qui sera subrogé aux droits du vendeur par le même contrat : sera néanmoins le Conservateur des hypothèques tenu, sous peine de tous dommages et intérêts envers le tiers, *de faire d'office l'inscription sur son registre* des créances résultant de l'acte translatif de propriété, tant en faveur du vendeur qu'en faveur des prêteurs, qui pourront aussi faire faire, si elle ne l'a été, la transcription du contrat de vente, à l'effet d'acquérir l'inscription de ce qui leur est dû sur le prix. *Art.* 2108 *du C. C.*

126. Il n'est pas nécessaire de bordereaux pour cette inscription ; le Conservateur peut procéder à la formalité sur l'acte de mutation énonciatif des créances du vendeur, sans que ce dernier soit obligé d'être présent pour requérir une telle inscription. *Circ.* 1454.

127. Le Conservateur des hypothèques doit prendre inscription d'office dans l'intérêt du vendeur ou du bailleur de fonds subrogé à ses droits, quelle que soit d'ailleurs la forme de l'acte. *Arr. de cass. des* 22 *avril* 1807 *et.* . . (*J. du P.* 1807, et *Traité des hyp.*). *Déc. min. fin. du* 5 *nov.* 1811. (*Art.* 4083, j.).

128. Le Conservateur doit faire une inscription d'office, quoiqu'il ait été formellement dispensé par le vendeur de remplir cette formalité ; ce n'est pas seulement dans son intérêt qu'elle a lieu, mais *dans celui des tiers.* Il a été décidé en principe, (*Instr.* n.° 151) que le Conservateur ne cesse d'être obligé d'inscrire d'office que lorsque le prix est payé par acte authentique. *Sol. du* 15 *nov.* 1820. (*Art.* 6838, *j.*).

129. L'inscription d'office faite d'après un contrat de vente transcrit dans les 10 jours de la faillite de l'acquéreur, conserve le privilége du vendeur. *Cour de Paris du* 20 *mai* 1809. (*J. du P. même année.*).

130. Toutes les fois qu'un acte de mutation dont la transcription est requise constate qu'il est dû au précédent propriétaire ou à ses ayans-cause, soit la totalité ou partie du prix, soit des prestations qui en tiennent lieu, le Conservateur est tenu de faire d'office l'inscription de celles de ces créances qui n'ont pas encore été inscrites, en énonçant l'acte de mutation dans l'inscription qu'il fait d'office ; le Conservateur rappelle dans les mêmes termes, la stipulation qui en est l'objet.

131. Cette inscription est également prescrite, lors même que le contrat de vente ne contiendrait ni élection ni désignation de domicile de la part du créancier,

ni détermination de la quotité de sa créance ; cette formalité est émargée de ces mots : *Inscription d'office.* — *Circ.* 1539, 1653 *et* 1792.

132. L'obligation du Conservateur ne cesse pas, quoique le prix parût soldé par une quittance sous seing-privé, mise au pied ou en marge de l'expédition du contrat présenté à la transcription ; à moins que la quittance dûment enregistrée, n'eût été rendue authentique au moyen du dépôt fait en l'étude d'un Notaire par l'acquéreur et le vendeur conjointement, ou qu'elle ne se trouvât, dans le corps de l'acte sous seing-privé, enregistrée et transcrite. *Instr.* 521.

133. L'inscription d'*office* conserve au vendeur tous les intérêts dus de sa créance, sans qu'il soit besoin d'une inscription particulière pour ceux qui excèdent deux années. *Arr. de cass. du* 1.er *mai* 1817. (*J. du P.* 1817.) V. *priviléges*, n.° 21.

134. Les indications faites dans un contrat de vente par le vendeur à l'acquéreur, de payer en déduction du prix de l'acquisition à ses créanciers les sommes qu'il leur doit, *n'emporte pas inscription d'office particulière au profit de chacun de ces créanciers* ; seulement le Conservateur est tenu de former inscription d'office contre l'acquéreur pour sûreté de la garantie du paiement du montant desdites indications. *Arr. de cass. du* 22 *avril* 1807. (*J. du P., même année.*)

135. L'inscription d'office ne doit pas être prise pour une réserve d'usufruit, d'usage ou d'habitation, elle n'est prescrite seulement que dans l'intérêt du vendeur ou du prêteur de fonds. *Instr.* 372.

INSPECTEUR. Il vérifie chaque trimestre et arrête pour les produits, chaque année, le registre des salaires du Conservateur, le rapproche, dans ses vérifications, des autres registres de la conservation et emploie les moyens nécessaires, *même extérieurs*, pour s'assurer s'il n'y a pas eu des omissions d'enregistrement ou des excès de perception. Il tient état du montant et du nombre d'articles pour le joindre à sa lettre de tournée avec l'état des remises des Receveurs. — L'Inspecteur doit surveiller toutes les parties de la manutention des Conservateurs des hypothèques dans l'intérêt de la loi, des particuliers et de l'Administration, et ainsi vérifier les enregistremens, les perceptions, la régularité des salaires, les rapports entre les registres, les répertoires et les tables, et si les transcriptions sont soignées et entières. Il doit faire, dans le journal de ses opérations ou dans sa lettre de tournée, un rapport détaillé de tout ce qui concerne cette partie et sa situation. S'il remarquait des faits qu'il importât de faire connaître promptement, il en rendrait compte sans délai.

Les fautes non relevées ni dénoncées, qui parviendraient à la connaissance de l'Administration ou du Directeur, compromettraient gravement l'Inspecteur, lorsqu'il serait remarqué que l'examen des registres suffisait pour les apercevoir. *Circ. des* 7 *juin* 1809, 20 *déc.* 1811. *Instr.* 494 *et* 971. *Lettre de M. l'Administrateur de la* 1.ere *division du* 7 *juin* 1821. V. *Employés supérieurs* ; et *à l'*ENREGISTREMENT, *tournée.*

INSTANCES *relatives aux hypothèques.*

1. Les actions auxquelles les inscriptions peuvent donner lieu contre les créanciers, sont intentées devant le Tribunal compétent, par exploits faits à leur personne, ou au dernier des domiciles élus sur le registre, et ce, nonobstant le décès, soit des créanciers, soit de ceux chez lesquels ils ont élu domicile. *Art.* 2156 *du C. C.*, V. *domicile et compétence à l'*ENREGISTREMENT.

2. C'est devant le Tribunal de première instance du lieu où le bureau est situé, que le Conservateur peut être attaqué à raison de l'action personnelle qu'on aurait à exercer contre lui, en vertu de sa responsabilité. *Circ.* 1820. — V. *Conservateur*, n.° 20.

3. Le Conservateur peut quelquefois être cité devant un autre Tribunal que celui de son domicile, par demande incidente de mise en cause dans une contestation qui serait déjà engagée devant cet autre Tribunal. *Arr. de cass. du* 30 *juin* 1808.

4. Un Conservateur qui est assigné, lorsqu'il se refuse à la radiation d'une inscription ou à un autre acte semblable de son ministère, et qu'il ne s'agit point du droit des tiers, doit se défendre comme tout autre particulier, et ne peut requérir que l'instance soit instruite et jugée à bureau ouvert. *Cour de Bruxelles du* 11 *juin* 1812. (*Traité des hyp.*es)

5. « On a hésité à décider que la cause devait être portée devant le Tribunal de l'arrondissement où l'inscription avait été faite et où le créancier a élu son domicile à cet effet. Il semble que l'action étant réelle, doit être poursuivie devant ce tribunal, et non devant celui du domicile ordinaire ». *Discours de M. Regnaud de St.-Jean-d'Angely, à la séance du* 10 *vent.* 12.

Les héritiers du créancier peuvent être assignés au domicile élu, alors même que ce créancier serait décédé depuis long-tems. *Cour de Paris du* 8 *juillet* 1814. (*Traité des hyp.*es)

6. L'exception *cedendarum actionum*, est celle par laquelle on repousse la demande du créancier qui par son fait s'est mis hors d'état de céder ses actions contre le débiteur. (*Quest. hyp.*es) — Elle ne peut être invoquée dans le cas où les actions, priviléges et hypothèques d'un créancier contre un autre débiteur, ont péri par un événement de force majeure. *Cour de Paris du* 11 *mess.* 12. (*Traité des hyp.*es)

MAIN-LEVÉE. Les particuliers contre lesquels il a été pris inscription à raison d'une jouissance exercée à titre de séquestre, mais dont le séquestre a cessé d'exister, ne doivent s'adresser, pour demander la main-levée de l'inscription, ni à l'Administration des Domaines, ni au Préfet, mais aux parties réintégrées dans leurs droits et devant les Tribunaux. *Ordonn. du Roi du* 1.er *mai* 1816. V. *radiation.*

1. Celui qui a vendu, à la charge de rapporter main-levée et radiation des inscriptions affectées sur le bien, n'est pas fondé à prétendre que ce soit son acquéreur qui doive faire des diligences à cet égard envers les créanciers, quand surtout l'acquéreur n'est pas créancier. *Arr. de cass. du* 30 *janv.* 1809.

2. La main-levée de l'inscription hypothécaire, prise à raison du cautionnement en immeubles contre des élèves, aux frais de l'État, de l'École vétérinaire, ne peut être accordée que par un certificat du Préfet, qui

constate que l'élève a satisfait à la condition de la résidence, ou qu'il en a été légitimement dispensé. *Décr. du* 13 *janv.* 1813.

3. Une demande en main-levée et radiation d'inscription est une action principale qui, comme toutes les autres, doit subir deux degrés de juridiction, et ne peut être portée en premier, accidentellement, devant la Cour royale. *Cour de Paris du* 23 *mai* 1817. — V. *radiation.*

MAJORATS. Qualification de biens formant la dotation attribuée aux titres de Duc, Comte et Baron.

1. Un décret du 1er mars 1808 a créé des Majorats, Duchés, Comtés et Baronies. La dotation peut être faite en rentes sur l'Etat et en action de la banque qui sont inaliénables, et qui ne donnent lieu à aucune formalité hypothécaire. *Instr.* 413 et 423.

2. La dotation, en fonds de terre, doit être composée d'immeubles libres de tous priviléges et hypothèques, et non grévés de restitution, en vertu des art. 1048 et 1049 du C. C.

3. Les biens grévés *d'inscriptions hypothécaires* ayant pour cause des rentes non exigibles ou des créances non actuellement remboursables, pourront entrer dans la formation d'un majorat. *Art.* 3 *du Décret.*

4. Le donataire qui aurait disposé des rentes et actions des canaux provenant de la dotation du chef de l'Etat, sera tenu d'en restituer la valeur à la dotation de son majorat. — Jusqu'au moment du remplacement, il sera pris inscription sur les biens propres de celui qui aura aliéné ces rentes et actions. *Art.* 32.

5. Les formalités hypothécaires à remplir pour les *immeubles*, sont de produire à l'appui de la requête, entre autres pièces, un certificat du Conservateur des hypothèques, de la situation des biens proposés pour la formation du majorat, portant qu'ils ne sont grévés d'aucune hypothèque ni privilége. Le certificat où l'état qui doit être libellé avec la plus grande exactitude, sera délivré, lorsqu'il sera requis, dans la forme et moyennant le salaire ordinaire.

6. L'acte indicatif des biens du majorat, après avoir été enregistré au conseil du sceau des titres, doit être *transcrit* sur le registre du Conservateur des hypothèques de la situation des biens, à la diligence de M. le Procureur général du conseil du sceau, ou de l'Avoué au conseil, fondé d'un pouvoir spécial. — Le Conservateur émarge l'art. de ces mots : *acte indicatif-majorat,* et il fait les mentions convenables sur le répertoire et la table du répertoire. Le salaire de cette transcription est celui déterminé pour les transcriptions ordinaires.

7. Quinzaine après la transcription, les biens deviennent *inaliénables pendant un an*, et ne peuvent être frappés ni de privilége, ni d'hypothèque, ni des charges mentionnées dans les articles 1048 et 1049 du C. C. etc.; ainsi le délai de *quinzaine expiré*, il est interdit au Conservateur, pendant un an, de transcrire aucun titre d'aliénation de ces biens, ou de recevoir des inscriptions qui les grèvent.

8. Le Conservateur est tenu de donner avis, après la quinzaine, à M. le Procureur général du conseil du sceau, des inscriptions ou transcriptions qui pourraient avoir été faites pendant la quinzaine, et de lui adresser un certificat négatif ou un état des inscriptions et copies des transcriptions qui auraient été faites.

9. Pour purger les hypothèques légales, il faut suivre les formes établies par le Code civil.

10. Les états des inscriptions qui auraient pu (pendant les deux mois d'affiche dans l'auditoire du tribunal) être obtenues par les femmes, les mineurs ou les interdits, ou des certificats négatifs, seront adressés à M. le Procureur général du conseil du sceau. — L'exemption des salaires et le visa pour timbre gratis n'ont lieu que pour les états et certificats demandés *officiellement et directement* par ce magistrat. Autrement les parties acquittent les droits de timbre et les salaires.

11. Lorsqu'après ces premières formalités la demande en création du majorat n'a pas été admise, la transcription de l'acte indicatif est *rayée* par le Conservateur, sur la remise et le dépôt d'une expédition de M. le Procureur général, *signée de lui, revêtue de son cachet*, visée pour timbre et enregistrée. Le salaire et les droits de timbre et d'enregistrement sont recouvrés sur la partie.

12. Si la formation du majorat est autorisée, les lettres patentes doivent être *transcrites* de la manière indiquée n° 6, ci-devant, aussitôt que le Conservateur en est requis; il émarge la transcription du mot *majorat* et fait les mentions nécessaires sur le répertoire et sur la table du répertoire, ainsi qu'en marge de la transcription de l'acte *indicatif*, pour faire connaître qu'elle est définitive.

13. Les salaires pour la transcription des lettres patentes sont pour : un Majorat-Duché, 12 fr. « c.; un Majorat-Comté, 8 fr. «, et pour un Majorat-Baronie, 4 fr. «. *Instr.* 413.

14. Pour faciliter les recherches relatives à la transcription des majorats, il sera tenu une table de renseignemens conforme au modèle annexé à l'instr. 415. — Des distinctions seront faites dans la colonne des observations pour indiquer les immeubles réels, les rentes ou actions de la Banque. *Instr.* 423.

15. Si des majorats étaient constitués partie en *immeubles réels*, partie en rentes sur l'État ou en actions de la banque, le Conservateur aurait à se conformer pour la délivrance de ces états et certificats, la transcription de l'acte indicatif et celles des lettres patentes, à ce qui vient d'être dit, en observant que l'acte et les lettres devront être transcrits en *entier*, sauf à indiquer à la marge du registre et dans leurs relations, états et certificats, que les formalités n'ont pour objet que les IMMEUBLES RÉELS *formant la dotation de ces majorats.* — *Les immeubles réels* sont les seuls à mentionner sur le répertoire. *Mêmes instructions.*

MAJORATS *du propre mouvement de* S. M.

16. La transcription de l'acte de constitution ou du procès-verbal de désignation des biens composant les majorats, etc., donne lieu au salaire ordinaire.

17. Les lettres d'investiture expédiées *sur parchemin*, d'après l'art. 8 du décret du 3 mars 1810 seront transcrites moyennant le salaire fixé au n° 3, ci-devant.

18. Si la dotation se compose de plusieurs parties, les divers articles ne seront énoncés que sommairement

dans les lettres, auxquelles alors il sera annexé un état sur papier *timbré*, contenant l'énonciation complète des différens art. de la dotation, etc. *Art.* 10 *du même décret.*

MAJORATS *sur demande de ceux qui n'ont pas le droit de requérir la transmission.*

19. Les formes à suivre pour la délivrance et la publication des lettres patentes de création de majorat devant être les mêmes, suivant l'art. 34 du décret, que celles prescrites au titre 1.er section 3 du statut, il s'en suit que la transcription de l'acte indicatif, la radiation, si elle a lieu, la transcription des lettres patentes, *les formalités* et *le salaire* du Conservateur, sont les mêmes que si le majorat était formé par ceux qui ont le droit de transmettre leur titre. *Instr.* 413.

20. *Observations.* — Les biens des majorats ne pourront être grévés d'aucune hypothèque légale ni judiciaire. *Art.* 45 *du décret.* — Cependant il existe quelques exceptions. *Instruction* 413.

Il est fait défense d'aliéner ni d'hypothéquer les biens composant les majorats.

21. Les droits d'hypothèques qui se perçoivent sur les majorats, sont passibles du décime pour franc : et hors les cas d'exceptions, ces droits sont reglés d'après les lois qui régissent la matière. — Pour la défense d'enregistrer aucun acte qui contrarierait l'inaliénabilité des biens composant les majorats, et pour d'autres objets d'un moindre intérêt, *il faut consulter les instructions générales*, n.os 413, 423 et 427.

Une ordonnance du Roi du 7 août 1815, a annullé les aliénations ou dispositions de biens affectés aux majorats, faites par les donataires, en vertu des Décrets et Arrêté des 13, 21 et 28 juin précédent. *Instruct.* 696.

Il n'y a lieu à aucune inscription hypothécaire, lorsque le majorat est constitué en rentes sur l'Etat ou en actions sur la Banque de France. *Instr.* 423. —V. à L'ENREGISTREM.t, *greffes* (droits de), n.os 82 et suiv., et *majorats.*

MAJORATS *de Marquis et de Vicomte.*

23. Une ordonnance du Roi du 7 octobre 1818, est ainsi conçue: « Art. 1er. A l'avenir il sera perçu, lors de l'enregistrement dans nos Cours et Tribunaux, des lettres patentes portant institution des majorats de marquis et de vicomte, les mêmes droits que pour celles portant institution des majorats de Comte et de Baron. » — Art. 2. Les Greffiers de nos Cours et Tribun. percevront pour frais de transcription, etc. — Ainsi, l'indemnité du Conservateur sera de 8 fr., pour la transcription des lettres patentes de *marquis*, et de 4 fr. pour celle des lettres patentes *de vicomte. Instr.* 863. — V. le n.° 13.

24. L'aîné des enfans, qui recueille la dotation d'un majorat dont son père était titulaire, n'est pas passible des dettes de ce dernier, puisqu'il ne recueille pas à titre d'héritier, mais comme fidéi-commissaire. *Cour de Paris du* 29 *nov.* 1816. (*Art.* 5708, *j.*)

Pour les dotations des biens du domaine, V. *dotation.*

NOTES. Les Conservateurs ne doivent pas se permettre de donner, sur papier *libre*, des notes signées des inscriptions; il en résulterait, pour le Trésor, un préjudice réel qu'il serait important de ne pas tolérer. *Instr.* 316, *nombre* 12.

NOTIFICATION *prescrite du nouveau propriétaire.*

Les articles du Code civil qui ont rapport au mode de purger les hypothèques, sont transcrits au mot *purge.*

La notification faite par l'acquéreur est nulle, si le prix déclaré n'est pas identiquement le même que le prix convenu dans le contrat. *Cour de Turin du* 2 *mars* 1811. (*J. du P.* 1812, et *Quest. hyp.*)

La notification prescrite par les articles 2183 et 2184 du Code civil, n'est pas moins valable, si, au lieu de déclarer qu'il est prêt à acquitter toutes les dettes et charges, l'acquéreur s'est contenté de dire qu'il est prêt de se conformer à la loi. *Cour de Turin du* 2 *mars* 1811. *Id.*

Lorsqu'une acquisition a été faite conjointement par un mari et une femme séparés de biens, la notification de la surenchère, doit être faite séparément à l'un et à l'autre, quoique celle du contrat l'ait été par un seul acte, et que les époux acquéreurs se soient obligés solidairement. *Arr. de cass. du* 12 *mars* 1810. *J. du P.*, *même année*, *et autre des chambres réunies sous la présidence du Ministre de la just.*, *du* 14 *août* 1813. (*Quest. et Tr. hyp.*)

Lorsque l'acquéreur d'un bien situé dans plusieurs arrondissemens, n'a fait transcrire son contrat que dans un arrondissement, le créancier poursuivant n'est pas obligé d'appeler à l'ordre, ses créanciers inscrits dans l'arrondissement où le contrat n'a point été transcrit. *Arr. de cass. du* 11 *fruct.* 12. (*J. du P.* 13.)

Les créanciers hypothécaires d'un immeuble vendu antérieurement à la loi du 11 brum. 7., sans que l'acquéreur ait pris des lettres de ratification, ni fait transcrire son contrat, sont fondés, en cas de seconde vente, à poursuivre le paiement sur le prix qui en a été l'objet. *Arr. de cass. du* 5 *nov.* 1807. (*J. du P.* 1808.)

Un contrat peut être mélangé de vente et de donation, quoique sous le titre de vente, et avec l'indication d'un prix. S'il n'était question que d'une donation faite sous la forme d'un contrat onéreux, le mélange ne présenterait point de difficulté; il suffirait d'énoncer la date et la qualité extrinsèque de l'acte et le prix y contenu, parce que, pour être dans le fond une donation, cet acte n'est pas moins de sa nature un acte de vente dont on peut adopter la forme pour faire une donation à une personne capable de recevoir. Alors il faut faire mention, dans la notification, de ce qui a été implicitement donné, et en présenter l'évaluation. *Arr. de cass. des* 13 *vend.*, 5 *pluv.* 11, *et* 15 *brum.* 14. (*Traité des hyp.*)

Lorsqu'un acquéreur a notifié son contrat aux créanciers inscrits, et qu'il y a eu une surenchère, cet acquéreur ne peut se soustraire aux suites de la surenchère, même en offrant de payer toutes les créances inscrites, sous la réserve d'une discussion de leur validité. *Arr. de cass. du* 13 *avril* 1807. (*Quest. et Tr. hyp.*) V. *purge* et *surenchère.*

Dans le cas où le domicile aurait été élu dans les bureaux, pour une inscription au profit du Trésor, les Receveurs ou les Conservateurs auxquels il parviendrait des notifications, auraient l'attention de les adresser promptement à M. le Préfet. Cette mesure est d'autant plus essentielle, que le Trésor est tenu de produire, dans les trois mois de la notification des actes de vente, un certificat constatant la situation du comptable. *Instr.* 442.

NOVATION. En convertissant une rente viagère même en un capital exigible, on peut retenir et réserver les hypothèques de la créance originaire. *Arrêt de cassat. du* 15 *mars* 1815. (*Art.* 5289, *j.*)

ORDRE *et* DISTRIBUTION *entre les créanciers.*

1. L'ordre et la distribution du prix des immeubles, et la manière d'y procéder, sont réglés par la loi sur la procédure. *Art.* 2218 *du C. C.* — Il faut consulter à cet égard les art. 2185 et 2194 du même Code, et le titre 14 du Code de Proc. civ., art. 749 et suiv.

2. Les procédures relatives, tant à l'expropriation forcée qu'à la distribution du prix des immeubles seront portées devant les Tribunaux respectifs de la situation des biens. *Loi du* 14 *nov.* 1808, *art.* 4.

3. La Cour royale de Paris a décidé que, d'après les art. 59 et 751 du Code de Procédure civile, c'est devant le Tribunal dans le ressort duquel s'est ouverte la succession, que doit être ouvert l'ordre. *Arr. du* 23 *mai* 1810.

4. Mais la Cour de cassation, par suite d'un décès arrivé à Paris, où les héritiers furent autorisés à vendre des biens, situés dans le département de la Côte-d'Or, a rendu l'arrêt suivant : « Attendu que la demande à fin d'ordre et distribution du prix de l'immeuble dont il s'agit, *est une action réelle* qui doit être portée devant le Tribunal de l'arrondissement dans lequel ledit immeuble est situé, la Cour ordonne que l'ordre sera continué devant le Tribunal de Semur.... » *Arrêt rapporté dans les questions de M. Persil*, 2.e *vol, page* 415.

5. Lorsque plusieurs immeubles ont été expropriés devant plusieurs Tribunaux, on ne peut pas demander la jonction des différens ordres, et le renvoi de tous devant un même Tribunal. Suivant l'article 4 de la loi du 14 novembre 1808, l'ordre doit être porté devant les *Tribunaux respectifs* de la situation des biens. *Arr. de cass. du* 13 *janv.* 1810. (*Quest. hyp.*)

6. Le procès-verbal d'ordre est régulièrement ouvert, quoique le poursuivant, par la nullité de son inscription hypothécaire, se trouve au rang des créanciers chirographaires. *Cour de Paris du* 15 *avril* 1809. (*J. du P., coll.* 1809.)

7. On doit appeler à l'ordre les créanciers inscrits, tant sur le dernier propriétaire que sur les précédens. *Cour de Riom du* 8 *juin* 1811. (*Quest. hypoth.* et *j. du P.* 1812.)

8. Dans le cas de déconfiture, le prix du mobilier doit être distribué entre tous les créanciers, tant hypothécaires que chirographaires, au marc le franc, avant que de procéder à la distribution du prix des fonds au profit des hypothécaires seuls. *Arr. du Parlement de Dijon du* 11 *mars* 1764. (*Traité des hyp.*)

9. Lorsque des créanciers hypothécaires ont été payés sur des effets mobiliers qui leur avaient été donnés en nantissement par leur débiteur, les créanciers chirographaires ne peuvent point exiger qu'il soit fait reprise en leur faveur des sommes touchées par les hypothécaires. *Autre arr. du même Parlement, du* 26 *mai* 1773. (*Traité des hypoth.*)

10. Si l'ordre a été fait volontairement, et que l'acquéreur ait payé en exécution d'icelui, il aura son recours contre les créanciers qu'il aura payés, s'il vient à être poursuivi par des créanciers qui auraient dû être payés avant ceux qui, par erreur, ont été colloqués dans l'ordre. *Art.* 1377 *du C. C.*, *arr. de cass. des* 19 *nov.* 1812 *et* 31 *janvier* 1815. (*Quest. hypoth.* et *J. du Palais* 1812.)

11. D'après le vœu précis des art. 757, 767 et 770 du Code de Procédure civile, il faut que les créanciers hypothécaires soient utilement payés sur la masse hypothécaire des intérêts qui auront couru pendant le retard de la délivrance, ainsi que de ceux échus depuis l'adjudication, conformément aux art. 167 et 770 du C. de P. C. — Ceux qui souffrent de cette diminution de masse exercent leur recours contre les auteurs du retard ; ce qui ne peut s'appliquer qu'au cas où le prix a été consigné, et à celui où l'adjudicataire qui a gardé le prix dans ses mains aurait été dispensé, par le cahier des charges, d'en payer les intérêts jusqu'au moment de la délivrance des bordereaux aux créanciers inscrits. *Arr. de cass. des* 22 *nov.* 1809 (*J. du Palais* 1810) *et* 11 *août* 1813 (*Traité des hyp. et Quest. hyp.*)

12. Le créancier inscrit, omis dans le certificat du Conservateur, ne pourrait pas, même après le réglement de l'ordre et en formant tierce-opposition au jugement, se faire colloquer à son rang. *Cour de Bruxelles du* 15 *janv.* 1812. (*Traité des hyp. et Quest. hyp.*)

13. L'acquéreur d'un immeuble appartenant à un mari ou à un tuteur, peut s'opposer à l'ordre et y faire surseoir jusqu'à l'expiration du délai accordé par l'art. 2194, pour l'inscription des hypothèques légales. *Cour d'Angers* 16 *juillet* 1809. (*Quest. hyp.*)

14. Si plusieurs immeubles avaient été aliénés, et que ce fût par un seul et même ordre qu'on réglât le rang des créanciers entre eux, on ne devrait pas colloquer le créancier ayant l'hypothèque générale sur l'immeuble qu'il lui plairait choisir. La règle la plus sûre qu'on doive suivre et qui se trouve implicitement tracée dans l'article 2134 précité, c'est de donner la préférence à l'hypothèque la plus ancienne, pour limiter et restreindre en sa faveur l'effet de l'hypothèque générale, conformément à la règle de droit, *quæ potior est tempore, potior est jure. Cour de Paris du* 28 *août* 1816.

15. L'indivisibilité de l'hypothèque à l'égard d'une rente viagère, ne donne pas au créancier le droit de se faire colloquer autant de fois qu'il y a d'immeubles différens hypothéqués à son paiement, dès que la collocation dans de premiers ordres a spécialisé, à l'égard de la masse des créanciers, l'hypothèque générale de ce créancier, jusqu'à concurrence des sommes colloquées, autrement il en résulterait un double emploi. *Cour de Paris du* 31 *juillet* 1813. (*J. du P, même année.*)

16. Le créancier inscrit pour un capital produisant intérêt ou arrérages, a droit d'être colloqué pour deux années seulement, et pour l'année courante, au même rang d'hypothèque que pour son capital, sans préjudice d'inscriptions particulières à prendre, portant hypothèque à compter de leur date, pour les arrérages autres que ceux conservés par la première inscription. *Art.* 2151 *du C. C.*

L'inscription conserve toujours deux années d'intérêts et la courante, sans égard à ceux précédemment payés au créancier. *Arr. de cass. du* 27 *mai* 1816. — Si l'on avait à réclamer un plus grand nombre d'arrérages, ils ne seraient conservés que par une nouvelle inscription qui n'aurait hypothèque que du jour de sa date. *Art.* 2151. — *Cour d'Angers du* 12 *juillet* 1816. V. *Inscription.*

17. La cour de Riom avait jugé que l'article 2151 du Code civil s'appliquait restrictivement aux trois premières années d'intérêts échus depuis l'inscription, mais son arrêt a été cassé par la Cour suprême le 12 mai 1816. (*J. du P., même année.*)

18. Le premier acquéreur ne pouvant être qu'un créancier chirographaire, s'il n'a pris inscription, n'a pas le droit de troubler le créancier hypothécaire dont les prérogatives ne peuvent être limitées que par l'acte d'abandon; en conséquence il ne peut réclamer les améliorations qu'il aurait faites au bien. *Arr. de cass. du* 5 *nov.* 1807. (*J. du P.* 1808, et *Traité des hyp.*)

19. Le créancier chirographaire d'une succession ne peut se convertir en créancier hypothécaire, parce que la mort fixe le sort des créanciers et l'état des biens de la personne décédée. *Arr. de cass. du* 19 *fév.* 1818.

20. Le jugement sur les contestations relatives à l'ordre de collocation est rendu sur le rapport du juge-commissaire, et les conclusions du ministère public. Il doit contenir liquidation des frais. *Art.* 760 *et suiv. du Code de Procéd. civile.* Ce jugement est sujet à appel, mais non à opposition de la part du créancier contestant, hors de la présence duquel il a été rendu. *Arr. de cass. du* 19 *nov.* 1811. (*Traité des hyp.* et *J. du P.* 1812.).

21. On est admis à appeler pour une créance moindre de 1,000 fr., dès que la totalité de la somme à distribuer excède 1,000 fr. *Cours de Bruxelles, d'Angers et de Liège de* 1811 *et* 1813. (*J. du P.* et *Quest. hyp.*)

22. L'appel d'un jugement d'ordre peut être signifié au domicile élu dans l'inscription d'après le rapprochement des art. 52, 456 et 763 du Code de Pr. civile, aux articles 2148 et 2156 du C. C. *Arr. de cass. du* 13 *avril* 1817. (*Quest. hyp.*)

23. Les créanciers dont les inscriptions furent omises dans l'état délivré par le Conservateur, ne sont pas admis à former tierce-opposition après l'homologation de l'ordre. Dès qu'il a été procédé régulièrement à l'ordre, tout est consommé, la chose reste stable et ne peut éprouver aucun trouble ultérieur. Il est ménagé deux moyens aux créanciers omis pour sauver leurs créances: 1° la faculté d'intervenir spontanément dans le rang que leurs inscriptions leur assignent, mais seulement tant que le prix n'a pas été payé par l'acquéreur, et tant que l'ordre n'a pas été homologué; 2° le recours contre le Conservateur, si l'omission a été commise par sa faute. *Cour de Bruxelles du* 15 *janvier* 1812. (*J. du P., même année.*)

PRIVILÉGES *en général.* Le privilége est un droit que la qualité de la créance donne à un créancier d'être préféré aux autres créanciers, même hypothécaires. *Art* 2095 *du C. C.*

1. Entre les créanciers privilégiés, la préférence se règle par les différentes qualités des privilèges. *Art.* 2096.

Les créanciers privilégiés qui sont dans le même rang, sont payés par concurrence. *Art.* 2097.

2. Les priviléges, à raison des droits du trésor public et l'ordre dans lequel ils s'exercent, sont réglés par les droits qui les concernent. — Le Trésor public ne peut cependant obtenir de privilége au préjudice des droits antérieurement acquis à des tiers. *Art.* 2098.

3. Les priviléges peuvent être sur les meubles ou sur les immeubles. *Art.* 2099.

4. La disposition de l'art. 2098, ne doit s'appliquer qu'à des lois à venir qui établiraient de nouvelles causes de préférences, autrement le privilége dont il s'agit dégénérerait en simple hypothèque, puisqu'il ne primerait que les créances postérieures à son existence. Il a été reconnu qu'un jugement de l'an 2 qui condamne au paiement d'une somme un particulier condamné postérieurement aux frais d'un procès criminel, n'a acquis aucun droit sur les objets saisis avant l'existence du privilége de la Régie, qui doit être préféré au créancier de l'an 2. *Arr. de cass. du* 6 *juin* 1809.

5. Tous les meubles corporels et incorporels peuvent être l'objet d'un privilége; les immeubles par leur nature et par destination, peuvent être atteints; et si les biens immeubles, par l'objet auquel ils s'appliquent, semblent se soustraire à cette affectation, leurs résultats peuvent néanmoins en être frappés. *Art.* 2099, 2100, 2118 *et* 526 *du C. C.*, V. *hypothèques*; *et à l'*ENREGISTREMENT, le mot *biens.*

6. PRIVILÉGES SUR LES MEUBLES. Les priviléges sont ou généraux ou particuliers sur certains meubles. *Art.* 2100 *du C. C.*

7. *Priviléges généraux sur les immeubles.* Les créances privilégiées sur la généralité des meubles, sont celles ci-après exprimées, et s'exercent dans l'ordre suivant: — 1.° Les frais de justice. — 2.° Les frais funéraires. — 3.° Les frais quelconques de la dernière maladie, concurremment entre ceux à qui ils sont dus. — 4.° Les salaires des gens de service, pour l'année échue et ce qui en est dû sur l'année courante. — 5.° Les fournitures de subsistances faites au débiteur et à sa famille; savoir, pendant les six derniers mois, par les marchands en détail, tels que les boulangers, bouchers et autres; et pendant la dernière année, par les maîtres de pensions et marchands en gros. *Art.* 2101.

8. Le deuil que la succession du mari est tenu de fournir à la femme fait partie des frais funéraires et doit jouir du privilége accordé par l'art. 2101. *Opinion de Lebrun, Rousseau-de-la-Combe et Pothier.* (*Quest. hyp.*es)

9. Le privilége accordé aux ouvriers pour le paiement de leurs journées par l'art. 2101 du C. C., ne doit pas s'étendre aux gages des commis-voyageurs. *Arr. de la Cour de Paris du* 28 *août* 1816. (*Quest. hyp.*es.)

10. *Priviléges sur certains meubles.* Les créances privilégiées sur certains meubles, sont: — 1.° Les loyers et fermages des immeubles sur les fruits de la récolte de l'année, et sur le prix de tout ce qui garnit la maison louée ou la ferme, et de tout ce qui sert à l'exploitation de la ferme, savoir: Pour tout ce qui est échu et pour tout ce qui est à échoir, si les baux sont authentiques; ou si, étant sous signature privée, ils ont une date certaine; et, dans ces deux cas, les autres

créanciers ont le droit de relouer la maison ou la ferme pour le restant du bail, et de faire leur profit des baux ou fermages, à la charge, toutefois, de payer au propriétaire tout ce qui lui serait encore dû; — et à défaut de baux authentiques, ou lorsqu'étant sous signature privée, ils n'ont pas une date certaine pour une année, à partir de l'expiration de l'année courante. — Le même privilége a lieu pour les réparations locatives, et pour tout ce qui concerne l'exécution du bail. — Néanmoins les sommes dues pour les semences ou pour les frais de la récolte de l'année, sont payées sur le prix de la récolte; et celles dues pour ustensiles, sur le prix de ces ustensiles, par préférence au propriétaire, dans l'un et l'autre cas. — Le propr.re peut saisir les meubles qui garnissent sa maison ou sa ferme, lorsqu'ils ont été déplacés sans son consentement, et il conserve sur eux son privilége, pourvu qu'il ait fait la revendication, savoir: lorsqu'il s'agit du mobilier qui garnissait une ferme dans le délai de 40 jours; et dans celui de quinzaine, s'il s'agit des meubles garnissant une maison. — 2.° La créance sur le gage dont le créancier est saisi; — 3.° Les frais faits pour la conservation de la chose. — 4.° Le prix d'effets mobiliers non payés, s'ils sont encore en la possession du débiteur, soit qu'il ait acheté à terme ou sans terme. — Si la vente a été faite sans terme, le vendeur peut même revendiquer ces effets tant qu'ils sont en la possession de l'acheteur, et en empêcher la revente, pourvu que la revendication soit faite dans la huitaine de la livraison, et que les effets se trouvent dans le même état dans lequel cette livraison a été faite. — Le privilége du vendeur ne s'exerce toutefois qu'après celui du propriétaire de la maison ou de la ferme, à moins qu'il ne soit prouvé que le propriétaire avait connaissance que les meubles et autres objets garnissant sa maison ou sa ferme, n'appartenaient pas au locataire; il n'est rien innové aux lois et usages du commerce, sur la revendication. — 5.° Les fournitures d'un aubergiste, sur les effets d'un voyageur qui ont été transportés dans son auberge. — 6.° Les frais de voiture et les dépenses accessoires, sur la chose voiturée. — 7.° Les créances résultant d'abus et prévarications commis par les fonctionnaires publics dans l'exercice de leurs fonctions, sur les fonds de leur cautionnement, et sur les intérêts qui en peuvent être dus. *Art.* 2102.

11. Le propriétaire qui a consenti un bail authentique n'a point de privilége pour les loyers à échoir; il ne peut l'exercer sur les meubles de son locataire; d'après l'art. 2102, le bailleur est en concours avec d'autres créanciers; l'absence de ceux-ci n'autorise pas le privilége. *Arr. de cass. du* 8 *déc.* 1806. (*J. du P.* 1807.)

12. Le bailleur peut exercer son privilége sur les bestiaux donnés à cheptel au preneur, par un tiers, lorsque le bail à cheptel ne lui a été notifié qu'après l'introduction des bestiaux dans le domaine, parce que dès ce moment ils se trouvent atteints par le privilége du propriétaire de l'immeuble. *Arr. de cass. du* 9 *août* 1815. (*Quest. hyp.*)

13. Lorsque le preneur est tombé en faillite, le bailleur doit exercer son privilége d'après la marche tracée par l'art. 533 du C. de Com. Après avoir vérifié et affirmé sa créance, il doit se présenter au commissaire de la faillite, et demander à être admis comme créancier privilégié, et le commissaire autorise le paiement des loyers sur les premiers deniers rentrés, et s'il s'élève des difficultés, le Tribunal de commerce statue. — Ainsi jugé par la première chambre du Tribunal de première instance de la Seine, à l'occasion des montagnes Beaujon. (*Quest. hyp.*)

14. Le privilége des aubergistes ne peut s'exercer sur les effets des voyageurs, qu'autant que ces effets leur appartiennent. *Cour de Colmar, du* 26 *avril* 1816. — M. Persil combat cet arrêt comme contraire à l'art. 2102 du Code. (*Quest. hyp.*)

15. Le privilége de l'article 2102, s'exerce par celui qui a prêté des fonds pour sauver un navire échoué, non-seulement sur la chose sauvée, mais encore sur la créance qui la représente. *Cour de Bruxelles, du* 17 *juin* 1809. (*Quest. hyp.*.)

16. Le privilége des architectes, etc., s'applique à ceux qui ont fourni des fonds pour la fouille d'une mine; Loi du 21 avril 1810, et au cessionnaire aux frais duquel s'est opéré le desséchement d'un marais; loi du 16 sept. 1807. (*Traité des hyp.*)

17. Il n'est pas accordé de privilége aux ouvriers travaillant à la journée, qui, sous les ordres des entrepreneurs, etc., coopèrent aux constructions ou réparations. *Arrêt du Parlement de Paris, du* 19 *déc.* 1781.

PRIVILÉGES pour frais de justice. V. *ce mot à* L'ENREGISTREMENT.

18. PRIVILÉGES SUR LES IMMEUBLES. Les créanciers privilégiés sur les immeubles sont: 1.° Le vendeur, sur l'immeuble vendu, pour le paiement du prix; — S'il y a plusieurs ventes successives dont le prix soit dû en tout ou en partie, le premier vendeur est préféré au second, le deuxième au troisième, et ainsi de suite; — 2.° Ceux qui ont fourni les deniers pour l'acquisition d'un immeuble, pourvu qu'il soit authentiquement constaté, par l'acte d'emprunt, que la somme était destinée à cet emploi, et, par la quittance du vendeur, que ce paiement a été fait des deniers empruntés; — 3.° Les cohéritiers, sur les immeubles de la succession, pour la garantie des partages faits entre eux et des soultes en retour de lots; — 4°. Les architectes, entrepreneurs, maçons et autres ouvriers employés pour édifier, reconstruire ou réparer des bâtimens, canaux ou autres ouvrages quelconques, pourvu néanmoins que, par un expert nommé d'office par le Tribunal de première instance dans le ressort duquel les bâtimens sont situés, il ait été dressé préalablement un procès-verbal, à l'effet de constater l'état des lieux relativement aux ouvrages que le propriétaire déclarera avoir dessein de faire, et que les ouvrages aient été, dans les six mois au plus de leur perfection, reçus par un expert également nommé d'office. — Mais le montant du privilége ne peut excéder les valeurs constatées par le second procès-verbal, et il se réduit à la plus value existante à l'époque de l'aliénation de l'immeuble, et résultant des travaux qui y ont été faits; — 5.° Ceux qui ont prêté des deniers pour payer ou rembourser les ouvriers, jouissent du même

privilége, pourvu que cet emploi soit authentiquement constaté par l'acte d'emprunt et par la quittance des ouvriers, ainsi qu'il a été dit ci-dessus pour ceux qui ont prêté les deniers pour l'acquisition d'un immeuble. *Art.* 2103.

19. Si celui qui a vendu un immeuble dont il n'a pas reçu le prix, a un privilége sur l'objet vendu, l'architecte-entrepreneur a, pour prix de ses travaux, un privilége sur la plus value de l'immeuble existant à l'époque de l'aliénation, et résultant des travaux qui ont été faits; *les deux priviléges ayant un objet distinct, peuvent s'exercer à la fois, mais ne doivent jamais se nuire;* ainsi la valeur que l'immeuble aurait encore si les ouvrages n'eussent pas été faits, demeure réservée au privilége du vendeur, et le surcroît de valeur donné à l'immeuble par les novueaux ouvrages, tel que le surcroît est estimé au moment de l'aliénation, est affecté au privilége de l'architecte; néanmoins l'appréciation de cette plus value doit être faite, non par une estimation réelle des dépenses, même nécessaires, mais par une proportion avec le prix primitif de l'immeuble. *Cour de Paris, du* 13 *mai* 1815.

20. En prenant inscription dans la quinzaine de la transcription de la seconde vente, lors même que la première vente n'a pas été transcrite, le premier vendeur conserve encore son privilége, avant tous les créanciers hypothécaires antérieurement inscrits, sur le prix et tous les intérêts échus, et quoique dans aucun cas le privilége du vendeur n'ait pas été rendu public avant les inscriptions prises par ces créanciers. *Arr. de cass. du* 1er *mai* 1817, *et Cour de Paris du* 31 *janv.* 1818. (*Art.* 5821 *et* 6139, *Quest. hyp.*)

21. Le vendeur a privilége pour tous les intérêts échus du prix de la vente, *n'importe pour quel nombre d'années,* lorsqu'il y a inscription pour ce prix et les intérêts; — il n'est pas tenu de prendre une nouvelle inscription pour les intérêts qui excèdent deux ans et l'année courante, parce que l'art. 2151 du C. C. n'est pas applicable au privilége du vendeur. *Arr. de cass. du* 5 *mars* 1816. (*J. du Palais et Sirey, même année.*) — V. *inscription, n.°* 133.

22. Un créancier privilégié sur plusieurs immeubles, peut exercer son privilége sur celui de ces immeubles qu'il veut choisir; ce privilége doit ensuite être reversé fictivement sur les autres immeubles, pour éviter de nuire aux créanciers inscrits sur ce même immeuble. *Cour de Paris du* 31 *août* 1810. (*J. du Palais* 1811.)

23. Le vendeur peut céder son privilége, aux termes de l'art. 1692 du Code civil, et le cessionnaire peut exercer tous les droits du créancier primitif. *Cour de Paris du* .... 1815. (*Quest. hyp.*)

COMMENT SE CONSERVENT LES PRIVILÉGES.

24. Entre les créanciers, les priviléges ne produisent d'effet, à l'égard des immeubles qu'autant qu'ils sont rendus publics par inscription sur les registres du Conservateur des hypothèques, de la manière déterminée par la loi, et à compter de la date de cette inscription, sous les seules exceptions qui suivent: *Art.* 2106 *du C. C.*

25. Sont exceptées de la formalité de l'inscription, les créances énoncées en l'art. 2101. *Art.* 2107.

26. Le vendeur privilégié conserve son privilége par la transcription du titre qui a transféré la propriété à l'acquéreur, et qui constate que la totalité ou partie du prix lui est due; à l'effet de quoi la transcription du contrat faite par l'acquéreur, vaudra inscription pour le vendeur et pour le prêteur qui lui aura fourni les deniers payés, et qui sera subrogé aux droits du vendeur par le même contrat: sera néanmoins le Conservateur des hypothèques tenu, sous peine de tous dommages et intérêts envers le tiers, de faire d'office l'inscription sur son registre des créances résultant de l'acte translatif de propriété, tant en faveur du vendeur qu'en faveur des prêteurs qui pourront aussi faire faire, si elle ne l'a été, la transcription du contrat de vente, à l'effet d'acquérir l'inscription de ce qui leur est dû sur le prix. *Art.* 2108.

27. Le cohéritier ou copartageant conserve son privilége sur les biens de chaque lot ou sur le bien licité, pour les soulte et retour de lots, ou pour le prix de la licitation, par l'inscription faite à sa diligence, dans soixante jours, à dater de l'acte de partage ou de l'adjudication par licitation; durant lequel tems, aucune hypothèque ne peut avoir lieu sur le bien chargé de soulte ou adjugé par licitation, au préjudice du créancier de la soulte ou du prix. *Art.* 2109.

28. Les architectes, entrepreneurs, maçons et autres ouvriers employés pour édifier, reconstruire ou réparer des bâtimens, canaux ou autres ouvrages, et ceux qui ont, pour les payer et rembourser, prêté les deniers dont l'emploi a été constaté, conservent par la double inscription faite, 1° du procès-verbal qui constate l'état des lieux; 2° du procès-verbal de réception, leur privilége à la date de l'inscription du premier procès-verbal. *Art.* 2110.

29. Les créanciers et légataires qui demandent la séparation du patrimoine du défunt, et conformément à l'art. 878 du titre des *successions*, conservent à l'égard des créanciers des héritiers ou représentans du défunt, leur privilége sur les immeubles de la succession, par les inscriptions faites sur chacun de ces biens, dans les six mois à compter de l'ouverture de la succession. — Avant l'expiration de ce délai aucune hypothèque ne peut être établie avec effet sur ces biens par les héritiers ou représentans, au préjudice de ces héritiers ou légataires. *Art.* 2111.

30. Les cessionnaires de ces diverses créances privilégiées exercent tous les mêmes droits que les cédans en leur lieu et place. *Art.* 2112.

31. Toutes créances privilégiées soumises à la formalité de l'inscription à l'égard desquelles les conditions ci-dessus prescrites pour conserver le privilége n'ont pas été accomplies, ne cessent pas néanmoins d'être hypothécaires; mais l'hypothèque ne date à l'égard des tiers, que de l'époque des inscriptions qui auront dû être faites ainsi qu'il sera ci-après expliqué. *Art.* 2113.

32. En cas de vente et revente d'un bien, le premier vendeur ne conserve son privilége qu'autant qu'il prend inscription dans la quinzaine de la transcription faite au profit du second acquéreur, autrement les créanciers inscrits du premier acquéreur sont préférés. *Cour de Paris du* 16 *mars* 1816. (*J. du P., même année.*)

33. Dans le cas de plusieurs ventes successives, le privilége du premier vendeur ne se conserve pas par la transcription du contrat des acquéreurs successifs. Le privilége de ce vendeur est éteint à défaut d'inscription dans la quinzaine de la transcription d'un des contrats postérieurs, ou si l'inscription prise antérieurement vient à périmer. (L'inscription d'un vendeur doit être renouvelée comme les autres inscriptions, dans les dix ans). *Arr. de cass. du* 14 *janvier* 1818. (*Art.* 6213, *j.*). V. *Renouvellement.*

34. Lorsqu'au lieu de faire transcrire l'acte de vente, le vendeur s'est contenté de requérir une inscription, mais que dans le bordereau il a dit que c'était *pour conserver son hypothèque*, au lieu de dire pour conserver son *privilége*, il ne renonce pas par une erreur de mot, à son privilége, qu'il conserve toujours. *Cour de Paris du. . . nov. ou déc.* 1811. (*Quest. hyp.*).

35. L'erreur qui s'est glissée dans une inscription d'office, dès qu'en réalité il reste dû au vendeur une somme plus forte que celle inscrite par le Conservateur, n'empêche pas de conserver le privilége dans son intégrité, attendu que la transcription seule suffit pour conserver le privilége. *Cour de Paris du* 31 *août* 1810. (*Quest. hyp. et J. du P.* 1811.).

36. Si au défaut de renouvellement le vendeur prend une nouvelle inscription dans la quinzaine de la transcription du second acte de vente, son privilége est conservé. *Cour de Paris du* 24 *mars* 1817. (*Quest. hyp.*)

37. Lorsque dans le contrat de vente, le vendeur a imposé à son acquéreur l'obligation de faire transcrire dans un délai déterminé, et avant aucune aliénation, quand il est dit, par exemple, que *telle obligation doit être considérée comme essentielle et suspensive de la vente, jusqu'à l'accomplissement de la transcription*, le vendeur est dispensé de requérir lui-même cette formalité, ou de la suppléer par une inscription, pour conserver son privilége. *Cour de Riom du* 14 *mai* 1817. (*Quest. hyp.*).

38. Pour le titre antérieur à la loi du 11 brum. 7, le vendeur a dû, d'après les art. 37 et 39 de cette loi, prendre inscription dans les trois mois qui ont suivi sa publication, autrement le privilége est dégénéré en simple hypothèque, et son rang ne doit remonter qu'à la date de l'inscription. *Arr. de cass. des. . . . .* (*Quest. hyp.* T. 1.er).

39. La transcription faite sous l'empire du C. C., d'un acte de vente antérieure à la loi du 11 brum. 7, ne conserve pas le privilége du vendeur, au préjudice des créanciers personnels de l'acquéreur, inscrits antérieurement. *Arr. de cass. du* 17 *mai* 1800. (*J. du P., même année.*)

40. Les créanciers et légataires d'une succession ouverte depuis la loi du 11 brum. 7, n'ont pas été obligés, pour conserver leur privilége, de demander la séparation du patrimoine, ni de requérir inscription dans les six mois de la promulgation du C. C., parce que ce serait faire rétroagir la disposition de ce Code et faire dépendre le privilége consacré au profit des créanciers par la loi de brum. d'une formalité que cette loi n'exigeait pas. *Arr. de cass. du* 8 *mai* 1812. (*Quest. hyp.*)

41. PRIVILÉGE DU TRÉSOR *pour les contributions.* Le privilége du Trésor pour la contribution foncière de l'année échue et de l'année courante, s'exerce avant tout autre, sur les récoltes, fruits, loyers et revenus des biens immeubles sujets à la contribution, etc. Ce privilége ne préjudicie pas aux autres droits que le Trésor pourrait exercer sur les biens des redevables comme tout autre créancier. *Lois des* 5 *nov.* 1790 *et* 12 *nov.* 1808.

Quant au privilége du Trésor sur les biens des comptables, sur ceux transmis par décès, enfin pour les frais de justice, etc., V. *comptables publics*; *et à l'*ENREGISTREMENT, *privil. ge.*

PURGE *des priviléges et hypothèques.* (Mode de purger.)

1. La vente d'une récolte pendante par racines, peut, sous l'empire de la loi du 11 brum. 7, être opposée à des tiers, quoique transcrite. — Pour l'application de l'art. 26 de cette loi, elle est réputée vente de choses mobilières. *Arr. de cass. du* 19 *vend.* 14. (*M. Sirey, année* 1806.)

2. Sous l'empire de la loi du 11 brum. 7, *art.* 7 *et* 45, (comme sous celui du C. C.) la transcription purge les rentes foncières non inscrites. *Cour de Nîmes du* 2 *vent.* 11, *et arr. de cass. du* 29 *juin* 1813 (*M. Sirey, année* 1807 *et J. du* P. 1813.)

3. Si le nouveau propriétaire veut se garantir de l'effet des poursuites autorisées dans le chapitre 6 du titre 18, il est tenu, soit avant les poursuites, soit dans le mois, au plus tard, à compter de la première sommation qui lui est faite, de notifier aux créanciers, aux domiciles par eux élus dans leurs inscriptions : 1.° — L'extrait de son titre, contenant seulement la date et la qualité de l'acte, le nom et la désignation précise du vendeur ou du donateur, la nature et la situation de la chose vendue ou donnée ; et s'il s'agit d'un corps de biens, la dénomination générale seulement du domaine et des arrondissemens dans lesquels il est situé, le prix et les charges faisant partie du prix de la vente, ou l'évaluation de la chose, si elle a été donnée. — 2.° Extrait de la transcription de l'acte de vente. — 3.° Un tableau sur trois colonnes, dont la première contiendra la date des hypothèques et celle des inscriptions ; la seconde, le nom des créanciers ; la troisième, le montant des créances inscrites. *Art.* 2183 *du C. C.*

4. L'acquéreur ou le donataire déclarera, par le même acte, qu'il est prêt à acquitter sur-le-champ les dettes et charges hypothécaires, jusqu'à concurrence seulement du prix, sans distinction des dettes exigibles ou non exigibles. *Art.* 2184.

5. Lorsque le nouveau propriétaire a fait cette notification dans le délai fixé, tout créancier dont le titre est inscrit, peut requérir la mise de l'immeuble aux enchères et adjudications publiques, à la charge : — 1.° Que cette réquisition sera signifiée au nouveau propriétaire dans quarante jours, au plus tard, de la notification faite à la requête de ce dernier, en y ajoutant deux jours par cinq myriamètres de distance entre le domicile élu et le domicile réel de chaque créancier requérant ; 2.° Qu'elle contiendra soumission du requérant, de porter ou faire porter le prix à un dixième en sus de celui qui aura été stipulé

dans le contrat, ou déclaré par le nouveau propriétaire; 3.° Que la même signification sera faite dans le même délai, au précédent propriétaire, débiteur principal; 4.° Que l'original et les copies de ces exploits seront signés par le créancier requérant, ou par son fondé de procuration expresse, lequel, en ce cas, est tenu de donner copie de sa procuration; 5.° Qu'il offrira de donner caution jusqu'à concurrence du prix et des charges : le tout à peine de nullité. *Art.* 2185. V. *notification*, *transcription* et *surenchère*.

6. A défaut, par les créanciers, d'avoir requis la mise aux enchères dans le délai et les formes prescrites, la valeur de l'immeuble demeure définitivement fixée au prix stipulé dans le contrat, ou déclaré par le nouveau propriétaire, lequel est, en conséquence, libéré de tout privilége et hypothèque, en payant ledit prix aux créanciers qui seront en ordre de recevoir, ou en le consignant. *Art.* 2186.

7. En cas de revente sur enchères, elle aura lieu suivant les formes établies pour les expropriations forcées, à la diligence, soit du créancier qui l'aura requise, soit du nouveau propriétaire; — Le poursuivant énoncera, dans les affiches, le prix stipulé dans le contrat, ou déclaré, et la somme en sus à laquelle le créancier s'est obligé de la porter ou faire porter. *Art.* 2187.

8. Lorsque des biens immeubles ont été vendus en masse, en vertu de l'art. 838 du Code de P. C., il est défendu, à peine de nullité, au surenchérisseur, de faire procéder à la revente par lots. *Cour de Rouen du* 15 *juillet* 1807. (*Sirey*, *année* 1807, *et J. du P.* 1808.)

9. L'adjudicataire est tenu, au-delà du prix de son adjudication, de restituer à l'acquéreur, ou au donataire dépossédé, les frais et loyaux coûts de son contrat, ceux de la transcription sur les registres du Conservateur, ceux de notification, et ceux faits par lui pour parvenir à la revente. *Art.* 2188.

10. L'acquéreur ou le donataire qui conserve l'immeuble mis aux enchères, en se rendant dernier enchérisseur, n'est pas tenu de faire transcrire le jugement d'adjudication. *Art.* 2189.

11. Le désistement du créancier requérant la mise aux enchères, ne peut, même quand le créancier paierait le montant de la soumission, empêcher l'adjudication publique, si ce n'est du consentement exprès de tous les autres créanciers hypothécaires. *Art.* 2190.

12. L'acquéreur qui se sera rendu adjudicataire, aura son recours tel que de droit contre le vendeur, pour le remboursement de ce qui excède le prix stipulé par son titre, et pour l'intérêt de cet excédent, à compter du jour de chaque paiement. *Art.* 2191.

13. Les créanciers chirographaires du vendeur n'ont pas droit au prix de la surenchère, par préférence à l'acquéreur inscrit avant la surenchère, pour sûreté de l'obligation de garantie contractée par le vendeur. *Arr. de cass. du* 20 *germ.* 12. (*Sirey*, *même année*.)

14. Dans le cas où le titre du nouveau propriétaire comprendrait des immeubles et des meubles, ou plusieurs immeubles, les uns hypothéqués, et les autres non hypothéqués, situés dans le même, ou dans divers arrondissemens de bureaux, aliénés pour un seul et même prix, ou pour des prix distincts et séparés, soumis ou non à la même exploitation, le prix de chaque immeuble frappé d'inscriptions particulières et séparées, sera déclaré dans la notification du nouveau propriétaire, par ventilation s'il y a lieu, du prix total exprimé dans le titre. — Le créancier surenchérisseur ne pourra, en aucun cas, être contraint d'étendre sa soumission, ni sur le mobilier, ni sur d'autres immeubles que ceux qui sont hypothéqués à sa créance et situés dans le même arrondissement; sauf le recours du nouveau propriétaire contre ses auteurs, pour l'indemnité du dommage qu'il éprouverait, soit de la division des objets de son acquisition, soit de celle des exploitations. *Art.* 2192.

15. L'acquéreur qui s'oblige de purger d'hypothèque le bien qu'il acquiert, ne devient pas pour cela personnellement engagé envers les créanciers hypothécaires. *Arr. de cass. du* 8 *juin* 1819.

16. Pourront, les acquéreurs d'immeubles appartenant à des maris ou à des tuteurs, lorsqu'il n'existera pas d'inscription sur lesdits immeubles, à raison de la gestion du tuteur ou des reprises, dot, reprises et conventions matrimoniales de la femme, purger les hypothèques qui existeraient sur les biens par eux acquis. *Art.* 2193.

17. A cet effet, ils déposeront copie dûment collationnée du contrat translatif de propriété au greffe du tribunal civil du lieu de la situation des biens, et ils certifieront par acte signifié, tant à la femme ou au subrogé-tuteur, qu'au Procureur du Roi près le tribunal, le dépôt qu'ils auront fait. Extrait de ce contrat, contenant sa date, les noms, prénoms, professions et domiciles des contractans, la désignation de la nature et de la situation des biens, le prix et les autres charges de la vente sera et restera affiché pendant deux mois dans l'auditoire du tribunal, pendant lequel tems, les femmes, les maris, tuteurs, subrogés-tuteurs, mineurs, interdits, parens et amis, et le Procureur du Roi, seront reçus à requérir s'il y a lieu, et à faire faire au bureau du Conservateur des hypothèques, des inscriptions sur l'immeuble aliéné, qui auront le même effet que si elles avaient été prises le jour du contrat de mariage, ou le jour de l'entrée en gestion du tuteur; sans préjudice des poursuites qui pourraient avoir lieu contre les maris et les tuteurs, ainsi qu'il a été dit ci-dessus, pour l'hypothèque par eux consentie au profit de tierce personne, sans leur avoir déclaré que les immeubles étaient déja grévés d'hypothèques, en raison du mariage ou de la tutelle. *Art.* 2194.

18. Lorsque les femmes ou les subrogés-tuteurs ne sont pas connus de l'acquéreur, celui-ci doit, dans la signification au Procureur du Roi, déclarer qu'il fera publier cette signification dans la forme prescrite par l'art. 683 du C. de P. C. et le délai de deux mois, accordé pour prendre inscription, ne court que du jour où cette formalité a été remplie. *Avis du Conseil d'état du* 9 *mai, approuvé le* 1.er *juin* 1807. (*Sirey*, *même année*).

19. Si, dans le cours des deux mois de l'exposition du contrat, il n'a pas été fait d'inscription du chef des femmes, mineurs ou interdits, sur les immeubles vendus, ils passent à l'acquéreur sans aucune charge, à raison des dot, reprises et conventions matrimoniales de

la femme, ou de la gestion du tuteur, et sauf le recours, s'il y a lieu, contre le mari et le tuteur. — S'il a été pris des inscriptions du chef desdits femmes, mineurs ou interdits, et s'il existe des créanciers antérieurs qui absorbent le prix en totalité ou en partie, l'acquérenr est libéré du prix ou de la portion du prix par lui payée aux créanciers placés en ordre utile; et les inscriptions du chef des femmes, mineurs ou interdits, seront rayées, ou en totalité ou jusqu'à due concurrence. — Si les inscriptions du chef des femmes, mineurs ou interdits, sont les plus anciennes, l'acquéreur ne pourra faire aucun paiement du prix au préjudice desdites inscriptions, qui auront toujours, ainsi qu'il a été dit ci-dessus, la date du contrat de mariage, ou de l'entrée en gestion du tuteur; et, dans ce cas, les inscriptions des autres créanciers qui ne viennent pas en ordre utile seront rayées. *Art.* 2195.

20. Sous l'empire de l'édit de 1771, et dans le ressort du ci-devant Parlement de Toulouse, la femme, encore qu'elle n'eût pas formé opposition aux lettres de ratification, conservait son hypothèque sur les biens du mari, à raison de la dot et des conventions matrimoniales. *Edit de* 1771, *art.* 17 *et* 32. *Arr. de cass. du* 25 *prair.* 13. (*Sirey et J. du P.* 1806.).

21. Dans le cas de deux ou plusieurs ventes successives, le dernier acquéreur qui *veut purger*, est obligé de faire transcrire les titres de ses vendeurs, à moins que son contrat ne désigne tous les précédens propriétaires; il est assujéti à cette obligation, lors même que l'immeuble n'aurait pas été hypothéqué par les vendeurs antérieurs, dès que ceux-ci peuvent y avoir quelque privilége à l'occasion du prix de la vente. *Arr. des Cours de Paris et de cass. des*. . . .(*Quest. hyp.* 2.e *V. pag.* 48.)

22. Lorsqu'il y a plusieurs ventes successives d'un immeuble, le privilége du premier vendeur est purgé par la transcription du dernier contrat, faite sans que le premier vendeur ait fait transcrire ou inscrire son privilége. *Arr. de cass. du* 13 *déc.* 1813. (*Art.* 4889, *j.*).

23. La transcription relative à un acquéreur ne conserve pas, indépendamment du privilége du dernier vendeur, celui des précédens vendeurs dont les contrats n'ont pas été transcrits. *Arr. de cass. du* 14 *janvier* 1818.

24. Toutes les formalités prescrites pour purger les hypothèques, sont applicables aux aliénations des biens des mineurs, des interdits, aux licitations, etc. — Ces ventes sont purement volontaires, dès qu'on s'est présenté à la justice pour les effectuer sans y être forcé; l'action en rescision, pour cause de lésion, est admise contre ces sortes d'aliénation comme si elles avaient été faites devant notaires. *Cour de Paris du* 1.er *déc.* 1810. (*Quest. hyp. et J. du P.* 1811.).

25. La transcription ne purge pas le droit qu'a l'Etat de rentrer dans le bien aliéné par lui, faute du paiement du prix. *Instr.* 439. V. *Ordre*, *Résol.*ⁿ, *Surench.*^e *et Transc.*ⁿ

26. Le mode de purger les hypothèques légales des femmes et des mineurs, établi par le Code civil et par l'Avis du Conseil d'état, du 9 mai 1807, est applicable aux femmes veuves et aux mineurs devenus majeurs, ainsi qu'à leurs héritiers ou autres représentans. — Il n'y a pas nécessité de fixer un délai particulier aux femmes après la mort de leurs maris, et aux mineurs devenus majeurs, ou à leurs représentans, pour prendre inscription. *Avis du Conseil d'état, du* 5 *mai* 1812, *approuvé le* 8 *du même mois. Instr.* 585.

27. Si le mari a droit de vendre un bien de communauté, même pendant une instance en séparation de biens avec sa femme, il ne s'ensuit pas que lorsqu'elle renonce à la communauté, cette femme ne puisse exercer son hypothèque sur les immeubles qu'il a aliénés sans son consentement avant la dissolution, à moins que les acquéreurs n'aient purgé légalement. *Arr. de cass. du* 9 *nov.* 1819. (*Sirey*, 1820.)

28. Le Conservateur ne peut faire de son chef l'inscription relative à l'hypothèque légale des femmes; il ne doit l'opérer que sur la réquisition du Procureur du Roi, d'après l'*Art.* 2138 *du C. C.*

29. Dans le cas où l'Administration de l'enregistrement et des domaines aurait à purger les hypothèques légales des femmes et des mineurs, ou bien à opposer le défaut de l'accomplissement de ces formalités, les Employés se conformeront aux Autorités dont il vient d'être fait mention. *Instr.* 585.

30. Le droit du Greffier pour affiche du contrat, est maintenu à 1 fr., comme il se percevait d'après l'art. 5 de la déclaration du 24 nov. 1771, et le dépôt de la copie collationnée du contrat doit être constaté par un acte qui s'enregistre dans le délai ordinaire; le greffier doit en délivrer expédition au besoin. — La copie ou l'expédition du contrat doit être rendue à la partie après les deux mois de l'exposition. *Instr.* 266 *et lettre de M. l'Administrateur de la* 1.re *division*, *du* 9 *oct.* 1820.

QUITTANCES *des droits*. Les Conservateurs les expédient au pied des actes et certificats qu'ils remettent aux parties; chaque somme doit être mentionnée séparément et en toutes lettres. Ils doivent distinguer les droits perçus au profit du Trésor, de ceux de timbre des registres et des salaires. S'ils ont fourni le papier timbré de la reconnaissance du dépôt de pièces, leur relation doit l'indiquer. On émargera les articles de ce registre sur lesquels il n'aura pas été délivré de bulletin de dépôt. *Instr.* 316.

Les quittances doivent être libellées, datées et signées, sur les actes délivrés ou remis aux parties; on ne doit jamais confondre les salaires avec les droits perçus; chaque espèce doit être désignée. *Circ. du* 7 *juin* 1809. *Instr.* 494. V. *droits* et *salaires*.

RADIATION *des inscriptions en général*.

1. Les inscriptions sont rayées du consentement des parties intéressées et ayant capacité à cet effet, ou en vertu d'un jugement en dernier ressort ou passé en force de chose jugée. *Art.* 2157 *du C. C.*

2. Dans l'un et l'autre cas, ceux qui requièrent la radiation déposent au bureau du Conservateur l'expédition de l'acte authentique portant consentement ou celle du jugement. *Art.* 2158.

3. La radiation non consentie est demandée au Tribunal dans le ressort duquel l'inscription a été faite, si ce n'est lorsque cette inscription a eu lieu pour sûreté d'une condamnation éventuelle ou indéterminée, sur l'exécution ou liquidation de laquelle le débiteur et

le créancier prétendu sont en instance ou doivent être jugés dans un autre Tribunal ; auquel cas la demande en radiation doit y être portée ou renvoyée. — Cependant la convention faite par le créancier et le débiteur, de porter, en cas de contestation, la demande à un Tribunal qu'ils auraient désigné, recevra son exécution entre eux. *Art.* 2159 *du C. C.*

4. La radiation doit être ordonnée par les Tribunaux lorsque l'inscription a été faite sans être fondée ni sur la loi ni sur un titre, ou lorsqu'elle l'a été en vertu d'un titre soit irrégulier, soit éteint ou soldé, ou lorsque les droits de privilége ou d'hypothèque sont effacés par les voies légales. *Art.* 2160.

RADIATION *en vertu d'actes notariés.*

5. Le consentement volontaire, entre particuliers, est donné par un acte notarié. *Circ.* 1669.

6. Le Conservateur doit, à l'inspection des expéditions fournies pour la radiation, voir si elles sont dans les formes et si elles ont les qualités voulues par la loi. Il doit être juge, dans ce cas, et du mérite de l'acte présenté et de la capacité de l'individu qui a consenti la radiation. (*Traité des hyp.*[es] *T.* 2, page 279. *Dictionnaire de Manutention, circ.* 1669.

7. Le Conservateur peut opérer la radiation sur l'extrait de l'acte qui contient le consentement de la mainlevée et se dispenser d'exiger une copie entière de l'acte qui contiendrait d'autres dispositions, afin d'éviter des frais trop dispendieux aux parties. *Déc. min. fin. du* 11 *oct.* 1808. (*Dictionnaire de Manutention*).

8. Lorsqu'un mandataire n'a pas un pouvoir formel de consentir, au nom du mandant, la main-levée d'une inscription, la radiation ne doit pas être faite. *Sol. du* 14 *janvier* 1806. Les Conservateurs sont autorisés à se faire remettre et à garder les expéditions des procurations passées en minute devant Notaires, qui seraient produites pour la radiation, ainsi que les actes de décès et les titres authentiques qui prouvent les qualités d'héritiers ou de cessionnaires, dans le cas où ceux qui consentent la radiation ne seraient pas les titulaires primitifs des créances inscrites. *Instr.* 123.

9. Le mari d'une femme mariée sous le régime dotal, bien que la créance hypothécaire fût dotale, doit seul consentir la radiation de l'inscription, parce que lui seul peut recevoir le remboursement de cette créance. *Art.* 1549 *du C. C.* (*Traité des hyp.*[es], *T.* 2, *page* 279.)

10. Lorsqu'il s'agit de l'hypothèque légale de la femme mariée sous le régime de la communauté, la radiation de l'inscription ne pourrait régulièrement s'opérer que conformément à l'art. 2144 *du C. C.* Toutefois elle aurait capacité, étant dûment autorisée pour consentir à la radiation d'une inscription par elle prise sur les biens de son mari, pourvu que cette radiation dût tourner non au seul profit du mari, mais au profit d'un tiers acquéreur de l'immeuble hypothéqué envers qui elle se serait valablement engagé. En ce cas, il ne serait pas nécessaire pour rendre la radiation valable d'avoir recours à une assemblée de famille et à l'autorité de la justice. Cette radiation doit être exécutée, encore que ce soit le mari et non le tiers qui demande la radiation. *Arr. de cass, du* 12 *fév.* 1811, (*Art.* 3895, *j. Traité des hypothèques*, et *Journal du Palais* 1811.) *Instruct.* 233.

11. La radiation d'une inscription prise au profit de mineurs ou interdits, ne peut être opérée que sur la représentation de la quittance authentique du montant de la créance consentie par le tuteur : dans tout autre cas, la radiation ne doit jamais être faite que d'après une délibération du conseil de famille, homologuée par le Tribunal. *Instr.* 233 et 265. *Arr. de cass. du* 22 *juin* 1818. *Déc. min. just. du* 16 *juillet* 1819. (*Art.*6665, *j.*)

12. Lorsqu'il s'agit d'une rente viagère éteinte par décès, le Conservateur doit opérer la radiation de l'inscription sur la représentation de l'acte de décès du titulaire, en lui justifiant toujours du paiement des arrérages échus par une quittance authentique donnée par les héritiers de ce titulaire. *Instr.* 362.

13. Une inscription devient susceptible de radiation, lorsque le créancier accepte pour le paiement des billets à terme, en remplacement de l'obligation consentie avec hypothèque, attendu que cette novation faite sans réserve éteint le titre qui constituait la créance. *Arrêt de la Cour de Paris du* 7 *déc.* 1814, qui, par suite de la reconnaissance de cette novation, fait main-levée de l'inscription. (*J. du P.* 1815.)

14. Lorsque le propriétaire a grévé son bien d'hypothèque, sous un autre nom que celui qu'il énonce dans l'acte de vente qu'il fait de ce bien, et qui porte le Conservateur à délivrer un certificat négatif lors de la transcription de cet acte, ce propriétaire n'est pas admissible à demander la radiation de l'inscription prise à raison de l'obligation ; la différence du nom étant de sa part une faute qui ne doit nullement lui profiter. *Cour de Paris du* 18 *fév.* 1809. (*Sirey. même année.*)

15. Les Conservateurs ne peuvent se permettre de rayer d'office sur le registre de formalité, les inscriptions périmées faute de renouvellement dans les dix années, la radiation n'en devant être faite que conformément aux art. 2157 et 2158 du C. C. ; mais ils continueront d'émarger du mot *périmée* chacune de ces inscriptions, sur le répertoire. *Instr.* 316 et 649.

16. RADIATION *partielle.* V. *réduction.*

17. RADIATION *sans effet.* Lorsque le créancier inscrit se rend acquéreur d'un bien affecté à sa créance, parce que son débiteur (le vendeur) déclare dans le contrat, que le bien n'est grévé d'aucune autre hypothèque, qu'en conséquence il consent à la radiation, et que, dans le fait, deux autres inscriptions existent sur le bien, non seulement le contrat est nul pour cause du dol, mais par suite, la radiation n'est d'aucun effet ; l'inscription reprend le rang qu'elle avait. *Cour de Douay du* 10 *janv.* 1812. (*J. du P. même année.*)

18. Cependant il a été décidé que, dès qu'une inscription a été rayée, le jugement ou arrêt qui en ordonne le rétablissement, ne peut plus lui rendre sa première date, parce que tout ce qui a été fait *medio tempore*, a été bien fait. *Cour de Paris du* 15 *avril* 1811. (*Traité des hyp.*, *art*, 3941, *j.*, *et J. du P.* 1811.)

19. RADIATION *judiciaire.* Le jugement contradictoire ou par défaut, auquel il n'a pas été formé opposition dans la huitaine franche de la signification à domicile, est devenu exécutoire ; alors le Conservateur peut

radier, si on joint à l'expédition de ce jugement, un certificat authentique du Greffier, qui constate qu'il n'est survenu aucun appel ou opposition; le Conservateur doit, même en matière d'expropriation forcée, opérer la radiation sur la remise du jugement qui l'ordonne, huitaine après la signification, et non trois mois après le jugement de collocation. *Circ.* 1669. *Instr.* 157 *et* 316, *nomb.* 4. —Pour la compétence, l'exécution du jugement et le délai de l'appel, il faut consulter le *Code de Proc. civile, art.* 157, 158, 164, 443, 445, 446, 548 *et* 550.

20. Le certificat du Greffier, qui peut être placé sur l'expédition du jugement doit être enregistré, et légalisé par le Président du Tribunal. *Instr.* 233.

21. Le Conservateur ne peut s'immiscer dans ce qui tient à l'autorité judiciaire; dès qu'un Tribunal ordonne une radiation qui paraît prématurée, et sans égard à ses observations, il doit l'effectuer, parce qu'il est à l'abri de toute garantie; cependant, si le Conservateur se trouvait dans ce cas, il en préviendrait le Directeur, qui en informerait l'Administration. *Instr.* 264.

22. Le Conservateur ne peut se refuser à effectuer la radiation ordonnée provisoirement, nonobstant l'appel, lorsque le jugement ordonne formellement la radiation. *Instr.* 316. Une lettre du Grand-Juge au Ministre des finances, du 25 fruct. 12, dit que le devoir du Conservateur des hypothèques consistant à exécuter ce qui lui est prescrit, il ne doit pas examiner si les jugemens déclarés exécutoires par provision peuvent opérer une radiation. M. Battur remarque beaucoup d'inconvéniens dans cette opinion, parce que la volonté de la loi est positive: il faut, pour opérer la radiation, un jugement passé en force de chose jugée. (*Traité des hyp.*, *T.* 2, *p.* 282.)

23. Le Conservateur doit satisfaire au jugement par défaut qui ordonne une radiation, lorsqu'on le lui représente, ainsi que le certificat du Greffier qui constate qu'il n'y a ni opposition ni appel, sans qu'il soit tenu d'examiner si le délai de l'opposition ou de l'appel est ou n'est pas expiré, et le plus ou le moins de régularité de la signification faite du jugement. *Cour de Paris du* 17 *juillet* 1813. Cependant un arrêt de la même Cour du 14 mai 1808, avait établi que le Conservateur peut refuser la radiation ordonnée par un jugement par défaut, quoiqu'accompagné du certificat de l'Avoué et du Greffier, qui attestait que le jugement avait été signifié et qu'il n'existait ni opposition ni appel, si ce jugement était encore dans le délai tant de l'opposition que de l'appel. — M. Persil pense que pour que le Conservateur des hypothèques opère la radiation des inscriptions, il ne suffit pas de lui présenter un jugement contre lequel on ne se soit pas encore pourvu, il faut absolument que ce jugement soit passé en force de chose jugée. (*Quest. hyp.*[es])

24. Le Ministre de la justice a décidé le contraire le 13 mars 1809, ou du moins il a paru reconnaître que depuis le C. de Proc. C., le Conservateur doit procéder à la radiation, *même* avant l'expiration des délais de l'opposition ou de l'appel et dès qu'on lui représente les certificats exigés par l'art. 548 *dudit code*. A ce sujet M. Persil fait encore cette observation «: Mais, dit-il, que deviendra l'inscription qui d'abord aura été rayée en vertu du jugem.t dont il s'agit, et qui, en vertu de l'arrêt infirmatif, devra être rétablie? grèvera-t-elle l'immeuble entre les mains du tiers acquéreur? L'art. 2198 s'y oppose formellement, et si on ne lui donne pas cet effet, on se met en opposition avec tous les principes qui veulent que l'arrêt qui infirme un jugement, rétablisse les choses dans l'état où elles auraient été, si l'appelant eût d'abord gagné la cause. Si on se permettait de payer ou de radier en vertu d'un jugement qui pourrait encore être infirmé, tout serait incertain, et il arriverait que ceux qui auraient contracté sans connaître l'inscription qui a été rayée, mais qui peut être rétablie, seraient toujours dupes de leur bonne foi. Ainsi tout porte donc à exiger, même depuis le C. de Proc. C., un jugement passé en force de chose jugée. (*Quest. hyp.*[es]. *T.* 2, *P.* 22.)

25. C'est alors qu'on aura obtenu le paiement des frais du jugement par défaut qui ordonne la radiation des inscriptions, ou que pour y parvenir, on aura saisi et fait vendre ses meubles, ou dénoncé à la partie condamnée aux frais, la saisie de ses immeubles, que la condamnation aura la force de la chose jugée. *Cour de Paris du* 14 *mai* 1808. (*Traité des hyp.*, *et J. du P.* 1816.)

26. Le jugement par défaut qui ordonne la radiation d'une inscription aux hypothèques, ne peut recevoir d'exécution qu'autant qu'il est signifié, non seulement au domicile élu, mais encore au domicile *réel* des créanciers inscrits; autrement on doit refuser la radiation qu'il a donné. *Déc. min. fin. des* 21 *juin et* 5 *juillet* 1808. *Instr.* 393. *Arr. de cass. du* 29 *août* 1815. (*J. du P.* 1816.)

27. On ne peut faire de radiation en vertu d'un jugement rendu en pays étranger, il faut un jugement rendu en France. *Arr. de cass. du* 27 *août* 1812. (*Art.* 4411, *j. et J. du P.* 1813.)

28. Au fur et à mesure du paiement des collocations, sur ordre, le Conservateur, sur la représentation du bordereau et de la quittance du créancier, décharge d'office l'inscription jusqu'à concurrence de la somme acquittée. *Art.* 773 *du C. de Pro. C.*

29. On peut faire les radiations ordonnées par des jugemens d'ordre, lorsque l'Avoué poursuivant justifie, soit par jugement, soit par son certificat, si le jugement n'est pas assez positif pour cela, qu'il ne s'est élevé, durant l'ordre, aucune contestation relativement à l'art. sur lequel la radiation est demandée; si l'art. a été contesté, la radiation ne peut avoir lieu tant que le délai de l'appel n'est pas révolu. *Instr.* 264.

30. Pour que l'adjudicataire puisse requérir la radiation des créances non utilement colloquées par un jugement d'ordre, ou un arrêt qui a terminé les contestations qui s'étaient élevées à ce sujet, il suffit de signifier à l'Avoué ce jugement d'ordre ou cet arrêt.

Dans la procédure *spéciale* de l'ordre, il n'est pas nécessaire de signifier le jugement au domicile réel. *Arr. de cass. du* 8 *août* 1809. (*Quest. hyp.*[es].)

31. Pour la radiation des inscriptions prises, soit sur les immeubles du débiteur du failli, soit au nom de la masse des créanciers, soit en vertu du jugement homologatif du concordat, il faut justifier du consentement en forme des parties intéressées, ou d'un jugement en

dernier ressort ou passé en force de chose jugée, ou du bordereau de collocation dûment quittancé, ou de l'ordonnance du Juge-commissaire qui a réglé l'ordre et ordonné la radiation des inscriptions. *Instr.* 409.

RADIATION *d'inscriptions dans l'intérêt de l'Etat ou d'un établissement public.*

32. Les délibérations des corps administratifs, pour la radiation des inscriptions hypothécaires prises par les agens du Gouvernement, ont l'authenticité que la loi exige ; ces corps sont des autorités constituées revêtues d'une portion de la puissance publique, et dont les actes sont déclarés authentiques par les lois des 5 nov. 1790 et 11 brumaire 7, circulaire 1778 et du 13 vent. 8. *Lettre du Ministre de la justice du* 30 *niv.* 11.

33. Le Préfet qui a pris inscription sur le comptable, ou le Préposé qui l'a fait opérer sur un redevable, a qualité pour consentir la radiation. *Circ.* 1669 ; mais le consentement ne vaut qu'autant qu'il résulte d'un arrêté. *Circ.* 2030.

34. L'expédition de l'arrêté du Préfet, portant consentement à la radiation d'une inscription faite pour la conservation du privilége de l'Etat, revêtue de la signature et du sceau du Préfet, équivaut à l'acte authentique exigé par la loi. *Déc. du min. des fin. du* 18 *pluv.* 8, *circ.* n°s 1759, 1778, 2030, et *des* 17 *vend.* 8 et 2 *mess.* 11.

35. Elle suffit pour que le Conservateur puisse procéder à la radiation. — La minute, sur du papier au timbre de dimension, doit être enregistrée dans les 20 jours de sa date, et l'expédition ne peut être délivrée aux particuliers que sur du papier moyen. *Instr.* 638.

36. Mais s'il s'agit de radier des inscriptions que les Administrations ou Préposés ont requises mal-à-propos sur des biens qu'ils auraient cru, par erreur, chargés d'hypothèques envers l'Etat, comme la perception des droits retomberait sur le Trésor, les minutes des arrêtés devraient être visées pour timbre et enregistrées gratis ; il sera fait mention de cette cause en donnant la formalité, et dans ce cas, il n'y a pas lieu au salaire. *Déc. du min. des fin. du* 11 *vend.* 12, *circ.* 2034 et *instr.* 176.

37. Les Receveurs des hospices ne peuvent consentir aucune radiation qu'en vertu d'une décision spéciale du Conseil de Préfecture, prise sur une proposition formelle de l'administration et de l'avis du comité consultatif établi près de chaque arrondissement communal, en exécution de l'arrêté du 7 messidor an 9. *Décr. du* 11 *therm.* 13, *instr.* n° 255.

38. Toutes les fois que le Receveur d'un hospice, d'une commune ou d'une fabrique est autorisé, par le Conseil de Préfecture, à donner main-levée, et qu'il doit être passé *un acte authentique* pour consentir la radiation, l'autorisation préliminaire ne doit être sujète ni au timbre ni à l'enregistrement. *Instr.* 605 ; mais l'acte ultérieur qui constate le consentement à radiation doit être soumis à ces deux formalités. *Instr.* 638.

39. La radiation des inscriptions, requises à la requête de l'Agent du trésor, doit être opérée sur la remise des main-levées authentiques consenties par cet Agent, et qui feront mention des arrêts de la Cour des comptes ou arrêtés ministériels en exécution desquels elles seront données. *Instr.* 416.

40. Lorsque le comptable public, qui a soldé ses comptes, ne possède aucun bien-fonds dans l'arrondissement du bureau où l'inscription a été faite, la radiation doit être effectuée d'après un arrêté de l'autorité administrative, et il ne résulte de cette opération aucun droit ni attribution. *Instr.* 255.

41. L'ordre d'une administration, de donner main-levée d'une inscription prise pour un droit ou une créance qui la concerne, ne suffit pas pour que le Conservateur doive opérer la radiation ; il faut que cette main-levée soit donnée par acte notarié, et que l'expédition soit déposée au bureau. — La radiation de l'inscription prise pour sûreté de la gestion d'un Préposé des contributions indirectes, peut être faite sur le consentement du Directeur général, passé devant Notaire. *Sol. des* 28 *juillet et* 1er *sept.* 1815. (*Art.* 5172, *j.*)

42. Les radiations d'inscriptions faites en vertu de jugement, pour paiement de droit de mutation par décès, et autres droits de l'Administration, peuvent être consenties par le Receveur qui a pris l'inscription, mais il doit obtenir préalablement l'autorisation du Directeur ; ainsi autorisé, il donne la main-levée par acte devant Notaires. *Circul.* 1669 *et* 2030.

43. La radiation des inscriptions prises pour paiement de frais de justice, doit être faite sur la simple déclaration du Directeur de l'Enregistrement, contenant que le condamné a été acquitté en définitive, ou qu'il a payé les frais dont il s'agit. Ainsi, avec l'expédition du consentement authentique du Directeur, la radiation doit être opérée. *Instr.* 426.

44. L'Administration des postes ne peut consentir à une main-levée d'inscription que par acte devant Notaires. *Circ. du* 21 *vent.* 11.

45. La radiation n'est pas sujète au droit de timbre, *circ.* 1539 ; elle donne seulement lieu au salaire du Conservateur qui en poursuit la rentrée (dans le cas de main-levée donnée par les Agens de l'Etat, car, dans les autres cas, les requérans doivent les payer de suite), sur le grévé, par les mêmes voies que pour le recouvrement des droits d'hypothèque. *Circ.* 1669.

46. La radiation non consentie des inscriptions prises en vertu de condamnations prononcées ou de contraintes décernées par l'autorité administrative, doit être poursuivie devant les Tribunaux ordinaires ; mais si le fond du droit y est contesté, les parties doivent être renvoyées devant l'autorité administrative. *Avis du conseil d'Etat, des* 16 *et* 25 *therm.* 12.

47. Pour les inscriptions prises en vertu de condamnations prononcées ou de contraintes décernées par l'autorité administrative, les radiations seront effectuées sur la remise, soit de l'expédition de l'acte authentique du consentement de l'autorité ou de l'administ.ⁿ qui aura obtenu l'inscription, soit du jugement qui aura ordonné la radiation, et, ainsi que le veut l'art. 2157 du C. C., toutes les fois qu'il n'y aura pas lieu au renvoi devant l'autorité administrative, parce que le fond du droit serait contesté. *Avis du conseil d'Etat, du* 29 *oct.* 1811. *Instr.* 573.

RECHERCHES. Le droit de recherche d'un franc accordé aux Receveurs de l'Enregistrement par l'article 58 de la loi de frimaire 7, n'est pas dû au Conservateur pour la recherche que certains créanciers requièrent sur les registres des inscriptions. Il ne doit rien exiger pour la recherche qui précède la délivrance des extraits d'inscriptions. *Instr.* 316 *et* 547. — V. *notes* et *salaires*.

RECOUVREMENT *des droits et salaires.* Lorsque l'inscription a lieu sans avance de droits et de salaires, le Conservateur est tenu d'en poursuivre le recouvrement sur les débiteurs, dans les vingt jours après la date de la formalité; il suit pour cela les formes établies pour la rentrée des droits d'enregistrement. *Circ.* 1539. — V. *droits d'hypothèque* et *salaires*, et A L'ENREGISTREMENT, *recouvrement.*

Quand un Receveur éloigné a été chargé de poursuivre la rentrée des droits d'hypothèque, il doit tenir compte, au Conservateur, seulement des salaires recouvrés. *Art.* 7 *de la loi du* 9 *vent.* 7. *Circ.* 1521.

RECTIFICATION *d'inscriptions.*

1. La rectification d'une inscription faite dans les six mois accordés par la loi du 4 septembre 1807, est regardée comme valable du jour même où elle a été requise, et comme si l'on avait d'abord observé toutes les formalités. *Cour de Liège du* 7 *janv.* 1811. (*Quest. hyp.*)

2. Une inscription dans laquelle l'époque de l'exigibilité avait été mal indiquée, a pu être rectifiée d'après la loi du 4 septembre 1807, dans le délai qu'elle a prescrit. *Arr. de cass. du* 9 *avril* 1811. (*M. Sirey, année* 1812).

3. Le Conservateur qui découvre des erreurs ou irrégularités par lui commises dans la transcription des bordereaux qui lui ont été remis, peut en opérer la rectification sans recourir à une autorisation solennelle, en portant sur ses registres, à la date courante, une nouvelle inscription ou seconde transcript.° plus conforme aux bordereaux remis par les créanciers; l'une ou l'autre doit être accompagnée d'une note relatant la première formalité qu'elle a pour but de rectifier, et il doit être donné aux parties requérantes des extraits, tant de la première que de la seconde inscription. *Avis du conseil d'Etat, approuvé le* 26 *décembre* 1810. *Instr.* 505.

4. Il n'est dû aucun droit sur la nouvelle inscription de l'espèce. *Sol. du* 4 *juin* 1812. (*Art.* 4240, *j.*) — V. *inscription d'office*, *droits d'hypothèque* et *réduction*.

RÉDUCTION *de l'inscription.*

1. Toutes les fois que l'inscription prise par un créancier qui, d'après la loi, aurait droit d'en prendre sur les biens présens et à venir d'un débiteur, sans limitation convenue, est portée sur plus de domaines différens qu'il n'est nécessaire à la sûreté des créanciers, l'action en réduction des inscriptions, ou en radiation d'une partie en ce qui excède la proportion convenable, est ouverte au débiteur, on y suit les règles de compétence établies dans les art. 2159 et 2161 du Code civil. — On répute excessive l'inscription qui frappe sur plusieurs domaines, lorsque la valeur d'un seul ou de quelques uns d'entre eux excède de plus d'un tiers en fonds libres le montant des créances en capital et accessoires légaux. *Art.* 2162 *du Code civil.*

2. On peut aussi réduire comme excessive l'inscription prise d'après l'évaluation faite par le créancier, des créances qui, en ce qui concerne l'hypothèque à établir pour leur sûreté, n'ont pas été réglées par la convention, et qui, par leur nature, sont conditionnelles, éventuelles ou indéterminées. *Art* 2163.

3. L'excès dans ce cas doit être arbitré par les juges d'après les circonstances, les probabilités des chances et les présomptions de fait, de manière à concilier les droits vraisemblables du créancier avec l'intérêt du crédit raisonnable à conserver au débiteur; sans préjudice des nouvelles inscriptions à prendre, avec hypothèque du jour de leur date, lorsque l'événement aura porté les créances indéterminées à une somme plus forte. *Art.* 2164.

4. La valeur des immeubles dont la comparaison est à faire avec celles des créances, et le tiers en sus, est déterminée par quinze fois la valeur du revenu déclaré par la matrice du rôle de la contribution foncière, ou indiqué par la cote de contribution sur le rôle, selon la proportion qui existe dans les communes de la situation entre cette matrice ou cette cote et le revenu, pour les immeubles non sujets à dépérissement, et dix fois cette valeur pour ceux qui y sont sujets. Pourront néanmoins les juges s'aider, en outre, des éclaircissemens qui peuvent résulter des baux non suspects, des procès-verbaux d'estimation qui ont pu être dressés précédemment à des époques rapprochées, et autres actes semblables, et évaluer le revenu au taux moyen entre les résultats de ces divers renseignemens. *Art.* 2165 *du Code civil.*

5. Les hypothèques antérieures au Code civil sont hors du domaine de la nouvelle loi; elles doivent encore être exécutées telles qu'elles ont été consenties et sans souffrir de réduction. *Cour d'Agen du* 4 *fruct.* 13. (*J. du P.* 1806.)

6. Lorsque l'hypothèque judiciaire ou légale ne porte que sur un seul domaine, le débiteur ne pourra pas obtenir la réduction, quoique ce domaine soit d'une valeur bien supérieure à la créance hypothécaire. *Art.* 2161 *du C. C.* (*Quest. hyp.*, *T.* 2, *p.* 33.)

7. La femme mineure assistée des personnes dont le consentement est requis pour la validité de son contrat de mariage, peut, par le contrat qui en règle les conditions civiles, restreindre son hypothèque légale. *Cour de Paris du* 10 *avril* 1816. (*Quest. hyp.*).

8. La réduction d'une inscription étant une radiation partielle, les procédés du Conservateur pour l'opérer ne diffèrent point de ceux relatifs aux radiations ordinaires, excepté qu'il doit faire les réserves de droit pour la partie de l'inscription qui continue de subsister. *Instr.* 233.

9. Après le décès d'une mère qui a cautionné son fils, l'inscription prise pour raison de ce cautionnement, ne doit pas être restreinte à la portion héréditaire du cautionnement. *Arr. de cass. du* 14 *avril* 1809. (*J. du P.* 1809.) V. *Priviléges.*

10. *Dans tout état de cause*, un créancier inscrit peut renoncer à un droit qui lui est acquis; à un des moyens de recouvrer sa créance, et conserver tous ceux

qu'il croira plus avantageux à ses intérêts. *Cour de Paris du 31 août 1815.* (*Sirey.* 1816.).

REGISTRES.

1. Les Conservateurs seront tenus d'avoir un registre sur lequel ils inscriront, jour par jour et par ordre numérique, les remises qui leur seront faites d'actes de mutation pour être transcrits, ou de bordereaux pour être inscrits ; ils donneront au requérant une reconnaissance sur papier timbré, qui rappèlera le numéro du registre sur lequel la remise aura été inscrite, et ils ne pourront transcrire les actes de mutation ni inscrire les bordereaux sur les registres à ce destinés, qu'à la date et dans l'ordre des remises qui leur en auront été faites. *Art.* 2200 *du C. C.*

2. Tous les registres des Conservateurs sont en papier timbré, cotés et paraphés à chaque page par première et dernière, par l'un des Juges du Tribunal dans le ressort duquel le bureau est établi. Les registres seront arrêtés chaque jour comme ceux d'enregistrement des actes. *Art.* 2201 *idem.*

Les Conservateurs sont tenus de se conformer, dans l'exercice de leurs fonctions, à toutes les dispositions du présent chapitre, à peine d'une amende de deux cents francs à mille francs pour la première contravention, et de destitution pour la seconde ; sans préjudice des dommages et intérêts des parties, lesquels seront payés avant l'amende. *Art.* 2202 *idem.*

3. Les mentions de dépôts, les inscriptions et transcriptions, sont faites sur les registres de suite, sans aucun blanc ni interligne, à peine, contre le Conservateur, de mille à deux mille francs d'amende, et des dommages et intérêts des parties, payables aussi par préférence à l'amende. *Art.* 2203 *idem.*

Désignation des registres.

4. REGISTRE *de formalité et de recette*, tenu en exécution des art. 2200 et 2203 du C. C. V. *le n.° ci-après, bulletin et quittance.*

5. REGISTRE *de formalité pour inscription des privilèges et hypothèques.* V. *inscription.*

6. REGISTRE *de formalité pour la transcription des actes translatifs de propriétés d'immeubles ou droits réels immobiliers.* V. *transcription.*

7. REGISTRE *de formalité pour la transcription des saisies immobilières.* Il sert, en exécution de l'art. 677 du C. de P. C., à transcrire en entier, de suite, sans aucun blanc ni interligne, et jour par jour, les procès-verbaux de saisies immobilières, présentés à la formalité. V. *saisie.*

8. REGISTRE *de formalité pour l'enregistrement des dénonciations des saisies immobilières aux saisies, etc.* On y enregistre de suite, sans aucun blanc ni interligne, et jour par jour, en exécution des art. 695, 697 et 726 du C. de P. C., — 1.° Les procès-verbaux de dénonciation de saisie immobilière au saisi ; — 2.° Les notifications de placards aux créanciers inscrits ; — 3.° Les radiations de saisie légalement autorisées.

9. Tous les registres qui servent à donner la formalité hypothécaire doivent être timbrés et arrêtés jour par jour, et les inscriptions et transcriptions doivent être faites sous *la même date et dans le même ordre* que les enregistremens portés sur le registre de dépôt de pièces, ainsi que l'a ordonné l'instr. n.° 233. *Instr.* 316, *nomb.* 9, 341, 373 et *Circ. du* 14 *février* 1807. — La comptabilité des droits de timbre des registres est la même que pour les papiers distribués. Le droit de timbre de la partie des registres employée aux arrêtés, est à la charge des Conservateurs. *Circ. des* 5 *vend.* 11, 21 *frim.* 13, *et* 13 *sept.* 1810. *Instr.* 128 *et* 477. V. *arrêtés.*

10. REGISTRE *de dépôt de pièces.* — Indépendamment des arrêtés, doit contenir dix-sept enregistremens : la quotité du remboursement de chaque enregistrement est fixé à 6 cent. qui, joints au droit de 35 cent. pour timbre du bulletin de dépôt de pièces, élèvent à 41 cent. la somme que les parties ont à rembourser au Conservat.r *Instr.* 276. — Consultez *les instr.* n.os 233, 316, 494, 505, 665. *Circ. des* 7 *juin* 1809 *et* 20 *déc.* 1811. V. *timbre et salaires.*

11. REGISTRE *du visa* pour valoir timbre. V. *visa.*

12. REGIST. *des salaires*, à tenir jour par jour. V. *salaires.*

13. RÉPERTOIRE *des formalités.* On y porte par extrait, au moment de l'accomplissement des formalités hypothécaires, sous le nom de chaque grévé, etc. ; on ouvre une case à chaque individu, lorsqu'il n'y a pas déjà un compte ouvert au répertoire. *Circ.* 1539 *et* 1570. *Inst.* 271. V. *répertoire.*

14. TABLE *alphabétique* du répertoire des formalités hypothécaires. On y inscrit dans l'ordre alphabétique, les noms placés en tête de chacune des cases du répertoire, V. *table.*

15. TABLE *alphabétique* des créances hypothécaires sous le nom des créanciers. Elle peut être utile pour indiquer les créances dépendantes des successions. *Instr.* 443, V. *table.*

16. TABLE *des majorats*, celle qui est tenue pour donner des renseignemens sur les majorats dont les lettres ont été transcrites. V. *majorats.*

17. SOMMIER *des droits d'hypothèques.* D'après les circ. n.os 1521 et 1679 et l'instr. 607, il semblerait qu'il doit être tenu par le Conservateur deux sommiers, l'un *des droits en débet*, pour les droits suspendus, omis ou recelés, à l'effet de s'occuper de l'éclaircissement ; et l'autre, des *droits certains* pour les art. de droits éclaircis sur ce premier sommier et sur les inscriptions indéfinies dont les créances éventuelles se sont converties en créances réelles. V. *inscription indéfinie.*

18. SOMMIER *des cautionnemens* à tenir par le Directeur. V. *cautionnement*, n.° 7.

19. Les Conservat.rs ne peuvent refuser de mentionner, à la marge des anciens registres d'opposition au sceau des lettres de ratifications, les mains-levées ordonnées en justice, ou consenties par acte authentique, ni de délivrer des certificats de ces mains-levées. — Les opposans n'ont pu conserver leurs hypothèques que par des inscriptions. *Arr. de cass. du* 13 *déc.* 1818. (*Art.* 2657, 2709 *et* 3113, *j.*)

REMISES. Les Conservateurs ont, sur la recette des droits d'hypothèque, jointe aux autres recettes dont ils sont chargés, les remises accordées sur les droits d'enregistrement et autres, par le décret du 23 mai 1810. *Instr.* 479. V. *remises*, A L'ENREGISTREMENT.

A partir de 1820, la remise des Conservateurs des hypothèques, dont les recettes annuelles ne s'élèvent pas à 7500 fr., sera liquidée à raison de 8 p. 100. En conséquence, ces Préposés ne jouiront plus du *minimum* de 600 fr. accordé par le décret du 23 mai 1810. *Ordonn. du* 8 *déc.* 1819. *Instr. gén.*, n.° 914. V. *salaires.*

En cas d'avancement pour la retenue du traitement du premier mois d'exercice, suivant l'instruction n.° 976, V. *pension*, n.° 6, à L'ENREGISTREMENT.

RENOUVELLEMENT *d'inscriptions.*

1. L'inscription conserve le privilége de l'hypothèque pendant 10 ans, à compter du jour de la date; son effet cesse, si elle n'a pas été renouvelée avant l'expiration de ce délai. *Art* 2154 *du C. C.*

2. Cet article ne fait aucune exception, et c'est en quoi il diffère de la loi du 11 brum. 7, sur la durée des inscriptions. L'art. 23 de cette loi présente d'abord la même disposition que celle de l'art 2154 du Code; il offre ensuite deux exceptions à cette règle: la première en faveur des inscriptions prises sur les comptables et leurs cautions, *lesquelles*, est-il dit, auront leur effet, *jusqu'à l'apurement définitif des comptes, et six mois au-delà;* la seconde en faveur des inscriptions sur les biens des époux, pour leurs droits et conventions, *lesquelles dureront pendant tout le tems du mariage et une année après.* — Si ces exceptions ne sont pas retracées dans le Code civil, *ce n'est pas par oubli*, mais avec *réflexion*, et par suite des principes qui sont la base des nouvelles dispositions concernant les hypothèques. D'abord les inscriptions relatives aux droits des femmes ou des mineurs, ne sont plus nécessaires pour la conservation de leurs hypothèques qui existent indépendamment de toute inscription, suivant l'art. 2135 du Code. On n'a donc pas dû ordonner, pour la conservation de cette hypothèque légale, le renouvellement d'une inscription qui n'était plus nécessaire pour son établissement. *Avis du Cons. d'Etat du* 15 *déc.* 1807, *inséré au Bulletin des lois, sous la date du* 22 *janv.* 1808. *Instr.* 374.

3. *Mode de renouvellement.* Le renouvellement suit les mêmes formalités que celles exigées pour la première inscription. *Instr.* 316, *nomb.* 5. *Arrêt de cassat. du* 3 *juillet* 1815.

4. Le créancier doit fournir de nouveaux bordereaux rédigés dans la forme prescrite par l'art. 2148 du C. C. *Instr.* 316 *et* 443, *nomb.* 5.

5. Il n'est pas tenu à la représentation du titre de créance. *Arr. de cass. du* 14 *avril* 1817. (*Art.* 5814, *j.*)

6. Le Conservateur, après avoir perçu le droit, inscrit l'un de ces bordereaux sur le registre courant des inscriptions, et rappelle, en marge de l'art., le n.° de l'ancienne inscription, afin de faciliter les recherches; Le report de cette nouvelle inscription est faite dans la case du répertoire où se trouve consignée la première inscription et à la suite de celles qui ont pu être prises depuis, si cette case n'est pas remplie, ou dans une nouvelle case ouverte à cet effet au volume courant, renvoyant de l'une à l'autre case, et indiquant sur le répertoire, en marge de la mention de la première inscription, qu'elle a été renouvelée tel jour sous tel n.°; à l'égard de la table du répertoire, on porte sous le nom du grevé, et à la suite des précédentes mentions, les nouveaux numéros du volume et de l'art. du répertoire où l'inscription renouvelée est consignée. *Instr.* 316. — Les inscriptions n'ayant d'effet que pendant dix ans, les Conservateurs émargent sur le répertoire, et sur la table, seulement du mot *périmée*, toutes celles qui ne seraient pas renouvelées à l'expiration de ce délai; et, pour ne pas s'exposer à en délivrer mal-à-propos des extraits, ils passent sur cet article ainsi émargé au répertoire, un léger trait de plume, qui n'en rende pas la lecture impossible. — La nécessité du renouvellement des inscriptions avant l'expiration de leur durée décennale, s'applique aux inscriptions prises pour sûreté des créances de l'Etat. *Instr.* 316 *et* 649.

7. Pour que le renouvellement de l'inscription soit utilement fait, il doit avoir lieu avant l'expiration des dix ans et au plus tard le dernier jour. *Arr. de cass. du* 5 *avril* 1808. (*Traité des hyp.*^es.)

8. L'inscription prise le 24 mai 1799, a dû être renouvelée le 23 mai 1809, le 24 étant déjà le premier jour de la onzième année. Le défaut de renouvellement au jour fixé rend l'inscription sans effet, à l'égard du tiers détenteur qui avait acquis postérieurement à cette inscription. *Arr. de la Cour d'appel de Colmar du* 30 *juillet* 1813. (*Art.* 5146. *j.*)

9. Une inscription renouvelée est dite prise en vertu d'un contrat du . . . . . . et autres antérieurs. On l'a prétendue nulle, sur ce qu'elle n'indiquait point les titres antérieurs. Mais la négative a été décidée par arrêt de cass. du 3 fév. 1819, parce qu'on était à même de connaître la nature et l'origine de l'hypothèque en recourant à la première inscription, où les titres modifiés depuis se trouvent désignés. (*J. du P.*, 1819.)

10. L'inscription de renouvellement prise par un créancier subrogé dans l'effet d'une première inscription, doit contenir, à peine de nullité, indépendamment de la mention de subrogation, celle du titre originaire de la créance. *Arr. de la Cour de Paris du* 3 *juillet* 1815, *conforme aux arr. de cass. des* 4 *avril* 1810 *et* 14 *janv.* 1818. (*Art.* 5497 et 6213, *j.* et *J. du P.* 1810.)

11. Le cessionnaire peut renouveler l'inscription prise par son cédant, sans être tenu de faire mention que l'acte de cession a été signifié au débiteur. *Arr. de cass. du* 11 *août* 1819. (*Quest. hyp.*^es) V. le n.° 17 ci-après.

12. L'inscription hypothécaire qui est encore dans les dix ans lorsque le débiteur fait faillite, n'est pas sujète à être renouvelée, parce que dès l'instant de la faillite, le sort des créanciers est irrévocablement fixé; d'ailleurs l'inscription générale prise par les syndics des créanciers, au nom et dans l'intérêt de tous, vaudrait, au besoin, renouvellement pour les créanciers déjà inscrits. *Arr. de la Cour de Paris des* 17 *juillet* 1811 *et* 9 *mars* 1812. (*J. du P.* 1811 *et* 1812.) Le contraire a été décidé par arrêt de la Cour de Dijon du 26 fév. 1819. (*Art.* 6603 *j.*)

13. On n'est pas obligé de renouveler une inscription qui acquiert dix ans de date depuis l'ouverture de l'ordre; elle reste stable. *Arr. de la cour de Riom du* 16 *mai* 1811. (*Art.* 4963, *j.*).

14. Le créancier ne doit pas renouveler son inscription lorsque la dixième année du jour où elle a été prise expire pendant les contestations élevées sur l'or-

dre, puisqu'à l'époque de la signification de l'ordre il ne s'est pas écoulé dix ans, et que l'inscription, produisant alors tout l'effet que la loi entend lui donner, il n'y a plus de délai à courir, ni de prescription à craindre. *Arr. de cass. du* 5 *avril* 1808. *Instr.* 316. (*Art.* 4724, *j. et Quest. hyp.*).

15. Lorsqu'il est notifié au créancier inscrit un contrat d'acquisition, de biens sur lesquels il y a hypothèque, ce créancier est dispensé de renouveler son inscription, si alors elle était encore dans les dix ans. *Cour de Paris du* 29 *août* 1815. (*J. du P. même année et Quest. hyp.*).

16. Dès que la saisie immobilière est dénoncée et que la notification des placards est faite, le sort des inscriptions hypothécaires est fixé; il n'est pas besoin de les renouveler. *Cour de Rouen du* 29 *mars* 1817. (*J. du P.* 1818 *et Quest. hyp.*).

17. On ne peut pas se dispenser de renouveler l'inscription dans les dix ans, quoique dans le cas où avant l'expiration du délai, le créancier aurait obtenu un jugement déclarant l'immeuble affecté à sa créance, même si le débiteur est tombé en faillite, et si ce dernier étant décédé la succession a été acceptée sous bénéfice d'inventaire. L'inscription ayant été faite le 14 avril 1779, elle aurait dû être renouvelée *avant* le 14 avril 1809. *Arr. de la cour de Colmar du* 22 *avril* 1813, *confirmé en cass. le* 17 *juin* 1817. (*Art.* 5889, *j. Quest. hyp. et J. du P.* 1818.).

18. La transcription d'une vente qui a l'effet d'arrêter le cours des inscriptions de la part des créanciers du vendeur, n'a pas l'effet d'empêcher le renouvellement des inscriptions déja faites et toujours sous le nom de l'ancien propriétaire débiteur originaire. *Arr. de cass. du* 27 *mai* 1816. (*Sirey, J. du P. même année et art.* 5525, j.),

19. Les inscriptions anciennes, prises avant le code, doivent être renouvelées suivant les formalités prescrites par la loi existante à l'époque à laquelle elles ont été prises. (*Traité des hyp.*). Il n'est pas nécessaire de représenter au Conservateur, le titre constitutif de l'hypothèque, et si dans l'intervalle de la 1.re et de la 2.e inscription, l'arrondissement des bureaux de conservation a été changé, le renouvellement doit être fait au bureau actuel de la situation des biens. *Déc. min. fin. et just. des* 31 *mars et* 11 *avril* 1809. *instr.* n° 433. (*Quest. hyp. et Traité des hyp.*).

20. Pour le renouvellement d'inscription en vertu d'une ancienne hypothèque générale, on n'est pas obligé d'indiquer l'espèce et la situation des biens. L'inscription de renouvellement doit être conforme à l'inscription primitive. *Cour de Liège du* 8 *août* 1811. (*Art.* 4034, *j.*; *et J. du P.* 1812.).

21. Les inscriptions prises d'office, et celles requises par les femmes, les mineurs et le Trésor, sur les biens des maris et des comptables, doivent être renouvelées avant l'expiration du délai de dix ans. Lorsque l'inscription d'office a été faite par le Conservateur, elle doit être renouvelée par le créancier qui y a intérêt. *Instr.* 374.

22. Un avis du Conseil d'État du 22 janvier 1808, a décidé que l'inscription d'office non renouvelée dans les dix ans, est sans valeur; mais en refusant le caractère de loi à cet avis, on a prononcé que, d'après l'art. 2108 du Code civil, un vendeur peut, en tout tems, prendre utilement inscription pour la conservation de son privilège, tant que l'immeuble n'a pas changé de mains, même, suivant l'art. 834 du Code de P. C., dans la quinzaine de la transcription du second acte de vente. *Cour de Paris du* 24 *mars* 1817. (*J. du P., même année.*)

23. C'est au Receveur des Domaines, à requérir le renouvellement des inscriptions relatives aux rentes domaniales, et autres créances dues à son bureau. *Circ. du* 22 *sept.* 1808.

24. Il n'y a pas lieu au renouvellement, ni à prendre des inscriptions hypothécaires, pour assurer le paiement des biens de l'État vendus, ou des cédules souscrites par suite des ventes, excepté dans le cas où il s'agirait d'immeubles affectés au cautionnement, ou à d'autres biens des acquéreurs, par suite des créances des adjudications, ou à raison de dégradations. *Déc. min. fin. du* 17 *fév.* 1809. *Instr.* n.° 418.

RENVOI, V. *table des créances*, et à l'ENREGISTREM.t *renvoi* et *tournée*.

RÉPERTOIRE *des hypothèques*. Ce registre, tenu sur papier libre, est servi de l'extrait (sous le nom de chaque grévé, à la case qui lui est destinée), des inscriptions, transcriptions, radiations, et des autres actes qui le concernent, ainsi que l'indication des registres où chacun de ces actes sera porté. Toutes les formalités requises dans le bureau doivent y être notées avec soin. Ce registre doit offrir en quelque sorte le bilan hypothécaire de chaque particulier. *Circ.* 1539 *et* 1570, *instr.* 316. V. *table* et *registr.*

RÉSOLUTION *de contrat*. Un bail à rente foncière renferme essentiellement un pacte commissoire : il n'emporte, de sa nature, aliénation de la propriété, que sous la condition du paiement. Ainsi le créancier d'une rente créée pour concession de fonds, peut demander le déguerpissement faute de paiement des arrérages, encore qu'il n'ait pris aucune inscription, que l'immeuble ait été hypothéqué au profit d'un tiers, et que le débiteur de la rente ait la faculté de la racheter. *Arr. de cass. du* 16 *juin* 1811. (*Trait. des hyp.*)

La transcription hypothécaire ne peut empêcher la résolution du contrat de vente dont le prix n'est pas payé, la condition résolutoire, dans ce cas, étant toujours sous-entendue, et son effet ne pouvant être ni évité, ni détruit par la transcription. *Arr. de cass. du* 3 *déc.* 1817. *J. du P.* 1818.). — V. *résolution*, à L'ENREGISTREMENT.

RESPONSABILITÉ *des Conservateurs*.

1. Les Conservateurs sont responsables du préjudice, résultant, 1.° de l'omission sur leurs registres, des transcriptions d'actes de mutation, et des inscriptions requises en leurs bureaux; 2.° du défaut de mutation dans leurs certificats, d'une ou de plusieurs des inscriptions existantes, à moins, dans ce dernier cas, que l'erreur ne provînt de désignations insuffisantes qui ne pourraient leur être imputées. *Art.* 2197 *du C. C.*

2. L'immeuble à l'égard duquel le Conservateur aurait omis dans les certificats une ou plusieurs des charges inscrites, en demeure, sauf la responsabilité du Conservateur, affranchi dans les mains du nouveau possesseur, pourvu qu'il ait requis le certificat depuis la transcription

de son titre, sans préjudice néanmoins du droit des créanciers de se faire colloquer suivant l'ordre qui leur appartient, tant que le prix n'a pas été payé par l'acquéreur, ou tant que l'ordre fait entre les créanciers n'a pas été homologué. *Art.* 2198 *du C. C.*

3. Dans une inscription d'hypothèque spéciale, pour une créance de 2200 fr., prise au bureau de Pontoise, on indiquait une auberge à Louvre, à l'enseigne de la *Bonne-Femme*, contre Brice-Forti-la-Marre, qui, sous le nom de Brice-Forti, dit la Marre, vend cette maison, ayant pour enseigne la *Femme sans tête*. Le contrat fait mention que, pour déterminer provisoirement les inscriptions qui devront rester sur cette maison, il les désigne, et celle dont il s'agit est indiquée. — Le Conservateur n'a pas compris cette inscription dans l'état délivré après la transcription, à cause de la différence dans la désignation des noms; mais il fut reconnu que l'énonciation était suffisante pour justifier l'identité, et la garantie fut prononcée en faveur du créancier dont l'inscription fut omise dans l'état délivré. *Cour de Paris du* 13 *février* 1813. (*Art.* 4482, *j.*)

4. L'omission d'une inscription dans un certificat provenant du fait du Conservateur lui-même, ou de celui de son prédécesseur, pour défaut de report au répertoire, rend le Conservateur responsable, sauf son recours contre son prédécesseur; mais cette responsabilité ne peut excéder la durée des inscriptions. Comme après le laps de dix ans les inscriptions sont périmées, non seulement les Conservateurs ne sont pas responsables de leur omission, mais ils ne doivent pas même les comprendre dans leurs certificats. *Cour de Paris du* 6 *juin* 1810. (*Traité des hyp.*) V. *état des inscriptions.*

5. Lorsqu'une personne vend un immeuble en prenant un nom différent de celui sous lequel elle a déjà hypothéqué; si l'acquéreur fait transcrire son contrat; si le Conservateur des hypothèques, trompé par le nom du vendeur, délivre un certificat négatif d'inscription; si enfin il arrive que l'acquéreur revende l'immeuble en question, et que celui qui l'achète sous la foi d'un certificat négatif obtienne la préférence sur les créanciers omis par le Conservateur, ces créanciers n'ont de recours ni contre l'acquéreur, ni contre le Conservateur. Dans ce cas, le vendeur originaire est seul responsable, et par corps. *Cour de Paris du* 3 *déc.* 1811. (*Traité des hyp.*)

6. Le Conservateur est responsable du défaut de mention, sur son registre, des énonciations et désignations contenues dans les bordereaux d'inscription; peu importe que les bordereaux ne soient pas signés de lui, si d'ailleurs ils ont été signés dans ses bureaux par un Préposé de la régie, un vérificateur qui soit censé le remplacer pour quelque cause que ce soit. Dans tous les cas, la responsabilité du Conservateur ne peut s'étendre au-delà des sommes pour lesquelles le créancier, si son inscription était valable, serait utilement colloqué dans la distribution du prix de l'immeuble hypothéqué. *Art.* 2150 et 2197 *du C. C.— Cour de Bordeaux du* 24 *juin* 1813. (*Sirey*, 1815, *et art.* 5377, *j.*)

7. Il n'y a pas de responsabilité envers les Conservateurs, pour les omissions d'inscriptions dans les états qui leur sont demandés, lorsque le contrat de vente soumis à la transcription n'énonce pas les noms vulgaires du vendeur, sous lesquels il était connu. *Cour de Paris du* 5 *déc.* 1810. (*Art.* 3966, *j.*; et *J. du Palais* 1811.)

8. Lorsque, par la faute du Conservateur, des inscriptions sont reconnues nulles, il n'est admis à aucune excuse pour repousser l'action en garantie; sur la nullité de l'inscription résultant du défaut d'indication de l'époque de l'exigibilité de la créance, il ne peut se soustraire au recours du créancier sous prétexte que la radiation ayant été consentie avant la loi du 4 septembre 1807, il n'a pu profiter du délai de six mois que lui accordait cette loi, pour rectifier les inscriptions *Arr. de cass. du* 28 *avril* 1818. (*Art.* 6089, *j.* et *Sirey* 1818.)

9. D'après les articles 6, 7 et 8 de la loi du 21 vent. 7, le cautionnement (qui subsiste sans avoir besoin d'être renouvelé) et la responsabilité du Conservateur, cessent d'exister dix ans après la cessation de ses fonctions; alors ce fonctionnaire est affranchi de toutes actions, soit réelles, soit personnelles, puisque la loi n'en réserve et ne peut, dans le système qu'elle a adopté, en réserver aucune. Dès qu'il est renvoyé de la demande en garantie formée contre lui, il ne doit pas être condamné aux dépens. *Arr. de cass. du* 22 *juillet* 1816. (*Art.* 5527, *j.* et *Traité des hyp.*) V. *cautionnement.*

10. L'action en garantie a été exercée avec succès contre un Conservateur qui avait occasionné la nullité d'une inscription faite sous le nom de Clément, tandis qu'elle était requise, par le bordereau, contre Clémencet; il fut condamné à en répondre, quoique cette inscription ait eu plus de dix ans de date, parce qu'il ne s'était pas écoulé dix ans depuis la cessation des fonctions du Conservateur. *Art.* 32 *de la loi du* 13 *brum. et* 8 *de celle du* 21 *vent.* 7. *Arr. de cass. du* 2 *déc.* 1816. (*Sirey* 1817, *et art.* 5744, *j.*)

RESTITUTION *de droits.* Les dispositions de l'art. 61 de la loi du 22 frim. 7, concernant la perception des droits d'enregistrement, sont applicables aux perceptions des droits d'inscriptions et de transcriptions hypothécaires, établis par la loi du 21 vent. 7. *Loi du* 24 *mars* 1806, *instr.* 316.

L'adjudicataire sur lequel est poursuivie la folle enchère, a le droit de demander la restitution des droits de mutation et de transcription au nouvel acquéreur. *Loi du* 22 *frim.* 7, *art.* 69, §. 7, n° 1.er *Arr. de cass. du* 6 *juin* 1811. (*J. du P.*, *même année.*) V. *droits d'hypothèques; et à l'*ENREGISTREMENT, *restitution.*

SALAIRES *du Conservateur.* Ils sont fixés par le décret du 21 septembre 1810, comme il suit :

1. Enregistrement et reconnaissance des dépôts d'actes de mutations pour être transcrits, ou de bordereaux pour être inscrits, 25 cent. *Instr.* 494. — Il n'est dû aucun salaire particulier pour cette reconnaissance ou bulletin de dépôt. *Instr.* 316, *nomb.* 12.

2. Inscription de chaque droit d'hypothèque ou privilége, quel que soit le nombre de créanciers, si la formalité est requise par le même bordereau, 1 franc. *Instr.* 494.

Cependant lorsqu'un créancier a hypothèque sur plusieurs individus *non solidaires*, ou que plusieurs créanciers ont des créances distinctes sur un débiteur commun, il faut une inscription particulière pour chaque créancier ou sur chaque débiteur, dès qu'il n'existe point unité de créance, ni obligation solidaire. Dans ce cas, il y a lieu à la pluralité des droits, tant au profit du Trésor qu'à celui du Conservateur, chaque inscription qu'on n'aurait pas la faculté de réunir en une seule, devant son droit particulier. *Circ.* 1571.

Le renouvellement des inscriptions est passible du salaire comme les inscriptions elles-mêmes. *Instr.* 374.

3. Chaque inscription faite *d'office* par le Conservateur, en vertu d'un acte translatif de propriété *soumis à la transcription*, 1 fr.

L'inscription *d'office* n'est sujète qu'au salaire. *Instruct.* 374.

4. Chaque déclaration, soit de changement de domicile, soit de subrogation, soit de tous les deux, par le même acte, 50 c.

5. Chaque radiation d'inscription, 1 fr.

La radiation d'inscription et le certificat qui l'atteste, ne donnent lieu qu'à un salaire. Si ensuite le certificat d'une radiation est requis, le salaire d'un franc est exigible. *Instr.* 494.

Les salaires sont dus pour chaque radiation d'inscription, et pour chaque déclaration, soit de changement de domicile, soit de subrogation aux droits du créancier. Mais lorsque, ultérieurement, il est demandé des états d'inscriptions, les radiations partielles, les nouvelles élections de domicile et les subrogations faisant partie intégrante des inscriptions, ne peuvent donner lieu à un salaire distinct. *Instr.* 902.

6. Chaque extrait d'inscription, ou certificat qu'il n'en existe aucune, 1 fr.—V. *état des inscriptions* et *certificat.*

Pour l'extrait d'une inscription dont la date est indiquée, il n'est dû qu'un simple salaire, en quelque nombre que soient les débiteurs grévés par inscription. *Instr.* 494.

Pour un certificat de *non*-inscription sur une vente d'immeubles consentie par plusieurs individus, le droit d'un franc doit être alloué autant de fois qu'il y a de vendeurs et d'anciens propriétaires sur lesquels il y a nécessité de purger, conformément à la décision du 8 therm. 8, qui reste maintenue. *Instr.* 530.

Le salaire pour chaque extrait d'inscription compris dans l'état des charges hypothécaires, est d'un franc, sans que le Conservateur puisse rien exiger au-delà, quelles que soient les recherches préalables qu'il ait dû faire pour délivrer l'extrait. *Instr.* 547.

Le certificat qui serait apposé à la suite de l'état, pour attester que les inscriptions qu'il renferme sont les seules qui existent, n'est susceptible d'aucun salaire. *Circ.* 1769; *autre du 7 juin* 1809.

Mais quand l'état est requis sur plusieurs individus dont les uns se trouvent grévés et les autres ne le sont point, le Conservateur a droit, et au salaire d'un fr. pour chaque extrait d'inscription compris dans l'état, et à celui de certificat négatif, à raison d'un franc par chacune des personnes sur lesquelles on atteste qu'il n'existe aucune inscription. *Instr.* 547.

Si un acquéreur requiert l'état des inscriptions, immédiatement après la transcription, et ensuite à l'expiration de la quinzaine qui la suit, on ne doit pas comprendre, dans chacun des deux états, toutes les inscriptions, et en exiger un double salaire; il suffit de rapporter le premier, pour y joindre l'état des inscriptions depuis la transcription; d'où il suit que ce dernier, qui n'est, au fond, qu'un simple état supplémentaire, n'opère pas de droit. *Instr.* 530.

Les états et certificats négatifs requis par MM. les Préfets, des inscriptions obtenues, soit sur les biens des comptables ou de leurs cautions, soit sur ceux séquestrés et possédés indivisément avec l'Etat, doivent être visés pour timbre *gratis*, et sont exempts du salaire du Conservateur. *Circ.* 2034.

Lorsque, faute de titre constitutif, on ne peut faire le recouvrement d'une rente due à l'Etat, le Conservateur n'est pas fondé à réclamer ses salaires. *Sol. du* 28 *pluv.* 9. (*Art.* 777, *j.*)

7. La transcription de chaque acte de mutation, par *rôle* d'écriture du *Conservateur*, contenant 25 lignes à la page et 18 syllabes à la ligne, 1 fr.

Le rôle se compose de deux pages. — Le papier des registres de transcription étant de la dimension sujète au timbre de 2 fr., le Conservateur doit porter sur chaque page 35 lignes, ce qui donne 70 lignes au rôle, dont le salaire est de 1 fr. 40 c., ou de 2 cent. par ligne. *Instr.* 494.

Le salaire pour les rôles entamés se fractionne à raison de 2 c. par ligne. *Instr.* 530.

8. Chaque certificat de non transcription d'actes de mutation, 1 fr.

9. Les copies collationnées des actes déposés ou transcrits dans les bureaux des hypothèques, par rôle d'écriture du Conservateur, contenant 25 lignes à la page, et 18 syllabes à la ligne, 1 fr.—V. le n° 7 ci-devant.

Les copies ou extraits collationnés ne doivent être délivrés que sur du moyen papier de 1 fr. 25 cent. la feuille. *Déc. min. fin. du* 10 *février* 1817.

10. Chaque duplicata de quittance, 25 cent.

11. Transcription de chaque procès-verbal de saisie immobilière par rôle d'écriture du Conservateur, contenant 25 lignes à la page, et 18 syllabes à la ligne, 1 f. — Le salaire se règle comme au n.° 7 ci-devant.

12. Enregistrement de la dénonciation de la saisie immobilière au saisi, et la mention qui en est faite en marge du registre, 1 fr.

Il ne peut y avoir lieu à la pluralité des salaires, d'après le nombre des créanciers ou des représentans du débiteur saisi. *Instr.* 619.

13. Enregistrement de chaque exploit de notification de placards aux créanciers inscrits, tenant lieu de l'inscription des exploits de notification des procès-verbaux d'affiches, 1 fr.

14. Acte du Conservateur constatant son refus de transcription en cas de précédente saisie, 1 fr.

15. Radiation de la saisie immobilière, 1 fr.

16. Le Conservateur qui exigerait de plus forts salaires que ceux fixés, serait poursuivi comme concussionnaire et puni comme tel; toute perception de salaires, soit à titre de prompte expédition, soit autrement, qui

excéderait le tarif, l'exposerait à perdre son emploi, outre qu'il serait dans le cas d'être poursuivi suivant la rigueur des lois. *Loi du* 9 *vent.* 7. *Circ.* 1539 *et du* 7 *juin* 1809.

17. Le tarif des salaires doit être affiché dans l'endroit le plus apparent du bureau. *Circ. du* 7 *juin* 1809.

18. Le Conservateur tient un registre jour par jour, et par suite de numéros, de tous les salaires qu'il reçoit; ce registre, non timbré, est arrêté comme les autres registres de formalités. Les Employés supérieurs doivent exercer une active surveillance à cet égard. *Circ. des* 7 *juin* 1809, 20 *déc.* 1811 *et* 17 *sept.* 1812. *Instr.* 494 *et* 665. — Cependant les Conservateurs porteront au registre, à la fin de chaque mois, en une seule ligne, 1.° le nombre des articles enregistrés pendant ce mois au registre de dépôt des bordereaux à inscrire, et des actes de mutation à transcrire, ainsi que le montant en masse des salaires de ces articles; — 2.° Le nombre des inscriptions faites pendant le mois, et la totalité des salaires pour ces inscriptions. *Circ. du* 17 *sept.* 1812.

19. Les omissions seraient de véritables soustractions au préjudice de la caisse des pensions, au profit de laquelle s'exerce une retenue sur les salaires. *Instr.* 665.

20. A partir de la publication de la loi de finance, de 1816, les Conservateurs des hypothèques porteront en recette, pour le compte du Trésor royal, la moitié des salaires fixés par le n.° 7 du tableau annexé au décret du 21 sept. 1810, pour la transcription des actes de mutation. *Ordonn. royale du* 1.er *mai* 1816. *Instr. générale*, n.° 719.

21. La moitié des salaires qui revient au Trésor, sur ceux de transcription, produit remises au Conservateur comme recette ordinaire. *Sol. du* 4 *sept.* 1816. — V. *remises*, à L'ENREGISTREMENT.

22. On ne peut obliger ceux qui ont fait transcrire en commun une adjudication volontaire ou forcée, à payer les salaires d'autant d'état d'inscriptions hypothécaires qu'il y a d'acquéreurs, lorsqu'ils demandent un état pour eux tous; le salaire particulier par acquéreur n'est exigible qu'autant que chaque acquéreur a requis individuellement et en son nom personnel, un état d'inscription ou la transcription de son titre. *Inst.* 530.

23. Toutes les fois que les Conservateurs sont requis de délivrer des états d'inscriptions ou des extraits séparés de ces inscriptions, ayant plus de dix années de date, il est dû pour salaire 1 fr. par chaque extrait. *Instr.* 902. — V. *état des inscriptions*.

24. Lors des échanges avec le domaine de la couronne, le Conservateur a droit de percevoir ses salaires pour les transcriptions, les états d'inscriptions, les certificats et les radiations. *Inst.* 598.

25. Le Conservateur qui fait le recouvrement des droits et du salaire des inscriptions prises au profit de l'Etat, antérieurement à son exercice, doit profiter de ce salaire; son prédécesseur ne peut rien y prétendre. *Sol. du* 8 *prair.* 10.

26. Il n'a point de salaire à réclamer, tant pour les inscriptions requises par les Procureurs du Roi, que pour celles faites par les Employés, lorsqu'elles deviennent de nulle valeur. *Sol. du* 28 *pluv.* 9.

27. Les hospices et les fabriques sont tenus de l'avance des salaires lorsqu'il est pris inscription à leur profit, ils n'en sont dispensés que lorsque les inscriptions sont requises sur les biens de *leurs Receveurs et Administrateurs comptables*. *Inst.* 316, §. 1.er.

SAISIES IMMOBILIÈRES. 1. Le Code de procéd.° civile a substitué les saisies immobilières aux poursuites en *expropriations forcées*, et a ordonné la transcription et l'enregistrement de certains actes dans les bureaux de conservation des hypothèques. — V. *les n.os suivans*.

2. Il est fourni aux Conservateurs des registres pour la transcription; le préambule de ces registres indique comment les transcriptions y seront consignées et la mention qui devra en être faite au répertoire. *Instr.* 341 et 373.

3. Il a également été fourni à chaque Conservateur un registre pour y inscrire les dénonciations de saisies immobilières aux saisis, les notifications de placards aux créanciers inscrits et les radiations de saisies. Le préambule fait connaître les mentions à faire en marge de la saisie et sur le répertoire. *Id.* et 443, *nomb.* 23.

4. Ces registres sont en papier timbré et arrêtés jour par jour. *Instr.* 341 *et* 373. *Nomb.* 10.

5. Si le Conservateur ne peut procéder à la transcription de la saisie, à l'instant où elle lui est présentée, il fera mention, *sur l'original qui lui sera laissé*, des *heure, jour, mois et an auxquels il lui aura été remis*; et, en cas de concurrence, le premier présenté sera transcrit. *Art.* 678 *du* C. de Pr. C.

6. S'il y a eu précédente saisie, le Conservateur constatera son refus en marge de la seconde; il énoncera la date de la précédente saisie, les nom, demeure et profession du saisissant et du saisi, l'indication du tribunal où la saisie est portée, le nom de l'Avoué du saisissant, et la date de la transcription. *Art.* 679, *idem.*

7. La saisie immobilière étant *dénoncée au saisi* dans le délai fixé par l'art. 681, *l'original de cette dénonciation* sera visé dans les vingt-quatre heures par le Maire du domicile du saisi, *et enregistré dans la huitaine, outre un jour pour trois myriamètres*, AU BUREAU DE LA CONSERVATION DES HYPOTHÈQUES DE LA SITUATION DES BIENS, ET MENTION EN SERA FAITE EN MARGE DE L'ENREGISTREMENT DE LA SAISIE RÉELLE. *Art.* 681.

8. La partie saisie ne peut, à compter du jour de la dénonciation qui lui a été faite de la saisie, *aliéner les immeubles*, *à peine de nullité*. *Art.* 692.

9. Un exemplaire du placard imprimé (*affiche de la saisie*) doit être *notifié aux créanciers inscrits*, aux domiciles *élus par leurs inscript.*° *Art.* 695. — Cette notification sera enregistrée *en marge de la saisie au bureau de la conservation*: du jour de l'enregistrement, la saisie ne peut plus être rayée que du consentement des créanciers ou en vertu de jugemens rendus contre eux. *Art.* 496.

10. Si une seconde saisie présentée à l'enregistrement est plus ample que la première, elle sera *enregistrée pour les objets* NON COMPRIS *en* LA PREMIÈRE *saisie*, et le second saisissant sera tenu de *dénoncer* sa saisie au premier saisissant. *Art.* 720.

11. Lorsqu'une saisie immobilière *aura été rayée*, le plus diligent des saisissans postérieurs pourra poursuivre sur la saisie, encore qu'il ne se soit pas présenté le premier à l'enregistrement. *Art.* 725.

12. D'après ces dispositions du C. de P. C., les formalités à remplir par les Conservateurs, consistent : — Dans la transcription de la saisie immobilière ; — L'enregistrement de l'original de la dénonciation de la saisie au saisi ; — L'enregistrement de la notification du placard aux créanciers inscrits ; — La radiation de la saisie, *lorsqu'elle est légalement autorisée* ; — Et la délivrance des états et certificats y relatifs. *Instr.* 443.

13. La transcription de la saisie immobilière, et l'enregistrement des objets détaillés dans une seconde saisie, *qui n'auraient pas été compris dans la première*, se font sur le registre indiqué au mot *registre*. — La marge *gauche* du registre présente les numéros d'ordre des transcriptions, ceux du volume et de l'article du répertoire, et on mentionne sur la marge *droite* l'enregistrement de l'origine de la dénonciation de la saisie au saisi, de la notification du placard aux créanciers inscrits, et de la radiation de la saisie, en indiquant la page et le numéro de chaque enregistrement sur le registre spécial. *Idem.*

14. L'enregistrement de l'original de la dénonciation de la saisie au saisi, de la notification du placard aux créanciers inscrits, et de la radiation de la saisie, se fait aussi sur un registre spécial indiqué ou mot *registre*. Cet enregistrement est daté et numéroté suivant le rang qu'il tient au registre de dépôt ; il est signé par le Conservateur, qui indique le n° d'ordre de l'enregistrement, celui du volume et de l'article du répertoire ; en marge on rappèle la page du registre de transcription de la saisie immobilière, où les mentions des dénonciations, notifications et radiations ont été faites, ainsi que le n° de chaque enregistrement ; ce mode a été confirmé par avis du Conseil d'état, approuvé le 10 juin 1809. (238.e Bulletin des Lois, n° 4440.) *Instr.* 443.

15. Les anciens registres servant *pour les expropriations forcées*, aux inscriptions des procès-verbaux d'affiche, et de l'exploit de leur notification, ont dû être arrêtés par le juge de paix et le Conservateur, et l'état en être constaté par procès-verbal, sauf à y porter ceux de ces actes qui auraient été la suite d'expropriations commencées avant la mise en activité du C. de P. C. *Id.*

16. Dans les relations, certificats et copies relatifs à la transcription des saisies immobilières, il faut indiquer que la dénonciation au saisi et les notifications aux créanciers inscrits, ont été enregistrées, et que mention en a été faite en marge de la transcription de la saisie. Circ. du 26 nov. 1808. — V. le n° 6 pour le certificat de refus de transcription d'une seconde saisie, lorsque la première a été transcrite. On peut aussi consulter les Inst. gén. des 21 septembre 1807, et 26 juillet 1809, n.os 341 et 443, nomb. 23, le tit. 19 du C. C., *sur l'expropriation forcée* ; et le décret du 2 fév. 1811. — V. *salaires.*

17. Le procès-verbal de chaque vacation de la saisie immobilière, doit être enregistré dans les quatre jours de sa date, *avant la transcription aux hypothèques. Instr.* 590, *nomb.* 13.

18. La saisie immobilière des biens d'un débiteur, situés dans plusieurs arrondissemens, est permise simultanément lorsque leur valeur totale est inférieure au montant réuni des sommes dues tant au saisissant qu'aux autres créanciers inscrits. Le créancier doit joindre à la requête présentée au tribunal de l'arrondissement du domicile du débiteur, l'extrait des inscriptions prises dans les divers arrondissemens de la situation des biens, ou le certificat qu'il n'en existe aucune. *Loi du* 14 *nov.* 1808, *nomb.* 1.er *de l'instr. générale du* 3 *janv.* 1809, n° 411. (*Art.* 3077, *j.*)

19. Il n'est pas nécessaire d'être le premier créancier inscrit et d'avoir la spectative de toucher tout ou partie du prix auquel s'élèverait la vente de l'immeuble, pour qu'un créancier hypothécaire puisse poursuivre la saisie immobilière de son débiteur. *Arrêt de la Cour de Paris, du* 8 *fév.* 1819. (*Art.* 6578, *j.*)

20. Le saisissant est obligé de rechercher les créanciers sur les anciens propriét.s, et de leur dénoncer les poursuites, quoique le certificat du Conservateur n'en fasse aucune mention. *Arrêt de la Cour de cassation, du* 27 *nov.* 1811, *et de celle de Riom, du* 8 *août* 1815. (*J. du P.* 1812 et *art.* 5715, *j.*)

L'hypothèque inscrite sur un bois, affecte aussi la superficie non encore détachée du fonds, ou même vendue pour être exploitée dans un autre tems avant l'âge fixé pour la coupe ; dans cet état le créancier inscrit peut la faire saisir immobilièrement. *Cour de Dijon, du* 30 *janv.* 1819.

On ne peut pas convenir, dans l'acte constitutif de l'obligation et de l'hypothèque, qu'à défaut de paiement le créanc.r pourra faire vendre, sans formalités de justice, l'immeuble hypothéqué, parce que l'art. 2078 du Code civil déclare nulle une clause de cette espèce. *Cour de Bourges, du* 8 *fév.* 1811. (*J. du P.* 1810 et *Quest. hyp.*)

SAISIES RÉELLES (*anciennes.*) — Les dispositions du décret du 11 janvier 1811, qui concernent les biens des anciennes saisies réelles, *suivies de baux judiciaires* ; la transcription de certains actes qui y ont rapport, etc., sont insérées dans l'instruction générale n.° 508.

SUBROGATION. Le Conservateur peut exiger le dépôt de l'expédition du titre, lorsqu'on lui présente des bordereaux de subrogation d'hypothèque. *Sol. du* 30 *juin* 1808. V. — *bordereaux, hypoth. et inscriptions.*

L'inscription prise par le subrogé à la créance, sans énonciation du titre de cette créance, ne vaut qu'en faveur de la subrogation, et n'a d'effet qu'à sa date, sans pouvoir prolonger la durée de l'inscription du subrogeant. *Arr. de cass. du* 3 *juillet* 1815. (*J. du P., même année.*) V. *hypothèque, inscription* et *transcription.*

SUPPLÉMENT *de droits*. Le Conservateur est responsable des supplémens de droits prescrits par sa négligence. *Inst.* 316.

SURENCHÈRE. (Les articles du code civil qui ont rapport au mode de purger les propriétés des privilèges et hypothèques sont transcrits au mot PURGE.)

1. Les créanciers qui, ayant une hypothèque aux termes des articles 2123, 2127 et 2128 du code civil, n'auront pas fait transcrire leurs titres antérieurement aux aliénations qui seront faites à l'avenir des immeubles hypothéqués, ne seront reçus à requérir la mise aux enchères, conformément aux dispositions du chapitre 8, titre 18 du livre 3 du C. C., qu'en justifiant de l'inscription qu'ils auront prise depuis l'acte translatif de propriété, et au plus tard dans la quinzaine de la

transcription de cet acte. — Il en sera de même à l'égard des créanciers ayant privilége sur des immeubles, sans préjudice des autres droits résultant au vendeur et aux héritiers, des art. 2108 et 2109 du C. C. *Art.* 834 *du C. de P. C.*

2. Dans le cas de l'article précédent, le nouveau propriétaire n'est pas tenu de faire aux créanciers dont l'inscription n'est pas antérieure à la transcription de l'acte, les significations prescrites par les articles 2183 et 2184 du C. C.; et dans tous les cas, faute par les créanciers d'avoir requis la mise aux enchères dans le délai et d'après les formes prescrites, le nouveau propriétaire n'est tenu que du paiement du prix, conformément à l'article 2186 du code civil. *Art.* 835 *du C. de P. C.*

3. Le code civil, art. 2185, a apporté une dérogation à l'ancienne jurisprudence : maintenant le créancier seul dont le titre est inscrit peut requérir la mise aux enchères. — Une hypothèque indûment inscrite ne donne pas le droit de surenchérir. *Arr. de cass. du* 28 *déc.* 1808. (*Traité des hyp. et Quest. hyp.*).

4. Le créancier inscrit, mais dont l'inscription a été omise dans le certificat délivré par le Conservateur, ne peut pas requérir la mise aux enchères de l'immeuble, parce que l'acquéreur a pu procéder de bonne foi d'après le certificat qui a rempli le vœu de l'article 51 de la loi du 11 brum. 7, et que suivant l'art. 2198, l'immeuble est purgé des inscriptions omises. *Arr. de cass. du* 9 *niv.* 14. (*Quest. hyp.*).

5. Le débiteur solidaire, qui, par le paiement de la dette commune, est subrogé de plein droit à l'hypothèque du créancier, a, comme celui-ci, le droit de surenchérir, sans être obligé de faire inscrire l'acte de subrogation. *Cour de Paris du* 2 *mars* 1809. (*Quest. et Traité des hyp.*).

6. Lorsque l'acquéreur a dénoncé son contrat aux créanciers inscrits par deux actes séparés, et à des époques différentes, le délai de 40 jours pour surenchérir court, à l'égard de chaque créancier, à partir de la notification qui lui en a été faite, et non de la notification postérieure faite aux autres créanciers. *Cour de Paris du* 27 *mars* 1811. (*Traité des hyp.*).

7. Une surenchère faite et notifiée un jour de dimanche n'est pas nulle, dès qu'elle est permise par le Président du tribunal, d'après l'art. 63 du code de procédure civile. — Si cette permission est donnée par un Président étranger à l'arrondissement où la notification doit avoir lieu, il y a contravention aux art. 63 et 832 de ce même code, mais non nullité, que l'article 1030 ne permet pas d'établir par induction. *Cour de Bordeaux du....* (*Quest. hyp.*).

8. La surenchère, autorisée par l'art. 710 du code de procédure, faite la veille d'une fête légale, peut être utilement dénoncée aux avoués de l'adjudicataire, du poursuivant et de la partie saisie, le lendemain de cette fête. *Arr. de cass. du* 28 *nov.* 1809. (*Quest. hyp.*).

9. L'art. 710 du code de procédure civile qui permet à toute personne de surenchérir dans la huitaine de l'adjudication, n'est pas applicable aux licitations provoquées tant par les copartageans majeurs que par leurs créanciers personnels. Une adjudication de l'espèce ne peut être assimilée à une vente par expropriation forcée. *Cour de Douai du* 16 *août* 1810. — Dans l'intérêt des mineurs et des absens, l'immeuble peut successivement être frappé de deux surenchères. (*Art.* 2185 *du code civil.*) *Cour de Rouen du* 24 *mai* 1817.

10. Le délai de huitaine, accordé par l'art. 710, pour surenchérir, se compte en y comprenant l'un des deux jours de la signification et de l'échéance. *Arr. de cassation du...* 1810. (*J. du P. et Quest. hyp.*).

11. Lorsque, sur le consentement de toutes les parties, la vente a été faite en justice, et que l'un des créanciers inscrits veut ensuite surenchérir, c'est devant le Tribunal de la situation des biens que la surenchère doit être portée; comme dans ce cas, la vente est réputée volontaire, la surenchère doit être seulement du dixième. *Arr. de cass. du* 13 *août* 1807. (*Quest. hyp.*[es]*.*)

10. La surenchère doit être du dixième en sus du prix total de la vente qui comprend le capital des rentes et autres charges imposées à l'acquéreur. *Arr. de cass. des* 15 *mai et* 25 *nov.* 1811. (*Traité des hyp.*[es])

12. Dans tous les cas, le créancier requérant la mise aux enchères, ne pourrait, sous prétexte que les charges, qui de leur nature font partie du prix, n'ont point été englobées avec ce prix ou déclarées en faire partie dans la notification faite par le nouvel acquéreur, se dispenser, à la faveur d'une déclaration qu'il prétendrait obreptice, de porter son enchère au dixième en sus du prix et de ces charges, pourvu que, dans la vente, ces charges fussent spécifiquement énoncées dans la notification, et alors même que l'acquéreur se serait contenté de les comprendre avec d'autres qui ne feraient point partie du prix. *Arr. de cass. du* 2 *nov.* 1813. (*Traité des hyp.*)

13. La vente d'un immeuble moyennant une somme déterminée, et une rente viagère créée par un précédent propriétaire qui ne devait rien, peut être opposée aux créanciers hypothécaires du dernier vendeur, en telle sorte que l'acquéreur qui veut purger ne soit obligé de leur offrir que la somme fixée, *sans y comprendre le capital de la rente. Arr. de cass. du........* (*Quest. hyp.*[es])

14. Lorsqu'après la requisition de mise aux enchères de la part des créanciers, l'immeuble a été adjugé à l'ancien ou à un nouvel acquéreur, on ne doit plus invoquer l'art. 710 du C. de P., et faire encore dans la huitaine une surenchère du quart, ce qui serait contraire à l'art. 2187 du C. C. *Arr. de cass. du....... qui infirme un arrêt de Grenoble du* 21 *février* 1818. (*Quest. hyp.*[es])

15. La surenchère du quart n'est pas autorisée lorsque, entre parties majeures, l'adjudication a eu lieu à la suite d'une saisie immobilière, convertie en vente volontaire, conformément à l'art. 747 du C. de P. C. *Cour de Paris du* 19 *juillet* 1817. (*Quest. hyp.*[es]*.*)

16. Si le créancier qui a requis la mise aux enchères n'a point signé la copie de l'exploit de requisition délaissée au vendeur, la nullité prononcée par le code profite à l'acquéreur, encore que sa propre copie ne soit point entachée de nullité. *Cour de Paris du* 19 *août* 1817. (*Traité des hyp.*[es]*.*)

17. Les créanciers chirographaires du vendeur n'ont pas droit au prix de la surenchère, par préférence à l'acquéreur inscrit avant la surenchère, pour sûreté de l'obligation de garantie contractée par le vendeur. *Arr. de cass. du 20 germ. 12.* (*Traité des hyp.*[es].)

18. L'acquéreur n'est pas libéré par la surenchère de l'obligation de payer les droits de mutation. *Arr. du 6 juillet* 1812. (*Traité des hyp.*[es].)

19. Lorsqu'un des créanciers a fait une surenchère, et que cette surenchère a été déclarée nulle avec lui, les autres créanciers ne peuvent, sans attaquer le jugement qui l'a annulée, faire revivre la surenchère sous prétexte que le jugement a été l'effet d'une collusion. *Arr. du 8 mars* 1809. (*J. du P., même année.*)

20. Si le jugement qui annule l'enchère est le fruit de la collusion, il faudra le faire tomber par la tierce opposition, en établissant la fraude et la collusion qui ont existé entre l'adjudicataire et le surenchérisseur, et demander ensuite la subrogation aux poursuites. *Arr. de cass. du* .... (*Sirey*, 1809 *et Traité des hyp.*[es].)

21. *Cautionnement pour surenchérir.* Lorsque, dans un acte de surenchère, on a offert et désigné une caution, on peut encore, avant le jugement, sur cette offre, substituer une nouvelle caution à la première. *Cour de Paris du* 19 *mai* 1809. Mais si la caution était rejetée par le Tribunal, une nouvelle caution ne serait plus admissible. *Cour de Bordeaux du* 30 *août* 1816. (*Quest. hyp.*[es].)

22. Le créancier surenchérisseur qui ne peut donner une caution a la faculté de donner en place des créances hypothécaires en nantissement, mais dont les hypothèques soient situées dans le ressort de la Cour royale qui doit prononcer sur la surenchère. *Cour de Limoges du* 31 *août* 1809. (*Traité des hyp.*[es].)

23. Le créancier requérant la mise aux enchères, ne doit pas se borner à offrir de donner caution, mais offrir réellement cette caution avec assignation à trois jours devant le Tribunal, pour la faire recevoir, à peine de nullité. *Arr. de cass. du 4 janv.* 1809. (*Traité des hyp.*[es].)

24. Lorsque, par exploit de surenchère il y a eu offre et désignation de caution, s'il arrive qu'*avant tout jugement sur l'offre de caution*, la caution désignée devienne insolvable, le créancier surenchérisseur n'est pas privé d'en substituer une nouvelle qui réunisse les qualités requises, et de continuer ainsi les poursuites de surenchère. *Cour de Paris du* 19 *mai* 1807. (*Traité des hyp.*[es].)

25. Pour la validité d'une surenchère, il n'est pas nécessaire que la caution possède des immeubles, si d'ailleurs elle offre une consignation pécuniaire jusqu'à concurrence du prix et des charges. *Art.* 2041 *du C.C.* — *Cour de Paris du* 9 *avril* 1813. (*Traité des hyp.*[es]) V. *notification*, *purge et transcription.*

TABLE *alphabétique du répertoire.*

Pour faciliter la tenue du répertoire, le Conservateur tient toujours au courant, une table alphabétique des noms placés en tête de chaque case, et qui est servie d'après les colonnes qu'elle contient. *Circ.* 1539. V. *répertoire.*

TABLE *alphabétique des créances.* Elle est formée dans chaque bureau des hypothèques, sous le nom des *créanciers*, du relevé des créances hypothécaires, constituées ou à terme, inscrites sur les registres de formalités avec les mentions des radiations et subrogations. *Instr.* 355. — Mais, à compter du 1.er avril 1821, cette table devant être tenue dans *chaque bureau d'enregistrement*, sera formée des renseignemens prescrits par l'instruction n.° 455, dont les renvois leur seront faits par les Conservateurs. *Lettre de M. l'Admin. de la* 1.re *division*, *du* 9 *mai* 1821. (*Mémoire d'ordre de la direction d'Orléans*, *mai* 1821.)

TIMBRE. Il sera compté du timbre des registres, comme de la débite du timbre ordinaire, à la fin de chaque mois, pour les feuilles qui auront été été employées, par le Conservateur, aux formalités hypothécaires. Les droits du timbre seront remboursés par les particuliers qui auront requis les formalités, excepté la partie employée, pour les arrêtés de chaque jour, qui ne sera pas payée au Conservateur, comme étant une charge de l'emploi. *Circ. des* 21 *frim.* 13, 14 *fév.* 1807, 23 *sept.* 1809 *et* 13 *sept.* 1810. *Instr.* 477, 716 *et* 741. — V. *dépôt*, *inscription*, *registres* et *transcription.*

Depuis que l'Administration ne fournit plus d'imprimés pour les expéditions qu'ils délivrent, les Conservateurs doivent prendre le papier timbré au bureau de l'Enregistrement. *Sol. du* 28 *août* 1819.

Toutes les fois que des inscriptions ont été prises au nom de l'Etat, contre des redevables dont l'insolvabilité, a été légalement constatée ; il y a lieu de déduire les droits de timbre au profit des Conservateurs, tant pour le registre de dépôt, que pour celui des inscriptions. *Déc. min. fin. du* 17 *nov.* 1817. (*Art.* 6007, *j.*)

TRANSCRIPTION. Mode de purger les propriétés des priviléges et hypothèques.

1. Les contrats translatifs de la propriété d'immeubles ou droits réels immobiliers, que les tiers détenteurs voudront purger de priviléges et hypothèques, seront transcrits en entier, par le Conservateur des hypothèques dans l'arrondissement duquel les biens sont situés. — Cette transcription se fera sur un registre à ce destiné, et le Conservateur sera tenu d'en donner connaissance au requérant. *Art.* 2181 *du C. C.*

2. La simple transcription des titres translatifs de propriété, sur le registre du Conservateur, ne purge pas les hypothèques et priviléges établis sur l'immeuble. Le vendeur ne transmet à l'acquéreur que la propriété et les droits qu'il avait lui-même sur la chose vendue, il les transmet sous l'affectation des mêmes priviléges et hypothèques dont il était chargé. *Art.* 2182 *du C. C.*

3. La transcription d'un acte de vente n'est pas nécessaire pour consolider la propriété dans les mains de l'acquéreur, auquel elle est acquise de plein droit dès le moment de la vente ; elle n'a désormais pour objet que de purger les priviléges et hypothèques. *Arr. de cass. du* 19 *août* 1818.

4. Les partage et licitation entre cohéritiers, n'étant que déclaratifs de propriété, ne sont pas du nombre de ceux sujets, par leur nature, à la transcription ; l'art. 54 de la loi du 18 avril 1816 ne leur est pas nécessairement applicable ; ils ne sont soumis qu'au droit de 4 p. 100 pour

l'enregist.[1]; sauf celui de un 1/2 p. 100, à exiger lors de la transcription, si elle est requise. *Arr. de cass. du 27 juillet* 1819. *Déc. min. fin. du* 8 *oct. suiv. Instr.* 903.

5. La vente faite et non transcrite sous la loi du 11 brum. 7, ne pourra être opposée sous le code civil, à un tiers acquéreur, par la raison que les articles 26 et 28 de la loi du 11 brum. 7, qui prescrivaient impérieusement la transcription du contrat de vente d'immeubles, pour assurer aux acquéreurs la transmission de la propriété des objets immobiliers à eux vendus, ont été abrogés par l'art. 1583 du code, qui n'a plus exigé la formalité de la transcription pour la transmission de la propriété par le contrat de vente; qu'en conséquence depuis la promulgation du code civil, l'aliénation consentie par l'acte de vente fait sous la loi de brumaire et non transcrit, est devenu incommutable. *Arr. de cass. des* 8 *mai et* 15 *oct.* 1810. (*Traité des hyp. et J. du P. coll.* 1811.).

6. Le Conservateur doit refuser la formalité de la transcription pour les actes qui n'y sont pas sujets. Un arrêt de cassation a reconnu, le 19 mars 1816, que la vente de l'exploitation d'une carrière ne devait être considérée que comme une vente mobilière, et non susceptible d'être transcrite. *Sol. du* 6 *mai* 1818. (*Art.* 6107, *j.*).

7. Un acte sous seing-privé dûment enregistré peut être transcrit, même lorsque les signatures n'ont pas été reconnues par acte devant notaires ou par jugement. *Instr.* 255 *et* 316. *Arr. de cass. du* 12 *juill.* 1812.

8. Un acte de donation ou de vente d'immeubles communs à plusieurs individus, ne peut être transcrit pour la portion de l'un des donataires ou acquéreurs. La transcription est indivisible et il y a lieu à la perception du droit dû sur l'acte *entier*, sauf à celui qui a requis la formalité à s'arranger avec ses codonataires ou coacquéreurs pour la portion qu'ils auraient à lui rembourser. *Instr.* n.° 433. — V. *droit*.

9. La transcription, prescrite par l'article 939 du code civile ne tient, sous aucun rapport, à la substance de la donation; elle n'est qu'une formalité extrinsèque à l'acte qui la contient; cela résulte de l'art. 938 du même code.

La formalité établie par la loi du 11 brum. 7, dans l'intérêt des créanciers et des tiers acquéreurs, et non dans l'intérêt des *héritiers des donateurs* a été de nouveau requise par le code civil, *par le même motif et sans modification*; de là il suit que, lorsque l'art. 941 a dit que le défaut de transcription pourrait être opposé par *toutes personnes ayant intérêt*, il est impossible de supposer que le législateur ait voulu, par ces mots *toutes personnes*, désigner les héritiers du donateur puisque ces héritiers, le *représentant*, sont *tenus* de ses faits et sont censés n'être avec lui qu'une seule et même personne; pour soutenir le contraire avec succès il faudrait trouver dans la loi une exception précise et telle que celle qui a été insérée dans l'ordonnance de 1731. — L'insinuation n'est pas remplacée par la transcription dans l'intérêt des héritiers des donateurs, mais seulement dans l'intérêt des créanciers et des tiers acquéreurs desdits donateurs, d'après la combinaison des articles 1069, 1070 et 1072 du code; or, la transcription est une formalité essentiellement différente de l'insinuation, et par son objet et par ses conséquences; d'où il suit que la nullité qui résultait autrefois du défaut d'insinuation pendant la vie du donateur, ne peut être invoquée contre une donation faite à une époque où la formalité de l'insinuation était abrogée; la donation entre vifs doit être transcrite, et de ce que cette formalité n'y serait donnée qu'après le décès du donateur, elle ne serait pas nulle pour cela, aucun terme fatal n'existant pour la transcription. *Cour d'Angers des* 8 *avril et* 29 *mai* 1808, *et arr. de cass. des* 12 *décem.* 1810 *et* 17 *avril* 1811. (*Art.* 3965, *j. et J. du P.* 1811, 1.er *et* 2.e).

10. Il est nécessaire de faire transcrire les donations d'immeubles pour prévenir les hypothèques acquises, même postérieurement à l'acte de donation. *Arr. de la Cour royale d'Amiens, du* 11 *juin* 1814, *autre arrêt de cass. du* 10 *avril* 1815. (*Art.* 4910 *et* 5274, *j.*)

11. Les actes de ventes des biens des hospices sont *de nature à être transcrits* et doivent en sus du droit de 2 p. 100, celui de un 1/2 p. 100. *Inst.* 917.

12. Lorsqu'une donation en ligne directe, par contrat de mariage, même antérieure au Code civil, n'a pas été transcrite, les immeubles qu'elle comprend peuvent être grévés d'hypothèques du chef du donateur, et les créanciers peuvent exciper du défaut de transcription de cette donation. *Arr. de cass. du* 2 *avril* 1821. (*Art.* 167 *du Contrôleur de l'enregistrement.*)

13. Les acquéreurs *non solidaires d'immeubles*, vendus en détail par adjudication *judiciaire* ou devant Notaires, peuvent requérir la transcription sur une seule expédition de l'adjudication ou de la vente en détail, et le Conservateur ne doit jamais refuser, ni retarder d'opérer cette transcription, aux termes de l'art. 2199 du C. C. *Inst.* 385.

14. Le vendeur qui n'a pas fait transcrire, peut conserver son privilége par l'inscription. *Arr. de cass. du* 7 *mars* 1811. (*Art.* 3949, *j.*) — V. *notification, purge, saisie immobilière, surenchère et droits.*

VENTES. Les maisons urbaines appartenant aux hospices de Paris, sont vendues franches et quittes de tous priviléges, charges et hypothèques, même de rentes perpétuelles établies sur ces maisons. Les hypothèques existantes sont transportées sur d'autres biens. *Décr. du* 27 *févr.* 1811. (*Traité des hyp.*)

VÉRIFICATEUR. Il ne quittera jamais un bureau d'hypothèques, sans faire, dans son journal de travail, un rapport détaillé sur tout ce qui concerne cette partie et sa situation. S'il aperçoit des faits qu'il importe de connaître sur-le-champ, il n'attendra pas l'époque de son départ pour en informer l'Administration, et il les lui transmettra sans aucun délai. *Instr.* 494. — Voyez *employés supérieurs.*

VISA *pour valoir timbre.* Les Conservateurs tiendront un registre du visa pour les bordereaux, états et certificats d'inscription, qui, aux termes des lois et instructions de l'Administration, et notamment des circ. n.os 1500, 1539 et 1676, et de l'instr. n° 233, doivent être visés pour timbre. *Lettre de M. le Directeur gén. aux Directeurs, du* 7 *juin* 1806.

DICTIONNAIRE DES DOMAINES.

ABANDONS *de biens séquestrés des émigrés*; ceux qui ont été faits à leurs femmes, par des délibérations d'une administration centrale, en paiement de dot, douaire et autres droits éventuels, n'étaient pas réguliers. *Circ. du* 22 *therm.* 11. V. ce mot *à l'Enregistrement.*

ABBAYE, monastère d'hommes ou de filles, gouverné par un abbé ou une abbesse, supprimé par *le décret du* 12 *juillet* 1790.

ABOLITION, V. *droits féodaux et rentes.*

ACCROISSEMENT *de terre* par la violence des eaux. V. *alluvion.*

ACQUÉREUR *d'immeubles;* V. *adjudicataire.*

ACQUIESCEMENT, est le consentement exprès ou tacite que l'on donne à une chose jugée; il existe :

1. Lorsque l'arrêté a été volontairement exécuté par la partie condamnée. *Décrets des* 6 *septembre* 1811, 7 *octobre* 1812 *et* 6 *janvier* 1814.

2. Lorsqu'il a été suivi d'acquiescement par la partie contre laquelle l'arrêté a été pris et d'acceptation de cet acquiescement par l'autre partie. *Décret du* 5 *février* 1814.

3. L'arrêté a tout son effet du moment qu'il a été suivi d'acquiescement; ce dernier contînt-il réserve, a tout consommé. *Arrêts de Cass. des* 6 *janv. et* 5 *février* 1814.

4. L'acquiescement à un arrêté que l'on attaque, existe, lorsque la partie qui s'est pourvue contre cet arrêté a pris à bail le bien mis en litige, des mains de celui à qui l'arrêté l'avait adjugé. *Ordonn. du Roi du* 10 *déc.* 1817.

5. Celui qui fait signifier sans réserve un arrêté du conseil de préfecture et ne s'est pas pourvu en tems utile, n'est pas admissible ensuite à attaquer incidemment la disposition qui lui fait grief. *Ordonn. du* 16 *juillet* 1817.

6. Enfin, lorsque le domaine a donné son acquiescement à un arrêté administratif, celui qui le remplace, à cause de la remise des biens qui étaient en litige ou autrement, ne peut revenir contre l'arrêté. *Ordonn. des* 23 *avril et* 12 *déc.* 1818. V. le mot *acquiescement*, à l'*Enregistrement.*

ACQUISITION. V. *vente*, et *acquisition* à l'*Enregistrement.*

ACTES ADMINISTRATIFS. V. *arrêté*, et à l'Enregistrement, *actes administratifs.*

ADJUDICATAIRE, est le plus offrant et dernier enchérisseur à qui on adjuge un bail ou la propriété d'un bien.

1. Lorsque l'adjudicataire d'un bois a soldé le prix de son acquisition, il a la faculté d'user et d'abuser, et ainsi d'introduire des bestiaux dans le bois. *Ordonn. du* 30 *oct.* 1817.

2. Celui d'un bail à ferme qui ne remplit pas les conditions qui lui ont été imposées par le cahier des charges, dans le délai fixé par ce dernier acte, peut conserver le bail, en satisfaisant à ses obligations avant la réadjudication. *Cour d'Amiens du* 3 *août* 1816.

3. Si l'Autorité vendait deux fois, le domaine resterait à l'adjudicataire dont le titre aurait la priorité de date. *Décr. des* 7 *avril et* 23 *novembre* 1813. V. *Eviction.*

ADJUDICATAIRE *des bois de l'État*; les salaires des gardes, tels qu'ils sont fixés, doivent être supportés par les acquéreurs de bois, à dater du jour de l'adjudication. *Instr.* 846. V. *Cahier de charges, n.°* 5.

ADJUDICATION, acte par lequel on vend une chose à la chaleur des enchères, ou au rabais.

1. Les adjudications des domaines de l'Etat sont faites par les Préfets ou Sous-Préfets, assistés d'un Préposé des Domaines, à la diligence de cette Administration, de la manière indiquée par l'instr. 663.

2. Pour faire estimer les biens par Expert, diviser les lots, établir la mise à prix, fixer l'époque de l'entrée en possession, activer les ventes, dresser les états, liquider les contributions, assurer et presser les recouvremens, procéder au partage des fruits des domaines aliénés avec les Acquéreurs, empêcher les dégradations, provoquer la déchéance et la revente, etc. — V. *ces mots et les circ.* n.ºs 230, 761, 854, 864, 893, 896, 917, 990, 1016, 1034, 1044, 1051, 1096, 1229, 1236, 1254, 1412, 1416 (bis), 1441, 1564, 1690, 1702, 1746, 1808, 1836, 1857, 1884, 2005 et 2035, et les inst. gén. 215, 235, 242, 379, 418, 422, 439, 483, 489 et 663.

3. Il faut inviter MM. les Préfets à exiger des cautionnemens, lorsque les Adjudicataires ne paraîtront pas solvables, et à ne jamais prononcer la déchéance que sur la demande de l'Administration des Domaines. *Inst.* 672.

4. La disposition de l'art. 1596 du C. C., qui défend aux Officiers publics de se rendre Adjudicataires des biens dont les Adjudications sont faites par leur ministère, est applicable aux Préposés des domaines. *Inst.* 635. — Ils ne doivent prendre aucun intérêt particulier dans ces actes, art. 175 du C. pén., non plus que les Secrétaires généraux de préfecture. *Déc. du* 11 *avril* 1810.

5. Lorsqu'on trouble la liberté des enchères, ou qu'on cherche à écarter les Enchérisseurs, le Préfet doit faire punir le délinquant d'après l'art. 412 du *C. Pén., ordonn. des* 7 *oct.* 1814 *et* 10 *déc.* 1817, *instr.* 819.

6. Les biens dont la propriété aura été acquise par la Caisse d'amortissement, seront indiqués tels, dans les affiches et les procès-verbaux d'adjudication. *Instr.* 690. *V. Adjudicataires, aliénations, biens, bois de l'Etat, bois des communes, caisse d'amortissement, coupe de bois.*

ADJUDICATION *au rabais des bois de l'Etat.*

La circonstance qui doit faire déclarer, dans une adjudication au rabais, qu'il n'y a pas eu simultanéité est celle où le mot *je prends*, prononcé par plusieurs personnes, est provenu de la première voix entendue.

Déc. min. fin. du 19 *nov.* 1819. (*Art.* 6685, *j.*) V. *Aliénation.*

ADMINISTRATION *des domaines*. V. ce mot à l'*Enregistrement.*

ADMINISTRATION *des forêts*. Elle a été réunie à celle de l'Enregistrement et des Domaines par ordonn. du Roi du 17 mai 1817, *Instr.* 777. Mais ses attributions furent confiées de nouveau à une administration particulière, le 11 oct. 1820, *Instr.* 955. V. *Aliénation, bois de l'Etat, bois des communes, coupe de bois, poursuites, pêche, procès-verbaux.*

La circul. du 3 févr. 1821 donne le tableau des arrondissemens forestiers, qu'il est nécessaire de consulter, pour la correspondance à tenir avec les Employés supérieurs de cette Administration.

AFFICHES, est un placard affiché dans un lieu public, pour annoncer une adjudication, etc.

1. Celles des ventes de domaines de l'Etat doivent indiquer les biens, le montant de l'estimation de chacun d'eux; le lieu, le jour et l'heure auxquels les enchères seront reçues. *Loi du* 17 *mai* 1790. Elles doivent aussi énoncer la nature des effets à admettre pour le prix de l'adjudication, *circ.* 1746, 1854 *et* 1959, et le délai accordé pour en faire le versement, *circ.* 1808 *et* 1939, *instr.* 663.

2. Les affiches qui sont relatives aux ventes des biens de l'Etat et de ceux des communes, sont rédigées par le Directeur, *instr.* 161, *circ. du* 10 *avril* 1813, et pour les baux et les ventes mobilières par le Receveur de la situation des biens; elles sont faites de concert avec l'Administrateur chargé d'adjuger, *art.* 2 *de la loi du* 4 *brum.* 4.

AFFIRMATION, V. ce mot à l'*Enregistrement.*

AGENS *forestiers*, V. *procès-verbaux.*

AGENS *de la caisse d'amortissement*, V. *caisse.*

ALGERIENS. Par les *Circ.* des 25 juillet 1809 et 9 sept. 1811, on a dû donner main-levée des séquestres apposés sur les biens du Dey d'Alger et des sujets Algériens, en vertu des *Circ.* des 3 juillet 1809 et 6 décembre 1810.

ALIENATION, comprend toutes les dispositions en vertu desquelles il y a transport de propriété ou d'usufruit de biens.

ALIENATION *des bois de la caisse d'amortissement*, V. *caisse d'amortissement.*

ALIÉNATION *des domaines de l'État.*

Les boqueteaux et parties de bois épars, isolés et éloignés de mille toises des autres bois d'une grande étendue, sont aliénables. *Loi des* 23 *avril et* 1.er *déc.* 1790.

2. Le Directeur doit connaître les désignations que le Préfet a faites des biens à ne point aliéner, et se concerter avec ce magistrat pour ne mettre en vente que ceux dont il peut être disposé. Les aliénations continuent à être faites suivant les formes prescrites par la *circ.* 990, *instr.* 61.

3. Les biens dont la caisse d'amortissement avait acquis la propriété, sont confondus avec ceux restés dans les mains de l'administration chargée de les régir et les vendre; les affiches et les procès-verbaux d'adjudication doivent faire mention qu'il s'agit de biens de la caisse d'amortissement. *Instr.* 672.

4. Le bien domanial est toujours aliéné, quitte de toutes charges et hypothèques, sauf au créancier à s'adresser au gouvernement pour être liquidé de sa créance. La vente faite de biens que l'on a considérés comme domaniaux, quoiqu'ils ne le fussent pas, doit tenir, suivant l'art. 94 de la loi du 12 frim. 8, et l'art. 9 de la charte. *Ordonn. du* 31 *janv.* 1817.

5. Les instructions sur les aliénations domaniales, étant aujourd'hui presque sans objet, à l'exception des plus récentes, dont il est fait mention aux mots *adjudication, bien, bois, caisse d'amortissement et ventes*, il a semblé qu'il suffisait d'indiquer leurs motifs, par matière, le plus succinctement possible :

6. Mode du partage des fermages de l'année entre l'État et les acquéreurs. *Instr.* 74. *Circ. du* 14 *sept.* 1807. — Intérêts des intérêts des sommes non acquittées aux échéances. *Instr.* 84 *et* 212. — Avis à donner aux Conservateurs des déchéances. *Circ. du* 12 *flor.* 11. — Nomenclature des biens à excepter des ventes. *Circ. du* 22 *mess.* 11. — Prélèvement des frais de vente sur le prix des biens aliénés aux créanciers des émigrés. *Circ. du* 15 *vend.* 12. — Mode de paiement de trop payé *en écus. Instr.* 309. — Un émigré rayé de la liste était tenu de payer ce qui restait dû sur les acquisitions qu'il avait faites avant son émigration. *Circ. du* 21 *janv.* 1807. — On devait faire concourir, dans une proportion égale, les ventes des biens de la caisse d'amortissement, avec celles du restant des domaines de l'État. *Circ. du* 8 *sept.* 1807. — Cas dans lesquels il peut être pris des inscriptions contre les acquéreurs. *Instr.* 418. — Les acquéreurs ne peuvent nommer pour command qu'un seul individu, etc. *Instr.* 422. — La transcription ne purge pas le droit qu'a l'État de rentrer dans le bien aliéné, faute de paiement du prix. *Instr.* 439. — Les paiemens faits par anticipation ne peuvent être effectués qu'à la caisse des Receveurs des contributions directes. *Instr.* 441. — L'escompte d'anticipation a cessé d'être alloué aux acquéreurs à compter du 1.er janvier 1810. *Circ. du* 8 *déc.* 1809. — Mode d'aliénation des terrains contigus aux forêts de l'État. *Instr.* 483. — Marche à suivre pour obliger les acquéreurs de biens des communes à remplir leurs engagemens ou provoquer leur déchéance. *Instr.* 672 *et* 674.

ALIÉNATION DE DOMAINES DE L'ÉTAT, *en vertu des lois antérieures à celles des* 15 *et* 16 *flor. an* 10. — Admission des rescriptions en échange de bons pour l'habillement des conscrits. *Instr.* 22. — Sursis à la dépossession des acquéreurs de maisons et usines qui n'en ont pas soldé le prix. *Instr.* 29. — Ordre de verser les bons ci-dessus. *Instr.* 32. — Admission en paiement, des inscriptions du trésor, en *tiers provisoire. Circ. du* 9 *vent.* 10. — Mesures prescrites contre les acquéreurs de maisons et usines. *Instr.* 45. — Restitution de l'excédent de ce qui pouvait être dû aux acquéreurs. *Circ. du* 23 *vent.* 10. — Rescription de la trésorerie. *Instr.* 59. — Epoque de la cessation des intérêts, etc. *Circ. du* 5 *mess.* 10. — Paiemens faits en assignats ou mandats. *Instr.* 64. — Ces effets ont été admissibles *valeur nominale* jusqu'au premier germ. an 5. *Circ. du* 28 *fruct.* 10. — Ordre de poursuivre la dépossession des acquéreurs faute de paiement. *Circ. du* 27 *therm.* 10. — Admission des rescriptions pour bons de deux tiers, etc. aux acquéreurs de maisons. *Circ. du* 17 *fruct.* 10. — Reconnaissance de dépôts de bons de deux tiers et quart. *Instr.* 79. *Circ. du* 3 *pluv.* 11. — Intérêts des obligations ou cédules. *Instr.* 80. — Paiement par les acquéreurs déchus des intérêts du prix, pour tenir lieu des revenus. *Instr.* 86. — Recouvrement des prix de vente. *Circ. du* 7 *frim.* 11. — Mesure contre les acquéreurs de maisons, *déchus de leurs acquisitions. Instr.* 109. — Admission des rescriptions (*Richard-Montjoyeux*) en paiement; dépossession des acquéreurs en retard de se libérer. *Circ. des* 23 *niv.* 30 *fruct.* 11, 17 *germ. et* 27 *prair.* 12. — Revente à folle-enchère et cas où elle doit avoir lieu. *Circ. des* 22 *pluv. et* 26 *flor.* 11. — Montant des arrérages d'inscriptions données en paiement, à imputer sur les intérêts des obligations. *Circ. du* 16 *prair.* 11. — Cas où la déchéance est encourue. *Instr.* 161. — Nouveau délai accordé aux acquéreurs en retard de payer. *Circ. du* 8 *frim.* 12. — Distinction sur l'admissibilité des rescriptions. *Circ. du* 14 *frim.* 12. — Les portions indivises des biens d'émigrés n'étaient pas restituables dans certain cas. *Circ. du* 24 *pluv.* 12. — Les sommes payées au-delà de celles prétendues exigibles ne sont pas restituables. *Circ. du* 6 *vent.* 12. — Sursis aux poursuites contre certains acquéreurs. *Instr.* 210. — Les acquéreurs d'églises ne jouissent pas de prime. *Circ. des* 22 *germ. et* 13 *mess.* 12. — Nouveau sursis accordé aux acquéreurs. *Instr.* 222. — Cas où la prime des 18 p. °/₀ doit être accordée. *Instr.* 226. — Décompte des acquéreurs qui ont soldé sans avoir retiré les annuités qu'ils avoient souscrites. *Instr.* 250. — Les acquéreurs qui, ayant retiré leurs consignations, les ont rétablies, peuvent conserver les biens acquis. *Circ. du* 7 *fruct.* 12. — Décompte sur les adjudications des bois, moulins, etc. *Circ. du* 11 *brum.* 13. — L'excédent de solde résultant de l'arrêté du 22 prair. 10, ne peut être imputé sur une autre vente. *Circ.* 29 *vent.* 13. — Délégation à la caisse d'amortissement de dix millions en rescriptions, admissibles en paiement des ventes. *Circ. du* 27 *janv.* 1807. — Etat des créances non liquidées définitivement. *Instr. du* 13 *août* 1808. — Cas où les réclamations ont été interdites contre les acquéreurs, à raison des semences, foins, etc. qui existaient sur le domaine à l'époque de l'aliénation. *Instr.* 489.

ALIENATION *en vertu des lois des* 15, 16 *flor.* 10, *et* 5 *vent.* 12 : biens susceptibles d'être mis en vente, biens indivis; mode de comptabilité, *instr.* 61. — Sommier à tenir dans chaque division de correspondance, *circ. du* 11 *mess.* 10. — Procès-verbaux sujets au timbre à la charge des acquéreurs, *instr.* 137. — Loi du 5 vent. 12, qui modifie celles des 15 et 16 flor. 10, *Instr.* 215. — Rescriptions de la caisse d'amortissement admissibles en paiement, *Instr.* 223. — Les acquéreurs déchus ont droit au remboursement des sommes payées, lorsqu'ils ont acquitté l'amende et rapporté les frais perçus, *instr.* 242. — Termes des intérêts, *circ. du* 8 *niv.* 13. — Délégation à la caisse d'amortissement de 26,859,751 fr., sur le prix non payé des ventes, *instruction* 270. — Les Agens ne peuvent recouvrer les prix de vente sur les acquéreurs, *circulaire du* 1.er *vent.* 13. — Autre délégation de dix millions, *circ. du* 27 *germ.* 13. — Escompte accordé aux acquéreurs sur les paiemens par anticipation, *instr.* 284. — Les cautionnemens sont sujets au droit proportionnel. Il en est de même pour ceux fournis par des commands, *instr.* 290 *et* 390. — L'intérêt de 5 pour °/₀ fait partie des 6 pour °/₀ de bonification, *circ. du* 24 *vend.* 14. — Toutes les sommes payées sur les ventes faites en vertu de la loi du 5 vent., ont été versées pour le compte de la caisse d'amortissement, *circ. du* 6 *nov.* 1806. — Ordre de vendre avec activité, *circ. du* 9 *janv.* 1807. — Ordre de faire signifier aux acquéreurs en retard de payer la contrainte qui doit précéder la déclaration de déchéance. *Circ. du* 13 *nov.* 1807.

ALIENATION DE BIENS DES COMMUNES, *en vertu de loi du* 20 *mars* 1813. V. *biens des communes.*

ALIENATION DE BOIS DE L'ÉTAT, *en vertu de la loi du* 23 *sept.* 1814. Loi contenant l'aliénation de 300 mille hectares de bois, mode des ventes, etc., *Inst.* 663. — La recette du prix des ventes sera faite par le Receveur du chef-lieu de l'arrondissement de la situation des bois. Comptes ouverts avec les Acquéreurs. Registre de recette et dépense. Remise extraordinaire de 2 pour cent. Remise des Receveurs, à raison de 40 c. pour cent, *instr.* 669. — Les quittances pour soldes serviront provisoirement de quitus, *instr.* 673. — Ordonn. du Roi du 16 juillet 1815, qui maintient les ventes faites du 20 mars au 7 juillet, qui annule les actes des 30 avril, 8 et 31 mai, et qui prescrit la continuation des adjudications, *instr.* 694. — Révision et rectification des estimations des bois, *circ. du* 13 *déc.* 1815. — Mise en vente des lots de bois contenant plus de 300 hectares, lorsqu'ils sont soumissionnés, et de ceux susceptibles d'être vendus au moins 400 fr. l'hectare, *circ. du* 14 *déc.* 1815. — Mode du paiement du salaire des gardes de ces bois, *instr.* 702. — Remise extraordinaire de 2 pour cent. V. *remises* à l'*Enregistrement.* La loi du 28 avril 1816 a ordonné de cesser la vente des bois, *instr.* 718. — Etat des sommes restant à recouvrer au 1.er janv. et au 1.er nov. 1818, *instr.* 817 *et* 861. V. *Caisse d'amortissement.*

ALIENATION *pour utilité publique.* Les biens et domaines de l'Etat sont, comme les propriétés particulières, susceptibles d'être aliénés, en cas de besoin, pour l'utilité publique, départementale ou communale, d'après une estimation d'experts que le Directeur aura soin de surveiller, pour en donner connaissance à l'Administration. *Instr.* 379.

ALLUVION est un accroissement de terre qui se fait lorsqu'un héritage situé sur le bord d'une rivière, s'accroît imperceptiblement, après plusieurs années, par les terres que l'eau amène, et qu'elle consolide à cet héritage.

Quoique l'alluvion se fasse toujours au préjudice

de quelque héritage, qui perd autant de terrain que l'autre en gagne, elle a toujours été regardée comme un des plus légitimes moyens d'acquérir pour le propriétaire riverain, *art.* 556 *et suiv. du C. C.* Ce droit appartient à l'Etat à l'égard des relais de la mer, *art.* 557. V. *îles.*

AMENDES. Pour enlèvement de fagots dans les forêts de l'Etat, l'amende est d'un franc, à raison de chaque délit, non compris la restitution fixée au double, d'après l'art. 3. t. 32 de l'ordonn. de 1669. *Arr. de cass. du* 8 *janv.* 1819. V. ce mot, à l'*Enregistrement.*

AMNISTIE, grâce du Souverain, par laquelle il veut qu'on oublie ce qui a été fait contre la loi, contre lui ou contre ses ordres. V. à l'*enregistrement, amnistie, amende.*

AMORTISSEMENT. V. *caisse d'amortissement.*

APANAGE, s'entend particulièrement des domaines que le Roi donne à ses fils ou frères puînés, sous condition de retour et de réunion au domaine de la couronne par défaut d'hoirs mâles, c'est-à-dire de tous les mâles descendans en ligne directe, et de mâle en mâle du premier apanagiste. — Philippe-le-Bel est le premier qui ait mis la condition de *retour à défaut d'hoirs mâles*, à l'apanage du comté de Poitou et autres terres, qu'il donna à son fils puîné, Monsieur, Philippe de France, depuis Roi, surnommé le Long : depuis, cette condition a toujours été observée. *Edits de Février* 1566 *et avril* 1667.

Un décret du 23 oct. 1790, a compris dans les biens nationaux tous les biens des apanages; les apanagistes ont cessé de jouir du revenu des apanages, le 31 déc. 1790. *Circ.* 157, 224, 276 *bis et* 586.

APPEL. V. *instance.*

ARBITRES. V. *réclamation des communes.*

ARBRES *des grandes routes et chemins.* Les bois plantés sur les grandes routes et chemins vicinaux antérieurement à la loi du 9 vent. an 13, qui les attribue aux propriétaires riverains, et qui seront abattus, doivent être vendus devant le Préfet ou le Maire délégué, en présence du Receveur des domaines, qui demeure chargé du recouvrement du prix de ces ventes, qu'il doit verser au Receveur général, avec affectation au service des Ponts et Chaussées. Celui du prix des ventes des arbres appartenant aux communes, sera fait directement par les Receveurs des ces communes. *Déc. min. fin., du* 4 *août* 1814, (*art.* 5026 *j.*)

ARCHIVES, lieux où sont déposés les anciens registre publics, les titres de tous les biens et revenus qui appartiennent ou qui ont appartenu à l'État..

1. On a dû rendre compte de la situation des archives établies dans chaque département. *Circ. du* 26 *juin* 1806.

2. Les archives sont ouvertes le jour pour répondre aux demandes du public; les expéditions signées du secrétariat général de la préfecture sont authentiques et exécutoires. *Loi du* 12 *sept.* 1790.

3. Les communications doivent être données sans déplacement, sauf pour les papiers utiles au recouvrement. *Lois des* 5 *nov.* 1790 *et* 20 *mars* 1791.

4. Les Employés doivent faire dans les archives la recherche des titres qui sont susceptibles de procurer des découvertes de droits domaniaux. Ils ne peuvent déplacer ces titres sans urgence; ils en prennent des extraits, sauf à faire donner aux redevables, la communication des originaux, lorsqu'ils l'exigent. Il a été recommandé aux Directeurs de se procurer une copie de l'inventaire des archives ordonné par l'instruction en forme de loi, du 20 août 1790. *Circ.* 299 *et autre du* 19 *fév.* 1807.

5. Les recherches doivent être approfondies pour se mettre à même d'acquérir tous les renseignemens qui peuvent intéresser le domaine; les Employés ne doivent déplacer les titres sans récépissé, que lorsqu'il n'existe que ce moyen de déterminer le succès de l'affaire; ils seraient responsables de la perte des pièces qui leur auraient été confiées. *Circ. du* 9 *janv.* 1807.

Lorsque l'écriture des titres est gothique et illisible, on doit se faire aider par l'archiviste. *Circ.* 384.

ARPENTEUR *des forêts.* Ses vacations sont payées en sus du prix principal des adjudications de coupes de bois de l'État. Le Receveur des domaines les fait payer par les adjudicataires, et les acquitte sur états visés par le Conservateur et non par le Directeur. *Circ. du* 26 *août,* 14 *nov.* 1814 *et* 2 *nov.* 1815. *Lettre de M. l'Adm. de la compt., du* 6 *mars* 1817.

ARRÊTÉ. Les décisions des Préfets et celles des Conseils de préfecture sont des arrêtés.

1. Les arrêtés des Conseils de préfecture doivent être motivés, comme il est prescrit pour les jugemens, dont ils ont le caractère et les effets. *Ordonn. du* 12 *déc.* 1818.

2. Le préambule d'un arrêté peut servir à l'éclaircissement des dispositions obscures et ambigües, mais non pas à suppléer à celles qui n'existent pas. *Ordonn. du* 14 *mai* 1817.

3. Les arrêtés du Conseil de préfecture, rendus par défaut, ne peuvent être attaqués que par voie d'opposition. *Arr. de cass. du* 22 *mars* 1813 (*art.* 4578, *j.*)

4. Ils sont susceptibles de cette mesure devant le Conseil *même* qui a rendu l'arrêté. *Ordonn. du* 23 *déc.* 1815, (*art.* 5537, *j.*)

5. Ceux rendus contradictoirement, ne peuvent être attaqués que devant le conseil d'État. *Ordonn. du* 23 *déc.* 1815.

6. Les expéditions des arrêtés des Préfets et des décisions des Conseils de préfecture sont exécutoires, sans être obligées à l'intitulé et au mandement prescrits pour les autres actes. *Instr.* 609.

7. L'arrêté d'un Préfet ne fait règle au Tribunal qu'autant qu'il porte sur des objets dont la loi lui a confié le soin. *Arr. de cass. du* 6 *août* 1813.

8. Il doit être soumis au Ministre qu'il concerne, avant d'être déféré au Conseil d'État. *Décr. des* 11 *nov.* 1813 *et* 21 *fév.* 1814, (*art.* 4740, *j.*)

9. En pourvoi, il faut produire l'arrêté qu'on attaque, pour ne pas encourir la fin de non recevoir. *Décr. du* 17 *janv.* 1814. V. *Instances administratives.*

10. L'arrêté administratif qui a servi de base à un jugement rendu par les tribunaux, devient inattaquable lorsque le jugement acquiert l'autorité de la chose ju-

gée. *Décr. des* 6 *janv.* 1809 *et* 28 *avril* 1813, (*art.* 4629, *j.*)

11. La commission créée en vertu de la loi du 5 déc. 1814 ayant le droit de prononcer, à charge d'appel, sur la question relative aux biens concédés, pour un service public, aux départemens, arrondissemens et communes, par la loi du 9 avril 1811, ces arrêtés doivent être envoyés au Préfet et certifiés par lui aux parties intéressées.

Si ces décisions ne sont pas attaquées par les voies légales, elles acquièrent l'autorité de la chose jugée, et ne peuvent être l'objet de la sollicitude de Son Exc. le Ministre des finances. En cas de réclamation, le recours est ouvert au Conseil d'Etat par l'intermédiaire du comité du contentieux. *Avis du Comité de législation des finances, du* 18 *août* 1818. Pour les arrêtés relatifs à la liquida-du rachat des domaines engagés, V. *Domaine engagé.*

ATTÉRISSEMENT. V. *îles.*

AUBAIN, est un étranger, qui est né hors du royaume, et qui réside en France, ou qui y est passager.

AUBAINE, est le droit de succéder aux biens qui se trouvent en France appartenir aux étrangers, qui décèdent sans enfans nés dans le royaume en légitime mariage, etc. Ce droit appartient au Roi, aux termes des lois et ordonnances insérées dans l'édit de Henri II du 11 août 1558.

Le droit d'aubaine et de détraction est aboli par la loi du 14 juillet 1819. *Instr.* 900. V. *succession* à l'*Enregistrement.*

BAC. La faculté d'établir des bacs est concédée par des baux. Le prix de ces baux était payé aux Receveurs des domaines, *instr.* 63, 83 *et* 184. Cette partie de revenu a été attribuée à l'Administration des contributions indirectes, depuis le 1.er vend. 13. *Instr.* 254.

BAIL *à loyer, ou à titre de ferme.* C'est une convention par laquelle on transfère à quelqu'un, pour un tems limité, la jouissance ou l'usage d'un héritage, d'une maison, ou autre bien. L'on dit bail à ferme, lorsqu'il s'agit de choses qui produisent des fruits à recueillir par le preneur; et bail à loyer pour les autres, comme maisons, meubles, etc.

1. Les locations des domaines de l'Etat doivent être faites dans les mêmes formes qu'avant le décret du 10 germ. 2. Les Préposés sont personnellement responsables de la non-location des domaines par leur fait ou négligence. *Circ.* 157 *et* 637.

2. Les baux se passent publiquement et aux enchères devant les Sous-préfets, à la diligence des Préposés des domaines qui doivent les provoquer, et adresser, à cet effet, au Directeur, le projet du cahier des charges. Les baux doivent être annoncés par des affiches aux lieux accoutumés. — Ils peuvent être consentis pour 3, 6 ou 9 ans. Les Receveurs doivent faire en sorte de favoriser la concurrence, et de déjouer toute collusion entre les enchérisseurs. — Outre les conditions d'usage, on peut imposer toutes celles que le bien de la chose exige; il faut tenir la main à ce qu'il ne soit admis pour caution que des personnes domiciliées dans l'étendue du département, et de toute solvabilité. *Lois des* 5 *nov.* 1790, 12 *sept.* 1791, 10 *germ.* 2, *circ.* 157, 637, 1814, *et ord. gén. de Régie, art.* 246.

3. Les baux de domaines qui se trouvent à une distance de deux myriamètres et plus du lieu de la sous-préfecture, et dont le revenu n'excède pas 4 à 500 f., peuvent être passés devant le maire de la commune de la situation du bien, qui serait délégué par le Sous-préfet. *Circ.* 1894.

4. Si le fermier demande une continuation de jouissance de l'année après l'expiration de son bail, et que le délai soit urgent, ou que d'autres circonstances obligent à affermer sur estimation, il faut que cette estimation soit faite par expert aux frais du demandeur, et qu'elle présente le même prix de loyer qu'on pouvait espérer des enchères. *Circ.* 1261.

5. Abus à prévenir, lorsque les domaines seront affermés sur estimation rigoureuse. *Circ.* 1261.

6. Les Préposés doivent affermer, par la voie de l'adjudication aux enchères, une maison qui paraîtrait destinée à un établissement public, sauf à insérer au bail la condition expresse de sa résiliation sans indemnité, dans le cas où la maison serait affectée à un établissement. *Circ.* 2040.

7. Il ne peut être passé de bail de pâturage dans les bois de l'Etat. *Instr.* 191.

8. Il est prescrit au Directeur de se faire fournir un relevé des baux des propriétés domaniales, et d'en servir son sommier. *Circ.* 1844.

9. Dans le cas de déchéance des acquéreurs de biens de l'Etat, l'administration n'est pas tenue de maintenir les baux qu'ils auraient consentis, à un prix inférieur à celui des baux précédens. *Instr.* 422.

10. BAUX *à complant ou à portion de fruits*, aux tenures à devoir de tiers et de quart, etc. Les lois sur le rachat et la suppression de rentes féodales ne sont pas applicables aux redevances stipulées par ces baux. Les hospices ne peuvent y rien prétendre. *Instruct.* 118.

11. BAUX *à locaterie perpétuelle.* La condition résolutoire, faute de paiement de la redevance, attachée aux baux à location perpétuelle par la convention ou la coutume, n'a pas été abolie par la loi du 29 déc. 1790. Cette condition n'a pas besoin d'être inscrite pour la conservation des droits. *Arr. de cass. du* 11 *octob.* 1814. (*Art.* 5316, *j.*)

12. Le preneur à location perpétuelle qui n'a pas racheté la rente, n'en est pas moins propriétaire; le bailleur est seulement créancier de la rente. *Arr. de cass. du* 5 *oct.* 1808.

13. DISPOSITIONS DIVERSES. La défense de sous-louer, insérée dans le bail, est de rigueur, suivant l'art. 1717 du C. C.; lorsqu'elle est enfreinte, il y a lieu à la résiliation du bail. *Cour de Colmar, du* 16 *août* 1816.

14. Le bail sans écrit des héritages ruraux, cesse de plein droit, sans qu'il soit besoin de congé à l'expiration du tems pour lequel il est censé fait, par l'art. 1774 du C. C.; l'art. 1736 du même Code ne lui est pas applicable, cet art. ne regardant que les baux à

loyer et non les baux à ferme. *Avis de M. Merlin, dans son Répertoire de jurisprudence, au mot Bail. — Cour de Lyon, du 4 sept.* 1806. *Arr. du Conseil de Préfecture de Turin, du* 11 *mars* 1811 (*Art.* 3950, *j.*)

15. Le sous-bail suit le sort du bail; si le bail est déclaré nul, le sous-bail est sans effet, parce que le sous-locataire ne peut avoir plus de droit que le locataire. *Cour de Paris, du* 11 *nov.* 1812.

17. La SUBROGATION d'un bail fait devant notaire, mais non signé du subrogeant, est nulle, parce que le consentement du subrogeant est nécessaire. *Cour de Paris, du* 26 *août* 1809.

18. Lorsque le vendeur oblige l'acquéreur à entretenir les baux authentiques, et qu'il existe en même tems, pour une partie des biens vendus, *un bail sous-seing-privé non enregistré*, les preneurs doivent être maintenus pour le bail authentique, mais on peut donner congé de l'autre en indemnisant, car le bailleur est tenu de faire jouir son preneur. Si le bail sous seing-privé avait été enregistré avant la vente, l'éviction n'aurait pu avoir lieu. *Cour de Paris, du* 24 *décemb.* 1808.

19. La faillite du fermier n'emporte pas la résiliation du bail, sauf aux créanciers à continuer la jouissance jusqu'à son expiration. *Cour de Paris, du* 18 *nov.* 1809.

20. Cependant, lorsque le preneur, pour plus de neuf années, fait faillite avant son entrée en jouissance, le bail est résilié, à moins qu'il ne fournisse caution, ou qu'il n'ait été stipulé par l'acte une hypothèque. *Arr. de cass. du* 16 *déc.* 1807.

21. Le bail fait devant Notaire et que cet Officier public ne signe pas, n'a point de date; il ne peut être considéré que comme acte privé. *Cour de Colmar du* 21 *avril* 1812.

22. Quoique dans un bail à ferme il fût dit que par le fait seul du défaut de paiement à l'échéance, le bail serait résilié sans aucune formalité, néanmoins, le fermier en retard ayant payé quelques jours avant le commandement, le bail a été maintenu *par arrêt de la cour de Bruxelles du* 7 *août* 1811.

BATIMENT *de l'Etat*

1. Aucun de ces bâtimens ne peut être mis à la disposition d'un ministre, sans un arrêté du gouvernement. *Circ. du* 3 *therm.* 10.

2. Il a été fourni un état des bâtimens affectés au logement des généraux commandant les divisions militaires et autres officiers. *Circ. des* 28 *pluv. et* 28 *vent.* 11.

3. A partir de l'an 5, on a reçu les loyers des bâtimens occupés par les corps administratifs et judiciaires. *Circ. du* 20 *oct.* 1806.

4. Les bâtimens affectés à la taxe d'entretien des routes, sont rentrés sous la main de l'Administration depuis la suppression de cette taxe. *Circ. du* 26 *fév.* 1807.

5. Les anciens palais de justice et les prisons ont été mis à la disposition des départemens, chargés d'en payer les réparations. *Circ. du* 27 *oct.* 1807

6. Les bâtimens occupés pour le service de l'Administration, des Cours et Tribunaux et de l'Instruction publique, ont été concédés gratuitement et en toute propriété, aux départemens, arrondissemens et communes, par le décret du 9 avril 1811; Les Préfets ne peuvent disposer, en faveur des établissemens publics, d'aucun édifice appartenant à l'Etat, qui n'étoit pas occupé pour le service dont il s'agit, à l'époque de ce décret. *Instr.* 519 *et* 569.

7. Il n'y a pas lieu de répéter contre les Sous-préfets, les loyers des logemens par eux occupés dans les édifices publics, antérieurement au décret du 9 avril 1811. *Circ. du* 25 *juin* 1812.

BIENS. On comprend sous ce titre toutes sortes de possessions, comme meubles, immeubles, etc. : ce mot est défini par les articles 516 et suiv. du C. C.

BIENS *des communes.*

1. *Aliénation en vertu de la loi du* 20 *mars* 1813, contenant cession à la caisse d'amortissement des biens ruraux, maisons et usines qu'elles possédaient. — Ordres donnés pour l'exécution de cette loi, *instr.* 630. — Opérations sur la prise de possession et la vente; état du montant du revenu annuel des biens; délai pour le paiement; partage de la remise de 2 pour %, entre les Employés et les Préposés de Préfectures; mode de comptabilité, *circ. des* 10, 20, 24 et 25 *avril* 1813. — Liquidation des intérêts du prix des ventes; réglement du montant des contributions de chaque partie de biens, mise à prix fixée d'après le revenu brut, *circ. des* 17 *et* 18 *mai* 1813. — Mode de paiement des sommes restant dues par les communes, pour prix de biens qu'elles avaient acquis de l'État; comptabilité à cet égard, *circ. du* 22 *mai* 1813. — La cession comprenait les biens que les communes avaient concédés par baux emphytéotiques temporaires. Fixation de leur mise à prix, *circ. du* 29 *mai* 1813. — On a dû ne vendre que les portions de biens possédés par indivis avec des tiers, *circ. du* 10 *juin* 1813. — Admission en paiement de bons de la caisse d'amortissement. Demande de renseignemens, *circ. des* 14 *et* 28 *juin* 1813. — Ordre de presser la vente, *circ. du* 6 *juillet* 1813. — Décr. du 7 juillet 1813, sur la fixation et réduction de la première mise à prix, le lieu des adjudications et les affiches. *Circ. du* 12 *juillet* 1813. — Admission de bons de la caisse d'amortissement; décompte du prix soldé. *Circ. du* 4 *août* 1813. — Partage de remise en cas de congé; formalité pour l'admission des bons; fixation et paiement de l'équivalent du revenu net pour 1813, des biens cédés; réparations à faire aux biens. *Circ. des* 23 *et* 29 *sept.*, 27 *et* 30 *nov.* 1813. — Mode à suivre pour le paiement dans les départemens envahis. *Circ. du* 22 *mars* 1814. — Ordonnance du Roi du 6 juin 1814, pour l'exécution de la loi du 20 mars 1813. — Réglement de la rente à 5 p. % consolidés, à payer aux communes. *Circul. du* 20 *juin* 1814. — Bons de la caisse d'amortissement admissibles en paiement sans distinction. *Circ. des* 2 *août et* 27 *octobre* 1814. — Escompte accordé aux acquéreurs. *Circ. du* 3 *déc.* 1814. — Mesure pour provoquer la déchéance des acquéreurs en retard de payer. *Instr.* 672.

2. Ordonnance du Roi du 16 juillet 1815 qui prescrit la continuation des ventes, qui confirme celles

faites du 20 mars au 7 juillet 1815, et qui annule les obligations souscrites en exécution de l'acte du 30 avril, ainsi que les bons émis en vertu de l'acte du 9 mai de la même année. *Instr.* 695.

3. *Disposition de la loi du 28 avril 1816 qui ordonne de rendre aux communes leurs biens non vendus, Instr.* 718. — Liquidation définitive à faire, à raison des biens des communes *vendus* et de ceux *non vendus;* modèle de cette liquidation. Les biens rentrés dans les mains de l'Etat, par *déchéance des* acquéreurs, sont considérés comme *biens vendus* et continueront à être régis par les Préposés des domaines, sauf à statuer ultérieurement sur le sort de ces biens. *Instr.* 756.

4. Envoi de l'état des sommes restant à recouvrer au 1.er janv. 1818. *Instr.* 817.

5. Il a été recommandé de mettre de l'activité dans les opérations et liquidations indiquées, restant à faire relativement aux biens vendus ou non vendus des communes et de rendre compte le 15 de chaque mois de la situation de cette partie jusqu'à ce qu'elle ait été apurée. *Instr. du* 19 *août* 1818. n.° 853.

6. Demande d'un état article par article des sommes restant à recouvrer au 1.er nov. 1818. *Instr.* 861.

7. Le domaine a dû prendre possession, pour le compte de la caisse d'amortissement, des parties de prés ou marais, même tourbeux, qui n'étaient pas jugés nécessaires à l'exploitation successive pour le chauffage gratuit des habitans de chaque commune et qui n'avaient pas cette destination au 20 mars 1813. *Ordonn. du* 26 *déc.* 1814. (*Art.* 5017, *j.*)

8. Les biens ruraux dont la jouissance gratuite a été abandonnée par les communes aux desservans et instituteurs, pour leur tenir lieu d'indemnité de logement ou de traitement, étaient compris dans la cession faite à la caisse d'amortissement. *Décr. du* 28 *sept.* 1813. (*Art.* 4636, *j.*)

9. Il en était de même 1.° des biens concédés par baux emphythéotiques. *Décret du* 14 *août* 1813. (*Art.* 4594, *j.*) — 2.° D'une pépinière affermée et des biens que les communes possédaient et qu'elles avaient affermés à l'époque de la publication de la loi du 20 mars, quoique le produit du revenu fût destiné à une dépense extraordinaire, et qu'il soit dit que cette dépense payée, les biens devaient rentrer dans la jouissance commune. *Décr. du* 6 *sept.* 1813. (*Art.* 4637, *j.*) — 3.° D'un bien loué par un seul bail expiré le 22 mars 1813, quoique le prix de la location eût été destiné à l'acquisition d'un presbytère. *Décr. du* 6 *sept.* 1813. (*Art.* 4638, *j.*)

10. Un décret antérieur au 20 mars 1813, qui autorise une commune à échanger une de ses propriétés, n'a pas dû empêcher la prise de possession de cette propriété, si l'échange n'était pas consommé à l'époque de la publication de cette loi. *Décr. du* 14 *août* 1813 (*Art.* 4593, *j.*)

11. Il a été fait des rapports particuliers sur chacun des modes de jouissance des biens non partagés, en exécution de la loi du 10 juin 1793, et dont les habitans jouissaient divisément et temporairement. A l'égard des détenteurs à longues jouissances, l'objet du rapport a rendu ces derniers propriétaires incommutables, en payant un prix juste et raisonnable, aux époques fixées par la loi du 20 mars 1813, sans qu'on ait pu comprendre dans le prix la valeur des constructions et améliorations faites par lesdits détenteurs. *Avis du Cons. d'état du* 22 *oct.* 1813. (*Art.* 4983, *j.*)

12. Les biens que les communes avaient engagés, quoique par des conventions régulièrement faites, avant la loi du 20 mars 1813, ont dû être vendus conformément à cette loi, à la charge, par l'acquéreur, de rembourser le montant de l'engagement avant d'entrer en jouissance, et de payer le surplus du prix à la caisse du Receveur des domaines. *Décr. du* 25 *oct.* 1813. (*Art.* 4666, *j.*)

13. Ceux qu'elles avaient engagés sans l'autorisation de l'autorité supérieure avant la loi de 1813, ne se trouvaient dans aucun cas d'exception de la vente déterminé par l'art. 2 de cette loi. *Décr. du* 25 *oct.* 1813. (*Art.* 4667 *j.*)

14. Cependant des particuliers qui possédaient irrégulièrement des biens partagés sans acte, ont pu devenir propriétaires incommutables, en se conformant à l'ordonnance du Roi du 4 *nov.* 1814.

15. Les maisons communales qui servaient de casernes aux brigades de la gendarmerie, ne furent pas comprises dans la cession des biens des communes, faite à la caisse d'amortissement. *Avis du Cons. d'état du* 9 *nov.* 1813, approuvé *le* 11 du même mois. (*Art.* 4668, *j.*)

16. La mise à prix d'un bien de commune, établie sur un revenu exagéré, n'est pas une cause de nullité de la vente. *Ordonn. du* 29 *janvier* 1819. (*Art.* 6348, *j.*)

17. PROPRIÉTÉ. Suivant les lois des 28 août 1792 et 10 juin 1793, la commune qui a été dépouillée d'un bien par abus de la puissance féodale, peut y être réintégrée, à moins que le ci-devant Seigneur ne justifie d'un titre valable de propriété, et pourvu, d'après les arrêts des 9 pluv. et 8 fruct. 13, qu'il prouve par titres avoir anciennement possédé le bien. Mais si la prétendue usurpation résulte d'un traité entre un souverain et des communes, la revendication ne peut être accueillie; le respect dû au prince et à ses actes, ne permet point aux sujets de les discuter et aux tribunaux de les scruter. *Arr. de Cass. du* 5 *avril* 1808.

18. Le délai de cinq ans fixé aux communes, par l'art. 9 de la loi du 28 août 1792, pour réclamer contre leurs ci-devant Seigneurs la propriété des terres vaines et vagues dont elles prétendraient avoir été dépouillées par l'effet de la puissance féodale, n'a pas été abrogé par la loi du 10 juin 1793. *Arr. de cass.* 28 *janv.* 1817. (*Art.* 5760, *j.*)

19. L'action en revendication de la part des communes qui ont vendu sans formalité, est couverte par la possession de 40 ans, de la part même du Seigneur de la commune, si la vente a une cause légitime. *Arr. de cass. du* 21 *juin* 1815. (*Art.* 5690, *j.*)

20. Une commune qui réclame, en vertu des lois des 28 août 1792, et 10 juin 1793, la propriété de terrains, mis en état de culture à l'époque de la publication de

ces lois, est tenue de justifier de son ancienne possession de ces terrains à titre de propriété. *Arr. de cass. du* 8 *décemb.* 1818.

21. Les ventes faites de biens communaux après l'Édit d'avril 1667, sont, comme les ventes faites depuis 1620, soumises au rachat. *Arr. de cass. du* 21 *juin* 1815. (*art.* 5390, *j.*) — Pour les remises spéciales sur la recette des revenus et des prix de vente de ces biens. V. *remises à l'Enregistrement.*

BIENS DES ÉMIGRÉS. — V. *Domaine engagé*, *Émigrés*, *et restitutions.*

BIENS *de l'Etat.* — V. *Domaines de l'Etat*, pour les biens donnés en remplacement de ceux vendus, qui appartenaient aux Hospices. V. *Hospices.*

BIENS *indivis.* — V. *aliénation en vertu des lois des* 15 *et* 16 *flor.* 10, *et biens des communes.*

BIENS *nationaux.* D'après l'art. 1er du décret de l'Assemblée nationale du 23 oct. 1790, ils comprenaient tous les biens du domaine de la couronne, des apanages, du clergé, des séminaires diocésains. — Distinction de ceux qui doivent être administrés par l'Administration. — *Circ.* 157. V. *aliénation et domaine de l'Etat.*

BIENS *séquestrés.* — V. *contumax.*

BIENS *vacans.* Les biens qui n'appartiennent ni à des communes, ni à des particuliers, doivent être régis, et ensuite vendus. Le directeur des contributions directes remet, par le résultat de l'opération cadastrale, un relevé des biens dont les propriétaires ne se sont pas fait connaître, au directeur des domaines, qui lui en accuse la réception. *Circ. du* 26 *sept.* 1806, *instr.* 447. Voyez *deshérence.*

BOIS *des communes, hospices et autres établissemens publics.* L'Etat reçoit le décime par franc des ventes de coupes de bois des communes, ou des vacations des agens forestiers, lorsque ces coupes sont *délivrées en nature. Instr.* 51. La recette était faite au bureau d'arrondissement de la situation des bois. *Circ. du* 7 *flor. an* 10 — Ces bois sont soumis à l'Administration, garde et surveillance des Agens forestiers. — Paiement du prix des coupes extraordinaires de ces bois, ainsi que du décime pour franc, aux caisses des Receveurs de l'administration, registres et sommiers à tenir à ce sujet. Versemens à opérer. Renseignemens à fournir aux Préfets et Agens forestiers. Les vacations des Agens forestiers, pour les délivrances de bois communaux en nature aux habitans, continueront d'être payées aux Receveurs de la situation des bois. *Instr* 58 — Les procès-verbaux, poursuites et jugemens en matière de délits, doivent être enregistrés en *débet*, sauf le recouvrement contre les condamnés, *inst.* 58. — La recette par les Receveurs des domaines, du prix des coupes extraordinaires des bois des communes, a commencé le 19 vent. 10, *circ. du* 29 *fruct.* 10. — Mode de recouvrement des vacations des agens forestiers, lors de la délivrance en nature de bois des communes, *instr.* 151. — Paiement des vacations des Arpenteurs pour opérations dans ces bois, *instr.* 175. — Versement aux caisses des Receveurs d'arrondissement, du produit des coupes extraordinaires des bois des communes, *circ. du* 29 *frim.* 12. — Les minutes des procès-verbaux d'adjudication de coupes extraordinaires, sont sujètes au timbre, ainsi que les expéditions, à l'exception de celles remises aux Préfets et à l'Administration des forêts, *circ. du* 2 *vent.* 12. — Mode du paiement des salaires des gardes, *circ. du* 17 *prair.* 12, *instr.* 260. — Les traites des Adjudicataires étaient versées immédiatement et sans l'intermédiaire des Directeurs, chez le Receveur général ou le Receveur particulier, *circ. du* 17 *déc.* 1806. — Les états des gages des Gardes de bois des communes, qui versent elles-mêmes les fonds nécessaires pour acquitter ces salaires, n'ont pas besoin d'être revêtus de l'approbation du ministre des finances, *circ. du* 6 *juillet* 1806. — Il ne sera plus fait d'avance pour le paiement des gages des gardes des bois communaux, *instr.* 310. — L'amende du vingtième ne peut être exigée des Adjudicataires de bois de communes qui sont en retard de se libérer, *circ. du* 24 *janvier* 1807. — Le prix principal des coupes extraordinaires, doit être versé, déduction faite de la remise des Receveurs; manière d'opérer, *circ. du* 31 *janv.* 1807. — Précautions prescrites pour que les fonds destinés au paiement des gardes, soient remis de trimestre en trimestre seulement, *circ. du* 20 *févr.* 1807. — Les dommages-intérêts adjugés aux communes pour délits commis dans leurs bois, doivent être recouvrés par les Percepteurs des deniers communaux, *circ. du* 7 *sept.* 1807. — Il faut faire stipuler, dans les adjudications des coupes extraordinaires, que la remise du Receveur sur le prix principal de ces coupes, sera payable en numéraire et comptant, *circ. du* 7 *nov.* 1807. — Le paiement des gages des gardes ne donne lieu à aucune remise au profit des Receveurs, *circ. du* 23 *nov.* 1807. — Les extraits délivrés par les Greffiers, de jugemens portant condamnation à des dommages-intérêts au profit des communes, sont assujétis au droit de timbre et d'enregistrement, *instr.* 386. — Timbre et enregistrement des procès-verbaux d'assiette, d'arpentage, de balivage, réarpentage et récollement des coupes de bois, *instr.* 475. — Paiement des gages des gardes; comptabilité, *instr.* 498; le paiement des gardes des bois communaux, se fera par les Receveurs des communes; le mode de paiement des gardes des bois, des hospices et établissemens publics actuellement en usage, doit continué d'être suivi, *circ. du* 19 *juin* 1813. — Le décime par franc n'est pas dû pour les ventes de coupes affouagères des communes et des établissemens publics; mais, dans ce cas, il y a lieu d'exiger le paiement des vacations des Agens forestiers, *instr.* 658. — Les traites d'adjudicataires de coupes extraordinaires de ces bois, doivent être adressées aux Directeurs, comme il est prescrit pour celles des adjudicataires de coupes de bois de l'Etat, *instr.* 670. — Bordereaux à fournir, des sommes provenant du prix principal des coupes extraordinaires des bois des communes, hospices et autres établissemens, *instr.* 670. Modèle de ces bordereaux, *circ. du* 30 *nov.* 1815. A compter du 1.er juillet 1816, les Receveurs des domaines ne perçoivent que le décime pour franc du prix des coupes extraordinaires de bois des communes, *instr.* 749.

Les Receveurs des domaines ont été chargés, pour

les adjudications de l'exercice de 1817, de percevoir le prix principal des coupes extraordinaires de ces bois, *instr.* 764. Ordonn. du 7 mars 1807, qui défend de faire des coupes dans les quarts de réserve de ces bois, sans une autorisation de Sa Majesté. Formalités à observer; le prix principal de ces coupes est payable en traites qui seront remises aux Receveurs généraux, *exclusivement* chargés d'en faire le recouvrement; les Receveurs des domaines continueront à percevoir le décime pour franc; envoi à faire au Directeur général, *aussitôt après l'adjudication*, de la date de la vente, de la contenance et du prix des coupes. *Instr.* 799.

Obligations des Directeurs remplissant les fonctions de Conservateurs. *Instr.* 826. — Depuis, les forêts ont une administration particulière. V. *instr.* 955.

BOIS *échangés ou engagés*. V. *domaines engagés*, n.os 32 et 39.

BOIS *indivis entre l'Etat et les particuliers*. Ils doivent être administrés, par les Agens forestiers, de la même manière que les bois domaniaux. *Circ.* 1125 *et* 1251. V. *coupes de bois*.

BOIS *de marine*.

1. Les bois des communes, hospices et autres établissemens publics, sont sujets aux mêmes dispositions que les bois royaux, en ce qui concerne les bois de marine. *Instr.* 799.

2. Ordonn. et réglement du 28 août 1816, relatifs à la conservation de ces bois, tant dans les propriétés de l'Etat, que dans celles des établissemens publics et des particuliers. *Instr.* 808. — Voy. *coupes de bois* et *marine*.

BOIS *des particuliers*. Ordonnance du Roi du 22 sept. 1819, qui modifie celle du 28 août 1816, transmise par l'instruction 808. — Il faut prendre pour règle, relativement à ces *bois*, la loi du 29 sept. 1791, celle du 9 flor. 11, et le décret du 15 avril, même année. — Les propriétaires de ces bois ont la faculté de régler eux-mêmes l'âge de leurs coupes, de fixer le nombre des baliveaux de réserve, et d'adopter le mode d'exploitation qui leur paraît convenable, nonobstant les dispositions contraires de l'art. 1.er du titre 26 de l'ordonn. de 1669; etc. *Instr.* 931.

BOIS *royaux*. Ces bois ont toujours été regardés comme le plus précieux domaine de l'Etat, et comme une ressource assurée, dans des cas extraordinaires.

1. Pour décider s'ils sont aliénables, la distance se calcul à vol d'oiseau. *Circ. du* 26 *vent.* 11. — Etat de la consistance des bois au 1.er therm. 11. *Circ. des* 8 *therm. et* 6 *fruct.* 11. — Défense de provoquer aucun bail de pâturage dans les bois. *Instr.* 191. — Etat de tous les terrains ou bâtimens qui en dépendent, et qui ont été aliénés. *Circ. du* 8 *germ.* 13. — Les procès-verbaux d'arpentage de bois, destinés aux usagers, sont soumis aux droits de timbre et d'enregistrement. *Instr.* 366. — Les bois cédés à la Légion d'honneur, sont réunis au sol forestier. *Circ. du* 15 *mars* 1809. V. *aliénation*, *contribution*, *coupes de bois*.

BUREAU *des domaines*. Dès l'Edit du mois de mars 1693, introductif du contrôle des actes, les bureaux furent établis dans les villes et lieux ayant des siéges royaux; aujourd'hui ils ne sont conservés, dans les chefs lieux de département et d'arrondissement, pour la partie domaniale, que lorsque les recettes s'élèvent annuellement à 30,000 fr. *Instr.* 780. V. à l'Enregistrement, *bureau*, *Receveur*, *remises*.

CADASTRE. V. *biens vacans*.

CAHIER DES CHARGES, *conditions préliminaires d'une adjudication*; Il doit exprimer avec précision l'étendue des obligations de l'adjudicataire, d'après les réglemens et les usages, pour empêcher les dégradations, assurer le paiement, etc.

1. La Loi du 5 nov. 1790, indique des conditions autres que celles légales et d'usage. *Voir les Circ.* n.os 181, 1106, 1225, 1234, 1886, 2020, *et se conformer aux art.* 1713 *à* 1778 *du C. C.*

2. Les Employés de la Direction générale provoquent les ventes des biens domaniaux auprès des Préfets, et leurs locations auprès des Sous-Préfets, et rédigent, de concert avec eux, les cahiers des charges et affiches. *Loi du* 4 *brum.* 4.

3. Il faut insérer dans le cahier des charges, que la déchéance avec amende et restitution de frais, n'est qu'une voie que l'Administration est libre d'employer. L'acquéreur n'a pas faculté de renoncer à son adjudication. *Instr.* 672. V. *aliénation*; *bail* n.° 6 et l'art. suivant.

4. On ne doit remettre à l'acquéreur que les titres promis dans le cahier des charges; le vendeur n'est pas tenu de fournir tous ceux qui concernent la propriété. *Cour de Paris*, 27 *mai* 1808.

CAISSE D'AMORTISSEMENT.

1. *Aliénation de bois qui lui appartiennent*; la caisse d'amortissement ne pourra aliéner les bois affectés à sa dotation, qu'en vertu d'une loi. Elle est seulement autorisée à mettre en vente, à partir de 1818, jusqu'à concurrence de 150,000 hectares de bois, en se conformant aux formalités établies pour la vente des propriétés publiques. *Loi du* 25 *mars* 1817, *art.* 145.

2. Chacun des bois à vendre sera estimé en fonds et en superficie, par un expert qui sera nommé par le Préfet, sur la proposition du Directeur des domaines. Les ventes seront faites à la diligence du Directeur général de l'Enregistrement et des domaines, au chef-lieu de l'arrondissement de la situation des bois, devant le Préfet ou le fonctionnaire qu'il aura délégué pour le remplacer, et en présence du Directeur ou d'un Inspecteur et d'un autre préposé de la Direction générale des domaines. Les adjudicataires seront tenus, 1.° D'acquitter, dans les vingt jours de l'adjudication, les droits d'enregistrement et de timbre, déterminés par les lois. (V. *vente*, *à l'Enregistrement*). — 2.° De verser dans la caisse du domaine, *un* 1/2 p. 0/0 du prix principal de l'adjudication, pour tous autres frais qui seront à la charge du trésor royal. Le produit de *un* 1/2 p. 0/0 qui aura été perçu d'après le précédent article, sera versé au Trésor royal. — Le ministre des finances pourra distribuer une portion de ce produit, à titre d'indemnité, au profit des agens des domaines et forêts, et des Employés des Préfectures et Sous-Préfectures

qui auront concouru le plus efficacement aux opérations et aux résultats des ventes. *Ordonn. du* 10 *déc.* 1817. *Instr.* 819.

3. Mode adopté pour cette aliénation, rédaction du cahier des charges, états à fournir. *Instr.* 819. — Envoi aux Directeurs de l'état des bois cédés à cette caisse. *Instr.* 821. — Modèle d'affiches, formules de procès-verbaux d'adjudication, de déclaration de command et de cautionnement. *Instr.* 828. Les salaires des gardes sont à la charge des acquéreurs, à dater du jour de la vente. Mesures prises pour assurer l'exécution de cette clause. *Instr.* 846 *et* 924. — Rectification de l'art. 6 du cahier des charges, en ce qui concerne le dépôt à exiger des personnes dont la solvabilité n'est pas reconnue. Les cautionnemens en immeubles doivent 50 c. p. $_0/^0$. Les obligations des adjudicataires ne sont pas sujètes au timbre; ils doivent, dans tous les cas, souscrire six obligations. Comptabilité relative au produit d'un et 1/2 p. $_0/^0$, à payer en sus de la vente. Renseignemens à donner par les agens forestiers. *Instr.* 850. — Taxe et paiement des frais d'expertise. *Instr.* 858. Fixation des frais de rédaction et de première expédition des actes contenant la vente des bois. *Instr.* 865. — Ordonnance relative à la continuation des ventes. Ordre de porter sur les affiches, les bois régulièrement estimés, et de faire estimer ceux dont la mise en vente à été autorisée. *Instr.* 874. — Réduction dans la dépense pour traitement des gardes forestiers, par suite des ventes de ces bois. Etat à fournir. *Instr.* 889. — Modification au 1.er cahier des charges. Les acquéreurs paieront eux-mêmes leur portion de frais de garde. *Instr.* 924. — Les acquéreurs des bois vendus ont faculté de vendre eux-mêmes les coupes qu'ils ont droit de faire, et de payer directement leurs gardes. *Instr.* 949. — Les minutes de ces ventes doivent entrer au dépôt de chaque Sous-Préfecture. *Instr.* 960.

CANAUX, conduite d'eau d'un lieu à un autre pour faciliter le commerce.

1. La Régie des Canaux a été distraite de l'Administration des domaines, à compter du 1er. vend. 13, et attribuée à l'Administration des contributions indirectes. *Instr.* 254.

2. Cette attribution comprend les canaux projetés de *Provins*, etc. *Circ. du* 29 *brum.* 13. — Ainsi que la mise en ferme de la pêche dans les canaux des francs bords et autres dépendances. *Instr.* 522. V. *Pêche.*

CAUTION. Celui qui répond, qui s'oblige pour un autre, qui demeure néanmoins toujours obligé principal.

1. La caution de l'adjudicataire de coupes de bois, qui a commis des outre-passe dans son exploitation, peut être poursuivie par la même voie correctionnelle, soit que l'adjudicataire ait été mis en cause, soit qu'il n'ait pu y être mis par son prédécès. *Arr. de cass. du* 5 *avril* 1811.

2. La quittance pure et simple donnée à un fermier de biens de l'Etat, cautionné, et qui a fourni des obligations acceptées, décharge la caution de son cautionnement. *Arr. de cass. du* 2 *janv.* 1807. V. *adjudication, caisse d'amortissement.*

CAUTIONNEMENT. V. *caisse d'amortissement* et *coupe de bois.*

1. Les cautionnemens des adjudicataires de coupes de bois, doivent être rédigés sur des feuilles distinctes et séparées des procès-verbaux de vente. *Déc. min. fin. du* 9 *nov.* 1813. (*Art.* 4808, *j.*)

CESSIONS *de domaines de l'Etat; irrévocables ou révoquées.* V. *domaine engagé*, nos. 2, 3 et 32.

CHARGES. V. *cahier des charges.*

CHANGEMENS *survenus dans la consistance des domaines.* Les Receveurs doivent être exacts à donner connaissance au Directeur de tous les changemens qui surviennent dans la consistance des domaines qui sont régis par l'Administration, et à les annoter sur leurs sommiers; le Directeur doit avoir ce soin vis-à-vis de la Direction générale. *Circ. des* 26 *décem.* 1807, 22 *mars et* 8 *juin* 1808.

CHASSE. Droit honorifique. Par ordonnance de François Ier., de l'année 1515 et autres postérieures, il fut défendu à toutes personnes de quelque qualité et condition qu'elles fussent, de chasser dans les forêts et bois du domaine, sans la permission du Roi. V. à l'Enregistrement, *amendes de chasse et permis.*

CHEVAUX *de réforme, ou confiés à des particuliers.* V. *mobilier militaire.*

COLLEGES *anglais, irlandais et écossais.* Les Colléges irlandais et écossais, dont la réunion a été ordonnée par arrêté du 24 vend. 11, ont été réunis aux Colléges anglais par un arrrêté du Gouvernement du 3 mess. 11; ces établissemens ont été renvoyés dans la propriété de tous les biens invendus composant leur dotation, et de ceux desdits biens qui ont été aliénés, mais dont les acquéreurs ont encouru la déchéance, à défaut d'avoir rempli les conditions de leurs contrats. *Instr.* 144.

COMMUNES.

1. Les créanciers des communes ne pourront intenter contre elles aucune action, qu'après qu'ils en auront obtenu permission, par écrit, du Conseil de préfecture, sous les peines portées par l'édit d'août 1683. *Arrêté des Consuls du* 27 *vend.* 10.

2. Cette *demande* sera faite par les Directeurs, et la permission sera mentionnée dans l'acte introductif d'instance; ces deux pièces seront sur papier libre. — L'autorisation n'est nécessaire que pour les actions à intenter en justice; toute autre demande, ou tout acte extrajudiciaire se fait sans cette formalité. *Instr.* 2.

3. Les communes ne peuvent, sans l'autorisation du Conseil municipal, revêtue de l'approbation du Conseil de préfecture, ni former une demande en justice, ni défendre une action intentée contre elle. *Lois des* 29 *vend.* 5 *et* 28 *pluv.* 8.

4. Elles ont également besoin d'être autorisées pour se pourvoir au Conseil d'état, contre un arrêté du Préfet ou du Conseil de Préfecture. *Décr. du* 30 *nov.* 1811. (*Art.* 4142, *j.*).

5. Le prix des ventes de bois coupés en délits par des inconnus, dans une forêt communale, appartient à la commune propriétaire de la forêt. *Sol. du* 19 *nov.*

1816. (*Art.* 5606, *j.*). V. *biens des communes et restitutions.* — Pour les acquisitions faites par les communes. V. *acquisition*, à l'*Enregistrement.*

COMPENSATION; libération réciproque entre deux personnes qui se trouvent créancières et débitrices l'une de l'autre. V. *art.* 1289 *et suiv. du C. C.*

1. Les créanciers directs de rentes viagères sur l'Etat, qui seraient en même-tems ses débiteurs, sont autorisés à se libérer avec leurs inscriptions viagères. *Circ. du* 12 *therm.* 10.

2. Un débiteur de rentes envers l'Etat, est autorisé à en compenser les arrérages, d'abord avec ceux de la rente inscrite au grand-livre et subsidiairement avec le capital de ladite rente. *Déc. du min. fin. du* 4 *therm.* 9.

3. On ne peut pas compenser une rente sur l'Etat avec des fermages de biens domaniaux. *Déc. min. fin. du* 1er. *vent.* 9. Ni une rente due à l'Etat avec les arrérages d'une pension que l'Etat doit au débiteur de la rente. *Déc. min. fin.*, 21 *brum.* 9.

4. On ne peut compenser une amende de condamnation avec une inscription au grand-livre. *Déc. min. fin.*, 22 *prair.* 7.

5. Un tribunal ne peut admettre la compensation d'arrérages de rentes échus avec les sommes dues par l'Etat, et dont la liquidation n'a pas encore été faite. *Arr. de cass.* 19 *mars* 1811. (*Art.* 3879, *j.*).

6. Une créance ne peut être opposée en compensation à une autre créance prétendue par l'Administration des domaines, sans qu'au préalable elle ait été liquidée par l'autorité administrative, lorsque, d'ailleurs, cette créance qu'on veut opposer en compensation a été formée par un individu qui n'avait aucune qualité; c'est-à-dire à une époque où le Gouvernement ne pouvait être tenu de ses dettes. *Arr. de cass. du* 24 *mars* 1813 (*Art.* 4509, *j.*)

7. Celui qui était débiteur d'une rente envers l'Etat et créancier d'une autre rente, ne peut pas demander la compensation, lorsque l'une des deux rentes a été cédée à un hospice. — Il en est de même, si les rentes ne sont que provisoirement liquidées : il faut une liquidation définitive. La compensation ne peut s'opérer pour des rentes ou autres créances, qu'entre des sommes également liquidées, et lorsque que la même partie réunit à la fois la double qualité de créancier et de débiteur. *Déc. min. fin.*, 8 *déc.* 1812 (*Art* 4754, *j.*).

8. Les fermages dus à l'Etat par des copropriétaires de biens d'émigrés, peuvent se compenser avec des fermages perçus par le domaine, et appartenant auxdits copropriétaires indivis. *Déc. min. fin.*, 16 *nov.* 1810 (*Art.* 4071, *j.*)

9. Quoique la créance à terme devienne exigible par la faillite du débiteur, elle ne peut néanmoins entrer en compensation, parce qu'elle n'est pas pour cela liquide. *Arr. de cass. du* 12 *fév.* 1811.

10. La restitution que l'on devrait à des héritiers d'un séquestre, ne peut être compensée avec le droit qui résulterait du décès de celui-ci. *Arr. de cass. du* 1er. *août* 1808 *et autres.*

11. Dans le cas de compensation de ce que redoit l'acquéreur d'un bien domanial avec ce que lui doit l'Etat, on peut admettre, comme pièces comptables, l'ordonnance et l'arrêté du Préfet, qui a réglé le montant de la créance à compenser. *Déc. du min. des fin. du* 22 *germ.* 13.

12. La compensation opposée à un décompte signifié par l'Administration des domaines, ne peut point en arrêter les effets, si les objets qu'on veut faire compenser, quoiqu'exigibles, n'ont pas été déjà liquidés par une décision. *Décr. qui confirme un arrêté du Préfet de l'Allier du* 8 *mai* 1811. (*Art.* 4448, *j.*)

13. Le Tribunal, qui, sans statuer sur l'exception de compensation que présente le débiteur d'une somme due à l'Etat, renvoie les parties devant l'autorité administrative, déjà saisie de la demande, et qui annule, sans préjudicier au trésor, les poursuites judiciaires qui ont été exercées, fait une juste application de la loi. *Arr. de cass. du* 16 *mai* 1814.

14. Pour connaître d'autres cas où la compensation peut être accordée à ceux qui sont en même-tems débiteurs et créanciers directs de l'Etat. V. *Instr.* 279.

COMPÉTENCE, pouvoir de connaître d'une affaire. V. *Compétence*, à l'*Enregistrement.*

COMPÉTENCE DES TRIBUNAUX.

1. Les tribunaux ne sont obligés de rendre la justice qu'à leurs justiciables; ils peuvent s'abstenir de la connaissance des affaires qui ne sont pas de leur compétence, quoiqu'il ne soit point proposé de déclinatoire, et lors même que les parties consentiraient à être jugées par eux. *Arr. de cass. du* 14 *avril* 1818.

2. C'est devant les tribunaux qu'il faut porter, soit 1.° Les contestations élevées sur l'adjudication des coupes de bois domaniaux, soit sur le paiement de ces adjudications. *Ordonn. du* 6 *mars* 1816. (*Art.* 5398, *j.*) — 2.° La revendication, par l'Administration, d'un bien de l'Etat que la partie adverse soutient être patrimonial. *Décr. du* 14 *novembre* 1807. — 3.° Toute question de propriété entre l'Etat et des particuliers. *Décr. des* 8 *juillet* 1807, 22 *oct.* et 21 *nov.* 1808. Il faut employer les formes ordinaires de la procédure civile. *Arr. de cass. du* 25 *mars* 1812. — 4.° L'instance à l'effet d'obtenir paiement d'une obligation fournie par un tiers pour couvrir le débet d'un Receveur. Les formes ordinaires de la procédure civile doivent être observées. *Arr. de cass. du* 10 *août* 1814. — 5.° Les questions de propriété entre le domaine et les communes. *Décr. des* 7 *et* 18 *novembre* 1814. — 6.° Lorsqu'une affaire a été portée devant un tribunal au lieu de l'être devant l'autorité, celle-ci peut condamner aux dépens. *Décr. du* 30 *août* 1814. — 7.° Les contestations relatives aux servitudes dont un bien vendu par l'autorité administrative pourrait être chargé. *Ordonn. des* 25 *fév. et* 21 *oct.* 1815. — 8.° Celles relatives à l'exercice des servitudes et droits d'usage attachés au domaine de l'Etat. *Ordonn. du* 4 *mars* 1819. 9.° Aussi celles qui ont rapport à la revendication de biens provenant d'engagement. *Ordonn. des* 25 *fév.*, 18 *mars et* 12 *déc.* 1818. — 10.° Les demandes formées par l'Administration des domaines contre les fermiers des émigrés, sur des baux sous-

seing privé, soit pour les faire annuler, soit pour leur faire restituer des contributions acquittées par l'Administration. *Décr. du* 28 *mai* 1812. (*Art.* 4329, *j.*) — 11.° Les contestations relatives à la fixation de l'indemnité, résultant de l'expropriation pour cause d'utilité publique, s'il s'agit de concéder une portion en paiement de l'indemnité due, cette opération est du ressort de l'autorité administrative. *Ordonn. du* 20 *nov.* 1815. (*Art.* 6052, *j.*) — 12.° Les questions relatives à la prescription et les preuves de libération invoquées par un fermier de domaines nationaux. *Décr. du* 11 *janv.* 1818. — 13.° L'instance tendante à faire rétablir le cours des eaux qui arrosent les propriétés nationales et que quelqu'un aurait détourné. *Cour de Paris du* 15 *janvier* 1808. (*Art.* 3764, *j.*) — 14.° Les contestations qui s'élèvent relativement à la liquidation des fermages entre les fermiers des biens d'émigrés et l'Administration des domaines, comme étant aux droits de ces émigrés. *Décr. du* 18 *janv.* 1813. (*Art.* 4501, *j.*) — 15.° Celles relatives aux baux et fermages de domaines nationaux. *Décr. des* 11 *et* 15 *janv.* 1813. (*Art.* 4447, *j.*) *Ordonn. du* 26 *fév.* 1817. — 16.° Toute contestation relative aux fermages de domaines nationaux et aux comptes à régler avec les fermiers. *Ordonn. des* 27 *nov.* 1814, 13 *janv.*, 18 *mars et* 21 *août* 1816. — 17.° Les questions de propriété de lais et relais de la mer, comme faisant ou ne faisant pas partie d'une adjudication. *Décr. du* 30 *juin* 1813. — 18.° Les questions qui peuvent s'élever sur l'exécution de la loi du 14 *vent.* 7, relativement à la révocation des concessions des domaines de l'Etat. *Décr. du* 16 *oct.* 1813. (*Art.* 4771, *j.*). — 19.° Les demandes en indemnité intentées par le fermier d'un bien de l'Etat, contre le domaine, pour non jouissance à cause de réparations que l'Administration a fait faire à l'objet loué. *Décr. du* 1.er *fév.* 1813. (*Art.* 4603, *j.*) — 20.° La question de savoir si un attérissement appartient à l'Etat, pour avoir été causé par des travaux publics, exécutés sur le bord d'un fleuve, ou à un particulier, pour s'être formé sur un terrain par superposition. *Décr. du* 11 *août* 1808. — 21.° Les questions qui s'élèvent sur l'exigibilité des rentes transférées aux hospices par l'Administration des domaines, entre les hospices cessionnaires et les débiteurs des rentes. Le débiteur ne peut pas se pourvoir devant l'autorité administrative pour faire annuler le transfert fait par le domaine. L'arrêté du Conseil de préfecture qui, sur un tel pourvoi, maintient le transfert et renvoie la connaissance du fond sur l'exigibilité de la rente, ne peut être attaqué ni pour incompétence ni pour excès de pouvoir. *Décr. du* 22 *janv.* 1813. (*Art.* 4613, *j.*) — 22.° Les contestations qui peuvent s'élever entre les fermiers de domaines nationaux et l'Administration des domaines, au sujet des baux passés par les anciens propriétaires et avant la main mise nationale. *Décr. du* 7 *fév.* 1813. (*Art.* 4569, *j.*) — 23.° Les questions de féodalité ou non féodalité d'une rente domaniale, soit qu'elle ait été aliénée par voie de transfert ou qu'elle soit encore entre les mains de l'Etat. *Décrets des* 16 *mars* 1807, 15 *janv.*, 17 *et* 28 *mai*, 4 *juin* 1809, 7 *août* 1810, *instr.* 380. — 24.° Les demandes en retenue de contribution sur des rentes dues au domaine. *Décr. du* 28 *août* 1810. — 25.° L'interprétation et l'exécution des baux passés devant Notaire, et de tous actes non administratifs relatifs aux domaines. *Décr. des* 29 *août* 1809, 23 *mai* 1810, 26 *avril et* 2 *mai* 1811. — 26.° Les résolutions des baux pour dol et collusion, lors même qu'ils auraient été faits administrativement. *Décr. du* 1.er *sept.* 1811. — 27.° Les exceptions pour prescription de fermages, sauf le renvoi au Conseil de préfecture, relativement à la liquidation des sommes non prescrites, si le bail est administratif. *Décr. du* 23 *oct.* 1811. — 28.° Les questions de propriété de biens ou d'exigibilité de rentes. *Décr. des* 2 *fév.*, 17 *et* 27 *mars*, 4 *et* 18 *juin*, 6 *et* 29 *août* 1809. (*Nota.* Les 6 derniers articles sont rappelés dans l'instr. 606.)

3. C'est aux Tribunaux à connaître du débat des comptes entre l'Administration des domaines et le fermier, et des contestations sur le paiement du prix. *Ordonn. des* 25 *fév. et* 12 *août*, 18 *nov. et* 24 *déc* 1818.

4. Les Tribunaux doivent prononcer sur les limites d'un domaine national vendu sans que ces limites aient été démarquées par le contrat. *Ordonn. du* 19 *mars* 1820. (*Art.* 6695, *j.*).

5. Si le bien contesté n'a pas été suffisamment désigné ni dans le procès-verbal d'estimation, ni dans le contrat, les Tribunaux doivent décider. *Ordonn. du* 21 *oct.* 1818.

6. Pour le réglement d'un compte de fermage résultant d'un ancien bail, l'admission des paiemens et leur emploi, les Tribunaux sont seuls compétens. *Décrets des* 11 *et* 18 *janv.*, 14 *mai* 1813; *ordonn. du* 24 *déc.* 1814.

7. La résiliation des baux des biens nationaux, passés par les Préfets, de gré à gré, ne peut être prononcée que par les Tribunaux ordinaires. Le Ministre des finances est incompétent. *Décr. du* 6 *juin* 1813. (*Art.* 4804, *j.*).

8. Les Tribunaux de 1.re instance sont seuls compétens pour connaître immédiatement des actions relatives aux contestations contre le domaine, au sujet d'une vente d'objets mobiliers appartenant à l'Etat. *Arr. de cass. du* 12 *mess.* 13.

9. Relativement aux baux des biens de l'Etat, les Tribunaux ne peuvent connaître que des questions qui ne doivent être jugées que d'après les dispositions des codes ou d'autres lois qui règlent les obligations des preneurs. Ils peuvent non seulement statuer sur les *fins de non recevoir*, (*moyens de nullité*), ou de *forme*, mais encore sur le mérite de l'*opposition* ou des exceptions *au fond. Instr.* 343; *autre du* 25 *oct.* 1812, *décr. des* 14 *fév.* 14 *août et* 6 *sept.* 1813. (*Art.* 5761, *j.*) V. aussi *l'art.* 5762 *du même j.*

10. D'après l'article 27 de la loi du 14 *vent.* 7, une question de propriété relative à un bien aliéné par le domaine, est du ressort des Tribunaux même, lorsqu'il s'agit d'un domaine engagé. *Ordonn. du* 31 *janv.* 1817; *Arr. de cass. du* 12 *août* 1818.

11. Lorsque les Préposés des domaines signifient à

un ancien fermier un décompte qui l'établit reliquataire envers le Trésor public, si le prétendu redevable soutient que toute action est prescrite, il doit être statué d'abord sur la prescription, par les Tribunaux, sauf à renvoyer ensuite à l'Administration la connaissance du fond. *Décr. du* 23 *oct.* 1811. (*Art.* 4121, *j.*).

12. Lorsqu'il s'élève une difficulté relativement au recours exercé au nom de l'Etat, contre la caution d'un fermier, par bail administratif, la décision doit être portée devant le Tribunal. *Déc. min. fin. du* 29 *juin* 181.

13. L'avis du conseil d'Etat du 18 juin 1809, qui attribue aux Conseils de Préfecture le jugement des usurpations de terrains communaux, n'est applicable que quand la qualité communale du terrain, n'est pas contestée. Dans le cas contraire, les Tribunaux ordinaires sont juges de la question de propriété. *Ordonn. du* 10 *fév.* 1816. (*Art.* 5379, *j.*).

14. C'est aux Tribunaux qu'il appartient de juger de la validité d'un testament, au moyen duquel l'Etat pourrait être privé de biens qu'il possède. *Arr. de cass. du* 9 *août* 1809, *et ordonn. du* 17 *juin* 1818.

15. Dans les contestations entre l'Administration des domaines et les acquéreurs de domaines nationaux, sur le plus ou le moins d'étendue d'un acte de vente nationale, si l'acquéreur qui veut retenir des objets que l'Administration soutient ne pas avoir été compris dans la vente, se fonde à la fois sur l'acte d'adjudication et sur la prescription, le Conseil de Préfecture doit décider si l'acte donne ou ne donne pas des droits à l'acquéreur, et renvoyer la question de prescription aux Tribunaux ordinaires. *Décr. du* 18 *mars* 1813. (*Art.* 4619, *j.*).

16. Une Cour d'appel ayant reconnu qu'une contestation qu'on lui a soumise n'est pas du ressort de l'autorité judiciaire, peut néanmoins prononcer sur l'authenticité de l'acte qui a donné lieu à la contestation, sans empiéter sur les attributions du pouvoir administratif. *Arr. de cass. du* 12 *déc.* 1809. (*Art.* 3516, *j.*)

17. Lorsqu'un bien possédé par le domaine est réclamé par un tiers, il n'appartient qu'aux Tribunaux de prononcer sur la restitution des fruits et jouissances. *Ordonn. des* 25 *fév. et* 3 *juin* 1818.

18. Il n'appartient qu'aux Tribunaux de connaître des moyens d'exécution d'un arrêté administratif. *Ordonn. du* 8 *juillet* 1818.

19. Si dans une contestation relative à un bail, il s'agit de se déterminer sur des faits, possessions, ou des usages locaux, c'est aux Tribunaux à en connaître. *Décr. du* 23 *nov.* 1808.

20. Les contestations occasionnées par le séquestre des biens de contumax sont du ressort des Tribunaux; la défense appartient aux Préfets pour les séquestres antérieurs au Code, et à l'Administration pour ceux postérieurs. *Déc. min. fin.*, *du* 18 *fév.* 1814. (*Art.* 4861, *j.*)

21. Cependant aucune contestation de propriété ou autre en matière domaniale, *lorsque le Préfet est appelé à défendre les intérêts de l'État*, ne doit être portée devant les Tribunaux, qu'après avoir été soumise au Conseil de Préfecture, qui doit donner une décision. Les art. 14 et 15, §. 3 de la loi du 5 nov. 1790, et l'art. 27 de celle du 14 *vent.* an 7, qui exigent cette formalité, *à peine de nullité*, subsistent et doivent continuer d'être exécutés. *Décr. des* 7 *juillet* 1809, *et* 16 *mai* 1810. *Inst.* 606.

22. Lorsqu'une Administration a prononcé sur l'objet d'une contestation, bien qu'elle ait été portée d'abord devant les Tribunaux, l'Autorité judiciaire ne peut juger contrairement à ce que cette Administration a décidé. — Les Tribunaux doivent, dans le même cas, surseoir à toutes poursuites. — La partie qui se croit lésée par la décision administrative n'a d'autre recours que devant l'Autorité supérieure. *Lois des* 24 *août* 1790 *et* 16 *fruc.* 3. *Arr. de cass. du* 13 *mars* 1810. (*Art.* 3870, *j.*)

23. Un Tribunal de première instance doit prononcer en dernier ressort sur une demande d'un fermage de 875 fr., à laquelle on prétend satisfaire par la compensation opposée d'une créance de 807 fr., et par l'offre réelle d'une somme de 68 fr. *Arr. de cass.*, *du* 25 *fév.* 1818. (*Art.* 6065, *j.*)

24. COMPÉTENCE ADMINISTR.VE Si dans le cours d'une contestation relative à l'exécution d'un acte administratif, il s'élève des difficultés sur la manière d'exécuter cet acte, il n'appartient qu'à l'Autorité administrative de l'interpréter. Les Tribunaux, avant faire droit, doivent renvoyer devant cette Autorité, sous peine d'annullation de leur jugement. *Loi du* 16 *fruc.* 3. *Arr. de cass.*, *des* 16 *avril* 1808, 3 *mai* 1813, *et autres.*

25. Les Conseils de préfecture sont chargés de prononcer sur le contentieux des domaines. *Loi du* 28 *pluv.* 8, *art.* 4.

26. Cette attribution comprend les difficultés auxquelles peuvent donner lieu l'exécution et l'interprétation des *actes administratifs. Instr.* 606.

27. Aussi la Cour qui prononce *in terminis* sur une contestation qui n'était appréciable qu'en interprétant un contrat de vente de biens de l'État, excède ses pouvoirs. *Arr. de cass.*, *du* 21 *nov.* 1808.

28. Les Conseils de préfecture sont compétens pour statuer sur la contestation, lorsqu'après une adjudication de domaines, il s'agit d'interpréter le procès-verbal de vente, d'en fixer le sens et d'en déterminer l'application; lorsque l'adjudicataire prétend que l'immeuble qui lui a été vendu n'existe point, ou n'existe qu'en partie, et lorsque deux acquéreurs élèvent des prétentions sur le même domaine et soutiennent respectivement qu'il est compris dans leur adjudication. *Instr.* 606.

29. On doit aussi considérer comme dépendant des attributions des Conseils de Préfecture, 1.° les réclamations relatives à la liquidation des fermages, l'admission de quittances de paiemens non autorisés, ou de pièces irrégulières, les demandes en compensation ou indemnités, et tout ce qui concerne l'exécution du bail, lorsqu'il a été passé devant l'Autorité administrative. *Décr. des* 19 *mars et* 23 *mai* 1810; 2.° les questions de savoir si des *prorata* de fermages, antérieurs à la vente, doivent être demandés à l'acquéreur ou au fermier, et à qui appartiennent des fermages échus, avant la radiation des amnistiés, de biens vendus par le domaine. *Décr. des* 8 *mars et* 19 *avril* 1811; 3.° les partages et les comptes de jouissance provisoire des biens indivis avec l'État.

Décr. des 20 *nov.* 1809, 13 *mars et* 28 *août* 1810; 4.° les effets résultant de tous séquestres administratifs. *Décr. du* 28 *fév.* 1810; 5.° les difficultés sur la validité des remboursemens faits dans la caisse du domaine pendant la confiscation ou le séquestre des biens du créancier. *Décr. des* 3 *janv.* 1809, 15 *sept.* 1810, 29 *mars et* 11 *juin* 1811; 6.° celles sur la validité ou l'invalidité des remboursemens faits des rentes appartenant à l'État. *Décr. du* 10 *mars* 1807; 7.° les contestations sur la priorité des découvertes réclamée par les hospices, pour des biens ou rentes prétendus célés au domaine. *Décr. du* 13 *oct.* 1809.

30. Toute demande relative à la validité ou l'invalidité des ventes de biens domaniaux, et qui tend à faire annuler ces aliénations, ou à en faire interpréter les contrats, doit être portée devant l'Autorité administrative. *Décr. des* 16 *fruc.* 3, 15 *vend.* 4, *et* 18 *sept.* 1813. *Arrêté du Gouvernement*, *du* 28 *pluv.* 8. — Le jugement que rendraient à cet égard les arbitres, serait nul. *Arr. de cass. du* 22 *juin* 1808.

31. Une vente administrative attaquée par des tiers, par suite d'une opposition antérieure au contrat, est de la connaissance du Conseil de préfecture. *Ordon. du* 12 *déc.* 1808.

32. L'émigré amnistié, possesseur de biens domaniaux engagés, qui n'avait pas fait les déclarations et soumissions prescrites par la loi du 14 vent. an 7, mais qui a été relevé de cette déchéance par une décision du Ministre des finances, à la charge de faire ces déclaration et soumission dans un délai déterminé, peut être reçu à prétendre devant un Conseil de préfecture, que les biens ne sont pas domaniaux, et à demander son renvoi devant les Tribunaux, pour faire statuer préalablement sur cette question. *Décr. du* 15 *juin* 1812. (*Art.* 4278, *j.*)

33. C'est au Conseil de préfecture à connaître des ordres et distributions entre les créanciers des condamnés dont les biens ont été confisqués. *Déc. min. fin.*, *du* 14 *déc.* 1810. (*Art.* 4077, *j.*)

34. Il n'appartient qu'au Conseil de préfecture d'interpréter, en premier ressort, le contrat de vente passé devant l'Autorité administrative. *Ordon. des* 26 *fév.* 1817 *et* 18 *mars* 1818.

35. S'il s'agit d'interpréter un contrat de vente administrative, soit sur l'étendue des biens aliénés, ou pour erreur dans le prix, c'est au Conseil de préfecture à décider. *Ordon. du* 23 *avril* 1818.

36. Lorsque le Domaine est intervenu dans le partage d'une succession, comme représentant quelques-uns des cohéritiers émigrés, les demandes en garantie qui peuvent être formées par un copartageant contre un autre, sont de la compétence administrative. *Décr. du* 23 *janv.* 1813. (*Art.* 4473, *j.*)

37. Il en est de même pour les contestations entre le Domaine, comme représentant les corporations religieuses supprimées, et le père d'une ci-devant religieuse, au sujet de la dot spirituelle de sa fille constituée par lui en faveur du couvent. *Décr. du* 23 *janv.* 1813. (*Art.* 4474, *j.*)

38. Les Tribunaux ne peuvent, même pour la liquidation de créance résultant d'un trop payé sur des fermages, connaître des difficultés qui s'élèvent à ce sujet, entre les fermiers et l'Administration des domaines. *Arr. de cass. du* 14 *août* 1809. (*Art.* 3614, *j.*)

39. L'autorité administrative est seule compétente pour déterminer le mérite et apprécier la valeur des récépissés délivrés à un entrepreneur public pour ses fournitures. *Décr. du* 8 *avril* 1809.

40. Le Conseil de préfecture est compétent, pour décider à partir de quelle époque l'Acquéreur d'un bien national a dû jouir des fruits du domaine à lui adjugé; mais il ne l'est pas pour statuer sur la prescription que l'acquéreur ou le fermier du bien vendu oppose à la demande de l'Administration des domaines. *Décr. du* 14 *août* 1813. (*Art.* 4747, *j.*)

41. Les Tribunaux ne sont pas compétens pour décider si une vente administrative de biens de l'État, comprend un terrain contesté à l'acquéreur. *Arr. de cass.* *du* 22 *mars* 1820. (*Art.* 6680, *j.*

42. Il en est de même de la connaissance des oppositions aux contraintes décernées par une administration, en vertu d'une *décision administrative*, lorsque cette opposition n'est pas fondée sur l'irrégularité des contraintes, et que l'opposant se borne à en demander la nullité, sur des motifs de l'injustice de la décision. *Arr. de cass. du* 21 *avril* 1819.

43. C'est à l'autorité administrative qu'il appartient de juger de la validité des transferts de rentes, *arr. de cass. des* 12 *févr.* 1806 *et* 22 *juillet* 1807, et à prononcer, en appliquant les clauses d'un contrat de vente, et la loi en forme d'instruction du 10 juillet 1791, sur les droits d'un acquéreur à la jouissance des fermages. *Décr. du* 14 *août* 1813.

44. Les contestations qui s'élèvent au sujet de fermages de biens qui ont été régis pour l'État, sont de la compétence administrative, si la contestation a lieu entre l'État et un émigré, *décr. du* 29 *avril* 1811, et de celle judiciaire, si c'est entre le propriétaire et le fermier. *Décr. du* 12 *mars* 1811.

45. Quand il s'agit de fixer le vrai sens, et de régler les effets des baux émanés de l'autorité administrative, ou que la décision de la contestation entre deux parties, peut avoir le résultat d'autoriser le recours de l'une ou de l'autre envers l'Administration des domaines, l'autorité judiciaire n'est pas compétente à statuer. Dans ce cas, les juges civils doivent d'office renvoyer les parties devant l'autorité administrative. *Cour de Turin, du* 12 *janv.* 1811. (*Art.* 3950, *j.*)

46. L'autorité administrative, d'après la faculté qui lui est réservée d'interpréter les clauses des contrats d'adjudication, est compétente pour déterminer la consistance des biens vendus. Les parties, par l'effet seul de leur volonté, ne peuvent saisir les Tribunaux. Si le Tribunal a été saisi de cette manière, la partie est recevable à se plaindre de son fait. *Arr. de cass. du* 13 *avril* 1808. (*Art.* 3578, *j.*)

47. Les contestations existantes entre le Gouvernement et les particuliers, sur le fait de savoir si des obligations souscrites par ces derniers ont été acquittées, sont de la compétence administrative, lorsque ces obli-

gations se rattachent à un décompte dressé sur une aliénation de biens nationaux. *Décr. du* 26 *mars* 1812. (*Art.* 4520, *j.*)

48. Les Tribunaux ne peuvent annuler les actes d'exécution faits par un particulier, en vertu d'une délégation consentie à son profit par l'Administration des domaines, sur un débiteur de l'Etat, et déclarée exécutoire par un Préfet. *Cour de Colmar, du* 23 *déc.* 1815. (*Art.* 5528, *j.*)

49. Un acquéreur de biens de l'Etat, qui revendique un immeuble comme compris dans son adjudication, ne peut élever le litige que devant le Préfet. *Décr. du* 25 *janv.* 1807.

50. C'est au Préfet qu'il appartient d'ordonner une expertise, pour en venir à régler le quart d'un domaine engagé, ou de fixer ce quart. Mais les difficultés sur le mode ou le taux de l'estimation, sont du ressort du Conseil de préfecture. *Décr. du* 7 *fév.* 1809 V. *domaine engagé.*

51. C'est aux Préfets qu'il appartient d'intenter les actions, ou de défendre en justice, sur le fait de la propriété des biens meubles et immeubles contestés à l'Etat. *Instr.* 343.

52. Un Préfet ne peut pas, sans excéder ses pouvoirs, prononcer sur des questions relatives à la validité et aux effets d'un acte d'adjudication; le Conseil de préfecture doit seul en connaître. *Ordon. du* 23 *févr.* 1820.

53. La décision des contestations sur l'exécution du décret du 21 déc. 1806, relatif aux propriétés appartenant aux sujets de l'Angleterre, est du ressort du Tribunal des prises. *Décr. du* 24 *août* 1812. (*Art.* 4369, *j.*)

54. Dans les affaires où l'autorité administrative et celle judiciaire se sont déclarées incompétentes, c'est au Conseil d'Etat à déterminer la juridiction. *Ordonn. du* 26 *févr.* 1817. — V. *conflit* et *instance.*

CONCESSION, s'entend ordinairement de ce qui est accordé par grâce.

CONCESSION *de bancs dans une église*, ne transfère pas la propriété; c'est un usage à vie qui n'est pas transmissible, s'il n'y a clause expresse. *Décis. du conseil, du* 6 *juillet* 1737. V. *cession*, à l'*Enregistrement.*

CONGEABLE. V. *bail à domaine congéable.*

CONFISCATION *de biens*, abolie par l'art. 66 de la Charte constitutionnelle. La confiscation ne doit plus avoir lieu, même pour crime de fausse monnaie. *Arr. cass. du* 15 *avril* 1819.

CONFLIT, prétention par deux autorités différentes de la compétence sur une affaire.

1. Le conflit *d'attribution*, qui consiste dans la contestation entre l'autorité *judiciaire* et celle *administrative* sur ce que chacune d'elles prétend que la connaissance d'une affaire lui est dévolue, est décidé par le Conseil d'Etat. *Loi du* 21 *fruct.* 3. *Arrêté du Gouvernement du* 13 *brum.* 10.

2. La décision sur le conflit *de juridiction*, ou celui qui s'élève entre deux tribunaux, pour savoir qui d'entre eux doit connaître d'une affaire, appartient à la section des requêtes de la Cour de cassation qui prononce sur les demandes en réglement de juges. *Art.* 9 *de la loi du* 1.er *déc.* 1790.

3. Pour qu'il puisse y avoir lieu au réglement de juges, il faut que le conflit existe entre deux tribunaux indépendans l'un de l'autre. *Arr. de cass. du* 2 *prair.* 12.

4. Lorsqu'il y a conflit d'attribution, la Cour de cassation ne peut prononcer sur la demande en réglement de juges avant que le Conseil d'état n'ait vidé le conflit. *Arr. de cass. du* 14 *germ.* 11.

MODE A SUIVRE POUR ÉLEVER LE CONFLIT D'ATTRIBUTION ENTRE L'AUTORITÉ ADMINISTRATIVE ET L'AUTORITÉ JUDICIAIRE.

5. C'est aux Préfets et non aux Conseils de Préfecture à élever le Conflit. *Décr. du* 25 *janv.* 1814.

6. Un arrêté du gouvernement du 13 brum. 10, contient les dispositions suivantes: Art. 1.er Aussitôt que les Procureurs du Roi seront informés qu'une question attribuée par la loi à l'autorité administrative, a été portée devant le Tribunal, où ils exercent leurs fonctions, ils seront tenus d'en requérir le renvoi devant l'autorité compétente, et de faire insérer leurs réquisitions dans le jugement qui interviendra. — 2. Si le Tribunal refuse le renvoi, ils en instruiront sur le champ le Préfet du département auquel ils enverront en même-tems copie desdites réquisitions, ainsi que des motifs sur lesquels elles sont fondées. — 3. Le Préfet, dans les vingt-quatre heures, élevera le conflit, et transmettra sans aucun retard, copie de son arrêté au Procureur du Roi, par lequel il sera notifié au Tribunal avec déclaration, qu'aux termes de l'art. 27 de la loi du 21 fruct. 3, il doit être sursis à toutes procédures judiciaires, jusqu'à ce que le Conseil d'Etat ait prononcé sur le conflit. — 4. Indépendamment de toute dénonciation des Procureurs du Roi près les Tribunaux, les Préfets éleveront le conflit entre les deux autorités, toutes les fois qu'ils seront informés d'ailleurs qu'un Tribunal est saisi d'une affaire qui, par sa nature, est de la compétence de l'Administration, et, dans ce cas, le Procureur du Roi sera également tenu de faire la notification prescrite par l'art. précédent, quelque puisse être son opinion sur la compétence. — 5. Les Procureurs du Roi près les Tribunaux donneront connaissance au Ministre de la justice de toutes les contestations qui peuvent intéresser l'Etat, dans les vingt-quatre heures, pour toute préfixion de délai, qui suivront leur introduction devant lesdits Tribunaux; ils l'instruiront aussi de la marche de la procédure, ainsi que des jugemens qui interviendront. — En conséquence, les préposés adresseront au Directeur, et celui-ci remettra sans retard au Préfet, tous les renseignemens qu'ils pourraient avoir, pour mettre ce magistrat à portée de faire la revendication des contestations relatives au domaine, dont les tribunaux auraient mal à propos retenu la connaissance. *Instr.* 606.

AUTORITÉS COMPÉTENTES POUR PRONONCER SUR LES CONFLITS.

7. C'est au Conseil d'Esat à prononcer sur les conflits qui peuvent s'élever entre l'autorité administrative et les tribunaux. *Arrêté du Gouvernement du* 5 *nivôse* 8. V. *compétence*, n.° 54.

8. Le recours au Conseil d'Etat ne doit avoir lieu que dans les seuls cas où il existe un conflit *positif*, résultant de la revendication faite par l'autorité administrative, ou un conflit *négatif*, résultant de la déclaration faite par les autorités judiciaires et administratives, que l'affaire n'est pas dans leurs attributions respectives. Hors de là, l'autorité supérieure dans la hiérarchie, soit judiciaire, soit administrative, doit prononcer sur les exceptions d'incompétence qui lui sont présentées; la cour de cassation a, en conséquence, le droit d'annuler les arrêts et jugemens qui auraient violé les règles sur la compétence, comme les autres lois dont la conservation lui est confiée. *Décr. des* 12 *nov.* 1811, 17 *mars et* 7 *oct.* 1812, *instr.* 606. S'il existe acquiescement à un arrêté, V. *acquiescement.*

CONSEIL *de préfecture.* Lorsqu'un Conseil de préfecture, excédant ses pouvoirs, a rapporté un de ses arrêtés, au mépris de la chose jugée, si la partie lésée en demande la rétraction, il n'y a pas de raison pour la refuser, sous prétexte d'un faux respect pour la chose jugée; l'obligation du Conseil est de faire que les parties restent ou soient remises dans le même état où les place le premier arrêté. *Ordon. du* 12 *août* 1818.

CONSTRUCTIONS *et reconstructions* des maisons et édifices appartenant au Domaine. V. *contribution*, n.° 8.

CONTENTIEUX *concernant le Domaine.* La législation sur cette matière semble fixée dans LE PRÉCIS CHRONOLOGIQUE des décrets, avis du Conseil d'Etat et ordonnances du Roi, au nombre de 683, mis à la suite du 18.e vol. des *Instructions générales, année* 1819. Ce *précis* pourra être consulté avec avantage, quoiqu'il fasse regretter que l'autorité dont la décision émane, n'ait pas été indiquée dans chaque article. Voy. *arrêté, compétenc, conflit, instance* et *domaine engagé.* N.ºs 22, 59 et 95.

CONTESTATION. Lorsqu'il s'élève des contestations sur le plus ou le moins d'étendue d'une vente nationale, il faut, lorsque l'acte de vente est muet, avoir recours au procès-verbal d'estimation, et à l'affiche qui a précédé la vente. L'addition hors ligne et non formellement approuvée, d'un article dans l'acte d'adjudication, doit être regardée comme nulle, si le même article n'est pas compris expressément dans l'estimation et l'affiche. *Décr. du* 11 *janv.* 1813. (*art.* 4525, *j.*) V. *compétence* et *domaine engagé*, n.ºs 22, 59 et 95.

CONTRAINTE. V. ce mot à l'*Enregistrement.*

CONTRIBUTION, taxe. Les Français contribuent indistinctement, dans la proportion de leur fortune, aux charges de l'Etat. *Art.* 2 *de la Charte constitutionnelle.*

1. Le Roi propose l'impôt, et la proposition est discutée par les deux Chambres; si elle est adoptée, on la convertit en une loi que le Roi sanctionne et promulgue. *Art.* 16, 18 *et* 22.

2. Aucun impôt ne peut être établi ni perçu, s'il n'a pas été consenti par les deux Chambres. *Art.* 48.

3. Toutes contributions directes ou indirectes, autres que celles autorisées ou maintenues par la loi, à quelque titre et sous quelque prétexte que ce soit, sont formellement interdites, à peine contre ceux qui en feraient le recouvrement, d'être poursuivis comme concussionnaires, sans préjudice de l'action, pendant trois années, contre tous Receveurs qui auraient fait la perception, et sans que, pour exercer cette action devant les Tribunaux, il soit besoin d'une autorisation préalable. *Lois des* 14 *juillet* 1819 *et* 23 *juillet* 1820, *instr.* 899 *et* 944.

CONTRIBUTION *foncière.*

4. L'impôt foncier n'est consenti que pour un an. *Art.* 49 *de la Charte.*

5. Tous les Receveurs indistinctement doivent acquitter séparément et de mois en mois, les contributions des biens dont ils ont la régie, et dont ils perçoivent un revenu. *Circul. du* 27 *niv.* 12, *et n.*^os^ 1814, 1861, 1918 *et* 1999, *instr.* 916. — Les quittances que les Percepteurs leur remettront, devront exprimer l'article de l'imposition, la nature du bien cotisé, et être d'ailleurs visées par les Sous-préfets. *Art.* 75 *des Ordr. gén.*

6. La contribution foncière des domaines régis par l'Administration, doit être acquittée avant l'expiration de l'année que le rôle concerne. *Instr.* 919.

7. Le domaine doit acquitter les contributions extraordinaires, imposées sur les propriétés immobilières, pour curage des canaux, jusqu'à l'époque où les propriétés sont sorties de ses mains. *Déc. du min. des fin. du* 22 *sept,* 1812. (*art.* 4468, *j.*)

8. Les Percepteurs doivent venir *eux mêmes* chez les Receveurs des domaines, chercher les termes échus des contributions, assises sur les biens domaniaux. *Déc. min. fin. du* 21 *oct.* 1807. (*art.* 4370, *j.*)

9. Lorsque les biens qui étaient régis comme vacans sont rendus, le Receveur doit aussitôt après, ainsi que pour les biens vendus, les faire incrire au parcellaire sous le nom des nouveaux possesseurs. *Instr. gén.* 447.

Les bases de la contribution foncière, les domaines qui en sont susceptibles et le paiement, sont indiqués dans les *circ.* 1814, 673, 887, 1107, 1140, 1412, 1463, 1510, 1567, 1626, 1675, 1814, 1861, 1874, 1918, 1937, 1945, 1971, 1999, 2016. *Instr.* 36, 37, 83, 421, 483, *circ. des* 5 *brum.*, 27 *niv.*, 3 *et* 18 *pluv.* 12.

10. Les préposés doivent consulter les différens articles de la loi du 3 *frim.* 7, tant pour prévenir les surtaxes, que pour connaître les cas où ils auront à former des demandes en modération. *Circ.* 1463, V. *art.* 75 *des ord. gén.*

11. Les domaines privés du Roi supportent les contributions comme les biens des particuliers. *Loi du* 8 *nov.* 1814.

12. Sont exempts de la contribution foncière les bois de l'Etat et les domaines non productifs. *Circ.* 1463 *et* 3054. *Instr.* 36.

13. Le bâtiment démoli et en reconstruction, ne peut être imposé à la contribution foncière que deux ans après la reconstruction. *Ordonn. du* 15 *janvier* 1816, *conforme à la loi du* 3 *frim.* 7.

CONTRIBUTION *des portes et fenêtres.*

14. La loi du 13 floréal 10, et celle du 24 floréal 7, établissent ce qui est dû.

15. Cette contribution, dont le propriétaire est tenu de faire l'avance, est à la charge du locataire; il n'est

pas nécessaire de l'y obliger par le bail, et le propriétaire peut la réclamer du locataire, au bout de plusieurs années, quoiqu'il ait donné des quittances sans réserve. *Arr. de cass. des* 26 *oct.* 1814, *et* 22 *oct.* 1816. (*Art.* 5240, *j.*).

Les fermiers de domaines nationaux ne peuvent se dispenser de payer la contribution des portes et fenêtres, quoiqu'elle ne soit pas établie lors de la passation de leur bail, qui d'ailleurs ne les oblige à aucune contribution. *Arr. de cass. du* 31 *mai* 1813. (*Art.* 4568, *j.*)

CONTROLEURS *des contributions directes.* Il doit leur être donné communication des registres de l'Enregistrement. *Circ.* 2021.

CONTUMAX. Celui qui, traduit au criminel, est en fuite.

1. Le domaine régit les biens des contumax jusqu'à l'envoi en possession des héritiers, ou jusqu'à ce que le contumax se soit présenté; les revenus des biens séquestrés, à ce titre, doivent être rendus, mais seulement après cinq ans, à compter du jour de la contumax. Lors de la restitution, on doit déduire les frais de la condamnation, et si l'on n'a pas reçu une somme suffisante pour en être rempli, on doit répéter ce qui en manque, soit sur les envoyés en possession, soit sur le condamné qui reprendrait cette possession. *Sol. du* 2 *nov.* 1815.

2. L'extrait du jugement de condamnation est envoyé dans les trois jours de la prononciation, au Directeur des domaines, du domicile du contumax. *Art.* 472 *code de P. C.* — V. *les art.* 465, 466, 471, 475, 476, 478 *du même code, et les art.* 1983, 27, 28 *et suivans du C. C.*

3. Le Directeur renvoie au domicile du contumax et au Receveur de la situation de ces biens, l'ordonnance de contumax. *Circ.* 693 *et* 1997.

4. Cette ordonnance suffit pour autoriser la mise en possession, sans qu'il soit besoin d'un arrêté du Préfet. *Circ.* 1997.

5. On doit apposer le séquestre sur les biens d'un comptable constitué en débet et condamné par contumax, par suite de poursuite criminelle. *Instr.* 356.

6. La main-levée du séquestre est donnée quand le contumax reparaît. Après sa mort prononcée légalement, ou après 50 ans de la date de sa condamnation, les biens sont restitués à ses héritiers légitimes, excepté les fruits recueillis antérieurement. *Circ.* 693 *et* 1997.

7. Pour le paiement des dettes, l'emploi du mobilier, les secours à accorder à la famille du contumax, les sommiers et registres de recettes à tenir en conséquence, V. *les Circ.* 621, 693, 756, 1720 *et* 1814.

8. Les biens du failli contumax ne doivent point être séquestrés, parce qu'ils sont le gage des créanciers. Lorsque les frais de la contumax du failli ont été avancés par le trésor, les créanciers en doivent le remboursement. *Circ. du* 5 *sept.* 1807.

9. Si le contumax condamné à une amende et aux frais meurt dans les 5 ans du jugement, ses héritiers ne sont pas tenus de l'amende, mais bien des frais de toute espèce. Il en est de même envers le contumax, s'il est acquitté par jugement contradictoire. *Instr.* 469.

10. Si le jugement du contumax est postérieur à la publication du code civil, on suit les mêmes règles que ci-dessus, excepté que l'on cesse la régie au profit de l'Etat, aussitôt qu'il est justifié d'un jugement d'envoi en possession en faveur des héritiers du contumax. *Instr.* 462, *qui indique à cet égard les obligations des Préposés.*

11. Les revenus perçus postérieurement à l'envoi en possession doivent être restitués. *Déc. min. fin. du* 20 *avril* 1810.

12. Lorsque le contumax doit des amendes et des frais, le produit du séquestre doit être imputé jusqu'à concurrence sur leur montant, que l'on porte en recette et dont on fait dépense au compte ouvert. *Instr.* 292 *et* 302.

13. Le contumax ne peut se pourvoir en cassation contre l'arrêt qui le condamne à ce titre. *Arr. de cass. du* 27 *oct.* 1815.

14. Si la loi interdit aux contumax toute action en justice, il n'en est pas de même de ses créanciers contre lui. *Arr. de Cass. du* 10 *niv.* 14.

CORPORATIONS *ecclésiastiques.* V. *Etablissement religieux.*

CORRESPONDANCE. Le Directeur correspond avec le Préfet, sur la recherche, la main mise, la conservation, location et vente des biens meubles et immeubles domaniaux. *Loi du* 4 *brum.* 4. V. *correspondance*, à *l'Enregistrement.*

COUPES DE BOIS *de l'Etat.*

1. Les Directeurs, pour les coupes, ordinaire de 1817, étaient chargés de remettre les traites aux Receveurs généraux, et dispensés de délivrer des reconnaissances, etc. *Instr.* 749.

2. Les Receveurs des domaines assistent aux ventes, remplissent les obligations pour lesquelles ils sont désignés dans le cahier des charges, sauf la souscription et la recette des traites; reçoivent le décime pour franc sur le prix des ventes, le montant des folles enchères, celui des surmesures, et tous les produits des bois autres que ceux pour lesquels des traites sont dans le cas d'être souscrites; ils n'ont de remise qu'à raison des sommes qui sont versées *en numéraire* dans leurs caisses. — Les expéditions des adjudications seront délivrées, ainsi qu'il est d'usage, aux Directeurs, qui formeront des états des ventes, et ceux des recouvremens; ils porteront distinctement dans les premiers, le montant des sommes payées en traites aux Receveurs généraux. *Instr.* 780.

3. A compter de l'ordinaire 1810, les différences de mesures se calculent sur le prix entier de l'hectare, sans aucune exception de territoire. *Lettre de M. le Directeur général des forêts, du* 21 *juillet* 1812. (*Art.* 4264, *j.*).

4. Celui qui devient adjudicaire d'une coupe de bois dans une forêt, et dont la contenance se trouve relatée dans l'affiche pour deux hectares, doit payer le prix du surplus de mesure, si l'arpentage prouve ensuite que la partie du bois adjugée dans la forêt est d'une

contenance presque double, quoique la demande de l'Administration ne soit formée qu'un ans après. *Arr. de cass. du* 3 *nov.* 1812. (*Art.* 4392 *j.*).

5. Lorsque l'adjudicataire d'une coupe de bois de l'État se désiste ou se laisse décheoir de son adjudication, le pénultième enchérisseur n'est subrogé au bénéfice de l'adjudication qu'autant que le désistement ou la déchéance lui est signifié. *Arrêt de cass. du* 6 *août* 1817.

6. Quand il a souscrit des traites en paiement du prix de son adjudication, ce mode de paiement ne change pas la nature de la dette, il n'y a pas novation, on ne peut appliquer à ces traites la prescription de cinq ans établie pour les effets de commerce. *Arr. de cass. du* 19 *août* 1809 (*Art.* 4003, *j.*).

7. Cet article sera terminé par l'énonciation succincte des instructions qui ont été données sur cette matière : Réserve à insérer dans le cahier des charges, relativement aux bois de bourdaine. *Instr.* 168. — Les Secrétariats doivent être ouverts pendant la durée du jour, tout le tems des adjudications. *Circ. du* 14 *mess.* 12. — Désignation des frais à la charge des adjudicataires. Mode de leur paiement. *Circ. des* 28 *sept.* 1812, 26 *août* 1814 *et* 2 *nov.* 1815. — Rédaction, envoi et comptabilité des traites ; tenue du journal de dépôt où elles doivent être inscrites. *Circ. du* 28 *sept.* 1812. — Charges à ajouter au prix pour la liquidation du droit d'enregistrement des adjudications de coupes de bois. *Instr.* 253. — Timbre et enregistrement des procès-verbaux d'arpentage, de balivage ; charges de l'adjudication, réarpentage et récolement ; cautionnement, expédition de l'acte d'adjudication ; permis d'exploiter ; cessions, rétrocessions ou sous-ventes ; prestation de serment des gardes-ventes, leurs registres et leurs rapports. *Circ. du* 28 *sept.* 1812. — Le délai pour l'enregistrement des adjudications, court du jour du renvoi, lorsque l'enchérisseur auquel ce renvoi est fait n'y a pas renoncé dans les 24 heures. *Instr.* 290. — Mises à prix, enchères, tiercement, demi-tiercement, doublement, renonciation, déchéance, cautionnement, contrainte par corps contre les adjudicataires. *Circ. des* 28 *sept.* 1812, *et* 26 *août* 1813. — Avis à donner des déchéances aux conservateurs des forêts. *Circ. du* 20 *vent.* 11. — Il n'y a pas lieu d'exiger la désignation des immeubles des cautions. *Circ. du* 30 *niv.* 12. — Amendes encourues par les adjudicataires, pour défaut de paiement à l'échéance. *Instr.* 214. — Le décime par fr. de ces amendes n'est pas exigible. *Instr.* 236. — Ventes de chablis et d'arbres endommagés. *Circ. du* 28 *sept.* 1812. — Saisies et confiscations, recette du prix de vente des objets saisis et des amendes ; forme des états à fournir, époque de leur envoi. *Circ. des* 28 *sept.* 1812, *et* 2 *nov.* 1813. — Mode de paiement par les adjudicaires, du montant des excédans de mesure et des remboursemens à leur faire pour moins de mesure. *Circ. des* 9 *frim.* 14, *et* 28 *sept.* 1812. — Les restitutions de prix de coupes de bois ne peuvent être effectuées qu'apres avoir été autorisées par le Ministre des finances. *Instr.* 315.

DES EXERCICES ANTÉRIEURS A L'AN 10. Sommes dues par les adjudicataires qui ont fourni des bois à la marine, traites à souscrire par les adjudicataires en retard de se libérer. *Instr.* 4, 35 *et* 49. — Paiemens faits en assignats sur le prix des coupes de l'an 4. *Circ. du* 6 *prair.* 10. — Mode de liquidation des surmesures et moins de mesures des coupes adjugées pendant le cours du papier monnaie. *Circ. du* 7 *avril* 1806.

CLAUSES, CHARGES ET CONDITIONS DES VENTES ; BOIS A DÉLIVRER AUX FOURNISSEURS DE LA MARINE ; RECETTE ET VERSEMENT DU PRIX DES ADJUDICATIONS EN NUMÉRAIRE OU TRAITES ; COMPTABILITÉ ; ÉTATS A FOURNIR POUR LES EXERCICES SUIVANS :

An 10. *Instr.* n.os 6, 26, *Circ. des* 27 *flor.*, 21 *therm.* 10, *et du* 16 *avril* 1806.
An 11. *Circ. des* 5 *et* 21 *therm.* 10 ; *Instr.* 78, 81, 119 ; *Circ. des* 19 *vent.*, 3 *flor.* 11, *et* 16 *avril* 1806.
An 12. *Instr.* 159 ; *Circ. des* 15 *vend.* 12, *et* 16 *av.* 1806.
13. *Instr.* 5 ; *Circ. des* 27 *flor.* 13, *et* 16 *avr.* 1806.
1806. *Inst.* 291 ; *Circ. des* 23 *brum.* 14, *et* 16 *avr.* 1806.
1807. *Circ. du* 22 *sept.* 1806.
1808. *Circ. du* 11 *août* 1807.
1809. *Circ. du* 12 *sept.* 1808.
1810. *Circ. du* 4 *août* 1809.
1811. *Circ. du* 8 *sept.* 1810.
1812. *Circ. du* 24 *juin* 1811.
1813. *Circ. du* 28 *sept.* 1812.
1814. *Circ. du* 26 *août* 1813.
1815. *Circ. du* 26 *août* 1814.
1816. *Circ. du* 2 *nov.* 1815.
1817. *Instr.* 749.
1818. *Instr.* 789.

COUPES *de réserve.* Ordonnance du Roi, du 7 mars 1817, qui défend de faire des coupes de réserve sans une autorisation de S. M. — Formalités à observer ; le prix principal des coupes est payable en traites qui seront remises aux Receveurs généraux, exclusivement chargés d'en faire le recouvrement. — Les Receveurs des domaines continueront à percevoir le décime pour franc ; envoi à faire au Directeur général, aussitôt après l'adjudication, de la date de la vente, de la contenance et du prix des coupes. Ces bois sont sujets aux mêmes dispositions que les bois royaux, en ce qui concerne les bois de marine. *Instr.* 799.

COUPES DE BOIS *de la caisse d'amortissement.*

1. Des constructions, sous les n.os 826, 854, 897, 898, 945, ont été données relativement aux ventes pour l'ordinaire de 1819, 1820 et 1821 ; on y renvoie parce qu'il s'agit d'opérations momentanées qui éprouvent des changemens pour chaque exercice.

2. Le Receveur chargé de la recette des coupes de bois des 300,000 hectares, fera celle du prix de l'adjudication du sol et de la superficie. *Déc. min. fin., du* 8 *avril* 1815. (*Art.* 5073, *j.*)

COUPES DE BOIS *des communes, hospices et autres établissemens publics.* Les Receveurs des domaines ont été chargés, pour les adjudications de l'exercice de 1817, de percevoir le prix principal des coupes extraordinaires de ces bois. *Instr.* 764. V. *bois des communes.*

CRÉANCE. Celle non liquidée avant le 1.er juillet 1810,

Les acquéreurs de domaines de l'État ne peuvent et dont l'origine est antérieure au 1.er vendémiaire an 9, est frappée de déchéance par les lois des 15 janvier 1810, 20 mars 1813 et 25 mars 1817. *Ordonn. du* 11 *fév.* 1818. Si la créance n'est pas liquidée. V. *déchéance.*

CUREMENT *des fossés.* V. *fossés.*

CURES. Les biens qui appartenaient aux cures ont dû leur être restitués en vertu *des arrêtés des* 7 *therm.* 11, 20 *vend. et* 28 *frim.* 12, *des Décrets des* 15 *vent. et* 28 *mess.* 13, *des Décisions du Min. fin., des* 17 *pluv. et* 30 *vent.* 12. *L'Instr.* 334 a indiqué les mesures à prendre relativement à ces restitutions. *V. fabriques.*

DÉCHÉANCE, perte d'un droit que l'on avait acquis.

1. Les acquéreurs de bois de l'Etat, en retard de payer, sont poursuivis, et leur déchéance prononcée conformément à la loi du 15 floréal an 10. Ils sont passibles des amendes fixées par cette loi, et les remboursemens auxquels ils pourraient avoir droit, après l'acquittement de ces amendes, sont faits avec les fonds provenant de la revente des biens de l'adjudication desquels ils ont été déchus. *Instr.* 663.

2. Les acquéreurs en retard de payer aux termes fixés par la loi du 15 floréal 10, demeureront déchus de plein droit, si, dans la quinzaine de la contrainte à eux signifiée, ils ne se sont point libérés. Ils ne seront pas sujets à la folle enchère, mais ils seront tenus de payer, par forme de dommages-intérêts, une amende égale au dixième du prix de l'adjudication, dans le cas où ils n'auraient encore fait aucun paiement, et au vingtième, s'ils ont délivré un ou plusieurs à-comptes; le tout sans préjudice de la restitution des fruits. *Instr.* 61.

3. Les Préposés n'exigeront l'amende, sur des contrats passés en vertu de la loi du 15 floréal an 10, qu'autant que la déchéance aura été prononcée, et consommée par la reprise de possession des biens. Le retard de paiement à l'égard des acquéreurs non déchus, ne donne ouverture, même après la signification d'une contrainte, qu'à la perception des intérêts. *Instr.* 867.

4. Pour diriger les poursuites contre l'acquéreur en retard de payer un terme échu ou le reliquat du décompte; provoquer la déchéance; opérer la reprise de possession du bien; et inviter MM. les Préfets à ne jamais prononcer la déchéance que sur la demande de l'Administration. V. *instr.* 615, 672 et 674.

L'action, pour le recouvrement du prix des biens vendus au nom de l'Etat, doit continuer d'être exercée par voie de contrainte et de déchéance. — A défaut de paiement, la déchéance est prononcée par les Préfets, sur la demande du Directeur, et les arrêtés de déchéance ne peuvent être mis à exécution qu'après l'approbation du Ministre des finances. — La reprise de possession de l'immeuble par le domaine, ne doit avoir lieu qu'un mois après la notification de l'arrêté de déchéance à l'acquéreur primitif, au détenteur actuel, aux acquéreurs intermédiaires, s'ils sont connus, et aux créanciers inscrits ayant hypothèque spéciale sur l'immeuble. — Pendant le cours du délai, ils seront admissibles à payer la somme exigible, en capital, intérêts et frais; les tiers qui auront effectué le paiement seront subrogés, par la quittance, aux droits du trésor pour leur remboursement. *Ordonn. du* 11 *juin* 1817. — Si l'acquéreur possède des meubles, on doit procéder à la saisie; ce n'est qu'à défaut d'autres ressources, ou lorsque l'insolvabilité du débiteur sera reconnue, qu'on pourra proposer l'exercice de la déchéance. *Instr.* 791.

6. Pour la manière de provoquer la déchéance. V. *instr.* 615, 672 *et* 674.

7. La déchéance ne peut être dirigée que contre l'acquéreur primitif. *Circ.* 2035.

8. Elle ne devient irrévocable que par la vente; tout acquéreur de biens de l'Etat peut la purger par sa libération avant que la revente ne soit effectuée. *Circ. du* 30 *fruct. an* 11. *Déc. min. fin. du* 24 *mars* 1820. (*Art.* 6866, *j.*)

9. L'amende doit être payée autant de fois par l'acquéreur que la déchéance est prononcée contre lui. Cet acquéreur ne peut être relevé de la première déchéance, qu'autant qu'il a payé les intérêts du retard et l'amende encourue, outre les termes échus. *Lettre de M. le Directeur général de la caisse d'amortissement du* 24 *janv.* 1809.

10. L'intérêt à payer par l'acquéreur déchu pour représenter les revenus pendant sa jouissance est de 5 p. % du prix de la vente, soit qu'il y ait ou n'y ait pas un bail. *Déc. Min. fin. du* 8 *mai* 1811.

11. L'Administration n'est pas tenue de maintenir le bail qu'aurait consenti l'acquéreur déchu à un prix inférieur à celui du bail précédent. *Instr.* 422.

12. L'acquéreur de biens nationaux en 1791, qui n'a pas payé le prix entier de son acquisition, qui a laissé le domaine affermer, et ensuite vendre les biens par lui acquis, sans former de réclamation, ne peut faire annuler la deuxième vente, bien qu'on ne puisse lui opposer aucun arrêté de déchéance. *Décr. du* 14 *juillet* 1812. (*Art.* 4344, *j.*)

13. La créance non liquidée avant le 1.er juillet 1810, et dont l'origine est antérieure au 1.er vend. 9, est frappée de déchéance. *Ordonn. du* 11 *fév.* 1818. V. *aliénation, biens des communes, caisse d'amortissement, coupes de bois, émigrés, fabriques.* Pour la déchéance des Engagistes ou Échangistes, V. *domaine engagé*, n°. 76.

DÉCIME *pour franc.*

1. Les Receveurs des domaines ne sont chargés, à partir de l'ordinaire de 1818, que de la recette du décime pour franc sur le prix des coupes de bois. *Instr.* 780. Il n'est dû que sur le prix principal et non sur l'évaluation des charges. *Sol. du* 9 *déc.* 1820. (*Art.* 6895, *j.*)

2. Le prix des arbres plantés sur les routes n'est pas passible du décime. *Déc. min. fin., du* 10 *avril* 1813. (*Art.* 4604, *j.*)

3. La vente des écorces d'arbres-liège appartenant aux communes, n'entraine pas, comme les coupes de bois, l'obligation de payer au trésor le décime pour franc du prix. *Sol. du* 20 *oct.* 1819. (*Art.* 6686, *j.*) V. *bois des communes, coupes de bois.*

DÉCLARATIONS *de command.* V. *ce mot, à l'Enregistrement.*

nommer pour command qu'un seul individu. *Instr.* 422. V. *caisse d'amortissement.*

DÉCLARATIONS *par les Engagistes.* V. *domaine engagé*, n.° 57.

DÉCOMPTE. Compte de ce qui a été payé et de ce qui reste dû par les acquéreurs des biens de l'État.

1. La marche à suivre et les règles observées sur cette matière fugitive aujourd'hui, sont relatives aux objets ci-après indiqués. — Intérêts des intérêts, des sommes non payées aux échéances. *Instr.* 84. — Établissement du bordereau des paiemens faits sur les adjudications annulées, même après la suppression du bureau de liquidation. *Circ. du* 17 *niv.* 11. — Distinction a y faire des portions de prix acquittés en numéraire effectif, etc. *Circ. du* 8 *flor.* 11. — Arrêté du Gouvernement, du 4 therm. 11, relatif à la confection des décomptes. Remises accordées sur les recouvremens qui en proviendraient. *Instr.* 183. — Mode de réglement de ceux des acquéreurs qui ont soldé leurs acquisitions et obtenu leur quittance définitive, sans avoir retiré les annuités qu'ils avaient souscrites. *Instr.* 250. — Manière d'opérer lorsque l'adjudication a tout à-la-fois pour objet des bois, moulins ou usines, et d'autres domaines. *Circ. du* 11 *brum.* 13. — Emploi des mandats donnés en paiement de domaines dont le prix devait être payé en assignats. *Circ. du* 29 *vent.* 13. — Analyse des lois, décisions et instructions relatives aux décomptes. — Modèles. *Instr.* 289, 364, 404 *et* 636. — Tableau à fournir par mois et par trimestre, des recettes provenant de décomptes. *Circ. du* 19 *mai* 1806. Bordereau des recettes faites sur les décomptes pendant les cent jours de l'an 14. *Circ. du* 23 *déc.* 1806. — On ne peut compenser ce qui a été payé de trop, avant l'an 9, sur une vente, avec ce que l'acquéreur redoit sur une autre vente. *Circ. du* 16 *janv.* 1807. — Prime à allouer à l'adjudicataire, sur folle enchère, en cas d'anticipation de paiemens. *Circ. du* 17 *mars* 1807. — Établissement d'un bureau central pour vérifier les décomptes. — Remise extraordinaire accordée aux Directeurs et autres Préposés — États à fournir. *Circ. du* 21 *mars* 1807. — Augmentation de la quotité de cette remise. *Circ. du* 4 *nov.* 1808. — Révision des décomptes qui auraient été faits d'après la loi du 15 germ. an 4, sur les mandats, lorsqu'il n'y a pas de quittance définitive. *Circul. du* 10 *juillet* 1807. — Les décomptes délivrés aux acquéreurs sont sujets au timbre. *Instr.* 332. — Ordre d'en presser la confection. *Circ. du* 14 *avril* 1809. — La contrainte et la déchéance sont les seules mesures ordonnées pour le recouvrement des reliquats de décomptes, quelqu'en soit le montant. *Instr.* 615. — On peut à cet égard employer les voies ordinaires. *Instr.* 674. V. *aliénation, caisse d'amortissement, instance.*

2. Les réserves quelconques, insérées dans les quittances, *pour solde au dernier terme*, par les Receveurs des domaines, n'ont pu interrompre la prescription fixée par le décr. du 22 oct. 1808. *Instr.* 757. — Un Administrateur est chargé des décomptes. *Instr.* 759. — Les remises extraordinaires sur le produit des décomptes, sont supprimées à partir du 1.er janv. 1819. *Instr.* 899.

3. Toutes poursuites sont interdites pour les décomptes dont le débet, en capital, n'excède pas 20 fr. Pour les sommes au-dessus de 20 fr., elles ne pourront être exercées que jusqu'à l'expiration de l'année 1822. Les acquéreurs de rentes nationales, en vertu de la loi du 21 niv. 8, ayant quittance pour solde, auxquels l'Administration n'aurait pas signifié de décompte ou demande en supplément de prix avant le 1.er janv. 1822, seront définitivement libérés, etc. *Loi du* 12 *mars* 1820, *Instr.* 925.

4. Quant aux frais de *poursuites* faits antérieurement à cette loi, sur les art. de 20 fr. et au-dessous, on doit en abandonner le recouvrement; le montant en est remboursé aux Receveurs de domaines sur taxe du Président du Tribunal. Ces décomptes doivent être annulés sur les sommiers. Les originaux de signification qui doivent être annexés aux états de frais, ayant été dans quelques départemens rédigés au pied des décomptes, il sera nécessaire de retirer copie de ceux de ces décomptes dont il n'existerait pas de minute à la Direction, afin de pouvoir en délivrer des ampliations aux acquéreurs sur leur demande. *Instr.* 948.

5. On doit procéder au décompte sur acquisition des biens de la caisse d'amortissement, comme pour les biens de l'État. *Circ. du* 10 *nov.* 1815.

6. Les enregistremens libellés pour solde, suffisent pour libérer les acquéreurs de domaines qui ne peuvent pas représenter les quittances. *Sol. du* 28 *oct.* 1818.

7. Mais la quittance, même finale, ne libère pas définitivement l'acquéreur de domaines nationaux. Cette libération ne peut s'acquérir que par un décompte rédigé, soit par la caisse de l'extraordinaire, soit par la Commission des revenus nationaux, soit enfin par l'Administration des domaines. *Décr. du* 14 *août* 1813. (*Art.* 4710, *j.*)

8. La quittance qui porte à valoir en final paiement, acquitte entièrement l'acquéreur, surtout quand elle énonce l'allocation de la prime; lorsqu'il n'y a pas eu de décompte signifié sur l'article avant le délai fixé par le décr. du 22 oct. 1808, on peut délivrer à l'acquéreur un quitus dans la forme prescrite par l'instruction 757. *Lettre de l'Administrateur chargé des décomptes, du* 27 *mars* 1817.

9. L'imputation des excédans de solde en papier-monnaie, sur les adjudications de domaines nationaux non soldées, continuera d'être autorisée dans les cas prévus et avec les conditions prescrites par l'instr. 289. *Déc. min. fin. du* 4 *août* 1813. (*Art.* 4591, *j.*)

10. Les mandats, valeurs numéraires, donnés par le Trésor sur les Payeurs généraux, ne portent point d'intérêts; ils ne peuvent être employés dans les décomptes, pour solder les capitaux et intérêts à compter de leur date, mais seulement de l'époque à laquelle ils ont été donnés en paiement. *Déc. min. fin du* 5 *juin* 1811. (*Art.* 4222, *j.*)

11. Les Ordonnances des Ministres, délivrées pendant le cours forcé des mandats, et dont la somme est dite *valeurs fixes*, sont représentatives de mandats. *Lettre du Min. du Trésor, du* 25 *juillet* 1811.

12. Lors des paiemens qui ont été faits en mandats, du prix des domaines nationaux payables en cette na-

ture de valeur, les acquéreurs ont dû faire porter, selon l'usage, au dos de leur quittance, le bordereau des valeurs versées; à défaut de la représentation de ce bordereau, la mention portée sur le registre du Receveur fait foi, relativement à la quantité des effets versés, quelle que soit d'ailleurs la somme portée dans la quittance. *Décr. du* 25 *juillet* 1813 (*art.* 4726, *j.*)

13. Les acquéreurs de domaines de l'Etat, qui ont soldé le prix de leurs acquisitions en mandats, d'après l'échelle de réduction déterminée par la loi du 15 germ. 4, sont valablement libérés. *Ordonnance du* 2 *février* 1821, *qui annule la déc. du Min. des fin. du* 26 *mai* 1817. (*Art.* 6919, *j.*)

14. L'acquéreur national qui avait souscrit des annuités, et qui a déclaré qu'il voulait profiter de la loi du 16 oct. 1791, et convertir ses annuités en obligations, ne peut être, dans son décompte, soumis à la libération par annuité, quoique sa déclaration ait été faite plus d'un an après cette loi, et qu'elle ne fût pas suivie de toutes les conditions exigées par l'article 5, sect. 2 de la même loi. *Décr. du* 29 *mai* 1813. (*Art.* 4688, *j.*)

15. Lorsqu'un acquéreur de domaines nationaux était émigré après avoir payé une partie du prix de son acquisition, et que la nation s'était emparée de ses biens, il ne pouvait pas se dispenser, après son élimination, si l'objet par lui acquis lui était rendu, de payer ce qu'il restait devoir du prix de son acquisition. Il ne pouvait opposer la confusion qu'il eût prétendu s'être opérée sur la tête de la nation, pendant son émigration, des qualités de débiteur et de créancier. On devait cependant lui remettre les intérêts de ce qui restait dû pendant le tems couru durant son émigration. *Décr. du* 15 *janv.* 1813. (*Art.* 4508, *j.*)

16. Les sommes payées en numéraire par les acquéreurs de biens domaniaux, sur des acquisitions antérieures à la loi du 11 brum. 7, doivent entrer dans les décomptes pour leur valeur nominale. *Déc. min. fin. du* 8 *mai* 1811. (*Art.* 4166, *j.*)

17. C'est contre l'acquéreur primitif ou ses héritiers, que les poursuites pour le recouvrement des décomptes doivent être exercées. *Circ.* 2035.

18. La somme qui reste due, d'après ou sur décompte, doit être recouvrée sur les héritiers de l'acquéreur décédé. *Ordon. du* 7 *nov.* 1814.

19. Lorsque le domicile d'un débiteur de reliquat de décompte est inconnu, ou qu'il est insolvable, il faut provoquer auprès du Préfet, un arrcté qui ordonne une surséance indéfinie; il en sera de même, lorsqu'on ne pourra rien espérer d'un acquéreur dépossédé par déchéance. *Lettres de M. l'Adm. chargé des décomptes des* 25 *juillet et* 15 *sept.* 1812.

20. L'Administration n'approuvera les décomptes qu'autant qu'ils pourront être réputés soldés, et qu'il ne s'agira que de délivrer le quitus à l'acquéreur. *Autre du* 29 *juin* 1812.

21. C'est devant le [illegible], et sauf la [illegible] au Ministre des finances, que les contestations sur décomptes d'acquisition de biens de l'Etat doivent être portées. *Ordonn. du* 11 *juin* 1817, V. *aliénation*, *arrêté*, *caisse d'amortissement*, *instance*.

DÉFRICHEMENT *de terres incultes*. Cet objet ayant mérité jadis l'attention du gouvernement, leur mise en valeur a été favorisée par des exemptions; il a été permis de faire des baux de ces terres, pour une durée de 27 ans. *Arrêt du Conseil du Roi*, *des* 8 *avril et* 1.er *juin* 1762.

1. On doit examiner sérieusement les motifs présentés à l'appui des demandes de défrichement, d'après la loi du 9 flor. 11, pour éviter les abus. *Instr.* 800 *et* 808. Rappel des ordres antérieurs, pour constater les contraventions et surveiller les semis et plantations. *Instr.* 826 *et* 837.

2. Les acquéreurs de boquetaux de 6 hectares e au-dessous, isolés des grandes masses, auront la faculté de les défricher, lorsque ces portions de biens seront situées en plaine. *Déc. min. fin.*, *du* 5 *janv.* 1815. (*Art.* 5024, *j.*).

DÉGRÈVEMENT. V. *contributions foncière*, n.° 10.

DÉGUERPISSEMENT, est l'acte par lequel le détenteur d'un héritage grévé de rente foncière ou autre charge réelle, l'abandonne en faveur d'un créancier de la rente ou de cette charge, pour en être déchargé et affranchi, même des arrérages antérieurs à la contestation. V. ce mot, *à l'Enregistrement*.

DÉLIVRANCE *de harts, rouettes et perches* à des particuliers.

1. Elle est faite par des agens forestiers, qui doivent en toucher la valeur, pour en compter eux-mêmes aux Receveurs des domaines, auxquels la recette est attribuée, ainsi que des droits de timbre et d'enregistrement des procès-verbaux de ces délivrances. *Circ. de M. le Directeur général des forêts*, *du* 16 *juillet* 1814, *n.°* 529.

2. Il a été prescrit pour le tems antérieur à cette instr., de faire dans les bureaux de domaine un relevé des procès-verbaux pour faciliter, aux Receveur de l'enregistrement, le recouvrement des droits qui n'auraient pas été acquittés. *Lettre de M. l'Admin. de la* 1.re *division*, *du . . . déc.* 1815. *Mémoire d'ordres de la Direction d'Orléans*, *année* 1815.

DÉPENSES *forestières*. *V. frais à l'enregistrement*.

DESHÉRENCE est un droit qu'a le domaine de succéder à tous les biens d'un particulier qui meurt sans avoir disposé de ses biens par testament et sans héritiers habiles à lui succéder.

1. Suivant les lois, cette succession appartient à l'État, lorsque le défunt ne laisse ni parens jusqu'au 12.e degré inclusivement, ni enfans naturels, ni conjoint non divorcé. *Art.* 767 *et* 768 *du C. C.*

2. Les biens acquis par le condamné depuis la mort civile encourue, et dont il se trouve en possession au jour de sa mort naturelle, appartiennent à l'État; néanmoins le Gouvernement peut en disposer en faveur de la veuve, des enfans ou parens du condamné. *Art.* 33 *du C. C.*

3. Les héritiers peuvent faire restituer le prix des meubles, les revenus et les biens dans les 30 ans du

décès, à la déduction des dettes et frais d'Administration. Alors le droit de succession est dû dans les 6 mois de l'envoi en possession. *Loi du 24 juillet 1793.*

4. L'État n'est saisi de la succession de celui qui décède sans héritier, qu'en se faisant envoyer en possession par justice. *Art. 770 du C. C. Instr. 219.*

5. L'Administration est tenue de faire apposer les scellés et de faire faire inventaire; elle doit demander l'envoi en possession des biens au Tribunal de première instance, dans le ressort duquel la succession est ouverte; si les formalités prescrites n'étaient pas remplies, l'Administration pourrait être condamnée à des dommages et intérêts envers les héritiers, s'il s'en présentait. *C. C. Art. 769, 770 et 771, Instr. 219.*

6. Il faut donner au Directeur une connaissance circonstanciée des faits, pour qu'il présente une requête au Tribunal, afin d'être autorisé à faire faire l'inventaire, etc. Le mémoire présenté par le Directeur au Tribunal, lors de l'ouverture d'une succession en déshérence, doit conclure à ce qu'une expédition du jugement soit adressée au Ministre de la Justice; c'est au Procureur du Roi à faire cet envoi. *Instr.* 300.

7. Le Tribunal qui a rendu le jugement doit seul connaître des contestations qui pourraient s'élever au sujet de la succession en déshérence. *Instr. 219.*

8. Les publications prescrites par l'art. 770 du C. C., en matière de succession en deshérence, doivent être faites dans les département où la succession est ouverte; mais l'extrait du jugement continuera d'être inséré au *Moniteur* une seule fois. *Déc. min. just., du mois de juin* 1817. (*Art.* 6386, *j.*)

9. Les biens de la deshérence sont, après le jugement d'envoi en possession, régis et administrés par le Receveur des domaines du chef-lieu d'arrondissement, comme ceux appartenant à l'État. *Instr.* 219 *et* 552.

10. S'il se trouve dans la succession une rente sur l'Etat, les arrérages ne peuvent en être exigés; l'inscription doit être remise au payeur sous sa reconnaissance; il faut vendre le mobilier immédiatement après le jugement d'envoi en possession; aussitôt qu'elle a eu lieu, procéder à la liquidation et au paiement des dettes de la succession et des frais d'administration; les créanciers s'adressent au tribunal pour être payés; pendant le séquestre, les immeubles ne pourraient être vendus qu'en justice, sur la provocation des créanciers et dans la forme réglée par le C. de P. C.; l'administration ne doit faire vendre les immeubles que dans le cas de leur dépérissement. — Si dans les 30 ans aucune personne habile à succéder ne réclame la succession, il y a prescription, et l'État est irrévocablement propriétaire de l'hérédité; d'après l'art. 2261 du C. C. un jugement est nécessaire à l'héritier pour se faire connaître successible; alors on lui restitue les revenus et tout ce qui a été reçu à titre de remboursement, à la déduction des dettes, charges et frais dont les remises sur la recette font partie; l'héritier doit payer le droit de succession dans les six mois de l'envoi en possession des biens qui étaient en déshérence. V. *circ.* 1281, 1306, 1814 *et les instr.* 219, 273, 300, 517, 552, qui indiquent toutes les formalités à remplir pour prendre possession et régir les biens en déshérence: l'instr. 219 donne en outre la définition des successions en déshérence et vacantes. La première est celle pour laquelle il n'y a aucune personne capable d'hériter; la seconde est seulement réputée vacante, si après que les délais, pour faire inventaire et pour délibérer sont expirés, il ne se présente personne qui réclame et qu'il n'y a pas d'héritiers connus, ou que ces héritiers o n renoncé.

11. L'Administration peut poursuivre le recouvrement des créances exigibles de la succession en déshérence, avant d'avoir obtenu le jugement d'envoi en possession, parce que le droit résulte de l'événement et non de cette formalité. *Cour de Paris, du* 30 *juin* 1808.

12. Les effets d'une personne décédée à l'hospice où elle était malade, et dont la succession est abandonnée appartiennent à cet hospice et non pas au domaine, à titre de déshérence. *Avis du Cons. d'Etat, approuvé le* 3 *nov.* 1809.

13. Pendant la possession des biens en déshérence, l'Administration a droit de faire tous les actes et exercer toutes les actions qui appartiennent au propriétaire et qui ont pour objet le bien de la chose. *Arr. de cass. du* 15 *avril* 1815.

14. Lorsque la succession en déshérence est composée d'effets, de prorata de pension et de traitement sur le trésor de l'Etat, il faut, après l'envoi en possession, adresser une expédition du jugement au Directeur de Paris, qui fait les diligences nécessaires pour le recouvrement des créances. *Lettre de l'Administration du* 8 *déc.* 1818.

15. Le droit de déshérence est, au profit de l'Etat, un titre de propriété; il peut agir, disposer et exercer comme propriétaire; les jugemens rendus contradictoirement avec lui, ne sont pas susceptibles de tierce-opposition de la part des héritiers qui réclament dans les 30 ans. *Arr. de cass. du* 4 *oct.* 1813. (*Art.* 5152, *j.*)

16. Lorsque le particulier, dont la succession est en déshérence, possédait des biens grevés de dettes ou d'inscriptions hypothécaires, il faut après le jugement d'envoi en possession, faire procéder par l'autorité administrative à la liquidation des créances. *Instr.* 517.

17. Si l'on vendait les biens avant cette opération, l'acquéreur serait fondé à refuser le paiement du prix. *Lettre de l'Administration du* 5 *juin* 1818.

18. Les créances dûment ordonnancées sur les successions en déshérence, ou recueillies à titre d'épaves, doivent être acquittées en numéraire quoiqu'antérieures à 1816. *Déc. min. fin. des* 27 *nov.* 1816, 26 *fév. et* 12 *mars* 1817.

19. Lorsque les réparations à faire aux bâtimens provenant de déshérence sont trop considérables, il y a lieu de provoquer la vente de ces bâtimens. *Sol. du* 6 *fév.* 1819.

20. L'adjudication des biens-fonds d'une telle succession ouverte dans les 30 ans, ne peut profiter de la modération des droits fixés pour les ventes de biens de l'Etat, puisque le tems pour qu'ils fussent devenus domaniaux, ne serait pas encore révolu. *Déc. min. fin. du* 11 *août* 1818.

21. La déclaration de succession pour des biens tombés en déshérence ne doit être admise que dans le cas où un héritier se présente dans les 30 ans, et est ressaisi de l'hérédité. *Circ.* 1306.

22. Les employés doivent veiller à ce que les Juges de paix leur donnent connaissance des scellés apposés lors du décès des personnes qui n'ont pas d'héritiers connus. *Circ.* 1677.

DESSERVANS. V. *fabrique.*

DESISTEMENT, est l'abandon que l'on fait d'une chose qu'on a entreprise.

DÉTENTEUR, est le possesseur actuel d'un immeuble, à titre de propriété. V. *à l'Enregistrement, détenteur et priviléges.*

DÉTRACTION. V. *aubaine.*

DETTES *des émigrés.* Depuis l'ordonnance du 20 juin 1814, l'Etat est étranger aux dettes des émigrés. *Déc. min. fin., du* 7 *janv.* 1818. (*Art.* 6225, *j.*).

DETTES *des communes.* Les rentes contractées par des communes envers des établissemens supprimés, sont éteintes par la loi du 24 août 1793. *Déc. min. fin., du* 16 *mai* 1817.

DETTES *de la liste civile.* Une dette de l'ancienne liste civile pour vente faite le 28 mai 1813, ne doit pas être payée en numéraire par le domaine de l'Etat, mais en valeur de l'arriéré. *Ordonn. du Roi, du* 24 *déc.* 1813.

DEVIS, est un mémoire général des quantités, qualités et façons d'un bâtiment, avec des prix à la fin de chaque article, et espèce d'ouvrage; etc. V. ce mot, *à l'Enregistrement.*

DOMAINE. C'est un bien-fonds, un héritage.

DOMAINE *de la couronne*, est le patrimoine attaché à la couronne des Rois de France; il est aussi ancien que la monarchie : dès le moment de l'entrée des Francs dans les Gaules, les Rois se mirent en possession réelle des fonds qui avaient appartenu aux Empereus Romains, autres droits et revenus qui avaient composé le fisc de l'Empire. L'inaliénabilité du domaine, dont le principe commença à s'établir avec la troisième race de nos Rois, a augmenté considérablement ce domaine, au moyen des unions qui ont été faites par conquêtes, par droit successif, par acquisition, ou par échoites, telles que les confiscations, aubaines, déshérences ou bâtardises; etc. *Mémoire de M. Gibert, Inspecteur général du domaine de la couronne. Année* 1760.

En 1279, il y eut une assemblée solennelle à Montpellier, où tous les princes chrétiens convinrent, par eux ou par leurs ambassadeurs, que le domaine de leur couronne serait inaliénable, et que les choses qui en avaient été démembrées y seraient réunies. *Abrégé chr. de l'Hist. de France.* V. *domaine engagé, n.*° 1.

Les principes qui régissent le domaine de la couronne, ne doivent pas être étrangers aux préposés de l'Administration, et l'analyse de la loi du 8 nov. 1814, en ce qui concerne la conservation des propriétés du domaine de la couronne, ne sera pas déplacée ici. — « Le Louvre et les Tuileries sont destinés à l'habitation du Roi. Le Roi jouira également de tous les bâtimens adjacens, employés actuellement à son service.

« Les palais, bâtimens, emplacemens, terres, prés, corps de ferme, bois et forêts, composant les domaines de Versailles, Marly, Saint-Cloud, Meudon, Saint-Germain-en-Laye; Rambouillet, Compiègne, Fontainebleau, et autres palais et domaines, tels qu'ils sont désignés dans la loi du 1.er juin 1791, et les Sénatus-Consultes des 30 janv. 1810, 1.er mai 1812, et 14 avril 1813, ainsi que la monnaie des médailles, l'hôtel de Valentinois, rue de Varennes; l'hôtel du Châtelet, rue de Grenoble, faubourg Saint-Germain; un hôtel sis place Vendôme, n.° 9; l'hôtel des Menus, rue Bergère; le Garde-Meuble, placé dans les bâtimens du couvent de l'Assomption; le magasin des marbres, à Chaillot, ainsi que le château et domaine de Villiers, et le clos Toutain, formeront la dotation de la couronne, sous la réserve des droits des anciens propriétaires, dans le cas où quelques-uns des biens ci-dessus désignés seraient susceptibles de restitutions.

» La couronne demeure chargée de meubler, entretenir et réparer les palais, maisons et biens qui lui sont affectés. — Les diamans, perles, pierreries, statues, tableaux, pierres gravées et autres monumens des arts, ainsi que les bibliothèques et musées, qui se trouvent, soit dans les palais du Roi, soit dans le garde-meuble, font partie de la dotation de la couronne. — L'inventaire en sera dressé, et transmis en double à la Chambre des Députés et à celle de Pairs.

» Dans les cas où, par la suite, des statues, tableaux, ou autres effets précieux seraient acquis aux frais de l'Etat, et placés dans les musées royaux, ces objets deviendront dès-lors partie de la dotation de la couronne, et seront ajoutés à l'inventaire dont il vient d'être parlé. — Les manufactures royales de Sèvres, des Gobelins, de la Savonnerie et de Beauvais, continueront d'appartenir à la couronne, et d'être entretenues aux frais de la liste civile. — Tous les domaines et revenus non compris dans les art. précédens, font partie du Domaine de l'Etat, sans déroger toutefois à l'ordonnance du 4 juin, concernant la dotation du Sénat et des Sénatoreries, l'affectation des fonds provenant de cette dotation et leur administration, sauf à pourvoir, par une loi, aux dispositions ultérieures que pourrait exiger l'exécution de ladite ordonnance. — Conformément à l'art. 23 de la Charte constitutionnelle, la présente liste civile est fixée pour tout le règne du Roi.

» CONSERVATION DES BIENS QUI FORMENT LA DOTATION DE LA COURONNE. Les biens qui forment la dotation de la couronne, sont inaliénables et imprescriptibles, sauf ceux qui, provenant de confiscations, auraient été réunis aux Domaines de l'Etat, et dont la restitution serait ordonnée par une loi. — Les biens ne peuvent être engagés, ni grevés d'hypothèques ou d'autres charges. — L'échange des immeubles affectés à la dotation de la couronne, ne peut avoir lieu qu'en vertu d'une loi. — Les biens qui forment la dotation de la couronne, ne supportent pas les contributions publiques. — Les biens de la couronne ne sont jamais grevés des dettes du Roi décédé, non plus que des pensions qu'il pourrait avoir accordées. — Les biens de la couronne sont régis par le Ministre de la maison du Roi, ou, sous ses ordres, par un intendant, etc. »

DOMAINE *extraordinaire*.

1. Les biens provenant de la famille Buonaparte sont attribués au domaine extraordinaire, et le revenu en est affecté aux secours à distribuer aux militaires. — Les revenus et arrérages ont été versés à la caisse de ce Domaine. *Ordonn. du* 22 *mai* 1816, *instr. gén.* 727.

2. Le domaine extraordinaire a été réuni au domaine de l'Etat par la loi de finance du 15 mai 1818, *art.* 95, qui porte aussi : « Les dotations et majorats qui, en vertu de leur concession, sont reversibles au Domaine extraordinaire, feront, dans les cas prévus par les statuts et décrets, retour au Domaine de l'Etat. — Il sera pris possession, au nom de l'Etat, par la Régie de l'enregistrement, de l'actif du Domaine extraordinaire. Elle recevra le compte de l'actif actuellement existant dans la caisse de ce Domaine, et fera verser, à la Caisse des dépôts et consignations, la somme restée sans emploi au moment de l'établissement de ce compte. — La Régie poursuivra le recouvrement des créances du Domaine extraordinaire : elle en percevra les revenus, et elle mettra en vente, en la forme usitée pour l'aliénation des domaines nationaux, les biens-fonds et maisons non affectés à des dotations. Le produit de ces recouvremens et de ces ventes sera également versé à la Caisse des dépôts et consignations, pour être employé à des achats de rentes au grand-livre. Les détails concernant l'administration du Domaine extraordinaire, formeront la matière d'un chapitre particulier, dans le compte annuel de l'Administration des finances. »

3. L'exécution de cette loi, concernant la prise de possession de l'actif en caisse et des biens; l'administration et la vente; le recouvrement; les dépenses; la comptabilité; les biens affectés à des majorats; les registres et sommiers à établir; les envois d'Etat et autres pièces, sont mentionnés dans l'*instr.* 835.

4. Les Receveurs jouiront, sur les recettes dont il s'agit, de remises graduées et fixées ainsi qu'il suit : pour les *revenus* proprement dits, jusqu'à 50,000 fr. de la recette de l'année, 2 pour cent, et sur ce qui excédera ladite somme, 1 pour cent. — Pour les *prix de rentes* et les *capitaux* recouvrés, jusqu'à 100,000 fr. aussi de la recette de l'année, 1 pour cent; sur la recette au-dessus de 100,000 fr. jusqu'à 200,000 f. inclusivement, demi pour cent; et sur ce qui excédera cette dernière somme, un quart pour 100. Ces remises seront allouées en se conformant au mode prescrit par les *instr.* 479 et 843.

5. Les secours accordés d'après l'art. 98 de la loi du 15 mai 1818, à un donataire qui est décédé avant que l'ordonnance de paiement ait été rendue, ne profitent pas aux héritiers, parce que le secours est personnel au donataire, *Déc. min. fin. du* 22 *juin* 1819. (*Art.* 6451, *j.*)

DOMAINE *de l'Etat*. Il s'est formé, en même temps que la monarchie, des terres conquises sur les Romains; ses revenus étaient affectés aux dépenses du gouvernement; Sous la troisième race, à l'époque où a été consacré le principe de l'inaliénabilité, le Domaine s'est accru par la réunion successive des droits régaliens, des acquisitions, échoites, confiscations, aubaines, épaves, déshérences, bâtardises, etc.

Pour bien connaître l'origine et les progrès du Domaine, de l'Etat, il faut distinguer trois époques dans la monarchie.

La première, antérieure à l'établissement des Francs dans les Gaules. Alors il n'existait pas de propriété privée; les vainqueurs ne reconnaissaient qu'une jouissance dans les mains des cultivateurs. Tout fond de terre était considéré appartenir à l'Etat, soit comme domaine utile, soit comme domaine direct, c'est-à-dire, que l'Etat était véritablement possesseur des uns, et qu'il prélevait sur les autres des droits personnels et réels, qui, dans le système féodal, apporté de la Germanie, ont été appelés domaines *directs*, et successivement, *directe* seulement du domaine utile de l'Etat. Il en était fait chaque année une nouvelle distribution par communauté et par familles, proportionnée au nombre de bras qu'elles pouvaient employer; chaque particulier avait sa part, suivant son rang et sa condition.

La seconde époque, date de l'origine de la monarchie en France; on divisa les terres entre les habitans, à la réserve de quelques portions qui furent attribuées aux communes pour en jouir en commun, et c'est ainsi que la propriété patrimoniale fut consacrée. Dans ce partage, on assigna au prince une portion considérable comme patrimoine sacré et inviolable, pour soutenir sa dignité et satisfaire aux charges de l'Etat. Des revenus de ces domaines, ont vécu les rois jusqu'à l'établissement des impôts. Ils étaient alors les maîtres de les inféoder à tems ou à vie, même pour toujours, ce qui n'opérait pas une distraction véritable du domaine. Par la nature des fiefs, le domaine direct demeurait toujours dans la main du Roi, et le domaine utile devenant le prix ou la récompense des services de fief, se trouvait employé d'une manière avantageuse, utile à l'Etat; l'investiture et les droits dûs aux mutations, équivalaient d'ailleurs à la faculté de rachat perpétuel.

La troisième époque, doit être fixée à 1566. Alors, en effet, avec les inféodations, cessèrent les dons à perpétuité des terres et droits faisant partie du domaine de l'Etat. Ce n'est pas que, long-temps avant, le principe de l'inaliénabilité du domaine n'eût été consacré; mais jusque-là, les lois n'avaient pas établi d'une manière assez précise ce qu'était le domaine de la couronne.

Suivant l'article 2 de l'édit de Charles IX, donné à Moulins au mois de février 1566, le domaine de la couronne est entendu celui qui est expressément consacré, uni et incorporé à la couronne, ou qui a été tenu et administré par les Receveurs et Officiers royaux pendant l'espace de *dix ans*.

Mais tous les domaines n'étaient pas de la même nature. A son avénement à la couronne, le prince devait nécessairement confondre ses propriétés particulières avec celles dont il prenait l'administration. De là, la réunion de plein droit au domaine de l'Etat, non seulement de ses biens patrimoniaux, mais même de ceux qui lui advenaient, soit à titre d'hérédité postérieurement à son avènement au trône, soit à titre de conquêtes.

Les biens acquis par échoite, faisaient exception à la règle générale. Le Prince pouvait en disposer comme d'un domaine privé, et pour en effectuer la réunion, il fallait, ou qu'il le déclarât expressément, ou qu'ils eussent été régis confusément, pendant dix ans, avec les biens du domaine.

Les biens que les Rois acquéraient de leurs deniers, étaient censés achetés avec les fonds du Trésor public, surtout depuis que les charges de l'État étaient acquittées sur le produit des impôts; ils ont dû être considérés comme réunis de plein droit au domaine de l'État. Pour empêcher cette réunion, il fallait que l'on déclarât, dans le contrat d'acquisition, que le Roi entendait jouir de l'objet acquis *particulièrement*, et sans incorporation au domaine; à défaut de cette formalité, le domaine acquis devenait, *ipso facto*, domaine de l'État, comme représentatif de valeurs converties.

De ces premiers principes naît la distinction nécessaire entre les biens privés du Roi et les domaines de la couronne. Dans ces derniers, il faut encore distinguer ceux qui lui étaient donnés en jouissance comme chef de la nation, pour soutenir l'éclat du trône et la dignité de l'État; et ceux qui, nécessaires à l'utilité de tous, reposaient sous sa main protectrice plutôt que dans sa main usufruitière.

Il faut donc le diviser entre domaine de la couronne et domaine public.

Le domaine de la couronne proprement dit, se composait de tous les biens-fonds, rentes foncières, et acquisitions du Prince, soit par échoites, épaves, déshérences, confiscation, soit par achat, acquisition, sont déclaration expresse de non-réunion.

Le domaine public comprenait les chemins, fleuves et rivières navigables, les places publiques, murs, fossés, remparts, et tous lieux servant ou ayant servi aux clôtures et fortifications des villes.

Ces deux divisions expliquent les aliénations qui ne pouvaient être faites que pour l'intérêt de tous; et celles qui, dans la main du Prince, étaient des moyens de faveur ou de récompense. Elles justifient d'avance les motifs qui ont déterminé les législateurs dans les exceptions.

Suivant les anciens principes, on distinguait encore les grands et les petits domaines.

Sous la dénomination des premiers, on comprenait les terres et seigneuries qui avaient haute, moyenne et basse justice, comme les duchés, principautés, comtés, marquisats, vicomtés, baronies, châtellenies, etc.

On entendait par petits domaines, les objets séparés des grandes terres ou seigneuries, les portions de domaines mêlées avec les biens des particuliers, et démembrés des grands domaines par dons, concessions ou inféodations. *Analyse des lois anciennes et modernes sur les domaines engagés.*

Le domaine de l'État se compose aujourd'hui des chemins, routes et rues à la charge de l'État, des fleuves et rivières navigables ou flottables, des rivages, lais et relais de la mer, des ports, des havres, des rades; et généralement tout ce qui n'est pas susceptible d'une propriété privée, est considéré comme dépendance du domaine public. Il en est de même des portes, murs, fossés, remparts des places de guerre et des forteresses; des terrains, fortifications et remparts qui ne sont plus places de guerre, s'ils n'ont été valablement aliénés, ou si la propriété n'en a pas été prescrite contre l'État; les îles, îlots, attérissemens qui se forment dans le lit des fleuves, etc., s'il n'y a titre ou prescriptions contraire; tous les biens vacans et sans maître, et ceux des personnes qui décèdent sans héritiers, ou dont les successions sont abandonnées. *art.* 538, 539, 540, 541, 560, 713, *C. C.*, *décr. du* 18 *août* 1807, *instr.* 614. V. *déshérence*, *épaves*.

1. Les biens provenant des religionnaires fugitifs sont régis par l'administration du domaine. *Circ.* 1065.

2. Ceux concédés, à titre gratuit, aux membres de la famille de Buonaparte, ceux concédés au même titre à des régicides exclus de l'amnistie, et à des individus maintenus sur la liste insérée dans l'ordonnance du 24 juillet 1815, sont réunis au domaine de l'État. *Instr.* 708.

3. On a dû prendre possession des terres non cultivées, des terrains vagues, des lais et relais de la mer, îles et îlots, etc., par suite des recherches recommandées aux Préposés du Domaine. *Instr.* 447 *et* 740.

4. Lorsque le Roi vient à décéder sans avoir disposé des biens qu'il a acquis à titre singulier, ils sont réunis de plein droit au domaine de l'État. *Loi du* 8 *nov.* 1814.

5. Le bien dont l'acquéreur du domaine de l'État s'est mis en possession, et qui est hors des limites expressément assignées par son contrat, appartient au domaine. *Décr. du* 8 *mars* 1814.

6. Les anciens palais de justice, ainsi que les prisons, restés en usage, ne sont pas régis par l'Administration des domaines; les frais d'entretien sont à la charge des contribuables. *Déc. min. fin. du* 19 *oct.* 1807.

7. On ne peut disposer d'aucun édifice appartenant à l'État, qu'en vertu d'un acte du Gouvernement, *instr.* 569; même en faveur d'un établissement public. *Instr.* 519.

8. Il n'appartient pas à un Conseil de préfecture de concéder un terrain qui faisait partie de la voie publique. Ce bien doit être aliéné dans la forme usitée pour les ventes des domaines de l'État. *Ordonn. du* 30 *avril* 1816.

9. Lorsqu'un domaine de l'État est mis à la disposition de l'Administration des ponts et chaussées, pour être employé à une route ou à une rivière, il devient domaine public, au lieu de domaine aliénable qu'il était. *Déc. min. fin. du* 26 *déc.* 1809.

DOMAINE *engagé*.

1. L'engagement est un contrat par lequel MM. les Commissaires du Roi, en vertu d'un édit ou d'une déclaration de S. M., aliénaient à quelqu'un, des biens ou des droits domaniaux qui dépendaient de la couronne, moyennant une finance et autres conditions y exprimées, pour en jouir jusqu'au remboursement de cette finance, avec clause de retour ou réserve de rachat, quelqu'en

soient le titre et l'époque. La faculté de rachat, aussi ancienne que l'établissement du principe de l'inaliénabilité du domaine de la couronne, était imprescriptible; telle était l'ancienne législation : Le principe de l'inaliénabilité du domaine, établi par Hugues Capet, proclamé à la suite de son règne, dans une assemblée des Princes chrétiens, tenue à Montpellier en 1279, a été successivement avoué et reconnu 1.° sous Charles V, par deux ordonnances de 1358 et 1366. (Cette dernière excepte les dons faits à l'église.) 2.° Sous Charles VI, par la Pragmatique sanction, jurée en 1401 par tous les Princes et officiers de la couronne, qui annule tous les dons du domaine. 3.° Sous Charles VIII, par la déclaration du 22 sept. 1483, et lettres patentes du 27 déc. 1484. 4.° Sous François I.er, par les édits de déc. 1517, juillet 1521, juin 1539, et août 1539. — L'inaliénabilité fut consacrée d'une manière plus solennelle sous Charles IX, par un édit donné à Moulins, en fév. 1566, enregistré le 13 mai suivant au Parlement de Paris, que l'on nomme communément *Ordon. des Domaines*; mais par un autre édit du même mois, enregistré le 27 mai, il fut ordonné, qu'attendu l'utilité et la nécessité de mettre en culture et valeur les *terres vaines et vagues, prés, palus et marais vacans appartenans au Roi*, il en serait fait aliénation à perpétuité, à cens, rentes et deniers d'entrée modérés, sans que ces aliénations pussent être dans la suite révoquées pour quelque cause et occasion que ce fut. Depuis l'époque de cette ordon., chaque règne, ou plutôt chaque ministère, a donné des déclarations ou édits, soit pour les réunions des domaines, soit pour leur aliénation; tous dérivent des mêmes principes. Tels sont les édits de mars 1619, sous Louis XIII; celui d'avril 1667, sous Louis XIV; les arrêts du conseil de mai et juin 1724, et 16 juin 1771, sous Louis XV; et celui du 14 janv. 1781, sous Louis XVI.

L'édit de 1619 ordonne que toutes les terres, seigneuries et autres portions du domaine, ci-devant vendues et aliénées à faculté de rachat perpétuel, seront retirées et rachetées en remboursant les finances des détenteurs; et le tout réuni au domaine, pour être de nouveau vendu et aliéné à faculté de rachat perpétuel, et pour la vente à perpétuité des bois en grurie, grairie, etc., à titre de fief ou cens, et en outre à deniers d'entrée.

Édit de 1667. — Colbert, en entrant au ministère, jugea qu'il intéressait à l'éclat du trône, de réunir les domaines que des aliénations multipliées avaient dispersés; il fit à cet effet un réglement général en 24 articles.

Les arrêts du conseil de 1724 ont disposé que les offres, enchères et surenchères qui seraient faites pour la revente des domaines engagés, ne pouvaient être reçues qu'en *rentes*, à la charge de rembourser en argent comptant les finances des anciens engagistes, etc.

Celui de 1771 contient, entre autres dispositions essentielles, révocation des aliénations précédemment faites aux engagistes, des domaines, des droits casuels et de mutation; il ordonne que la perception en sera faite par les Receveurs généraux des domaines.

Arrêt de 1781. — Necker voulut faire réintégrer le domaine de l'État dans toute son étendue, et sentit que le meilleur moyen de parvenir à ce but, était d'intéresser tous les détenteurs à déclarer eux-mêmes les biens dont ils jouissaient par aliénations quelconques. Aussi cet arrêt en prononçant la dépossession des engagistes et la perte de leurs finances dans le cas de recèlement des domaines ou droits domaniaux, *à l'exception des dons faits aux églises, des apanages et des échanges faits dans la forme prescrite par les réglemens*, accordait aux détenteurs la faculté d'obtenir confirmation dans leur jouissance sur l'offre d'une rente ou supplément de rente d'engagement, etc.

Pour connaître la législation domaniale des pays réunis à la France depuis l'ordonn. de 1566, il faut consulter *l'Analyse des lois anciennes et modernes sur les domaines engagés, etc., publiée en l'an* 8.

Les pays réunis à la France depuis l'ordonn. de 1566, sont la Flandre, l'Artois, le Hainault, l'Alsace, la Lorraine, la Franche-Comté, la Bresse, le pays de Gex et le Valromai, le Roussillon, la Navarre, le Béarn, enfin les ci-devant principautés de Dombes, de Sédan et d'Orange.

La législation nouvelle établit que le domaine de l'État, patrimoine de tous, ne doit pas être aliéné par la volonté d'un seul. Si, sous l'ancienne législation, l'inaliénabilité des domaines de la couronne était regardée comme un principe conservateur des droits des citoyens, sous un gouvernement représentatif ce principe devient sans objet, il serait même préjudiciable à l'intérêt public, qui exige que les biens soient divisés dans beaucoup de mains. On tient plus à sa patrie quand on y est attaché par le charme de la propriété; les progrès immenses que l'agriculture a faits depuis 30 ans, ont justifié que les terres se fertilisent sous la main du colon industrieux, qui les cultive avec bien plus de succès que l'administration la plus active et la plus éclairée. *Même Analyse.* Ce nouveau principe a été consacré par la loi du 1.er décembre 1790, et par celles des 3 sept. 1792 et 10 frim. 2; l'effet de cette dernière fut suspendu par le décr. du 22 frim. 3. Mais les séquestres apposés restèrent sur les biens dont on avait pris possession. V. *Circ.* 157, 177, 215, 351 *bis*, 392, 396, 399, 410, 500, 563, 567, 577, 579, 585, 706, 716, 749. L'intérêt de l'État exigeait une nouvelle loi sur les domaines engagés et échangés; elle fut rendue, ainsi qu'il suit, le 14 vent. an 7.

2. CESSIONS *irrévocables*. Les possesseurs de biens ci-dev. domaniaux, situés dans l'ancien territoire de la France, et aliénés sans clause de retour ou réserve de rachat avant la publication de l'édit de fév. 1566, ne peuvent pas être inquiétés dans leur jouissance; ils sont regardés comme propriétaires incommutables. D'après cette disposition, fondée sur la plus exacte justice, le sort des aliénations de domaines *faites dans les pays réunis à la France depuis* 1566, *et avant les époques des réunions*, doit être réglé, soit par les lois qui étaient en usage dans ces pays lors des aliénations, soit par les stipulations qui ont pu être insérées à ce sujet dans les traités de paix ou de réunion. *Loi du* 14 *vent.* 7. *Circ.* 1531.

3. CESSIONS RÉVOQUÉES. Toutes les aliénations du domaine de l'État, contenant clause de retour ou réserve

de rachat, faites à quelque titre que ce soit, à quelque époque qu'elles puissent remonter, et en quelque lieu que les biens soient situés, c'est-à-dire *dans l'ancien comme dans le nouveau territoire de France*, appartiennent toujours à l'État. *Art. 4 de la loi du 14 vent. 7. Circ.* 1531.

4. Les autres aliénations, même celles qui ne contiennent aucune clause de retour ou de rachat, faites et consommées dans l'ancien territoire de France, postérieurement à l'édit de fév. 1566, et, dans les pays réunis postérieurement aux époques respectives de leur réunion, sans autorisation des Assemblées nationales, sont et demeurent révoquées, *ainsi que les sous-aliénations qui peuvent les avoir suivies*, sauf les exceptions ci-après. — Suivant les anciennes lois, toutes les aliénations dont il s'agit, n'étaient que des engagemens révocables à volonté. *Idem.*

5. Cette loi, du 14 vent. 7, est applicable également aux domaines incorporels aliénés, et aux engagemens et concessions de domaines corporels. (rentes foncières.) *Avis du Conseil d'Etat, approuvé le* 19 *août* 1808.

6. Sont exceptés des dispositions de l'art. 4 de la loi précitée, 1.° Les échanges consommés légalement et sans fraude avant le 1.er janv. 1789, pour les pays qui, à cette époque, faisaient partie de la France, etc. — 2.° Les aliénations confirmées par des décrets particuliers des Assemblées nationales. — 3.° Les inféodations et accensemens des terres vaines et vagues. — 4.° Les aliénations et sous-aliénations ayant date certaine, avant le 14 juillet 1789, de terrains épars quelconques, au-dessous de la contenance de 5 hectares. — 5.° Les inféodations, sous-inféodations et accensemens des terrains dépendans des fossés, murs et remparts des villes, justifiés par des titres valables. — Toute exception doit être restreinte dans les bornes que la loi lui a prescrites, et les Préposés de la Régie doivent examiner les titres avec une grande attention pour faire les applications que cette exception concerne. *Circ.* 1531.

7. Les échanges ne sont censés consommés qu'autant que les formes prescrites ont été remplies en entier, qu'il a été procédé aux évaluations ordonnées en 1711, et que l'échangiste a obtenu et fait enregistrer, dans les Cours, les lettres de ratification donnant à l'acte son complément. Malgré l'observation des formes, ces échanges sont révoqués, s'il y a fraude, fiction, ou simulation prouvées par lésion du quart, eu égard au tems de l'aliénation. Lorsque les terrains se trouvent partie cultivée et partie en friche, la révocation a lieu sur le tout. — Le moyen de connaître et de constater la fraude, est indiqué par la circulaire 1531, art. 5 et suivans de la loi précitée.

8. Les engagistes qui ne sont pas maintenus par aucun des articles précédens, et même les échangistes dont les échanges sont déjà révoqués ou susceptibles de révocation, sont tenus, à peine d'être déchus de la faculté portée en l'art. suivant, de faire, dans le mois de la publication de la présente, à l'Administration centrale du département où sont situés les biens ou la majeure partie des biens engagés ou échangés, non encore vendus par l'Etat ni soumissionnés en exécution de la loi du 28 ventôse 4, et autres y relatives, la déclaration générale des fonds faisant l'objet de leur engagement, échange ou autre titre de concession. *Art.* 13.

9. Ceux qui auront fait la déclaration ci-dessus, pourront dans le mois suivant, faire, devant la même Administration, la soumission irrévocable de payer en numéraire métallique, le quart de la valeur desdits biens, estimés comme il sera dit ci-après, avec renonciation à toute imputation, compensation ou distraction de finance ou amélioration. — Les Engagistes, en effectuant cette soumission, seront maintenus dans leur jouissance, ou réintégrés en icelle, s'ils ont été dépossédés, et que lesdits biens se trouvent encore sous la main de l'Etat; déclarés en outre et reconnus propriétaires incommutables, et en tout assimilés aux acquéreurs de biens nationaux aliénés en vertu des décrets des Assemblées nationales. *Art.* 14.

10. En faisant la soumission énoncée en l'article précédent, ils seront tenus de nommer leurs experts, et de déposer l'état, signé d'eux ou de leur procureur constitué, touchant la consistance des biens qu'ils entendent conserver, leur situation, leur nature au tems de la concession, leur état actuel et leur produit, sans pouvoir être reçus à faire leur soumission, autrement que sur la totalité du domaine ou des domaines compris dans le même titre, ou sur la totalité de ce qui en reste en leur possession, le tout à peine de nullité de ladite soumission. *Art.* 15.

11. La valeur des biens dont il s'agit aux trois articles précédens, sera réglée aux frais de l'engagiste ou échangiste soumissionnaire, par trois experts nommés; savoir, l'un par ledit soumissionnaire, en la forme portée par l'article 15; le second, par le Directeur des domaines; et le troisième, par l'Administration centrale dans le ressort de laquelle les biens ou la majeure partie d'iceux sont situés; ces deux derniers experts seront nommés dans la décade de la soumission, à la diligence de la Régie des domaines. *Art.* 16.

12. Ces experts ne pourront, à peine de nullité, être pris parmi les citoyens détenteurs de biens nationaux susceptibles de retrait, ou dépossédés en vertu de la loi du 10 frimaire an 2, qui sont agens ou fermiers desdits détenteurs. — Celui qui étant, à sa connaissance, dans l'exclusion, ne le déclarera pas et procédera à l'estimation, sera condamné à *trois cents francs d'amende* par voie de police correctionnelle, à la diligence du Receveur des domaines, sans préjudice des dommages-intérêts des parties. *Art.* 17.

13. Tout détenteur ou ci-devant détenteur qui sera convaincu d'avoir donné, ou tout expert d'avoir reçu en argent ou présens, quelque chose au-delà des vacations réglées par l'Administration du département, sera, par la même voie et à la même diligence, condamné en *mille francs d'amende* envers le Gouvernement et à un emprisonnement qui ne pourra excéder une année, ni être moindre de trois mois. *Art.* 18.

14. Il sera procédé à l'estimation de la manière qui suit; savoir : *pour les maisons, usines, cours et jar-*

dins en d'pendans; par une première opération, les experts les estimeront d'après leurs connaissances locales, et relativement au prix commun actuel des biens dans le lieu ou les environs; par une seconde, relativement au prix commun en 1790, en formant un capital de seize fois le revenu dont lesdits objets étaient susceptibles, sans considérer les baux à ferme ou à loyer, s'ils ne s'élevaient pas au véritable prix; par une troisième, s'il y avait des baux en 1790, lesdites maisons et usines, les cours et jardins en dépendans, seront évalués sur le pied de leur valeur en 1790, calculée à raison de seize fois leur revenu net; et pour les *terres labourables, prés, bois, vignes et tous autres terrains*, par une première opération, les experts estimeront la valeur d'après leurs connaissances locales et relativement au prix commun actuel des biens de même nature dans le lieu ou les environs; par une seconde, ils estimeront la valeur d'après le montant de la contribution foncière en 1793, en prenant pour revenu net d'une année, quatre fois le montant de cette contribution, et en multipliant la somme par vingt; et par une troisième, s'il y avait des baux existans en 1790, la valeur sera fixée sur le pied de la même année, et calculée en raison de vingt fois le revenu d'après lesdits baux. — A l'égard de ce dernier cas et de ceux non prévus ci-dessus, les experts se conformeront au §. 3 de la loi en forme d'instruction du 6 floréal an 4, relative à l'exécution de celle du 28 ventôse précédent. Les experts motiveront leur rapport sur chacune des bases; et les Administrations, dans leurs arrêtés, en énonceront les résultats, se fixeront à celui qui sera le plus avantageux pour le Gouvernement et en feront mention expresse; le tout à peine de nullité. *Art.* 19.

15. Le quart de la valeur du terrain estimé d'après les règles portées en l'article précédent, sera acquitté dans le mois de la date de l'arrêté de l'Administration qui en aura fixé le montant d'après le rapport des experts; savoir: un tiers en numéraire, et les deux autres tiers en obligations ou cédules, acquittables aussi en numéraire; savoir: un tiers dans deux mois, à courir de l'expiration du premier terme; et l'autre tiers aussi dans deux mois, à courir de l'expiration du second terme; le tout avec intérêt, sur le pied de 5 p. 100 par an, à compter du jour de la prise de possession à l'égard de ceux qui avaient cessé d'être détenteurs, et à compter du jour de l'arrêté ci-dessus, à l'égard des autres. *Art.* 20.

16. Aussitôt après la soumission autorisée par les articles 14 et 15, le soumissionnaire pourra vendre des biens compris en la soumission, pour payer le quart de l'estimation à régler, d'après l'art 19; mais à la charge d'imposer à l'acquéreur la condition expresse de verser en numéraire dans la caisse du Receveur des domaines nationaux, dans les délais fixés par l'art. précédent, le prix de son acquisition, jusqu'à concurrence de ce qui sera dû au Gouvernement pour le montant de ladite estimation; le versement sera fait nonobstant toutes oppositions qui pourraient avoir lieu entre les mains des acquéreurs; au moyen de quoi, ceux-ci demeureront subrogés aux droits de propriété de l'état, et affranchis des hypothèques du chef de leur vendeur, comme les autres acquéreurs de dom. nationaux. — Néanmoins, si le prix de la vente faite par l'engagiste était inférieur au montant de l'estimation ordonnée par l'art. 19, le Gouvernement conservera, pour l'excédant, son privilége et son hypothèque, même sur la chose vendue, jusqu'au paiement intégral du quart dû par l'engagiste, sans être tenu de poursuivre l'inscription de sa créance aux registres publics de la Conservation des hypothèques. *Art.* 21.

17. A l'égard de tous engagistes ou échangistes non maintenus, et qui n'auraient pas fait la déclaration prescrite par l'art. 13 de la présente, ou qui, après l'avoir faite, ne se seraient pas présentés pour faire la soumission autorisée par les art. 14 et 15, la Régie des domaines nationaux, immédiatement après l'expiration du mois qui suivra la publication de la présente, en ce qui concerne les premiers, ou du mois qui suivra la déclaration non suivie de soumission, en ce qui concerne les seconds, leur fera signifier copie des titres primitifs, récognitifs ou énonciatifs, tendant à rétablir les droits du Gouvernement, avec la déclaration que, dans le délai d'un mois, à dater de la signification, elle poursuivra la vente des biens y énoncés, lesquels ne pourront être des biens qui auraient été soumissionnés en exécution de la loi du 28 vent. 4, et autres y relatives.

Elle les interpellera, par le même acte, de nommer dans la décade, un expert, pour procéder aux opérations préparatoires ci-après détaillées, conjointement avec l'expert qui sera nommé par la Régie, et celui qui le sera par l'Administration centrale du département de la situation des biens. *Art.* 22.

18. Ces experts procéderont, dans les deux décades suivantes, à la vue des titres, mémoires et renseignemens qui leur seront respectivement remis, 1.° à l'estimation du capital, d'après les règles posées en l'article 19; 2.° à l'estimation du revenu annuel; 3.° à celle des améliorations, s'il y en a, en observant qu'elles ne doivent être estimées que jusqu'à concurrence de la valeur dont les biens se trouvent augmentés; 4.° à l'évaluation des dégradations, s'il y a lieu; 5.° enfin, à l'estimation des fruits perçus et recueillis par le ci-devant détenteur, depuis et compris l'année 1791, à moins qu'il ne justifie avoir fait la déclaration prescrite par la loi du 1.er décembre 1790. — Les experts seront tenus de distinguer chacune de ces opérations dans leur rapport; si l'engagiste avait négligé d'en nommer un, ou si son expert nommé ne se réunissait point aux autres au jour indiqué par la sommation, il serait passé outre par ceux-ci. *Art.* 23.

19. Les art. 17 et 18 de la présente, s'appliquent aux experts qui seront nommés en exécution de l'article précédent. *Art.* 24.

20. Après la remise du rapport des experts, et toutefois après l'expiration du délai d'un mois à dater de la signification prescrite par l'art. 22, les biens seront mis en vente par affiches et enchères faites conformé-

ment aux lois des 16 brumaire an 5 et 26 vend. 7. — En conséquence, la première mise à prix des biens ruraux, sera de huit fois le revenu annuel; celle des maisons, bâtimens et usines servant uniquement à l'habitation, et non dépendans de fonds de terre, sera de six fois le revenu annuel. *Art.* 25.

21. Si, après l'adjudication faite dans les délais et formes ci-dessus, le ci-devant détenteur élevait quelques prétentions relatives à la propriété, elles se résoudront de plein droit en indemnité sur le Trésor public, s'il y a échet. *Art.* 26.

22. Si, dans le mois qui suivra la signification des titres, le détenteur les soutient inapplicables ou insuffisans, ou s'il prétend être placé dans les exceptions de la présente, ou si, de toute autre manière, il s'élève des débats sur la propriété, il y sera prononcé par les Tribunaux, après néanmoins qu'on se sera adressé par voie de mémoires, aux corps administratifs, conformément à la loi du 5 nov. 1790; mais, en ce cas, soit le Tribunal de première instance, soit celui d'appel, devront chacun en ce qui le concerne, procéder au jugement, sur simples mémoires respectivement remis, dans le mois, à dater de l'expiration des délais ordinaires de la citation. *Art.* 27.

23. Il n'est rien changé par la présente aux attributions de l'autorité administrative en ce qui concerne purement et simplement les liquidations de droits et créances prétendues par des particuliers envers le Gouvernement. *Art.* 28.

24. Il sera procédé à la liquidation des indemnités que l'engagiste pourrait réclamer à la vue des quittances de finances, rapports d'experts, et de tous autres titres et documens, de la même manière qu'il est observé pour les autres créanciers du Gouvernement; la remise des titres sera faite dans trois mois pour tout délai. *Art.* 29.

25. Le prix de l'adjudication, qui sera faite en exécution de l'art. 25, sera en totalité payable en numéraire métallique; les paiemens seront divisés comme il suit:

1.° Le quart de la valeur du terrain estimé, d'après les art. 19 et 23 de la présente, sera acquitté entre les mains du Receveur des Domaines nationaux, dans les dix jours qui suivront l'adjudication, savoir: le premier tiers en numéraire, et les deux autres tiers en obligations ou cédules, payables aussi en numéraire, savoir: le second tiers dans le délai de deux mois, et le dernier tiers dans quatre mois; le tout à dater de la souscription de cédules, avec intérêt sur le pied de 5 pour 100 par an, jusqu'au paiement effectif;

2.° Le surplus du prix de l'adjudication restera entre les mains de l'acquéreur pour fournir jusqu'à due concurrence, soit aux indemnités de l'engagiste, soit aux plus amples reprises du Gouvernement; il ne sera exigible qu'après la liquidation de ces indemnités, et sera payable en trois portions égales, de trois mois en trois mois, à partir de la notification qui sera faite à l'acquéreur de l'arrêté définitif de la liquidation: l'on ajoutera au dernier paiement tous les intérêts qui auront couru jusqu'alors sur le même pied de 5 pour 100 par an. *Art.* 30.

26. Si par le résultat de la liquidation [illegible] l'art. 29, le ci-devant concessionnaire n'était reconnu créancier que d'une partie de la somme restée aux mains de l'acquéreur, il sera d'abord remboursé sur le premier terme des deniers mis en réserve par l'article précédent, subsidiairement sur les second et troisième, et le Gouvernement ne touchera l'excédent qu'après qu'il aura été remboursé. *Art.* 31.

27. S'il arrivait qu'il fût dû au ci-devant concessionnaire au-delà de la somme restée en dépôt, il la retirera en entier, et sera remboursé du surplus de sa liquidation, comme les autres créanciers de l'Etat; savoir, deux tiers en bons de deux tiers, et l'autre tiers en bons du tiers consolidé. *Art.* 32.

28. Il n'est rien statué ni préjugé par la présente, 1.° sur les concessions faites à vie seulement ou pour un tems déterminé, soit par baux emphytéotiques, soit par baux à cens ou à rentes; 2.° sur les concessions de terrains, à quelque titre que ce soit, faites dans les colonies françaises des deux Indes; 3.° sur la nature des îles, îlots et attérissemens formés dans le sein des fleuves et rivières navigables, non plus que des alluvions y relatives, ni des lais et relais de la mer. — Il sera statué sur ces divers objets par des résolutions particulières. *Art.* 33.

29. Il n'est, par la présente, porté aucune atteinte à l'exécution des lois des 28 août 1792, 20 juin 1793 et autres relatives aux biens appartenant aux communes ou sections de commune et aux revendications des biens usurpés par la puissance féodale. — Dans le cas où il y aurait procès pendant entre une commune et un engagiste, relativement au fonds du droit sur les biens concédés par l'ancien Gouvernement, les dispositions de la présente et les délais établis par elle, ne courront, contre l'engagiste, qu'à dater du jugement définitif, qui pourrait confirmer la possession vis-à-vis de la commune, sauf l'intervention de la Régie des domaines audit procès, s'il y a lieu. *Art.* 34.

30. Il n'est point dérogé, par la présente, aux droits et actions qui peuvent compéter au Gouvernement contre les cessionnaires maintenus purement et simplement en possession par l'art. 5, à raison des redevances et protestations assignées sur les fonds, et qui n'auraient pas été frappées d'abolition par les lois nouvelles. *Art.* 35.

31. Les précédentes lois sont abrogées en ce qu'elles ont de contraire à la présente. *Loi du* 14 *vent.* 7. *Circ.* 1531.

32. BOIS ENGAGÉS OU ÉCHANGÉS. L'instruction générale 221, relative à la loi du 11 pluviôse 12, sur les engagemens et les échanges de bois, contient ce qui suit: Les concessions révoquées par les lois des 3 sept. 1792 et 14 vent. 7, sont celles des grandes masses de bois et forêts nationales, *art.* 12, *de la loi du* 1.er *déc.* 1790, 18 *du décret du* 3 *sept.* 1792 *et* 15 *de la loi du* 14 *vent.* 7, qui exceptent de l'aliénation les concessions de forêts au-dessus de 150 hectares; les engagistes, échangistes ou autres concessionnaires sont tenus, d'après les dispositions de l'art. 1.er de la nouvelle loi, de déposer, *dans les trois mois de sa publication*, au secrétariat de la préfecture du département de la situation des bois et forêts, les titres, pièces et rensei-

gnemens constatant la consistance, la valeur, le produit des bois et les charges dont ils sont grevés, et de nommer, dans le même délai, un expert.

33. Suivant l'art. 2 de la loi du 11 pluv. 12, l'Administration des domaines nommera aussi un expert; le troisième sera nommé par le Préfet du Département, les Directeurs se concerteront à cet égard avec ce magistrat; ils veilleront à ce que les experts soient choisis parmi des hommes probes, et dont les connaissances et l'expérience garantissent le succès des opérations et les intérêts du trésor public. Les experts, avant de procéder, prêteront serment devant le tribunal civil. L'acte en sera soumis au droit de timbre, d'enregistrement et de greffe, puisque la loi ne l'excepte pas de ces formalités : elle n'indique pas non plus qu'il acquittera les frais d'expertise, mais comme l'art. 16 de celle du 14 vent. 7, mettait les frais d'évaluation à la charge de l'engagiste ou échangiste soumissionnaire, il en doit être de même pour l'engagiste ou échangiste qui est appelé à recevoir une indemnité. *Instr.* 221.

34. L'art. 3 veut que les experts procèdent, *dans le mois de leur nomination*, à la vue des titres, mémoires et renseignemens qui leur seront respectivement remis. Ce sera aux parties, aux Agens forestiers et aux Préposés de l'Administration des domaines à les aider des pièces et documens que chacun d'eux pourrait avoir en sa possession. *Idem.*

35. Il sera surtout important de veiller à ce que les améliorations ne soient estimées que *jusqu'à concurrence de la valeur dont les biens se trouvent augmentés* par les semis, plantations, etc. Les baux, les procès-verbaux de vente des coupes des exercices antérieurs, rapprochés des actes de visites et reconnaissance des bois, lors de l'entrée en jouissance, pourront servir à établir l'excédent de valeur dû aux améliorations. *Idem.*

36. Les dégradations provenant des aménagemens irréguliers, de l'anticipation des coupes et exploitation des bois qui ne faisaient pas partie des fruits ordinaires et coupes réglées, seront également constatées. Ces objets paraissent être principalement du ressort des Agens forestiers; mais les Préposés s'empresseront de les seconder, ainsi que les experts, en leur fournissant les notes, états et renseignemens qu'ils auront par devers eux. *Idem.*

37. La loi a fixé à trois mois le terme pour le dépôt des titres et la nomination des experts, et n'a accordé à ceux-ci que le délai d'un mois pour terminer leurs opérations. V. *l'instr.* 224 *et l'art. suivant.*

38. Biens d'émigrés provenant d'engagement. Ceux qui avaient été cédés à la caisse d'amortissement, et dont la remise doit être faite aux anciens propriétaires, sont soumis aux mêmes règles que les autres biens engagés (En conséquence la loi du 11 pluv. 12, et le §. 2 de l'art. 15 de la loi du 14 vent 7, sont rapportés à leur égard). Cette mesure est étendue aux bois au-dessus de 150 hectares, et aux terrains enclavés dans les forêts domaniales, ou à 715 mètres de distance, quelqu'en soit le propriétaire. *Loi du* 28 *avril* 1816, *art.* 116, *Instr.* 720.

Bois échangés, *d'une contenance au-dessus de* 150 *hectares.* La loi du 15 mai 1818, porte, *art.* 1.er « Les dispositions de l'art. 116 de la loi du 28 avril 1816, concernant les engagistes, sont déclarées communes aux échangistes de forêts, au-dessus de 150 hectares, dont les échanges n'étaient pas consommés avant le 1.er janv. 1789.

» Lesdits échangistes seront, en conséquence, admis à faire les déclarations et soumissions prescrites par la loi du 14 vent. 7, dans le délai de trois mois, à compter de la publication de la présente loi; et en payant le quart de la valeur des biens qu'ils ont reçus en échanges, suivant le mode déterminé par cette loi, ils seront déclarés propriétaires incommutables.

» Néanmoins, les échangistes pour lesquels il a été fait des évaluations, conformément à l'édit du mois d'oct. 1711, quoique non suivies de l'enregistrement et de lettres de ratification, ne seront tenus, pour être maintenus dans leur possession, que de payer la soulte résultant des évaluations, si les biens par eux donnés en contre-échange ont été vendus par l'Etat.

» Les Employés doivent concourir à l'exécution de ces nouvelles dispositions. » *Instr.* 838.

Domaines engagés en général ; Une loi du 12 mars 1820, relative à la libération des concessionnaires engagistes ou échangistes, contient ce qui suit :

Art. 7. L'Admin. des domaines fera signifier aux propriétaires détenteurs de domaines provenant de l'Etat à titre d'engagement, concession ou échange, auxquels seraient applicables les dispositions des lois des 14 vent. 7, 28 avril 1816 et 15 mai 1818, et qui n'y auraient pas satisfait, qu'ils aient à se conformer auxdites lois, relativement aux domaines engagés ou échangés dont ils seraient actuellement en possession.

Art. 8. A l'égard des domaines provenant d'engagement ou d'échanges, restant à remettre aux anciens propriétaires en exécution des lois des 5 déc. 1814, 28 avril 1816 et 15 mai 1818, dont l'origine domaniale sera connue, l'Administration des domaines fera ses réserves dans l'acte de remise, et elle imposera aux propriétaires l'obligation de se conformer aux dispositions de la loi du 14 vent. 7.

Art. 9. *A l'expiration de* 30 *années, à compter de la publication de la loi du* 14 *vent.* 7, les domaines provenant de l'Etat, cédés à titre d'engagement ou d'échange, antérieurement à la loi du 1.er déc. 1790, autres que ceux pour lesquels auraient été faites, *ou seraient faites jusqu'à l'expiration desdites trente années,* les significations et réserves réglées aux art. ci-dessus 7 et 8, sont déclarés propriétés incommutables entre les mains des possesseurs actuels, sans distinction de ceux qui se seraient conformés ou non aux dispositions des lois des 14 vent. 7, 12 pluv. 12, 28 avril 1816 et 15 mai 1818.

» En conséquence les possesseurs actuels desdits biens, engagistes, échangistes ou concessionnaires, ou leurs représentans, seront quittes et libérés par l'effet seul de la présente loi, et sans qu'ils puissent être tenus de fournir aucune justification, sous prétexte que lesdits biens proviendraient d'engagemens, d'échanges ou de concessions, avant ou depuis le mois de février 1566, avec ou sans clause de retour.

Art. 10. Le Min. des finan. fera imprimer et distribuer aux Chambres l'état des biens engagés qui sont à la connaissance de l'Administration des domaines, avec les noms des détenteurs. *Instr.* 925.

41. Aux termes des art. 7 et 8, l'Administration doit faire signifier aux propriétaires détenteurs de domaine de l'Etat, à titre d'engagement, de concession ou d'échange, de se conformer aux dispositions des lois des 14 vent. 7, 28 avril 1816 et 15 mai 1818, qui leur seraient applicables. L'administration est également tenue, lors de la remise des biens de l'espèce, en vertu de la loi du 5 déc. 1814, de faire ses réserves dans l'acte, et d'imposer aux anciens propriétaires l'obligation de remplir les formalités auxquelles ils sont assujétis. *Idem.*

42. Enfin, l'art. 9 déclare propriétés incommutables entre les mains des possesseurs actuels, tous domaines de l'État provenant de concession, d'échange ou d'engagement, pour lesquels les significations et réserves réglées par les art. 7 et 8, n'auraient pas été faites dans les 30 ans, à partir de la publication de la loi du 14 vent. 7. *Idem.*

43. Le Directeur général ne doute pas que l'activité des Préposés des domaines ne devance ce délai, et que toutes les opérations ne soient terminées avant qu'il soit expiré. Il convient donc de faire, sans aucun retard, dans les dépôts publics, la recherche des titres propres à établir les droits de l'État. *Idem.*

44. Les Directeurs rendront compte au Directeur général des vérifications qui leur paraîtraient devoir être faites dans les archives de leur département, et proposeront leurs vues sur les moyens d'en assurer le succès. *Idem.*

45. Aussitôt qu'une découverte aura été constatée, le Directeur, d'après les renseignemens qui lui auront été fournis, en consignera l'objet sur son sommier des domaines engagés, et enverra immédiatement une copie de cet article au Directeur général, avec les détails et les observations convenables. *Instr.* 925.

46. DOMAINES EXCEPTÉS DU RACHAT. La vente d'un bois provenant du domaine de la couronne, faite à la charge par l'acquéreur de le couper, d'en défricher le sol et de le convertir en nature de pré fauchable, est porté dans l'exception de l'art. 5, §. 3 de la loi du 14 vent. 7. *Arr. de cass., du* 10 *fév.* 1808. (*Art.* 3631, *j.*)

47. Un terrain au-dessous de cinq hectares, quoiqu'il fît autrefois partie d'un domaine d'une contenance supérieure, est dans le cas de l'exception. *Déc. min. fin.*, *du* 23 *flor.* 11.

48. Pour se déterminer sur l'exception, c'est à l'état où le bien se trouvait lors de la concession primitive, qu'il faut se fixer; en sorte que si ce bien, à cette époque, consistait en terrains épars et vagues au-dessous de cinq hectares, ou en bâtimens en ruines, il serait dans le cas de l'exception, quels que fussent son état et sa valeur actuels. *Arr. de cass.*, *du* 21 *déc.* 1813.

49. Ainsi le terrain au-dessous de 5 hectares n'est pas susceptible de rachat, mais si, pour la concession, une rente a été créée, le détenteur doit continuer à la payer. *Déc. min. fin.*, *du* 30 *janv.* 1809.

50. Les concessionnaires de cours et prises d'eau, canaux et filets d'irrigation, dérivés des torrens et rivières (ne faisant pas partie de biens ruraux) et autres que les canaux servant à la navigation, ne sont point atteints; mais si les engagemens comprennent à la fois des cours et prises d'eau avec des *biens ruraux* dont ils fassent partie, ils sont soumis à cette loi. *Décr. du* 11 *déc.* 1808.

51. Le bien acquis par Louis XVI, en 1783, de ses deniers personnels, qu'il revendit à titre lucratif en 1789, n'est pas un domaine engagé. *Arrêté du Préfet de Seine-et-Oise, du* 11 *mai* 1810, *confirmé par dec. du min. des fin., du* 4 *août suivant.*

52. RECHERCHE DES ACTES D'ENGAGEMENS. Les moyens de découvrir les domaines engagés sont détaillés dans la circ. 1876.

53. Pour faire l'application de l'ordonn. du Roi du 21 août 1816, concernant la découverte et les révélations des biens et rentes soustraits aux recherches, V. *les instr.* 740 *et* 806.

54. On doit s'assurer si l'on n'a pas qualifié d'échange, des domaines qui, de chaque part, étaient tenus en engagement, cas où il n'y aurait pas eu réellement d'échange, puisque cette convention suppose d'un côté un bien de particulier; il convient de vérifier, d'ailleurs, si l'engagiste qui n'a eu qu'une jouissance limitée, n'a pas fait une concession plus longue que celle qu'il avait lui-même, parce que n'ayant pu excéder son droit, il y aurait lieu de rentrer dans le bien. *Sol. du* 8 *avril* 1806.

55. L'exception portée dans la loi du 14 ventôse 7, n'est pas applicable aux six arpens de terrain sur lesquels se trouvaient (lors de la vente de 1749 par M. le duc d'Orléans, seigneur engagiste) des forges, fourneaux, usines, étangs et jardins, bien que ce terrain ait été vain et vague, antérieurement à cet accensement. *Arr. de cass. du* 15 *mars* 1820. (*Art.* 6679, *j.*)

56. Il n'y a aucune recherche à faire, lorsqu'un titre *antérieur* à 1566, ne fait mention, ni de *réserve de rachat*, ni de clause de retour. *Instr.* 583.

57. DÉCLARATION ET SOUMISSION. — En même tems que les engagistes ou les échangistes fournissent leur soumission, ils doivent nommer un expert, pour estimer les biens. — La soumission serait nulle, si elle ne portait pas sur la totalité des biens déclarés. Lorsque l'engagiste, qui a fait sa déclaration et soumission, n'a pas payé le quart dans le délai fixé, il est considéré comme s'il n'avait fait ni déclaration, ni soumission, et on doit l'actionner en dépossession, en lui faisant signifier, dans le mois, copie des titres qui établissent les droits de l'Etat, avec les interpellations ordonnées par l'art. 22 de la loi du 14 vent. 7. *Circ.* 1531, 2015 *et instr.* 43.

58. Les modèles d'obligation à souscrire par les soumissionnaires et acquéreurs de domaines engagés pour le montant des deux tiers du quart de la valeur des biens, figurent à la suite de la circ. 1649.

59. Pour vérifier si un engagiste est exempt de four-

nir les déclarations et soumissions exigées par la loi du 14 vent. 7, on doit avoir égard à l'état des lieux lors de la concession. La décision d'une Cour qui établit en fait que le terrain dont il s'agit est compris dans l'exception posée dans la loi du 14 vent. 7, ne donne aucune prise à cassation. *Arr. de cass. du 27 déc.* 1813. (*Art.* 4762, *j.*)

60. Expertise. Les experts doivent procéder à l'expertise dans le mois de leur nomination. Les Employés doivent les aider des titres qu'ils auraient. *Instr.* 221 *et* 224.

61. L'estimation des terrains doit être basée sur la valeur actuelle du bien, quelles que soient les améliorations et constructions que l'on aurait faites depuis le titre d'engagement; lorsqu'on a omis ces améliorations, l'opération doit être rectifiée par une nouvelle expertise. *Décr. des* 19 *août* 1813 *et* 6 *janvier* 1814. (*Art.* 4733, *j.*) V. ci-après, n.° 64.

62. Estimation des bois. — La valeur des bois engagés doit être réglée conformément à l'art. 16 de la loi du 14 vent. 7, par trois experts nommés, l'un par l'engagiste, le second par le Directeur des domaines, et le troisième par le Préfet du département. — Le concours des agens forestiers ayant paru nécessaire, le Directeur choisira un expert dans les trois Employés qui lui seront désignés par le Conservateur ou par l'Inspecteur principal. *Instr.* 753.

63. On n'estime les améliorations que jusqu'à concurrence de la valeur dont les bois se trouvent augmentés par semis, plantations, etc. *Circ. du* 19 *mess.* 13. — Pour l'estimation des biens échangés, V. *l'instruction* 224; *et ci-devant, n.os* 60 *et* 61.

64. On doit former deux prix, l'un du quart de la valeur des bois, non compris la futaie, l'autre de la totalité de la valeur des futaies, à l'effet, par l'engagiste, de payer d'une part, le quart de la valeur estimative du sol et du taillis; et, en second lieu, la totalité de la valeur estimative des futaies. *Circ. du* 19 *mess.* 13, *avis du comité des fin. du* 16 *août* 1817, *approuvé par le min. le* 2 *sept. suivant.* V. *Circ.* 1551 *et instr.* 221, 224 *et* 259.

65. Arrêtés du Préfet pour fixer la liquidation du rachat. Immédiatement après que les experts ont remis leur rapport à la préfecture, le Préfet fixe, par un arrêté, la valeur estimative des biens engagés, et c'est le quart de cette estimation que le détenteur est tenu d'acquitter au bureau des domaines, un tiers comptant, un tiers deux mois après, et le dernier tiers quatre mois après l'expiration du premier terme; le tout avec intérêt de 5 p. 100, à compter du jour de l'arrêté du Préfet, etc. *Circ.* 1531.

66. Avant de provoquer un arrêté de liquidation du rachat d'un bois, le Directeur doit envoyer le procès-verbal des experts, avec ses observations et son avis, à M. le Directeur général, pour être autorisé à demander cet arrêté qui fixera le rachat et ordonnera le paiement. *Lettre de la division des décomptes du* 23 *mars* 1820.

67. Les Préfets doivent rappeler dans les arrêtés, par lesquels ils déclarent propriétaires incommutables, les engagistes qui ont fourni leur soumission, l'obligation qui leur est imposée de continuer de servir les rentes auxquelles ils peuvent être assujétis par leur titre. *Circ.* 1978. V. *rentes d'engagement.*

68. Les arrêtés définitifs, qui ont pour objet de déclarer les engagistes propriétaires incommutables, n'opèrent que le droit fixe d'un fr. *Instr.* 290.

69. Rentes relatives aux domaines engagés. Les détenteurs qui ont payé le quart de la valeur des biens engagés ne sont pas tenus au service des rentes stipulées par le titre de concession. *Circ. du* 7 *brum.* 14.

70. Mais les arrérages des rentes d'engagemens payés avant cet avis du Conseil d'Etat ne sont pas restituables. *Décr. du* 23 *juin* 1806. *Circ.* du 11 *juillet* 1806.

71. La rente sur le domaine engagé, s'éteint par le rachat; mais les arrérages doivent être payés jusque-là. *Arr. de cass. du* 16 *août* 1809.

72. Le rachat, par le paiement du quart, ne dispense pas de servir les rentes ou redevances dont les biens se trouvent grevés, au profit des particuliers. *Décr. du* 4 *juin* 1809.

73. Le cessionnaire d'une rente d'engagement qui ne peut en conserver la jouissance, est autorisé à s'en faire transférer une autre en remplacement, ou à se faire rembourser le montant de sa rescription au cours. *Circ. du* 29 *frim.* 14.

74. Le transfert d'une rente d'engagement ne peut dispenser du paiement du quart qui était grevé de cette rente, sauf à rembourser le cessionnaire de la rente de la somme qu'il aurait déboursée pour raison du transfert. *Lettre de l'Administration*, *du* 13 *sept.* 1811.

75. Les rentes mêlées de cens et emportant lods et ventes aux mutations, sont supprimées. *Instr.* 735. V. *rentes d'engagement*, *n.°* 65.

76. Déchéances des engagistes ou échangistes. La loi du 11 pluv. 12, avait fixé à trois mois le terme du dépôt des titres, à peine d'être dépossédé par les agens forestiers; si l'engagiste ou l'échangiste a produit ses titres, et qu'il y ait expertise, il ne peut être dépossédé qu'après qu'il a reçu l'avis de la liquidation de son indemnité, etc.; *Instr.* 224.

77. Un engagiste à qui la jouissance a été assurée pour 30 ans, par arrêt du 1.er janvier 1775, et qui n'a pas fait, dans le délai fixé, les déclarations et soumissions prescrites par la loi du 14 vent. 7, doit être dépossédé. *Avis du Conseil d'Etat du* 16 *oct.* 1810, *approuvé le* 27 *oct.* 1811.

78. Lorsque l'engagiste qui a fait sa déclaration et soumission n'a pas payé le quart dans le délai fixé, il est considéré comme s'il n'avait fait ni déclararation ni soumission, et on doit le poursuivre en dépossession. *Instr.* 43.

79. Les engagistes déchus ne peuvent plus être admis à souscrire des obligations, à moins qu'on ne les relève de la déchéance. *Instr.* 261.

80. Lorsque l'engagiste se présente pour être relevé de la déchéance, le Directeur doit faire connaître à l'Administration si les arrérages de la rente d'engagement sont payés exactement, et si des mesures ont été prises pour parvenir à la dépossession. *Lettre de l'Administration*, *du* 29 *juillet* 1808.

81. L'engagiste qui, après avoir été relevé de la déchéance et fait sa soumission en rachat du quart, refuse ou diffère de nommer son expert ou de la réaliser, perd le bénéfice du relevé de déchéance. *Lettre de la division des décomptes du* 10 *nov.* 1819.

82. L'engagiste qui a payé le quart du prix des biens qui lui furent concédés à titre d'engagement et dont il en avait aliéné une partie, n'est pas pour cela autorisé à évincer ses concessionnaires; ils sont seulement tenus de contribuer à la charge du quart dans la proportion de ce qu'ils possèdent (si le cédant n'est pas obligé envers eux à la garantie). *Déc. min. fin. du* 5 *mai* 1806.

83. Ventes de domaines engagés. Les adjudications des domaines engagés doivent être faites conformément aux lois subsistantes. *Circ.* 1548.

84. Après la remise du rapport des experts, les biens doivent être mis en vente par affiches et aux enchères, Sur le prix de la vente; la loi n'attribue d'abord au trésor que le quart de la valeur estimative des biens. — C'est l'acquéreur qui doit payer directement à l'engagiste le montant de ses indemnités. *Circ.* 1531.

85. Le mode de l'aliénation des biens concédés à vie ou par baux emphytéotiques, est indiqué dans l'instr. 331.

86. Il a été sursis à la vente des îles, îlots et attérissemens d'après la circ. du 9 avril 1807.

87. La mise à prix est fixée à vingt années de revenu pour les biens ruraux, et à douze années pour les maisons, bâtimens et usines; les Directeurs doivent faire passer aux Receveurs de la situation des biens, des copies des arrêtés portant liquidation des sommes à restituer par les détenteurs; *instr.* 465.

88. Il y a lieu, pour la liquidation du droit d'enregistrement, d'ajouter au prix principal d'une vente de biens originairement engagés par l'Etat, la redevance imposée au détenteur, pour être maintenu, conformément à la loi du 14 vent. 7, bien que le vendeur prétende que cette redevance est féodale. *Arr. de cass. du* 25 *avril* 1810. (*Art.* 3644, *j.*)

89. Recouvrement. — Le Receveur des domaines du chef-lieu doit se procurer une expédition de tous les arrêtés du Préfet, et en consigner extrait sur un sommier de compte ouvert, afin de faire effectuer à tems le premier paiement, etc. *Circ.* 1531, *instr.* 261.

90. La recette des revenus à restituer par les détenteurs des domaines engagés, doit être faite par les Receveurs de la situation des biens. *Instr.* 465.

91. Aucune poursuite ne peut être exercée pour biens prétendus appartenir à l'État, qu'en vertu de titres constatant la domanialité de ces biens, d'une date *postérieure* à la publication de l'édit de février 1566, ou *antérieure* à ladite publication, si les titres contenaient clause de *retour*, ou réserve de *rachat*, le tout sauf les exceptions portées par la loi. *Instr.* 583.

92. Lorsque l'estimation du quart payé est reconnue insuffisante, et qu'on a procédé à une autre, dont il résulte un supplément, si le débiteur est insolvable et a vendu le bien, on doit décerner contrainte contre lui, et le dénoncer à son acquéreur, avec déclaration qu'à défaut de paiement dans le mois, la déchéance sera prononcée par le Préfet. *Déc. min. fin. du* 25 *mai* 1809.

93. Le restant dû sur le prix des adjudications, a dû être versé aux caisses du domaine, dans le mois de la publication du décret du 23 janvier 1806. *Instruction* 304.

94. La quittance du paiement du quart de la valeur des domaines engagés, doit être enregistrée dans les trois mois. — Le Receveur qui la délivre doit en prévenir le Receveur de l'Enregistrement de la situation des biens. — L'arrêté qui déclare l'engagiste propriétaire incommutable, n'opère que le droit fixe. *Instr.* 290.

95. Contestation sur les domaines engagés. Les tribunaux ordinaires doivent connaître des questions de propriétés relatives aux domaines engagés, et des contestations sur l'exécution de la loi du 14 vent. 7, décrets des 4 juin 1809 et 16 oct. 1813. *Ordonn. du Roi des* 13 *janv. et* 18 *mars* 1816. V. *instances, n.°* 18.

96. Les dispositions de la loi du 14 vent. 7, ne s'appliquent pas aux lais et relais de la mer, aux îles et îlots. L'Administration ne peut s'occuper que des réclamations particulières, soit des concessionnaires actuels des îles et îlots, soit des personnes qui désirent en obtenir la concession ou la vente. *Déc. min. fin., du* 27 *mai* 1813. (*Art.* 4524.) V. ci-devant, n.os 22 et 59.

97. La loi du 14 vent. an 7, maintient implicitement les sous-aliénations, lorsqu'elle a maintenu l'engagiste principal. Les contestations élevées entre l'engagiste principal et les sous-aliénataires, sont de la compétence des Tribunaux. *Ordonn. du Roi, du* 3 *fév.* 1819. (*Art.* 6630, *j.*)

98. Lorsqu'il existe un procès entre une commune et un engagiste, sur la propriété de biens concédés à celui-ci, le délai pour faire la déclaration et la soumission, ne court qu'à dater du jugement définitif qui a confirmé la possession. *Circ.* 1531. V. *Compétence.*

99. On a dû fournir un état des domaines et des biens engagés ou échangés, existant au 1.er sept. 1820, d'après le modèle annexé à l'instr. 950.

100. M. l'Hoyer, administrateur de la 6.e division, rue Jacob, n.° 3, est chargé de la suite des domaines engagés. *Instr.* 970.

DOMAINES *congéables* sont des biens tenus en bretache à des conditions singulières. V. *à l'enregistrement, domaine et succession*

DOMAINES *des Princes.* Les biens particuliers des princes qui parviennent à la couronne, sont de plein droit, et à l'instant même, réunis au domaine de d'État à perpétuité. *Instr. du* 31 *déc.* 1816.

DOMAINE *de l'ancien Sénat.* Les biens qui ont été affectés à la dotation du Sénat et aux 31 Sénatoreries par le Sénatus-Consulte du 14 niv. 11, sont désignés dans l'instr. générale 177.

DOMICILE. V. ce mot, à l'*Enregistrement.*

DOMMAGES et intérêts; c'est le désintéressement, l'indemnité, ou le dédommagement accordé à ceux qui ont souffert quelque dommage ou perte. C'est le gain qu'on a manqué de faire, et la perte qu'on a soufferte par le fait d'autrui. V. ce mot, à l'*Enregistrement.*

DOT *des ex-religieuses.* — L'Administration est autorisée à demander le paiement des arrérages échus des rentes viagères créées au profit *d'un monastère* et constituées en dot à des religieuses, lors de leur entrée en religion, si ces religieuses sont décédées sans avoir renoncé à leur pension de retraite. *Arr. de cass. du* 13 *juin* 1810. (*Art.* 3665, *j.*)

DROITS DOMANIAUX. Les uns étaient les droits d'aubaine et bâtardise, supprimés par la loi du 25 août 1792; les autres, ceux d'épave, confiscation et déshérence. Ils appartenaient tous au chef de l'Etat, ou comme Souverain, ou comme haut-justicier. V. *ces différens mots.*

DROITS *seigneuriaux ou féodaux* étaient les profits, tant ordinaires que casuels des fiefs; tels que les cens et rentes seigneuriales; les droits de quint, requint, lods et ventes, treizième, rachat, reliefs et autres droits de cette nature, supprimés. V. *Terrier.*

DROITS *d'usages.* Ceux qui avaient, dans les forêts de l'Etat des droits d'usages, non maintenus par arrêté du Conseil, doivent produire leurs titres de jouissance. *Loi du* 28 *vent.* II.

La révision des jugemens arbitraux qui attribuent des droits de propriété et d'usage dans les forêts de l'Etat, a été ordonnée par la loi du II germinal II. — La révision n'a lieu qu'à l'égard des bois originairement domaniaux. *Arr. de cass. du* II *fév.* 1808. V. *Usages.*

DOUBLEMENT est une enchère au-dessus de celle qui se fait par tiercement. V. *Tiercement.*

EAUX. La propriété des mers de France, leurs bords, rivages, ports, rades, hâvres, golfes et détroits, des fleuves et rivières navigables, et de celles qui y sont affluentes, appartiennent à l'Etat. V. *îles, îlots.*

EAUX ET FORETS. V. *administration des forêts.*

EAUX *minérales.* Le produit des sources d'eaux minérales qui appartiennent à l'Etat, est affecté aux frais de leur entretien; le prix des baux est reçu par le Receveur des hospices du chef-lieu de préfecture; l'excédant de recettes est versé dans la caisse d'amortissement; le tout à la diligence des préposés du domaine. — Les droits des communes à la propriété des eaux minérales sont réglés devant le Conseil de Préfecture, en cas de contestation, etc. *Instr.* 140.

ECHANGE est un acte par lequel on acquiert une chose au moyen d'une autre.

Les actes portant consommation d'échange entre le Gouvernement et des particuliers, de portions de terrain dépendant du domaine royal, se passent devant le Préfet. *Déc. min. fin. du* 1.er *déc.* 1812. (*Art.* 4389, *j.*) V. *domaine engagé, légion-d'honneur*; et à l'*Enregistrement, échange, répertoire.*

ECHANGISTES *de bois de l'Etat.* V. *domaine engagé.*

ECHENILLAGE. Lorsque le Préfet l'a jugé nécessaire, le Receveur des domaines doit faire procéder, avec le plus d'économie possible, à l'échenillage des arbres, arbustes, qui existent dans les propriétés domaniales régies par l'Administration. *Circ.* 874.

EDIFICES *de l'Etat.* V. *bâtimens de l'Etat.*

EFFETS *militaires.* V. *mobilier militaire ou de la marine.*

EFFETS *des condamnés, déposés au Greffe.* V. *mobilier de l'Etat.*

EFFETS *des militaires décédés dans les hôpitaux ou les prisons.* Les ventes de ces effets sont faites par les commissaires des guerres. *Instr.* 391.

L'Administration n'est plus chargée de la recette du prix de ces ventes. *Instr.* 670.

EGLISES. V. *fabriques.*

EMIGRÉS.

1. L'Administration n'était pas tenue de justifier de l'existence des émigrés, pour réclamer les arrérages des rentes viagères qui leur étaient dues. *Cour de Caen, du* 8 *août* 1810. (*Art.* 3812, *j.*) — V. *instr.* 507.

2. L'usufruitier d'un domaine étant émigré, la nation a dû jouir de l'usufruit qui reposait sur sa tête, tant que l'émigré n'a pas été rayé ou amnistié, ou que des jugemens ou arrêtés ne l'ont pas dépossédé, et ce encore qu'on rapportât la preuve du décès de l'usufruitier arrivé long-tems avant. *Décr. du* 17 *avril* 1812. (*Art.* 4271, *j.*) Pour la restitution des biens aux émigrés, V. *restitution.*

EMPHYTHÉOSE, est un bail à longues années d'un héritage, à la charge de le cultiver et améliorer; ou d'un fonds, à la charge d'y bâtir, et moyennant une redevance annuelle, et quelquefois une somme payable comptant. Le détenteur à titre d'emphytéose ne peut pas, et ne pouvait même pas autrefois prescrire le fonds, parce qu'on ne peut changer la cause de sa possession. *Arr. du Grand-Conseil du* 21 *août* 1734.

1. Les contributions imposées sur les propriétés tenues à bail emphytéotique, doivent être à la charge de l'emphytéote, lors même qu'il n'a point été astreint expressément à ce paiement par l'acte de bail; l'emphytéote est autorisé à la retenue du cinquième sur le montant de la redevance, pour représenter la contribution due par le bailleur, à moins que le contraire n'ait été expressément stipulé. *Avis du Conseil d'Etat du* 21 *janv.* 1809, *approuvé le* 2 *févr. suiv.*

2. La retenue du cinquième ne doit être de cette quotité que pour les années pendant lesquelles elle a été ainsi réglée par les lois. *Instr.* 421.

ENCHÈRE, est une offre au-dessus du prix offert par un autre; on appelle aussi enchère toute mise à prix, même celle qui est faite la première, pour des biens à affermer ou à vendre. V. *adjudication, aliénation.*

ENGAGEMENT *d'immeuble.* V. ce mot, à l'*Enregistrement.*

ENGAGEMENT *du domaine de la couronne.* V. *domaine engagé.*

ENGAGISTES *des domaines du Roi*, sont ceux qui possèdent, à titre d'*engagement*, des biens dépendans du domaine de la couronne; ils jouissent des fruits et revenus naturels ou civils des biens qui leur sont engagés. *Edit du mois de mars* 1695.

La jouissance des *droits d'échange* a été attribuée aux engagistes, dans l'étendue des domaines à eux engagés. *Déclaration du 4 sept.* 1696. V. *domaine engagé.*

EPAVE. Ce qui est trouvé sans maître sur le sol d'un terrain quelconque, et sur la surface des eaux.

1. Tout objet mobilier resté sans maître, est une épave; les biens vacans sont attribués au fisc. *Loi du 1.er déc.* 1790, *art.* 539 *et* 713 *du C. C.* Aussi un avis du Comité des finances, du 1.er déc. 1820, appr. par le Ministre le 5 janv. suiv., a-t-il établi qu'une balle de laine restée sur un champ de foire, et trouvée par le sieur Froccard, serait gardée en séquestre par la Régie des domaines, pour ne s'en dessaisir que dans le cas où le véritable propriétaire se présenterait, ou qu'un jugement du Tribunal attribuerait l'objet trouvé à l'inventeur. (*Art.* 6895, *j.*) — V. *biens vacans, déshérence.*

2. Après un vol commis, un sac d'argent abandonné et trouvé sur la fenêtre extérieure d'une maison, n'est point une épave, lorsqu'il est réclamé par la personne qui a été volée. *Cour de Douai, du* 10 *juin* 1816.

3. Un diamant trouvé dans le lit de la rivière de la Seine par *Guenemond*, et non réclamé, est une épave. La vente en a été faite, et le prix distribué, un tiers au Receveur général du domaine, un tiers audit Guenemond, et l'autre tiers aux orfèvres qui avaient retenu le diamant. *Arr. du Parlement de Paris, du* 29 *mai* 1743.

4. Les objets confiés aux entrepreneurs de roulages ou de messageries, par terre ou par eau, doivent être vendus au profit de l'Etat, lorsqu'ils ne sont pas réclamés dans le délai de six mois, à dater du jour de l'arrivée au lieu de leur destination, à la diligence des Préposés de la Régie de l'Enregistrement. *Décr. du* 13 *août* 1810.

5. Les formalités préalables à ces ventes d'objets, sont indiquées dans ce même décret contenu dans l'instr. 493, qui trace aux Receveurs la marche qu'ils ont à suivre pour l'insertion au journal, le paiement des frais, le tableau à établir à cet effet sur les dernières feuilles du sommier des épaves, les vérifications qu'ils ont à faire des registres des entrepreneurs de roulage et messageries, et le compte à rendre de ces vérifications par les Receveurs, dans leurs précis d'opérations, et par les Employés supérieurs, par leurs journaux de travail.

6. Les effets non réclamés qui se trouvent dans les bureaux *des Messageries rue Notre-Dame-des-Victoires*, établis dans les départemens, sont transportés à Paris au bureau général de l'entreprise, où ils sont vendus à la requête de l'Administration des domaines. *Circ. du* 10 mai 1811.

7. Les commissaires nommés par les Préfets pour procéder à l'apposition des scellés, n'ont pas le droit d'intervenir à l'inventaire et aux opérations concernant les ventes d'effets confiés aux messageries et non réclamés au tems utile. *Déc. min. fin.*, *du* 8 *avril* 1812. (*Art.* 4298., *j.*).

8. Ceux qui dénoncent les épaves ont une portion de leur valeur. Les dénonciateurs doivent acquitter d'avance les frais de recherche et de fouilles. *Circ.* 1524.

9. Il faut rappeler à la marge de l'enregistrement des épaves, le numéro du sommier des découvertes, avec mention dans l'enregistrement des procès-verbaux d'adjudication. — L'Inspecteur qui contrôle les recettes, doit examiner ces procès-verbaux. (*Art.* 46 *et* 191 *des Ordres génér.*)

EPAVES *maritimes*, sont tous les effets que la mer pousse et jète à terre, et qui n'appartiennent à aucun légitime propriétaire connu. C'est généralement tout ce que la mer jète sur ses bords, soit de son cru, soit qu'il vienne de bris et naufrages.

ESPAGNOLS. Le revenu des biens situés en France, qui avaient été séquestrés ou confisqués sur des Espagnols, a été attribué au domaine extraordinaire, pendant que l'Administration fut chargée de les régir, *Circ. du* 26 *juin* 1811.

ETABLISSEMENS *religieux étrangers.* Tous leurs biens situés en France, ont été réunis au domaine de l'Etat, du moment de leur suppression. *Instr.* 492.

ESTIMATION *des bois engagés.* V. *dom. engagé*, n.° 62.

ETAPES. L'Administration n'est plus chargée du paiement des rations de fourrages pour les troupes de toutes armes. *Instr.* 60. V. *billet*, à l'Enregistrement.

EVICTION. Lorsqu'un bien a été vendu deux fois par l'Etat, le premier acquéreur doit être préféré au second; celui-ci est indemnisé par l'Etat, d'après la valeur de l'objet, au moment de l'éviction, mais non d'après le prix de la vente qui lui en a été faite. *Décret du* 23 *nov.* 1813, *art.* 1307 *du C. C.* (*Art.* 4798, *j.*).

EXPERT. Les experts doivent se conformer, dans leur évaluation, aux bases prescrites par la loi, et se procurer les titres propres à diriger leur avis. V. *domaine engagé*, n.os 12, 14, 33, etc.—L'expert est nommé par le Préfet pour estimer les biens de l'Etat mis en vente. Les frais de l'expertise sont à la charge de l'Etat. *Loi du* 16 *oct.* 1791.

EXPERTISE. Relative au *dom. engagé.* V. *ce mot*, n° 60.

EXPROPRIATION *pour cause d'utilité publique.* Le créancier de la valeur d'un bien dont il a été dépossédé pour cause d'utilité publique, peut réclamer le prix et les intérêts à l'Administration des domaines, et poursuivre devant les Tribunaux. *Loi du* 8 *mars* 1810.

C'est au domaine à faire l'avance des indemnités dues à ceux expropriés pour cause d'utilité publique. *Déc. min. fin. du* 30 *juillet* 1813. (*Art.* 5124, *j.*).

FABRIQUES. 1. Leurs biens non aliénés, et les rentes non transférées dont elles jouissaient, ont été rendus à leur destination. *Instr.* 155.

2. Cette restitution a dû comprendre les biens rentrés par déchéance, ainsi que les rentes dont le transfert n'a pas été consommé. *Instr.* 181

3. Les fabriques ont droit à la restitution des différens biens, rentes et fondations chargés de messes et services religieux. *Instr.* 200.

4. Les fondations de messes ou services religieux au profit des curés, vicaires ou chapelains, sont comprises dans la restitution des biens aux fabriques. *Instruction* 217.

5. Les rentes affectées à la caisse d'amortissement

avant l'arrêté du 7 therm. 11, ne sont pas restituables. *Circ. du* 6 *frim.* 13.

6. Les biens et rentes non aliénés, provenant des fabriques des ci-devant chapitres métropolitains et cathédraux, sont attribués aux fabriques des métropoles et cathédrales. *Instr.* 278.

7. Les biens non aliénés et les rentes non transférées des confréries, sont attribués aux fabriques. *Circ. du* 5 *vend.* 14.

8. La circulaire du 5 janvier 1808, a prescrit de faire un état de tous les biens, rentes et créances dont jouissaient les fabriques, curés et desservans.

9. Les biens des fabriques aliénés, *réunis au domaine de l'État par suite de la déchéance des acquéreurs, et encore disponibles*, seront restitués à ces établissemens, nonobstant toutes décisions contraires qui demeureront comme non avenues, à la charge expresse, par ces fabriques, de verser, *dans la caisse du domaine, pour être remis à l'acquéreur déchu, les à-comptes qu'il aurait payés. Instr.* 864.

FERMAGES, produit annuel de la location d'un bien. V. *bail.*

1. Le fermier qui est tenu de la contribution foncière, des charges locales et de diverses faisances, doit en payer la valeur en sus du prix convenu en espèces. *Circ.* 1118.

2. Le Receveur doit suivre avec activité le recouvrement des fermages échus, même par voie de saisie, si les autres diligences sont infructueuses. *Circ.* 1419 *bis*, 1582, 1836 *et* 1955. V. *bâtimens de l'Etat.*

3. Les fermages que des circonstances obligeraient d'estimer par experts, doivent être évalués aux taux où ils seraient portés si l'immeuble était loué à la chaleur des enchères. *Circ.* 1261.

4. Lorsqu'un bâtiment est employé au service direct de l'Etat, il n'y a pas lieu d'en demander de loyer. *Circ.* 678 *et* 1210.

5. Le fermier est garant, pendant 30 ans, des effets qu'il a donnés en paiement de ses fermages. *Arr. de cass. du* 25 *oct.* 1808.

6. Les acquéreurs n'ont droit aux fruits et fermages de biens de l'Etat par eux acquis, qu'à compter de leur entrée en possession et au prorata du tems qui reste à s'écouler jusqu'à la fin de l'année. *Circ.* 761, *et instr.* 74.

7. Pour les cas fortuits et l'indemnité à laquelle a droit le preneur, V. *les art.* 1769 *et suivans du C. C.*

8. Le preneur tenu de supporter tous les cas prévus et imprévus, même *extraordinaires*, a droit à une diminution sur le prix de sa location à raison des dommages occasionnés par le fait de l'homme, et qui détruisent en tout ou partie sa jouissance, surtout s'il est question d'un fait auquel il n'a pu mettre obstacle. *Cour de Turin du* 16 *mars* 1811.

9. Le fermier qui prétend avoir éprouvé dans le cours de son bail des pertes par cas fortuit, sur les productions de sa ferme, n'est admissible à demander une remise de fermage qu'autant qu'il a fait constater le dommage par un procès-verbal légal, au tems de l'événement. *Arr. de cass. du* 25 *mai* 1808.

10. Les fermages et fruits sont partagés entre le domaine et les acquéreurs, d'après le mode arrêté par les Consuls le 2 fruct. 10. *Instr.* 74.

11. Lorsque la vente a été faite sans clause contraire aux lois des 3 flor. 3 et 6 flor. 4, les fermages échus depuis l'entrée en jouissance du fermier, jusqu'à celle fixée dans l'acte pour l'acquéreur appartiennent à l'Etat. *Ordonn.* 25 *févr.* 1815.

12. Lorsque le débiteur de fermages excipe, pour sa libération, des fournitures et travaux faits pour le bailleur; que le bail n'oblige point à anticiper les paiemens, et que, d'un autre côté, on ne donne pas la preuve, en bonne forme, de l'existence de ces fournitures et travaux, on ne doit point les admettre en déduction. *Arr. de cass. du* 4 *juillet* 1808.

PRESCRIPTION DES FERMAGES. V. *prescription.* Pour les *privilèges*, V. *privilège.* Quant aux *contestations* y relatives, V. *compétence.*

FIEF, était un héritage tenu du Roi ou d'un seigneur particulier à foi et hommage, à la charge de la foi, de l'aveu et dénombrement, et autres droits ou devoirs personnels et pécuniers. V. *droits seigneuriaux.*

FOLLE-ENCHÈRE.

1. On ne peut poursuivre, par voie de folle-enchère, contre les acquéreurs de domaines de l'Etat, le paiement des obligations qu'ils n'ont pas acquitté. *Instr.* 54 *et* 161.

2. On ne doit pas non plus procéder par voie de folle-enchère contre les acquéreurs de domaines, en vertu de la loi du 16 brum. 5, et ils ne peuvent être obligés à payer la différence entre la première et la seconde adjudication. *Déc. min. fin.* 31 *mars* 1813. (*Art.* 4628, *j.*)

3. Les acquéreurs qui ont souscrit des obligations peuvent empêcher la revente même après l'insertion dans les affiches, en se libérant en capital, intérêts et frais. *Instr.* 329. V, *adjudication.*

FORTIFICATIONS, V. *hôtel des invalides.*

FOSSÉS. L'entretien de curement et de réparation de fossés des grandes routes est à la charge des propriétaires riverains. Les baux faits à la diligence du Receveur des domaines, obligent les fermiers à cette charge. Quant aux biens non loués, le Directeur doit s'entendre avec le Préfet pour faire les travaux ordonnés par le décret du 16 déc. 1811. *Instr.* 614 *et* 826.

FRAIS *de justice.* Les frais de justice criminelle, au remboursement desquels le contumax a été condamné, doivent être acquittés par la caisse du séquestre, lorsque des recettes ont été faites, ou par le condamné ou ses héritiers, lorsqu'il n'y a pas eu de recettes avant l'envoi en possession provisoire. *Sol. du* 2 *nov.* 1815. (*Art.* 5724,). V. *frais de justice*, à l'enregistrement.

FRAIS *de poursuites et de recouvrement.* V. *poursuites*, à l'enregistrement.

FRANC-ALEU. Se distinguait par le *franc-aleu noble*, qui s'entendait d'une terre qui ne reconnaissait aucun seigneur, à laquelle il y avait justice, censive ou fief. Le *franc-aleu roturier*, exprimait un héritage libre, où il n'y avait ni justice, ni fief, ni censive qui en dépendît, et pour lequel le détenteur ne devait point de droits seigneuriaux.

GLANDÉE. Le recouvrement du montant des adjudications de glandées, est recommandé par l'*instr.* 78.

HALLES. Qui servent à tenir le marché ou la foire.

1. Un décret du 26 mars 1806 autorisa, moyennant une rente, l'abandon aux communes, des halles dont l'Administration des domaines était en possession. *Instr.* 308. V. *abandon*, à l'enregistrement.

2. Les droits de halles, etc., perçus par le Roi sur un sol qui n'était pas sa propriété, et en qualité de Seigneur, sont éteints par la loi du 15 mars 1790. *Décr. du* 16 *mars* 1807.

HOSPICE. Une rente inscrite au sommier du Receveur des domaines, n'a pu être remise à un hospice comme découverte. *Ordonn. du* 18 *avril* 1816. V. *révélation*.

HOTEL *des invalides*. Les revenus des terrains, des places et postes conservés, sont touchés par les Receveurs des domaines. Le versement en est fait aux caisses des Receveurs généraux et particuliers, pour le compte de l'*hôtel des invalides*, sous la déduction d'une remise de 5 p. 100, liquidée sur le produit *brut* de la recette *réelle*; savoir, 2 p. 100 au Receveur, 1 à l'Inspecteur et 2 p. 100 au Directeur. Il est tenu un registre particulier de cette recette. *Instr.* 617. A partir du 1.er janvier 1813, l'Administration de l'enregistrement a cessé de faire la régie des biens dépendans des fortifications. *Idem.*

ILES, ILOTS ainsi que les mers de France, les fleuves, les rivières navigables, etc., comme toutes les choses restées communes entre les hommes après l'établissement de la propriété, font partie du domaine de l'État. *Edit du mois d'avril* 1668.

On a dû former un état de cette espèce de domaine. *Circ.* 14 *août* 1806. — Les concessions d'îles et îlots, lais et relais de la mer, grèves et butteaux ou attérissemens des fleuves, rivières et torrens, ne peuvent avoir lieu que par la voie des enchères. *Déc. min. fin. du* 2 *août* 1820. (*Art.* 6822, *j.*)

INCOMPÉTENCE. V. *compétence*.

INSTANCES *relatives au recouvrement des revenus domaniaux*.

1. Le mode de procéder dans les instances que l'Administration peut avoir à suivre pour toutes les perceptions qui lui sont confiées, est applicable aux instances concernant la perception *des revenus domaniaux*, tels que fermages, rentes ou prix de coupes de bois. *Art.* 17 *de la loi du* 27 *vent.* 9. *Arr. de cass.*, *du* 13 *pluv.* 11. — Il en est de même lorsqu'il s'agit de répétition de fermages de domaines nationaux. *Arr. de cass.*, *du* 5 *mars* 1811. (*Art.* 3842, *j.*)

2. Ainsi l'instruction de ces affaires se fait par mémoires respectivement signifiés, sans plaidoirie, et les parties ne sont point obligées d'employer le ministère des Avoués. *Instr.* 606. V. *Instance*, *à l'enregistrement*.

3. La disposition de la loi de frim., qui interdit *l'appel*, est étrangère aux instances concernant les *domaines* : la loi du 27 vent. 9, qui veut que la forme de procédure soit la même pour les revenus que pour les droits, n'a point ordonné que ces instances seraient de même jugées en premier et dernier ressort. *Instr.* 606.

4. Les affaires ayant pour objet des fermages, loyers, arrérages de rentes, etc., sont en conséquence soumises aux deux degrés de juridiction de première instance et d'appel, toutes les fois que la somme contestée excède 1,000 fr. *Arr. de cass.*, *des* 27 *mai* 1807 et 23 *mars* 1808. *Instr.* 15 *et* 606.

5. Si par son opposition en matière domaniale, le débiteur demande des dommages-intérêts, qui, réunis au montant de la contrainte, soient au-dessus de 1,000 fr., la cause comporte l'appel. *Arr. de cass.*, *du* 31 *mars* 1812.

6. Il en est de même quand la demande est indéterminée. *Arr. de cass.*, *du* 19 *nov.* 1811.

7. Lorsque le condamné, comme solidaire, élève une autre instance à l'effet d'exercer son recours, tant pour le principal que pour les intérêts et dépens du premier jugement, la réunion de ces diverses sommes détermine le premier ou dernier ressort. *Arr. de cass.*, *du* 18 *nov.* 1807.

8. C'est la voie d'appel, et non celle de cassation, qu'il faut employer contre un jugement rendu en première instance, entre la Direction générale des domaines et un particulier, relativement à une vente de bois domaniaux, d'une valeur supérieure à 1,000 fr. *Arr. de cass.*, *du* 16 *avril* 1818.

9. Lorsque dans une instance à deux chefs, dont la valeur excède 1,000 fr., mais dont chacun est au-dessous de 1,000 fr., l'un n'est pas contesté, et qu'il ne s'agit que de statuer sur l'autre, les juges doivent prononcer en premier et dernier ressort. *Arr. de cass. du* 7 *juin* 1810. V. *compétence*, n.° 23.

10. Lorsque le Tribunal prononce en dernier ressort, en matière domaniale, sur une demande de prix de coupe de bois excédant 1,000 fr., il a violé la loi. *Arr. de cass.*, *des* 28 *oct.* 1807, 6, 9 *juillet* 1812 *et* 10 *juillet* 1816.

11. La demande reconventionnelle du défendeur doit être ajoutée à celle du demandeur pour déterminer le degré de compétence. *Arr. de cass.*, *des* 22 *oct. et* 2 *déc.* 1807.

12. On ne doit point former, en appel, de demande non soumise aux premiers juges. *Arr. de cass.*, *du* 16 *fév.* 1816.

13. Une demande afin de paiement d'arrérages d'une rente moindre de 50 fr. doit être jugée en dernier ressort, peu importe sa nature; l'évaluation en est faite d'après les mercuriales, et l'évaluation dans l'exploit en détermine la valeur. *Arr. de cass.*, *du* 23 *juin* 1817.

14. Une saisie-arrêt pour 800 fr., sans préjudice des intérêts, n'est susceptible que d'un degré de juridiction, parce que c'est le montant exprimé dans la saisie qui le détermine. *Cour de Colmar*, *du* 11 *déc.* 1815. *Au surplus* V. à l'enregistrement, *appel*, *jugement*.

15. Un jugement qui, en réservant les droits des parties, ne tend qu'à faciliter la marche de l'instruction, et à mettre le procès en état d'être jugé, ne doit pas être déféré à la Cour royale avant que le jugement définitif ait été rendu; mais tout jugement qui préjuge le fonds et contient une disposition de laquelle résulte un grief irréparable en première instance, est susceptible d'être sur-le-champ attaqué par la voie de l'appel. *Instr.* 606.

16. La fausse énonciation de premier et dernier ressort

dans un jugement, ne peut ni le soustraire ni le soumettre à l'appel. *Art.* 453 *du C. de P. C.*

17. Ainsi l'Administration peut, sans égard à la qualification donnée au jugement, interjeter *appel* de ceux rendus par des juges, qui ne pouvaient prononcer qu'en première instance, et elle doit prendre la voie de *cassation* contre les jugemens relatifs à des matières dont la connaissance en dernier ressort appartient aux premiers juges. *Instr.* 606. V. *acquiescement, compétence, conflit.*

INSTANCES *relatives aux propriétés domaniales.*

18. Le ministère des avoués ne peut être employé dans l'intérêt du Gouvernement, à l'égard des instances en revendication. C'est aux Préfets *chargés de défendre*, à procéder par mémoires, devant les Tribunaux, sur les renseignemens qui leur sont fournis par les Directeurs des domaines, sauf aux parties à se faire assister, si elles le jugent convenables, d'un Avoué pour la rédaction de leurs mémoires, mais sans qu'il puisse y avoir plaidoirie. *Déc. min. fin., du* 27 *août* 1817. V. *domaine engagé, n.os* 22 *et* 95.

19. Le ministère des Avoués est indispensable lorsque dans une affaire contentieuse qui intéresse l'Etat, il s'agit de questions de propriétés mobilières ou immobilières qui doivent être suivies par le Préfet. *Instruction* 606.

20. Le Préfet doit seul attaquer en cassation le jugement qui serait rendu sur une question de propriété de l'Etat. *Circ.* 1820.

21. Lorsqu'un Tribunal de première instance a prononcé sur une affaire domaniale, comme par l'autorité administrative, et que la décision est annulée par une ordonnance qui renvoie devant qui de droit, on se pourvoit en cour d'appel, pour obtenir l'indication d'un autre Tribunal du ressort, lorque les premiers juges étaient ceux devant lesquels on ne pouvait que procéder. *Arr. de cass., du* 8 *sept.* 1807.

INSTANCES *administratives.*

22. Il est fait défense aux Tribunaux de connaître des actes administratifs. *Décr. du* 16 *fruct.* 3.

23. Les Conseils de Préfecture prononcent sur le contentieux des domaines. *Arr. de cass. du* 3 *mars* 1807. *Instr.* 606. V. *compétence administrative.*

24. Le Conseil de Préfecture, pour expliquer un contrat, doit s'en tenir à ses termes. *Ordonn. du* 4 *mars* 1819.

25. Notification des arrêtés. Les arrêtés des Conseils de Préfecture sont des jugemens qu'il faut faire signifier pour faire courir contre la partie adverse le délai du recours au Conseil d'Etat, qui n'est plus recevable après 3 mois de la notification. *Instr.* 542 *et* 606.

26. L'expédition de l'arrêté pris par le Préfet ou le Conseil de Préfecture, que l'on reçoit à la Direction parce qu'il exige des suites, doit être renvoyée aux Receveurs, attendu que pour la faire signifier, cette expédition est indipensable à l'Huissier. *Art.* 65 *du C. de P. C.*

27. Intervention. Une soumission en vertu de la loi du 28 vent. an 4, reçue sous la condition qu'elle aurait son effet, si le bien appartenait à l'Etat, n'autorise pas le soumissionnaire à intervenir dans l'instance sur la question de propriété. *Arr. de cass. du* 24 *janv.* 1815. (*Art.* 5264, *j.*).

28. Opposition. L'arrêté du Conseil de Préfecture peut être attaqué jusqu'à son exécution, par opposition devant la même autorité, s'il est par défaut. *Ordonn. du* 16 *juillet* 1787.

29. On ne peut admettre d'opposition contre l'ordonnance rendue au Conseil d'Etat sur débats, contradictions et productions respectives. *Ordonn. du* 26 *février* 1817.

30. Lorsque le ministre a prononcé comme juge dans une affaire, et qu'une partie n'a pas été entendue, celle-ci doit réclamer auprès de son Excellence par opposition ou tierce opposition, avant qu'elle puisse être admise à se pourvoir devant le Conseil d'Etat. *Ordonn. du* 26 *fév.* 1817. V. *arrêté.*

31. Exécution des arrêts. Le recours au Conseil d'Etat, d'après l'article 3 du 22 juillet 1806, n'ayant point d'effet suspensif, les préposés doivent, malgré l'appel, suivre l'exécution des arrêtés des Conseils de Préfecture, et ne surseoir aux poursuites que sur une demande de surséance justifiée par une décision du Conseil d'Etat, seul compétent pour prononcer à cet égard; quant aux arrêtés pris contre le domaine, les Receveurs, avant de les exécuter, ne négligeront aucune des précautions que l'instruction 389 prescrit pour l'exécution des *jugemens* relatifs à l'Administration, notamment en ce qui concerne les réserves à insérer dans les quittances ou actes de poursuites. *Instruction* 606.

Réformation des arrêts. Même en contentieux administratif, il y a deux degrés de juridiction : il faut d'abord suivre le premier, en s'adressant au Conseil de Préfecture; et ce n'est que lorsque ce Conseil a prononcé en dernier ressort, qu'on peut se pourvoir au Conseil d'Etat, qui autrement ne pourrait pas connaître de l'affaire. *Ordon. du* 8 *janv.* 1817.

33. L'appel des arrêtés des Conseils de Préfecture, doit, en vertu de l'art. 2 du décr. du 23 fév. 1811, être porté directement à la Commission du contentieux près le Conseil d'Etat. *Instr.* 606.

34. Les arrêtés administratifs rendus avant le réglement du 22 juillet 1806, ont pu être attaqués plus de trois mois après les significations. — Pour faire courir ce délai de trois mois porté par ledit réglement, il a fallu une nouvelle signification faite en vertu de ce réglement. *Décr. du* 29 *déc.* 1812. (*Art.* 4425, *j.*)

35. La fin de non-recevoir est acquise, aux termes de l'art. 11 du réglement du 22 juillet 1806, contre le pourvoi exercé plus de trois mois après la signification légale de la décision administrative. *Décr. des* 22 *juin* 1806, 1.er *fév. et* 7 *avril* 1813. *Ordonn. des* 26 *févr.*, 14 *mai*, 25 *juin*, 16 *juillet et* 3 *déc.* 1817, 25 *févr.*, 23 *avril*, 13 *mai et* 26 *août* 1818.

36. La fin de non-recevoir est également acquise lorsque l'ordonnance rendue sur la requête en recours, pour appeler les parties en cause, ne leur a pas été

signifiée dans les trois mois de sa date. *Ordonn. des* 9 *avril et* 21 *mai* 1817.

37. La déchéance n'est pas couverte par la signification d'une autre ordonnance obtenue postérieurement ; celle-ci ne peut préjudicier aux droits acquis en vertu de la première ordonnance. *Ordonn. du* 21 *mai* 1817.

38. L'acte extra-judiciaire par lequel il est déclaré que l'on entend se pourvoir contre une décision administrative, ne peut suspendre le cours du délai du pourvoi, ce qui n'a lieu que par le dépôt de la requête signifiée d'un Avocat. *Ordonn. du* 25 *juin* 1817.

39. Les Directeurs, pour éviter toute déchéance, doivent adresser à l'Administration, sans le moindre retard, les dossiers des affaires pour lesquelles il a été décidé qu'il y a lieu au pourvoi; et s'ils reconnaissent que les arrêtés sont évidemment contraires aux lois, ils joindront les pièces à l'état des *arrêtés en matières domaniales*, afin que l'Administration puisse immédiatement agir auprès du Conseil d'Etat. Il convient de classer les pièces par ordre de dates, et de former un dossier pour chaque affaire. Une expédition en forme de l'arrêté dont la réformation est demandée, doit nécessairement être produite. *Instr.* 606.

40. Un Conseil de Préfecture n'a pas le droit de rapporter, réformer ou modifier ses arrêtés, sur des contestations élevées entre des parties entendues *contradictoirement ;* les arrêtés de l'espèce ne peuvent être modifiés, réformés ou confirmés que par l'autorité supérieure. *Décr. des* 1.er *sept.* 1811, 10 *avril* 1812, 25 *nov.* 1813. (*Art.* 4781, *j.*) *Ordonn. du* 24 *déc.* 1818.

41. Il en est de même, lorsque le Conseil de Préfecture a reconnu son incompétence dans une affaire. *Ordonn. du* 12 *août* 1818.

42. Les Conseils de Préfecture sont également incompétens pour annuler les délibérations des administrations centrales et de département; c'est au Conseil d'État à statuer sur le maintien ou l'annulation de ces actes. *Arr. du Gouv. du* 8 *pluv.* 8. *Instr.* 606.

43. L'appel direct à la Commission du contentieux, étant le seul moyen de recours, il n'y a lieu de soumettre de nouveau l'affaire à l'autorité administrative qui a prononcé en premier ressort, que dans les cas où les parties, s'il s'agissait d'instances judiciaires, pourraient, par voie d'opposition ou de requête civile, reproduire leur demande devant le Tribunal qui aurait déjà jugé. *Instr.* 606.

44. Des chefs de demande non présentés, ni au Préfet, ni au Ministre des finances, ne sont pas admissibles devant le Conseil d'Etat, sorte de juge d'appel. *Ordonn. du* 10 *déc.* 1817.

45. Les arrêtés des Préfets rendus dans les bornes de leur compétence, ne peuvent être attaqués au Conseil d'Etat, qu'après avoir été soumis au Ministre qu'ils concernent. *Décr. du* 11 *nov.* 1813. V. *arrêté*, n.° 8.

46. Ainsi, c'est devant ce Ministre que doit être porté le pourvoi contre un arrêté du Préfet qui prononce la déchéance d'un acquéreur pour défaut de paiement. *Ordonn. des* 25 *juin et* 27 *août* 1817.

47. Lorsqu'une partie retire sa requête en pourvoi administratif, ainsi que les pièces qu'elle avait produites, elle doit être condamnée aux dépens, quoiqu'elle n'ait pas fait signifier de désistement. *Ordonn. des* 25 *juin et* 27 *août* 1817. V. *acquiescement et compétence.*

INTÉRÊTS. V. ce mot, à l'*Enregistrement.*

INVALIDES. V. *hôtel des invalides.*

LÉGION *d'honneur.*

1. Les Préposés de l'Administration de l'enregistrement et des domaines ont dû cesser de concourir à l'administration des biens affectés à la Légion d'honneur. *Circ. des* 4 *et* 10 *vend.* 14.

2. Le délai pour l'enregistrement des baux de leurs biens ne court que du jour de la notification de leur ratification par le grand-chancelier. *Circ. du* 12 *mars* 1806. V. *délai et échange*, à l'enregistrement.

3. Par un décret du 28 février 1809, les biens ruraux de la Légion d'honneur ont été cédés à la caisse d'amortissement en échange d'une inscription sur le grand-livre de la dette publique, et ses forêts ont été réunies au sol forestier du royaume. *Circ. du* 15 *mars* 1809. — Pour les Notices de décès des pensionnaires, membres de la Légion d'honneur, V. *Directeur,* à l'enregistrement.

LISTE CIVILE. V. *Domaine de la couronne.*

MAIN-LEVÉE *de séquestre.* L'autorité administrative ne peut prononcer la main-levée du séquestre des biens d'une succession, lorsque l'héritier qui demande l'envoi en possession ne justifie pas de son état personnel et par conséquent de son droit à l'hérédité. *Déc. du min. des fin. du* 14 *avril* 1813. (*art.* 4648, *j.*) V. *séquestre.*

MAIN-MISE. Prise de possession à titre de séquestre. — La main-mise de fait, part du jour des premiers actes authentiques de régie ou de séquestre, soit que ces actes aient été faits par l'autorité administrative, ou par les Receveurs des domaines. *Instr.* 156.

MARINE. Les Agens de la marine feront marquer les arbres coupés dans une adjudication de coupes de bois de l'Etat, qui seront propres à leur service. Les *Instr.* 808 *et* 897, contiennent des réglemens à cet égard.

MÉMOIRE. Les mémoires pour frais d'arpentage des coupes de bois; ceux pour frais d'estimation, d'affiches et de vente des dom. nationaux, seront présentés au bureau aussitôt que les opérations seront terminées, et que les fournitures auront eu lieu, afin que le paiement puisse être effectué dans le délai prescrit. *Instr.* 919.

MESSAGERIES. La perception des droits sur les messageries et voitures publiques a été distraite de l'Administration des domaines, et attribuée à celle des contributions indirectes, à compter du 1.er vend. 13. *Instr.* 254. Pour les effets non réclamés aux messageries, V. *Epaves.*

MINES. Les redevances fixes et proportionnelles sur les mines sont perçues par les Receveurs des contributions indirectes. *Décr. du* 6 *mai* 1811.

MOBILIER *de l'État.*

1. Les ventes des meubles et effets mobiliers de l'Etat doivent être faites à la chaleur des enchères ; elles doivent être annoncées un mois d'avance, par des affiches, de huitaine en huitaine, dans les lieux accoutumés ; on doit les faire dans les lieux où se trouve le plus grand concours d'acheteurs. *Loi du* 5 *nov.* 1790.

2. Les Receveurs des domaines doivent faire exclusivement la vente de tout mobilier de l'État, en présence d'un officier municipal du lieu de la situation des meubles, sans que son absence puisse empêcher n'y retarder cette opération. Le jour de cette vente est fixé par le Préfet, d'après l'avis donné par le Directeur, du mobilier à vendre, et au vu d'un inventaire estimatif qui est remis au Receveur. Celui-ci dresse, en présence d'un commissaire choisi par la municipalité et à la suite de l'inventaire, un procès-verbal de récollement, signé par les dépositaires, qui demeurent gardiens jusqu'à la vente. Les annonces ayant eu lieu, le Receveur procède à l'adjudication sans faire de déclaration préalable, met lui-même ses objets à l'enchère, prononce leur adjudication et rédige le procès-verbal de vente. Il n'a droit pour cette opération à d'autre indemnité que celle que lui procurent ses remises sur le montant du prix versé à sa caisse; les frais de confection de l'inventaire et de l'assistance du commissaire sont acquittés d'après un mandat du Préfet. Les autres frais sont payés d'après un état soumis au Directeur et approuvé par le Préfet. *Circ.* 1220 *et* 1732.

3. Si la vente nécessitait un trop long déplacement, le Receveur chargerait un employé supérieur d'y procéder. *Circ.* 1220 *et* 2009.

4. Le Receveur ne peut s'immisser ni directement ni indirectement dans l'achat; il doit faire poursuivre comme voleurs d'effets publics les personnes qui useraient de mesures pour arrêter le cours des enchères. Aucun objet ne peut être adjugé si le prix de l'enchère n'est pas au moins égal à celui de l'estimation. Il faut suivre dans le procès-verbal de vente le même ordre que celui qui a été observé dans l'inventaire, ou au moins rappeler en marge de chaque article du procès-verbal, celui de l'inventaire qui y correspond. *Circ.* 1220.

5. Lorsque l'estimation ou la première enchère surpassent 100 fr., on allume des feux, pour n'en faire la délivrance qu'à l'extinction du dernier feu. *Instr.* 623.

6. Il faut multiplier les lots le plus possible. *Circ. du* 27 *sept.* 1806, et s'empresser de vendre tous les objets susceptibles de détérioration. *Circ. du* 13 *brum.* 12 *et n.os* 1280, 1557 *et* 1814.

7. La vente d'animaux, d'objets périssables saisis ou mis en fourrière, ordonnée par le juge de paix ou d'instruction, est faite à la diligence de l'Administration des domaines, au marché le plus voisin, après l'indication du jour par affiches, 24 heures à l'avance, à moins que la modicité ne détermine le magistrat à retrancher les formalités (ce que l'ordonnance exprime). Le produit est versé au domaine pour en être disposé ainsi que le jugement l'ordonnera. *Instr.* 531. V. encore *les circ.* 1383 *et* 1901. On doit provoquer la vente des effets saisis sur des condamnés. *Instr.* 142.

8. On doit procéder tous les six mois à la vente des effets mobiliers déposés dans tous les greffes, et qui n'ont pas été réclamés soit après le jugement définitif, soit après la prescription de l'action publique. La recette est portée sur le registre de recette des épaves. *Instr.* 653. *Lettre de M. l'Administrateur de la* 1.re *div., du* 27 *juillet* 1818.

9. Le Directeur se concerte avec le Préfet pour que les effets soient réunis en un seul point et vendus avec ceux d'autres arrondissemens. *Lettre de l'Administration,* 1.ere *division,* 15 *oct.* 1818.

10. Il ne peut être disposé des armes saisies, déposées dans les greffes des Cours et Tribunaux, que lorsqu'elles n'auront pas été réclamées après le jugement *définitif*, ou après la prescription de l'action publique. Lorsque les armes saisies n'ont pas été réclamées, il y a lieu de se conformer aux règles suivantes : 1.° Toutes les armes d'une valeur de six francs et au-dessous, quelle que soit leur nature ou leur calibre, doivent être brisées; 2.° Les armes dont la valeur excède six francs (autres que celles de guerre de fabrique française ou étrangère), sont dans le cas d'être vendues; 3.° Les armes de guerre d'une fabrique française ou étrangère, d'une valeur au-dessus de six francs, qui, par ce motif, doivent être exceptées de la vente, sont remises à la mairie du chef-lieu d'arrondissement, en conformité de l'ordonnance du Roi du 24 juillet 1816, pour être transportées aux arsenaux. — Avant qu'il puisse être fait, des armes saisies, l'emploi ci-dessus indiqué, le Préposé des domaines doit adresser au Préfet, ou au Sous-préfet, une demande tendante à ce qu'il soit procédé à l'inventaire des armes et à ce qu'un fonctionnaire soit délégué pour assister aux opérations. L'inventaire est dressé entre le greffier, le Préposé des domaines et le fonctionnaire délégué. Immédiatement après, le Préposé des domaines fait constater en présence du délégué, du Préfet ou du Sous-préfet, la nature et la valeur des armes, pour reconnaître celles à détruire, celles à vendre et celles à conserver. Les armes susceptibles d'être détruites sont brisées, à la diligence du Préposé des domaines, et en présence du fonctionnaire public délégué. Les débris sont réunis, pour être vendus en même tems que les armes susceptibles d'être mises en vente. La vente est annoncée par des affiches approuvées par le Préfet, ou par le Sous-préfet, et il y est procédé par le Préposé des domaines en présence du fonctionnaire délégué, sans que l'intervention des commissaires-priseurs soit nécessaire. — Quant aux armes de guerre qui ont été exceptées de la vente, le Préposé des domaines les fait déposer à la mairie du chef-lieu d'arrondissement, pour qu'elles soient envoyées aux arsenaux. *Instr. du* 15 *nov.* 1820, *n.°* 957.

11. *La vente* des papiers et impressions hors d'usage doit se faire dans la même forme et aux mêmes conditions que celles suivies pour l'adjudication des papiers destinés aux avis et annonces. *Instr.* 894.

12. Ces ventes et celles d'effets du mobilier national et des effets militaires hors de service, seront faites sans le ministère des commissaires-priseurs. *Instr.* 927.

13. Les matières d'or et d'argent, déposées au greffe, doivent être envoyées au caissier de la Monnaie, qui en adresse un bon au Receveur des domaines. *Instr.* 645.

14. Si pourtant elles consistaient en montres ou autres bijoux dont on retirerait un meilleur parti par la vente, il faudrait les vendre. *Déc. min. fin. du* 18 *janv.* 1819. (*Art.* 6326, *j.*)

15. Il est ordonné de vendre aux enchères dans chaque chef-lieu de département, les papiers pour affiches et

avis restant dans les bureaux au 1.er juillet 1819. Mode des formalités et conditions de la vente. *Instr.* 878.

16. La Direction générale des contributions indirectes peut, sans le concours des Préposés des domaines, faire vendre au profit de l'Etat, les papiers et autres effets à son service, devenus hors d'usage. *Déc. min. fin.*, *du* 10 *sept.* 1819.

17. *La vente* de papiers inutiles au service de la loterie se fait par les Préposés de cette Administration et sans frais, et non par les Préposés des domaines. *Déc. min. fin.*, *du* 2 *mars* 1813. (*Art.* 4461, *j.*) V. *Arbres des grandes routes*, *Polygones.*

MOBILIER *de la marine.*

18. Les ventes de bois et autres approvisionnemens inutiles ou hors d'état d'être employés au service de la marine et qui se trouvent, soit dans les arrondissemens forestiers, soit dans les établissemens affectés à ce service, où il n'existe pas d'Administration de la marine, doivent être faites par les Receveurs des domaines. Il est établi un sommier spécial pour ces effets; on se charge en recette du produit de ces ventes, et on en compte comme il est ordonné pour le mobilier; les procès-verbaux de ventes sont sujets au timbre et à l'enregistr. *Instr.* 66 *et* 624.

19. Il ne doit plus être fait de versement spécial du produit de ces ventes. *Instr.* 670. V. *l'instruction* 829.

MOBILIER *militaire.*

20. Les Préposés des domaines doivent procéder exclusivement à la vente des effets militaires hors de service, désignés dans les états qui leur parviennent par l'intermédiaire des Directeurs; le produit est versé cumulativement avec les autres recettes, et porté sur les états à fournir en conformité des instructions 623 et 624. *Instr.* 811 *et* 829.

21. Une décision des Ministres des finances et de la guerre, du 25 mai 1818, instruction 840, porte :

« Toutes les fois que des ventes de denrées ou objets inutiles au service de la *guerre*, auront été autorisées, il sera procédé à ces ventes par les soins des Préposés du domaine, qui, à cet effet, prendront toutes les mesures et précautions nécessaires pour exciter la concurrence. MM. les Sous-Intendans militaires ou fonctionnaires appelés à les suppléer, devront assister à ces ventes et auront la faculté de les ajourner, s'ils reconnaissaient que les enchères fussent inférieures à la valeur réelle des denrées et objets.

« Les procès-verbaux d'adjudication seront rédigés par les Préposés du domaine, et signés tant par eux que par MM. les Sous-Intendans militaires ou par les fonctionnaires appelés à les suppléer. Ces procès-verbaux seront dressés de manière à faire connaître, autant que possible, la date des ordres en vertu desquels on aura procédé aux ventes; les espèces, quantités et qualités des denrées ou objets mis en vente; les mesures prises pour donner à ces opérations toute la publicité désirable, eu égard à leur importance; le détail de ce qui s'est passé aux enchères; l'approbation donnée par M. le Sous-Intendant militaire; les prix auxquels les denrées ou objets ont été adjugés; le nom de l'adjudicaire; le montant de la vente, le détail des menus frais occasionnés par la vente, s'il en avait été fait, et le montant du produit de la vente, dont le Préposé du domaine devra se charger en recette. Une expédition du procès-verbal sera remise au garde-magasin, pour lui servir de décharge des denrées vendues, et une autre à M. le Sous-Intendant militaire, pour être adressée au Ministre de la guerre. Il ne sera plus dressé de procès-verbaux constant la remise des denrées au domaine.» *Instr.* 840.

22. Lorsque les Intendans ou Sous-intendans militaires demandent qu'il soit procédé sans délai à des ventes d'effets susceptibles de détérioration, les Directeurs des domaines, après s'être concertés avec le Préfet, donneront des ordres pour ces ventes, sans attendre une autorisation spéciale. *Instr.* 938.

23. Cette instruction est applicable à une vente d'effets provenant des hôpitaux. *Déc. min. fin. du* 1.er *sept.* 1820. (*Art.* 6799, *j.*)

24. Les Commissaires-priseurs-vendeurs du département de la Seine, ayant été agréés par l'Administration des domaines, doivent être considérés comme remplaçant, pour les ventes dont il s'agit, les Préposés de cette Administration, et la présence des Commissaires aux scellés de la Préfecture n'y est d'aucune utilité. Les Commissaires-priseurs-vendeurs peuvent être chargés, non-seulement des ventes, mais encore de l'estimation des effets, lorsqu'elle est jugée nécessaire. *Déc. min. fin. du* 21 *avril* 1813. (*Art.* 4675, *j.*)

25. Les Receveurs des domaines doivent faire vendre les anciennes mesures pour la distribution de l'avoine, qui existent, à titre de dépôt, dans les mairies, après les avoir fait briser, ce qu'on exprime dans le procès-verbal de vente. *Déc. du Ministre de la guerre*, *du* 30 *nov.* 1818.

26. Les Préposés sont bien chargés exclusivement de la vente des effets appartenant *au Ministère de la guerre*. Quant aux objets *de la marine*, les ventes seront faites directement par les Administrateurs dans les ports, ou, à leur défaut, par les Préposés des domaines, chargés d'ailleurs d'assister à ces ventes, d'en recevoir le prix, quelle que soit l'époque fixée pour le paiement, et de se faire remettre sans retard, par ces Administrateurs, une expédition de chaque procès-verbal de vente. *Instr.* 829.

27. Le prix des ventes de chevaux d'artillerie, doit être acquitté entre les mains des Receveurs généraux et particuliers des contributions directes. Les Préposés des domaines ont dû fournir un état des sommes qu'ils auraient recouvrées sur cette nature de produit. *Instruct.* 767.

28. Les Receveurs des domaines, depuis cette instruction et malgré l'ordonnance consignée dans l'instruction générale, n.° 811, ne doivent pas s'immiscer dans le recouvrement du prix des chevaux d'artillerie placés chez les cultivateurs. *Déc. min. de la guerre et des fin.* (*Art.* 6629, *j.*).

29. Les Directeurs des arsenaux doivent tous les six mois, et plus souvent s'il est nécessaire, mettre à la disposition des préposés des domaines, pour être vendus, les bois de rebus et les débris de ceux de construction; ils sont autorisés à se concerter immé-

diatement avec les Directeurs des domaines à ce sujet. En conséquence, il sera procédé aux ventes des bois dont il s'agit, sur la réquisition des Directeurs d'artillerie, et en conformité de la décision du 25 mai 1818, transmise dans l'instruction 840; mais sans attendre qu'il y ait eu pour chaque vente une autorisation spéciale. *Instr.* 905.

30. C'est dans la caise du Receveur particulier, que doit se verser le produit de la vente de rations de pain et viande que l'Autorité locale avait fait préparer pour des corps de troupes dont le passage n'a pas eu lieu. *Déc. min. fin., du* 25 *août* 1817.

MOINS DE MESURE. Ce qui manque dans la mesure assignée à un objet.

1. Ils ne peuvent être remboursés qu'en vertu d'une décision du Ministre des finances, en proportion du prix de l'hectare, et après que l'adjudicaire a obtenu sa décharge. *Instr.* 291.

2. On n'est pas admis à compenser les moins avec les excédans de mesure. *Instr.* 291. *Circulaire du* 28 *sept.* 1812.

3. Lorsqu'ils sont constatés par des procès-verbaux de récollement, les Receveurs généraux se pourvoient auprès du Ministre des finances, pour obtenir un mandat de remboursement sur l'administration des domaines, de la somme dont le prix de l'adjudication se trouve diminué. *Instr.* 252.

4. Le moins de mesure qui n'excède pas cinq ares, ne donne lieu à aucune répétition. *Circulaire du* 28 *sept.* 1812.

5. Le procès-verbal qui constate le moins de mesure, contradictoirement avec l'adjudicataire, ne peut être attaqué que par voie d'inscription de faux. *Arrêt de cass, du* 23 *frim.* 10.

MONASTÈRES, V. *cures.*

OBLIGATION. On doit porter en recette pour *mémoire*, les obligations souscrites par les *engagistes* de domaines nationaux, sauf à en poursuivre le recouvrement à l'échéance. *Instr.* 261.

Le recouvrement des obligations fournies pour *rachat de rentes*, est poursuivi par les Receveurs des domaines des bureaux où se percevaient les rentes, et qui ont fait recette des obligations. *Instr.* 110.

Il n'est alloué aucune remise sur les sommes provenant du recouvrement de ces obligations. *Instr.* 110 *et* 133.

Les intérêts sont dus à compter seulement du jour où les débiteurs ont été mis en demeure. *Circ. du* 4 *flor.* 11.

OPPOSITION. V. *instances n.°* 28.

OUTRE-PASSE. Anticipation sur les limites d'une coupe de bois.

1. L'adjudicataire doit, dans ce cas, être condamné au quadruple du prix, proportionnellement à l'adjudication, du nombre d'ares dont il a bénéficié par cette voie. *Circ. du* 4 *août* 1809.

2. La caution et son certificateur sont solidaires avec l'adjudicataire, des amendes et restitutions encourues pour outre-passe. *Idem.*

PAIEMENT. Action de compter une somme.

1. Lorsqu'un tiers s'est chargé, dans un acte fait avec un débiteur, de payer le créancier qui ne l'a pas accepté et qui pourtant a eu connaissance de l'acte, l'action en paiement ne peut pas moins s'exercer contre le débiteur. *Arr. de cass., du* 19 *déc.* 1815.

2. Le paiement que l'on fait du prix d'une vente administrative, dans la caisse du domaine, est valable, quoiqu'il y ait réclamation de la part de tiers. *Ordonn. du* 27 *août* 1817.

3. Lorsque pour le paiement de fermages de biens de l'État, le débiteur a fourni, avec l'autorisation du Ministre, des billets à ordre acceptés et négociés, les récépissés fournis de ces billets équivalent à quittance, et, en cas d'insolvabilité de la partie, on ne peut poursuivre la caution, attendu qu'il y a novation. *Arr. de cass.*, *du* 2 *janv.* 1807.

4. Le dépôt du montant de la dette entre des mains qui n'ont pas qualité de recevoir, ne peut valoir libération. *Cour de Paris, du* 15 *fév.* 1808.

5. Aucun recouvrement ne peut être régulièrement fait que par les Préposés commis à cet effet; leurs quittances seules opèrent la libération des contribuables. *Décret du* 25 *déc.* 1809.

6. L'Avoué, non muni d'un pouvoir *ad hoc*, n'a pas qualité de recevoir pour sa partie. *Cour de Bruxelles*, *du* 9 *janv.* 1812. V. les art. 1239 et suivans du C. C.

PAISSON, *panage et glandée des forêts royales*, droits qui ont fait partie des baux des domaines, et qui en furent distraits par arrêt du 14 mai 1715.

PALAIS. *de justice.* V. *bâtimens de l'État*, n.° 5.

PAPIER. *Terrier.* V. *Terrier.*

PAPIERS *hors d'usage.* V. *Mobilier d'Etat.*

PARTAGE, est la division qui se fait entre plusieurs personnes, de biens ou effets qui leur appartenaient en commun, ou en qualité de cohéritiers, ou comme copropriétaires, à quelque titre que ce soit. V. ce mot, *à l'enregistrement.*

1. La loi du 10 juin 1793, a excepté des biens à partager entre les communes, ceux qui étaient possédés par le domaine à quelque titre que ce fût.

2. C'est aux Préfets qu'appartient la confection des partages de biens indivis entre l'Etat et les particuliers; mais s'il s'élève des difficultés, soit sur la forme, soit sur le fonds, le Préfet doit en renvoyer la connaissance au Conseil de Préfecture, il ne peut pas les juger lui-même, quand bien même il se ferait assister de quelques membres du Conseil. *Décr. du* 12 *juin* 1813. (*Art.* 4584, *j.*)

3. Pour la marche à suivre lors du partage de propriétés domaniales, la régie de ces biens, la vente à faire du mobilier, les soultes à payer. V. *Circ.* 1456 *et* 1467.

4. Le copropriétaire indivis qui a fait des constructions à un des biens de la succession ne peut prétendre que ce bien soit compris dans son lot. *Arr. de cass.*, *du* 11 *août* 1808.

PARTAGE *de biens d'émigrés.* Le copartageant qui est contraint, par suite de l'obligation hypothécaire, de payer une dette mise à la charge de l'État, par le partage, n'est pas subrogé aux droits du créancier, et ne peut pas exercer son recours en garantie contre le Gouvernement. *Avis du Conseil d'Etat, du* 20 *nov.* 1820, *approuvé par le Min. des fin.*, *le* 12 *déc. suivant.* (*Art.* 6867, *j.*)

PATURAGE. Il est défendu d'exercer les droits de paturage dans les bois, tant qu'ils n'ont pas été déclarés défensables. *Arr. de cass. des* 30 *mai* 1818 *et* 7 *mai* 1819. Mais les usagers peuvent jouir du droit même plus étendu que celui de parcours, s'ils en ont titre. *Arr. de cass. du* 9 *juillet* 1818.

PÊCHE. Le droit de pêche avait été supprimé par les lois des 6 et 30 juillet 1793; la loi du 14 floréal 10, l'a rétabli au profit de l'Etat; ceux qui étaient engagistes de pêcheries ne peuvent plus prétendre à ce droit. *Ordonn. du* 30 *juillet* 1817.

1. L'exercice de ce droit, tel qu'il est réglé par l'ordonnance de 1669, n'est permis dans les fleuves et rivières navigables, qu'en vertu de baux ou licences, sauf la pêche à la ligne flottante et à la main. *Loi du* 24 *flor.* 10.

2. Le droit de pêche, ne s'exerce pour l'Etat, que dans les rivières navigables; il ne peut être étendu aux bras non navigables de ces rivières. *Arr. de cass. du* 23 *août* 1819. (*Art.* 6598, *j.*)

3. L'adjudication des baux de la pêche, est faite par les Préposés des eaux et forêts, elle est précedée d'un cahier de charges; l'extrait de cette adjudication est fourni au Directeur des domaines aux frais de l'adjudicataire; le prix annuel du bail est payé par trimestre; faute de fournir caution et certificateur de caution dans les cinq jours, le Receveur des domaines fait signifier, dans le sixième jour, le renvoi au pénultième enchérisseur. Le recouvrement des baux, licences, amendes et confiscations est effectué par les Receveurs des domaines; les amendes, et non les confiscations, sont sujètes au décime; les dommages-intérêts sont reçus par le fermier de la pêche auquel ils appartiennent. — La recette figure au compte, à l'*article pêche.* — Les amendes de contravention sont classées avec celles de condamnation, et les confiscations avec les dommages adjugés à l'Etat. — Les gardes pêche établis par les fermiers et porteurs de licences, sont payés par eux, et leurs procès-verbaux ne jouissent pas de la faveur du débet; ceux nommés par l'Administration sont payés par le domaine. *Circ. du* 30 *sept.* 1812. V. *canaux.* Les Préposés des eaux et forêts ont la police de la pêche, même dans les rivières non navigables. *Ordonn. de* 1669, *loi de flor.* 10.

4. Les délits de pêche sont punis de la même manière que les délits forestiers. *Même loi, inst.* 826.

5. Il est permis au propriétaire riverain de pêcher dans les rivières non navigables, mais non après le coucher du soleil, et en se conformant à l'ordonn. de 1669. *Arr. de cass. du* 17 *brum.* 14.

6. Les Agens forestiers, ni le ministère public, ne peuvent agir d'office contre un particulier qui pêche sans droit dans une rivière non navigable, mais en tems non probibé et sans engins défendus. *Arr. de cass. du* 5 *fév.* 1807.

7. Lorsqu'on trouve chez des particuliers des engins prohibés dont ils ne font pas usage pour la pêche, on n'est pas fondé à en faire opérer le brûlement. *Arr. de cass. du* 17 *mai* 1817.

8. Le procès-verbal pour délit de pêche avec un instrument prohibé, mais non saisi, sur ce que le délinquant était de l'autre côté de la rivière, dont la largeur n'est pas déterminée, ne fait pas preuve suffisante. *Arr. de cass. du* 13 *nov.* 1817.

POLYGONES. L'Administration de l'Enregistrement ne doit plus faire la recette du prix des ventes des fourrages des polygones. *Déc. des min. des fin. et de la guerre, du* 14 *févr.* 1818.

POURSUITES *relatives au domaine.*

1. Lorsque, dans une coupe de bois, il a été commis un délit forestier dont l'adjudicataire est responsable, les poursuites doivent être signifiées à son domicile réel. *Déc. min. fin. du* 26 *avril* 1820. (*Art.* 6720, *j.*)

2. Si l'adjudicataire de coupes de bois ne paie pas, d'après la contrainte décernée contre lui, on peut la dénoncer à la caution solidaire, avec sommation de payer, sans qu'il soit besoin d'en faire une nouvelle contre la caution, dès qu'il y a solidarité. *Arr. de cass. du ... therm.* 12.

3. On ne peut poursuivre contre la caution le paiement des droits d'enregistrement d'un bail de biens de l'Etat. *Arr. de cass. du* 6 *oct.* 1806.

4. Lorsqu'un militaire en activité de service, possède par indivis un domaine national sur lequel il reste dû une partie du prix, on peut employer la voie de l'expropriation forcée contre tous les copropriétaires. *Déc. du min. de la justice.* ..... (*Art.* 4201, *j.*)

5. La poursuite sur délits forestiers peut se faire dans les trois mois ou dans l'année, à compter du jour où les délinquans ont été reconnus, selon qu'ils ont ou non été désignés dans le procès-verbal; alors, n'importe où le délit ait été commis, il n'y a point de prescription. *Arr. de cass. du* 19 *mars* 1818.

6. La responsabilité civile dans les affaires criminelles, correctionnelles et de police, ne peut, à moins d'une disposition expresse et spéciale de la loi, être étendue aux peines et amendes que la loi prononce contre les auteurs ou complices du fait. *Arr. de cass. du* 11 *sept.* 1818.

POURVOI. V. *Instance.*

PRESBYTÈRES. V. *Restitution.*

PRESCRIPTION, est une espèce de fin de non-recevoir, introduite pour assurer, après un certain tems, la tranquillité de ceux qui n'ont pas conservé leurs titres de possession ou de libération; *Cassiodore et de la Gueſle* l'ont nommée, en matière civile, la patrone du genre humain, à cause de la paix qu'elle procure; mais, disent-ils, ce titre ne lui convient que lorsqu'elle est invoquée de bonne foi.

1. Avant le Code civil, les fermages se percevaient par cinq ans, après l'expiration du bail. *Arr. de cass. du* 18 *oct.* 1809.

2. Dans le cas où le bien affermé par l'Etat est vendu pendant la durée du bail, la prescription ne court toujours que du jour de l'expiration du bail. *Cour de Paris, du* 18 *févr.* 1811.

3. La prescription de cinq ans, appliquée par l'art. 2277 du C. C. aux arrérages, intérêts, etc., et à tout ce qui est payable par année ou à des termes pério-

diques plus courts, ne s'applique pas aux arrérages et intérêts échus avant la publication de ce Code. *Arr. de cass. des* 15 *mars* 1813 *et* 30 *janv.* 1816. (*Art.* 5542, *j.*)

4. Les fermages, qui ne se prescrivaient que par trente ans avant la publication du Code, ont dû continuer de se prescrire d'après l'ancien mode, la loi ne disposant que pour l'avenir. *Arr. de cass. du* 23 *avril* 1812. (*Art.* 4588, *j.*)

5. La prescription de cinq ans, établie pour le prix des baux, ne dispense pas le fermier de demeurer garant, pendant trente ans, de la valeur réelle des effets qu'il a donnés en paiement de ses fermages. *Arr. de cass. du* 25 *oct.* 1808 (*Art.* 3570, *j.*)

6. Le déficit que présentent des pièces de dépenses fournies par un fermier, et réduites d'après révision, ne se prescrit que par trente ans. *Arr. de cass. du* 25 *oct.* 1808.

7. Le Code civil ne peut être étendu aux matières qui sont réglées par une loi spéciale; ainsi la demande du prix d'une coupe de bois pour surmesure n'est point assujétie à la prescription annale. *Arr. de cass. du* 3 *nov.* 1812.

8. La prescription triennale peut être invoquée par les acquéreurs de domaines nationaux auxquels on demande la restitution de la contribution foncière acquittée par l'Etat à la décharge de ces acquéreurs. *Arr. de cass. du* 18 *oct.* 1809. *Déc. min. fin. des* ... *juin* 1813 *et* 21 *avril* 1815. (*Art.* 5111, *j.*)

9. Il n'en serait pas de même, si l'acquéreur s'était formellement obligé, par son contrat, à payer la contribution foncière de l'année de son acquisition, parce qu'il aurait contracté une obligation personnelle pour laquelle la prescription est de trente ans. *Arr. de cass. du* 30 *août* 1808 (*Art.* 3088, *j.*)

10. La prescription pour le paiement du prix d'une rente de récolte, ne s'acquiert que par trente ans. *Sol. du* 18 *nov.* 1813.

11. Le Conseil de Préfecture ne peut concéder le terrain d'une ancienne route à un individu pour lui tenir lieu de l'indemnité qui lui est due pour le terrain cédé par son père il y a 40 ans, pour la contestation d'une route, si la jouissance non interrompue de l'Etat, depuis la construction de la nouvelle route, est celle fixée par l'art 2262 du C. C. *Ordonn. du* 27 *Juillet* 1814 (*Art.* 4891, *j.*).

12. Dans le ressort du Parlement de Toulouse, les fermages pouvaient se prescrire par 5 ans, lorsque le locataire possédait par tacite réconduction, et encore que le propriétaire fut absent depuis le commencement du bail, et qu'il n'eût laissé aucun représentant. *Arr. de cass. du* 25 *oct.* 1813. (*Art.* 4780, *j.*).

13. Dans le ressort du ci-devant Parlement de Bretagne, et sous l'empire de l'ordonnance de 1629, les fermages des biens ruraux comme ceux des maisons de ville se prescrivaient par 5 ans. *Arr. de cass. du* 25 *janv.* 1816 (*Art.* 5549, *j.*).

14. Dans le ci-devant comté de Bourgogne, les fermages et par conséquent l'action pour les répéter, se prescrivaient par 5 ans. *Arr. de cass. du* 19 *janv.* 1813. (*Art.* 4431, *j.*).

INTERRUPTION DE LA PRESCRIPTION.

15. Les offres faites par un débiteur à son créancier, quoique non consignées, interrompent la prescription, comme contenant reconnaissance de la dette. *Cour de Paris du* 20 *juillet* 1808.

16. Une pétition présentée à un Préfet, par laquelle le redevable d'une rente en a demandé la compensation avec une créance inscrite sur le grand-livre de la dette publique, n'interrompt pas la prescription. *Sol. du* 5 *mai* 1812 (*Art.* 4165, *j.*)

17. L'enregistrement en recette, d'arrérages de rentes, ne valant que comme commencement de preuve, ne suffit pas pour prouver qu'il y a eu interruption de prescription. *Arr. de cass. du* 26 *août* 1818. V. *décompte*, pag. 20, n°. 2.

18. L'Administration ne peut opposer la prescription de 5 ans à une demande en restitution d'arrérages de rentes perçus par elle depuis plus de 5 ans. *Déc. min. fin. du* 14 *déc.* 1810 (*Art.* 4091, *j.*).

19. La prescription n'est point interrompue quand le demandeur s'est désisté de sa demande, qu'il a laissé périmer l'instance, ou que sa demande a été rejetée. *Art.* 2247 *du C. C.*

20. L'inscription aux hypothèques n'interrompt pas la prescription. *Art.* 2180 *du C. C., Cour de Paris du* 1.er *déc.* 1810.

21. Lorsqu'il s'agit d'arrérages d'une rente à laquelle on oppose la prescription trentenaire, la preuve du paiement d'une année, depuis 30 ans, doit interrompre une prescription invoquée. *Cour de Bruxelles du* 10 *déc.* 1812.

PRISON. Les prisons ont été distraites de l'Administration des domaines par déclaration du 11 juin 1724. V. *bâtiment de l'Etat*, *n.°* 5.

PRIVILÈGE *d'exemption et affranchissemens de certains droits*. — Aboli.

1. Chacun aujourd'hui contribue indistinctement dans la proportion de sa fortune, aux charges de l'Etat. *Art.* 2 *de la Charte constitutionnelle.*

2. Le privilège du trésor public, pour ce qui reste dû sur le prix de vente d'un bien domanial, a tout son effet, quoiqu'il n'ait pas été inscrit. *Tribunal de Strasbourg du* 25 *oct.* 1808.

3. Le privilège établi au profit de l'Etat, par l'édit de 1669, pour le paiement des fermages, résultant d'un bail antérieur au C. C., n'est pas abrogé par les lois nouvelles sur les hypothèques. *Cour de Rennes, du* 5 *déc.* 1810. (*Art* 3793 *j.*)

PROCÈS-VERBAUX *des Employés.* Ils se font pour constater des contraventions, c'est-à-dire des faits contraires aux dispositions de la loi. V. ce mot, *à l'enregistrement.*

1. Les procès-verbaux des Agens forestiers et Gardes-champêtres constatent des délits.

2. Le procès-verbal de récollement de coupe de bois de l'État, n'est pas nul pour défaut d'enregistrement dans les 4 jours de sa date. *Arr. de cass., du* 1.er *sept.* 1809. (*Art.* 5596, *j.*)

3. GARDE-CHAMPÊTRE. Le procès-verbal de ce Garde fait foi jusqu'à preuve contraire, même contre ses parens

ou alliés ; les art. 156 et 322 du C. d'instr. C. ne sont applicables qu'aux témoignages, et nullement aux procès-verbaux que le Garde rapporte conformément aux devoirs que la loi lui impose. *Arr. de cass.*, *du* 7 *nov.* 1817.

4. Quand l'irrégularité d'un procès-verbal constatant un délit de chasse et de port d'armes met les choses dans le même état que s'il n'y avait pas de procès-verbal, on peut admettre la preuve par témoins des faits non valablement établis, lorsqu'elle est offerte. *Arr. de cass.*, *du* 26 *janv.* 1816.

5. GARDES FORESTIERS. Leurs procès-verbaux peuvent être rédigés et écrits par le greffier du Juge de paix du canton où les délits ont été commis. *Loi du* 5 *janv.* 1791.

6. Ainsi, ceux qui ne sont pas écrits par les Gardes, doivent, pour être valables, avoir été écrits par un fonctionnaire ayant caractère public. *Arr. de cass.*, *du* 12 *avril* 1817.

7. Aucun Agent ou Garde forestier ne doit rédiger un procès-verbal pour des délits constatés par un autre Garde ; la rédaction ne peut en être faite que par l'un des fonctionnaires autorisés à recevoir l'affirmation. *Arr. de cass.*, *du* 2 *déc.* 1819. *Instr.* 915.

8. Il doit être remis copie aux délinquans, des procès verbaux rapportés pour délits forestiers, bien que l'art. 183 du C. Criminel exige que la citation donnée au prévenu exprime les faits et tienne lieu de plainte. *Arr. de cass.*, *du* 27 *nov.* 1818.

9. Ces Gardes peuvent valablement signifier eux-mêmes leurs procès-verbaux. *Arr. de cass.*, *du* 6 *nov.* 14.

10. Le procès-verbal rapporté pour délits forestiers, n'est pas nul parce que, dans la copie signifiée du procès-verbal, on n'a pas compris l'affirmation. *Arr. de cass.*, *du* 8 *oct.* 1819.

11. Lorsque le procès-verbal d'Employés et Gardes forestiers est régulier d'ailleurs, des déclarations de témoins ne peuvent en atténuer le résultat, sous prétexte que l'officier municipal qui était présent à l'opération ne l'a pas signé, et tant qu'il n'est pas attaqué par la voie légale. *Arr. de cass.*, *du* 5 *mars* 1807. (*Art.* 5581, *j.*)

12. L'art 46 de la loi du 29 sept. 1781, exige seulement que l'on spécifie les personnes des délinquans sans obliger à les dénommer ; ainsi la désignation *du fils de la veuve Roger*, sans indiquer ses prénoms, est suffisante. *Arr. de cass.*, *du* 26 *janv.* 1816.

13. Un Garde ne peut constater un délit commis par son frère ; le procès-verbal fait foi jusqu'à inscription de faux, et il ne peut être attaqué autrement. *Arr. de cass.*, *du* 13 *janv.* 1817.

RACHAT *de rentes*. V. *remboursement*.

RAPPORT *d'experts* et autres rapports, soit pour délits et dégats dans les bois. V. *procès-verbaux*.

RÉARPENTAGE. On peut procéder à un nouveau réarpentage, quand les délais fixés par le cahier des charges sont écoulés, et même après un intervalle de plusieurs années, lorsque les adjudicataires se prévalent d'irrégularités commises par les Agens forestiers dans cette opération. *Tribunal de Metz du* 24 *fév.* 1817.

RÉBELLION est une révolte contre l'autorité légitime ; une opposition avec force et violence à l'exécution d'une loi, d'un jugement ou autre chose semblable.

RECEVEUR *des Domaines*. V. *bureau*.

RECHERCHE. Les titres des créances domaniales doivent être recherchés dans les archives. Les créances qui étaient dues à des corporations supprimées sont exigibles sur la seule preuve de leur inscription dans les sommiers, registres ou carnets qui les indiquent. *Circ.* 786. V. *archives*, *rentes*. — Il convient de rechercher les biens abandonnés au domaine. *Instr.* 740. — Pour la recherche des actes d'engagement, V. *domaine engagé*, *n.°* 52.

RÉCLAMATION. Le propriétaire d'un bien qui a été vendu comme national, sans aucune opposition, ne peut plus aujourd'hui redemander ce bien à l'acquéreur, mais seulement se pourvoir, ainsi que de droit, pour obtenir un dédommagement s'il y a lieu. *Décr. du* 28 *mai* 1812. (*Art.* 4352, *j.*)

Lorsque l'état est appelé concurremment avec un acquéreur de domaine, pour procéder sur la réclamation d'une commune, tendant à rentrer dans la propriété du domaine aliéné, il ne peut être nommé des arbitres différens par l'État et l'acquéreur, leur qualité étant la même dans la cause. *Arr. de cass. du* 10 *nov.* 1818.

RECOUVREMENT. Il faut faire payer les termes des revenus publics aux échéances. *Circ. du* 10 *avril* 1813. On a dû fournir un état des sommes restant à recouvrer le 1.er janvier 1818, sur le prix des aliénations des bois de l'État, en vertu de la loi du 23 sept. 1814. *Instr.* 817. — Demande d'un état article par article des sommes restant à recouvrer au 1.er nov. 1818. *Instr.* 861. V. *recouvrement*, à *l'enregistrement*. — Quant au recouvrement du revenu des domaines engagés, V. *domaine engagé*, *n.°* 89.

REMBOURSEMENT *de rente ou de créance*.

1. Le codébiteur solidaire d'une rente peut racheter sa portion contributive. *Circ.* 71.

2. La demande en rachat est faite par une pétition que l'on présente au Préfet, qui la communique au Directeur, pour qu'il établisse la liquidation ; le Receveur attend l'approbation du Préfet, pour admettre le remboursement. *Circ.* 137, 215, 753.

3. Le capital des rentes que l'on veut rembourser doit être converti en francs. *Circ. du* 18 *germ.* 10.

4. Les remboursemens de rentes effectués en assignats ou mandats, antérieurement au 1.er germ. 5, sont valides, lors même qu'ils n'auraient pas été précédés de liquidations approuvées par les corps administratifs. *Circ. du* 14 *prair.* 11.

5. La faculté de rembourser ne s'étend pas aux redevances causées pour aliénation où le cédant s'est réservé la propriété. *Instr.* 118. V. *rentes*.

REMISES. V. ce mot, à *l'enregistrement*.

RENTES.

1. Elles sont perpétuelles ou viagères ; les rentes perpétuelles sont constituées ou foncières. Elles sont *perpétuelles*, parce qu'elles peuvent subsister à perpétuité, et qu'elles ne s'éteignent que par le remboursement effectif de leurs capitaux, ou par la prescription ; les *rentes viagères* s'éteignent à la mort des personnes sur la tête desquelles elles ont été créées. On

nomme *rentes constituées*, celles qui ont été créées à prix d'argent, pour lequel on a constitué une rente qui tient lieu de l'intérêt du capital, dont le débiteur peut se libérer en le remboursant avec les arrérages échus et exigibles; mais le créancier ne peut exiger ce remboursement parce qu'il a aliéné le capital en le constituant en rente. *Art.* 2277 *du C. C.*

2. La rente n'est pas moins constituée quoiqu'elle soit causée pour concession de fonds, lorsque l'acte de concession détermine un prix capital dont la rente est la représentation. *Arr. de cass. du* 12 *janv.* 1814. (*Art.* 4982, *j.*).

3. Les arrérages se prescrivent par cinq ans; le capital est aussi sujet à prescription, lorsqu'on ne prouve pas que la rente ait été payée depuis 30 ans. *Art.* 529, 530, 2262 *et* 2277 *du C. C.*

4. Les rentes *foncières* sont celles qui sont créées pour aliénation de fonds; et sous cette dénomination étaient comprises les rentes seigneuriales créées à titre de surcens, par les actes d'inféodation; celles créées par des baux à rente, par des partages, ou par des actes de licitation; les arrérages de ces rentes ne se prescrivaient que par 30 ans, mais aujourd'hui les arrérages de toutes les rentes perpétuelles se prescrivent par 5 ans. *Art.* 2277 *du C. C.*

5. Avant la révolution, les cessions de rentes foncières, rachetables ou non, étaient soumises à l'insinuation. *Ord. de M. Bignon, Intendant de Paris, des* 22 *mai,* 10 *sept.* 1719 *et* 24 *juillet* 1722.

6. RENTES *sujètes à la retenue*. Les débiteurs d'arrérages de rentes créées avant la publication des décr. des 20 et 22 nov. 1790, peuvent, à moins d'une clause prohibitive dans le titre, exercer une retenue dans la proportion de la contribution, lors même qu'elle n'aurait pas été autorisée par les anciennes lois ou les usages. *Cir.* 1463, *Cour de Paris, du* 20 *mars* 1809.

7. Il en est de même de la rente ou redevance emphytéotique. *Avis du Conseil d'Etat approuvé le* 2 *fév.* 1809. V. *Instr.* 421.

8. Ainsi une rente constituée en 1745, sans stipulation de retenue, n'en est pas moins passible de cette retenue, attendu que la législation d'alors l'autorisait. *Arr. de cass., du* 25 *févr.* 1818.

9. La suppression de la retenue du 5.e, prononcée par la loi du 3 sept. 1807, ne concerne que les rentes postérieures à cette loi; à l'égard de celles constituées sous l'ancien régime, elles continuent d'être passibles à cette retenue au profit du débiteur. *Déc. min. fin., du* 23 *mars* 1812. (*Art.* 4322, *j.*).

10. Si la retenue n'était pas autorisée par les anciennes lois, elle ne pourrait avoir lieu qu'à compter du 1.er janv. 1791, époque à laquelle elle a été ordonnée par une loi du 1er décembre 1790. *Circ.* 168.

11. La circ. n.° 275 *bis*, fait connaître dans quel cas les termes d'un contrat autorisent la retenue ou s'y opposent.

12. RENTES *dont on peut exiger le remboursement*. Le débiteur d'une rente constituée en perpétuité, peut être contraint au rachat, 1.° S'il cesse de remplir ses obligations pendant deux années; 2.° S'il manque à fournir au prêteur les sûretés promises par le contrat. *Art.* 1912 du *C. C.*

13. Si pour sûreté de la rente constituée, le débiteur hypothèque un bien qu'il a vendu précédemment, c'est un stellionat qui donne ouverture au remboursement du capital. *Cour de Paris, du* 2 *mai* 1819.

14. Le créancier a le droit d'exiger le remboursement du capital, si l'immeuble affecté au service de cette rente vient à périr. *Arr. de cass., des* 9 *janv.* 1810 *et* 17 *mars* 1818.

15. La rente dont l'époque du remboursement n'est pas échue, hypothéquée sur un corps de biens, serait remboursable de suite en totalité, si ce corps de biens était vendu à divers particuliers. *Arr. de cass. du* 4 *mai* 1812.

16. Si l'on peut exiger, d'après l'art. 1912 du C. C. que le débiteur d'une *rente constituée* en perpétuel qui est en retard du paiement de deux années d'arrérages, rembourse le capital, cette disposition ne va pas au-delà d'une telle rente, et ne peut s'étendre aux rentes causées pour aliénation de fonds qui sont d'une nature différente. *Cour de Caen du* 13 *mars* 1815. *Arr. de cass. du* 5 *mars* 1817.

17. Le défaut de paiement d'une rente viagère, créée avec stipulation qu'à défaut de paiement de deux termes, la somme payée serait rendue après un simple commandement, n'autorise point le créancier de la rente viagère à demander le remboursement de son capital; il n'a que le droit de saisir, faire vendre et ordonner l'emploi pour le service de la rente. *Cour de Paris du* 22 *déc.* 1812. *Art.* 1977 *du C. C.*

18. Le créancier d'une rente constituée ne peut en demander le remboursement au débiteur qui a laissé écouler deux ans sans en payer les arrérages, qu'autant que ce dernier a été mis en demeure par le créancier. *Arr. de cass. du* 14 *juin* 1814. (*Art.* 5016, *j.*)

19. Le débiteur d'une rente constituée portable et perpétuelle, peut être contraint au remboursement du capital, s'il a négligé de payer les arrérages pendant deux ans, quoiqu'il n'ait pas été mis en demeure et qu'il ait fait des offres réelles. Quelle que soit la date de l'acte de constitution, pourvu que les arrérages soient échus depuis la publication du C. C., il n'y a pas de rétroactivité dans l'application des dispositions de l'art. 1912 de ce code. *Arr. de cass. des* 8 *avril,* 10 *nov.,* 16 *déc.* 1818 *et* 12 *mai* 1819. (*Art.* 6377, *j.*)

RENTES *féodales*; Ce sont celles entachées d'un cens ou autres droits féodaux. V. *droits seigneuriaux*.

20. La rente créée pour concession de fonds, avec mélange de cens ou autres signes de seigneurie ou féodalité, est supprimée. *Loi du* 17 *juillet* 1793, *circ.* 560.

21. Toutes prestations, de quelque nature qu'elles puissent être, établies par des titres constitutifs de redevances seigneuriales et droits féodaux supprimés, sont éteintes. *Avis du Conseil d'Etat du* 30 *pluv.* 11.

22. Ainsi les rentes mélangées de cens et autres signes de féodalité, ne doivent pas être réclamées. *Circ. du* 24 *vent.* 11.

23. La rente qualifiée dîme, si elle n'est pas foncière de sa nature, est supprimée, et c'est à celui

qui réclame une prestation qualifiée dîme, à prouver qu'elle est foncière. *Arr. de cass. du* 17 *janv.* 1807.

24. La rente, quoique qualifiée foncière, n'est pas moins féodale, lorsqu'il a été convenu dans l'acte que le bien, pour concession duquel elle a été créée, serait tenu censivement du fief du cédant. *Arr. de cass. du* 22 *mars* 1808.

25. Celle retenue par un seigneur, en aliénant un fonds, n'est féodale qu'autant qu'elle est accompagnée d'un cens ou de quelque autre attribut féodal. *Arr. de cass. du* 21 *déc.* 1808.

26. Il y a présomption de féodalité, pour la rente provenant d'un seigneur de fief, sauf à celui qui prétend le contraire à le prouver. *Cour de Bruxelles, du* 3 *janv.* 1808.

27. Une rente stipulée foncière par le titre primordial, sous la charge d'un cens et des droits seigneuriaux, est féodale. Il en est de même de l'acte recognitif fait en l'an 12, contenant que l'obligation est prise conformément à l'acte créatif sans novation, qui reconnaît de cette manière la féodalité de la rente ainsi établie. *Arr. de cass. du* 25 *oct.* 1808.

28. La rente emphytéotique constituée en Bourgogne, sous la réserve de la seigneurie directe, ou à la charge d'un droit de lods et ventes, est abolie comme seigneuriale. *Arr. de cass. du* 30 *mai* 1809. (*Art.* 3702, *j.*)

29. La redevance établie par un seigneur sur un moulin et un cours d'eau situés en Alsace, dans la justice et la directe de ce seigneur, est féodale. *Arr. de cass. du* 13 *févr.* 1810. (*Art.* 3593, j.)

30. Une rente créée par un ci-devant seigneur, sur des fonds dépendans *de sa seigneurie* et *à titre d'accensement*, doit être considérée comme féodale, bien qu'il n'y ait pas eu de réserve expresse de la reconnaissance de la directe. *Arr. de cass. du* 4 *avril* 1810. (*Art.* 3594, *j.*)

31. Dans les pays où la maxime, *nulle terre sans seigneur*, était admise, les redevances qualifiées cens et rentes, sont abolies comme féodales. *Arr. de cass. du* 27 *août* 1810. (*Art.* 3835, *j.*)

32. Lorsqu'un titre nouveau, postérieur aux lois qui ont supprimé la féodalité, n'énonce qu'une rente *foncière*, c'est au débiteur qui prétend la rente *féodale*, à prouver son assertion. *Tribunal de Paris du* 20 *janv.* 1810. (*Art.* 3746, *j.*)

33. S'il n'y a pas eu réserve de la directe, la rente, féodale dans son principe, ne peut être regardée comme arroturée par la vente qui en est faite à un simple particulier. *Arr. de cass. du* 29 *avril* 1811. (*Art.* 4232, *j.*)

34. Il suffit que des rentes et redevances aient été créées dans un bail à cens, avec stipulation du domaine direct et du paiement des lods et ventes, pour qu'on puisse les comprendre dans la suppression ordonnée par la loi du 17 juillet 1793. *Arr. de cass. du* 10 *févr.* 1813.

35. La redevance dont le bailleur était seigneur d'une partie du territoire des biens aliénés, et qui s'était réservé le droit de retrait en cas de vente, suivant le droit des seigneurs du lieu, est féodale. *Arr. de cass. du* 16 *févr.* 1815.

36. Celle originairement féodale, quoique acquise par un particulier non seigneur, n'en a pas moins conservé sa nature primitive; elle est abolie. *Arr. de cass. du* 13 *nov.* 1816.

37. Celle créée par un seigneur de fief, pour le prix de la concession qu'il a faite d'un bien, et qui est la première assise sur ce bien au profit du seigneur, est un véritable cens récognitif de la directe seigneurie, sans qu'il soit besoin d'une réserve expresse de cette directe, de la part du seigneur, dans l'acte de concession, et dès-lors elle est abolie. *Arr. de cass. du* 4 *févr* 1817.

38. Les arrérages des droits féodaux dus au moment de l'abolition de ces droits, ne peuvent être exigés. *Décr. du* 26 *août* 1792.

39. Quoique, depuis la suppression des rentes féodales, une rente de cette nature ait été payée, on est toujours à tems de cesser ce paiement, toutes les fois qu'on n'a pas, à cet égard, renoncé expressément au bénéfice de la loi. *Arr. de cass. du* 27 *juillet* 1818.

40. Une rente qualifiée cens, portant lods et ventes à chaque mutation, est abolie, comme étant mélangée de féodalité, lors même qu'elle aurait été créée par un particulier non seigneur. *Arr. de cass. du* 4 *nov.* 1818.

41. Les rentes foncières créées par des contrats mélangés de féodalité, sont abolies. *Arr. de cass., du* 25 *janv.* 1820, (*Art.* 6694, *j.*)

42. Un particulier à qui l'on a transféré des rentes nationales, en demande le remplacement 19 ans après, observant qu'elles sont féodales, et que sur plusieurs d'elles des instances s'étant introduites, la féodalité a été reconnue par des jugemens du Tribunal. Il demande en outre le remboursement des dépens auxquels il a été condamné, et qu'on lui fasse compte de 19 années d'arrérages. — Du moment que les rentes étaient contestées, l'acquéreur devait s'abstenir de donner suite aux instances en son nom personnel, aux termes de l'art. 12 de la loi du 5 nov. 1790, et des instr. n.os 345 et 380; c'était au Préfet, après l'avis du Conseil de Préfecture, à soutenir l'affaire devant les Tribunaux; à défaut par cet acquéreur d'avoir pris cette marche, il n'a droit ni à remplacement, ni au remboursement des rentes qui ont été jugées éteintes, ni à aucune indemnité sur le trésor, suivant l'instr. n.o 380. Quant aux arrérages pour les autres rentes, l'État ne pouvant pas préjudicier du long silence qu'a gardé le réclamant sur le remplacement, et qui ne permettait pas, dans le cas où les rentes fussent exigibles, de demander plus de 5 ans, il n'y a point à accueillir cette prétention, on ne doit que le remplacement; si ce réclamant croit avoir droit à des arrérages, il doit s'adresser au Gouvernement pour faire décider sur ce chef. *Lettre de l'Administration, du* 24 *mars* 1820.

43. RENTES *inféodées*. On doit regarder comme purement foncière, une rente féodale dans son principe, mais vendue, avant l'abolition de la féodalité, à un simple particulier avec réserve de la directe. *Arr. de cass., des* 10 *niv.* 14, 7 *juillet* 1807 *et* 21 *juillet* 1811.

44. La redevance qui était originairement féodale, mais arroturée par la vente qui en a été faite à des particuliers non possesseurs de fief, antérieurement à l'abo-

lition des droits féodaux, a cessé de tenir à la féodalité. *Arr. de cass.*, *du* 2 *janv.* 1809.

45. Une rente créée au moment de la révolution avec réserve de mouvance et à la charge des droits féodaux, dans l'espoir d'ériger le domaine en fief, est roturière dès que l'érection du fief n'a pas eu lieu. *Arr. de cass. du* 19 *janv.* 1809.

46. Les rentes purement foncières, établies sur un moulin qui, depuis leur création, a été affermé à titre de *bail à cens*, ne sont pas abolies par les lois sur la féodalité. *Arr. de cass. du* 5 *fév.* 1809. (*Art.* 3521, *j.*)

47. La rente emphytéotique temporaire ne peut jamais prendre le caractère de la féodalité; il n'y a que celle à emphytéose perpétuelle qui soit susceptible d'être féodale. *Cour de Rouen du* 1.er *août* 1811.

48. Lorsque la rente est sortie des mains du seigneur de fief, antérieurement aux lois des 25 août 1792 et 17 juillet 1793, et que le propriétaire du bien l'a vendu sous les mêmes charges, on ne peut pas dire que cette nouvelle rente soit féodale, dès qu'elle est l'équivalent du prix des biens et qu'elle est due à un particulier qui ne possédait point de seigneurie. *Arr. de cass. du* 21 *juillet* 1811.

49. Quoique dans le titre primordial une rente soit qualifiée noble, elle peut ne pas être réputée féodale et abolie, s'il résulte des autres expressions du titre constitutif, que c'est une rente seconde foncière. *Arr. de cass. du* 6 *oct.* 1812. (*Art.* 4440, *j.*)

50. La rente constituée sur une partie du prix de la vente d'un bien fonds, faite sous la charge de diverses prestations féodales, n'est point abolie; les lois sur la féodalité ne frappant que sur les rentes foncières qui n'étaient pas rachetables, et non pas sur les rentes qui ne représentent que les intérêts d'une créance et qui sont remboursables. *Arr. de cass. des* 24 *mars et* 31 *déc.* 1813, 12 *janv. et* 6 *juin* 1814. (*Art.* 4658, 4911 *et* 4982, *j.*)

51. Les actes recognitifs qui donnent à la rente des signes de féodalité, ne peuvent l'emporter sur le titre primordial ou la rente ne figure que comme simplement foncière. *Arr. de cass. des* 5 *fév.* 1809, 27 *déc.* 1813 *et* 14 *juillet* 1814. *Art.* 1337 *du C. C.*

52. Le *surcens* constitué séparément du *cens*, n'est pas un droit féodal, et la rente foncière qui est créée sous cette dénomination n'a pas été supprimée par les lois sur la féodalité. *Arr. de cass. du* 5 *mai* 1817. (*Art.* 5911, *j.*)

53. Le paiement d'une rente féodale, continué postérieurement aux lois abolitives de la féodalité, n'emporte pas renonciation de la part du débiteur, à invoquer ultérieurement le bénéfice de ces lois; de ce que les titres féodaux ont dû être brûlés, le redevable n'est pas privé d'exciper contre les ci-devant seigneurs, des titres qui lui sont opposés. *Arr. de cass.*, *du* 27 *juillet* 1818.

54. Lorsqu'une Cour d'appel a à apprécier plusieurs titres, dont les uns établissent qu'une rente est féodale, et les autres qu'elle ne l'est pas, elle peut donner aux uns la préférence sur les autres, sans contrevenir à aucune loi. *Arrêt de cass.*, *du* 10 *juillet* 1810. (*Art.* 3684, *j.*)

55. RENTES *domaniales*, étaient les redevances annuelles, censives, seigneuriales ou foncières, dues au domaine du Roi, sur les biens qui en étaient mouvans, ou sur ceux qui dépendaient du domaine, et qui ayant été engagés à faculté de rachat perpétuel, ont été chargés d'une rente, soit par l'engagement, soit par la revente qui en a été faite, ou même en confirmant les détenteurs dans leur jouissance. Il y a de ces rentes qui ont été *rachetées* dans les besoins de l'État, et *ensuite rétablies* en partie, parce que le prix du rachat avait été trop modique; ce rétablissement n'a cependant eu lieu que faute d'avoir acquitté un supplément de finance jusqu'à concurrence du denier 24. *Déclarations des* 3 *avril* 1696, 13 *août* 1697; *édit du mois d'août* 1708, *Arr. du Conseil du* 14 *mai* 1721, etc.

56. La rente foncière est payée au bureau de la situation des biens, et celle constituée à prix d'argent, au bureau du domicile du débiteur. *Circ.* 1849.

57. L'abolition de la solidarité pour le paiement des arrérages des rentes ou redevances foncières est applicable aux rentes constituées dues au trésor, comme aux rentes féodales. *Circ. du* 19 *brum.* 13; *arr. de cass.*, *du* 6 *oct.* 1812. (*Art.* 4440, *j.*).

58. Ainsi le co-débiteur d'une rente foncière n'a pu payer la totalité des arrérages, et par là faire obstacle à la résolution du bail à rente. *Arr. de cass.*, *du* 18 *mai* 1818.

59. Le cessionnaire de celui qui a fait une acquisition moyennant une rente, est tenu de la payer, bien que son contrat ne fasse point mention de cette rente, attendu que le droit dont il s'agit suit l'immeuble, en quelque main que cet immeuble parvienne. *Arr. de cass. du* 3 *déc.* 1817. V. *les art.* 1184 *et* 1654 *du C. C. et les arr. de cass. des* 16 *juin* 1811, 2 *déc.* 1812 *et* 11 *oct.* 1814.

60. Les Directeurs doivent faire dans les archives et dépôts publics, la recherche des rentes, et adresser au fur et à mesure aux Receveurs, les extraits des titres qui auraient été découverts. *Instr.* 195.

61. Ceux-ci en poursuivent le recouvrement avec activité. *Circ.* 1836.

Le trésor délivre des rescriptions affectées aux acquisitions de rentes. V. *rescription.*

Si une rente est remboursée, V. *remboursement.*

Quant à la prescription des arrérages de rentes, V. *prescription*; et ci-devant, n.os 3 et 4.

62. Les créanciers directs de l'État ont faculté de se libérer des rentes et créances qu'ils lui devraient, par la voie de la compensation. V. *compensation.*

63. Suivant l'art. 2263 du C. C., il faut, avant l'expiration de 28 ans de la date du dernier titre, exiger des débiteurs de rentes, un titre nouvel.

64. L'extrait du Receveur des domaines, constatant un paiement d'arrérages, établit bien une présomption devant les juges, mais non une preuve qui soit irrécusable de la part du débiteur. *Déc. min. fin.*, *du* 26 *août* 1718. — Au surplus pour les titres constitutifs, la solidarité, les rescriptions, les sommiers, la recette, le rachat, la prescription, les titres nouvels, la retenue, la féodalité, V. *Circ. des* 19 *brum.* 13, 28 *mars* 1808, et n.os 168, 223, 560, 1463, 1790, 1836, 1843, 1889, 1912 et 1947. *Instr. gén.*, 195, 233, 331 *et* 355.

RENTES *d'engagement*. Ce sont celles qui proviennent de l'aliénation d'un bien, à titre d'engagement.

65. Les arrérages ne sont pas exigibles lorsqu'elles se trouvent mêlées de *cens* et qu'elles emportent lods et ventes aux mutations. *Instr.* 735. V. *rentes féodales.*

66. Quoique le rachat d'un bien engagé entraîne l'extinction de la vente d'engagement, néanmoins, si l'acte de rachat ou de maintenue a chargé de continuer le paiement de la rente, la condition doit subsister, à moins qu'elle ne fût féodale. *Déc. min. fin.*, *du* 25 *janv.* 1820. V. *domaine engagé* n.° 69.

RENTES *restituables*. V. *fabriques*, *hospices*, *restitution*, *séquestre*.

RENTRÉE *en possession d'immeuble*, est le retour des biens dans la main de celui qui en avait été dépossédé, ou de ses représentans. V. *restitution.*

RÉPARATION *des biens domaniaux.*

1. Les Receveurs doivent veiller à ce que les réparations soient faites aussitôt qu'il en est besoin, à ce que les fermiers et locataires fassent des réparations dont ils sont tenus par leurs baux. Les adjudications de réparations se font devant le Sous-Préfet de l'arrondissement communal de la situation des bâtimens. *Circ.* 157, 741 *et* 1814.

2. Soins à donner pour provoquer les réparations, même des biens non régis par l'Administration, quoiqu'appartenant à l'Etat. V. *les Circ. des* 19 *mars* 1807 *et n.*os 318 *bis*, 1017, 1032, 1210, 1800, 1807, 1891, 2024, 2040 *et instr.* 320.

3. Lorsque le coût des réparations ne s'élève pas à 300 fr., la direction générale peut toujours y faire procéder, d'après l'instr. 320, sans l'autorisation de MM. les Préfets. *Déc. min. fin. du* 16 *sept.* 1818.

4. Pour obtenir une ordonn. du montant des réparations faites par économie, il faut joindre au devis et au procès-verbal de réception, le mémoire de celui qui a fait les travaux, suivi du réglement des prix demandés, fait par un expert. *Lettre de l'Administration du* 10 *déc.* 1811.

5. Lorsqu'un bien tombé en déshérence exige des réparations trop considérables en raison de sa valeur, il faut en provoquer la vente devant le tribunal. *Sol. du* 6 *févr.* 1819.

6. Quant aux réparations des fossés, V. *fossés.*

7. Les dépenses relatives aux réparations de domaines seront acquittées dans l'année pendant laquelle les travaux auront été exécutés et imputés sur le budget de ladite année et non sur celui de l'exercice où les travaux avaient été ordonnés. *Instr.* 919.

RESCRIPTION, mandat tiré sur une caisse publique. La rescription délivrée par le trésor, sur prix d'acquisition de domaines de l'Etat, doit être admise en paiement par le Receveur. Voir *les circ.* 858, 859, 876, 1004, 1023, 1361, 1426, 2023 *et* 2032.

Les rescriptions qui ont été délivrées pour transfert de rentes, et dont le montant n'a pas été épuisé, peuvent être réassignées, pour ce qui reste à payer dans un autre département, en se conformant à l'instr. 869. *Déc. min. fin. du* 11 *nov.* 1818. V. *Rescription* à l'*Enregistrement.*

RESTITUTION *de biens*. Les biens séquestrés ou confisqués, acquis à l'Etat par expropriation forcée, et les sommes restant dues pour des amendes ou frais de justice, dans les affaires relatives à des faits politiques et dont le but était de servir la cause royale, ont dû être restitués aux anciens propriétaires, ou à leurs héritiers ou ayans-cause. *Ordonn. du* 19 *juin* 1816 (*époque du mariage de S. A. R. le duc de Berry;*) mode prescrit à ce sujet. *Instr.* 729.

RESTITUTION *aux émigrés.*

1. L'instr. 365 est relative aux restitutions qui ont dû être faites aux émigrés rayés, éliminés ou amnistiés.

La loi du 5 décembre 1814 porte : « Tous les biens immeubles séquestrés ou confisqués pour cause d'émigration, ainsi que ceux advenus à l'Etat par suite de partages de successions ou de présuccessions, qui n'ont pas été vendus, et font actuellement partie du domaine de l'Etat, seront rendus en nature à ceux qui en étaient propriétaires, ou à leurs héritiers ou ayans-cause. — Les biens qui auraient été cédés à la Caisse d'amortissement, et dont elle est actuellement en posssession, seront rendus, lorsqu'il aura été pourvu à leur remplacement. *Art.* 2. — Il n'y aura lieu à aucune remise des fruits perçus : néanmoins les sommes provenues de décomptes faits ou à faire, et les termes échus et non payés, ainsi que les termes à échoir du prix des ventes de biens nationaux provenant d'émigrés, seront perçus par la caisse du Domaine, qui en fera la remise aux anciens propriétaires desdits biens, à leurs héritiers ou ayans-cause. *Art.* 3. — Seront remis, ainsi qu'il est dit art. 2, les biens qui, ayant été déjà vendus ou cédés, se trouveraient cependant actuellement réunis au domaine, soit par l'effet de la déchéance définitivement prononcée contre les acquéreurs, soit par toute autre voie qu'à titre onéreux. *Art.* 4. — Dans le cas seulement de l'article précédent, les anciens propriétaires, leurs héritiers ou ayans-cause, seront tenus de verser dans la caisse du domaine, pour être remis à l'acquéreur déchu, les à-comptes qu'il aurait payés. La liquidation de ces à-comptes sera faite administrativement au Domaine même, suivant les règles accoutumées. *Art.* 5. — Les biens que l'Etat a reçus en échange de biens d'émigrés, et qui se trouvent encore en sa possession, seront rendus, sous les réserves et exceptions énoncées dans la présente loi, aux anciens propriétaires de biens échangés, à leurs héritiers ou ayans-cause. *Art.* 6. — Sont exceptés de la remise les biens affectés à un service public, pendant le tems qui sera jugé nécessaire de leur laisser cette destination ; mais l'indemnité due à raison de la jouissance de ces biens, sera réglée dans les budgets de 1816. *Art.* 7. — Sont encore exceptés de la remise les biens dont, par des lois ou des actes d'administration, il a été définitivement disposé en faveur des hospices, maisons de charité et autres établissemens de bienfaisance, en remplacement de leurs biens aliénés ou donnés en paiement des sommes dues par l'Etat. — Mais lorsque, par l'effet des mesures législatives, ces établissemens auront reçu un accroissement de dotation égal à la valeur des biens qui n'ont été que provisoirement affectés, il y aura lieu à remise de ces derniers biens en faveur des anciens propriétaires, leurs héritiers ou ayans-cause. — Dans les cas où les biens donnés, soit en remplacement, soit en paiement, excéderaient la valeur des biens aliénés et le montant des sommes dues à ces établissemens, l'excédant sera remis à qui de droit. *Art.* 8. — Seront remis, aux termes de l'art. 2, les rentes purement foncières, les rentes constituées et les titres de créances dues par des particuliers, et dont la Régie serait actuellement en possession. *Art.* 9. — Les actions représentant la valeur des canaux de navigation, seront également rendues, savoir, celles qui sont affectées aux dépenses de la légion-d'honn., à l'époque seulement où, par suite de dispositions de l'ordonn. du 19 juillet dernier, ces actions cesseront d'être employées aux mêmes dépenses; celles qui sont actuellement dans les mains du Gouvernement, aussitôt que la demande en sera faite par ceux qui y auront droit, et celles dont le Gouvernement aurait disposé, soit que la délivrance en ait été faite, soit qu'elle ne l'ait pas été, lorsqu'elles rentreront dans ses mains, par l'effet du droit de retour stipulé dans les actes d'aliénation. *Art.* 10. — Pour obtenir la remise ordonnée par la présente loi, les anciens propriétaires, leurs héritiers ou ayans-cause, se pourvoiront par-devant les Préfets des départemens où les biens sont situés. *Art.* 11. — Les Préfets, après avoir pris l'avis des Directeurs des domaines, des Conservateurs des forêts, et s'être assurés des qualités et des droits des réclamans, transmettront les pièces justificatives, avec leur avis motivé, au Secrétaire d'État des finances. *Art.* 12. — Le Secrétaire d'Etat des finances enverra toutes ces demandes à la commission chargée de prononcer sur les remises. *Art.* 13. — Il sera sursis, jusqu'au 1.er janv. 1816, à toutes actions de la part des créanciers des émigrés sur les biens remis par la présente loi : lesdits créanciers pourront néanmoins faire tous les actes conservatoires de leurs créances. *Art.* 14. » *Instr.* 666.

2. Ce n'est pas au légataire universel de l'enfant unique de l'émigré, décédé antérieurement à cette loi, mais aux héritiers du sang, que la remise doit avoir lieu. *Arr. de cass., du* 25 *janv.* 1819.

3. Remise doit être faite aux anciens propriétaires émigrés, de ceux de leurs biens qui avaient été cédés à la caisse d'amortissement, sauf l'exécution de la loi du 14 vent. 7, en ce qui concerne les biens provenant d'engagement. *Loi du* 28 *avril* 1816, *inst.* 720. — V. *Dom. engagé.*

4. Lorsqu'un bien provenant d'émigré sera rentré dans les mains du domaine, par suite de déchéance, n'importe à quelle époque, l'ancien propriétaire, ses héritiers ou ayans-cause, pourront en obtenir la remise, conformément à la loi du 5 déc. 1814. *Inst.* 791.

RESTITUTIONS *aux communes.* C'est aux communes et non aux fabriques que doivent être rendus les presbytères qui rentrent dans les mains du domaine, par déchéance des acquéreurs, parce que l'art. 72 de la loi du 18 germ. 10, a chargé les communes de fournir des logemens et des jardins à MM. les Curés ou Desservans. *Déc., Min. fin., du* 30 *oct.* 1820. (*Art.* 6858, *j.*)

RESTITUTIONS *aux fabriques.* V. *fabrique.*

RESTITUTION *de fruits aux étrangers.* Les fruits perçus sur des Espagnols, pendant le séquestre apposé en vertu du décret du 24 sept. 1808, ne doivent pas être restitués par le trésor, sauf à ces étrangers à se pourvoir ainsi qu'ils aviseront, aux termes et en exécution des traités et conventions de 1814, 1815 et 1818. *Avis du Conseil d'Etat, du* 23 *fév.* 1821, *approuvé par le Min. des fin., le* 15 *mars suiv.* (*Art.* 6918, *j.*).

RESTITUTIONS *de sommes ou de fruits.*

1. Quoiqu'un jugement condamnât l'Administration des domaines à restituer une somme, par le résultat de liquidation de fermages, la restitution ne devrait néanmoins avoir lieu que d'après le mode fixé par les lois, relativement au paiement des créances dues par l'État. *Arr. de cass., du* 24 *déc.* 1818.

2. Les créances non recouvrées, appartenant à des condamnés dont les biens avaient été confisqués, et qui sont rentrés dans leurs droits, en vertu de l'ordonn. du 19 juin 1816, doivent leur être rendues, et les sommes perçues par le domaine pendant la durée du séquestre, restent acquises à l'Etat. *Déc. min. fin., du* 17 *sept.* 1818. (*Art.* 6189, *j.*).

3. Les fruits et revenus versés dans les caisses du domaine, par suite du séquestre des biens des Français, résidant dans les états Britanniques, ne doivent pas être restitués. *Déc. min. fin., du* 26 *sept.* 1816. (*Art.* 5543, *j.*)

4. Les sommes qui restent dues sur le prix des biens vendus pour le compte de la caisse d'amortissement doivent être restituées à partir de la loi du 5 déc. 1814. *Arrêté de la Commission du Gouvernement, du* 29 *juin* 1814. (*Art.* 5576, *j.*)

5. Les sommes versées dans les caisses des domaines, postérieurement à la publication de la loi du 5 déc. 1814, même antérieurement au 1.er. janv. 1816, sur les revenus des biens, sur les décomptes et prix de vente, dont la remise aux anciens propriétaires des biens confisqués serait ordonnée en vertu de cette loi, doivent être remboursées en *numéraire. Avis du Conseil d'état, du* 31 *mars* 1817, *approuvé le* 9 *avril suivant.*

6. Les secours accordés aux femmes et aux enfans des contumax, et les restitutions à faire à ces derniers ou à leurs héritiers, lors de la main-levée du séquestre, doivent être acquittés en numéraire, quoique les recettes sur lesquelles portent les secours et les restitutions soient antérieures au 1.er janv. 1816. *Déc. min. fin.* 7 *août* 1817. — Il en est de même pour la restitution de droits à faire aux héritiers des absens. *Sol. du* 26 *août* 1820. (*Art.* 6871, *j.*)

7. Aussi pour les rentes foncières indûment séquestrées, le montant des arrérages des cinq dernières années est propre à produire une restitution en espèces; mais les arrérages antérieurs ne peuvent être payés au profit du réintégré qu'en valeurs de l'arriéré. *Sol. du* 9 *sept.* 1819.

8. Lorsqu'il s'agit de faire une restitution de prix de coupes de bois, les fruits perçus et les traites négociables

souscrites antérieurement à la loi du 5 déc. 1814, ne sont pas restituables. *Déc. min. fin. du 8 mars* 1820.

RETENUE. V. *rentes*, *n.*° 6 ; et ce mot, à l'*enregistr.*

RÉUNION *au domaine* des biens qui en avaient été distraits, soit à titre de concession, de don, ou d'engagement, ou de toute autre aliénation quelconque, soit par usurpation ou autrement. V. *domaine engagé*.

RÉVÉLATION *de biens et rentes recelés.*

1. L'ordonnance du Roi du 21 août 1816, porte : « Les détenteurs de biens et rentes provenant du domaine ou des anciens établissemens ecclésiastiques, qui n'auraient été ni aliénés à des particuliers, ni abandonnés à des fabriques et hospices, et qui seraient possédés par des tiers sans titre de propriété, seront admis, dans les trois mois qui suivront la publication de la présente ordonnance, à en faire la déclaration devant les Préfets et Sous-Préfets de leur arrondissement. — Au moyen de cette déclaration, ils jouiront, de plein droit, de la remise totale des intérêts, fruits et fermages qu'ils ont pu recevoir, et seront à l'abri de toute demande d'indemnité ou dommages-intérêts quelconques, résultant, soit de cas fortuits, soit de démolition ou dégradations. — Ils n'auront pas droit à cette remise, lorsque l'action civile en déguerpissement aura été commencée contre eux, article 2. — Toutes personnes pourront, dans les six mois qui suivront l'expiration dudit délai de trois mois, déclarer aux Préfets et Sous-Préfets les biens et rentes de cette nature usurpés par des tiers. — Si les révélateurs, au moyen de la remise des titres ou par d'autres voies, mettent le domaine de l'Etat à portée de se faire réintégrer dans la propriété et possession des biens et rentes usurpés, il leur sera accordé une récompense dont le montant sera déterminé par le Ministre des finances, selon l'importance des biens et rentes. — Cette récompense ne pourra leur être allouée, 1.° si les détenteurs ont fait la déclaration volontaire dans le délai à eux accordé, et avant qu'aucune action ait été intentée contre eux, etc.; 2.° Si les biens ont été régis ou administrés par les Préposés de l'enregistrement et des domaines. — Moyens de faire les recherches avec succès. *Instr.* 740.

2. Il a dû être formé un tableau des biens et rentes réunis au domaine de l'Etat, en exécution de cette ordonnance, du 21 août 1816. *Instr.* 806.

3. Par autre ordonnance du 31 mars 1819, les délais ci-dessus accordés ont été étendus pour les détenteurs, jusqu'à la fin de 1819, et pour toutes autres personnes jusqu'au 1.er janv. 1821. *Instr.* 884. V. *usurpation*, p. 54.

4. Il n'est acccordé de récompeuse pour ces révélations que sur la demande de l'Administration, et dans le cas seulement où ces révélations auraient procuré des découvertes réellement utiles. *Déc. min. fin. du* 6 *mars* 1816.

5. Les biens révélés au profit des fabriques ne peuvent leur être abandonnés sans une autorisation spéciale du Gouv. *Déc. min. fin.*, 10 *sept.* 1817. (*Art.* 5859, *j.*)

6. Il y a lieu de restituer à un bureau de bienfaisance les arrérages d'une rente qu'il a révélée, et dont le domaine a reçu les arrérages depuis la révélation. *Déc. min. fin.*, *du* 9 *août* 1819.

7. Les biens célés au domaine de l'État peuvent, quelle qu'en soit l'origine, être révélés au profit des fabriques, mais ils ne leur sont restitués qu'autant que l'on aura acquis la preuve qu'ils étaient absolument ignorés de l'Administration. *Déc. Min. de l'Intérieur et des fin.*, *du* 6 *août* 1817. (*Art.* 5830, *j.*)

8. Aucune poursuite ne pourra être exercée pour des biens prétendus appartenir à l'Etat, qu'en vertu de titres constatant la domanialité de ces biens, d'une date postérieure à la publication de l'édit de fév. 1566, ou d'une date postérieure à ladite publication si les titres contenaient clause de retour ou réserve de rachat, le tout sauf les exceptions portées par l'art. 5 de la loi du 14 vent. 7. *Décr. du* 8 *mai* 1812. (*Art.* 4197, *j.*) V. *dom. engagé.*

6. BIENS SUSCEPTIBLES D'ÊTRE RÉVÉLÉS ET CE QU'ON DOIT FAIRE. Les révélateurs doivent fournir, autant qu'il sera possible, les titres authentiques et récognitifs de la domanialité des biens immeubles, capitaux de rentes et créances révélées, mais l'on peut admettre des indications suffisantes de leur part, pour faciliter les recherches des Préposés de l'administr.; la Direction générale des domaines est étrangère aux révélations qui pourraient être faites d'objets provenant des hospices, fabriques ou autres établissemens réintégrés dans la propriété de leur biens; c'est au Ministre de l'Intérieur que l'on doit s'adresser pour les biens de cette nature. — Les révélations peuvent porter sur les biens d'origine domaniale dont les communes jouiraient sans titres; il n'y a pas à s'occuper des offres qui pourraient être faites de révéler les biens situés en pays étrangers, provenant d'établissemens français supprimés. *Décision Min. fin.*, *du* 31 *mars* 1819. (*Art.* 6366, *j.*)

REVENTES. V. *aliénation*.

REVENUS *des terrains des places*, *etc.* V. *hôtel des invalides.*

RIVIÈRES. V. *îles*.

ROUTES. V. *arbres*.

SAISIES *réelles ; arrêt sur les biens, par ordre de justice.*

1. L'Administration a été chargée de régir les biens provenant des saisies réelles faites dans les formes antérieures à celles que la loi du 11 brum. 7, a prescrites. — Plusieurs de ces biens n'étant réclamés ni par les saisis, ni par les saisissans, et le C. de P. C. ni aucun réglement n'ayant statué sur ces anciennes saisies, il a paru convenable de donner aux saisissans les moyens de reprendre et de déterminer leurs poursuites; et en cas de négligence de leur part, de mettre fin à cette partie de la gestion des Préposés. — Un décr. du 11 janv. 1811, prononce sur cet objet; il est inséré dans l'instr. 508. — Le produit des biens vendus, en exécution de ce même décret, tant à la requête des créanciers poursuivans, qu'à celle de l'Administration de l'enregistrement, a dû être versé directement par les adjudicataires à la caisse des consignations. *Déc. des Min. fin. et Justice*, *des* ..... (*Art.* 4358, *j.*)

2. Les Receveurs des domaines recevront les reliquats de compte des anciennes saisies réelles, à la charge de les verser aux Receveurs particuliers et généraux des finances, sous la déduction de 5 pour cent de remise. *Déc. Min. fin. du* 8 *sept.* 1815. (*Art.* 6175, *j*)

3. Ils conservent dans leurs attributions les opérations

prescrites par le décr. du 12 fév. 1812, à l'exception du reliquat, et qu'ils ont crû leur être étrangères d'après l'inst. 736. — En déduction des sommes à payer aux ayans-droit, il leur sera alloué comme indemnité de travail, une bonification représentative de la remise dont ils jouissaient, lorsqu'ils étaient chargés des recettes. *Déc. min. fin.*, *du* 30 *mai* 1817. (*Art.* 5853, *j.*)

SÉQUESTRE, *saisie provisoire de biens.* — Il ne peut être établi ni cesser, qu'en vertu d'un arrêté du Préfet.

1. Les biens non déclarés lors des opérations relatives au cadastre, et dont le propriétaire est inconnu, doivent être mis sous la main de l'Administration des domaines, à titre de séquestre, sauf à les rendre au propriétaire qui les réclamerait. — Adresser un état de ces biens au Directeur, etc. *Circ. du* 26 *sept.* 1806.

2. L'Agent du trésor seul, doit diriger et suivre les opérations qui concernent les biens séquestrés des comptables directs du trésor, constitués en débet. Mais si le séquestre a lieu, faute au comptable d'avoir présenté son compte dans le délai fixé, le séquestre doit être réglé par l'Administration des domaines, et les fruits et revenus des biens sont acquis, pendant sa durée, à l'État, à titre d'amende et de confiscation; si le comptable en débet se laissait condamner par contumace, ce serait encore à l'Administration à exercer le séquestre. *Instr.* 356.

3. Immédiatement après l'apposition du séquestre, il faut faire signifier aux fermiers la défense de payer ailleurs qu'au bureau des domaines, à peine de payer deux fois. — On ouvre ensuite, sur le registre du compte ouvert, un chapitre particulier pour le séquestre, afin d'y porter les recettes et dépenses relatives à cette gestion. — Les biens sont régis de la même manière que ceux de l'État. *Circ.* 1456.

4. Lorsqu'il est dû des contributions personnelles par le séquestré, la caisse du séquestre les acquitte. *Circ.* 1318.

5. Les frais d'apposition de scellés sont payés par le Receveur; le Greffier et le Juge ne touchent que leurs déboursés, et point d'honoraire. *Déc. min. de la justice*, *du* 11 *vend.* 8.

6. Le propriétaire de biens indivis avec l'État ne peut jouir distinctement de sa portion; l'Administration régit la totalité des biens. *Circ.* 1456 *et* 1594; au surplus, V. *les Circ.* 266, 288, 495, 496, 629, 673, 751, 825, 1219, 1513, *et celle du* 27 *niv.* 12.

7. Le jugement de contumace est comme non avenu, lorsque l'accusé se présente ou est arrêté avant que la peine soit éteinte par la prescription; dès que l'individu est prisonnier, le séquestre doit cesser. *Arr. de cass.*, *du* 27 *août* 1819.

8. Tous les actes et opérations faits pendant le séquestre par l'Administration des domaines, font loi pour le séquestré qu'on a remis en possession; il ne peut revenir ni contre l'Administration, ni contre les particuliers avec lesquels elle a traité pendant sa jouissance; elle est réputée avoir fait ce que le séquestré eût fait lui-même, et elle n'est tenue envers lui à aucune sorte de responsabilité. *Arrêt de cass.*, *du* 19 *fév.* 1811.

9. La portion revenant à un régnicole dans les revenus touchés par l'État *avant le* 1er *janvier* 1816 et pendant l'indivision d'une succession séquestrée pour cause d'émigration, ne peuvent être acquittés qu'en valeurs de l'arriéré. *Déc. min. fin. du* 28 *déc.* 1816. — Il en est de même des revenus perçus sur les biens séquestrés pendant l'interrègne. *Déc. min. fin. du* 30 *juin* 1817.

10. Les valeurs de l'arriéré ne sont applicables qu'aux paiemens des sommes perçues par suite de séquestre illégal, prononcé le 10 mars 1815, *tant sur les biens d'émigrés déjà rendus à cette époque, qu'à d'autres biens frappés par cet acte*; mais on doit rembourser en *numéraire* les sommes dues sur les biens d'émigrés aliénés et remboursables aux anciens propriétaires, conformément à la loi du 5 déc. 1814, ainsi que les revenus provenant des biens de même nature qui seraient restitués d'après la même loi. *Déc. min. fin. du* 21 *août* 1817.

11. Lors de la remise d'un bien mis par erreur sous le séquestre pendant quinze ans, qui était grévé d'une rente due au Domaine, par représentation d'une communauté religieuse, et dont les arrérages n'avaient pas été acquittés pendant seize années avant ce séquestre, on a compris dans la dépense du compte des revenus, cinq années d'arrérages antérieurs au séquestre, ensuite tous ceux échus depuis, jusqu'au jour de la restitution, déduction faite de la retenue; le compte a été divisé en deux parties, l'un s'arrêtant au 1.er janvier 1816, dont le résultat, au profit du réintégré, ne peut être acquitté qu'en valeur de l'arriéré, l'*autre*, commençant à cette dernière époque, pour produire une restitution en numéraire. *Sol. du* 9 *sept.* 1819.

12. Chaque fois qu'on appose le séquestre sur des bois, ou qu'il est accordé main-levée, le Directeur doit en prévenir l'Administration forestière. *Circ.* 2029.

13. Après la levée du séquestre, il faut donner main-levée des oppositions que l'on aurait mises aux mains des fermiers ou débiteurs. *Circ.* 780. V. *contumax.*

SIGNAUX. Les Agens forestiers doivent délivrer aux Ingénieurs-géographes les arbres nécessaires à la construction des signaux; ces bois seront estimés sur pied, et le prix en sera versé par le ministère de la guerre, dans la caisse du domaine, au profit de la caisse d'amortissement. *Instr.* 848.

Les branchages non employés seront vendus comme menu marché, d'après l'instr. 826. *Idem.*

SOMMIERS. Les Receveurs des domaines servent les sommiers des amendes forestières. *Instr.* 510. — De chasse et de pêche; des adjudications de coupes de bois pour le décime. *Circ. du* 28 *vend.* 13. — Des domaines. — Des rentes. — Des biens séquestrés. — Des comptes ouverts avec les acquéreurs de domaines nationaux. — Des terrains, des places et postes conservés. *Instr.* 514. — Ils tiennent un sommier pour les biens séquestrés des contumax. — Un de la consistance des domaines de l'État. *Circ.* 1844 *et du* 8 *août* 1806, *instr.* 443. Un des épaves, et un autre de déshérence, *idem.* Enfin le sommier des ordres et instr. — *Pour la tenue de ces sommiers. V. l'art.* 83 *des ordres généraux de Régie. Circ.* 33 *et du* 24 *juillet* 1807, *ainsi que le mot* sommier, *à l'Enreg.*

— Le Directeur tient un sommier général de la consistance des bois qui appartiennent à la caisse d'amortissement (modèle n.° 1.er), et d'après le même modèle, un autre sommier pour les bois des communes et autres établissemens publics. — Les changemens qui surviennent dans la consistance des bois, sont annotés sur ces sommiers et indiqués au Directeur général à l'expiration de chaque trimestre. *Instr.* 826. V. aussi *sommier*, à l'*enregistr.*

SOUMISSION. Le soumissionnaire d'un domaine national, en vertu de la loi du 28 vent. 4, dont la soumission a été acceptée et exécutée par estimation contradictoire, qui d'ailleurs a payé le prix de la soumission et obtenu un décompte, est réputé acquéreur incommutable, quoiqu'il ne lui ait pas été passé de contrat de vente. *Ordonn. du* 23 *avril* 1818. V. *domaine engagé, n.°* 57.

SUCCESSION *vacante, en déshérence.* V. *déshérence ; et vacans, page* 54.

SURMESURE. Il ne peut être fait de compensation du moins de mesure avec un excédant. *Circ. du* 28 *sept.* 1812. Lorsqu'il y a excédant de mesure, l'adjudicataire doit en payer le montant, avec le décime, en proportion du prix entier de l'hectare, sans distinction et diminution pour les arbres de futaie qui existaient dans les taillis. (*Idem.*) V. *moins de mesure, page* 42.

SURSÉANCE. Terme et délai accordé à un débiteur. — Le certificat d'insolvabilité des adjudicataires de bois n'opère qu'une surséance provisoire. *Instr.* 258. — La surséance indéfinie est accordée par le Préfet, lorsqu'il s'agit de propriétés domaniales. *Circ.* 1770. — Une lettre de M. l'Administrateur de la 1.re division, du 8 août 1816, a prescrit l'établissement d'un sommier spécial des surséances indéfinies. V *ordres généraux de Régie, art.* 89, *et sommier et surséances*, à l'*Enregistrement.*

SURVEILLANCE. Les municipalités n'ont aucune attribution sur l'Administration des forêts de l'État, elles n'ont qu'un droit de surveillance et sont seulement chargées de dénoncer les contraventions aux fonctionnaires qui en doivent connaître. *Instr. en forme de loi du* 20 *août* 1790.

TACITE *réconduction.* Se dit de la continuation de la jouissance d'un bien affermé après l'expiration du bail, aux mêmes prix et conditions sans qu'il ait été renouvelé. — Si à l'expiration des baux ruraux écrits, le preneur reste et est laissé en possession, il s'opère un nouveau bail dont l'effet est réglé par l'art. 1774. *Art.* 1776 *du C. C.* — Les loyers prescriptibles par 5 ans, à partir de l'expiration du bail, ne sont point mis à l'abri de la prescription par la tacite réconduction. *Arr. de cass. du* 25 *oct.* 1813.

TAXE *d'entretien des routes.* Cette partie a été distraite de l'Administration des domaines, et attribuée à celle des contributions indirectes, à partir du 1.er vend. 13. *Instr.* 254. Maintenant sans objet.

TERRAGE est une espèce de champart ou droit que quelques seigneurs pouvaient exiger de leurs vassaux, sur une certaine portion de fruits recueillis sur les héritages roturiers. Ce droit pouvait être foncier. *Denisart, collection de jurisprudence, t.* 2. — Un droit de terrage cédé purement et simplement avec la seule réserve de la directe, doit être considéré comme foncier et non mélangé de féodalité. *Arr. de Cass. du* 2 *janv.* 1809 (*Art.* 3718, *j.*). — Quand un bien est grévé d'un cens féodal de sa nature et d'un terrage foncier de sa nature, il y a lieu de présumer qu'ils ont été constitués séparément, si le mélange n'est pas justifié par titre. Ainsi le droit de terrage est dû si rien ne constate qu'il a été créé simultanément avec le cens. *Arr. de Cass. du* 12 *oct.* 1814. (*Art.* 5132, *j.*)

TERRAINS *domaniaux.* La valeur des terrains domaniaux dont l'Administration des ponts et chaussées a besoin pour des travaux publics, ne doit pas être remboursée au domaine. *Déc. min. fin. du* 26 *déc.* 1809. (*Art.* 3458, *j.*).

TERRAINS VACANS. Ceux qui le deviennent par suite des alignemens donnés à la voie publique doivent être acquis par le propriétaire riverain qui sera tenu d'en payer la valeur fixée par une expertise contradictoire, sous peine d'être dépossédé de l'ensemble de sa propriété en lui payant la valeur telle qu'elle était avant l'entreprise des travaux. *Loi du* 16 *sept.* 1807. *Déc. min. fin. du* 29 *nov.* 1820. (*Art.* 6881, *j.*). V. *Biens vacans, page* 8.

TERRAINS *vagues*, même les landes, bruyères, garennes, places et marais vacans, appartenaient au Roi ; l'aliénation en fut ordonnée à titre de propriété par l'édit du mois de fév. 1586. — L'état dressé et fourni en exécution de l'instruction n.° 788, des terrains vagues, landes, marais et terres incultes qui dépendent du domaine doit être considéré comme présentant la totalité des biens dont le Gouvernement peut disposer. *Instr.* 886. — Les terrains vagues, situés le long des grandes routes royales, font partie du domaine du royaume. *Ordonn. du* 30 *avril* 1816 (*Art.* 5458, *j.*). V. *Domaine de l'Etat.*

TERRAINS *des places et postes.* V. *Hôtel des invalides.*

TERRIER, était une description de tous les héritages féodaux et roturiers dans la mouvance ou censive d'un Seigneur : c'était le recueil de toutes les reconnaissances fournies par ses vassaux ou tenanciers, contenant l'étendue et les limites de ce qu'il possédait, ainsi que les différens droits dont les biens étaient chargés envers le Seigneur. — Le régime féodal a été détruit et tous les droits seigneuriaux *supprimés* par les lois du mois d'août 1789, 15 mars 1790, 25 août 1792 et 17 juillet 1793. — Le papier Terrier du Roi servait à conserver le domaine de S. M. ; pour empêcher les usurpations, il a été procédé à la confection de ce papier d'après l'édit du 25 nov. 1549, etc. — Louis XIV ordonna qu'il serait fait un terrier général et universel du domaine dans tout le royaume, en 1655, 1656, 1657 et 1658, etc.

TIERCEMENT, est une enchère, qui est ordinairement du tiers du prix principal pour lequel une adjudication a été faite ; cette enchère a lieu pour les adjudications de coupes de bois. Lorsque les tiercemens et doublemens sur adjudication de coupes de bois sont annulés, ils ne donnent lieu à aucune action en indemnité contre les tierceurs, etc. *Déc. min. fin. du* 7 *févr.* 1812. (*Art.* 4519 ; *j.*)

TIERCE *opposition*, est celle formée à des jugemens et arrêts, par des personnes qui n'y sont point dénommées comme parties. V. *instance*, *n°*. 30.

TRAITEMENT, salaire fixe d'un Préposé. Les communes doivent payer les gages de leurs gardes forestiers, et contribuer, proportionnellement à l'étendue de leurs bois, au paiement des gardes chargés cumulativement de la conservation des forêts domaniales et communales. *Déc. min. fin.* 10 *juillet* 1820. (*Art.* 6761, *j.*)

Le traitement des gardes forestiers a été réduit en raison des bois restitués aux anciens propriétaires. *Instr.* 896. V. *traitement*, *à l'enregistrement*.

TRAITES *des adjudicataires des coupes de bois de l'Etat.* Les Receveurs généraux sont chargés de les faire souscrire ; les Receveurs des domaines ne les porteront plus en recette. *Instr.* 780. V. *coupes de bois.*

TRANSFERT *de rentes sur l'Etat.* Les rentes transférées en paiement d'arrérages restituables à des cessionnaires de rentes sur l'Etat, doivent être capitalisées au denier 15. *Déc. min. fin.*, *du* 2 *févr.* 1820. (*Art.* 6655, *j.*)

La demande d'un particulier qui réclamait le remplacement de rentes nationales transférées depuis dix-neuf ans, et le remboursement des frais des jugemens qui les ont reconnues féodales, a été rejetée; il n'a droit ni au remplacement, ni au remboursement des rentes, ni à aucune indemnité à raison des dix-neuf années d'arrérages sur le Trésor, suivant l'instr. 580, pour ne s'être point abstenu de donner suite aux instances en son nom personnel, au lieu de laisser au Préfet à soutenir l'affaire devant les Tribunaux. Quant aux arrérages pour les autres rentes féodales sur lesquelles il n'y a pas eu d'instance, ce particulier doit s'adresser au Gouvernement pour faire décider sur ce chef. *Lettre de l'adm. du* 24 *mars* 1820.

— Il faut faire recette et dépense *réelles* dans les comptes courans, du capital des rentes données en remplacement de transferts. *Circ. du* 28 *mars* 1808. (*Art.* 6800, *j.*).

TRÉSOR *trouvé*. Il faut distinguer le dépôt d'or ou d'argent, ou d'autres effets précieux, caché par précaution ou par crainte, dont le propriétaire peut être connu, et fournir la preuve de sa propriété ; ce dépôt est différent du trésor dont on ne peut connaître le maître qui l'avait enfoui ou caché. Le dépôt doit être rendu au propriétaire ; le trésor appartient à celui qui le trouve dans son propre fonds. Si le Trésor est trouvé dans le fonds d'autrui, il appartient pour moitié à celui qui l'a découvert, et pour l'autre moitié au propriétaire du fonds. *Art.* 716 *du C. C.*

Si l'usufruitier découvre lui-même le trésor, il lui en revient la moitié, non en sa qualité d'usufruitier (*art.* 598 *du C. C.*), mais comme l'*inventeur. Cour de Grenoble*, *du* 3 *janv.* 1811. V. *Epaves.*

UNIVERSITÉ. Le contentieux judiciaire de l'université est assimilé au contentieux de l'Administration des domaines. *Instr.* 621.

USAGES, sont les droits de pacage, pâturage, glandage, chauffage et autres semblables, appartenant aux communautés d'habitans des villes, bourgs et villages, qui, sans être propriétaires du fonds, en ont un usage commun pour y prendre leur chauffage et y faire paître leurs bestiaux. L'usage des bois et forêts est réglé par les lois particulières. *Art.* 636 *du C. C.* V. *droits d'usages.*

USUFRUIT est le droit de jouir d'une chose dont on n'est pas propriétaire du fonds ; c'est une jouissance pleine et entière de tous les fruits et revenus que cette chose peut produire sans la détériorer ni la diminuer. *Art.* 582 *et suivans du C. C.*

USURPATION *des Domaines* de l'Etat, est une jouissance sans titre légitime, et par conséquent injuste, des biens dépendans du domaine.

1. Il n'appartient qu'à l'Administration du domaine de revendiquer, par les voies ordinaires, les biens usurpés sur l'État. — Le révélateur doit se borner à fournir à cette Administration les données propres à assurer le succès de la revendication, et à demander la récompense qui lui aurait été promise, dans le cas de réussite de l'affaire. Ce n'est pas à lui à poursuivre, et il ne peut rien prétendre lorsque le Ministre à décidé qu'il ne serait pas donné suite à l'objet. *Ordonn. du* 9 *avril* 1817. V. *révélation.*

2. On a dû faire de nouvelles recherches pour découvrir les biens et rentes appartenant au domaine, et dont l'admin. n'était pas en possession, et en fournir un état. Les détenteurs et débiteurs ont été admissibles à faire eux-mêmes la révélation de ces propriétés qui n'étaient pas encore connues, et toute personne a pu concourir à la révélation de ces biens. *Instr.* 740 *et* 806. V. *archives.*

VACANS. Les biens vacans sont généralement toutes sortes de choses, meubles ou immeubles, qui ne sont possédés par personne, et qui n'ont point de maîtres. V. *biens vacans*, *déshérence*, *épaves*, *trésor* ; et à l'enregistrement, *successions vacantes.*

VACATIONS *des arpenteurs.* V. *arpenteur.*

VENTE, est l'aliénation d'une chose mobilière ou immobilière, dont la propriété passe de l'un à l'autre, moyennant un prix ; elle est volontaire ou forcée. Les volontaires ne sont *ventes* qu'à l'égard du vendeur : ce sont des *acquisitions* relativement à l'acquéreur. Il faut trois choses essentielles pour donner la perfection aux ventes d'immeubles : le consentement de parties libres ; la chose appartenante au vendeur, et la stipulation d'un prix. Il se fait aussi des ventes volontaires de meubles, soit par des actes conventionnels, soit par le ministère des Commissaires-Priseurs et autres Officiers publics. Les ventes forcées, sont, à l'égard des immeubles, les adjudications par expropriation. V. *adjudication.*

VENTE *à faculté de réméré ou de rachat*, est celle par laquelle le vendeur se réserve la liberté de retirer et reprendre l'héritage dans un certain délai, en remboursant ce que l'acquéreur aura payé. La faculté du rachat ne peut être stipulée que pour cinq ans. *Art.* 1660 *du C. C.* — Il a été reconnu dans tous les tems que cette vente était translative de propriété ; qu'elle était parfaite quoique résoluble sans condition. *Décl. du Roi du* 20 *mars* 1708. V. ce mot, à l'*enregistrement.*

VENTES *des biens des communes*, *en vertu de la loi du* 20 *mars* 1813. Une commune n'est pas fondée à attaquer en rescision l'aliénation d'un bien qui lui a appartenu, et qui a été vendu pour le compte de la caisse d'amortissement, attendu qu'elle n'a été dans le contrat, ni propriétaire, ni vendeur, seules qualités qui donnent le droit d'agir en rescision. *Déc. min. fin. du* 22 *oct.* 1819. (*Art.* 6847, *j.*) V. *biens des communes.*

VENTES *de biens de l'Etat.* La vente d'une église telle qu'elle se poursuit et comporte, comprend les statues qui s'y trouvent et qui peuvent être regardées comme objets d'art. *Décr. du* 11 *juillet* 1812. (*Art.* 4359, *j.*) — Mais lorsqu'on a inséré dans l'acte la réserve générale des statues, objets d'art et mobilier précieux, les cloches n'y sont pas comprises, à moins d'une clause spéciale. *Décr. du* 7 *févr.* 1813. (*Art.* 4639, *j.*) — Lorsqu'une ferme a été vendue d'après le prix du bail, sans aucunes réserves, que l'acquéreur est tenu de continuer ce bail au fermier qui ne jouissait pas de quelques pièces d'héritage; bien que dans cet acte de vente, en détaillant chaque pièce par contenans, tenans et aboutissans, on ait omis quelques-unes de ces réserves, elles n'en sont pas moins comprises dans la vente. *Décr. du* 15 *juin* 1812. (*Art.* 4277, *j.*). Un domaine est légalement vendu lorsqu'il a été adjugé par l'autorité compétente, même sans égard à un sursis accordé par l'autorité supérieure. *Ordonn. du* 20 *janv.* 1819. (*Art.* 6589, *j.*) — Lorsqu'un bien a été vendu à deux individus. V. *adjudicataire*, *n.*° 3, et *éviction*; au surplus, V. *adjudication.*

VENTE *de domaines engagés.* V. *domaines engagés*, *n.*° 83.

VENTILLATION, est l'estimation particulière d'une chose vendue ou affermée conjointement avec un autre, pour un même prix. Ventiller c'est mettre un prix distinct à chaque objet divisé. V. ce mot, *à l'enregistr.*

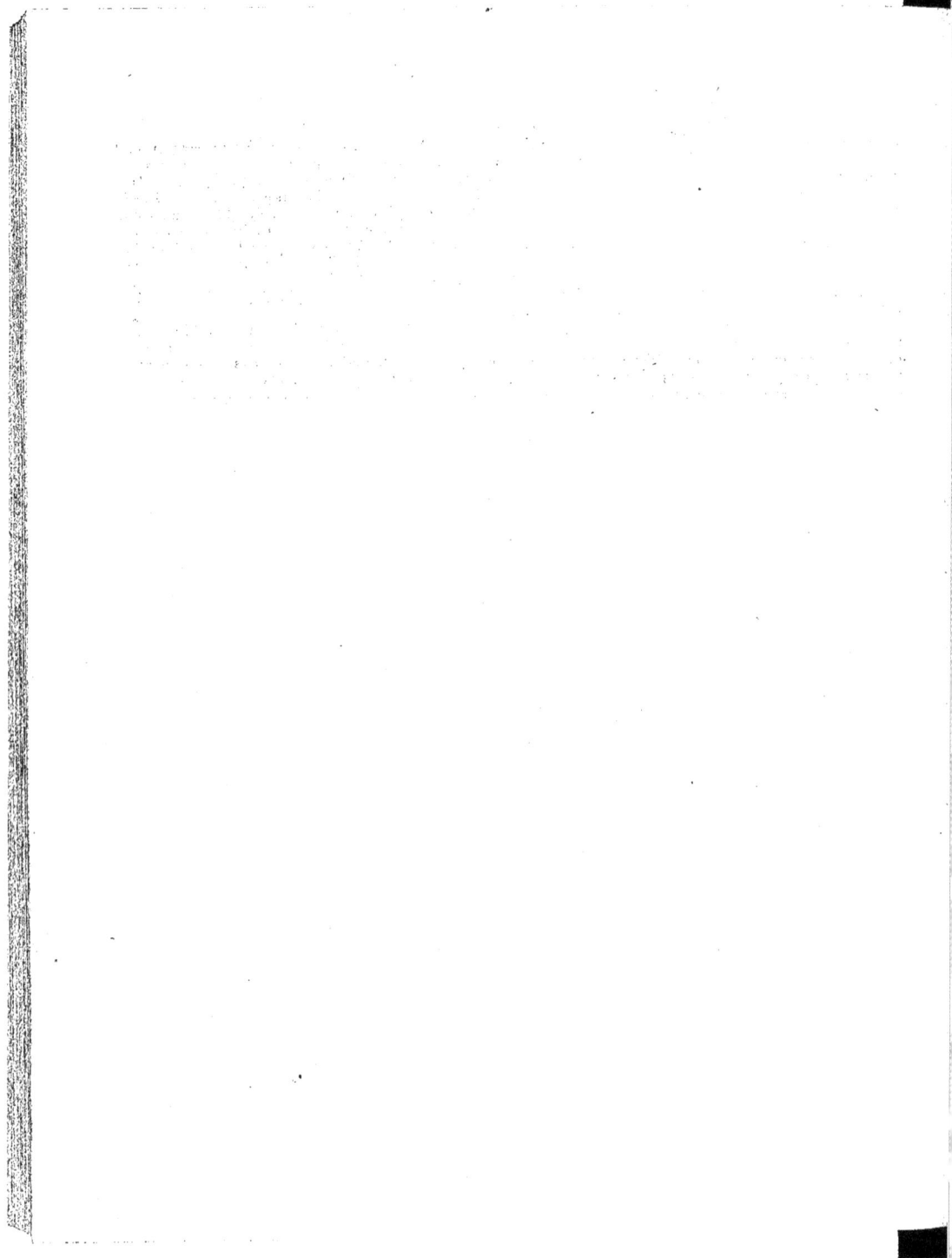

ORDRES GÉNÉRAUX
DE RÉGIE (*).

SURNUMÉRAIRES.

ARTICLE PREMIER. *Conditions pour être admis Surnuméraire.* Nul ne pourra être admis Surnuméraire qu'après avoir rapporté l'expédition en forme de l'acte civil de sa naissance, pour justifier qu'il a dix-huit ans accomplis, et un certificat d'un Notaire, ou d'un homme de loi, ou d'un Avoué, qui attestera qu'il a travaillé au moins un an auprès de lui.

Exception en faveur des Employés supprimés. Seront admis, sans ce préalable, jusqu'au 8 mars 1796, les Employés des Régies, Fermes et Administrations réduites ou supprimées, conformément à l'art. 17 de la loi du 27 mai 1791. (Aujourd'hui sans objet).

2. *Soumission.* L'ordre d'admission ne sera exécuté, que lorsque le Surnuméraire aura souscrit, au pied d'une copie de cet ordre, la soumission de ne prétendre aucun émolument pendant la durée de son surnumérariat, sauf le cas prévu par les Instructions générales.

3. *Admission.* Le tems du surnumérariat sera compté seulement du jour de l'entrée en activité, certifié au pied de l'ordre d'admission par le Receveur dans le bureau duquel le Surnuméraire aura été placé.

4. *Assiduité et cas d'absence.* Les Surnuméraires seront assidus au bureau aux heures fixées par la loi pour les Receveurs; ils ne pourront s'absenter sans un congé, à peine d'être rayés du tableau et de ne pouvoir y être rétablis qu'en perdant leur rang. Ils ne pourront aussi travailler dans un autre bureau que celui qui leur aura été indiqué sans y être autorisés par l'Administration.

5. *Travail et subordination.* Le travail des Surnuméraires sera déterminé par le Receveur, d'après le degré d'aptitude qu'il leur aura reconnu; ils seront sous ses ordres immédiats et tenus à la subordination envers les Préposés supérieurs de la Régie.

6. *Discussion relative aux perceptions.* Toute discussion relative aux perceptions avec les contribuables et Officiers publics leur est interdite, excepté les cas où ils suppléeraient le Receveur.

7. *Signature.* Ils ne signeront aucune relation ou quittance, même en cas d'absence ou de maladie de Receveur, sans y avoir été autorisés par écrit et sans avoir prêté serment devant les Juges civils de leur résidence.

8. *Avancement.* Aucun Surnuméraire ne sera pourvu d'un emploi que sur le compte rendu de son assiduité et de son travail, par le Receveur et par les Employés supérieurs, et seulement après l'âge de 21 ans accomplis.

RECEVEURS.

9. *Conditions.* Nul ne pourra être nommé Receveur sans avoir travaillé précédemment en qualité de Surnuméraire.

10. *Incompatibilité.* Il y a incompatibilité entre les fonctions de Receveur de la Régie de l'enregistrement et celles de Député, Membre des départemens, Maire, Officier municipal, Juge, Procureur du Roi, Receveur particulier des finances, Notaire, Greffier, Avoué et Huissier.

11. *Résidence.* Leur résidence ne pourra être établie ailleurs que dans le chef-lieu de l'arrondissement de leur bureau.

12. *Serment.* Les Receveurs, avant d'exercer leurs fonctions, seront tenus de prêter serment au Tribunal civil dans le ressort duquel leur bureau sera placé, et d'envoyer, à leur Directeur, une expédition en forme de l'acte de prestation.

13. *Cautionnement.* Ils ne feront aucune recette qu'ils n'aient préalablement fourni à la Régie un cautionnement. . . . .

14. *Assiduité.* Ils seront assidus à leur bureau quatre heures le matin et quatre heures l'après-midi, et les heures de séances seront affichées à la porte du bureau.

15. *Cas d'absence.* Ils ne pourront s'absenter sans un congé par écrit de la Régie et sans avoir fait agréer par le Directeur celui qu'ils auront désigné pour les remplacer, des faits duquel ils seront responsables, et qui, avant d'entrer en fonctions, prêtera le serment requis par la loi. — Si l'Administration, à raison de l'importance du bureau ou pour tout autre motif, juge à propos de les faire suppléer par un Employé supérieur ou par un Surnuméraire, ils seront, dans ce cas, privés de leurs remises. (Maintenant pendant toute l'absence.)

16. *Subordination.* Les Receveurs seront subordonnés aux Employés supérieurs de la Régie, exerçant leurs fonctions dans le département où leur bureau sera établi. Ils s'attacheront à mériter la confiance de leurs concitoyens par une gestion irréprochable et par leur soumission aux Autorités constituées.

17. ENREGISTREMENT. *Lecture des actes.* Ils seront tenus de lire les actes en entier, avec la plus grande attention, avant de les enregistrer, sans permettre, dans

(*) Les changemens qui ont été faits ont paru être nécessaires, notamment pour les jeunes employés. Les articles qui ne sont plus en vigueur, ont été retranchés comme inutiles.

aucun cas, que les Notaires, Greffiers, Huissiers ou autres, leur en dictent les dispositions. — Lorsque cette lecture leur donnera l'indication de quelques droits négligés ou recelés, ils en consigneront sur-le-champ les articles sur le sommier des découvertes prescrit ci-après.

18. *Obligation d'enregistrer promptement les actes.* Ils ne doivent jamais, pas même dans le cas de contravention, excepté ceux prévus par les articles 24, 25, 26 et 27 ci-après, différer d'enregistrer les actes sujets à la formalité, à mesure qu'ils leur seront présentés et que les droits leur en auront été payés.

19. *Défense de suspendre le cours des procédures.* Il leur est défendu de suspendre le cours des procédures en retenant aucuns actes ou exploits. — Ils pourront seulement, dans les vingt-quatre heures de la présentation, tirer une copie ou se procurer la collation, soit d'un acte dont il n'y a pas de minute, soit d'un exploit qui contiendrait des renseignemens dont la trace pourrait être utile.

20. *Tout titre qui sert de base à un acte public, ou à une demande juridique, doit être préalablement enregistré.* Ils doivent, avant d'enregistrer aucun acte public, ordonnance préparatoire ou exploit, s'assurer si le titre qui sert de fondement aux demandes ou dispositions, a été préalablement enregistré, conformément à la loi; en cas de contravention, ils décerneront contrainte à l'effet de faire payer deux fois le montant des droits résultant de l'acte qui n'aura pas reçu la formalité de l'enregistrement. — Les seuls billets à ordre ou au porteur peuvent être enregistrés en même tems que le protêt, suivant l'art. 9 de la loi du 9 octobre 1791.

21. *Actes d'officiers domiciliés hors de l'arrondissement.* Ils n'enregistreront point d'actes passés devant les Notaires et autres Officiers publics résidant hors des limites de leur bureau, à l'exception des exploits et actes des Huissiers, lorsqu'ils auront été faits dans l'étendue de leur arrondissement, à peine de restitution des remises, de tous frais, dommages et intérêts, indépendamment du parti ultérieur que les circonstances pourraient exiger de prendre contre eux.

22. *Défense d'enregistrer à la marge du registre.* Ils ne pourront, sous aucun prétexte et sous toutes les peines de droit, enregistrer aucun acte, exploit ou déclaration à la marge de leurs registres, dans des cases contenant des arrêtés, ni par forme de mémoire sur des registres, cahiers ou feuilles particulières.

Les paiemens par à-compte doivent être portés en recette. Il en sera de même de toutes espèces de recettes; ils les enregistreront dans la forme prescrite au moment même où elles seront faites, quelqu'en soit l'objet, et soit qu'elles dérivent d'un paiement à-compte ou d'un paiement final.

23. *Défense de faire aucunes ratures dans les enregistremens.* Il leur est également défendu de faire aucune rature dans leurs enregistremens; ils pourront seulement, en cas d'erreur, rayer des mots, mais de manière qu'on puisse les lire, et ils approuveront la radiation en énonçant le nombre des mots rayés.

24. *Vérification à faire du nombre des lignes avant d'enregistrer aucune expédition d'actes judiciaires.* Ils n'enregistreront aucune expédition d'actes judiciaires, quels que soient les Tribunaux dont ils émanent, sans vérifier si l'on s'est exactement conformé à la loi, en ce qui concerne le nombre de lignes que chaque page doit contenir, compensation faite d'une page avec l'autre; et, en cas de contravention, ils rapporteront procès-verbal, pour faire payer l'amende aux contrevenans.

25. *Défense d'enregistrer les exploits en vertu de pièces non timbrées.* Ils n'admettront également à l'enregistrement, à peine de 50 liv. d'amende, conformément à la loi du timbre, aucun acte, exploit, signification, et autres actes de poursuites, en exécution d'expéditions délivrées par des Notaires; aucun billet à ordre ou au porteur, ni aucun protêt de lettres-de-change ou mandemens de payer, avant de s'être rendus certains si tous ces actes et expéditions ont été timbrés du timbre auquel ils sont assujétis.

26. *Vérification relative à la formalité du timbre.* Ils veilleront en même tems à ce qu'il ne soit employé, pour minute et expédition, aucun papier qui ait déjà servi, quand même les écritures biffées n'auraient été que commencées sans être suivies d'aucunes signatures; à ce que l'empreinte du timbre ne soit couverte d'aucune écriture, ni altérée; à ce qu'il ne soit fait ni expédié deux actes à la suite l'un de l'autre, sur la même feuille, sauf les exceptions portées par la loi. — En cas de contravention à ces différentes dispositions, ils auront soin d'en rapporter procès-verbal.

27. *Acte ou exploit relatif à une profession soumise à la patente.* Ils n'admettront également à l'enregistrement, à peine d'amende, aucun acte civil ou judiciaire, aucun exploit, non plus qu'aucun acte sous signatures privées, relatif à l'exercice d'une profession soumise à la patente, si la patente n'y est relatée; et pour en justifier, les Receveurs feront mention *de la date de la patente* dans leurs enregistremens.

28. *Défense d'enregistrer les actes contenant des titres ou qualifications abolis.* Ils sont tenus, aux termes de l'art. 6 de la loi du 16 octobre 1791, à peine de destitution, d'arrêter et de remettre au commissaire du Roi du Tribunal dans le ressort duquel leur bureau est établi, les actes *qui leur seraient présentés*, et qui, à dater du jour de la publication de ladite loi, contiendraient quelques-uns des titres et qualifications abolis par la constitution.

29. *Forme de l'enregistrement.* L'enregistrement doit être clair et précis, tel qu'à la lecture on connaisse ses véritables dispositions, sans être obligé d'avoir recours à l'acte pour juger si la perception est conforme à la loi. Les Receveurs auront l'attention, relativement aux contrats de mariage passés devant notaires, d'énoncer s'ils l'ont été avant ou après la célébration. — Au surplus, toutes les dispositions de l'acte seront rappelées par extrait et dans un même contexte, soit qu'elles donnent ou non ouverture à des droits particuliers; et lorsqu'une seule case ne suffira pas, le Receveur en emploiera autant qu'il sera nécessaire, en les liant par une accolade. — Il y aura deux distinctions essentielles à faire, l'une relativement aux actes sous signatures privées, ou passés en pays étranger, et l'autre à l'égard des exploits;

les premiers doivent être enregistrés d'une manière très-circonstanciée, attendu la difficulté et quelquefois même l'impossibilité de s'en faire rapporter la minute, si elle était nécessaire pour vérifier la régularité de la perception. Ce sera le cas alors d'user de la faculté accordée par la loi, et rappelée ci-devant, art. 19. A défaut par les Receveurs d'avoir pris cette précaution, ils seront responsables des dommages qui pourraient en résulter pour la Régie. Il suffira, quant aux exploits sujets seulement au droit fixe, d'indiquer leur date, les noms et prénoms, profession et domicile des demandeurs et défendeurs, le nom et la résidence de l'Huissier, et de faire connaître l'espèce de l'exploit.

Mention du nombre des rôles et des renvois. Dans tous les enregistremens, il sera fait mention du nombre des rôles de minutes ou d'expéditions, et de celui des renvois qui contiendront les actes enregistrés.

Somme des droits de chaque disposition écrite en toutes lettres. La somme du droit de *chaque disposition* sera écrite en toutes lettres, et tirée hors ligne, en chiffres, à la marge droite du registre.

30. *Paraphe des rôles et renvois.* Les Receveurs parapheront chaque rôle ainsi que chaque renvoi approuvés des parties contractantes.

31. *Insinuation des donations entre-vifs.* (Maintenant sans objet.)

32. *Registre d'insinuation*, idem.

33. *Bureaux où la formalité de l'insinuation doit être donnée*, idem.

34. *Dépôt du registre d'insinuation*, idem.

35. *Des déclarations des héritiers légataires, etc.* Suivant la loi, les déclarations doivent être faites, 1.° par tous nouveaux possesseurs de biens-immeubles réels ou fictifs, en propriété ou usufruit, par succession, substitution et legs, soit en ligne directe, soit en ligne collatérale; 2.° par les donataires et légataires qui recueillent des biens immobiliers et *mobiliers*, par l'effet de dispositions éventuelles; 3.° par les survivans des époux, à raison des biens mobiliers et immobiliers, qui leur sont échus en vertu des clauses de leurs contrats de mariage, ou autrement; 4.° par tous nouveaux propriétaires de biens-immeubles réels ou fictifs, à quelque titre que ce soit, lorsque la mutation n'est point opérée par un acte en forme ou sous signature privée dûment enregistrée.

Sont exceptés seulement les usufruits résultant de la simple puissance paternelle, aux termes de la loi du 9 octobre 1791.

36. *Bureaux où les déclarations doivent être faites.* Les déclarations seront enregistrées, savoir, pour les immeubles réels, au Bureau dans l'arrondissement duquel les biens seront situés; et pour les immeubles fictifs, au Bureau établi près le domicile du dernier possesseur.

37. *Mode des déclarations.* Les Receveurs auront l'attention, en rédigeant les déclarations, d'y établir les noms et prénoms de tous les héritiers, légataires et donataires, leurs demeures et professions, la date du décès des personnes dont les successions donnent ouverture au droit. Cette date sera affirmée, sous les peines de droit, par les déclarans, toutes les fois qu'ils ne représenteront pas les extraits de sépulture.

38. *Déclaration fournie par un fondé de pouvoir.* Si la déclaration est faite par un fondé de pouvoir, sa qualité sera établie, la procuration, de lui certifiée véritable, demeurera annexée au registre, et mention en sera faite dans la déclaration. Si la procuration est sous signature privée, elle doit être sur papier timbré, mais l'enregistrement n'en sera pas exigé.

39. *Déclaration du nouveau possesseur dont le titre est inconnu.* Le nouveau possesseur par l'effet d'une convention, ne sera point admis, lors de sa déclaration, à opposer à la demande du double droit, un titre de possession sous signature privée, qui n'aurait pas trois mois de date, s'il existe des preuves que sa propriété ou jouisssance remonte à une époque antérieure.

40. *Déclaration des immeubles réels.* Les déclarations d'immeubles réels contiendront, article par article, le détail des biens qui en seront l'objet, leur nature, consistance et situation, avec l'indication des redevances fixes ou casuelles dont ils sont chargés.

41. *Mode d'évaluation des immeubles réels.* L'évaluation des immeubles réels, doit être faite d'après la déclaration que les parties sont tenues de faire sur le pied du principal, au denier vingt, du reveau desdits biens.

42. *Mode d'évaluation des rentes en argent.* L'évaluation des rentes et redevances sera faite, savoir, pour celles en argent, à raison du capital au denier vingt, et pour les rentes en grains ou autres denrées d'après les mercuriales, Inst. gén. 834.)

43. *Mode d'évaluation des rentes viagères.* Pour les rentes viagères, l'évaluation doit être faite sur le capital au denier dix des redevances annuelles, soit que ces dernières soient sur une ou plusieurs têtes.

44. *Vérification de la date des décès, etc. affirmée par les déclarans.* Les Receveurs, avant d'enregistrer les déclarations, auront soin de vérifier la date des décès affirmée par les déclarans, en en faisant la comparaison avec les articles correspondans du registre des relevés de sépulture et du sommier des extraits des rôles dont il sera parlé ci-après; si cette vérification n'était pas possible au moment, ils ne manqueraient pas de la faire dans les délais fixés par la loi, à l'effet de constater l'exactitude desdites déclarations et de faire payer les supplémens et le double ou demi-droit en sus, dont la peine serait encourue.

45. *Déclaration à défaut d'évaluation.* Il ne faut pas confondre les déclarations qui font la matière des articles précédens, avec celles qui auront lieu à défaut d'évaluation des objets désignés dans les actes. Celles-ci ne doivent pas être portées sur le registre destiné aux déclarations des héritiers et légataires, mais à la date courante sur le registre relatif à l'espèce d'acte dont le droit aura été perçu provisoirement, en rappelant le numéro du feuillet et la case de l'enregistrement que ces déclarations concerneront. — S'il y lieu à un supplément, le Receveur le tirera hors ligne comme droit courant. Si, au contraire, la perception provisoire excède le droit définitif, il restituera l'excé-

dant à l'Officier public ou à la partie, dans la forme prescrite à l'article 75, ci-après. Aux deux cas il sera fait mention, à la marge du premier enregistrement, tant de la déclaration que du supplément payé ou de la restitution effectuée.

46. *Indications essentielles à donner dans les différens enregistremens.* Les différens objets de recette relatifs aux biens domaniaux dont les Receveurs de l'Administration sont chargés, et pour lesquels il a été établ des registres particuliers, exigent autant de formes différentes d'enregistrement. Il paraît inutile, d'après les circulaires et instructions, de donner un modèle de chacun de ces enregistremens, attendu que les Receveurs doivent être en état de les rédiger. On leur recommande seulement, 1.° d'indiquer, à la marge des enregistremens du produit des biens affermés ou régis, le numéro des articles correspondans du sommier de cette partie; 2.° d'en user de même quant aux rentes, de manière à fournir à l'Inspecteur les moyens de vérifier les perceptions; 3.° de rappeler, à la marge de l'enregistrement des épaves et deshérences, le numéro du sommier des découvertes, avec mention, dans l'enregistrement, des procès-verbaux d'adjudication; 4.° d'émarger chaque article de recette du prix des bois domaniaux et des attributions accordées sur ceux des communautés laïques, du numéro du sommier des adjudications; 5.° de faire mention également du numéro du sommier des découvertes à la marge de l'enregistrement des amendes et confiscations forestières.

A l'égard du prix des rachats, les Receveurs auront l'attention de faire, dans leurs enregistremens, une énumération exacte de tous les droits rachetés, d'énoncer que la liquidation a été vérifiée par le Directeur et visée par le Préfet. Enfin, ils feront mention, à la marge, du numéro du sommier.

47. PERCEPTION. *Il ne peut être fait aucune remise ni modération des droits.* Les perceptions seront absolument conformes au texte de la loi, sans que les Receveurs puissent faire aucune remise ni modération des droits, à peine d'en compter personnellement.

48. *Aucun droit ne doit être laissé en souffrance.* Les Notaires, Greffiers, Huissiers, et les parties ne pouvant atténuer ni différer le paiement des droits, sous prétexte de contestation sur leur quotité, ni pour quelque cause que ce soit, sauf à se pourvoir en restitution, s'il y a lieu, pardevant les juges compétens, les Receveurs ne laisseront jamais aucune perception en souffrance, et seront comptables des droits de tous les actes qui seront enregistrés.

49. *Doubles droits encourus pour enregistrement tardif.* Lorsqu'un acte de Notaire, de Greffier ou d'Huissier sera présenté par l'Officier au Bureau de l'enregistrement, après les délais fixés par la loi, les Receveurs ne pourront en faire l'enregistrement qu'en recevant deux fois la somme des droits pour les actes de Notaires et Greffiers, et l'amende pour ceux des Huissiers, indépendamment de la restitution du droit proportionnel, lorsque la nature de l'acte l'en rendra susceptible. — Mais si l'enregistrement est requis par la partie elle-même, elle sera admise à acquitter seulement une fois le droit de l'acte, et le Receveur poursuivra le Notaire ou le Greffier rédacteur, pour le paiement du second droit résultant de sa contravention. — Il en sera de même du doublement des droits ordonnés pour les actes sous signatures privées et pour ceux passés en pays étranger, dans le cas où ils y sont assujétis. — Enfin, il sera perçu la moitié en sus des droits résultant des déclarations des héritiers, légataires et donataires éventuels, après les délais prescrits par la loi de Frimaire.

Il ne peut être fait aucune remise ni modération sur les doubles droits et amendes. Le montant desdits doubles droits, demi-droits en sus des amendes, sera tiré hors ligne à la marge droite des registres, comme les recettes ordinaires. Dans aucun cas, les Receveurs ne pourront en faire remise ou modération, à peine d'en compter personnellement, sauf leur recours, s'il y a lieu.

50. *Remise sur les lots et ventes.* (Abrogé.)

51. *Les Tribunaux et les Corps administratifs ne peuvent accorder aucune remise.* Si, contre la disposition formelle de la loi, il était accordé quelque remise ou modération d'aucuns droits ou amendes, soit par les Tribunaux, soit par les Corps administratifs, les Receveurs en donneraient avis sur-le-champ au Directeur.

52. *Vérification de la cote d'habitation.* (Abrogé.)

53. *Perception sur le pied de la cote d'habitation.* (Abr.)

54. *Cote d'habitation relativem. aux testamens.* (Abr.)

55. *Liquidation du droit sur le revenu de la cote d'habitation.* (Abrogé.)

56. *Actes à enregistrer sur les minutes.* Suivant la loi de Décembre 1790, tous les actes judiciaires, sentences arbitrales, transactions des bureaux de paix et jugemens des Juges de paix, seront enregistrés sur les minutes, dans le délai, au bureau établi près la juridiction du Greffier, lorsqu'ils contiendront transmission de biens-immeubles réels ou fictifs. — La loi d'Octobre 1791, a ajouté au nombre de ces actes les appositions de scellés, les inventaires, les émancipations et les actes de tutelle faits par les Juges de paix.

Extraits à remettre par les Greffiers. Si les Greffiers n'ont pas acquitté les droits, ou remis, dans le délai, des extraits certifiés des actes mentionnés ci-dessus, ou s'ils n'en ont délivré aucune expédition avant qu'ils aient été enregistrés, les Receveurs décerneront des contraintes contre ces Officiers, à l'effet de leur faire payer deux fois le montant des droits résultant desdits actes. Mais lorsque ces extraits auront été remis exactement, les Receveurs les consigneront sur le sommier certain, et poursuivront contre les parties le paiement du doublement des droits qu'elles n'auraient pas acquittés.

Actes judiciaires dont les seules expéditions sont soumises à la formalité. (Abrogé.)

Les Receveurs observeront que les Greffiers qui seront contrevenus à la loi, en recevant le dépôt d'un acte sous signature privée non enregistré, ou en rédigeant aucun acte ou jugement en conséquence, sont assujétis également à payer deux fois le montant des droits dudit acte sous signature privée.

57. *Les Secrétaires des administrations publiques sont assujétis aux mêmes règles que les Greffiers des Tribunaux.* Il résulte des dispositions de la loi que les Gref-

fiers et Secrétaires des Corps municipaux et administratifs sont soumis aux mêmes obligations et aux mêmes peines que les Greffiers des Tribunaux, par rapport aux actes judiciaires dont les minutes sont assujétiés à la formalité ; qu'en conséquence, lesdits Secrétaires ne sont point tenus de faire l'avance des droits de leurs actes sujets à l'enregistrement, mais seulement d'en remettre aux Préposés, dans le délai, des extraits certifiés, sans pouvoir aussi en délivrer aucune expédition avant l'enregistrement, le tout à peine de payer de leurs deniers deux fois le montant des droits. — Ils sont encore tenus du doublement des droits, s'ils reçoivent en dépôt un acte sous signature privée non enregistré, ou rédigent aucune délibération ou autre acte en conséquence.

58. RELATIONS ET QUITTANCES. *Formes des relations.* Les Receveurs exprimeront, en toutes lettres, dans leurs relations, la somme des droits perçus. Les relations ne seront mises sur les minutes des actes ou sur les expéditions des jugemens, qu'après l'enregistrement, dont la mention sera faite en rappelant le numéro du feuillet du registre, *recto* ou *verso*, et celui de la case ou des cases qui contiendront l'enregistrement.

59. *Distinction à faire lorsqu'un acte opère plusieurs droits.* Lorsqu'un acte renfermera plusieurs dispositions indépendantes, opérant chacune un droit particulier, le Receveur les indiquera sommairement dans sa relation, et énoncera distinctement la quotité de chaque droit perçu.

60. *Forme des quittances.* Les quittances particulières que les Receveurs délivreront aux redevables, seront écrites sur du papier timbré, et ces quittances contiendront en tête un extrait de l'enregistrement auquel elles auront rapport. — Si la quittance renferme des frais de poursuite, le montant en sera indiqué séparément de celui des droits.

61. *Arrêtés des registres de recette.* Tous les registres servant à la recette des droits de la Régie, seront arrêtés chaque jour, à l'instant où le bureau sera fermé. Cet arrêté sera mis dans la case ou l'espace qui suivra immédiatement le dernier enregistrement, et conçu en ces termes : *Arrêté le* . . . . . (Le Receveur signera.)

62. *Représentation de tous les registres aux Employés supérieurs.* Les Receveurs représenteront tous leurs registres aux Employés supérieurs de la Régie, à la première requisition qui leur en sera faite, sans que, dans aucun cas, ils puissent les porter ni les laisser emporter dans d'autres bureaux ou ailleurs, à peine de demeurer personnellement responsables des événemens.

63. *Communication et extraits de registres.* Ils ne pourront communiquer les registres de l'enregistrement, ni en délivrer des extraits aux parties, qu'en vertu d'une ordonnance du juge, sauf l'exception faite en faveur des parties contractantes ou de leurs ayans-cause.

94. *Salaire des recherches et extraits.* Lorsque les parties, dûment autorisées, requerront des extraits desdits registres, le Receveur n'exigera d'elles que ce que fixe la loi du 22 Frimaire.

65. *Registre de recette.* Les Receveurs tiendront, pour chaque nature des droits dont la Régie leur sera confiée, les registres de recette qui leur seront prescrits. Ces registres seront cotés et paraphés par le Directeur, et tenus conformément aux ordonnances, et sous les peines qu'elles prononcent.

66. *État de mois.* Ils ne manqueront pas de former, le premier jour de chaque mois, et d'envoyer sur-le-champ à leur Directeur, l'état des produits du mois précédent, sur des imprimés destinés à cet usage, et rempliront avec beaucoup d'exactitude les différentes cases et colonnes de cet état.

Précis d'opérations. Ils doivent rédiger soigneusement le précis de leurs opérations, tant intérieures qu'extérieures, et y faire mention du résultat de leur vérification des dépôts publics, du nombre de leurs découvertes, de celui des articles recouvrés et de leurs produits.

67. *Additions de recettes, et comptes.* Ils seront tenus de faire les additions des sommes portées à chaque page de leurs registres de recette, sur une feuille séparée desdits registres, et de préparer, à la fin de chaque trimestre, le compte de leurs recettes et dépenses, afin de faciliter le travail de l'Inspecteur, lors de l'arrêté du trimestre, et de prévenir les erreurs de calcul.

68. *Récapitulation des recettes et dépense, écrite de la main du Receveur.* La récapitulation des recettes et des dépenses au dos du comptereau général qui sera rapporté par l'Inspecteur au soutien de son compte de chaque trimestre, sera écrite entièrement de la main du Receveur. (Abrogé.)

69. *Quittance de remises.* Les remises des Receveurs leur seront allouées sur leurs quittances comptables, lors de l'arrêté de chaque trimestre, sur le pied fixé par la loi. (Maintenant chaque mois.)

79. *Ports de lettres.* Les ports de lettres et paquets seront remboursés aux Receveurs sur l'état qu'ils en présenteront, justificatif que lesdites lettres ou paquets sont relatifs à la Régie ; ce que les Inspecteurs certifieront au pied desdits états quittancés et rapportés, faute de quoi cette dépense ne sera pas allouée. (Cette vérification est faite par le Directeur.)

71. *Frais d'emballages.* Les frais d'emballages de papiers et ballots, les fournitures de toiles, cordes et autres menues dépenses relatives, ne seront remboursés que d'après les états soutenus de quittances des ouvriers et fournisseurs, visés par le Directeur, et sur lesquels il sera expédié, s'il y a lieu, des ordres de paiement par l'Administration.

72. *Les Receveurs ne peuvent prétendre d'autres remboursemens.* Au moyen des remises et remboursemens ci-dessus, il ne sera passé aux Receveurs aucune somme pour loyer de maison, bureaux, magasins, traitement de commis, frais de papier, lumière et autre dépense quelconque, ni aucun frais de signification, de contrainte et de poursuites qui auront précédé les instances introduites aux Tribunaux, même ceux postérieurs auxdites instances, si elles avaient été soutenues par les Receveurs sans une autorisation spéciale de l'administration ou du Directeur, pour la répétition desquels les Receveurs n'auront de recours que contre les redevables, s'il y a lieu.

73. *Tournées à faire par les Receveurs.* Les Receveurs près les chefs-lieux de départemens, seront spé-

cialement chargés de payer, 1.° les appointemens des Employés supérieurs et des Préposés du timbre ; 2.° les ordres de dépenses expédiés par l'Administration ; 3.° les ordonnances délivrées par les Préfets ; 4.° les ports de lettres des Employés supérieurs, d'après des états en bonne forme.

Les appointemens, fournitures, ordres de dépense de la Régie et ordonnances des Préfets, ne seront payés que sur les quittances des parties prenantes, en forme comptable.

Les quittances des fournitures seront visées du Directeur. Avant d'acquitter les ordres de dépense et les ordonnances, les Receveurs auront soin de se faire remettre toutes les pièces qui seront désignées comme devant y être annexées. (Le surplus abrogé.)

74. *Taxes de témoins.* Les Receveurs près les Tribunaux seront chargés particulièrement de payer les salaires des témoins, sur la simple remise de la taxe des Juges, au bas des exploits d'assignation. — Ils feront convertir, à la fin de chaque trimestre, par les Officiers du Tribunal, les taxes relatives à chaque procédure en exécutoire, qui seront visées par le Préfet.

75. *Contributions sur les biens de l'Etat.* Tous les Receveurs indistinctement acquitteront, 1.° les impositions concernant les domaines de l'Etat, et qui leur seront demandées par les Percepteurs, comprises dans l'arrondissement de leur bureau. — Les quittances que ces Percepteurs leur remettront, devront exprimer l'article de l'imposition, la nature du bien cotisé, et être d'ailleurs visées par les Sous-préfets. — Les Receveurs auront soin, si les contributions demandées excédaient le taux fixé par la loi, de se pourvoir en modération dans la forme qu'elle indique, et d'en rendre compte sur-le-champ au Directeur. (Le surplus abrogé.)

2.° *Frais de réparations et entretien.* Les frais de réparations et entretien desdits domaines, en vertu d'adjudication au rabais devant les Préfets, sur les ordonnances de ces magistrats, accompagnées de ces quittances, en forme comptable.

3.° *Dépens.* Les dépens pour des affaires concernant leur bureau, auxquels la Régie pourrait être condamnée par les jugemens des Tribunaux. — Si les dépens n'étaient pas liquidés par les jugemens, les Receveurs ne les paieront qu'après les avoir fait taxer dans la forme requise.

4.° *Restitutions.* Ils effectueront les restitutions des droits, indûment perçus à leur bureau, aussitôt que ces restitutions auront été ordonnées par la Régie, ou par le Directeur, ou par les Tribunaux. Dans ce dernier cas, ils se conformeront au jugement à la première notification, en faisant, s'il y a lieu, les réserves de droit. — Ils auront soin, pour toutes ces restitutions, de retirer des Parties ou Officiers publics, des quittances détaillées sur papier libre, qui seront jointes au comptereau comme pièces de dépense, après en avoir fait mention sur le registre, en marge des enregistremens auxquels elles seront relatives. — Ces quittances seront mises au pied d'une copie de l'enregistrement, et rappelleront la décision de l'Administration, ou du Directeur, ou le jugement qui aura ordonné la restitution. — Les Receveurs reconnaîtront, au-dessous de la mention sur le registre et au bas de la quittance, que lesdites restitutions leur ont été allouées dans le compte de tel mois.

76. *Dépenses que les Receveurs ne doivent pas acquitter.* Les Receveurs ne doivent acquitter, sur leurs recettes, d'autres objets de dépense que ceux indiqués par les articles précédens, à peine d'en demeurer responsables.

77. VERSEMENT *des Receveurs d'arrondissement.* Tout Receveur établi dans un chef-lieu d'arrondissement, versera, tous les cinq jours, le produit de sa recette dans la caisse du Receveur particulier.

78. *Bordereau des versemens.* (Abrogé.)

79. *Versemens des Receveurs de canton.* Les Receveurs de cantons ne compteront de leurs recettes qu'aux Inspecteurs, ou aux Vérificateurs chargés de les suppléer et munis d'un ordre exprès et par écrit de l'Administration et du Directeur. (Abrogé.)

80. *Espèces à verser comme on les a reçues.* Tous les Receveurs seront tenus de remettre, soit au Receveur particulier, soit à l'Inspecteur, le produit de leurs recettes en mêmes espèces et valeurs qu'ils l'auront reçu. (Les Inspecteurs ne reçoivent plus.)

81. *Renvois relevés à remettre à l'Inspecteur.* La loi ayant établi des règles de perception qui ne permettent pas de se priver du secours des renvois en usage sous la précédente Administration, les Receveurs auront soin de les relever régulièrement à la fin de chaque semaine, sur les feuilles à ce destinées, de manière que l'opération soit toujours complète pour le trimestre, à l'époque du passage de l'Inspecteur en tournée de contrôle, et en observant de ne pas porter sur la même feuille des articles qui concerneraient des bureaux établis dans des départemens différens. — Les renvois peuvent être divisés en deux classes. La *première* comprend les extraits de sépulture de personnes décédées hors du lieu de leur résidence, les extraits détaillés de dons éventuels d'objets déterminés, ceux des donations mutuelles d'immeubles, des contrats de mariage portant quelque avantage au profit de l'un des conjoints, et généralement de toutes les dispositions qui peuvent, lors du décès des contractans ou d'autres événemens prévus, opérer des droits payables en d'autres bureaux ou exiger des déclarations. La *seconde* classe embrasse les ventes et autres actes translatifs de propriété ou d'usufruit de biens situés dans l'arrondissement d'un autre bureau, et tous les renseignemens qui peuvent mettre à portée d'y suivre la filiation des mutations, de découvrir celles opérées par actes sous signature privée ou autres titres, enfin de constater les omissions ou insuffisances d'estimation dans les déclarations des héritiers et donataires.

82. *Consignation des renvois sur le sommier.* Lorsqu'il sera remis au Receveur, pour leur bureau, des extraits de la nature de ceux mentionnés en l'article précédent, il leur sera facile de distinguer dans le nombre des renvois de la première classe, ceux qui devront être consignés de suite sur le sommier des

droits certains, comme présentant des découvertes bien constatées, ceux qui auront pour objet des découvertes qu'il faudra éclaircir, et qui devront conséquemment être portés au sommier des droits douteux, enfin ceux qui seront seulement dans le cas d'être inscrits sur la table des donations ou dispositions éventuelles, en attendant l'échéance des droits. — A l'égard des renvois de la seconde classe, ils devront être consignés sur la table des mutations.

83. SOMMIERS. Les Receveurs les tiendront avec exactitude et par suite de numéros.

1.° *Sommier d'ordre.* Un sommier sur lequel seront inscrites par ordre de dates, toutes les circulaires et instructions qui leur seront transmises par la Régie ou le Directeur. — Ce sommier sera accompagné d'une table alphabétique par ordre de matières.

2.° *Sommier de découvertes.* Un sommier des découvertes de droits négligés ou recelés à éclaircir. — Les articles de ce sommier seront rayés à mesure qu'ils auront été éclaircis. Il sera fait mention, à la marge, des motifs de leur radiation, ou du numéro du sommier certain sur lequel ils auront été consignés.

3.° *Sommier certain.* Un sommier des découvertes certaines. Les articles seront rayés à mesure qu'ils rentreront. Le Receveur aura soin de les émarger de la somme des droits payés et de la date des enregistremens. — Lorsqu'il s'introduira une instance sur quelque article de ce sommier, il en sera fait mention à la marge.

4.° *Sommier de la contribution foncière.* Un sommier pour les extraits des rôles des contributions foncières. — Les Receveurs auront recours à ce sommier pour vérifier les affirmations des parties.

5.° *Sommier des contributions mobilières.* (Abrogé.)

6.° *Sommier des domaines corporels.* Un sommier des domaines corporels appartenant à l'Etat, à quelque titre que ce soit, qui se trouveront situés dans l'arrondissement de leur bureau, tels que terres, prés, vignes, maisons, moulins et usines. — Il sera formé, en faisant relier en corps de registre les minutes des états dont la confection a été prescrite à chaque Receveur. — Les Receveurs y ajouteront les articles omis ou négligés, après que les découvertes en auront été bien constatées, ainsi que les objets qui accroîtront, par la suite, au profit de l'Etat, à quelque titre que ce soit. — Les ventes desdits domaines seront mentionnées à côté de chaque article y relatif, à mesure que les Préposés en auront connaissance. Les Receveurs doivent tenir ce sommier avec l'exactitude nécessaire, pour qu'il puisse servir de cadastre général des biens domaniaux corporels, situés dans l'étendue de leur bureau.

7.° *Sommier des domaines incorporels.* Un sommier des droits incorporels appartenant à l'Etat, perceptibles dans leur arrondissement. — Ce sommier sera formé en faisant relier en corps de registre les minutes des états demandés pour cet objet, ainsi qu'il vient d'être observé à l'article précédent, relativement au sommier des domaines corporels. — On y mentionnera successivement, à la marge de chaque article, les rachats desdits droits. — Les Receveurs ajouteront sur ce sommier, les articles omis ou négligés qui auront été suffisamment éclaircis, de même que les droits de pareille nature qui accroîtront à l'Etat, à quelque titre que ce soit, de manière à présenter, dans tous les tems, une espèce de terrier universel des domaines incorporels assis dans l'arrondissement de leur bureau.

8.° *Sommier des baux.* Un sommier à mi-marge, des baux subsistans des domaines corporels et incorporels. La marge gauche contiendra, article par article, la dénomination de chaque domaine, sa situation et sa consistance, la date du bail, le nom et la demeure du fermier, le prix qu'il doit payer chaque année, et les termes de paiement. La marge droite servira pour apostiller chaque article de la date des poursuites et diligences qui pourront être faites contre les fermiers, de celle des paiemens et de l'acquittement tant des contributions foncières que du montant des ordonnances pour réparations et entretien. — Si, dans l'arrondissement du bureau, il y a des domaines corporels en régie, le Receveur réservera les dernières feuilles de ce sommier pour les y inscrire, avec les changemens, dans la forme que la différence du Régisseur au Fermier peut exiger.

9.° *Sommier des droits domaniaux.* Un sommier à mi-marge pour toutes les découvertes des droits domaniaux négligés, recelés et usurpés. Le Receveur émargera chaque article des diligences et poursuites qu'il aura été dans le cas de faire contre les redevables. Lorsque l'article sera recouvré, il fera mention du montant du droit, de la date du paiement, de celle de l'enregistrement, et rayera l'article. — On consignera encore sur ce sommier les droits qui sont dans le cas d'être adjugés à l'Etat à titre d'épave et de deshérence.

10.° Indépendamment des sommiers ci-dessus, les Receveurs établis dans les chefs-lieux d'arrondissement, tiendront un sommier divisé en deux parties et à mi-marge. (Le surplus abrogé.)

11.° *Sommier des adjudications des bois domaniaux.* La *première partie* sera destinée à y porter les adjudications des bois de l'Etat, et servira de compte ouvert avec les adjudicataires. La marge gauche contiendra la date de l'adjudication, la quantité, l'espèce et la situation des bois adjugés, les noms des adjudicataires, des cautions et certificateurs, le prix de l'adjudication en principal et accessoires, enfin les termes des paiemens. On fera mention à la marge droite des diligences et poursuites exercées contre les adjudicataires faute de paiement; des procès-verbaux de récolement, arpentage et congé de cour, ainsi que de la vérification des sur ou manque de mesure; finalement, de la date et quotité des paiemens, et du folio du registre où l'enregistrement aura été fait. — La *seconde partie* servira aux adjudications des bois des établissemens publics, en suivant la même forme que celle indiquée ci-dessus, et avec mention de la date des paiemens du décime pour franc attribué à l'Etat sur le montant du prix desdites adjudications.

12.° *Sommier des amendes forestières.* Les Receveurs près

les Tribunaux chargés de la recette des amendes, restitutions et confiscations forestières, tiendront un sommier à mi-marge, pour y porter l'extrait des jugemens de condamnation. Ils feront mention, à chaque article, du montant des amendes, restitutions, confiscations et dépens adjugés, dans le montant desquels ils s'assureront si l'on a compris, conformément à l'art. 22 de la loi du 29 septembre 1791, tous les droits d'enregistrement dont le recouvrement aura été suspendu, soit dans leur bureau, soit dans d'autres. — La marge *droite* sera divisée en deux parties : la partie supérieure servira à l'indication des diligences faites contre les redevables, de la date et du montant des paiemens ; la partie inférieure sera réservée pour y établir les remboursemens de frais avancés.

84. TABLES ALPHABÉTIQUES. Les Receveurs entretiendront toujours au courant les tables alphabétiques ci-après désignées.

1°. Des *extraits de sépulture*. On n'en omettra aucun, et on aura l'attention de porter, dans la colonne des terriers, les extraits des actes de tutelles et curatelles ; à ce moyen, il n'y aura pas de table pour ces actes.

2.° Des *testamens enregistrés*, à l'effet de reconnaître, par la comparaison avec les extraits-mortuaires, les droits résultant desdits testamens qui n'auraient pas été acquittés dans le délai de la loi, et d'en suivre le paiement.

3.° Des *successions* directes et collatérales, et des *dispositions éventuelles* dont les droits auront été acquittés, pour les rapprocher des extraits de sépulture, et éviter la demande de droits déjà payés. Cette table doit contenir non-seulement les droits payés sur déclarations, mais encore les droits proportionnels acquittés sans déclaration lors de l'événement des dispositions.

4.° Des *mutations par ventes* et à quelque titre que ce soit, même par succession, sous le nom des nouveaux possesseurs.

5.° La même, sous le nom des *vendeurs*.

Cette double table est nécessaire pour constater les mutations dont les droits n'auraient pas été payés, et vérifier l'exactitude des déclarations faites par les héritiers directs et collatéraux, légataires et donataires éventuels. — Les Receveurs consigneront, sur ces deux tables, les mutations de biens situés dans leur arrondissement, opérés par des actes enregistrés dans d'autres bureaux, et dont le renvoi leur aura été adressé.

6.° Des *partages* des biens immeubles réels ou fictifs.

7.° Des *co-partageans*.

Le rapprochement de ces deux tables de celles des sépultures et mutations, contribuera à faire connaître l'entière consistance des successions directes et collatérales dont les droits seront ouverts.

8.° Des *donations* et autres dispositions éventuelles. Cette table doit rassembler toutes les dispositions éventuelles de biens, meubles et immeubles fictifs dont les propriétaires ont leur domicile, et d'immeubles réels ayant leur situation dans l'arrondissement du bureau. — L'exécution de la loi de l'enregistrement qui n'autorise la perception des droits résultant des dispositions éventuelles que lors de l'échéance des conditions prévues, rend cette table absolument nécessaire.

9.° Des *contrats de mariage*, avec le détail des biens formant les apports des conjoints.

10.° Des *baux à ferme*, pour concourir à la vérification des déclarations et à constater les changemens de propriétaires.

11.° et 12.° Sur les lots et ventes, etc. (Abrogés).

85. *Vérification des études et greffes*. Dans le cours de chaque année, et pour prévenir les prescriptions prononcées par la loi, les Receveurs vérifieront toutes les minutes et les répertoires des Officiers publics domiciliés dans l'étendue de leur arrondissement. — Ils relèveront tous les droits négligés ou recelés, ceux résultant, soit de successions directes ou collatérales, soit de donations éventuelles qui auront eu leur effet, soit de transmission d'immeubles réels ou fictifs ; les droits d'enregistrement des actes sous signature privée contenant mutation de biens immeubles ou relatifs à des objets mobiliers, en conséquence desquels il aurait été formé quelques demandes principales, incidentes ou en reconvention. — Ils consigneront d'abord ces relevés, par extraits, sur le sommier douteux. — Lorsqu'ils auront approfondi chaque article, ils porteront au sommier certain ceux concernant leur bureau et transcriront les autres, qui appartiendront à des bureaux étrangers, sur des feuilles de renvois, qu'ils auront soin de remettre à leur Inspecteur, ainsi qu'il est prescrit par l'article 81 ci-dessus. — Ils rapporteront des procès-verbaux de toutes les contraventions qu'ils auront occasion de constater. Si les parties, les officiers publics contrevenans, se refusent à payer les sommes auxquelles la loi les condamne, ces procès-verbaux seront enregistrés dans le délai prescrit, et les droits d'enregistrement tirés hors ligne. La signification en sera faite ensuite aux contrevenans, et immédiatement après, les Receveurs en enverront des extraits au Directeur, et en feront article sur le sommier certain.

86. *Relevés des actes de décès*. Ils feront, dans toutes les Communes de leur arrondissement, le relevé exact des extraits de sépulture qui se trouveraient avoir été omis dans les relevés fournis. — Pour en tirer tout l'avantage qui doit en résulter, ils constateront sur les lieux mêmes, autant qu'il sera possible, les noms et demeures des héritiers et légataires directs ou collatéraux ; ceux des nouveaux possesseurs à titre de succession, donation éventuelle ou autrement ; la situation et valeur des immeubles échus, afin d'accélérer le recouvrement des droits d'enregistrement qui se trouveront dus.

87. *Extraits des rôles de contributions*. Les Receveurs sont autorisés par la loi à prendre communication des rôles des contributions. Ils doivent donc s'informer, dans chacune des mairies de leur arrondissement, de l'époque où les rôles de chaque année seront arrêtés et mis en forme exécutoire, pour en prendre aussitôt après, des extraits sur papier libre, et les consigner sur le sommier à ce destiné.

88. *Relevés des mercuriales*. Ils feront, au Secrétariat de chaque mairie, le relevé des mercuriales et appréciations des grains et denrées à l'effet de liquider et de réduire en argent les rentes et fruits dont ils devront faire la recette ou l'évaluation. — Ils entretiendront ce

relevé au courant, et l'afficheront dans un endroit apparent de leur bureau.

89. *Recouvrement des articles consignés sur les sommiers certains.* Ils suivront avec l'exactitude et l'activité nécessaires, le recouvrement des articles consignés sur les sommiers certains et de ceux sur lesquels il sera intervenu des jugemens de condamnation. — Ils décerneront des contraintes pour le paiement des droits, doublement de droits et amendes relatives à l'enregistrement. Les contraintes, lorsqu'elles auront pour objet une contravention auxdits articles, doivent constater le fait avec clarté et exactitude, et il faudra y joindre, si besoin est, les pièces justificatives. — Quant aux droits et revenus domaniaux, ils ne pourront agir qu'en vertu de contraintes décernées par le Directeur, et visées par le Président du Tribunal de la situation des biens. — Les contrevenans à la loi du timbre devront être contraints au paiement des peines et amendes qu'ils auront encourues; mais les Receveurs se dispenseront de poursuivre lorsque le contrevenant offrira de faire timbrer ou viser en payant le droit et l'amende encourue. Les procès-verbaux seront affirmés *dans les vingt-quatre heures* devant les Juges du lieu, quand on ne pourra joindre au soutien les pièces qui prouvent la contravention.

90. *Recouvrement des rentes et redevances.* Ils suivront avec la même attention, le recouvrement des rentes et redevances. (Le surplus abrogé.)

91. *Ménagemens envers les redevables.* Avant d'en venir aux poursuites contre aucun redevable, le Receveur aura l'attention de lui donner un avertissement de payer dans huitaine; ce délai expiré, sans qu'il se soit présenté, il lui fera signifier la contrainte ou le jugement de condamnation, avec commandement de payer dans la quinzaine, et si on n'y satisfait pas, les poursuites seront continuées, en observant cependant qu'il ne faut avoir recours à la saisie-exécution qu'à défaut absolu d'autres ressources. — Lorsque le redevable qui se présentera sera notoirement hors d'état de se libérer sur-le-champ, il lui sera accordé un nouveau délai plus ou moins long, suivant les circonstances; mais la liquidation des droits sera préalablement faite, et le Receveur prendra au pied sa soumission d'acquitter la somme liquidée dans ledit délai, à peine d'y être contraint.

Droits approchant de la prescription. Lorsque les droits approcheront de la prescription, les Receveurs ne pourront plus avoir les mêmes ménagemens, et ils devront, pour la conservation desdits droits, en former la demande par contrainte ou autre voie juridique, à peine de demeurer responsables de ceux qui se trouveraient prescrits par leur négligence.

92. CONTENTIEUX. *Instances devant les Tribunaux.* Lorsqu'il s'élèvera quelque contestation devant les Tribunaux, à raison de droits demandés, ou pour toute autre cause relative à la Régie, les Receveurs en donneront avis sur-le-champ au Directeur, et lui enverront, avec leurs observations, les extraits ou copies des pièces nécessaires pour l'instruction de l'instance.

93. *Les Receveurs ne peuvent défendre aux instances.* Les Receveurs de cantons ne seront jamais autorisés à répondre aux mémoires et requêtes des parties. Les seuls Receveurs près les Tribunaux pourront en être chargés. Ils ne défendront néanmoins que d'après les instructions qui leur seront transmises par le Directeur. — Lorsque les réponses aux requêtes ou mémoires des parties, que le Directeur ou l'Inspecteur leur aura adressées, leur seront parvenues, ils les remettront sur-le-champ au Greffe du Tribunal, et dès que le jugement qu'ils auront sollicité aura été rendu, ils en enverront le dispositif tant au Directeur qu'au Receveur du canton dépendant de son arrondissement où la contestation se sera élevée.

94. CORRESPONDANCE. *Toutes les lettres et réponses seront à mi-marge.* Les Receveurs n'écriront directement à l'Administration que dans les cas prévus par les présens ordres de Régie. Dans tous autres ils s'adresseront toujours à leur Directeur, et conserveront copie de leurs lettres. Ils répondront avec précision et célérité aux demandes qui leur seront faites. Toutes leurs lettres, même leurs réponses, seront écrites à mi-marge, sauf, si c'est une réponse, à y rappeler la lettre à laquelle ils répondent. Ils en écriront une pour chaque question ou chaque affaire, et ne confondront jamais, dans la même lettre, deux objets différens. Ils termineront par ces mots : *Le Receveur de l'enregistrement*, et signeront.

95. *Compte à rendre sur la solidité des cautionnemens.* (Abrogé.)

96. *Conservateur des hypothèques.* (Sans objet.)

Préposés du timbre. Les fonctions et obligations des Gardes-magasin du timbre, des Receveurs du timbre extraordinaire et des Timbreur et Tourne-feuilles, sont déterminées tant par les art. 15 et 16 de la loi du 27 Mai 1791, que par une instruction imprimée qui leur a été délivrée au mois de Juin suivant.

VÉRIFICATEURS.

97. *Condition pour être nommé Vérificateur.* Nul ne pourra être nommé Vérificateur qu'il n'ait exercé les fonctions de Receveur dans les bureaux de l'enregistrement, au moins quatre années, dont une dans un bureau de chef-lieu d'arrondissement.

98. *Serment.* Les Vérificateurs ne pourront exercer leurs fonctions sans avoir prêté serment devant les Juges civils du chef-lieu du département où ils seront placés; et ils seront tenus de remettre au Directeur une expédition en forme de l'acte de prestation.

99. *Cautionnement.* Ils fourniront un cautionnement avant que leur commission puisse leur être délivrée.

100. *Leurs fonctions.* Les Vérificateurs sont préposés pour vérifier la régie des Receveurs dans toutes ses parties, s'assurer s'ils se sont conformés à tous les ordres de régie qui les concernent, leur donner les instructions dont ils peuvent avoir besoin, suppléer à ce qu'ils ont omis ou négligé; vérifier les registres, minutes et répertoires des Greffiers, Notaires, Huissiers et tous autres dépôts publics; relever les droits arriérés ou recelés, rapporter procès-verbal des contraventions aux dispositions des lois concernant la Régie; suivre l'apurement des articles consignés sur les sommiers, et remplacer les Inspecteurs dans les opérations de leurs tournées de contrôle, en cas d'empêchement de service de la part de ces Em-

ployés, sur l'ordre par écrit qui leur en sera donné par l'Administration ou le Directeur.

101. *Subordination*. Ils seront sous la surveillance immédiate et les ordres du Directeur; ils observeront vis-à-vis des Officiers publics et des redevables, les ménagemens et les égards convenables, et feront tous leurs efforts pour mériter l'estime et la confiance des Corps administratifs.

102. *Ils n'ont point de résidence fixe*. Obligés par la nature de leurs fonctions de se transporter successivement dans les bureaux où leur présence est jugée nécessaire, ils ne peuvent avoir de résidence fixe; il seront tenus seulement de ne pas quitter le bureau où ils seront envoyés, sans un ordre par écrit de l'Administration ou du Directeur, à peine d'être privés de leur traitement à compter du jour de leur départ.

Congé. Lorsqu'ils auront obtenu un congé, ils cesseront de jouir de leurs émolumens.

103. LIMITATION DE LEURS POUVOIRS. *Ils ne peuvent suspendre aucun Receveur*. Ils ne pourront établir ni suspendre de leurs fonctions aucun Receveur sans une autorisation par écrit de la Régie ou du Directeur, sauf, pour la suspension, le cas prévu par l'art. 108 ci-après.

104. *Ils ne peuvent recevoir aucune somme*. Il ne pourront également, sans un ordre par écrit de la Régie ou du Directeur, recevoir aucune somme des Receveurs, des redevables ou contrevenans, sous les peines de droit et de la restitution des sommes qu'ils auraient reçues.

105. *Ils ne peuvent accorder de remise ni modération*. Ils n'accorderont jamais de remises ou de modérations des droits et amendes, à peine d'en compter personnellement.

106. OPÉRATIONS INTÉRIEURES. *Vus*. En arrivant dans un bureau et en le quittant, ils inscriront et signeront leur vu sur le registre de l'enregistrement des actes civils, dans la case qui suivra immédiatement le dernier enregistrement ou l'arrêté du Receveur. Ce vu sera conçu en ces termes : *Vu par nous Vérificateur de l'administration de l'enregistrement, cejourd'hui*; et il signera.

107. *Vérification des arrêtés*. Leur premier soin sera de vérifier si tous les registres susceptibles d'être arrêtés l'ont été jusqu'au jour; si les arrêtés sont mis dans des cases en blanc; s'il n'y a qu'un arrêté par chaque case ou sur une même ligne, et s'ils sont signés du Receveur.

108. *Vérification de la caisse*. Immédiatement après cette vérification, ils feront représenter les espèces et valeurs existant dans la caisse, dont ils formeront un bordereau, qui sera certifié tant par eux que par le Receveur. Ils calculeront ensuite toutes les recettes dont il n'aura pas été compté depuis la dernière vérification de l'Inspecteur, y compris la débite du timbre, pour le compte de laquelle ils se feront représenter les papiers restant en nature, les derniers états de situation et les lettres d'envois du magasin général. — S'ils reconnaissent un *déficit*, ils décerneront, sans différer, une contrainte, qu'ils feront signifier, au Receveur, et ils en informeront de suite l'administration et le Directeur; ils pourront même fermer provisoirement la main au Receveur, si la sûreté des deniers publics l'exige.

109. *Vérification des versemens*. Dans les bureaux près les chefs-lieux d'arrondissement, ils s'assureront si les Receveurs sont exacts à verser, tous les cinq jours, le montant de leurs recettes dans la caisse du Receveur particulier; au cas contraire, ils feront effectuer sur-le-champ ces versemens et en rendront compte par lettre, tant à l'Administration qu'au Directeur.

110. *Sommes considérables restant aux mains des Receveurs de canton*. Lorsque, dans un bureau de canton, le Receveur aura dans ses mains des sommes considérables, ou qui excéderont le montant de son cautionnement, le Vérificateur aura soin d'en donner avis au Directeur.

111. *Vérification des inventaires des bureaux*. Ils se feront représenter les inventaires des registres, sommiers et tables alphabétiques : les recueils, lois, instructions et documens envoyés par l'Administration; ils s'assureront de leur existence dans le bureau; répareront les omissions, s'il y en a, et porteront à la suite tous ceux envoyés depuis l'arrêté desdits inventaires, et qui ne s'y trouveront pas compris.

112. *Examen du placement des registres*, etc. Ils examineront si les registres et les autres objets énoncés en l'article précédent sont déposés dans un endroit sec et à l'abri de tous accidens.

113. *Examen de la correspondance*. Ils se feront rapporter toute la correspondance, soit de la Régie, soit du Directeur et de l'Inspecteur; ils vérifieront si les Receveurs observent, dans l'arrangement des lettres, la méthode nécessaire, et s'ils se sont conformés exactement aux ordres et instructions y portés. Dans le cas contraire, ils ramèneront ces Employés à la règle, et les obligeront d'exécuter, sous leurs yeux, ce qu'ils auront omis ou négligé.

114. *Examen des sommiers*. Ils liront attentivement tous les articles portés sur les sommiers, en commençant par ceux qui auront pour objets des sommes certaines à recouvrer; ils ordonneront à mesure les avertissemens ou poursuites à faire sur chacun desdits articles, et feront en même-tems une copie des articles en instance ou surséance qui paraîtront devoir être remis sous les yeux du Directeur. Ils termineront leur examen par une note mise à la suite du dernier article, indicative du nombre, de l'espèce et des numéros des articles restant à suivre au moment de leur arrivée.

115. *Diverses vérifications relatives aux sommiers*. Ils reconnaîtront si les Receveurs ont présenté avec exactitude la situation des sommiers dans leurs états de trimestre; s'ils font des découvertes, s'ils les consignent exactement sur les sommiers; s'ils ne négligent pas de les éclaircir, de porter sur le sommier certain les articles constatés, d'indiquer, en marge de chacun d'eux, le numéro du sommier des découvertes sur lequel il était précédemment consigné, afin d'y avoir recours s'il est nécessaire; s'il font les diligences convenables pour en assurer l'apurement; s'il n'y a pas des articles prescrits par leur négligence, ou abandonnés d'après des motifs insuffisans; s'ils sont exacts à émarger chaque article du sommier certain de la note des poursuites, de la somme des droits payés, de la date des paiemens et enregistremens, ou des motifs de décharge.

116. *Examen des terriers, cueilloirs et lièves.* (Abrogé).

117. *Prescription à prévenir.* La brièveté des délais accordés par la loi pour former des demandes ou actions contre les redevables ou contrevenans, relativement aux droits d'enregistrement, doit faire sentir à tous les Préposés de l'Administration, l'indispensable nécessité de donner l'activité convenable à cette partie essentielle de la régie. Les Vérificateurs auront donc soin de prévenir les prescriptions par des actes conservatoires sur tous les objets qui en seront susceptibles.

118. *Radiation sur les sommiers des articles prescrits.* Ils donneront la même attention à ce qu'il ne soit formé aucune demande ni intenté aucune action pour raison des droits dont la prescription serait acquise par la loi, et rayeront sur les sommiers tous les articles qui seront dans ce cas, après s'être assurés toutefois de l'époque de l'ouverture des droits.

119. *Exécution des ordres de restitution.* Ils feront exécuter sans délai, dans la forme prescrite, les restitutions ordonnées par l'Administration ou par le Directeur.

120. *Abus à empêcher dans les frais de poursuite.* Ils veilleront à ce qu'il ne s'introduise aucun abus relativement aux frais de poursuite qui sont à la charge des redevables.

121. *Vérification des dossiers de poursuites.* Ils vérifieront, en conséquence, les dossiers de toutes les poursuites qui seront entre les mains des Receveurs, pour faire continuer celles qui devront l'être; et ils anéantiront toutes celles qui concerneront des articles payés ou tombés en non-valeur.

122. *Refonte des sommiers.* Lorsque les sommiers de découvertes et les sommiers certains seront chargés d'un trop grand nombre d'articles, eu égard à celui des articles subsistans, les Vérificateurs en feront la refonte sous un nouvel ordre de numéros. Cette refonte sera datée et signée par le Vérificateur qui l'aura faite. Cet Employé aura soin d'indiquer, en marge de chaque article, l'ancien numéro sous lequel il était porté, et de l'apostiller de toutes les observations dont il sera susceptible. Il fera ensuite les diligences nécessaires pour en déterminer l'apurement.

123. *Examen des tables alphabétiques.* Les Vérificateurs prendront une connaissance exacte de la situation de toutes les tables alphabétiques, et vérifieront si cette situation est conforme au tableau qui en aura été présenté dans l'état précédent.

124. *Sommier d'ordres.* Ils examineront si le sommier d'ordres contient tous les articles d'instructions transmis par les mémoires de tournées et contre-tournées; s'il est au courant; si chaque article est émargé d'une note indicative de l'objet, et si cette note est exacte; enfin, si la table alphabétique des matières contenues dans ce sommier est bien faite. — Ils répareront les omissions, rectifieront tout ce qui sera incorrect; indiqueront le nombre des articles qu'ils auront portés, et dateront et signeront leur révision à la suite du dernier ordre.

125. *Si les tables alphabétiques sont bien faites.* Ils constateront si chacune des tables alphabétiques est exacte, si elles présentent tous les renseignemens qu'elles doivent contenir; et, dans le cas contraire, ils donneront des ordres et instructions pour les faire rectifier sous leurs yeux.

126. *Si elles sont entièrement défectueuses.* Si les tables sont défectueuses au point de ne pouvoir s'en servir, les Vérificateurs les feront recommencer; et, dans le cas où les enregistremens ne contiendraient pas les éclaircissemens suffisans pour cette nouvelle confection, ils prendront note des actes qu'il faudra relever dans les dépôts publics pour corriger l'imperfection.

127. *Si elles sont arriérées.* Lorsqu'elles ne seront pas faites ou continuées jusqu'au jour, les Vérificateurs y feront travailler sur-le-champ par le Receveur et les Surnuméraires, et les dirigeront dans ce travail.

128. *Comparaison des tables entre elles.* Ils compareront les tables les unes aux autres pour découvrir les droits négligés, les fausses évaluations, omissions ou fausses indications de décès; ils apporteront d'autant plus de célérité et de soin à constater ce genre de découvertes, que la loi n'accorde que de brefs délais pour former des demandes contre les redevables ou contrevenans.

119. *Examens des enregistremens.* Ils liront avec la plus grande attention tous les enregistremens, afin de reconnaître, 1.° s'ils sont dans la forme prescrite par l'art. 29 ci-devant; 2.° si les perceptions des droits résultant des dispositions enregistrées ont été réglées conformément à la loi.

130. *Vérification des enregistremens des actes privés.* Ils examineront si, relativement aux actes privés enregistrés après le délai à compter du jour de leur date, les Receveurs ont été exacts à exiger le paiement du double droit.

131. *Vérification des perceptions des droits de la seconde classe.* (Abrogé).

132. *Vérification des prix et estimations.* Ils vérifieront s'il n'y a pas de fraude dans le prix des actes translatifs de propriété; si, dans les estimations, on a déclaré la véritable valeur; s'il n'y a pas d'omission dans les déclarations, et s'il a été fait les diligences nécessaires pour la liquidation définitive des droits des actes qui ont donné lieu au droit provisoire.

133. *Relevé des vices de perception.* Après ces différens examen et vérifications, ils feront aux Receveurs les observations auxquelles il y aura lieu, et leur donneront les instructions dont ils auront besoin. Ils transcriront ensuite, sur des feuilles particulières, les enregistremens qui paraîtront contenir des vices de perception, pour en faire l'usage indiqué par les articles 147, 148 et 149 ci-après.

134. *Examen des renvois.* Les enregistremens qui contiennent des dispositions à renvoyer à un autre bureau, doivent être émargés du mot *relevé.* Les Vérificateurs s'assureront de l'exactitude de cet émargement, et, en cas d'omission du relevé ou de la note marginale, ils y suppléeront.

135. *Vérification des calculs.* Ils examineront si tous les droits enregistrés ont été tirés hors ligne; si l'on n'aurait pas transporté dans la colonne des centimes, des sommes qui devaient être portées dans la colonne des francs, *et vice versâ;* si les sommes portées dans les

dites colonnes ont été bien calculées; si le total en a été constaté au bas de chaque page; si ce total a été reporté d'une page à l'autre et successivement jusqu'à la fin du mois; si la somme de chaque mois a ensuite été reportée exactement dans chaque procès-verbal de l'Inspecteur; si les Receveurs n'ont pas passé des *gratis*, fait remise ou modération de quelques droits, de doublemens de droits, ou d'amendes; s'ils n'en ont pas laissé en souffrance sur les registres; et si le montant des forcemens de recette, ordonnés par la Régie ou le Directeur, a été enregistré.

136. *Procès-verbal à rapporter des erreurs de calcul.* Ils rapporteront procès-verbal indiquant, article par article, la nature et l'objet des erreurs, etc.; ils feront reconnaître chaque article, par les Receveurs s'ils sont encore vivans, et par leurs héritiers ou ayans-cause s'ils sont décédés. Ils transcriront ensuite leur procès-verbal sur le registre des actes civils à la date courante, et le résultat, déduction faite des erreurs reconnues au préjudice du Receveur, sera tiré hors ligne.

137. *Vérification des soustractions de recette.* Ils vérifieront en même-tems si les Receveurs, après le procès-verbal de l'Inspecteur, n'ont pas substitué aux sommes qui étaient portées dans leurs enregistremens et dans ce procès-verbal, des sommes plus considérables; s'ils n'ont pas fait, après coup, des enregistremens d'actes, jugemens ou exploits en marge, ou à la fin de quelques anciens enregistremens, dans les cases des vus des Employés supérieurs ou dans celles des arrêtés.

138. *Procès-verbaux de soustraction de recette.* Si, par cette vérification, ils découvrent des infidélités, ils les comprendront dans le procès-verbal qu'ils devront clore, après la vérification entière de la régie du Receveur, ainsi qu'il sera prescrit par l'article 157 ci-après.

139 Opérations extérieures. *Transport chez les Officiers publics.* Les Vérificateurs se transporteront successivement chez tous les Notaires, Greffiers, Secrétaires des Corps administratifs et municipalités, et Huissiers domiciliés dans l'arrondissement du bureau où ils travailleront, pour y faire les vérifications, recherches et relevés nécessaires, et se rendre certains s'ils ont rempli toutes les obligations que la loi leur impose.

140. *Vérification des répertoires.* Il se feront d'abord représenter les répertoires que lesdits officiers sont obligés de tenir, et vérifieront s'ils y ont porté, jour par jour, tous les actes qui doivent y être inscrits, notamment les actes délivrés en brevet et les donations et dispositions à cause de mort. Dans le cas de contravention, ils rapporteront procès-verbal contre le Notaire, le Greffier ou l'Huissier contrevenant, et concluront au paiement des sommes dont il aura encouru la peine.

141. *Si les répertoires ne sont pas en papier timbré.* Si ces répertoires ne sont pas en papier timbré, ils en rapporteront également procès-verbal, contre l'Officier contrevenant, à moins que celui-ci ne consente d'acquitter l'amende et les droits de timbre des feuilles non marquées du timbre.

142. *Relevé d'extraits sur le répertoire.* Ils releveront sur les répertoires un nombre suffisant d'extraits d'actes et exploits, pour en faire la comparaison avec les registres de recette et s'assurer de l'exactitude, tant des Officiers publics que des Receveurs.

143. *Prendre communication des actes.* Ils demanderont la communication des actes et en tireront les extraits qui pourront leur être nécessaires. — S'ils ont besoin d'en lever des expéditions ou extraits, ils paieront à l'Officier les salaires fixés par la loi.

144. *Ne point déplacer les minutes.* Ils ne pourront, sous quelque prétexte que ce soit, pas même du consentement des Officiers publics, déplacer aucune minute, à peine de demeurer responsables des événemens, et de tous dépens, dommages et intérêts qui pourraient en résulter.

145. *Vérifications des paraphes des Receveurs.* Ils vérifieront sur chaque minute si le Receveur a été exact à parapher le nombre des rôles et des renvois approuvés des parties; si les relations sont signées par cet Employé, et si elles contiennent le détail des droits perçus sur chaque disposition.

146. *Lecture de minutes.* Ils feront une lecture approfondie de tous les actes, jugemens et exploits dont ils sont autorisés à demander la communication; ils vérifieront s'ils ont été soumis à l'enregistrement dans les délais fixés, et, dans le cas contraire, si le Receveur a exigé les sommes auxquelles se trouveront monter les amendes.

147. *Vérification des perceptions.* Ils s'assureront si toutes les perceptions sont conformes à la loi; Ils vérifieront en même-tems celles déjà relevées lors de l'examen des enregistremens; et lorsqu'ils en auront constaté l'irrégularité par la lecture des actes, ils les ajouteront aux autres perceptions que cette lecture aura fait reconnaître vicieuses.

148. *Vices de perception à rectifier de suite.* Si le vice de perception consiste dans une erreur de fait, ou si la perception est évidemment contraire à la loi, le Vérificateur le fera reconnaître par le Receveur, et il portera le supplément en recette à la date courante, en faisant les mentions nécessaires en marge de l'enregistrement, ou il ordonnera la restitution, en observant et faisant observer les formes prescrites par l'article suivant.

149. *Formation des feuilles de forcemens et restitutions.* A l'égard des autres articles sur lesquels l'Administration devra prononcer, le Vérificateur les portera, par ordre de numéros, sur les états à ce destinés. La première colonne contiendra, *mot pour mot*, copie des enregistremens. Le Vérificateur certifiera au-dessous qu'il a vu l'acte y relatif, et en analysera les dispositions dans le cas où le contexte de l'enregistrement serait insuffisant ou inexact. Il expliquera ensuite ses motifs de forcement ou de restitution, et aura toujours l'attention de faire donner, par le Receveur, ses observations sur chaque article, et de lui faire signer l'état qui les renfermera. — Les Vérificateurs conserveront des copies de ces états, et ils en adresseront les minutes, sans retardement, au Directeur, après les avoir certifiées, datées et signées.

150. *Exécution des forcemens et restitutions.* Lorsque la Régie aura donné ses solutions sur les états de forcemens et restitutions, et que le Directeur les aura

fait passer aux Vérificateurs, ces derniers les transcriront sur les copies qu'ils auront conservées desdits états, et établiront ensuite, en marge des enregistremens, tant les forcemens que les restitutions, avec les motifs qui les auront déterminés, afin qu'ils puissent servir d'instruction aux Receveurs et les empêcher de retomber, par la suite, dans les mêmes erreurs; et pour mettre les Inspecteurs en état de faire compter les Receveurs du montant des forcemens, les Vérificateurs en porteront le produit, article par article, à la date courante, sur les registres auxquels les forcemens seront relatifs, et tireront chaque somme hors ligne avec les droits courans. — A l'égard des restitutions, ils les consigneront sur le sommier certain, et les émargeront d'un ordre au Receveur de les effectuer sans différer dans la forme prescrite par l'article 75 ci-devant, n.° 4.

151. *Forcemens à suivre sur les parties.* Lorsque le Receveur dans la Régie duquel les forcemens auront été relevés, sera décédé, ou qu'il ne sera plus en place, et que l'Administration, par ces motifs ou par tous autres, aura ordonné que le recouvrement des supplémens de droits sera suivi sur les parties, les Vérificateurs en consigneront les articles au sommier certain, en les émargeant d'un ordre au Receveur en exercice de faire les diligences nécessaires pour en déterminer promptement le paiement, à peine d'en demeurer responsable et d'en compter personnellement, s'il ne justifiait pas de poursuites faites en tems utile.

152. *Vérification des actes privés, ou passés en pays étranger.* Ils s'assureront si les officiers publics n'ont pas rédigé des actes en conséquence d'actes sous signatures privées, ou passés dans les colonies ou en pays étranger, et qui n'auraient pas été enrégistrés; s'ils ont reçu en dépôt lesdits actes sans les avoir soumis à l'enregistrement. Dans le cas de contraventions de cette espèce, ils décerneront des contraintes contre les officiers contrevenans, pour le paiement du double des droits des actes qui n'auront point reçu la formalité.

153. *Prendre sur les minutes note des droits échus et non payés.* Ils prendront sur les minutes des actes, jugemens et exploits, à mesure qu'ils les vérifieront, des notes de successions directes ou collatérales qui seront échues, de toutes les mutations d'immeubles réels ou fictifs, et des donations éventuelles dont lesdits actes donneront l'indication. Ces notes, comparées avec les tables alphabétiques, feront connaître les droits ouverts qui n'auront pas été acquittés, et mettront le Vérificateur en état d'en faire article sur les sommiers, pour en suivre le recouvrement.

154. *Examen des inventaires.* Ils examineront attentivement tous les inventaires reçus par les Notaires, et feront un relevé exact de toutes les ventes, échanges, partages avec soulte, démissions, et généralement de tous les actes translatifs de propriétés ou d'usufruit, faits sous signatures privées, énoncés dans lesdits inventaires et non enregistrés, pour en faire acquitter les droits par les parties, de quelque date que soient lesdits actes, attendu qu'elle ne peut être opposée pour la prescription.

155. *Vérification des registres de greffe sujets au timbre.* Ils vérifieront si ceux des registres, minutes et actes des Greffiers des Tribunaux qui doivent être en papier timbré, ont été soumis à cette formalité; et dans le cas contraire, ils en rapporteront procès-verbal contre le Greffier contrevenant, si cet officier ne consent pas d'acquitter le droit de timbre et l'amende.

156. *Notes à prendre dans les greffes.* Lors de l'examen des registres et minutes des greffes, ils prendront des notes des exploits, billets, obligations, et autres actes sous signatures privées, qui auront servi de base aux demandes, pour vérifier si ces actes ont été préalablement enregistrés; et, dans le cas de contravention, ils décerneront des contraintes, soit contre le Greffier, soit contre les Huissiers, pour leur faire acquitter les sommes résultant de leur contravention.

157. *Copies à prendre des relations.* Enfin, ils leveront un nombre suffisant de copies des relations mises sur les actes civils ou judiciaires et les exploits reçus par les Notaires, Greffiers, Secrétaires et Huissiers, pour s'assurer, en les confrontant avec les enregistremens, de la fidélité des Receveurs; et c'est à cette époque qu'ils pourront clore le procès-verbal mentionné en l'art. 138, ci-devant.

158. *Relevés des extraits des rôles de contribution, de mercuriales et d'actes de décès.* Il a été recommandé aux Receveurs, par les articles 83, et 84, ci-devant, de former un sommier des extraits des rôles de contributions foncières, un sommier des apprécis des grains et denrées, et une table des extraits de sépulture; si ces objets essentiels n'étaient pas en règle, les Vérificateurs auraient soin d'y suppléer.

159. *Confection d'un sommier de domaines.* Ils suppléeront encore à ce que les Receveurs n'auraient pu faire avec succès relativement à la confection des sommiers des domaines corporels et incorporels, des bois, amendes et confiscations forestières, baux, et des autres papiers et documens nécessaires à la perception des revenus des domaines de l'Etat.

160. *Autres opérations relatives aux biens domaniaux.* Ils seconderont avec zèle les Receveurs dans toutes les opérations tendant à la conservation et amélioration des biens domaniaux, à l'exacte perception de leurs produits, et à la juste liquidation du prix des rachats.

161. CONTENTIEUX. *Démarches à faire relativement aux instances.* Lorsque les Vérificateurs travailleront dans un bureau près un tribunal civil, ils feront les démarches nécessaires pour accélérer les jugemens des instances engagées relativement à la perception des droits; mais ils ne comparaîtront ni ne défendront sans y être autorisés par l'Administration ou le Directeur, si ce n'est qu'ils en soient expressément requis par les Juges, ou dans les cas sommaires, dont ils rendront compte au Directeur, à peine d'être responsables en principal et intérêts des condamnations qui pourraient être prononcées contre l'administration.

162. CORRESPONDANCE. Les Vérificateurs n'entretiendront une correspondance directe avec la Régie que dans les cas prévus ci-devant; pour tous les autres objets, ils s'adresseront immédiatement à leur Directeur. Toutes leurs lettres, même leurs réponses, seront écrites

à mi-marge, sauf, si c'est une réponse, à rappeler, au commencement de leur lettre, celle à laquelle ils répondent. — Ils en écriront une pour chaque question ou chaque affaire, et ne comprendront jamais dans la même lettre, deux objets différens.

163. JOURNAL DE TRAVAIL. Les Vérificateurs enverront au Directeur, à l'expiration de chaque quinzaine, un journal de leur travail, rédigé sur les feuilles destinées à cet objet.

164. *Rédaction des journaux de travail.* Ces journaux contiendront l'exposé clair et précis de toutes leurs opérations préliminaires dans le bureau, et de celles qu'ils auront faites successivement, tant dans l'intérieur qu'à l'extérieur. — Ils y rendront un compte exact de toutes les parties de comptabilité, d'ordre et de manutention. — Ils entreront dans les explications nécessaires sur les erreurs, negligences et abus qu'ils auront remarqués par suite des examens et vérifications particulières qui leur ont été prescrits par les différens articles ci-devant. — Ils feront connaître, 1.° le nombre et le montant des erreurs de calcul reconnues, tant au préjudice de l'Administration que des Receveurs; 2.° le résultat de leur vérification des Officiers publics, et le plus ou moins d'exactitude de ces Officiers à remplir leurs obligations relatives à la régie; 3.° le nombre et l'espèce, tant des articles de leurs découvertes que de ceux qu'ils auront constatés, en indiquant d'ailleurs le genre des opérations dont ces articles seront provenus, et les numéros sous lesquels ils auront été consignés sur les sommiers, et en observant de joindre toujours au journal copie des articles certains, afin que le Directeur puisse juger de leur solidité; 4.° enfin, le nombre et le montant, soit des forcemens de recette ou restitutions qu'ils auront relevés, dont les états auront été adressés au Directeur, soit des soustractions de recettes et autres irrégularités desquelles ils auront fait passer le procès-verbal au Directeur. — Ils termineront chaque journal par le tableau du recouvrement qu'ils auront déterminé. Ce tableau sera divisé en sept colonnes, indicatives 1.° Du numéro du sommier certain sous lequel l'article recouvré était consigné; 2.° de la nature de l'article; 3.° de la date de l'ouverture du droit; 4.° du montant du droit; 5.° de celui des droits en sus; 6.° de la date des paiemens. La septième colonne contiendra les observations dont quelques-uns des articles pourraient être susceptibles. Le Vérificateur aura soin d'additionner les sommes portées dans les cinquième et sixième colonnes, afin de faire connaître, au premier coup-d'œil, le total du recouvrement.

165. *Ne proposer aucune question dans les journaux.* Il ne sera proposé, dans les journaux de travail, aucune question relative à des perceptions; et s'il y a lieu d'en présenter, elles le seront par lettres ou sur des feuilles particulières qui accompagneront les journaux, en observant de n'en proposer jamais sur des suppositions, mais seulement sur des actes, ou sur des faits existans.

166. *Récapitulation générale du travail.* Le journal qui précédera immédiatement la sortie d'un bureau, contiendra une récapitulation générale et sommaire de toutes les vérifications et opérations faites par le Vérificateur pendant son séjour dans le bureau, et des avantages qui en seront résultés; la comparaison de la situation des sommiers et tables alphabétiques de toute nature, lors de son arrivée, avec la situation des mêmes objets au moment de son départ; l'indication du travail que son départ du bureau, ordonné par des circonstances extraordinaires, l'aurait empêché de faire pour le complément de l'ordre dans toutes les parties de la régie; et des observations exactes sur la conduite, les talens et l'assiduité, tant du Receveur que des Surnuméraires qui travailleront dans son bureau. — Cette récapitulation, à l'exception des observations sur le Receveur et les Surnuméraires, sera transcrite en entier sur le sommier certain des droits d'enregistrement, à la date courante, et certifiée et signée par le Vérificateur.

167. *Copie des journaux.* Les Vérificateurs conserveront des copies de leurs journaux de travail, pour y transcrire les observations du Directeur et les réponses de l'Administration.

INSPECTEURS.

168. *Condition pour être nommé Inspecteur.* Nul ne pourra être nommé Inspecteur qu'il n'ait été Vérificateur au moins trois ans.

169. *Serment.* Les Inspecteurs ne pourront exercer leurs fonctions sans avoir prêté serment devant les juges civils du chef-lieu de leur division, et ils seront tenus de remettre au Directeur une expédition en forme de l'acte de prestation.

170. *Cautionnement.* Ils fourniront un cautionnement avant que leur commission puisse leur être délivrée.

171. *Résidence.* La résidence des Inspecteurs sera près du Directeur, lorsque leur inspection s'étendra sur la totalité du département; et quand elle n'en embrassera qu'une partie, ils résideront au lieu le plus au centre de leur Division.

172. *Cas d'absence.* Ils ne quitteront pas le Département ou la Division à laquelle ils seront attachés sans un ordre par écrit de l'Administration, à peine d'être privés de leur traitement à compter du jour de leur départ. — Lorsqu'ils auront obtenu un congé, ils cesseront de jouir de leurs émolumens durant l'absence.

173. *Leurs fonctions.* Les Inspecteurs sont préposés pour faire des tournées de contrôle et des contre-tournées aux époques prescrites, surveiller la conduite des Receveurs dans tous les points; s'assurer s'ils remplissent exactement leurs fonctions et se conforment aux ordres de régie qui les concernent; leur donner les instructions nécessaires; les faire compter, dans la forme requise, du produit de leurs recettes; contraindre, par les voies de droit, ceux qui sont en débet; faire les vérifications autorisées chez les Notaires, Greffiers et Huissiers, et dans tous les dépôts publics; relever les perceptions irrégulières, ainsi que les droits négligés ou recelés; rapporter des procès-verbaux des contraventions aux dispositions des lois relatives à la

Régie; suivre par eux-mêmes et faire suivre par les Receveurs l'apurement des articles consignés sur les sommiers, et défendre, d'après les ordres du Directeur, les instances engagées dans les Tribunaux civils.

174. *Subordination*. Ils seront sous les ordres et la surveillance immédiate du Directeur. Ils observeront, vis-à-vis des Officiers publics et des redevables, les ménagemens et les égards convenables, et chercheront à mériter, par leur conduite, l'estime et la confiance des Corps administratifs.

175. *Ne peuvent destituer ni suspendre les Employés.* Ils ne pourront établir, ni destituer, ni suspendre de leurs fonctions aucun Employé sans un ordre par écrit de l'Administration ou du Directeur, si ce n'est en cas de nécessité urgente, et à la charge d'en rendre compte au même instant à la Régie et au Directeur.

176. *Ne peuvent accorder de remise ni modération de droits.* Ils n'accorderont jamais de remise ou modération des droits et amendes, à peine d'en compter personnellement.

177. *Tenue d'un sommier général de droits certains.* Ils seront tenus de se pourvoir d'un sommier certain sur lequel ils inscriront à mi-marge les extraits de tous les articles de droits certains, sur les sommiers de chacun des bureaux de leur division, en rappelant à la marge gauche le numéro du bureau et celui de la Direction, afin d'être en état de surveiller et de diriger les Receveurs, en leur prescrivant, sur chaque article, les diligences nécessaires.

178. *Sommier à tenir des instances.* Ils tiendront un sommier particulier, également à mi-marge, des instances introduites dans les mêmes bureaux. Chaque page ne devra contenir que deux articles. Ils établiront à la marge gauche, 1.° le numéro du sommier de la Direction; 2.° la date de la communication de la requête; 3.° l'objet de l'instance; 4.° les noms, demeures et qualités des parties; 5.° le précis de leurs moyens ou des demandes faites par les Préposés de la Régie. La marge droite sera destinée aux observations. Les Inspecteurs indiqueront en tête l'arrondissement et le bureau, les réponses qui auront été faites, la date du jugement, dont ils énonceront le dispositif, les poursuites et diligences faites pour en déterminer l'exécution; enfin, la date de la consommation de l'affaire. Alors, ils rayeront l'article. — Ce sommier sera terminé par une table alphabétique, sous les noms propres des parties, avec indication du numéro de l'article.

179. *Division de leurs opérations.* Les opérations des Inspecteurs sont périodiques et se divisent en deux parties; savoir : les tournées de contrôle et les contre-tournées.

180. TOURNÉE DE CONTRÔLE. *Epoque.* Les Inspecteurs entreront en tournée les premiers jours des mois de Janvier, Avril, Juillet et Octobre, sans pouvoir différer sous aucun prétexte. En cas d'indisposition, ils auront soin d'en prévenir sur-le-champ la Régie et le Directeur, afin que les ordres nécessaires pour les faire suppléer puissent être donnés.

181. *Journaux de recette et dépense.* (Abrogé.)

182. *Mode de tenue de ces journaux.* (Abrogé.)

183. *Envoi de leur itinéraire.* Les Inspecteurs, avant de commencer leurs tournées, donneront au Directeur communication de l'itinéraire qu'ils se proposeront de suivre, pour qu'ils puissent recevoir, à tems utile, les ordres et instructions que le bien du service pourrait exiger de leur transmettre sans retardement.

184. *Direction de leur marche.* Ils dirigeront leur marche de manière à parcourir successivement tous les bureaux qui seront établis dans un même arrondissement, en réservant pour le dernier celui du chef-lieu. Ils éviteront, en conséquence, de passer d'un arrondissement dans un autre, sans avoir contrôlé les recettes de tous les bureaux de l'arrondissem.t qu'ils quitteront immédiatement.

185. *Se transporter dans tous les bureaux.* Ils se transporteront dans les bureaux de leur division, *sans en excepter aucun*, ni pouvoir se faire suppléer par qui que ce soit.

186. *Défense de déplacer les registres.* Ils ne pourront, sous quelque prétexte que ce soit, faire sortir aucun Receveur du lieu de sa résidence, pour leur apporter les registres, ni permettre qu'il les lui envoie ou les déplace de son bureau, à peine de demeurer personnellement responsables des événemens qui pourraient en arriver, et sauf à l'Administration à prendre ultérieurement contre eux la détermination relative aux circonstances.

187. *Vus en tournée.* En arrivant dans un bureau, ils mettront leur vu sur le registre de l'enregistrement des actes civils-publics, dans la case en blanc qui suivra immédiatement, ou le dernier enregistrement, ou le dernier arrêté du Receveur; ce vu sera en ces termes : *Vu par nous Inspecteur en tournée de contrôle, ce . . . .;* et ils signeront.

188. *Ordre à suivre dans leur travail.* Ils feront successivement l'examen des enregistremens et des perceptions; la vérification des calculs; celle des restans en nature des papiers timbrés, et l'arrêté des produits sur chaque registre, pour chaque mois; enfin, ils se feront remettre les feuilles de renvois, et examineront les sommiers, les tables alphabétiques, et la correspondance du Receveur dans le cours du trimestre, soit avec la Régie, soit avec le Directeur et les Vérificateurs.

189. *Examen des enregistremens.* Ils vérifieront si les enregistremens sont dans la forme prescrite par l'art. 29 des ordres concernant les Receveurs; si les renvois des articles qui intéressent d'autres bureaux ont été relevés, et si les Receveurs ont eu l'attention d'en faire la remarque par le mot *relevé*, en marge de l'enregistrement, au-dessous duquel l'Inspecteur mettra le mot *vu*. Dans les cas contraires, ils feront à ces Employés les observations convenables, et tiendront la main à ce qu'ils remplissent exactement leurs obligations sur ces points essentiels de régie.

190. *Examen général des perceptions.* Ils s'assureront si la perception des droits des dispositions enregistrées, est conforme à la loi. Lorsqu'elle y sera évidemment contraire, ou qu'il y aura erreur de fait dans la liquidation, l'Inspecteur la fera reconnaître par le Receveur, et portera le supplément du droit en recette à la date courante, en faisant les mentions nécessaires en marge de l'enregistrement, ou il ordonnera la restitution, en

observant et faisant observer les formes prescrites par l'art. 75 ci-devant. — A l'égard des autres vices de perception sur lesquels la Régie devra prononcer, les Inspecteurs se conformeront, avec la plus grande exactitude, à ce qui a été ordonné par les articles 149, 150 et 151 précédens.

191. *Examen de la perception des revenus domaniaux.* Avant d'arrêter les produits des droits et revenus des domaines de l'Etat, les Inspecteurs se feront représenter tous les documens nécessaires pour s'assurer de la régularité des perceptions. Savoir : pour les *rentes* payables en grains et denrées ; outre les registres de rentes, le tableau des mercuriales des marchés des lieux. Pour les *revenus* des domaines, maisons et autres biens affermés, les baux courans ; pour le prix de la *vente des bois*, les procès-verbaux des adjudications ; pour les *épaves* et *deshérences*, également les procès-verbaux des adjudications ; enfin, pour le *rachat*, les liquidations qui en auront été vérifiées par le Directeur ou la Régie, et visées du Préfet.

192. *Vérification des calculs.* Les Inspecteurs examineront attentivement si tous les droits enregistrés ont été tirés hors ligne ; si le Receveur n'aurait pas transporté des francs dans la colonne des centimes, et *vice versâ ;* s'il n'aurait pas laissé des droits en souffrance, passé des *gratis*, fait remise ou modération de quelques droits, de doublement de droits ou d'amendes. — Ils rétabliront sur-le-champ, dans l'ordre requis, tous les objets de ce genre qui se trouveraient ne pas y être.

193. *Calculs au bas des pages, et reports.* Ils établiront, en toutes lettres, au bas de chaque page, la somme des calculs, et la reporteront en chiffres, d'une page à une autre, jusqu'à la fin de chaque mois.

194. *Arrêté sur les registres, des produits.* Ils feront, sur chaque registre de recette, en marge du dernier enregistrement de chaque mois, un procès-verbal des recettes qu'il aura produites.

195. *Calcul de la débite du timbre.* Ils visiteront l'endroit où seront déposés les papiers timbrés, pour s'assurer s'ils sont dans un lieu sec et sûr : de suite, ils constateront les quantités restant en nature, et la débite qui aura été faite depuis leur dernier arrêté.

196. *Formation des comptereaux.* (Abrogé.)

197. *Remises des Receveurs.* Les remises des Receveurs leur seront allouées sur le pied réglé par la régie.

198. *Bordereau de compte.* (Abrogé.)

199. *Dépenses à allouer.* Il ne sera passé aux Receveurs aucunes dépenses que celles légalement autorisées, et qui seront revêtues des formes prescrites, et telles qu'elles sont mentionnées aux art. 69, 70, 71, 72, 73, 74 et 75 ci-devant.

200. *Responsabilité des Inspecteurs.* Les Inspecteurs qui auront fait des erreurs de calcul ou des omissions de reports, soit sur les registres, soit dans les procès-verbaux qui auront laissé des droits en souffrance sur les registres de recette ; qui auront accordé des remises ou modération des droits, de droit en sus, ou d'amendes ; qui auront passé des *gratis ;* qui n'auront pas fait compter du montant des forcemens de recette ordonnés par la Régie ou le Directeur, demeureront personnellement responsables et comptables de tous ces objets.

201. *Contrainte à décerner contre le Receveur en débet.* Si par suite de l'examen des papiers timbrés ou autres opérations du contrôle des recettes, ils reconnaissent un *déficit*, ils décerneront sur-le-champ, pour le paiement du débet, une contrainte qu'ils feront signifier au Receveur reliquataire, et ils en informeront de suite l'Administration et le Directeur : ils fermeront même la main à ce Receveur, si la sûreté des deniers l'exige.

202. *Versement.* (Abrogé).

203. *Bordereaux de versement.* (Idem).

204. *Examen des états de mois des Receveurs.* Ils examineront si la somme des recettes de chaque mois est conforme à celle que le Receveur aura annoncée dans ses états de produits, et en cas de différence, ils en rendront compte à la Régie et au Directeur.

205. *Envoi de copie du Journal de recette et dépense.* (Abrogé).

206. *Relevé des renvois.* Ils se feront remettre par chaque Receveur de leur division, 1.° les relevés des renvois qu'il a dû faire et tenir prêts pour l'époque de leur passage ; 2.° ceux que les Inspecteurs auront remis lors de la précédente tournée, et qui auront dû être apostillés par le Receveur, soit de la date des paiemens, soit du numéro des sommiers, ou du folio des tables alphabétiques sur lesquels ils ont été consignés, desquelles apostilles les Inspecteurs ne manqueront pas de constater l'exactitude.

207. *Examen des sommiers.* Ils vérifieront la situation de tous les sommiers que les Receveurs doivent entretenir conformément aux ordres de Régie qui les concernent. Ils se feront remettre des extraits de tous les articles payés dans le courant du trimestre, et des articles nouveaux qui auront été portés sur les sommiers certains pendant le même trimestre, afin d'apostiller en conséquence le sommier général qu'ils doivent tenir par devers eux, et y faire les additions nécessaires. Ils reconnaîtront si les Receveurs se sont chargés en recette exactement de toutes les sommes qu'ils ont reçues à-compte des droits consignés sur lesdits sommiers ; ils prescriront sur les articles douteux les recherches et vérifications qui devront en déterminer l'éclaircissement ; sur les articles certains, les avertissemens et poursuites que les circonstances pourront exiger ; sur les sommiers des biens domaniaux, les démarches et diligences nécessaires pour opérer le recouvrement des termes et arrérages échus. Ils s'assureront si les Receveurs observent, dans la manutention de tous ces sommiers, les règles qui leur ont été prescrites ; s'ils en ont présenté des tableaux fidèles dans leurs états, et si particulièrement, ils ont exécuté les ordres qu'ils leur auront donnés dans la tournée précédente.

208. *Examen des tables alphabétiques.* Ils apporteront une égale attention à l'examen des tables alphabétiques, et reconnaîtront si les Receveurs les tiennent dans l'ordre prescrit et en ont présenté la situation exacte dans leurs états ; ils donneront de suite les ordres et instructions nécessaires pour mettre ces Employés à même de porter

cette partie importante de la Régie au point de perfection dont elle est susceptible.

209. *Sommier d'ordres.* Ils auront soin de faire transcrire sur le sommier d'ordres, à leur passage dans chaque bureau, les nouvelles circulaires et instructions qui leur auront été transmises par le Directeur avant leur départ pour la tournée.

210. *Examen de la correspondance.* Ils se feront rapporter, dans chaque bureau, toutes les lettres écrites au Receveur, soit par la Régie, soit par les Préposés supérieurs; ils verront d'abord si ces lettres sont enliassées par ordre de date; ils s'assureront ensuite si les Receveurs ont suivi ponctuellement les ordres et instructions y portés, et dans le cas contraire, ils les obligeront de s'y conformer sans retardement.

211. *Lettre de tournée.* Ils enverront à l'Administration une lettre où ils rendront un compte précis et détaillé de toutes les opérations prescrites par les articles précédens, des abus qu'ils auront découverts, des moyens à adopter pour les détruire, enfin de ce qu'ils auront fait ou croiront devoir faire par la suite pour le bien du service. (Le surplus abrogé).

212. *Remise des expéditions de tournée.* Ils ne se dispenseront, sous aucun prétexte, de se rendre aussitôt après leur tournée de contrôle, au chef-lieu du Département. A leur arrivée, ils remettront au directeur, 1.° l'état des procès-verbaux des recettes de chaque mois; 2.° un double de l'état de comparaison des produits de trimestre, et de la lettre y relative qu'ils auront écrite à l'Administration; 3.° les états des vices de perception; 4.° les feuilles de renvois qui ont dû leur être remises par les Receveurs de leur division, ou un certificat négatif signé d'eux et du Receveur; 5.° une copie des articles de droits certains de toute nature, consignés sur les sommiers des bureaux de leur division dans le cours du trimestre précédent; 6.° un état des sommes payées également dans le cours du trimestre précédent, par les adjudicataires des bois sur le prix de leur adjudication; 7.° les états des Surnuméraires et des Receveurs de leur division, avec leurs observations sur chacun d'eux, en y joignant celles des Receveurs concernant les Surnuméraires. — Ils auront, immédiatement avec le Directeur, un travail suivi relativement aux articles consignés sur leur sommier général, de même qu'à l'égard des instances. Ils lui feront connaître la situation de chaque objet, les motifs qui suspendront les recouvremens, et prendront sur le tout ses ordres et instructions. (Le surplus abrogé).

213. *Epoque de la fin de la tournée.* Les tournées de contrôle seront complètement achevées dans le cours du premier mois de chaque trimestre.

214. CONTRE-TOURNÉES; *Epoque.* Les Inspecteurs quitteront le chef-lieu du département le quinze du mois qui suivra la tournée, pour se rendre de suite au bureau qui leur sera indiqué par le Directeur.

215. *Vu en contre-tournée.* Ils constateront leur arrivée dans le bureau par un vu sur le registre des actes civils, dans la case en blanc qui suivra le dernier enregistrement ou l'arrêté du Receveur. Ce vu sera en ces termes : *Vu par nous, Inspecteur en contre-tournée, ce . . . . . ;* et ils signeront.

216. *Ouverture de la contre-tournée par une correspondance générale.* Lorsqu'ils auront vérifié l'état de la caisse du Receveur, ils ouvriront les opérations de leur contre-tournée par une correspondance générale avec tous les Receveurs de leur division. Cette correspondance aura pour objet l'instruction des instances, le recouvrement des droits arriérés, et toutes les affaires qui intéresseront essentiellement la Régie. Ils y développeront les principes, ordres et instructions qui auront fait le sujet de leurs conférences avec le Directeur pendant leur séjour au chef-lieu de Département.

217. *Opérations des Inspecteurs.* Ils vérifieront sous tous les rapports la conduite du Receveur auprès duquel ils seront envoyés; ils s'attacheront particulièrement à reconnaître et détruire les abus, à donner au Receveur les instructions nécessaires pour établir la régularité et l'uniformité des perceptions; à rassembler tous les titres et documens relatifs aux domaines de l'État; à accélérer l'instruction et le jugement des instances; enfin, à concourir au plus grand avantage des revenus de l'État par tous les moyens sages que leur zèle et leurs talens pourront leur indiquer. — Du reste, toutes les vérifications et opérations prescrites aux Vérificateurs par les articles précédens, tant dans l'intérieur qu'à l'extérieur des bureaux, étant communes aux Inspecteurs, ils auront soin de s'y livrer entièrement, et d'en rendre compte par leurs journaux de travail.

218. *Défenses aux instances.* Ils doivent défendre, dans les Tribunaux civils de leur division, sur les instances qui s'y introduisent, en vertu des ordres du Directeur. Ils agiront d'après les instructions que ce dernier leur transmettra. Ils adresseront, sans délai, les réponses aux Receveurs résidant près le Tribunal où l'instance sera engagée, avec les ordres et observations nécessaires.

219. *Surveillance sur les cautionnemens.* (Abrogé).

220. *Contre-vérification des cautionnemens.* (Abrogé).

221. *Surveillance relative à ceux qui travaillent dans les bureaux.* Ils tiendront la main à ce que nul ne soit admis à travailler dans les bureaux de leur division, en qualité de Surnuméraire, sans un ordre de l'Administration expédié dans la forme usitée.

222. *Durée de la contre-tournée.* Les contre-tournées dureront sans interruption pendant le mois et demi qui suivra chaque tournée de recouvrement.

223. *Journaux de travail.* Les Inspecteurs fourniront trois journaux de travail, de quinzaine en quinzaine, dans le cours de chaque contre-tournée; ils les adresseront au Directeur le lendemain de l'expiration de la quinzaine.

224. *Rédaction de ces journaux.* Ces journaux seront rédigés absolument dans les mêmes formes que celles prescrites aux Vérificateurs par les articles 164, 165, 166 et 167, ci-devant.

225. *Récapitulation générale pour le dernier journal.* Le dernier journal de la contre-tournée contiendra la récapitulation de toutes les opérations qui auront été faites pendant sa durée, et l'indication sommaire de

toutes celles qui resteront à faire. Les inspecteurs se conformeront entièrement à ce sujet à l'art. 166, ci-devant.

226. *Correspondance.* Les Inspecteurs n'écriront directement à l'Administration que dans les cas prévus par les ordres de régie qui les concernent, ou qui requerraient une grande célérité. Dans tous les autres, ils s'adresseront à leur Directeur.

Ils conserveront copie de leurs lettres, et les écriront à mi-marge, même leurs réponses, sauf à rappeler au commencement de la lettre, celle à laquelle ils répondent.

Ils auront soin d'écrire une lettre pour chaque question ou chaque affaire, et termineront par ces mots : *L'Inspecteur de la Régie de l'enregistrement,* et signeront.

DIRECTEURS.

227. *Conditions pour être Directeur.* (Abrogé.) V. *Directeur,* à l'enregistrement.

228. *Serment.* Les Directeurs ne pourront exercer leurs fonctions sans avoir au préalable prêté serment devant les Juges civils du chef-lieu de leur département, et ils seront tenus d'envoyer à l'Administration une expédition en forme de l'acte de la prestation de leur serment.

229. *Cautionnement.* Ils fourniront, également avant d'entrer en fonctions, un cautionnement.

230. *Résidence et cas d'absence.* Ils seront tenus de demeurer dans la ville chef-lieu de leur département, et ils ne pourront s'absenter sans un congé par écrit de la Régie, qui ne leur sera expédié que sous la condition expresse de perdre leur traitement au *prorata* du tems qu'ils n'auront pas fait leur service.

231. *Visite aux corps administratifs.* Leur premier soin sera de se présenter devant les Corps administratifs et les Municipalités, pour leur donner connaissance de leurs pouvoirs.

232. *Ils consultent sur le lieu de leur demeure.* Ils les consulteront sur le quartier de la ville où il sera le plus convenable, pour le service public, de fixer leur demeure, afin d'éviter toute réclamation contre l'emplacement de leurs bureaux.

233. *Sur le logement des Directeurs.* Le logement des Directeurs sera disposé de manière à pouvoir y établir, 1.° le magasin des papiers, registres, sommiers, tables alphabétiques, états, comptereaux, et autres impressions nécessaires pour la régie ; 2.° celui des papiers timbrés ; 3.° un bureau pour le Garde-magasin et le Receveur du timbre extraordinaire ; 4.° un atelier pour les timbreurs et tourne-feuilles.

234. *Pièces pour la manutention du timbre.* Il est nécessaire que les pièces destinées à la manutention du timbre se trouvent près les unes des autres, en sorte que le Garde-magasin soit à portée de ses papiers ; que le Receveur du timbre extraordinaire ait avec lui une communication facile pour le contrôle des bulletins ; que l'atelier du timbre soit sous les yeux de ces deux Employés ; que le public arrive aisément à ces différens bureaux et ateliers ; et que le Directeur puisse les surveiller tous de manière qu'aucun abus n'échappe à son attention.

235. *Comment sont fermés les magasins du timbre.* Les magasins seront fermés par deux serrures différentes : la clef de la première demeurera au Directeur ; celle de la seconde au Garde-magasin.

236. *Coffres ou sont déposés les timbres.* Les timbres seront déposés dans un coffre ou armoire également fermé par deux serrures différentes, de la première desquelles le Directeur conservera la clef ; de la seconde, le garde-magasin. Ce coffre ou armoire sera divisé en compartimens, pour y placer séparément chaque timbre avec une étiquette.

237. *Frais de loyer à la charge du Direteur.* Les frais de loyer de ces divers emplacemens seront à la charge des Directeurs, sans aucune répétition, attendu qu'ils sont compris dans leur traitement.

238. *Frais à supporter par les Employés du timbre.* Le feu, la lumière et toutes les autres dépenses et fournitures, seront supportés par les Employés du timbre.

239. *Dépenses remboursées par la Régie.* Sont exceptés le coffre ou l'armoire garnis de ses deux serrures, qui renfermera le timbre, la table et les sièges du timbreur et du tourne-feuilles ; le maillet avec les balles et l'encre pour timbrer ; les frais de paille, toiles, cordes et cire à cacheter pour les paquets et ballots qui sortiront des magasins, lesquels objets seront remboursés au Garde-magasin en vertu d'ordres de dépense, expédiés par l'Administration, sur le rapport des quittances des fournisseurs, visées par le Directeur.

240. *Approvisionnement des bureaux.* Les Directeurs auront soin de pourvoir chacun des Receveurs de leur département, de tous les registres, sommiers et tables qui lui seront nécessaires pour la régie et perception des droits, après avoir coté et paraphé les registres destinés à l'enregistrement.

241. *Envoi de registres de forme d'insinuation.* (Abrogé.)

242. *Les Directeurs ne peuvent établir, destituer ni suspendre d'Employés.* Ils ne pourront établir, destituer ou suspendre de ses fonctions aucun Préposé, sans un ordre par écrit de l'Administration, si ce n'est en cas d'urgence, et à la charge d'en rendre compte sur-le-champ à l'Administration.

243. *Ils ne peuvent accorder de congé.* Il leur est interdit d'autoriser aucune absence ni cessation de service de la part d'aucun des Préposés de leur Département, sans un ordre exprès et par écrit de l'Administration.

244. *N'admettre de surnuméraires que ceux brévetés.* Ils ne feront admettre aucun Surnuméraire dans les bureaux, ni ne souffriront qu'il en soit admis par les Receveurs, sans un ordre de l'Administration expédié dans la forme usitée. Ils ne pourront aussi délivrer, en faveur d'aucun Surnuméraire, des certificats de capacité.

245. *Marchés et adjudications pour fournitures.* (Abrogé.)

246. *Ne faire de baux que par adjudication.* Ils ne feront ni ne renouvelleront aucuns baux des domaines de l'Etat, ces actes ne pouvant être faits qu'à la chaleur des enchères devant le Sous-préfet de la situation des biens, à la diligence des Préposés de la Régie, dans la forme et aux conditions prescrites par la loi du 5 septembre 1790 et par l'art. 8 de celle du 12 septembre 1791.

247. *Ne peuvent accorder de remise ni modération de droits.* Ils ne pourront accorder aucune remise ni modération de droits et amendes, ni ordonner de laisser des droits en souffrance, à peine d'en répondre et d'en compter personnellement.

248. *Division des fonctions des Directeurs.* Les fonctions des Directeurs se divisent en six parties principales : le maintien des règles de la Régie et des principes de la perception, la correspondance, le contentieux, la comptabilité, l'envoi périodique des expéditions et la surveillance générale.

249. *Etat des nominations à envoyer aux Autorités.* Les Directeurs, au nom de l'Administration, donneront à mesure des nominations, aux Corps administratifs et aux Municipalités, l'Etat des Employés nommés par la Régie, qui exerceront leurs fonctions dans leur territoire, et en certifieront l'Administration.

250. *Compte à rendre des Employés.* Ils rendront compte, à chaque semestre, à l'Administration, des talens, de l'assiduité et des services de chacun des Préposés de leur Département.

251. *Veiller à ce que chaque Employé soit à son poste.* Ils auront soin qu'aucune partie du service ne souffre, en obligeant chaque Employé d'être à son poste. En cas de maladie ou d'absence d'aucun d'eux, ils en informeront sur-le-champ la Régie, et feront remplacer provisoirement les Inspecteurs par les Vérificateurs, et les Receveurs par les Surnuméraires, à moins que l'importance du bureau ou d'autres motifs n'exigent la présence d'un Employé supérieur.

252. *Mémoires de tournées et de contre-tournées.* Ils rédigeront, avant l'époque de la tournée et de la contre-tournée des Inspecteurs, des mémoires dans lesquels ils inscriront, par ordre de date, toutes les lettres circulaires et les solutions des questions générales qui leur auront été adressées par la Régie pendant l'intervalle d'un trimestre à un autre, et ils y ajouteront les ordres et instructions particulières qu'ils jugeront nécessaires au bien du service. — Copies de ces mémoires seront remises aux Inspecteurs avant leur départ pour la tournée ou contre-tournée. Les Directeurs en enverront également aux Vérificateurs, et en feront passer une ampliation à l'Administration.

253. *Examen des journaux de travail.* Ils examineront les journaux des Employés supérieurs à mesure qu'ils les recevront; et après les avoir émargés de leurs observations, ils les numéroteront et les feront transcrire en entier par suite de numéros, sur le sommier indiqué par l'article 258 ci-après; ils les enverront ensuite à l'Administration.

254. *Examen des états des vices de perception.* Ils examineront de même les états de vices de perception à mesure qu'ils leur parviendront, et, après en avoir émargé chaque article de leurs observations, ils les feront transcrire en entier sur le sommier prescrit par l'art. 258, et les enverront sans différer à la Régie, pour avoir ses solutions.

255. *États des procès-verbaux.* Ils formeront, au commencement de chaque mois, en se servant des imprimés destinés à cet usage, un état des procès-verbaux qui leur auront été adressés par les Préposés de leur département, pendant le mois précédent, et l'adresseront de suite à la Régie, ou, à défaut, un certificat négatif. Ils auront soin, lorsque l'ampliation en aura été renvoyée avec les décisions de l'Administration, d'émarger en conséquence le sommier dont il sera parlé à la fin de l'art. 258.

256. *Feuilles de renvois.* Ils veilleront à ce que les Inspecteurs leur rapportent, à la fin de chaque tournée, les feuilles de renvois d'un bureau à un autre, qui auront dû être remis par les Receveurs, conformément à l'art. 81 ci-devant, ou un certificat négatif signé d'eux et du Receveur. — Si, dans le nombre des articles, il s'en trouve qui regardent d'autres Départemens, les Directeurs en enverront un état à la Régie.

257. *Renvois des donations sujètes à l'insinuation.* (Abrogé.)

258. *Registres et sommiers à tenir.* Les Directeurs établiront dans leurs bureaux les registres et sommiers ci-après.

1.° Un *registre des circulaires.* Elles y seront transcrites en entier par ordre de date et de numéros, et apostillées d'une note qui indiquera l'objet de la lettre et servira à la formation de la table alphabétique.

2.° *Table des circulaires.* Un registre pour y porter, par extrait et par ordre alphabétique des matières, lesdites circulaires et toutes les solutions données par la Régie aux questions générales qui lui auront été proposées par lettres ou mémoires, et sur lesquelles les Directeurs auront fourni leurs observations.

3.° Un *sommier des arrondissemens des bureaux* du Département. Il sera tenu *feuille ouverte*, et distribué par ordre alphabétique de bureaux. — Il y aura une feuille pour chaque bureau. En tête de la feuille on écrira, en gros caractères, le nom du bureau, et on indiquera au-dessous, 1.° si c'est un chef-lieu de département ou d'arrondissement, ou un chef-lieu de canton d'un tel arrondissement; 2.° l'énumération des produits dont le Receveur aura la régie; 3.° leur quotité annuelle; 4.° les remises, année commune de trois. — La page gauche servira à inscrire les noms des Communes et hameaux qui composent l'arrondissement, et ceux des Notaires, Greffiers et Huissiers y résidant. A la page droite, divisée en deux parties, on fera connaître, dans l'une, les changemens que les arrondissemens auront pu éprouver successivement, et dans l'autre, les noms des Receveurs et la date de leur nomination.

4.° Un *sommier des Employés* du Département. On commencera par les Inspecteurs, Vérificateurs, Garde-magasin et Receveur du timbre extraordinaire. On inscrira ensuite les Receveurs, par ordre alphabétique de bureaux. On destinera une feuille à chaque Employé, et cette feuille sera à mi-marge. — La marge droite servira à indiquer les noms de famille et patronimiques de l'Employé, la date et le lieu de sa naissance, l'époque de son admission dans un bureau en qualité de Surnuméraire, et celles de son entrée en exercice des emplois par lesquels il aura successivement passé. — La marge gauche sera destinée aux notes périodiques qui seront données sur son compte, et à y rappeler les témoignages de satisfaction ou de mécontentement qui lui auront été donnés. — Lors de la mutation de l'Employé, on en fera mention; ensuite l'article sera rayé, et on en établira un autre dans la même forme pour son successeur. — Les dernières feuilles de ce sommier seront réservées pour y porter, à la suite les uns des autres, en forme d'état, et par ordre d'ancienneté d'exercice du premier emploi, les Receveurs aspirant à leur avancement. — Cet état indiquera seulement le nom de l'Employé et le folio où il sera inscrit.

5.° Un *sommier des Surnuméraires* du Département. Il sera tenu à mi-marge, par ordre de numéros et d'ancienneté des Surnuméraires, en observant que l'ancienneté doit dater du jour de l'admission dans le bureau, et non de celui de l'ordre de Surnuméraire, conformément à l'article 3 ci-devant. — A la marge droite, on indiquera les noms de famille et patronimiques du Surnuméraire, la date et le lieu de sa naissance, le nom du bureau auquel il est attaché et l'époque de son admission. — On portera à la marge gauche, les notes périodiques données sur son compte jusqu'au moment où il sera placé. — Alors, il sera inscrit sur le sommier précédent et rayé sur celui-ci, après avoir fait mention de la date de sa nomination et du nom du bureau qui lui aura été confié. — Ce sommier sera terminé par une table alphabétique sous les noms propres des Surnuméraires, avec indication de la page où ils sont inscrits.

6.° Un *sommier pour y transcrire les journaux* de travail des Employés. Il sera divisé par colonnes, dans la même forme que les imprimés servant à ces journaux, et les Directeurs auront soin de remplir celles destinées à leurs observations et aux décisions de la Régie.

7.° Un *sommier pour les vices de perception* relevés par les mêmes Employés. Ce sommier sera divisé également par colonnes dans la forme des imprimés des états de forcement et de restitutions, en y ajoutant cependant deux colonnes, l'une pour y indiquer la date de l'enregistrement des supplémens, et l'autre celle de l'exécution des restitutions.

8.° *Sommier certain.* Un sommier tenu par ordre alphabétique de bureaux, et par suite de numéros, sur lequel seront inscrits les articles de droits certains de toute nature subsistant sur les sommiers des bureaux de département, autres que ceux désignés ci-après, et dont les Directeurs se feront remettre, à la fin de chaque trimestre, un relevé exact par les Inspecteurs lors de leur travail avec ces Employés sur cet objet, au retour de leurs tournées de recouvrement, en conformité de l'article 212 ci-devant. — Ce sommier sera tenu à mi-marge. La droite servira à la transcription des articles. A la gauche on indiquera le numéro du sommier du bureau et celui de la Direction; suivront immédiatement les observations énonciatives des poursuites et diligences qui auront été faites, des ordres et instructions que les Employés supérieurs et le Directeur auront donnés successivement, de la date du paiement du droit ou de celle de l'ordre d'abandonner. — Les articles seront rayés à mesure de leur consommation; et quand la confusion commencera à s'introduire, il sera fait une refonte dans la forme indiquée par l'art. 122 ci-devant. — Enfin, on aura l'attention, lorsqu'il s'engagera une instance sur un article, d'en faire une mention à la marge et de le rayer après l'avoir reporté sur le sommier des instances prescrit ci-après.

9.° Un *sommier de tous les domaines* corporels appartenant à l'Etat, à quelque titre que ce soit, dans l'étendue du Département.

10.° Un *sommier des droits incorporels* dépendant des domaines de l'Etat.

11.° Un *sommier des baux* des domaines affermés.

12.° Un *sommier* des rachats. (Abrogé.)

13.° *Sommier des bois.* Un sommier des prix des adjudications des bois domaniaux.

Ces cinq derniers sommiers seront également tenus par ordre alphabétique de bureaux et par suite de numéros. Ils seront d'ailleurs dans la même forme que celle prescrite à l'égard des Receveurs par l'art. 83 ci-devant, de manière qu'ils y correspondent parfaitement, et que les Directeurs soient à même de suivre toutes les opérations des Employés, de leur donner les ordres et instructions nécessaires, et de rendre compte de la situation de chaque objet à la Régie.

Contraintes contre les débiteurs. En cas de retard de la part des débiteurs de droits dépendant des domaines ou des adjudicataires des bois domaniaux, ils décerneront des contraintes qui doivent être visées par le Président du Tribunal civil de la situation des biens, sur la représentation d'un extrait du titre obligatoire du débiteur, et ils en feront suivre l'exécution par les voies ordinaires.

Sommier des procès-verbaux. Enfin, ils disposeront un sommier pour y enregistrer tous les procès-verbaux qui leur seront adressés par les différens Employés de leur Département. — Ce sommier sera tenu à mi-marge, et par série de numéros. A la droite on indiquera, en tête, la date du procès-verbal, le nom de l'Employé qui l'aura rédigé, les nom et demeure du contrevenant, et la nature de la contravention. — A la marge gauche, on inscrira le numéro du sommier des bureaux, les noms de l'arrondissement et du bureau, la date des ordres du Directeur, celles des décisions de la Régie, des poursuites et diligences faites en conséquence, et celle du paiement des droits et amendes. — Chaque article sera rayé ensuite, soit que la partie ait terminé à l'amiable, soit que l'affaire ait été portée devant les Tribunaux, attendu que, dans ce cas, l'article doit être consigné sur le sommier des instances dont il sera parlé ci-après.

259. CORRESPONDANCE. *Mode à observer dans les lettres.* Les Directeurs entretiendront avec l'Administra-

tion une correspondance active et suivie sur toutes les affaires de leur Département. — Chacune de leurs lettres, dont ils conserveront copie, sera à mi-marge, et numérotée en tête de la marge gauche, avec une indication précise de l'objet de la lettre. — Ils en écriront une pour chaque affaire ou question, et ils termineront par ces mots : *le Directeur de la Régie de l'enregistrement et des domaines ;* et signeront.

260. *Délai pour répondre aux lettres.* Lorsque les Directeurs recevront de l'administration une lettre à laquelle ils pourront répondre en entrant dans les détails qu'elle exigera, sans avoir besoin d'autres renseignemens que ceux qu'ils pourront recueillir dans leurs propres bureaux ou dans les bureaux et dépôts publics existant au lieu de leur résidence, ils auront soin d'y répondre dans la huitaine de la réception, et même plus tôt, si l'objet requiert célérité. — Si la demande exige, au contraire, une correspondance intermédiaire avec quelques Préposés ou autres personnes qui ne soient pas résidant au chef-lieu du Département, ils écriront au reçu de la lettre pour se procurer les éclaircissemens nécessaires, et seront tenus de satisfaire à la demande dans la quinzaine, ou d'exposer les motifs qui s'y opposeraient, sans pouvoir s'en dispenser sous aucun prétexte.

261. *Exactitude dans la correspondance.* Ils apporteront la même exactitude dans leur correspondance soit avec les Préposés de l'Administration, soit avec des particuliers pour des objets relatifs à la Régie.

262. *Economie dans les frais de port.* Pour obtenir le plus d'économie possible dans les frais de port, ils n'emploieront qu'une demi-feuille lorsqu'une feuille entière ne sera pas absolument nécessaire, et ils renfermeront plusieurs lettres sous une même enveloppe ; ou, s'ils n'en avaient qu'une seule, ils la cacheteront de manière que la rupture du cachet n'emporte pas une partie de l'écriture. — Quant aux lettres qui, soit par leur contenu, soit par les pièces qui doivent y être jointes formeraient un volume un peu considérable, ils les comprendront, lorsque rien ne requerra célérité, dans les paquets contenant les autres expéditions qu'ils feront passer par la messagerie.

263. *Registre de correspondance.* Les Directeurs, pour faciliter leur correspondance et y entretenir l'ordre et l'exactitude nécessaire, établiront dans leurs bureaux un registre dans la forme qui suit. — Ce registre, intitulé *registre de correspondance*, sera tenu à mi-marge ; les Directeurs y inscriront par série de numéros toutes les affaires qu'ils traiteront par lettres. — Chaque page ne devra contenir que deux articles. A la marge droite ils indiqueront les noms et demeures des parties et la nature de l'affaire. A la gauche ils mettront en tête le numéro de l'article, et, immédiatement au-dessous, ils feront un extrait très-succint des lettres qui auront été écrites successivement sur l'affaire, en tel nombre qu'elles soient, et suivant l'ordre de leur date. — Lorsqu'il s'introduira une instance sur un desdits articles, il en sera fait mention à la marge gauche ainsi que du numéro sous lequel cette instance aura été consignée sur le sommier y relatif. — On réservera à la fin du registre quelques feuilles pour y inscrire, à la suite les unes des autres, par ordre de date, les affaires urgentes et autres objets essentiels qui demanderont d'être suivis avec beaucoup d'activité et d'attention. Il suffira, dans cette section particulière du registre, de rappeler seulement les noms des parties et le numéro sous lequel l'affaire aura été enregistrée. Les Directeurs ne manqueront pas de se mettre souvent ces articles sous les yeux, afin d'écrire, lorsqu'il sera nécessaire, des lettres de mouvement aux Employés de leur département. — Le registre sera terminé par une table alphabétique qui présentera tous les articles y contenus par les noms des parties, et, à défaut, par la nature de l'affaire. — Cette table doit être faite à mesure des enregistremens des articles ; et lorsqu'une affaire sera consommée il faudra rayer l'article sur le registre.

264. CONTENTIEUX. *Soins et vigilance des Directeurs relativement aux instances.* Il a été établi par les articles 92, 93, 161, 178 et 218 ci-devant, comment les Receveurs, Vérificateurs et Inspecteurs concourraient respectivement à la défense et à obtenir le jugement des affaires en instance devant les Tribunaux. Ce concours a été ordonné pour le plus grand avantage de cette partie essentielle de la régie ; mais le succès repose particulièrement sur la vigilance et les instructions des Directeurs.

265. *Eclaircissemens sur les instances.* Lorsque l'état de la question à traiter ne sera pas assez éclairci, ils écriront sans délai au Receveur pour lui demander les extraits ou copies d'actes et les détails dont ils auront besoin ; et s'il leur reste des doutes, ils en référeront sur-le-champ à l'Administration.

266. *Réponses aux instances.* Si l'instance est engagée au Tribunal de leur résidence, ils disposeront et signeront les réponses aux requêtes ou mémoires des parties et solliciteront un prompt jugement.

267. *Envoi des dossiers d'instances.* A l'égard des instances engagées dans les autres Tribunaux, ils prépareront les moyens de défense et les adresseront soit à l'Inspecteur de la division, soit au Vérificateur qui pourra se trouver près du Tribunal, soit au Receveur du chef-lieu d'arrondissement avec les ordres et observations nécessaires. Ils se feront rendre compte ensuite du résultat des diligences de ces Employés et du jugement qui sera intervenu.

268. *Exécution des jugemens.* Ils veilleront à ce que tous les jugemens soient suivis de la plus prompte exécution, sans pouvoir être différés sous aucun prétexte, sauf les réserves de droit, dans le cas où le jugement ne paraîtrait pas conforme à la loi.

269. *Sommier des instances.* Ils tiendront un sommier dans la forme prescrite par l'art. 178 rappelé ci-dessus, et y inscriront toutes les affaires en instance dont les Receveurs de leur département doivent leur envoyer dans le plus court délai, conformément à l'art. 72, les actes introductifs, avec les pièces, observations et renseignemens nécessaires pour la discussion.

270. *Envoi de dossiers d'instances à la Régie.* Dans le cas où la Régie estimera qu'un jugement est contraire à la loi, et où elle aura demandé aux Directeurs de lui faire passer le dossier de l'affaire pour se pourvoir au Tribunal de

cassation, ils l'adresseront sans le moindre retardement, après avoir fait mention sur le sommier, à la marge de l'article, de la date de l'envoi; et lorsque la Cour aura prononcé, ils inscriront sur la même marge les dispositions de son arrêt, dont ils seront instruits par l'Administration.

271. *Etat des instances et des jugemens.* Ils rédigeront dans les premiers jours de chaque mois, sur les imprimés destinés à cet objet, l'état des instances engagées dans les Tribunaux civils de leur Département, et celui des jugemens intervenus pendant le mois précédent, et les enverront sans différer à la Régie, ou, à défaut, un certificat négatif.

272. *Etats des affaires terminées et instruites.* Il s'agit actuellement de l'envoi à faire à la fin de chaque trimestre d'un état général des instances et de leur situation. (*V. le Dictionnaire.*)

273. COMPTABILITÉ. *Registre des frais de réparations à des bâtimens domaniaux.* Ils tiendront, en conformité de l'article 11 de la loi du 12 Septembre 1791, un registre où ils enregistreront, par suite de numéros, toutes les sommes payées par les Receveurs, pour les réparations des biens domaniaux, sur les ordonnances délivrées à cet effet.

274. *Registre de recette et dépense de registres et impressions.* Ils tiendront encore, aux termes de l'art. 6 de la loi du 27 Mai 1791, un registre journal de recette et dépense, des papiers, registres, sommiers, tables alphabétiques, états, comptereaux et autres impressions nécessaires au service de leur Direction, afin de pouvoir justifier en tout tems de la consommation et des restans en nature de ces objets.

275. *Cautionnement à faire fournir.* Ils auront soin de faire fournir aux Employés de leur Département, les cautionnemens ou supplémens de cautionnemens ordonnés par la loi.

276. *Inscriptions sur les cautionnemens en immeubles.* Ils se feront remettre, sur chaque cautionnement, l'extrait de l'inscription qui aura été faite sur les biens affectés au cautionnement, et ils veilleront à ce que cette inscription soit renouvelée avant l'époque de sa prescription.

277. *Vérification des cautionnemens en immeubles des Employés.* (Abrogé.)

278. *Contre-vérification des cautionnemens.* (Idem.)

279. *Vérification des cautionnemens particuliers.* (Id.)

280. *Extraits des cautionnemens à envoyer.* (Idem.)

281. *Sommier des cautionnemens.* Ils établiront un sommier à mi-marge, sur lequel seront consignés les cautionnemens de tous les Employés du Département, en commençant par les Préposés supérieurs. — Il sera réservé une feuille pour chaque Employé. La marge droite contiendra l'extrait du cautionnement; la gauche, la date de l'inscription, et celle de l'échéance de celle-ci. — On portera à la suite les cautionnemens des successeurs et les supplémens. — Le sommier sera terminé par une table alphabétique, sous les noms propres des Employés, avec indication du folio où ils seront inscrits.

282. *États de mois des Receveurs.* Ils tiendront soigneusement la main à ce que les Receveurs leur envoient, par le premier courrier, après l'expiration du mois, l'état des produits de leurs bureaux pendant le mois précédent; et à ce que cet état soit rédigé dans la forme prescrite par l'art. 66 ci-devant. — Ils feront ensuite à ces Receveurs les observations dont leur état sera susceptible.

283. *Etat général des produits de mois.* Ils formeront l'état général des produits du Département par ordre d'arrondissement et de bureaux, en se servant des imprimés qui sont destinés à cet usage.

284. *Versemens à faire par les Receveurs.* Ils veilleront à ce que les Receveurs des chefs-lieux d'arrondissement soient exacts à verser, à la fin de chaque semaine, le montant de leurs recettes, en mêmes espèces et valeurs qu'ils auront reçues des redevables. En cas de retard, les Directeurs en informeront la Régie, et provisoirement ils feront vérifier la comptabilité de ces Receveurs, et leur feront fermer la main, si les circonstances l'exigent.

285. *Surveillance relative aux Receveurs de canton.* Ils veilleront aussi à la sûreté des deniers dans les mains des Receveurs de canton. Ils empêcheront que des fonds considérables séjournent dans leurs caisses; et si, par les états de mois de ces Receveurs, ils reconnaissaient qu'ils eussent fait quelques recettes extraordinaires, ils ordonneraient à l'Inspecteur de se transporter sans délai dans leur bureau et de faire effectuer le versement desdites recettes.

286. *Dépenses à allouer.* Les Directeurs s'occuperont de la vérification des comptes des Inspecteurs au moment de leur arrivée à la Direction. Ils n'alloueront, dans leurs comptes, que les dépenses légalement autorisées et sur des pièces revêtues des formes prescrites, telles qu'elles sont mentionnées aux articles 69, 70, 71, 72, 73, 74 et 75 ci-devant, à peine d'en demeurer responsables. (Abrogé.)

287. *Récépissés de versement.* La partie la plus importante des dépenses consiste dans les récépissés des Receveurs d'arrondissement. Les Directeurs auront attention qu'il ne s'introduise aucune confusion entre les recettes et dépenses d'un arrondissement et celles d'un autre.

288. *Traitement des Employés supérieurs et des Préposés du timbre.* Ils ne passeront ces traitemens qu'à compter du jour de l'installation et jusqu'à celui de la cessation du service.

289. *Arrêté des comptes.* Ils arrêteront les comptes des Inspecteurs le 5 du second mois de la tournée; ils tiendront la main à ce que ces Employés partent pour la contre-tournée le 15 de ce mois. (Abrogé.)

290. *Cas de débet d'Inspecteurs.* En cas de débet de la part de ces Employés, ils décerneront des contraintes qu'ils leur feront signifier; ils les suspendront même de leurs fonctions si les circonstances l'exigent, et ils feront faire ensuite toutes les poursuites que l'intérêt de l'Etat rendra nécessaires, en informant sur-le-champ la Régie. (Abrogé.)

291. *État des erreurs de calcul.* Ils remettront à ces Employés, avant leur départ pour la tournée, 1.° un état des erreurs de calcul et omissions de recette relevées dans les comptereaux, afin qu'ils puissent en faire compter les Receveurs; 2.° les feuilles de renvois à faire vérifier; 3.° les états et autres imprimés nécessaires à la tournée.

292. *Bordereau général et compte du trimestre.* Après

la tournée de contrôle des Inspecteurs, les Directeurs disposeront le bordereau général des produits et rédigeront le compte général des recettes et dépenses de leur Département.

293. *Enumération des cartons à établir.* Les Directeurs, pour l'ordre et la conservation des titres, minutes, expéditions et pièces dépendant de leur Direction, établiront dans leurs bureaux les cartons qui vont être indiqués.

1°. *Lois.* Elles seront placées simplement par ordre de date sans distinction de matières, en indiquant sur le devant du carton la date de la première loi et celle de la dernière qui y sera renfermée.

2.° *Circulaires.* Elles seront rangées dans le carton par ordre de date et de numéro.

3.° *Mémoires de tournées et contre-tournées.* Ils seront placés par ordre de date.

4°. *Inventaires des registres, etc.* On y renfermera les doubles des inventaires des registres, sommiers, etc., des bureaux du Département. — Ils seront placés suivant l'ordre alphabétique des bureaux.

5.° *Impressions.* On y déposera tous les modèles d'impressions à l'usage de la Régie par ordre de leur numéro.

6°. *Titres concernant les domaines de l'État.* Il y aura une chemise pour chaque domaine, et on y joindra les états et renseignemens relatifs. — Les chemises seront rangées par ordre alphabétique sous le nom des domaines.

7.° *Correspondance.* L'arrangement des lettres dans ce carton doit s'accorder parfaitement avec la tenue du registre, c'est-à-dire qu'on ne doit pas y placer les lettres séparément par ordre de leur date et du numéro qu'elles portent, mais, au contraire, les réunir dans autant de chemises qu'il y aura d'articles sur ledit registre en mettant sur chaque chemise le numéro de l'article. — On indiquera sur le devant du carton, le premier et le dernier numéro des articles qu'il renfermera.

8.° *Mémoires ou requêtes aux Tribunaux.* Chaque mémoire ou requête sera renfermé avec les pièces y relatives dans une chemise sur laquelle seront inscrits les noms de l'arrondissement, du bureau, des parties, et successivement la date et le dispositif du jugement, ou la date de l'ordre de la Régie d'abandonner l'affaire. — On suivra dans le placement l'ordre des dates des mémoires ou requêtes, et chaque chemise sera numérotée.

9.° *Frais de régie.* Ce carton contiendra les lois, décisions et arrêtés concernant les frais de régie. On les placera par ordre de date, en indiquant, sur le devant du carton, la date de la première loi ou décision, et celle de la dernière qui y sera renfermée.

10.° *États généraux de produits, etc.* On renfermera dans ce carton, indépendamment de ces états, tous les bordereaux et les copies de journaux de recette et dépense et des états de comparaison des inspecteurs, en les séparant par une chemise étiquetée, dans laquelle on classera lesdites pièces par ordre de quinzaine, de mois et de trimestre.

11.° *Cautionnemens.* Les pièces relatives aux cautionnemens des Receveurs et Employés du timbre [illegible] sont placées suivant l'ordre alphabétique des bureaux. — La minute des états généraux et supplémentaires tant de ces cautionnemens que de ceux des Employés supérieurs et toutes les pièces relatives seront renfermées dans le même carton.

12.° *Comptes.* On y déposera les doubles des comptes des Directeurs, arrêtés par la Régie; chacun de ces comptes, avec les pièces y annexées, sera placé par ordre de trimestre.

294. *Envoi périodique des expéditions.* Le bien du service exige, de la part des Directeurs, l'envoi périodique et rigoureusement exact des expéditions ci-après détaillées, aux époques fixées et déterminées ainsi qu'il suit :

1.er et 16 *de chaque mois.* Les journaux de travail des Employés supérieurs qui leur seront parvenus pendant la quinzaine précédente, apostillés de leurs observations, avec les états de vices de perception et autres pièces annexées ou relatives.

11 *de chaque mois.* L'état général des produits du mois précédent divisé par ordre alphabétique d'arrondissement et de bureaux, avec l'addition particulière des produits de chaque arrondissement; l'état des procès-verbaux adressés à la Direction, celui des instances engagées, et celui des jugemens rendus.

Dernier jour de chaque mois. Les états de produits des bureaux des Receveurs. (Abrogé).

1.er *janvier, avril, juillet et octobre.* Les copies des mémoires d'ordres et instructions de tournée; l'état des affaires instruites; celui des affaires abandonnées ou terminées à l'amiable; celui de tous les Employés du département, avec les observations du Directeur sur chacun d'eux (c'est par semestre maintenant); les états des papiers restant en nature à ces époques tant dans les magasins de la Direction que dans les bureaux de distribution, à la date du précédent arrêté des Inspecteurs, avec un aperçu de la consommation présumée par année de chaque espèce de papier timbré, dans l'étendue du Département, et l'indication des mesures prises pour assurer le service, les états des impressions de toute nature relatives au service de la régie qui existeront dans le magasin, avec les observations du Directeur sur celles à renouveler.

1.er *février, mai, août et novembre.* Les copies des mémoires d'ordres et instructions de contre-tournée.

15 *février, mai, août et novembre.* Le bordereau général des recettes et dépenses du trimestre précédent, relevées sur les comptereaux remis par les Inspecteurs; les états de vices de perception remis par les Inspecteurs au retour de leur tournée, apostillés des observations du Directeur.

1.er *mars, juin, septembre et décembre.* Les trois expéditions du compte général du Directeur, des produits du trimestre précédent, avec les comptes et comptereaux des Inspecteurs, et toutes les pièces de dépense y relatives. (Cet objet a éprouvé des changemens.)

295. SURVEILLANCE GÉNÉRALE. *Exécution des ordres de régie.* Les Directeurs, ayant sous leurs ordres et surveillance tous les Employés de leur Département, ils doivent prendre une entière connaissance de toutes les obligations que la loi et les ordres généraux et particuliers de régie imposent à ces Employés, afin de pouvoir tenir

constamment la main à ce qu'ils les remplissent avec exactitude; et en cas de transgression, il est de leur devoir d'en rendre compte à l'Administration. Ils s'assureront particulièrement de l'exécution des ordres contenus dans l'instruction imprimée concernant la manutention du timbre, et transmise aux Employés au mois de juin 1791.

Instructions. Ils s'attacheront à leur donner toutes les instructions que l'intérêt de la Régie exigera.

Exécution des lois relatives à la perception. Ils veilleront et feront veiller à ce que la perception soit faite en conformité des lois, et à ce que les Notaires, Greffiers et Huissiers contrevenans soient poursuivis et condamnés aux peines par eux encourues.

Correspondance entre les différens Employés. Ils chercheront, par tous les moyens qui dépendent d'eux, à établir une correspondance active et suivie entre tous les Préposés, sur les différens objets auxquels ils doivent des soins respectifs, et se feront rendre compte du résultat, de manière que toutes les parties de l'Administration soient sans cesse sous leurs yeux, et qu'aucun abus n'échappe à leur vigilance.

Sûreté des caisses. La sûreté des deniers déposés dans les mains des Receveurs, doit d'autant plus fixer l'attention des Directeurs, qu'ils seraient comptables des sommes que ces Employés pourraient faire perdre à l'État par leur défaut de surveillance. Ils doivent donc remplir et faire remplir toutes les obligations et formalités prescrites par les présens ordres de régie, relativement aux cautionnemens, aux versemens dans les caisses d'arrondissement, aux différentes pièces de dépense, et aux contraintes à décerner contre les Employés reliquataires.

Enfin, les Directeurs, en exerçant avec fermeté et prudence, sur les Préposés de leur département, les pouvoirs que l'Administration leur a confiés, doivent sur-tout être jaloux de leur donner l'exemple du travail, et de la soumission aux lois et aux Autorités constituées.

www.ingramcontent.com/pod-product-compliance
Lightning Source LLC
Chambersburg PA
CBHW060517220326
41599CB00022B/3353